第四届炼化企业创新发展大会

论文集

本书编委会◎编

中国石化出版社

·北京·

图书在版编目（CIP）数据

第四届炼化企业创新发展大会论文集／本书编委会编．—北京：中国石化出版社，2023.10
ISBN 978-7-5114-7333-2

Ⅰ.①第… Ⅱ.①本… Ⅲ.①石油化工企业-企业发展-中国-文集 Ⅳ.①F426.72-53

中国国家版本馆 CIP 数据核字（2023）第 190559 号

中国石化出版社出版发行

地址：北京市东城区安定门外大街 58 号
邮编：100011 电话：（010）57512500
发行部电话：（010）57512575
http://www.sinopec-press.com
E-mail：press@sinopec.com
北京科信印刷有限公司印刷
全国各地新华书店经销

*

880 毫米×1230 毫米 16 开本 32 印张 952 千字
2023 年 10 月第 1 版 2023 年 10 月第 1 次印刷
定价：160.00 元

《第四届炼化企业创新发展大会论文集》

编 委 会

前　言

石化工业作为制造业的重要组成部分，是推动我国经济高质量发展的关键和重点行业之一。

我国石化工业已跻身世界石化大国行列。过去十年间，石化行业发展呈现主要特点为：创新能力显著增强，实现了由“跟跑”到“并跑”和“领跑”的显著转变，自主创新能力大幅提升；产业结构明显优化，淘汰落后产能成果持续巩固，战略性新兴产业加快成长，产业结构竞争优势显著增强；绿色发展深刻转型，由粗放型增长转变为质量效益型增长，并优先发展绿色低碳；经济效率大幅提升，特别是在现代信息技术与石油和化学工业深度融合的推动下，行业经济效率和经济效益迅速腾飞。

根据国务院重大战略部署，实现高质量发展和“双碳”目标是当前石化行业第二个百年奋斗目标。尽管经过70多年的发展，我国石化产业已建立完整的产业体系，产业规模全球领先、产业结构持续优化、技术水平显著提升、绿色低碳持续发展、发展质量稳步提升，已具备迈向高质量发展的基础条件，但与实现“双碳”目标下的高质量发展要求相比，在原始创新能力、产业结构调整、绿色安全水平等方面仍存在一定差距。石化产业如何扛稳发展新使命、适应产业发展新形势、落实时代发展新要求、开创高质量发展新局面，将成为全产业共同致力推动的时代课题。为此，由浙江、湖南、上海、北京、新疆、天津、广东等省(市、区)石油学会、中国石油和化学工业联合会石油炼制专业委员会、中国石油和化学工业联合会智能制造工作委员会联合黑龙江、吉林、辽宁、河北、山东、河南、江苏、四川、甘肃、青海等省(市、区)石油学会、石化企业定于2023年10月24~27日在浙江省宁波市召开“第四届炼化企业创新发展大会暨新技术与解决方案交流会”，旨在探索科技引领绿色低碳智能化转型之道，推动炼油与石化产业发展，助力炼化企业科技创新，促进炼化企业与科研、设计、工程、制造、服务单位间的技术交流与合作，聚焦炼化企业全面提升创新引领能力，加快关键核心技术与设备、安全生产管理、智能化、信息化技术应用，助力炼化企业低碳转型升级和高质量发展。

本次大会以“科技创新引领高质量发展，夯实炼化自立自强根基”为主题，设立了炼化技术与装备管理、节能低碳与安全和数字化转型等3个专题，重点围绕炼化企业低碳转型升级战略与发展、炼化一体化、重质劣质油加工、新能源技术、绿色低碳、安全环保与节能、智能化与信息化、炼厂增效提升竞争力等方面交流创新成果，以推进炼化技术进步。

大会得到了国家有关部委、中国石油、中国石化、中国海油、延长石油以及高等院校和科研院所等各单位、各领域广大炼油化工专家和科技工作者的大力支持，共征集论文170余篇，优选高质量论文83篇公开出版论文集，主要涉及炼化一体化技术、产品提升增效技术、节能降耗技术、安全管理与环保技术、设备防腐与长周期运技术、智能化与数字化平台建设与应用等方面，介绍了我国炼化企业最新研究成果与进展，可为行业发展提供重要参考。

由于时间仓促，书中一定存在错误或疏漏之处，敬请读者批评指正。

本书编委会

2023年10月

目　录

第一篇　炼化技术与装备管理

第二篇　节能低碳与安全

第三篇 数字化转型

第一篇　炼化技术与装备管理

裂解原料中钠离子对乙烯装置的影响及控制措施

邹 钺

（中国石化广州分公司）

摘 要 介绍了裂解原料中钠离子偏高对乙烯装置产生的负面影响，分析了钠离子的来源及其危害机理，提出了控制原料钠离子含量的指标、对已受影响的裂解炉进行停炉脱盐水清洗、及时切换原料、加强在线监测、优化碱洗操作等控制措施，有效地消除钠离子对裂解炉的影响，保证裂解炉运行周期达到设计水平，确保乙烯产品质量合格。

关键词 裂解炉；结焦；钠离子；原料

1 前言

中国石化广州分公司200kt/a乙烯装置采用S&W顺序分离工艺技术，以石脑油、轻石脑油、加氢裂化尾油、丙丁烷为原料，采用蒸汽热裂解方式生产乙烯、丙烯、丁二烯等产品，共配有7台裂解炉，其中6台裂解炉（A-F炉）炉型为3.5万吨/年的USC-28型炉，另有1台裂解炉（G炉）为国产惠生4万吨/年30U型炉。部分裂解炉（A、E炉）出现了炉管结焦严重，文丘里绝压比升速快，运行周期大幅缩短的情况。同时，进入碱洗塔的裂解气中二氧化碳含量从130ppm左右升高至1412ppm，穿透碱洗塔，导致乙烯产品中二氧化碳含量从正常时小于3ppm升高至15.8ppm，造成乙烯产品质量波动，乙烯装置的正常生产受到了严重的影响。裂解炉正常运行的炉管只有两股物料，分别为裂解原料和稀释蒸汽。经过排查发现当期问题裂解炉的原料均为石脑油，并检测出石脑油原料中钠离子含量异常，可能导致炉管结焦加剧，并引起裂解气中二氧化碳含量超标。

2 钠离子对乙烯装置的影响

2.2 裂解炉A炉检查情况

由于两台裂解炉运行周期大幅缩短，需要对其烧焦后停炉检查。裂解A炉切出烧焦40小时后停炉检查。具体检查如下：

（1）利用脱盐水对对流段盘管及辐射段炉管进行冲洗浸泡。对流段第一次排水钠离子含量高达1130mg/L，pH值为10。后经过多次冲洗浸泡后排水钠离子含量逐步降低为10mg/L，pH值为7.3；

（2）检查急冷废热锅炉T形汇合处及喷嘴，未发现异常；

（3）检查对流段进料烃混合器及分配器，发现比较多的白色结晶。分配器结晶见图1。

从A炉检查结果可见裂解炉内部弄残留有大量钠盐，且主要分布在对流段及辐射段。

图1 分配器手孔法兰面结晶图（左）和分配器分配孔结晶图（右）

2.2 裂解炉E炉检查情况

裂解E炉烧焦45小时候后停炉检查。具体检查如下：

（1）冲洗浸泡对流段盘管及辐射段炉管发现管内残留有大量钠盐。

（2）利用脱盐水对对流段盘管及辐射段炉管进行冲洗浸泡。对流段第一次浸泡排水钠离子含量为11.26mg/L，pH值为8.1；冲洗浸泡后对流段排水钠离子含量为23μg/L，pH值为7.3；辐射段第一次浸泡排水钠离子含量为18.92mg/L，pH值为9.5；冲洗浸泡后辐射段排水钠离子含量为0.23mg/L，pH值为7.7。

（3）内窥镜检查炉管发现炉管内部结焦严重。图2为辐射段炉管单组布置图，图3为E炉炉管内窥镜图。

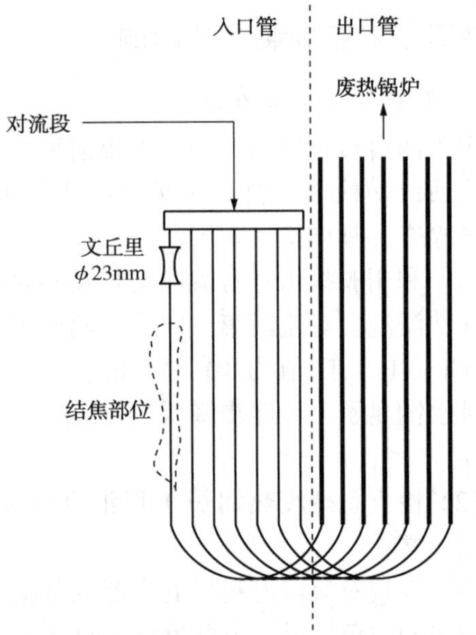

图2 辐射段炉管单排布置图

从E炉内窥镜检查来看，投料运行压力高的后部第7根炉管内部结焦严重，在入口管2～3m处开始就能够发现有结焦，一直延伸至底部弯头。投料运行压力低的前部第7根，结焦少，但内壁较多白色的积盐。

从裂解原理及运行经验来看，正常情况下，辐射段入口管基本不会结焦，即使结焦，量也非常少，且能通过烧焦过程的蒸汽流冲刷掉。此次原料污染造成的结焦比较特殊，基本能布满整个入口管，且入口管处温度较低，无法通过烧焦去除，从而导致运行期间文丘里后压力居高不下。

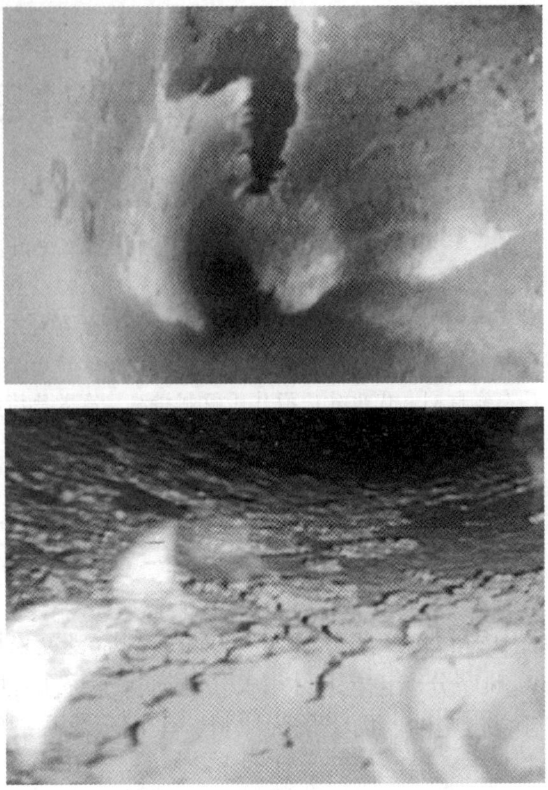

图3 E炉前部辐射段炉管内窥镜图（左）和后部辐射段炉管内窥镜图（右）

2.3 E炉辐射段炉管沉积物分析

E炉停炉期间对E炉辐射段炉管进行金相检测，检测结果表明，辐射段炉管外壁晶间裂纹多、晶界见断续蠕变孔洞、沿晶显微裂纹，材质劣质化严重。

对E炉炉管表面做能谱分析。对比新炉管，已受影响炉管表面镍、铁和铬含量明显偏低，而钠含量明显增多，达到34.7wt%，见表1。

表1 E炉新炉管表面和已受影响炉管表面能谱分析对比 wt%

元素	新炉管表面	已受影响炉管表面
镍	46.2	0.6
铬	35.6	2.0
铁	16.2	1.0
钠		34.7
硫酸盐		10.4
硫		3.4
其他	2.0	47.9

取E炉辐射段炉管结晶物进行成分分析，

检测得结晶盐中主要为钠、铁、镍及钙离子。其中钠离子含量最高，分析结果见表2。

表2 炉管结晶物成分分析表 μg/g

项目	pH值	Na	Fe	Ni	Ca
数据	9	99067	37310	3304	18655

根据对炉管表面和结晶物的分析，Fe和Ni主要来自炉管本身，除此之外，Na和Ca为外来元素，其中Na占比重较大，可见结晶体属于钠盐的占比较大。

2.4 裂解气中二氧化碳含量超标

对不同原料的裂解炉进行裂解气采样分析，见表3。从表3可知，二氧化碳含量主要在裂解石脑油原料的裂解炉产生，且新烧焦投用的裂解炉产生的二氧化碳要远远高于其他裂解炉。从而印证原料的变化导致系统内二氧化碳的飙升，乙烯侧线产品二氧化碳含量超标。

表3 不同原料的裂解炉进行裂解气采样分析

裂解炉	原料	运行天数/天	CO_2 含量/ppm
A炉	HVGO	45	138
B炉	LNAP	41	23.5
C炉	NAP	36	211
D炉	NAP	1	1412
		2	701
		3	532

裂解C炉本周期一直加工石脑油，结焦严重，炉管最高压力达到240kPa，绝压比0.89，由于钠元素的存在，裂解C炉焦碳出现剥离现象，裂解炉出口压力下降，出现异常的时间点与石脑油切罐时间相差0.5小时，与输送系统的反应时间(0.5h)相符。

甲烷化床层温度从11点左右逐渐上涨4℃，同时碱洗塔入口在线分析表CO_2浓度出现变化。

对A、B、C、D炉出口裂解气中的二氧化碳进行了取样分析，D炉投用后，出口裂解气中CO_2含量较高，既远高于其他原料的裂解炉，也高于同为石脑油原料的C炉，此外，从图4可以看出，随着运行时间增加，D炉出口CO_2含量大幅降低，并逐渐趋于平稳。

D炉作为新投用炉，炉管表面有尚未完全钝化的金属铁和镍，一方面，高温下铁、镍具有很强的催化活性，能够催化炉管结焦，新形成的焦程丝状，较疏松，在钠盐作用下会发生强烈的水煤气反应，而C炉已运行36天，炉管表面已覆盖一层焦，没有催化结焦反应，且焦已部分石墨化，较致密，即使有钠盐存在，水煤气反应强度较弱。

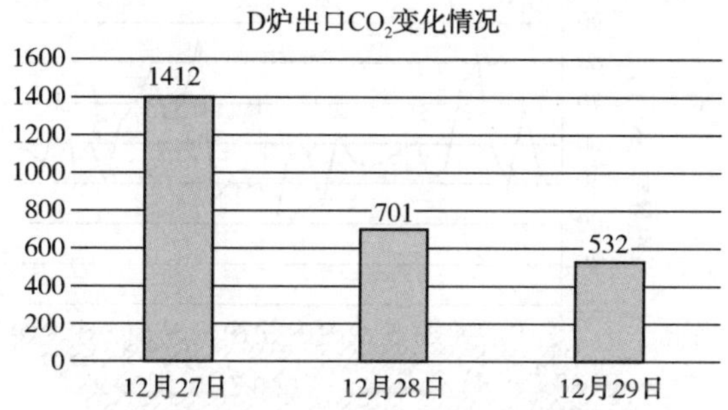

图4 D炉投用前3天裂解气中CO_2的含量变化(ppm)

3 钠离子的来源及危害分析

3.1 钠离子的来源分析

经过A炉和E炉的停炉检查，基本确定A炉和E炉运行异常的原因为炉管内部含有钠离子。经初步分析，炉管内部的钠离子的来源仅可能是稀释蒸汽及石脑油。S&W工艺中稀释蒸汽发生器需要注入氢氧化钠用来脱除工艺水中携带的酚类，在异常工况下发生严重的雾沫夹带、液泛，或者除沫网损坏都会造成稀释蒸汽带液，导致钠离子大量进入裂解炉并沉积在炉管表面。首先对稀释蒸汽中钠离子含量进行两次加样分析，分析结果显示稀释蒸汽中仅有极微量的钠离子，分别为5μg/L和6μg/L。稀释蒸汽电导率严格控制在200μs/cm以下，pH值介于7.5~9.5之间。其次，因为稀释蒸汽流程上从发生器进入所有裂解炉，仅个别裂解炉出现异常，为此排除稀释蒸汽带碱的可能。稀释蒸汽pH值及电导率变化趋势图分别见图5、图6。

考虑到A炉和E炉自运行出现异常时裂解原料皆为石脑油，装置对石脑油来源进行分析，分析对象包括蒸馏三轻石脑油、焦化二稳定汽油、焦化三稳定汽油、焦汽加氢精制汽油，脱硫二反抽提油及化工贮罐轻石脑油。按照1∶1水洗法，然后取水相测定其中钠离子含量。分析结果见表4。

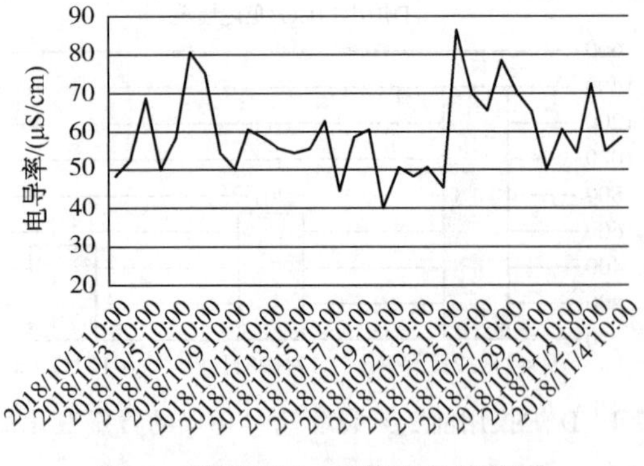

图 5　稀释蒸汽 pH 值变化趋势图

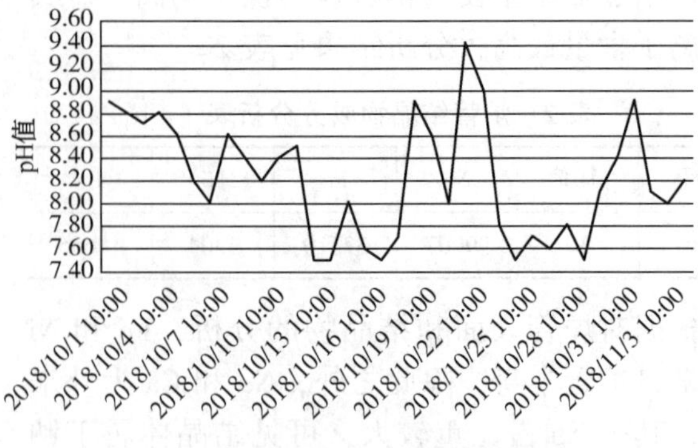

图 6　稀释蒸汽电导率变化趋势图

表 4　石脑油水洗后水相钠离子分析结果

采样时间	样品名称	水相钠离子含量/(μg/L)	水相 pH 值
11 月 5 日	焦化二稳汽	16	6.68
	焦化三稳汽	33	6.55
	焦汽加氢精制汽油	15	7.25
	蒸馏三轻石	42	6.20
	脱硫二反抽提油	653	9.00
	TK0602B 上部	55	7.96
	FQ6021 导淋口	113	7.73
10 月 19 日	FQ6021 导淋口(重石)	73	7.55
11 月 2 日	FQ6221 导淋口(轻石)	41	6.50

从表 4 可以看出，脱硫二反抽提油进行水洗后，水相钠离子高达 653mg/L，结果较其他组分高出 20 倍不等，且其 pH 值显示为碱性。初步可确认，石脑油原料中钠离子超标源为反抽提油。对脱硫二反抽提油进行钠离子分析结果，见图 7。从图 7 中可以看出，脱硫二反抽提油的钠离子含量比较高的时间与裂解炉石脑油炉异常情况的时间吻合，进一步说明裂解炉异常主要由于石脑油带钠离子引起的。

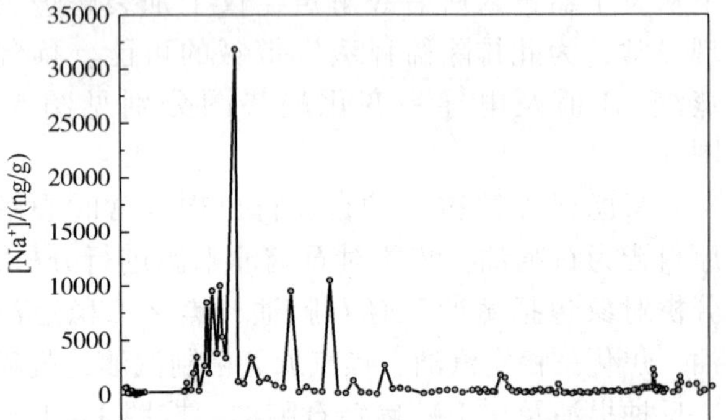

图 7　脱硫二反抽提油钠离子含量变化

3.2　钠对炉管的腐蚀机理

在炉管金属的热腐蚀中，钠与硫的作用是相互促进的。裂解原料中含硫，在有氧且高温的条件下，物料中的硫会生成 SO_2 和 SO_3，在与钠共存时，SO_3 会与钠结合生成 Na_2SO_4，它对炉管的热腐蚀起主要作用。反应式如下：

$$Na_2SO_4+9/2Ni \longrightarrow Na_2O+3NiO+1/2Ni_3S_2 \quad (1)$$

$$Na_2O+NiO \longrightarrow Na_2NiO_2 \quad (2)$$

反应生成的 Na_2NiO_2 是熔融态，会破坏氧化层，而生成的 Ni_3S_2 又会与焊缝金属中的镍结合形成低熔点的共晶物，使金属熔化腐蚀。因此，在硫与钠并存的情况下，两者对热腐蚀相互促进、共同作用。

钠离子与炉管中的 Cr 反应会生成低熔点的化合物，例如，熔点只有 762℃ 的 $NaCrO_2$ 和熔点为 792℃ 的 Na_2CrO_4。该作用不仅会破坏炉管表明的氧化铬保护层，还会使炉管 Cr 含量降低。

$$2NaCl+1/2O_2 \longrightarrow Na_2O+Cl_2 \quad (3)$$

$$Na+CrO_2 \longrightarrow NaCrO_2 \quad (4)$$

$$Na_2O+Cr_2O_3 \longrightarrow 2NaCrO_2 \quad (5)$$

3.2　钠离子催化水煤气反应

水煤气反应指的是碳原子与水蒸气在高温状

态下下反应生成一氧化碳和氢气的反应。其反应方程式：$C+H_2O(g) \longrightarrow CO+H_2$。水煤气反应属于裂解反应中的副反应，生成的CO在温度达到480℃以上时可以在钠的催化下进一步和水蒸气反应生成CO_2，造成裂解气中CO和CO_2含量严重超标，对后续压缩工序碱洗工作带来极大影响，严重的话会造成酸性气体穿透，使乙烯产品含CO_2、H_2S等酸性气体，导致乙烯产品不合格。从电子转移理论来解释：从C反应生成CO和CO_2的前提是C—C键的断裂，在高温下，具有强迁移性的钠离子可以进入碳晶格，使碳晶格变形，降低C—C键能量，使得C—C键断开需要吸收更少的能量，降低反应活化能，从而提高CO和CO_2的生成速率。

4 减少钠离子影响的控制措施

4.1 加强源头管控

清除系统中的钠离子包括切断钠离子来源及清除系统中残留的钠离子。

（1）切断钠离子来源

加强对脱硫二装置反抽提油品质监控，减少反抽提油的掺比，增加石脑油罐采样分析频率，特别是切罐前的采样分析，在参考国内多篇文献中的建议控制指标后，将石脑油中钠离子含量控制指标设定为<100μg/L。

（2）清除系统中残留的钠离子

装置在采取烧焦及水力清焦清除辐射段及废热锅炉结焦的基础上利用钠盐溶于水的特性，使用脱盐水对A、E炉对流段进行浸泡清洗，溶解附着在炉管表面的钠盐。

对受裂解原料钠离子的影响的裂解炉，烧焦停炉后增加对流段、辐射段水冲洗浸泡操作，并采取多次通入烧焦空气进行扰动，减少钠离子对裂解炉管的影响。从实际操作来看，该方法对去除对流段盘管上的积盐比较有效，但对辐射段炉管却效果不明显，只能浸泡掉表面的部分积盐，对渗入到炉管金属晶格里的钠离子无法去除，这样在水洗后，裂解炉运行周期改善不明显，同样受结焦速率快导致的文丘里后压力高的困扰。如第一次钠盐污染，A炉水洗后的运行周期只有11天；第二次钠盐污染，E炉水洗后的运行周期只有13天。从第一次钠盐污染经验来看，随着石脑油钠盐的改善及烧焦次数的增加，裂解炉会慢慢恢复正常。

4.2 优化原料切换

考虑到降低反应温度等方面，装置决定将A炉裂解原料从轻石脑油更改为加氢尾油，理由如下：

（1）裂解加氢尾油时COT控制较石脑油及轻石脑低，可以降低反应温度，有效抑制钠离子催化作用；

（2）从以往运行经验来看，裂解加氢尾油在辐射段的结焦较裂解石脑油、轻石脑油以及C2/C3结焦硬和致密，可以迅速有效地将炉管中残留的钠盐覆盖，阻断钠离子与原料接触，有效抑制钠离子催化的水煤气反应；

（3）裂解加氢尾油气相收率较石脑油、轻石脑油低，能有效降低文丘里后压力，延迟裂解炉运行周期。

4.3 更换受损炉管

参照金相检测结果及A、E炉运行规律和钠离子腐蚀机理，可知钠离子对裂解炉炉管的影响是不可逆的，且E炉辐射段炉管已经服役10余年。E炉在烧焦完成后停炉检修，检修内容为更换辐射段炉管。

4.4 加强在线监测

新增碱洗塔入口裂解气二氧化碳在线分析仪，对二氧化碳变化做好实时监控，根据变化趋势及时调整碱洗塔注碱量、循环量和碱浓度，防止二氧化碳穿透碱洗塔对下游系统造成不利影响，造成乙烯产品质量波动。

4.5 优化下游操作

在原料变化、切罐、裂解炉切换等操作时，提前预判，提前增加注碱量。根据化学反应式计算碱洗塔氢氧化钠的用量指导实践操作并下发岗位执行等优化措施。

做好封罐前的脱水和送料前再检查。在贮运罐区石脑油封罐分析发现密度和硫含量分层严重后，先进行压油操作一段时间系统没太大反应后再进行切罐。

对裂解炉投料、退料操作进行优化。延长炉投料前的预硫化时间，由2小时提高至4小时；裂解炉退料吹扫操作重新优化，降低吹扫时的COT，减轻水煤气反应的强度。

对受钠盐污染的石脑油炉进行低深度裂解调整，降低COT、提高水油比、降低投料量等，尽最大可能延长其运行周期。这样会造成裂解总体深度偏低，乙烯产量、乙烯收率、高附收率等技经指标会受到一定影响。

5 实施效果

5.1 切换原料的效果

A炉投用加氢尾油，投料初期，绝压比从0.63升至0.67，但很快绝压比就稳定在0.68附近，增长缓慢。30天后，A炉绝压比最高仅0.72且维持着较慢的上升速度，采样分析得A炉裂解气中CO_2含量为138mL/m^3，A炉运行周期延长至64天，与原料带钠盐之前运行周期相近，基本恢复正常。

5.2 更换炉管的效果

E炉更换炉管前投用轻石脑油运行周期仅有9天，更换辐射段炉管后继续投用轻石脑油，运行周期明显延长至达65天，且裂解气中CO_2含量仅为128.3mL/m^3，可见更换辐射段炉管后E炉运行恢复正常。

5.3 原料钠离子管控效果

表5 石脑油钠离子监控结果 μg/L

时　间	石脑油原料钠离子含量
4月8日	32
4月11日	14
4月16日	41
4月22日	33
5月7日	28
5月15日	39
5月31日	39

由表5可以看出，措施实施后，石脑油水洗后水相钠离子基本控制在50μg/L以内，取得明显的效果，裂解炉的运行周期也达到设计值，见表6。

5.4 裂解炉运行周期

控制钠离子的影响后，对当年裂解炉运行周期进行了统计汇总，与措施实施前一年运行平均周期对比见表6。

表6 控制措施实施前后裂解炉年平均运行周期对比(天)

裂解炉	A	B	C	D	E	F	G	平均值
实施前	45	100	41	72	51	48	72	61
实施后	65	93	58	71	58	87	58	70

从表6可知，实施前裂解炉运行周期平均值为61天，2019年采取相关措施后，裂解炉运行周期开始逐渐升高，裂解炉运行周期平均值为70天，每年可节能153.73吨标油，有效减少烧焦气排放，有一定的环保效益。

6 结论

（1）从检查和实验结果可知，原料中的钠离子的危害主要作用于辐射段炉管，钠离子含量超标会造成裂解炉炉管材质劣化、加速辐射段炉管结焦和造成裂解气中CO_2含量超标，且其对裂解炉管的破坏是不可逆的。

（2）采用脱盐水浸泡对流段可以有效清除系统中残留钠离子，延长原料裂解炉的运行周期并降低裂解气中CO_2含量。

（3）要彻底解决原料带盐这一难题需做好源头管控工作，需要考虑从源头采取水洗脱盐或不采取脱硫二反抽提油作为裂解原料。

（4）应对措施的实施后，石脑油钠盐超标对裂解装置的影响基本可控，裂解炉运行周期可以恢复到正常水平。

参 考 文 献

[1] 张永刚，南秀琴，石莹等．含微量氯杂质的石脑油蒸汽裂解研究[J]．石油化工，2018，47(7)：671~675.

[2] 李元朗．液化气带碱对裂解炉的影响及应对措施[J]．当代化工，2019，48(1)：202~206.

[3] 卫小芳，黄戒介，房倚天，等．碱金属对褐煤气化反应性的影响[J]．煤炭转化，2007，30(4)：41.

[4] 王松汉．乙烯装置与运行[M]．北京：中国石化出版社，2007. 91~143.

[5] 胡天生．裂解炉进料中杂质的危害与控制[J]．乙烯工业，2007，19(1)：30~33.

[6] 孙国臣，李洪进．裂解气中CO_2含量高的原因与对策[J]．乙烯工业，2009，21(4)：34~37.

[7] 孙国臣．微量物质对乙烯装置的影响[J]．石油化工，2010，39(2)：198~203.

[8] 杨春生．杂质对炼厂干气回收利用的影响[J]．中外能源，2006，11(2)：56~59.

基于“钉”形-纳米铜构筑高效分离CO_2混合基质膜的研究

郭 鹏

（中国石化塔河炼化有限责任公司）

摘　要　干气是一种清洁环保的化石能源，在工业生产上得到了广泛的应用。为了除去干气中含有的酸性气体CO_2，减少CO_2对管道的酸性腐蚀，本文以Pebax®MH 1657为膜材料，“钉”形-纳米铜为填充剂通过溶液浇铸法制备得到Pebax-Cu MMMs用于CO_2/CH_4体系的分离。Pebax基质中的高分子链段缠绕在“钉”形-纳米铜上，使填充剂周围链段发生僵化，限制其自由移动，增强了膜的致密程度，提高了其机械强度。对所制备的Pebax-Cu MMMs进行表征测试和气体分离性能测试，“钉”形-纳米铜的加入提高了混合基质膜对CO_2的选择性，混合基质膜在CO_2/CH_4体系中的分离能力得到显著提升。当“钉”形-纳米铜填充量达到5wt%时，Pebax-Cu MMMs表现出最佳CO_2/CH_4的分离性能，CO_2渗透系数达到490Barrer，CO_2/CH_4选择性达40。

关键词　CO_2分离；“钉”形-纳米铜；选择性

1　前言

伴随着人类工业水平的不断发展，人类对化石能源的消耗量呈现出逐年增加的趋势，这也导致全球的CO_2排放量逐年上升。为了缓解温室效应，及开发清洁能源的需求，研究CO_2的捕集技术就显得尤为重要。

现行的分离CO_2的工艺包括变压吸附法、深冷分离法、吸收法以及膜分离法。这些方法在实际应用中存在各自的问题，限制了其发展。而膜分离技术则以分离效果好、投资小、无相变过程等优势在CO_2分离领域脱颖而出，吸引了大量的科研工作者开始对膜分离技术进行研究。

CO_2膜分离技术常以材料类型进行分类，依据这一原则我们一般将之分为三类：无机膜、高分子膜和混合基质膜。无机膜的特点是具有规整的孔洞结构，能在内部形成独特的气体通道，在气体的透过性和选择性方面具有较好的表现。常见的无机膜主要有沸石膜、陶瓷膜、SiO_2膜等。高分子膜种类多样，常见的高分子膜主要包括两种：一类为橡胶态高分子膜。常用于CO_2分离的聚合物有聚氨酯（PU）、聚二甲基硅氧烷（PDMS）、聚氧乙烯（PEO）等；一类是玻璃态高分子膜，常温下以玻璃态存在，常见的聚合物有聚砜（PS）、聚酰亚胺（PI）、聚醚酰亚胺（PEI）等。上述两种材料均受到“trade-off”效应的影响，在商业上大规模应用受到了限制，因此既具有良好选择性又具有良好渗透性的嵌段类共聚物材料进入了研究者的视野。

嵌段聚醚酰胺（Pebax）是一种在CO_2分离领域备受关注的新型膜材料。其不但具有较好的气体渗透性能，还拥有一定的机械强度，因此常用于混合基质膜的基体材料。混合基质膜通过将分散的填充材料加入到连续的高分子基体中制备得到，因此混合基质膜的气体分离性能同样受到“trade-off效应”的影响。但各种填充材料的加入使得混合基质膜的分离性能得到了大幅提高，有望突破Upper Bound上限，打破“trade-off效应”，是目前膜分离技术的研究热点。

填充剂对混合基质膜的分离性能起着至关重要的影响。填充剂根据其化学性质可分为两类：无机填充剂、有机填充剂。本文重点介绍无机填充剂，无机填充剂可以通过优化链段的排布及自身的结构来改善膜的气体分离性能。天津工业大学的马蕾将多孔F-Ce纳米片填充至Pebax中，其独特的层间距（0.344nm），使得湿态下CO_2的渗透系数达到了1508Barrer，超过纯膜约15倍。Maryam等人将采用（3-氨基丙基）三乙氧基硅烷将SiO_2功能化后制备Pebax NH-SiO_2 MMMs，结果表明SiO_2纳米颗粒对CO_2有较强的吸附能力，

将 CO_2 的渗透性能提升了100%。

2 材料与方法

2.1 填充剂"钉"形纳米铜的制备

取一圆底烧瓶，向其中加入15mol/L的氢氧化钠溶液(120mL)，向其中加入磁子，采用IKA搅拌以400r/min进行搅拌。然后向其中加入6mL硝酸铜溶液(0.1mol/L)，再向其中滴加900uL乙二胺溶液，将圆底烧瓶于80℃水浴10min。接着向其中加入66uL 80%水合肼，在反应3min后(待溶液中出现红色漂浮物)向其中滴入30mL 0.4%PVP水溶液(分子量1300000)此时无需振荡烧瓶，使其继续水浴1小时。反应结束后，将溶液中红色物质取出置于放入离心管中，超声5~10min后离心洗涤3次(8000r/min)，用1wt% PVP(分子量40000)3wt%水合肼对其进行洗涤、干燥后得到产物，产物最终呈红色海绵状。

2.2 混合基质膜的制备

称取一定量的聚醚-聚酰胺嵌段共聚物(Pebax®MH 1657)溶解在混合溶剂中，混合溶剂是由无水乙醇和水组成的，二者质量比为7∶3。将整个反应物在油浴下回流搅拌，直到固体物质完全溶解，获得4wt%的Pebax®MH 1657高分子溶液。随后，将制备得到的"钉"形-纳米铜填充剂加入到上述Pebax® MH 1657高分子溶液中，超声一定时间使其完全分散，得到均匀的铸膜液。然后将制备得到铸膜液浇铸在培养皿中，在室温下蒸发溶剂，使其干燥成型，然后再放入真空干燥箱中去除残留的溶剂，获得Pebax® MH 1657-"钉"形-纳米铜混合基质膜(Pebax-Cu MMMs)。

2.3 膜的性能评价

由于混合基质膜的基体一般采用高分子材料，所以混合基质膜的气体分离性能同样受到"trade-off效应"的影响，即膜的气体渗透性能和气体选择性能无法同时提高。Robeson在1991年提出了"trade-off效应"，对当时存在的不同膜材料对不同气体组分的分离性能进行分析与处理，并选择气体通过膜的渗透性和选择性这两个指标，绘制出了这两个指标的关系曲线，并于2008年对上述成果进行修改与完善，提出了Upper Bound 2008图，即图1。"Robeson上限图"的存在，成为了研究者评价膜气体分离性能的一个手段。本文将所制膜样气体分离性能数据绘制于"Robeson上限图"中，对其进行直观对比。

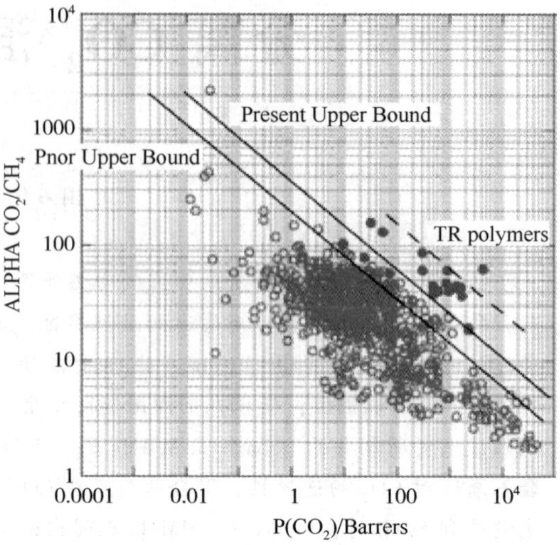

图1 CO_2/CH_4 分离上限图(2008年)

3 结果与分析

3.1 膜的表征

3.1.1 膜的形貌观测

对制备的填充剂进行扫描电镜测试，结果如图2所示，可以看出制备得到的红色海绵状产物在其中呈头部宽，尾部尖的外形，具有明显的"钉"子特征，由此可知通过水热合成法，成功制备了得到了"钉"形-纳米铜。而"钉"形-纳米铜在其中呈无序排列，其可能不易发生团聚现象。

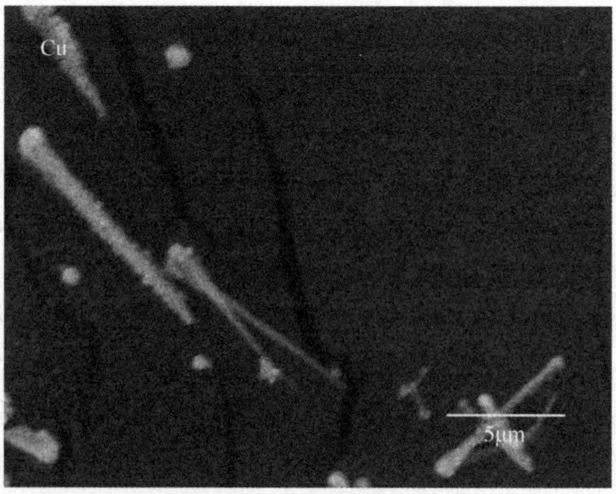

图2 "钉"形纳米铜的扫描电镜图

3.1.2 膜的X-射线衍射

图3为纯Pebax膜和Pebax-Cu混合基质膜的XRD曲线图。由图可见，膜样在 $2\theta=19°$ ~

26°之间产生了一个宽而明显的特征峰，出现这一现象是因为 Pebax 材料中含有的聚酰胺(PA段)所形成的结晶区引起的，这证明“钉”形-纳米铜的加入并未破坏 Pebax 的高分子结构。在 $2\theta=42°$、$2\theta=50°$、$2\theta=73°$ 处所出现的特征峰，对照标准衍射卡片可知，这三个特征峰属于“钉”形-纳米铜。在 1wt%、3wt%、5wt%、7wt%填充量的混合基质膜中仍然存在这三个特征峰且与填充剂一一对应，证明“钉”形-纳米铜成功填充至高分子基质中。而其中特征峰的峰面积呈现逐渐增加的趋势也证明“钉”形-纳米铜的填充量在不断增加。图中所有膜样的链间距都可以采用布拉格方程来计算，Pebax 膜的链间距为 0.371nm，而随着填充量的增加混合基质膜的链间距逐渐减小，这表明 Pebax 高分子链缠绕在“钉”形-纳米铜上，限制了高分子链的移动。而 CO_2 分子的动力学直径为 0.33nm，CH_4 分子为 0.38nm，链间距的逐渐减小有助于 CO_2 分子的通过，而阻挡 CH_4 分子，这种情况有利于提高膜的选择性。

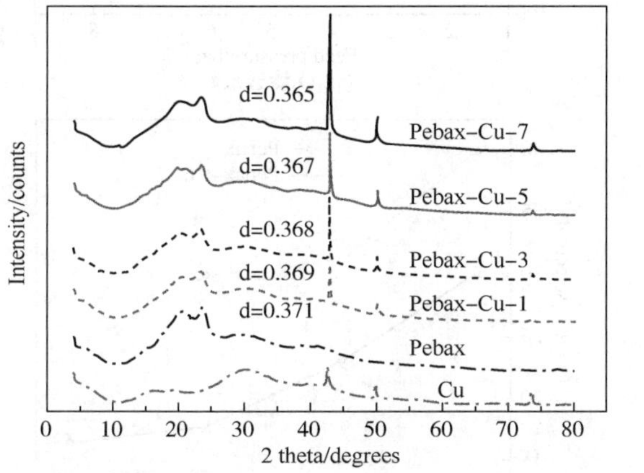

图 3　纯 Pebax 膜和 Pebax-Cu 混合基质膜的 XRD 谱图

3.1.3　膜的 DSC 表征

由图 4(a)所示，在 15°和 206°左右有两个吸热峰，这两个吸热峰是纯 Pebax 基质中 PEO 嵌段和 PA6 嵌段融化时的温度。随着“钉”形-纳米铜填充量的增加，这两个吸热峰有向右偏移的趋势但总体无太大变化，说明填充剂只与高分子链发生物理缠绕，并未改变其分子结构。由图 4(b)所示，相较于纯膜的玻璃化转变温度(Tg)，Pebax-Cu 混合基质膜的 Tg 与填充剂的负载量呈正相关。Tg 的增加是由于“钉”形-纳米铜与高分子链段缠绕，限制了高分子链段的移动，导致高分子链僵化。且 Tg 的增加会导致材料在常温下的韧性降低，这在膜的机械性能测试中也有体现。

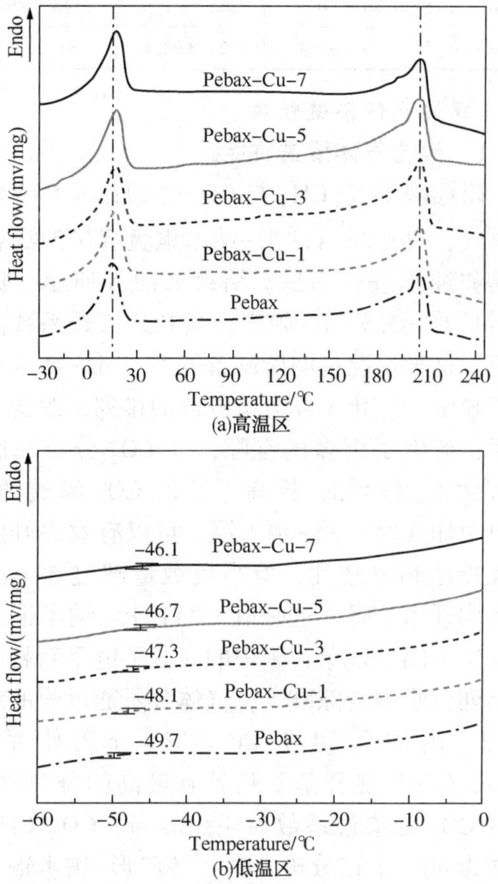

图 4　纯 Pebax 膜和 Pebax-Cu 混合基质膜 DSC 曲线

3.1.4　膜的机械性能

对混合基质膜进行拉伸测试，结果如表 1 所示。Pebax-Cu 混合基质膜的拉伸强度跟断裂伸长率出现下降的趋势，与“钉”形-纳米铜的填充量呈负相关，这一结果与上文中玻璃化转变温度的变化趋势相符，韧性降低断裂伸长率随之降低。而混合基质膜的杨氏模量在填充量达到 5wt%时达到最大，在填充量达到 7wt%时杨氏模量降低，可能是由于“钉”形-纳米铜在高分子基质中发生了团聚现象导致的。而与纯膜相比，在 5wt%时的最大杨氏模量证明了“钉”形-纳米铜与 Pebax 之间的界面相互作用良好，混合基质膜有较好的机械性能。

表 1　纯 Pebax 膜和 Pebax-Cu 混合基质膜的机械性能

膜样	拉伸强度/MPa	断裂伸长率/%	杨氏模量/MPa
Pebax	35.7±0.7	1480.0±2.4	84.3±3.3
Pebax-Cu-1	33.5±1.0	1340.1±0.4	84.3±5.4
Pebax-Cu-3	31.2±0.1	1200.9±5.3	94.6±3.5

续表

膜样	拉伸强度/MPa	断裂伸长率/%	杨氏模量/MPa
Pebax-Cu-5	30.0±0.9	863.5±1.6	145.1±0.9
Pebax-Cu-7	26.1±0.1	725.3±2.1	81.2±1.0

3.2 膜的气体渗透性能

3.2.1 混合气体渗透性能

以模拟干气(CH_4 与 CO_2 体积比 9∶1)作为原料气，对不同“钉”形-纳米铜负载量的混合基质膜和纯膜进行测试。结果如图 5 所示，添加了“钉”形-纳米铜的膜样，其 CO_2 渗透系数高于纯膜，这种情况说明所制备的“钉”形-纳米铜加入到膜中，优化了高分子链段的排列，改善了链间距，产生了更多的空隙，让 CO_2 分子在膜中的有效通路增加，提高了膜的 CO_2 渗透通量。向膜中加入“钉”形-纳米铜，可以有效提升膜样的选择性和渗透性，但当负载量超过 5wt%时，二者均开始下降，这是由于“钉”形-纳米铜在膜中发生了团聚现象，膜中的高分子链重新趋于无序排列，膜中空隙减少，气体分子通过膜的难度增加。由图可知在 CO_2/CH_4 分离体系中，Pebax-Cu-5 混合基质膜具有最高的分离性能，此时 CO_2 的渗透系数为 490Barrer，CO_2/CH_4 选择性为 40。上述分析表明，“钉”形-纳米铜在填充量在 5wt%时，对 CO_2 的分离效果最好。因此后续以 Pebax-Cu-5 混合基质膜为研究对象，考察不同进料压力和不同温度对气体渗透性能的影响。

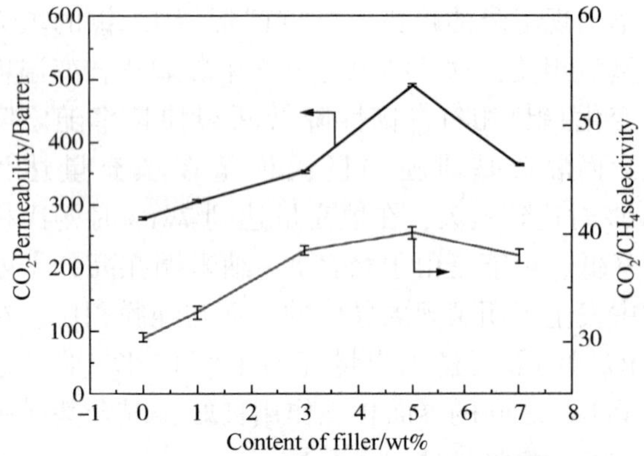

图 5 纯 Pebax 膜和 Pebax-Cu 混合基质膜的 CO_2/CH_4 气体分离性能

3.2.2 不同进料压力对膜气体渗透性能的影响

从图 6(a)可以看出，随着原料气压力的增加，本实验所制备的膜样 CO_2 渗透系数均出现了不同程度的降低。这是由于随着压力的升高，膜中的高分子链堆积更加紧密，膜内空隙减小，相应的气体通路减少，导致气体分子的扩散受到了影响，从而导致 CO_2 渗透系数降低。随着压力的升高，纯 Pebax 膜和 Pebax-Cu 混合基质膜的的气体分离性能均出现下降。一方面，膜在压力下变得更加致密，限制了 CO_2 分子与“钉”形-纳米铜传递位点的接触，延长了气体分子在其中的通过时间；另一反面，致密膜中气体的扩散主要遵循溶解-扩散机理，而膜致密程度的增加，限制气体分子的扩散，这对于小分子的影响更为明显(CO_2 渗透减少量较 CH_4 渗透减少量大)，因此 CO_2/CH_4 选择性降低。

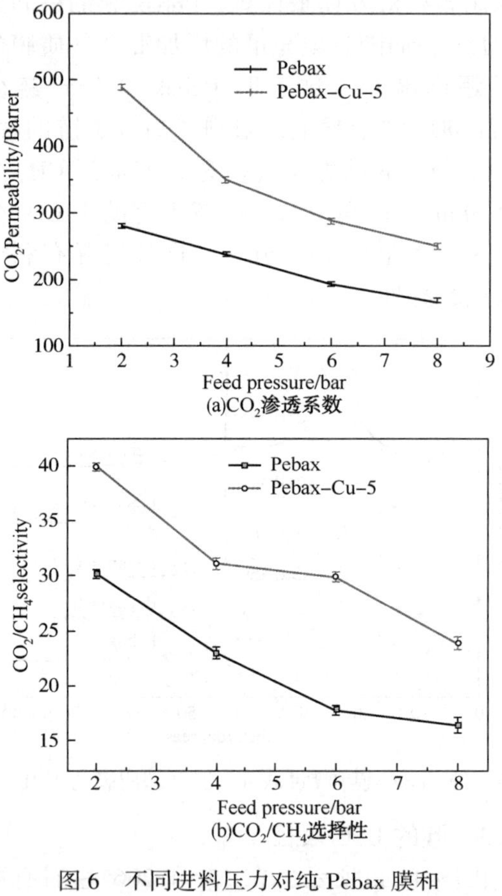

图 6 不同进料压力对纯 Pebax 膜和 Pebax-Cu 混合基质膜的气体分离性能的影响

3.2.3 不同温度对膜气体渗透性能的影响

操作温度对纯 Pebax 膜和 Pebax-Cu 混合基质膜的气体分离性能的影响如图 7 所示。从图 7(a)中可以看出，温度上升 CO_2 的渗透系数也呈现上升趋势，这是由于温度的提升导致膜中高分子链的热运动随之增加，随之增大了分子链之间的空隙，从而增加了膜中的气体扩散路径，相应的提高了气体分子的扩散速率。图 7(b)显示，温度升高 CO_2/CH_4 选择性随之下降。CO_2 可以与膜中的部分基团发生可逆性反应，有利于 CO_2 分子的优先吸附，而随着温度的不断升高，膜中吸附水大量减少，改变了这种吸附优势，从而降低了 CO_2 分子的扩散速率，而在相同情况下，CH_4 分子的扩散方式并未发生较大变化，与 CO_2 相比 CH_4 可以更快的通过膜，因此 CO_2/CH_4 选择性下降。

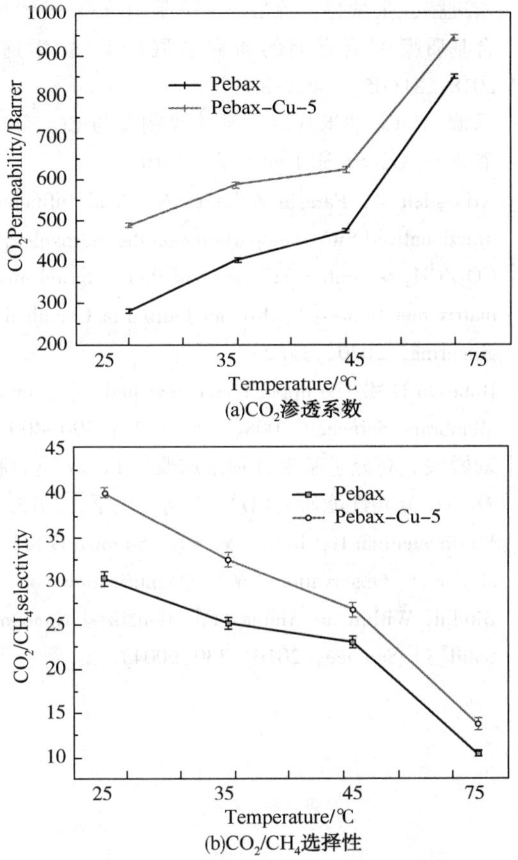

图 7 不同温度对纯 Pebax 膜和 Pebax-Cu 混合基质膜的气体分离性能的影响

3.2.4 气体分离性能与 Robeson 上限的比较

本研究所制备的 Pebax-Cu 混合基质膜在 CO_2/CH_4 体系中的分离性能均已在 Robeson 上限图中做出标注。如图 8 所示，本研究所制备的 Pebax-Cu 混合基质膜的分离性能均超过了 1991 年的 Robeson 上限，而 Pebax-Cu-5 混合基质膜的分离性能已经超过了 Robeson 于 2008 年绘制的上限图。这与之前 Pebax-Cu-5 混合基质膜具有最佳分离性能的结论相一致。与纯膜相比，“钉”形-纳米铜的加入显著增强了 Pebax-Cu 混合基质膜的渗透性和选择性。

4 结论

本研究通过水热合成法制备了均匀可控

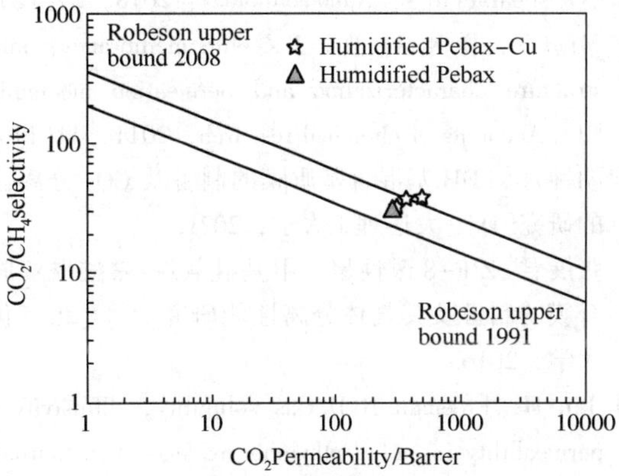

图 8 纯 Pebax 膜和 Pebax-Cu 混合基质膜与 Robeson 上限的比较

的“钉”形-纳米铜填充剂，并将其以 1wt%、3wt%、5wt%、7wt% 的填充量，填充至 Pebax® MH 1657 中制备得到 Pebax-Cu 混合基质膜。并对其进行了拉伸测试、DSC 测试、气体分离性能等对其进行了表征与分析。

（1）“钉”形-纳米铜作为填充剂加入到 Pebax 中，并未破坏其高分子结构，而是与其相互缠绕，优化了高分子链的排布方式，限制了高分子链的移动，增强了膜的致密性，降低了膜的链间距，使膜的 Tg 得到了提高，改变了膜的韧性，增加了膜的机械强度。

（2）本文研究了“钉”形-纳米铜的填充量对 Pebax-Cu MMMs 分离 CO_2/CH_4 体系中 CO_2 的影响。结果表明当“钉”形-纳米铜填充量达到 5wt%时的气体分离性能最好。可能是由于“钉”形-纳米铜的加入，使气体通过膜的通道得到了延长，但降低了链间距，其中铜与 CO_2 之间发生耦合作用，提高了膜对 CO_2 吸附能力，而延长的气体通道给 CH_4 通过膜造成了困难，从而提高了对 CO_2 分子的选择性。最终结果表明 Pebax-Cu-5MMMs 的气体分离性能最佳。在 CO_2/CH_4 体系中，CO_2 的渗透系数可以达到 490Barrer，CO_2/CH_4 选择系数达到 40。相较于纯膜分别提高了 76%和 32%。

参 考 文 献

[1] 2000-2020 年全球主要地区和国家 CO_2 排放量[J]. 世界石油工业，2021，28(04)：81-2.

[2] 王芃，胡云峰 . CO_2 分离方法的研究进展[J]. 化工科技，2019，27(02)：62-5.

[3] Hou J，Li X，Guo R，et al. Mixed matrix membranes with fast and selective transport pathways for efficient

CO_2 separation[J]. Nanotechnology，2018，29(12).

[4] Miao Y，D N R，L F J. Zeolite membranes：microstructure characterization and permeation mechanisms [J]. Accounts of chemical research，2011，44(11).

[5] 胡钟月 . LDH 基混合基质膜的制备及 CO_2 分离性能的研究[D]. 大连理工大学，2021.

[6] 张展君 . ZIF-8 改性聚二甲基硅氧烷/聚醚酰亚胺复合膜的制备及其气体分离性能研究[D]. 北京化工大学，2016.

[7] Lin H，Freeman B D. Gas solubility，diffusivity and permeability in poly (ethylene oxide) [J] . Journal of Membrane Science，2004，239(1)：105-17.

[8] 李春宇 . 镍基金属有机框架纳米片复合膜的制备及 CO_2/CH_4 分离性能研究[D]. 天津大学，2020.

[9] Zhuang Y，Seong J G，Do Y S，et al. Intrinsically Microporous Soluble Polyimides Incorporating Trger′s Base for Membrane Gas Separation [J] . Macromolecules，2014，47(10)：3254-62.

[10] 张立秋 . 聚醚酰亚胺混合基质膜的制备及其气体分离性能研究[J]. 中国科学院大连化学物理研究所，2013.

[11] Robeson L M. Correlation of separation factor versus permeability for polymeric membranes [J] . Journal of Membrane science，1991，62(2)：165-85.

[12] 赵红永，曹义鸣，康国栋，等 . 聚氧化乙烯气体分离膜的发展[J]. 膜科学与技术，2011，31(03)：18-24.

[13] Chung T S，Lan Y J，Yi L，et al. Mixed matrix membranes(MMMs) comprising organic polymers with dispersed inorganic fillers for gas separation[J]. Progress in Polymer Science，2007，32(4)：483-507.

[14] Koros W J，Zhang C. Materials for next-generationmolecularly selective synthetic membranes[J]. Nature Materials，2017，16(3)：289.

[15] 侯进鹏，张秋艳，徐壮，等 . 用于 CO_2 分离的混合基质膜中填充剂的研究进展[J]. 化学通报，2018，81(05)：402-8.

[16] 马嫱 . F-Ce 纳米片混合基质膜制备与 CO_2 分离性能研究[D]. 天津工业大学，2019.

[17] Ariazadeh M，Farashi Z，Azizi N，et al. Influence of functionalized SiO_2 nanoparticles on the morphology and CO_2/CH_4 separation efficiency of Pebax-based mixed-matrix membranes[J]. Korean Journal of Chemical Engineering，2020，37(2).

[18] Robeson L M. The upper bound revisited[J]. Journal of Membrane Science，2008，320(1/2)：390-400.

[19] 刘媛媛 . 高分子基聚合物微球改性 Pebax 膜的制备及 CO_2 分离性能研究[D]. 石河子大学，2015.

[20] Vaidhyanathan R，Iremonger S S，Shimizu G K H，et al. Direct Observation and Quantification of CO_2 Binding Within an Amine-Functionalized Nanoporous Solid[J]. Science，2010，330(6004).

炼厂循环水系统节水技术研究与应用

韩会亮　袁　亮　侯欣岐　王新勇

（中国石化塔河炼化有限责任公司）

摘　要　炼化企业生产过程中大量的工艺物料不仅需要加热，而且需要冷却，因而需要使用大量的冷却水。间冷开式循环冷却水系统作为炼化企业中较为重要的公用工程系统，主要通过蒸发传热和接触传热方式达到降温目的。循环水系统运行中，主要存在蒸发损失、风吹损失、排污损失和其他损失。为保证循环水系统水量平衡，需要不断向系统补充水，经统计，循环水系统补水量占全厂生产总用水在40%以上，是炼化企业第二大耗水大户。针对循环水系统补水量大的问题，分析了循环水系统水量损失的原因，通过开展提高循环水浓缩倍数、提高循环水供水温度试验研究，减少循环水物料泄漏置换损耗和选用高效收水器等，在满足企业生产需求的同时，达到节水和减排的目的。

关键词　循环水系统；浓缩倍数；供水温度；物料泄漏；飘水损失

我国水资源危机形势十分严峻，人多水少，水资源时空分布不均，供需矛盾突出，全社会节水意识不强、用水粗放、浪费严重，水资源利用效率与国际先进水平存在较大差距，水资源短缺已经成为生态文明建设和经济社会可持续发展的瓶颈制约。我国工业取水量占全社会总取水量的四分之一左右，其中石油化工、火电、钢铁、纺织、造纸等高用水行业取水量占工业取水量的50%左右，规范和加强各领域、各行业取水、用水、节水工作，提升水资源利用效率，提升全民节水意识，形成全社会节水的良好风尚，意义重大。

石化企业在生产过程中需要使用大量的除盐水(化学水)、循环水、工艺水等不同水质水。根据对炼厂用水调查统计结果，循环水是炼化企业第二大耗水用户。企业在生产过程中对循环用水的需求量较大，同时也影响着企业的稳定运行。因此，在保障循环水系统长周期稳定运行的同时，分析研究循环水系统节水技术，进行优化应用，可有效降低循环水水耗，提高企业经济效益和社会效益。

1　循环水系统

1.1　系统概况

循环水系统是以水作为冷却介质，并循环运行的一种给水系统，广泛应用于石油、化工、钢铁冶炼和热力发电等领域。循环水水系统分为封闭式和敞开式两种，由换热设备、冷却设备、水泵、管道及其他有关设备设施组成。石油化工企业常用的为敞开式循环水系统，即循环水与冷却介质间接传热且与大气直接接触散热的循环水系统，该系统中冷却水在循环过程中要与空气接触，部分水在通过冷却塔时还会不断被蒸发损失掉，因而水中的各种矿物质和离子含量也不断被浓缩增加，为了维持各种矿物质和离子含量稳定在某一定值上，必须对系统补充一定量的新水，并排出一定量的浓缩水。某炼油企业公用工程作业部有两套循环水场，均为敞开式循环冷却水系统，其中1号循环水场设计规模4000m^3/h，保有水量1500m^3，实际运行循环量3600m^3/h，供水压力0.37MPa，主要承担为南厂区1#焦化、1#加制氢、1#硫黄、半再生重整、气柜压缩机和动力锅炉等生产装置提供循环冷却水。2号循环水场设计处理量7500m^3/h，保有水量2600m^3，实际运行循环量7450m^3/h，供水压力0.32MPa，主要为2#加制氢、2#焦化装置、2#硫黄、3#硫黄装置、临氢异构化、连续重整、航煤加氢装置、余热回收站、空分空压站、深冷制氮和3#凝结水站、西区储运污油罐区、气柜及3#中间罐区提供循环冷却水。

1.2　循环水补充水

1号循环水系统补充水源由新鲜水、深度回用中水、锅炉定连排水和凝结水组成。2号循环水系统补充水源由新鲜水、深度回用中水、制氢净化水和凝结水组成。补充水水质应满足Q/SH 0628.2—2014《水务管理技术要求　第2部分：循环水》中补充水水质要求，水质状况如表1所示。

表 1　补充水水质

项　目	控制指标	新鲜水	深度回用中水	定连排水	净化水	凝结水
浊度/(NTU)	≤10	1.13	1.61	2.12	1.158	1.25
pH	6.5~9.0	7.96	7.56	8.97	9.673	9.18
电导/(μS/cm)	≤1200	696.8	474.7	133	192.3	7.56
Cl^-/(mg/L)	≤200	73.5	93.4	12.51	77.5	59.2
K^+/(mg/L)	/	3.71	2.78	0.35	0.693	0.21
Ca^{2+}(以 $CaCO_3$ 计)/(mg/L)	50~300	141.65	63.3	20	1.85	/
总碱度/(mg/L)	50~300	126.53	47.14	20	32.02	/
硬度(以 $CaCO_3$ 计)/(mg/L)	50~300	196.8	78.9	/	/	1.0
总铁/(mg/L)	≤0.5	0.184	0.2	/	0.113	22.5
COD_{Cr}/(mg/L)	≤60	0.7	0.76	/	28.9	/

经统计，2022 年两套循环水场总补水量 $80.28\times10^4m^3$，补水率 9.2‰，占全年全厂生产总用水量的 42.1%。

2　循环水系统水量损失原因

2.1　蒸发损失

循环水的冷却是通过水与空气接触，以蒸发散热、接触散热和辐射散热 3 个过程共同作用将热量带走。(1)蒸发散热是水在冷却设备中形成大小水滴或极薄水膜，扩大其与空气的接触面积和延长接触时间，使水蒸气的蒸发速度加快，单位时间的水蒸发量大大提高，从而达到快速取走热量和降低水温的目的。(2)接触散热是借传导和对流传热，称为接触散热。根据热力学第二定律可知，热量总是自发地从高温传向低温。水面与较低温度的空气接触，由于温差使热水中的热量传到空气中去，水温得到降低。温差越大，传热效果越好。(3)辐射散热不需要传热介质的作用，而是由一种电磁波的形式来传播热能的现象。辐射散热只是在大面积的冷却池内才起作用。这 3 种散热过程在水冷却中所起的作用，随空气的物理性质不同而异。春、夏、秋 3 季内，大气温度较高，表面蒸发冷却起主要作用，最炎热夏季的蒸发散热量可达总散热量的 90%以上，故水的蒸发损失量最大，需要的补充水量也最多。在冬季，由于气温降低，接触散热的作用增大，从夏季的 10%~20%增加到 40%~50%，严寒天气甚至可增加到 70%左右，故在寒冷季节水的蒸发损失量减少，补充水量也就随之降低。

2.2　循环水排污

(1) 冷却水在循环系统中不断循环使用，由于水的温度升高，水流速度的变化，水的蒸发，各种无机离子和有机物质的浓缩，冷却塔和集水池在室外受到阳光照射、风吹雨淋、灰尘杂物的进入，以及设备结构和材料等多种因素的综合作用，会产生沉积物的附着、设备金属腐蚀和微生物滋生等问题。为了防止循环水系统产生结垢、腐蚀等现象，保证设备长周期运行，对循环水进行水质控制处理是非常必要的，循环水水质控制指标应满足 Q/SH 0628.2—2014《水务管理技术要求　第 2 部分：循环水》中要求，循环水水质控制指标见表 2。通过对循环水进行阻垢、缓释和杀生处理，可有效减少污垢和微生物产生，减缓腐蚀。即使在水质处理较好、补充水浊度也较低的情况下，循环水系统中的浊度仍然会不断升高，因此需要在系统中增设旁滤设备，通过旁滤控制系统浊度维持在指标内，从而减少污垢的生成。循环水水处理和旁滤运行过程均需要一定排污水配合，才能保证循环水系统运行稳定。

表 2　循环水水质控制指标

项　目	单　位	要求和使用条件	控 制 指 标
浊度	NTU	—	≤20
pH	—	—	6.5~9.0

续表

项　目	单　位	要求和使用条件	控制指标
钙硬度+总碱度(以 $CaCO_3$ 计)	mg/L	碳酸钙稳定指数 RSI≥3.3	≤1100
Cl^-	mg/L	不锈钢换热设备，水走壳程	≤700
硫酸根离子+氯离子	mg/L	—	≤2500
硅酸(以 SiO_2 计)	mg/L	—	≤175
氨氮	mg/L	—	≤10
石油类	mg/L	炼油	≤10
总铁	mg/L	—	≤1.0
铜离子	mg/L	—	≤0.1
生物黏泥	mL/m²	炼油	≤3.0
异养菌总数	个/mL	炼油	≤1.0×10^5
游离氯	mg/L	连续加氯	0.1~0.5
浓缩倍数	—	炼油	≥3.5
腐蚀速率	mm/a	20#钢	≤0.1
黏附速率	mg/cm²·月	20#钢	≤20

（2）循环水系统在日常运行中常常会发生一些事故异常。这些事故异常若不能及时发现和妥善处理，常会迫使循环水系统停运，从而影响装置运行，造成很大经济损失，故需要及时对事故异常进行处理。常见的事故异常主要是介质物料泄漏到循环水系统(如图 1 所示)。当发生物料泄漏时，会使循环水浊度、石油类、pH 值等指标和水体颜色发生变化，增加循环水的腐蚀、结垢或微生物生长倾向，需要及时进行排查，切断泄漏源，并对循环水系统进行加药处理、排污置换等恢复水质，整个处置过程不仅会消耗大量的药剂，还会造成水资源浪费，增加工作量和运行成本。

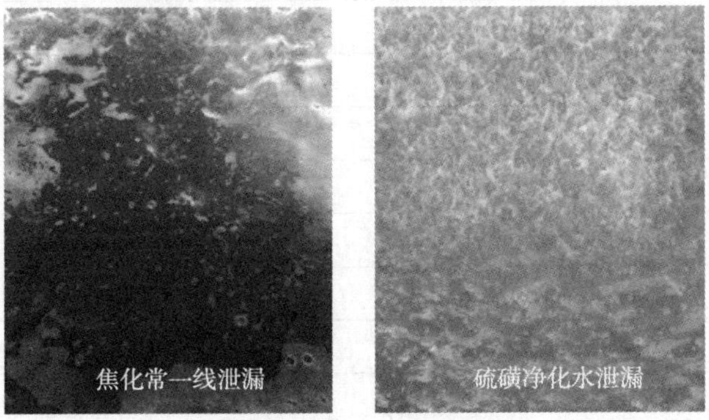

图 1　循环水物料泄漏后水体状况

（3）装置大检修前后或循环水系统结垢严重影响运行时，均需要对循环水系统进行化学清洗和预膜，过程中需要排出系统中的水，换入大量新水。

2.3　收水器收水效果不好

在循环水冷却塔中的配水系统上都设置收水器的作用是为了减少冷却塔中的水量损失。由于收水器选型不合适、在塔内布置不合理等，导致收水器效果不佳，塔体飘水现象严重，增加了补水量且影响周围环境。

2.4　其他损失

循环水系统管网全部采用埋地敷设，管网投用运行至今，由于管道制造缺陷、施工不合格、腐蚀和地下管网阀门管理维护不到位等原因，造成地下管网漏损。部分装置在检维修时，阀门关闭不严密，导致水损。还有部分装置在现场规格化打扫卫生时，就地取用循环水重新地面、焦化装置使用循环水作为焦池补水等，造成水资源浪费。

3　循环水系统节水技术研究与效果

3.1　提高浓缩倍数

循环水浓缩倍数指的是在运行循环冷却水系统的时候，因为出现了风吹损失、水分蒸发等问题，导致循环水不断出现浓缩现象的倍数。其属于综合性的水质控制好坏的衡量指标。设以 K 表示浓缩倍数，则 K 的含义就是指循环水中某物质的浓度与补充水中某物质浓度之比，即

$$K=\frac{c_R}{c_M}$$

式中，c_R 为循环水中某物质的浓度；c_M 为补充水中某物质的浓度。

用来计算浓缩倍数的物质，要求它们的浓度除了随浓缩过程增加外，不受其他外界条件干扰。通常选用的物质有 Cl^-、K^+ 等物质，试验以 K^+ 浓度进行计算。

提高循环水的浓缩倍数时，水质的好坏占了很大的因素。循环水浓缩倍数越高，对节能降耗方面越有利，但水质会越来越差，水处理的难度也就越大。在循环水系统的日常运行中，浓缩倍数时其中一项重要指标，这就需要寻求两者之间的最佳切合点。

以现有生产条件为基础，在不改变缓释阻垢剂(ZH442)配方和系统不加酸，通过调整补充水水质开展试验研究，在控制循环水钙离子+总碱度≤1100mg/L 的条件下控制系统产生结垢和腐蚀。根据 Q/SH 0725. 2—2018《循环水处理效果监控方法　第 2 部分：水质监控法》中，对于钙离子+总碱度介于 100mg/L～300mg/L 之间的补水水质，在满足节水要求的前提下，可采用自然 pH 值运行工艺，应通过静态阻垢试验和动态模拟试验考察阻垢效果，通过极限碳酸盐试验确定钙离子+总碱度的控制指标上限。对于钙离子+总碱度小于 100mg/L 的补水水质，应采用自然 pH 值运行工艺，通过旋转挂片试验和动态模拟试验，确定钙离子+总碱度的控制下限。

受季节因素影响，循环水系统补水量变化较大。冬季 1 号循环水总补水量平均约 28m³/h，2 号循环水总补水平均约 50m³/h；夏季 1#循环水总补水量平均约 41m³/h，2 号循环水总补水平均约 85m³/h。若循环水只补新鲜水，根据表 1 新鲜水钙离子+总碱度 268. 18mg/L，循环水浓缩倍数只能控制在 4. 0 倍以内，超出时系统就会产生结垢。然而，实际生产中循环水补充水由多股水组成，其中锅炉定连排水量基本在 5m³/h，制氢净化水量基本在 7m³/h，凝结水以回用除盐水为主。试验维持 1 号循环水补锅炉定连排水 5m³/h，2 号循环水补制氢净化水量 7m³/h 不变，通过改变新鲜水和中水比例，在保证循环水水质的前提下，提高循环水浓缩倍数。每次试验时间为期一个月，试验期间各项加药正常控制，补水采取比例不变，保证总量。试验数据如表 3 所示，挂片情况如图 2 所示。

表 3　试验数据表

补充水	钙硬度+总碱度/(mg/L)	Cl^-/(mg/L)	浓缩倍数	水质稳定倾向	腐蚀速率/(mm/a)	备注
100%新水	222. 5	61. 3	4. 9	结垢	0. 106	1 号冬季
75%新水+25%中水	191	65. 3	5. 7	稳定	0. 058	1 号冬季
50%新水+50%中水	159	69. 3	6. 8	稳定	0. 037	1 号冬季
25%新水+75%中水	128	73. 2	8. 6	腐蚀	0. 151	1 号冬季
100%新水	232. 3	74. 1	4. 7	结垢	0. 122	2 号冬季
75%新水+25%中水	199. 7	76. 2	5. 5	结垢	0. 098	2 号冬季
50%新水+50%中水	166. 2	82. 6	6. 6	稳定	0. 046	2 号冬季
25%新水+75%中水	132. 6	86. 8	8. 3	腐蚀	0. 149	2 号冬季
100%新水	237. 3	65. 2	4. 6	结垢	0. 112	1 号夏季
75%新水+25%中水	203	69. 6	5. 4	结垢	0. 099	1 号夏季
50%新水+50%中水	169	73. 9	6. 5	稳定	0. 045	1 号夏季
25%新水+75%中水	135	78. 2	8. 1	腐蚀	0. 137	1 号夏季
100%新水	247. 4	73. 8	4. 4	结垢	0. 116	2 号夏季
75%新水+25%中水	211. 5	78. 4	5. 2	结垢	0. 104	2 号夏季
50%新水+50%中水	175. 6	82. 9	6. 2	稳定	0. 049	2 号夏季
25%新水+75%中水	139. 6	87. 5	7. 8	腐蚀	0. 144	2 号夏季

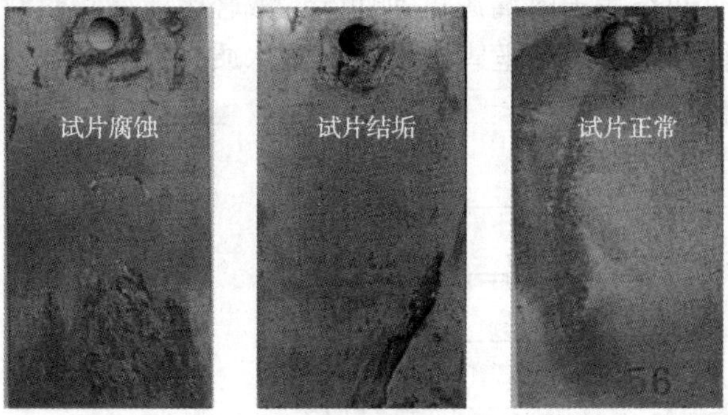

图 2　循环水试片状况

通过表 3 试验数据可以看出，通过调整循环水补充水新鲜水和中水比例在 1 : 1~3 : 1 之间，可以保证循环水水质受控，腐蚀达标，同时可以提高循环水浓缩倍数达 5.7~6.5。

提高浓缩倍数后节水量的计算，循环水浓缩倍数由 4.0 提高到 6.0 运行，提高浓缩倍数后，1 号循环水冬季节约补充新水 3.5m^3/h，节水率达到 12.5%；2 号循环水冬季节约补充新水 6.5m^3/h，节水率达到 13%。1 号循环水夏季节约补充新水 5m^3/h，节水率达到 12.2%；2 号循环水冬季节约补充新水 9m^3/h，节水率达到 11.1%。同时减少相应数量的排污水量。

3.2　提高循环水供水温度

循环水系统在运行中，循环水系统换热网络可以理解为是工艺热物流和循环水之间形成的网络，即利用循环水将工艺过程热量带回到冷却塔冷却后重新到系统取热。根据《工业水处理技术》和 GB/T12452—2008《企业水平衡测试通知》等文件中敞开式循环冷却水系统耗水量，可用公式(A.1)计算：

$$V_{co冷}=F+G$$

式中，$V_{co冷}$ 为敞开式循环冷却水系统耗水量，m^3/h；F 为吹散水量，m^3/h；G 为蒸发损失水量，m^3/h。

A.2 吹散水量计算公式如下：

$$F=R\times K$$

式中，F 为吹散水量，m^3/h；R 为循环冷却水量，m^3/h；K 为吹散损失系统，其中机械通风式冷却塔(有收水器)0.2%~0.3%。

A.2 蒸发水量计算公式如下：

$$G=R\times S\times\Delta t\%$$

式中，G 为蒸发损失水量，m^3/h；R 为循环冷却水量，m^3/h；S 为蒸发损失系统(根据气温不同在 0.08~0.16 之间)；Δt 为冷却水进出口温度差，℃。

通过以上公式可以得出，循环水耗水量与循环水系统循环水冷却水量、进出塔温差等有直接关系，也就与装置热负荷有直接关系。针对 2022 年 5 月份 2[#]装置序列大检修开工后，循环水耗水量同比大幅增加的问题，一方面对各水冷器进行流速、温差监测，优化水冷器运行和调整水冷器前工艺介质间换热，降低工艺热物料进水冷器温度；另一方面重点开展循环水系统整体提温试验，在保证装置平稳运行的前提下，通过提高循环水供水温度，减少循环水带回热量，达到循环水系统节水目的。

循环水系统提温试验分三个阶段开展，在保证循环水循环量不变的前提下，通过调整循环水变频风机，逐步将循环水供水温度由当前最高 32℃第一步提高到 33℃、第二步提高到 34℃、第三步提高到 35℃，每次提温 1℃，维持运行 120 小时，每次调整后，各装置岗位关注装置的水冷器和机泵的运行状态及工艺变化情况，并记录循环水侧进出口温度、工艺侧进

出口温度，在调整过程中遇到的问题和解决措施，当装置现有手段不能解决问题时，则由调度通知停止调整或恢复调整之前的运行状态。通过开展循环水提温试验，最终确定夏季生产时循环水供水最高温度为 34℃，实际温度控制在 33.5~33.8℃，循环水供水温度提高后，1 号循环水供回水温度下降 0.42℃，2 号循环水供回水温度下降 0.58℃，循环水补水量明显下降，1 号循环水夏季降低补充水 8.5m^3/h，降幅达到 17.9%；2 号循环水夏季降低补水 12.7m^3/h，节水率达到 13.4%。循环水补充水变化趋势如图 3 所示。

3.3　降低水冷器物料泄漏

水冷器是石化装置的重要组成设备之一，水冷器物料泄漏一直是困扰炼化企业的难题。水冷器泄漏后，介质物料泄漏到循环水系统，导致循环水水体颜色、浊度等指标升高，每次泄漏都需要对逐台设备进行查漏，对循环水系统进行剥离、除油，并适当换水，改善水质，不仅增加人员劳动强度，过程中消耗大量药剂和水，才能恢复水质。通过加强水冷器管理，定期跟踪装置水冷器温差、端差及流速情况，对不达标的水冷器进行调整，对以往泄漏频次较高的水冷器进行管束材质升级。同时不断探索总结各种物料泄漏特

点，快速判定泄漏物料范围，再利用余氯检测法、水中 TOC 分析检测、浊度分析查漏法和全面加样分析法等方法，在出现介质泄漏时，第一时间查找出泄漏源迅速切除，减轻因泄漏物料对循环水系统的危害，快速恢复水质，保证装置安稳运行。

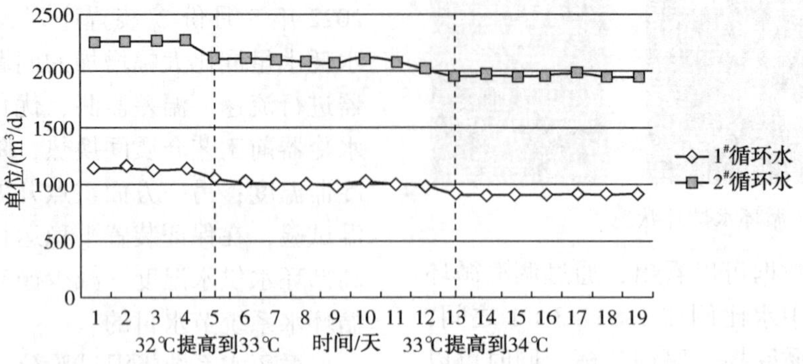

图 3　循环水提温前后补水变化趋势

3.4　降低冷却塔飘水损失

收水器将排出湿热空气中所携带的水滴与空气分离减少逸出水量损失和对周围环境的影响同时便于将热空气排至塔外。收水器由于结构形式不同、波形不同，其收水效率存在较大差异。1 号循环水凉水塔原收水器为普通“V”形，2021 年 9 月进行冷却塔热力性能测试，冷却塔的飘滴损失为 0.00720%，高于 GB/T 7190.2—2018《机械通风冷却塔第 2 部分：大型开式冷却塔》飘滴损失≤0.005%的要求。2022 年 5 月份拆除原有收水器，更换为多维型高效收水器，提高收水效率，更换后，经测试冷却塔的飘滴损失为 0.00093%，不仅满足国标要求，且达到了《开式冷却塔节能认证技术规范》(CQC 3136—2012)≤0.001%水平。

3.5　降低其他损失

根据《工业企业用水管理导则》《节水型企业评价导则》等标准进行全厂性质水平衡测试的要求，定期开展全厂水平衡和漏水检测，可以摸清公司用水现状，查找用水的薄弱环节，评价用水水平，挖掘企业节水潜力，提高用水效率，降低生产成本。2022 年进行水平衡测试和漏水检测中发现循环水地下管网泄漏点 1 处，处理后减少漏水 12m³/h。同时，加强对各用水单位用水管理和监督检查，杜绝非常规和非必要用水。

4　结论

通过分析造成循环水系统水量损失的原因，有针对性的开展试验研究，在保证水质稳定和装置平稳生产的前提下，循环水浓缩倍数由 4.0 提高到 6.0 运行，提高浓缩倍数后，节水率 11.1%~13%；循环水供水温度由 32℃到 34℃运行，节水率 13.4%~17.9%；更换新型多维高效收水器后飘滴损失降至 0.00093%；不仅具有良好的经济效益和社会效益，还为其他炼厂优化提供了参考和借鉴。

参　考　文　献

[1] 国家发改委、水利部国家节水行动方案(发改环资规〔2019〕695 号)，2019.

[2] 周本省，朱一帆，张丽君，张有衡，等．工业水处理技术[M]．北京：化学工业出版社，2013：32-33.

[3] 李本高，江萍，余正齐，于萍，等．现代工业水处理技术与应用[M]．中国石化出版社，2004：36-37.

[4] 李伟龙．循环水浓缩倍数检测方法的优化[J]．中国新技术新产品，2017，12(上)：73.

[5] 周瑞林．浅析循环水浓缩倍数与节能降耗的关系[J]．化工管理，2019，03：55.

[6] 司昌昆．石化企业循环水系统节能优化研究[D]．中国石油大学(北京)，2020：3.

[7] 肖寒，张文博，陈林，宋一帆．石化循环水物料泄漏检测技术研究现状及展望[J]．安全健康环境，2022-22(10)1.

[8] 韩会亮，衡永宏，袁亮．炼厂循环水系统节能优化研究与应用[J]．石油石化绿色低碳，2021，6(5)58.

[9] 孙青云．浅议某循环水场凉水塔优化设计[J]．化工给排水设计，1998，(1)：43.

常压焦化联合装置重污油处理技术应用

丁 雪

（中国石化塔河炼化有限责任公司）

摘 要 随着原油的重质化、劣质化程度不断提高，某公司 2#常减压焦化装置在生产运行过程中出现电脱盐油水分离效果差，脱后原油含盐含水量增加，电脱盐切水带油问题突出，当重污油产出量与回炼量不平衡时，导致污油库存持续上涨，对下游装置及全厂生产平衡带来不利影响。本文结合实际生产问题对 2#常减压焦化装置重污油产生的原因进行分析，并介绍目前装置在用的污油处理方法，针对目前污油回炼存在的问题提出下一步优化改进措施。

关键词 电脱盐；焦炭塔；放空塔；重污油

1 常压焦化装置背景及现状

某公司 2#常减压焦化装置（以下简称 2#焦化装置）设计加工塔河重质稠油，设计规模为 350 万 t/a，始建成于 2009 年 9 月，于 2010 年 9 月投料开车成功，采用原油经常减压蒸馏后的常底渣油进焦化装置进行加工的大循环比工艺流程，塔河原油具有密度高、盐含量高、黏度大、沥青质含量高等特点，近年来，随着上游原油开采难度加大，塔河原油性质进一步恶化，其中密度最高达到 0.963g/cm^3、盐含量 1346mg/L、黏度（50℃）1123mm^2/s、沥青质 17.74%。电脱盐脱盐效果不理想，脱后含盐量在 8～100mg/L 之间波动，导致常压塔、焦化分馏塔以及加氢高压换热器等结盐严重、水洗频次增加、设备腐蚀加剧，给装置的安全稳定运行带来了巨大隐患。同时，虽然电脱盐切水设置了旋流除油器，但由于塔河原油与水的密度差较小，电脱盐切水带油现象严重，分离出的污油含水量在 25%～40%，污水含油量在 200～8000mg/L，全年污油产量约 10 万吨。截至目前，全厂污油库存量达到 93000 吨，污油库存问题已严重影响了公司正常生产。如表 1 所示。

表 1 全厂污油系统平衡表（2023 年 6 月 20 日）

	名称	单位	当日量	昨日量	变化量
污油外送	气柜压缩机脱液	m^3	9	6	3
	轻污油外送量	m^3	18	15	3
	T103 清罐倒罐底油	m^3	250	170	80
	焦化污油外送量	m^3	127	311	-184
回炼及脱水	2#焦化回炼 2#污水污油量	m^3	0	-85	85
	T105 送 2#焦化回炼量	m^3	-407	-397	-10
	T104 脱水量	m^3	-108	-91	-17
	T105 掺炼 T108、T109 量	m^3	0	0	0
污油库存	罐区污油库存	m^3	90206	90318	-112
	污水厂污油库存	m^3	3605	3529	76
	总库存	m^3	93811	93847	-36

2 装置重污油处理方式

装置重污油主要来源：电脱盐切水带油，焦炭塔预热和放空产生污油，常减压焦化装置停工吹扫产生污油，焦炭塔冷焦放水产生污油，机泵、换热器、过滤器等设备检维修产生污油，储运、动力、硫黄外装置输送污油。重污油处理主要通过电脱盐罐和焦炭塔回炼两种方式。

2.1 通过电脱盐罐回炼

电脱盐回炼污油最初是通过罐区掺炼实现，该回炼流程主要问题是罐区重污油水脱不尽，掺炼时会造成电脱盐波动，且 2#焦化装置生产军用航煤燃料，不允许裂解污油掺入原油罐回炼，2022 年装置大检修期间新增污油罐 V604AB 回炼至电脱盐 AD 罐入口流程，电脱盐切水收至 V603A，液位上升至 90%启 P606AB 外送含盐污水，每半小时检查一次外送水颜色，当外送水颜色发灰时停止外送，若一直为清水，当 V603A 液位降低至 75%时停止外送，当液位再次上涨至 90%时开始外送。改通 V603A 至 V604A 溢流口流程，定期进行收油操作，将 V603A 液位装至 93%以上，V603A 顶部污油溢流至 V604A，V604A 污油(或平罐至 V604B)通过 P603AB 持续回炼至 V102A/V102D 入口。如图 1 所示。

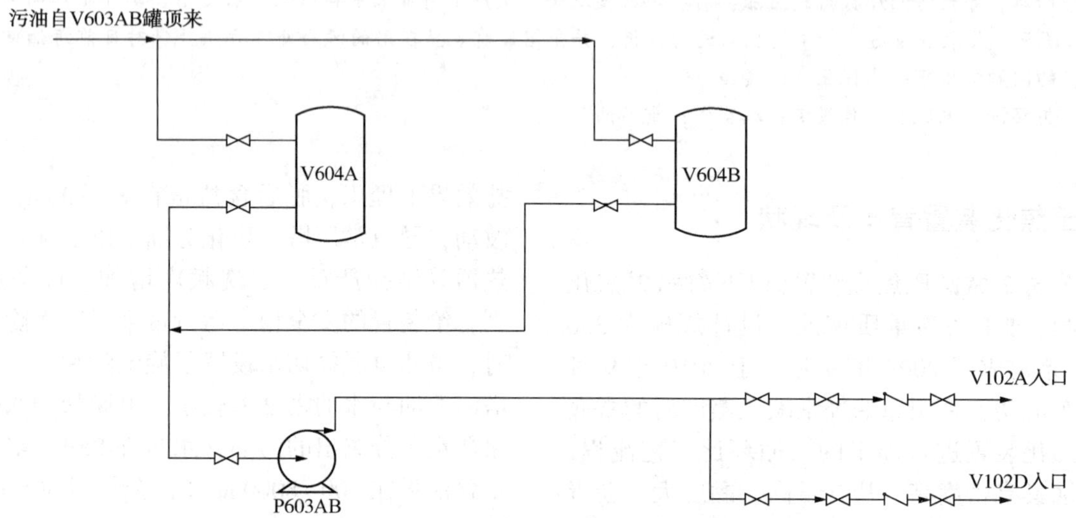

图 1 污油沉降罐改造流程图

自 2022 年投用该流程以来电脱盐连续污油回炼量达到 3~6t/h，该技术手段主要缺点是污油处理量较小，根据原油性质稳定性投用，当电脱盐脱后盐含量小于 8mg/L，每天电脱盐污油产生量小于 120t，能够实现产出量与回炼量平衡。今年 1 月份以来随着原油性质进一步恶化，电脱盐污油产生量已远大于回炼量，电脱盐污油中含有胶质沥青质、有机酸类、注剂等乳化性质较强的物质，脱盐脱水难度增大。另外焦化分馏塔底过滤器，放空塔底过滤器以及设备检维修处理过程中产生大量污油进入 V604AB，裂解污油回炼至电脱盐对生产军用航煤燃料有影响，实际运用过程中无法实现连续回炼，该流程暂时停用。

2.2 通过焦炭塔回炼

2.2.1 放空塔回炼至焦炭塔急冷油线

焦炭塔预热阶段甩油和放空油气以及部分电脱盐切水带油(V105 回收)改进放空塔升温脱水，当温度达到 120℃以上时回炼至焦炭塔；放空塔热量主要来自焦炭塔大吹汽和给水冷焦阶段余热，因焦炭塔为间歇生产放空塔热量有限，因此该流程主要回炼装置自产重污油。

2#焦化装置电脱盐切水配备含油污水处理设施 V105，主要通过旋流和聚集技术对污水中的细小油滴进行分离，分离出来的重污油收集到罐体顶部的油包，因罐体顶部油包容积较小，重污油在其内部停留时间短，污油含水量高达 40%，回炼至焦炭塔顶挥发线时造成油气线法兰冒烟、分馏系统管线腐蚀加剧等后果。2018 年大检修期间，2#焦化装置在 V105 后增加一台立式罐 V106 提高污油沉降时间，立式罐底污水新增两台抽出泵 P119AB 打至 V105 进料线，立式罐顶污油送至 V105 后回炼至焦炭塔顶，重污油含水量小于 15%。2019 年 10 月 V105 顶重污油后路改至放空塔，根据放空塔热量定期收油，一般在焦炭塔给水后 2 小时连续收油，温度达到 120℃以上时回炼至焦炭塔急冷油线，目前每天可回收污油量约 30t，V105 底含盐污水油含量不大于 800mg/L，有效降低了电脱盐切水带油量。该技术手段缺点是 P119AB 密封选型存在问题，在高温高压环境下使用机械密封易出现腐蚀泄露，

P119AB 无法正常运行时 V105 顶污油含水量上升。

2#焦化装置放空塔顶油气水分离罐 V501，污油主要来自放空塔 T501 升温过程产生的油气，V501 污油原设计处理流程是通过 P501 送至 V604A 或外送至储运装置，因系统污油库存量高，2023 年 2 月装置利用自有流程将 V501 污油通过 P501 走放空塔回流线定期收油至放空塔，减少污油外送量同时降低 V501 外送含硫污水带油量。目前 V501 液位控制在 75%，当液位高于 75%时，启 P501 收油至 T501，每天收油至放空塔污油量约 140t。如图 2 所示。

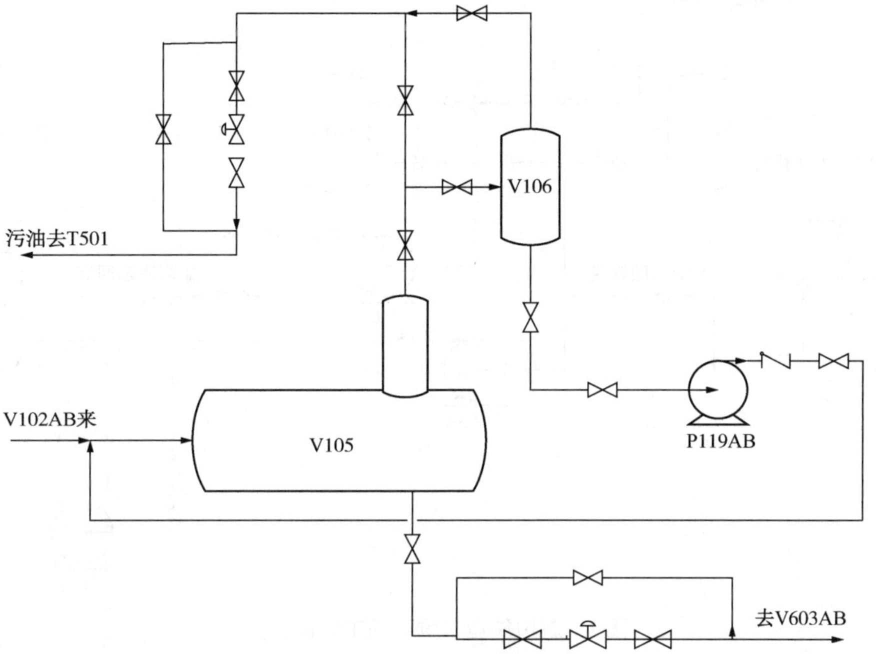

图 2　V105 改造流程图

2.2.2　重污油罐回炼至焦炭塔顶

重污油 V604A 罐主要回收电脱盐切水带污油以及本装置设备检修退油，该罐污油液位高于 80%外送储运；重污油 V604B 罐作为回炼的主体罐，该罐回收系统(储运和动力)低含水重污油，通过 P603B 出口回流线至焦炭塔顶进行回炼。目前可回炼至焦炭塔 T301A-F 中的生产塔，每次切急冷油时同步进行污油回炼切换。如表 2 所示。

表 2　V604B 含水污油分析数据对比

样品名称	3 月污油水分/%(质量分数)	6 月污油水分/%(质量分数)
V604B 污油	15	6
V604B 污油	29	5
V604B 污油	23	8
V604B 污油	25	7
V604B 污油	16	9
V604B 污油	16	8.5
V604B 污油	18	10

续表

样品名称	3 月污油水分/%(质量分数)	6 月污油水分/%(质量分数)
V604B 污油	23	7.5
V604B 污油	39	8
V604B 污油	40	6.5

电脱盐切水自产重污油收至 V604AB，V604AB 罐高含水污油回炼至焦炭塔顶，由于污油没有经过加热水含量在 20%~40%，直接进行回炼存在分馏塔冲塔，焦炭塔顶大油气线法兰及回炼金属软管等泄漏着火，焦炭塔特阀卡涩的情况；污油盐含量高造成分馏塔底过滤器压差上升，顶循系统结盐加剧，分馏塔油气线及法兰泄漏着火的风险。2023 年 4 月装置新增储运收重污油流程实现系统污油边收边炼，因原收油流程中，重污油罐 V604B 倒入放空塔或回炼至焦炭塔流程与系统收重污油流程冲突，重污油罐在回炼时无法收系统污油，收系统污油时无法回炼，影响装置污油回炼量。4 月份装置通过技术改造

后在减三线出装置阀组新增管线，通过减三线出装置流程倒收系统污油至P603B入口阀前进重污油罐V604B，流程改造后解决了重污油罐污油无法边收边炼的问题，同时，储运装置延长污油沉降脱水时间，动力装置增设污油三相分离脱水设施，流程改造后V604B重污油含水量下降至10%以下。目前装置通过焦炭塔顶连续回炼重污油量维持在9t/h，单日污油处理量高达220t，有效解决了系统污油库存高的难题。如图3所示。

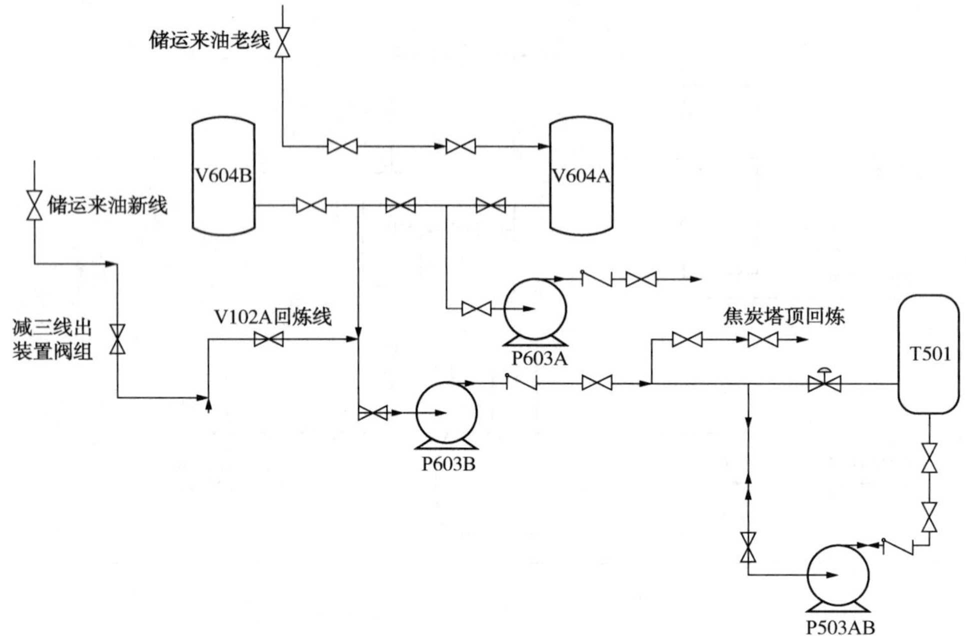

图3 新增储运来重污油工艺流程图

3 下一步优化改进措施

目前已采取的污油回炼方式可暂时缓解系统污油库存高的问题，但以上两种污油回炼方式均存在一定瓶颈，为进一步有效解决系统污油问题，建议采用以下优化改进措施。

3.1 优化电脱盐系统运行

重污油通过电脱盐罐回炼技术主要缺点是持续回炼污油量较小，当原油性质恶化电脱盐自产污油量增大时，该回炼方式无法实现装置内污油平衡，因此优化电脱盐运行减少自产污油量是问题的关键，实际操作过程中可通过优化脱前温度，电脱盐罐界位，注水量，混合压降，破乳剂注入量等操作参数，也可通过立项增设五级电脱盐罐，增加原油在电脱盐罐内沉降时间减少自产污油量。针对V106底水泵P119AB在操作温度压力状态下机械密封泄漏问题，装置研判后对机泵密封进行重新选型，可实现V105分离器最佳运行状态。

3.2 推进焦化加热炉集中回炼项目

建议增设焦化加热炉集中回炼项目，如图4所示，重污油经过三相离心脱水脱杂质后，再进焦化炉对流室加热到200℃以上，进入污油闪蒸罐，顶部油气及水气进入焦化分馏塔；闪底油、焦化蜡油按照一定比例混合后，通过闪底泵提压后进入焦化炉F301C辐射段加热，最终加热至470℃后进焦炭塔反应。该项目设计污油处理量45t/h，F301C平均每支进料量15t/h；将F301C烧焦同污油回炼计划联动，系统污油量上升至20000吨左右时，制定烧焦计划并进行集中回炼，计划每年运行2次。污油主要来源于电脱盐切水，密度0.951～1.013g/cm^3，污油水含量25%～35%，盐含量850～3532mg/L，含有泥沙等固体杂质。污油闪蒸主要目的是在系统压力0.135～0.155MPa，设定操作温度，完成初步闪蒸脱水、轻质石脑油，控制闪底油水含量<0.2%，控制污油闪蒸塔底油馏程数据接近常压装置闪底油。

增加焦化蜡油混合流程，设置两个蜡油混合位置：在原料系统增加焦化蜡油，可以降低炉出口气化比例，降低两相流振动风险，并对原料系统稀释降黏，增加重污油流动性，在进焦化炉反应前混合焦化蜡油，一是调整循环比避免弹丸焦产生，二是增加焦化炉炉管流速，防止焦化炉管结焦；建议焦化蜡油按照 1：1 的比例混合。另外焦炭塔在生焦过程中，由于污油的轻组分多、蜡油气化量大，必须严格控制空塔气速<0.1m/s、安全空高>5m 以降低泡沫层高度。

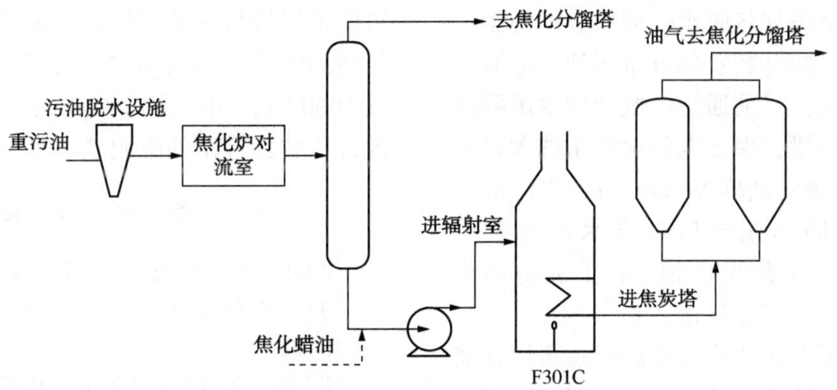

图 4　焦化炉回炼流程图

3.3　利用装置余热对油品预处理

因 2#焦化装置分馏塔顶循热量富余，需要利用冷回流进行冷却处理，打冷回流加剧分馏塔顶循系统结盐且增加装置能耗，因此可利用焦化中段余热对装置内自产高含水重污油进行加热脱水，脱水后高品质重污油进行回炼。塔底污油经污油泵抽出送至焦炭塔(或分馏塔、或减压塔、或电脱盐罐 V102A)进行回炼。塔顶水蒸气冷凝后进入分液罐，将含硫污水外送至硫黄装置，油气至放空塔 T501 顶出口线。该项目污油处理后路多且处理污油量大，建议加快该项目的推进，可有效解决装置内部以及系统污油问题。如图 5 所示。

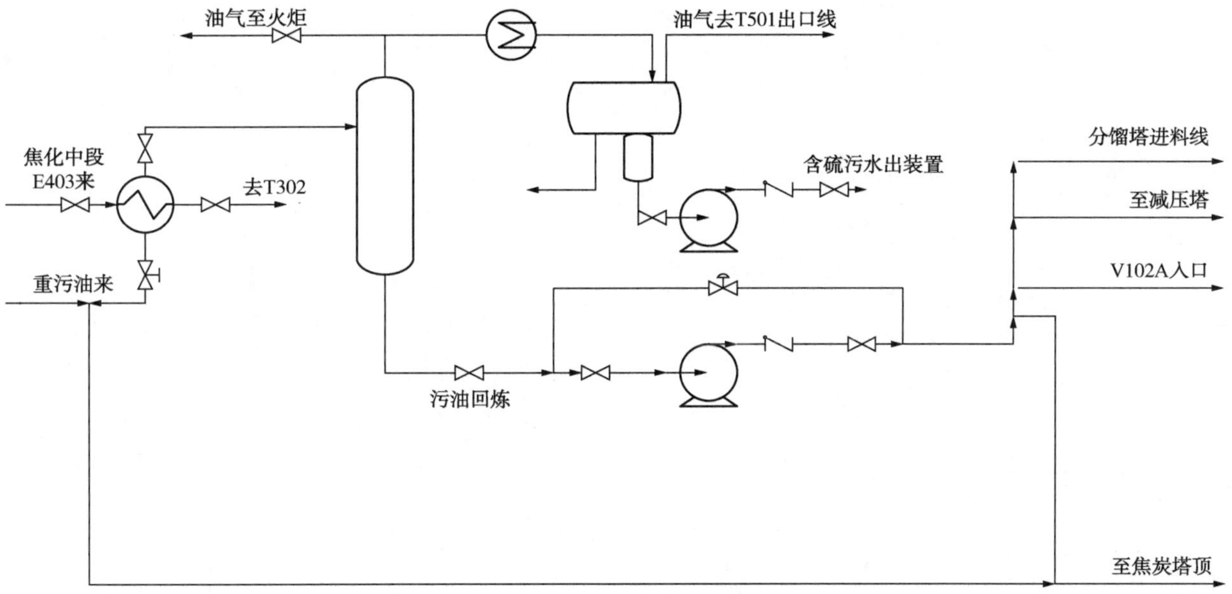

图 5　污油预处理流程图

3.4　进焦炭塔回炼增设雾化器

2#焦化装置放空塔污油回炼至焦炭塔急冷油线流程需经过放空塔回流线，回炼污油量主要根据放空塔底液位进行调整，建议在放空塔回流线上增设重污油雾化器，重污油在雾化喷嘴作用下，将含水重污油雾化，雾化后的油、水微粒与高温蒸汽及油气进行充分换热，其中的重油组分被加热后仍以液相存在，而水及轻油馏分被加热后以气相存在，从而实现油水分离。流程改造后重污油吸热更均匀，重污油中水含量降低，污油回炼量相对稳定。

4 结论

（1）重污油成分复杂难脱水，直接回炼至电脱盐罐易造成电脱盐系统波动且影响生产军用航煤燃料，通过放空塔加热脱水处理后，回炼至焦炭塔作急冷油，可回炼装置部分重污油；电脱盐切水产生污油量大，目前通过电脱盐切水沉降罐定期收油至重污油罐，保证电脱盐切水油含量不大于 80mg/L，将重污油罐 V604A 高含水污油外送至储运脱水，储运脱水后低含水污油收至 V604B 后连续回炼至焦炭塔顶，目前放空塔和重污油罐两处日回炼污油量达 260t。

（2）V604B 罐重污油连续回炼至焦炭塔顶流程是制约全厂重污油平衡的关键点，因该回炼方式存在分馏塔冲塔，辐射泵抽空，焦炭塔大油气线法兰泄漏着火等风险，无法保证该回炼方式长期连续使用。建议尽快推进焦化炉烧焦期间集中回炼污油项目，系统污油量上升至 20000 吨左右时，制定烧焦计划并进行污油集中回炼。

（3）建议利用装置焦化中段余热对污油进行预处理，脱水后的高品质污油再回炼；同时可在放空塔回炼管线上设置含水重污油雾化器，保持污油回炼量的相对稳定。

（4）全厂重污油借助焦化装置放空系统和焦炭塔顶线进行污油回炼后，解决了系统重污油库存高的难题，据统计 2# 焦化装置五月回炼污油量 7000 吨。同时重污油进焦化装置回炼避免了进常压装置带来的电脱盐波动常压塔冲塔问题。

参 考 文 献

[1] 李晋楼．延迟焦化装置回炼含水重污油的技术探讨[J]．石油化工安全环保技术，2015，31(3)：18-22.

[2] 郭立静．延迟焦化装置回炼炼厂重污油技术的应用[J]．河南化工，2010，27(10)：54-56.

[3] 赵积智．关于延迟焦化装置污油做急冷油回炼技术探讨[J]．化工管理，2020，30(5)：114-115.

[4] 蒋玉．炼厂轻、重污油回炼技术在延迟焦化装置的应用[J]．石化技术，2020，27(03)：16-17.

[5] 吴振华．炼油厂重污油回炼技术探讨[J]．石油化工安全环保技术，2017，33(1)：56-60.

航煤加氢装置氢气一次通过流程可行性方案研究

袁小彬　文　敏

（中国石化塔河炼化有限责任公司）

摘　要　本文介绍中国石化塔河炼化有限责任公司30万吨/年航煤加氢装置的主要生产工艺参数，分析航煤加氢装置的能耗构成，对比其他炼化企业同类装置的能耗参数，提出了航煤加氢装置氢气一次通过的可行性方案。通过采用氢气一次通过流程方案前后装置能耗对比分析，论证氢气一次通过流程将降低装置整体能耗，提出了氢气一次通过流程方案实施后可能存在的问题与建议。

关键词　航煤加氢装置；氢气一次通过流程；能耗；对比分析

1　塔河航煤加氢装置介绍

中国石化塔河炼化有限责任公司（以下简称塔河炼化公司）30万吨/年航煤加氢装置以直馏煤油为原料，生产满足GB 6537—2006标准的3[#]喷气燃料，产品的硫质量分数不大于50mg/kg。该航煤加氢装置采用中国石化石油化工科学研究院研发的航煤临氢脱硫醇RHSS专利技术，由中国石化洛阳石化工程公司完成工程设计。航煤加氢装置主要包括反应部分和分馏部分，装置设计操作压力为3.5MPa，循环氢流量标准态为4800m^3/h，设计能耗为9.27kgEo/t。反应部分使用了两台循环氢电动往复式压缩机，两台压缩机以“一开一备”模式运行，单台压缩机功率为110kW，装置反应部分的主要操作参数见表1。

表1　航煤加氢装置反应部分主要操作参数

项　　目	生 产 航 煤	生产国Ⅳ柴油
反应器入口压力/MPa	3.8	3.8
反应器入口温度/℃	270	305
反应器出口温度/℃	272	310
反应器温升/℃	2	5
反应器入口氢油体积比	（140~160）：1	（140~160）：1
w[化学氢耗(纯氢)]w%	0.14	0.15
压缩机入口压力/MPa	3.5	3.5
压缩机出口压力/MPa	4.1	4.1
压缩机设计负荷/($Nm^3 \cdot h^{-1}$)	4800	4800
低压分离器压力/MPa	3.3	3.3
产品分馏塔回流量/($t \cdot h^{-1}$)	1.2~1.5	2.5~3.0
塔底温度/℃	216~218	228~232
塔顶回流罐压力/MPa	0.14	0.14

2　装置运行与能耗情况

塔河炼化公司航煤加氢装置2014年6月一次开车成功，运行至今总体情况平稳。受航煤产品消费市场需求量的制约，航煤产品月产量约在14kt左右。为提升航煤加氢装置的经济效益，航煤加氢装置采用间断切换的生产模式，装置兼顾生产国Ⅳ低凝柴油产品。国Ⅳ低凝柴油产品生产期间，为保证国Ⅳ低凝柴油产品的闪点及总硫指标，致使装置能耗大幅度提升。自装置开工以来塔河炼化公司航煤加氢装置能耗情况如图1所示，装置能耗呈逐步下降过程。

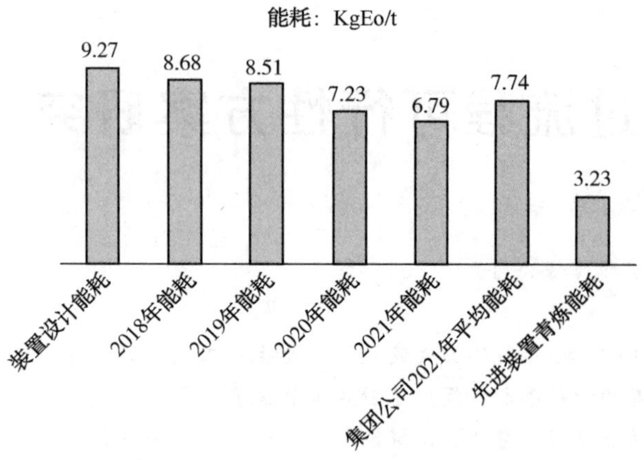

图 1　2018 年-2020 年塔河航煤加氢装置能耗情况

塔河炼化公司航煤加氢装置与集团公司其他企业航煤装置 2021 年平均能耗低 0.91kgEo/t，但与集团公司先进装置青岛炼化的能耗(3.23kgEo/t)对比相差较大，与同等规模的装置相比能耗方面也表现不佳，2021 年在 26 套航煤加氢装置年能耗竞赛排名中该装置排名 9 名，装置有进一步挖潜增效的空间，航煤加氢装置能耗对比情况详见表 2。

表 2　2021 年航煤加氢装置能耗情况

序号	装置名称	能耗/kgEo · t^{-1}	负荷率
1	燕山	4.22	98.42
2	天津	3.81	106.44
3	石炼	3.9	87.78
4	洛阳	7.04	87.59
5	齐鲁	4.32	69.64
6	济南	17.94	87.97
7	安庆	9.76	69.4
8	九江	16.68	108.53
9	中韩 1	4.25	104.02
10	中韩 2	3.35	72.27
11	长岭 2	11.62	116.2
12	长岭 3	7.19	64.76
13	扬子 2	12.22	76.06
14	高桥 1	7.66	101.51
15	上海 1	6.81	100.58
16	上海 2	13.97	81.19
17	镇海 3	3.72	75.74
18	广州 1	3.51	118.15
19	茂名 1	10.38	79.38
20	茂名 2	6.79	90.45
21	海南 1	4.65	110.45
22	海南 2	7.2	97.03
23	塔河	6.79	90.19
24	中科	12.54	58.39
25	青炼	3.23	71.27
26	福建	7.77	73.61

续表

塔化航煤加氢装置的能耗主要包括燃料气和电能，具体能耗构成及占比情况见图 2。根据装置主要运行数据及主要经济指标，与武汉、茂名、镇海、青炼、长岭相比，该装置能耗偏高主要源于电耗及燃料耗量偏大，见图 2。装置电单耗较高原因分析，一方面装置进料油性质导致电耗设计指标偏高，该航煤加氢装置原料油氮含量高达 64mg/kg，生产合格产品所需的反应压力比常规航煤加氢高约 2.0MPa，因此导致反应加氢进料泵电耗偏高；另一方面循环氢压缩机无流量调节系统，氢油比大，导致耗电较高。装置燃料偏大原因分析，装置流程设计根本上决定了航煤加氢装置的高燃料量，航煤加氢的原料油进装置没有设置换热器，加之航煤加氢装置间断切换式生产模式，生产装置兼顾生产国Ⅳ低凝柴油，同时该装置系统的燃料气源热值低，协同造成装置的燃料耗量增加。

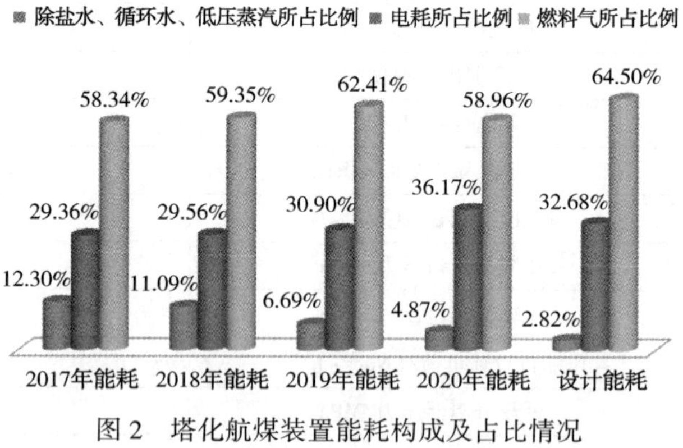

图 2　塔化航煤装置能耗构成及占比情况

目前，玉门炼化、青岛炼化、长岭炼化等企业实现了航煤氢气一次通过设计流程。其中青岛炼化 120 万吨/年航煤加氢装置(2015 年改造)，设计操作压力为 2.1MPa(分离器)，运行氢油体积比约 70：1，航煤加氢装置所需一次通过氢气由柴油加氢新氢压缩机一级出口引出(压力 4.2MPa)，经过航煤加氢装置反应后的富氢再返回至柴油加氢新氢压缩机一级进口缓冲罐(压力 2.0MPa)作为柴油装置的补充氢，分馏系统设重沸炉，装置综合能耗2021年为3.23kgEo/t，青岛炼化航煤加氢装置能耗指标远低于塔河炼化航煤装置，能耗优势更强(见表3)。因此，氢气一次通过设计流程具有明显降低航煤加氢装置能耗的优势。

表3 先进航煤装置主要经济技术指标(2019年数据)

单位	新鲜水/(t·t^{-1})	循环水/(t·t^{-1})	电/(kWh·t^{-1})	1.0MPa蒸汽/(t·t^{-1})	燃料/(kg·t^{-1})	综合能耗/(kgEo·t^{-1})
天津石化	0	0.51	3.02	0	0	4.58
石家庄石化	0	2.1	7.46	0	2.59	3.98
洛阳石化	0.0025	3.21	3.21	0	4.21	6.43
青岛炼化	0	1.25	2.59	0	2.19	3.36
镇海炼化3	0.001	0.67	5.151	0	0	4.46
塔河炼化	0	0.86	10.81	0.003	5.98	8.51

3 氢气一次通过可行性方案

塔化航煤加氢装置设计有循环氢压缩机系统和塔底重沸炉，其综合能耗虽已经降低到设计值以下，但与其他炼化企业航煤装置相比能耗差距相对较大，在不采取新技术改进措施的情况下，该航煤加氢装置能耗指标几乎没有进一步优化的空间。由于氢气一次通过流程可以避免航煤加氢装置运行循环氢压缩机，从而降低运行电能，故提出该航煤加氢装置的氢气一次通过流程可行性方案。

塔河航煤加氢装置的氢气一次通过流程可行性方案：航煤加氢装置改为氢气一次通过流程，停开循环氢压缩机，航煤加氢装置正常生产所需循环氢标准态约4000~5000m^3/h，氢气由邻近2[#]加氢装置增压机一级出口(压力约4.2MPa)供给，经过航煤反应器完成加氢反应后，通过高压分离器气液分离氢气排放至氢气管网(具体流程见图3)。受2[#]加氢增压机氢气上量指标及后路氢气品质两方面的制约，按照催化剂能够承受的最小氢油体积比来设定一次通过所需的最小氢气用量，以减小供氢量压力，同时保证后续加氢装置对新氢品质的要求。石油化工科学研究院提供的RSS-2催化剂所能允许的最小氢油体积比不能小于100：1的指标，在满足最小氢油体积比指标的同时研究氢气一次通过方案的可行性，因此提出了满负荷时需要的最小氢气量标准态为4000m^3/h。

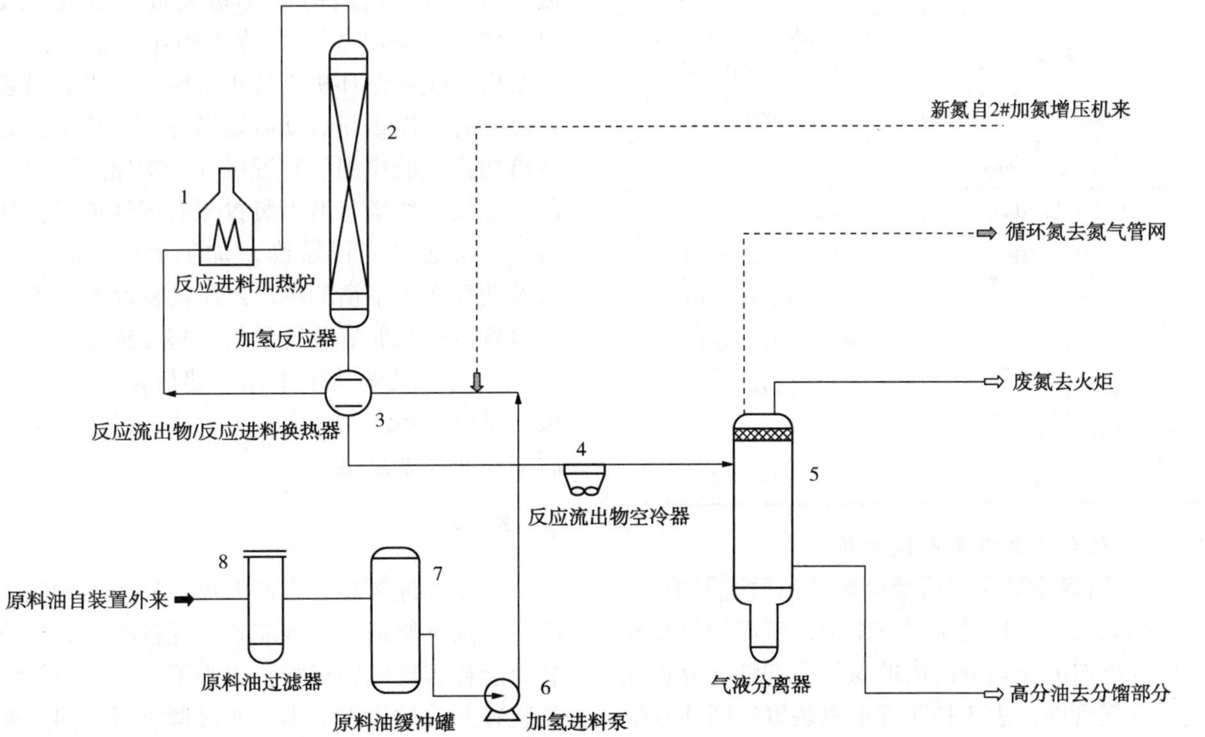

图3 航煤加氢装置氢气一次通过流程

3.1 可行性方案能耗分析

实施氢气一次通过流程方案，该航煤加氢装置在一定程度上可降低电耗量。航煤加氢装置临近的2#汽柴油加氢装置设有三台增压机，其中一台增压机为无级气量调节系统，增压机操作参数见表4。自2017年7月1日起装置全面升级至国Ⅴ柴油标准，受柴油升级耗氢量增加因素的影响，三台增压机实行“两开一备”的运行模式。基于该2#加氢装置增压机长期“两开一备”模式运行特点，从系统能耗角度出发，氢气一次通过流程将导致航煤加氢装置的部分电耗转移至2#汽柴油加氢装置，即导致增压机做功量增加。经初步核算，正常生产过程中增压机压缩新氢量标准态21000m^3/h，当增加新氢量标准态4000~5000m^3/h时，增压机耗电量每小时增加20kW·h，而航煤加氢循环机正常运行每小时所需总电量为75kW·h，涵盖主电机、水泵电机、润滑油泵冬季防冻运行的耗电量，综合加制氢增压机耗电增加量与停开航煤加氢循环机耗电节省量，氢气一次通过方案整体上每小时节约装置电量约75kW·h，年节约电量46万kW·h左右，节约电费23万元左右，航煤加氢装置总能耗预计下降约0.9~1.5kgEo/t。

表4 2#汽柴油加氢装置增压机操作参数

设备型号	2D45-17/23.5-87.5
结构型式	固定水冷对称平衡型，二列两级往复活塞式
流量(标准态)/(m^3·h^{-1})	21000
按吸入状态/(m^3·min^{-1})	17
进气压力/MPa	一级2.35　二级4.72
排气压力/MPa	一级4.72　二级8.75
型号	TAW1350-18/2150
型式	增安型同步电动机
额定电压/V	10000
额定电流/A	76.4
功率/kW	1350

3.2 可行性方案相关问题分析

3.2.1 航煤循环氢对后续装置产品质量影响

在氢气一次通过流程方案中，航煤加氢装置高压分离器的顶端分离出的氢气会携带部分轻烃进入氢气管网，表5是航煤加氢装置的循环氢组成分析。

表5 航煤加氢装置的循环氢组成分析

组　分	体积分数/%
甲烷	0.56
乙烷	0.12
丙烷	0.03
氧气	0.5
氮气	3.3
硫化氢	0.2
氢气	95.29

表5分析结果可知循环氢组分中含有部分轻烃，一方面可能会造成两套汽柴油加氢精制装置的反应器床层温升增大，另一方面氢气管网中轻烃组分的增多会使两套加氢装置新氢压缩机的级间分液罐凝液增加，增加了压缩机带液工作的风险。另外，氢气一次通过的循环量仅为4000~5000(标准态)m^3/h，氢气管网中连续重整产氢20000(标准态)m^3/h，航煤加氢装置的氢气一次通过的循环量所占氢气管网比例仅为11%左右，改造后由于航煤加氢装置将连续有大量纯氢进装置，航煤加氢装置循环氢的氢气纯度更高，因此，后续装置柴油升级受到的影响是有限的。

3.2.2 可行性方案对装置操作影响

首先氢气一次通过流程较易受2#加氢装置影响，塔河炼化公司航煤加氢装置氢气一次通过流程所用氢源由塔河2#加氢装置增压机一级出口提供，当塔河2#加氢装置操作异常时，需要重新启动航煤循环机维持正常生产；当航煤装置开停工时，需重新启动航煤循环机，待正常运行后再切换至航煤加氢装置氢气一次通过流程。因此，建议保留塔化航煤装置原有氢气流程；其次氢气一次通过流程导致2#加氢增压机的一、二级做功存在不平衡问题。2#加氢装置增压机一级出口直接供给航煤装置氢气，将导致加氢增压机的一级与二级做功不平衡，建议使用2#加氢无级气量调节系统作为主调节手段，操作经验尚需后期不断摸索总结。

4 结论

该航煤加氢装置生产航煤产品的同时兼顾生产低凝国Ⅳ柴油，导致装置能耗较高。如何降低装置能耗实现低碳运行，成为了摆在塔河航煤加氢装置面前的头等大事，通过调查研究同类航煤装置的运行情况，经过技术研究分析，该航煤加氢装置实行氢气一次流程方案具备可行性条件，建议实施。

参 考 文 献

[1] 李大东．加氢处理工艺与工程[M]．北京：中国石化出版社，2004.

[2] 杜岳红．航煤加氢装置工艺设计[D]．天津：天津大学，2005：14-20.

[3] 吕娜．航空煤油加氢精制装置工艺设计[D]．上海：华东理工大学，2015.

[4] 周礼俊，宋永一．液相加氢工艺在航空煤油生产上的工业应用[J]．当代化工，2014(01)，111-113.

[5] 梁瑜．加工塔河油技术分析与优化[D]．天津：天津大学，2012：11-18.

[6] 夏国富，朱玫，聂红，石亚华．喷气燃料临氢脱硫醇RHSS技术的开发[J]．石油炼制与化工，2001(01)：12-15.

[7] 褚阳，夏国富，刘锋，朱玫．高处理量喷气燃料加氢催化剂RSS-2的开发及其工业应用[J]．石油炼制与化工，2014(8)：6-10.

浅析干气系统运行对全厂加热炉烟气达标排放影响的措施研究

闫 虎

（中国石化塔河炼化有限责任公司）

摘 要 为确保脱硫后的炼厂干气中硫含量达标(H_2S 不大于 40mg/m^3，总硫不大于 100mg/m^3)，分析了原料、溶剂再生运行、胺液质量对干气脱硫效果的影响。通过加强原料管理稳定进料、提高胺液品质、完善在线检测设施，对火炬系统气柜回收气稳定脱硫后再补入燃料气系统，可满足全厂加热炉和硫黄装置尾气焚烧炉烟气二氧化硫排放标准。通过采取短期和长期的措施，硫黄装置烟气 SO_2 稳定控制在 100mg/m^3 以下，全厂加热炉烟气 SO_2 控制在 50mg/m^3 以下，满足《石油炼制工业污染物排放标准》(GB 31570—2015)要求，实现稳定达标排放。

关键词 干气脱硫；加热炉；胺液循环量；酸性气负荷；溶剂发泡；热稳态盐；胺液净化

习近平总书记在十九大报告中提出生态文明建设总体要求，坚持绿水青山就是金山银山的理念，要继续打好污染防治攻坚战，推动绿色企业的创建和验收，将依法合规经营纳入法律体系。近年来，法律法规对环保的要求日趋严格，炼油企业严格执行《石油炼制工业污染物排放标准》(GB 31570—2015)规定的大气污染物排放限制，工艺加热炉烟气 SO_2 污染物排放标准已成为一条不可逾越的环保红线。同时，对于采用炼厂干气作为燃料的加热炉网络对于干气脱硫系统的稳定运行提出了新的要求，因此，通过优化干气脱硫系统运行和干气脱硫装置工艺流程优化调整，以确保符合苛刻的排放标准，实现达标排放，满足国家环保法规的强制性要求。

1 干气脱硫系统概况

塔河炼化公司有 3 套干气脱硫装置，规模分别为 7.56 万吨/年、17.91 万吨/年、6 万吨/年。T5201(1#硫黄干气脱硫塔)、T102(2#硫黄干气脱硫塔)主要处理焦化干气、连续重整干气、加氢干气，T701(气柜干气脱硫塔)是配套气柜气回收净化处理装置，主要是对低压瓦斯系统回收的各装置的废气景象脱硫净化处理，气柜气来源广泛、组成复杂，处理难度较大。3 套干气脱硫装置负责对高含硫干气脱硫净化处理后送入燃料气管网作为全厂各加热炉的燃料，硫黄装置的尾气焚烧炉也是从管网引入的燃料气提供燃料。

2 工艺流程

干气脱硫装置采用了胺法脱硫工艺，脱硫剂选用 N-甲基二乙醇胺(MDEA)为主要成份的高效脱硫剂，经过冷却器冷却分液后，进入干气脱硫塔与 N-甲基二乙醇胺(MDEA)溶剂逆向接触，干气中的 H_2S 被溶剂吸收，塔顶净化干气经干气胺液回收器分液后，送至全厂燃料气管网作燃料。

胺法脱 H_2S 的基本工艺原理是一种在不同温度条件下的可逆反应。原料干气中所携带的 H_2S 介质是一种弱酸，而用于脱硫的有机胺(一般采用选择性较好的甲基二乙醇胺，简写 MDEA)是一种弱碱，上述两种介质在低温条件(一般在 40℃左右)相遇时即发生酸碱中和反应，形成有机硫胺化合物(简称富胺液)，并使原料干气中 H_2S 因化学反应溶解于胺液中而被脱除，整个胺法脱 H_2S 过程是一个带化学反应的吸收过程。反应形成的有机硫胺化合物在较高温度下(一般 125℃)发生分解(再生过程)，还原为 MDEA(贫胺液)和 H_2S。

具体反应过程示意如下：

$$H_2S+2RNH_2 \longrightarrow (RNH_3)_2S \quad (1)$$

$$CO_2+2RNH_2 \longrightarrow RNHCOONH_3R \quad (2)$$

式(1)为瞬间可逆反应，式(2)为极慢反应，因此(2)是 N-甲基二乙醇胺与 CO_2 的控制步骤，所以 N-甲基二乙醇胺对 H_2S 吸收有较高的选择性，对 CO_2 的吸收却不明显，同时 N-甲基二乙醇胺对 COS、CS2、硫醇、硫醚等有机硫没有吸收效果。

因 3 套干气脱硫塔处理工艺相同，此处以 2#干气脱硫装置工艺流程图为例。

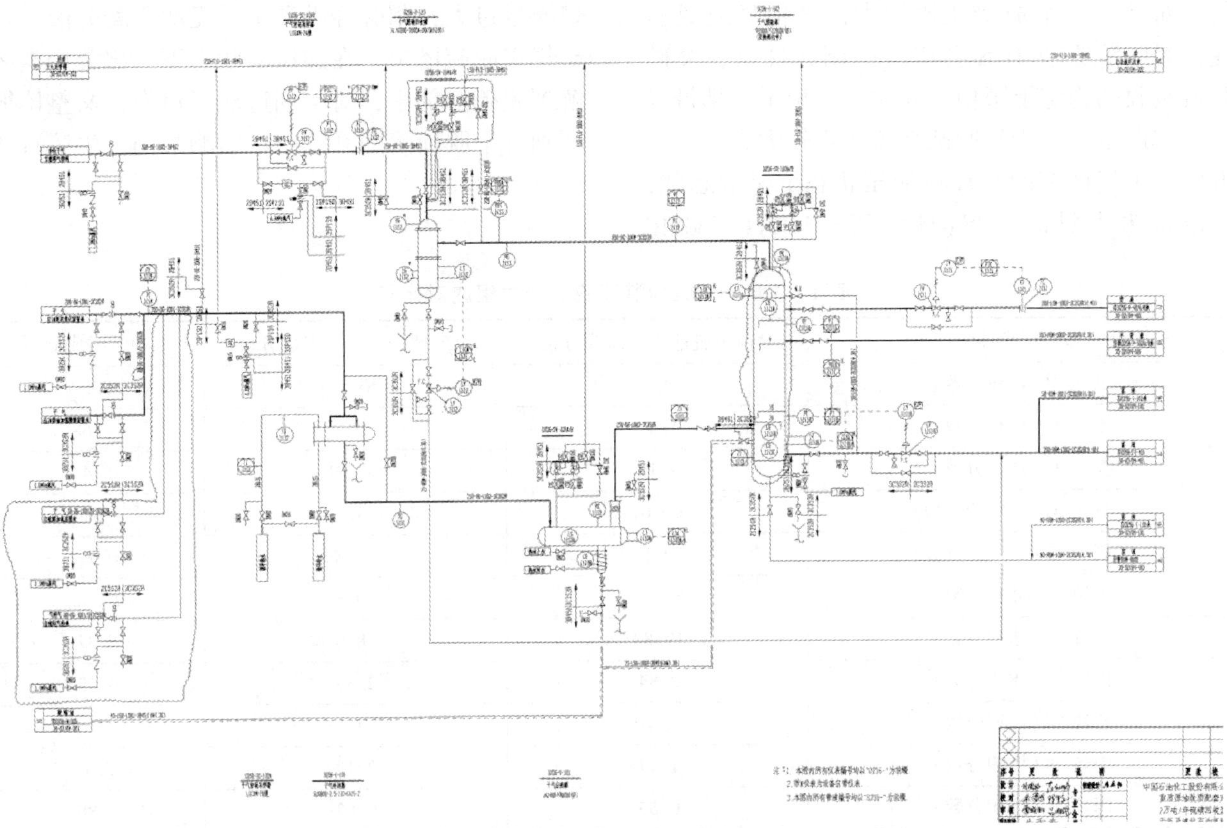

图 1　2#干气脱硫装置工艺流程图

3　影响因素分析

脱硫处理后的净化干气质量，直接决定全厂加热炉的烟气 SO_2 的达标排放，在实际运行过程中 3 套干气脱硫系统依附于 2 套溶剂再生系统，原料来源不同，但脱硫净化处理后都送至同一燃料气管网，所以每一套干气脱硫装置出现问题都会影响全厂加热炉的烟气达标排放。总结 2020 年以来全厂加热炉烟气出现波动及超标的情况，从设计、操作、在线仪表配置、管理等方面进行分析，主要有以下几个方面的影响因素。

3.1　原料干气波动的影响

原料干气作为干气脱硫塔的供料，稳定进料是保证脱硫净化效果的保障。但往往受上游供料装置的影响，原料干气进脱硫塔的流量会发生大幅度波动，导致干气脱硫塔贫溶剂供料调节滞后，脱硫效果下降，净化干气出现硫化氢超标的情况，从而污染全厂瓦斯系统，导致全厂加热炉烟气 SO_2 出现波动或超标。

3.2　原料干气组成变化的影响

原料干气供料来源较多，但都集中在 3 套干气脱硫塔进行处理，本文对 3 套干气脱硫塔进口原料干气进行集中研究和分析。

表 1 对全厂 3 套干气脱硫装置的脱前干气组成进行了对比，其中影响干气脱硫净化效果的组分主要是硫化氢的含量、CO_2 含量有机硫的含量。受化学平衡和反应速度的影响，CO_2 含量直接影响贫溶剂对 H_2S 的吸收，主要体现在气柜干气的影响比较突出，气柜干气中的 CO_2 含量也是较其他两套装置要高得多，在生产运行过程中，从 3#硫黄装置酸性气的组成分析中的也能直观的体现出来。通过对比发现：①原料干气中 C_1 和 C_2 组分 1#、2#脱前干气要较气柜干气高，气柜干气中的 C_3 以上的组分要比 1#、2#脱前干气要高；②气柜干气中的 H_2 的含量要远高于 1#、2#脱前干气；③气柜干气中惰性气体 N_2 的

占比较1#、2#脱前干气要高。综上所述，1#、2#脱前干气的组成较为稳定，在上游供料装置运行正常的情况下，组成不会发生太大变化，干气脱硫塔处于稳态运行，净化后质量有保证。气柜干气相对而言，组成变化比较大，气柜气组成多变，对胺液吸收 H_2S 会产生抑制或冲击，突破胺液吸收的稳定上限值。同时，气柜干气携带轻烃比较严重，对干气脱硫装置产生较大影响，一方面，干气携带的轻烃在加压状态下呈液态状，可以携带大量的COS（羰基硫）、CS_2（二硫化碳）、RSH（硫醇类化合物）等有机硫，胺液对有机硫没有吸收效果，出现净化干气硫化氢达标，总硫超标的情况，同样也会对全厂加热炉的烟气 SO_2 造成排放超标的影响；另一方面，气柜干气带液量过大，部分烃类和杂质无法冷凝分液，随干气进脱硫塔中，在加压的状态下一部分烃类溶解到脱硫溶剂中，对溶剂造成了污染，又整体循环到整个脱硫溶剂系统中，影响溶剂再生装置的运行。

表1　3套干气脱硫装置脱前干气组成对比表

分析项目	1#硫黄脱前干气组成分析	2#硫黄脱前干气组成分析	气柜气组成分析
氧气/%(体积分数)	0.5	0.5	0.5
氮气/%(体积分数)	1.47	1.7	16.68
氢气/%(体积分数)	9.18	14.69	45.44
一氧化碳/%(体积分数)	<0.01	0	0
二氧化碳/%(体积分数)	0.1	0.08	0.77
甲烷/%(体积分数)	57.31	49.8	23.32
乙烷/%(体积分数)	19.82	18.8	6.37
乙烯/%(体积分数)	2.84	2.39	0.52
乙炔/%(体积分数)	<0.01	0	0
丙烷/%(体积分数)	1.14	2.12	3.1
丙烯/%(体积分数)	0.55	0.62	0.86
环丙烷/%(体积分数)	<0.01	0	0
丙二烯/%(体积分数)	<0.01	0	0
异丁烷/%(体积分数)	0.15	0.39	0.53
正丁烷/%(体积分数)	0.31	0.92	1.18
异丁烯/%(体积分数)	0.1	0.17	0
正丁烯/%(体积分数)	0.12	0.21	0.25
反丁烯-2/%(体积分数)	<0.01	0.06	0.07
顺丁烯-2/%(体积分数)	<0.01	0.04	0.05
1,3丁二烯/%(体积分数)	<0.01	0	0
异戊烷/%(体积分数)	<0.01	0.08	0.02
正戊烷/%(体积分数)	<0.01	0.09	0.34
戊烯-1/%(体积分数)	<0.01	0	0
反戊烯-2/炼厂气组成/%(体积分数)	<0.01	0	0.03
顺戊烯-2/%(体积分数)	<0.01	0.04	0
2-甲基丁烯-2/%(体积分数)	<0.01	0.01	0.02
C6及以上/%(体积分数) 硫化氢/%(体积分数)	<0.01	0.12	0
硫化氢/%(体积分数)	6.41	7.17	2.82
硫化氢/气相中硫化氢/(mg/m³)	47619	140349	72827

3.2.1 H_2S 组分的影响

硫化氢对干气脱硫净化的影响主要体现在酸性气的负荷上，酸气负荷是指溶液中酸气的摩尔数与胺的摩尔数之比(mol 酸气/mol 醇胺)，表示的是胺液脱硫能力高低。贫液的净化度越大，脱硫能力越强，那么也就需要较高的再生深度，能耗也会同步上升较多，同理，富液中的酸性气负荷越高，贫液对干气硫化氢的吸收能力会受到限制。取 2021 年 7 月份分析数据进行装置酸性气负荷的计算，1#溶剂再生装置富溶剂处理量为 68t/h，分析富溶剂中的 H_2S 浓度为 24324mg/L，富溶剂中 CO_2 浓度为 5000mg/L(因化验未出分析，采用经验数据)，溶剂浓度为 384243mg/L，胺的分子量为 119，胺液的密度为 1026kg/m^3。

$$Q_{H_2S}=m_{H_2S}\div M_{H_2S}/m_{胺}\div M_{胺} \tag{1}$$

式中，m_{H_2S}为富液中硫化氢的质量；M_{H_2S}为硫化氢的分子量；$m_{胺}$为胺液的质量。

$$Q_{H_2S}=\frac{\frac{24.324}{34}+\frac{5}{44}}{1026\times 0.384\div 119}=0.25\text{mol/mol}$$

2#溶剂再生装置富溶剂平均处理量为 135t/h，分析富溶剂中的 H_2S 浓度为 21000mg/L，富溶剂中 CO_2 浓度为 5000mg/L(因化验未出分析，采用经验数据)，人溶剂浓度为 350000mg/L。

根据公式(1)进行计算，2#溶剂再生富液的酸性气负荷

$$Q_{H_2S}=\frac{\frac{21}{34}+\frac{5}{44}}{1026\times 0.35\div 119}=0.242\text{mol/mol}$$

根据 1#、2#集中溶剂再生的实际运行参数，可以计算出 1#溶剂再生装置富液酸性气负荷为 0.25mol/mol，2#集中溶剂再生装置酸性气负荷为 0.242mol/mol，常规酸性气负荷在 0.2～0.4mol/mol 之间，1#富液的酸性气负荷较 2#富液稍高。

净化干气 H_2S 含量与富液 H_2S 负荷存在同步的关系。天然气脱硫装置的进料气组成是基本稳定的，炼厂干气中的 H_2S 含量变化比较大，要不断调整贫液循环量同步干气组成的变化。经过长期的实践，在稳定的溶液循环量下，净化干气 H_2S 含量与富液 H_2S 负荷显示了异常灵敏的同步变化关系，如图 2 所示。

溶液的酸性气负荷越高，酸性气在溶液中的浓度越大，根据亨利定律，酸性气的气相分压越高，即净化气中 H_2S 的含量越高。当醇胺液酸气负荷增加超过设计值时，会导致净化装置溶液系统发生设备及管线的严重腐蚀、胺液浊度高、溶液发泡、降解等一系列严重问题，同时大幅度降低了干气脱硫的效果，导致净化干气硫化物超标，影响全厂加热炉烟气的达标排放。

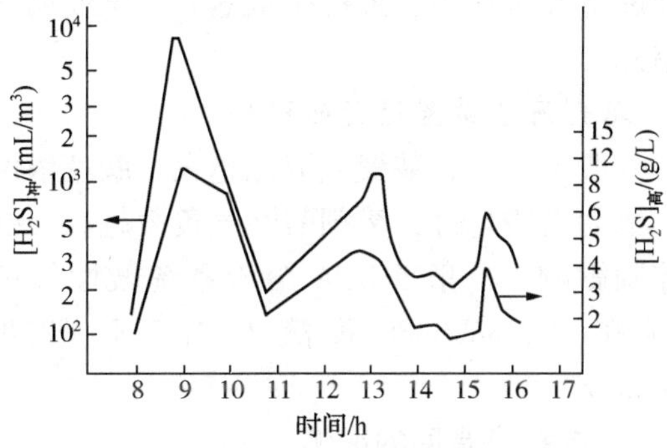

图 2 净化干气 H_2S 含量与富液酸性气负荷的关系

3.2.2 CO_2 组分的影响

MDEA 溶剂分子中不存在活泼 H 原子，不存在与 CO_2 生成氨基甲酸酯的反应，对 CO_2 的吸收是接近物理吸收的慢反应，而 MDEA 与 H_2S 的反应是受气膜控制的瞬时反应。这种反应速率的巨大差别导致 MDEA 溶液具有良好的选择性脱硫的特性。也就是说，原料气中的 CO_2 只可能部分被 MDEA 溶剂吸收。采用 MDEA 溶剂脱硫，CO_2 的共吸收会同时存在，一般控制在 38%～40%。

CO_2 的共吸收除与采用的溶剂种类有关外，还受操作中的气液比、吸收塔的塔板数和溶剂浓度的影响。一般而言，气液比小、吸收塔塔板数多、酸性气负荷高，CO_2 的共吸率就会增加。

所以控制原料中的 CO_2 含量，减少 CO_2 对净化干气的质量干扰，优化合理的操作条件，降低 CO_2 的共吸率可以进一步提高 H_2S 的吸收效果。

3.2.3 有机硫的影响

针对塔河高硫原油的特性，伴随着高含硫焦化干气、加氢装置的不凝气等，结合装置运行的特点，部分含硫气体排入低压瓦斯管网，回收后进入气柜干气脱硫塔，存在部分未经过加氢处理的气体，COS(羰基硫)、RSH(硫醇类化合物)含量特别高，单纯使用醇胺法脱硫时，MDEA 完全不与有机硫发生反应，有机硫容易突破溶剂脱硫屏障，导致净化干气总硫出现过高，进而在加

热炉燃烧好过程中，反应生成 SO_2，导致烟气排放超标。

3.3 溶剂再生装置运行的影响

一般工况下，装置气液比越大、胺液浓度越高、溶剂品质越好，溶剂酸性气负载越高，受腐蚀控制影响，一般 MDEA 溶液系统酸性气负载控制在 0.5mol/mol 胺液左右，不宜超过 0.7mol/mol。

3.3.1 贫胺液温度的影响

温度对 H_2S 的影响主要在平衡溶解度方面，但基本不影响其反应速率。温度影响的另一个途径是溶液物化性质(如黏度)等变化从而影响传质速率。

从热力学分析，醇胺与 H_2S 和 CO_2 反应属于放热反应，反应温度升高，化学平衡常数减小，故希望在较低的温度下反应。但反应温度升高却有利于反应速率常数提高，故升温有利于加快反应速率。在实际操作中，由于醇胺溶液吸收 H_2S 速率极快，故温度对 H_2S 脱除率影响很小。醇胺与 CO_2，反应受动力学控制，随着反应温度升高，溶液黏度减小，扩散系数大，吸收速率常数也呈正比增长。

当吸收温度在 20~35℃之间，随吸收塔温度升高，H_2S 的脱除率基本不变，而 CO_2 脱除率明显增大，导致脱硫选择性下降，因而溶液循环量增大，如图 3 所示。超过 35℃，CO_2 脱除率略有下降，这是因为温度升高，酸性气平衡溶解度降低，抵消了因吸收速率升高而带来的结果。吸依程度升高能耗增大，因此吸收塔温度不宜过高。相反，吸收塔温度过低也可能带来 CO_2 吸收速率减慢，烃冷凝引起溶液发泡等问题。

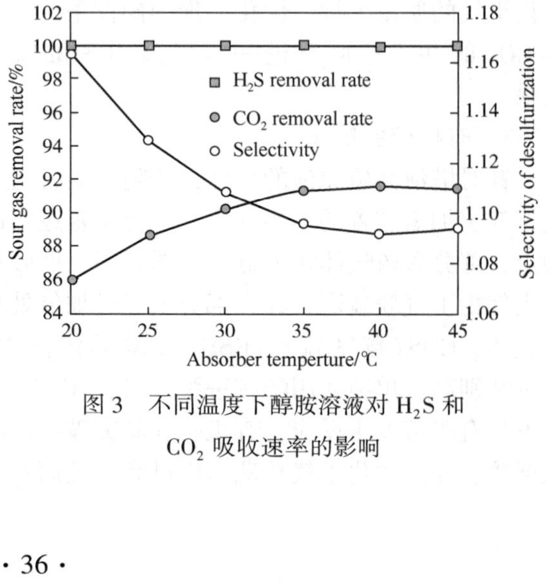

图 3 不同温度下醇胺溶液对 H_2S 和 CO_2 吸收速率的影响

贫液温度对净化气中 H_2S 含量的影响也比较大，梳理 2020~2021 年的运行情况，在 30~40℃范围内，改变贫液温度对净化气中 H_2S 含量影响不大，当贫液温度>40℃时，溶剂吸收效果下降，净化干气中的 H_2S 含量随贫液温度升高迅速上升，导致各加热炉烟气 SO_2 出现上升的情况，尤其在夏季循环水温度和压力的影响，此问题更为突出，如图 4 所示。

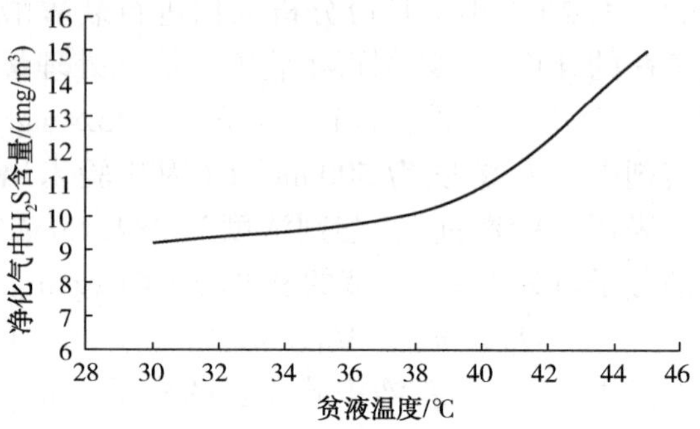

图 4 贫液温度与净化干气 H_2S 的变化关系图

3.3.2 溶剂浓度的影响

溶剂的浓度也是影响干气净化度的关键因素，通常，相同循环量的前提下，溶剂浓度越高，干气脱硫净化效果越好。但往往受客观因素的影响，溶剂浓度也应当控制在合理范围之内，不易控制过高。溶液浓度越高，脱除效果越好，但是越容易发泡，溶剂损失增加，过高的溶剂浓度也会导致溶剂再生塔底富液温度较高而影响其 H_2S 负载，一般控制胺液浓度在 25%~45%为宜。

3.3.3 胺液循环量的影响

干气脱硫塔的胺液循环量与原料干气处理量、酸性组分含量以及胺液浓度有很大的关系。

当原料干气流量提高或原料气中硫化氢含量升高时，必须通过提高胺液循环量来达到脱除硫化氢的目的，但由于受胺液再生能力、气体带胺、胺液发泡等因素的影响，胺液循环量的提高也受到严格的限制，必须同时通过其他调节手段来达到脱除硫化氢的目的。因此，必须根据原料气处理量和性质的变化及时调整胺循环量。

当胺液浓度不变的情况下，胺液循环量越高，净化干气品质越好，在设计阶段，要综合考虑干气组成变化和干气流量波动的应对能力，所以，循环量应适当留有足够的空间，但在实际的运行过程中，循环量又受机泵选型、能源消耗等因素限制，目前 2 套集中溶剂再生的负荷都在

85%~100%之间，处于高负荷运行状态。当贫液循环量超过设计值时，过剩的贫液同时会吸收 CO_2，导致酸性气中组成发生变化。

胺液循环量不足会导致吸收效果差，循环量过大会导致动力消耗大，所以循环量应控制在刚好能满足化学吸收所需的量为好。在实际操作过程中，应在保证净化气质量的情况下，要求循环量尽可能的低，以达到节能的目的。

3.4 胺液质量的影响

贫胺液质量是影响产品气质量的关键因素。随着装置运行时间增长，贫胺液发生降解、污染，有效胺比例降低，净化能力下降。通常通过胺液净化、过滤、补充新鲜胺液等方式，维持系统中有效胺占比，确保净化干气质量。

3.4.1 溶剂发泡

溶剂在运行过程中，系统会携带大量杂质，污染溶剂。主要来源有以下几种：①醇胺的降解产物；②溶液中悬浮的固体，如腐蚀产物硫化铁；③干气、液化气、气柜气带入装置的烃类凝液；④原料气夹带的缓蚀剂、含油类物质等。

各种杂质积聚在溶剂中，导致溶剂容易发泡或消泡时间过长，使再生塔操作困难，降低了塔的处理量，塔的压差迅速增大，严重时引起冲塔，使溶剂再生装置无法运行，导致干气脱硫系统无法正常运行，影响全厂燃料系统。

2018 年以前 2#硫黄脱硫溶剂因焦化柴油换热器内漏，导致大量焦粉被原料气携带进入溶剂系统，导致溶剂污染严重，经过进一步完善过滤设施，改进过滤形式，滤袋从 10μm、5μm、1μm 进行设置，增设了褶皱式过滤器以增大其过滤面积，增设了阴离子树脂床层脱盐设施，原有溶剂焦粉含量高、黏度大、浑浊，经过持续改进后，目前溶剂系统品质大幅度改善，如图 5 所示。

图 5　2018 年与 2021 年 2#硫黄胺液运行情况对比图

溶剂发泡的情况可以通过发泡高度和发泡倾向的分析进行判断，通过提前干预，添加消泡剂的方式加以控制和消除，保证装置稳定运行，但质检中心对于脱硫溶剂的化验分析器材不完善，无法定期进行数据分析，对于提前识别和控制溶剂的发泡措施相对滞后，还需要进一步完善。

3.4.2 热稳态盐的影响

醇胺与吸收的酸性气体结合生成的盐经高温处理可以分解，醇胺得以再生。但溶液中的一些无机和有机阴离子以及氨基酸离子等，它们与醇胺结合形成醇胺盐，这些盐在高温情况下无法再生，因而被称为热稳定性盐。热稳定盐是醇胺脱硫溶液的主要变质产物，而且还会影响醇胺溶液的性能。我们溶剂系统中常见的热稳定盐有甲酸盐、乙酸盐、乙醇酸盐、草酸盐、硫酸盐、硫代硫酸盐、氯盐等。

热稳态盐的存在主要有两大危害：一是超标可促使溶剂发泡，降低了胺液脱硫的性能，影响干气脱硫塔的脱硫能力，脱硫效率达不到设计水平，导致净化干气中 H_2S 超标；二是热稳定盐会渗透并溶解设备及管道表面的 FeS 保护层，使得设备暴露与腐蚀介质解除，加速设备腐蚀，近几年，根据现场实际运行情况，常见的腐蚀部位主要是溶剂再生系统贫富液换热器、贫富液管线、酸性气空冷、贫液空冷、重沸器等。

目前，两套集中溶剂再生系统均设置了胺液过滤和净化设施，但在运行过程中也存在一定的问题限制了设备的脱盐能力，主要集中在含胺废水和废碱液处理难度较大，通过装置内部进行自产自用的措施，也使得胺液净化设施间歇性运行，两套集中溶剂再生装置的热稳盐始终处于稳定状态，如果能够解决含胺废水和含碱废水的问题，才能保证胺液净化设施连续运行，热稳盐还有一定的下降空间。两套集中再生的热稳盐含量如表2所示。

表2 1#、2#溶剂再生装置胺液热稳盐含量

采样时间	1#溶剂热稳盐含量 HSS/%	2#溶剂热稳盐含量 HSS/%
2017年4月20日	2.96	8.15
2018年12月4日	2.64	4.25
2019年5月7日	2.7	4.12
2020年7月7日	2.36	3.72
2021年4月27日	2.53	2.17

2009年1#溶剂再生装置就通过技改增上了一台胺液净化设施，所以溶剂热稳定盐基本稳定在2.5%左右，2#溶剂再生装置2018年才通过技改增设一台胺液净化设施，所以溶剂热稳盐逐年下降。具体如图6所示。

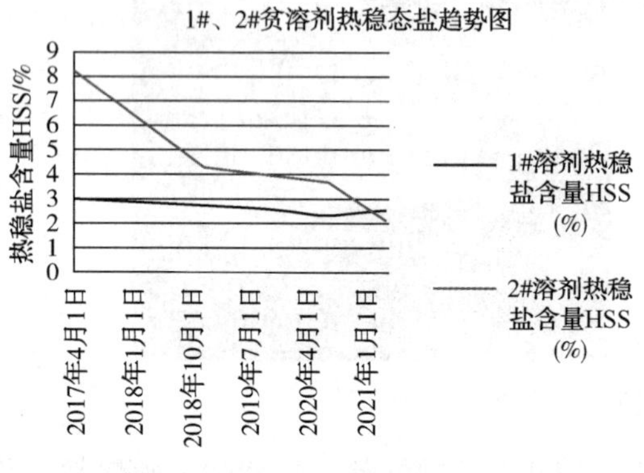

图6 1#、2#贫溶剂热稳态盐含量变化趋势图

目前两套胺液净化设施运行正常，脱盐能力受限的制约性因素主要是解决废水和低浓度废碱的去除。目前，2#溶剂再生装置已经在进行技术升级改造的工作，预计2022年能够投入使用，由原有的阴离子树脂净化升级为电渗析的成套技术，脱盐能力持续提升，同时大幅度减少废水和废碱的产生量，为净化设备连续运行创造条件，更进一步降低胺液中的热稳态盐的含量，提升溶剂运行的稳定性，为设备的长周期运行提供保障。

4 改进提升优化措施

（1）加强对原料干气的流量和组成的监控，稳定进料流量和组成，完善相关考核措施加大对原料干气供应的管理，确保干气进料平稳控制、组成稳定，为脱硫装置运行创造条件。

（2）充分利用装置的胺液过滤和净化设施，提高胺液的品质，同时合理控制溶剂浓度，尽量控制在30~45%之间，及时通过添加新鲜溶剂补充有效组分，维持恒定胺液浓度，提高溶剂的抗波动性。

（3）建议完善溶剂发泡高度和发泡倾向化验分析手段，及时跟踪分析胺液发泡情况，为装置添加消泡助剂提供数据支持，稳定再生装置平稳运行。

（4）提高贫液循环量应对突发干气流量和组成波动，提升干气脱硫塔异常工况下的抗波动性，气液比控制在0.31。岗位配备比色管，上游装置波动期间及时进行检测，指导优化调整干气脱硫操作。

（5）控制加氢循环氢脱硫塔水洗投用的运行管理，减少水洗水的携带降低溶剂浓度。

（6）短期内考虑动力锅炉及焦化炉是燃料气运行大户，干气脱硫装置无在线分析设备，为更快掌握燃料燃烧排放情况，实现精准调节，将动力锅炉和焦化炉的烟气在线数据组态到硫黄装置操作画面，设置二级报警限值，做到报警提醒、及时调整，防范环保超标风险。

（7）长远考虑增设脱后干气硫化氢和总硫在线分析仪，达到实时监控目的，当质量发生波动时及时反馈调整操作，提高干气脱硫效果，彻底消除环保隐患。

（8）气柜回收全厂低压瓦斯气，因来源广导致气体组成复杂，增压后凝液较多，冬季冷凝液成倍增加，主要以轻烃为主，初馏点38.1℃，终馏点136，9℃，极具挥发性，且携带部分硫醇、硫醚等有机硫组分。频繁脱液增加了高压串低压的风险，燃料气的净化也受到了影响，针对有机硫含量高的情况，有两种解决措施：一、一级胺法吸收脱硫后，增设一级水解反应器，将有机硫水解为无机 H_2S 后，进行二级胺法吸收；二、经过胺法脱硫的干气，设置一级分子筛、氧化锌等干法脱硫，直接脱除有机硫。

5 优化运行效果

通过梳理设计、工艺操作、管理方面，对供料的稳定性、溶剂再生装置的控制和管理、在线设施的完善配备等方面进行强化管理，制定了短期和长期的措施，进一步提高了干气脱硫的质量和效果。通过提高贫液循环量，提高胺液系统有效浓度，使净化干气的硫化氢含量稳定控制在 10mg/m^3 以下，通过将动力锅炉和焦化炉的外排烟气 SO_2 分析数据组态链接至装置中控 DCS 系统，并设置报警提醒，同时增上净化干气总硫在线分析仪，实现了全厂加热炉及硫黄装置尾气焚烧炉烟气 SO_2 稳定达标排放，为公司绿色企业的复审和清洁生产体系审核夯实基础保障。

6 结论

炼油企业面对日益严峻的环保排放压力，减少工艺加热炉烟气 SO_2 排放的最有效最经济的措施之一就是加强干气脱硫系统的管理，通过提高脱硫装置的稳定性和抗波动性，加强胺液质量管理，提高胺液品质，同时进一步实现实时在线监测，反馈调节应对原料变化，最终达到稳定脱硫装置运行降低燃料气中硫含量的目标，确保工艺加热炉烟气 SO_2 实现稳定达标排放，坚决不踩环保红线。

参 考 文 献

[1] GB 311570—2015，石油炼制工业污染物排放标准[S].9.

[2] 龚朝兵，陈梓剑，张绍良，花飞．炼厂加热炉烟气与工艺废气达标排放分析与探讨[J]．中外能源，2014，19(2)：89-92.

[3] 李文辉．炼油加热炉烟气的污染及其防治[J]．中外能源，2010，15(8)：93-98.

[4] 禹晓伟，王百森，黄福泉．硫黄回收联合装置技术问答[M]．北京：中国石化出版社，2010：81-84.

[5] 李菁菁，于海霞．炼厂气体脱硫装置中影响脱硫效果因素分析[J]．中外能源，2009，14(03)：71-76.

[6] 毛松柏，余勇，陈园园，等．一种炼厂气的选择性脱硫溶剂[P]．江苏：CN106310873A，2017-01-11.

[7] 崔巍．干气脱硫工艺方案的研究[J]．化学与黏合，2008(02)：71-74.

[8] 孙庆宇．干气脱硫剂溶剂再生运行问题原因分析及对策[J]．石化技术，2016，23(05)：42.

[9] 范峥，黄风林，王迪，等．天然气脱硫溶液失活原因分析与降解机理研究[J]。高校化学工程学报，2016，30(06)：1436-1444.

[10] 王仕伟．浅析热稳定盐对胺液脱硫装置的影响[J]．石油化工技术与经济，2016，32(04)：46-49.

对于立式油罐油高修正的研究

陈　宸

（中国石化塔河炼化有限责任公司）

摘　要　用量油尺测量液位高度时，如果测量时量油尺的温度不同于其检定温度，量油尺就会发生膨胀或收缩，则会使量油尺的观察读数偏离实际油高；油罐的检尺口总高也会随罐壁温度变化发生膨胀或收缩，而油罐容积表上给出的通常是标定温度下的固定高度，因此在由空高和检尺口总高计算油品实高时，计算的油品实高也将偏离实际油高。通过对各种情况下的模型建立，推导出不同状态下的修正公式，进而提高静态计量的准确性。实验表明，以模型建立中得到的公式修正油高，更加准确的反应出了实际油高情况，进一步提高了计量准确性。

关键词　修正系数；液位高度；准确度；检定温度；修正公式

现公司共有各类储罐 100 余个，其中有保温罐和非保温罐，这些储罐的容积大多以 $2000m^3$、$3000m^3$、$5000m^3$、$10000m^3$、$20000m^3$、$50000m^3$、$100000m^3$ 为主。对于储罐而言，静态计量是不可或缺的环节，而油高的测定又是静态计量过程中至关重要的计量过程。油高测定的准确与否，是影响静态计量准确性的较大因素。

对现有储罐进行了测算，$2000m^3$ 的储罐，油高相差 1mm，储罐的净油质量平均相差 0.16 吨；$3000m^3$ 的储罐，油高相差 1mm，储罐的净油质量平均相差 0.25 吨；$5000m^3$ 的储罐，油高相差 1mm，储罐的净油质量平均相差 0.38 吨；$10000m^3$ 的储罐，油高相差 1mm，储罐的净油质量平均相差 0.67 吨；$20000m^3$ 的储罐，油高相差 1mm，储罐的净油质量平均相差 1.3 吨；$50000m^3$ 的储罐，油高相差 1mm，储罐的净油质量平均相差 2.7 吨；$100000m^3$ 的储罐，油高相差 1mm，储罐的净油质量平均相差 4.8 吨；由此可见，油高的准确性对静态计量而言至关重要的。

对于储罐的油高测定，主要根据石油和液体石油产品液位测量法（手工法）（GB/T 13894—1992）利用量油尺进行液位高度测量。但用量油尺测量液位高度时，如果测量时量油尺的温度不同于其检定温度（我国通常为标准温度 20℃），量油尺就会发生膨胀或收缩，则会使量油尺的观察读数偏离实际油高；油罐的检尺口总高也会随罐壁温度变化发生膨胀或收缩，而油罐容积表上给出的通常是标定温度下的固定高度，因此在由空高和检尺口总高计算油品实高时，计算的油品实高也将偏离实际油高。

为了使测量出来的油高更加准确，对立式油罐油高进行修正研究。分别研究保温罐和非保温罐下直接测量油品实高和测量油品空高计算实高的不同情况下的修正方法，从而使计量更加精准。

1　修正的原理

物体由于温度改变而有胀缩现象。其变化能力以等压（P 一定）下，单位温度变化所导致的体积变化，即热膨胀系数表示。

热膨胀系数是固体在温度每升高 1K 时长度或体积发生的相对变化量。热膨胀系数有线膨胀系数 α、面膨胀系数 β 和体膨胀系数 γ。

线膨胀系数：

$$\alpha=\Delta L/(L_0*\Delta T)$$

面膨胀系数：

$$\beta=\Delta S/(S_0*\Delta T)$$

体膨胀系数：

$$\gamma=\Delta V/(V_0*\Delta T)$$

式中，ΔL 为所给温度变化 ΔT 下物体长度的改变；L_0 为初始长度；ΔS 为所给温度变化 ΔT 下物体面积的改变；S_0 为初始面积；ΔV 为所给温度变化 ΔT 下物体体积的改变；V_0 为初始体积。

严格说来，上式只是温度变化范围不大时的微分定义式的差分近似，准确定义要求 ΔV 与 ΔT 无限微小，这也意味着，热膨胀系数在较大的温度区间内通常不是常量。但当温度变化不是很大时，α 就成了常量。

对于储罐和量油尺而言，只研究其受到温度变化时的线膨胀系数。

线膨胀系数，亦称线胀系数，是固体物质的温度每改变 1 摄氏度时，其长度的变化和它在原温度(不一定为 0℃)时长度之比，单位为 1/℃。符号为 α_t。

其定义式是：

$$\alpha_t=(L_t-L_0)/L_0/(t-t_0)$$

即有：

$$L_t=L_0+L_0\alpha_t(t-t_0) \quad (1)$$

式中，L_t 为温度在 t℃下的长度；L_0 为温度在基准温度 t_0 下的长度，一般以 20℃为基准起始温度。

由于物质的不同，线膨胀系数亦不相同，其数值也与实际温度和确定长度 1 时所选定的参考温度有关。表 1 为 20℃时常见金属的线性热膨胀系数。

表 1　常见金属物质的线性热膨胀系数

单位：10^{-6}℃$^{-1}$

金属名称	元素符号	线性热膨胀系数
铍	Be	12.3
锑	Sb	10.5
铜	Cu	17.5
铬	Cr	6.2
锗	Ge	6.0
铱	Ir	6.5
锰	Mn	23.0
镍	Ni	13.0
银	Ag	19.5
铝	Al	23.2
铅	Pb	29.3
镉	Cd	41.0
铁	Fe	12.2
金	Au	14.2
镁	Mg	26.0
钼	Mo	5.2
铂	Pt	9.0
锡	Sn	2.0

现假设 A 为固体材料在 t℃温度下的观察长度 L 观修正到 20℃温度下的长度 L_0 的修正系数。则：

$$L_0=AL_{观} \quad (2)$$

如图 1 所示，假设一个金属尺子在 20℃时的长度为 L_0，刻线标记也是 L_0。现将此金属尺子加热至 t℃，则 20℃时的长度为 L_t，刻线标记仍是 L_0，在 L_0 处的观察长度(既刻线值)为 L 观。

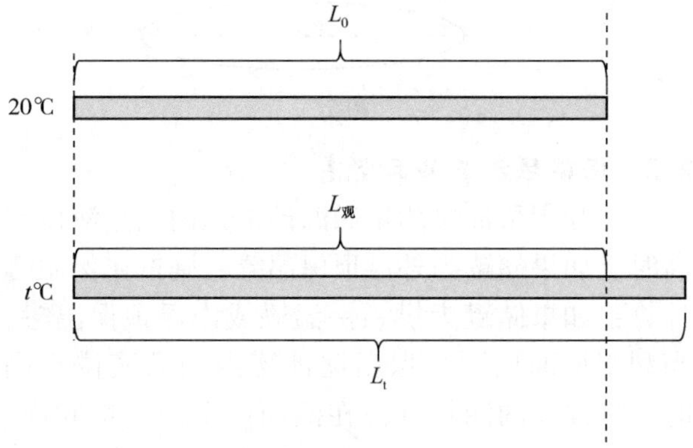

图 1

根据式(1)，则 L_t 可表示成：

$$L_t=L_0+L_0\alpha(t-20) \quad (3)$$

因为刻线在尺子上随金属膨胀均匀分布，则

$$L_{观}=(L_0/L_t)*L_0=L_0/(L_0+L_0\alpha(t-20))*L_0 \quad (4)$$

$$L_{观}=L_0/(\alpha(t-20)+1)$$

$$L_0=L_{观}*(\alpha(t-20)+1)$$

根据式(2)，则

$$A=\alpha(t-20)+1(5)$$

由于量油尺和罐壁都是低碳钢的，取 $\alpha=$ 0.000012℃-1。

2　不同状态下的模型建立

2.1　保温罐测量油品实高

当利用量油尺测量保温储油罐内油品液位实高时，量油尺的测量部位完全浸没到了油品中。此时，油品实际高度的误差是由于测量时量油尺的温度不同于其检定温度，量油尺发生膨胀或收缩引起的。

假定量油尺的温度(t)等于油品温度($t_{油}$)。如图 2 所示，根据式(5)，则此时 t 为油品温度。

$$A=\alpha(t_{油}-20)+1 \quad (6)$$

则量油尺测量的实际油品实高(L_0)就为量油尺测量的油品实高的观察读数($L_{观}$)乘以式(6)计算的修正系数 A。

$$L_0=L_{观}\times A \quad (7)$$

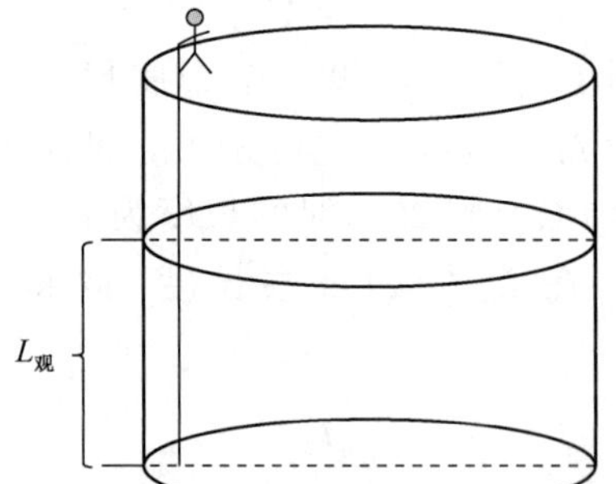

图 2

2.2　保温罐测量油品空高

当利用量油尺测量保温储油罐内油品液位空高时，如果储罐为外浮顶保温罐，则按非保温罐计算；如果储罐为拱顶保温罐或内浮顶保温罐，当利用量油尺测量保温储油罐内油品液位空高时，量油尺的测量部位在液面以上油气空间内。此时，油品实际高度的误差既是由于测量时量油尺的温度不同于其检定温度，量油尺发生膨胀或收缩引起的；也是罐壁温度不同于其检定温度，检尺口总高随罐壁温度变化发生膨胀或收缩引起的。

假设油气空间和液体空间与罐内液体具有相同的温度，而且油罐检尺口总高整体膨胀或收缩，在油气空间的量油尺也膨胀和收缩。

如图 3 所示，储油罐内油品液位 t℃下的实际高度(L_0)等于检尺口总高 t℃下的实际高度($L_{t总}$)减去测量空高 t℃下的实际高度($L_{t观}$)。

$$L_0=L_{t总}-L_{t观} \tag{8}$$

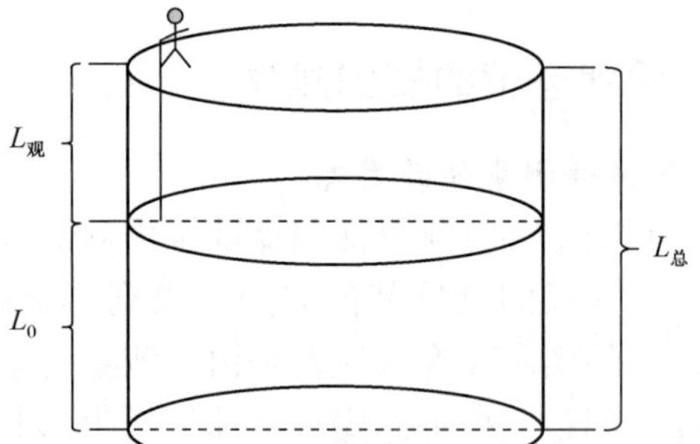

图 3

此时，检定证书给出的检尺口总高就为 t℃下检尺口总高的观察读数，根据式(4)，则

$$L_{t总}=L_{观总}A \tag{9}$$

$$L_{t观}=L_{观}A \tag{10}$$

式(9)中，罐壁的温度等于油品温度，所以 A 中的 t 为油品温度。式(10)中，由于量油尺温度也等于油品温度，所以 A 中的 t 也为油品温度。因此式(9)与式(10)中的 A 相同，那么式(8)可表示为：

$$L_0=(L_{观总}-L_{观})A \tag{11}$$

即用检尺口总高减去观测空高，再乘以按式(5)计算的修正系数 A，计算出实际的油品实高。此时 A 中 t 取油品温度。

2.3　非保温罐测量油品实高

当利用量油尺测量非保温储油罐内油品液位实高时，量油尺的测量部位完全浸没到了油品中。此时，量油尺的变化只是由于测量时量油尺的温度不同于其检定温度，量油尺发生膨胀或收缩引起的。

假定量油尺的温度(t)等于油品温度($t_{油}$)。如图 4 所示，根据式(5)，则此时 t 为油品温度。

$$A=\alpha(t_{油}-20)+1 \tag{12}$$

则量油尺测量的实际油品实高(L_0)就为量油尺测量的油品实高的观察读数($L_{观}$)乘以式(12)计算的修正系数 A。

$$L_{实}=L_{观}\times A \tag{13}$$

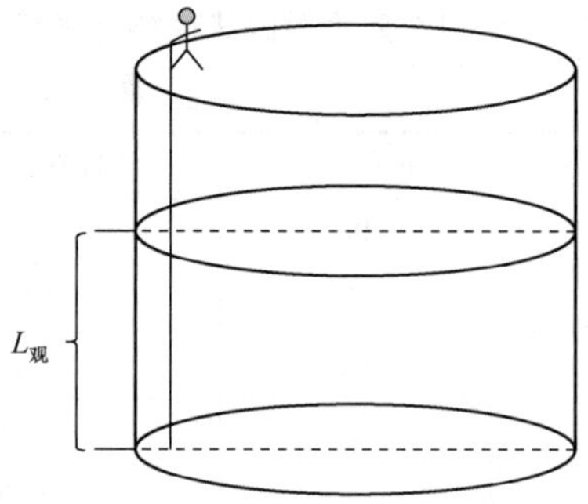

图 4

2.4　非保温罐测量油品空高

当利用量油尺测量非保温储油罐内油品液位空高时，量油尺的测量部位在液面以上油气空间内。此时，油品实际高度的误差既是由于测量时量油尺的温度不同于其检定温度，量油尺发生膨胀或收缩引起的；也是罐壁温度不同于其检定温度，检尺口总高随罐壁温度变化发生膨胀或收缩引起的。

假设油气空间与环境温度具有相同的温度，浸液罐壁温度等于液体温度，而且油罐检尺口总高整体膨胀或收缩，在油气空间的量油尺也膨胀和收缩。

如图 5 所示，储油罐内油品液位 t℃下的实际高度(L_0)等于检尺口总高测量状态下的实际高度($L_{实总}$)减去测量空高测量状态下的实际高度

($L_{实观}$)。

$$L_0 = L_{实总} - L_{实观} \tag{14}$$

现将检尺口总高测量状态下的实际高度($L_{实总}$)以液面高度所在截面为准分成上下两部分，假设上部分为 L_{10}，下部分为 L_{20}。

则：

$$L_{10} = L_{观} \times [1+\alpha(t_{环}-20)] = L_{实观}$$

$$L_{20} = (L_{总} - L_{10})(1+\alpha(t_{油}-20))$$

$$L_0 = \{L_{总} - L_{观} \times [1+\alpha(t_{环}-20)]\}[1+\alpha(t_{油}-20)] \tag{15}$$

若测量时环境温度变化不大，且接近20℃，则可假设检尺口总高的变化仅由罐壁温度浸液部分的膨胀或收缩引起的，而且浸液罐壁温度等于液体温度，量油尺不发生膨胀或收缩。则：

式(15)可简化成：

$$L_0 = (L_{总} - L_{观})[1+\alpha(t_{油}-20)] \tag{16}$$

即用检尺口总高减去观测空高，再乘以按式(5)计算的修正系数 A，计算出实际的油品实高。此时 A 中 t 取油品温度。

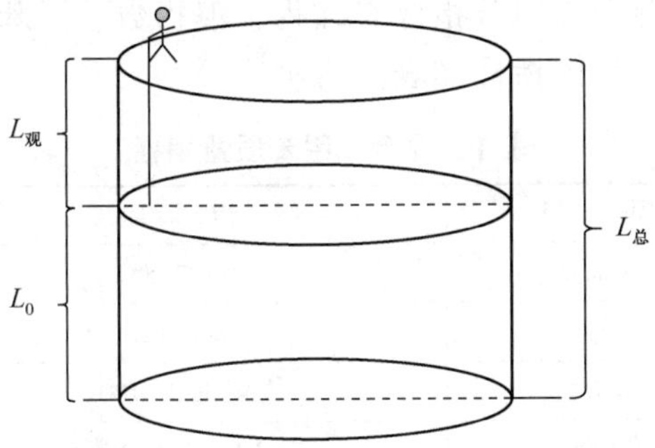

图5

3 实验验证

对现有部分储罐分别进行检空尺和检实尺操作，利用上述模型建立中得出的公式，对比两者之间的误差，以此验证公式的准确性。如表2所示。

表2 实验验证信息统计表

罐号	检实尺得到的实际油高/m	检空尺得到的实际油高/m	差值/mm
310	8.941	8.940	−1
308	5.367	5.367	0
308	6.894	6.893	−1
501	4.125	4.126	+1
501	8.134	8.135	+1
502	7.141	7.141	0
5	19.456	19.458	+2
8	17.555	17.556	+1
8	13.149	13.149	0

4 结论

(1) 由实验结果可得，误差均在范围以内，充分证明了模型建立中得出的公式的准确性。即

保温罐检实尺时：

$$L_0 = L_{观} \times A_{油}$$

保温罐检空尺时：

$$L_0 = (L_{观总} - L_{观})A_{油}$$

非保温罐检实尺时：

$$L_{实} = L_{观} \times A_{油}$$

非保温罐检空尺时：

$$L_0 = \{L_{总} - L_{观} \times [1+\alpha(t_{环}-20)]\}[1+\alpha(t_{油}-20)]$$

(2) 利用此公式计算时，检尺口总高越高的储罐，误差相对更大；环境温度变化大且偏离20℃较大时，误差相对更大。

参考文献

[1] GB/T 13894—1992，石油和液体石油产品液位测量法(手工法).

[2] GB/T 19779—2005，石油和液体石油产品油量计算静态计量.

催化重整装置混合二甲苯收率的影响因素分析

吴若彤　彭威建

（中国石化广州分公司）

摘　要　本文基于广州石化100万t/a催化重整联合装置现状，从催化重整原料性质、重整催化剂氯含量、重整反应温度等五个方面对影响混合二甲苯收率的因素进行分析，并提出相关优化措施提高混合二甲苯收率，使生产效益最大化。

关键词　催化重整；混合二甲苯；重整反应温度；收率

1　前言

混合二甲苯是邻、间、对二甲苯和乙基苯的混合物，广泛用作油漆涂料的溶剂、航空汽油添加剂、合成洗涤剂的原料，同时由于其辛烷值高，可用做汽油调和组分。随着我国石油化工、纺织工业的快速发展，市场上对芳烃产品的需求量日益增加。我国从使用二甲苯开始，并未对炼制石油过程中产生的物质给予足够多的重视，使用的材料大部分依赖进口。21世纪以来，中国成为世界工业、纺织业发展的经济中心，对原材料需求量急速上涨，据统计数据显示，仅一年间，我国的二甲苯进口量已经超过了600万t，如何提升二甲苯收率至关重要。

催化重整生成油中含有一定量苯和混合二甲苯，将这些高附加值组分分离出来，既可满足市场对芳烃的需求，又可提高企业经济效益。为了提高混合二甲苯的收率，本文将从重整原料性质、重整催化剂氯含量及重整反应温度多方面对混合二甲苯收率（二甲苯塔塔顶产品流量 * C_8 芳烃含量/重整汽油流量 * C_8 芳烃含量）影响展开分析。

2　混合二甲苯产品质量指标及工艺流程

2.1　混合二甲苯产品质量指标

混合二甲苯指标有馏程、溴指数、甲苯、乙苯等，具体指标如表1所示。

表1　混合二甲苯质量指标

项　　目	指　　标
初馏点	≥137.5℃
干点	≤143℃
溴指数	≤45mgBr/100g
甲苯	≤1%（质量分数）
乙苯	≤19%（质量分数）

2.2　混合二甲苯产品工艺流程（图1）

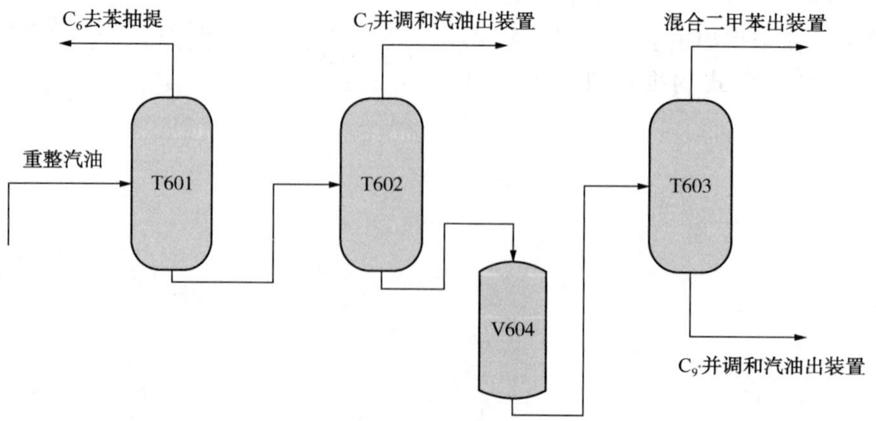

图1　混合二甲苯产品工艺流程图

从预加氢单元处理来的精制石脑油进入重整单元进行反应和稳定塔分离 C_{5-} 后得到重整汽

油。重整汽油作为芳烃分馏进料，经过脱己烷塔T601分离C_6，塔底物料进入脱庚烷塔T602，在脱庚烷塔中分离C_7与C_{8+}，塔底C_{8+}经过精制剂罐脱除烯烃后进入二甲苯塔T603，二甲苯塔顶产出混合二甲苯产品。

3 混合二甲苯产品收率影响因素分析

对混合二甲苯产品收率造成影响的主要有重整反应原料性质、重整催化剂氯含量、重整反应温度、脱庚烷塔操作及二甲苯塔操作等。

3.1 重整原料性质

重整原料是来自预加氢处理后的精制油及加裂重石脑油。重整反应过程中，对生产二甲苯贡献最高的反应为C_8环烷烃脱氢芳构化反应，故重整装置进料中的C_8含量将直接影响到重整汽油C_8芳烃含量，进而影响芳烃分馏单元混合二甲苯产品收率。由图2可得，重整汽油中C_8芳烃含量与重整进料C_8芳烃与环烷烃含量呈正相关关系，随着进料C_8芳烃与环烷烃含量的升高而升高。

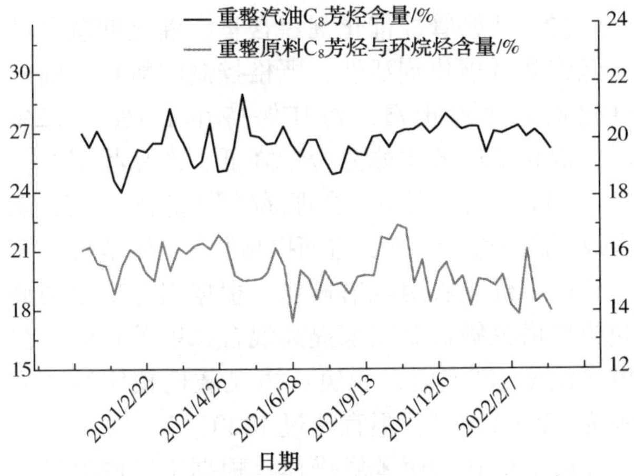

图2 重整原料C_8芳烃、环烷烃含量对重整汽油C_8芳烃含量的影响

3.2 催化剂氯含量

重整催化剂为双功能催化剂，型号为PS-VI，既具有金属活性中心，又具有酸性中心。重整催化剂需保证含有一定量的氯才能满足酸性功能，达到芳构化的目的。烷烃芳构化是重整反应中较慢及较难发生的反应。如在反应中，催化剂氯含量低，加氢裂化反应减少，烷烃芳构化选择性高，但烷烃总转化率降低，使得部分烷烃及环烷烃未转化成芳烃，芳烃总产率降低，导致重整汽油C_8非芳含量高，影响后续芳烃分馏混合二甲苯产品收率。由图3可见，催化剂氯含量与重整汽油中C_8非芳含量呈负相关关系，催化剂氯含量降低，重整汽油中C_8非芳含量显著增加。当氯含量在1.1%~1.2%时，重整汽油非芳含量在1.0%~1.5%之间，当氯含量降低至1.09%时，非芳含量增加至2.6%。增加注氯量，当催化剂氯含量增加至正常范围后，非芳含量下降至正常指标，在1.5%以内。

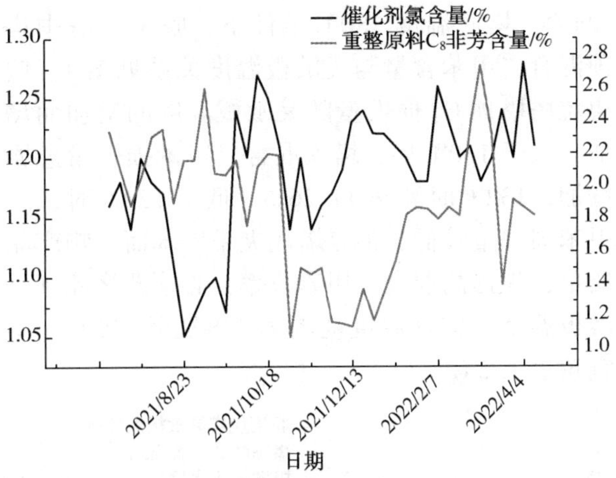

图3 催化剂氯含量对重整汽油C_8非芳含量的影响

3.3 重整反应温度

在重整装置的实际操作中，反应压力、空速和氢油比一旦确定后，一般较少对其进行调节，改变的可能性较小，但反应温度是需要随时控制的主要参数，要根据进料量、原料组成及产品辛烷值要求的不同做出调节。重整反应中生成芳烃的反应为吸热反应，重整反应温度升高，重整产物辛烷值升高，芳烃产量增加，混合二甲苯产品中非芳含量降低，混合二甲苯收率增加。由表2可得，在反应处理量为110t/h工况下，反应温度每提高1℃，混合二甲苯中非芳含量约降低0.5wt%；138t/h工况下，反应温度每提高1℃，混合二甲苯中非芳含量约降低0.3wt%。由此可得，一定工况下，提高重整反应温度，能增加芳烃转化率，混合二甲苯总非芳含量下降，混合二甲苯收率增加。

表2 重整反应温度对混合二甲苯产品非芳含量的影响

重整处理量/(t/h)	反应温度/℃	混合二甲苯产品非芳含量/wt%
110	505	1.25
110	506	0.75
110	507	0.34
138	516	0.81
138	517	0.55
138	518	0.31

3.4 脱庚烷塔操作

脱庚烷塔塔顶拔出 C_7，塔底产出 C_{8+} 馏分，该塔的操作对混合二甲苯收率有决定性作用，如脱庚烷塔操作不当会直接造成混合二甲苯收率受损，脱庚烷塔合理操作尤为关键。目前，以塔顶灵敏板温度为主要控制手段，最大限度地降低塔顶二甲苯拔出量。在塔压 0.05MPa，塔顶温度 124℃，塔底温度 180℃ 条件下，脱庚烷塔中塔顶混合二甲苯含量与灵敏板温度关系见图 4。脱庚烷塔塔顶 C_8 损失量随灵敏板温度的增加而增加，大于 130℃后，塔顶混合二甲苯损失量急剧增加，132℃时高达 11.26%。低于 129℃时，二甲苯损失量较低，但是塔底夹带甲苯而影响产品质量，为提高混合二甲苯收率，必须严格控制灵敏板温度，较佳温度范围为 128℃ 至 129℃，不宜超过 132℃。

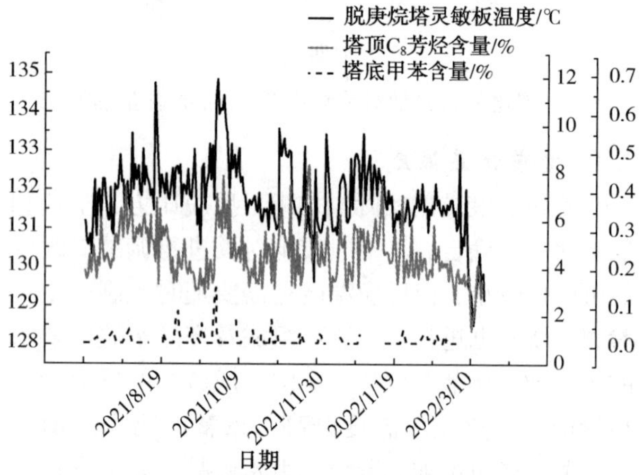

图 4 脱庚烷塔灵敏板温度对塔顶 C_8 芳烃含量与塔底甲苯含量的影响

3.5 二甲苯塔操作

二甲苯塔主要作用是通过 100 层板式塔板的分馏，进而达到分离 C_8 与 C_9 的效果。塔顶产混合二甲苯产品，塔底为 C_9 及 C_9 以上重质芳烃。因此，控制二甲苯塔第 17~91 层温差，影响二甲苯收率。在塔压 0.5MPa 下，二甲苯塔温差对塔底二甲苯、塔顶 C_9 含量的影响如图 5 所示。随着二甲苯塔温差升高，塔底二甲苯含量降低，但塔顶 C_9 含量也会同时升高。然而，塔顶 C_9 含量升高会影响混合二甲苯产品质量，故不能一味提高二甲苯塔温差来提高二甲苯收率。由图可得，将温差控制在 23~29℃范围内，此时塔底二甲苯损失量较低，同时又保证塔顶产品质量，进而提升拔出率。

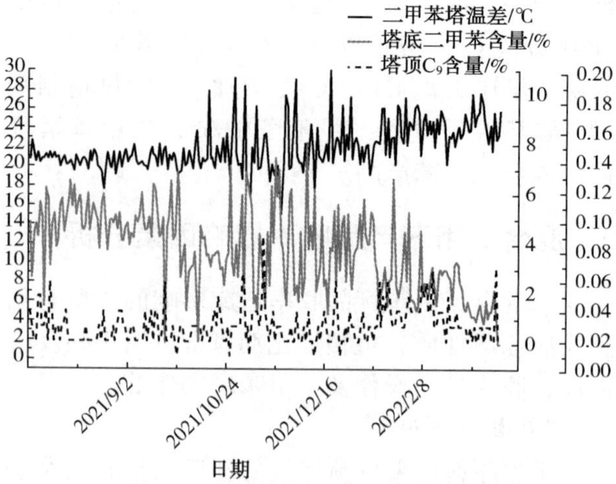

图 5 二甲苯塔温差对塔底二甲苯、塔顶 C_9 含量的影响

4 结论

（1）重整反应原料 C_8 环烷烃与芳烃含量与重整汽油 C_8 芳烃含量呈正相关关系。科学选择合适芳潜含量的重整进料，提高混合二甲苯产品收率，争取达到期望收率值 90%以上。

（2）严格管控催化剂氯含量。催化剂氯含量偏低将降低催化剂活性，严格控制注氯量，确保催化剂氯含量正常，将其保持在 1.1%~1.2%时，混合二甲苯中非芳含量降低，产品收率高。

（3）适宜工况下，合理提高重整反应温度，能有效提高芳烃转化率，进而提高混合二甲苯收率。

（4）优化脱庚烷塔操作。根据组分变化调整脱庚烷塔灵敏板温度来提高混合二甲苯收率。在塔底温度 180℃时，脱庚烷塔灵敏板较佳温度范围为 128~129℃，不宜超过 132℃。

（5）优化二甲苯塔操作。根据工况调整二甲苯塔第 17~91 层塔板温差，提高混合二甲苯收率。在塔压为 0.5MPa 下，二甲苯塔第 17~91 层温差控制在 23~29℃时，能有效降低塔底损失量，提高塔顶混合二甲苯收率。

参考文献

[1] 梁栋．重整汽油中甲苯二甲苯分离方法的研究[D]．中国石油大学(北京)，2019.

[2] 米多，王涛，田佰和．国内外芳烃主要产品市场分析[J]．化学工业，2020，38(04)：57-67.

[3] 竺家培，郑海，林昊健．重整装置混合二甲苯收率的影响因素分析[J]．石油炼制与化工，2010，41(12)：11-15.

高活性低细粉聚丙烯催化剂在气相法 Horizone 工艺的试用

李元凯　黄肖思　郑培锦

（中国石化广州分公司）

摘　要　高活性、低细粉聚丙烯催化剂 IC2 在气相法 Horizone 工艺进行了工业化应用。应用结果表明，IC2 催化剂的活性较对比催化剂 A 提高了 27%，氢调性能与对比催化剂接近，共聚性能略偏差，催化剂孔隙率较对比催化剂略高。生产粉料的细粉含量明显低于对比催化剂，细粉含量少可减少循环气中的粉料夹带，有利于装置的长周期运行。使用 IC2 催化剂时反应器的料位需要适当调低，生产产品的等规度与对比催化剂接近，产品性能接近。

关键词　Horizone 工艺；低细粉催化剂；IC2；高活性

聚丙烯(PP)综合性能优异，近年全球聚丙烯产能处于持续增长的状态。聚丙烯工艺的改进、聚合物产品性能的提高以及产品牌号的增加，一定程度上都得益于催化剂技术的快速发展。目前聚丙烯生产工艺上应用最广泛的催化剂为 Ziegler-Natta(Z-N)催化剂，关于 Z-N 催化剂的研究也在不断发展。中国石化广州分公司 20 万吨/年聚丙烯装置采用日本聚丙烯(JPP)公司的 Horizone 工艺，主要采用日本东邦钛公司的进口 B 催化剂和北京化工研究院开发的国产 A 催化剂。当前生产过程中，装置面临着细粉含量多，反应系统冷凝器、旋风分离器等部位容易堵塞等问题，限制了装置的长周期运行。IC2 催化剂是由日本东邦钛公司开发的新型催化剂，该催化剂具有活性高、生产的粉料细粉含量少等特点，比较适合应用于气相法工艺。本工作主要在 Horizone 气相法工艺上对 IC2 催化剂进行工业应用试验，考察了 IC2 催化剂的活性、氢调敏感性、生产的产品性能以及对生产参数的影响，同时将其与当前使用的国产 A 催化剂进行了对比，为 IC2 催化剂的工业应用提供了参考。

1　工艺路线及技术特点

Horizone 工艺技术采用两个具有平推流特点的卧式搅拌床反应器，经过预处理的催化剂加入到第一反应器上游后分散在粉料床层，使反应器中的丙烯、氢气发生反应。生成的粉料从反应器下游排至气锁器，通过气锁器后排放到第二反应器。进入第二反应器粉料中的催化剂仍有足够高的活性，可以继续进行反应。最终生成的粉料通过压差排入粉料脱活和干燥单元进行气固分离，分离的气体通过压缩机增压后返回第二反应器回收利用，粉料则进入脱气仓后通过增湿氮气对残余催化剂进行失活和脱除挥发分。之后，粉料送入挤压造粒工段，通过加入合适的添加剂进行混炼并切粒，包装。该工艺可以生产均聚物、无规共聚物、抗冲共聚物以及 NEWCON 等产品，特别适合生产高乙烯含量和高橡胶含量的抗冲共聚物，其工艺流程原则图见图 1。

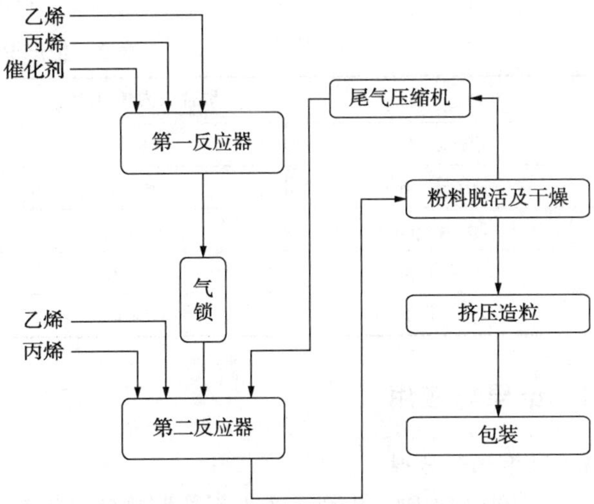

图 1　Horizone 工艺流程原则图

2　催化剂的性能比较

聚丙烯 Horizone 气相法工艺主要使用日本东

邦钛公司的B催化剂，随着国产催化剂技术的提高，北化院生产的A催化剂具有其独特的优点，也在Horizone工艺上成功应用，并成为该工艺生产装置的主要催化剂供货商之一。本次试用的IC2催化剂为东邦钛公司开发的新型催化剂，性能更加优异，有利于装置的长周期运行，各类催化剂的规格见表1。

表1 三种不同催化剂的规格

项　目	IC2催化剂	国产催化剂A	进口催化剂B
Ti含量/wt%	2.0~3.0	1.5~3.5	2.0~3.0
Mg含量/wt%	16.0~22.0	17~18	16.0~22.0
Cl含量/wt%	58~65	63~68	58~65
等规指数/%	98.0	98.6	98.8
聚合物表观密度/(kg/m^3)	0.43	0.41	0.42
活性/(g-PP/g-cat)	74800	82000	51100

3. 催化剂的配置与试生产

3.1 催化剂的配置

根据Horizone工艺的要求，催化剂在进入聚合反应器之前，需要进行预处理。预处理的主要目的是为了改善催化剂的活性，提高预处理后催化剂颗粒的物理强度，防止在聚合反应过程中产生细粉及出现结块堵塞等生产问题。因此，预处理的过程对于催化剂的应用具有重要作用。为了便于对比，本次预处理过程的关键参数和对比催化剂A保持完全一致，即聚合比例控制在1~5g-PP/g-cat，Al/Ti比控制在1.0~2.0mol/mol，催化剂浓度控制在3wt%，同时保持预聚合的初始温度均<10℃，以同样的丙烯聚合速率进行预处理。预处理操作结果表明，两种催化剂在完全相同的预聚合条件下，预处理过程中的温度变化等参数也基本保持一致。

3.2 试生产

2021年9月在广州石化聚丙烯Horizone工艺上对IC2催化剂进行了工业试用，本次共使用IC2催化剂120kg，生产牌号为K8003的抗冲共聚聚丙烯，生产负荷约28.5t/h。试用过程中聚合反应控制相关工艺参数及相关助催化剂、外给电子体与使用参比催化剂A期间完全相同，使用的是辽宁营口的三乙基铝活化剂和广州光义的外给电子体DIPDMS。生产期间的原料也保持不变，性能指标见表2。

表2 生产PP所用原料的性能

项　目	聚合级丙烯(C_3H_6)	聚合级乙烯(C_2H_4)	氢气(H_2)
纯度/%	≥99.50	≥99.95	≥95.00
水含量/ppm	≤1.2	≤3	≤5
氧含量/ppm	≤1.5	≤1	≤1
CO含量/ppm	≤0.15	≤0.5	≤10($CO+CO_2$)
CO_2含量/ppm	≤0.48	≤5	

4 结果与应用

4.1 催化剂活性

主催化剂和活化剂、改性剂按照规定的摩尔比以不同的管线输送至反应器中，在聚合反应温度和压力条件下进行聚合反应。工业装置上，催化剂的活性用催化剂收率来表示，催化剂收率与粉料停留时间、反应器中的氢气浓度等参数均有关联。在保持总体条件不变的情况下，将主催化剂从参比催化剂A切换为IC2催化剂后，催化剂流量的变化及聚合负荷见图2，催化剂活性的变化见图3。可以看出聚合负荷保持在28.5t/h左右，催化剂进料量从34.5kg/h降低至27kg/h，催化剂流量降低22%。从图3中可以看出，催化剂活性从27100kgPP/kgcat升高至34500kgPP/kgcat，催化剂活性升高27%。

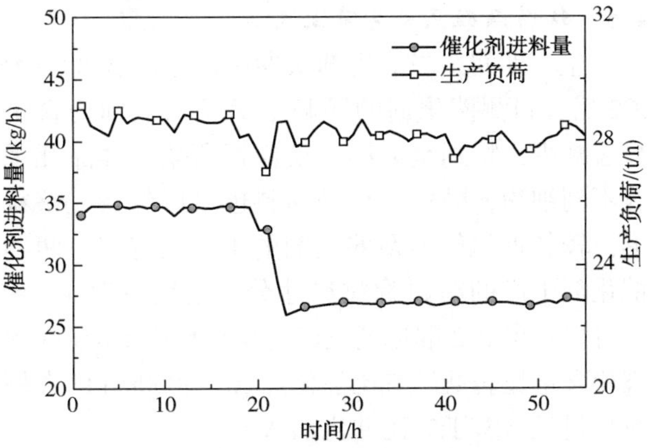

图 2　切换 IC2 催化剂前后
催化剂流量和生产负荷的变化

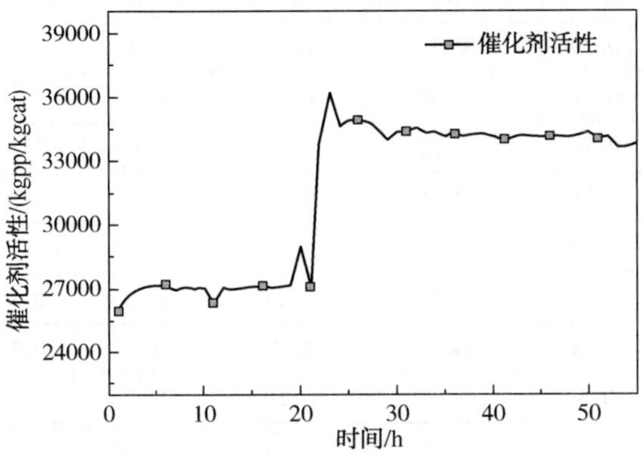

图 3　切换 IC2 催化剂前后
催化剂活性变化

4.2　IC2 催化剂氢调性

聚丙烯的熔体流动速率(MFR)直接影响产品的加工性能，是体现聚合物产品性能的基本指标。氢气作为丙烯聚合反应的链终止剂，气相法工艺上使用氢气丙烯比来调节各个反应器生成聚合物的熔体流动速率。催化剂的氢调性能也是评价催化剂的基本项目。试用 IC2 催化剂前后催化剂氢调性能的变化见图 4，从图中可以看出在参比催化剂 A 切换为 IC2 前，第一反应器的氢气浓度为 2.5%，氢气丙烯比为 3.0%，切换为 IC2 后，第一反应器的氢气浓度约为 2.45%，氢气丙烯比约为 2.95%。MFR 均保持在目标融指±1g/10min 的范围内，整体融指较为稳定。从生产过程来看，两种催化剂的氢调性能差异不大，可认为相同。

4.3　IC2 催化剂共聚性能

抗冲共聚物生产过程中，聚合物中的总乙烯含量和乙丙橡胶中的乙烯含量直接影响产品的冲击性能。乙烯、丙烯在气相反应器中的组成，对产品冲击性能的控制和刚韧平衡的调整非常关键。

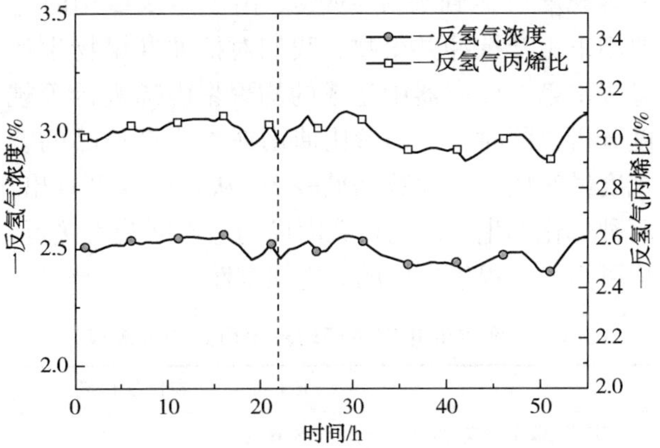

图 4　切换 IC2 催化剂前后，第一反应器
氢浓度与氢气丙烯比的变化

乙烯在反应器内浓度过高时，会导致循环气的露点温度下降，反应器压力的控制难度增加。因此，生产抗冲共聚物的催化剂需要保持良好的共聚性能。在保持总乙烯含量和 RC—C2 含量不变的前提下，将参比催化剂 A 催化剂切换 IC2 后，第二反应器的乙烯丙烯比(摩尔比)和乙烯浓度的变化趋势见图 5。从图中可以看出，切换为 IC2 催化剂后，第二反应器的乙烯浓度和乙烯丙烯比均有显著升高，升高幅度约为 8%~10%。这说明 IC2 的共聚性能较参比催化剂 A 略偏差，生产同样乙烯含量和橡胶含量的产品时，乙烯丙烯比需要提高，这在一定程度上限制了装置负荷的提高。

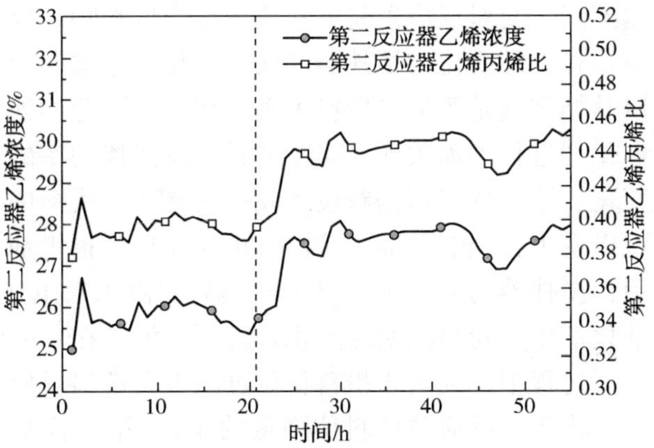

图 5　切换 IC2 催化剂前后，第二反应器
乙烯浓度与乙烯/丙烯变化

4.4　对产品等规度的影响

等规度是衡量聚丙烯分子立构规整性的指标，等规度越高，聚丙烯的结晶度和硬度就越高，产品对应的拉伸屈服应力、弯曲模量等性能就越好。为提高聚丙烯产品的等规度，首先应选择具有高定向能力的催化剂，其次需对其他条件加以优化以满足主催化剂的要求。目前，聚丙烯催化剂产

品等规度可达到95%~99%。由于本次试用时主要用来生产抗冲共聚物，我们对抗冲共聚物生产过程中第一反应器中生成的均聚聚丙烯进行等规度分析，同时与使用参比催化剂A生产样品的等规度做对比，实验数据见表3。从表中可以看出，两种催化剂生产的均聚聚丙烯的等规度较为接近，均可为产品提供良好的立构规整性。

表3　两种催化剂生产均聚聚丙烯的等规度

	IC2	参比催化剂A
均聚部分等规度/%	98.6	98.4

4.5　粉料颗粒尺寸分布的对比

生产期间，当催化剂从参比催化剂A切换为IC2后，目测催化剂的颗粒显著增大，细粉含量显著减少，特别是从第一反应器所采的样品几乎看不到细粉，颗粒较小的粉料也可以保持完整粒形，较装置其他类型催化剂的生产情况好。两种催化剂生产的粉料颗粒尺寸分布情况见表4，从中可以看出IC2催化剂生产的粉料粒径<106μm的细粉含量显著低于参比催化剂A，>850um的大颗粒粉料显著多于参比催化剂A。

表4　两种催化剂生产粉料的颗粒尺寸分布数据

样品编号	MFR/(g/10min)	850μm，wt%	500μm，wt%	355μm，wt%	250μ，wt%	180μm，wt%	106μm，wt%	底，wt%	催化剂
样品1	2.69	87.72	10.19	0.46	0.29	0.34	0.55	0.44	A
样品2	2.8	84.83	12.43	0.7	0.44	0.35	0.68	0.56	A
样品3	2.49	87.7	10.27	0.61	0.27	0.22	0.39	0.52	A
样品4	2.22	88.4	9.57	0.33	0.21	0.31	0.63	0.54	A
样品5	2.28	87.49	9.99	0.71	0.42	0.36	0.49	0.51	A
样品6	2.53	90.51	8.1	0.4	0.16	0.31	0.23	0.22	IC2
样品7	2.59	89.4	9.78	0.74	0.32	0.42	0.30	0.2	IC2
样品8	2.21	88.94	8.84	0.88	0.5	0.31	0.29	0.23	IC2

4.6　IC2催化剂对工艺控制的影响

4.6.1　IC2催化剂对聚合反应料位控制的影响

使用不同催化剂时，由于生成粉料的堆积密度不同，会对反应器粉料料位控制产生影响。反应器料位的变化与搅拌器的功率、粉料停留时间以及循环气是否夹带粉料等密切相关，因此切换催化剂过程中需关注反应器的料位及搅拌功率的变化。第一反应器的料位和功率见图6，从图中可以看出，当参比催化剂A切换为IC2催化剂后，搅拌器功率出现了显著的提高，由于对IC2催化剂生产粉料的实际堆积密度不了解，在功率升高过程中，为防止粉料料位过高被夹带出反应器，将第一反应器的料位降低约1%。第一反应器功率则从切换前的299kW升高至约321kW，增幅约7%。与第一反应器类似，试用IC2催化剂期间，第二反应器的料位和功率见图7，其料位降低约2%，第二反应器搅拌器功率从299kW升高至约320kW，增幅约7%。

4.6.2　对反应组分的影响

聚合物粉料具有孔隙率高、比表面积大等特点，粉料在生产和输送过程中可能夹带较多的气体至后系统，这些气体在气锁、粉料干燥单元被

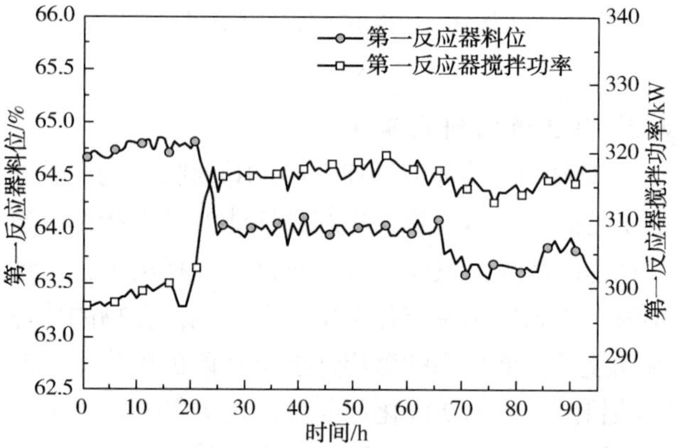

图6　切换IC2催化剂前后，
第一反应器料位、搅拌功率变化

回收。使用不同催化剂生产的聚丙烯粉料由于孔隙率不同，导致各个单元的气体组分也会发生变化。为客观评价采用IC2催化剂所生产聚丙烯粉料的空隙率，在试用IC2催化剂前就暂停了反应器的外排丙烯，试用过程第一反应器和第二反应器的丙烷含量变化如图8所示，膜回收系统所回收的液相烃类含量见图9。从图中可以看出，在使用参比催化剂A期间，由于暂停了第一反应器的丙烯排放，其循环气中的丙烷浓度随着反应

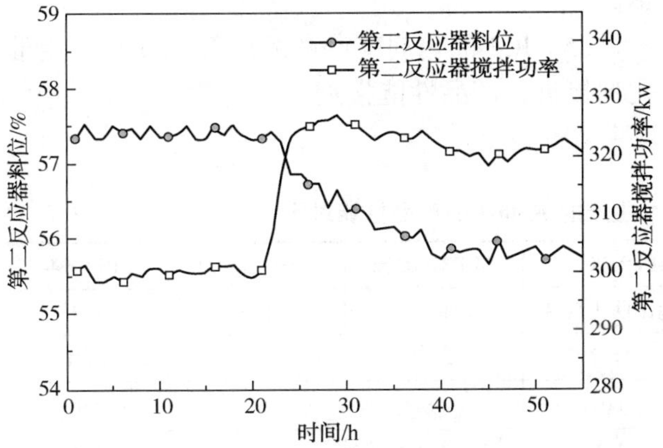

图 7　切换 IC2 催化剂前后，
第二反应器料位、搅拌功率变化

的进行逐步升高。当切换催化剂后，第一反应器循环气中的丙烷浓度呈下降趋势，第二反应器循环气中的丙烷浓度则出现升高后趋于稳定的趋势，这说明使用 IC2 催化剂生产的粉料孔隙率较高，输送过程中会夹带较大量的丙烷等烃类。膜回收单元烃类回收总量的变化如图 9 所示，烃类回收量的增加也说明粉料在进入脱气仓时，由于使用 IC2 生产的粉料孔隙率高，导致其夹带的气体量增大。

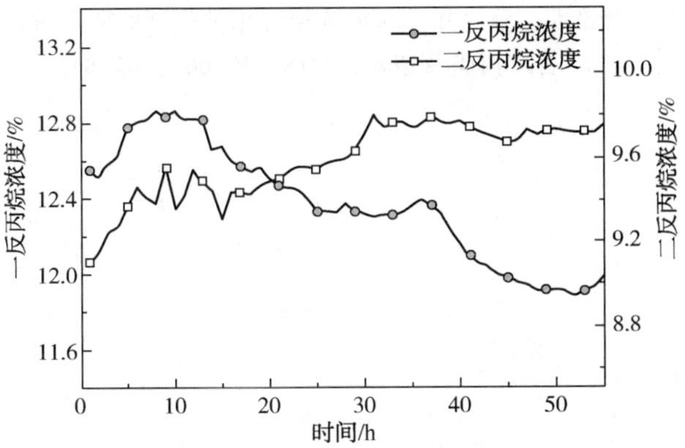

图 8　切换 IC2 催化剂前后，丙烷浓度变化

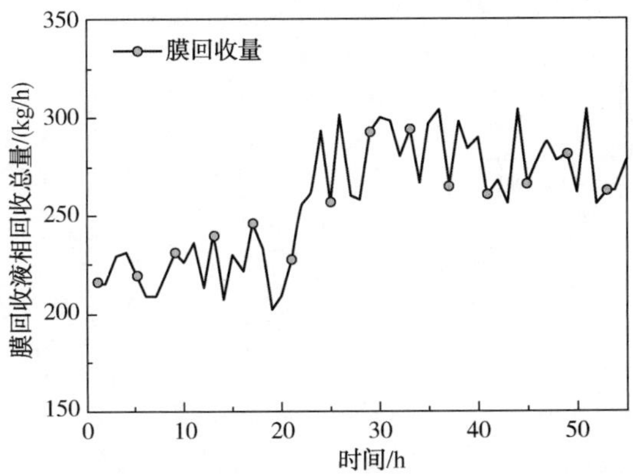

图 9　切换 IC2 催化剂前后，膜回收系统回收量变化

4.6.3　对催化剂注入线的影响

本次 IC2 催化剂试用前，主催化剂注入线已接近运行末期，催化剂进料丙烯冲洗流量调节阀的开度已有增大迹象。催化剂进料丙烯冲洗流量调节阀的开度变化见图 10。从图中可以看出，主催化剂从 A 切换为 IC2 之后，冲洗流量调节阀开度出现了明显升高。这说明与 A 催化剂相比，IC2 催化剂由于活性的提升加剧了催化剂注入管线的堵塞速度，不利于催化剂注入线的长周期运行，需要在催化剂预处理过程中对催化剂的初始活性进行进一步的调控。

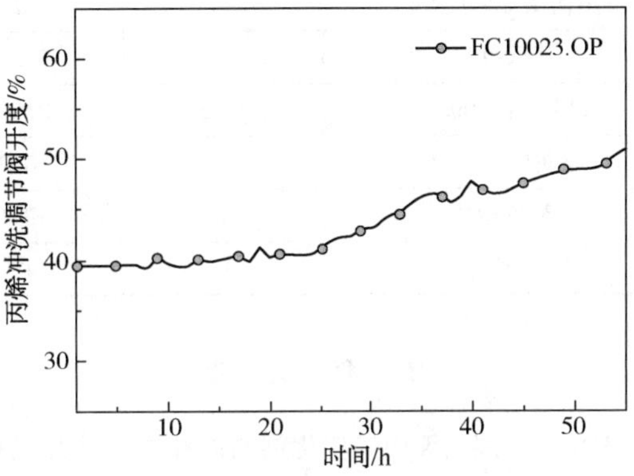

图 10　切换 IC2 催化剂前后，
催化剂喷嘴冷丙烯冲洗阀门开度变化

5　产品性能的对比

使用 IC2 催化剂和参比催化剂 A 生产的 K8003 的产品性能对比见表 5。从表中可以看出，使用两种催化剂生产的产品其拉伸屈服应力、常温简支梁冲击强度、低温简支梁冲击强度、弯曲模量等力学性能指标均较为接近。通过后续跟踪下游客户的产品使用情况，两种催化剂生产的产品在产品指标和加工应用方面均表现良好，无显著异常。通过对比电子鼻的数据，两者生产出来的粒料产品气味强度也较为接近。

6　结论

（1）IC2 催化剂的活性较对比催化剂提高了 27%，高活性有利于降低成本，但也会导致催化剂注入线使用周期缩短。

（2）IC2 催化剂的氢调性能与对比催化剂接近，共聚性能略偏差，生产同样乙烯含量和橡胶含量的产品时，需要提高乙烯丙烯比，一定程度上限制了装置负荷的提高。

（3）IC2 催化剂生成粉料的细粉含量明显低

于对比催化剂，细粉含量少可减少循环气中的粉料夹带，有利于装置的长周期运行。

（4）IC2 催化剂对反应器的料位控制产生了一定的影响，催化剂孔隙率较对比催化剂略偏高。

（5）IC2 催化剂生产产品的等规度与对比催化剂接近，产品性能接近。

表 5　使用 IC2 催化剂和参比催化剂 A 生产的 K8003 的产品性能对比

批　　号	GPP3182932	GPP3183041	GPP3190111	GPP3190322	GPP3190431	GPP3190442
催化剂	参比催化剂 A	参比催化剂 A	参比催化剂 A	IC2	IC2	IC2
拉伸屈服应力/MPa	21.7	22.2	21.7	21.8	21.9	22.1
简支梁(23℃)/(kJ/m^2)	61	60	60	58	61	59
简支梁(-20℃)/(kJ/m^2)	6.5	6.2	6.2	6.2	6.3	6.2
负荷变形温度/℃	80	82	80	80	82	84
洛氏硬度	80.2	82.1	80.5	83.7	80.7	83.8
MFR/(g/10min)	2.72	2.86	2.74	3.08	2.86	3.06
弯曲模量/MPa	1015	1022	1011	1024	1023	1041
黄色指数	-3.6	-3.6	-3.5	-3.4	-3.7	-3.6
电子鼻	32	48	18	53	26	44

参　考　文　献

[1] 李良，刘闯．聚丙烯催化剂与高性能产品开发技术进展[J]．化工设计通讯，2019，45(10)：62-63.

[2] 李磊，黄河，袁炜，田广华．适用于气相法聚丙烯工艺 Z-N 催化剂的聚合性能研究[J]．神华科技，2014，12(04)：78-80.

[3] 姜立良，李元凯．Innovene 工艺与 Horizone 工艺的比较[J]．合成树脂及塑料，2015，32(03)：77-81.

[4] 别朝晖，毛文华，靳鹏举．BCM-100H 型催化剂在 Horizone 聚丙烯装置上的工业应用[J]．合成树脂及塑料，2017，34(03)：64-67.

[5] 孙彦明，夏先知．丙烯预聚合用催化剂的研究进展[J]．合成树脂及塑料，2018，35(06)：87-91.

热力除氧器溶解氧的预测计算研究与应用

袁 亮 韩会亮 王新勇 衡永宏 夏寅冬

（中国石化塔河炼化有限责任公司）

摘 要 通过利用标准值法、典型计算法、典型线性差值计算法三种溶解氧计算方式，对比研究了三种计算方式预测结果以及应用后的效果。研究表明三种计算方法的溶解氧浓度预测值与某热力除氧器溶解氧浓度实测值偏差率均大于5%，但在运行要求的部分区间范围内预测偏差率可以满足小于5%的偏差率要求。在Matlab模型应用中，分段选择引入三种计算方式，预测整体偏差率仅为2.2%，可有效预测溶解氧浓度，达到预测计算的目的。

关键词 预测计算；溶解氧；Matlab模型；偏差率

除氧器是给水系统重要的除氧设备，除氧效果的好坏直接影响锅炉机组的长久运行。GB/T 12145—2008《火力发电机组及蒸汽动力设备水汽质量》要求过热蒸汽压力低于5.8MPa的锅炉，给水溶氧量应小于15μg/L，在降低溶解氧方面国内外已有学者进行了大量研究主要以物理方法除氧、化学方法除氧、电化学方法。然而在除氧器运行中影响的因素较多，如除氧器类型、结构等。热力除氧器作为目前主流应用的除氧设备，其除氧效果与诸多因素相关，其中部分学者研究了热力除氧器的结构并进行改进取得相应效果。但热力除氧器的参与方式还与其运行温度、流量、压力、负荷等诸多因素有关。若能提前预测计算热力除氧器的溶解氧含量，通过运行参数的提前控制来降低溶解氧含量便可有效降低锅炉机组腐蚀的隐患。本文将以某炼厂热力除氧器为研究对象进行预测计算，利用Matlab模型应用对比，来确定此方法是否具有可行性。

1 研究对象及研究方法

1.1 研究对象

以某炼厂热力除氧器为研究对象，该除氧器蓄水能力为25m³，额定出水量为100t/h，工作压力为0.020～0.040MPa，工作温度为97～104℃，出水溶解氧满足锅炉运行要求控制在≤15μg/L。除氧器采取三路进水，分别为100～110℃热除盐水、70～80℃热除盐水；70～80℃凝结水。辅料为加热蒸汽温度为260～290℃，分别从除氧器低部与中部进入，调整除氧器的温度压力，进而达到除去锅炉给水中的氧气及其他气体，以保证给水的品质目的具体流程及概况如图1所示。

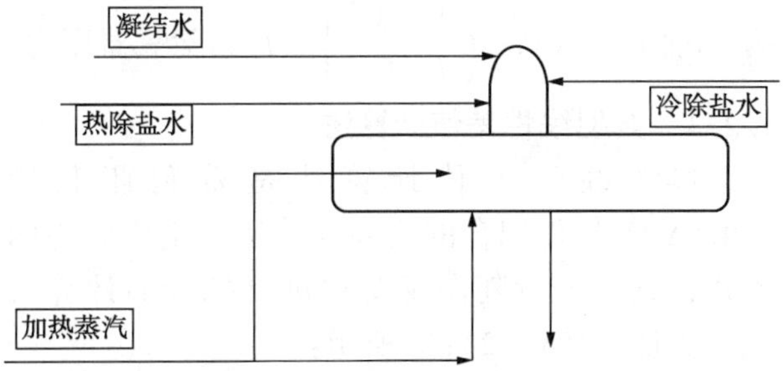

图1 除氧器运行流程图

1.2 研究方法

本次试验研究采取压温双控法，运行过程中始终保持该除氧器的运行压力为0.020～0.040MPa，运行温度为97～104℃，压力、温度分别分割20等份，取样分析不同温度压力下除氧器内部除氧水溶解氧浓度。随后在与标准值法、典型计算法、典型线性差值计算法三种计算方式计算的溶解氧浓度s进行对比，观察计算预测值与实际运行值偏差情况来找出最优预测方法。

1.2.1 标准值法

标准值法是目前较为简单，方便快捷的经验估算方法。该方法主要是利用饱和氧浓度随水的蒸发而降低分压的方式来进行计算，随温度压力的变化水中溶解氧也会不断地变化，具体对照参数如表1所示。

1.2.2 典型计算法

标准值法目前研究主要为4种分别为基于氧在水中大气压与水温关系、亨利定律公式、《环境影响评价技术导则》公式以及亨利定律演变公式，其中前3种只适用于0~40℃的常温段，本次试验采用第4种亨利定律演变公式进行计算，表达式如式(1)所示：

表1 水中溶解氧浓度与温度、压力关系

水面压力/MPa	温度/℃									
	95	96	97	98	99	100	101	102	103	104
	溶解氧/(μg/L)									
0.02	15.3	15	14.4	10.5	8.7	3.1	0	0	0	0
0.024	23.7	18.4	15	13.1	10.2	6.1	2.2	0	0	0
0.028	36.3	25.5	17.3	15.2	9.1	8.2	5.3	3.1	0	0
0.032	44.5	37.4	25.4	18.7	13.6	10.5	7.7	5	0	0
0.036	57.8	51.2	46.3	37.4	31.1	18.2	10.7	6.8	3.2	0
0.04	69.4	60.1	53.4	43.2	31.3	25.2	13.4	7.6	4.1	0.5

$$s=\frac{34p}{1.8\times1^{15}\times k_{O_2\cdot H_2O}} \tag{1}$$

式中，$k_{O_2\cdot H_2O}$为亨利定律常数，计算方式为：$k_n(T^*)\exp\left\{-c\left(\frac{1}{T}-\frac{1}{T^*}\right)\right\}$，$P$为除氧器压力。

1.2.3 典型线性差值计算法

典型线性差值计算法是寿利萍利用FORTARN软件拟合的线性计算法，主要分为两段式，其含氧量随温度变化进行拟合的计算公式，表达式如式(2)(3)所示：

$$S=\begin{cases}5.61-0.14T+0.0017T^2-1.03*10^{-5}T^3 & (2)\\ 2.76-0.09T+0.00205T^2-1.89*10^{-5}T^3 & (3)\end{cases}$$

式中，T为除氧器运行温度。

2 对比分析与验证

对比分析验证主要采用偏差法进行。按1.2试验方法中要求从炼厂LIMS人工测量数据库中读取实测的400组数据与模拟计算的400组数据的溶解氧浓度值进行偏差验证，验证偏差率不大于5%视为预测成功。偏差率计算方法如式(4)所示：

$$a=\frac{|C_{实}-C_{预}|}{C_{实}}*100\% \tag{4}$$

式中，a为偏差率；$C_{实}$为实测溶解氧浓度；$C_{预}$为预测溶解氧浓度。

2.1 标准值法分析与验证

利用标准值法验证的情况如图2所示。

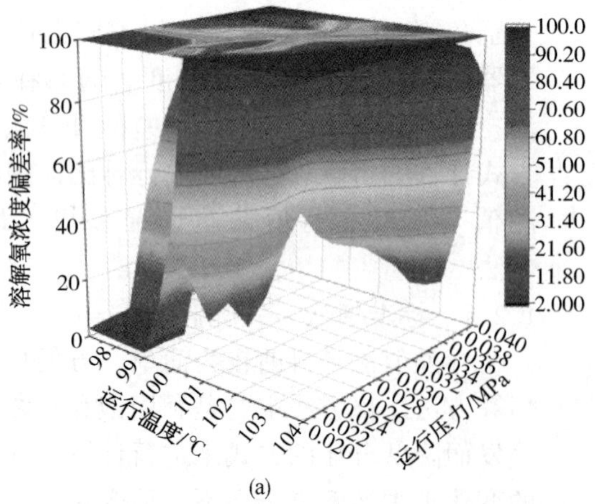

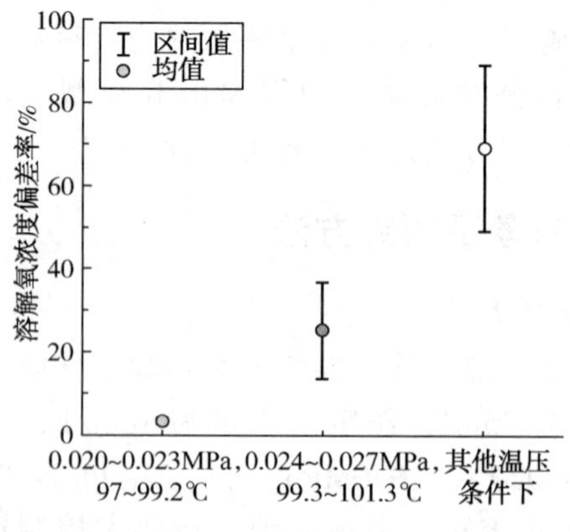

图2 标准值法溶解氧偏差率

通过图2(a)可以看出由标准值法对照出的溶解氧浓度与实际测量值整体偏差较大，远大于验证偏差要求的5%。在图2(b)中在不同区间范围情况下，其偏差率也有不同的变化。当运行压力为0.020~0.023MPa，运行温度为97~99.2℃之间时，其偏差率相对稳定均小于5%，均值集中在 2.94%；当运行压力为 0.024～0.027MPa，运行温度为 99.3～101.3℃之间时，其偏差率开始变大由 17.36%增长至 39.7%；其他温度、压力状态下偏差率呈现完全偏离状态，偏差率最大为 100%。由此可见标准值法预测的溶解氧浓度在运行压力为 0.020～0.023MPa，运行温度为 97～99.2℃之间时有效，但无法达到整体预测的目的。

2.2 典型计算法分析与验证

利用典型计算法验证的情况如图 3 所示。

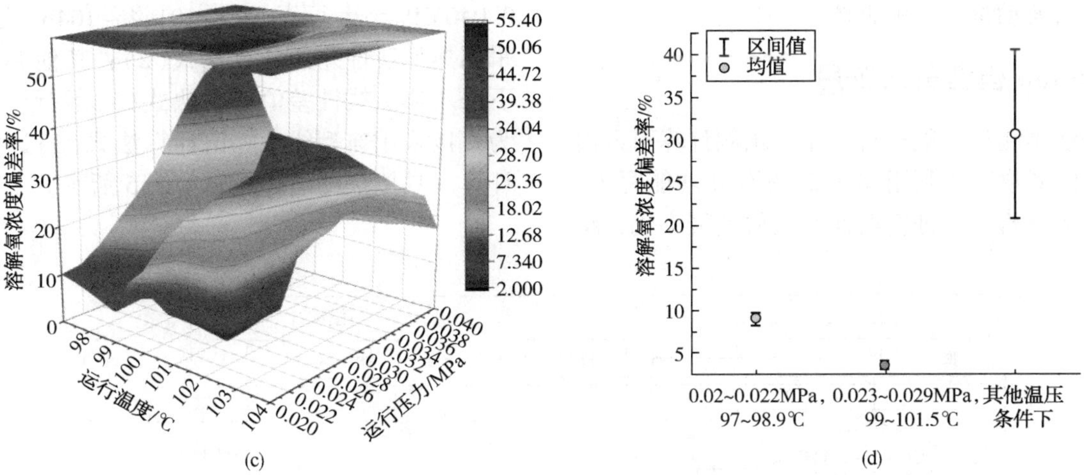

图 3 典型计算法溶解氧偏差率

通过图 3(c)可以看出由典型计算法计算出的溶解氧浓度与实际测量值整体偏差较大，依然大于验证偏差要求的 5%。在图 3(d)中也呈现出在不同区间范围情况下，其偏差率不同的变化。当运行压力为 0.020～0.022MPa，运行温度为 97～98.9℃之间时，其偏差率均值为 8.94%；当运行压力为 0.023～0.029MPa，运行温度为 99～101.5℃之间时，其偏差率相对稳定均小于 5%，均值为 3.67%；其他温度、压力状态下偏差率开始扩大最高增值 43.3%。可以看出典型计算法预测的溶解氧浓度在运行压力为 0.023～0.029MPa，运行温度为 99～101.5℃之间时有效，但也无法达到整体预测的目的。

2.3 典型线性差值计算法分析与验证

利用典型线性差值计算法验证的情况如图 4 所示。

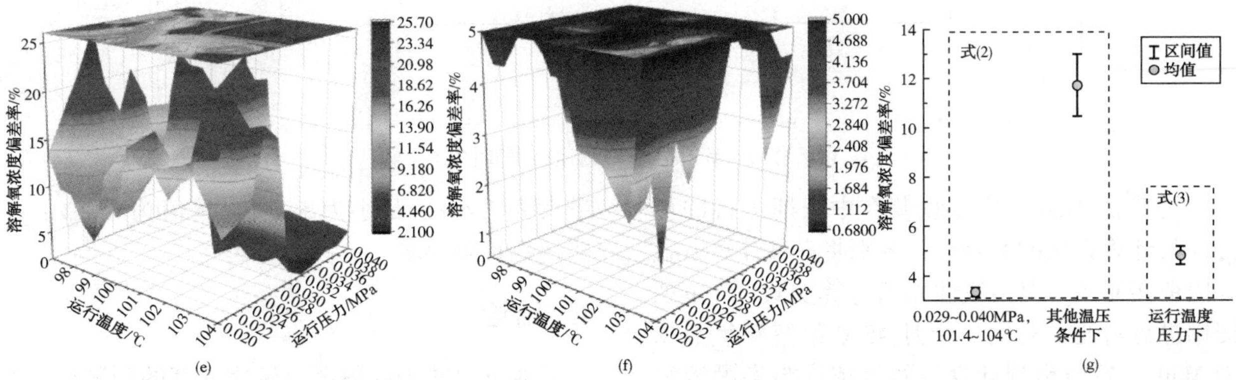

图 4 典型线性差值计算法溶解氧偏差率

通过图 4(e)可以看出由典型线性差值计算法式(2)计算出的溶解氧浓度与实际测量值也大于验证偏差要求的 5%；但由图 4(f)式(3)计算出的溶解氧浓度与实际测量值比较均小于 5%。在图 4(g)中观察到式(2)计算的结果在也出现了不同区间范围情况下，其偏差率也有不同的变化的情况。运行压力为 0.029～0.040MPa，运行温度为 101.4～104℃之间时，其偏差率均小于 5%，均值为 3.38%。其他温度、压力状态偏差率均值为 11.95%；式(3)计算的结果，在运行要求温度压力下其偏差率均值为4.97%且均小于5%的验证要求。典型线性差值计算法的两个公式中式(2)预测的溶解氧浓度在运行压力为0.029~0.040MPa，运行温度为101.4~104℃之间时有效，但也无法达到整体预测的目的；而式(3)虽然达到了要求偏差率但也处于边缘状态，如有任何波动都会影响整体。

3 Matlab 模型引入应用

为使预测计算能进行应用，预测计算引入由Matlab模型建立，利用Matlab的GUI功能写入，根据对比分析与验证情况使预测偏差最小化，将进行Matlab模型分成两个。第一种是将三种预测计算分别写入Matlab模型，运行压力为0.020~0.023MPa，运行温度为97~99.2℃之间时，采用标准值法；运行压力为0.023~0.029MPa，运行温度为99~101.5℃之间时，采用典型计算法式(1)；运行压力为0.029~0.040MPa，运行温度为101.4~104℃之间时，采用典型线性差值计算法式(2)；其他温度压力下采用典型线性差值计算法式(3)运行。第二种为直接采用典型线性差值计算法式(3)进行模拟计算。具体预测运行逻辑如图5所示。

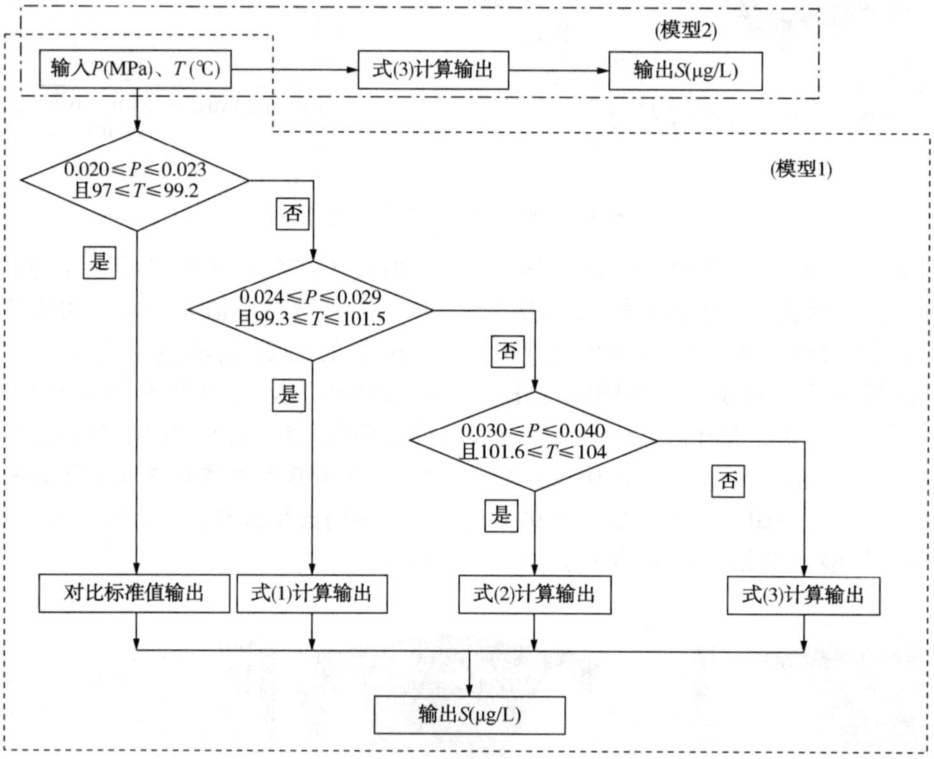

图5 Matlab模型测运行逻辑图

为验证Matlab模型预测在中长期运行的可行性与计算方法的有效性，分别将三种计算方式分段衔接使用与典型线性差值计算法式(3)单独使用进行对比，对比3个月4500组溶解氧数据中Matlab模型预测计算溶解氧浓度与实测溶解氧浓度偏差率，对比情况如图6所示。

由图6可以看出，利用三种计算方式分段衔接的Matlab模型预测计算溶解氧浓度偏差率最大为2.6%，最小为1.5%，均值为2.2%，完全可以达到预测目的；而利用典型线性差值计算法式(3)的Matlab模型预测计算溶解氧浓度偏差率最大为7.4%，最小为5.1%，均值为6.2%；不能达到预测要求。

4 结论

通过对热力除氧器溶解氧浓度的预测计算对比研究与模型应用可以得出以下结论：

(1) 单一溶解氧计算法方式很难预测到在不同温度、压力下的除氧器溶解氧浓度。

(2) 多种计算方式分段衔接使用，可以避免单一计算方式导致的偏差性行问题。

(3) 通过模型应用中可以看出，按运行条件

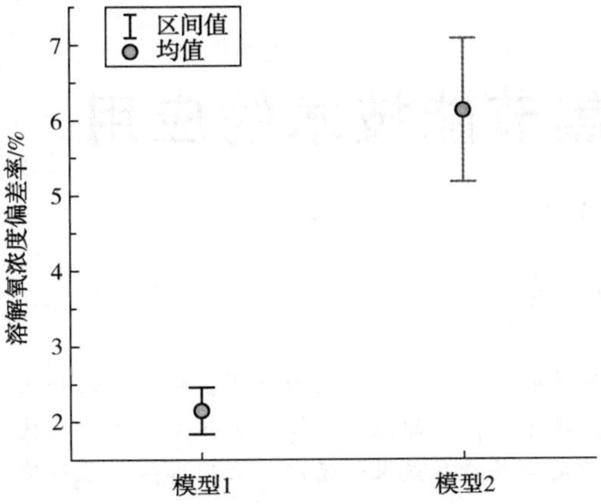

图6　中长期两种预测模型偏差

分段筛选计算方法的 Matlab 模型预测偏差率仅为 2.2%，可以达到预测目的。而单一计算方式的 Matlab 模型，在预测计算时偏差率均高于要求值，不能达到预测要求。所以在选择预测模型时尽量已多种计算方式分段衔接使用的为优。

参　考　文　献

[1] 齐辉．发电单元机炉电协调控制的研究．汽轮机技术，2010，(14)：18-20.

[2] 冉景煜．热力发电厂．北京：机械工程出版社，2010. 46-48.

[3] 马祥麟．锅炉给水除氧技术的应用．广东化工，2014，(15)：161-162.

[4] Adibfar Akbar，Refan Maryam. The air-cooled condenser for dry countries. Asmepower Publ PWR，2006，(10)：6-8.

[5] 王欢．热力除氧器浅析．石油化工设备，2011，(40)：41-43.

[6] Efimochkin G. I. Regenerative feed heating systems without deaerators for high-capacity steam turbine plants. Thermal Engineering，1990，37(5)：231-236.

[7] 金王贵．内置式除氧器的研制和应用．上海汽轮机，1999，(01)：23-28.

[8] 马俊杰，马韬．内置式无头除氧器和常规除氧器的比较．新疆电力技术，2011，(04)：49-51.

[9] 祁世栋．关于热力除氧器的发展简况[J]．东北电力技术，1994(03)：36-38.

[10] 高璞珍，邢永辉，庞凤阁．小型热力除氧器传热计算[J]．哈尔滨工程大学学报，1999，20(06)：29-35.

[11] 刘树华，田凤歧，危光日，等．旋膜式除氧器传热传质特点及性能试验[J]．汽轮机技术，2006，48(04)：281-286.

[12] 贾辉，田瑞峰，李兆俊．丝网膜式除氧器性能实验研究[J]．电站系统工程，2006，22(04)：36-38.

[13] 郭振市．大型电站热力除氧器性能实验研究[D]．上海：上海理工大学，2009.

[14] 于新颖，苏萍．除氧器改造技术经济性分析[J]．热力发电，2000(04)：6-8.

[15] 于庚汉．旋膜式除氧器的应用分析[J]．湖北电力技术，1994(04)：56-58.

[16] 黄进，钟诚，王栋．锅炉给水除氧技术新进展[J]．化学工程师，2004(08)：35-36.

[17] 张朝能．水体中饱和溶解氧的求算方法探讨[J]．环境科学研究，1999(02)：57-58.

[18] 黄彩海，李合义，王彩金等．水中饱和溶解氧热力学经验计算式的建立与应用[J]．陕西环境，1996(02)：12-16.

[19] 罗旭武．水中饱和溶解氧的计算新方法[J]．干旱环境监测，1993(01)：52.

[20] 寿利萍．热力除氧器除氧效果数值研究[D]．哈尔滨工程大学，2011.

[21] 王广，邢林芳．MATLAB GUI 程序设计[M]．北京：清华大学出版社，2018.

延迟焦化加热炉环保清焦节能技术的应用

蔡国晏　和晓飞　李岳灿

（中石油云南石化有限公司）

摘　要　延迟焦化装置主要加工减压渣油等重质原料，在原料劣质化及高负荷条件下，延迟焦化加热炉结焦趋势加大，炉管清焦周期缩短。由于机械清焦需要停炉及不环保等缺点，故探索加热炉在线清焦技术。本文介绍了延迟焦化装置加热炉在线清焦技术原理、操作要点及清焦效果等情况。采用加热炉在线清焦技术，每一路炉管需要单独清焦，且炉管材质应为Cr9Mo及以上级别。清焦时3.8MPa蒸汽流量控制2~3.5t/h，炉管管壁最高温度673℃。清焦结束后，管壁温度由最高点647℃降至556℃，降幅达到91℃；炉管入口压力由1.01MPa降至0.95MPa，降幅为0.06MPa，清焦取得显著效果。产生经济效益120万元/年。

关键词　延迟焦化；加热炉；恒温清焦；在线清焦

延迟焦化装置在炼油厂充当的角色主要是解决其他生产装置产生的重油及污油出路问题。随着原油性质越来越差，延迟焦化原料中能诱导加热炉结焦的组分含量增大。加热炉炉管结焦是制约延迟焦化装置能否长周期运行的关键。云南石化1.2Mt/a延迟焦化加热炉采用双面辐射立式炉，设计管程为4管程，负荷为40MW，实际运行负荷为设计负荷的110%，炉出口温度492~503℃。根据以往的运行经验，每年需要停工对炉管进行机械清焦，对装置连续运行不利，结合中国石化镇海炼化等公司延迟焦化加热炉在线清焦技术，对云南石化延迟焦化加热炉进行了在线恒温变温相结合清焦，清焦结束后炉加热炉参数与开工时接近，运行效果好。与机械清焦比较，产生经济效益120万元/年。

1　在线清焦原理

1.1　在线恒温清焦

在高温下，炉管内流通的高速蒸汽不断冲刷炉管，从而将管壁上焦炭剥落下来，而剥离的焦粒随清焦蒸汽共同进入生焦塔内，剥落的焦粒对后续炉管内的焦垢层的冲击作用，加快焦垢层剥离，实现焦粒和热量的密闭回收。

在炉管恒温时，水蒸汽在高温下与焦炭发生化学反应生成一氧化碳和氢气。

$$H_2O+C \xrightarrow{Ni} H_2+CO$$

1.2　在线变温清焦

在炉管内通入汽轮机用中压蒸汽，利用炉管材质与与炉管内壁焦炭的热膨胀系数不同，对炉管进行梯度变温操作。当炉管温度下降时，炉管收缩，挤压管壁内的焦炭层，使焦炭层出现裂纹，当炉管温度再次上升时，炉管与管壁内的焦炭层分离，炉管内蒸汽将焦块及焦粒带走。经过多次变温，炉管与焦炭分离，达到清焦目的。

2　在线清焦操作

2.1　执行过程

在线清焦的主要操作步骤为：待清焦分支炉管降温降量→渣油进料切至蒸汽吹扫→升温恒温→快速降温→升温恒温→快速降温→蒸汽吹扫切至渣油进料→加热炉调整正常。整个清焦周期为6天左右。清焦操作过程见表1。

表1　加热炉在线清焦操作步骤

时间	操作要点	操作过程及关键指标	
第一日	9：00~13：00	加热炉清焦 分支降量、降温	清焦分支流量以≯5t/h的速度，缓慢降至19t/h，每降低1t/h辐射量增加第一点注汽量25~50kg/h，其他三路加工总量提高辐射量2t/h左右，注汽按照注汽对照表进行调整；清焦分支炉出口温度以≤60℃/h的速度降低至414℃，其他三路炉出口温度以1℃/h的速度，由493℃提高到496℃

续表

时间	操作要点	操作过程及关键指标	
第一日	13：00	油改汽	加热炉清焦分支第1点注汽量为300kg/h，第2、3点各500kg/h，切断渣油进料，改通蒸汽，开始炉管吹扫。中压蒸汽流量2~3t/h
	13：00~17：00	炉管降温	加热炉清焦分支炉管通蒸汽后继续降温，加热炉管壁温度最低点降至385℃，炉出口温度降至365℃
	17：30~20：00	点火升温	以<60℃/h提高炉管出口温度至482±5℃，并恒温1小时
	21：00	点火升温	以15~20℃/h提高炉管出口温度至570±5℃，并恒温
第二日	9：00~11：00	点火升温	炉出口温度570℃升温至610℃，管壁温度最高至670℃，21：00温度控制650~660℃保持恒温
第三日	10：30~14：00	炉管降温	出口温度619℃降至354℃，管壁最高温度673℃，降至最低361℃
	14：00	点火升温	以30~40℃/h提高炉管出口温度至管壁温度最高点650℃
第四、五日		炉管恒温	炉管管壁温度最高点650℃恒温
第六日	9：40~14：00	炉管降温	加热炉第一路出口温度降至340℃，管壁温度降至359℃
	14：00~14：30	汽切油	中压蒸汽切渣油
	14：00	点火升温	加热炉点火升温，恢复正常生产，管壁最高点温度556℃

2.2 炉管热电偶位置

云南石化延迟焦化加热炉炉管配备9个热电偶，对生产影响较大的几个点为H、I、J、K点，所以在以下的分析中，主要关注这几个点，，在画图分析时用8、9、10、11分别代替H、I、J、K点。加热炉热电偶位置见图1。

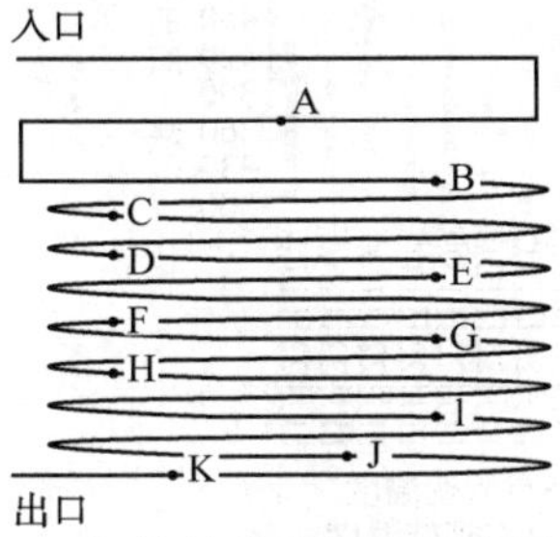

图1 加热炉炉管热电偶位置图

2.3 在线清焦温度曲线

2.3.1 第一阶段降温升温

加热炉清焦分支辐射流量降至19t/h，炉出口温度降至414℃，切断渣油进料，改通蒸汽；17：00加热炉管壁温度降至385℃，加热炉第一路出口温度降至365℃，加热炉点火升温。见图2。

2.3.2 第二阶段降温升温

第三日，10：30加热炉第一路出口温度619℃，管壁最高温度673℃，加热炉开始熄火降温；14：00加热炉第一路出口温度降至354℃，管壁温度降至361℃，加热炉点火升温。第四、五日，炉管管壁温度最高点650℃恒温。见图3。

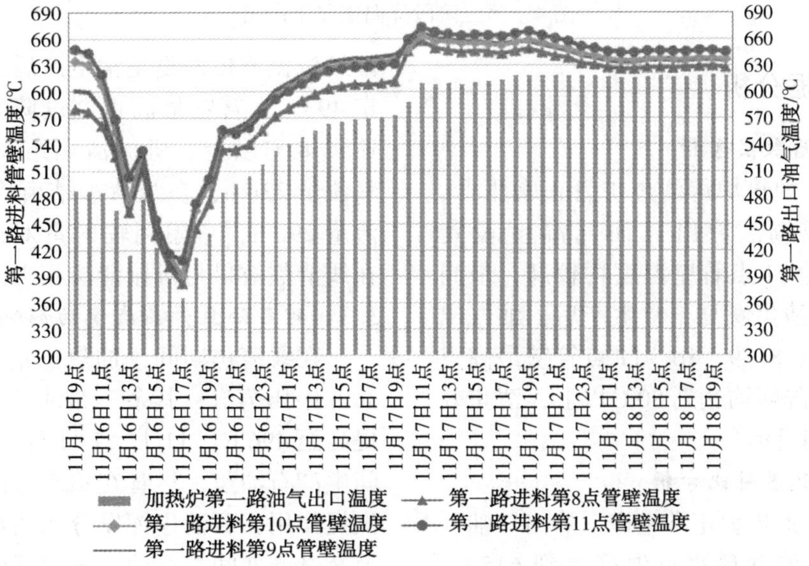

图2 第一阶段降温升温图

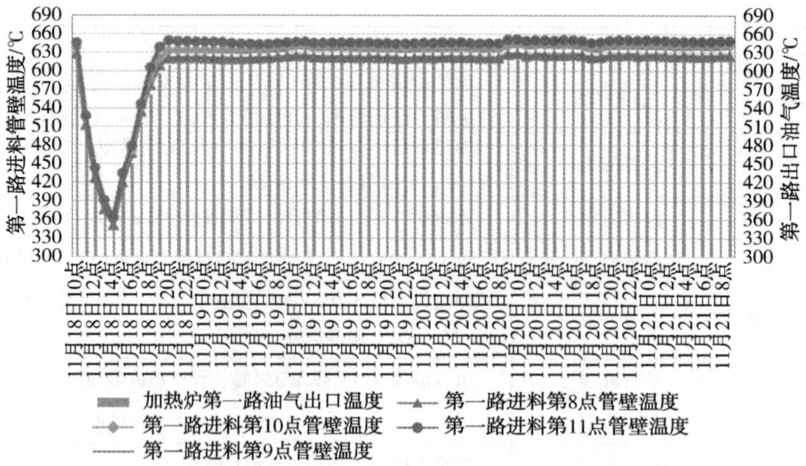

图 3　第二阶段降温升温图

2.3.3　第三阶段降温恢复生产

第六日，9：40 加热炉出口温度升至 619℃，管壁最高温度 650℃，加热炉开始降温；14：00 加热炉出口温度降至 340℃，管壁温度降至 359℃，加热炉点火升温；14：00～14：30 中压蒸汽切渣油；14：30 加热炉炉膛点火升温，恢复正常生产，管壁最高点温度 556℃。见图 4。

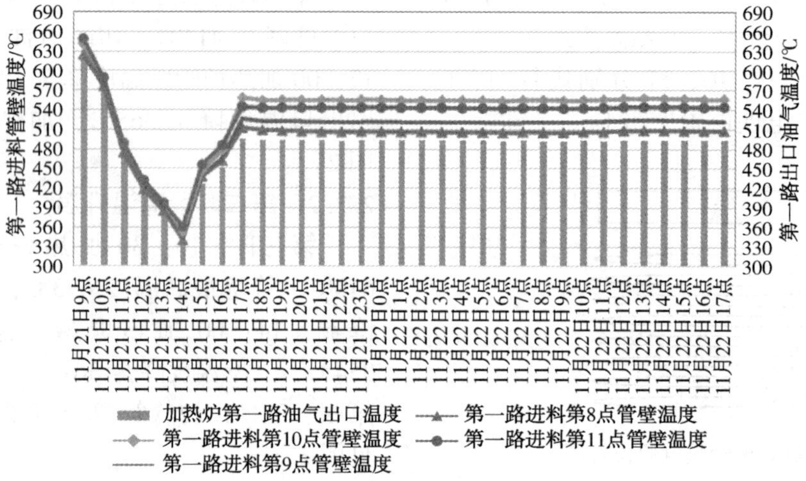

图 4　第三阶段降温恢复生产图

3　在线清焦数据分析

3.1　在线清焦前后效果分析

在线清焦前，加热炉待清焦炉管正常生产，由于管壁温度较高，炉出口油气温度设定 487℃，8、9、10、11 点管壁温度均较高，最高达到 647℃。在线清焦恢复正常生产后，油气出口温度设定 493℃，8、9、10、11 点管壁最高点温度降至 554℃，降幅均达到 80℃以上，清焦效果显著，达到预期目标。

3.2　与机械清焦效果对比分析

机械清焦前，加热炉正常生产，炉出口油气温度设定 492℃，管壁最高点温度达到 615℃。停炉机械清焦恢复正常生产后，油气出口温度设定 493℃，管壁最高点温度降至 570℃，降幅均达到 40℃以上。机械清焦结束后加热炉分支进料流量 33t/h，在线清焦结束后加热炉分支进料流量 29t/h，考虑到辐射量对炉管温度的影响，在线清焦效果与机械清焦相当。

3.3　对石油焦产品质量的影响分析

在线清焦期间，加热炉清焦炉管通入 2.5～3t/h 中压蒸汽，其余三路油气出口温度由 493℃提高至 496℃。11 月 17 日至 22 日是在线清焦期间生产石油焦，尽管在焦炭塔内的蒸汽对油气有汽提作用，石油焦挥发分无明显变化，在炉管降温及升温期间，石油焦未出现软焦情况。

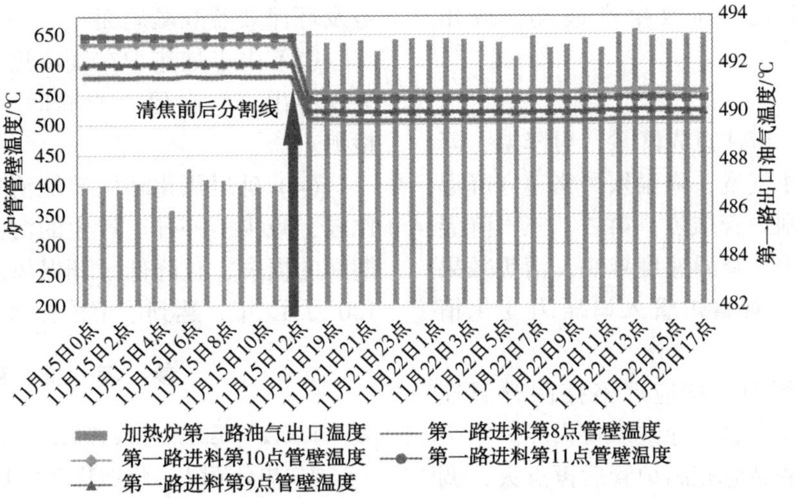

图 5　在线清焦前后管壁温度对比图

表 2　在线清焦前后石油焦质量

采样时间	硫含量/%(质量分数)	挥发分/%(质量分数)	灰分/%(质量分数)	总水分/%(质量分数)
2022-11-01	5.45	6.7	0.13	21.2
2022-11-03	5.66	6.9	0.18	18.6
2022-11-04	5.7	7.2	0.19	17.7
2022-11-05	5.64	7.1	0.17	22.8
2022-11-06	5.48	7	0.18	19.7
2022-11-08	5.13	7.3	0.18	15.3
2022-11-09	5.39	7.8	0.14	19.2
2022-11-10	5.23	7.4	0.14	18.4
2022-11-12	4.93	7.2	0.1	15.6
2022-11-13	4.97	6.9	0.26	20
2022-11-14	5.26	7.3	0.17	21.7
2022-11-15	5.23	6.4	0.14	20.5
2022-11-17	5.18	7.9	0.12	19.2
2022-11-18	5.34	7.2	0.17	16.8
2022-11-20	5.33	7.7	0.19	23.7
2022-11-21	5.17	7.3	0.16	18.8
2022-11-22	5.23	8.1	0.18	18
2022-11-24	4.94	8.5	0.28	16

4　操作注意事项

4.1　*油与汽切换过程*

油切汽时，需要注意，应在保证加热炉三点注汽到位的前提下，先关闭该路进料的分支手阀，然后快速打开阀后中压蒸汽扫线手阀，以免油窜入中压蒸汽管道引起加热炉进料泵出口压力波动，而导致其他三路进料流量联锁。

汽切油过程中，应在保证加热炉三点注汽到位的前提下，先关闭中压蒸汽扫线手阀，再快速打开该路进料分支手阀，同时，要密切关注加热炉进料泵出口压力及其他三路进料流量变化，进行缓慢调整，在流量稳定在20t/h以上后，逐渐点火升温，切忌不要太快，以免油品尚未充满炉管而快速升温导致炉管再次结焦。

需要注意的是，不论是油切汽，还是汽切

油，都应在焦炭塔正常生产至少 4 小时后进行，以免焦炭塔热量不足，导致生产波动，或出软焦。

4.2 降温和升温

第一次降温时，应注意先降量，再降温，降量过程须同步调整注气量，降温须严格遵守降温速度要求，以免加剧炉管结焦。第二、三次降温时，应快速熄灭主火，降温速度越快，清焦效果越好。此时，应注意观察炉管入口压力变化情况，防止炉管堵塞。

第一、二次升温时，均应严格控制升温速度，避免炉管超过规定温度导致炉管损坏。第三次升温时，应注意油品应充满炉管后再点火，调整该路瓦斯量时，应同步调整氧含量和负压，保证升温速度，防止炉管出口温度过低而影响生焦。

4.3 加热炉达标排放

从本次在线清焦过程来看，单路清焦操作，并不会对烟气排放造成影响，但也不可忽视烟气达标排放的合规性。在熄灭主火时，应关闭相应的二次风门，降低炉膛氧含量，尽量减少长明灯的燃烧数量。在点火升温时，应逐个点燃主火，然后打开二次风门，及时调整火焰燃烧状态，防止燃烧不完全导致的“二氧化硫”假超标。

4.4 加热炉全面检查

由于加热炉在线清焦期间，加热炉各部件温差较大，每小时对加热炉各法兰及管线进行检查，未发现变形及泄漏，炉管未产生较明显氧化爆皮现象。

5 结论

（1）云南石化延迟焦化加热炉利用恒温变温交替的在线清焦方法，使管壁温度最高点降为 556℃，降低了 91℃；炉管出入口压差由 1.01MPa 降低至 0.95MPa，降低了 0.06MPa，达到了预期目标。

（2）延迟焦化加热炉成功实现在线清焦，延长了延迟焦化装置运行周期，降低了停工频率，降低了机械清焦期间的环保风险，达到了经济效益及环保效益双赢局面。

（3）由于加热炉在线清焦对炉管的危害短期显现不出来，在停工检修时应加强对加热炉的检测。

（4）延迟焦化环保节能清焦技术与机械清焦比较，减少了停开工产生的污油处理费用及停工期间的损失，且降低了环保风险，产生经济效益 120 万元/年，达到了节能提效的目的。

参考文献

[1] 师彦俊. 延迟焦化装置加热炉在线蒸汽清焦技术工业应用总结[J]. 炼油技术与工程, 2023, 53(01): 17-21.

[2] 孙宇. 延迟焦化加热炉环保在线恒温清焦技术的应用[J]. 辽宁化工, 2022, 51(08): 1107-1110. DOI: 10.14029/j.cnki.issn1004-0935.2022.08.015.

[3] 龚朝兵. 焦化加热炉炉管在线清焦的实践与思考[J]. 化工机械, 2010, 37(04): 514-517+522.

[4] 魏学军, 李出和, 胡刚. 焦化加热炉在线清焦的设计与实践[J]. 石油化工设备技术, 2008(02): 33-35+23.

[5] 徐先财. 焦化加热炉在线清焦的应用及影响[J]. 炼油技术与工程, 2016, 46(11): 36-39.

[6] 郑志斌, 蔡海军, 魏文, 等. 在线清焦技术的应用对焦化加热炉的影响[J]. 石油炼制与化工, 2015, 46(02): 76-78.

[7] 陈文生, 陈琪玮, 王大寿, 等. 焦化加热炉在线清焦技术应用与优化[J]. 中外能源, 2019, 24(03): 88-92.

[8] 曹凤凤, 孟新博, 吴昊飞. 120 万吨焦化加热炉在线清焦实践和分析[J]. 云南化工, 2018, 45(08): 227-228.

[9] 郑志斌, 魏文. 在线清焦技术在 1.20Mt/a 焦化加热炉上的应用[J]. 石油炼制与化工, 2014, 45(07): 62-67.

[10] 王春花, 陈梓剑. 延迟焦化装置在线清焦操作难点及对策分析[J]. 石油炼制与化工, 2010, 41(09): 39-43.

油浆蒸汽发生器管束腐蚀原因及应对措施

刘凯琪

（中国石油化工股份有限公司济南分公司）

摘　要　油浆蒸汽发生器是一种用于产生高温高压蒸汽的设备，在化工、石油、电力等行业中广泛应用。然而，由于操作条件的复杂性和金属材料的限制，油浆蒸汽发生器管束往往面临碱脆腐蚀问题。碱脆腐蚀是指在高温高压条件下，碱性物质对金属管束的侵蚀和应力腐蚀现象。这种腐蚀会导致管束的强度和密封性下降，进而引发泄漏的风险。碱脆腐蚀的主要原因包括管束材料的选择不当、操作温度和压力过高、碱性物质的浓度过高等。本文结合现场实际油浆蒸汽发生器管束腐蚀内漏案例，结合工艺运行参数、设备参数及腐蚀分析数据，对管束内漏原因进行细致分析，并针对该类事件提出相应预防措施。

关键词　碱脆；管嘴磨蚀穿孔；冲刷；脆性破坏

1　故障现象概述

2018年7月30日，某公司140万吨/年重油催化裂化装置设备日检时发现，油浆下返塔至小搅拌环管线振动，D-221发汽量明显高于D-220，且现场点温确认E-208/1、2出口油浆温度较E-208/3、4低约5℃，综合判断确认E-208/1、2存在内漏现象。运行部按照应急预案，于11：00将E-208/1、2切除。经过对换热器油路柴油洗，再用蒸汽吹扫后，31日08：00 E-208/1、2交付检修。

2　设备情况概述

140万吨/年重油催化裂化装置于1996年9月28日建成中交，当年10月26日一次开车成功。内漏换热器E-208为油浆蒸汽发生器换热器，该换热器管束为2013年大检修更新管束，2017年大检修期间拆解后对管束进行清洗，打压合格后回装。管束型号BES1100-6.4-280-6/25-6，管束材质为10#钢。换热器壳程介质为饱和水，操作压力3.8MPa，操作温度250℃；管程介质为催化裂化油浆，操作压力1.1MPa，操作温度330℃。

此设备为2013年全厂大检修新更新设备，2017年4月10日开工运行至2017年9月15日泄漏，拆检E-208/1、2，1#管束无泄漏，回装后打压合格；2#管束泄漏，堵管12根后回装打压合格，投用正常。2018年7月30日发现E-208/1、2出现再次泄漏，7月31日交付检修，E-208/1管束有一处管嘴磨蚀穿孔（见图1）；E-208/2管板有裂纹，管嘴焊缝有3处磨蚀穿孔（见图2）；管箱分隔板3处磨蚀穿孔（见图3）。根据管束实际情况，运行部将两台换热器更换新管束，回装后打压合格，投用正常。8月2日，使用恢复正常。

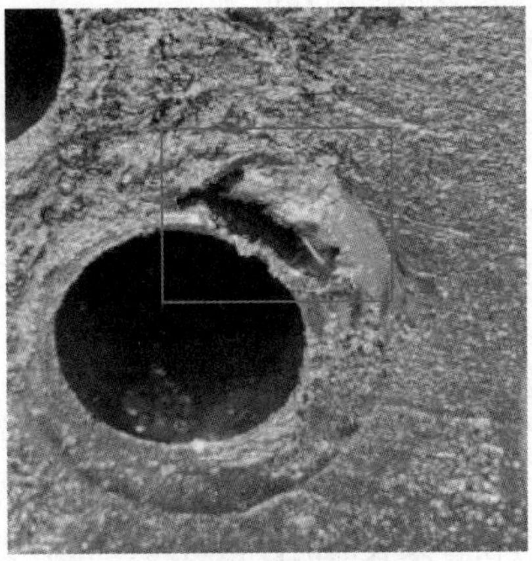

图1　E-208/1旧管束裂纹

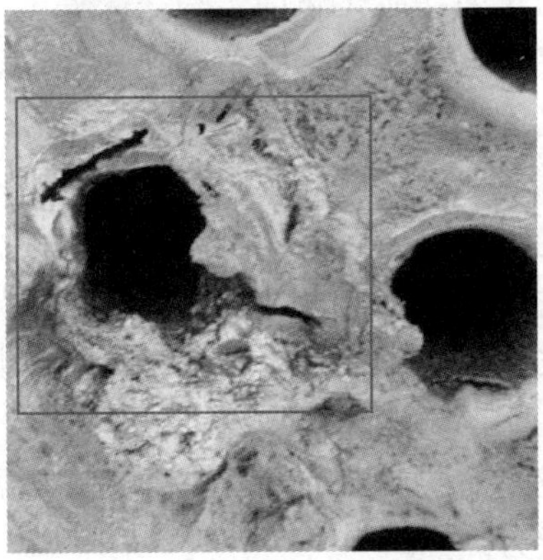

图2　E-208/2旧管束裂纹

图3　E-208/2 管箱分隔板磨蚀穿孔

3　故障原因分析

重油催化裂化装置中换热器管束常见的腐蚀类型主要有酸性腐蚀、氧化腐蚀、硫化物腐蚀和碱性腐蚀。

酸性腐蚀：酸性腐蚀是由于重油中含有一定量的硫、氯等酸性物质，当这些物质接触到换热器管束表面时，会引起酸性腐蚀。酸性腐蚀可分为干腐蚀和湿腐蚀两种情况。

（1）干腐蚀：是指在高温下，焦炭和硫化物被吸附在管束表面，形成硫酸和氯化物等强酸性气体，导致金属管束表面发生腐蚀。应对措施：①采用耐酸材料，如不锈钢、镍基合金等制作管束，以增加其抗干腐蚀能力；②定期清洗管束表面，减少焦炭和硫化物的积累。

（2）湿腐蚀：是指在存在液体重油的条件下，酸性物质溶解于液相中，接触到管束表面产生腐蚀。应对措施：①增加换热器的流速，降低酸性物质在管束表面的停留时间；②定期清洗管束内部，减少酸性物质的积累。

氧化腐蚀：氧化腐蚀是指在高温下，金属与氧气反应产生氧化物，导致管束表面金属腐蚀和溶解的现象。

- 高温氧化腐蚀：在高温环境下，金属表面与氧气反应，形成氧化物。这种腐蚀会使金属材料失去其原有的机械性能和耐蚀性，导致管束变脆和破裂。应对措施：①选择高温下具有良好抗氧化性能的材料，如镍基合金、铬铁合金等；②通过表面涂层或热处理等方式提高金属材料的抗氧化能力。

硫化物腐蚀：硫化物腐蚀是重油中硫化物与金属管束表面接触而产生的腐蚀现象。特别是在高温和高压条件下，硫化物与金属表面发生反应加剧了金属的腐蚀和溶解。

（3）硫化物应力腐蚀开裂：是由于管束表面硫化物与金属内部的应力相结合而引起的腐蚀开裂。应对措施：选择抗硫化物腐蚀和抗应力腐蚀开裂的材料，如镍基合金、钛合金等。

- 硫化物晶间腐蚀：在高温和高压条件下，金属与硫化物发生反应，导致金属晶间发生腐蚀。应对措施：①控制工艺参数，降低硫化物含量；②采用抗硫化物腐蚀能力较强的材料；③加大管束的清洗和维护力度，减少硫化物的积累。

根据该内漏换热器的运行条件，对照以上腐蚀类型发现，以上三种腐蚀类型均不适用此次泄漏情况。2017 年检修对管束进行清洗，回装后打压合格，投用后出现两次泄漏。此次维修对管束换热器进行抽检，对管板胀槽、换热管是否强度胀检查，检查结果为管板均有胀槽，抽检 3 根换热管，发现两根未进行强度胀，这是导致换热器管束泄漏的根本原因。

炉水中碱的浓度一般情况下不会达到发生碱脆的程度，但在设备缝隙、死区中会因为 OH^- 离子的富集使水的碱浓度逐渐增大。在换热器管束管嘴缝隙处，炉水进入后会逐渐沉淀浓缩，进而浓度会达到碱脆标准。E-208 管束在胀接的接缝上发生碱脆应力腐蚀，进而导致管嘴处泄漏。见图 4。

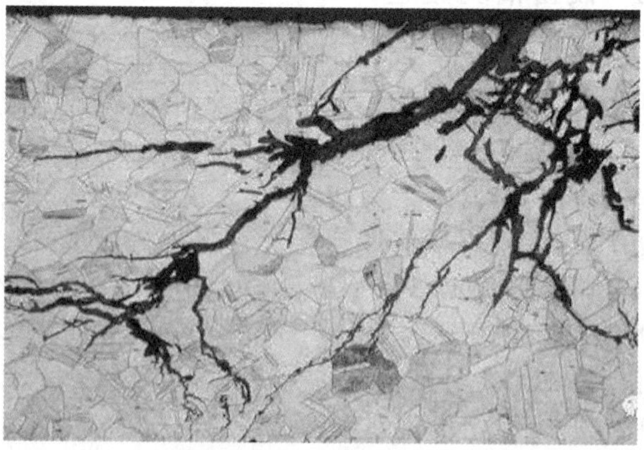

图4　晶相照片

装置本周期运行加工量高，油浆系统负荷大，介质在流动过程中形成的漩涡、穿孔、摩擦等都会在管束表面产生局部速度增加或减小的现象，导致液体对管束表面造成冲击或侵蚀，从而引起腐蚀。

在第一次内漏后对 E-208/2 旧管束堵管焊接，焊接时存在焊接残余应力，管板有裂纹，管嘴焊缝有 3 处磨蚀穿孔，管箱分隔板 3 处磨蚀穿孔。泄漏严重穿孔处有明显冲刷痕迹，说明介质由壳程(中压蒸汽)漏至管程(油浆)。且换热器管壳程压差大，对焊缝产生应力大，使焊缝强度降低。

4　碱脆应力腐蚀的概念和机理

碱脆应力腐蚀是指在含有碱性物质的介质中，金属材料受到应力作用而发生的腐蚀现象。它通常发生在高温高压环境中，特别是在石油化工的设备和管道中。

碱脆应力腐蚀的机理主要包括以下几个方面：

(1) 碱性物质的侵蚀：碱性物质能够与金属表面产生反应，形成溶解产物，导致金属表面的局部腐蚀。碱性物质的浓度、温度和 pH 值都会对腐蚀速率产生影响。

(2) 应力作用：金属材料在使用过程中存在内部或外部应力，这些应力可以通过机械载荷、热膨胀或冷却引起。当金属材料处于应力状态下，碱性物质进入金属表面后会加剧局部腐蚀，导致材料表面出现裂纹、剥落和断裂等现象。

(3) 氢离子的迁移：碱脆应力腐蚀还与氢离子的迁移有关。在碱性介质中，氢离子会与金属表面形成氢化物，并扩散到金属内部。当氢离子聚集到金属内部的高应力区域时，会引起氢原子的扩散和聚集，导致金属内部的应力集中，从而造成裂纹和脆性破坏。

总结来说，碱脆应力腐蚀是由于碱性物质的侵蚀、应力作用和氢离子的迁移相互作用引起的。在设计和使用重油催化裂化装置时，需注意选择合适的材料和工艺，在高温高压环境中控制碱性物质的浓度、温度和 pH 值，以减少碱脆应力腐蚀带来的损害。

低碳钢碱脆腐蚀见图 5。

低碳钢和普通低合金钢在热浓碱液中的反应主要涉及碱性环境引起的腐蚀和氢离子的析出。具体的反应方程式可以表示为：

碱性溶液与铁的反应：

$$2NaOH+Fe \longrightarrow Na_2FeO_2+H_2\uparrow$$

其中，碱性溶液(如热浓碱液)与铁(Fe)发生反应，生成钠铁酸盐(Na_2FeO_2)和氢气(H_2)释放。

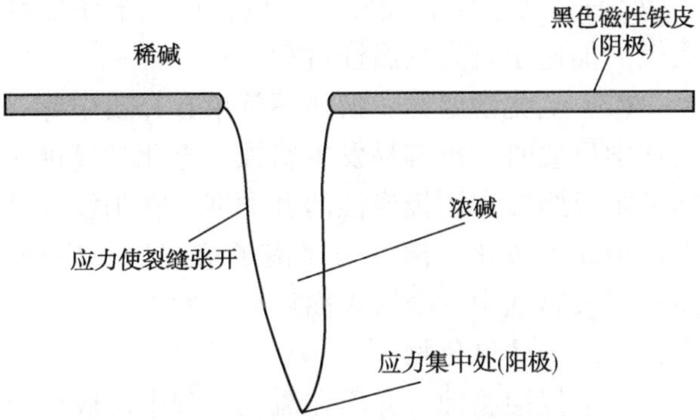

图 5　低碳钢碱脆示意图

碱性溶液与碳的反应：

$$6NaOH+2C \longrightarrow 2Na_2CO_3+2Na+3H_2\uparrow$$

碱性溶液与碳(C)发生反应，生成碳酸钠(Na_2CO_3)和氢气(H_2)释放。

这些反应都是在高温高压条件下进行的，碱性溶液的浓度、温度和压力等参数都会影响反应速率和产物生成。需要注意的是，以上反应只是简化的化学方程式，实际反应过程会受到多种因素的影响，包括材料的成分、表面状态、溶液浓度等。

碱浓度与温度对应低碳钢的应力曲线见图 6。

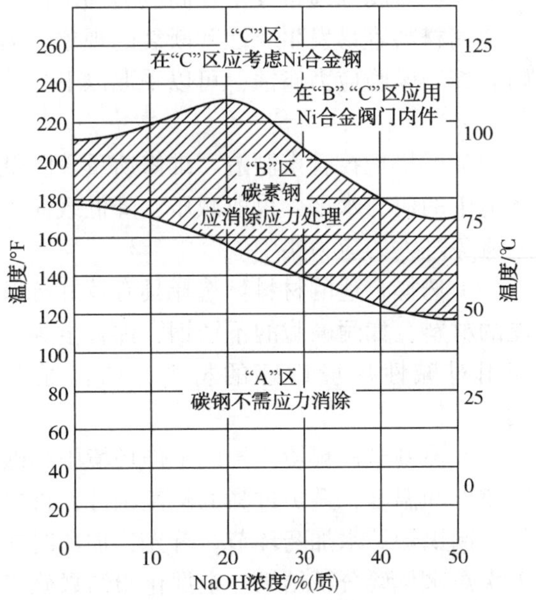

图 6　碱浓度与温度对应低碳钢的应力曲线

换热器管束腐蚀的原因可以从以下几个方面进行分析：

(1) 化学腐蚀：换热器管束在工作介质中，如酸、碱、盐等化学物质的作用下，会发生化学反应导致金属腐蚀。例如，酸性环境下，酸性离子(如 H^+)与金属表面发生反应，形成金属盐和氢气，加速了管束的腐蚀过程。

(2) 电化学腐蚀：换热器管束在介质中存在电化学反应时，也容易发生腐蚀。电化学腐蚀包括了阳极腐蚀和阴极腐蚀两种类型。在阳极腐蚀中，金属被氧化，离开金属离子溶解到介质中；而在阴极腐蚀中，金属表面还原，发生氧还原反应，生成金属氧化物。

(3) 侵蚀腐蚀：介质在流动过程中形成的漩涡、穿孔、摩擦等都会在管束表面产生局部速度增加或减小的现象，导致液体对管束表面造成冲击或侵蚀，从而引起腐蚀。

(4) 温度和压力：高温和高压环境下，管束的腐蚀速度会明显增加。高温使金属晶体结构发生变化，降低了金属的抗腐蚀性能；而高压则增加了介质对管束表面的侵蚀力度。

(5) 材料选择和质量问题：选择不合适的材料或存在材料质量问题也可能导致管束的腐蚀。材料的抗腐蚀性能、耐久性、成分纯度等都是影响管束腐蚀的关键因素。

5 预防和控制氢脆应力腐蚀的方法和建议

碱脆应力腐蚀通常发生在高应力和碱性环境下，金属材料容易发生腐蚀和断裂的现象。为了预防和控制碱脆应力腐蚀，可以采取以下方法和建议：

(1) 严格把控管束制造、维修质量：降低工作环境中的应力水平，采取减压、降低载荷等措施来避免过大的应力集中。

(2) 选择合适的材料：选择具有较好抗碱脆性能的材料，如耐碱脆的不锈钢、镍合金等。避免使用对碱性环境敏感的材料，如普通低合金钢。

(3) 控制碱性环境：控制工作环境中的碱性物质浓度和温度，避免过高的碱性条件，首要的就是控制锅炉炉水加药环节。首先，加药时应确认上次炉水化验分析结果，根据化验结果确定药剂加注量，其次，要控制好药剂加注频次和时间，最后，加药时必须要严格按照操作规范执行加药作业，防止炉水内存在大量未溶解药剂。此外，一定要按时排污。

(4) 表面处理：表面处理可以提高材料的耐蚀性能。常用的方法包括喷砂、抛光、电镀、涂覆防腐层等，以增加材料与碱性溶液的界面稳定性。

(5) 增加保护层：在金属表面上进行防腐涂层和防腐处理，如热浸镀锌、热喷涂等，以减少金属与碱性溶液的直接接触。

(6) 定期检测：定期进行材料的检测和评估，包括物理力学性能测试、特定检测方法(如电化学测试、氢脆检测等)，及时发现问题并采取相应措施。

(7) 设备操作和维护：合理操作设备，避免过大的应力和冲击，保持设备的清洁和干燥状态，定期检查和维护设备，确保出现问题及时修复。

实际应用中，需要根据具体的应用情况和工作环境选择适当的预防和控制方法，并严格按照相关规范和标准进行操作和管理。

参 考 文 献

[1] 张国庆，王大勇，等．碱溶液中 X70 管线钢应力腐蚀破裂行为[J]．腐蚀与防护，2016，37(11)：979-983.

[2] 金丹，陈继东，等．高强度低合金钢在盐碱环境中的应力腐蚀行为研究[J]．材料热处理学报，2011，32(10)：126-130.

[3] 白利敏，李勇平，等．氢氧化钠环境中 CaCl2 对 S30100 不锈钢应力腐蚀裂纹扩展的影响[J]．金属学报，2018，54(3)：369-376.

[4] 周雷，郑斌，等．T91 钢碱脆特性的研究进展[J]．中国腐蚀与防护学报，2015，35(4)：303-310.

[5] Parkins，R. N. (2003). Stress Corrosion Cracking of Austenitic Stainless Steels in Caustic Solutions—A Review. Corrosion Science，45(4)，583-608.

[6] Shi，X.，Li，J.，& Zhao，S. (2017). Stress Corrosion Cracking of Pipeline Steels in Alkaline Environments：A Review. Materials & Design，134，256-273.

[7] 张显，国凤林．氢扩散与裂纹尖端应力场耦合效应的有限元分析[J]．表面技术，2018，47：240-245.

[8] 高智德．化工领域中不锈钢压力容器腐蚀的原因和对策分析[J]．中国金属通报，2022，11：171-173.

催化柴油直接生产轻质芳烃与裂解料技术

郑均林　李　成　周彦妮　姜向东　侯　敏　许　烽

（中国石化上海石油化工研究院，绿色化工与工业催化全国重点实验室）

摘　要　随着柴油需求增长停滞，国 VI 标准在 2019 年实施，催化柴油资源转化越来越成为影响企业加工能力和效益的焦点问题，也是实现炼油向化工转型的制约性难题。通过研究具有独特酸性质的沸石材料和适中加氢能力的加氢活性相，中国石化上海石油化工研究院开发了从催化柴油直接生产轻质芳烃和裂解料的高性能催化剂。基于转化需求，建立了尾油选择饱和并循环的加氢精制-选择转化两段转化方案，实现了将催化柴油完全转化生产轻质芳烃与烯烃原料的技术目标，轻质芳烃的的产率达到了 43.93wt%，轻质烃类的产率达到了 49.41wt%。通过此方案，可降低柴油产量，提高柴油质量，也同时为乙烯和芳烃装置提供了大量原料。

关键词

1　引言

我国催化裂化(FCC)装置年加工量已接近 2 亿吨，催化柴油(LCO)的年生产量超过 4000 万吨。LCO 的含硫量 0.2wt%~1.5wt%，十六烷值只有 15~25。多产异构烷烃的催化裂化(MIP)、深度催化裂解(DCC)和劣质重油高效催化裂解(RTC)工艺的 LCO 产品更加劣质化，十六烷值甚至低于 20，加工难度更大。LCO 的主要成分是 C_{11}^{+}烷基苯和稠环芳烃，芳烃含量高达 70~95wt%，氢含量低，虽然它们的沸点在柴油馏分，将其加工成柴油的经济性不佳。随着柴油需求增长停滞，国 VI 标准在 2019 年实施，LCO 资源转化越来越成为影响企业加工能力和效益的焦点问题，也是实现炼油向化工转型的制约性难题。

苯、甲苯和二甲苯等轻质芳烃是重要的基本有机化工原料，广泛应用于合成材料等领域，与国民经济发展及人们的衣食住行密切相关。LCO 富含稠环芳烃和重质单环芳烃，是量能巨大的芳烃资源库，碳链裂解过程中产生的短链轻质烃类又可作为优质的烯烃原料。目前，学术和产业界将 LCO 的化工利用聚焦到了直接生产高品质芳烃和裂解原料的目标上，特别是开发高性能的催化剂和配套的工艺技术，使轻质芳烃的收率跨过 30wt%的技术限制。因此，亟需开发高效转化技术，将催化柴油通过加氢裂化反应转化为轻质芳烃，通过炼化一体实现芳烃产业的降本增效。

通过研究具有独特酸性质的沸石材料和适中加氢能力的加氢活性相，中国石化上海石油化工研究院开发了从催化柴油直接生产轻质芳烃和裂解料的高性能催化剂。本文将介绍基于该催化剂的加氢精制-选择转化两段法转化方案，将 C_{10}^{+} 尾油选择饱和并循环回选择转化反应器，实现了将 LCO 完全化工转化的目标。

2　技术思路与研究方法

2.1　技术思路

针对化工型加氢裂化催化剂的特点和直接生产高质量化工原料的技术需求，我们设计了加氢精制-选择转化两段法工艺方案，消除了精制过程中所产生的氨等碱性物质对酸中心的抑制作用，轻质芳烃的选择性和纯度大幅提高。分析选择转化 C_{10}^{+}A 尾油的组成特点，研究进一步提高反应选择性的工艺方案。

2.2　研究方法

LCO 原料取自中国石化某企业的催化裂化装置。采用加氢精制催化剂对 LCO 原料进行精制处理，产物经过气液分离后得到精制 LCO。精制 LCO 在上海石油化工研究院开发的选择转化催化剂上发生轻质化反应，得到轻质芳烃和轻烃组分。典型工艺条件为：加氢精制反应压力 6.0~10.0MPa、平均温度 300~370℃、反应空速 0.6~1.5(体积)、氢油体积比 1000~2000；选择转化反应压力 6.0~10.0MPa、平均温度 360~400℃、反应空速 0.8~1.5(体积)、氢油体积比

1000~3000。未转化的 C_{10}^{+}A 尾油经过选择饱和反应器，在 150~250℃、1~3MPa 的温和条件下发生选择饱和反应，再送回选择转化反应器，实现高选择性、全组分转化的目标。

LCO 加氢转化产品采用密闭在线分析方法，美国安捷伦公司(Agilent)7890A 气相色谱仪，色谱柱 HP-160m×0.25mm×0.25μm，程序升温模式，校正面积归一法定量。LCO、精制 LCO、选择转化产物、选择饱和前后 C_{11}^{+}尾油的族组成采用全二维色谱分析，由配有氢火焰离子化检测器(FID)的美国安捷伦公司的 Agilent7890A 气相色谱仪和固态热调制器组成，控制软件为 SSM_viewer，数据处理软件采用 FreeMat。反应尾气产物中所含轻烃(C_1~C_5)组成的分析在 Agilent6820 气相色谱仪上进行，配备氢火焰离子检测器和氧化铝毛细管柱，采用外标法对尾气组成进行定量，色谱柱采用程序升温，初始温度为 100℃，维持 8min，然后以 15℃/min 速率升温至 140℃，维持 12min。

加氢精制和选择饱和过程中的芳烃保留率计算公式如下：

$$芳烃保留率=\frac{加氢精制或选择饱和产物中芳烃含量}{加氢精制或选择饱和原料中芳烃含量}\times100\%$$

苯-甲苯、二甲苯、C_9A 芳烃和 C_{10}A 芳烃等单环轻芳烃收率计算公式为：

$$BTX+C_9A+C_{10}A\ 收率=\frac{BTX+C_9A+C_{10}A\ 产量}{原料量}\times100\%$$

3 结果与效果

3.1 加氢精制反应

LCO 原料的分析结果见表 1，T95 点(95%馏出温度)为 341℃，硫氮含量分别为 2070ppm 和 632ppm。采用多维色谱方法分析 LCO 原料和精制 LCO 的族组成，图 1 为其多维色谱图，可见对非芳烃(红色点)、单环芳烃(黄色点)、双环芳烃(绿色点)和三环芳烃(橙色点)类组分实现了清晰的分族。其中原料 LCO 上还有一些散布的高沸点、强极性组分，应是大分子含氮物种。原料 LCO 的劣质化程度深，以稠环芳烃为主的总芳烃量达到 89.15wt%。经过加氢精制处理后，单环芳烃的量从 37.40wt%提高到 53.71wt%，稠环芳烃的量从 51.75wt%降低到 25.67wt%，非芳烃的量从 10.85wt%升高到 17.62wt%。计算可得，加氢精制过程的芳烃保留率为 92.40%。这说明加氢精制过程发生了芳烃的过度饱和反应，原料中的部分芳环分子结构被破坏。加氢精制催化剂的脱硫氮效果很好，精制 LCO 的硫氮含量分别为 87ppm 和 8.6ppm，满足了进一步转化的条件。

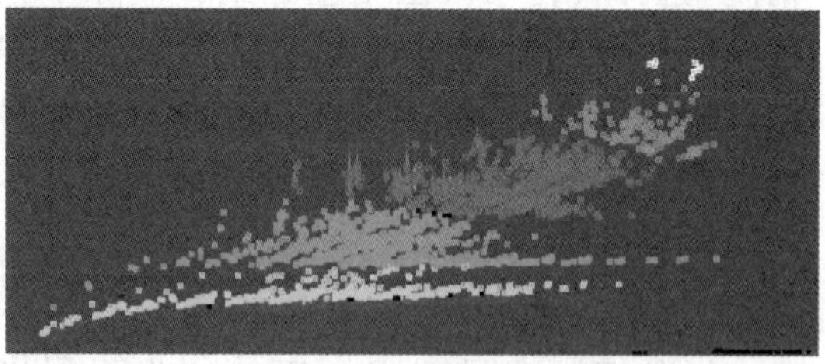
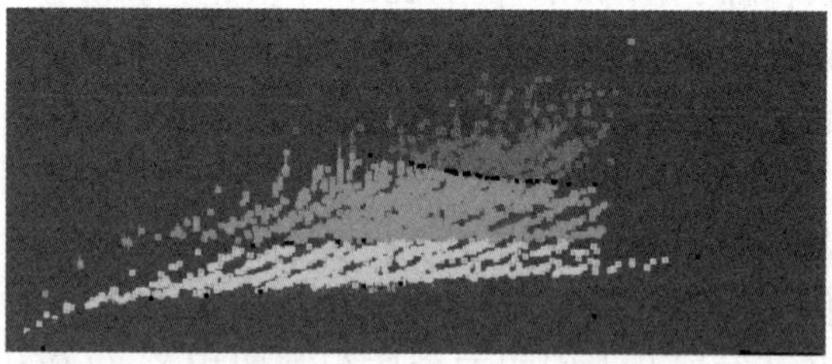

图 1 LCO(左图)和精制 LCO(右图)的多维色谱图

表 1 LCO 原料及加氢精制效果

项 目	LCO	精制 LCO
密度(4℃)	0.956	0.932
硫(ppm)	2070	87
氮(ppm)	632	8.6
非芳香烃(wt%)	10.85	17.62
单环芳烃(wt%)	37.40	53.71

续表

项 目	LCO	精制 LCO
稠环芳烃(wt%)	51.75	25.67
蒸馏试验(D-86)	℃	
初馏点	193	188
5%	212	210
10%	235	232
30%	246	237

续表

项　　目	LCO	精制 LCO
50%	288	275
70%	315	313
95%	341	335
终馏点	355	349

3.2 选择转化反应

上海石油化工研究院开发的从催化柴油直接生产轻质芳烃和裂解料的催化剂，基于特殊酸性质的沸石材料和中等强度加氢活性相，具有以下性能特点：(1)对精制 LCO 中的重质芳烃和非芳的轻质化能力强，单程转化率大于 90wt%；(2)轻质芳烃的选择性和纯度高，满足芳烃联合装置的质量要求；(3)与加氢精制催化剂配合，可处理全馏分 LCO。

对液相产物的在线分析结果和气相产物的分析结果进行归一化计算，得到表 2 所示的选择转化产物。除能够直接定量的单一组分外，$>C_5NA$ 为轻质芳烃馏分内的非芳烃，C_{11}^+ 为未转化的 210℃以上馏分。计算可得，单程转化率达到 97.70wt%，包括苯、甲苯、碳八芳烃、碳九芳烃和碳十芳烃的轻质芳烃收率为 45.71wt%。

表 2　精制 LCO 的选择转化产物

	组分含量/%	总质量/%
CH_4	0.05	0.96
C_2H_6	0.90	
C_3H_8	10.24	55.06
i-C_4H_{10}	15.31	
n-C_4H_{10}	9.65	
i-C_5H_{12}	10.39	
n-C_5H_{12}	2.95	
i-C_6H_{14}	2.92	
n-C_6H_{14}	0.70	
$>C_6NA$	2.89	
B	4.02	45.71
T	13.66	
EB	1.90	
X	14.39	
C_9A	9.16	
$C_{10}A$	2.57	
C_{11}^+尾油	2.28	2.30

芳烃纯度也是一项重要指标。对选择转化的液相产物进行多维色谱分析，图 2 的三维谱图直观展示了选择转化产物的族分布情况。主要非芳烃组分与苯、甲苯馏分在一起，这可以通过溶剂抽提除去。还对选择转化的液相产物做了 PONA 分析，计算了选择转化产物中的轻质芳烃的产品纯度，结果见表 3。芳烃纯度基本达到了催化重整的质量指标，较轻油型加氢裂化工艺大幅提升，可与现有芳烃联合装置直接耦合。B-T 馏分进入芳烃抽提产出优级品苯和甲苯，C_8 馏分直接满足异构级二甲苯指标，$C_9A/C_{10}A$ 重芳烃可作为歧化单元的原料。碳八芳烃中的乙苯含量为 15.70%，低于重整碳八芳烃中约 20%的乙苯含量。作为对比，轻油型加氢裂化方案产出的高辛烷值汽油中，芳烃纯度偏低，无法直接作为芳烃联合装置的原料。

表 3　选择转化和轻油型加氢裂化产物的产品纯度

	本技术/%	轻油型加氢裂化/%
苯/C_6	57.5	19.4
甲苯/C_7	91.1	45.4
C_8A/C_8	95.6	61.3
C_9A/C_9	97.8	78.4
$C_{10}A/C_{10}$	100	80.3

3.3 C_{10}^+A 尾油性质及选择饱和反应

进一步分析选择转化 C_{11}^+尾油的密度、族组成、硫氮含量等指标，如表 4 所示。基于 USY 沸石的轻油型加氢裂化催化剂上，芳烃分子优先转化，非芳烃向尾油富集，未转化柴油的十六烷值有所升高。相比较，在选择转化催化剂上，非芳烃主要发生了轻质化反应，C_{11}^+尾油的芳烃含量达到了 98.75%。如前所述，加氢精制过程的芳烃保留率约为 92.40%，如果将 C_{11}^+尾油直接循环回加氢精制反应器，将不可避免带来芳烃损失和过度耗氢的问题。

通过氢气混合器将过饱和量的氢气溶解在>210℃重质尾油中，送入选择饱和反应器，反应条件为：氢油体积比 450Nm^3/m^3，反应器入口温度 180℃，氢气分压力 1.5MPa，进料体积空速 1.0 小时$^{-1}$。待整个反应系统建立平衡后，选择饱和产物的分析结果见表 5，硫氮含量分别为 16.8ppm 和 1.2ppm。根据芳烃族组成数据计算可得，选择饱和过程的稠环芳烃保留率为 99.28wt%。

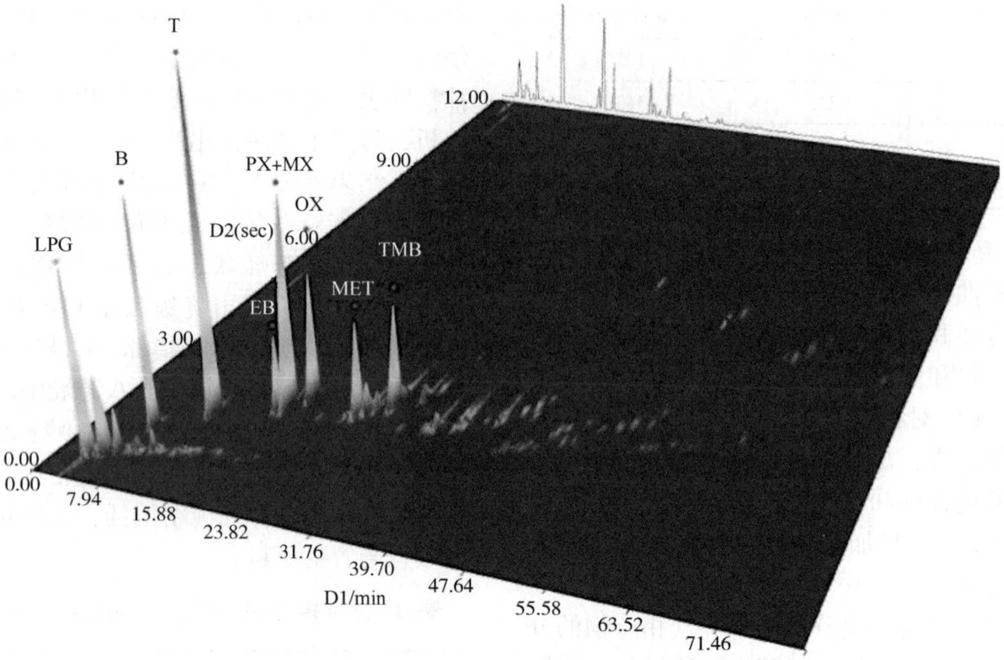

图 2　精制 LCO 经过选择转化反应后的芳烃产品

表 4　C_{11}^{+}尾油的族组成和硫氮含量

指　　标	>210℃重馏分
密度(4℃)/(g/mL)	0.957
硫/ppm	25.40
氮/ppm	1.60
非芳香烃/wt%	1.25
单环芳烃/wt%	37.51
稠环芳烃/wt%	61.24

表 5　选择饱和 C_{11}^{+}尾油的族组成和硫氮含量

指　　标	选择饱和>210℃重馏分
密度(4℃)	0.939
硫/ppm	16.80
氮/ppm	1.20
非芳香烃(wt%)	1.96
单环芳烃(wt%)	68.82
稠环芳烃(wt%)	29.22

3.4　两段全转化工艺方案

基于以上结果，可确定 LCO 全转化制轻质芳烃与烯烃料工艺方案。包括以下几步：(1)催化柴油原料送入加氢精制反应器，主要反应条件为 300～390℃、6～10MPa、0.8～1.2h^{-1}，加氢精制油通过气液分离脱除硫化氢和氨等；(2)精制 LCO 送入选择转化单元，主要反应条件为 340～410℃、6～10MPa、0.6～1.2h^{-1}，单程转化率大于 85wt%，产出 BTX 芳烃和 $C_{9/10}$重芳烃，副产以丙烷、丁烷和戊烷为主的饱和轻烃；(3)富含轻质芳烃的 C_6-C_{10}馏分进入轻芳烃分离部分，B-T 馏分进入芳烃抽提产出优级品苯和甲苯，C_8馏分直接满足异构级二甲苯指标，少量 C_{11}^{+}尾油选择饱和后送回选择转化单元；(4)$C_{9/10}$重芳烃可作为现有甲苯歧化与烷基转移单元的原料，生产 BTX 芳烃；(5)选择转化 C_{10}^{+}A 尾油送入选择饱和反应器，无需配置循环氢压缩机，在 150～250℃、1.0～3.0MPa 的温和液相条件下发生选择饱和反应，再作为选择转化单元的原料。

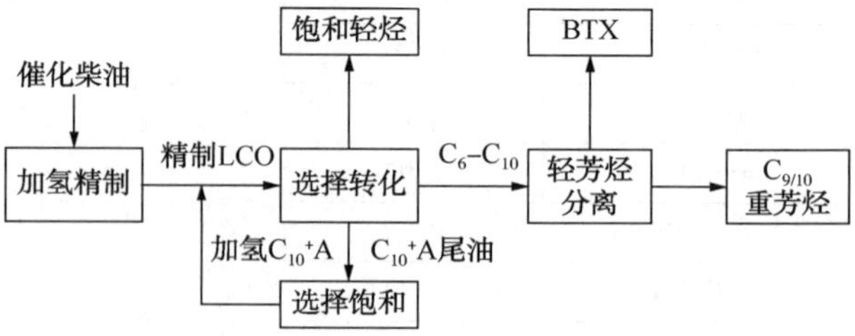

图 3　LCO 全转化制轻质芳烃与烯烃料工艺方案

3.5　产品分布

采用上述工艺方案，可实现催化柴油全组分转化为轻质芳烃和裂解料。考虑加氢精制和选择转化反应的耗氢增重效应，轻质芳烃的的产率达到了 47wt%，包括乙烷的轻质烃类的产率达到了 57wt%，包括甲烷和乙烷的干气收率极低。

4 结论

开发了从催化柴油直接生产轻质芳烃和裂解料的高性能催化剂，并基于转化需求建立了尾油选择饱和并循环的加氢精制-选择转化两段转化方案，实现了将催化柴油完全转化生产轻质芳烃与烯烃原料的技术目标。采用此方案，轻质芳烃的的产率达到了47wt%，包括乙烷的轻质烃类的产率达到了57wt%。在炼化一体化企业实施该技术，将具有更加显著的综合效益和优化效应。可降低柴油产量，提高柴油质量，也同时为乙烯和芳烃装置提供了大量原料，降低芳烃烯烃原料成本，提高竞争力。

参 考 文 献

[1] 许友好，张久顺，马建国，等. MIP 工艺反应过程中裂化反应的可控性[J]. 石油学报(石油加工)，2004，20(3)：1-6.

[2] Hsu C S，Robinson P R. Handbook of Petroleum Technology [M]. Gewerbestrasse：Springer International Publishing AG，2017：579-582.

[3] 周佩玲. 深度催化裂解(DCC)技术[J]. 石油化工，1997，26(8)：540-544.

[4] 中国石化石油化工科学研究院开发成功重油高效催化裂解(RTC)技术[J]. 石油炼制与化工，2020，51：54.

[5] Laredo G C，Vega Merino P M，Hernάndez P S. Light cycle oil upgrading to high quality fuels and petrochemicals：a review[J]. Ind. Eng. Chem. Res.，2018，57，7315-7321.

[6] Laredo G C，Pérez-Romo P，Escobar J，Garcia-Gutierrez J L，Vega Merino P M. Light cycle oil upgrading to benzene，toluene，and xylenes by hydrocracking：studies using model mixtures[J]. Ind. Eng. Chem. Res.，2017，56，10939-10948.

[7] Oh Y S，Shin J，Noh H S，Kim C W，Kim Y-S，Lee Y-K，Li J-K Selective hydrotreating and hydrocracking of FCC light cycle oil into high-value light aromatic hydrocarbons[J]. Appl. Catal. A，Gener.，2019，577，86-98.

[8] 郑均林，徐旋，祁晓岚，孔德金. 劣质重芳烃资源及其化工产品转化技术[J]. 化工进展，2017，36(10)：3665-3673.

[9] 郑均林，孔德金，姜向东等. 催化剂及其在 C_{11}^{+} 重芳烃轻质化反应中的应用：中国，201810153543.5[P]. 2018-02-22.

[10] 周建华. 炼化副产稠环芳烃资源化工型利用的技术策略[J]. 化学反应工程与工艺，2019，35(4)：368-374.

[11] 李顺新，黄新露，陈光，李扬，吴子明. 劣质催化裂化柴油加氢转化工艺研究[J]. 当代化工，2020，40(4)：204-211.

[12] 郑均林，姜向东，宋奇，孔德金. 一种从催化柴油生产轻质芳烃的全转化方法和装置：中国，201910715616.X[P]. 2018-02-22.

常减压装置锦州原油加工分析与措施

吕建新

[中石化(天津)石油化工有限公司]

摘　要　针对中石化天津分公司常减压装置从未加工过海洋油含酸原油的现状，在天津市政府引领下，形成中石化、中海油的地方央企合力，实现“渤油津炼”的战略目标，发挥区域优势，开创地方央企一体化共赢新局面。为此，采取了从原油性质分析、加工方案、调整操作等一系列针对性措施，顺利地完成了含酸海洋原油的加工目标，创造效益明显。

关键词　常减压；含酸油加工

人们从19世纪末开始发现了原油中有石油酸存在，认识到原油中石油酸对炼油装置的腐蚀，并一直研究解决这一问题的途径。目前，解决高酸原油腐蚀最有效的办法仍然是和低酸原油混炼，关键是弄清楚原油中石油酸的存在形态、分布规律以及加工前后石油酸的变化规律，完成含酸海洋油加工。

1　原油加工装置简介

常减压装置是以伊朗轻、重混合原油设计的，于1995年建成投产。2008年装置进行了加工高硫油的适应性改造。2020年进行了消除部分设备腐蚀严重的改造，同时装置加工能力由250万吨/年提升至500万吨/年。本装置包括电脱盐系统、常压系统、减压系统、轻烃回收系统等四个部分。

2　锦州原油性质分析

按照生产任务安排，中石化天津分公司于2022年9月取得含酸海洋油锦州原油样品，该原油为我公司首次加工的新油种，产地为中国渤海湾。为保证锦州原油在天津的顺利加工，进行了该原油性质评价。

2.1　锦州原油的一般性质

锦州原油常温下为黑色液体，凝点为-15℃，20℃密度为0.8826g/cm^3，API度28.09；20℃运动黏度41.33mm^2/s，水含量<0.025m%，盐含量为2.58mgNaCL/L；酸值0.927mgKOH/g；硫含量0.194m%，氯含量10.06mg/kg；残炭4.90m%，机械杂质0.0276m%；蜡含量0.65m%，胶质10.67m%，沥青质0.55m%；金属铁3.93mg/kg，镍含量17.71mg/kg，钒含量0.39mg/kg，钠含量2.09mg/kg，钙含量3.10mg/kg，镁含量0.51mg/kg；原油馏程初馏点81.1℃，<200℃馏出量为18.3v%，<300℃馏出量为33.0v%。实沸点蒸馏<80℃馏分收率为2.42m%，<200℃馏分收率为16.84m%，<350℃馏分收率为40.08m%，<520℃馏分总拔为69.36m%。该原油轻油收率较高，酸值高，金属镍较高。

2.2　锦州原油的属性分类

锦州原油硫含量0.194m%、酸值0.927mgKOH/g，为低硫高酸原油；第一关键馏分为中间基。第二关键馏分为中间基。按硫含量及关键馏分分类为低硫中间基原油。

3　锦州原油加工措施

3.1　锦州原油加工流程及混炼比例

从锦州原油的基本性质来看，该原油属于高酸低硫原油。原油加工比例按照沙中：阿曼：锦州（65：25：10）的比例进行测算，混合原油硫含量1.9m%、酸值0.32mgKOH/g、盐含量4.81mgNaCL/L，直馏重石脑油硫含量0.0353m%，直馏航煤硫含量0.1343m%、硫醇硫9.15mg/kg，常压渣油金属含量铁2.7mg/kg、镍19.72mg/kg、钒42.14mg/kg、钙3.71mg/kg、钠2.43mg/kg，减压渣油硫含量4.182m%、铁5.33mg/kg、镍34.53mg/kg、钒75.3mg/kg、钙7.8mg/kg、钠4.6mg/kg。混合后原油各项指标均满足要求，渣油加氢原料掺炼渣油时应注意轻油与渣油比例，防止原料中金属含量超标。加工时若出现指标超标，再根据实际加工情况调整加工比例。

3.2 注意事项

（1）从原油评价数据来看锦州原油属于低硫高酸原油，其酸值达到0.927mgKOH/g，按照比例混合后原油酸值还在0.32mgKOH/g，由于酸值较高加工时与低酸原油进行混炼，控制混合后原油满足常减压装置进料要求，同时注意高温环烷酸腐蚀，确保腐蚀情况安全可控。

（2）温度在200℃~400℃范围内材质略低的设备管线存在高温环烷酸腐蚀风险，应着重关注。另外高温环烷酸腐蚀属于均匀腐蚀，在锦州原油加工期间对于存在腐蚀风险的部位加强测厚监控，提早发现腐蚀风险。

（3）锦州原油为含硫中间基原油，与轻质油混炼，需要关注水含量，加强原油储罐的脱水操作，减少对电脱盐操作影响。选择金属含量较低的原油进行混炼，防止渣油组分中金属含量超出渣油加氢原料设防值。

（4）与此原油炼制有关的人员必须严格执行《炼油部气体防护管理实施细则》。人员上罐作业时必须佩戴空气呼吸器，一人操作、一人监护。及时通报环保监测数据，炼油部要根据环保监测数据情况及时调整原料混炼比，避免环保数据超标及人员发生毒物刺激。

4 锦州原油加工操作及调整

2022年9月至10月，中石化天津分公司常减压装置开始掺炼加工含酸海洋油锦州原油，掺炼比例为10%左右，10月中旬主油种换为阿曼：科威特：CPC，锦州原油掺炼暂停。加工锦州油期间装置操作正常，主要控制参数末出现明显波动，产品质量控制合格，装置运行保持平稳，污水排放正常，无超标数据，装置腐蚀速率无超标。

4.1 原油及侧线酸值分析

4.1.1 原油加工生产分析

从原油分析数据看，混炼后原油酸值最高0.355mgKOH/g，平均值0.295mgKOH/g，硫含量在2.0%以下，盐含量及氯含量都维持在正常范围内，变化不大。见表1。

表1 电脱盐前原油生产数据

采样时间 2022/9/2~2022/10/10	盐含量/(mgNacl/L)	酸值≤0.50/(mgKOH/g)	水分≤0.50/(m%)	氯含量/(mg/kg)
最大值	140.70	0.355	0.30	35.00
最小值	38.60	0.165	0.20	14.00
平均值	69.98	0.295	0.24	21.33

4.1.2 常减压装置原油及侧线分析

按照酸值在炼油厂全流程的分布规律。原油经过常减压蒸馏，常二线、常三线、减一线、减二三线及减压渣油酸值高，容易发生腐蚀。催化裂化、焦化、加氢和重整装置的产品酸值都很低。因此，依照不同原油及配比见表2，以常减压装置原油及侧线酸值数据监测为工作重点。

表2 不同原油脱前酸值分析数据

日　期	加工油种	锦州油掺炼/%	脱前原油酸值/(mgKOH/g)
9月16日	沙中：CPC：锦州：渤西	9	0.165
9月21日	沙中：阿曼：锦州：渤西	10	0.353
10月4日	科威特：阿曼：锦州：渤西	10	0.336
10月7日	科威特：阿曼：锦州：渤西	14	0.348
10月11日	科威特：阿曼：CPC	0	0.334

按照表2中不同原油种类和锦州油掺炼比，加工期间锦州油不同掺炼比例时常减压装置侧线酸值分布情况见表3。

由于高酸原油的腐蚀性与酸值并非线性关系，因此常减压装置原油及侧线酸值分布监测更加重要，从表3看出，加工锦州油期间不同掺炼比0~14%，酸值最大数据分别为0.46、0.421、0.496、0.465mgKOH/g，既满足装置设防值（小于0.5mgKOH/g）要求，也符合防腐监控数值。

表 3　不同锦州油掺炼比时常减压装置侧线酸值分布

常减压装置侧线酸值分布/(mgKOH/g)	锦州油掺炼(0%)	锦州油掺炼(9%)	锦州油掺炼(10%)	锦州油掺炼(14%)
脱前原油	0.334	0.165	0.353	0.348
常一线	0.026	0.04	0.05	0.02
常二线	0.148	0.14	0.098	0.16
常三线	0.27	0.27	0.15	0.24
常四线	0.31	0.36	0.23	0.278
常渣油	0.46	0.421	0.357	0.465
减一线	0.408	0.139	0.341	0.411
减二线	0.429	0.268	0.451	0.435
减三线	0.433	0.301	0.496	0.448

4.2　主要操作调整

4.2.1　电脱盐运行调整

掺炼锦州原油期间，调整破乳剂注入浓度至12ppm，乳化层生成速度并未增加；控制电脱盐1级至3级运行电流平均分别在35A、28A、30A左右，较以前无明显升高。控制电脱盐温度为125℃左右，改善油水分离效果，含盐污水油含量及COD均在指标内，较加工前变化不大。含水正常，脱前原油含盐均值70mgNaCl/L，脱后盐含量均值2.5mgNaCl/L，全部合格。具体参数见表4。

表 4　电脱盐运行数据表

项目	单位	9月15日	9月16日	9月18日	9月20日	10月13日
电脱盐温度	℃	125	124	128	128	117
注水量	t/h	22	22	22	22	21
注剂量	ppm	8	12	12	12	12

4.2.2　常压塔、减压塔等关键参数控制

加工锦州油后原油性质较稳定，常压塔顶压力平稳控制在0.09MPa左右，初塔进料温度216℃、换热终温285℃。常压炉出口温度控制358℃，减压炉出口温度控制376℃，减压塔顶真空度100.7KPa，轻烃系统等参数控制平稳，无明显变化。

4.2.3　各产品收率情况

加工锦州油后装置液态烃、轻石脑油、重石脑油、常一线收率变化不大，常二线产品收率增加是由于增产柴油操作，由此轻收较之前增加，见表5。

表 5　常减压装置主要产品收率表

产品	9月15日	9月17日	9月19日	9月20日	10月4日	10月13日
液态烃	0.62%	0.68%	0.74%	0.46%	0.67%	0.51%
轻石脑油	3.18%	3.71%	3.66%	3.12%	3.55%	3.87%
重石脑油	4.58%	4.85%	4.74%	4.26%	4.47%	5.23%
常顶油	6.49%	6.62%	6.46%	6.29%	8.13%	7.04%
柴油	9.85%	14.46%	16.50%	16.46%	15.45%	14.82%
混蜡	22.69%	22.79%	22.48%	20.46%	18.98%	20.22%
渣油	39.10%	35.92%	35.27%	38.37%	38.19%	37.17%
轻油收率	34.87%	39.37%	40.90%	39.86%	41.58%	39.98%

4.3 主要产品质量情况

加工锦州油期间，石脑油、重石脑油产品质量合格，均控制在指标范围内。常一线馏分初馏点 142℃，干点 230℃，闪点 43℃，冰点-59℃，硫含量 0.155%，较之前分析数据无明显变化，均在控制范围内。常二线馏分干点 330℃，硫含量 0.6%，达到指标要求。混合蜡油干点 523℃，残碳 0.11%，硫含量 1.67%，均符合指标要求。

4.4 高温部分腐蚀监控情况

在加工锦州油期间，在线腐蚀探针各部位腐蚀速率正常无波动。按照常见环烷酸腐蚀发生的高温部位进行监控，减二线在线测厚数据为 8.21mm，减三线在线测厚数据为 7.92mm 和减渣线在线测厚数据为 7.63mm，具体见表6，在线测厚系统正常运行，高温部位未发现腐蚀速率超标部位。期间对常减压装置原油及侧线进行酸值监控，整体小于 0.7mgKOH/g，符合生产要求。

表 6 加工锦州油期间常减压装置在线测厚数据

加工锦州油期间	单位	减二线	减三线	减渣线
在线测厚值	mm	8.21	7.92	7.63

5 结语

(1) 锦州原油混炼期间，数据分析充分、监控措施得力，操作调整合理，主要控制参数未出现明显波动，装置运行保持平稳，装置腐蚀速率无超标，产品质量合格。

(2) 在地方政府领导下，发挥中石化、中海油的地方央企区域优势，天津分公司常减压装置首次实现“渤油津炼”的战略目标，完成了含酸锦州油加工任务，可实现效益 500 万吨/月。

参考文献

[1] 田松柏. 原油中石油酸的分析与分布规律研究[J]. 石油化工腐蚀与防护，2005.22(2)：1-4.

[2] 章群丹，王继良，田松柏等. 含酸原油加工中石油酸的分布与传递[J]. 石油炼制与化工，2016.47(12)：97-102.

[3] 章群丹，田松柏，蔺玉贵等. 实沸点蒸馏对 2 种含酸原油腐蚀性的影响与表征[J]. 石油学报，2022.38(3)：695-701.

[4] 凌逸群. 炼油装置防腐蚀技术[M]. 北京：中国石化出版社，2021：50-55.

BMC 缓冲罐液位稳定控制方法的应用

张全军　郭牡丹　张云龙　张　君　苏　锋

（中国石油独山子石化分公司）

摘　要　独山子石化公司全密度聚乙烯装置中的 BMC 缓冲罐液位基于双法兰差压液位计进行测量，BMC 缓冲罐作为间歇性加料的使用特性，在日常操作中需要经常性的添加催化剂来维持一定的液位保证 BMC 催化剂的正常注入使用。但是由于双法兰差压液位计受到 BMC 缓冲罐内催化剂物理性质和储存条件的影响，测量失真度较高，导致实际液位出现较大偏差，经常出现 BMC 催化剂满罐或者用空，导致催化剂注入中断的严重生产事故。为了维持日常 BMC 催化剂液位的稳定，通过增加催化剂计量提醒和贴壁式温度探测点，增加模拟计算催化剂重量和催化剂注入流量计修正值等措施，达到稳定控制催化剂液位的目的，极大地保证了反应器长周期运行。

关键词　双法兰差压液位计；BMC 催化剂；温度测量；流量计修正

独山子石化公司全密度聚乙烯装置的 BMC 缓冲罐液位控制原设计基于双法兰差压液位计进行监控和作为日常控制工具，在使用期间测量偏差较大，往往出现催化剂满罐或者用空的情况，极大的影响了正常生产。在行业中也有使用称重式计量来进行日常液位控制，但受到场地和改造资金较大的限制，如何利用现有条件下能够维持一定的 BMC 缓冲罐液位成为生产部的一道技术难题。

1　现状分析

1.1　原设计方案使用过程中出现的问题及原因分析

在原有设计中的双法兰差压液位计的使用过程中，受到 BMC 催化剂缓冲罐内 BMC 催化剂的黏度和悬浮液特性的影响，使得液位计在加料时极易受到影响产生较大的测量偏差，无法为操作员提供准确的控制信息，日积月累的累计偏差往往带来的就是满罐或者用空的情况发生，极大的影响了日常安全生产。出现这种情况的主要原因分析如下。

1.1.1　双法兰差压液位计的工作原理

双法兰差压液位计一般只用于测密闭式容器的液位，双法兰液位计主要应用 U 形管原理，即上法兰和气相空间相通，下法兰和液相空间相通，这样液位计的液位和容器的液位永远相同，因为有两个法兰，所以称为双法兰差压式液位计。

双法兰液位计利用液体的重力作用会对罐壁产生压力的大小，来检测罐内液位的高低，符合公式 $P=\rho\times g\times h$，这里的 ρ 是指罐内的液体的密度大小，g 是指重力加速度，所以压力的大小完全取决于罐内液体高度的大小，因为双法兰差压液位计的两个法兰是用毛细管密闭相连的，毛细管内充满了硅油，同时上下法兰之间的密闭液体的重力作用因为液位计的智能自动平衡，完全可以忽略不计。

双法兰液位计当测量含有结晶颗粒、黏度大、易凝固等介质时，为了解决压力管道的腐蚀或堵塞问题，法兰差压变送器的法兰可以直接与容器上的法兰连接，测量头（金属膜盒）作为敏感元件，通过毛细管与变送器的测量室连接，在膜盒中，由毛细管和测量室组成的封闭系统充满硅油，作为压力传递介质，作为变送器的测量介质。

1.1.2　双法兰差压液位计的测量异常

在密闭空间且液相相对稳定时，测量的压差是相对精准的。但是由于 BMC 催化剂缓冲罐中有搅拌器进行实时搅拌，BMC 催化剂容易析出在器壁结痂的情况下，特别是在单泵运行且另一台泵进行回流的情况下，对压差的影响是巨大的。特别是在加料的过程中，因加料时通过催化剂自重和加压的情况下加入的，在加完料的同时，加压的压力也会进入缓冲罐影响压差。加料时的压差突变受到器壁结痂程度的不同而不同，结痂程度又和运行周期的时间长短有关。随着加料结束加入相对稳定状态时，有时，压差的突变值也会随着时间逐渐消除，有时却消除缓慢导致误差一直存在。当加入新的 BMC 催化剂时受到压力变化的影响，液位趋势也发生突变异常显示。如图 1 所示。

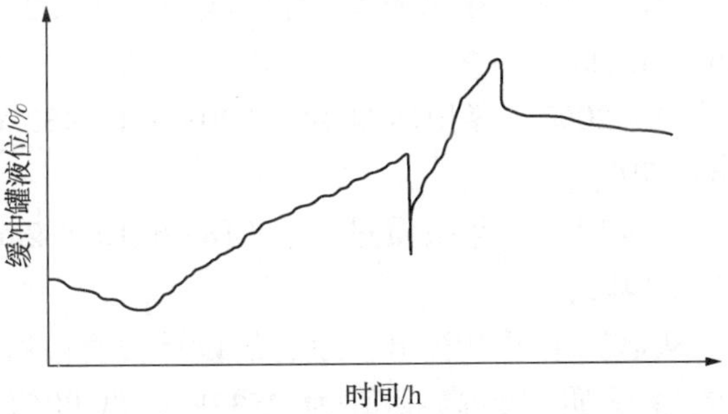

图 1　BMC 催化剂缓冲罐单次加料时液位变化趋势图

从图 1BMC 催化剂缓冲罐单次加料时液位变化趋势图中可以看到，加料结束后，由于受到压力突变的影响，液位测量显示值在压力稳定后依然保持较高的显示偏差或者较低的显示偏差，这在监护时会对操作员的液位判定产出误导。

1.1.3　BMC 催化剂缓冲罐液位的累计偏差显示

在日常使用过程中，收集相邻多次标定时液位波动较大时期的数据进行分析，如表 1 多次 BMC 催化剂添加时的液位对照表中的数据。

表 1　多次 BMC 催化剂添加时的液位对照表

次数	加料前液位/%	加料后液位/%	标定时液位/%
1	43.7	54.5	61.7
2	60.4	71.6	67.2
3	46.6	57.7	65.7
4	48.7	59.8	69.1
5	47.8	61	60
6	50	61	59.4
7	49.1	60.4	58.9
8	37.7	48.5	48.3
9	34.8	45.6	41
10	35	45	41.8

依据表 1 中的数据进行绘图 2 可知。

从图 2 催化剂缓冲罐历次加料液位变化图中可以看出，液位的日常变化跨度还是比较大的，正常情况下，液位的波动幅度是相当小的。由此可见测量液位的双法兰差压液位计的实际工作情况受到较多因素的影响产生了较大的测量误差，不满足日常监控的操作要求。

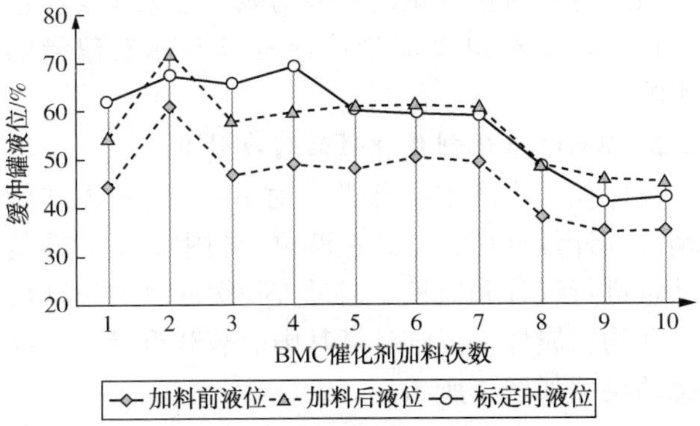

图 2　BMC 催化剂缓冲罐历次加料液位变化图

1.1.4　计量累计值的偏差

鉴于液位计的误差较大，设计利用流量计计量的方法来预测 BMC 催化剂缓冲罐中的液体重量进行操作。在实际应用中，加入的催化剂重量依据现场对催化剂罐进行加料前后的称重来计算加入重量，而 BMC 催化剂缓冲罐中的催化剂使用量通过催化剂注入流量 FICA43762 和 FICA43762A 中的累计 SUM 值来计量，通过设定安全重量(既预留重量)，根据当前使用量计算出剩余时间来确定加料时间，保持液位的相对稳定。但是由于物料黏度和其物理特性，导致 FT43762 流量计在使用过程中极易出现偏差，其计量的 SUM 值也在日积月累中产生累计偏差，使得 DMC 催化剂缓冲罐中的实际液位发生偏差，影响反应器的正常催化剂供应。

2　解决方案及措施

2.1　增加催化剂流量修正模块及应用

针对 FICA43762 和 FICA43762A 的计量误差问题，联系仪表人员对仪表进行标定后，依然存在测量误差，为了计量的准确性，增加修正模块 FY43762 和 FY43762A，修正后的计量流量计 FIC43762 和 FIC43762A。根据流量的误差特性，选用以下公式进行修正：

$$y=ax+b$$

则 FIC43762=FICA43762×P01+P02，默认值 P01=1，P02=0，将计量模块中的使用量计量更换至 FIC43762 和 FICA43762A 的 SUM 累计值。

日常使用过程中，根据每次加的催化剂重量，利用标定时收集到的使用时间，进行实际使用流量的计算，反推出修正系数，也可以采用实验法，逐步修正流量。

此模块的增加，还可以应对双泵运行切换至

单泵运行时流量计量的赋零功能，避免双泵流量计计量切换至单泵流量计计量对实际累积量的影响。

2.2 BMC 催化剂缓冲罐的精准计量

以往的生产中，并没有对 BMC 缓冲罐进行精准的计量计算，导致在液位控制中对实际的装载量进行统计和监控。通过查找缓冲罐的设计尺寸和物料属性，详细计算其中的装载重量。缓冲罐的尺寸如图 3 所示。

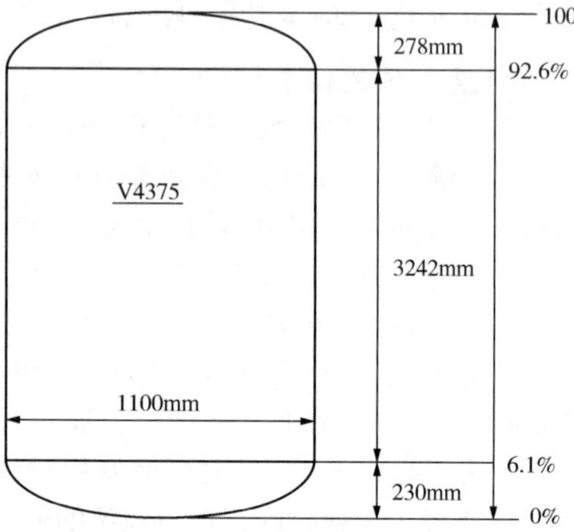

图 3　BMC 催化剂缓冲罐设计尺寸图

根据尺寸图中的数据，可以得到直筒段的液位为 6.1%至 92.6%之间。

收集 BMC 催化剂的物性数据，其密度 $\rho=920kg/m^3$；

缓冲罐的直筒段截面积为：$0.785\times1.1\times1.1=0.95m^2$；

根据缓冲罐的封头尺寸规范，分别算得上封头容积质量为 169kg，下封头容积质量为 126kg；

因缓冲罐中还有搅拌器，根据其尺寸估算出占比质量为 11kg；

直筒段的容积质量为：$0.95\times3.242\times920-11=2822kg$；

整个缓冲罐的容积为 $3.4m^3$，其容积质量为：$3.4\times920-11=3117kg$；

因在日常监控过程中，主要对直筒段的液位进行监控，所以直筒段的相关参数需要一些具体参数，如液位百分数与罐体高度的对应关系，单位液位对应的质量数等。

直筒段 1%液位对应的高度为：$3242\div(92.6-6.1)=37.5mm/1\%$；

直筒段每毫米对应的质量为：$0.95\times920=874kg/m=0.874kg/mm$；

直筒段 1%液位对应的容积质量为：$2822\div(92.6-6.1)=32.6kg/1\%$；

这些数据为日常液位标定提供了数据支持。

针对液位计里设计的报警参数，将其转化为催化剂容积质量：

PH=80%，容积质量为：$(80-6.1)\times32.6+126=2537kg$；

PL=20%，容积质量为：$(20-6.1)\times32.6+126=579kg$；

LL=18%，容积质量为：$(18-6.1)\times32.6+126=514kg$；

从运算中可以看出，原有的设计报警值所对应的容积质量，高报值为 2537kg，低报值为 579kg，低低报值为 514kg，这些控制质量是日常缓冲罐液位控制的合理范围。

在空罐进行加料操作时，一罐催化剂的质量为 370kg，首次加料对应的数据也要进行核算有利于进行比对监控。

首加第一罐的直筒段高度为：$(370-126)\div0.874=279mm$；

首加第一罐的液位为：$279\div37.5+6.1=13.5\%$；

可以看出，空罐加一罐催化剂是不足的。

加第二罐的直筒段高度为：$(740-126)\div0.874=703mm$

加第二罐的液位为：$703\div37.5+6.1=24.9\%$；

可以看出，加第二罐后，只是消除了低报值，可使用量相对较少。

加第三罐的直筒段高度为：$(1110-126)\div0.874=1126mm$

加第三罐的液位为：$1126\div37.5+6.1=36.3\%$；

可以看出，BMC 催化剂缓冲罐的初始添加至少三罐才可以达到日常控制安全范围。

为了方便对照催化剂的容积质量和直筒段高度及液位的关系，制作表 2BMC 催化剂缓冲罐容积质量与直筒段高度及液位对照表。

表 2　BMC 催化剂缓冲罐容积质量与直筒段高度及液位对照表

序号	液位/%	直筒段高度/mm	容积质量/kg
1	30	892	906
2	32	967	971
3	34	1041	1036
4	36	1116	1102
5	38	1191	1167

续表

序号	液位/%	直筒段高度/mm	容积质量/kg
6	40	1265	1232
7	42	1340	1297
8	44	1415	1363
9	46	1489	1428
10	48	1564	1493

2.3 增加现场筒体测温记录

由于液位计的不稳定性，操作员无法真实监控到液体的真实液位。根据日常 BMC 催化剂缓冲罐的液体控制温度介于 35~40℃之间，和外界环境温度还是有差异的，液体的温度依靠电加热器进行伴热，缓冲罐中的液相与气相的温度是不相同的，外操在进行巡检时，利用测温枪对缓冲罐器壁进行测温，可以找到温度变化的交界处，来确定气液的界面，再根据现场的高度标尺来确定液位的实际高度。这个高度进行记录后，可以作为判定缓冲罐内实际液位高度的模糊控制点，较以前有了一定的判定方法。

2.4 增加贴壁式热电阻

由于现场测温还是有一定的局限性和精准度的问题，根据控制要求，分别在缓冲罐直筒段的 1m 处和 1.2m 处安装贴壁式热电阻来进行温度的实时测量传输到 DCS，用于内操进行监控与判定。因在原有的缓冲罐附件中，就具有一个液相的温度计，和新加的测温点进行对比可以预判实际的液位高度。安装的测温点如图 4 位置，在原有的 TT 上，在增加 TT1，TT2，TT3，其中，TT1 在 1m 位置，TT2 和 TT3 在 1.2m 位置，有安全冗余。

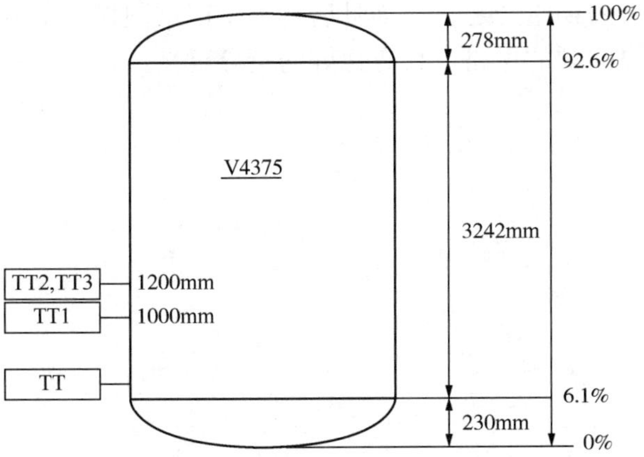

图 4　BMC 催化剂缓冲罐新增贴壁式热电阻图

2.5 贴壁式热电阻的应用方法

BMC 催化剂缓冲罐新增的贴壁式热电阻测的的温度，会随着在液相和气相中的温度差异而变化。主要监控的工作原理，基于两个温差，

$$\Delta T_1 = TT_1 - TT$$

$$\Delta T_2 = TT_2 - TT$$

这两个温差可以用来判定 1m 处和 1.2m 处的液位界面。

根据液位计工作相对稳定的情况下，采集收集温度和液位数据，作出趋势图，见图 5BMC 催化剂储罐液位与温差变化趋势图。

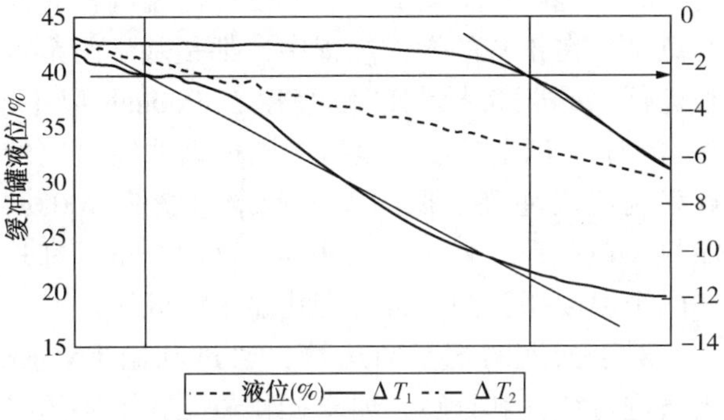

图 5　BMC 催化剂储罐液位与温差变化趋势图

根据图 5 中的趋势图，选出较为明显的趋势变化阶段分别作出相应的线性趋势线，选择相交的 A 线段和 B 线段，读取相应的数据。从绘图中可以看到，两个 ΔT 趋势线发生变化时的位置是相同的。

A 点的位置对应：$\Delta T2 = -2.5$℃，直筒段高度 = 1288mm，容积质量 = 1250kg，液位 = 40.6%；

B 点的位置对应：$\Delta T_2 = -9.3$℃，$\Delta T_1 = -2.3$℃，直筒段高度 = 1004mm，容积质量 = 1003kg，液位 = 33%；

最后的位置对应：$\Delta T_1 = -6.3$℃，直筒段高度 = 900mm，容积质量 = 911kg，液位 = 30.2%；

根据采集到的数据，可以制定线性公式，来模拟计算温差对应的容积质量。

模拟计算分两段，分别采用 1.2 米处的 ΔT_2 和 1 米处的 ΔT_1。

A 段的模拟运算公式为

$$当前高度 = 1004 + (9.3 + \Delta T_2) \times \frac{1288 - 1004}{9.3 - 2.5}$$

$$当前质量 = 当前高度 \times 0.874 + 126$$

当 $\Delta T_1 \leqslant -2.3$℃时，切换到 B 段的模拟运算公式进行估算。

B 段的模拟运算公式为

$$当前质量=900+(6.3+\Delta T_1)\times\frac{1004-900}{6.3-2.3}$$

$$当前质量=当前高度\times0.874+126$$

由于受到环境温度变化的影响，线性公式不是一成不变的，但是其起点位置是相对固定的，既 $\Delta T_2=-2.5$℃时，和 $\Delta T_1=-2.3$℃是相对稳定的，其变化率受环境温度变化较小，所以在两个温差的-2.3℃到-3℃的区间的容积质量，都可以作为修正标定质量的修正区间，可以用来修正计量小程序中的当前剩余重量，一起修正的，还有 BMC 催化剂泵的流量计的修正系数。

为了能够让新增的三个温度计的温度具有操作意义，在正常的操作规程中，都是基于两个点来进行，既正常控制液位高度在 900mm 以下，和 1288mm 以上的区间运行。固根据曲线对应的点来制定缓冲罐最低的安全剩余重量为 900kg，加料 370kg 后，上升至 1270kg，这两个重量都是在两个温度探头的正常可变化显示的区域。

对于数据的记录与运算，通过利用 EXCEL 表格进行统计和计算，要求操作员工在不同的时间段输入数据进行分析对比 DCS 系统中计量的安全剩余重量。

3 效果验证及结论

经过多次的使用和校验后，BMC 催化剂缓冲罐的液位得到有效控制，再也没有出现满罐和用空的情况，且在停工倒空的过程中，剩余的催化剂重量和记录计量的催化剂相差较小，基本满足了日常生产期间的液位控制要求。

对近期的数据进行采样分析，见表 3 改造后多次 BMC 催化剂添加时的液位对照表。

表 3　改造后多次 BMC 催化剂添加时的液位对照表

次数	加料前液位/%	加料后液位/%	标定时液位/%
1	29.9	40.5	40.4
2	30	40.7	38.7
3	31.8	42	38.6
4	30	40.6	40.5
5	31	41.5	40.3
6	31.7	42.4	41.6
7	31.5	42.2	41.3
8	33	43.2	41.3
9	33.2	43.7	41.7
10	33.4	43.7	41.8

依据上述数据进行趋势图分析，见图 6 近期 BMC 催化剂缓冲罐历次加料液位变化图。

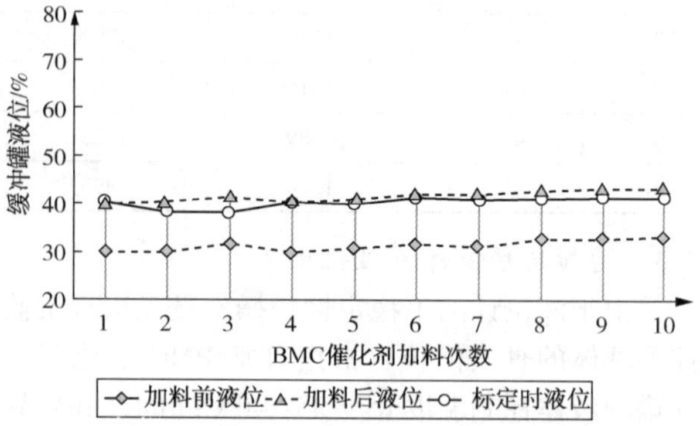

图 6　近期 BMC 催化剂缓冲罐历次加料液位变化图

4 结论

通过增加贴壁式热电阻，能够通过温差计算很好的对 BMC 催化剂缓冲罐液位进行修正和控制，避免了以往的操作方式，控制液位平稳。也可以看到在液位稳定后，液位计的计量偏差的状况也得到了改善，以往的液位计测量误差，需要长时间的运行才能消除，如果实际液位不出现较大的偏差的话，其消除的变量也变的很小，所使用的时间也相应减少。两个监控液位的方法相互补充，得到相对补充的效果。

此次液位稳定问题的解决，也可以看到，不需要花费大量的成本进行技术改造，小的花费成本一样能够做到稳定控制 BMC 催化剂缓冲罐液位的效果。具有一定自主知识产权，在技术吸收和创新上做到自我完善，自我修正的过程，对我公司来说具有较大意义。依靠自身技术积累，技术消化，完美解决了生产中的具体问题，保证了长周期生产运行。为日后解决生产难题提供了解决问题的思路，具有很好的指导意义。

浅析影响高密度装置长周期生产的因素

董武林　徐永杰　孟祥荣　甄　悦　田玉超

（中国石油独山子石化公司）

摘　要　独山子石化公司高密度装置生产的双峰牌号 TUB121N3000 具有良好的刚性和韧性平衡，耐环境应力开裂、耐慢速裂纹增长和抗快速裂纹扩展能力突出，加工性能优异等特点，深受下游市场欢迎，但是生产双峰产品的周期受到诸多因素制约，不能尽力满足下游市场的需求，通过对历年来生产数据进行分析，总结了影响高密度装置长周期生产的重要因素及优化措施。

关键词　高密度聚乙烯；双峰产品；长周期生产；优化操作；影响因素

中国石油独山子石化分公司高密度聚乙烯装置采用 Innovene S 双环管淤浆工艺，既可以生产单峰产品也可以生产双峰产品。双峰产品使用齐格勒催化剂，在工况不同的两台反应器中依次进行反应，最终得到相对分子质量呈双峰分布的产品，其低相对分子量的部分提供较好的加工性能，高相对分子量的部分提供较好的力学性能，使其产品具有良好的抗蠕变性、耐龟裂性和加工性能。其生产的双峰牌号 TUB121N3000，常用于 PE100 管材制作，产品具有良好的刚性和韧性平衡，耐环境应力开裂、耐慢速裂纹增长和抗快速裂纹扩展能力突出，加工性能优异，主要应用于中小口径的城市燃气管、承压给水管领域，因此广受下游市场的喜爱，但生产双峰产品的周期受到诸多因素制约，不能尽力满足下游市场的需求，不能利益最大化。本文通过对历年来生产数据进行分析，总结了影响高密度装置长周期生产的重要因素及优化措施。

1　工艺流程简介

如图 1 所示为独山子石化公司高密度聚乙烯装置单峰模式的流程示意图，该生产模式下，两反应器工况相似，通过一条连通线直接串联。该模式采用铬系催化剂，生产的聚合物分子量分布较宽、粒子较粗，适合小中空吹塑材料。

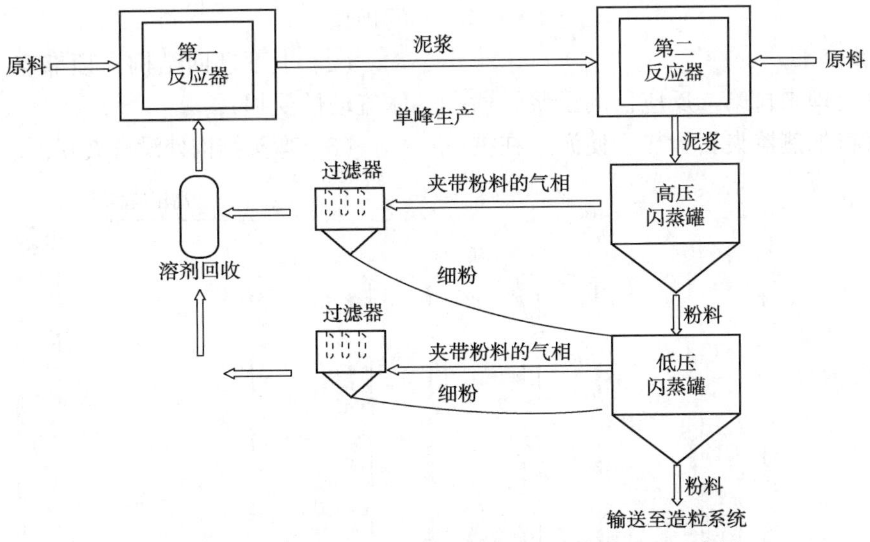

图 1　独山子石化高密度聚乙烯装置单峰模式流程示意图

如图 2 所示为独山子石化公司高密度聚乙烯装置双模式的流程示意图，该生产模式采用齐格勒催化剂，经过第一反应器预先反应的低分子均聚物先在一个中间体处理单元脱除氢气，再进入第二反应器与乙烯和共聚单体反应，最终生成具有两种分子量分布的聚合物。该模式下两反应器工况不同，第一反应器的温度和压力都比第二反应器高，并且两反应器负荷按照块比率加入，最终生产的聚合物分子量分布具有两个特征峰值，这使得双峰产品既具有优良的机械加工性能又有良好的力学性能。

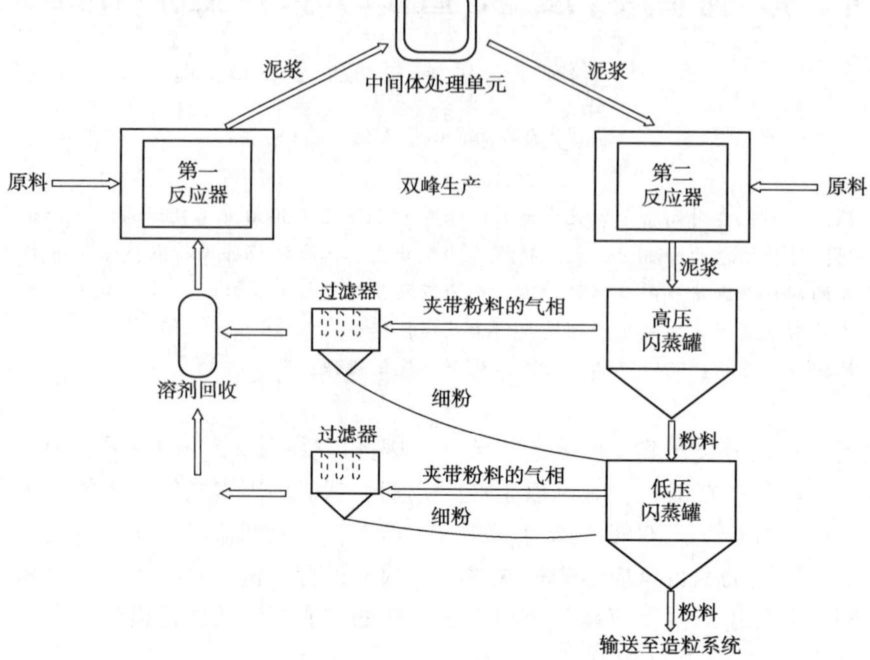

图2　独山子石化高密度装置双峰模式流程示意图

单峰产品生产工艺简单，具备长周期生产能力，但产品附加值较低，不利于提高公司效益；双峰产品性能优良，产品附加值高，但是生产制约因素多，不能稳定长周期生产，下面通过生产数据分析一些制约双峰模式长周期生产的影响因素，并提供相应的优化措施。

2　影响因素

2.1　淤浆加热器堵塞

淤浆加热器处理来自第二反应器的淤浆，通过减温减压蒸汽将加热器夹套加热，使淤浆在夹套内形成过热淤浆，进入高压闪蒸罐后，淤浆中的异丁烷会迅速闪蒸，剩下的粉料进入低压闪蒸罐。

如图3所示，淤浆加热器呈现上下蜿蜒曲折的形状，其设计目的是为了充分的加热淤浆，但是也存在诸多缺陷：

（1）长度长，热量损失大，存在温度不均匀的现象；

（2）上下迂回结构，顶部存在压力损失，流体流动性受损；

（3）弯头结构处没有夹套，存在加热薄弱点。

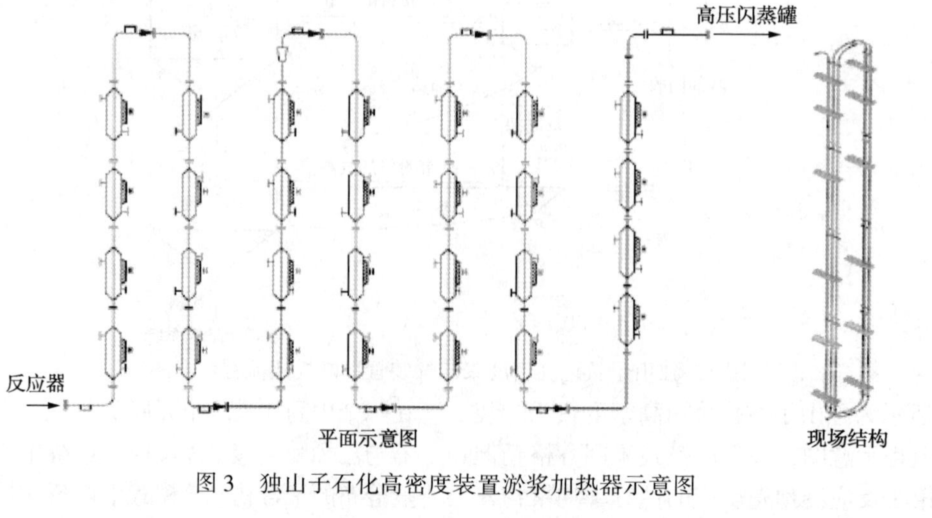

图3　独山子石化高密度装置淤浆加热器示意图

上述原因导致淤浆加热器很容易结垢，严重影响装置长周期生产计划。在生产单峰牌号时，由于颗粒粒子大，第二反应器压力高，对于淤浆加热器的冲刷效果好，可以抵消淤浆加热器的结垢影响，维持长时间生产。如图 4 所示，随着生产天数的增加，淤浆加热器的入口压力在逐渐降低，表明加热器内部流道变得更加光滑，体现出单峰产品对淤浆加热器很强的冲刷作用。

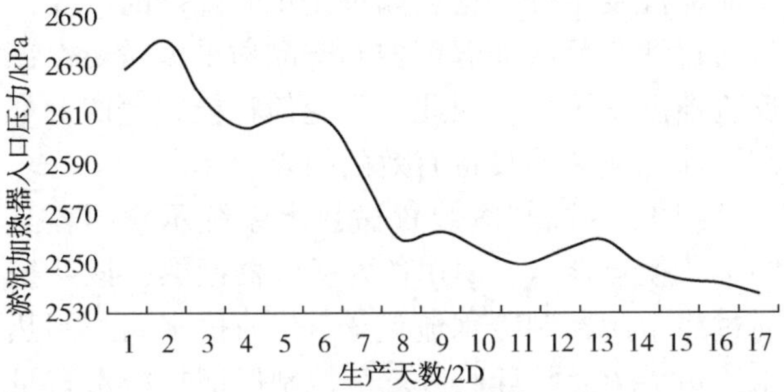

图 4　单峰生产淤浆加热器入口压力变化趋势

但是生产双峰牌号时，由于细粉多，第二反应器压力低，淤浆加热器堵塞明显，入口压力上涨很快。如图 4 所示，随着生产时间推移淤浆加热器的入口压力上涨趋势在加快，这将使反应器与淤浆加热器的压差不断降低，导致反应器出料阀不断开大，最终反应器不得不降低负荷运行。

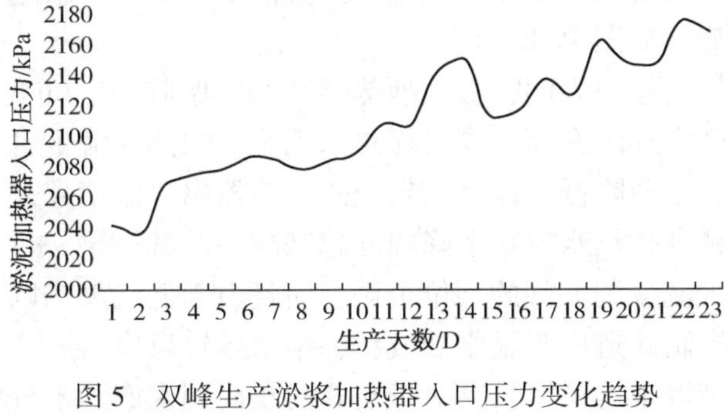

图 5　双峰生产淤浆加热器入口压力变化趋势

2.2　轴流泵故障

轴流泵是环管反应器的核心，与气相流化床、反应釜等不同，高密度装置采用的双环管淤浆工艺十分依赖轴流泵的搅拌循环作用以维持反应器固相稳定，如果轴流泵发生故障，装置需要立即停工检修，这对装置的长周期生产是十分不利的。

2009 年装置初建成时，第一反应器和第二反应器的双端面机械密封都采用工业白油作为中间密封介质，2017 年为提高机械密封效果，将第二反应器机械密封的中间介质改造为干气密封，但使用效果不佳，2018 年后仍采用工业白油作为密封介质。历年来，轴流泵主要出现过干气密封泄露，机械密封泄露事件，皆对装置长周期生产造成严重影响，目前两台轴流泵的密封结构如图 6 所示。

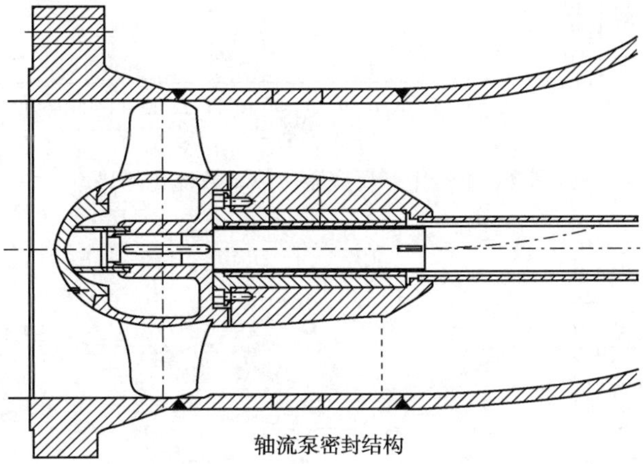

图 6　独山子石化高密度装置轴流泵机械密封结构示意图

尽管第二反应器轴流泵更换为原来的密封结构，但目前仍然存在许多问题：

（1）单峰生产时，粗的颗粒进入机械密封，造成密封磨损；

（2）双峰生产时，第二反应器轴流泵存在轴突，加剧密封泄露；

（3）夏季生产时，轴流泵轴瓦温度高，疲劳变形风险增加；

（4）装置建成超过 13 年，框架与地基有变化，轴流泵电机与桨叶对中误差增大，万向节的扭矩增大，存在失效的风险。

2.3　反应器结皮

严重影响双峰牌号长周期生产还有反应器结皮，与淤浆加热器的结垢现象相似，双峰生产时，由于产品粒子直径小、黏度高、细粉多，部分细粉黏附在反应器内部造成结皮，导致反应器内部流体流动阻力变大，轴流泵需要更高的功率才能维持反应器循环。通过计算得出的反应器换热系数和连续测量的轴流泵功率可以很好的反映反应器内部结皮程度。

如图 7 所示，单峰生产时，反应器换热系数在开工初期较低，随着生产时间推移，换热系数逐渐提高，最终维持稳定。如图 8 所示，轴流泵功率也随着生产时间的推移逐渐降低，最终维持稳定，上述现象表明单峰产品粒子对反应器的冲刷效果较好，不存在结皮现象。

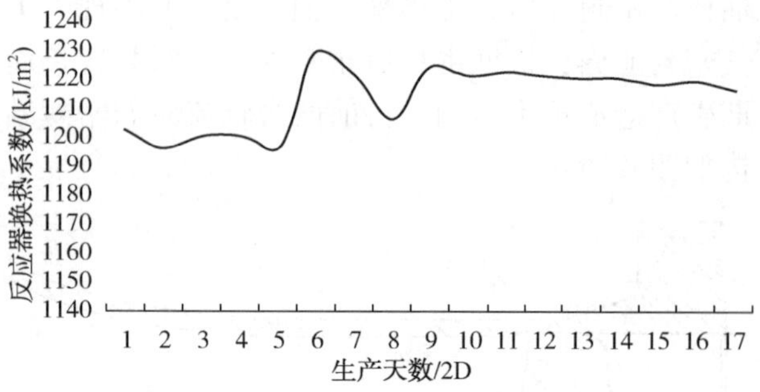

图 7　单峰生产反应器换热系数变化趋势

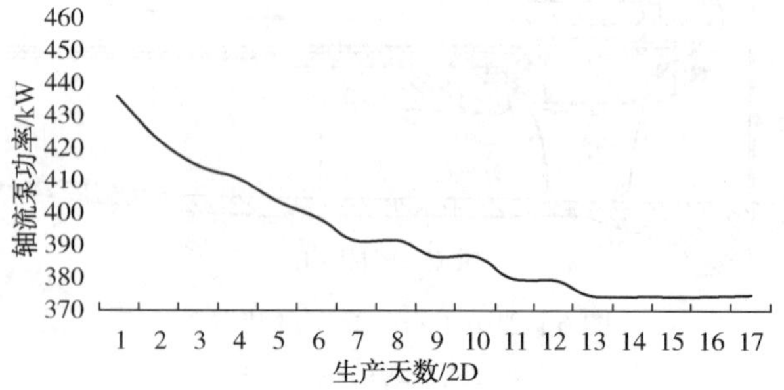

图 8　单峰生产轴流泵功率变化趋势

如图 9 所示，双峰生产时，反应器换热系数随着生产时间推移逐渐降低，如图 10 所示，轴流泵功率却随着生产时间的推移而逐渐升高，上述现象表明双峰产品对反应器存在黏附作用，反应器存在结皮。从趋势和历年的生产经验表明，反应器结皮现象随着生产时间推移会不断加剧，最终导致反应器撤热水系统无法有效撤热，轴流泵功率高企，从而不得不停止该周期的生产。

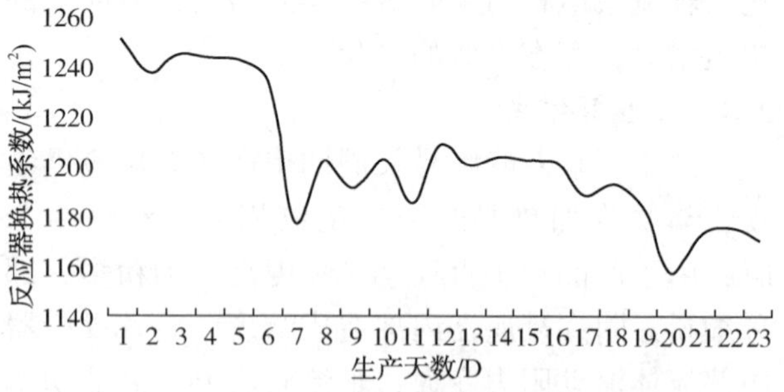

图 9　双峰生产反应器换热系数变化趋势

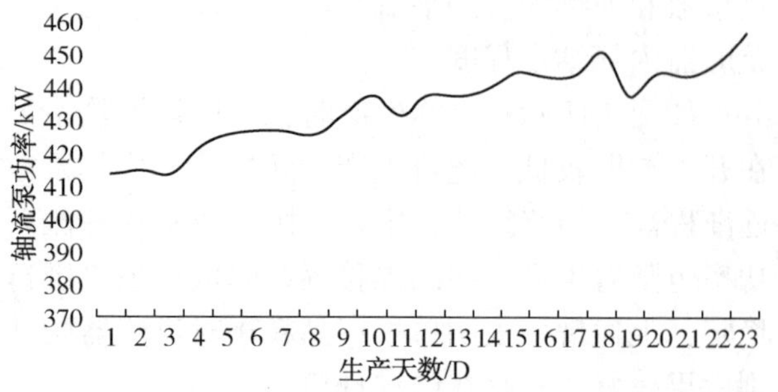

图 10　双峰生产轴流泵功率变化趋势

2.4　换热器结垢

装置除了加热器外，还有大量的冷却器，由于使用循环水作为冷媒，换热器普遍面临结垢的风险，一旦结垢严重，换热效果将大打折扣，这不利于装置的长周期生产，特别是反应器撤热水板式换热器，该换热器负责对反应器夹套水进行撤热，如果结垢严重会影响反应器温度调节。如果是双峰生产时，反应器不需要调节温度，需要反应器温度十分平稳；如果是单峰生产时，操作员通过调节反应器温度控制产品质量，需要保证反应器温度可控。因此，无论何种模式生产，都需要保证换热器具备有效的换热效率。

图 11 为高密度装置撤热水系统示意图，其中板式换热器 A、B 并联为反应器撤热，该系统通过冷水阀控制冷水流量 F_1A，通过水阀控制热水流量 F_1B，并且通过复杂控制保证热冷水流量与热水流量之和为固定值，即：

$$F=F_1A+F_1B$$

理想情况下可以进行热量衡算：

$$T_{出}\times F_1A+T_{进}\times F_1B=T_1\times F$$

若反应器稳定，则 $T_{进}$ 为常数，T_1 为常数，F 为常数；

因此，通过模拟代入生产中常用生产参数，可以得出换热器出口温度与热水流量的关系趋势，如图 12 所示。

趋势表明，板式换热器开始结垢后，出口温度会逐渐升高，同时撤热水系统所需热水流量也会不断降低，而且随着板式换热器出口温度越来越高，热水流量下降幅度越来越快，其结果是热水流量调节阀的阀位很低，而且由于低流量难以控制，造成流量剧烈波动，结果导致反应器温度难以维持稳定，这对于装置的长周期生产是十分不利的。

2.5　高压闪蒸过滤器堵塞

高压闪蒸过滤器的作用是过滤来自高压闪蒸罐的溶剂中夹带的细粉，防止溶剂系统中积累细粉导致下游精制系统堵塞和溶剂泵损坏，造成严重后果。因此，保证高压闪蒸过滤器的平稳运行对维持装置长周期运行具有十分重要的意义。

在装置初建时期，双峰生产时，高压闪蒸过滤器堵塞十分频繁，更换滤袋周期一般在 7 天左右，这既不利于装置长周期运行，也存在物资损耗高的问题，通过对装置各个生产环节分析，最终总结出以下影响高压闪蒸过滤器堵塞的原因：

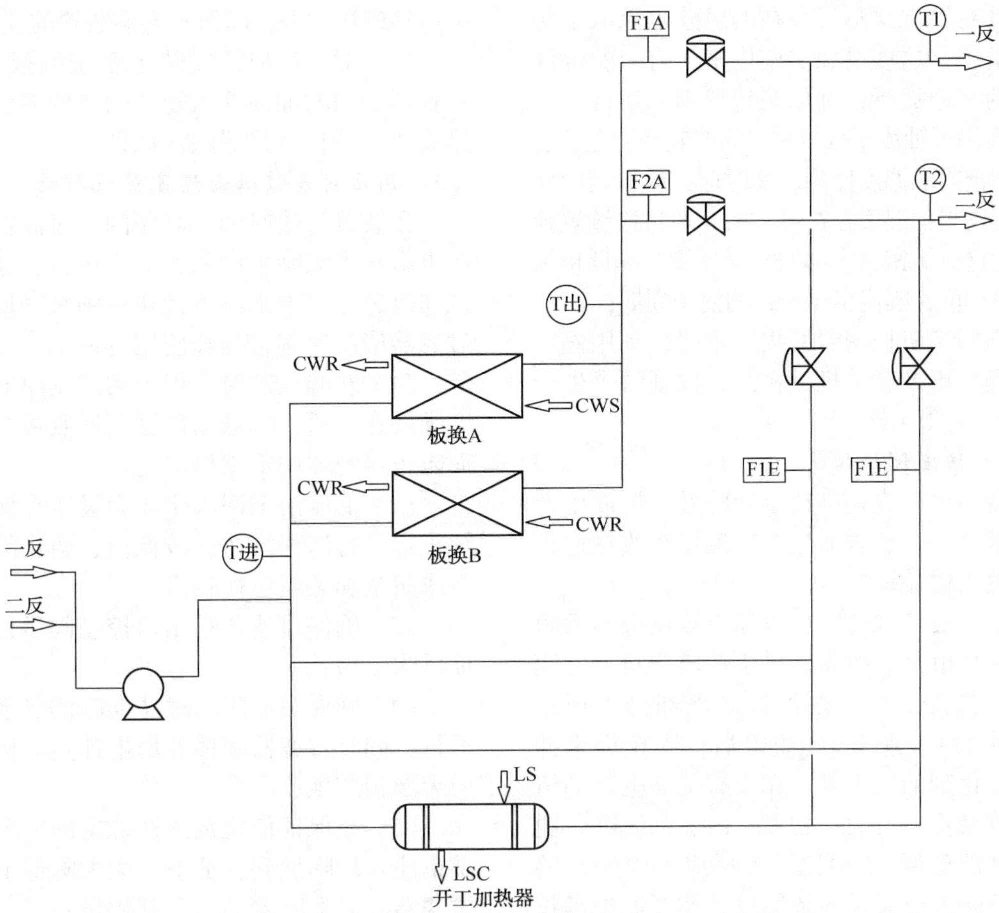

图 11　撤热水系统示意图

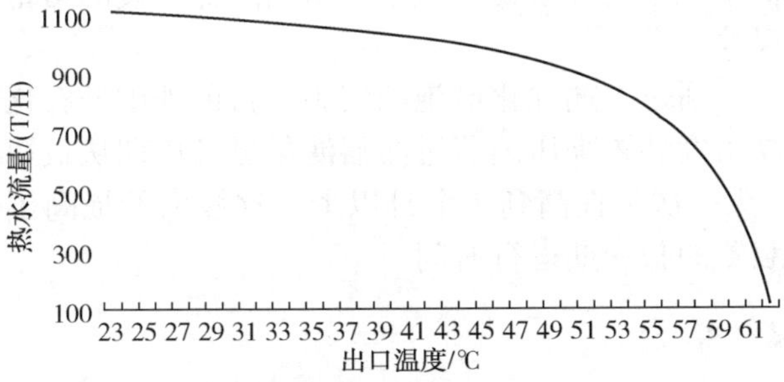

图 12　板式换热器出口温度与热水流量趋势

（1）双峰生产时，第二反应器乙烯浓度高，溶剂循环流量大，重组分容易在过滤器中液化；

（2）低压溶剂回收罐压力设定不合理，太高容易造成溶剂循环量大，太低造成闪蒸效果差，都不利于提高过滤器使用效率；

（3）过滤器反吹系统控制阀门存在运行隐患，反吹效果不佳；

（4）高压闪蒸过滤器罐体伴热效果不佳，罐体温度偏低，容易造成溶剂液化；

（5）生产铬系时滤袋上会附着少量的铬系细粉，在转产至双峰产品时，在滤袋上附着的三乙基铝将与铬系细粉产生剧烈反应，导致滤袋上产生结皮结垢现象，从而堵塞滤袋；

（6）第一反应器内氢气加入量高，MI 高，系统中的齐聚物生成量多。

3　优化措施

3.1　淤浆加热器堵塞优化措施

针对双峰生产时，淤浆加热器堵塞的问题，装置分析了多个环节，制定了不同的优化措施，大大延长了双峰生产周期：

（1）针对淤浆加热器长度长、加热不均匀的问题，装置将淤浆加热器的部分蒸汽阀门关小，保证前段加热器与后段加热器的温度相一致，防止前段高温淤浆被加热至熔融；

（2）在淤浆加热器结垢较轻阶段，通过适当提高第二反应器压力，维持反应器与加热器入口的压差，保证装置高负荷运行；

（3）在淤浆加热器结垢严重阶段，通过切换至备用加热器，将在用加热器进行彻底的水力清洗，重新投用后可以保证装置的高负荷平稳运行。

3.2 轴流泵故障优化措施

装置针对轴流泵运行存在的风险也采取了相应的优化措施，这些措施实施以来，有力的保证了轴流泵的平稳运行，确保装置长周期运行：

（1）为保证轴流泵机械密封的有效和稳定，装置通过新增密封油温度监测，实时监控机械密封状态，当发现密封油温度存在异常时，通过连续置换密封油，优化机械密封内部的润滑环境，降低机械密封的磨损程度，提高机械密封的使用周期；

（2）当判断机械密封磨损严重时，利用停工转产的间隔，更换新的机械密封，保证每个生产周期机械密封的稳定。

3.3 反应器结皮优化措施

反应器结皮一直是制约双峰牌号长周期生产的重要因素之一，装置通过多年测试和改进进行了一些有效的优化措施：

（1）单峰转产双峰时，以往杀死反应器后短时间就停抗静电剂、提高贫异丁烷塔进料、停膜回收单元、打开低压溶剂回收罐顶部排火炬流程，以脱除CO。造成CO脱除后，固相仍未冲洗干净，催化剂活性恢复，在没有抗静电剂的情况下，导致结皮。并且，己烯-1作为重组分脱除较慢，高的己烯/乙烯比导致反应器内残存的粉料密度下降，也容易导致结皮。装置通过延长停工后停抗静电剂的时间，并且在固相冲洗完毕前，禁止提高贫异丁烷塔进料、停膜回收单元、打开低压溶剂回收罐顶部排火炬流程，保证反应器不发生结皮；

（2）通过适当提高二反固相浓度，有效降低反应器内细粉含量；

（3）双峰生产时，根据反应器溶剂进料量设定合理的三乙基铝注入量，降低反应器结皮速度，延长生产周期。

3.4 换热器结垢优化措施

换热器结垢是装置生产时不可避免的现象，针对各个生产环节的换热器，装置都制定了相应的优化措施，主要分为以下几种方法：

（1）对于结垢效率不高的换热器，装置利用停工转产间隔进行反向冲洗操作，即可保证该换热器无论是双峰周期还是单峰周期都可以有很高的换热效率，保证长周期生产；

（2）对于结垢效率高、反冲洗无法恢复全部撤热效果的换热器，如反应器撤热水系统的板式换热器，通过记录该换热器的出口温度，计算其结垢程度，当判断结垢程度严重时，利用转产间隔，将换热器翅片彻底的进行酸洗，保证换热效率达到最初水平，确保不影响装置的长周期运行；

（3）对于反应器撤热水系统的板式换热器，装置还采用增加换热器翅片数量的方法，提高换热效率，延长换热器酸洗周期。

3.5 高压闪蒸过滤器堵塞优化措施

在装置初建时期，高压闪蒸过滤器堵塞问题严重影响了双峰生产的长周期运行，通过不断测试和改进，探索出以下优化措施来降低高压闪蒸过滤器堵塞速率，延长使用寿命：

（1）双峰生产时，保证第二反应器内乙烯浓度维持在合适，降低高压溶剂回收系统压力，从而防止过滤器中重组份液化；

（2）低压溶剂回收罐压力设定在保证溶剂系统正常运行适当维持在较低值，防止闪蒸体积过大或淤浆加热器负荷较高；

（3）确保过滤器进出口控制阀运行良好，保证反吹效果；

（4）确保高压闪蒸过滤器罐体热水伴热正常运行，同时过滤器罐体新增电伴热，保证过滤器内无液相产生；

（5）在保证催化剂活性稳定的情况下将三乙基铝注入量降低到合适值，大大降低了高压闪蒸过滤器滤袋上附着的三乙基铝量；

（6）降低第一反应器内氢气加入量，不断降低系统中的齐聚物生成量，从而降低滤袋的堵塞风险。

通过上述优化措施的实施，目前独山子石化高密度装置高压闪蒸过滤器滤袋更换周期从最短7天一次，提高到3个月以上，这极大的提高了装置的长周期运行时间。

4 结论

结合生产数据和历年生产经验，分析论证了淤浆加热器堵塞、轴流泵故障、反应器结皮、换热器结垢、高压闪蒸过滤器堵塞五个因素对高密度装置长周期生产的影响，并提出了装置相应的优化措施，通过实施这些优化措施，高密装置成功的将生产周期特别是双峰生产周期大大延长，满足了市场需求，提高了公司产品的竞争力。

参考文献

[1] 中国石油独山子石化30万吨/年高密度聚乙烯装置技术手册.[2] 中国石油独山子石化30万吨/年高密度聚乙烯装置操作指南.

生物质平台分子葡萄糖二酸制备技术研究进展

邢伟龙

[中石化(天津)石油化工有限公司]

摘　要　葡萄糖二酸(GRA)是一种重要的葡萄糖氧化物，是美国能源部划分的12个“最高附加值生物基化合物”之一，是生产可生物降解聚合物、可生物降解洗涤剂和金属络合剂的关键中间体，目前，生物质基葡萄糖二酸的制备方法主要有化学氧化、催化氧化、电化学氧化和生物法，在对葡萄糖二酸性质和用途介绍的基础上，介绍了主流合成方法的研究现状，并对电化学法和微生物法的发展进行了展望。

关键词　葡萄糖二酸；生物质；氧化；生物合成

减少化石能源消耗，从源头减少碳排放，用可再生能源替代化石能源，是实现碳中和的根本途径之一。生物质蕴含的碳能源是通过空气中CO_2和水通过光合作用形成的，直接利用生物质原料通过各种转化技术获得国民经济中所需的资源，可以达到碳平衡，建立良好的可持续性能源利用碳循环圈。截至2021年2月，已有124个国家通过立法或承诺到2050或2060年实现“碳中和”。

生物质精炼是近年来发展起来的技术，能够降低过程生产成本，其产品和过程具有良好的环境友好性，适合产品谱系生产，且能够满足化学工业中的绿色化学原则。葡萄糖二酸(GRA)是一种重要的葡萄糖氧化物，是美国能源部划分的12个“最高附加值生物质平台化合物”之一，是生产可生物降解聚合物、可生物降解洗涤剂和金属络合剂的关键中间体。此外，葡萄糖二酸还可以调控体内激素，提高机体免疫力，抑癌抗癌，食品和医药领域需求量日益增加。如何高效地将储备丰富的葡萄糖催化转化制备高附加值的葡萄糖二酸成为研究热点[5-7]。当前，由葡萄糖制备葡萄糖二酸葡萄糖二酸制备主要有化学合成法和生物发酵法，化学合成法主要分为硝酸氧化法、金属催化剂催化氧化法以及电化学氧化法，生物发酵法主要是指通过大肠杆菌等模式菌种表达的方法，两者各有优缺点。本文将主要对葡萄糖二酸的性质、应用及合成方法方面的研究进展进行介绍。

1　葡萄糖二酸简介

葡萄糖二酸(GRA)是一种葡萄糖衍生物，熔点为125-126℃，沸点为269.65℃。葡萄糖二酸在常温下为白色晶体，可由哺乳动物少量产生，在存在于一些十字花科蔬菜和水果中。葡萄糖二酸含有4个手性碳原子，在溶液中会形成单内酯葡萄糖二酸-1，4-内酯、葡萄糖二酸-3，6-内酯和少量的双内酯混合物，其组成如图1所示。

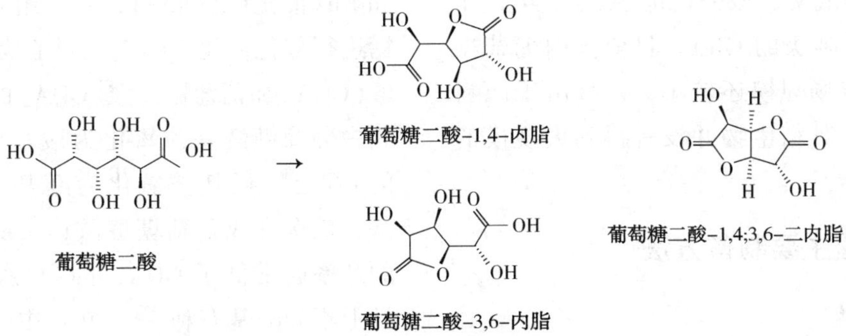

图1　葡萄糖二酸及其内脂衍生物

1.1 葡萄糖二酸应用

葡萄糖二酸作为多羟基脂肪族二元羧酸，具有生物降解性和生物相容性，可以共聚得到羟基化的尼龙。在聚二甲基硅氧烷等的聚合过程中充当单体，增强产品的生物可降解性[10-12]。除此之外，GRA 作为多官能团单体还可以制备超支化聚酯，用于聚合物改性、水性涂料和薄膜等领域[13-14]。葡萄糖二酸盐可用于螯合各种金属离子，成为不含磷的可降解清洁剂[15]。可以说在化工领域，GRA 具有巨大的应用潜力和经济价值。

在医药领域，葡萄糖二酸及其衍生物(GRA-Ca、GRA-1，4-内酯)可参与人体的代谢活动，从而调节人体内的激素环境，降低细胞癌变可能性，发挥防癌抑癌的作用[16-21]。葡萄糖二酸还能够降低胆固醇，在胆结石的预防和控制过程中起着重要作用[22]。葡萄糖二酸及其衍生物具有极好的抗氧化和解毒性能，能够通过抑制胰岛 β-细胞的凋亡减轻四氧嘧啶诱导的糖尿病[23]。

1.2 葡萄糖二酸市场

根据 Grand View Research，Inc. 的市场报告，2016 年全球 GRA 市场规模约为 5.504 亿美元，2019 年为 8.003 亿美元，预计到 2025 年将达到 13 亿美元[24]。2012 年，美国的 Rennovia Inc. 开发了由葡萄糖催化氧化制备 GRA，再催化加氢制备己二酸（AA）的成套工艺[25]。Rivertop Renewables Inc. 在 2015 年实现了 GRA 的工业化生产[26]。2019 年，工业生物技术公司 Kalion Inc. 与麻省理工学院合作开发了首个商业化生产葡萄糖二酸的微生物发酵工艺，并因此获得 EPA 绿色化学挑战奖。该公司也于 2021 年宣布通过试产获得了吨级的 GRA。目前国内葡萄糖二酸的生产与市场规模还较小，并且由于原料 GRA 价格昂贵，其衍生物并没有得到大规模的应用。

2 葡萄糖二酸主要制备方法

2.1 硝酸氧化法

硝酸氧化是指在没有催化剂的情况下用化学计量的 HNO_3对葡萄糖进行氧化来进行的，在反应过程中会生成多种副产物，如葡萄糖酸、葡萄糖醛酸和其他小分子有机酸等。传统的葡萄糖化学氧化制备 GRA 有几个缺点：①需要大量的有毒氧化剂(超过化学计量比的两倍)并且产生大量的污染物(氮氧化物)；②对 GRA 的选择性低(GRA 选择性普遍低于 60%)；③产生具有相似化学性质的各种副产物(例如，2，3-二羟基丁二酸、2，3-二羟基-4-氧代丁酸和草酸等)，给后续 GRA 的分离提纯增加了难度。

研究人员在传统方法基础上做了一些改进。Daimalt 等选用淀粉为原料，在加热条件下缓慢添加催化剂(硝酸、浓硫酸和 MoO_3)制取葡萄糖二酸，减少了因反应剧烈而爆炸的危险，但是收率仅为 40%左右[27]。Kiely 等通过加氧加压方式提高硝酸利用率，降低反应的剧烈程度，减少副产物的产生，最终产品得率达 85%[28]。Fischer 等改变原料，使用各种类型生物质，仅用 30min 进行反应，大大减少了反应时间[29]。Truchan 等先加入浓氨溶液，再加入硝酸的方法，反应一段时间之后，氢氧化钾溶液调节体系 pH 值，得到纯度 98.2%、收率 66.9% 的 GRA 单钾盐[30]。Merbouh 等使用与硝酸类似的硝酸盐氧化葡萄糖，在反应中密切检测反应温度和酸碱度，减少了反应中的降解，并探讨不同的分离方法[31]。

美国 RivertopRenewables 和 DTI 公司通过改进生产工艺，引入氧化介质 O_2，循环重复利用硝酸等化学品，从而降低了化学品的投入和消耗，最大限度的减少了废料的产生。

2.2 金属催化剂催化氧化法

催化氧化是使用贵金属(例如，Au、Pt、Pd 和 Ru)催化剂在 45-120℃下用 O_2(空气)对葡萄糖进行催化氧化。图 2 说明了从葡萄糖到葡萄糖酸(GOA)和葡萄糖二酸(GRA)的主要反应途径，其中葡萄糖醛基被氧化为羧基形成 GOA，GOA 的 C6 上的羟基被氧化为醛基，然后氧化为羧基，依次形成葡萄糖醛酸(GUA)和 GRA。GRA 的产率通常低于 GOA，因为羟基的氧化在热力学上不如醛基有利[32]，并且中间体 GUA 易于异构化为 5-羰基葡萄糖酸[33]。

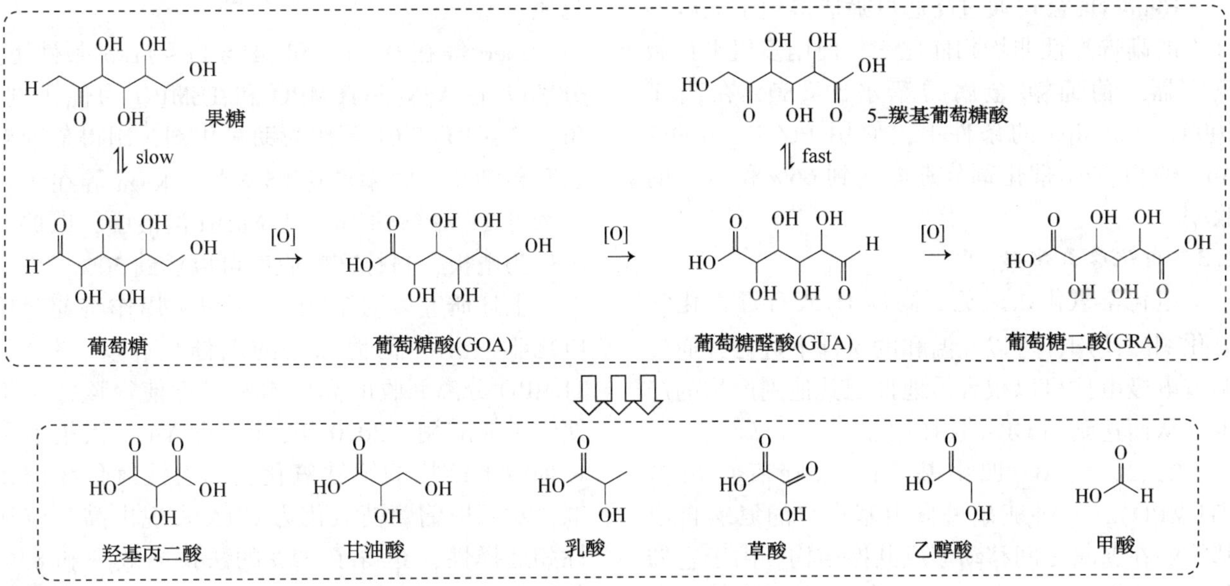

图 2　葡萄糖氧化制备葡萄糖二酸反应路径及可能出现的副产物

Jin 等人制备了 $PtCu/TiO_2$，在加碱条件下实现了 100% 的葡萄糖转化率，但 GAA 选择性（25.4%）较低[34]。将双金属改为 Pt/Pd 后，GAA 选择性提高至 40%（见表 1），因为合金双金属催化剂有效地促进了 GUA 到 GAA 的氧化途径，而不是异构化为 5-酮-GOA[33]。一般来说，在碱性条件下对葡萄糖进行非均相氧化能够达到更高的转化率，但是同时会使得产物变成羧酸盐，从而增加后续中和得到 GRA 的步骤。所以在不加碱的情况下实现其高效氧化是一个难点。

Lee 等人使用商业 Pt/C 催化剂获得了 74% 的 GRA 产率，其中较高的温度、Pt 负载量导致部分 GRA 降解为低碳链羧酸[32]。Derrien 等人制备的合金 $AuPt/ZrO_2$ 催化剂实现了 50% GRA 产率，可稳定循环 3 次[35]。Shi 等人报道[36]，与单金属 Pt 催化剂相比，合金化双金属 $PtCu/TiO_2$ 对 GRA 表现出更高的选择性。这种现象可归因于①Pt 与 Cu 合金化后电子密度的变化，影响了葡萄糖和产物的吸附；②二次金属的空间效应，可能调节 C-C 键断裂并抑制 CO_2 的产生。值得注意的是，这两个无碱体系在反应开始时即产生 GRA。这一现象与在加碱体系中的观察结果相反，在加碱体系中，直到葡萄糖完全消耗才观察到 GRA 作为二次氧化产物的形成，这意味着碱性条件下葡萄糖与双金属表面存在强烈相互作用并抑制了二段氧化活性[33]。

表 1　由葡萄糖选择性催化氧化制备葡萄糖二酸

催化体系	1%Pt，1%Pd/TiO_2	5%Pt/C	3.5%Au，3.45%Pt/ZrO_2	4.13%Pt，1.70%Cu/TiO_2
原料浓度 mol/L	0.167	0.555	0.25	0.278
氧化剂浓度	O_2，60mL/min	O_2，13.8bar	air，40bar	O_2，15bar
温度/℃	45	80	100	90
时间/h	24	10	4	12
pH	11.5[a]	未控制	未控制	未控制
转化率/%	100	99	100	92
选择性/%	41.2	74	50	60
收率/%	41.2	74	50	55.2
参考文献	[34]	[32]	[35]	[36]

[a]初始加入 NaOH，反应过程中未控制 pH

Rennovia 公司通过高通量筛选得到了无碱条件下的高选择性非均相催化剂，使用多组平行微反应器，葡萄糖/金属的摩尔比<80，在高于100℃，0.5Mpa 的条件下，使用 Pt/SiO_2 和 4% Au-4%Pt/TiO_2 催化剂分别能达到66%和70%的收率。

2.3 电化学氧化法

电化学氧化法避免了高压 O_2 或有毒害化学氧化剂的使用，可以在温和的条件下进行，通过调节电极电位可以很容易地抑制其他副产物的产生，从而达到高 GRA 选择性。

2，2，6，6-四甲基-1-哌啶氧自由基(TEMPO)，一种亚硝酰自由基，它的氮氧自由基能够在氮氧之间移动形成共振结构。由于它催化的氧化反应无金属参与且反应条件温和，对产物具有选择性并能够限制不可回收的副产物的产生，使之成为碳水化合物合成的理想介导物质[37]。

Ibert 等在 0~5℃ 和 pH=11~11.5 条件下，分别以 4-AcNH-TEMPO 和 TEMPO 为催化剂，Br_2、NaClO 和 Cl_2 等作为助氧化剂，制得葡萄糖二酸单钾盐，收率可达 85%[38]。Koga 等在含一定浓度 TEMPO 的 1mol/L NaOH 溶液中，以玻璃碳作为电极，目标产物收率可以达到 50%[39]。

上述研究表明 TEMPO 可以被用作将葡萄糖电化学氧化为葡糖二酸的电催化介质，然而，TEMPO 分离回收的高成本和难度使得该技术不便于工业应用。2020 年，Liu 和 Yu 等人报道了一种纳米结构的镍铁氧化物、镍铁氮化物催化剂，对阳极葡萄糖氧化为 GRA 表现出高反应活性和选择性，获得了 87%的法拉第效率和 83%的葡萄糖二酸产率，同时阴极生成单一副产物氢气(图 3)[40]。

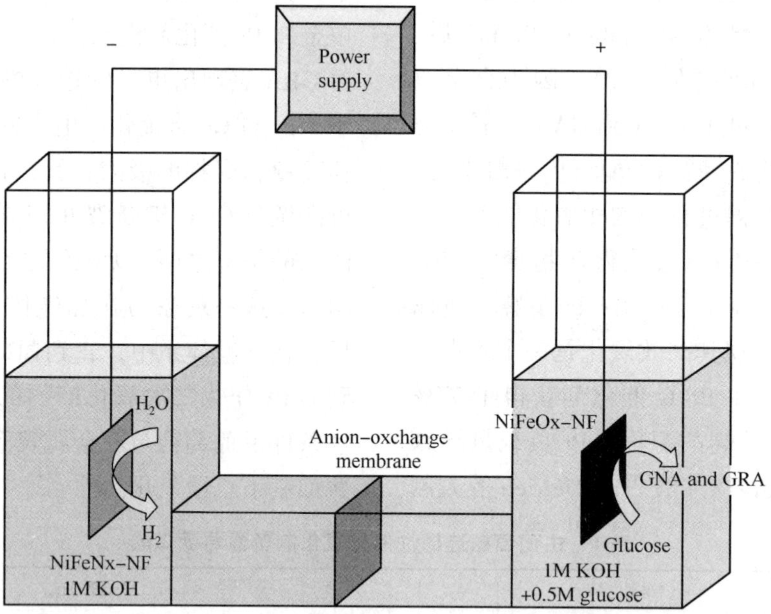

图 3　镍铁复合物电催化制备 GRA 示意图

2.4 生物发酵法

葡萄糖二酸可以从哺乳动物和植物细胞中的葡萄糖醛酸(也是 L-抗坏血酸的前体)合成，但是该合成途径超过 10 个转化步骤，很难从体外模拟[41]。近几十年来，借助高效、环保的微生物发酵法生产有机酸日益成为研究者的关注重点。现阶段的微生物法主要是通过发酵工程、基因工程或二者结合得到目标产物。与化学法相比，生物发酵法具有消耗原材料较少、培养成本低、生长简单快速等优点。模式菌株(大肠杆菌和酵母菌)遗传背景清晰，代谢途径明确，操作工具成熟，因此研究比较广泛。

Prater 等人首次在大肠杆菌表达来自酿酒酵母的肌醇-1-磷酸合酶(Ino1)、来自小鼠的肌醇氧化酶(Miox)以及来自恶臭假单胞菌的醛酸脱氢酶(Udh)，成功合成了 D-葡萄糖二酸，并且在后续强化肌醇氧化酶的基础上，D-葡萄糖二酸产量由 0.3g/L 提高至 1.13g/L[42-43]。为了进一步提高 D-葡萄糖二酸的产量，Moon 等人在 3 个酶的交互区域通过多肽支架固定在一起，减少底物在胞内的扩散转移时间，提高肌醇胞内浓度，产量由 1.13g/L 提高到 2.5g/L[44]。

目前利用酵母菌来生产 D-葡萄糖二酸的主要集中于酿酒酵母和毕赤酵母。2016 年，研究者以葡萄糖-6-磷酸为底物，在酿酒酵母中通过表达小鼠来源的肌醇氧化酶和恶臭假单胞菌来源的醛酸脱氢酶，构建了一条 D-葡萄糖二酸合成途径，产量为 0.29g/L，在此基础上，通过用拟南芥来源的肌醇氧化酶替代小鼠来源的，使 D-葡萄糖二酸产量提高到 1.6g/L[45]。Liu 等在毕赤酵母中表达上述同样的基因，添加 10g/L 肌醇作为底物，得到 0.78g/LD-葡萄糖二酸。在此基础上，通过肌醇氧化酶和醛酸脱氢酶融合表达，D-葡萄糖二酸产量达到 6.61g/L[46]。

黑曲霉是美国食品药物管理局 FDA 认定的食品安全菌株，以其遗传稳定且背景清晰等特点广泛用于食品工业的生产研究。同时黑曲霉还具有有机酸生产能力强、耐酸能力、可利用碳源广泛、碳源转化率高等优点，被用于各种有机酸的工业化生产[47]。Guo 等人在黑曲霉 ATCC1015 中构建了葡萄糖二酸的合成通路，通过建立 NAD+辅因子循环系统，优化胞内氧化还原平衡状态，弱化糖酵解途径和磷酸戊糖途径中的关键基因，葡萄糖二酸的产量达到 313.65mg/L[48]。

3 总结

综上所述，葡萄糖二酸作为一种重要的生物质平台分子在化工材料、医药健康领域有巨大的应用前景。目前传统硝酸氧化法和催化氧化法是葡萄糖二酸的主要生产方法，硝酸氧化法仍然存在设备腐蚀严重、选择性低以及副产物污染问题，催化氧化法需要使用昂贵的贵金属合金催化剂。电化学氧化法与微生物发酵法作为新兴起制备葡萄糖二酸方法仍处在研究阶段。生物发酵法目前发酵时间过长、生产强度较低，还需要对葡萄糖二酸在微生物体内的代谢、生产菌株的改良等方面进行更深层次的研究。电化学氧化法制备葡萄糖二酸巧妙地实现了电解水制氢与高附加值氧化产物耦合，在未来还可以绿电结合，实现精细化学品生产全过程的零碳排放，具有良好的发展前景。但是，其作为一种新方法还需要在系统规模放大、产物分离纯化等方面做进一步研究。相信随着制备工艺日趋成熟，葡萄糖二酸在化工、医药领域的应用会越来越广泛。

参 考 文 献

[1] 唐勇，朱莉伟，邢杨等．生物质化学转化产品谱系及研究进展[J]．化工时刊，2011，25(6)：49-50.

[2] Clark J H，Budarin V，Deswarte F，et al. Green chemistry and the biorefinery：A partnership for asustainable future[J]．Green Chemistry，2006，8(10)：853-860.

[3] Metzger J O，Eissen M. Concepts on the contribution ofchemistry to a sustainable development. Renewable raw Materials[J]．Comptes Rendus Chimie，2004，7(6-7)：569-581.

[4] Werpy T，Petersen G，Aden A，et al. Top Valueadded chemicals from biomass [R]. Aug 2004, U. S. Department of Energy Washington DC.

[5] 余作龙，苗江月，曹飞，周佳栋，朱璇，王月霞，韦萍．葡萄糖二酸的生物炼制及应用研究进展[J]．化工进展，2011，30(11)：2502-2508.

[6] 仇钰莹，方芳，堵国，陈坚．葡萄糖二酸研究进展[J]．生物工程学报，2015，31(4)：481-490.

[7] 朱俏俏，庄军平，余开荣．生物质基葡萄糖二酸的研究与展望[J]．工业催化，2019，27(9)：13-18.

[8] Walaszek Z，Szemraj J，Hanausek M，et al. D-glucaric acid content of various fruits and vegetables and cholesterol-lowering effects ofdietary D-glucarate in the rat[J]．Nutr Res，1996，16(4)：673-681.

[9] Zhang Zehui，George W H. Catalytic oxidation of carbohydrates into organic acids and furan chemicals[J]. Chemical Society Reviews，2018，47：1368-1370.

[10] Chen L，Kiely DE. D - glucaric acid esters/lactonesused in condensation polymerization to producehydroxylated nylons - a qualitative equilibrium studyin acidic and basic alcohol solutions [J]. J CarbohydChem，1994，13(4)：585-601.

[11] Smith T，Denton T，Zhang J，et al. Synthesis andcharacterization of higher molecular weightstereo - randompoly (D-glucaric acid//234th ACSNational Meeting，Boston，MA，United States，2007.

[12] HenkensmeierD，Abele BC，Candussio A，et al. Synthesis，characterisation and degradability ofpolyamides derived from aldaric acids and chainend functionalised polydimethylsiloxanes[J]．Polymer，2004，45(21)：7053-7059.

[13] Kiely DE. Carbohydrate acid amide plantfertilizers：US，5478374[P]．1995-12-26.

[14] Morton DW，Kiely DE. Evaluation of the film andadhesive properties of some block copolymer polyhydroxy polyamides from esterified aldaric acids and diamines

[J]. J Appl Polym Sci, 2000, 77 (14): 3085-3092.

[15] Mehtiö, T, et al. Production and applications of carbohydrate - derived sugaracids as generic biobased chemicals [J]. Crit. Rev. Biotechnol, 2016, 36, 904-916.

[16] Bespalov VG, Aleksandrov VA. Anticarcinogeniceffect of potassium salts of glucaric and glucuronic acid in induced models of cervical and esophageal tumors [J]. Vopr Onkol, 2012, 58(4): 537-540.

[17] Dwivedi C, Oredipe OA, Barth RF, et al. Effect ofthe experimental chemo-preventativeagent, glucarate, on intestinal carcinogenesis in rats [J]. Carcinogenesis, 1989, 10(8): 1539-1541.

[18] Minton JP, Walaszek z, Schooley W, et al. B-glucuronidase levels in patients with fibrocystic breast disease[J]. Breast Cancer Res Treat, 1986, 8(3): 217-222.

[19] Oredipe OA, Barth RF, Dwivedi C, et al. Dietar yglucarate-mediated inhibition of initiation of diethylnitrosamine - induced hepatocarcinogenesis [J]. Toxicology, 1992, 74(2): 209-222.

[20] Abou-Issa H, Koolemans-Beynen A, Meredith TA, et al. Antitumour synergism between non-toxic dietary combinations of isotretinoin and glucarate [J]. Eur J Cancer, 1992, 28(4): 784-788.

[21] Walaszek Z. Potential use of D-glucaric acidderivatives in cancer prevention[J]. Cancer Lett, 1990, 54(1): 1-8.

[22] Marsh C. Metabolism of D-glucuronolactone inmammalian systems. 3. Further studies of D - glucuronolactone dehydrogenase of rat liver [J]. Biochem J, 1963, 89(1): 108-114.

[23] Bhattacharya S, Manna P, Gachhui R, et al. D-saccharic acid 1, 4-lactone protects diabetic ratkidney by ameliorating hyperglycemia - mediatedoxidative stress and renal inflammatory cytokinesvia NF-kB andPKC signaling. Toxicol ApplPharmacol, 2013, 267 (1): 16-29.

[24] Grand-View-Research. Glucaric Acid Market Size & Share[R]. Global IndustryReport, 2017.

[25] Anonymous. JM Davy and Rennovia partner to develop production technology for biobased glucaric acid and adipic acid [J]. Int Sugar J, 2014, 116 (1385): 330-330.

[26] Anonymous. Rivertop begins scaling up of glucaric acid-production [J]. Int Sugar J, 2012, 114 (1361): 304.

[27] Diamalt AG. Improvements in the production ofsaccharic acid and tartaric acid from carbohydrates: UK. 108494[P]. 1920-09-09.

[28] Kiely, DE, Hash, KR. Method of oxidation using nitricacid: WO, 2008021054[P]. 2008-02-21.

[29] Fischer K, Bipp H P. Generation of organic acids and monosaccharides by hydrolytic and oxidative transformation of food processing residues [J]. Bioresource Technology, 2005, 96(7): 831-842.

[30] Truchan, JA, Skaneateles, NY. Processformakingd-saccharicacid: US, 2809989[P]. 1957-10-15.

[31] Nabyl Merbouh, Jean Francois Thaburet, Mathias Ibert, etal. Facile nitroxide-mediated oxidations of D-glucose to D - glucaric acid [J]. Carbohydrate Research, 2001, 336: 75-78.

[32] Lee J, Saha B, Vlachos, DG. Pt catalysts for efficient aerobic oxidation ofglucose to glucaric acid in water [J]. Green Chem, 2016, 18(13): 3815-3822.

[33] JinX, Zhao M, Vora M, Shen J, Zeng C, Yan W, Thapa PS, Subramaniam B, Chaudhari RV. Synergistic effects of bimetallic PtPd/TiO_2 Nanocatalysts inoxidation of glucose to glucaric acid: structure dependent activity and selectivity [J]. Ind Eng Chem Res, 2016, 55 (11): 2932-2945.

[34] Jin X, Zhao M, Shen J, Yan W, He L, Thapa PS, Ren S, Subramaniam S, Chaudhari RV. Exceptional performance of bimetallic Pt1Cu3/TiO_2 nanocatalysts for oxidation of gluconic acid and glucose with O_2 to glucaric acid[J]. J Catal, 2015, 330: 323-329.

[35] Derrien E, Mounguengui - Diallo M, Perret N, Marion P, Pinel C, BessonM. Aerobic oxidation of glucose to glucaric acid under alkaline-free conditions: Aubased bimetallic catalysts and the effect of residues in a hemicellulose hydrolysate [J]. Ind Eng Chem Res, 2017, 56 (45): 13175-13189.

[36] Shi H, Thapa PS, Subramaniam B, Chaudhari RV. Oxidation of glucose usingmono- and bimetallic catalysts under base-free conditions[J]. Org Process Res Dev, 2018, 22(12): 1653-1662.

[37] Kochkar H, Lassalle L, Morawietz M, et al. Regioselective oxidation of hydroxyl groups of sugar and its derivatives using silver catalysts mediated by TEMPO and peroxodisulfate in water[J]. J Catal, 2000, 194 (2): 343-351.

[38] Ibert M, Fuertès P, Merbouh N, et al. Improved preparativeelectrochemical oxidation of D - glucose to D - glucaricacid [J]. Electrochimica Acta, 2010, 55: 3589-3594.

[39] Koga T, Taniguchi I. Electmchemical oxidation of glucose toglucarate using TEMPO as a mediator in an alkaline solution [J]. Electrochemistry, 2004, 72: 858 -860.

[40] Liu WJ, et al. Efficient electrochemical production of glucaric acid and H_2 via glucose electrolysis[J]. Nat Commun, 2020, 11: 265-275.

[41] 牛林林. 葡萄糖二酸生物合成工程菌株的构建与研究[D]. 山东: 济南大学, 2020.

[42] Tae Seok M, Sang - Hwal Y, Lanza AM, et al. Production of glucaric acid from a synthetic pathway in recombinant *Escherichia coli*[J]. Applied & Environmental Microbiology, 2009, 75(3): 589-595.

[43] Raman S, Rogers JK, Taylor ND, et al. Evolution-guided optimization of biosyntheticpathways[J]. Proceedings of The National Academy of Sciences, 2014, 111(50): 17803-17808.

[44] Moon TS, Dueber JE, Shiue E, et al. Use of modular, synthetic scaffolds for improvedproduction of glucaric acid in engineered *E. coli*[J]. Metabolic Engineering, 2010, 12(3): 298-305.

[45] Liu Y, Gong X, Wang C, et al. Production of glucaric acid from*myo* - inositol in engineered *Pichia pastoris*[J]. Enzyme & Microbial Technology, 2016, 91: 8-16.

[46] Chen N, Wang J, Zhao Y, et al. Metabolic engineering of*Saccharomyces cerevisiae* forefficient production of glucaric acid at high titer[J]. Microbial Cell Factories, 2018, 17(1): 67.

[47] Schuster E, Dunn-Coleman N, Frisvad JC, et al. On thesafety ofAspergillus niger - a review[J]. Appl Microbiol Biotechnol, 2002, 59(4/5): 426-435.

[48] 郭宇飞, 闫荣媚, 张小茹, 曹威, 刘浩. 代谢工程改造黑曲霉生产葡萄糖二酸[J]. 生物技术通报, 2022, 38(11): 227-237.

催化柴油氧化萃取脱硫研究

熊启强

[中石化(天津)石油化工有限公司]

摘 要 针对现有的柴油氧化萃取脱硫工艺主要处理硫含量低于2000ppm的问题，本研究探索了氧化萃取脱硫技术对于硫含量高达7000ppm的催化柴油的脱硫效果。研究确定了氧化脱硫的最佳反应条件为：搅拌速度为1000r/min，反应温度为60℃，选择甲酸作为催化剂，H_2O_2作为氧化剂，$V_{氧化剂}:V_{催化剂}:V_{柴油}$为8：8：100，反应时间为90min。研究同时发现硫化物易被氧化的顺序是二苯并噻吩类>苯并噻吩类>噻吩类。

关键词 催化柴油；氧化萃取；脱硫；氧化剂；催化剂

1 引言

随着科技的发展，人们对于生活水平的要求不断提高，环境保护问题也逐渐引起重视。石油在推动社会发展的同时，也带来多方面的环境污染问题。车用汽油和柴油燃烧过程中会产生非烃污染物(氮氧化物、硫氧化物等)，这是造成酸雨的主要原因之一。因此，对汽柴油进行脱硫处理，生产低硫的燃料油迫在眉睫。目前，欧盟与中国都进一步提高了对柴油中硫含量的要求，成品油中硫含量不得超过10mg/L。目前工业上广泛使用的脱硫方法为加氢脱硫，加氢脱硫工艺成熟，脱硫率高，但是其要求高温高压，且需要消耗大量的氢气和催化剂，导致成本居高不下。

近年来，非加氢脱硫技术备受关注，非加氢脱硫技术主要包括氧化脱硫、吸附脱硫、萃取脱硫、生物脱硫以及将多种技术耦合脱硫等[6,7]，其中氧化萃取脱硫在当前最有可能进行工业化。氧化萃取脱硫的原理是用氧化剂将油品中的硫化物氧化成极性较强的砜和亚砜，然后用有机溶剂根据相似相溶的原理将极性硫化物从油品中萃取脱除。根据文献报道氧化脱硫中使用的氧化剂主要为：过氧化氢、叔丁基过氧化氢、过碘酸、氯气、臭氧等。许多氧化脱硫都用H_2O_2，一方面H_2O_2可以与其它催化剂形成高活性的氧化中间体，如过氧酸、过氧络合物等；另一方面，过氧化氢作为绿色氧化剂，其反应产物对产品及环境都无影响。许多研究人员已经对催化柴油氧化脱硫进行了探索实验，结果表明氧化脱硫可以有效降低柴油中硫含量，但是大多数实验处理的催化柴油硫含量不超过2000ppm，暂未见到处理高于5000ppm硫含量的报道，因此探索氧化萃取脱硫对高含硫量催化柴油的处理效果是十分必要的。

2 实验部分

2.1 材料

30%过氧化氢购自大庆化工厂，四丁基溴化铵、乙酸、甲酸购买自天津大茂化学试剂厂，乙腈、乙酸、过硫酸钠、高碘酸钠、五水合次氯酸钠、磷钨酸钠购买自阿拉丁化学试剂有限公司。试验所需仪器为JJ-1增力电动搅拌器、TSN-2000型硫氮测量仪、SSQ710色谱质谱联用仪、FTIR-650傅里叶红外光谱仪以及脉冲火焰光度检测器PFPD等。催化柴油为天津石化催化柴油，其性质如表1。

表1 催化柴油性质

项目	催化裂化柴油
密度(20℃)/g/cm^3	0.990
粘度(50℃)/mm^2/s	2.377
ω(硫)%	0.712
CCAI	950
残碳%	0.09
闪点/℃(闭口)	57
热值/(MJ/Kg)	41
全馏量%(体积分数)	98.0
馏程/℃	
初馏点	184.3
10%	229.5
50%	271.8
90%	337
95%	350
终馏点/℃	364.5

2.2 实验方法

首先量取一定体积的原料油、氧化剂、催化剂，将原料油加入圆底烧瓶中，调节水浴温度后预热10min，预热结束后加入一定量的催化剂和氧化剂。设定一定的转速搅拌，控制一定的反应时间进行氧化反应，待氧化过程结束后将柴油移入分液漏斗，加入既定比例的萃取剂，充分震荡分液漏斗使其分散均匀，静置分层。静置分层后，将萃取相和萃余相分离，使用TSN-2000型硫氮测定仪测定萃取相的硫含量。

3 结果与讨论

3.1 氧化剂的筛选

不同氧化剂的氧化效果不同，脱硫效率也不相同，我们首先筛选效果较好的氧化剂。使用JJ-1增力搅拌器设定转速500r/min的转速下，分别使用30% H_2O_2、$Na_2S_2O_8$、NaClO、$NaIO_4$作为催化剂，使用甲酸作为催化剂。经文献查阅得知，加入底物5wt.%可以获得较好的氧化效果，加入底物0.5wt.%左右的相转移剂可以获得较好的效果。因此，使用催化柴油5wt.%的氧化剂和0.5wt.%的四丁基溴化铵作为相转移剂，在60℃下搅拌氧化1.5h后，使用乙腈在$m_{乙腈}:m_{油}=1:1$条件下萃取一次，充分震荡，静置分层后取萃取相，测定其硫含量并计算收率。

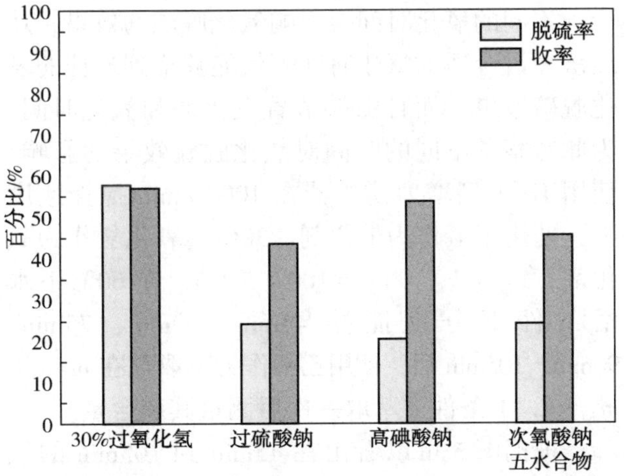

图1 不同氧化剂作用下脱硫率和收率的变化

从图1中可以看出，使用30% H_2O_2作为氧化剂时脱硫率为57.90%，$Na_2S_2O_4$作为氧化剂时脱硫率为24.47%，$NaIO_4$作为氧化剂时脱硫率为20%。NaClO作为氧化剂时脱硫率为23.64%。30% H_2O_2为氧化剂和$NaIO_4$为氧化剂时收率均为55%左右。$Na_2S_2O_4$和NaClO作为氧化剂时收率均为45%左右。

3.2 催化剂的筛选

不同催化剂的催化效果也不相同，在同样的氧化条件下，使用不同的氧化剂氧化效果也有一定的差异，脱硫效果也不相同。选择适合的催化剂可以提高反应的效率。使用JJ-1型增力搅拌器在1000r/min搅拌速度下，使用不同种类的催化剂，30% H_2O_2作为氧化剂，$V_{油}:V_{催}:V_{氧}=100:5:5$，在60℃下水浴搅拌1.5h后，使用乙腈作为萃取剂在$m_{乙腈}:m_{油}=1:1$条件下萃取一次后，静置分层后取其萃取相，测量其硫含量并计算收率。

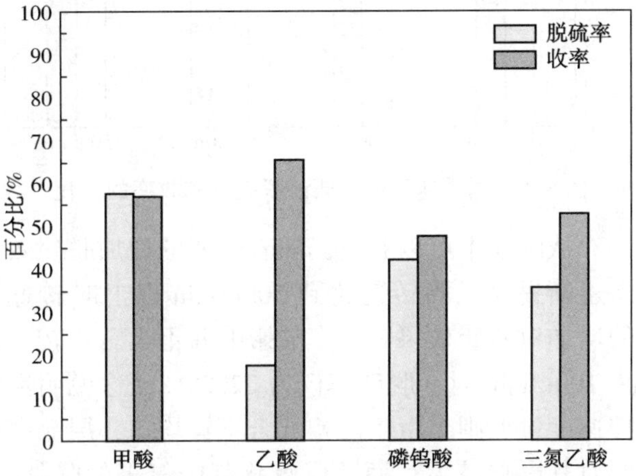

图2 不同催化剂对催化柴油脱硫率和收率的影响

根据图2可以看出，使用甲酸作为催化剂的脱硫效果最好达到了58%左右。三氯乙酸的收率也达到了52.89%，但脱硫率只有35%左右。使用乙酸作为催化剂虽然收率较高但是脱硫效果很差，收率虽然达到了65.43%，但脱硫率只有17.5%。相比与甲酸作为催化剂萃取脱硫率下降了40%左右。可能是乙酸的催化效果差没有使得柴油中的含硫化合物全部氧化成砜类化合物。综合脱硫效果和收率，使用甲酸作为反应的催化剂效果更好。

3.3 搅拌转速的影响

H_2O_2和甲酸都是与柴油不相溶的液体，要想使得氧化剂和柴油中硫化物快速有效的反应，提高两相的混合效率可以达到这个目的。因此氧化剂和柴油混合的是否充分决定着氧化效果的好坏。搅拌速度也是氧化反应考察的一个重要的参数。为此考察搅拌速度对氧化脱硫效果的影响，反应条件：使用JJ-1型增力搅拌器在100r/min、500r/min、1000r/min、1500r/min的不同搅拌速度下，将甲酸作为催化剂，30%过氧化氢作为氧化剂，$V_{油}:V_{催}:V_{氧}=100:5:5$，在60℃下水浴搅拌1.5h后，使用乙腈作为萃取剂在$m_{乙腈}:m_{油}=1:1$条件下萃取一次，在分液漏斗中静置分层后取其萃取相，测量其硫含量并计算收率。

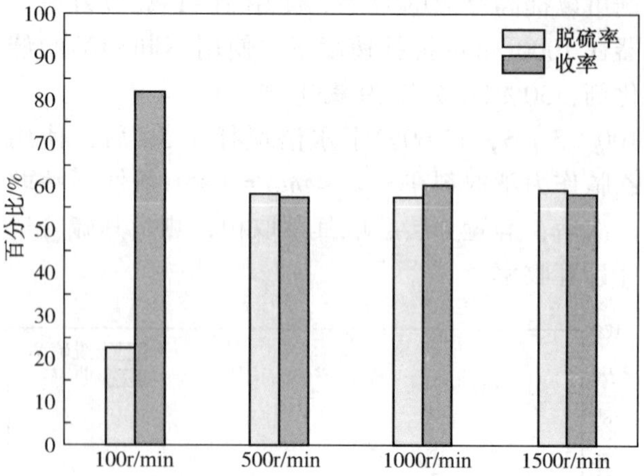

图3 不同转速下催化柴油脱硫率和收率的变化

从图3中可以看出，随着转速的增加脱硫效果逐渐提高，当转速达到500r/min以上时转速的增加对脱硫效果和收率的影响并不大。当转速为100r/min时，脱硫率仅为22.24%，这说明搅拌速度过低则会由于两相混合不够均匀，层流底层对其影响较大，而造成氧化剂的氧果的降低，搅拌速度的提高有利于氧化剂和催化柴油的充分接触，消除扩散对氧化脱硫的影响，从而提高氧化效率。

3.4 氧化温度的影响

反应温度对氧化脱硫反应有较大的影响，温度较低则氧化剂的活性不够高，造成氧化效率的降低以及反应时间的增长；温度过高则会造成H_2O_2分解的加剧，同时伴随的副反应的发生也会降低氧化效果，实验中用H_2O_2/甲酸作为氧化体系，甲酸在氧化中作为催化剂。为此在不同的反应温度下对天津催化柴油进行氧化萃取脱硫的考察，反应条件为：1000r/min的转速，剂油比按照$V_{氧化剂}:V_{催化剂}:V_{柴油}=5:5:100$比例氧化1.5h，然后用乙腈在$m_{乙腈}:m_{油}=1:1$的比例下萃取一次。

由图4可以看出，随着温度的升高脱硫率先升高然后又降低，在40℃时脱硫效果最好，硫含量降低了47.30%。脱硫率随着温度的升高而降低，当反应温度为80℃时脱硫率仅为32.07%，造成以上脱硫效果变化的原因可能是

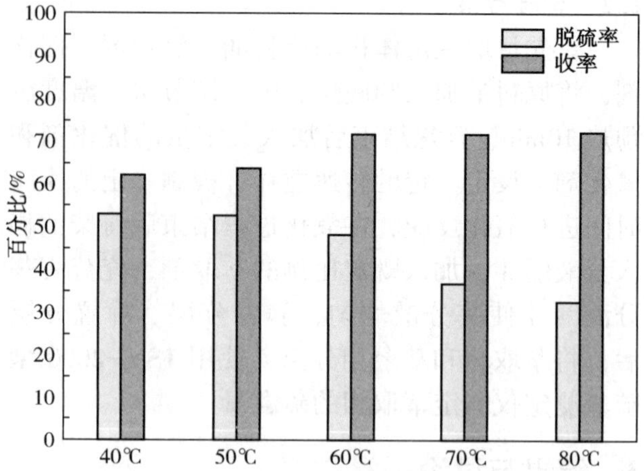

图4 不同温度下催化柴油脱硫率和收率的变化

由于在温度过高时氧化剂的氧化活性过高、分解速率过快、双氧水分解速率急速增加、在1.5h之前氧化剂已经完全反应。随着温度的升高氧化活性逐渐提高，在40℃和50℃左右达到最佳，然后又随着温度的提高氧化剂分解加强，造成氧化剂利用率的降低；再者催化柴油中存在许多不稳定的化合物(如酚类化合物、氮化物以及烯烃类等)，在温度较高的条件下发生副反应较多，从而消耗掉一部分氧化剂，生成了一些极性物质和沉渣，从而降低了氧化效率，进而影响了氧化脱硫的效果。且由于催化柴油中不稳定的化合物较多，致使氧化后颜色加深。

3.5 氧化时间影响

不同的氧化时间会影响氧化脱硫的效果，从经济上讲合适的氧化时间不仅能够找到最佳的氧化脱硫效果，而且能够节省氧化剂和氧化时间。为此考察了不同的时间对氧化脱硫效果的影响。使用JJ-1型增力搅拌器在1000r/min搅拌速度下，使用甲酸作为催化剂，30%过氧化氢作为氧化剂，$V_{油}:V_{催}:V_{氧}=100:5:5$，在60℃下水浴条件下分别搅拌45min、60min、75min、90min、105min后，使用乙腈作为萃取剂在$m_{乙腈}:m_{油}=1:1$条件下萃取一次后测量其硫含量。

根据图5可以看出在45min到105min的氧化时间下，收率基本维持在52%左右，在氧化时间在45-90min时随着氧化时间的延长脱硫率在不断的提高，但收率有所下降。这可能是因为随着氧化时间的不断延长会改变不同反应的地位，当容易氧化的硫化物和氮化物被氧化后，剩余的氧化剂就会和一些烯烃反应生成醇类或者酸性化合物，这些物质极性较强，同时烯烃和氮化

物也生成了大量极性较强颜色很深的胶质甚至沉渣，这就在萃取脱硫的过程中发生了萃取竞争，从而造成脱硫率的相应下降，氧化时间对于收率的影响较小。从中可以看出，在氧化时间为90min时脱硫率为57.9%，脱硫效果最好。

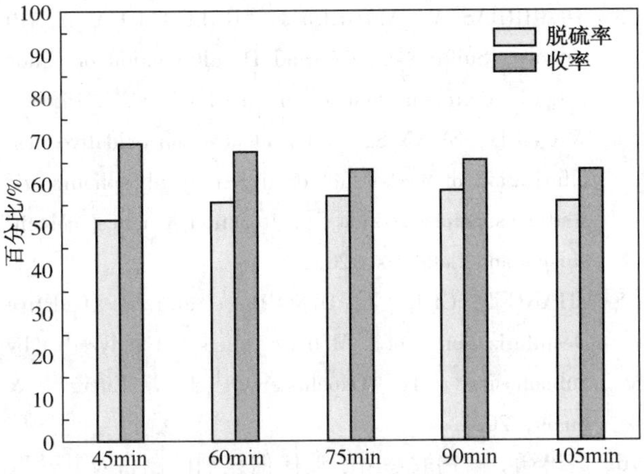

图5 不同用氧化时间对催化柴油脱硫率及收率的影响

3.6 氧化剂用量的影响

H_2O_2及甲酸的用量对氧化影响也较大，H_2O_2的用量过少则不能达到将硫化物完全氧化脱硫的目的，而用量过大则会造成氧化脱硫操作费用的增加。在这里甲酸起催化的作用，主要是通过在反应初期形成过氧酸，达到增加氧化效果的目的。通过查阅文献得出氧化剂和催化剂的最佳比例为1∶1，因此在下面的实验里主要考察氧化剂的用量。反应的条件为：1000r/min的转速，60℃下氧化1.5h，静止分出下层的酸水混合物后，用乙腈萃取剂在$m_{乙腈}:m_{油}=1:1$的比例下萃取一次。

从图6可见，未加氧化剂萃取剂时，脱硫率仅有29.92%，收率仅有31.52%。说明虽然萃取可以脱除一部分的硫化物但是脱硫效果很差，且收率较低。在氧化剂比例在100：2到100：12之间时随着氧化剂比例的提高，脱硫率在不断的提高，但收率随着氧化剂比例的增加在不算下降。当氧化剂比例达到100：2时脱硫率达到37.27%收率达到48.31%。但当氧化剂比例达到100：12时脱硫率上升到了79.20%但是收率降低到了23.03%。随着氧化剂比例的提高，催化柴油的颜色也不断加深。经过氧化后在催化柴油中有絮状沉渣的生成，这说明氧化过程中不稳定的物质相互作用生成沉淀。随着氧化剂用量的增加，催化柴油的脱硫率逐渐的增加。

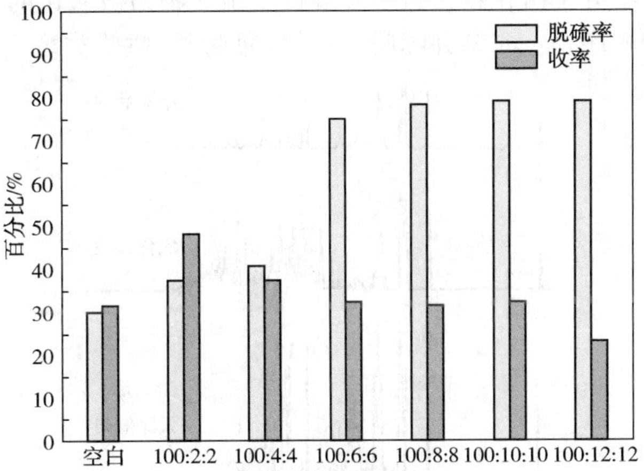

图6 不同氧化剂用量对脱硫率及收率的影响

3.7 氧化萃取过程催化柴油组分分析

为分析催化柴油的氧化机理，对氧化脱硫过程的样品进行了GC-MS、PFPD以及红外光谱分析。

表2 天津催化柴油PFPD谱图中的硫化物成分

序号	名称	序号	名称
1	基准信号	8	C_2-苯并噻吩
2	C_1-噻吩	9	C_3-苯并噻吩
3	C_2-噻吩	10	C_4、C_5-苯并噻吩
4	C_3-噻吩	11	二苯并噻吩
5	C_4-噻吩	12	C_1-二苯并噻吩
6	苯并噻吩	13	C_2-二苯并噻吩
7	C_1-苯并噻吩	14	C_3、C_4-二苯并噻吩

从表2和图7可以看出，天津催化柴油中的硫化物主要以苯并噻吩类和二苯并噻吩类为主，噻吩类硫化物含量比较少，在谱图中没有检测到硫醚的存在，主要原因是噻吩类硫化物含量很少，难以有效的检测到。催化柴油在用H_2O_2/甲酸氧化后噻吩类和苯并噻吩类硫化物，特别是C_1-苯并噻吩类之前的硫化物的PFPD基本上没有发生大的变化，谱图峰型差不多，之后的硫化物出峰时间向后推移了四分钟，这说明H_2O_2氧化了一部分硫化物，使它们极性增强从而造成出峰时间向后推移。在氧化的过程中主要是C_2-C_4烷基的苯并噻吩类和二苯并噻吩类的硫化物被氧化，而C_0-C_1烷基苯并噻吩以及噻吩类难以被氧化。由红外谱图（图8）证明，氧化后的柴油经过萃取，被氧化的硫化物基本上被萃取掉，剩下的主要是没被氧化的噻吩和C_0-C_2烷基苯并噻吩等

小分子硫化物，进一步验证了硫化物易被氧化的顺序是：二苯并噻吩类>苯并噻吩类>噻吩类。

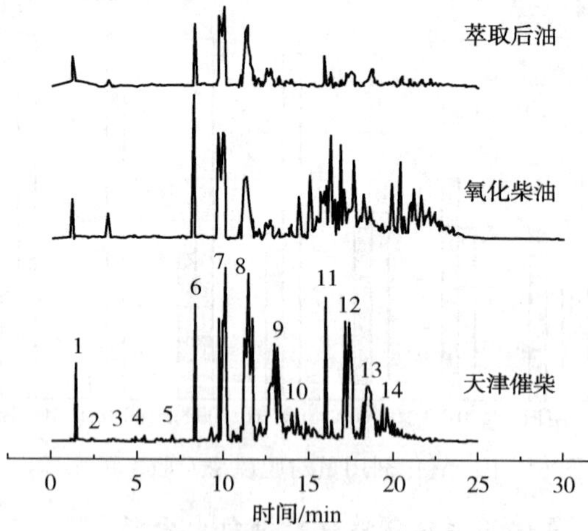

图7　天津石化催化柴油沉渣 GC-MS 谱图

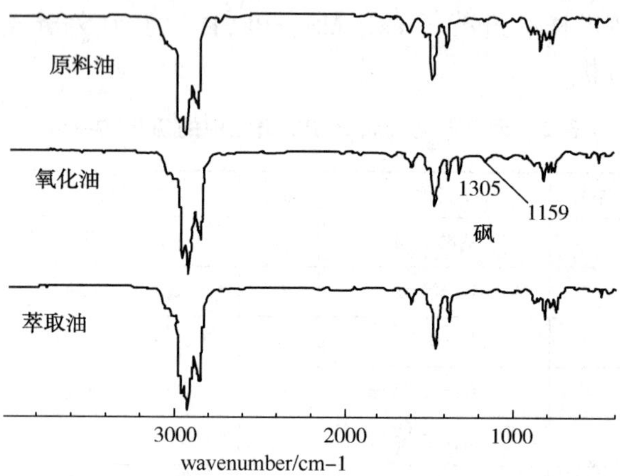

图8　天津石化催化柴油氧化萃取后的红外光谱图

4　结论

（1）对天津催柴进行氧化脱硫条件的优化，优化条件为：搅拌速度为1000r/min，反应温度为60℃，选择甲酸作为催化剂，H_2O_2作为氧化剂，剂油比 $V_{氧化剂}$ ： $V_{催化剂}$ ： $V_{柴油}$ = 8 ： 8 ： 100，反应时间为90min。

（2）实验条件中的氧化剂用量、反应温度对脱硫率和收率的影响较大。氧化时间、搅拌速度对脱硫效果和收率影响较小。

（3）通过对氧化过程组分分析发现，在氧化的过程中主要是C2-C4烷基的苯并噻吩类和二苯并噻吩类的硫化物被氧化，而C0-C1烷基苯并噻吩以及噻吩类难以被氧化，硫化物易被氧化的顺序是：二苯并噻吩类>苯并噻吩类>噻吩类。

参　考　文　献

[1] 高燕，闫苗，赵建社．MOF-199固载过氧化磷钨酸盐催化剂的制备及其在柴油脱硫中的应用[J]．石油学报(石油加工)，2023，39(02)：349-357.

[2] 石先莹，刘课艳，王彭敏，et al. 固载双层离子液体刷/磷钨酸盐催化过氧化氢进行模拟油的氧化脱硫研究；proceedings of the 第十一届全国工业催化技术及应用年会，中国黑龙江齐齐哈尔，F，2014 [C].

[3] DEMIRBAS A，ALIDRISI H，BALUBAID M A. API Gravity，Sulfur Content，and Desulfurization of Crude Oil[J]. Petroleum Science and Technology，2014.

[4] WANG H，SHAN S，LI P，et al. Deep oxidative desulfurization of model fuel catalyzed by phosphotungstic acid/mesoporous zeolite[J]. Reaction Kinetics，Mechanisms and Catalysis，2022.

[5] ZHANG T，CHEN X，DING B，et al. Deep Oxidative Desulfurization of Model Fuels Catalyzed by Subnanosized Ti Oxoclusters [J]. Energy & Fuels，2022.

[6] 吴琳斓．磷钨酸基离子液体催化剂的制备及其萃取耦合光催化氧化柴油深度脱硫的研究[D]；江苏大学，2021.

[7] 虞志刚．柴油氧化和萃取脱硫的实验和理论研究[D]；中国石油大学(北京)，2021.

[8] 高升．臭氧氧化催化裂化柴油脱硫工艺研究[D]；辽宁石油化工大学，2019.

[9] 宋鹏俊，张影，闫锋，et al. 催化裂化柴油氧化萃取脱硫工艺研究[J]．炼油技术与工程，2009，39(12)：15-18.

[10] 孙振博，曹祖宾，韩冬云，et al. 催化裂化柴油超声氧化脱硫工艺研究[J]．辽宁石油化工大学学报，2016，36(05)：10-13.

[11] OTSUKI S，NONAKA T，TAKASHIMA N，et al. Oxidative Desulfurization of Light Gas Oil and Vacuum Gas Oil by Oxidation and Solvent Extraction[J]. Energy & Fuels，2000.

[12] 刘公召，孙志营．FCC柴油催化氧化萃取脱硫的研究[J]．石油与天然气化工，2007，(06)：465-466+469+436.

[13] 孙志营．油品催化氧化萃取脱硫的研究[D]；沈阳工业大学，2006.

[14] 田亚杰．催化氧化-萃取集成燃油脱硫工艺研究[D]；天津科技大学，2015.

[15] 赵玉艳，冯丽娟，郑素莲，et al. 催化裂化柴油双亲相转移催化氧化-萃取脱硫的研究；proceedings of the 第五届全国环境催化与环境材料学术会议，中国山东烟台，F，2007[C].

探讨原油劣质化对装置产生的影响

袁守朝

[中石化(天津)石油化工有限公司]

摘　要　原油是由不同烃类化合物组成的混合物，其中含有不同数量的盐、水及固体杂质，这些物质的存在会对原油加工产生一系列不利的影响。通过采用电脱盐工艺，不仅能有效的除去原油中携带的盐类，同时严格控制脱后原油的含水量，能够有效的实现原油装置的自身防腐，也对后续加工工艺形成保护。但原油劣质化程度的加剧，盐、水及固体杂质的增加造成电脱盐罐内沉积物较多，工况相对较差，加工难度增加。本文论述了劣质原油对电脱盐及装置的影响，同时简述油种掺炼的优化调整。

关键词　常减压；原油劣质化；电脱盐；脱前温度；油种掺炼

1　原油劣质化加剧对电脱盐系统及装置影响

由于原油开采及地层含水等问题，世界各地采的原油中均含有不同数量的盐、水、金属杂质及非金属固体杂质等。其中原油中所含无机盐种类众多，主要包括 Na、K、Ga、Mg 等阳离子和 Cl^-、SO_4^{2-}、CO_3^{2-}、$CH3COO^-$ 等阴离子。在原油加工过程中，这些盐类沉积在炉管、换热器等设备表面，高温下将造成管壁、换热器结垢致使传热系数下降，从而降低传热效率，造成热量损失，当炉管结构严重时，会产生炉管烧穿的危险，影响装置安全生产。此外，电脱盐效率较差造成原油中含有的盐分未完全脱除，过多的盐分将集中在重油馏分和渣油中从而影响下游装置的产品质量。

劣质化原油变重、含盐量大、含水量大、酸值高、硫、氮、金属元素等有害杂质增多，加工过程难度及成本升高，在电脱盐过程中容易出现脱后原油合盐量高、含水量大，含盐污水带油量大、罐底沉积物增多、腐蚀加剧等问题，Ⅱ号常减压装置常加工油种为科威特、沙轻、沙中、巴中，近期掺炼油种分别为阿曼、CPC、锦州 251、渤西、阿布扎库姆、图皮，不同时间加工比例如图 1 所示，脱前原油含盐量平均在 55.9mg/L，如图 2 所示，含水量 0.4%以上。掺炼油种的变化造成脱前原油含盐、含水量增加，对原油加工过程中的影响增大，主要体现在以下几个方面：

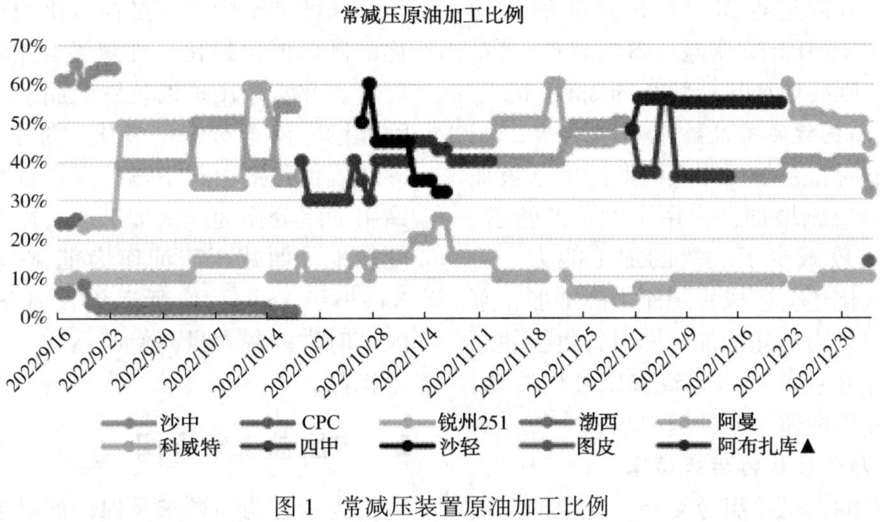

图 1　常减压装置原油加工比例

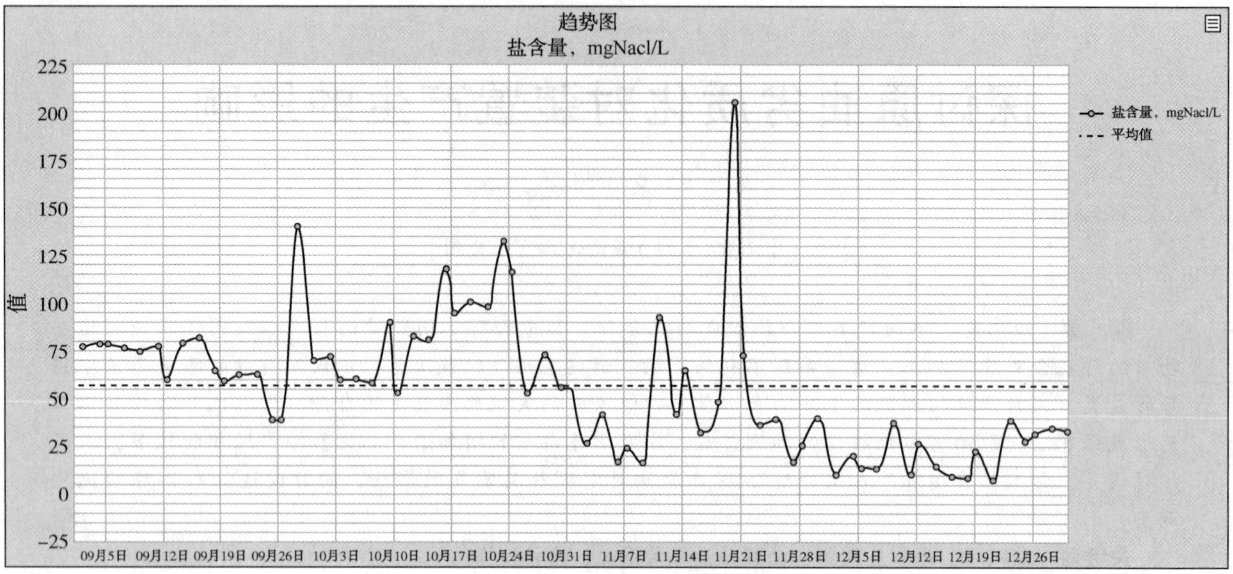

图2 脱前原油含盐量

1.1 对电脱盐系统操作的影响

劣质化原油中含大量的盐、水、环烷酸、硫等，油水接触时间很长时还会在两种液体间可能形成一种中间乳化层。这些交杂在一起会对脱盐工艺过程产生副作用。原油中都或多或少地含有固体，这些固体颗粒会慢慢地聚集起来，造成电脱盐罐内沉积物较多，工况相对较差的问题。

1.2 增加负荷和能耗

原油的汽化热为 350kJ/kg；水的汽化热为 2600kJ/kg。如果原油含水量较高，势必增加燃料和冷却水的消耗量。例如，原油含水量增加 1%，由于额外多吸收热量，可使原油换热温度降低 10℃左右，相当于加热炉热负荷增加 5%左右。以 5.0Mt/a 常减压蒸馏装置为例，原油含水量每增加 1%，蒸馏过程需要增加热能消耗约 14GJ/h，对一个 10.0Mt/a 常减压蒸馏装置而言，在同样条件下，则要增加热能消耗约 28GJ/h。

1.3 影响常减压蒸馏的平稳操作

原油经过电脱盐系统后未及时脱除的水被加热汽化后体积会急剧增加，占用了大量的管道、设备空间，相应就减少了装置的加工能力。另外，水的突然汽化还会造成系统压力降增加，泵出口压力开高，动力消耗增加。同时，也会使原油蒸馏塔内气体速度增加，导致操作过程波动，严重时还会引发塔内超压和冲塔事故。

1.4 引起设备和管道的结垢或堵塞

原油中所含的无机盐组分复杂。在原油蒸馏加工过程中，这些盐类将沉积在炉管、换热管等设备中，高温下将造成管壁结垢。换热管结垢会使传热系数下降而降低传热效率，增加流体阻力；炉管结垢后同样会使传热系数下降，压力降增大，结垢严重时甚至会使炉管烧穿或换热器堵塞，造成装置非计划停工。

1.5 腐蚀设备

脱后原油盐含量高，其所含盐类往往在塔项的低温部位水解生成氯化氢，氯化氢在有微量水存在时形成浓盐酸，会对设备产生严重的腐蚀。特别是当加工含硫量比较高的原油时，在硫化物的存在下，反应生成的氯化亚铁溶于水，使铁被腐蚀剥离金属表面，而生成的硫化氢又与铁继续作用造成更严重的腐蚀。

1.6 影响原油深度加工和后续装置产品质量

深度加工中大多是在催化剂存在下的化学变化，例如催化裂化、加氢裂化和渣/重油加氢处理等。在常减压蒸馏装置电脱盐时如不能有效脱除如钠、镍等对催化裂化、加氢裂化、渣/重油等装置催化剂引起中毒的有害重金属化合物，蒸馏出的组分作为二次加工油会影响后续装置的深度加工。如减压渣油作为催化裂化原料时要求 Na+小于 1ppm；作延迟焦化原料时，如果含钙太高时常因灰含量高使产品质量达不到理想的技术指标。

2 电脱盐工艺介绍

为满足防腐要求及保证产品质量，通过合理手段实现电脱盐技术中脱盐、脱水性能的优化具有重要的工业生产价值。

原油电脱盐技术是利用高压静电场破除原油和水的乳化层，实现油水分离，从而降低原油的盐分。电脱盐的操作温度会影响原油性质、油水界位、乳化层的电导率等。最终对电脱盐的脱盐脱水效率产生重要影响。在目前的研究中认为原油中乳化层的破除满足偶级聚结公式(1-1)和斯托克斯沉降定律(1-2)。因此适当提高操作温度，会使分子热运动加快，减弱乳化膜强度，有利于大水滴的形成，有助于水滴从原油中沉降。值得注意的是，原油乳化层的电导率虽温度的升高而增加，且电耗也随电导率的增加而增大，因此研究合适电脱盐温度在实现脱盐、脱水高效率的同时，保证电脱盐电耗的稳定具有重要的研究意义。

$$F = 6\varepsilon E^2 l^2 \left(\frac{r}{l}\right)4 \qquad (1\text{-}1)$$

F 为聚结力，N；ε 为原油介电常数，F/m；E 为外加电场的电场强度，V/cm；l 为两水珠的中心距，cm；r 为水珠的半径，cm；

$$v=(2gr2)(d1-d2)/9\mu \qquad (1\text{-}2)$$

v 为微粒沉降速度，cm/s^2；g 为重力加速度，cm/s^2；r 为微粒当量半径；$d1$ 为微粒密度，g/cm^3；$d2$ 为微粒密度，g/cm^3；μ 为流体黏度，$Pa\cdot s/cm^2$；

过去的研究表明，国内电脱盐一级脱盐一般为原油量的4%~10%，通常在5%左右，二级脱盐一般为原油量的3%~5%，通常在3%左右。当电脱盐脱水效果一定时，如果注水量过少，脱盐效率会降低，其原因是通过混合阀形成的乳化液中，水滴彼此间隔较大，降低了在电场中彼此碰撞聚结的机会，只有少量的水从油中脱除。适当提高注水量可降低原油中残存水含盐浓度，以提高脱盐效率，但是如果注水量过大，经过混合系统后形成的乳化液导电率增加，引起极板间电流升高，导致电压梯度降低，水滴在电场中受到的电场力变小，从而不能充分聚集沉降，降低脱盐效率。因此从节能降耗角度出发，研究合适的电脱盐注水量具有重要的实用价值。

基于上述研究，我们采用控制单一变量的方法对电脱盐的脱盐、脱水效果进行优化。首先在保证原油组分、混合压差、电脱盐压力、破乳剂注入量及注水量不变的条件下，采用统计学方法研究不同电脱盐温度下脱盐脱水效果；其次，保证其它条件不变的情况下，研究不同注水量对电脱盐管的脱盐脱水效果。

3 电脱盐原油和注水流程

Ⅱ号常减压装置采用三级低速交直流智能响应电脱盐技术。保持了交直流电脱盐的脱盐、脱水率高，操作弹性大的优势，而且低速智能响应交直流电脱盐技术对不同种原油有很强的适应性。电脱盐工艺流程如图3所示。当原油达到脱盐脱水温度后，原油与注入的洗涤水通过混合器混合，使水与原油中的盐分充分接触，形成原油与水的乳化层，进入一级电脱盐罐，在高压电场的作用下实现油水分离。经过一级脱盐脱水后的原油再一次与注入的新鲜水进行混合，新鲜水对一级脱后原油进行第二次“洗涤”，进一步将原油中的盐分溶解到新鲜水中，然后再进入第二级电脱盐罐，在高压电场的作用下，进行第二次油水分离，完成两级脱盐过程。三级脱盐过程采用了与两级脱盐过程相同的方法，值得一提的是，三级电脱盐罐为两个并联的电脱盐罐。

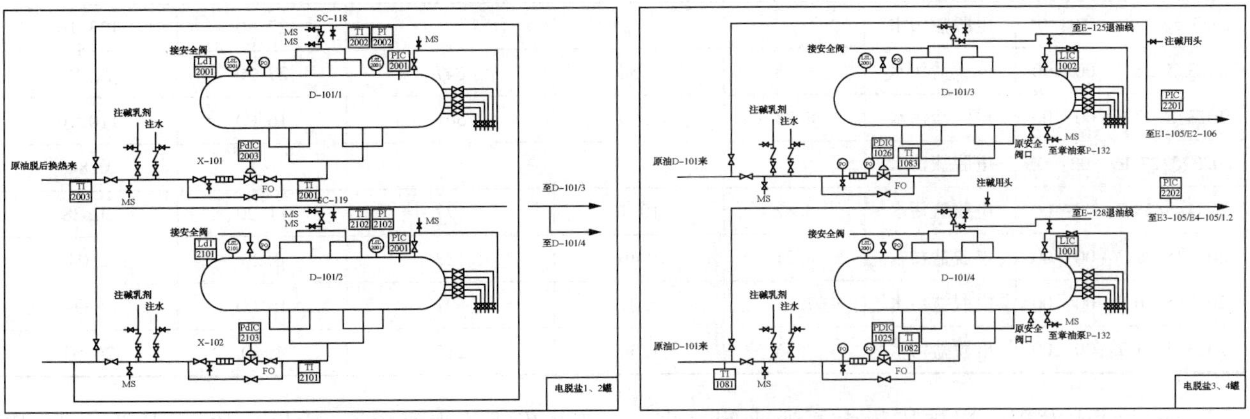

图3 Ⅱ号常减压装置采用三级电脱盐工艺流程

在电脱盐过程中，为了达到节约新鲜水的目的，采用循环注水方案，三级脱盐排水经过注水泵升压之后注二级电脱盐罐前，与部分新鲜水混合，对原油进行洗涤，二级脱盐排水经过注水泵升压之后注一级电脱盐罐。

4 研究对比不同原油掺炼对电脱盐脱后污水环保指标的影响

为了探究不同原油掺炼对电脱盐污水环保指标的影响，我们对5月份掺炼的油种和同期的化验分析做出比对。在5月份的加工油种中，5月10日18：20中转原油559线比例调整为科威特：旅大：阿曼=67：9：24；5月20日21：25，中转原油559线换输巴中：（阿曼：旅大=1：1）：沙轻=50：25：25；5月22日13：50，中转原油559线比例换为巴中：（阿曼：旅大=1：1）：沙轻=30：25：45；5月26日9：07，中转原油559线换输巴中：沙轻：（阿曼：旅大=1：1）=55：25：20；5月27日18：20，中转原油559线换输巴中：沙轻=65：35，同期电脱盐污水化验结果如表1所示。

表1　不同原油掺炼对电脱盐污水环保指标

采样时间	产品名称	pH值，6.00~9.00	石油类/(mg/L)，≤100.00	COD(Cr)/(mg/L)，≤1500	硫化物/(mg/L)，≤30.00	氨氮/(mg/L)，≤70.00
2023/5/10 7：00：00	电脱盐污水	7.31	1.43	385	1.60	45.67
2023/5/11 7：00：00	电脱盐污水	7.79	3.29	470	17.60	41.66
2023/5/12 7：00：00	电脱盐污水	7.70	26.1	650	25.60	58.74
2023/5/13 7：00：00	电脱盐污水	9.00	7.65	438	28.80	48.55
2023/5/14 7：00：00	电脱盐污水	8.77	17.75	727	29.60	65.06
2023/5/15 7：00：00	电脱盐污水	8.90	1.98	353	12.80	60.14
2023/5/16 7：00：00	电脱盐污水	8.99	3.26	543	17.60	62.88
2023/5/17 7：00：00	电脱盐污水	8.90	1.57	465	19.20	2.11
2023/5/18 7：00：00	电脱盐污水	9.00	1.80	651	22.40	12.88
2023/5/19 7：00：00	电脱盐污水	8.98	2.35	581	28.80	91.55
2023/5/20 7：00：00	电脱盐污水	8.81	11.85	551	14.40	125.91
2023/5/21 7：00：00	电脱盐污水	8.52	2.87	34	11.20	1.48
2023/5/22 7：00：00	电脱盐污水	9.00	15.6	1080	28.80	13.77
2023/5/23 7：00：00	电脱盐污水	8.95	10.9	589	27.20	65.69
2023/5/24 7：00：00	电脱盐污水	8.88	4.22	466	28.80	53.05
2023/5/25 7：00：00	电脱盐污水	8.96	8.83	677	65.59	107.15
2023/5/25 17：59：01	电脱盐污水				27.20	123.10
2023/5/26 7：00：00	电脱盐污水	8.98	2.54	647	27.20	71.10
2023/5/27 7：00：00	电脱盐污水	8.98	4.99	501	16.00	110.10
2023/5/27 15：03：01	电脱盐污水					0.84
2023/5/28 7：00：00	电脱盐污水	8.82	10.1	177	11.20	30.28
2023/5/29 7：00：00	电脱盐污水	8.21	1.46	132	3.20	2.04
2023/5/30 7：00：00	电脱盐污水	7.91	9.01	593	16.00	7.66
2023/5/31 7：00：00	电脱盐污水	7.36	1.50	215	1.60	26.63

通过对比发现，当掺炼旅大原油比例过高时，电脱盐污水氨氮超指标，查询旅大原油评价报告发现旅大氮含量（质量分数）平均为0.5%以上，最低值为0.34%。

5 结论

通过全文论述，劣质原油影响了电脱盐系统操作难度、脱盐脱水后残存的物质对后续加工的操作、设备腐蚀、电脱盐污水的环保指标温度等等方面，且不同油种的掺炼产生的结果不同。为保证装置长周期安全环保平稳运行，要从工艺方面加强原油混配系统运行，确保混合后进装置原油酸值不大于设防值；采用新型专用破乳剂，优化电脱盐系统运行，确保脱盐合格率；定期监测原油和侧线物流中的酸值和铁离子含量，确定酸在不同馏分中的分布，判断易腐蚀馏分；优化工艺操作，严格控制高温酸易腐蚀部位流速不超设计范围。从设备方面确定常减压装置高温酸易腐蚀部位增设在线腐蚀测厚监测点，并定期监测，同时密切关注在线腐蚀监测系统(包括腐蚀探针、在线 PH 计)变化趋势，落实痕迹管理及时调整。从安全环保方面，加大了环保指标管控力度，按照环保要求指导生产操作。

参 考 文 献

[1] 王铁军，王龙祥，王纪刚，等．智能响应电脱盐技术在劣质原油炼制中的应用[J]．炼油技术与工程，2012. 42(5)：26-29.

[2] 谭丽，沈明欢，王振宇，等．原油脱盐脱水技术综述[J]．炼油技术与工程，2009，39(5)：1-7.

[3] 赵日峰．常减压蒸馏技术进展与应用[M]．中国石化出版社，2020. 6.

[4] Ⅱ号常减压装置工艺技术规程，2021. 10

加氢裂化装置生产5#工业白油的研究与应用

李　鹤

［中石化(天津)石油化工有限公司］

摘　要　本文介绍了生产5#工业白油的加氢裂化技术及其在天津石化120万吨/年加氢裂化装置上的应用。研究表明，催化剂级配方案以及产品馏程对5#工业白油的性质如芳烃含量、闪点、倾点以及粘度影响较大。工业应用结果表明，天津石化120万吨/年加氢裂化装置在更换大连院开发的高加氢活性FTX体相法加氢精制催化剂以及FC-80B高金属加氢裂化催化剂，并且调整装置减压系统所产柴油馏程后，加氢精制反应温度以及精制油氮含量显著降低，最终成功生产出合格的5#工业白油产品。120万吨/年加氢裂化装置所产白油收率可达21%，闪点为133.3℃，芳烃含量仅为0.58%，倾点为-4.3℃，粘度为4.5mm²/s，均满足5#工业白油标准。120万吨/年加氢裂化装置为天津石化公司压减柴汽比的炼油产品结构调整做出了重大贡献，并显著提高了公司的经济效益。

关键词　加氢裂化；5#工业白油；催化剂级配方案；馏程范围

1　前言

近年来，根据市场需求变化，柴汽比持续降低，燃料油产品已趋于达峰，减产柴油、增产高附加值产品已变得迫在眉睫。天津分公司为适应市场需求，增加产品的多样化，提高产品的附加值，不断探索深化产品结构调整。

从天津分公司产品结构上看，1#加氢裂化装置生产的柴油与5#工业白油馏程接近，如果能够通过生产优化实现将柴油转化为5#工业白油，则可以达到压减柴油产量的目的，并且提高企业经济效益，

通过白油试生产，在当前1#加氢裂化装置催化剂级配和减压塔流程的基础上，生产的柴油芳烃含量和黏度无法满足5#工业白油的质量要求。在与大连院和设计院沟通后认为，在2020年装置大检修期间更换催化剂级配方案，增加反应系统脱芳烃性能，并在减压塔上增加白油抽出口，缩窄白油切割馏程后，即可满足5#工业白油的质量指标。

2　1#加氢裂化装置生产5#工业白油的优化方案

5#工业白油质量标准中对粘度、闪点、倾点、芳烃以及色度有着一定的要求，其性质要求如表6所示。1#加氢裂化装置试生产的白油与5#工业白油在闪点，芳烃含量，运动粘度上有较大的出入，上周期的催化剂级配方案在最大化增加反应深度的情况下仍无法满足，因此需要更高脱芳烃能力的级配方案。

项目	5#工业白油标准
运动黏度，(40℃，mm²/s)	4.14~5.06
闪点(开口)/℃	120
色度	25+
铜片腐蚀	1a
硫含量/ppm	≯10
芳烃含量/wt%	5
水分	无
机械杂质	无
水溶性酸或碱	无
外观	无色无异味、无萤光、透明的液体

2.1　脱除芳烃的反应机理

加氢裂化装置原料油中烃类分子的极性顺序为芳烃>环烷烃>链烷烃。多环芳烃优先饱和开环以及裂解，其次是环烷烃的开环与裂解，而链烷烃则是异构浅度裂解后保留在柴油馏分中。因此，对加氢裂化催化剂级配方案筛选时，加氢精制催化剂需要较强的芳烃饱和能力，而加氢裂化催化剂则需要良好的芳烃饱和性能，能够将柴油中的芳烃组分开环裂解至轻组分中，以最大限度降低柴油组分的芳烃含量。

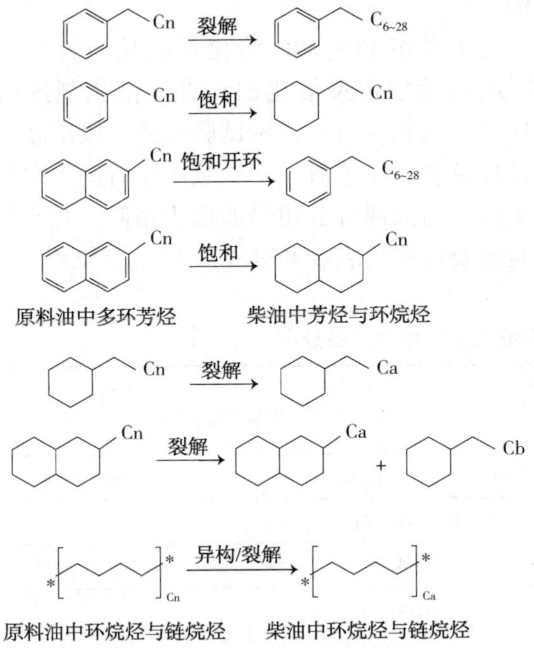

图1 原料油中烃类分子加氢裂化反应规律

2.2 新型催化剂的特性

为了能够降低1#加氢裂化装置柴油中的芳烃含量，需要开发出高加氢活性的精制催化剂以及高芳烃开环选择性的加氢裂化催化剂，从而满足5#工业白油的标准要求。

（1）FTX体相法催化剂的特性

FTX催化剂采用体相法制备，以W-Mo-Ni为活性组分，活性金属含量可达70%以上，具有堆积密度低、孔容大、比表面积高、活性中心数量多、分散均匀等特点，大幅度提高了催化剂的加氢活性，尤其是脱氮性能，并具有良好的活性稳定性，其性能明显高于当前国内广泛工业使用的常规催化剂。FTX催化剂具有适宜的孔结构和较大孔径，有利于扩散作用，提高了活性中心的利用率，还增加了对大分子反应物的敏感性，增强了对原料的适应性。

选用FTX催化剂，为以伊朗VGO为原料，主要工艺条件是反应总压15.7MPa、体积空速$1.0h^{-1}$、氢油体积比为1000∶1，试验结果见表1。

表1 伊朗VGO对比评价结果

催化剂		常规参比剂4	FTX
反应温度/℃		385	375
原料及精制油性质	伊朗VGO	精制油	精制油
密度(20℃)/$g\cdot cm^{-3}$	0.9164	0.8724	0.8610
馏程/℃			
初馏点/10%	328/376	225/337	191/309
50%/90%	430/499	415/498	406/488
95%/干点	513/531	514/531	507/528
凝点/℃	36	32	34
残炭/%	0.32	<0.01	<0.01
硫/($\mu g\cdot g^{-1}$)	16000	<100	<50
氮/($\mu g\cdot g^{-1}$)	1675	9.6	4.3
烃组成/%			
饱和烃	53.5	83.2	86.6
总芳烃	44.6	16.8	13.4
三环以上芳烃	23.2	4.2	1.3
胶质	1.9	0	0

从试验结果可以看出，FTX催化剂在反应温度为375℃的条件下，其精制油氮含量小于10μg/g，比常规参比剂的反应温度低10℃，FTX催化剂的芳烃饱和能力也明显高于常规参比剂。FTX催化剂适用于加氢裂化预处理工艺，其加氢性能明显优于常规参比剂，精制油中氮含量以及芳烃含量可得到显著降低。

（2）FC-80B催化剂的特性

FC-80B催化剂是用于生产优质特种油品的加氢裂化催化剂，其重点在于提高催化剂的选择性加氢开环能力，将原料油中的大分子多环环状烃选择性加氢裂解为单环环状烃，从而降低柴油中多环芳烃含量。首先，要求催化剂具有畅通开放的孔道结构，实现稠环芳烃的良好扩散，使其能够优先吸附并加氢转化；其次，要求催化剂的酸性中心具有良好的可接近性，以提高酸性中心的有效利用率；第三，要求催化剂具有较高的加氢性能，从而能够获得芳烃含量更低的5[#]工业白油产品。

为了考察FC-80B催化剂的反应性能，对FC-80实验室定型催化剂和参比催化剂进行了对比评价试验。对比评价试验采用一段串联一次通过加氢裂化工艺流程。试验用原料油为中东减压蜡油，与天津分公司蜡油性质相似，对比评价试验主要结果见表3和表4。

表3 FC-80B与参比催化剂对比评价工艺条件和产品分布

试验编号	T-1	C-1	T-2	C-2
工艺条件				
裂化段催化剂	FC-80B	参比催化剂	FC-80B	参比催化剂
原料油	中东减压蜡油			
反应压力/MPa	14.7			
氢油体积比	1200：1			
体积空速/h^{-1}	1.8			
精制油氮/$\mu g \cdot g^{-1}$	5~10			
裂化段反应温度/℃	380	386	374	381
产品分布/%				
NH_3+H_2S	1.82	1.82	1.82	1.82
$C_1 \sim C_4$	2.90	3.16	2.35	2.57
<79℃轻石脑油	5.4	6.0	4.6	5.2
79~140℃重石脑油	15.5	13.4	13.3	12.0
140~220℃航煤	21.8	20.2	19.4	17.9
220~370℃柴油	34.9	37.0	30.6	34.0
>370℃尾油	20.1	20.9	30.2	28.9
C_{5+}液收/%	97.7	97.5	98.1	98.0

表4 FC-80B与参比催化剂对比评价主要产品性质

试验编号	T-1	C-1	T-2	C-2
79~140℃重石脑油				
密度(20℃)/$g \cdot cm^{-3}$	0.7444	0.7446	0.7461	0.7469
芳潜/%	60.4	61.2	63.5	64.6
140~220℃航煤				
密度(20℃)/$g \cdot cm^{-3}$	0.7907	0.7968	0.7940	0.8000
冰点/℃	<-70.0	<-70.0	<-70.0	<-70.0
烟点/mm	27.0	26.7	25.8	25.9
220~370℃柴油				
密度(20℃)/$g \cdot cm^{-3}$	0.8133	0.8178	0.8200	0.8262
凝点/℃	-13	-12	-10	-10
芳烃含量/wt%	3.0	4.2	4.8	6.8

续表

试验编号	T-1	C-1	T-2	C-2
>370℃尾油				
密度(20℃)/g · cm^{-3}	0.8290	0.8291	0.8315	0.8337
馏程/℃				
IBP/10%	356/390	355/388	358/391	356/389
30%/50%	407/417	405/417	406/417	404/416
70%/90%	433/463	429/460	432/461	430/459
95%/EBP	486/505	492/506	490/505	489/504
BMCI 值	7.1	7.9	8.9	10.1
质谱组成/%				
链烷烃	60.2	54.7	51.8	46.3
环烷烃	38.0	43.7	45.6	51.2
芳烃	1.8	1.5	2.6	2.0

从表 3 和表 4 中数据可见，在反应压力 14.7MPa、氢油体积比 1200：1、裂化段体积空速 1.8h^{-1}、精制油氮含量 5～10 μg/g、控制>370℃单程转化率分别为 80v%和 70v%等工艺条件下，FC-80B 催化剂和参比催化剂相比，所需反应温度降低了 6℃和 7℃；在产品分布方面，重石脑油收率增加了 2.1 和 1.3 个百分点，航煤馏分收率增加了 1.6 和 1.5 个百分点，柴油馏分收率降低了 2.1 和 3.4 个百分点；在加氢裂化所产柴油质量方面，芳烃含量分别降低了 1.0 与 2.0 个百分点。比评价试验结果表明，FC-80B 催化剂综合性能明显优于参比催化剂。

2.3 优化催化剂级配

在天津石化 120 万吨/年加氢裂化装置催化剂装填方案确定前，FRIPP 开展相关精制剂级配实验方案优化研究。

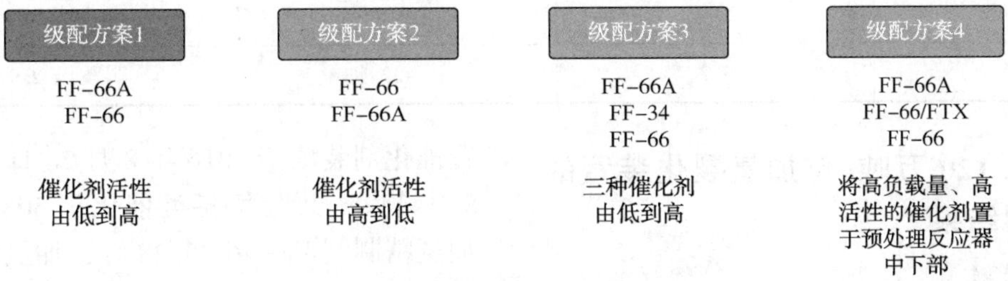

图 2　不同加氢精制催化剂级配方案

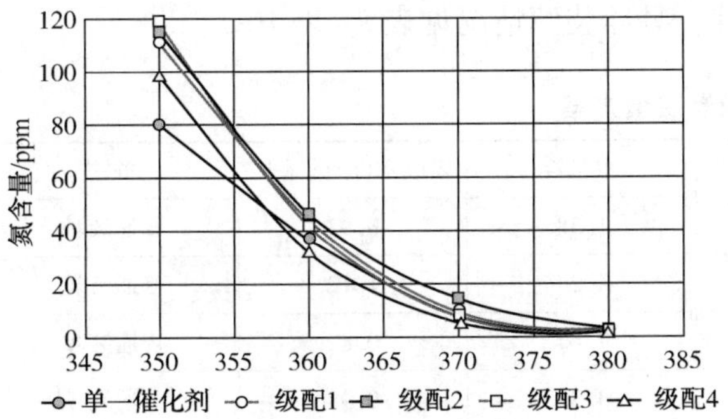

图 3　不同反应温度下，不同精制剂级配体系的加氢脱氮效果

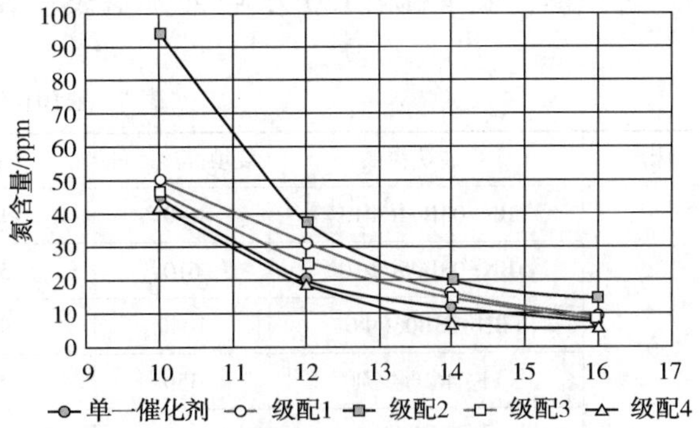

图 4　不同反应压力下，不同精制剂级配体系的加氢脱氮效果

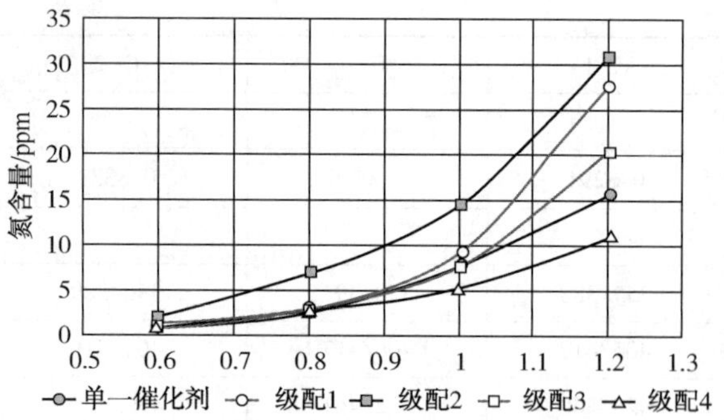

图5 不同空速下，不同精制剂级配体系的加氢脱氮效果

实验结果表明，不同反应温度、压力以及空速下包含体相法催化剂的 FF-66A/FF-66/FTX/FF-66 催化剂级配体系脱氮效果最佳。

2.4 产品切割优化与调整

柴油产品的馏程范围直接影响着 5[#] 工业白油的粘度、倾点以及闪点。因此，加氢裂化所产柴油的馏程范围应根据标准要求灵活调整。FRIPP 以伊朗 VGO 为原料，研究了不同馏程范围加氢裂化柴油的性质，结果如表 7 所示。由表中可知，当加氢裂化柴油的馏程范围为 260~350℃，其芳烃含量最低，为 2.9%，其他指标也均可以满足 5[#] 工业白油标准[5]。

表6 不同馏程范围柴油的主要性质

项目	250~350	250~360	260~350
密度/(g/cm^3)	798.3	799.0	799.5
S/N/ppm	11.9/	11.1/1.0	4.7/1.0
闪点/℃	125	130	132
粘度/(mm^2/s)	4.16	4.25	4.30
倾点/℃	-3	0	0
组成/m%			
链烷烃	76.0	76.0	76.9
总环烷烃	20.3	19.8	20.2
总芳烃	3.7	4.2	2.9

3 天津石化 120 万吨/年加氢裂化装置的工业应用结果

3.1 催化剂装填

(1)上周期(2016 年 8 月)

上周期，天津石化 120 万吨/年加氢裂化装置催化剂装填于 2016 年 8 月 28 日开始，至 9 月 8 日结束，共装填各类催化剂 308.23 吨，其中加氢精制剂 FF-46 75.28 吨，加氢精制剂 FF-66 79.71 吨，再生加氢裂化剂 FC-32 6.60 吨，加氢裂化剂 FC-60 133.20 吨，乌巢保护剂 13.44 吨，具体装填情况见表 8~表 10。

表7 R101 精制反应器装填方案

床层	装填物	装填高度/mm	体积/m^3	重量/t	装填密度/(t/m^3)	备注
一床层	FBN-03B04(Φ13)	190	1.72	1.58	0.93	普通装填
	FBN-03B05(Φ10)	610	5.54	4.24	1.12	普通装填
	FBN-03B06(Φ6)	1040	9.44	7.62	0.82	普通装填
	FF-46 再生剂	350	4.81	4.33	0.98	普通装填
	Φ3 瓷球	90				
	Φ6 瓷球	80				

续表

床层	装填物	装填高度/mm	体积/m^3	重量/t	装填密度/(t/m^3)	备注
二床层	Φ13瓷球	70				
	FF-46再生剂	3580	32.69	34.65	1.06	密相装填
	Φ3瓷球	90				
	Φ6瓷球	80				
三床层	Φ13瓷球	70				
	FF-46再生剂	3800	34.50	36.30	1.05	密相装填
	FF-66	1170	10.62	8.70	0.82	
	Φ3瓷球	90				
	Φ6瓷球	80				
四床层	Φ13瓷球	70				
	FF-66	7440	67.56	53.10	0.79	密相装填
	Φ3瓷球	100				
	Φ6瓷球	100				
	Φ13瓷球	640				

表8 R102裂化反应器催化剂装填方案

床层	装填物	装填高度/mm	体积/m^3	重量/t	装填密度/(t/m^3)	备注
一床层	Φ13瓷球	90				
	FC-32	870	7.89	6.60	0.84	普通装填
	FC-60催化剂	3910	35.50	33.75	0.95	密相装填
	Φ3瓷球	90				
	Φ6瓷球	80				
二床层	Φ13瓷球	90				
	FC-60催化剂	4070	36.96	34.65	0.94	密相装填
	Φ3瓷球	90				
	Φ6瓷球	80				
三床层	Φ13瓷球	50				
	FC-60催化剂	4090	36.77	34.05	0.93	密相装填
	Φ3瓷球	90				
	Φ6瓷球	80				
四床层	Φ13瓷球	50				
	FC-60催化剂	3880	35.23	30.75	0.87	密相装填
	FF-66	2360	21.42	17.91	0.84	密相装填
	Φ3瓷球	50				
	Φ6瓷球	50				
	Φ13瓷球	650				

表 9　催化剂用量汇总

催化剂	装填体积/m^3	装填重量/t
FBN-03B04	1.72	1.58
FBN-03B05	5.54	4.24
FBN-03B06	9.44	7.62
FF-46 再生剂	72.00	75.28
FF-66	99.60	79.71
FC-32	7.89	6.60
FC-60	144.46	133.20
合计	340.63	308.23

(2) 本周期(2020 年 6 月)

2020 年 5 月天津分公司在检修期间对上周期使用的 FF-66 和 FC-60 催化剂进行了器外再生后回填使用。其中精制段补充了部分 FF-66 新剂，第三床层更换为了大连院研制的 FTX 体相催化剂，裂化段第四床层使用 FC-80B 加氢裂化催化剂作为补充，后精制全部装填齿球形 FF-66 新鲜催化剂。

催化剂装填于 2020 年 6 月 4 日开始至 6 月 16 日结束，共计装填 FF-66(新剂) 25.50 吨；FTX(新剂) 45.36 吨；FC-80B(新剂) 33.20 吨；FBN-03B04 保护剂 1.6 吨；FBN-03B05 保护剂 4.50 吨；FBN-03B06 保护剂 9.40 吨。催化剂装填数据及汇总表见表 11～表 13，具体装填结果如下：

表 10　R101 精制反应器装填情况

床层	装填物	装填高度/mm	装填体积/m^3	装填重量/t	装填密度/(t/m^3)	备注
一床层	空高	140				
	FBN-03B04(Φ13)	240	2.18	1.60	0.73	普通装填
	FBN-03B05(Φ10)	590	5.35	4.50	0.84	普通装填
	FBN-03B06(Φ6)	1100	9.98	9.40	0.94	普通装填
	齿球型 FF-66 再生剂	430	3.90	3.74	0.96	普通装填
	Φ3 瓷球	100		1.00		
	Φ6 瓷球	100		1.00		
二床层	空高	50				
	Φ13 瓷球	100		1.00		
	齿球型 FF-66 再生剂	2505	22.73	20.14	0.88	普通装填
	三叶草 FF-66 再生剂	985	8.94	8.06	0.90	普通装填
	Φ3 瓷球	100		1.00		
	Φ6 瓷球	80		1.00		
三床层	空高	50				
	Φ13 瓷球	50		0.50		
	FTX 新剂	5040	46.85	45.36	0.99	普通装填
	Φ3 瓷球	100		1.00		
	Φ6 瓷球	80		1.00		
四床层	空高	200				
	Φ13 瓷球	100		1.00		
	齿球型 FF-66 再生剂	340	3.08	3.30	1.07	普通装填
	齿球型 FF-66 新剂	1320	11.98	8.70	0.73	普通装填
	三叶草 FF-66 再生剂	5480	49.70	49.5	0.99	密相装填
	Φ3 瓷球	100		1.00		
	Φ6 瓷球	100		1.00		
	Φ13 瓷球	200		2.63		

表11 R102裂化反应器催化剂装填情况

床层	装填物	装填高度/mm	体积/m^3	重量/t	装填密度/(t/m^3)	备注
	空高					
一床层	Φ13瓷球	60		0.50		
	FC-60再生剂	4790	43.47	41.60	0.96	密相装填
	Φ3瓷球	100		1.00		
	Φ6瓷球	80		1.00		
二床层	空高	50				
	Φ13瓷球	50		0.50		
	FC-60再生剂	4020	36.48	34.40	0.94	密相装填
	Φ3瓷球	100		1.00		
	Φ6瓷球	80		1.00		
三床层	空高	40				
	Φ13瓷球	110		1.00		
	FC-60再生剂	4000	36.29	33.60	0.93	密相装填
	Φ3瓷球	90		1.00		
	Φ6瓷球	80		1.00		
四床层	空高	40				
	Φ13瓷球	100		1.00		
	FC-80B新剂	3840	34.85	33.20	0.95	密相装填
	齿球型FF-66新剂	2360	21.41	16.80	0.78	普通装填
	Φ3瓷球	100		1.00		
	Φ6瓷球	100		1.00		
	Φ13瓷球	120		2.63		

表12 催化剂用量汇总

催化剂	装填体积/m^3	装填重量/t
FBN-03B04	2.18	1.60
FBN-03B05	5.35	4.50
FBN-03B06	9.98	9.40
FTX催化剂	46.85	45.36
FC-80B催化剂	34.85	33.20
齿球型FF-66催化剂	33.39	25.50
新剂合计	132.60	119.56
齿球型FF-66再生剂	29.71	27.18
FF-66再生剂	58.64	57.56
FC-60再生剂	116.24	109.60
合计	337.19	313.90

3.2 柴油切割馏程的改造

为满足白油的闪点、黏度、倾点等指标，调整了减压塔顶柴油切割方案，对减压塔的塔盘设置进行改造，在第5层上增加白油集油箱和白油抽出口，缩窄白油的切割馏程，切除塔顶轻质柴油组分，稳定柴油的闪点，增加黏度，降低倾点。改造完流程如图6。

3.3 两周期运行结果对比

2016年12月，天津石化120万吨/年加氢裂化装置进行了标定，现将本周期换剂调整后的运行结果与上周期标定结果进行全面详细对比。两周期本装置所加工原料油性质、工艺条件、产品分布以及性质如表14~表17所示。

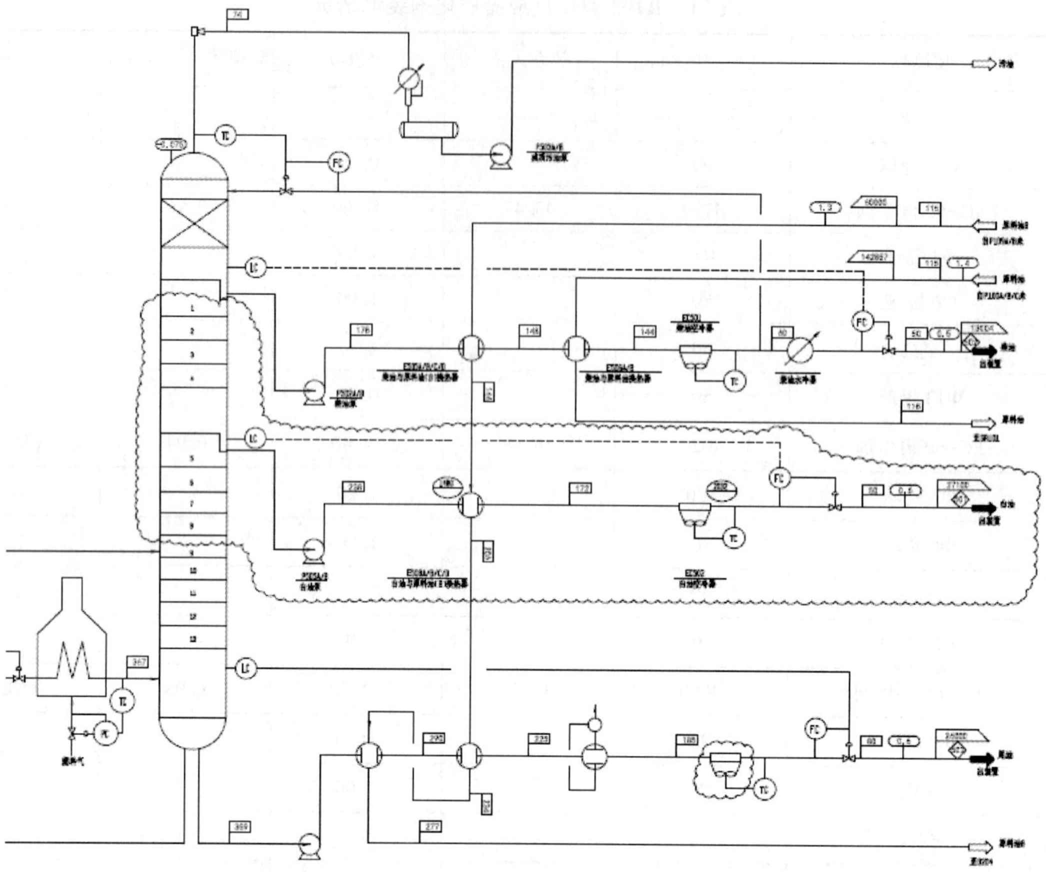

图 6　改造后的减压塔流程图

表 13　原料油主要性质

名称	原料油（2016 年 12 月）	原料油（2020 年 12 月）
密度(20℃)/(g/cm^3)	0.9116	903.6
馏程/℃		
IBP	226	215.6
10%	343	324.2
50%	408	392.6
90%	512	471.7
95%	520	488.5
EBP	528	503.6
硫/(μg/g)	2.12	1.65
氮/(μg/g)	740	684.7
铁/(μg/g)	0.64	0.38
镍+钒/(μg/g)		0.022
残炭/%	0.03	0.098
氯含量/ppm		0.88
水分/%		0.03

表 14　主要工艺条件

项　目	操作条件（2016 年 12 月）	操作条件（2020 年 12 月）
进油量/(t/h^{-1})	143.4	143
入口压力/MPa	16.79	16.7
入口循环氢/(Nm^3/h)	118512	116000
新氢量/(Nm^3/h)	45116	40656
R101 反应温度/℃		
第一床层平均温度	335.9	330
第二床层入/出口温度	335.9/368	332/346
第三床层入/出口温度	356/373	344/366
第四床层入/出口温度	364/386.9	361/373
平均反应温度	363.5	354.0
总温升	63.3	47.6
精制油氮/(μg/g)	22.2	12.0
R102 反应温度/℃		
第一床层入/出口温度	370/383.8	368/382
第二床层入/出口温度	363/375	369/383
第三床层入/出口温度	375/386	370/378
第四床层入/出口温度	378/392	359/368
总温升	47	44

表15　产品分布及主要性质(2016年12月)

项目	轻石脑油	重石脑油	航煤	柴油	尾油
产品分布/%	2.13	20.48	30.49	13.31	29.95
密度(20℃)/(g/cm³)	628.2	749.5	807.7		826.0
馏程/℃					
IBP	20	84	141	227	207
10%	26	99	168	245	311
50%	39	120	199	260	382
90%	60	146	255	282	420
FBP	75	167	275	297	486
硫/(μg/g)		0.58		3.2	<0.5
冰点/℃			-60		
闪点/℃			46	78	
烟点，mm				25.1	
凝点/℃				-48	
芳烃含量，m%	—	—	—		—
BMCI	—	—	—	—	11.30
倾点					
黏度				4.416	

表16　产品分布及主要性质(2020年12月)

项目	轻石脑油	重石脑油	航煤	白油	尾油
产品分布/%	3.94	25.14	28.58	21.28	20.04
密度(20℃)/(g/cm³)	656.1				822.9
馏程/℃					
IBP	27.6	83.7	159.2	258.6	229.5
10%	32.8	106.2	173.5	276.8	294
50%	52.4	117.1	195.7	300.4	386
90%	74.2	145.4	235.3	329.3	438.7
FBP	96.2	167.9	267.8	350.3	472.6
硫/(μg/g)	10	0.448	1.72	3.14	21.8
冰点/℃			-57		
闪点/℃			46	133.3	
凝点/℃					
芳烃含量，m%	—	—	—	0.58	—
BMCI	—	—	—	—	10.45
倾点				-4.3	
黏度				4.5	

天津石化120万吨/年加氢裂化装置本周期在更换部分FTX体相法加氢精制催化剂以及FC-80B高金属加氢裂化催化剂后，与上周期相比，加氢精制段平均反应温度减低近10℃，而精制油氮含量则由22.2ppm降低至12.0ppm。工业应用结果表明，FTX体相法加氢精制催化剂加氢脱氮活性好。120万吨/年加氢裂化装置本周期经过调整催化剂级配方案与加氢裂化柴油的馏程范围，成功生产出5#工业白油产品，其闪点为133.3℃，芳烃含量仅为0.58%，倾点为-

4.3℃，粘度为4.5mm^2/s，均满足5#工业白油标准。120万吨/年加氢裂化装置生产5#工业白油高附加值特种油品，为天津石化公司压减柴汽比的炼油产品结构调整做出了重大贡献，并显著提高了公司的经济效益。

参 考 文 献

[1] 张志宏. 低芳溶剂油生产技术现状及发展趋势[J]. 安徽化工，2012，38(5)：8-10.

[2] 韩崇仁. 加氢裂化工艺与工程[M]. 北京：中国石化出版社，2001：7-19.

[3] 穆海涛. 适应柴油质量升级的催化剂运行分析及对策[J]. 石油炼制与化工，2015，46(9)：31-37.

[4] 杜艳泽，张晓萍，关明华，等. 国内馏分油加氢裂化技术应用现状和发展趋势[J]. 化工进展，2013，32(10)：2523-2528.

[5] 刘家祺. 分离过程[M]. 北京：化学工业出版社，2007：1-22

机械蒸汽再压缩(MVR)技术在丙烯腈废水处理中的工业侧线试验研究

王晶晶　赵利民　廖昌建　吴长安

[中国石化(大连)石油化工研究院有限公司]

摘　要　首先介绍了丙烯腈生产废水的处理技术现状，并对某石化厂丙烯腈生产废水进行水质分析及蒸发实验，发现系统蒸发温度升高会加大蒸发初始阶段COD_{cr}逸出速率。用机械蒸汽再压缩(MVR)技术开展工业侧线试验，结果表明：对比现有四效蒸发浓缩工艺，丙烯腈废水经MVR工艺处理后，浓缩程度提升、后处理焚烧量降低、蒸发冷凝水满足排放标准。经核算，MVR技术对比现有四效蒸发浓缩工艺吨水运行成本下降不低于50%，吨水处理能耗折标煤下降不低于4.7kg。将自身能耗低、效率高的MVR技术运用到丙烯腈废水领域，有望实现节能降本和延长运行周期的双重目标，具有良好的应用前景。

关键词　机械蒸汽再压缩技术；丙烯腈废水；蒸发；浓缩；节能

某石化厂采用丙烯氨氧化法生产丙烯腈，在生产过程中，急冷塔和脱轻组分塔排放大量废水，废水中主要含有丙烯腈、丁二腈、丙烯酸甲酯、氰化物等污染物，排放废水有毒且污染物难以降解。目前，国内处理丙烯腈生产废水的主要方法有蒸发法、湿式催化氧化法、加压水解法、焚烧法、生物法和膜分离法及其组合工艺等。某石化厂丙烯腈生产废水采用四效蒸发浓缩-焚烧组合工艺，废水经四效蒸发浓缩回收水资源，提高装置水循环利用率，实现污水减量化，降低丙烯腈生产废水焚烧处理能耗，但是目前四效蒸发过程中，一效和二效蒸发器的操作温度均在110℃以上，蒸发器内存在污染物结垢影响换热效率和造成系统堵塞问题，蒸发浓缩后的浓水中聚合物浓度约为15%，热值低，造成废水焚烧燃料用量大。目前，该企业丙烯腈生产废水蒸发1t废水消耗蒸汽量约为0.4~0.65t，每吨蒸发浓缩液焚烧消耗150kg燃料油，丙烯腈生产废水处理占生产装置总能耗的45%左右。因此，降低废水处理能耗是生产丙烯腈的主要技术瓶颈之一。

机械蒸汽再压缩(MVR)技术是一项高效节能技术，现被广泛应用于具有蒸发浓缩工艺的生产领域，其能耗相当于十效蒸发，对比四效蒸发系统工艺，具有明显节能优势。本文以丙烯腈废水为研究对象，采用MVR技术进行工业侧线试验研究。

1　废水水质分析

本文研究过程中主要检测项目和分析方法见表1，其中TDS为溶解性固体总量。

表1　主要检测项目和分析方法

测定项目	COD_{cr}	氰根	氨氮	SO_4^{2-}	TDS
测定方法	重铬酸钾法	硝酸银滴定法	蒸馏和滴定法	离子色谱法	折光盐度仪

对某石化厂丙烯腈废水进行分析检测结果见表2(其中SS为固体悬浮物)，由此可知，该污水含盐量和有机物等含量均较高。其中COD_{cr}是采用重铬酸钾($K_2Cr_2O_7$)作为氧化剂测定出的化学耗氧量，其直接反映废水受有机物污染的情况。对于现有四效蒸发系统，有机物挥发形成聚合物在系统内沉积凝聚是造成堵塞的最主要因素，特别是在蒸发温度高的一效和二效蒸发器，相比物料浓度更高的三效和四效蒸发器堵塞现象更突出。系统蒸发温度高或许是影响系统堵塞的重要因素。本文考察蒸发温度对废水中COD_{cr}随

蒸汽逸出的影响，为蒸发法处理丙烯腈废水工艺条件的选择提供依据。

表 2　丙烯腈生产废水主要成分

项目	测定结果	项目	测定结果
电导率/(μs·cm^{-1})	2180	氨氮/(mg·L^{-1})	332
TDS/(mg·L^{-1})	11135	总碱度/(mg·L^{-1})	426
pH	5.85	SO_4^{2-}/(mg·L^{-1})	297.9
COD_{cr}/(mg·L^{-1})	25900	SS/(mg·L^{-1})	230
浊度/NTU	224	氰根/(mg·L^{-1})	22.9

2　丙烯腈废水蒸发浓缩实验考察

在蒸发实验过程中，蒸汽经冷凝器冷凝回收，同时记录馏出物的量，计算出馏出百分比。结果发现：在常压和正压蒸发实验过程中，当蒸发馏出百分比超过 70%，尤其接近 80%时，开始出现较明显的结垢，当蒸发馏出百分比接近 90%时严重结垢。而在负压蒸发实验中蒸发馏出百分比达到 80%时，未出现明显聚合物及结垢现象。

为考察蒸发温度对废水中 COD_{cr} 随蒸汽逸出的影响，在上述蒸发实验过程中分别在累积冷凝液出料 150，500，1000，1500，2000，3000，4000mL 时取样 100mL 进行 COD_{cr} 含量分析。换算成馏出物百分比分别为 3%，10%，20%，30%，40%，60%，80%。实验结果如图 1 所示，由此可知在不同蒸发温度下，COD_{cr} 随蒸汽的逸出规律是一致的，即蒸发过程的初始阶段(馏出百分比 10%以内) COD_{cr} 均随蒸汽快速逸出，而后逐渐趋于平缓。系统蒸发温度升高，COD_{cr} 随蒸汽的逸出速率随之明显升高，在蒸发过程的初始阶段，COD_{cr} 随蒸汽的逸出速率受蒸发温度的影响非常明显，系统蒸发温度高使得蒸发初始阶段 COD_{cr} 在短时间内快速逸出，逸出量大，有机物更易集聚沉积造成堵塞。这和传统四效蒸发系统实际情况中结垢堵塞不是发生于有机物浓度更高的三效和四效，而是多发生在蒸发温度较高的一效和二效的情况一致。

基于以上实验研究发现，系统蒸发温度高是引起堵塞的重要原因。采用蒸发法处理丙烯腈废水可以通过降低系统蒸发温度减缓有机物的快速逸出，达到预防堵塞的目的。因此本文所述 MVR 技术选用负压蒸发，通过降低蒸发温度减缓有机物的逸出，实现蒸发浓缩程度提升和结垢风险降低的双重预期。但随着系统真空度的增大，会使系统的能耗增加。

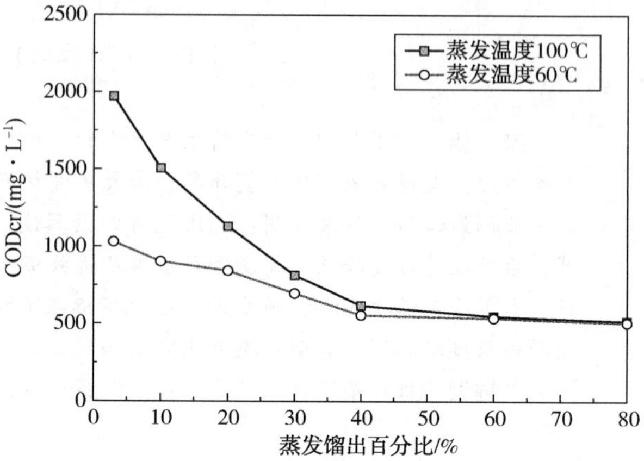

图 1　蒸发温度对 COD_{cr} 逸出的影响

3　MVR 技术工业侧线试验

MVR 是将二次蒸汽通过蒸汽压缩机进行机械压缩，从而提高二次蒸汽的焓值，使压缩后的蒸汽压力和饱和温度均得到提高，进而将提升了热焓的二次蒸汽用于补充或完全代替外来蒸汽。其节能原理主要在于回收了二次蒸汽的潜热[10,11]。MVR 蒸发器物流如图 2 所示。

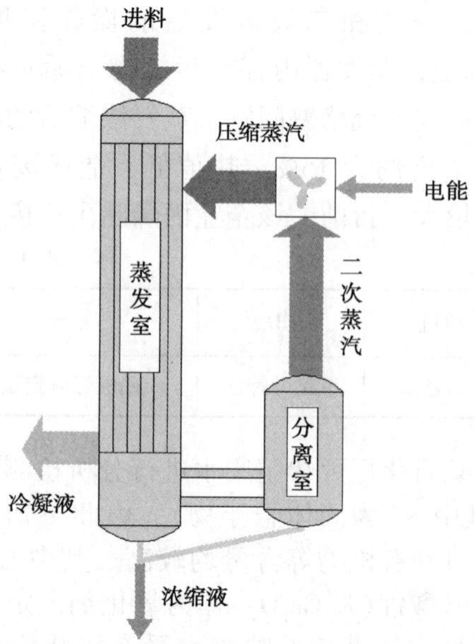

图 2　MVR 蒸发器物流

MVR技术运行成本以压缩机电能消耗为主，系统启动后将无外来蒸汽的损耗，或仅需添加小部分蒸汽维持系统平衡；其结构简单，主要为单效蒸发；总加热温差小，对热敏性物料丙烯腈废水更友好；公用工程配套要求少，不需要额外配套冷凝器和循环冷却水系统等。

3.1 工艺流程

某石化厂丙烯腈废水进脱气罐后经进料泵进入水汽分离器，后经循环泵进降膜蒸发器与饱和蒸汽换热实现蒸发浓缩，循环比10~15。二次蒸汽经蒸汽压缩机提质至蒸发器所需温度后返回蒸发器壳侧重新作为热源，冷凝水被送出系统经汽提后回用，浓缩液排出系统换热后送至焚烧炉。有机物具有一定的挥发性，在加热蒸发过程中，会伴随蒸汽逸出，因此在水汽分离时设有有机物回收单元。

丙烯腈废水MVR工业侧线试验装置的工艺流程如图3所示，装置处理能力为1.5t/h。其主要设备竖管降膜蒸发器，蒸发面积$80m^2$；传热温差10℃；水汽分离器规格φ800mm×2500mm×5mm；蒸汽压缩机为罗茨式压缩机功率44.5kW，压缩比1.5。

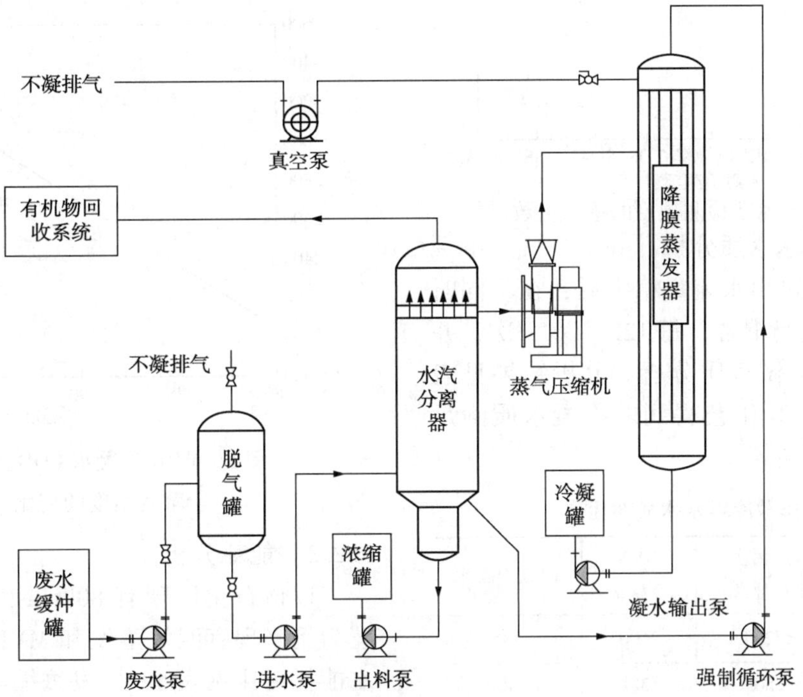

图3 MVR系统工艺流程

3.2 试验结果

丙烯腈废水MVR工业侧线蒸发浓缩试验共连续进行480h，装置进水处理量1.5t/h。

3.2.1 浓缩液水质分析

丙烯腈废水进入MVR装置蒸发浓缩，当MVR系统进出水流量稳定后，在不同时间段采出浓缩液进行混合，每12h取水一次，并对混合后的浓缩液做水质分析，MVR蒸发浓缩对比四效蒸发浓缩液分析结果见表3。结果显示其主要成分COD_{cr}、氨氮、氰根、浊度、电导率、TDS、SS的平均浓度均明显升高，即蒸发浓缩程度实现较大提升。

表3 蒸发浓缩液水质对比

项目	出MVR浓缩液	出四效蒸发浓缩液
COD_{cr}/($mg\cdot L^{-1}$)	101300	79333
氨氮/($mg\cdot L^{-1}$)	1945	1558
氰根/($mg\cdot L^{-1}$)	49	41
TDS/($mg\cdot L^{-1}$)	43675	35950
SS/($mg\cdot L^{-1}$)	1103	766
电导率/($\mu s\cdot cm^{-1}$)	7290	6530

丙烯腈废水经MVR装置浓缩5倍时，其主要成分COD_{cr}、氨氮、氰根、浊度、电导率、TDS、SO_4^{2-}、SS、总碱度的平均浓缩倍数如图4

所示，COD_{cr}、浊度、电导率、TDS、SS 指标的浓度浓缩倍数接近于系统的浓缩倍数，均在 4 倍以上；而氰根、硫酸根离子、总碱度的浓度浓缩比明显低于系统浓缩倍数；氰根具有一定的挥发性，在加热蒸发过程中，会伴随蒸汽逸出，因为在水汽分离时需要设立有机物回收单元，避免污染；而硫酸根离子和总碱度的下降可能和盐类的析出有关。

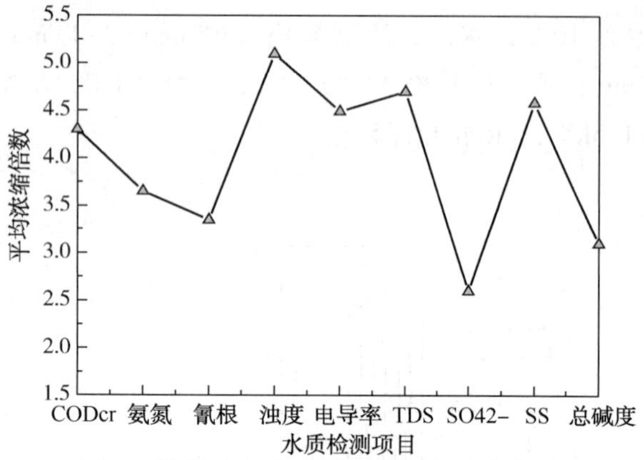

图 4　浓缩液各水质检测项目的浓缩倍数

3.2.2　MVR 冷凝水水质分析

当 MVR 系统进出水流量稳定后，在不同时间段取出冷凝水进行混合，每 12h 取水一次，并对混合后的冷凝水做水质分析，分析结果见表 4。结果显示经 MVR 工艺得到的冷凝水质满足炼厂排放标准。

表 4　排放冷凝水水质对比

项目	炼厂污水排放要求	MVR冷凝水	四效冷凝水
COD_{cr}/(mg·L^{-1})	<3200	2600	3000
氨氮/(mg·L^{-1})	<50	38	40
氰根/(mg·L^{-1})	<10	5.8	8.1
pH	6~10	8.6	7.9

在丙烯腈废水试验中，通过调节真空泵调整系统蒸发负压，在蒸发温度 85~95℃范围内开展蒸发实验，得到不同蒸发温度下冷凝水中 COD_{cr} 含量变化趋势，如图 5 所示。冷凝水中 COD_{cr} 浓度随系统蒸发温度的升高呈上升趋势。这和有机物在高温蒸发时易挥发聚集的情况相符合，也进一步印证了四效蒸发堵塞现象基本发生在蒸发温度较高的一效和二效的现象。想要有效改善蒸发系统堵塞的问题，降低二次蒸汽中有机物含量和降低蒸发温度是有效措施。增大系统真空度，可以降低二次蒸汽中有机物的含量，从而达到改善系统堵塞的问题。但是随着真空度的增大，会使系统的能耗增加。

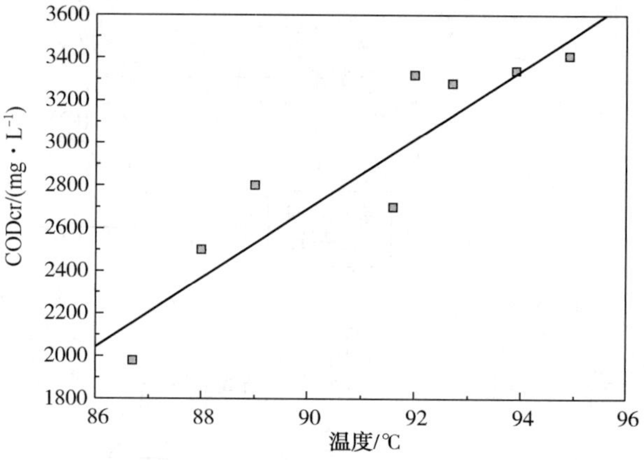

图 5　MVR 冷凝水 COD_{cr} 浓度随系统蒸发温度的变化趋势

3.2.3　能耗分析

以该石化厂现有 80kt/a 丙烯腈四效蒸发装置为例，现有四效蒸发和 MVR 侧线两种工艺吨水能耗对比见表 5，蒸发浓缩吨水处理能耗折标煤下降不低于 4.7kg。因浓缩程度提升，送焚烧炉焚烧的处理量降低，即后续焚烧能耗也能实现下降。

表 5　MVR 与四效蒸发的能耗对比

能源	折标煤系数	四效蒸发浓缩			MVR 蒸发浓缩		
		能耗	折标煤	浓缩比	能耗	折标煤	浓缩比
蒸汽	128.6kg/t	≥0.37t	≥47.6kg	3.3	0	0	>3.3
电	1.229kg/(kW·h)	8.3kW·h	10.2kg		43.2kW·h	53.09kg	
合计			≥57.8kg			53.09kg	

3.2.4　技术经济对比

以该石化厂现有 80kt/a 丙烯腈四效蒸发装置为例，现有四效蒸发和 MVR 侧线两种工艺吨水运行成本对比见表 6，吨水运行成本降低不少于 31.06 元，折算年度总废水处理成本降低不少于 248 万元，运行成本降低了 50%以上。

对于本文所述侧线试验装置与生产装置相比有几十倍的差距，蒸汽压缩机等动设备的能效性能较大型化设备要低，如按大型 MVR 工艺计算能耗其节能效果及经济效益将更显著。

表 6　MVR 与四效的运行成本对比

项目	废水处理量	浓缩比	吨水蒸汽消耗量	吨水电力消耗量/(kW·h)	电价/(元/(kW·h))	吨蒸汽价格/元	吨水成本/元	年运行成本/万元
炼厂现有四效装置	80kt/a	3.3	≥0.37	8.3	0.7	150	≥61.3	≥490
MVR 蒸发试验装置	1.5t/h	>3.3	0	43.2	0.7	150	30.24	242

4　结语

(1) 采用 MVR 技术对丙烯腈生产回收塔釜废水进行蒸发浓缩试验，出水冷凝水满足炼厂排放标准，并且水质要优于四效蒸发工艺冷凝水水质；

(2) 采用 MVR 技术在负压蒸发时冷凝水中 COD_{cr}浓度随系统蒸发温度的升高呈上升趋势，降低系统蒸发温度可以降低堵塞现象的发生概率；

(3) MVR 技术对比四效蒸发工艺吨水处理能耗折标煤下降不低于 4.7kg，吨水运行成本降低不少于 31.06 元，运行成本降低 50%以上。

采用 MVR 技术开展的工业侧线试验表明，丙烯腈废水蒸发浓缩程度对比现有四效蒸发系统实现较大提升，蒸发冷凝水满足炼厂排放标准，同时降低了能耗和运行成本。运用 MVR 技术代替现有四效蒸发技术对丙烯腈废水进行蒸发浓缩，有望实现提升节能降本和延长运行周期的双重目标，结合 MVR 技术自身能耗低、效率高的显著特征，其在丙烯腈废水处理领域具有良好的应用前景。

参　考　文　献

[1] 王科，沈峥，张敏，等．丙烯腈废水处理技术的研究进展[J]．水处理技术，2014，40(2)：8-14.

[2] 沈筱彦，苑丹丹．丙烯腈废水处理技术研究进展[J]．化工科技，2016，24(3)：76-80.

[3] 岳智红．丙烯腈废水臭氧脱色效果及氧化机理研究[D]．哈尔滨：哈尔滨工程大学，2012.

[4] 李薇，卜晓光，吴凯涛，等．丙烯腈工业废水处理研究进展[J]．石油化工应用，2011，30(12)：1-3+10.

[5] 王华同．丙烯腈废水处理工艺研究[D]．哈尔滨：哈尔滨工业大学，2009.

[6] 张坤伦．丙烯腈生产过程中节能降耗分析研究[D]．上海：华东理工大学，2014.

[7] 桂恩虎．四效蒸发系统长周期运行影响因素分析及对策[J]．齐鲁石油化工，2019，47(4)：278-281+307.

[8] 刘立，张继军，刘燕，等．机械蒸汽再压缩技术在蒸发领域的应用[J]．化学工程，2014，42(11)：1-5.

[9] 张金鸿，侯霙，李海芳，等．机械蒸汽再压缩技术处理反渗透浓水的中试研究[J]．中国给水排水，2011，27(11)：1-4.

[10] 唐文骞，杨同莲，宋冬宝．机械蒸汽再压缩技术在钛白黑钛液浓缩中应用[J]．化学工程，2015，43(9)：21-24.

[11] 顾承真，闵兆升，洪厚胜．机械蒸汽再压缩蒸发系统的性能分析[J]．化工进展，2014，33(1)：30-35.

[12] 廖昌建，余良永，赵利民，等．机械蒸汽再压缩技术在石化废水处理系统中的应用研究[J]．当代化工，2015，44(10)：2443-2446.

130 万吨/年连续重整装置反应器压降异常分析

杜宝松　张武嘉　田奎清

（中国石油华北石化公司）

摘　要　华北石化公司连续重整装置自2022年8月开工以来，第一反应器出现压降升高的工况，不仅增加了安全隐患，也使得装置的加工负荷降低，经济效益严重受损。通过对进料、粉尘量及生产运行参数等情况的分析，发现一反压降升高的原因为：催化剂颗粒在第一反应器中热崩碎，造成扇形筒、中心管约翰逊网表面堵塞。

关键词　重整反应系统；压降；原因分析；措施

1　连续重整装置简介

华北石化公司连续重整装置采用美国 UOP 公司超低压连续重整专利技术，设计规模为 130 万吨/年，年操作时间 8400h，该装置以轻烃回收直馏石脑油、加氢裂化重石脑油为原料，进行催化重整反应，生产高辛烷值汽油组分及混合二甲苯和苯等产品，同时副产氢气、液化气、戊烷油及燃料气等。重整反应催化剂采用 UOP 的 R-234 铂锡双功能催化剂。催化剂连续再生部分采用 UOP 第三代(CYCLEMAX)催化剂再生工艺。

2　重整反应器压降异常工艺回顾

2022 年 8 月 23 日，公司大检修结束，连续重整装置正式开工。8 月 28 日，预加氢的精制石脑油切入重整反应系统，经过一系列的操作调整后，重整反应系统各参数均在正常的操作范围之内，未发现异常。9 月 13 日，加氢裂化装置的重石脑油引入预加氢系统，经过两个小时的运转后，将重石脑油引入重整反应系统，随后的几个小时内，重整进料按 1t/h 开始提量，重整一反压降从 26kPa 快速升至 49kPa，对装置正常的安全生产及产品质量产生了严重影响。随即停止提量，并将重石脑油改至预加氢系统，期间通过再次尝试引进重石脑油，一反压降高的问题仍未改善。

3　重整反应器压降异常的原因分析

针对装置一反压降快速升高的问题，分别从铵盐结晶堵塞、反应器壁积碳、催化剂粉尘和催化剂热崩碎等方面进行分析排查。

3.1　铵盐结晶堵塞

重整反应的原料中含有 S，N，Cl 等杂质，在高氮高氯的条件下运转，氮化物转化成为的 NH_3 与反应系统内存在的 HCl、H_2S，在低温部位极易生成铵盐，沉积在冷凝器、分离器及循环压缩机进口的管线内，致使冷却效果降低、系统压降增加。

由表 1 可以看出，在重整开工期间，进料中的硫含量在 0.5ppm～1.0ppm 范围内，氮、氯含量均<0.5ppm，符合重整原料的要求，由此看出 S，N，Cl 等杂质对重整一反压降异常升高的影响不大。

3.2　反应器壁积碳

在重整反应的条件下，重整装置高温部位的金属器壁会产生积碳，这些高温部位包括反应器、加热炉管、加热炉集合器等，其中反应器壁的积碳最严重。

反应器壁积碳时，会有重整各反应器的温降分布不正常、出现倒置；待生剂上的炭含量下降；反应器压降突然上升等现象。

表 1　重整反应的原料

分析项目＼时间	2022.08.28	2022.09.02	2022.09.09	2022.09.14	2022.09.16	2022.09.19	2022.09.21
硫含量(w)/%	0.6	0.5	0.6	0.6	0.9	0.6	0.9
氮含量(w)/%	<0.2	<0.2	<0.2	<0.2	<0.2	<0.2	<0.2
氯含量(w)/%	<0.3	0.45	<0.3	0.49	0.48	<0.3	<0.3

表 2　各反应器的温降分布情况

反应器编号	温降/℃
第一反应器	95~100
第二反应器	60~65
第三反应器	40~45
第四反应器	30~35

表 3　待生剂炭含量

时间	炭含量(w)/%
2022.09.14	3.08
2022.09.19	3.88
2022.09.21	3.57
2022.09.24	4.02
2022.09.25	3.32
2022.09.26	3.22
2022.09.28	3.37

由表 2、表 3 可以看出，我公司连续重整装置开工初期，反应器温降分布正常，待生剂炭含量未见明显下降，并且本装置采用的是连续稳定注硫的方式，因此一反压降异常上升与反应器壁积碳的关系不大。

3.3　催化剂粉尘未卸净

重整反应器是径向移动床反应器，催化剂在中心管、扇形筒之间向下流动，反应物料经扇形筒穿过催化剂床层后进入中心管，从再生系统而来的催化剂粉尘，在物料的携带下会穿过第一反应器的中心管。因此，当催化剂携带大量的粉尘时，会堵塞中心管，造成反应器压降增大。

表 4　粉尘收集器卸粉尘量

时间	粉尘量/kg
2022.08.29	156.2
2022.08.31	140.7
2022.09.02	86.3
2022.09.05	36.3
2022.09.07	7.3
2022.09.10	6.8
2022.09.12	7.1

由表 4 可以看出，重整装置开工初期粉尘量大，因为此时处于再生器开工黑烧阶段，转白烧以后，粉尘量逐渐下降，并趋于稳定。同时，在整个再生系统开工阶段，再生提升气流量、再生器烧焦区和氧氯化区温度等操作参数均在正常范围之内，因此催化剂粉尘量对一反压降的升高影响不大。

3.4　催化剂的热崩碎

重整装置运转过程中，水含量要求控制在小于 5ppm 范围内。如果重整原料油中水含量过高，会使催化剂的酸性功能和金属功能减弱，同时在高温状态下还会导致催化剂的热崩碎。反应器扇形筒和中心管的缝隙会被催化剂碎颗粒堵塞，造成反应器温降下降、压降增大等现象。

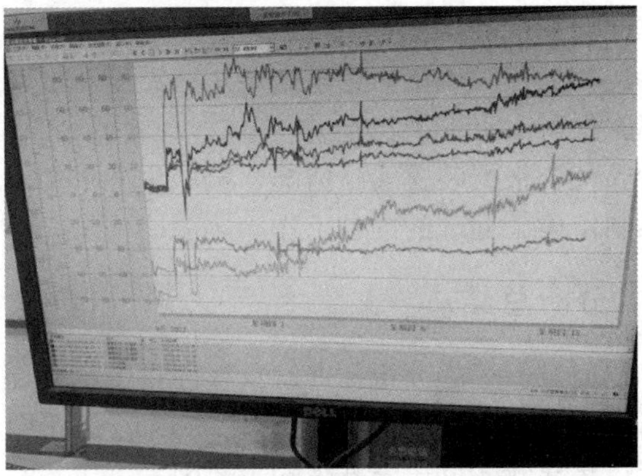

图 1　重整反应温度和一、二反压差变化趋势图

表 5　粉尘收集器卸粉尘量

时间	粉尘量/kg
2022.09.13	143
2022.09.14	122.4
2022.09.15	130
2022.09.16	98.5
2022.09.17	37.8
2022.09.18	23
2022.09.19	19.2

由图 1 可以看出，在 9 月 13 日重整反应系统引进加裂重石脑油后，一反温降(绿)逐渐下降，二、三、四反温降(蓝、红、粉)逐渐升高。一反压降(黄)异常升高，二反压降(青)变化不大，并且当时循环氢在线微水分析表上升速度较快。

由表 5 可以看出，引进加裂重石脑油以后，粉尘量相较于之前大量增加，经过几天的运转，粉尘量逐渐减少。由此看出，重整一反压降异常升高，与加裂重石脑油带水过多，导致催化剂热崩碎有很大关系。

4 重整反应器压降异常的处理措施

（1）将加裂重石脑油由重整反应系统改进预加氢系统。

（2）停止重整反应的提温提量。

（3）加强预加氢系统的脱水，稳定注硫量。

（4）采样分析两股重整原料，精制石脑油和加裂重石脑油的馏程、杂质和水含量。

（5）优化除尘操作，根据收集的粉尘情况及时调整淘析气流量。

（6）控制好重整反应部分和分馏部分的操作，保证产品质量。

（7）及时调整再生系统烧焦区温度和提升速率，保持水氯平衡稳定。

（8）根据装置实际情况、全厂生产平衡，尽早制定停工处理的准备工作。

5 分析总结

通过上述的分析排查，重整原料带水，在高温情况下使催化剂热崩碎，堵塞扇形筒和中心管，是导致一反压降升高的主要因素。

催化剂热崩碎对装置危害很大，不仅会造成催化剂大量损失，还可能损坏重整反应器和再生器内构件等，影响重整装置的长周期运。

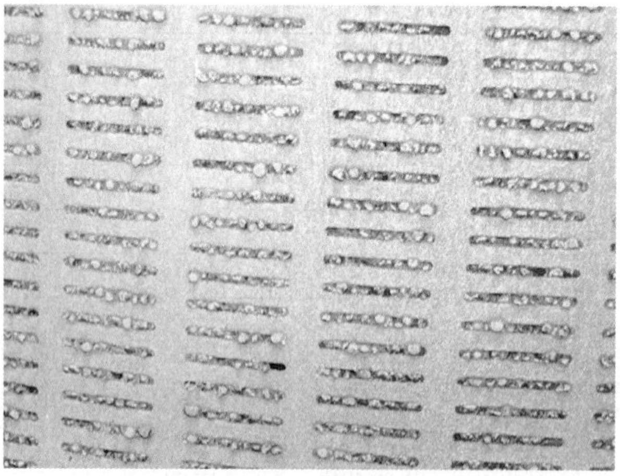

图 2 一反扇形筒

图 3 一反中心管

图 4 还原段锥体冲孔板

图 2、图 3、图 4 是重整反再系统停工检修时，对内构件进行检查情况，通过检查发现扇形筒、中心管、催化剂下料管形状良好，无破损、移位、脱落、变形、裂纹等情况。还原段内锥体冲孔板堵塞；一反扇形桶和中心筒堵塞严重，基本为碎颗粒催化剂堵塞网眼；二反、三反、四反较干净。

为提高重整装置的长周期运行，要加强原料管控，依据原料性质变化，及时优化操作参数，提高装置工艺管理和原料质量控制水平。

参 考 文 献

［1］催化重整工艺与工程 徐承恩 2014.9 中石化出版社

［2］中国石油连续重整装置长周期优化运行技术导则 2019.6

回转窑往复窜动时间的分析与调整

王婧雯　盖金辉　裴永明

（中国石油华北石化公司）

摘　要　本文就华北石化公司污泥焚烧回转窑，往复窜行时间调整效果不理想的问题，纠正以往认知错误，提出解决方案，经现场作业证明行之有效，达到了预期效果。

关键词　回转窑；窜行时间；分析；调整

1　公用工程污泥焚烧装置回转窑简介

我公司公用工程污泥焚烧装置回转窑于2012年6月投产，型号HT1-RK007-1，炉内容积40m³，烟气量6600NM³/H。回转窑是一个与水平倾斜3.5%放置的大圆形筒体，采用两档，由轮带、托轮、托轮轴承及底板等组成的装置支撑着，通过均匀旋转，物料从窑尾到窑头流动，窑体内部加热烘干，使物料中的污染物质进行降解，从而得到无害粉料。此套设备属于现代新型超短窑，高效节能效果非常显著。

图1　回转窑外观图

为了保证回转窑的正常连续运行，达到环保要求，托轮调整的好坏就相当重要。托轮调整的好坏极大地影响了机件的使用寿命、装置的长周期运行、环保要求的落实、发生脱窑与筒体断裂等重大事故的几率以及操作维护的成本等。同时也是目前最具可操作性的一种维护方案。

2　回转窑的故障现象

经过多年运行，窑体两档托轮与窑体轮带接触处均有不同程度的磨损情况。磨损严重处，托轮接触面呈现出深达3.3mm的凹槽，如图2所示。

图2　托轮接触面磨损图片

这种现象会导致窑体轴向中心线偏移，轮带卷边及其他零部件快速磨损。公司决定对回转窑进行检修，更换磨损严重的两档托轮与所有轴承，同时针对窑体内部耐热衬里脱落的情况，决定更换全部衬里。4月6日，在对新做衬里进行烘干处理过程中，装置操作人员反应窑体上下往复窜动时间过短，不同转速时的窜动时间见表1。

表1　窑体上下往复窜动时间表

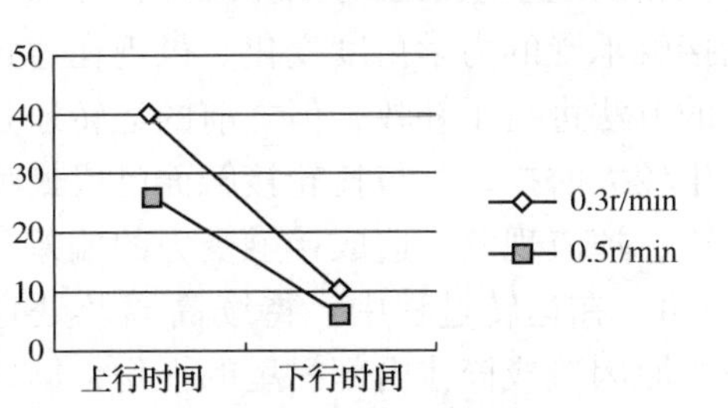

2.1 回转窑的故障一：频繁操作增加风险

上下窜动时间过短造成装置人员需要高度关注，频繁手动切换上下窜动方向。如果切换不及时，当窑体运行至上下极限时，将对上下限位轮产生持续压力，加剧限位轮磨损，严重时甚至顶掉限位轮导致窑体从窑口脱出的严重事故，增加安全风险。

2.2 回转窑的故障二：筒体变形加剧磨损

筒体进料端与出料端圆周方向变形，与相应窑尾和窑头口部发生摩擦。加剧密封胶圈磨损造成物料泄露，影响筒体正常运转。

2.3 回转窑的故障三：托轮与轮带接触面积小

从现场托轮与轮带的接触痕迹来看，有明显的接触面过小，偏斜现象。

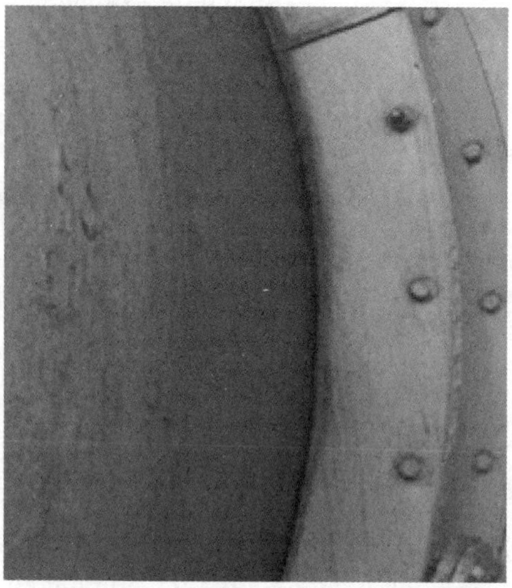

图3 筒体与窑尾密封胶圈接触痕迹

图4 托轮与轮带的接触图片

3 回转窑的故障分析

3.1 窑体在受热的情况下会膨胀伸长，筒体受热变形导致的径向轴向位移变化会使托轮与轮带的接触面积发生变化。

3.2 窑体上下行时间主要依靠两档托轮的轴心线与筒体轴心线形成一定的夹角，从而通过摩擦力以及螺旋线效应来控制。而在此阶段尚未对新更换的托轮进行相应的精确调整。

3.3 由于之前的长周期大负荷运行，加之支撑托轮的地基基础已有明显沉降，导致轮带与托轮接触承受的力学角度变化。虽现在通过钢板加固的方法进行了补救，但之前的运转还是对轮带产生较大磨损。其与托轮接触面已成鼓型，且有卷边、掉渣现象，造成接触受力的偏差。

3.4 在运转过程中，持续高温及处理物料性质等原因造成筒体内部衬里的损伤，筒体各部有受热不均现象。受损脱落的衬里及其内部的钢条极易卡在筒体两端密封胶圈处造成泄漏，和出料端的物料聚集，使筒体运转过程中出现“偏重”现象。

图5 基础加固示意图

图6　轮带卷边及掉渣

3.5　目前，我公司这套两档超短回转窑装置在全国范围内仅有三套在用，对于维修人员来说，相关维护维修资料较少，只能通过对相似三档以上长窑的资料学习，在实际工作中探索前行。面对现场实际情况如轮带磨损，地基下沉等不确定性，调整难度很大。通过查阅相关资料，发现以往维修人员对回转窑的认知以及调整有很大的误区。

1）对窑头窑尾的认识。以往维修人员认为进料端为窑头，出料端为窑尾，而实际恰恰相反。

2）最初在保修期内调整上下行时间由厂家人员负责，维修人员现场学习。保修期内，由于新建装置各部零件均处于完好状态，厂家人员只需对靠近窑尾的第二档托轮进行调整就能达到使用要求。导致维修人员认为只能通过调整第二档托轮才能控制窑体上下行时间的错误理念。而经过多年的运行，各部机件均有不同程度的磨损，再进行调整却不能起到相应的效果。

3）对回转窑两档托轮和轮带在运行多年后所产生的的外观变化没有足够的认知。

4）托轮调整对于每个托轮来说，具体在调整托轮相应两侧的顶丝。顶丝每次调整角度在30度到60度之间，以达到微小调整的目的。而之前在调整过程中甚至有过将调整顶丝顶到极限位置的情况。

图7　托轮两侧顶丝位置图

4　故障解决与处理

4.1　熟悉认知设备各部件

要对回转窑进行正确的调整，首先，要对其各部件有清晰的认识。目前国内企业中大多数回转窑均为三挡或三档以上托轮，而我公司回转窑为新型两档托轮超短窑。

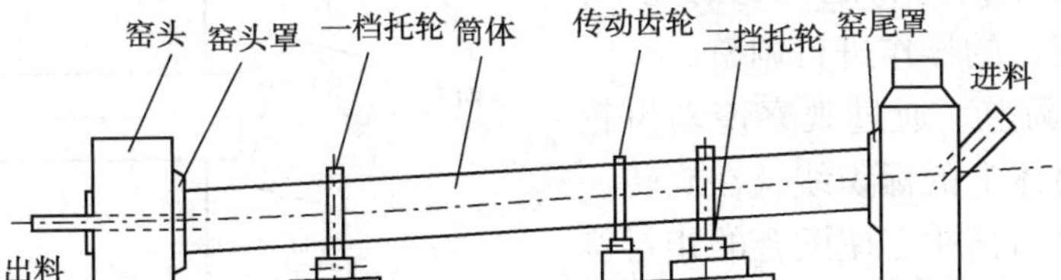

图8　两档托轮回转窑各部件示意图

4.2　避免托轮调整为“大八字”和“小八字”

所谓“大八字”就是两档托轮轴向中心线呈八字排列。如图9所示，窑体支撑投影图中(一)、(二)两档托轮，(二)、(三)两档托轮。当两档托轮呈八字排列时将导致筒体因螺旋线运动的轴向分速度方向相反，抵消筒体窜动力，使筒体上下行时间变得不确定。同时两档托轮与轮带，轮带两端挡铁磨损加剧。增大托轮轴承负荷。“大八字”现象还会造成筒体两档轮带之间增加拉伸应力，造成筒体断裂的严重事故。

“小八字”是由于同一档两个托轮轴向中心线呈八字排列造成的。如图9所示，(1)(2)两只同挡托轮。同档两托轮轴向中心线呈八字情况下，将不能对筒体产生轴向螺旋线，抵消筒体窜动力。同时会使相应轮带产生附加的扭曲应力变形，托轮与轮带接触面积减小，局部负荷增大。

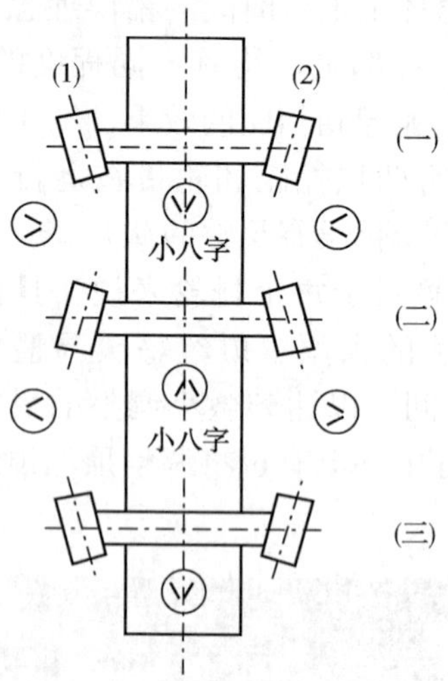

图 9 “大八字”和“小八字示意图

4.3 把握托轮调整角度

不是每次将托轮的角度多调一点就有助于装置长期运行。事实上，筒体上下行时间是由于进料量的多少，托轮角度的变化，地基下沉的变形，以及筒体内衬里的损伤条件等诸多因素造成的。实际工作中应视具体情况进行相应调节工作。调整托轮相应角度基本可以消除以上原因造成的上下行故障。但不能认为这是一劳永逸的事，应做到具体情况现场分析。

对于我公司已经连续运转多年的旧窑来说，靠近齿轮驱动侧的一档托轮不宜进行过多调整。

4.4 根据实际情况进行调整

针对我公司回转窑现场实际情况，在托轮与筒体衬里更换完毕且已正常进料运行的情况下，提出以下措施，对回转窑的操作进行调整。

1）我们开始初步调整。通过观察传动齿轮的啮合情况以及画在筒体上的标识线，在旋转一周后确定筒体进出料口与窑头窑尾配合的相对位置间隙，找出了筒体进出料口的最大变形部位。分别调整一、二级两个托轮夹角和相对水平位置使筒体处在一个既能规避最大变形部位发生剐蹭又能使筒体顺畅运转的合适位置。

2）在不影响筒体与窑口相对位置的情况下，分别调整第一档第二档两个托轮轴向中心线至与窑体轴向中心线大致一致。因轮带外表面已经磨损成鼓型，而新更换的托轮表面平直，我们通过目测接触面两边间隙和接触痕迹的位置以及接触面积进行判断，重新调整。

3）根据以往经验及曾经厂家的指导，在筒体运行过程中，首先对窑体二级托轮进行调整，顶丝螺杆为 M24mm，螺距为 3mm。

顶丝每次顶进 60 度，观测上下行时间，3 次后顶进 180 度，一次 0.5mm，三次共顶进 1.5mm，结果上行时间 9m³0s，下行时间 4m，效果不明显。

表 2 顶丝顶进角度与窜动时间分析表

0.5r/min	60 度	120 度	180 度
上行时间	9m10s	9m15s	9m³0s
下行时间	4m05s	3m45s	4m

5）摈弃之前的调整方式，采用经过分析制定的调整方案。

首先，根据左右手判断法确定托轮轴向中心线与筒体中心线的偏斜方向。因为我公司回转窑当时处于下限位置，因此需要调整筒体向上运行，同时保证运行时间尽量延长。因为回转窑筒体是倾斜安置的，靠筒体自重都有一个下窜力，即向窑头方向窜动的趋势。调整筒体上下行方向只需要根据左右手判断法调整托轮的偏斜角度即可完成。

根据现场实际情况，我们采用左手仰手判定法则。决定对第一、二档托轮进行如图 10 所示的调整。

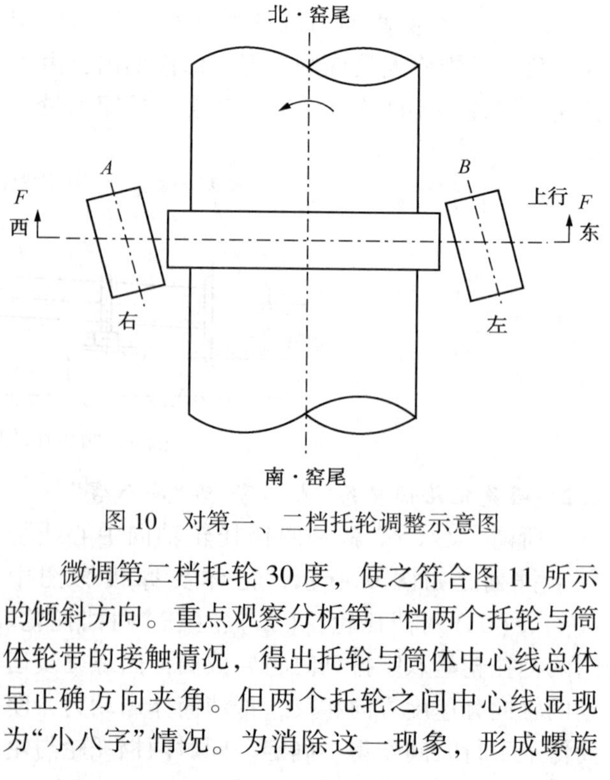

图 10 对第一、二档托轮调整示意图

微调第二档托轮 30 度，使之符合图 11 所示的倾斜方向。重点观察分析第一档两个托轮与筒体轮带的接触情况，得出托轮与筒体中心线总体呈正确方向夹角。但两个托轮之间中心线显现为“小八字”情况。为消除这一现象，形成螺旋力，增加筒体向上窜动力，调整窑体一级东侧左托轮，顶丝第一次顶进 45 度，一级西侧左托轮顶丝后退 45 度，观测上下行时间。

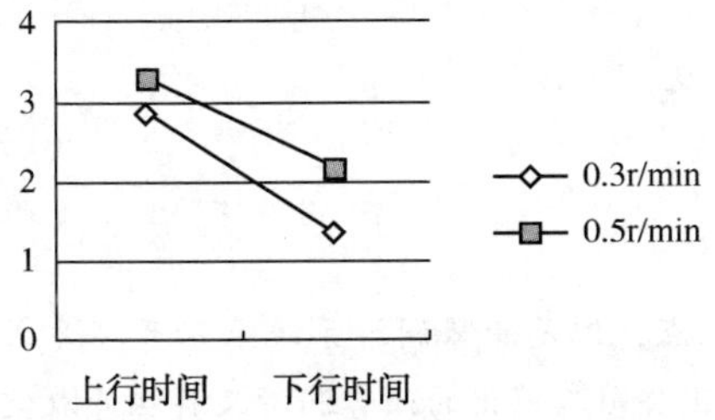

图 11　调整托轮窜动时间分析表

再次对该位置顶丝进行顶进作业。顶进 30 度观测上下行时间，此时目测两托轮轴向中心线方向一致。窑体运行平稳。经过连续几天的持续观测，可以确定在稳定投放物料的情况下，回转窑运行平稳。在随后的跟踪记录中，上行时间保持在 6 小时以上。下行时间在 10 小时，效果显著。

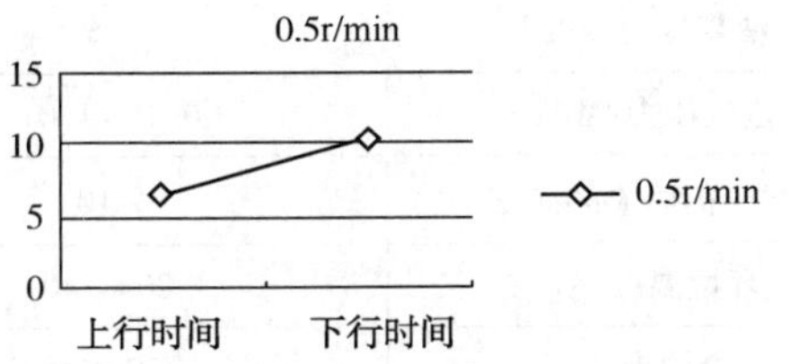

图 12　调整后正常运行筒体上下窜动时间

5　总结

5.1　纠正了之前的错误认知和错误的调整方式。从根本上了解了回转窑的运行方式，以及托轮与窑体的关系。

5.3　总结出一套对现场情况具体分析具体解决的工作经验。攻克了一直以来回转窑运行时间短，调整工期长，频繁故障的老大难问题。

5.3　过去调整四只轮轴需要四名员工三到五天连续工作，回转窑正常运行时间依然不确定的问题。现在三名员工工作一到两个小时，基本可以保证回转窑在正常工况下连续工作三十天到一百二十天。极大缩短了工期和劳动强度，提高了装置生产稳定性。

参 考 文 献

[1] 江旭昌，《回转窑托轮调整》，中国建材工业出版社，2012 年 9 月.

机泵群油雾润滑系统油雾治理和回收的方法探究

李彦军　刘建锋　郑　嵘

（中国石油华北石化公司）

摘　要　机泵群油雾润滑是一种先进的润滑方式，有很多优点，但是油雾润滑系统采用开环方式运行，正常运行时会约有20%左右的油雾逸出到环境中，而华北石化公司二催化的油雾润滑又存在开放空现场排放多余的油雾问题。为解决机泵群油雾润滑存在的通用问题和二催化油雾润滑存在的具体问题，需要对二催化油雾润滑系统主机重新选型并增加油雾回收系统以实现对油雾的治理和回收，从而降低油雾对环境、设备和工件造成的污染和对操作人员健康不利的影响。

关键词　油雾润滑；油雾逸出；现场排放油雾；主机重新选型；油雾回收系统；治理和回收

机泵群油雾润滑作为一种先进的润滑方式，比传统润滑方式更能充分发挥轴承的效能，降低轴承的能耗和维修费用，延长轴承的使用寿命和维修周期，广泛运用于石化行业。

但是油雾润滑系统采用开环方式运行，油雾自机泵轴承箱上部加油口进入冷却机泵轴承后，大部分废弃油雾由油雾回收箱上部放空管线排入大气，少量废弃油雾由机泵轴承腔处直接排入大气，约有20%左右的油雾逸出到环境中。

华北石化公司二催化的BRA-30型油雾润滑系统原供48台机泵使用，现有17台机泵使用，系统产生的油雾量存在着供大于求的问题。为解决供需平衡，系统能正常运行，现在P01处的油雾分配管线的放空现场排放部分油雾。

油雾的逸出和现场排放对环境、设备造成污染，对操作人员健康不利，不符合节能环保的要求，对于油雾的治理和回收势在必行，下面围绕二催化的BRA-30型油雾润滑系统就这一个问题展开阐述。

1　BRA-30型机泵群油雾润滑系统简介

BRA-30型机泵群油雾润滑系统是北京朗润德科技有限公司根据二催化装置当时在用的48台机泵所需润滑轴承的油雾总量生产的一套油雾润滑系统，主机参数如表1。

表1　主机参数

名称	参数
油雾量/(m^3/h)	16~30
油雾压力/kPa	4~6
进气压力/MPa	0.45~1.0
油雾浓度/(g/m^3)	3~10
环境温度/℃	-20~+40
电源电压	220V
整机功率/kW	3
油箱容积/L	350
防爆等级	2区，组ⅡC，T4

2　系统运行存在的问题

2.1　油雾现场排放

如表1，系统主机产生的油雾量为16~30m^3/h，原供48台机泵使用，现有17台机泵使用，油雾量处于供大于求的现状。

为调节供需平衡，系统能正常运行，如图1现在P01处的油雾分配管线设置放空现场放掉多余的油雾。

2.2　油雾由油雾回收箱弯管处连续逸出

二催化装置机泵油雾回收箱弯管处经常有白色油雾连续逸出，在回收箱周围积存大量的油渍。

2.3　油雾由轴承腔处偶尔逸出

轴承腔和轴承压盖处偶尔有少量的油雾逸出。

图 1　油雾现场排放

图 2　油雾回收箱处的油雾逸出

图 3　轴承腔处油雾逸出

3　解决问题的方案

3.1　将油雾润滑系统主机改为 BRA-20 型

一套油雾润滑系统产生的油雾量取决于油雾发生器的型号，一旦安装和平衡了一个油雾系统，就会向若干润滑点提供稳定量的油雾。为了解决油雾现场排放的问题，应降低油雾产生量，需根据现使用的机泵参数对系统主机重新选型。

3.1.1　机泵凝缩嘴型号对应的消耗油雾量

表 2　凝缩嘴型号对应的油雾量

凝缩嘴型号	消耗油雾量
BRAN01/BRAN11	0.15/$m^3 \cdot h^{-1}$
BRAN02/BRAN12	0.3/$m^3 \cdot h^{-1}$
BRAN03/BRAN13	0.5/$m^3 \cdot h^{-1}$

3.1.2　装置现用油雾润滑机泵油雾总消耗量

表 3　油雾总消耗量 6.4m^3/h

凝缩嘴型号	消耗油雾量/$m^3 \cdot h^{-1}$	泵位号
BRAN01	0.15	P-209/1
		P-209/2
BRAN02	0.3	P-215/1
		P-215/2
		P-302/1
		P-302/2
		P-302/3
		P-308/1
		P-308/2
BRAN03	0.5	P-01/1
		P-202/1
		P-203/1
		P-303/2
		P-304/1
		P-304/2
		P-305/1
		P-305/2

油雾总消耗量 = 0.15 * 2+0.3 * 7+0.5 * 8 = 6.4m^3/h。

3.1.3　主机型号对应的产雾量

表 4　主机型号对应的产雾量

主机型号	产雾量
BRA-40	30~50m^3/h
BRA-35	24~40m^3/h
BRA-30	16~30m^3/h
BRA-25	8~20m^3/h
BRA-20	5~12m^3/h

3.1.4　润滑系统主机型号确定为 BRA-20 型

根据机泵群所需的油雾总量(见表 3)，以及主机型号对应的产雾量(见表4)选取该机泵群油雾润滑系统主机型号为BRA-20型。该型号的具体设备参数如下。

表5 主机参数

名称	参数
油雾量/(m^3/h)	5~12
油雾压力/kPa	4~6
进气压力/MPa	0.3~0.5
油雾浓度/(g/m^3)	3~10
环境温度/℃	-20~+40
电源电压	220V
整机功率/kW	3
油箱容积/L	350
防爆等级	2区，组ⅡC，T4

由表1和表5两个主机参数的对比可以看出，将油雾发生器主机型号由BRA-30型更换为BRA-20型后，只需通过调整进主机的非净化风的压力把进气压力由0.45~1.0MPa降到0.3~0.5MPa，在其他参数不变的情况下，就能将产生的油雾量由原来16~30m^3/h降低到现在的5~12m^3/h，在满足现使用机泵油雾总消耗量6.4m^3/h基础上，又能解决油雾量供大于求的局面，实现关闭现场放空，降低润滑油的使用量的目的。

3.2 增加BRH-20F型油雾单点回收系统

更换油雾发生器主机只能降低油雾的产生量和排放量，实现关闭现场放空的目的。要想解决由油雾回收箱上部放空管线和机泵轴承腔处的油雾排放问题，还需要增加油雾回收系统，与油雾润滑系统配套使用构成一个封闭的系统，实现对排放到大气中的油雾进行回收。

3.2.1 采用油雾单点回收方式

由表6检测数据和现场实际排放情况，可以看出，现有的油雾润滑系统最大的油雾排放点在油雾回收箱弯管处，浓度为4mg/m^3，轴封两侧排放小于1mg/m^3，因此解决了油雾回收箱处的油雾即完成了油雾回收的大部分污染源。

所以可根据装置机泵的实际运行状况和工作空间，采用油雾单点回收的方式着重对油雾回收箱弯管处排放的油雾进行回收。

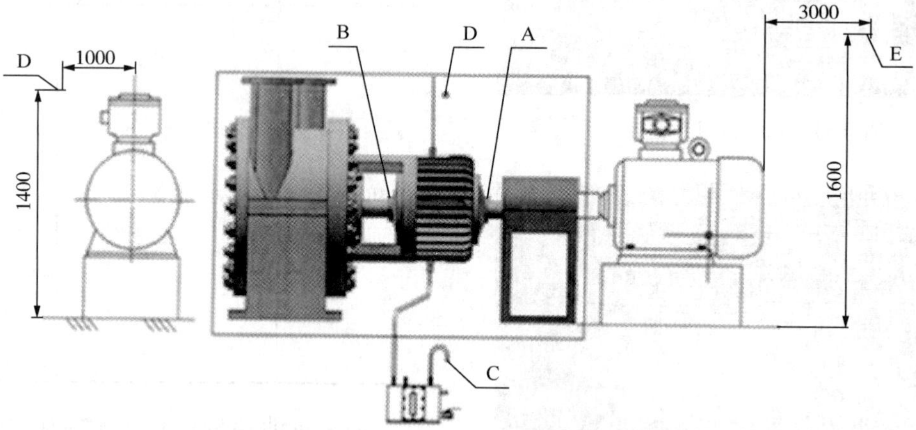

图4 检测位置

A：1#轴承腔处轴承；B：2#轴承腔处轴承；C：回收箱弯管出口处；D：距轴承腔端1m，高1.4m处；E：距电机端3m，高1.6m处。

表6 含油量检测数据(mg/m)

测试数据	备注
<0.96	含有油雾的空气 1#轴承腔电机端
<0.56	含有油雾的空气 2#轴承腔泵体端
4.0	含有油雾的空气 3#回收箱弯管处
<0.46	含有油雾的空气 4#距轴承腔端1m，高1.4m处
<0.04	含有油雾的空气 5#距电机端3m，高1.6m处
<0.04	含有油雾的空气 7#无油雾基准点

3.2.1.1 油雾单点回收示意图

如图5单点回收方式为单从回收箱处回收油雾。系统由回收主机和回收管路组成，主要包括回收组件、负压调整、电气控制、油雾过滤、油气分离、气体排放等六部分。

特点：工程量少，投资少，简单，易操作。回收箱弯管处回收率100%。

缺点：轴承箱两端漏雾，回收不彻底。

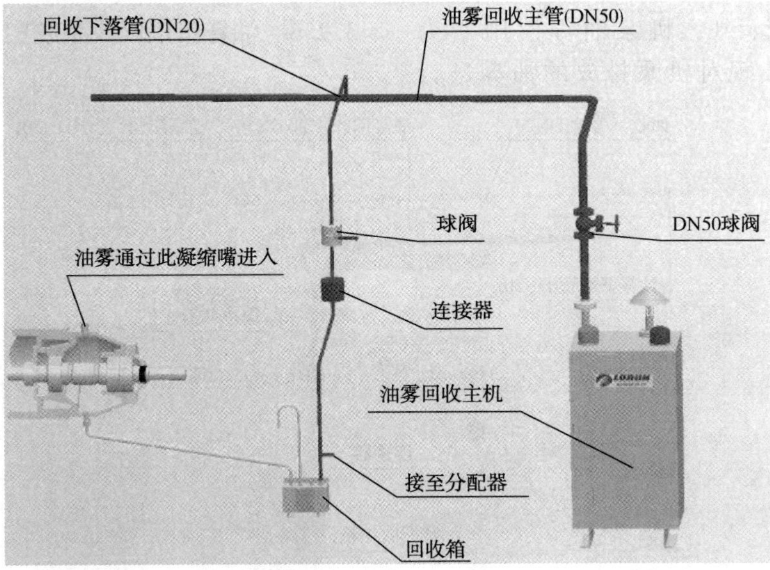

图5　油雾单点回收示意图

3.2.1.2　单点回收需对现场机泵改造

表7　现场机泵数据

工艺编号	支撑形式	进雾方式	油封形式	改造方式
P-01/1	单	双进雾	迷宫式	单点回收
P-202/1	单	双进雾	迷宫式	单点回收
P-203/1	单	双进雾	迷宫式	单点回收
P-303/2	单	双进雾	迷宫式	单点回收
P-209/1，2	单	双进雾	迷宫式	单点回收
P-215/1，2	单	双进雾	迷宫式	单点回收
P-304/1，2	单	双进雾	迷宫式	单点回收
P-305/1，2	单	双进雾	迷宫式	单点回收
P-308/1，2	单	双进雾	迷宫式	单点回收
P-302/1，2，3	单	双进雾	迷宫式	单点回收

单点回收方式需根据润滑机泵的结构形式做相应的改动，将进雾方式由单进雾改为轴承箱两端进雾。

3.2.2　油雾回收系统主机选型定为BRH-20F

根据表7现场机泵数据、机泵的轴承型号和表3油雾使用量6.4m^3/h等参数，确定装置油雾回收

主机为BRH-20F型，参数见表8。

如表8，BRH-20F型油雾回收主机油雾回收量。

表8　主机参数

名称	参数
主机型号	BRH-20
油雾回收量/(m^3/h)	5~20
回收距离/m	<200
油雾回收率	99%
环境温度/℃	-20~+50
电源电压	380V
整机功率/kW	3
油箱容积/L	40
防爆等级	ⅡCT4
重量/kg	400

为 5~20m^3/h，而改型后的油雾润滑主机产生的油雾量 5 ~ 12m^3/h，机泵油雾使用量为 6.4m^3/h。完全能实现对机泵排放的油雾进行回收。

3.2.3　油雾单点回收系统安装示意图

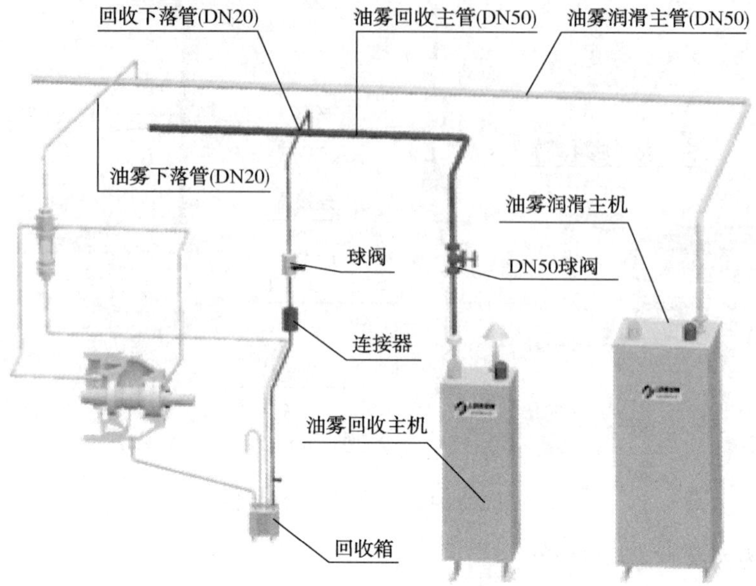

图 6　系统安装示意图图

3.2.4　油雾单点回收系统的实际运用

如图 7，油雾单点回收系统已于 2022 年成功运用于同为一联合运行部的气分装置，由此可见将系统运用在二催化装置也是切实可行的。

系统工作原理：油雾润滑主机产生的油雾通过油雾润滑主管和相应的油雾下落管送至各对应的机泵油雾分配器，油雾分配器里的油雾一部分经过机泵凝缩油喷嘴进入机泵轴承对轴承进行润滑后，经过管线进入集油盒；另一部分油雾经管线直接进入集油盒。

回收主机通过离心风机或电动负压泵产生负压，集油盒里的的油雾被吸入回收管路，经管路被收集到回收主机中，油雾在系统负压的作用下，经预过滤，小颗粒油雾经凝结形成较大颗粒油滴，油滴在与管壁碰撞及相互间撞击后被分离出来，落入集液室。从预过滤器流出的油雾经过离心分离器，较小颗粒油雾在离心作用下被分离出来，凝结成油滴在重力的作用下落入集液室。最后，油雾再经过三级过滤器（活性炭过滤器），剩余的少量油被吸附，洁净的空气排入大气中。

图 7　油雾回收系统实际运用

4 结论

油雾润滑系统采用开环方式运行，正常运行时会约有 20%左右的油雾逸出到环境中，而华北石化公司二催化的油雾润滑又存在开放空现场排放多余的油雾问题。

将油雾发生器主机型号由 BRA-30 型更换为 BRA-20 型，将产生的油雾量由 16~30m^3/h 降低到 5~12m^3/h，降低油雾的产生量和排放量，可以实现关闭现场放空的目的。

在更换主机型号的基础上，增加 BRH-20F 型单点油雾回收系统，与油雾润滑系统配套使用，可以实现对油雾回收箱上部放空管线和机泵轴承压盖处的油雾排放的治理和行回收。

参 考 文 献

[1]《二催化装置油雾润滑系统方案设计书》北京朗润德科技有限公司 2009 年 02 月 23 日

[2]《催化装置油雾回收系统》北京朗润德科技有限公司王长永 2023 年 2 月 15 日.

炼化行业智能工厂建设探索与思考

赵志飞　金　翔　方　东

（中国石油华北石化公司）

摘　要　随着信息技术迅速发展及制造业为核心的实体经济的重要性被重新认知，世界主要国家都提出了智能制造战略和行动计划。炼化行业作为传统流程行业，通过与信息化的不断融合，以及智能化技术在炼化生产全过程的应用，已逐步在生产过程优化、供应链优化、资产全生命周期管理等方面取得初步成效。智能炼厂1.0总体以信息系统建设与应用为核心，智能炼厂2.0则以智能化优化技术研发与应用为核心，通过对典型企业案例和技术应用介绍和分析，对炼化智能构架和建设内容进行了探讨。

关键词　智能工厂；炼化；架构；优化；认识

由于以制造业为核心的实体经济的重要性被各国重新认知，世界主要国家纷纷制定国家层面的战略和行动计划如，如美国《先进制造业国家战略计划》，《德国工业4.0》，《英国工业2050战略》、《新工业法国计划》等。我国也明确提出了“加快建设制造强国，加快发展先进制造业，推动互联网、大数据、人工智能和实体经济深度融合。”

炼化行业是我国经济的支柱产业，是我国从制造大国向制造强国迈进的关键之一。国内炼化产能过剩严重；原有炼化业务经营方式面对油价低迷且瞬息万变的市场环境缺少灵活性，利润不断下降；面临运营成本高（能耗、设备维修维护）、安全环保要求日趋严格、员工老龄化熟练工种缺少等挑战。在这种背景下，炼化行业智能化转型的目标是借鉴新兴信息化和互联网技术及新生的数字型公司的最佳实践，构建一个符合炼化行业特点，开放、敏捷和高效的业务平台，加快炼化产业转型升级、提质增效、实现炼化行业高质量可持续发展。

1　智能工厂的概念和智能炼化的业务域

近些年来，以云计算、大数据、物联网、人工智能等为代表的信息技术快速发展，以及对劳动生产率要求的提高，促使生产制造向智能化方向转变。

1.1　智能工厂的概念

“智能工厂”的概念来源于“人工智能”，对“人工智能”一种简单的定义为“用机器去实现过去只有借助人类智慧才能实现的任务”，用机器代替或辅助人类完成任务，能够有效地解放劳动力，提升效率。智能化的本质是机器代替人进行劳动，或通过人机协同辅助人类决策，实现生产系统自感知、自学习、自适应、自决策及自执行。基于计算机，互联网等发展，及数据应用环节的突破，根据机器对数据处理程度“人工智能”的发展阶段见图1所示。

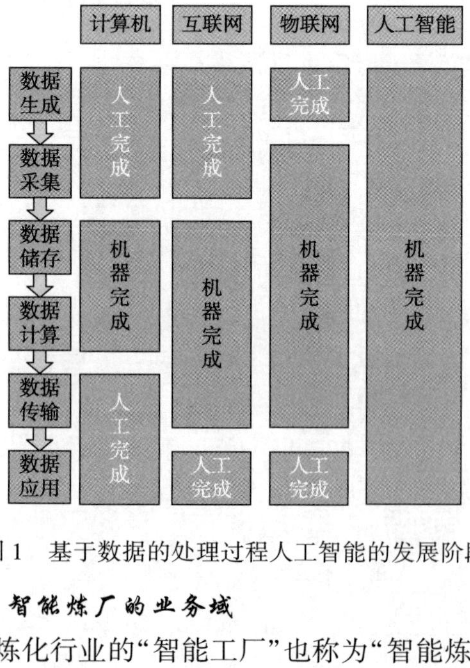

图1　基于数据的处理过程人工智能的发展阶段

1.2　智能炼厂的业务域

炼化行业的“智能工厂”也称为“智能炼厂”，由于炼化行业工艺过程复杂、涉及专业性强、产品随市场变化大等特点，因此无论是国内智能炼厂的探索，还是国外技术公司针对智能炼厂技术的研发集成，各自都带有鲜明特点。总体而言，针对炼化企业的智能化建设，均涵盖在工业和信息化部提出的“生产管控、供应链管理、设备管理、能源管理、安全环保、辅助决策”6个主要业务领域[1]，详见图2。

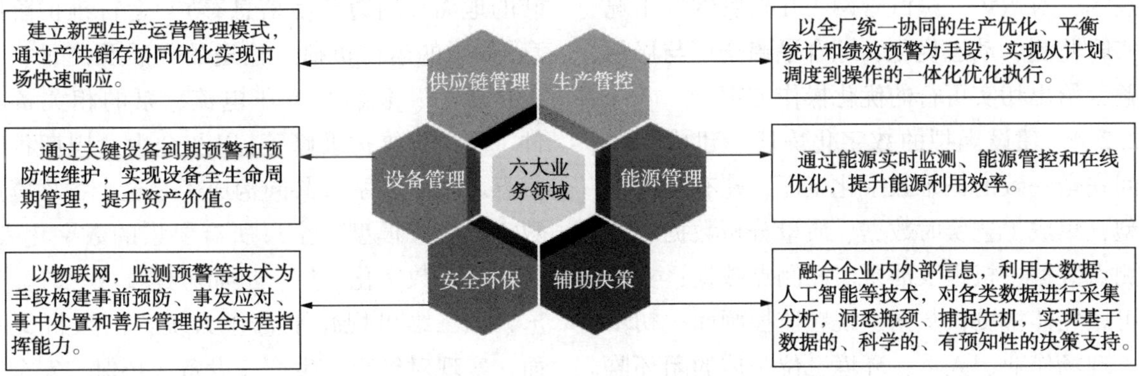

图2　智能炼厂6个主要业务领域

2　炼化行业“智能工厂”实践

智能工厂演进路线各机构的定义和理解都略有不同，其中中国工程院周济院长在“世界智能制造大会”上将智能制造演进路线划分为数字化、网络化、智能化三个阶段，对应于三种基本范式，次第展开、迭代升级[2]。下面仅从功能应用上对炼化智能工厂经验做介绍，国外先进炼化企业在自动化和数字化建设方面走在国内企业前面，其在生产操作优化、生产运行优化、能源管理优化和设备资产优化等降本提质增效措施的应用经验丰富。自2010年起，国内开始智能炼厂的示范探索，总体上以炼化企业信息系统建设与应用为核心，称为智能炼厂1.0；自2015年以来，更多的以智能化优化技术为核心，以提高企业效益和综合竞争力为目标，对炼化企业全生产过程开展智能化优化技术研发，称为智能炼厂2.0。

2.1　国外“智能炼厂”建设经验

国外先进炼化企业将炼化生产过程的严格机理模型或大数据模型与优化运算方法、先进控制手段等有机结合，重点围绕“生产优化、智能运营”等方面开展局部智能应用。

2.1.1　生产优化方面。埃克森美孚、壳牌、BP等大型石油公司在大量炼油、乙烯装置实施了闭环实时优化(Real-Time Optimization，简称RTO)。例如，壳牌Martinez炼厂在20世纪90年代依托企业先进的自动化和数字化基础，实施了常减压、催化裂化、加氢裂化等装置的闭环实时优化，取得了约10美分/桶原油的效益。

2.1.2　智能运营方面。埃克森美孚实施全球供应链优化，实现了全球范围的资源供应和产品销售的全业务链优化。壳牌通过整合油气供应、炼化生产和销售业务，制定全球17家炼厂统一的生产计划和排产，通过准确掌握原料价格、船期、生产运行、销售的动态信息，动态分析当期计划或调度的盈亏点，迅速调整生产经营方案，实现基于价值链的全局分析与优化。

2.2　国内智能炼厂建设经验

中国石化九江分公司是国家首批认可的石化领域智能制造示范企业。重点围绕“生产管控一体化优化、资产全生命周期一体化管理、工艺与公用工程一体化能源管控”3条主线提升企业智能化水平。

2.2.1　炼油全流程一体化优化。集成执行系统(MES)、资源规划系统(ERP)、实验室信息管理系(LIMS)等重要数据，建立基于核磁技术的原料油快评，实时提供常减压装置各馏分油温度点切割方案，自动下达给APC在线执行，提出各馏分的二次加工路线建议，利用PIMS、RSIM、ORION联动优化功能，开展加工路线比选、装置优化工作。

2.2.2　资产全生命周期管理。实施设备预知性维修技术，通过实时或定期地获取设备运行过程中振动、温度、位移等数据，可预测数据变化趋势、诊断设备故障、判断故障原因，预测下次发生故障的时间和可能性，帮助技术人员提前防范。

2.2.3 能源在线优化。应用能源管理在线优化技术，对锅炉、蒸汽管网、瓦斯管网等工况进行实时监测、动态优化，综合平衡全厂与局部的利益，给出切实可行的优化操作方案。

2.2.4 建设虚拟的数字化炼厂。建成与物理空间完全一致的三维数字化工厂，建有装置单元模型，集成工艺实时数据、质量分析数据、腐蚀监测点数据、机组及油泵监测测点数据；实施监控可燃气体检测仪数据、视频监控画面。初步建立了现场作业、人员、环境三位一体的闭环监控模式，为现场安全和管控提供了支撑和保障。

通过智能化建设，对九江石化提质增效作用显著，例如，先进控制投用率提高10%，达到90%以上；生产数据自动采集率提高10%，达到95%以上；操作平稳率提高5.3%，操作合格率从90.7%提升至100%；重点环境排放点实现100%实时监控与分析预警；生产优化也由线下优化转为线上集成优化；劳动生产率提高10%以上[3]。

3 智能炼厂建设思考

根据图1的说明，智能炼厂也就是数据的采集、传输、利用过程；周济院士对智能制造演进路线数字化、网络化、智能化三个阶段演进的划分，说明数据在智能炼厂建设的基础作用，所有的一切都搭建在数据之上，智能炼厂各类应用均基于工厂数字化资产模型。

3.1 炼厂数字化

智能炼厂数据包括两大类，即静态数据和动态数据。静态数据包括工厂设计数据、地理信息数据、工艺设备特性数据、工厂物理结构、文档图片等，这些数据大多来自于工厂设计、设备供应商等。工厂动态数据包括安全环保、生产执行、设备运行、质量管控、能源产耗、经营决策、仓储物流、销售采购等。数字化资产模型是物理工厂从设计、建造到运维全生命周期静态信息和动态信息的结构化、集成化、数字化统一表达。以一个泵为例，它的数字化资产模型内容包括设计阶段的信息(如泵的逻辑图、泵的三维立体结构模型、泵的设计结构参数等)、采购阶段信息(如品牌厂商、规格型号、使用方法等)、安装调试阶段信息(如安装的空间位置信息、安装的地面及周边环境信息等)、运行维护阶段信息(如泵的运行负荷、输送的介质及流量、泵的运行压力、泵运行电压电流、泵的相关备品备件、泵历史维护维修等)以及全生命周期各阶段信息之间的联系，共同构成了泵这个物理资产的数字化资产模型。全厂所有要素的数字化表达，就构成了数字化工厂，进而可建设成三维数字工厂，以三维可视化平台作为统一的人机交互界面，实现对经营、生产、设备、环保、安全、质量等业务的可视化监控与管理，过程的优化。

3.2 数字网络化

每个生产环节都会有实时的数据产生，每个数据都会在系统里留有痕迹，一旦某个环节的数据显示为异常便说明这个环节的生产出现了异常，从而指导生产。不论是生产、经营，还是管理，数字网络化让所有操作都减少了人为因素，都有据可查。所有操作都会留下痕迹，所有数据也都是公开的状态，只要打开数据库系统，所有的数据尽在掌握之中，不需要二次填报。生产运行是什么样的情况系统就会记录什么样的数据，没有人为干预，一是好取数，二是可信。若是人工报数，除了有操作上的偏差外，有时还会因粗心大意而导致数据的不准确，员工是否提供了客观、真实的数据很难查找出来。数字网络化可大大提升数据质量和工作效率，把人解放出来，省时、省力、省心，减少人为干预。基于统一标准的数据集成，以集成的数据流带动业务协同，业务协同推动数据共享，打破部门壁垒，避免信息孤岛，实现公司数据全面共享，更容易的建立信息安全保障体系。

3.3 应用智能化

智能化建设的最终目标是智能决策，从图1也可以看出，数据的应用(智能决策)是完全智能化的表现。决策问题的提出和解决都是困难的，首先，决策的目标是多目标。其次，生产运营的要素之间存在着众多的约束关系，且未来有太多的不确定性，在做决策时，必须做出假设，故只在智能决策领域做些试探，辅助决策。例如做为提质增效最为显著的“生产管控一体化优化”应用，难点为装置模拟的准确性，目前装置模型一般分为过程控制模型、严格机理模型和大数据驱动模型。根据装置特点采用不同类型，配以专家库、知识库、规则库等为核心的计划—调度—操作一体化优化技术，如：应用专家系统（ES，Expert System）技术，使系统能够更充分地应用人类的知识，如关于决策问题的描述性知识，决策过程中的过程性知识，求解问题的推理性知识，通过逻辑推理来帮助解决复杂的决策问题的辅助决策系统。可以将设备运行的阈值、能源利用的实时闭环优化等与生产运行优化充分集成，实现安全环保及用能成本最小化条件下的原料采购、计划调度、生产制造到产品入库、物流配送的生产全过程智能优化，以达到智能化生产的根本目的——效益最大化。当然，这还需要大量的工作才能实现，目前分解协调局部智能优化可以作为初步手段。

4　智能炼厂功能架构

结合目前国内外石化企业智能化的研究、建设进展，在目前技术及可预期的前提下，根据工业和信息化部提出的“生产管控、供应链管理、设备管理、能源管理、安全环保、辅助决策”6个主要业务领域，规划智能炼厂功能架构。

4.1　智能炼厂架构

从国内外石化企业的经验来看，现阶段的智能炼厂主要是在整合原有不同领域技术基础上的智能化设计与研究，包括原油及成品油在线调和、在线分析、生产计划优化、生产调度排产优化、装置实时优化、设备运行预测预警等多项技术。结合这些技术功能，将智能炼厂总体架构规划为一个指挥中心，数字集成和应用集成两大平台，经营管理、生产执行、过程控制三个层次及一个IT基础支持。智能炼厂功能架构见图3。

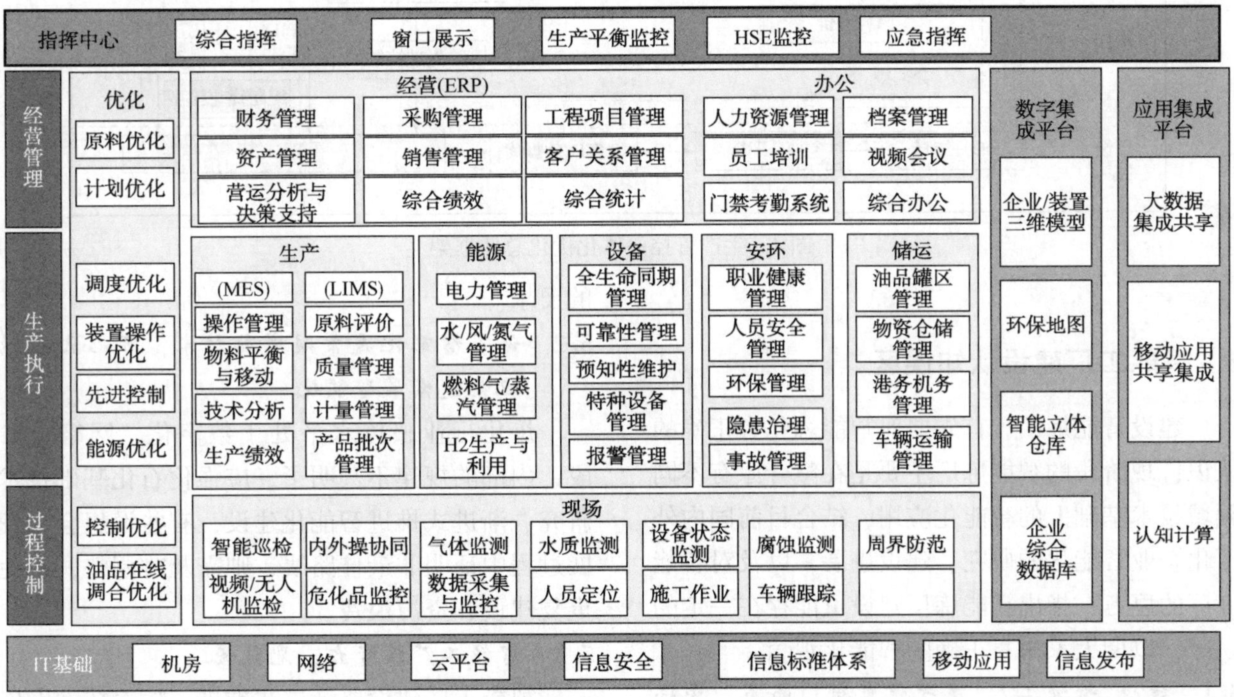

图3　智能炼厂功能架构图

智能工厂架构设计为类电脑主板结构，每一个小的模块实现独立的功能，随技术发展可增加新模块实现新功能。从架构中抽取相应的数据和调用相应的模块来实现相应的要求。如要实现生产管控一体化优化功能，则调用原料优化、计划优化、生产调度、操作优化、先进控制、操作管理、物料平衡与移动、生产绩效、质量管理等功能模块，协同实现目标。

4.2　智能应用场景方案

以生产管控一体化应用为例，基于前述功能

块的分工协作，确保计划、调度、工艺装置、操作、统计等各部门业务协作更为科学有效，生产经营方案最优，自上而下得到有效执行和反馈。

覆盖产、供、运、销、存各环节的“生产管控一体化优化”，打乱原来的经营管理层，生产调度层，过程执行层等等级划分，消除壁垒，做到整个供应链协同优化。提升炼油企业计划排产(APS)、调度(ORION)、生产执行(MES)、装置模拟(RSIM、APC、IPOMS、RTO 等)、装置控制(Robust-IC、在线调和)等工具的一体化联动优化，闭环管理，采用“中心交换式”集成模式，与原油评价、实验室数据库等系统实现数据共享，提升生产经营的敏捷性和准确性。

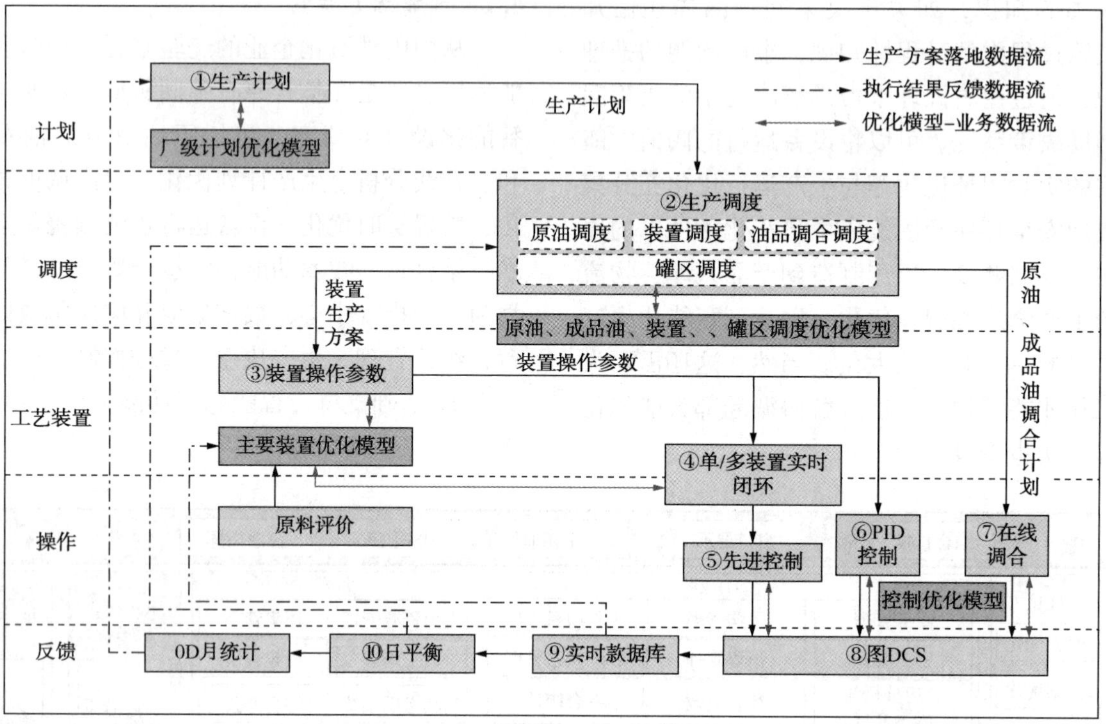

图4 生产管控一体化优化总体框架

5 智能工厂建设认知误区

建设智能炼厂，首先要对智能炼化有正确的认识；现阶段的智能炼厂主要是在整合原有不同领域技术基础上的智能化应用，结合目前国内外石化企业智能化的研究、建设进展，以及对智能炼厂的思考，指出智能炼厂建设可能存在一定的误区，以期大家树立正确的智能化观念。

5.1 建设“智能工厂”属于信息部门的事，交给专业公司实施即可

传统信息化项目，较少涉及信息和生产过程的深度融合，但也造成应用困难；在“智能化”时代，信息化是做为支撑而存在，真正的优化和智能化需求在使用者的要求之中，使用者要深入参与，傻瓜式的应用，无法满足深度优化、智能的要求。

5.2 认为智能化是常规成熟技术，可以大规模地快速发展智能化

炼化行业整体水平处于数字化、网络化阶段，内部的规律不甚明了，应强化石化基础技术研究、渐进式推进智能化建设，有些设想会在发展过程中证明非最佳路线，则需及时调整，避免重复建设和资源浪费。

5.3 智能工厂投资大、见效慢

智能工厂建设要渐进式推进，随着技术发展投资费用会逐渐降低；在选择实施智能化项目时，要根据技术发展，实际需求、资金投入情况，按照轻重缓急，灵活选择。

5.4 智能工厂是空中楼阁，无法达到

智能化的趋势势不可挡，国际上，其他行业正在奋力推进，我们如果停滞不前，必然“落后

就要淘汰”。

6 结语

炼化行业智能工厂已经历了两个发展阶段，智能炼厂 1.0 总体以炼化企业信息系统建设与应用为核心，智能炼厂 2.0 则以智能化优化技术研发与应用为核心，未来的智能炼厂将以具有较高知识结构的专业技术人员为基础，以生产管控一体化优化为主线，以机器的自主学习和智能预测为目标。智能炼厂建设是一项复杂的系统工程，不可能毕其功于一役，需要付出长期艰巨的努力，企业必须统筹规划，充分估计面临的困难，结合实际科学合理地制订建设路线，分步实施，确保企业具有可持续的竞争力和优势。

参考文献

[1] 龚燕，杨维军，王如强等．我国智能炼厂技术现状及展望[J]．石油科技论坛，2018，37(3)：28-33.

[2] 周济．走向新一代智能制造[C]．//中国工程院%中国科协%中国机械工程学会%工业和信息化部．第六届智能制造国际会议(IIMC2018)论文集．2018：19-60

[3] 王海龙．九江石化：流程型智能制造样本．中国工业评论，2016，0(6)：72-77.

新建炼化装置报警的生命周期设计与管理实践

赵翼宇　王志强

（中国石油华北石化公司）

摘　要　实际工业过程中，由于DCS等控制系统会设置较多的报警点。这样当异常工况发生时，会出现大量的报警，导致报警泛滥(Alarm Flood)现象的发生，操作员无法从中辨别关键报警，从而耽误对异常工况的处理，致使事故发生的概率增加。针对以上问题，从DCS控制系统的初始组态入手，进行报警管理系统的设计和优化，严格按照报警管理制度定期分析处理报警，从而使报警水平长期处于较低的水平，以保证装置生产操作长期稳定安全。

关键词　报警优化；报警生命周期管理

中国石油天然气股份有限公司华北石化分公司(简称“华北石化”)千万吨炼油质量升级与安全环保技术改造工程属于国家石化产业调整和振兴的项目，可实现全厂一、二次加工装置的配套，通过产品结构调整，使全厂的汽、柴油产品全部达到国Ⅳ的质量标准，并通过消除安全环保的瓶颈和隐患，达到实现长周期安全运转的要求。

针对新建石化装置的报警较多、优先级划分不合理、报警值设置不合理及报警管理制度不够完善等问题，华北石化与北京赛普泰克技术有限公司(先进报警管理 AAS 厂家)合作，对制氢、蜡油加氢裂化、渣油加氢及连续重整四个装置采用了国际先进的报警生命周期设计与管理的规范流程，从生产装置的设计阶段开始，制定报警设计管理的规范、进行报警的合理化与优化设计，装置投产运行后，应用先进的报警管理系统对报警进行生命周期持续的改进与管理。

装置开工后，两个装置达到国际标准，经过一段时间的持续优化，四个装置都达到或超过了国际标准要求的报警指标。根据过去石化企业的建设新装置的经验以及生产运行过程中出现的问题，包括安全生产事故的原因等分析，发现部分装置的报警与联锁系统存在以下隐患和问题：

(1) 新建装置开工后存在大量滋扰报警，报警数量高，操作工无法及时响应；

(2) 由于没有事先对报警优先级别进行科学有效地划分，在设备故障或工艺波动时报警频率和数量急剧上升，操作人员不能及时识别哪些报警是需要立即处理的重要报警，失去制止事故发生的最佳时机；

(3) 部分关键设备的报警和联锁相关的报警设置不合理，开关以及联锁旁路的管理存在不足；

(4) 报警管理制度不够完善。

根据以上需求，华北石化选择了制氢、渣油加氢处理、蜡油加氢裂化以及连续重整(含PSA)共四套装置进行新建装置报警管理系统的建设。

1　制定报警管理规范

针对以上问题，参照国际先进的报警生命周期设计与管理流程(图1)，制定报警管理规范。

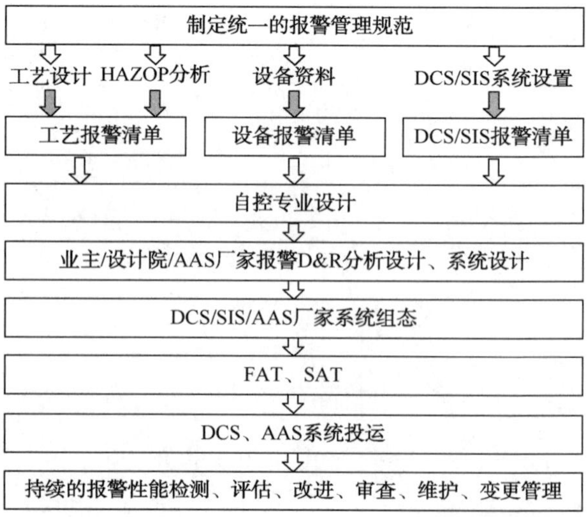

图1

报警管理规范的总体原则如下：

(1) 过程设备之间的一致性；

(2) 风险控制与管理目标的一致性;

(3) 具备良好的工程实施性;

(4) 以操作员可以有效操作为目标,设计与管理报警系统。

报警合理化分析与优化设计(D&R)在项目建设阶段,项目组与企业的相关技术管理、生产操作人员共同分析和审查重要报警点在系统中的意义和设计的合理性,以及报警的原因、后果和报警处理方法等,以确保报警与报警系统管理理念一致。

每个报警在合理化分析时必须确定报警优先级,它代表报警的严重程度,操作员应根据优先级的顺序进行报警的响应操作,当多个报警同时发生时,操作员应优先响应高优先级的报警。华北石化需要以两个指标为依据确定报警优先级,这两个指标分别为后果严重程度和最大允许响应时间。

指标一 后果严重程度:当发生报警时,若操作工不对其作出响应动作,而导致的严重后果的危害程度。

指标二 最大允许响应时间:操作工为防止由异常工况导致的不良后果,而进行的有效响应操作所需的最大时间。最大允许响应时间并不是操作员进行实际响应操作所花费的时间,而是从报警发生到不良后果产生的这段时间。此外,最大响应时间还必须包括外操人员按照内操要求完成相应操作所花费的时间。

2 报警管理系统架构

华北石化建立的先进报警管理系统(Advanced Alarm System,简称AAS)架构如图2所示。

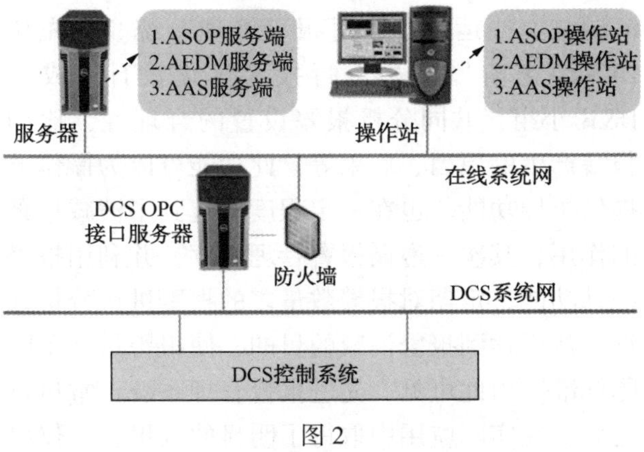

图2

DCS控制系统为报警管理系统提供数据源,把OPC AE和OPC DA数据分别传递给DCS OPC接口服务器,再经过厂内防火墙,把相关数据存储在在线系统的AAS服务器,然后操作人员使用AAS操作站的操作界面对报警进行处理,并按照系统的指导执行相关报警与操作规程。

3 报警统计功能

报警统计功能可以统计出不同类型的报警,比如统计频繁报警、重复报警等。用户可以利用该功能统计出不同的报警类型,该功能可以为帮助领导层进行考核,也可以针对不同的报警类型制定合适的报警处理方法,以下给出了几种常用的报警统计类型。

3.1 频繁报警

统计出最频繁发生的报警,比如前十个报警,在报警分析和削减时,优先处理这些报警,一般这些报警会占很大的比重。

3.2 重复报警

同一异常工况可以引起一个变量多个参数的报警,例如高报和高高报同时报出,是由于报警限设置的太接近导致。

此外,在15分钟前后,如果报警发生的概率大于75%,此类报警是重复报警的特例,将此类报警称为关联报警,有助于统计相互关联的报警。

3.3 间歇报警

一个报警如果在一分钟之内能够报出和消除大于等于三次,则称这类报警为间歇报警,这类报警频繁的在报警限附近频繁的波动,通常报警泛滥现象就是由该类报警引起的。

3.4 报警泛滥

报警泛滥统计功能有助于了解在哪些时间段发生过报警泛滥现象,查询的开始条件设置为每十分钟大于十个报警,结束条件设置为每十分钟小于五个报警。

3.5 报警优先级

一般报警优先级可以根据重要程度分为几个不同的等级,此功能可以统计出不同优先级的报警情况。

4 装置投产后报警的持续改进管理

为了跟踪和持续报警优化，采用的报警管理制度的流程图，主要为以下四个步骤。

步骤一：对于已配备先进报警管理系统的装置，工艺工程师直接引用系统自动统计出来的报警；对于尚未配备先进报警管理系统的装置，需要仪表工程师导出一周报警历史数据，初步筛选出无效报警后发送给各装置工艺工程师，各装置工艺工程师对产生报警进行汇总统计、继续筛除无效报警；

步骤二：工艺工程师以报警管理系统为辅助工具，评估报警设置的合理性，找出其报警的原因，将仪表报警发送给仪表人员。

步骤三：相关专业根据报警的原因，拿出整改措施，落实整改。仪表人员和工艺人员每周五将汇总后的报警信息发送给生产处汇总整理。

步骤四：生产处在生产调度会对上周报警数量、整改情况进行通报。报警参数整改后观察装置的情况，对长期报警的参数生产处组织各专业进行协调解决。

5 报警管理系统成果展示

报警 D&R 组的相关人员对各装置的重要报警实施了归档和合理化分析，分析了报警的原因、响应方法以及后果严重程度等，并从人身安全、经济损失、环境、最大响应时间等方面对评估报警优先级。

通过归档和合理化分析，在报警发生后，操作员可以参照报警详情里的分析进行相关的响应操作，从而实现在报警响应时的指导功能，表 1 给出了各装置的报警统计数据。

表 1

装置	操作台个数	投用前月平均报警数（每操作台/每天）	投用后某月平均报警数（每操作台/每天）	降低比例
制氢	4	35	8	77%
蜡油加氢裂化	4	345	7	98%
渣油加氢处理	3	197	105	47%
连续重整	3	145	58	60%

如上表所示，系统投用前有两个装置的报警数量低于 150 个/每个操作台/每天的国际指标。通过使用先进报警管理系统，报警得到了持续的优化，先进报警管理系统投用后每个装置的平均报警量均呈现大幅下降的趋势。比如制氢装置的每操作台/每天产生 8 个报警，蜡油加氢裂化装置的每操作台/每天也只有 7 个报警，该指标已经符合国际标准中规定的每天每个操作岗位的 150 次，并且远低于该指标，不仅达到了削减报警的目的，而且大大减轻了操作工处理报警的压力，也提高了装置处理异常的速度，提高了设备完好率、仪表完好率等。

6 小结

由上面展示的案例成果可以看出从 DCS 组态修改阶段开始进行报警和合理化分析等报警系统设计的工作，不仅可使报警的设置更加合理有效，而且可为操作员响应报警提供依据。此外，在报警削减过程中，参照报警管理制度定期对报警跟踪和优化，即可将报警维持在国际标准指标内，并且可长期处于较低的水平。不仅带来了可观的经济效益，也使装置的安全稳定性也得到很大的提高。

报警管理系统是保障工业生产过程安全运行的重要环节，为了解决华北石化实际面临的报警问题，上线运行了先进报警管理系统。首先从 DCS 组态阶段开始进行报警优化设计，成立 D&R 小组，共同分析报警设置的合理性，比如报警产生的原因、后果等，此功能可以为操作员提供指导功能，也在一定程度上起到了消减报警的作用；其次，遵循报警管理制度，并利用报警统计功能，定期对报警数量多的报警进行分析处理，从而达到报警消减的目的，使报警量低于国际标准。由此可见，先进报警管理系统正常运行之后，在实际应用中取得了明显的效果，不仅提高了装置的平稳性和安全性，而且还带来了可观的经济效益，从而使各装置的异常工况管理提升到了国际先进水平。

参 考 文 献

[1] 杨帆，萧德云．智能报警管理若干研究问题[J]．计算机与应用化学，2011，12：1485-1491

[2] 李晓方，孟婉莹，冯海强，张恂，黄华波．DCS 系统报警管理探索[J]．自动化应用，2016，9：130-131

[3] 赵劲松，朱剑锋．基于数据过滤的化工过程重复报警处理策略[J]．清华大学学报(自然科学版)，2012，52(3)：277-281

[4] 范宗海，贺文敏，冀小举，王颖，黄步余，陶兴文．先进报警管理系统的设计实施与应用研究[J]．石油化工自动化，2018，54(01)：7-17

燃煤锅炉联合脱硝新技术的应用

高喜成　魏永刚

（中国石油兰州石化公司）

摘　要　燃煤锅炉是NOx的排放大户，NOx的排放会对人体健康及生态环境造成危害。为减少燃煤火电厂的NOx排放水平，我国先后正式发布了《火电厂大气污染物排放标准》GB13223—1996、《中华人民共和国大气污染保护法M2000年9月实施）、《火电厂大气污染物排放标准》GB13223——2011等一些列国家和行业的标准、法规，要求国内所有火电厂及其他燃煤设备均要采取必要的减排措施控制NOx排放。本文对NOx生成特性及控制机理，对低氮燃烧技术、SNCR技术、SCR技术在燃煤锅炉烟气脱硝中的联合应用进行研究，以当前严峻的环保形势为背景，结合实际改造过程，探讨联合脱硝新技术在工业燃煤锅炉系统烟气治理中应用的正确性和可靠性。并针对脱硝系统在煤粉锅炉运行中存在的问题，提出了有效的解决措施，使锅炉烟气中的NO_x达标排放，并且逃逸氨的浓度得到有效控制。

关键词　燃煤锅炉；联合脱硝；烟气治理；技术改造

工业燃煤锅炉是重要的热能动力设备，是工业发展的基础。随着人们环保意识的逐渐增强，环保形势的日益严峻，工业燃煤锅炉的烟气排放指标也日益严苛。动力锅炉区域三台燃煤锅炉建成投运时，因历史原因未设置相应NOx处理设备。随着环保意识增强，国家对环保要求日趋严格。2014年7月1日起，燃煤锅炉氮氧化物的排放限值重点区域氮氧化物不超过100mg/Nm^3。2013年环境监测部对锅炉烟气进行监测，烟气中NOx含量在600～800mg/Nm^3，远远超出环保排放指标。如何降低氮氧化物的排放，也是当前动力锅炉区域燃煤锅炉亟需解决的问题之一。因此，公用工程二部于2013年底启动锅炉烟气脱硝改造工程，选用低氮燃烧技术及联合脱硝工艺，通过实施以满足环保排放要求，使锅炉烟气NOx排放浓度降低至100mg/Nm^{3}以下。

1　NOx的生成机理

按照NOx生成机理的不同，可将占NOx分为三种：燃料型、温度型、快速温度型。燃料型NOx是指燃料挥发分中的氮受热分解和氧化产生的，其生成与煤质特性及燃烧条件密切相关，这部分NOx占NOx总量的80%-90%。控制燃料型NOx生成量的方法，是在燃料着火的初期，控制其过量空气系数，保持煤粉在着火初始阶段处于缺氧状态。温度型NOx主要是指在超过1800K的高温下，空气中的氮发生氧化反应，火焰温度越高，NOx的生成量越多。温度型NOx占NOx总量的10%-20%。控制这部分NOx的手段是使燃烧处于较低的燃烧水平，并且保持火焰温度分布均匀。快速温度型NOx主要由空气中的氮和燃料中碳氢化合物，首先在高温下反应生成中间产物N、NCH、CN等，然后与氧快速反应，所形成的NOx。这部分NOx占NOx总量的5%。

2　锅炉的几种常用脱硝技术

1. 低氮燃烧技术

低氮燃烧技术其实是采用低氧燃烧技术和煤粉浓淡分离技术，该技术是减少煤粉燃烧区域的空气量，提高燃烧区域的煤粉浓度，推迟一、二次风的混合时间，这样煤粉进入炉膛时形成了一个中心富燃料，煤粉燃烧初期缺氧燃烧，降低NOx的生成。因此，对于低NOx燃烧器技术在燃煤锅炉中的应用是非常重要的，有利用对空气、环境的保护。

2. 炉膛喷射法

向炉膛喷射还原性物质，可在一定温度条件下达到降低NOx的排放量的目的。在无催化剂存在条件下向炉内喷入还原剂氨或尿素，将NOx还原为N_2和H_2O，温度要控制在980℃左右，如果温度过高时或生成NO，如果温度过低时，反应速度又会减慢。由于温度随锅炉负荷变化会出现锅炉中NOx浓度的不规则性，该工艺在同等脱硝率的情况下，NH_3耗量要高于SCR工艺，从而使NH_3的逃逸量增加。

3. 烟气处理法

在众多烟气处理技术中，液体吸收法的净化效果差；吸附法虽然脱硝效率高，但是对于设备过高；液膜法和微生物法还有待于验证；脉冲电晕法可以同时脱硫脱硝，但很多难题有待于解决，并且有待实际工程应用检验；SNCR法氨法会影响锅炉运行的稳定性和安全性。

4. 固体吸附法

吸附法适用于小规模排放源可行，具有耗资少，设备简单，易于再生的特点。而且脱除率较高，但是由于消耗大量的氧化剂和吸收剂，吸收产物常常会造成二次污染。

5. 联合脱硝技术

SCR脱硝法效率高，但是投资大，运行费用高，SNCR/SCR联合脱硝法先采用投资少的SNCR法脱去烟气中大部分NOx，再采用脱硝效率高的SCR法去除余下的NOx。联合脱硝技术可以降低催化剂反应器尺寸，减少了SCR系统投资。

6. SCR技术

脱硝效率最为成熟的技术是SCR技术，烟气脱硝技术在催化剂作用下，使NO直接分解为N_2和O_2。主要的催化剂类型不复杂，容易掌握，而且不需耗费氨，无二次污染，而且催化活性易被抑制，操作效率较高，操作技术已工业化。

（1）反应器布置方式

按照布置方法可分为“高飞灰”或“低飞灰”脱硝，高尘布置烟气温度高，满足了催化剂反应要求。低尘布置时，烟气中的飞灰含量大幅降低，运行费用增加。

（2）SCR布置方式

在SCR系统设计中烟气温度是选择催化剂的重要运行参数，它直接影响反应的进程，所以需要设计合理的流速以保证NH_3与NOx充分混合，氧浓度一般控制在3%~4%。

（3）催化剂和还原剂的选择

SCR系统中应用较多的有蜂窝式、波纹状和平板式等。这些催化剂的加工工艺简单，效果好。还原剂中目前应用较多的是尿素、氨水和纯氨。尿素法是先将颗粒完全溶解，然后将溶液泵送到水解槽中，将溶液加热至反应温度后与水反应生成氨气；氨水法是通过加热装置使其蒸发，形成氨气和水蒸汽；纯氨法是将加热成氨气，然后空气混合成氨气体积含量为10%的混合气体后送入烟气系统。

7. 臭氧脱硝技术

臭氧脱硝技术，就是在锅炉出口和脱硫洗涤塔前适合位置，根据气相混合的动力学原理，在烟气适应处利用臭氧投加装置在烟道中均匀喷入臭氧，保证喷入后臭氧与烟气中氮氧化物充分接触混合，氧化剂在烟道中迅速分解，与烟气中的NOx反应生成NO_2、N_2O_5和O_2，而基本不与烟气中的二氧化硫发生作用的技术。被氧化后的氮氧化物利用脱硫吸收塔，通过调整吸收液的喷淋量及浓度在塔内被吸收剂同时吸收去除。

3 联合脱硝新技术的应用

通过对以上七种脱硝技术的对比，结合我车间实际情况，确定选用低氮燃烧技术和SNCR \ \ SCR联合脱硝新技术。（以下均以C锅炉为例进行具体说明）

1. 低氮燃烧技术

低氮燃烧技术在锅炉燃烧阶段的应用，目的就是抑制氮氧化物生成，其核心是低温、低氧燃烧。低温燃烧抑制热力型NOx的生成。

（1）采用低氮燃烧器

低氮燃烧器采用了低氧燃烧技术和煤粉浓淡分离技术，进而改变了进入炉膛的风煤比例，降低了主燃烧区的氧含量和火焰温度，达到了抑制NOx生成的目的。与改造前相比，低氮燃烧器喷口尺寸缩小，高宽比也缩小了，从而降低了进入炉膛空气量。如表1所示，低氮燃烧器一次风喷口高度从434mm缩小到308mm，高宽比从0.96降至0.68，二次风喷口高度从344mm缩小到284mm，高宽比从0.76降至0.63。燃烧器高宽比的缩小，减少了煤粉气流与炉膛中高温烟气的接触面积，弱化了锅炉燃烧，降低了燃烧区域温度，从而抑制了氮氧化物的生成。

表1 燃烧器喷口尺寸

	高/mm	宽/mm	高宽比
一次风喷口改造前	434	450	0.96
一次风喷口改造后	308	450	0.68
二次风喷口改造前	344	450	0.76
二次风喷口改造后	284	450	0.63

C锅炉低氮燃烧器一次风层装设有百叶窗。煤粉经过煤粉管道最后一个弯头时产生离心力作

用，百叶窗将煤粉气流分为浓、淡两股进入炉膛燃烧，浓相煤粉气流在向火侧，淡相煤粉气流在背火侧。向火侧的主燃烧区形成了富燃料低氧区，为还原性氛围，抑制了氮氧化物的生成。使烟气中 NOX 含量由 800mg/Nm^3 降低至 500mg/Nm^3。

（2）分级燃烧系统

C 锅炉分级燃烧系统由火上风(SOFA)燃烧技术和燃尽风(ROFA)燃烧技术组成。从二次风道引出 30%的二次风进入分级燃烧系统，其中 40%的二次风为 SOFA 风，直接进入燃烧器上方助燃，其余 60%的二次风，经 ROFA 风机加压，以高速射流的形式送入炉膛上方作为 ROFA 风，如图 1 所示。

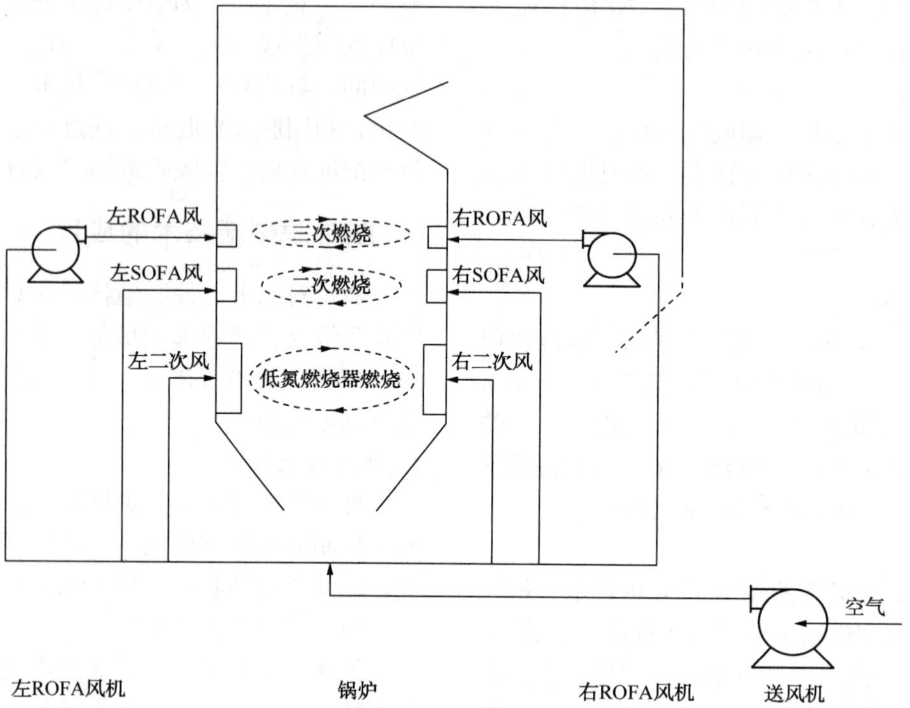

图 1　C 锅炉分级燃烧系统示意图

分级燃烧技术降低燃料氮析出区域的氧含量，形成还原性气氛，抑制燃料型 NOx 生成。分级燃烧技术改变了炉膛集中燃烧的方式，有效降低了炉膛主燃烧区的温度，从而减少了热力型 NOx 的生成。同时，在燃烧器上方增加燃尽风，燃烧区不完全燃烧的燃料在此进行二次燃烧，减少不完全燃烧损失，提高锅炉热效率。此过程可将烟气中 NOx 含量控制在≤300mg/Nm^3。

2. 联合脱硝技术

（1）SNCR 技术

SNCR 技术：非选择性催化还原法，又称高热脱硝法，在无催化剂参与的情况下，利用氨或尿素等氨基还原剂在有氧的条件下与烟气中的 NOx 在炉膛内反应，将 NOx 还原成无害的氮气和水。在 C 锅炉折焰角处，装设有 24 个氨水喷射器，炉膛前墙分上、下两层，每层九支，左右侧墙各两支，后烟井左右两侧各一支，组成了 SNCR 脱硝系统。氨水喷射器向炉膛内喷入浓度 7%的氨水，作为还原剂。温度在 800~1100℃区间内，氨与氮氧化物发生还原反应，生成氮气和水，达到脱硝的目的。其反应式如下：

$$4NO+4NH_3+O_2 \longrightarrow 4N_2+6H_2O \quad (1)$$

$$8NH_3+6NO_2 = 7N_2+12H_2O \quad (2)$$

$$4NH_3+5O_2 \longrightarrow 4NO+6H_2O \quad (3)$$

反应(1)、(2)在 800~1100℃这一狭窄的温度范围内进行，当反应区温度到达 1200℃以上时，发生反应式(3)的反应，氨水与烟气中的氧发生反应生成 NO。通过 SNCR 后烟气中 NOx 可控制在≤180mg/Nm^3。

（2）SCR 技术

SCR 技术：选择性催化还原法。在 C 炉在省煤器与空预器之间设置 SCR 反应器，反应器内装有两层蜂窝式催化剂，其活性成分为 WO3 和 V2O5，还原剂为来自于上游 SNCR 系统的逃逸氨。在催化剂的作用下，逃逸氨“有选择性”地与烟气中的 NOx 在省煤器与空预器之间 315~380℃的温度区间内，反应并生成无毒无污染的 N_2 和 H_2O，达到脱硝的目的，将 NOx 减排至≤100mg/Nm³。

通过联合脱硝新技术实施，能够将锅炉燃烧后的 NOx 排放量降低到 100mg/Nm³ 以下。

4 优化工艺操作

本次改造虽然应用了低氮燃烧技术和 SNCR/SCR 联合脱硝新技术，但在实际运行中，由于缺乏操作经验或操作方法不当，经常造成烟气中的 NOx 超标排放。为了实现锅炉烟气达标排放，我们从调整燃烧配风方式、加强设备维护等方面入手，积极探索工艺调整方案，认真总结脱硝系统操作经验，在确保锅炉安全稳定运行的同时，实现脱硝系统正常投运。

1. 制定锅炉配风卡，优化锅炉配风

根据整理归纳数据成果，结合冷、热态试验结论，制定了三台锅炉燃烧配风指导卡。指导锅炉在气体专烧、煤气混烧、煤粉专烧三种工况下，不同负荷下，燃烧配风的调整方向和调节方法，见表 2。

表 2 C 锅炉配风指导卡

动力车间 C 锅炉煤粉专烧配风指导卡片					
蒸汽量/(t/h)		145t/h	160t/h	175t/h	190t/h
炉膛负压/Pa		-30~-60			
省煤器后负压/kPa		-0.35~-0.45			
一次风压/kPa		9.0~9.5	9.5~10.0	10.0~10.5	10.5~11.0
磨出口温度/℃		80~85			
炉膛氧含量/%		2.5-3.0	3.0-3.5	3.5~4.0	4.0~4.5
SCR 氧含量/%		3.5~-4.0	4.0~4.5	4.5~5.0	5.0~5.5
ROFA 风机挡板开度/%		25~30	30~35	35~40	40~45
ROFA 风箱压力/kPa		各风箱入口压力调整基本一致			
SOFA 风开度/%		20~30	30~40	40~50	50~60
SOFA 风箱压力/kPa		各风箱入口压力调整基本一致			
小风门挡板/%	CC2	5	5	5	5
	G2	5~10			
	CC1	5~10	10~15	15~20	20~25
	C	5	5	5~10	5~10
	BC	20~25	25~30	30-35	35~40
	B	5	5	5~10	5~10
	AB	20~25	25~30	30~35	35~40
	A	5	5	5~10	5~10
	AA	50	50	50	50
	G1	5~10			
备注		一、调整原则 在锅炉配风时，必须在保证锅炉炉膛负压、筑含量、燃烧完全、排烟温度等正常工况前提下进行调整。 二、调整方法 1. 煤粉专烧时，为了保证二次风刚性，在出口 NOx 达标前提下，尽量减小 ROFA 风机挡板开度、SOFA 风箱的开度，必要时其它二次风门也可以做造宜调整； 2. G1 层和 G2 层不投运时，对应的二次风风门尽可能关小，以燃烧器金属温度不超温为准，建议 5~10%左右； 3. 锅炉运行的过程中，为了满足燃烧需要，在保持氧含量前提下，尽量提高二次风压，保证煤粉完全燃烧； 4. 锅炉运行的过程中，为了满足燃烧需要，在保持一次风量前提下，尽圣降低一次风压，防止煤粉冲刷水冷壁，磨损煤粉管道。 5. AA 层现场开度 50%，一般不做调整。			

续表

动力车间 C 锅炉煤气混烧配风指导卡片					
蒸汽量/(t/h)		100t/h	125t/h	150t/h	175t/h
炉膛负压/Pa		-30~-60			
省煤器后负压/Pa		-0.35~-0.45			
一次风压/kPa		8.0~8.5	8.5~9.0	9.0~9.5	9.5~10.0
磨出口温度/℃		80~85			
炉膛氧含量/%		2.0-2.5	2.5-3.0	3.0~3.5	3.5~4.0
SCR 氧含量/%		3.0~-3.5	3.5~4.0	4.0~4.5	4.5~6.0
ROFA 风机挡板开度/%		15~30	20~35	25~40	30~45
ROFA 风箱压力/kPa		各风箱入口压力调整基本一致			
SOFA 风开度/%		20~30	30~40	40~50	50~60
SOFA 风箱压力/kPa		各风箱入口压力调整基本一致			
小风门挡板/%	CC2	5	5	5	5
	G2	根据燃气量调整，一般以 1000m³/h 对应 10%风门			
	CC1	5~10	10~15	15~20	20~25
	C	5	5	5~10	5~10
	BC	15~20	20~25	25-30	30~35
	B	5	5	5~10	5~10
	AB	15~20	20~25	25~30	30~35
	A	5	5	5~10	5~10
	AA	50	50	50	50
	G1	根据燃气量调整，一般以 1000m³/h 对应 10%风门			
备注		一、调整原则 在锅炉配风时，必须在保证锅炉炉膛负压、筑含量、燃烧完全、排烟温度等正常工况前提下进行调整。 二、调整方法 1. 煤气混烧时，为了保证二次风刚性，燃气量在 3000Nm³/h 以下：一般工况下，尽量保持 G2 层燃气量大于 G1 层燃气量： 2. G1 层和 G2 层不投运时，对应的二次风风门尽可能关小，以燃烧器金属温度不超温为准，建议 5~10%左右； 3. 如果运行过程中，主汽温度出现超温或不达标，可以造宜的调整 ROFA 风机挡板开度、SOFA 风箱的开度，必要时其它二次风门也可以做造宜调效： 4. 锅炉运行的过程中，为了满足燃烧需要，在保持氧含量前提下，尽量提高二次风压，保证煤粉完全燃烧； 5. 锅炉运行的过程中，为了满足燃烧需要，在保持一次风量前提下，尽量降低一次风压，防止煤粉冲刷水冷壁，磨损煤粉管道； 6. AA 层现场开度 50%，一般不做调整。				

(1) 降低炉膛氧含量

C 锅炉低氮燃烧器每组分别设置十层二次风门，从下至上分别为 G1、AA1、A、AB、B、BC、C、CC1、G2、CC2，其中 G1、G2 为燃气层二次风门，A、B、C 为煤粉层周界风，AA1、AB、BC、CC1、CC2 层为助燃二次风。下层二次风 AA1 层为托火风，目的是减少炉底灰渣不完全燃烧损失；上层二次风 CC1、CC2 为燃尽风，主要为了减少炉膛飞灰不完全燃烧损失；中层二次风 AB、BC 为燃烧风，主要为煤粉燃烧提供所需空气。所以，重点调整中层二次风。首先，关小 AB 层、BC 层的二次风挡板，从而降低了燃烧区氧含量，氮氧化物与氧含量之间的关系如图2所示。

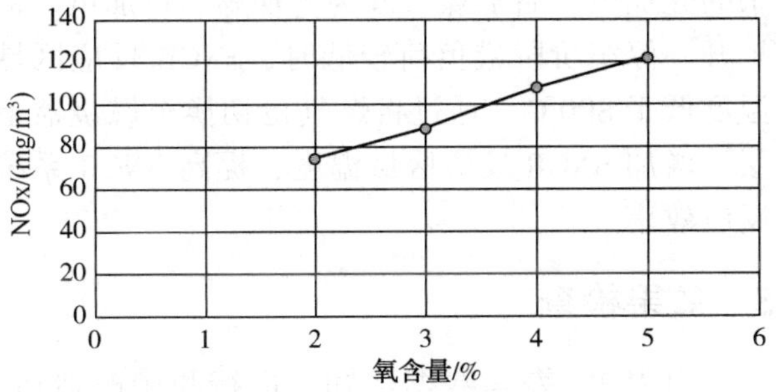

图2 NOx与氧含量关系图

其次，控制锅炉结焦。虽然氧含量越低越有利于氮氧化物控制，但是，低氧燃烧会加剧锅炉结焦，炉膛温度随之升高，不利于氮氧化物控制和锅炉安全运行，BC层风门开度与炉膛温度关系如图3所示。所以还需要保证一定的氧含量，满足锅炉稳定运行。经调试优化，最优二次风门开度、锅炉负荷与氧含量的关系如表2所示。

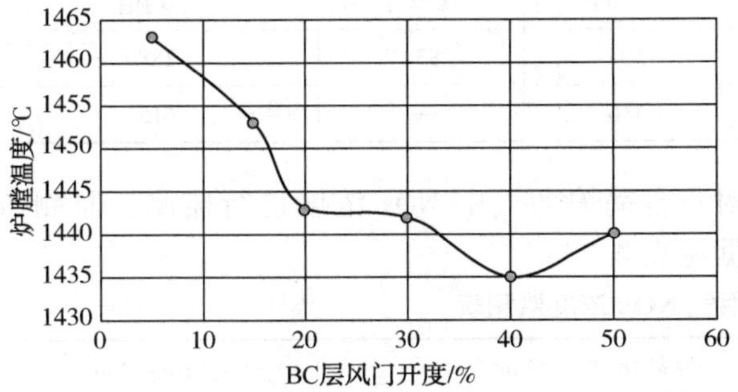

图3 炉膛温度与BC层风门开度关系图

（2）降低一次风量

为了降低燃烧区的氧含量，C锅炉低氮燃烧器采用煤粉浓淡分离技术，向火侧煤粉浓度高，在燃烧过程中处于相对缺氧状态，局部形成还原性气氛。一次风量过大时，浓相侧煤粉有充足的氧气参与燃烧，破坏了还原氛围，增加了燃料型NOx生成量。通过调整一次风挡板，降低一次风压，达到降低一次风量的目的。对一次风压进行优化，锅炉负荷与一次风压关系如表2所示。

（3）优化分级配风

为了降低主燃烧区的氧含量和温度，C锅炉采用了分级燃烧技术。从二次风道引出30%的二次风进入分级燃烧系统，其中40%的二次风做为SOFA风，直接进入燃烧器上方助燃。其余60%的二次风做为ROFA风，经ROFA风机加压，以高速射流的形式送入炉膛上方作为燃尽风。经调试，ROFA风量越大，ROFA压力越高，越有利于氮氧化物控制，如图4所示。

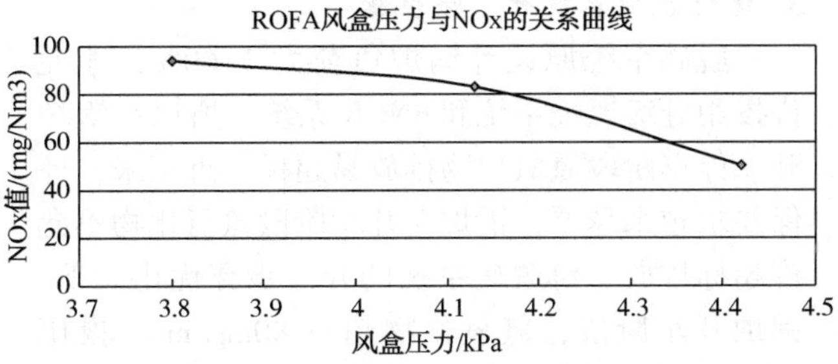

图4 ROFA风盒压力与NOx排放值的关系曲线

分级燃烧系统抽出的二次风过大，造成二次风“刚度”不够，破坏锅炉燃烧，加剧锅炉结焦，影响炉膛换热，导致炉膛温度升高，反而不利于氮氧化物控制。所以，在保证二次风压“刚度”的前提下，调整SOFA风量和ROFA风量。不同锅炉负荷下SOFA风和ROFA风挡板最优开度如表2所示。

2. 优化SNCR系统运行

氮氧化物和逃逸氨同时出现超标现象时，反映出SNCR系统运行效果不好。经过对运行过程的跟踪分析，发现了SNCR系统存在的问题，并针对问题提出了相应的解决措施：

（1）氨水喷射器喷氨量不均匀，出现局部氨水不足和过剩的现象，造成氮氧化物、逃逸氨升高。通过调平每个氨水喷射器的喷入量，使每支氨水喷射器的喷入氨量相同，提高了氨氮混合均匀度，使氨氮充分接触，为脱硝完全反应提供了有利条件。

（2）SNCR反应时间短。由于锅炉前墙可旋转氨水喷射器喷射角度向上，燃烧器上方炉膛温度分布从下而上逐渐降低，导致氨水向上喷入炉膛后，在最佳反应温度区间内氨水与氮氧化物反应时间变短，影响脱硝反应效果。将前墙可旋转氨水喷射器喷射角度向下调整，向下与水平呈15°夹角，可延长氨水与烟气混合反应时间，使氨与氮氧化物充分接触，为脱硝完全反应提供有利条件。

（3）侧墙固定氨水喷射器喷口偏大。由于侧墙固定氨水喷射器安装位置在折焰角上方，位置偏后，因此侧墙反应区温度比前墙反应区温度低，且烟气中氮氧化物含量低，所需要的氨水量少，所以与前采用墙相同喷口尺寸，在侧墙处就相对偏大。根据安装位置不同，对氨水喷射器实行差别化管理，将侧墙固定式氨水喷射器换成小流量氨水喷射器，从而降低了逃逸氨浓度。

3. 优化脱硝系统开、停步骤

脱硝系统原设计锅炉负荷大于 60%，才允许投用分级燃烧系统和 SNCR 系统，所以在锅炉开、停车阶段氮氧化物排放易超标。近年来，环保要求越来越严，锅炉在开车阶段氮氧化物不允许超标排放。对脱硝系统的开停步骤优化如下：锅炉开车阶段，氮氧化物超过 80mg/m^3，投用 SNCR 系统；投煤前投用 SOFA 风、ROFA 风系统，控制氮氧化物排放。为了温度锅炉稳定运行，根据二次风压，调整 ROFA 风挡板开度，确保二次风压大于 100Pa。在锅炉停车阶段，撤煤后停用 SOFA 风、ROFA 风系统，氮氧化物低于 30mg/m^3，停 SNCR 系统。

4. 优化锅炉操作

氮氧化物对氧含量的控制很敏感，所以，烟气氧含量的控制尤为关键。为了控制烟气氧含量，调整锅炉操作方法。锅炉加减负荷时，由原来的先加风，后加煤，改为先加煤，再加风。锅炉开、停车阶段或负荷较低时，SNCR 反应区域温度低于 800℃，通过将燃气枪切换至燃烧器上层，增加 SNCR 反应区域温度，提高 SNCR 系统反应效率。

5 效果检查

由表 3、表 4 数据可知，进行脱硝改造后，锅炉烟气中 NOx 从 600 ~ 800mg/Nm^3 降至 100mg/Nm^3 以下，达到环保排放标准的要求。

1. 脱硝技术改造前数据

2013 年，环境监测管理部组织对动力三台锅炉烟气中 NOx 浓度进行监测，数据见表 3。

表 3 动力锅炉脱硝改造前烟气 NOx 浓度监测表

装置	一季度	二季度	三季度	四季度	平均值
A/B 锅炉烟气 NOx，mg/Nm^3	853	960	504	834	788
C 锅炉烟气 NOx，mg/Nm^3	—	643	586	—	615

2. 脱硝技术改造后数据

脱硝改造后，2020 年 9 月环境监测管理部对三台锅炉烟气中 NOx 浓度进行监测，监测数据见表 4。

表 4 动力锅炉脱硝改造后烟气 NOx 浓度监测表

	日期	氮氧化物 mg/Nm^3	平均值 mg/Nm^3
A/B 锅炉烟气总排放出口	9 月 5 日	58	66
	9 月 6 日	72	
	9 月 9 日	67	
	9 月 10 日	53	
	9 月 11 日	60	
	9 月 12 日	87	
C 锅炉烟气总排放出口	9 月 14 日	60	44
	9 月 15 日	49	
	9 月 16 日	23	

6 推广应用及经济、社会效益情况

1. 技术应用情况

公用工程二部动力锅炉区域三台锅炉装置脱硝项目，选用低氮燃烧技术、SNCR/SCR 联合脱硝新技术后，经优化工艺操作，修订相应操作规程，锅炉烟气中 NOx 含量由 600~800mg/Nm^3 降低到 100mg/Nm^3 以下。自投运以来，脱硝装置运行正常，大大减少了 NOx 排放，改善了大气环境，保证了三台锅炉烟气达标排放，保障了石化公司生产用汽，社会效益显著。

2. 经济效益

本项目为污染减排项目，重点考虑环境效益及社会效益。

3. 社会效益

2020年9月份，在三台锅炉进行168h环保运行标定期间，环境监测管理部对三台锅炉烟气量监测数据见表5。

表5 动力锅炉脱硝改造后烟气量监测数据表

	日期	烟气量(干)/(Nm^3/h)	平均值 Nm^3/h
A/B锅炉烟气总排放出口	9月5日	284576	264048
	9月6日	282221	
	9月9日	235940	
	9月10日	247287	
	9月11日	267954	
	9月12日	266310	
C锅炉烟气总排放出口	9月14日	183316	177012
	9月15日	186804	
	9月16日	160917	

根据表3、表4、表5数据可知：

改造后AB锅炉NOx减排量：(788-66)＊264048＊10-6=191kg/h

改造后C锅炉NOx减排量：(615-44)＊177012＊10-6=101kg/h

按今后三台锅炉年运行330天计算，三台锅炉NOx年减排量：

(191+101)＊330＊24＊10-3=2312t

应用低氮燃烧技术、SNCR/SCR联合脱硝技术后，三台锅炉可实现年NOx减排量2312吨，大大减少了NOx排放量，改善了大气环境，社会效益显著。

参 考 文 献

[1] 中国石油兰州石化分公司《C锅炉装置操作规程Q/SY LS(CG)02-02-2020.

[2] 冯俊凯等．锅炉原理及计算[M]．第3版．北京：科学出版社．

[3] 李永华，刘长兴，陶哲．火电厂锅炉系统及优化运行[M]．北京：中国电力出版社．

[4] 邢军，电厂烟气脱硝技术现状与发展趋势[C]．中国环境科学学会，2010.

[5] 姜雨泽．脉冲放电烟气脱硫脱硝技术的发展与探讨[J]．电力设备，2005(05).

加氢装置轨道球阀综述及维护策略

李　辉

（中国石油化工集团公司北京燕山分公司）

摘　要　本文介绍了轨道球阀的原理、结构、优缺点，结合加氢装置介质特点说明轨道球阀的防腐蚀性、零部件材质的匹配性及工程应用中的问题。通过总结轨道球阀故障，提炼出轨道球阀的主要故障模式。结合炼油厂本次轨道球阀排查情况及历年的检修情况，提出轨道球阀，包括其他加氢装置高压阀门的日常维护策略和维修策略，为加氢装置高压阀门的运行提供支持。

关键词　轨道球阀；故障；维护；策略

1　概述

加氢装置工况条件复杂、苛刻，有的高温管道设计温度高达 450℃以上，压力等级为 15-42MPa，并且介质具有较强的高温腐蚀性及硫化氢腐蚀。加氢装置工艺阀门类型包括闸阀、截止阀、Y 形截止阀、Y 形截止止回阀、止回阀（包括升降式、旋启式、斜盘式、轴流式）、轨道球阀、高温金属密封球阀等。加氢装置关键部位工艺阀门采用进口阀门，随着国内装备技术的进步，加氢装置的大型化，加氢装置高压阀门开始逐步国产化。根据报道，加氢装置高压阀门事故时有发生，且一旦发生后果严重。

2022 年 6 月 8 日 12 时 41 分，茂名石化乙烯中间罐区泵区发生泄漏起火事故，初步分析事故原因为拆卸 P8000S 泵出口轨道球阀气动马达紧固螺栓，造成轨道球阀阀杆防脱功能失效，中压乙烯通过阀杆安装孔喷出，摩擦产生的静电火花引发泄漏的乙烯爆燃，导致火灾事故。

为了做好加氢装置高压阀门的日常维护，炼油厂组织对轨道球阀结构及性能、应用范围、维护情况进行排查，供讨论交流。

有关高压加氢高压阀门的标准有高压加氢装置用阀门技术规范（JB/T 11484—2013）、加氢装置用高压临氢阀门采购技术规范（Q/SHCG 11009—2016），上述两个标准主要用于高压阀门的采购和验收，对于日常维护和检修涉及较少，上述高压加氢阀门对轨道球阀没有规定。

轨道球阀最早是由 Orbit 阀门公司 1936 年发明的，该公司于 1999 年并入 Cooper Cameron（库博．卡麦隆）阀门集团旗下，轨道球阀的结构与一般球阀有很大区别，其综合了闸阀、球阀、截止阀的优点，所以使用和维护也有很大的区别。

2　轨道球阀的特点及选用

2.1　轨道球阀的原理及特点

2.1.1　轨道球阀的原理

轨道球阀，又称提升杆式球阀，主要由阀体、阀盖、阀杆、阀芯、阀杆导销和阀芯销钉等零部件组成。阀杆上部有螺旋槽，阀杆下端为前后平行的楔形面。开阀时，逆时针转动手轮，阀杆上升，此时阀杆导销与阀杆上螺旋槽直行段限制阀杆只做上升运动，阀杆下部楔形面与阀芯销钉配合，使阀芯先向左偏移一个角度，阀芯与阀座脱离。阀杆继续上升，阀杆导销与阀杆螺旋槽配合，使阀杆做 90°转动，这时阀杆下部楔形面与阀芯销钉配合带动阀芯做 90°旋转，阀门开启。关阀时，动作正好相反，阀杆向下移动，阀杆导销先与螺旋槽配合，阀芯旋转 90°，这时，阀芯密封面正对阀座密封面，阀杆导销和阀杆螺旋槽直行段配合，阀杆继续下降，阀杆下部楔形面与阀芯销钉配合，产生楔力，带动阀芯压紧阀座，阀门关闭。图 1 是一种轨道球阀，其导向槽位于阀杆上部。

还有一种轨道球阀，其导向结构在阀杆的下端，见图 2。

2.1.2　轨道球阀的特点

轨道球阀有如下优点：

（1）阀芯和阀座在开关过程中无磨损，阀门开关过程中，阀芯首先和阀座脱开，然后才旋转，避免了传统球阀、闸阀、旋塞阀的阀座磨损问题。

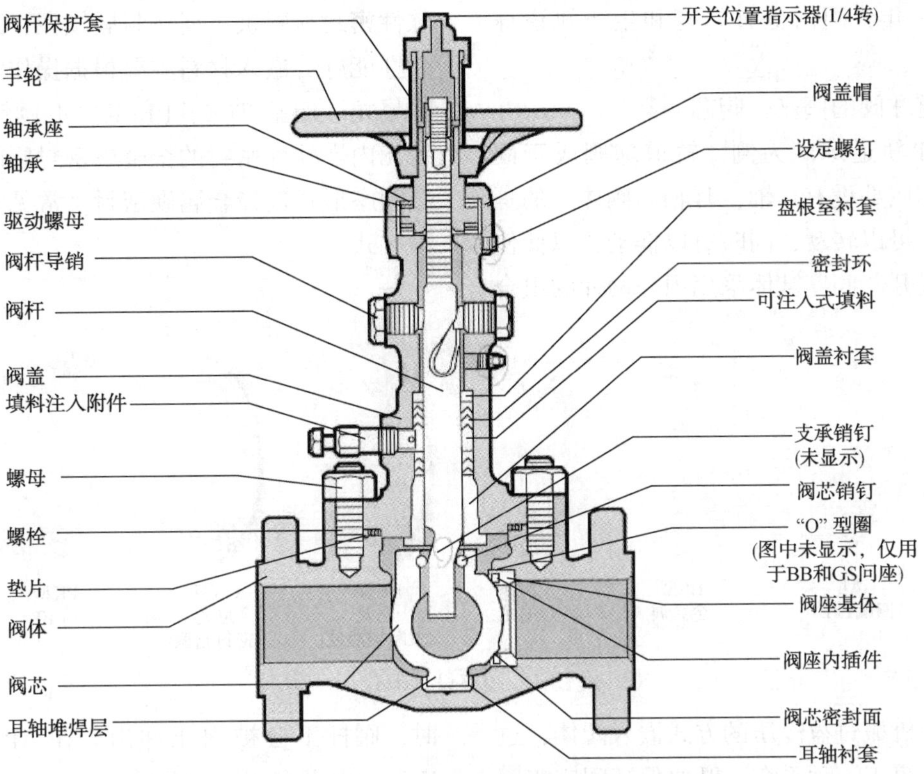

图 1　一种提升杆式轨道球阀(导向槽位于上部)

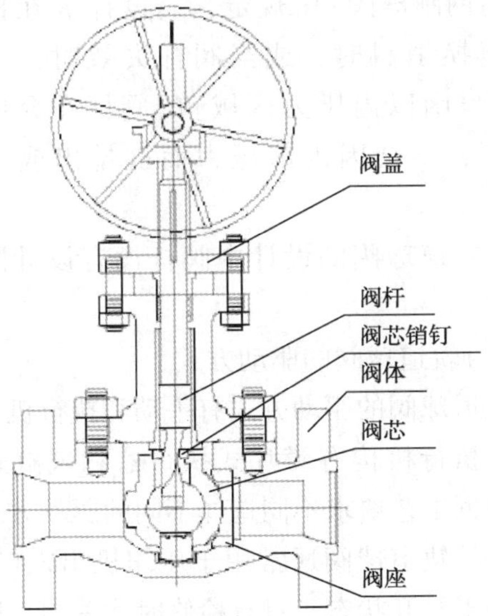

图 2　一种提升杆式轨道球阀
(导向槽位于阀杆底端)

(2) 自冲洗功能，在阀门"开启"或将要关闭的瞬间流体是沿密封面在360°范围内流动的，可以将介质中一些杂物冲走，避免对阀芯、阀座密封面的冲刷。

(3) 机械楔形密封，阀杆下端的斜面提供一个机械的楔紧力，保持连续的密封力，降低介质压力和温度波动的影响。

(4) 单阀座设计，静态单阀座设计能保障双向零泄漏，避免双阀座阀门的内腔压力升高的问题。

(5) 顶装式设计，在系统泄压后，可在线检查和维修，使维护简单化。

(6) 低扭矩操作，由于在开关过程中密封面无摩擦，阀门操作扭矩比同口径阀门小的多。

轨道球阀的不足：

(1) 阀杆相对于普通球阀要长，阀杆上有导向槽，对于两段式的阀杆还有螺纹连接结构，设有防转销，存在应力集中部位。对于整体式阀盖结构，这些部位都位于介质内。

(2) 在阀的开关过程中，阀杆导销要与导向槽配合，阀杆低端要与阀芯销钉配合，这些部位都是易磨损件；对维修、装配要求较高。

(3) 阀芯与阀腔之间的空间较大，大的颗粒物容易积攒在这些部位，不容易被介质带走，容易造成阀门卡涩。

2.2　轨道球阀的结构

2.2.1　轨道球阀的结构

轨道球阀生产厂家主要有，美国 ORBIT 阀门公司，意大利ATV(Advanced Technology Valve S. p. A)，近些年，国内也有修复和生产轨道球阀的厂家。

(1) 轨道球阀的阀座、阀芯

以ORBIT轨道球阀为例，轨道球阀属于固定球阀，阀芯底部设有耳轴，耳轴与阀体上的耳轴衬套配合，可以转动，同时可以摆动，以便使阀芯和阀座脱开。阀座基体采用内外两片的组合结构(支撑环)，在支撑环上嵌入软性密封材料，软性密封材料被金属密封唇锁住，这种结构的密封性能好。嵌入材料主要根据操作温度及介质选择尼龙、四氟TFE、PEEK、不锈钢等；另一种为无内嵌软性密封的全金属密封唇阀座，加氢装置阀座形式选择金属硬密封。常见阀座有图3几种方式。

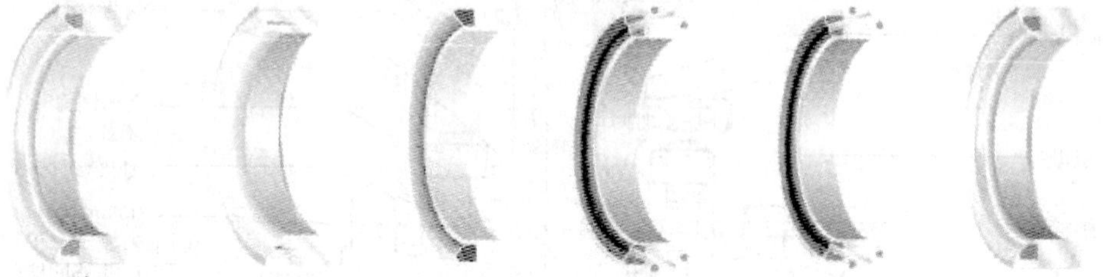

图3 阀座设计形式

阀座采用机械过盈冷压的方式嵌入阀体，过盈力的大小取决于一种平衡，既要保证阀座牢固地安装在阀体上，介质不会从阀座和阀体之间的间隙泄漏；又不能使阀座和阀体产生永久不可恢复的塑形变形，也要保证检修时能顺利拆卸和维修，所以要确定一个最佳的过盈量。

(2) 轨道球阀阀盖及阀杆

轨道球阀结构为顶装式，即阀盖、阀芯、阀座、阀杆及支架都可以从顶部拆装。根据阀杆及阀盖形式分为以下几种形式：

a、阀杆形式：整体阀杆和两段式阀杆，整体阀杆是指驱动阀杆与凸轮阀杆为一体，两段式阀杆是驱动阀杆(直径较小)与凸轮阀杆(直径较大)分开，由螺纹及防转销钉固定。

b、阀盖形式：封闭式阀盖和压盖式阀盖，阀杆填料位于封闭式阀盖内，阀盖衬套由下部装入，侧面装有注入填料的螺栓孔；压盖式阀盖和普通的填料压盖一样，通过旋紧压盖螺栓达到压紧填料的目的，封闭式阀杆一般采用在线注填料的形式。

c、阀杆的防脱出要求

GB/T 20173—2013《石油天然气工业 管道输送系统 管道阀门》中规定，设计的阀门应确保在填料密封组件或阀门驱动装置定位组件被拆除时，阀杆不会被内压冲出。在API 6D Pipeline Valves中也有相同的要求。

GB/T 12237—2021《石油、石化及相关工业用的钢制球阀》中规定，当设计成在任何使用或更换填料时，或当阀杆失效时，在阀体内(填料函以内压力区域)的阀杆在介质压力作用下，不会因内部压力而被排出或脱出的结构。

在轨道球阀的设计中阀杆没有设计防脱出结构。

(3)轨道球阀的驱动方式

轨道球阀的驱动方式有手动和执行机构自动驱动，执行机构有膜片式执行器和气缸式执行器。根据工艺要求不同选择不同的驱动方式，加氢装置的轨道球阀通常用于压缩机出入口位置，通常处于打开状态，只有检修时才关闭，所以一般选用手轮的形式。

2.2.2 轨道球阀的材料

(1)加氢装置的介质的要求

阀门的选择应充分考虑加氢装置工况的特点，应根据操作温度、操作压力及介质的腐蚀特性选择阀门结构和材质，本着安全、经济、合理的原则选择。轨道球阀主要应用于加氢装置压缩机出入口等位置，介质主要是H_2、H_2S，还有微

量的 NH_3。操作温度一般低于 100℃，按照 240℃设计。一般要求阀门和管道都要进行相应的热处理，碳钢要求正火处理，1.25Cr-0.5Mo 和 2.25Cr-1Mo 要求正火+回火，5Cr-0.5Mo 和 9Cr-1Mo 要求完全退火；奥氏体不锈钢应进行固溶处理；321、347、347H 还应进行稳定化处理，稳定化处理温度 900±10℃，每 25mm 壁厚保温 2 小时(4.7min/mm)，空冷。抗 H_2S 腐蚀碳钢阀门应符合 NACE MR0175 和 NACE MR0103 的规定。

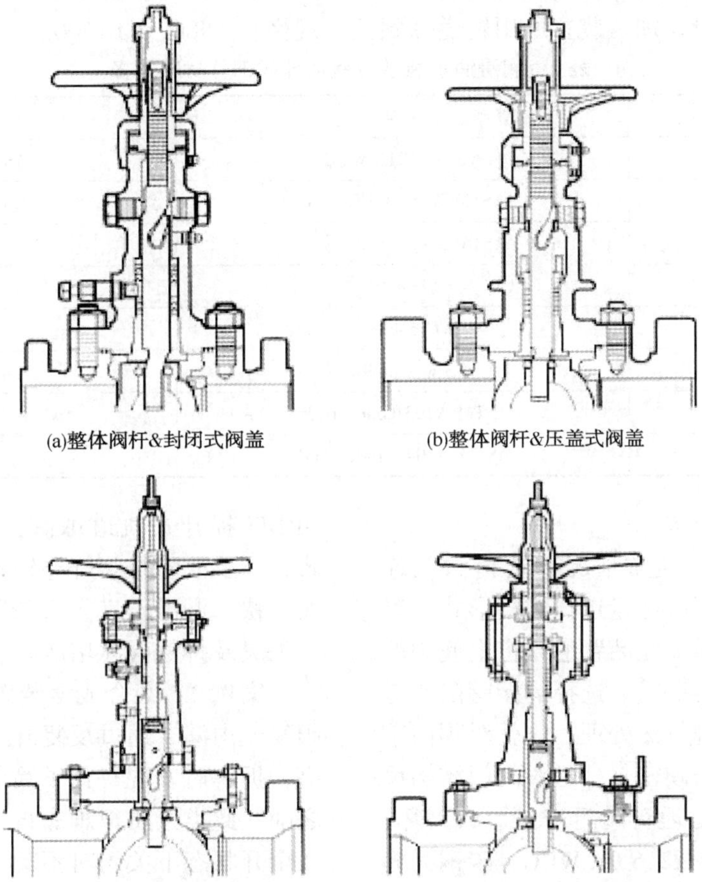

(a)整体阀杆&封闭式阀盖　(b)整体阀杆&压盖式阀盖

(c)两段式阀杆&封闭式阀盖　(d)两段式阀杆&压盖式阀盖

图 4　阀杆、阀盖形式

湿硫化氢腐蚀主要是应力腐蚀开裂，腐蚀速率和 H_2S 质量浓度、pH 值和温度以及材料自身因素有关，其中材料的显微组织对应力腐蚀开裂影响是关键，硬度是衡量组织淬硬性和应力腐蚀开裂的指标，钢材硬度越高，开裂所需的时间越短，硫化物应力开裂敏感性越高。在 NACE MR0175《油气田设备抗硫化物应力腐蚀开裂材料》中规定了抗硫化物应力开裂材料的硬度要求，各种材质的零部件需要相应的热处理，控制其硬度。

加氢装置对材料的要求，轨道球阀开发了针对加氢装置抗硫化物应力腐蚀开裂的材质，并对部件的硬度进行控制，表 1 是其中部分材料的硬度的要求。

表 1　阀门部件材料硬度要求

项目	材料	硬度/HRC
阀体、阀盖、和阀芯基体	ASTM A216 Gr. WCC	Rc 22Max
阀芯密封面	Hastelloy C-22	Rc 28-32
阀杆	Monel K500	Rc 35Max
阀芯销钉	Hastelloy C-276	Rc 45Max
阀座	AISI 17-4 PH	Rc 33Max
阀杆导销	ASTM A638 Gr. 660	Rc 35Max
耳轴表面	Hastelloy C-22	Rc 28-32

(2) 阀门材料的匹配性

阀门各部件的材质选择需要注意材料的匹配性，这主要是考虑工况，高温工况下，由于结构和材料原因，容易出现阀芯与阀体卡涩的情况，从材料角度考虑，碳钢和不锈钢热膨胀系数不一样，所以碳钢阀体上不应使用不锈钢阀芯；从结构上考虑，轨道球阀阀芯的耳轴固定在阀体的衬套里，受热膨胀后，阀芯只能向上膨胀，如果膨胀了大于阀座的膨胀量，密封性受到影响甚至破坏。阀座材质也要考虑和阀体材质的匹配性，控制好阀座安装的过盈量。加氢装置所用轨道球阀的操作温度一般都低于 100℃，这方面要求比较容易满足。

如润滑油加氢装置冷高分气的轨道球阀材料选择如表 2，该阀的介质是冷高气(H_2 95%、H_2S 2%，NH_3 0.03%)，操作温度 55℃，操作压力 16.4MPa，设计温度 240℃，设计压力 18.3MPa，规格：DN80，CL1500。

表 2　润滑油加氢装置轨道球阀部件材料选择

项目	ATV	ORBIT
阀体和阀盖材质	ASTM A216 WCC	ASTM A216 WCC
阀芯材质	ASTM A216 WCC+STL	ASTM A105+ULT
阀座材质	ASTM A216 WCC+STL	17-4 SS +316 Insert
阀杆材质	17-4PH	660 SS
填料	Graphite	Graphite
阀盖垫片	SS w/Graphite	304 SS w/Graphite
阀盖螺栓	ASTM A193 Grade B7M	660 SS
阀盖螺母	ASTM A194 Grade 2HM	660 SS

(3) 工程及维修要求

阀门的连接形式，通常情况下选择法兰连接，但是在高压工况下应尽量选择焊接形式，以减少泄漏点，所以目前加氢装置的管道上使用的高压阀门一般选择焊接形式。选择焊接阀门要考虑施工过程中焊缝要进行热处理，这就对阀门结构提出要求，阀座采用硬密封，且对阀门结构尺寸提出要求，避免热处理对阀门密封造成破坏。阀体材质一般为 ASTM A216 Gr. WCC，碳钢无缝钢管为 A106B，焊材为 E7018，热处理的加热范围至少为焊缝宽度的 3 倍，加热区以外 100mm 的范围应予以保温，切管道端口应封闭，以 DN80 阀门为例，管道内径为 66.64，壁厚(SCH160)11.13mm，阀门端口至密封的距离为 95mm，焊缝宽度 12.54mm，计算热处理总受热宽度为 137.62mm，超出了端口距离。

3　轨道球阀的常见故障

3.1　轨道球阀故障分析

根据现有文献分析，轨道球阀主要用于合成氨分子筛干燥工艺、煤化工工艺、炼油加氢装置工艺中，其中在分子筛干燥工艺中由于阀门开关频繁，故障较多，加氢装置的轨道球阀开关次数较少，主要是手动球阀，故障主要集中在阀杆断裂、开关卡涩等方面。

案例 1：天然气脱水工艺流程切换阀门选用 ORBIT 提升式轨道球阀，执行机构为双向气缸式，主要故障是阀杆导销磨损严重，原因是开关速度快、润滑不良，重新制作阀杆导销。阀位信号失灵及排气阀冰堵故障，制作防雨罩等措施。

案例 2：某合成氨装置分子筛装置，轨道球阀发生内漏，通过反复开工利用介质冲刷没有解决，拆解后发现有分子筛刺球卡在阀芯和密封面之间，此类杂质很难靠自身清除出去。某台球阀在全开状态下关闭时不动作，原因是介质中蒸气冻结在阀杆轨道中，致使阀杆无法动作，经过吹扫后恢复；一台球阀在检修后投用半年后，发生微漏，经过检查密封面无损伤，最后排查球阀安装方向错误，阀门在关闭时压力降方向未阀座密封面侧高于球体侧，与阀门开启是压力降方向相反。

案例 3：某合成氨装置分子筛干燥器使用轨道球阀，执行机构有电动和气动两种，一台球阀在运行过程出现卡涩现象并伴有金属摩擦声，阀门无法关闭，检查是执行机构内涡轮蜗杆润滑油少，且有机械杂质，涡轮蜗杆有磨损，轴承轴向游隙偏大，主要原因是执行机构运行时间长，没有及时维护。

一台球阀在运行中关闭后内漏，检查阀芯、阀座密封上有刮痕，阀腔内有 φ6 瓷球一个，进一步检查发现阀杆、阀杆导销、阀盖衬套磨损，阀杆直行桂道槽破损，分析原因认为瓷球垫在阀芯底部，阀芯垂直方向中心轴与阀杆轴线不重合，导致阀芯旋转过程中阀杆导槽与导向销磨损。重复作用下最终导致阀杆失效。

案例4：某煤制油公司制氢装置膜分离系统的空压机管道上使用手动轨道球阀，规格为 $DN_200CL1500$，工作压力19.5MPa，阀杆为分段式结构。阀门开启或关闭阶段均发生过阀杆断裂现象。断裂的为下阀杆，材料为420，断裂部位位于和上阀杆连接处。该阀介质为氢气，氢气含量50%，硫化氢含量约0.2%。分析阀杆失效主要原因为氢致裂纹和硫化物应力开裂所致。解决方案是将下阀杆材质改为17-4PH，并控制材料的硬度。

案例5：某加氢装置往复式压缩机出口Orbit轨道球阀，操作压力13.0MPa，温度25-110℃，介质为氢气，含少量烃类及微量氯离子。在开机过程中，该阀开度指示杆有误，实际阀门未开启。拆检发现球阀轨道杆有裂纹，轨道部分边缘挤压开裂，轨道杆表面有明显划痕，导向轴与轨道接触部分挤压变形，导向衬套内部有明显挤压划口，阀杆销钉断开。阀杆销钉材质ss410，该凸轮阀杆装配存在缺陷是造成轨道变形的主要原因。从划伤的衬套表面痕迹判断，阀门在频繁开关作用下，断裂的止退销脱落后卡在凸轮阀杆及衬套部位，导致阀门开关的扭矩增大，本来变形的凸轮阀杆在受限于导向销的双重作用，最终阀杆在最脆弱的应力集中部位发生断裂。

3.2 相关故障案例，编制失效模式

整理企业内外加氢装置轨道球阀故障案例，吸取经验教训，编制轨道球阀的失效模式，通过统计失效模式，有针对性的制定相应的维护和检修策略。

以轨道球阀为例讨论阀门失效模式，阀门失效模式主要有阀门内漏、阀门外漏(阀体开裂泄漏、法兰泄漏、填料泄漏)、阀门卡涩无法开关等。

3.2.1 阀门内漏

阀门内漏，需要阀门切断时无法关严，设备无法检修或计量。主要原因有：

(1) 关阀不到位

阀门密封面之间的实际密封比压q应当大于密封必须比压才能达到密封效果，因设计、制造或阀杆磨损导致比压降低。对于轨道球阀来说，影响因素更多，如阀杆导向轨道问题，配合问题等。。

(2) 阀门安装方向错误(安装阶段)

ORBIT轨道球阀阀体上没有明显的安装方向标识，只是上游侧法兰刻有PPE(压力端)，在安装时应将PPE端置于上游侧，内漏检测口置于下游侧。正向安装时，介质压力作用于球体紧压阀座密封面，对密封起到辅助作用。反向安装时，关阀的阀杆机械楔紧力被介质压力抵消一部分，剩余的机械楔紧力才用于紧压密封面，长期运行后易发生泄漏。阀门正向安装与反向安装，阀杆的楔形斜面施加给球体的推力差别很大。此处容易混淆上游、下游，应该是以阀门关闭后那侧压力高，如循环氢压缩机出口阀的压力端不在压缩机出口侧，以PID为准。

图5 润滑油加氢装置循环氢出口轨道球阀方向与流向相反

(3) 固体杂质聚集耳轴套导致磨损

轨道球阀流通的介质会夹杂着管道内壁的锈渣、管道安装时遗留的焊渣等固体杂质。在阀门频繁开关过程中，耳轴与阀体之间的磨损，见图6和图7。在查到文献中，这类故障最多。

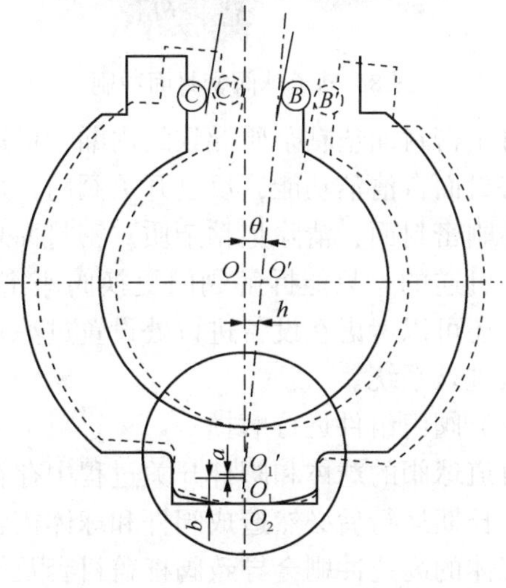

图6 轨道球阀球体关闭轨迹

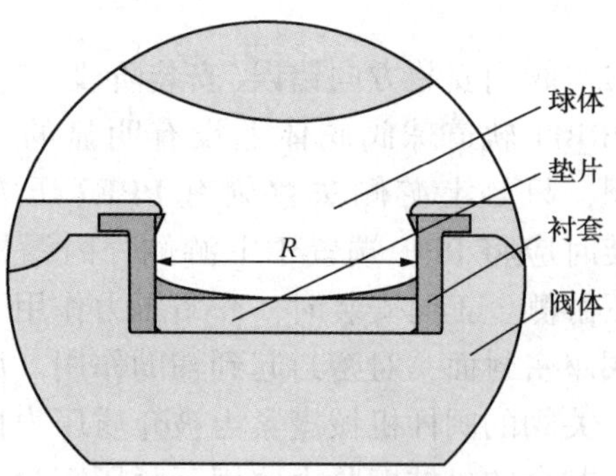

图 7　耳轴局部结构

（4）球体密封面冲蚀、密封面垫粘杂质与密封环损伤

阀门长期运行过程中，锈渣、焊渣等坚硬物质会随工艺流体进入轨道球阀内部。在工艺管道系统内其他阀门保养用润滑脂的作用下，固体杂质可能粘到轨道球阀阀芯密封面和阀座密封环上，也有可能在阀门开关过程中产生摩擦划痕，损伤密封面。由于阀芯密封面是堆焊镍基硬质合金，材质较硬，摩擦划伤更多发生在阀座密封环的软性材料上。密封面垫粘杂质与密封环损伤都会导致密封面接触不严密，形成内漏。

图 8　轨道球阀密封面冲刷

对于密封面垫粘杂质导致的内漏，可以利用阀门密封面自清洁功能，反复开关阀门，用高速流体冲刷密封面，清除垫粘杂质。密封面划痕损伤是不可逆的，只能拆解阀门更换阀座密封环。另外，还可以考虑在设备进口处设置过滤器，避免杂质进入系统。

（5）阀门组件运行磨损

轨道球阀的球体和阀杆开关过程中存在相对运动，长期运行后必然造成阀杆和球体销轴的磨损。流体的高速冲刷会导致阀杆盖衬套及阀腔顶部的磨蚀，造成球体轴心和阀杆轴心不同轴。阀杆在升降运动的同时还进行周向转动，尽管阀杆导轨和阀盖导向销加工得足够平整、光滑，但长期运行后仍不可避免存在变形、咬伤等情况。这些阀门组件磨损都会造成球体和阀座的匹配度降低，导致内漏。

上述磨损是难以避免的自然磨损，建议加强阀门的维护保养，通过阀杆的润滑油注油嘴，每年 2 次给阀杆轨道处注润滑油，以减少磨损，延长阀门的使用寿命。

3.2.2　阀门外漏

阀门外漏是指介质泄漏到阀门外，如阀体开裂泄漏、法兰泄漏、焊口缺陷、填料泄漏。

该类故障在加氢装置发生的相对较少，但一旦发生，后果比较严重，尤其是阀体泄漏。也有部分螺纹连接的接头部位有渗漏。2016 年高压加氢 D3105 安全阀底阀(轨道球阀)曾出现填料渗漏，后经在线注入填料后漏点消除。

3.2.3　阀门卡涩

阀门卡涩故障往往伴随着阀门内漏，对于有执行机构的阀门，可能是执行机构内部有损伤，也可能是介质带液带水发生冻凝。

炼油厂 58 台轨道球阀都是手动操作，当出现阀门卡涩时需要认真排查，不可野蛮操作。导致阀门卡涩关不严的原因有阀体内部因素和执行机构因素两种，内部因素可能介质脏有大块硬质东西卡在阀球和阀座之间没有被冲刷掉。润滑油加氢某台轨道球阀无法开关，检查后发现是扇形齿轮脱开所致。

4　炼油厂轨道球阀运行分析

4.1　炼油厂轨道球阀分布情况

炼油厂现有轨道球阀 58 台，分布于高压加氢、蜡油加氢和润滑油加氢装置，见附表 1。轨道球阀使用位置主要是压缩机系统，包括压缩机出入口管线上、安全阀入口管线、紧急泄压线上等关键部位，要求阀门关闭时密封性能良好，便于压缩机停机隔离维修。这些轨道球阀正常生产时，或全开、或全关，开关的频率较低，有的球阀甚至一个周期都处于关闭或打开的状态。

4.2　轨道球阀检修分析

轨道球阀一般每两个运行周期解体修理一次，或根据运行过程中发现有内漏或卡涩时，安排检修时进行处理，由于大部分是焊接阀门，只能在现场检修，所以对现场检修能力有较高要求。从历年检修状况来看，问题主要是阀芯密封面、阀座密封面有划痕、阀杆填料段有划痕等，需要研磨处理，对于划痕严重的部件进行更换，图9-图11是检修中的照片。

图9　阀腔内杂物

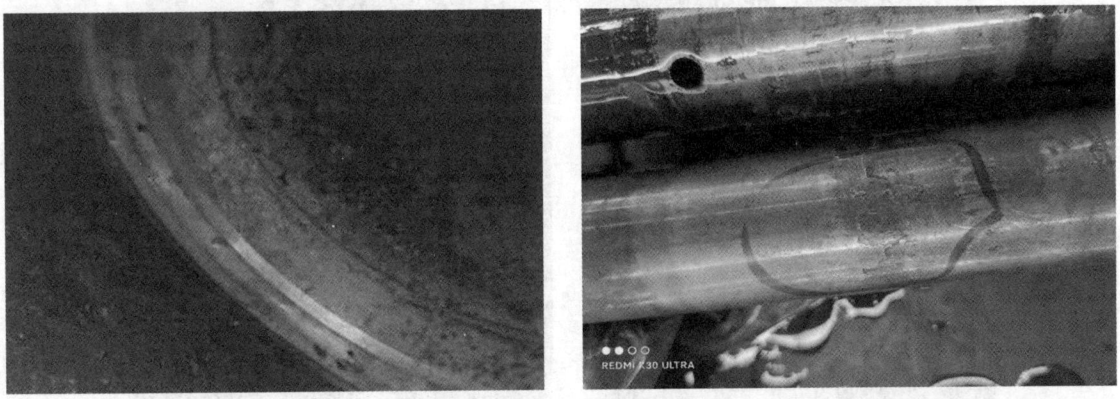

图10　阀座及阀杆腐蚀划痕

图11　阀座及阀杆腐蚀划痕

4.3　轨道球阀维护策略

4.3.1　完善高压阀门基础档案

（1）完善加氢装置轨道球阀和其它各类高压阀门台账。包括基础资料、维护记录和检修记录。

（2）做好阀门分级。根据阀门的使用部位，出现问题后的风险，维修难易程度，对阀门进行分级（ABC），针对不同级别采取不同维修策略。如轨道球阀主要布置在加氢装置循环氢压缩机出入口，新氢压缩机出口，反应器冷氢线以及紧急泄压管线等部位。此部位使用轨道球阀主要是因为该类球阀关闭严密，需要切出时能够保证不泄漏，一般情况下，新氢压缩机出入口部位的阀门有关闭检修的时候，其它部位的阀门在正常操作时很少关闭。还有一部分用在高压部位安全阀的副线上，一般处于关闭状态。

（3）加强培训，实现阀门的五懂五会五能。对各种类型的阀门要明白其结构、原理、性能和特殊性，用来指导阀门的日常的操作、维护和检修，做到有的放矢，不失修不过修，确保阀门正常安全运行。

4.3.2　日常操作及维护

加氢装置的轨道球阀日常开关很少，大部分位置的轨道球阀处于全开或全关位置，如新氢压缩机只有切换压缩机修理时才关闭阀门，一般情况下，单人手轮操作，不需要借助阀门扳手，日常维护量小。建议做好如下工作：

（1）日常检查阀门完整性，各类附件的完好、整洁，有无磕碰的情况。没有振动的部位可以1月1次；有振动的部位如压缩机有振动出入口管道上的轨道球阀，确定巡检频次，1周1次或1天1次，如润滑油加氢装置压缩机出口安全阀前及副线阀振动高，应增加巡检频次，并考虑风险采取降低振动的措施。

阀门的完整性，如润滑油加氢装置的轨道球阀缺乏开关指示杆。如手轮背母，注油嘴等。

图12　阀门排查情况

（2）齿轮箱注油，根据开关频繁程度1年检查一次。

（3）阀门轴承注油，根据开关频繁程度1年补充一次或两次。

（4）根据工艺条件允许情况，关注阀门开关松紧程度并记录，必要时记录开关力矩值，为制定检修策略做好准备。

4.3.3　阀门检修策略

按照阀门分级制定相应的检修策略。对于轨道阀门，由于是焊接阀，只能在线检修，除天津百诚外，建立可以在线维修厂商库。

（1）小修，每个检修周期，齿轮箱检查和换油等(4-5年)

检验策略：阀门本体及前后与管道焊缝着色检查。

（2）大修，A类阀门，两个检修周期完成一轮检修(8-10年)

更换易损件，轴承；阀球阀座研磨检验；更换填料。(此项按轨道球阀大修规程执行)，行程调试，整体开关调试，涉及到执行机构的按照相应的执行机构进行调试；

由于在线无法试压，大修验收参照规范执行。

检验策略：阀门本体及前后与管道焊缝着色检查；阀球、阀杆着色检验。其它必要的检验检测方法。

（3）更新，超过20年高压阀门根据使用状况及检修状态考虑更新；电动执行机构或气动执行机构更新按相应规范寿命执行。

5　结论

本文介绍了轨道球阀的原理、结构、优缺点，结合加氢装置介质特点说明轨道球阀的防腐蚀性、零部件材质的匹配性及工程应用中的问题。通过总结轨道球阀故障，提炼出轨道球阀的主要故障模式。结合炼油厂本次轨道球阀排查情况及历年的检修情况，提出轨道球阀，包括其他加氢装置高压阀门的日常维护策略和维修策略，为加氢装置高压阀门的运行提供支持。

参 考 文 献

[1] 网络信息

[2] 沈红杰，加氢裂化装置提升式轨道球阀的结构和特点，石油化工腐蚀与防护[J]，2009，26(5)，48

[3] 宋百维，谈谈加氢装置提升杆式球阀的选用，中国石油和化工标准与质量[J]，2012，10

[4] 刘醒愚、杨晓峰、宋文明，Orbit 轨道球阀在石化装置中的应用及故障分析，GM 通用机械[J]，2016，7，58

[5] 杨本祥，天然气脱水装置轨道球阀的故障分析，中国石油和化工标准与质量[J]，2014，5

[6] 刘醒愚，轨道球阀在合成氨装置中的应用及故障分析，炼油与化工[J]，2016，3

[7] 单祥，分子筛装置用 ORBIT 轨道球阀故障分析及处理，大氮肥[J]，2017，6

[8] 施伟明，卢海，黄赛荣，杨海峰，轨道球阀阀杆失效分析及结构改进，阀门[J]，2013，6

[9] 姚竞文，李保良．轨道球阀失效分析及国产化修复[J]．广东化工，2017，44(8)：193-194

[10] 网络信息

附表 1　炼油厂轨道球阀分布情况

序号	装置	位置	规格	数量
1	高压加氢	K3101A 出口线	DN100 CL1500	2
2	高压加氢	K3101B 出口线	DN100 CL1500	2
3	高压加氢	K3101C 出口线	DN100 CL1500	2
4	高压加氢	K3102 入口	DN300 CL1500	1
5	高压加氢	K3102 出口	DN300 CL1500	1
6	高压加氢	0.7 紧急泄压阀	DN_250 CL1500	2
7	高压加氢	1.4 紧急泄压阀	DN350 CL1500	2
8	高压加氢	R3101 冷氢线	DN150 CL1500	2
9	高压加氢	R3102 冷氢线	DN150 CL1500	4
10	高压加氢	D3105 安全阀底阀	DN150 CL1500	2
11	蜡油加氢	K6101A 出口线第二道手阀	DN150 CL900	1
12	蜡油加氢	K6101B 出口线第二道手阀	DN150 CL900	1
13	蜡油加氢	K6102 入口、出口手阀	DN300 CL900	2
14	蜡油加氢	0.7MPa/Min 紧急泄压阀前手阀	DN_200 CL900	1
15	蜡油加氢	0.7MPa/Min 紧急泄压阀副线手阀	DN_200 CL900	2
16	润滑油加氢	K301+302A/B 机出口，二、三、四级各安全阀副线，第一道手阀	2" CL1500	6
17	润滑油加氢	新氢至混氢，控制阀的前/后手阀	4" * 3" CL2500	2
18	润滑油加氢	循氢机 K102 出口，第二道阀	10" * 8" CL2500	1
19	润滑油加氢	循氢机 K102 出口，轨道球阀后的 2.5 氮气扫线至循环氢	3" * 2" CL2500	1
20	润滑油加氢	循氢机 K102 出口，至放空，前 2 道手阀	3" * 2" CL2500	2
21	润滑油加氢	循氢机 K102 入口，第一道阀	10" * 8" CL2500	1
22	润滑油加氢	循氢机 K102 入口，2.5 氮气扫线至循环氢双阀前/后处，各一道手阀	3" * 2" CL2500	2
23	润滑油加氢	处理单元 0.7MPa/min 紧急泄压第一道阀	6" * 4" CL1500	1
24	润滑油加氢	处理单元 1.4MPa/min 紧急泄压第一道阀	8" * 6" CL1500	1
25	润滑油加氢	处理单元废氢排放控制阀副线，前二道手阀	3" * 2" CL1500	2
26	润滑油加氢	处理单元氢气系统抽真空第一道阀	4" * 3" CL1500	2
27	润滑油加氢	处理单元冷氢控制阀前/后手阀(R101 二床层入口、R102 一/二/三/四床层入口)	4" * 3" CL2500	10

100万吨/年蜡油催化裂化装置DPC碱催化技术工业试验研究

姬　勇　郭泓桥

（中国石油乌鲁木齐石化公司）

摘　要　通过在中国石油乌鲁木齐石化100万吨/年蜡油催化裂化装置进行原油直接制化学品(COTC)碱催化技术的工业试验，考察碱性催化剂对加氢蜡油掺炼预处理蜡油及非加氢焦化蜡油加工的工业化效果。试验结果表明：与酸催化技术相比，碱催化技术表现出高的LPG产率和低碳烯烃产率、低焦炭产率及干气产率。液化气、丙烯及丁烯+异丁烯收率分别提高2.72w%、1.57w%和1.93w%；汽油RON值提高2.32，柴油收率增加1.91%，生焦率降低0.03%。同时，通过对汽油组分分析，汽油芳烃含量明显降低，烯烃含量显著增加。柴油组分多环芳烃含量下降2.6%。油浆组分饱和烃含量略有降低，芳烃含量有所增加。

关键词　催化裂化；碱催化技术；工业试验

1　前言

在清洁能源需求日益增长，石油需求及油品消费不断下降的背景下，炼油企业亟需向化工转型已经成为不可扭转的趋势。原油蒸汽裂解、催化裂解和DPC碱催化等技术是原油直接制化学品(COTC)技术的主流工艺。其中，碱催化技术由于具有高的LPG收率、焦炭收率低、三烯(乙烯、丙烯和丁烯)和BTX(苯、甲苯、二甲苯混合物)含量高等特点得到研究者的广泛关注。本文通过在中国石油乌鲁木齐石化100万吨/年蜡油催化裂化装置采用碱催化技术加工加氢蜡油掺炼预处理蜡油及非加氢焦化蜡油，考察碱催化技术适用性和产品分布及产品收率，并对碱催化技术的发展提出技术展望。

2　试验条件及方法

本文采用中国石油乌鲁木齐石化100万吨/年蜡油催化裂化装置于2022年3月进行DPC催化剂工业试验研究。为真实、客观的评价DPC催化剂在装置运行期间的各项工艺运行条件及产品分布情况，该装置于2月28日周一10：00开始按DPC催化剂加注要求，再生器卸平衡剂5吨，一次性补加DPC催化剂3吨，后续按照方案持续加注，3月7日停止加注DPC催化剂，2月28日至3月7日共加剂18吨，DPC催化剂占系统催化剂总藏量约5%。装置于2022年3月7日11：00－3月9日11：00进行DPC催化剂工业试验标定。

2.1　*原料性质*

该催化裂化装置原料采用加氢蜡油掺炼预处理蜡油及非加氢焦化蜡油。具体原料性质见表1。

表1　原料油性质

项目	计量单位	空白期(2月25日至27日)	标定期(3月7日至3月9日)
硫含量	%(m/m)	0.16	0.14
运动粘度(100℃)	mm^2/s	4.51	4.06
初馏点	℃	223.80	217.50
终馏点	℃	498.00	502.00
全馏	mL	97.20	97.00
酸值	mgKOH/g	0.98	0.97
运动粘度(50℃)	mm^2/s	16.57	15.48
残炭	%(m/m)	0.03	0.04
密度(20℃)	kg/m^3	882.06	886.48
氯含量	mg/kg	0.50	0.50

续表

项目	计量单位	空白期(2 月 25 日至 27 日)	标定期(3 月 7 日至 3 月 9 日)
铁含量	mg/kg	1.40	1.40
镍含量	mg/kg	0.12	0.12
钒含量	mg/kg	0.00	0.00
钙含量	mg/kg	0.54	0.65

由表 1 可以看出，加 DPC 催化剂前后，原料重金属铁、镍、钒含量及非金属氯含量无明显变化，钙含量由 0.54mg/kg 增加至 0.65，硫含量由 0.16%(m/m)将至 0.14%(m/m)。原油密度由 882.06kg/m^3 增加至 886.48kg/m^3，残炭含量由 0.03%(m/m)增加至 0.04%(m/m)。综上所述，加 DPC 催化剂前后，原料性质有所变重，相应增加了原料的处理难度。

2.2 运行条件

为保证试验条件的客观、准确性，在装置加注 DPC 催化剂前后，工艺操作条件无明显变化，装置运行操作维持稳定。由于加注 DPC 催化剂后气体产率明显增加，工艺操作上进行了相应调整，以维持装置平稳安全运行。具体操作运行参数及工艺运行操作对比情况见表 2，表 3。

表 2 操作运行参数

时间	2.28	3.1	3.2	3.3	3.4	3.5	3.6	3.7	3.8 白	3.8 夜	3.9 白
反应温度	497	495	489	487	489	487	487	491	491	488	488
油浆回炼量	9.5	9.5	9.5	9.7	9.4	9.4	10	9.6	9.2	9.6	10.4
回炼油量	20	22	24	24	23	24	24	23	25	26	25
一密床温	669	662	664	665	661	663	663	660	660	656	657
二密床温	699	711	706	712	702	708	706	709	706	710	709
再生器氧含量	3.6	3	3.5	3	304	2.8	3	3	2.8	2.7	2.9
反应压力	163	164	164	164	163	165	165	165	164	164	165
再生器压力	167	166	166	166	166	167	167	167	167	167	168
分馏塔液相温度	347	345	340	351	348	349	347	346	352	347	348
分馏塔气相温度	353	350	345	357	353	354	352	351	356	352	354
分馏塔中部温度	233	233	233	230	230	232	235	235	233	235	237
分馏塔顶温度	115	113	114	114	114	115	114	113	113	113	114
分馏塔压力	117	116	116	119	116	116	113	112	114	111	115
稳定塔底温度	162	163	160	160	161	161	162	162	161	162	162
稳定塔压力	988	995	995	1022	1008	1014	1018	1020	1006	1020	1020

表 3 工艺运行操作对比

项目	单位	空白期(2 月 25 日至 27 日)	标定期(3 月 7 日至 3 月 9 日)
原料性质	—	非加氢焦蜡油 10%+常蜡油 90%	加氢焦蜡油 13%+常蜡油 87%
加工量	t/h	110	110
新鲜催化剂单耗	千克/吨原料	0.37	0.36
反应温度	℃	496	487
汽提段藏量	t/m^2	4.2	4.2
一密藏量	t	14.5	14.5
二密藏量	t/m^2	0.15	0.15
原料预热温度	℃	255	255
雾化蒸汽	t/h	3.3	3.3

续表

项目	单位	空白期(2月25日至27日)	标定期(3月7日至3月9日)
汽提蒸汽	t/h	2.8	2.8
反应压力	kPa	166	165
再生压力	kPa	168	167
吸收塔顶压力	kPa	976	970
吸收塔顶温度	℃	39	39
解析塔顶温度	℃	51	51
解析塔顶压力	kPa	1020	1025
解析塔底温度	℃	122	123
稳定塔顶温度	℃	58	58
稳定塔顶压力	kPa	975	975
稳定塔底温度	℃	162	163

由上表可以看出，由于加注 DPC 催化剂后，气体产率明显增加，导致气压机运行负荷较高，影响装置安全平稳生产，因此工艺操作上进行适当调整，反应温度降低 9℃，油浆全回炼，回炼量较加剂前增加 3t/h，回炼油量较加剂前增加 5t/h，其它主要参数和操作条件基本维持稳定。

3 试验结果及分析

3.1 产品分布及收率

在装置加注 DPC 催化剂前后，产品分布及组成发生了明显的变化，具体数据见图 1-4。

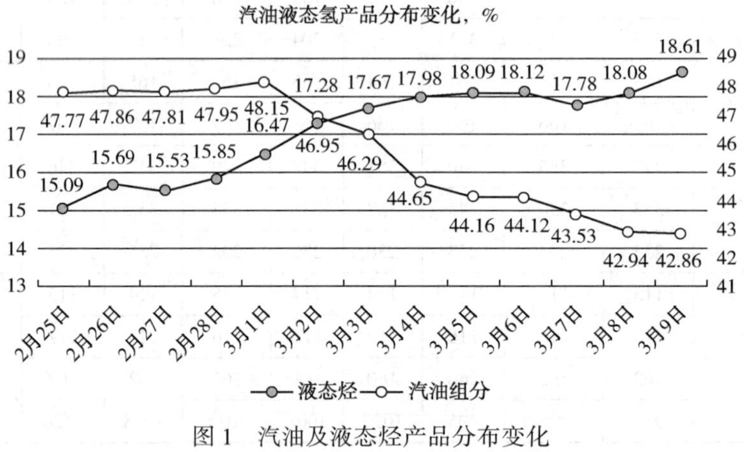

图 1　汽油及液态烃产品分布变化

图 2　柴油和生焦变化情况

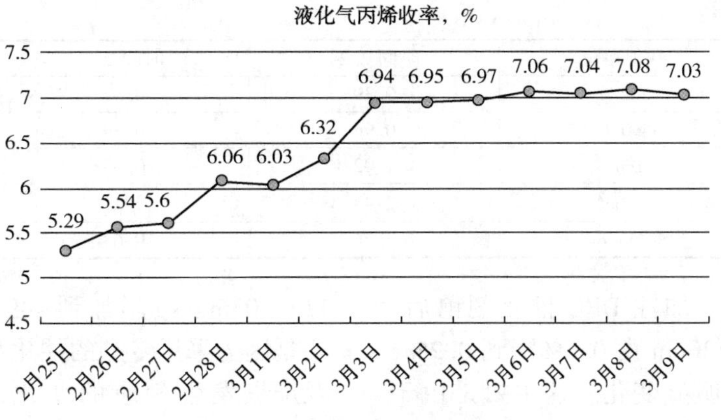

图 3　丙烯收率变化情况

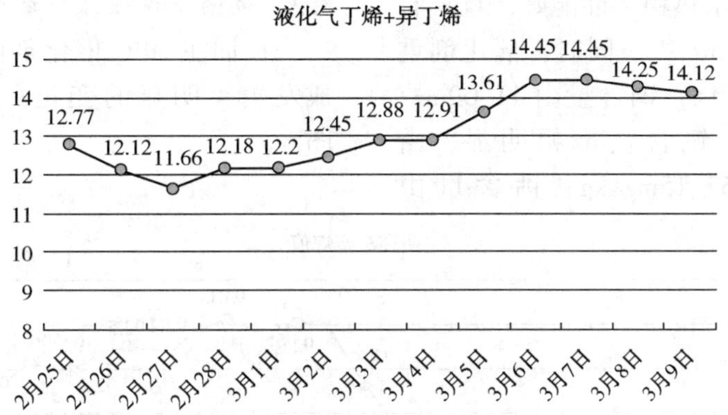

图 4　丁烯+异丁烯变化情况

由以上统计数据可以看出，在加注 DPC 催化剂前后，液化气收率明显增加，增幅 2.72%；汽油收率大幅下降，降幅 4.70%；柴油收率大幅提升，升幅 1.91%；丙烯收率增加显著，增幅 1.57w%；丁烯+异丁烯收率大幅增加，增幅 1.93%；焦炭产率明显降低，降幅 0.04%。

出现以上产品分布变化，主要是由于 DPC 碱催化技术与酸催化技术在原料油提升管反应过程中发生的化学反应类型有明显差异。酸催化技术主要是正碳离子反应，氢转移反应及芳烃缩合反应特征较为明显，而碱催化技术是负碳离子反应，无氢转移反应与芳烃缩合反应的特征，催化裂化反应占主导地位，汽油产品进一步转化为气体产品，由此造成产品分布上的显著差异。

3.2　平衡催化剂分析

装置加注 DPC 催化剂前后，平衡催化剂金属含量及相关理化分析见表 4。

表 4　平衡催化剂性质分析

项目	数值单位	时间 2.24	时间 3.3	时间 3.10
铁	mg/kg	2310.07	2368.83	2271.25
镍	mg/kg	191.8	220.46	180.82
铜	mg/kg	11.09	12.75	135.51
钒	mg/kg	114.09	144.16	1057.15
钙	mg/kg	1135.03	1237.71	2491.39
粒级<20um	%(v/v)	0.6	0.8	0.2
粒级≥20-<40um	%(v/v)	11	12.9	11.97
粒级≥40-<80um	%(v/v)	57.3	57.4	55.5
粒级≥80-≤110um	%(v/v)	16.7	15.8	17.7
粒级>110um	%(v/v)	14.4	13.1	15.6
钠	mg/kg	2597.37	2790.5	2650.36
三氧化二铝	%(m/m)	52.31	51.28	51.15

续表

项目	数值单位	时间 2.24	时间 3.3	时间 3.10
孔体积	mL/g	0.39	0.37	0.37
沉降密度	g/mL	0.96	0.89	0.91
压降密度	g/mL	1.02	0.98	0.98
骨架密度	kg/m^3	2748	2731	2712
灼烧减量	%(m/m)	0.6	0.63	0.42

从上表可以看出，加注 DPC 催化剂前后，催化剂粒径筛分组成<20um 由 0.6%降到 0.2%，其他粒径筛分组成无明显变化。这主要是由于 DPC 碱催化技术采用专利载体和碱性活性组分的碱催化剂，专利载体水热稳定性能好，且具有较高的比表面积和孔体积[3-4]。同时，催化剂重金属含量也有显著的变化，铜含量由 11.09mg/kg 增至 135.51mg/kg；钒含量增幅明显，由 114.09mg/kg 增至 1057.15mg/kg；钙含量由 1135.03mg/kg 增加到 2491.39mg/kg。这可能主要是因为采用专利的催化剂造成相关的催化反应及烧焦发生相应的变化，导致金属含量产生变化。

3.3 汽油辛烷值及组成分析

在加注 DPC 催化剂前后，汽油辛烷值及组成发生了明显的变化，具体分析数据见图 5，图 6。

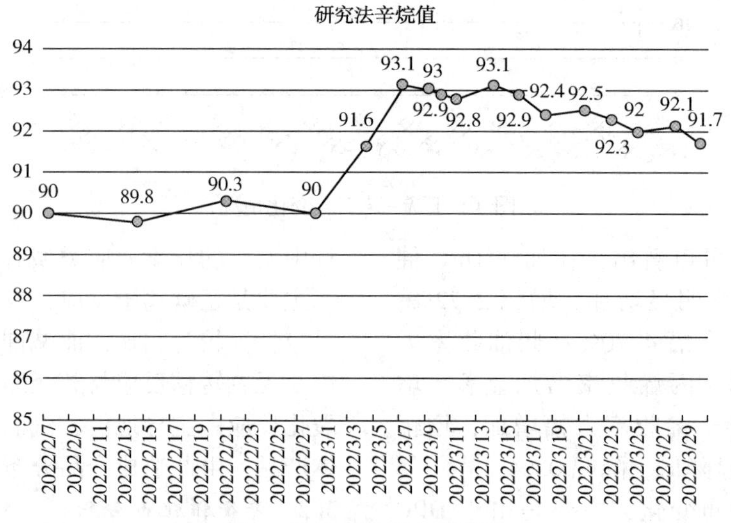

图 5　汽油辛烷值变化情况

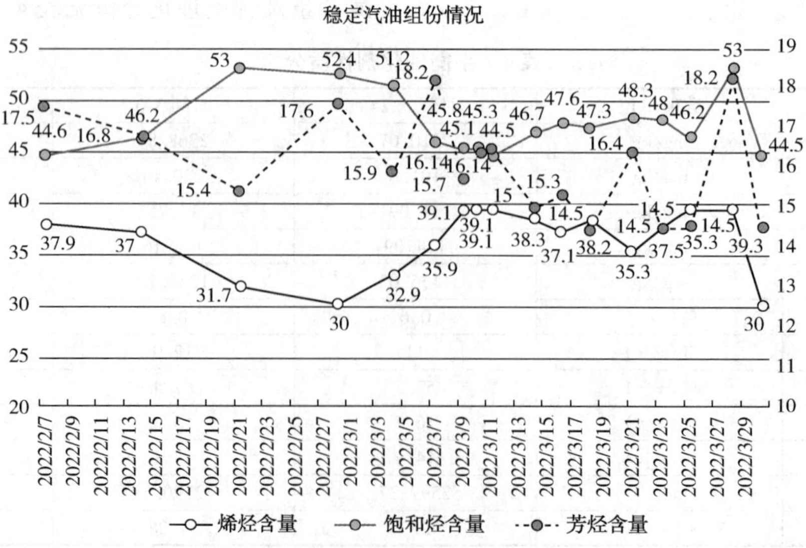

图 6　汽油组分变化情况

由上图可以看出，在加注 DPC 催化剂前后，汽油辛烷值有明显的提升，RON 均值由 90.03 提高至 92.35，最高值可达 93.1。同时，汽油组分表现出芳烃含量明显降低，饱和烃略有降低，烯烃含量明显上升。这主要是由于 DPC 碱催化剂具有特殊的反应选择性，催化裂化反应占主导，无氢转移反应。

3.4 柴油馏程及多环芳烃含量分析

在加注 DPC 催化剂前后，针对柴油馏程及多环芳烃含量进行分析，具体数据见表 5，图 7。

表 5 柴油馏程分析

	初馏点	50%馏出温度	90%馏出温度	终馏点
2-27	175	264	322	350
2-28	178	263	324	352
3-1	180	269	328	353
3-2	183	269	325	349
3-3	183	266	317	339
3-4	181	265	321	350
3-5	180	267	324	346
3-6	188	273	327	348
3-7	189	274	328	351
3-8	187	270	329	350
3-9	184	270	324	346
	183.3	268.6	324.7	348.4

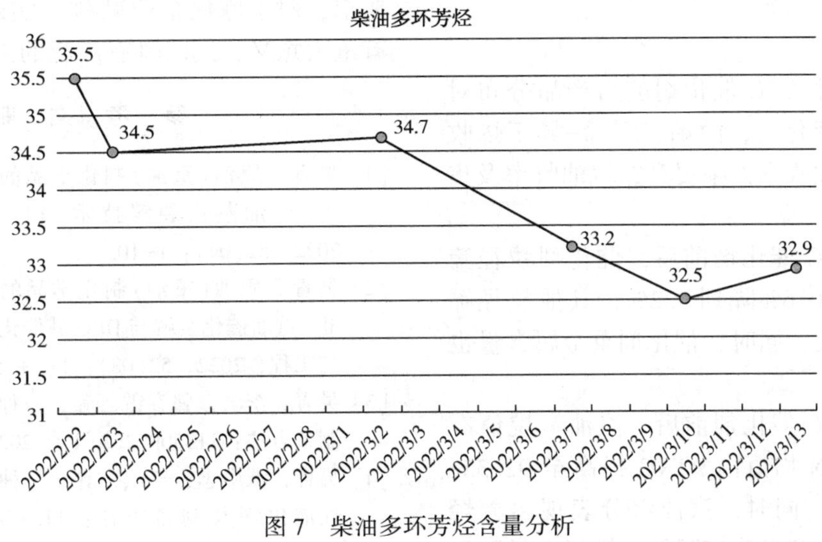

图 7 柴油多环芳烃含量分析

由上述图表可以看出，柴油初馏点提高了 8.3℃，终馏点降低了 1.6℃，多环芳烃含量由 35.5%降低至 32.9%。这说明柴油组分相对变轻了，主要是由于采用的专利 DPC 碱催化剂具有特殊的反应选择性，其无氢转移反应和芳烃缩合反应特性，由此可能导致柴油组分多环芳烃含量相对降低，饱和分及不饱和分含量相对增加。

3.5 油浆四组分及馏程分析

在加注 DPC 碱催化剂前后，针对油浆四组分及馏程进行了采样分析，具体数据见表 6，7。

表 6 油浆四组分分析

采样时间	饱和烃	芳烃	胶质	沥青质
2022/2/16	22.5	77.5	<0.1	<0.1
2022/2/25	35	65	<0.1	<0.1

续表

采样时间	饱和烃	芳烃	胶质	沥青质
2022/3/1	30.3	69.7	<0.1	<0.1
2022/3/16	33.8	66.2	<0.1	<0.1
2022/4/1	34.6	65.4	<0.1	<0.1

表7　油浆馏程分析

项目	油浆			
	密度	初馏点	365℃馏出量	固含量
	kg/m³	℃	mL	g/L
2022-01-01 12：00：00	1016	209	9	2.85
2022-02-01 12：00：00	1011.5	196	11	1.78
2022-03-09 12：00：00	1002	246	4.5	1.98

由上表可以看出，油浆芳烃含量增加，饱和烃含量降低，同时油浆密度显著降低，由1011.5kg/m^3 降至 1002kg/m^3，初馏点增加50℃，365℃馏出量降低6.5mL。由此可以看出油浆组分相对变重，但密度由于饱和烃的降低而降低了。

4　结论

（1）通过加注DPC催化剂前后产品分布对比，研究发现，液化气、丙烯、丁烯+异丁烯收率明显增加，柴油收率大幅提升，汽油收率及焦炭产率明显降低。

（2）加注DPC催化剂前后，催化剂粒径筛分组成<20um由0.6%降到0.2%，其他粒径筛分组成无明显变化。同时，催化剂重金属含量也有显著的变化。

（3）加注DPC催化剂前后，汽油辛烷值有明显的提升，RON均值由90.03提高至92.35，最高值可达93.1。同时，汽油组分表现出芳烃含量明显降低，饱和烃略有降低，烯烃含量明显上升。

DPC碱催化技术创新性强，具有特有的负碳离子反应，根据装置工业运行试验结果可以看出，其与酸催化相比，表现出高的LPG产率和低碳烯烃产率、低焦炭产率及干气产率。“减油增化”效果显著，同时对装置工艺操作无需特殊要求，对于炼化企业减排、实现“双碳”目标具有重大意义，同时具有广泛的工业化应用前景。

参　考　文　献

[1] 吴青．原油(重油)制化学品的技术及其进展——Ⅰ．原油蒸汽裂解技术[J]．炼油技术与工程，2022，52(04)：1-10.

[2] 吴青．原油(重油)制化学品的技术及其进展——Ⅱ．重油催化裂解与DPC碱催化技术[J]．炼油技术与工程，2022，52(08)：1-7+15.

[3] 吴青，李滨，郭春雷，等．一种固体碱催化剂及其制备方法：113509925A[P]．2021-10-19.

[4] 吴青，臧甲忠，李滨，等．一种高活性耐水热稳定性催化剂及制备方法：113477247A [P]．2021-10-08.

HZSM-5在催化裂化轻汽油非临氢改质中催化性能研究

张　力　徐亚荣　刘　键

（中国石油乌鲁木齐石化公司研究院）

摘　要　以HZSM-5分子筛为催化剂，在50ml固定床催化剂评价装置上对催化裂化汽油进行非临氢改质反应试验研究，详细考察了反应温度、重时空速、反应压力以及载气类型对催化裂化汽油改质过程的影响。试验结果表明，温度、空速对反应影响较大，随着反应温度的升高，液相产物中的烯烃含量呈下降趋势，当反应在低温区260~360℃，烯烃主要发生异构化反应，液相产物中的异构烷烃含量随着反应温度的升高而升高，当反应在高温度区360~420℃时，烯烃主要发生芳构化反应，异构烷烃含量开始降低，芳烃含量增加较快。增大反应空速，催化剂降烯烃的效果变差，原料汽油中的烯烃改质反应主要发生裂化反应。载气为水蒸汽时可以进一步降低液相产物中的烯烃含量，也有利于气相产物中丁烯进一步裂解，尤其是在高温反应区，可以提高乙烯及H_2的选择性。

关键词　催化裂化汽油；HZSM-5；催化改质；烯烃；异构化反应；芳烃化反应

油品质量升级速度的加快，推动了我国催化裂化（FCC）汽油降烯烃技术的快速发展。车用汽油国ⅥB要求硫含量≤10ppm，烯烃含量≤15v%，芳烃≤35v%，苯≤0.8v%。我国车用汽油中催化裂化汽油所占比例高达70%左右，其烯烃体积分数一般可达45%~60%，直接加氢饱和的方法能够降低FCC汽油中的烯烃含量，但同时也会造成大量的辛烷值损失。降低催化裂化汽油的硫和烯烃含量，又能很好地保持辛烷值，已经成为油品清洁化技术研究的方向。异构烷烃和芳烃是汽油的高辛烷值组分，将FCC汽油中的烯烃转化为异构烷烃，或者将烯烃转化为芳烃，既能有效降低FCC汽油的烯烃含量，又能保持汽油辛烷值[4-7]。HZSM-5沸石催化剂是一种有较高选择性和较好耐热性的催化剂，广泛用于催化裂化和烷基化等石油化工领域。HZSM-5也是烯烃催化异构化、芳构化反应以及裂解制低碳烯烃技术研究常用的催化剂。本文研究了HZSM-5在催化裂化轻汽油非临氢改质中的催化性能。

1　轻汽油降烯烃改质机理

从催化裂化窄馏分烯烃组成碳数分布来看：催化裂化汽油中的烯烃主要集中在汽油轻馏分中，≤70℃馏分烯烃以C_5，C_6烯烃为主；70~90℃馏分烯烃以C_6，C_7烯烃为主；90~110℃馏分烯烃以C_7烯烃为主；110~120℃馏分烯烃以C_7烯烃为主，C_8烯烃次之。约90%的烯烃集中在≤120℃的轻馏分中，其中≤70℃含有约50%的烯烃，70~90℃的轻馏分含有约17%的烯烃，90~100℃的轻馏分含有约10%的烯烃，100~110℃的轻馏分含有约8%的烯烃，110~120℃的轻馏分含有约5%的烯烃。

在改质催化剂作用下轻汽油中的$C_5^=$、$C_6^=$发生异构化和芳构化反应。Abbot等发现$C5^+$烯烃异构化机理是单分子反应为主导地位的，随碳数增加，烯烃在HZSM-5上的催化反应由双分子过程和单分子过程并存逐渐过渡到单分子反应占主导，Mäurer等研究了1-戊烯在SAPO、Co APO（AEL，AFI）和HZSM-5分子筛上的异构化反应，他们指出，1-戊烯异构化过程发生双键异构、骨架异构、裂化、二聚（或齐聚）、氢转移等反应。

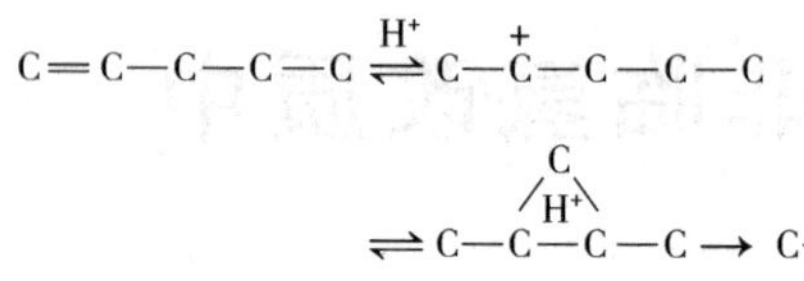

图 1　1-戊烯异构化单分子反应过程

Lukyanov 等对低碳烯烃在分子筛催化剂上芳构化的混合聚合历程进行了归纳(图 2)，他们指出，低碳烯烃芳构化主要包括两部分：①烯烃的快速相互转化；②烯烃的芳构化。这两个过程都是基于正碳离子机理的酸催化反应，烯烃的相互转化包括烯烃异构化、齐聚和裂化；烯烃芳构化(强酸催化的条件下)包括聚合、异构化、环化和氢转移等步骤。烯烃混合聚合过程中，两个烯烃之间通过氢转移反应形成芳烃，正碳离子(二烯吸附在质子酸位)是芳构化反应的第一步；烯烃正碳离子很容易通过环化生成环烯；然后环烯与环二烯通过大量的氢转移反应生成芳烃，同时也生成低碳饱和烃。

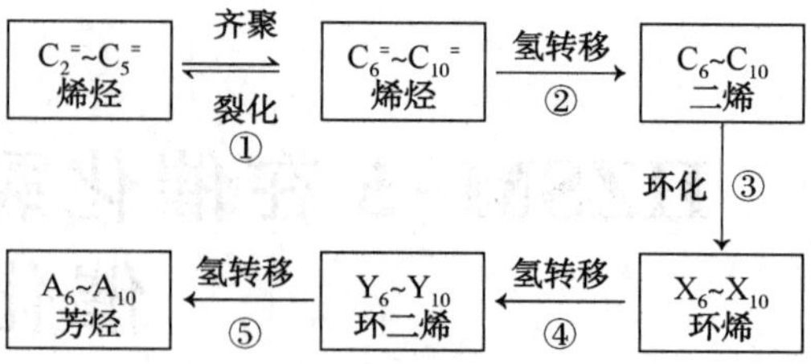

图 2　烯烃在 HZSM-5 分子筛催化剂上的芳构化反应路径

少于六个碳烯烃反应历程是先聚合，再发生裂化、氢转移、芳构化等反应，或直接发生异构化、氢转移反应生成异构烷烃；多于六个烯烃的改质反应主要是催化裂化反应和芳构化反应，生成的小分子烯烃再发生叠合异构化、氢转移等反应，催化裂化汽油中大量烯烃在催化裂化催化剂上转化生成异构烷烃、芳烃，从而保证了反应后汽油辛烷值基本不变或略有升高。

2　实验部分

2.1 实验原料

本实验采用催化裂化轻汽油为原料，其详细族组成见表 1。

表 1　催化裂化轻汽油族组成性质

序列	环烷烃 N	异构烷烃 I	正构烷烃 P.	环烯烃 O	烯烃 O	芳烃 A
4	—	0.06	0.20	—	1.92	—
5	0.37	34.52	4.37	1.41	49.78	—
6	3.53	—	0.02	0.05	3.08	0.05
7	—	—	—	0.01	—	0.07
8	—	—	—	—	—	0.01
9	0.02	—	—	0.01	—	—
10	—	—	—	0.07	—	0.01
11	—	—	—	—	—	—
12+	—	0.11	—	—	—	0.31
Poly	0.01	—	—	—	—	—
Total	3.93	34.70	4.60	1.55	54.78	0.45

2.2　催化剂制备

采用天津南开大学催化剂厂生产的 NaZSM-5($SiO_2/Al_2O_3=270$)原粉，用 NH_4Cl 交换成氢型。NaZSM-5($SiO_2/Al_2O_3=270$)与 1mol/L 的 NH_4Cl 按质量比为 1：10 在 85℃下充分搅拌 3 小时后，混和物经过抽滤、洗涤、干燥后，在 550℃下焙烧 6h，制得 HZSM-5 分子筛原粉。将 HZSM-5 分子筛原粉与拟薄水铝石按质量比 6：

4进行机械混合，加入质量百分数为2~3%(以分子筛计)的田箐粉及适量浓度为2~4%HNO_3溶液，混合均匀后进行挤条、干燥，在550℃下焙烧6h，得到HZSM-5分子筛催化剂。催化剂粉碎筛选取20~40mesh作催化剂。将HZSM-5分子筛催化装填在固定床反应装置上，通入水蒸汽，在520℃下老化6h后，用氮气将催化剂内的水分吹干，得到老化的HZSM-5分子筛催化剂。

2.3 催化剂评价

在50ml固定床评价装置上进行轻汽油非加氢改质反应的研究。催化剂装填量35g，原料汽油馏份经过计量泵以稳定的流量抽出后与载气(N_2或水蒸汽)混合进入预热器、反应器，升温至反应温度后进入催化剂床层进行改质反应。反应产物经冷凝后分为气相产物和液相产物两部分，液相产物采用AglientGC-7890气相色谱分析仪和多维色谱汽油分析仪PONA方法分析族组成，气相产物经气体流量计测定体积后用Aglient7890气相色谱仪分析。

AC公司生产多维气相色谱仪M4，由Agilent7890B气相色谱仪、FID检测器、7个六通阀、独立色谱柱加热区、吸附阱和不同类型色谱柱组成。AglientGC-7890气相色谱分析仪配有相关毛细管柱及填充柱，用FID氢火焰离子化检测器进行分析。

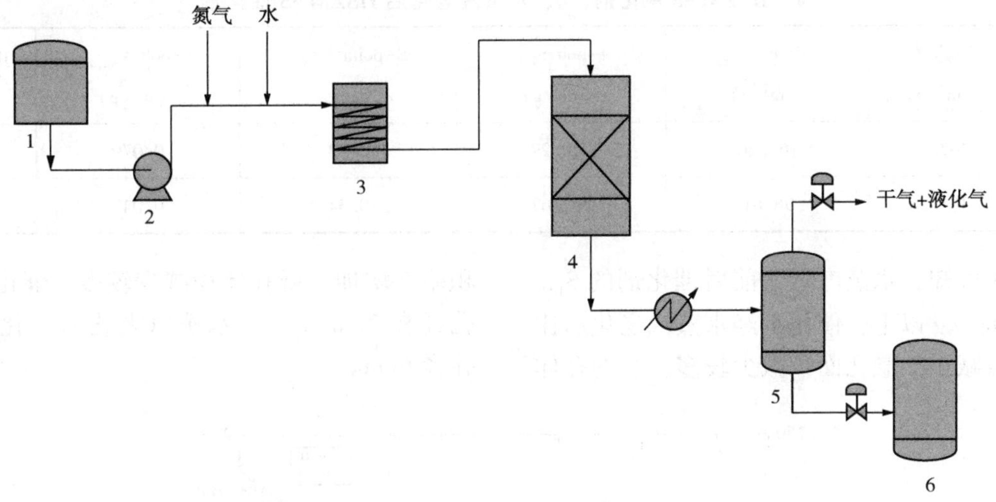

图1 实验装置工艺流程简图

1—原料罐；2—原料泵；3—预热器；4—反应器；5—气液分离罐；6—液相产品罐

2.4 催化剂表征

采用美国公司的化学吸附物理吸附分析仪进行分析NH_3-TPD。采用美国Micromeritics公司的ASAP2460型多功能吸附仪(氮气物理吸附(N_2 adsorption-desorption)法)对各分子筛样品的比表面积和孔径及孔结构进行分析。根据吸附等温线，通过Brunauer-Emmet-Teller(BET)方程计算出样品的比表面积，采用Barret-Joyner-Halenda(BJH)法得到相应的孔体积和孔径等情况，t-plot法计算出分子筛的外比表面积。

2 结果与讨论

2.1 催化剂表征分析

利用化学吸附(NH_3-TPD)对HZSM-5催化剂水蒸汽老化(520℃，6h)前后的酸性质进行了表征，结果如图2所示。

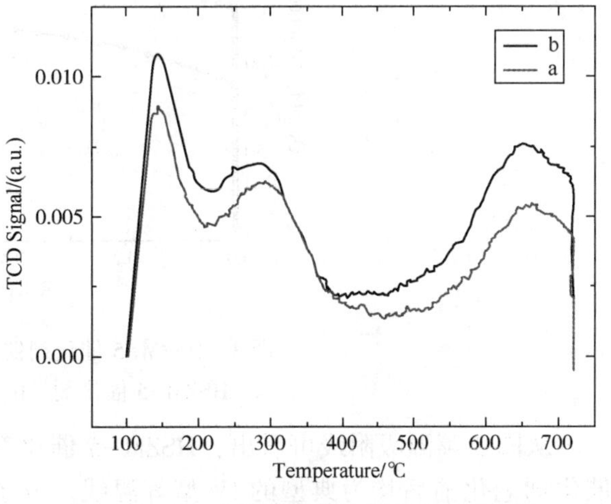

图2 HSZM-5催化剂催化剂NH_3-TPD图

a、HSZM-5催化剂，b、水蒸汽老化后HSZM-5催化剂

表 2　HSZM-5 催化剂酸量分布

催化剂编号	弱酸量/（cm^3/g）	弱酸量/（μmol/g）	弱酸峰位置/℃	中强酸量/（cm^3/g）	中强酸量/（μmol/g）	中强酸峰位置/℃	总酸量/（μmol/g）
a	2.121	94.69	140.3	0.848	37.86	287.4	132.54
b	2.578	115.09	146.7	3.680	164.29	298.5	279.38

从图 2 中可以看出，在 NH_3-TPD 曲线上，两个样品均呈现两个明显的脱附峰，290℃以下的 NH_3脱附峰温度为弱酸中心，290～500℃的脱附峰温度为中强酸中心。表 2 为各分子筛对应的酸量分布，催化剂经水蒸汽老化后，双峰的峰位置均相对向右有一点点偏移。

使用 N_2物理吸附法对两种催化剂进行了表征，表 3 为其对应的基本物理性质。

表 3　HSZM-5 催化剂催化剂老化前后物理性质

a、HSZM-5 催化剂，b、水蒸汽老化后 HSZM-5 催化剂

催化剂	S_{BET}/（m^2/g）	t-Polt S_{micro} /（m^2/g）	t-polt S_{Ext} /（m^2/g）	S-point V_{Total} /（cm^3/g）	t-polt V_{micro} /（m^2/g）	BJH Pore Size/ /nm
a	367.77	163.66	220.27	0.33	0.079	7.02
b	361.28	98.61	262.67	0.34	0.047	6.03

由表 3 可知，水蒸汽老化前后催化剂的 S_{BET}值均在 360m^2/g 以上，催化剂经水蒸汽老化后比表面积略微减小，微孔面积减少较多，总的孔体积略有增加，微孔体积减少较多，催化剂的平均孔径在 7nm 左右，水蒸汽老化后催化剂的平均孔径 6nm。

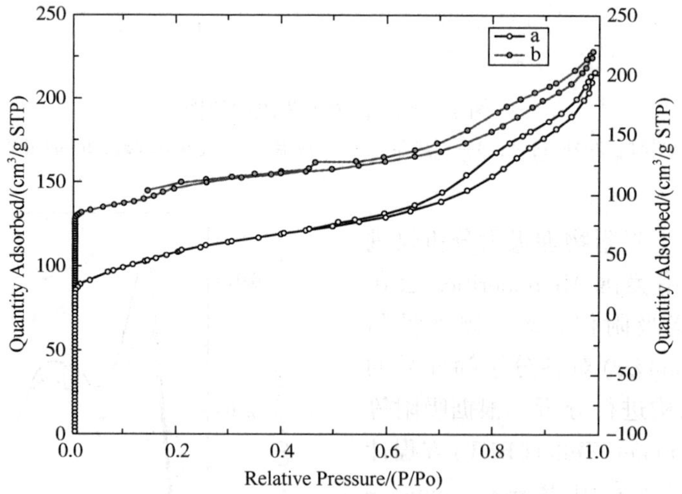

图 3　HSZM-5 催化剂催化剂老化前后等温吸附平衡曲线

a、HSZM-5 催化剂，b、水蒸汽老化后 HSZM-5 催化剂

从图 3 等温吸附线可看出，HSZM-5 催化剂催化剂老化前后均为典型的 IV 型等温线。分子筛含有微孔；在 $P/P^0>0.8$ 以上吸附曲线有上升趋势，说明存在大于 2nm 的孔。在 $P/P^0>0.5$ 处均存在不同程度的滞后环，说明有部分介孔生成。

2.2　不同反应条件对催化剂性能的影响

2.2.1　反应温度

在常压、空速 1.5h^{-1}，载气为 N_2，考察不同反应温度下的催化剂性能，其结果见表 4。

表4　不同反应温度下液相产物性质

温度/℃ 组分 v,%	原料	280℃	300℃	320℃	340℃	360℃	380℃	400℃	420℃
芳烃	6.768	7.43	7.456	9.499	11.811	14.159	22.039	25.819	30.529
烯烃	45.928	39.478	36.437	22.815	13.33	11.965	10.368	10.387	11.022
正构烷烃	3.95	5.847	5.926	9.166	11.246	10.144	9.348	8.679	7.418
异构烷烃	30.965	34.103	35.286	41.184	45.367	44.758	43.625	41.591	38.386
环烷烃	11.808	12.339	13.727	16.02	17.219	18.15	13.907	12.808	11.928

从表4中可以看出，随着反应温度的升高，液相产物中的烯烃含量呈下降趋势，反应温度在300~340℃时，油相中烯烃含量降低较快，反应温度在360℃以上，油相中的烯烃含量降低较缓。

随着反应温度的升高，液相产物中的芳烃含量为增加趋势，反应温度大于360℃以上，芳烃含量增加较快；液相产物中的异构烷烃含量随着反应温度的升高，当反应温度大于340℃以上，异构烷烃含量开始降低。当反应在低温区260~360℃，烯烃主要发生异构化反应，当反应在高温度区360~420℃时，烯烃主要发生芳构化反应。

不同反应温度下，烯烃的转化率见图4。

随着反应温度的升高，原料汽油中烯烃转化率由17.89%提高到81.69%，反应温度在340℃以上，原料汽油的烯烃转化率在74.27%~81.69%，液相产物中的烯烃含量低于20%，较合适的初始反应温度为340℃。

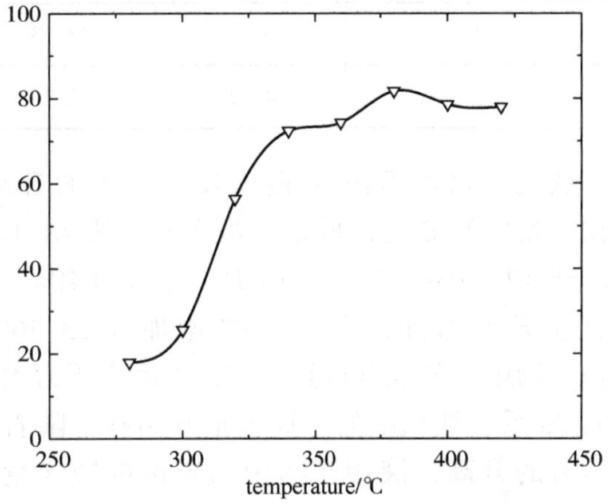

图4　不同反应温度下，原料汽油馏分中烯烃的转化率

2.2.2　重时空速的影响

在常压、反应温度360℃、载气为N_2，考察不同反应空速下的催化剂性能，其结果见表5。

表5　不同空速下液相产物性质

温度℃ 组分 v,%	原料	0.8	1.6	2.0	2.3	2.6
芳烃	9.63	32.52	27.15	14.70	12.61	9.12
烯烃	36.68	6.79	8.81	22.03	26.27	34.30
正构烷烃	3.45	4.86	4.52	4.02	3.49	3.22
异构烷烃	37.16	37.45	38.27	38.07	36.72	34.59
环烷烃	13.04	18.38	21.25	21.17	20.24	18.21

从图4中可以看出，随着反应空速的增大，液相产物中的烯烃含量呈上升趋势，增大反应空速，催化剂降烯烃的效果变差，空速增加到2.6h^{-1}时，液相产物中的烯烃含量与原料汽油中的烯烃含量基本一致，催化剂失活。

随着反应空速的增大，液相产物中的芳烃含量呈下降趋势，原料汽油中烯烃的异构化反应不明显。

随着反应空速的增加，气相中的烯烃体积含量由47.74%增加到96.24%。增大反应空速，原料汽油中的烯烃改质反应主要发生裂化反应，气相产物中烯烃选择性高，由于气相质量收率低，增大反应空速，气相产物中低碳烯烃质量收率仍会较低。

2.2.3 反应压力

在反应温度 360℃、空速 1.5h^{-1}，载气为 N_2，考察不同反应压力下的催化剂性能，其结果见表6。

表6 不同反应压力下，液相产物组成分析

组分 v,% \ 压力 MPa	原料	0.1	0.5	1.0	1.5	2.0
正构烷烃	3.81	5.98	7.83	8.35	7.7	7.35
异构烷烃	33.95	39.08	43.13	43.89	43.05	42.75
烯烃	48.47	19.21	13.78	12.03	18.44	23.36
环烷烃	9.25	13.38	10.82	11.26	11.23	10.87
芳烃	4.52	22.35	24.44	24.47	19.58	15.67

从表6可以看出，；随着反应压力的升高，液相产物中的烯烃含量先大幅降低，从48.47%降低到12.03%，当反应压力大于1.0MPa，烯烃含量开始增加，从12.03%增加到23.36%；液相产物中的芳烃含量先增加，当反应压力大于1.0MPa后，油相中的芳烃含量开始降；随着反应压力的升高，液相产物中的异构烷烃含量增加，异构烷烃含量随压力的升高变化不大，当反应压力大于0.5MPa后，液相产物中的异构烷烃含量基本不变。

2.2.4 载气

在反应温度 350~420℃，压力为 0.5MPa，空速 1.0~1.2h^{-1}，载气分别为 N_2、N_2+水蒸汽、水蒸汽，考察了催化剂性能，液相产物组成见表7，气相产物组成见表8。

表7 不同载气下液相产物组成

载气	氮气	氮气+水蒸汽		水蒸汽	
温度/℃	370	370	390	390	410
Naph. v%	4.96	4.72	4.8	3.94	3.66
i-Par. v%	50.63	51.01	51.65	55.29	55.54
n-Par. v%	7.75	7.79	7.66	9.04	8.81
Cycl Ol. v%	10.41	10.26	8.35	6.55	5.8
Olef. v%	14.92	15.21	11.2	10.58	10.79
Arom. v%	11.32	11	16.33	14.61	15.41
Olefins. v%	25.33	25.47	19.55	17.13	16.59

从表7中可以看出载气为水蒸汽可以降低液相产物中的烯烃含量，环烯烃及单环烯烃都降低。液相产物中的异构烷烃含量增加，芳烃含量变化不大。

表8 不同载气下气相产物组成

载气	氮气	氮气+水蒸汽		水蒸汽	
温度/℃	370	370	390	390	410
甲烷 v%	0.33	0.23	0.64	3.82	5.50
乙烷 v%	0.34	0.30	0.69	2.16	2.27
乙烯 v%	6.30	6.03	6.85	11.47	12.43
丙烷 v%	13.43	12.56	18.92	20.14	14.28

续表

载气	氮气	氮气+水蒸汽		水蒸汽	
丙烯 v%	20.39	21.04	18.37	10.77	9.35
异丁烷 v%	21.35	21.02	23.20	10.90	6.57
正丁烷 v%	9.45	9.18	9.17	4.36	2.54
反丁烯 v%	5.45	6.07	3.76	1.06	0.64
正丁烯 v%	2.95	3.14	2.22	0.65	0.46
异丁烯 v%	12.93	13.45	8.93	2.50	1.69
顺丁烯 v%	3.65	4.08	2.56	0.71	0.42
二氧化碳 v%	0.00	0.00	0.00	0.90	0.58
一氧化碳 v%	0.00	0.00	0.00	3.32	3.97
氢气 v%	3.44	2.90	4.69	27.26	39.30
丁烯合计 v%	24.98	26.74	17.47	4.92	3.21
烯烃合计 v%	51.67	53.81	42.69	27.16	24.99
烯烃+H_2 v%	55.10	56.71	47.39	54.42	64.29

从表7中可以看出，载气为氮气时，气相产物中的甲烷和乙烷选择性较低，丙烯、丁烯选择性高，乙烯选择性不高；当载气为水蒸汽时，气相产物中的甲烷和乙烷选择性增加，丙烯、丁烯选择性降低，尤其是丁烯选择性大幅下降，H_2选择性由大幅上升。。

3 结论

（1）以HZSM-5分子筛为催化剂的轻汽油非临氢改质反应中，温度、空速对反应影响较大，随着反应温度的升高，液相产物中的烯烃含量呈下降趋势，当反应在低温区260~360℃，烯烃主要发生异构化反应，液相产物中的异构烷烃含量随着反应温度的升高而升高，当反应在高温度区360~420℃时，烯烃主要发生芳构化反应，异构烷烃含量开始降低，芳烃含量增加较快。增大反应空速，催化剂降烯烃的效果变差，原料汽油中的烯烃改质反应主要发生裂化反应，反应压力对轻汽油非临氢改质反应影响不大。轻合适的工艺条件为反应温度340~420℃，空速0.8~2.0h^{-1}，压力0.1~1.5MPa。

（2）进行了氮气为载气和水蒸汽为载气的评价试验，试验表明：载气为水蒸汽时可以进一步降低液相产物中的烯烃含量，也有利于气相产物中丁烯进一步裂解，尤其是在高温反应区，可以提高乙烯及H_2的选择性。

参 考 文 献

[1] 王超，王定博，戴伟．催化裂化汽油降烯烃研究进展[J]．化工进展，2005，24(9)：971-975.

[2] 王晓，霍东亮，余济伟，等．催化裂化汽油芳构化降烯烃催化剂的改进研究[J]．石油炼制与化工，2013，44(10)：66-70.

[3] 赵永华，曹春艳，范丽华．降低催化裂化汽油烯烃含量的后加工技术进展[J]．化工技术与开发，2006，35(7)：19-22.

[4] 高金森等．催化裂化汽油催化改质降烯烃反应规律的试验研究[J]．炼油技术与工程，2004，34(5)：11-15

[5] Li D, Li M, Chu Y, et al. Skeletal isomerization of light FCC naphtha[J]. *Catalysis Today*, 2003, 81: 65-73.

[6] Shi G, Fang D, Shen J. Hydroisomerization of model FCC naphthaover sulfided Co(Ni)-Mo(W)/MCM-41 catalysts[J]. *Microporous and Mesoporous Materials*, 2009, 120: 339-345.

[7] 于海卫，刘盛林，刘伟成，等．汽油中烯烃异构和芳构化偶合热力学分析[J]．石油学报：石油加工，2007，23(2)：51-56.

[8] 张力，刘键，王琰．FCC汽油窄馏分族组成、辛烷

值及硫含量分布规律研究［J］. 炼油技术与工程，2023 年 53(6)：13-16
[9] Abbot J, Wojciechowski B W. The mechanism of catalytic cracking of n-alkenes on ZSM-5 zeolite[J]. The Canadian Journal of Chemical Engineering, 1985, 63(3): 462-469.
[10] Mäurer T, Czarnetzki B K. Thermodynamic and kinetic reaction regimes in the isomerization of 1-pentene over ZSM-5 catalysts[J]. Journal of Catalysis, 1999, 187(1): 202-208.
[11] Höchtl M, Jentys A, Vinek H. Isomerization of 1-pentene over SAPO, CoAPO(AEL, AFI) molecular sieves and HZSM-5[J]. Applied Catalysis A: General, 2001, 207: 397-405.
[12] Lukyanov D B, Gnep N S, Guisnet M R. Kinetic modeling of ethene and propene aromatization over HZSM-5 and GaHZSM-5[J]. Industrial & Engineering Chemistry Research, 1994, 33(2): 223-234.

炼厂丙烷气脱氢制丙烯催化剂及工艺研究

许 磊 徐亚荣 樊金龙

(中国石油乌鲁木齐石化公司研究院)

摘 要 本文采用炼厂丙烷气进行了丙烷脱氢制丙烯催化剂及工艺的研究，在小型固定床评价装置上分别考察催化剂载体及活性金属元素、反应温度、空速、再生性等因素的影响，并对催化剂的失活原因进行了分析。研究结果表明，各金属元素的丙烷转化率从高到底依次是 Cr≈V>Mo>Fe>Mn≈W，各金属元素的丙烯选择性从高到底依次是 Cr≈V>Mo≈Mn>W>Fe；随着反应温度的提高和空速的下降，丙烷转化率不断提升，但丙烯选择性逐渐下降；对催化剂进行 H_2 预处理能够显著提升初始丙烯选择性和催化剂稳定性；在 600℃、丙烷空速 400 h^{-1} 的条件下，丙烷转化率为 43.41%，丙烯选择性为 81.29%，丙烯收率大于 35.29%，经过 6 次再生后，催化剂性能保持稳定，在 550-580℃下烧炭 0.5h 即可烧炭完全。

关键词 丙烷脱氢；PDH；炼厂丙烷；反应工艺；再生工艺

丙烯是仅次于乙烯的重要基础化工原料及石油化工中间体，是生产聚丙烯、环氧丙烷、丙烯腈等产品的主要原料，随着丙烯下游衍生物需求的迅猛增长，对丙烯的需求量也逐年增加。2019 年我国丙烯的产能达到 3927 万吨，预计 2023 年将进一步增长到 4970 万吨，年均增长 5.4%。

与蒸汽裂解和催化裂化生产丙烯的技术路线相比，丙烷脱氢制丙烯技术(PDH)具有产品收率高、路线简单、富产氢气、投资成本低等优势[2]，是颇具竞争力的丙烯生产工艺，正因此，近年来国内纷纷上马丙烷脱氢项目，截至 2022 年底，我国在运营 PDH 装置 23 套，总产能达到 1238 万吨/年，近几年产能一直保持快速扩张，虽然自 2021 年起 PDH 行业盈利逐渐下滑甚至出现亏损，但企业投建热情仍未消退，未来几年仍将有上千万吨 PDH 装置投产。随着产能的快速增长，丙烷脱氢技术也受到国内外众多企业和研究机构的重视，目前国内外主要的丙烷脱氢技术概况如表 1 所示：

表 1 丙烷脱氢制丙烯技术概况

工艺名称	Oleflex	Catofin	STAR	ADHO	PST-100	SDH
开发公司	UOP	Lummus	Uhde	中国石油大学(华东)	中国石化石科院	中国石化 上海石化院
反应器	移动床	固定床	固定床	循环流化床	移动床	固定床
催化剂	$Pt-Sn/Al_2O_3$	$Cr_2O_3-Al_2O_3$	$Pt-Sn-Zn/Al_2O_3$		$Pt-Sn/Al_2O_3$	Cr_2O_3/Al_2O_3
操作温度/℃	545~620	585~650	480-620	580-600	630-650	560-630
操作压力/bar	2	0.5	3-7	1	2	0.5
丙烷转化率/mol%	35~40	55~60	30~40	40-45	32	45
丙烯选择性/mol%	84-89	88	85-93	80	86	90
推广应用规模	14 套共 780 万吨	13 套共 740 万吨	1 套 35 万吨	2 套共 20 万吨	1 套 45 万吨	已完成工艺包

国内丙烷脱氢制丙烯装置大多采用进口丙烷为原料，而随着加工量的提升和重油轻质化的加深，炼厂副产的丙烷也日渐增多，主要作为 LPG 燃料使用的丙烷将越来越难以利用[4]。炼厂可通过丙烷脱氢工艺可以将低价值的低碳烷烃资源转化为高价值的丙烯，并与下游聚丙烯等高端化学品生产形成产业链，从而将石油资源更高效的转化为化工产品，可以大幅提高炼油厂的经济效益，促进企业从向化工-材料转型。

本文采用炼厂丙烷气对丙烷脱氢制丙烯的催

化剂及反应工艺进行研究，考察催化剂载体、活性组分、反应温度、空速、载气等对氢反应性能的影响，获得适宜的丙烷脱氢工艺条件，对采用炼厂丙烷气脱氢制丙烯技术和炼厂产品结构转型具有重要意义。

1 实验部分

1.1 原料与试剂

硝酸铬、硝酸锰、硫酸铁购自天津光复精细化工有限公司，纯度>99%；钼酸铵、氯化钾、氯化钠、氢氧化钠、硝酸购自天津福晨精细化工有限公司，纯度>99%；磷钨酸、拟薄水铝石购自麦克林试剂公司；ZSM-5分子筛购自南开大学催化剂厂；氮气、氢气购自新疆科源气体制造有限公司，纯度含量>99.999%；

反应原料丙烷气来自某炼厂气体分馏装置，其指标如表2所示：

表2　炼厂丙烷气主要指标

项目	数据	项目	数据
φ(丙烷)/%	≥98	ω(总硫)mg. m_{3-1}	≤10
φ(丙烯)/%	≤1	ω(H_2O)mL. m_{3-1}	<16
φ(C4)/%	≤1	ω(二甲醚)mL. m_{3-1}	<5

1.2 反应评价流程

在小型固定床评价装置上进行丙烷脱氢制丙烯的试验，工艺流程主要有进料单元、反应单元、产品分离三部分组成。通过对原料和尾气的分析获取丙烷转化率、丙烯选择性、丙烯收率等性能数据。反应工艺流程如图1所示：

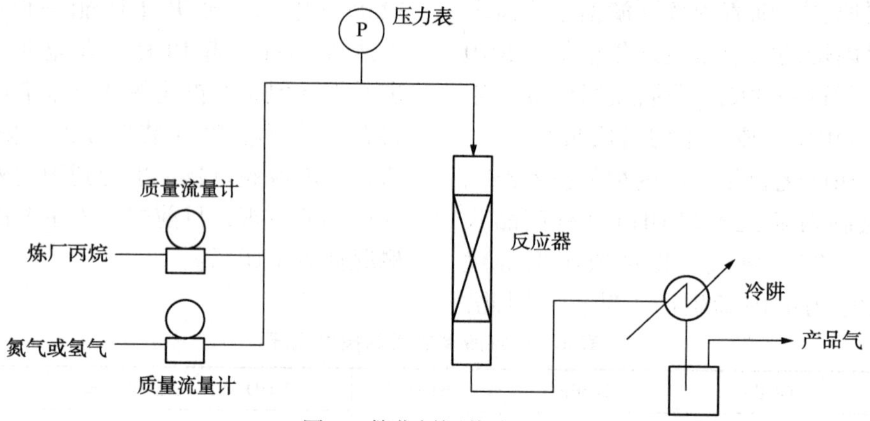

图1　催化剂评价流程图

1.3 数据处理

产物采用美国安捷伦科技公司7890 B型气相色谱仪进行分析，色谱柱为GDX-103型，2mm×4mm，火焰离子化检测仪(FID)。根据反应前后物料和组成的变化，计算得到丙烷转化率、丙烯选择性、丙烯收率等催化剂性能数据，丙烷、丙烯的含量均是以烃类计算，单位mol%。计算公式如下：

$$丙烷转化率=\frac{原料气中丙烷含量-产品气中丙烷含量}{原料气中丙烷含量}\times 100\%$$

$$丙烯选择性=\frac{产品气中丙烯含量}{原料气中丙烷含量-产品气中丙烷含量}\times 100\%$$

$$丙烯收率=\frac{产品中丙烯的量}{原来中丙烷的量}\times 100\%$$

2 结果与讨论

2.1 催化剂载体的筛选

载体的结构、物性对催化剂的性能有着重要的影响，不同载体与金属之间的相互作用力不同，可引起催化剂相结构、颗粒大小的变化及分散度、分散形式的不同，从而对催化剂的反应活性和选择性及抗积碳性能产生影响。

目前，丙烷脱氢催化剂广泛采用Al_2O_3作为载体，Al_2O_3在催化剂制备、使用和再生过程中都具有良好的热稳定性和机械强度，且价廉易得。除了氧化铝之外，还有文献中报道较多的ZSM-5分子筛，ZSM-5沸石分子筛含有十元环，结构非常稳定，具有很强的热稳定性和优异的活性。本试验选用制备了不同氧化铝、ZSM-5分子筛等为载体，以Cr为活性元素，考察载体对丙烷脱氢催化剂性能的影响。

表3 不同的载体对丙烷脱氢催化剂性能的影响

载体	反应条件	丙烷转化率	丙烯选择性	丙烯收率
γ-Al_2O_3	550℃、丙烷 GHSV160h^{-1}	28.75	79.85	22.96
	600℃、丙烷 GHSV160h^{-1}	52.01	66.60	34.64
活性氧化铝球	550℃、丙烷 GHSV160h^{-1}	31.77	76.89	24.43
磷酸改性 γ-Al_2O_3	550℃、丙烷 GHSV160h^{-1}	37.67	62.79	23.65
ZSM-5(Si/Al=270)	550℃、丙烷 GHSV160h^{-1}	28.13	87.28	24.55
ZSM-5(Si/Al=29)	550℃、丙烷 GHSV160h^{-1}	55.59	4.28	2.38
ZSM-5：γ-Al_2O_3=3：7	580℃、丙烷 GHSV160h^{-1}	39.80	67.96	27.05

从表中可以看到，采用Si/Al=29的ZSM-5分子筛做载体，转化率虽高，但丙烯选择性很差，说明低硅铝比的ZSM-5分子筛，由于其酸性太强使得丙烷在催化剂表面发生了大量的C-C键的断裂，产生了大量的干气，不适宜做丙烷脱氢制丙烯反应的载体；而γ-Al_2O_3和高硅铝比的ZSM-5分子筛作载体时可以获得较好的催化剂性能，丙烷转化率分别为28.75%和28.13%，丙烯选择性也分别达到了79.85%和87.28%。

用1%的磷酸对γ-Al_2O_3改性后发现，丙烷的转化率从28.75%提高至37.67%，但同时丙烯的选择性也从79.85%大幅下降至62.79%，可见磷酸的改性增强了催化剂的酸性，促进了丙烷转化，但也增加了丙烷的裂解，降低了丙烯的选择性；对高硅ZSM-5分子筛和γ-Al_2O_3按3：7比例复配的载体评价结果表明，复配后比单独做载体时丙烷转化率有所提高，但选择性也下降较多，催化剂性能没有得到显著改善。因此从丙烯选择性角度看，采用γ-Al_2O_3或高硅的ZSM-5分子筛做载体相对较好。

2.2 活性元素的筛选

目前，丙烷脱氢催化剂的活性金属主要是Pt和Cr，由于其分别存在价格昂贵和重金属污染等缺陷，近些年，许多研究学者致力于研制非贵金属、非重金属的新型丙烷脱氢催化剂，

本实验根据文献报道，尝试了Cr、Mo、Mn、Fe、W、V等作为活性元素，考察了各元素对丙烷脱氢反应的影响，结果如表4所示：

表4 各金属元素对丙烷脱氢性能的影响

活性元素	评价条件	丙烷转化率	丙烯选择性	丙烯收率
10%Mn-Al_2O_3	570℃、丙烷 GHSV160h^{-1}	5.73	42.02	2.41
8%Mo-Al_2O_3	570℃、丙烷 GHSV160h^{-1}	24.33	47.97	11.67
5%Fe- Al_2O_3	580℃ 丙烷 GHSV160h^{-1}	10.78	9.44	1.02
10%W-Al_2O_3	570℃、丙烷 GHSV160h^{-1}	5.01	29.81	1.49
8%Cr-Al_2O_3	570℃、丙烷 GHSV160h^{-1}	34.22	74.85	25.61
5%V-Al_2O_3	580℃丙烷 GHSV160h^{-1}	33.63	66.87	22.49
12%V-Al_2O_3	580℃丙烷 GHSV160h^{-1}	32.28	74.50	24.04

从表中可以看出，负载Fe、Mn、W作为活性金属的效果较差，其丙烯收率均不到5%，Mn、Fe作为第ⅦB、Ⅷ族元素，其金属氧化物的价态较低，丙烷脱氢的反应在较高价态金属氧化物表面才能更好地吸附，从而容易形成C-M^{n+}键，促进C-H键的断裂；而Cr、Mo、W是处于同一族的元素，其氧化物都具有较高的价态，但分别处于第4、5、6周期，随着原子半径的增大，得电子的能力逐渐减弱，因此其活化丙烷的能力也逐渐降低，V和Cr是同一周期的两个紧邻的金属元素，其金属氧化物价态也高，促进丙烷活化的能力也较较强，丙烯的选择性则与金属

氧化物吸附活化 C-H 键和 C-C 键的趋向程度有关，根据评价结果，各金属元素的丙烷转化率从高到底依次是 Cr≈V>Mo>Fe>Mn≈W；各金属元素的丙烯选择性从高到底依次是 Cr≈V>Mo≈Mn>W>Fe。

2.3 反应温度

首先考察了反应温度的影响，选取 530℃、550℃、580℃、600℃、620 ℃五个温度，在常压、丙烷体积空速 200 h^{-1}的条件下进行，反应评价结果见表 5 所示。

表 5 温度对丙烷脱氢反应的影响

组成/v% \ 温度/℃	530	550	580	600	620
甲烷	1.50	2.78	4.03	5.78	7.37
乙烷	0.66	0.91	2.56	3.95	4.96
乙烯	0.12	0.19	0.20	0.47	0.71
丙烷	64.82	57.87	49.79	37.76	31.91
丙烯	12.33	18.85	17.09	22.72	23.13
C4	0.00	0.09	0.75	0.15	0.37
C5	0.09	0.33	0.14	0.26	0.41
H_2	20.47	18.99	25.45	28.91	31.14
丙烷转化率/mol%	17.67	27.85	32.54	46.35	53.19
丙烯选择性/mol%	88.64	84.38	71.16	69.65	63.79

从表 3 中可以看出，随着温度的提高，产品中丙烷的含量快速下降，丙烯和 H_2的量逐渐增加，丙烷的转化率从 530℃下的 17.67%提高到 620℃的 53.19%，这是由于丙烷脱氢反应是强吸热反应，提高温度会促使反应向正方向进行，进而提高了丙烷转化率；同时随着温度的提高，产品中甲烷、乙烷的含量也在快速增加，说明温度过高时，丙烷、丙烯中的 C-C 键的断裂加剧，副反应也在逐渐加深，导致丙烯的选择性从 88.64%降至 63.79%，因此反应温度过低或过高都对反应不利，适宜的温度范围应当为 550℃~600℃。

2.4 空速

丙烷脱氢过程是一个快速反应，其控制步骤是生成的丙烯分子从催化剂表面脱附出来，分子在催化剂中停留时间过短，则会使部分丙烷分子还没完全接触催化剂表面活性位而不发生反应，使得丙烷的转化率较低；如果过长，则会使生成的丙烯继续在催化剂和高温环境下发生裂解或聚合，导致丙烯的选择性下降。本实验在 580℃、常压条件下，考察丙烷体积空速分别为 200 h^{-1}、300 h^{-1}、400 h^{-1}、600 h^{-1}下的反应性能，评价结果见表 6：

表 6 空速对丙烷脱氢反应的影响

丙烷体积空速/h-1	丙烷转化率/%	丙烯选择性/%	丙烯收率/%
200	51.01	64.60	32.95
300	44.22	77.64	34.33
400	43.41	81.29	35.29
500	42.08	81.45	34.27
600	39.09	82.86	32.39

从表中可以看到，在同样的温度下，随着空速的增大，丙烷的转化率在逐渐下降，丙烯的选择性逐渐增加。当空速逐渐增加时，丙烷分子在催化剂上停留时间减少，使得丙烷分子不能更充分的反应，导致丙烷转化率会下降；同时停留时间缩短会使生成的丙烯分子快速脱离，减少副反

应的发生，因此选择性会增高。在丙烷空速 300~600 h^{-1}时丙烯选择性较高均大于 77%，当丙烷体积空速为 400 h^{-1}时，丙烷的转化率达到 43.41%，丙烯的选择性达到 81.29%，丙烯收率达到 35.29%。

2.5 预处理

根据前期实验情况，尝试对催化剂进一步改性，以提高催化剂性能，经文献查阅，H_2预处理能够促进金属在催化剂上的均匀分散，并适当调变金属价态，改善催化剂的稳定性。本试验在催化剂评价前对催化剂进行 H_2预处理，考察 H_2预处理对催化剂性能的影响。利用 $Cr-Al_2O_3$、$V-Al_2O_3$催化剂探索 H_2预处理对催化剂丙烷脱氢性能的影响。H_2预处理条件及评价数据见表 7 所示：

从表中可以看出，无论是 $Cr-Al_2O_3$还是 $V-Al_2O_3$催化剂，经过 H_2高温预处理后，丙烷的转化率基本保持或略有下降，但丙烯的选择性有较明显提高，丙烯的收率增加。H_2的处理会将催化剂中的强酸中心预还原，降低强酸量，同时也有助于催化剂中活性元素的价态有所降低，减少高价态金属氧化物的量，促进活性元素的均匀分布，从而提高了丙烯的选择性。

表 7 H_2预处理对丙烷脱氢反应的影响

催化剂	H_2预处理条件	反应条件	丙烷转化率	丙烯选择性	丙烯收率
Cr- Al2O3	无	550℃、160h^{-1}	33.96	70.43	23.92
	550℃、160h-1、2h	550℃、160h^{-1}	33.00	73.90	24.39
	600℃、170h-1、1.5h	550℃、160h^{-1}	31.56	79.82	25.19
V- Al2O3	无	580℃、160h^{-1}	28.81	76.96	22.18
	600℃、325h-1、1.5h	580℃、160h^{-1}	29.17	79.92	23.32

对 H_2预处理后的催化剂进行连续运转评价，和没有经过处理的催化剂进行对照，评价结果见图 2 所示：

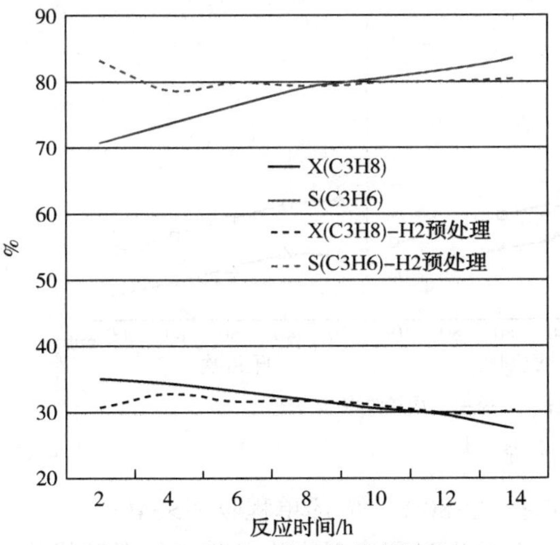

图 2 H_2预处理前后催化剂性能

可以看出，经过 H_2预处理后，丙烷的初始转化率有所降低，但丙烯的初始选择性显著提升，前 8h 内，丙烯的选择性从 75%提升至 80%左右，副产物减少；反应 14h 后，经过 H_2预处理的催化剂性能保持稳定，催化剂的稳定性明显增强，寿命也相应延长，更有利于装置的平稳运行。

2.6 产物分布

采用改进后的条件即反应温度 600℃、丙烷空速 400 h^{-1}进行催化剂的连续运转评价，其产物组成见表 8。从表 8 中看到，随着丙烷脱氢反应的进行，丙烷含量逐渐增加，丙烯含量逐渐降低，催化剂活性和选择性与最初相比产生明显下降；在 80min 的反应时间内，丙烷转化率>40%，丙烯选择性达到 80%以上，氢气产率达到 2.7%以上，反应效果良好。

表 8 丙烷脱氢制丙烯产物组成

组成/v% \ 反应时间/min	20	40	60	80	100	120
甲烷	3.73	3.14	3.35	3.21	3.11	3.37
乙烷	2.01	1.58	1.56	1.42	1.28	1.59
乙烯	0.55	0.50	0.58	0.63	0.69	0.74

续表

组成/v% \ 反应时间/min	20	40	60	80	100	120
丙烷	34.05	36.90	36.96	39.76	42.25	46.94
丙烯	23.42	22.95	22.62	22.43	21.29	17.48
C4	0.09	0.08	0.08	0.08	0.07	0.19
C5	0.12	0.07	0.07	0.10	0.07	0.15
H_2	36.03	34.78	34.77	32.37	31.24	29.54
丙烷转化率/mol%	45.77	42.42	42.34	40.21	37.55	32.38
丙烯选择性/mol%	79.99	82.95	81.90	82.49	82.45	76.61
丙烯收率/mol%	36.61	35.19	34.68	33.16	30.96	24.81

2.7 催化剂再生性能

造成催化剂失活的有以下几方面：活性组分的流失、积碳、催化剂中毒、催化剂烧结、反应副产物沉积等。在高温下催化剂可能发生烧结现象，同时负载型金属催化剂中金属晶粒在载体表面长大，导致催化剂活性降低，对工业丙烷脱氢催化剂 Cr_2O_3/Al_2O_3 的失活现象研究时发现[7]，催化剂长期再生后失活可能是由于高温下 Cr 活性中心发生烧结或是氧化铝载体表面形成积碳而覆盖了 Cr 活性中心。因此，有必要对丙烷脱氢催化剂进行再生性考察，探索丙烷脱氢催化剂的失活原因，验证催化剂的再生性能。

本实验在前期研究基础上进行再生性研究，反应条件为 600℃、400 h^{-1}，反应及再生结果如图 3 所示：

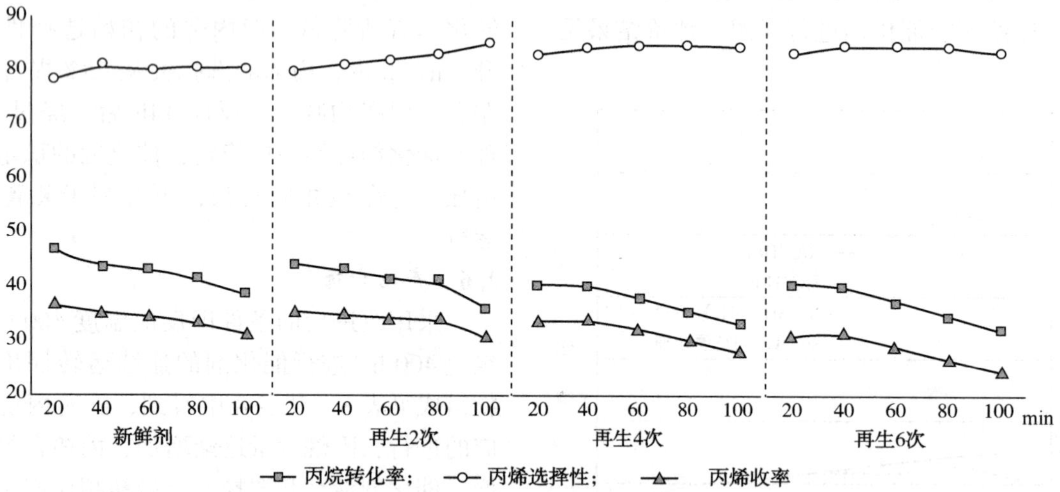

图 3　催化剂再生性能

从图中可以看出，催化剂经过 6 次再生后催化剂性能维持良好，没有下降趋势，说明不存在催化剂中毒、结构破坏、活性组分流失等不可逆失活现象，证实催化剂失活的主要原因是积碳，在 60min 的反应时间内，丙烷转化率>42%，丙烯选择性>80%，丙烯单程收率>34%。

在再生过程中对再生条件进行考察优化，再生采用器外再生的方式在空气氛围下进行，对再生条件的考察结果如表 9 所示：

表 9　再生条件对催化剂再生性能的影响

再生温度	再生时间/h	再生后丙烷转化率/mol%	再生后丙烯选择性 mol%	再生后丙烯收率/mol%
550℃	6	36.45	80.25	29.25
550℃	4	35.24	82.54	29.33

续表

再生温度	再生时间/h	再生后丙烷转化率/mol%	再生后丙烯选择性 mol%	再生后丙烯收率/mol%
580℃	2	34.72	81.63	28.34
580℃	1.5	35.43	83.28	29.51
580℃	1.0	34.92	82.95	28.97
580℃	0.5	32.11	83.53	26.82
550℃	0.5	34.97	82.36	28.80

从表中可以看出，失活催化剂在550-580℃下，经过0.5h就可以烧炭完全，催化剂性能恢复完好。

3 结论

a. 对载体的考察结果表明，采用γ-Al_2O_3或高硅的ZSM-5分子筛做载体具有较好的丙烯选择性；

b. 对六种金属元素的考察结果表明，各金属元素的丙烷转化率从高到底依次是Cr≈V>Mo>Fe>Mn≈W；各金属元素的丙烯选择性从高到底依次是Cr≈V>Mo≈Mn>W>Fe；

c. 随着反应温度的提高和空速的下降，丙烷转化率也不断提高，但丙烯选择性逐渐下降；在600℃、丙烷空速400 h^{-1}的条件下，丙烷的转化率达到43.41%，丙烯的选择性达到81.29%，丙烯收率达到35.29%。

d. 对催化剂进行H_2预处理能够调变催化剂的酸性和金属元素的价态分布，提升了催化剂的初始丙烯选择性，催化剂的稳定性明显增强。

e. 催化剂经过6次再生后催化剂性能保持良好，在60min的反应时间内，丙烷转化率>42%，丙烯选择性>80%，丙烯单程收率>34%。失活催化剂在550-580℃下经过0.5h就可烧炭完全，催化剂性能恢复完好。

参考文献

[1] 朱义才．丙烷脱氢制丙烯技术经济分析[J]．当代石油石化，2012，20(08).

[2] 付磊．烷烃脱氢制烯烃技术及工艺比较[J]．辽宁化工，2016，45(9).

[3] 欧阳素萍，方志平．丙烷脱氢技术发展现状[J]．石油化工，2022，51(7).

[4] 张凌峰，刘亚录，胡忠攀等．丙烷脱氢制丙烯催化剂研究的进展[J]．石油学报，2015，31(2).

[5] Karami Hamid; Soltanali Saeed, etal. Amorphous silica-alumina as robust support for catalytic dehydrogenation of propane: Effect of Si/Al ratio on nature and dispersion of Cr active sites[J]. Applied Catalysis A, General. 2023, vol. 658.

[6] Zhao Z J, Wu T, Xiong C, et al. Hydroxyl-mediated non-oxidative propane dehydrogenation over VOx /γ - Al2O3 catalysts with improved stability[J]. Angewandte Chemie International Edition, 2018, 57(23).

[7] Adolfovich L A, Nailevna M A, Eduardovich B G, etal. Modification by SiO_2 of alumina support for light alkane dehydrogenation catalysts [J]. Catalysts, 2016, 162(6).

FER分子筛合成及其催化戊烯骨架异构化工业应用

樊金龙[1,2]　徐亚荣[1]　陈蓝天[1]　龚　涛[1]　许　磊[1]　朱学栋[2]

（1. 中国石油乌鲁木齐石化公司研究院；2. 华东理工大学化工学院化学工程国家重点实验室）

摘　要　采用晶种诱导的方法，在低模板剂用量条件下合成了高结晶度的FER分子筛，考察了晶化时间对分子筛合成的影响。结果表明：在初始投料摩尔比$n(Na_2O)$：$n(Al_2O_3)$：$n(SiO_2)$：$n(SDA)$：$n(H_2O)$为0.18：0.033：1：0.10：25，晶种加入质量分数为6%，晶化温度为165℃的条件下，随着晶化时间的延长，分子筛样品相对结晶度增加，晶化时间为48h时合成的分子筛相对晶种结晶度达99.8%。采用工业原料完成了FER分子筛的工业放大合成和戊烯骨架异构化催化剂的制备，在反应温度为290~400℃、压力为0.3MPa、质量空速为3.0h^{-1}条件下，催化剂工业装置运行单程寿命达70天，直链戊烯平均转化率52.8%，异戊烯平均选择性96.7%。

关键词　FER分子筛；戊烯；骨架异构化；工业应用

异戊烯属于重要有机化工原料，具有广泛的工业用途，可以用于生产异戊橡胶、异戊醇、叔戊基酚等精细化学品。此外，异戊烯(主要是2-甲基-2丁烯、2-甲基-1丁烯)在磺酸树脂催化剂作用下可以和甲醇发生反应生成甲基叔戊基醚(TAME)，TAME作为清洁汽油的调和组分具有辛烷值高、饱和蒸汽压低、燃烧更完全和对环境更友好等特点，通过甲醇与异戊烯的醚化反应还有助于汽油组分烯烃的降低，在清洁油品生产过程中得到了广泛应用。目前异戊烯主要来源于石油炼制的催化裂解工艺，而催化裂解碳五烯烃中除一部分异戊烯外还有大量的正构戊烯，因此，通过正构戊烯骨架异构化技术增产异戊烯，既可以增加高辛烷值组分TAME的产量，又达到了降低汽油烯烃含量的目的，对于炼油厂高质量发展和清洁油品的生产具有十分重要的意义。

FER分子筛是一种中孔沸石，具有二维孔道结构，在FER分子筛骨架内，平行于[001]方向的10元环直通道(0.42nm×0.54nm)与平行于[010]方向的8元环直通道(0.35nm×0.48nm)相交，形成二维交叉通道系统。与10元环平行的6元环通道与8元环通道相交，形成一个椭圆形的“镁碱沸石笼”。FER分子筛以其独特的孔道结构和酸性，成为性能最优的轻质烯烃骨架异构化催化剂。迄今为止，据相关资料报道可用于合成FER沸石的有机结构导向剂(OSDAs)，如吡咯烷、乙二胺、四氢呋喃、吡啶和环己胺等。当在工业化生产过程中使用大量的OSDAs合成FER分子筛时，绝大部分的OSDAs会进入废水中，这导致了分子筛合成成本的增加；另一方面，在焙烧去除分子筛孔道中的OSDAs时，会产生大量对环境有害的有毒气体，煅烧释放强烈的热量可能会破坏分子筛的孔隙结构。为了降低分子筛合成过程中引入有机结构导向剂导致成本增加和环境不友好等问题，近年来，许多研究者报道了在无有机导向剂条件下合成FER分子筛的研究，但是这些方法用于分子筛工业放大时普遍存在分子筛结晶度不稳定，产物收率较低等问题。

本文采用晶种诱导的方法，在低模板剂用量条件下合成了高结晶度的FER分子筛，考察了晶化时间对分子筛结晶度的影响，还考察了工业放大分子筛催化剂在汽油醚化装置碳五异构化单元工业应用效果。

1　实验部分

1.1　原料和试剂

硅溶胶工业品(SiO_2质量分数30%，NaOH质量分数0.3%)，由山东百特新材料有限公司生产；偏铝酸钠、氢氧化钠、氯化铵和环己胺(CHA)工业品由滨化集团有限公司生产，FER

分子筛晶种实验室自制。

醚后碳五原料来自炼油厂轻汽油醚化装置，具体组成见表1。

表1 醚后碳五组成

组分	含量/%(w)
C_3烃	0.01
C_4烃	0.17
正戊烷	9.10
异戊烷	59.68
1-戊烯	5.75
顺-2-戊烯	7.82
反-2-戊烯	14.63
2-甲基-1-丁烯	0.34
2-甲基-2-丁烯	1.19
C_{5+}烃	1.31

1.2 催化剂制备

分子筛小试合成：将硅溶胶、去离子水、偏铝酸钠、氢氧化钠和环己胺按一定配比和加料顺序加入500mL反应釜中制备得到凝胶，初始投料各组分物质量配比为$0.18Na_2O$: $0.033Al_2O_3$: $1SiO_2$: 0.10CHA : $25H_2O$。在搅拌转速为200r/min条件下，加入占投料SiO_2质量分数6%的FER分子筛晶种，将反应釜密封，在165℃下水热晶化一段时间。水热晶化结束后，产物经过滤、洗涤，120℃干燥4h得到FER分子筛。

分子筛工业放大：按照小试合成的配比，将工业原料硅溶胶、去离子水、偏铝酸钠、氢氧化钠和环己胺按一定配比和加料顺序加入$10m^3$反应釜中，在搅拌转速为160r/min条件下，加入占投料SiO_2质量分数6%的FER分子筛晶种，将反应釜密封，利用导热油将晶化釜升温至165℃，晶化48h。水热晶化结束后，产物经过滤、洗涤，120℃干燥4h后得到工业放大的FER分子筛。以脱除模板剂后分子筛质量与投料干基(Na_2O、SiO_2、Al_2O_3和晶种)质量之比计算分子筛的收率。

催化剂工业放大制备：合成得到的FER分子筛首先经550℃焙烧脱除模板剂，再经1mol/L氯化铵溶液交换，交换烘干后分子筛与拟薄水铝石按照质量比为4 : 1的比例混合，加入一定量稀硝酸捏合挤条成三叶草型，经过干燥切粒后再经500℃焙烧制备得到戊烯骨架异构化催化剂。

1.3 催化剂表征

分子筛晶体结构采用日本理学D/max 2550 VB/PC转靶X射线多晶衍射仪进行测试，将适量的催化剂样品放在有机玻璃板上压平，以Cu$K\alpha$为辐射源，电流100mA，电压40kV，扫描范围5°~50°，以FER分子筛在2θ为9.3°、22.3°、23.5°、24.3°、25.2°、25.7°、28.5°处衍射峰强度之和计算样品的相对结晶度，定义晶种相对结晶度为100%。

分子筛的元素组成采用Bruker S4型X射线荧光分析仪进行测定。分子筛晶体形貌采用Nava Nano SEM 450扫描电子显微镜进行表征。分子筛的比表面积和孔体积在Micromeritics ASAP 2420型物理吸附仪上测定，吸附质为N_2，吸附温度为液氮温度，比表面积采用多点BET方法计算得到，孔体积采用t-plot方法计算得到，计算总孔体积的相对压力$p/p_0=0.99$。

1.4 催化剂工业应用

在40万t/a汽油醚化装置的碳五异构单元进行催化剂的工业应用，催化剂装填量为2.5t。催化剂装填完毕后，以热氮气循环升温至250℃后缓慢切换为醚后碳五原料进料反应，控制反应进料质量空速为$3.0h^{-1}$。间隔一段时间取样分析，产物和原料组成通过安捷伦7890B气相色谱仪进行分析。正戊烯转化率(x,%)和异戊烯选择性(s_i,%)计算见式(1)和式(2)。

$$x=\frac{\text{原料中正戊烯质量}-\text{产物中正戊烯质量}}{\text{原料中正戊烯质量}}\times 100\% \quad (1)$$

$$s_i=\frac{\text{原品中异戊烯质量}-\text{原料中异戊烯质量}}{\text{原料中正戊烯质量}-\text{产品中正戊烯质量}}\times 100\% \quad (2)$$

本文中所列正戊烯转化率和异戊烯选择性等实验数据均为反应一段时间内的平均值。

2 结果与讨论

2.1 分子筛表征

首先，以作为晶种的FER分子筛为标样，对不同晶化时间合成的FER分子筛进行了XRD分析，其中图1(a)为不同晶化时间合成分子筛的XRD谱图，图1(b)为分子筛相对结晶度随晶化时间变化结果。由图1(a)可见，晶化时间1h制备的分子筛样品衍射强度很低，产品为无定形，说明在晶化条件下加入的分子筛晶种首先发生了溶解；当晶化时间延长至12h，分子筛衍射图谱在2θ为9.3°、22.3°、23.5°、24.3°、25.2°、25.7°、28.5°处出现了FER分子筛的特征衍射峰，且随着晶化时间的延长，分子筛的衍射峰强度逐步提高。以晶种分子筛为参考，计算不同晶化时间分子筛的相对结晶度可得图1(b)，晶化前12h结晶度增加比价缓慢，这一阶段可大致对应于晶体成核阶段，随后进入晶体生长阶段，相对结晶度上升较快，当晶化进行24h时，相对结晶度接近80%，晶化进行至36h时，分子筛相对结晶度达95.8%，随后晶体生长速度降低，进一步延长晶化时间至48h时，分子筛相对结晶度达99.8%，晶体生长基本完成，继续延长晶化时间相对结晶度变化不大。上述分析表征结果表明，采用添加占投料SiO_2质量分数6%的晶种，可以在模硅比为0.1的低有机模板剂的用量条件下，在48h晶化时间内合成高结晶度的FER分子筛。

按照小试合成的配比，在10m^{3}反应釜中，完成了FER分子筛的放大合成，放大合成的分子筛与小试晶化48h合成的分子筛SEM照片如图2所示。由图可见，小试合成和工业放大合成的分子筛两者的形貌十分相似，均为长度500~100nm的不规则片状堆积成的颗粒构成。

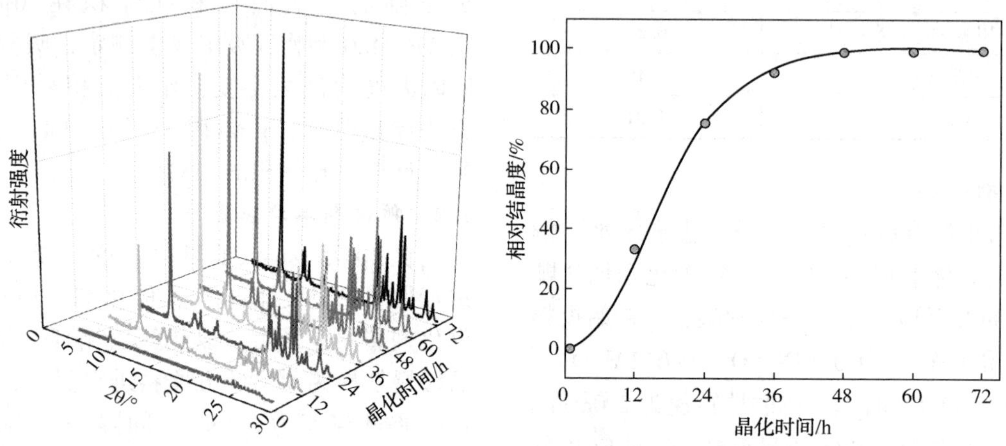

(a)XRD谱图 (b)相对结晶度

图1 不同晶化时间合成分子筛样品的XRD分析结果

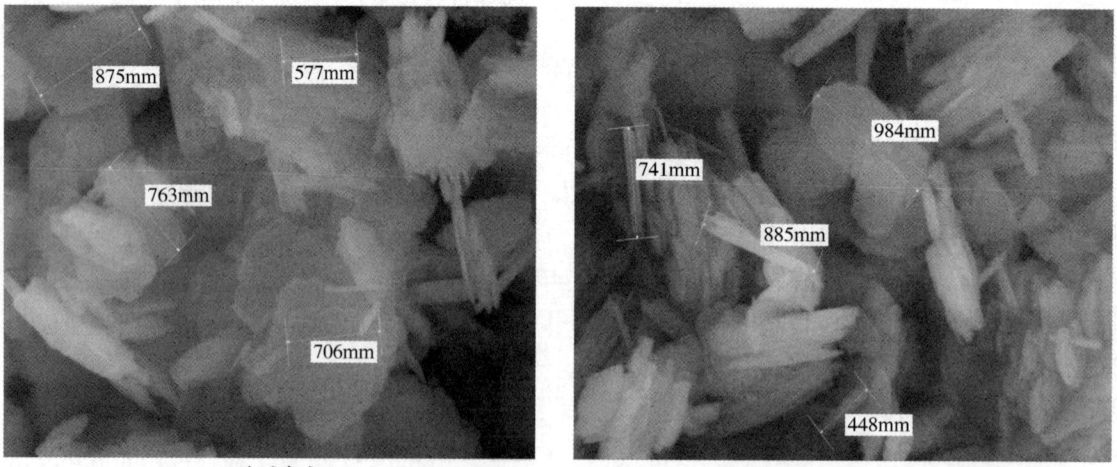

(a)小试合成 (b)工业放大

图2 小试和工业放大合成FER分子筛SEM

将工业放大的分子筛记为FER-48，将脱除模板剂后FER-48分子筛质量与晶化投料干基(Na_2O、SiO_2、Al_2O_3和晶种)质量之比计算得到工业放大合成过程分子筛的收率为84.8%，每吨分子筛所需模板剂为160kg。工业放大分子筛样品的元素组成、比表面积等物理化学性质分析数据见表2。由表2可知，合成的FER分子筛硅铝比为26.4，氮气物理吸附结果表明分子筛含有一定介孔。

表 2 FER-48 分子筛的理化性质

项目	数值	项目	数值
SiO_2 含量/%(wt)	92.61	总孔体积/(cm^3/g)	0.32
Al_2O_3 含量/%(wt)	5.97	微孔体积/(cm^3/g)	0.13
Na_2O 含量/%(wt)	1.42	BET 比表面积/(m^2/g)	345
$nSiO_2/nAl_2O_3$	26.4	微孔比表面积/(m^2/g)	286
相对结晶度/%	99.8		

2.2 催化剂工业应用

工业放大制备催化剂在汽油醚化装置的碳五异构化单元进行工业应用，催化剂装填量为 2.5t，反应原料为醚后碳五。在反应温度为 290~400℃、反应压力为 0.3MPa，醚后碳五进料质量空速为 $3.0h^{-1}$条件下，考察了工业放大催化剂反应活性稳定性，正戊烯转化率和异戊烯选择性随着反应时间变化如图 3 所示。

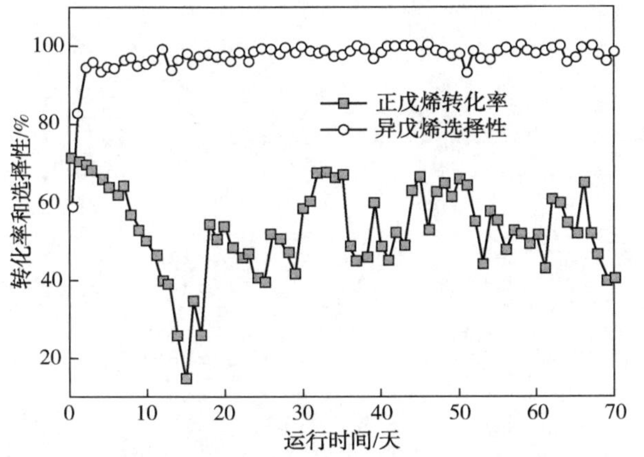

图 3 FER-9 催化戊烯骨架异构化反应活性稳定性

由图 3 可知：在反应开始 2 天内，催化剂异戊烯的选择性由反应初始 6h 的 58.7%上升至 48h 的 94.3%，此后异戊烯选择性一直保持 90%以上，未有明显变化的趋势。这一现象与文献报道类似，主要是由于在反应初始阶段，催化剂活性较强，部分戊烯发生了聚合和裂解，产生了部分副产物；随着反应的进行，分子筛孔道被积碳修饰使戊烯骨架异构化反应选择性提高，同时随着积碳的增加催化剂活性有所降低，当升高反应温度后催化剂活性得到一定程度的恢复。在初始 15 天内，催化剂床层反应温度处于 290~350℃，随着反应时间的延长，正戊烯转化率呈现逐渐下降的趋势，当运行至 15 天时，转化率降低至 14.2%。随后继续提高反应温度至 350℃以上，正戊烯转化率可恢复至 50%以上，随后依据分析结果，缓慢升高催化剂床层温度，正戊烯转化率可保持在 40%~60%区间稳定运行 50 天。

综上可知，采用晶种诱导在低模板剂用量条件下工业放大合成的 FER 分子筛具有优异的戊烯骨架异构化反应活性稳定性，催化剂工业应用结果表明，在反应温度为 290~400℃、反应压力为 0.3MPa，醚后碳五进料质量空速为 $3.0h^{-1}$条件下，可连续稳定运行 70 天，正戊烯平均转化率 52.8%，异戊烯平均选择性大于 96.7%，反应活性和稳定性都表现良好。

3 结论

（1）采用晶种诱导的方法，在低模板剂用量条件下合成了高结晶度的 FER 分子筛，随着晶化时间的延长分子筛相对结晶度增加，晶化时间为 48h 时合成的分子筛相对结晶度达 99.8%。

（2）采用工业原料，在 $10m^3$ 反应釜上完成了高结晶度 FER 分子筛的放大合成，分子筛的收率 84.8%，达到工业放大合成的分子筛和小试样品具有相似结晶形貌。

（3）催化剂工业应用结果表明，在反应温度为 290~400℃、反应压力为 0.3MPa，醚后碳五进料质量空速为 $3.0h^{-1}$条件下，可连续稳定运行 70 天，正戊烯平均转化率 52.8%，异戊烯平均选择性大于 96.7%，反应活性和稳定性都表现良好。

参考文献

[1] 张旭之，马润宇，王松汉，等. 碳四碳五烯烃工学[M]. 北京：化学工业出版社，1998，589-609.

[2] 祁正娟，黄勇. C_5 烯烃骨架异构化工艺研究进展[J]. 石油化工技术与经济，2009，25(6)：52-56.

[3] 张然，李天舒，张彦，等. FCC 汽油降烯烃工艺及催化剂研究进展[J]. 工业催化，2019，27(11)：12-19.

[4] Vaughan P A. The crystal structure of the zeolite ferrierite[J]. Acta Crystallogr，1966，21(6)：983-990.

[5] 秦技强，傅建松，谢家明. 正戊烯骨架异构化为异戊烯研究进展[J]. 精细石油化工进展，2006，23(3)：63-66.

[6] Kim W G，Kim J H，Ahh B J，et al. The Skeletal Isomerization of C_4-C_7 1-Olefins over Ferrierite and ZSM-5 Zeolite Catalysts[J]. Korean Journal of Chemical Engineering. 2001，18(1)：120-126.

[7] Mooiweer H H，de Jong K P，Czarnetzki B K，et al. Skeletal isomerisation of olefins with the zeolite Ferrierite as catalyst[J]. Studies in Surface Science and Catalysis.

1994, 84: 2327-2334.

[8] Golgebakan Z, Yulcel H, Culfaz A. Crystallization field and rate study for the synthesis of ferrierite [J]. Industrial & Engineering Chemistry Research, 2007, 46(7): 2006-2012.

[9] Guo G Q, Sun Y J, Long Y C. Synthesis of FER type zeolite with tetrahydrofuran as the template[J]. Chem Commun, 2000, 19(19): 1893-1894.

[10] Smith W J, Dewing J, Dwyer J. Zeolite synthesis in the $SiO_2-Al_2O_3-Na_2O$-pyridine-H_2O system [J]. Journal of Chemical Society Furaday Trans, 1989, 85 (11): 3623-3628.

[11] 谢素娟，彭建彪，徐龙伢，等. 以环己胺为模板剂的ZSM-35分子筛的合成及其催化性能[J]. 催化学报，2003，24(7)：531-334.

[12] Lee H, Zones S I, Davis M E. A combustion-free methodology for synthesizing zeolites and zeolite-like materials[J]. Nature, 2003, 425: 385-388.

[13] Meng X J, Xiao F S. Green routes for synthesis of zeolites[J]. Chem Rev, 2014, 114(2): 1521-1543.

[14] Zhang H Y, Guo Q, Ren L M, et al. Organotemplate-free synthesis of high-silica ferrierite zeolite induced by CDO-structure zeolite building units[J]. Journal of Materials Chemistry, 2011, 21 (26): 9494-9497.

[15] Kima J, Hama H, Junga H S, et al. Dimethyl ether carbonylation to methyl acetate over highly crystalline zeolite-seed derived ferrierite[J]. Catalysis Science & Technology, 2018, 8(4): 3060-3072.

[16] Ham H, Junga H S, Kim H S, et al. Gas-phase carbonylation of dimethyl ether on the stable seed derived Ferrierite[J]. ACS Catal, 2020, 10: 5135-5146.

[17] Suzuki Y, Wakihara T, Itabashi K, et al. Cooperative Effect of Sodium and Potassium Cations on Synthesis of Ferrierite[J]. Top Catal, 2009, 52: 67-74.

叔丁醇两步氧化法制甲基丙烯酸甲酯工艺过程安全性研究

聂宏元

（中国石油乌鲁木齐石化公司研究院）

摘　要　叔丁醇两步法氧化制甲基丙烯酸甲酯工艺中是目前开发的一种绿色环保的新工艺方法，但在反应过程中存在氧气和有机物蒸气共存的现象，这种工况下有机物蒸气和氧气的含量是否处于爆炸极限范围之内，对于工艺的安全性而言至关重要，因此需要测试这些状态下的混合气体的爆炸极限或能否发生燃爆，针对气相原料组成，在工况条件下的燃爆特性进行研究。在此基础上，提出相应的安全控制措施建议，为该工艺的工业实施提供安全技术支持。

关键词　叔丁醇；氧化；甲基丙烯酸甲酯；防爆

甲基丙烯酸甲酯(MMA)是重要的丙烯酸树脂单体，主要用于PMMA的生产，在化工其他方面也有所应用。市场应用前景十分广阔。2022年全球MMA总产能在419万t左右，其中，欧洲MMA产能共83.6万t。据了解，预计到2023年全球甲基丙烯酸甲酯(MMA)需求还将以每年2%~3%增速增长，到2024年全球甲基丙烯酸甲酯(MMA)需求将达到450万t。但目前工业生产MMA的主要工艺是以丙酮和剧毒的氢氰酸为原料的传统丙酮氰醇法，反应过程中还需使用高腐蚀性的硫酸，并副产大量难以处理的硫酸氢铵。目前生产甲基丙烯酸甲酯的方法有多种，本文主要介绍叔丁醇两步氧化法制甲基丙烯酸甲酯过程中有机物蒸气和氧气反应过程中安全防爆的控制研究。

乌石化公司和中科院过程所联合开发的叔丁醇两步氧化法制取甲基丙烯酸甲酯。即叔丁醇在催化剂作用下氧化生成MAL(1)，然后MAL在催化剂作用下酯化生成MMA(2)；此方法在工艺进一步简化，也避免了其他方法过程中间酸的生成，绿色化程度进一步提高。但由于存在氧气和有机物蒸气共存的现象，这种工况下有机物蒸气和氧气的含量是否处于爆炸极限范围之内，采取工艺手段降低爆炸风险，是本次实验研究的主要内容。

$$C_4H_8+O_2 \longrightarrow C_4H_6O(MAL)+H_2O \quad (1)$$

$$C_4H_6O+1/2O_2+CH_3OH \longrightarrow C_5H_8O_2+H_2O \quad (2)$$

1　实验部分

实验手段和安全分析方法，对叔丁醇氧化制甲基丙烯醛工艺进行安全技术研究。对混合器、预热器两个过程的安全相图进行研究，针对反应器气相原料组成、R201上方气相组成在工况条件下的燃爆特性进行研究。在此基础上，提出相应的安全控制措施建议，为该工艺的工业实施提供安全技术支持(图1)。

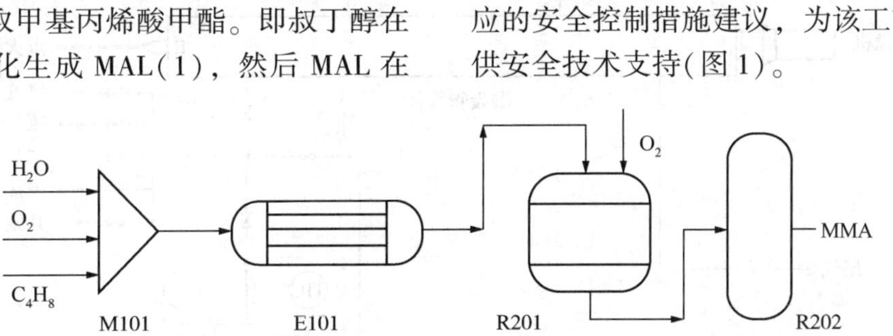

图1　叔丁醇法生产MMA简要流程图

1.1　实验内容

具体内容包括四个方面：

混合器M101：温度80℃，压力(绝压)1.5kg/cm^{2}下，“叔丁醇-氧气-氮气”物系火灾爆炸三元相图研究，检测该物系不同组成的爆炸极限，绘制氧含量为30%以下部分的火灾爆炸相图。“叔丁醇-空气-水蒸气”物系火灾爆炸三元相图研究，检测该物系不同组成的爆炸极限，绘制氧含量为30%以下部分的火灾爆炸相图。

预热器 E101：温度 170℃，压力(绝压) 1.5kg/cm^2 下，“叔丁醇-氧气-氮气”物系火灾爆炸三元相图研究，检测该物系不同组成的爆炸极限，绘制氧含量为30%以下部分的火灾爆炸相图。“叔丁醇-空气-水蒸气”物系火灾爆炸三元相图研究，检测该物系不同组成的爆炸极限，绘制氧含量为30%以下部分的火灾爆炸相图。

反应器(R201)上方气相组成工况条件是否燃爆：温度：80℃，压力(绝压)：4kg/cm^2，6kg/cm^2，气相组成见表1。在两个压力和三种组成的六个状态点下是否能发生燃爆。

表1 三个气相组成

气体	摩尔含量/%		
	组成一	组成二	组成三
N_2	76.86	84.81	88.46
O_2	10.04	10.20	9.89
CO_2	0.22	0.54	0.27
H_2O	2.13	0.14	0.10
C_3H_6(丙烯)	0.21	0.09	0.10
MeOH	8.23	2.23	0.37
甲酸甲酯	1.03	1.08	0.50
MAL	1.30	0.92	0.33

2 研究方法

2.1 测试装置

爆轰管——通过测量管体内混合气体经点燃后，火焰传播、温度、压力变化情况，得到气体(蒸气)混合物爆炸极限、爆炸力和爆炸波传播速度的装置。本装置的优点在于可以模拟工业生产的实际情况(如高温、高压)，研究气相混合物的燃爆性能，且安全性高，操作简便。

实验装置主要由长1.5m的$\Phi150\times25$mm爆轰管管体(使用压力30MPa)、点火装置、高压蒸气发生器、气源、管体温度压力监控表、真空泵、连接管线和摄像机组成。在管体上安装了真空表、压力表和温度传感器，用于观测管内压力和温度。高压蒸气发生器上也安装了控温装置和压力表。装置示意图和照片如图2所示。

2.2 测试方法

加热爆轰管至预定温度，在充分吹扫并抽真空后，向爆轰管内按照组分由小到大的含量先后通入各组分至预定的压力。待气体充分混合并且温度恒定后点火，根据点火后的火焰传播情况确定该浓度是否在爆炸极限范围之内。

(1) 将爆轰管管体升温至预定温度，用空气充分吹扫后抽真空。

(2) 按照组分含量由小到大的顺序依次通入各组分的蒸气或气体，由组分摩尔含量计算通入气体的分压大小。

(3) 等到爆轰管内气体混合均匀并且温度恒定后，开启摄像机，点火并记录爆轰管内的燃烧传播情况。

(4) 开启尾气阀门，同时向爆轰管中通入空气吹扫，重复吹扫至少3次，重复前面的测试，直至找到燃烧区域的极限值。

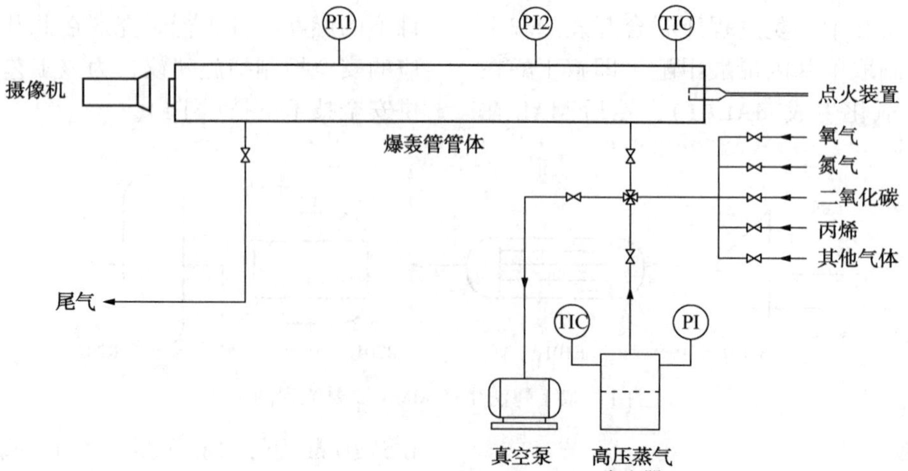

图2 气相爆破测试装置

3 试验结果

3.1 反应器 R101 内物料的燃爆情况

反应器 R101 内，温度为 380℃、压力(绝压)为 $1kg/cm^2$，气相组成(摩尔含量)为：叔丁醇：空气：水蒸气=1：6：4.3。进行气相点火，3min 时间内未发现燃爆现象。

3.2 反应器 R201 内物料的燃爆情况

反应器 R201 内，温度为 80℃、压力(绝压)为 $4kg/cm^2$、$6kg/cm^2$、物料组成摩尔比为表 1 所列出的三种组成的六种条件下，经 3min 时间的点火实验，均未发现燃爆现象。

4 预热器及反应器研究结果分析

对于第三部分的测试数据，我们用混合气体的爆炸极限三元图的方法来分析其燃爆危险性。首先按照测试结果绘制体系的爆炸极限三元图。在图中每一状态点代表三种物质的某一个固定组成(按照下面的方法读出每一状态点的某组分的含量读数：旋转三元图，将该组分的坐标轴置于正下方，通过状态点做一条与右侧坐标轴平行的直线，与正下方的坐标轴相交，交点的坐标读数值即为该组分的含量)。图 3 和图 5 中粉色的线代表在这条线上氧气和氮气的比例是固定的。

对于“燃料-氧-惰性气体”的三元混合气体体系，存在一个氧含量的极限值，只要体系内的氧含量低于该极限值，无论其余两种组分含量如何变化，都不会进入到燃爆区域之内，该点被称为体系的极限氧含量(Limiting Oxygen Concentration，LOC)。按照实验数据在爆炸极限三元图上可找出其极限氧含量。

5 混合器 M101 内物料的燃爆危险性分析

5.1 含水蒸气的情况

由混合器 M101 内不含水蒸气的物料体系的爆炸极限数据绘制爆炸极限三元图(图 3)，由图可以看出：在 80℃、$1.5kg/cm^2$ 绝压下，“叔丁醇-氧气-氮气”的三元体系中，随着空气中氧浓度的提高，叔丁醇的爆炸极限变宽，空气进气的氧浓度如果降低到 15.3%，则体系不会发生燃爆。由图 3 的计算可知，该体系的极限氧含量约为 14.9%。若采用控制氧含量的方法保证体系的安全性，推荐将空气的氧含量控制在 8%以下。

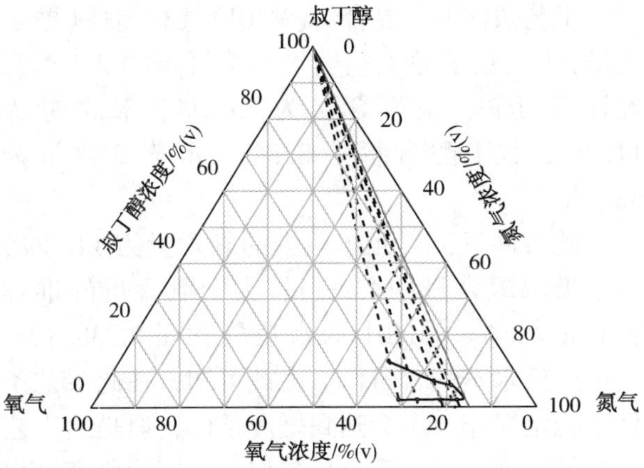

图 3 80℃、$1.5kg/cm^2$ 下
“叔丁醇-氧气-氮气”爆炸极限三元图

工艺条件下，混合器(M101)气相组成(摩尔含量)为：叔丁醇：空气：水蒸气=1：6：4.3。经计算可知，若体系中不含水蒸气，在空气和叔丁醇的二元体系中，空气相对含量为 85.7%，氧含量为 18%，高于极限氧含量(14.9%)。因此不含水的空气-叔丁醇二元体系中，工艺条件下的物料组成处于燃爆区域内。

5.2 含水蒸气的情况

由混合器 M101 内含水蒸气的物料体系的爆炸极限数据绘制爆炸极限三元图(图 4)，由图可以看出：在 80℃、$1.5kg/cm^2$ 绝压下，“叔丁醇-空气-水蒸气”的三元体系中，随着水蒸气浓度的提高，叔丁醇的爆炸极限变窄，上限从 7.3%下降到 5.6%，下限从 2.2%上升到 2.7%。但由于受温度限制，水蒸气的分压达到 20%后不能进一步提高，因此无法做出体系的最小水蒸气含量。经估算，80℃、$1.5kg/cm^2$ 条件下，惰化体系的最低水蒸气含量约为 30%(V)。

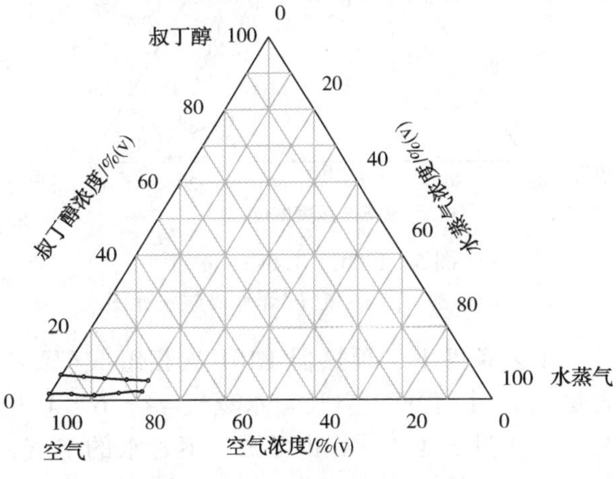

图 4 80℃、$1.5kg/cm^2$ 下
“叔丁醇-空气-水蒸气”爆炸极限三元图

工艺条件下，混合器(M101)气相组成(摩尔含量)为：叔丁醇：空气：水蒸气=1：6：4.3。经计算可知，空气含量为53.1%，氧含量为11.2%，叔丁醇含量为8.8%，水蒸气含量为38.1%。

此条件下，三元体系中的氧含量为11.2%，小于极限氧含量(14.9%)，大于氧含量的推荐控制值(8%)。M101的水蒸气含量为38.1%，大于最低水蒸气含量值。由此可知，在此工艺条件下稳定操作，不会达到燃爆条件，但是给工艺控制的波动值预留安全系数偏小。实验研究过程可知，若叔丁醇和空气含量不变的条件下，水蒸气含量降低会导致氧含量增大，使体系接近或处于燃爆区域内。尤其是80℃条件下，不易于实现高浓度水蒸气的稳定控制，建议采取有效措施保证水蒸气的工艺指标。

5.3 预热器E101内物料的燃爆危险性分析

5.3.1 不含水蒸气的情况

由预热器E101内含不含水蒸气的物料体系的爆炸极限数据绘制爆炸极限三元图(图5)，由图可以看出：在170℃、1.5kg/cm² 绝压下，“叔丁醇-氧气-氮气”的三元体系中，随着氮氧混合气中氧浓度的减小，叔丁醇的爆炸极限变窄，氧浓度降低到15.3%后，体系不会发生爆炸。经计算可知该体系的极限氧含量约为14.9%。

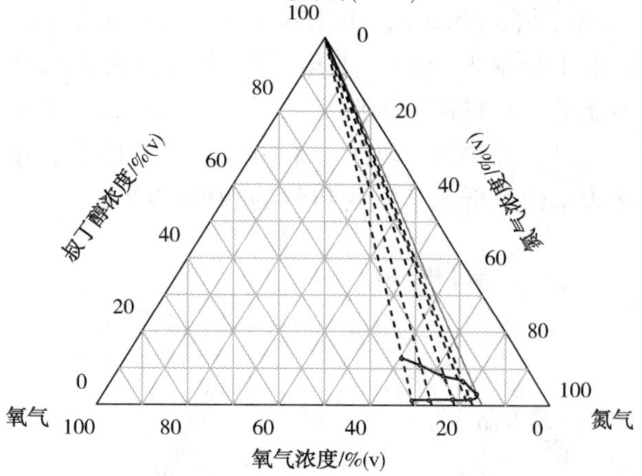

图5 170℃、1.5kg/cm² 下
“叔丁醇-氧气-氮气”爆炸极限三元图

工艺条件下，预热器E101气相组成(摩尔含量)为：叔丁醇：空气：水蒸气=1：6：4.3。分析方法见5.1.1。由此可知，不含水的空气-叔丁醇二元体系中，工艺条件下的物料组成处于燃爆区域内。

5.3.2 含水蒸气的情况

由预热器E101内含水蒸气的物料体系的爆炸极限数据绘制爆炸极限三元图(图6)，由图可以看出：在170℃、1.5kg/cm² 绝压下，“叔丁醇-空气-水蒸气”的三元体系中，随着水蒸气浓度的提高，叔丁醇的爆炸极限变窄，当水蒸气的含量提高到35%时，体系不发生燃爆，也不存在爆炸极限。经计算可知，预热器E101中最低水蒸气含量值约为35%。

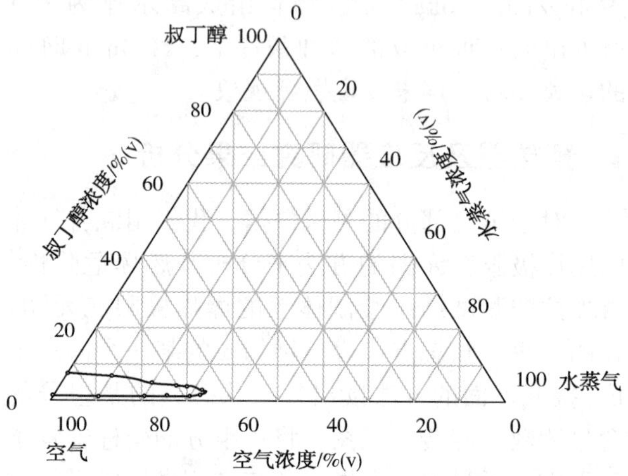

图6 170℃、1.5kg/cm² 下
“叔丁醇-空气-水蒸气”爆炸极限三元图

工艺条件下，预热器E101气相组成(摩尔含量)为：叔丁醇：空气：水蒸气=1：6：4.3。此条件下，三元体系中的氧含量为11.2%，小于极限氧含量(14.9%)，大于氧含量的推荐控制值(8%)。E101的水蒸气含量为38.1%，大于最低水蒸气含量值(35%)。由此可知，在此工艺条件下稳定操作，不会达到燃爆条件，但是给工艺控制的波动值预留安全系数偏小。

6 结论和建议

根据对工艺状况和实验结果的分析及建议。

6.1 混合器(M101)和预热器安全分析

混合器(M101)和预热器(E101)的工艺条件下，体系的极限氧含量约为14.9%。若采用控制氧含量的方法保证体系的安全性，推荐将空气的氧含量控制在8%以下。混合器(M101)和预热器(E101)的最低水蒸气含量值分别为30%和35%，综合考虑，取危险性大的进行控制，最低水蒸气含量值为35%，水蒸气含量的推荐控制值为40%。

6.2 混合器和预热器安全运行建议

经实验研究可知，混合器(M101)和预热器

(E101)的工艺组成处于安全区，但是安全裕度偏小，建议将水蒸气含量提高至40%。

各设备中氧含量对燃爆危险性至关重要，建议采用可靠的方法监控混合器、预热器及反应器中的氧气含量。若叔丁醇和空气含量不变的条件下，提高水蒸气含量，会起到稀释可燃气体(叔丁醇)的浓度、惰化体系、降低体系的氧含量的作用。80℃条件下，不易于实现高浓度水蒸气的稳定控制，生产过程中应采取有效措施保证体系的水蒸气含量值达到工艺指标。

6.3 反应器安全分析

对反应器R101工艺条件下的气相点火实验，3min时间内未发现燃爆现象。对反应器R201六种工艺条件下的气相点火实验，3min时间内均未发现燃爆现象。

6.4 反应器安全运行建议

建议在预热器及反应器之间的管线上安装阻火器。工艺装置中具有燃爆危险的设备都严格接地，尽可能消除静电。

参 考 文 献

[1] 高爽. 甲基丙烯酸甲酯制备工艺研究，当代化工[J]. 北京：石油工业出版社，2021，05：88-89.

[2] 周春艳. 甲基丙烯酸甲酯生产及市场分析预测甲基丙烯酸甲酯制备工艺研究[J]. 化学工业，2022，10：94-96.

[3] 李敏. MMA市场分析及前景展望[J]. 中国石油和化工经济分析，2019(09)：56-58.

[4] 宋迪. 甲基丙烯酸甲酯产业发展展望[J]. 化工设计通讯，2020，46(03)：79-80.

[5] 王定博. C_4烯烃制丙烯和乙烯催化剂及应用[J]. 化工进展，2011(03)：530-535.

[6] 周春艳，付伟，张子龙，等. 甲基丙烯酸甲酯市场分析[J]. 化学工业，2019，37(04)：42-47.

加氢裂化反应系统原始开工过程优化及可行性分析

周能冬

（中国石化镇海炼化分公司）

摘　要　文章在行业内首次提出加氢裂化装置反应系统原始开工优化方案，具体为增加反应器大跨线临时流程，用于反应系统氮气气密、反应炉烘炉、反应系统干燥，将两台反应器切出反应系统，打破传统、提前装填反应催化剂，节约10余天的原始开工时间。具体以某大型炼化企业新建400万t/a加氢裂化装置为例，探讨装置原始开工网络优化方案及可行性分析，特别是对反应器热态考查进行量化分析，对各加氢及加氢裂化装置原始开工均有很好的借鉴意义。

关键词　加氢裂化；开工网络；可行性；热态考查

1　方案背景介绍

加氢裂化装置原料适应性强，具有生产优质中间馏分油、液体产品收率高以及产品结构灵活性高等优点。同时加氢裂化装置原始开工必须遵循严格的开工工序，对反应器内构件安装、催化剂装填质量等要求严格，因此开工周期较长，一般要求50天以上时间。鉴于加氢裂化装置在现代炼油化工企业中对提高清洁油品品质、优化产品结构、降低柴汽比等各方面举足轻重的作用，若能降低原始开工时间，则对装置、对全厂效应显著。本文以某新建400万t/a加氢裂化装置相关流程、数据为例进行详细分析。

2　详细方案说明

2.1 反应系统传统开工方案

加氢裂化装置正常原始开工主进度为反应系统，目前传统反应系统开工主节点如图1所示。反应系统交生产后依次进行管道处理、氮气气密置换、加热炉烘炉与反应系统干燥、反应器降温及催化剂装填、氮气氢气气密及紧急泄压、急冷氢试验、引油开工硫化、原料切换等步骤。各个环节依次顺序进行、无法并列开展，特别是催化剂装填需要在反应系统干燥、烘炉、反应器降至常温后才能进行。反应器器壁厚度达300mm左右，经400℃长时间高温加热后降温比较困难；同时催化剂的装填对防雨要求较高，下雨天气无法装填；催化剂装填量较大，约700t。因此反应器降温及催化剂装填耗时较长，一般要10余天。

反应系统正常流程如图2所示，烘炉时反应系统内氮气经反应加热炉F9101加热后，依次进入精制反应器R9101、裂化反应器R9102、高压换热器E9102入口。

2.2　反应系统优化开工方案

经优化后的开工方案为：加裂装置正常开工主进度仍为反应系统，但优化的反应器系统开工主节点减少了催化剂装填步骤，改为提前并列实施，其他各个环节依次顺序进行，以此节约10余天的开工主网络时间。具体如图3所示。

反应系统优化流程如图4所示，现将R9101入口短接拆除，转换为弯头，将流程引入E9102入口、连接反应系统，实现R9101与R9102整体切出。在反应器内构件安装结束后立即进行反应器催化剂装填，与反应系统气密置换、系统干燥、烘炉同步并列实施。催化剂装填及反应烘炉结束后，拆除临时管道、反应系统改为正常流程。

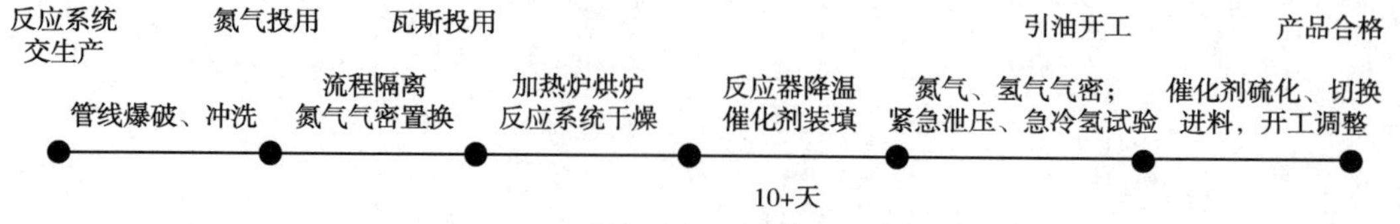

图1　反应系统开工传统开工主网络

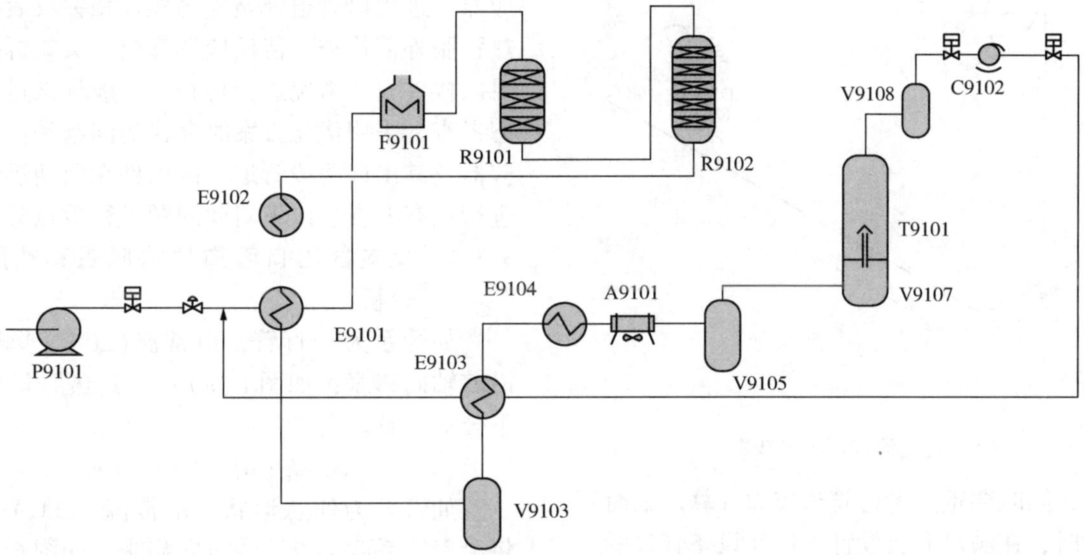

图 2　反应系统开工传统开工主流程

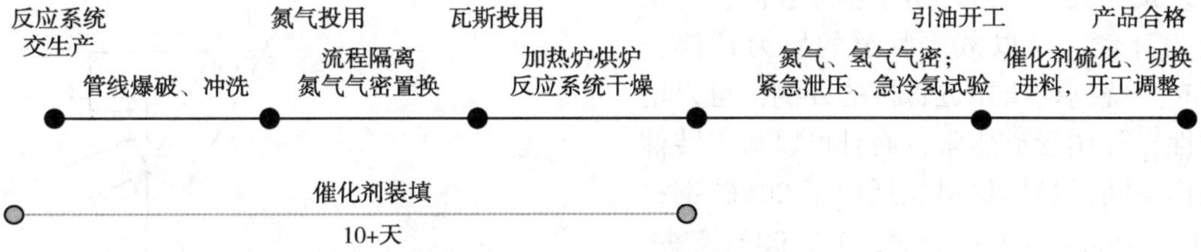

图 3　反应系统开工优化开工主网络

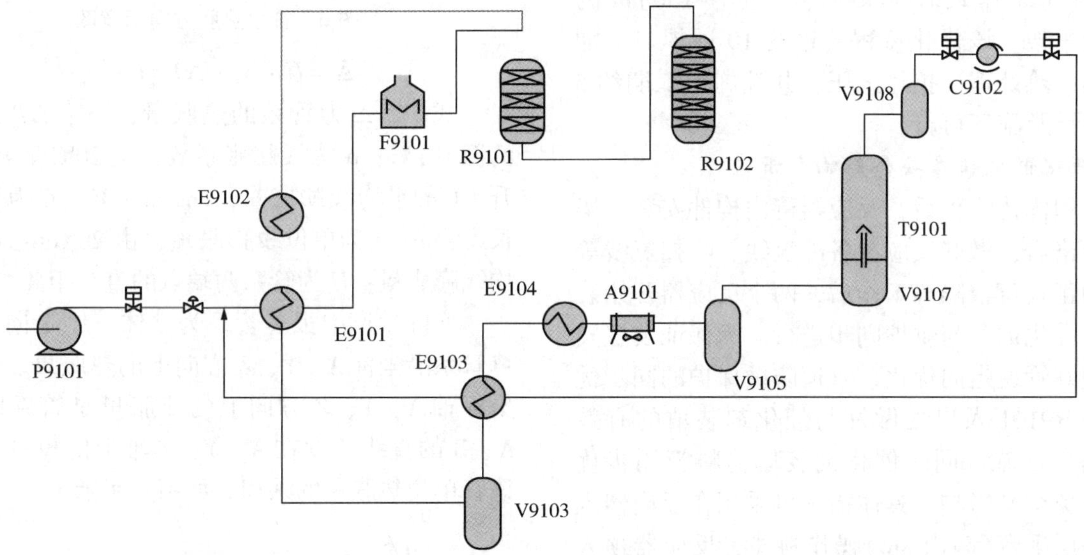

图 4　反应系统开工优化开工主流程

实现以上方案现场需要如图 5 所示一根管道。管道操作参数：介质为氮气，压力 2.0MPa，温度 400℃。

3　优化方案可行性分析

本原始开工优化方案属于行业内首次提出，以往从未有过实践经验，各炼油企业技术人员存在很多疑问与问题。因此需要重点对各种可能的相关影响因素、安全风险及可行性进行分析，特别是对反应器热态考查的分析。

3.1　设计及施工可行性分析

本优化方案设计的关键主要在于临时管道的走向及应力计算。临时管道操作工况介质为氮气、压力 2.0MPa，特别是温度近 400℃，选材

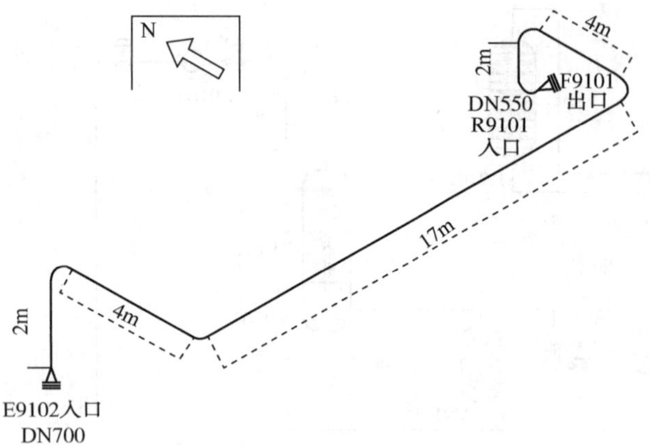

图5 优化流程现场单线图

较苛刻，同时要重点考虑管道应力计算。临时管道选材时，在满足介质设计条件及设备管口受力限制的前提下，优先选用壁厚较薄的碳钢管道，一方面可以减少投资，另外由于壁厚较薄，管道更容易应力补偿，可以减少管道的应力补偿长度。管道布置绕到构架靠近管桥的外侧，可以增加管道柔性，补偿管道热胀，而且可以留出装催化剂的操作空间。具体材料包括以下20#碳钢材料：*DN*550、16mm管道约29m，5个90℃弯头，*DN*700、*DN*550法兰各1片，*DN*700×550大小头1个，3个工作载荷50000N、上位移150mm的弹簧支吊架。该优化流程管道约10道焊口，加上预热、热处理、拍片试压，共计施工工期约5天，设计及施工可行。

3.2 催化剂装填及安全影响分析

采用优化流程后，反应器待内构件安装完毕检查合格后，做好反应器各冷氢线、吹扫氢线等管线的正式盲板隔离工作后，两个反应器开始装填反应催化剂，与烘炉同步进行。为保证装置安全，做好管道走向优化、管道防烫保护的同步优化，在R9101入口处做好与催化剂装填的有效的硬隔离措施，同时催化剂装填输料管同步优化，避免交叉影响。具体措施可采用在反应器入口上一层平台(高出8m)操作料斗，反应器顶人孔法兰处用卸料管连通即可，从而在垂直方向上进行错位操作，有效避免在反应器顶人孔处频繁操作，从而保证人员安全。

3.3 热态考查分析

传统反应开工方案在反应系统干燥、烘炉过程加热炉炉膛温度要求500℃恒温24h，这时加热炉携带热量的介质出口管道温度(即反应器温度将升至近400℃)，一般炼油厂要求同步对反应器、进出口管道弹簧支吊架及相关仪表线进行热膨胀外部检查，待反应器降温、头盖拆除后再对内构件安装情况进行检查，一般称该过程为热态考查。采用优化方案时存在的问题是：两台反应器及其出口两段管道、内构件在前期烘炉没有进行热态考查。以下对此问题进行重点分析。

3.3.1 反应器出口管道的热胀量和热胀方向分析

如管系为一直管，由常温(20℃)受热后将沿着轴向膨胀，如图6(a)示。其热胀量可按以下公式计算。

$$\Delta_t = L \cdot \alpha_t \cdot \Delta T = L \cdot e_t$$

如管系为任意形状，由常温(20℃)受热后将沿着管系两端点连线方向膨胀，如图6(b)示。其热胀量可按以下公式计算。

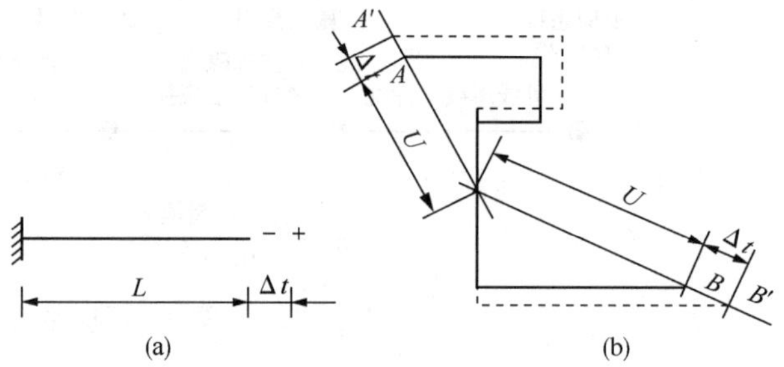

图6 管系热胀方向示意图

$$\Delta_t = U \cdot \alpha_t \cdot \Delta T = U \cdot e_t$$

式中，Δ_t为管系的热胀量，cm；ΔT为管系的温升，℃；α_t为线膨胀系数，由20℃至t℃的每升1℃的平均线膨胀量，cm/m·℃；L为管系的长度，m；e_t为单位线膨胀量，由20℃至t℃的平均线膨胀量；U为管系两端点的直线距离，m。

实际生产中很多管系为立体三维走向，需计算管系沿坐标X、Y、Z方向上的热胀量。管系在坐标轴X、Y、Z方向上的热胀量是管系两端点A、B的直线长度在X、Y、Z轴上的投影长度与该管单位热胀量的乘积。如图7所示。

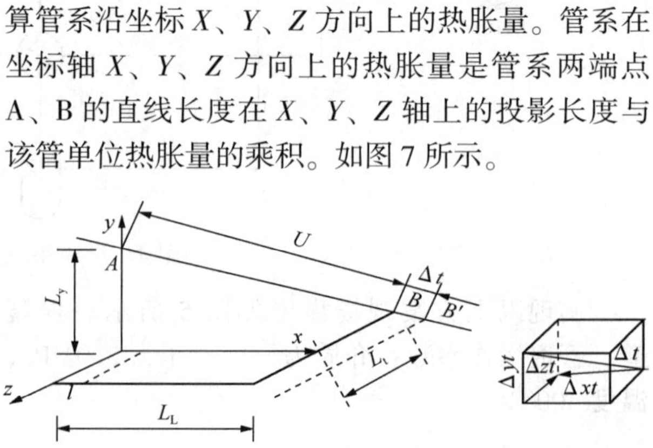

图7 立体管系热胀示意图

各方向上的热胀量计算公式如下所示。

$$\Delta X_t = L_X(e_{t2} - e_{t1}) = L_X[\alpha_{t2}(t_2 - 20) - \alpha_{t1}(t_1 - 20)]$$

$$\Delta Y_t = L_Y(e_{t2}-e_{t1}) = L_Y[\alpha_{t2}(t_2-20)-\alpha_{t1}(t_1-20)]$$

$$\Delta Z_t = L_Z(e_{t2}-e_{t1}) = L_Z[\alpha_{t2}(t_2-20)-\alpha_{t1}(t_1-20)]$$

$$\Delta_t = \sqrt{(\Delta X_t)^2+(\Delta Y_t)^2+(\Delta Z_t)^2}$$

式中，L_X、L_Y、L_Z为管系两固定点间的直线长度在X、Y、Z轴上的投影长度，m；t_1、t_2为管系冷态、热态的温度，℃；α_{t1}、α_{t2}为由20℃至t_1、t_2之间的平均热胀系数，cm/m·℃；e_{t1}、e_{t2}为由20℃至t_1、t_2之间的单位热胀量，cm/m。

不同钢材在不同温度的单位线膨胀量见表1。实际温度在两个温度区间内的，其单位线膨胀量用线性方式进行计算。

表1　钢材的单位线膨胀量* e_t

钢材种类	碳钢 低铬钼钢（至Cr3Mo）	中铬钢 Cr3Mo 至Cr9Mo	奥氏体钢	铬钢 Cr12 Cr17 Cr27	Cr25Ni20
温度/℃	e_t/(cm/mm)				
-200	-0.198	-0.185	-0.320	-0.170	-0.250
-130	-0.143	-0.135	-0.227	-0.122	-0.180
-175	-0.096	-0.090	-0.146	-0.082	-0.116
20	0.0	0.0	0.0	0.0	0.0
100	0.092	0.087	0.144	0.078	0.111
200	0.220	0.203	0.309	0.186	0.260
300	0.361	0.335	0.495	0.306	0.421
400	0.516	0.476	0.680	0.428	0.585
500	0.680	0.612	0.875	0.562	0.762
600	0.845	0.765	1.081	0.705	0.940
700	1.014	0.910	1.275	0.835	1.110
800			1.510		

注：* 由20℃至t℃的单位长度的热膨胀量。

反应器出口管道材质为奥氏体不锈钢，400℃单位线膨胀量为0.680cm/m。根据设计三维数据可知，管道竖直方向投影长度为31m。

由此可以计算反应器出口管道垂直方向热胀量为0.680×31×10=211mm。反应器出口管道底部是向下热胀，和反应器封头向下热胀的位移抵消。反应器出口管道的垂直位移大部分是朝上，一部分垂直位移被该管道的水平部分吸收，一部分垂直位移被反应器垂直位移抵消掉，具体位移见应力计算书。

管道热胀位移由其垂直方向的管道进行吸收，因此各个高温设备管道各方位弯头较多，比如冷氢管道的走向。由于反应器及其出口管道、冷氢管道没有经历热态考核，在现场施工完成后应重点检查以下部位：

（1）反应器顶部和上方的土建钢梁之间的空间，是否满足设备往上的热胀位移。

（2）反应器出口管道、冷氢管道上的支架是否按设计图纸正确安装，管道上的临时支架是否拆除。

（3）反应器、反应器出口管道、冷氢管道周围，是否有影响设备及管道垂直及水平位移的型钢、脚手架等。如果有，在升温前必须拆除。

（4）反应器、反应器出口管道、冷氢管道上的仪表引压线应具有足够的柔性，该柔性应能补偿热备及管道的垂直及水平位移。

3.3.2　反应器轴向与径向热胀量和热胀方向分析

计算设备热胀量时需要考虑热胀方向，需要先确定基准线，再确定具体方向上的膨胀量。反应器轴向的热胀量一般以反应器下切线为基准、向上膨胀，因为反应器裙座温度低，热胀量小。反应器径向的热胀量一般以反应器中心线为基准线、向四周膨胀。如图8所示。

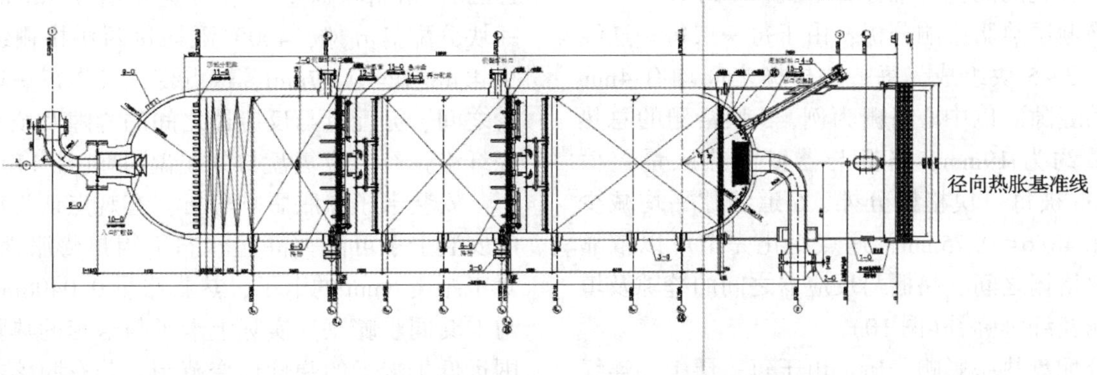

图8　反应器轴向与径向热胀量基准线

计算正常生产状态热胀量时，由于反应器进出口温度非一个数值，而是存在温度变化梯度，这时可以采用算数平均值来计算。设计核算时一般采用设备管道最高设计温度。

以烘炉时400℃的温度计算反应器轴向热胀量分别为：精制反应器 R9101 顶部弯头处上位移为 0.516×27.2×10 = 140mm，裂化反应器 R9102 顶部弯头处上位移为 0.516×28.2×10 = 145mm。两台反应器直径、设计温度一样，其径向热胀量为：5.8/2×0.516×10=14.96mm。设计过程中充分考虑，在现场施工完成后就可以据此进行检查以下重点部位：反应器顶部封头与平台横梁间距位置。

3.3.3 反应器内构件热胀量和热胀方向分析

（1）对高温工作状态下的热胀量分析

重点分析内构件的热胀量及方向变化。由于反应器一般要求升温速度不大于25℃/h，因此内构件与反应器器壁基本同步热胀。两反应器径向热胀量分为14.96mm。反应器内构件材质为S32168，其400℃单位线膨胀量为0.680cm/℃。内构件安装所用的陶瓷纤维是由许许多多直径微米级的陶瓷纤维错综复杂交织而成的，耐温1000℃以上，它们自身是疏松多孔材料，孔隙率高达90%以上，因此陶瓷纤维受热之后的热收缩或者膨胀都会被自身的孔隙折合掉，具有较大的弹性空间。

支撑梁热胀影响分析：由于每一根支撑梁为整体成形，与反应器器壁的缝隙非常关键。一般安装时要求支撑梁与器壁呈20mm左右间隙。以中心最长一根支撑梁为例计算，400℃支撑梁中心往两端的热胀量为 = 5.717/2×0.680×10 = 19.44mm。支撑梁与器壁的热胀量差值为19.44-14.96=4.48mm。该4.48mm的差值由20mm的间隙和填充的陶瓷纤维弥补解决(图9)。

格栅层热胀影响分析：由于每一层每一连线格栅由3~5块组成，每一块格栅之间均有4mm左右的缝隙。以中心格栅为例，5块格栅的总热膨胀量约为19mm，格栅与器壁的热胀量差值4.48mm被每一块格栅分摊，6道缝隙平均减少量为4.48/6=0.75mm，这点变化完全可以依靠每一块格栅之间、格栅与反应器之间的缝隙及填充的陶瓷纤维弥补(图10)。

分配盘热胀影响分析：由于每一层中心连线分配盘由11块组成，每一块格栅之间均有(20±5)mm的缝隙，与支撑梁有(10±5)mm的缝隙，与反应器器壁有(30±5)mm的缝隙。以靠中心分配盘为例，11块分配盘的总热膨胀量约为19mm，格栅与器壁的热胀量差值4.48mm被每一块分配盘分摊，400℃平均每两块格栅缝隙减少4.48/12=0.37mm，这点变化可靠每一块分配盘之间、分配盘与反应器之间的缝隙及填充的陶瓷纤维弥补。冷氢盘与分配盘同理(图11)。

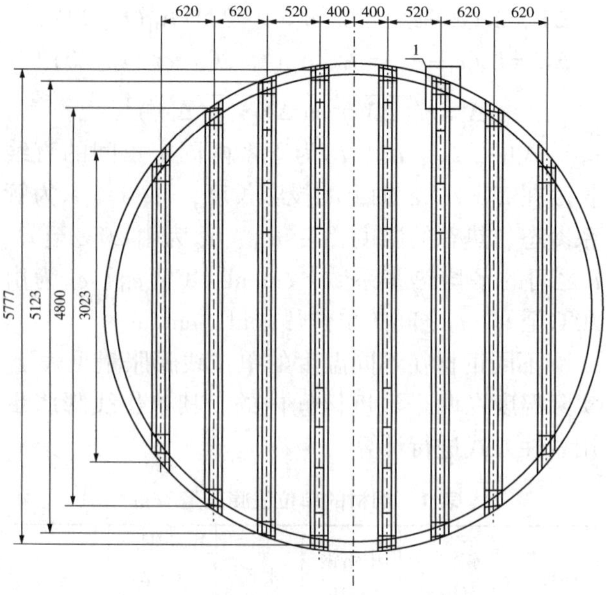

图9 反应器内构件-格栅与支撑梁

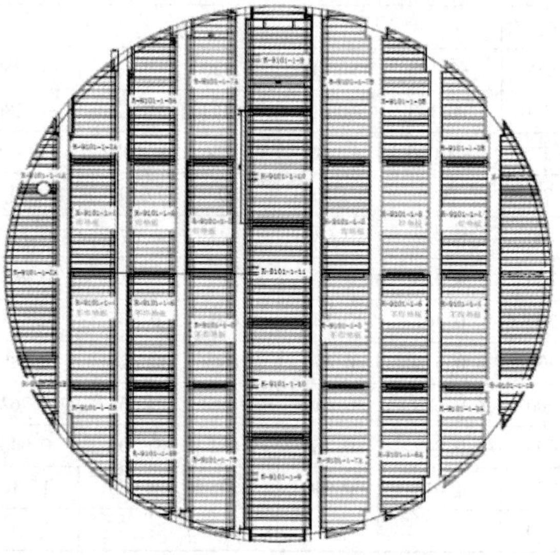

图10 反应器内构件-格栅

安装卡子热胀影响分析：有观点认为冷氢箱的安装卡子可能在高温状态下因热膨胀而脱落。对于厚度6mm的卡子，热膨胀量0.0408mm，会与卡套同步膨胀。实际上卡子与卡套的热膨胀范围远低于卡子的弹性形变范围。若有脱落非热膨胀所致，而是安装质量不佳所致(图12)。

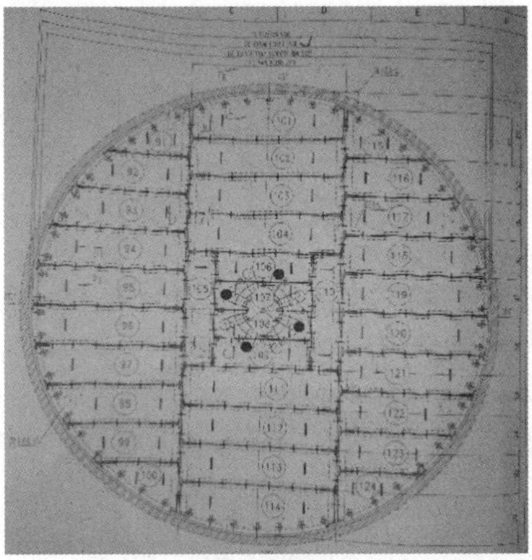

图 11 反应器内构件-分配盘

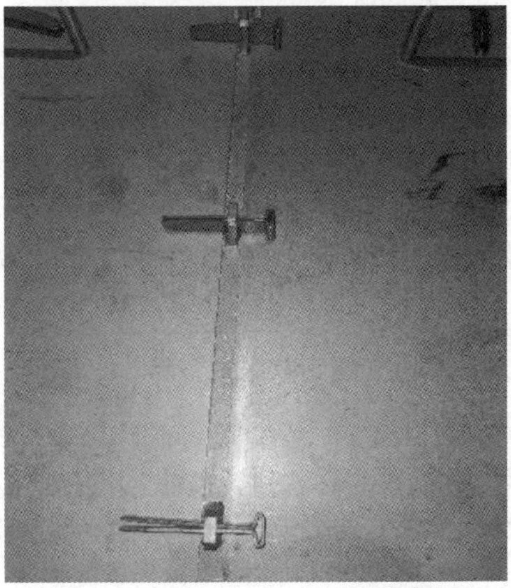

图 12 反应器内构件-卡子与卡套

以上分析可以通过以下内构件简图 13 可以清晰看出。重点注意支撑梁与反应器器壁的间距，各格栅、冷氢盘、分配盘相互之间的间距，以及内件与支撑梁、器壁之间的间距。内构件热胀的影响关键是支撑梁与反应器器壁间距，各内件相互间距相对于其热胀量而言，富裕量很大。

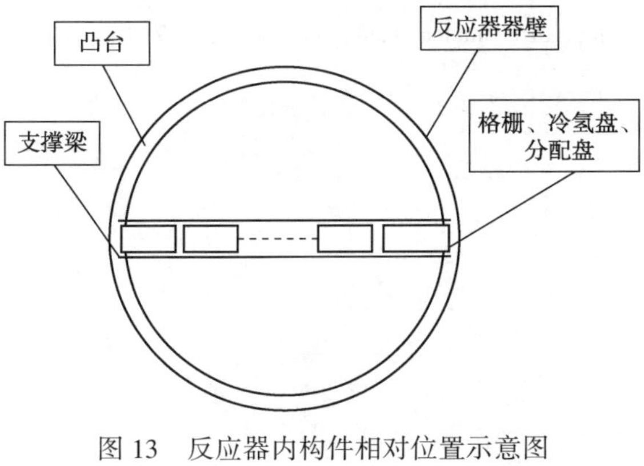

图 13 反应器内构件相对位置示意图

（2）烘炉后常温检查意义

在常温安装内构件并检查完好，待烘炉结束、降至常温后再去检查内构件完好性，理论上这只是把常温下的内构件检查重复做了一次，无法考查内构件工作状态下的热胀情况。因为两次检查温度一样，根据奥氏体不锈钢内构件的热胀冷缩热性，在 700℃ 以内是可逆的。相关理论分析可参考以下文献说明：操龙飞《金属材料的热膨胀特性研究》、石德坷《材料科学基础》、居春艳《两种不锈钢的高温相变及热物理性能的研究》。

本装置反应器内构件材料牌号为 S32168（06Cr18Ni11Ti），属于国标含 Ti 奥氏体不锈钢，其化学成分见表 2。

表 2 S32168 化学组成

化学成分	C	Si	Mn	Cr	Ni	Ti	P	S
质量分数/%	≤0.08	≤1.00	≤2.00	17.0~19.0	9.0~12.0	5C~0.7	≤0.035	≤0.015

Ti、Nb 等改性的奥氏体不锈钢基体中形成分散性较好的 TiC、NbC，减少晶间腐蚀倾向，有效提高其高温下的机械强度，抵抗氢脆化及辐射损伤。如图 14 所示改性奥氏体不锈钢膨胀试验结果可以看出，虽然热收缩程度随改性元素含量的增加而减小，但含少量改性元素的奥氏体不锈钢热膨胀程度与热收缩程度几乎相等，由此可证本装置反应器内构件热膨胀至 400℃ 左右后，再降温至常温，其内构件尺寸变化微小，不影响催化剂堆积密度及使用性能。

结合综上分析，影响反应器材料热胀冷缩的主要原因为原子的非简谐振动，属于物理变化过程，相变和复杂元素的掺入均会影响热膨胀过程，结合实验结果可以说明奥氏体不锈钢在降温后可以收缩至原始尺寸。

3.3.4 热态考查分析结论

根据以上分析，热态考查以往是各炼油企业在烘炉、系统干燥过程同步检查，逐渐成为惯例，形成路径依赖。而实际生产中做的意义有限，实际不做，也可以通过提前检查，研究院、设计院及内构件专利商均没有明文要求。这点可以从实践经验中得到充分验证：近几年系统内外上 20 套以上柴油加氢装置新增第二台反应器全部都在反应器及内构件安装结束后立即进行催化剂装填，再和整个反应系统一同氮气气密、升温

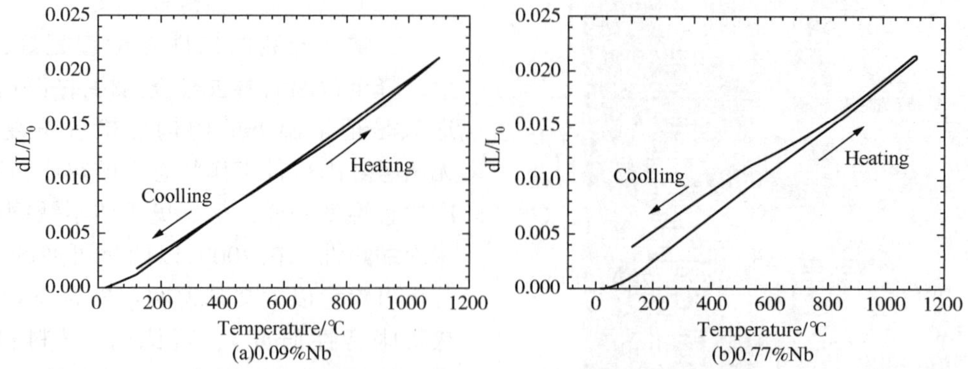

图 14　金属改性奥氏体不锈钢热膨胀及热收缩实验

开工，均没有先热态考查，也没有要求进行热态考查。否则若需先热态考查，则需要等装置检修完毕、引氮气瓦斯升温热态考查、再降温后装填催化剂，最后再重新引氮气瓦斯升温开工，检修开工时间至少延长 15 天以上。

3.4　投资回报分析

本优化方案投入：优化方案采购费用、施工费用约 25 万元。产出：节约开工时间 10 余天，优化产品结构、降低公司柴汽比。参考加裂装置原料及产品价格，加氢裂化运行效益按 100 元/t 估算，则每天运行效益为 100×476×24/10000＝114 万元。按照提前 10 天开工时间计算该方案实施效益为 114×10－25＝1115 万元。从投资回报率来分析比较可观。

4　结论

（1）加氢裂化装置原始开工通过增加反应器临时大跨线，提前装填反应器催化剂，可有效降低原始开工时间 10 余天，对加氢及加氢裂化装置原始开工有很好的借鉴意义。

（2）从设计核算、现场施工、催化剂装填、投资回报率等方面分析，该优化方案具有较强可行性，相关影响进行适当调整即可解决，特别是在催化剂装填方面。操作安全性方面需要适当完善硬隔离等措施进行解决。

（3）从反应器、出口管道及内构件的热态考查进行重点分析，反应器及管道的热膨胀主要通过设计来解决，从施工完成后就可以检查验证，在后期开工过程也可以重点检查，基本受控。内构件的热态考查缺乏理论依据，没有实际意义，需靠设计规避和施工过程控制。因此反应器及内构件热态考查不是反应器原始开工催化剂装填前必须执行的。原始开工过程中可以在反应器内构件安装完成后立即进行催化剂装填，与反应系统干燥、烘炉同步进行。

参 考 文 献

[1] 张德姜，王怀义，刘绍叶. 石油化工装置工艺管道安装设计手册[M]. 北京：中国石化出版社，2003.

[2] Kesternich W, Meertens D. Microstructural evolution of a Titanium-stabilized 15Cr-15Ni steel[J]. Acta Metallurgica, 1986, 34(6): 1071-1082.

[3] Ramos P, Coelho R S, Soldera F, et al. Residual stress analysis in thermally grown oxide scales developed on Nb-alloyed refractory austenitic stainless steels[J]. Corrosion Science, 2021, 178: 109066.

[4] Jose R, Raju S, Divakar R, et al. Thermal expansion characteristics of a titanium modified austenitic stainless steel: measurement by high-temperature X-ray diffraction and modelling using Grüneisen formalism[J]. Journal of nuclear materials, 2003, 317(1): 54-61.

S Zorb 装置再生转剂管线失效原因及对策

张　霖

（中国石化上海高桥石油化工有限公司）

摘　要　再生转剂管线是汽油吸附脱硫装置吸附剂循环的重要环节，一旦泄漏，吸附剂循环中断，影响产品质量和装置长周期运行。本文介绍了装置再生转剂管线在2021年技措更新后投用二周时间就发生磨损穿孔泄漏的情况，分析了气力输送含固体颗粒管线磨损的原因，提出了防范措施：调整操作参数，适当降低气提流量，合理安排测厚时间和布点范围，优化吸附剂转剂管线的设计，包括减少弯头数量，使用合理曲率半径的弯管等。

关键词　S Zorb；吸附剂管线；弯管；磨损；泄漏

S Zorb 装置2021年检修，对一直困扰装置正常运行的反应、待生和再生转剂线进行了技改，由北京院(SEI)负责设计，首先是将弯管的曲率半径由5d扩大到8d；其次是增加管道壁厚，由SCH80升级到SCH160；最后是优化了反应与待生转剂管线走向。但是，在装置检修后开工正常运行2周时间，再生转剂管线至D110器壁编号A24的弯管因吸附剂磨损发生了泄漏，使整个闭锁料斗循环系统中断，引起汽油成品出装置质量波动，另外大量吸附剂外流不仅造成经济损失，同时对环境也造成严重的粉尘污染。

1　吸附剂管线失效原因分析

1.1　吸附剂循环系统再生部分转剂管线介绍

S Zorb 装置吸附剂循环系统正常运行是确保装置平稳连续生产的一个重要环节，整个循环系统主要由反应转剂管线与再生转剂管线组成，再生部分主要包括待生转剂管线与再生转剂管线，主要流程是待生剂由再生进料罐(D107)至再生器(R102)，再生剂由再生器到再生器接收器(D110)，工艺流程布置如图1所示，最后由闭锁料斗(D106)输送至反应系统，实现整个吸附剂循环再使用。

再生部分转剂管线的情况介绍：

（1）50-C-2501起始从*D*107底部至*R*102下半部，长度10.9m，垂直距离6.6m，材质：P11；规格：*DN*50 *R*=8D SCH160。

（2）80-C-2601起始从*R*102底部至*D*110顶部，长度27.7m，垂直距离25m，材质：P11；规格：*DN*80 *R*=8D SCH160。

吸附剂管线的设计工况及规格尺寸见表1和表2。

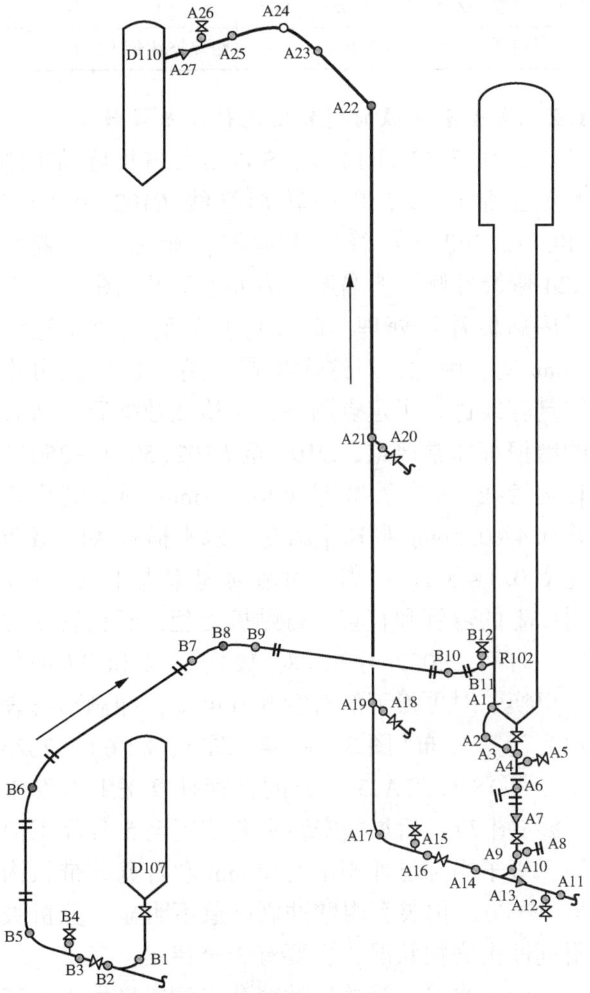

图1　工艺流程检测布置图

表1 S Zorb 装置吸附剂管线设计工况

项目	50-C-2501	80-C-2601
管道操作介质	热氮气+吸附剂	冷氮气+吸附剂
气提氮气流量/(m^3/h)	45	149
气提氮气温度/℃	232	24
气提氮气压力/MPa	0.57	0.28
吸附剂+氮气流量/(m^3/h)	17.7	55.3
吸附剂+氮气温度/℃	260	350
吸附剂+氮气压力/MPa	0.57	0.28

表2 S Zorb 装置再生吸附剂管线规格尺寸

序号	名称	50-C-2501	数量	8O-C-2601	数量
1	直管	*DN*50 SCH160	10.9M	*DN*80 SCH160	27.7M
2	弯管	*DN*50 *R*=8D SCH160 90°	1只	*DN*80 *R*=8D SCH160 90°	1只
3	弯管	*DN*50 *R*=5D SCH160 90°	1只	*DN*80 *R*=8D SCH160 45°	2只
4	弯管	*DN*50 *R*=8D SCH160 45°	2只	*DN*50 SCH150 45°	1只
5	弯管	*DN*40 SCH80 45°	1只	—	—
6	材质	耐热铬钼钢 P11	—	耐热铬钼钢 P11	—

1.2 再生系统吸附剂管线运行及泄漏情况

2021年12月14日，S Zorb 装置检修结束刚开工正常运行2周的转剂管线 *R*102 至 *D*110（8O-C-2601）弯管发生泄漏，泄漏点位置是A24弯管外侧，泄漏形式为冲蚀穿孔（图2），后采用贴板补强处理。此处弯管的磨损速率达到6mm/周，因此，对这次检修改造的待生及再生转剂管线进行了定点测厚，从检测数据看，弯管的磨损都非常严重，*D*107 至 *R*102（50-C-2501）转剂管线 B8 弯管减薄速率 1.7mm/周，其余弯管 0.4~0.5mm/周速率减薄。水平横管 A14 减薄速率 0.1~0.2mm/周。对减薄速率大于 0.2mm/周以上的弯管和直管进行贴板处理，延长管线的使用时间。2022年9月对 A24、A14 和 B8 进行了更换。对更换下的弯管观察可知，冲刷形态表现为沟槽分布（图3、图4、图5、图6）。2023年2月18日在 A23 下方的直管垂直正上方发生泄漏（图7），后焊接安装夹套使用至5月停工消缺，管子内部已冲刷出宽 40mm 左右宽的带状沟槽（图8），但夹套内壁冲刷迹象不明显。分析吸附剂冲击磨损状况，主要有3个特点：

（1）水平直管的失效穿孔点位置易发生在吸附剂与提升气混合后的管线上部。

（2）吸附剂在向上提升过程中，容易在45°或90°弯管外侧发生磨损穿孔。

（3）吸附剂介质在向上提升过程中沿45°斜向往上输送，直管上部容易发生磨损。

图2 D110 器壁 A24 弯管外侧处

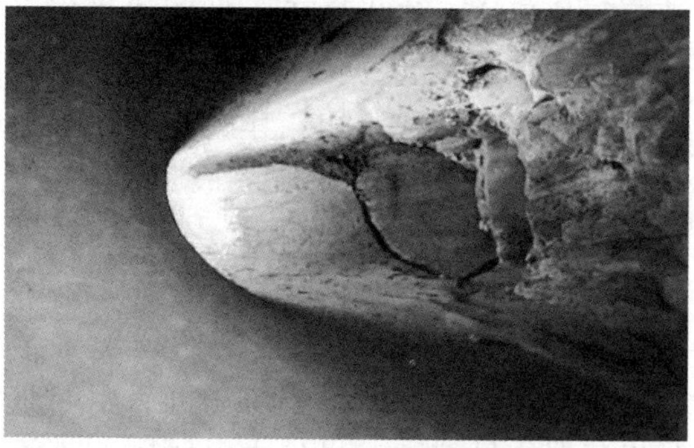

图3 A24 弯管弯内部冲刷状况

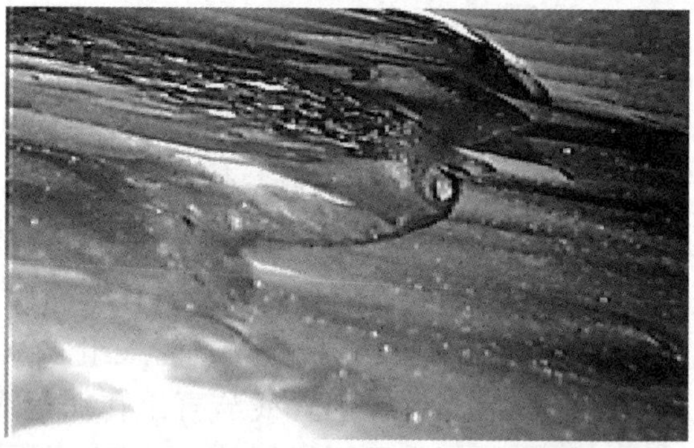

图4 A14 直管内部冲刷状况

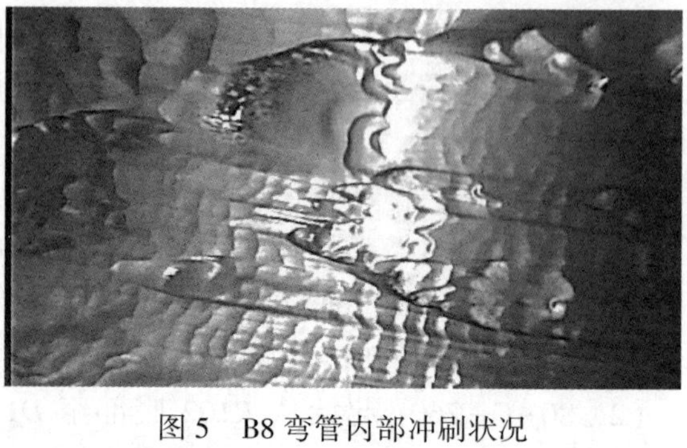

图5 B8 弯管内部冲刷状况

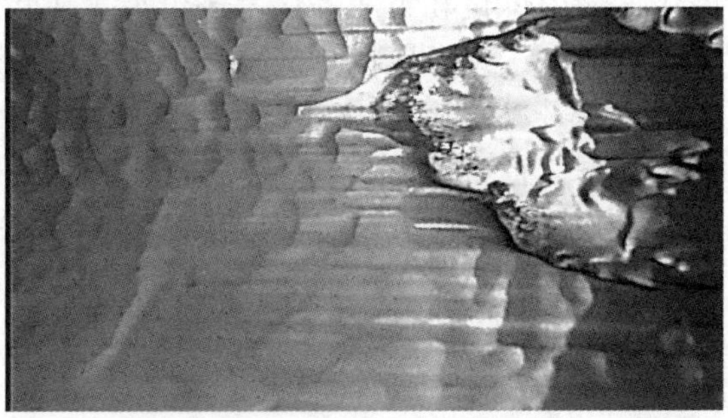

图 6　B8 弯管内部冲刷状况

图 7　A23 直管磨损状况

图 8　A23 直管安装夹套后内部冲刷状况

1.3　磨损泄漏失效原因分析

1.3.1　机理

在固体颗粒输送过程中，固体颗粒与管道内壁存在强烈摩擦和撞击所造成的磨损是输送管道失效的重要原因之一，而输送管道中的弯管是最容易磨损的部位。弯管的磨损率是直管的 50 倍左右。固体颗粒在管道输送过程中所涉及的磨损主要有冲击磨损、表面疲劳磨损和磨粒磨损。冲击磨损是指气体和固体颗粒的两相流混合物以高速和连续不断的方式冲击到管道内壁面，使壁面材料发生塑性变形；而有些颗粒则被内壁面反弹出去，使壁面承受连续不断的交变应力而发生疲劳。内壁面材料在这种持久不断的塑性变形和疲劳状态下发生脱落。固体颗粒对壁面的冲击有垂直方向冲击和斜方向冲击。表面疲劳磨损是由于固体颗粒在壁面的滚动和滑动而引起的。表面疲劳磨损可以发生在输送系统中任何固体颗粒与壁面有接触的地方。磨粒磨损主要是由于硬质固体颗粒的不规则形状而引起。

影响弯管磨损的主要因素包括输送速度、所输送固体颗粒硬度及形状尺寸、固体颗粒撞击角度、弯管的材料和几何尺寸等。

对于相同材料的弯管，气体输送速率是其磨损率最重要的影响因素。气体输送速率和磨损率之间有如下关系式。

$$\varepsilon = kV^n \tag{1}$$

式中：ε 为磨损率；V 为气速，m/s；K 和 N 为常数，是通过实验测得。表 3 为计算所得各种材料弯管的 k 值和 n 值。

表 3　各种材料弯管磨损公式中的常数 *k* 和 *n* 测试值

项目	10#钢	20#钢	16Mn	18-8 不锈钢
k	0.048	0.414	0.002	0.288
n	1.998	1.268	2.215	1.570

由表 3 可见，4 种材料的 n 值为 1.2～2.2。这样磨损率将随着气速的增大而增高，而且气速越高，磨损率增加的速率就越大。

曲率半径对磨损速率的影响，同样材质曲率半径小的弯管磨损率大于曲率半径大的弯管；但是通过实验发现小曲率半径（$R/D=2\sim3$）弯头的耐磨性优于大曲率半径弯头。在物料通过大曲率半径弯头时，流动方向改变，物料与管壁间有猛烈的冲击，物流冲击加剧能量消耗，并随 R/D 比值的增大而冲击点增多，弯头内壁外侧有较多磨损点；实验观察发现小曲率半径弯管存在一个物料堆积密集区，它对管内壁起到一定的保护作用，减少了物料中颗粒对管壁的冲击力和冲击次数，同时由于物料密集区贴近管内壁部分，物料的相对流动速度减缓，对管壁磨损也减弱。

《气力输送系统的弯头结构形式及合理选用》一文中也解释了小曲率半径耐磨性优于大曲率半径的原因，弯管内侧内壁磨损的原因（图 9）。弯管内壁磨损点显示了物料与管壁间的猛烈冲击和物料流动方向的改变，物流冲击加剧颗粒破碎、能量消耗，并随 R/D 比值的增大，冲击点增多、能量消耗也愈大，弯管处会产生凹坑。小曲率半径弯管的转弯处可形成物料堆积密集区，对管内壁起保护作用，减少了物料对管壁的冲击力和冲击次数。同时由于物料密集区的贴近管内壁部分的物料相对流动速度减缓，对管壁磨损减弱，此处磨损主要是由于物料粒子与壁面摩擦造成。

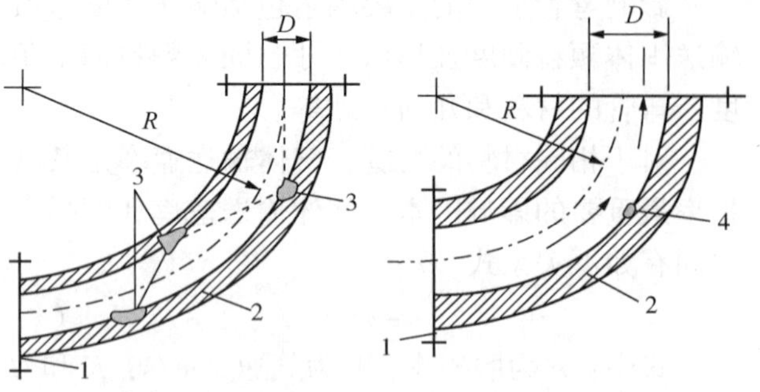

(a)R/D=5~15　　(b)R/D=2~3

图 9　弯管内物料流动形式及磨损情况

1—连接法兰；2—弯头；3、4—磨损点

根据以上固体颗粒对弯管冲刷机理的分析，能够准确地发现汽油吸附脱硫装置再生部分吸附剂管线磨损点的分布状况与泄漏失效现象。吸附剂输送由气提前和气提后两部分组成，容器底部出口至水平提升管前为气提前，吸附剂的输送依靠介质的自身质量以及压差，此处的管线及弯管的磨损速率很小，基本可以忽略不计。气提后是依靠氮气的气力输送，转剂管线上的所有失效都发生在这段。

1.3.2　直管段磨损减薄原因分析

转剂管线水平段减薄点 B3、点 A14 正好处在容器来的吸附剂及氮气与提升气混合后所在的位置，因为特殊的构造容器使管道斜向插入提升管道径向处一半，因此提升气通过此处会遇到一个节流且与容器来的吸附剂与氮气充分混合的过程，如果氮气流速较快，吸附剂会被输送氮气推向并撞击管道上部内壁(图 10)。洛阳炼化、茂名炼化、燕山炼化和镇海炼化等多个装置在此位置发生过泄漏，镇海模拟测试，发现当其他条件不变时，提升氮气流速 165Nm^3/h 时，颗粒居于水平段上方，提升氮气流速 60.56Nm^3/h 时，颗粒居于水平段中间(图 11)；吸附剂入口气相速度 3.65m/s 时，颗粒居于水平段上方，吸附剂入口气相速度 7.3m/s 时，颗粒居于水平段中间(图 12)。结果显示，此处磨损点位置与容器来的吸附剂及氮气(红色)和提升气体(蓝色)两者的流速有关，当容器来的吸附剂及氮气(红色)流速输出不变，逐步提高提升气体(蓝色)的流速，则水平段红色部分吸附剂颗粒往管道上半部移动，导致吸附剂颗粒对管线上半部的管壁形成持续的撞击与冲刷；当提升气体(蓝色)流速输出不变，逐步提高容器来介质吸附剂及氮气(红色)的流速，则水平段红色部分吸附剂颗粒由管道顶部往管道中心移动。在实际生产运行过程中，由于容器来吸附剂的流速主要由再生进料罐和再生器的内部压力来确定，因此容器的操作压力波动会比较平稳。所以在实际生产操作过程中为了确保吸附剂颗粒能平稳连续输送，提升氮气输出量往往会给的比较大，则气体夹带的吸附剂颗粒的流速也会同步上升，加剧吸附剂颗粒对管线内壁的撞击与冲刷，冲刷程度和位置是由吸附剂颗粒与提升气体的流速确定。

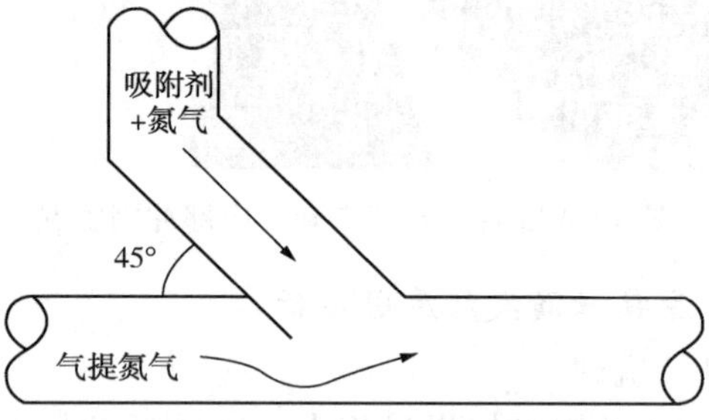

图 10　吸附剂混合段特殊结构

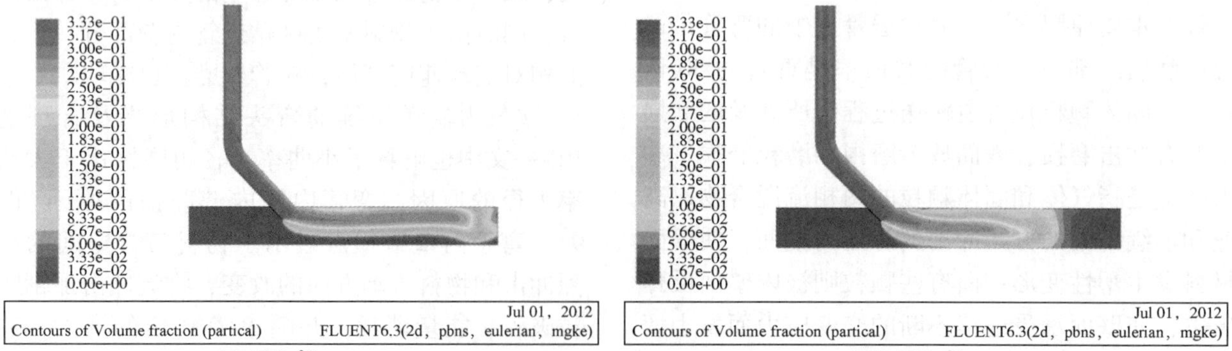

(a)165Nm^3/h　　(b)60.56Nm^3/h

图 11　气提氮气入口不同流量的颗粒

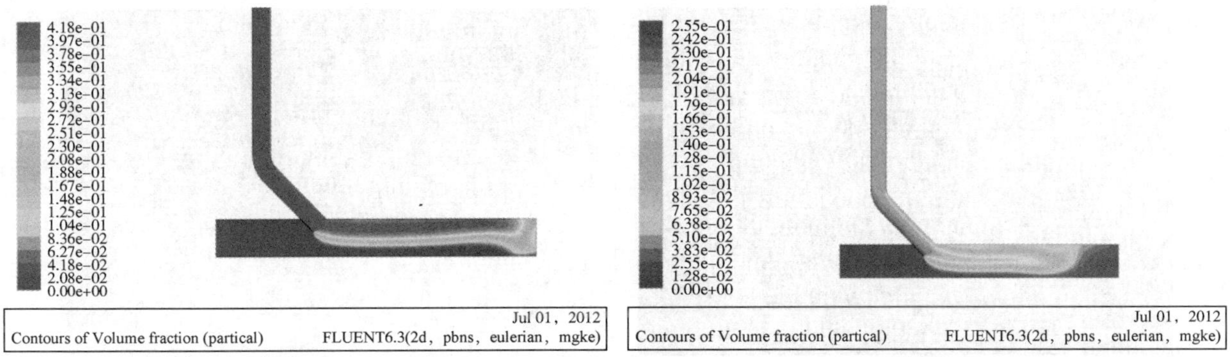

(a)3.65m/s　　(b)7.3m/s

图 12　吸附剂入口气相速度颗粒分布图

1.3.3　弯管段磨损减薄失效原因分析

由于吸附剂颗粒持续不断地在弯管内变换运行轨迹方向，促使吸附剂颗粒对弯管内壁进行连续地撞击、冲刷和磨损，造成了弯管内壁磨损减薄泄漏失效。根据吸附剂输送方向，现场弯管的安装可以分为两种，一种是吸附剂颗粒由水平输送经 90°弯管转向往上输送时，如采用曲率半径较小的弯管时，吸附剂颗粒在弯管内壁外侧易受冲刷位置会堆积一定的物料，形成保护垫来延缓管壁受到吸附剂颗粒的冲击和磨损；另一种是吸附剂颗粒由向上输送经 45°或 90°弯管转向斜上或水平输送时，由于吸附剂颗粒受自身重力的作用下，弯管易受冲刷位置不会有物料堆积形成保护垫，因此管壁是充分暴露在吸附剂颗粒的撞击与磨损中，导致弯管的磨损的速率加快。这也正是再生转剂管线 80-C-2601 弯管 A24 开工才 2 周就发生磨损穿孔失效的主要原因之一。

80-C-2601 吸附剂管线 A17 弯管改造前弯管的曲率半径为 5d，壁厚为 SCH80(7.62mm)，已在线运行了十年，2018 年装置大检修用内窥镜检查弯管，发现内部内侧情况良好，弯管内部外侧靠出口侧情况良好，无冲刷与磨损痕迹(图 13A)。弯管靠进口侧有轻微少量的沟槽冲刷痕迹和凹坑(图 13B)。2021 年装置大检修改造后弯管曲率半径为 8d，壁厚为 SCH160(11.13mm)，虽然壁厚增加了 3.51mm，但是在相同管径的情况下，管道内部的流通面积却减少了 18.15%，同时也增加了吸附剂颗粒在管道内的运行速度，又因采用大曲率半径的弯管而失去了物料垫保护等因素的叠加，使 A17 弯管的磨损速率可以达到 0.4mm/周，后因调整了操作参数，最终使弯管的磨损速率降到了 0.03mm/周。2023 年 1 月 17 日测厚数据小于 4mm 时，采用贴补强板增加弯管的使用周期，同年 5 月临停消缺时更换弯管，弯管的本体已经磨穿，且补强板也磨损较严重，A17 弯管的磨损情况(图 14)。

1.3.4　实际生产对转剂管线使用的影响

在使用气体输送吸附剂时，吸附剂对管线及管配件的磨损是必然发生的，特别是当输送吸附剂颗粒运行轨迹发生变化时更为严重，由磨损率公式 $\varepsilon = kV^n$ 推断，磨损率随着气速的提高而增大，而且气速越高，磨损率增加的速率就越快。因此要尽可能降低吸附剂颗粒在管线内运行的速度是可以有效降低吸附剂颗粒对管道的冲击与磨损。还有可以在满足安全生产的前提下，再生进料罐(*D*107)和再生器(*R*102)的操作压力靠上限运行，也可以缓解水平管段受吸附剂颗粒的冲击与磨损。

(a)　　(b)

图 13　改造前 A17 弯管内部磨损状况

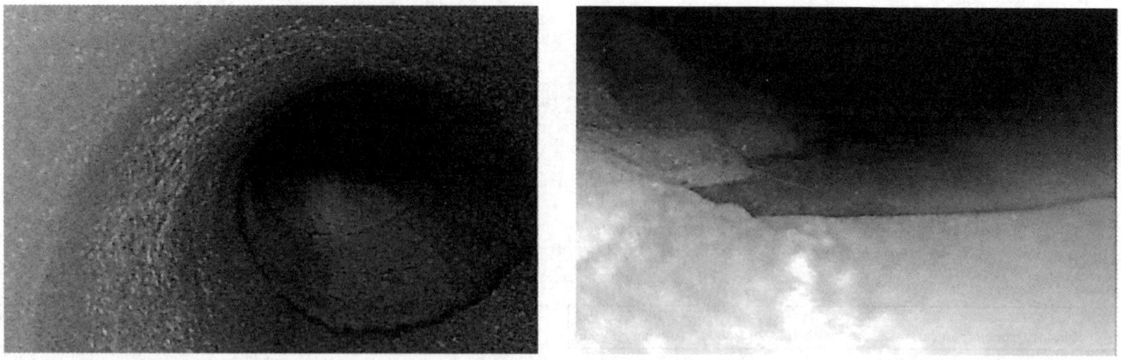

图 14　A17 弯管磨损情况

2　转剂管线的优化

根据气体输送机理分析得出结论，吸附剂颗粒在管线输送过程中对管线冲击与磨损是不可避免的，合理调整管线布置和优化设计，在实际生产过程中适当调整相关操作参数，延缓吸附剂颗粒对管线的撞击与冲刷，将磨损与泄漏控制在合理范围内，满足装置长周期连续运行。

2.1　优化操作

在吸附剂颗粒输送过程中，影响管道受吸附剂颗粒冲击与磨损的一个主要指标是输送气体的流速，因此在实际操作过程中，前提条件是满足吸附剂输送，同时也满足吸附剂循环的转剂速率，最大限度减少输送吸附剂的汽提气量，降低吸附剂颗粒在管道内的运行速度，同时可以延缓吸附剂颗粒对管道冲击和磨损。运用到实际操作中，参照设计提供的氮气输送气量，根据现场实际生产需求，慢慢减少提升氮气输出气量，寻找出满足生产所需的最小提升气流量。通过一段时间摸索，再生进料罐（*D*107）底部的氮气输送量由 38Nm³/h，降到 8.4Nm³/h（图 15），再生器（*R*102）底部氮气输送量由 82Nm³/h，降到 52Nm³/h（图 16）。适当提高容器的操作压力或降低提升气体的流速，可以改善吸附剂与气提氮气在管道内的混合形式，尽量把吸附剂堆积层控制在管道的中心位置，避免直管段上部受到吸附剂撞击与冲刷。

2.2　合理安排定点检测

定点涡流扫查是监测管道磨损的主要措施，根据现在已发生吸附剂管线磨损和泄漏失效部位分布情况看，主要集中在吸附剂管线氮气与吸附剂混合区的水平管段上半部，转剂线弯管外侧，以及 45°向上输送的直管，这些部位要重点监测，提高涡流扫查频率，增加布点范围。

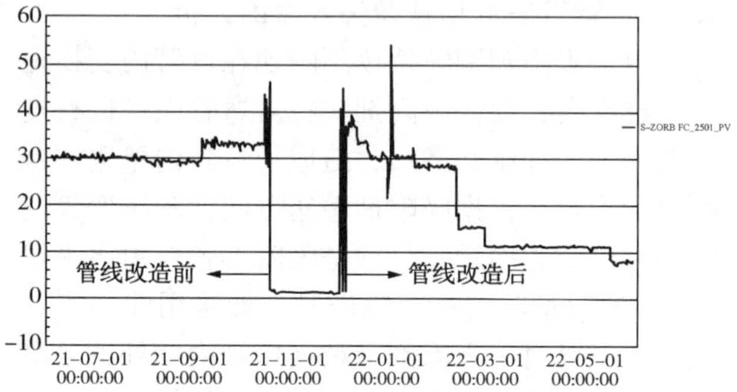

图 15　*D*107 转剂管线改造前后汽提量的对比

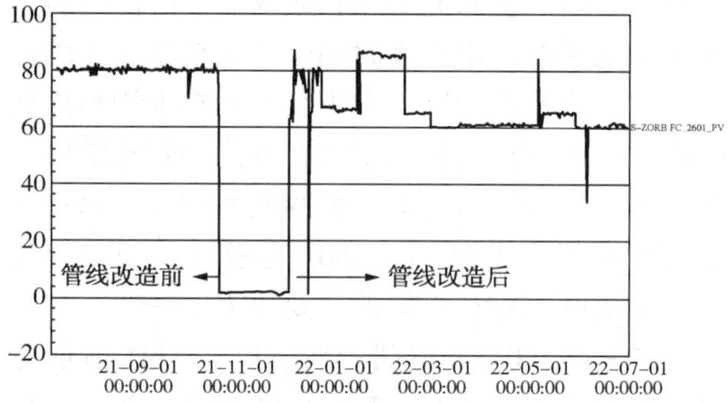

图 16　*R*102 转剂管线改造前后汽提量的对比

2.3　吸附剂管线设计改进

依托气力输送固体颗粒物的管道，常规设计是选用较大曲率半径的弯管，但是，根据现代弯管磨损机理分析，相对较小的曲率半径弯管更适合 S Zorb 装置转剂管线上使用，因为物料堆积形成的缓冲保护垫，能够缓解吸附剂颗粒对弯管的撞击与冲刷，因此大曲率半径的弯管并不一定适合在 S Zorb 装置转剂管线上的使用。优化吸附剂管线布置，尽可能减少弯管数量，采取一些必要的弯管保护措施，如在弯管外侧加补强板（图 17），一旦弯管磨穿了，还有补强板维持工作，也可以采用安装夹套的方法（图 18）来延长弯管的使用时间，确保弯管能满足装置的长周期运行。

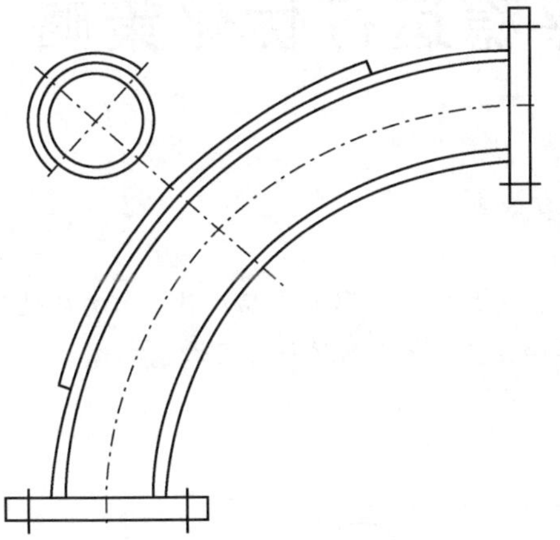

图 17　带补强板弯管

图 18　安装夹套的弯管

3　结论

通过对依靠气力输送固体颗粒物的管道磨损机理分析，对现有吸附剂管线受吸附剂颗粒冲刷磨损泄漏失效的几种状况分别进行了原因分析，在目前工况条件下，为确保装置长周期运行，降低气提流量，减缓对管壁的冲刷磨损；对所有提升部位的弯管采取安装夹套补强，延长弯管的使用时间；加强对易磨损部位的监测，根据检测数据，及时调整涡流扫查的频率和监测点范围，尽快发现管线上的薄弱部位，实现预防性维修；优化吸附剂管线的设计，减少弯管的数量。

参 考 文 献

[1] 王中营，张海红，武文斌. 料颗粒在弯管内的摩擦磨损与运动分析[J]. 粮食与饲料工业，2014(12)：15-17.

[2] 高万夫，郑雁军，崔立山. 管道弯头磨损特性的研究[D]. 石油化工高等学校学报，2003，16(4)：56-60.

[3] 马正先. 气力输送系统的弯头结构形式及合理选用[J]. 起重运输机械，1996(6)：6-11.

3# 聚乙烯装置流化床平稳运行优化策略

黄家耀

（中国石化镇海炼化分公司）

摘　要　3#聚乙烯装置流化床作为粉料干燥的核心设备，其工况直接影响产品质量。本文从设备运行和工艺操作两方面着手，进行问题分析并提出优化策略，从而提升流化床的运行稳定性。

关键词　流化床；干燥；优化；稳定

3#聚乙烯装置采用德国 Lyondell-Basell 公司的 Hostalen ACP 技术，一种连续低压聚合生产工艺，聚合反应在三台以己烷为溶剂、带搅拌器的釜式反应器内完成，产生的淤浆经过冷却、闪蒸、离心干燥后得到粉料，粉料再送往后系统进一步加工便可得到粒料产品。流化床作为粉料干燥的核心设备，用于将粉料中的己烷去除，一旦运行工况发生波动将导致粉料中烃含量超标，不仅会影响后系统的运行，还会影响粒料产品质量，因此提升流化床的运行稳定性十分有必要。通过分析生产过程中设备运行故障的原因，工艺操作中存在的问题，针对性的提出优化建议与改造措施，减少不必要的生产波动，最终实现流化床长周期平稳运行。

1　流化床介绍

流化床干燥系统由干燥器 DR-2201、循环氮气鼓风机(第一级)K-2202、循环氮气鼓风机(第二级)K-2201 和氮气洗涤塔 C-2201 组成，干燥器 DR-2201 内置加热器和高温循环氮气，利用流化干燥原理干燥湿粉料。

自 DR-2201 一腔排出的热氮气经旋风分离器 S-2201 分离后进入 C-2201 下部，与顶部的循环洗涤己烷逆流接触，去除热氮气中夹带的气相己烷和少量细粉，洗涤后的氮气通过 K-2201 增压后经加热器 E-2201 加热后进入 DR-2201 二腔，蒸发粉料中的残余已烷，二腔排出的热氮气经旋风分离器 S-2202 分离后通过 K-2202 增压后进入 DR-2201 一腔。湿粉料由顶部进入流化床干燥器 DR-2201，在一腔充分返混干燥，利用两腔压差作为推动力进入二腔，在二腔通过柱塞流方式干燥，然后溢流排出己烷含量<1.0%的粉料，通过旋阀 RF2203 送往下游进一步处理(图 1)。

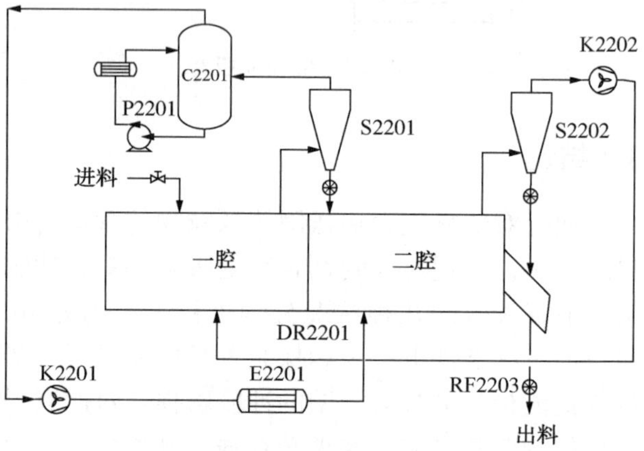

图 1　流化床流程图

2　问题分析与优化策略

2.1　设备运行

2.1.1　仪表引压管堵塞

流化床一、二腔设有多块压差表，用于监测流化状态，如一腔压差 PDI22102，压差过大表示松密度太大，床层料位太高，导致返混效果变差；压差过小则表示负荷太小返混太剧烈，同时热氮夹带细粉的可能性也会增加。两腔间压差 PDIC22103 作为粉料从一腔流向二腔的推动力，压差过大则表示流动太快，停留时间太短，流化干燥效果变差；压差过小则表示流动性太差，停留时间过长，容易导致粉料熔结。装置生产期间，多次发生引压管堵塞，频繁联系仪表处理，给设备平稳运行造成了很大的困扰，通过现场流程确认，发现压差表与引压点位于同一层，两者高度差太小，容易导致引压管带液。

本次停工检修，将压差表移至上一层平台，有效降低引压管堵塞风险；在后续生产时，操作工也要确认仪表反吹流程，关注吹扫流量与压力，当发现有堵塞苗头时，及时联系仪表专业进行反吹处理。注意，吹扫 PDI22102 引压点时需要联锁旁路，吹扫 PDIC22103 时，需要强制当前值，否则会引起设备跳停(图 2)。

2023 年 6 月 3 日，装置重新开工投产，流化床运行后未发生过引压管带液情况。

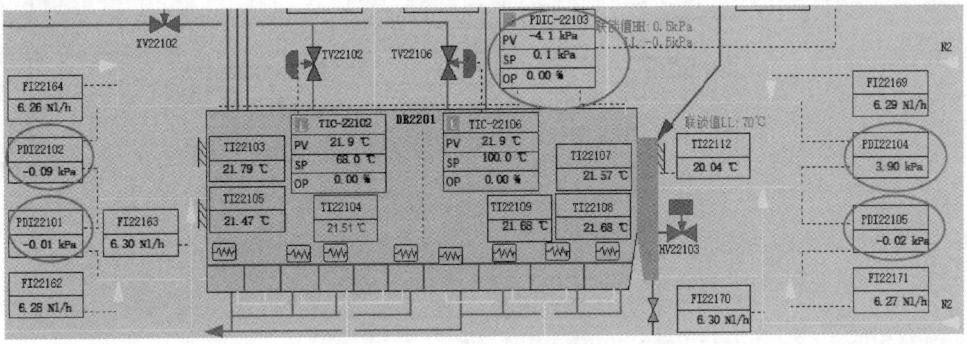

图 2　流化床压差表

2.1.2　分布板堵塞

流化床底部设有多块分布板，用于均匀分布循环氮气，帮助粉料更好的流化，减少死角的产生。当分布板堵塞到一定程度时，流化床便失去流化干燥作用，需要停工清理。引起堵塞的原因有很多，如反应不佳造成浆料太黏；流化温度太高导致粉料熔融结块；管道清洁度不够。2022 年 4 月，装置停工维护期间，对流化床内部进行了拆清，结果显示分布板通畅，未见堵塞现象，具体情况如图 3 所示。

图 3　流化床分布板

2023 年 6 月 3 日，装置开工后 37.5t/h 满负荷运行。期间流化床压差 PDI22103 长时间保持在负值，正常应维持在微正压使粉料更好的流化干燥、排出。通过对比这两次生产情况，怀疑存在分布板回装时安装错误或发生偏移的可能，具体还需等到下次停工消缺时拆清佐证。

2.1.3　观察视镜模糊

为了更好地判断流化床内部的粉料流化情况，外壁上布置有多个观察视镜，从视镜中可以观察到粉料在流化床一腔中做无序的返混运动，在二腔中做有序的柱塞流运动。在巡检过程中，操作工通过观察视镜来检查流化床运行情况，这也是除压差仪表外最直观有效的判断方法(图 4)。

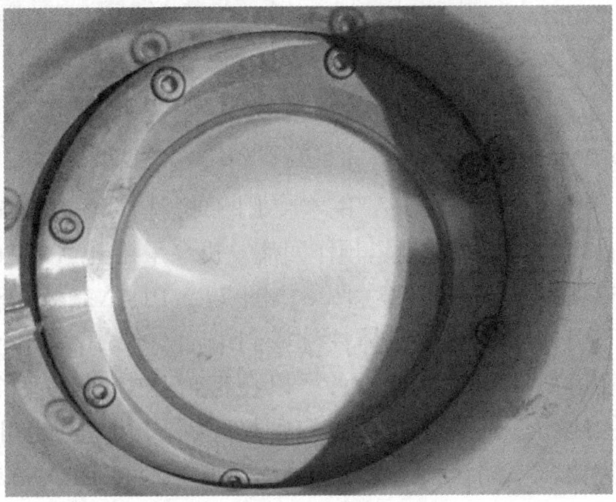

图 4　流化床视镜

目前，流化床视镜基本被粉料覆盖糊住，失去了参考的价值，通过开大视镜反吹氮气，部分视镜已恢复正常，但仍有个别视镜无法观察，建议在后续停工改造时，调整氮气管线吹扫的角度，以达到最佳的吹扫效果。

2.1.4　洗涤塔洗涤效果不佳

洗涤塔 C2201 的主要作用是用较冷的己烷从塔顶自上而下与热氮气逆流接触，将热氮气中夹带的己烷洗涤下来，净化后的氮气加热后重新去干燥粉料，以此循环往复。如果洗涤效果不佳，那么氮气中的己烷含量会越来越高，相应地，粉料干燥的效果会越来越差，最终导致排出的粉料烃含量较高，进而引发产品质量问题(图 5)。

当洗涤效果不佳时，通过以下几个方面调整：①提高回流量 FIC22201；②降低回流温度 TIC22201。③提高塔盘喷淋量 FIC22202。若通过上述调整无法改善洗涤效果，则需要进一步判断塔盘内构件是否损坏，洗涤喷淋口是否发生错位。

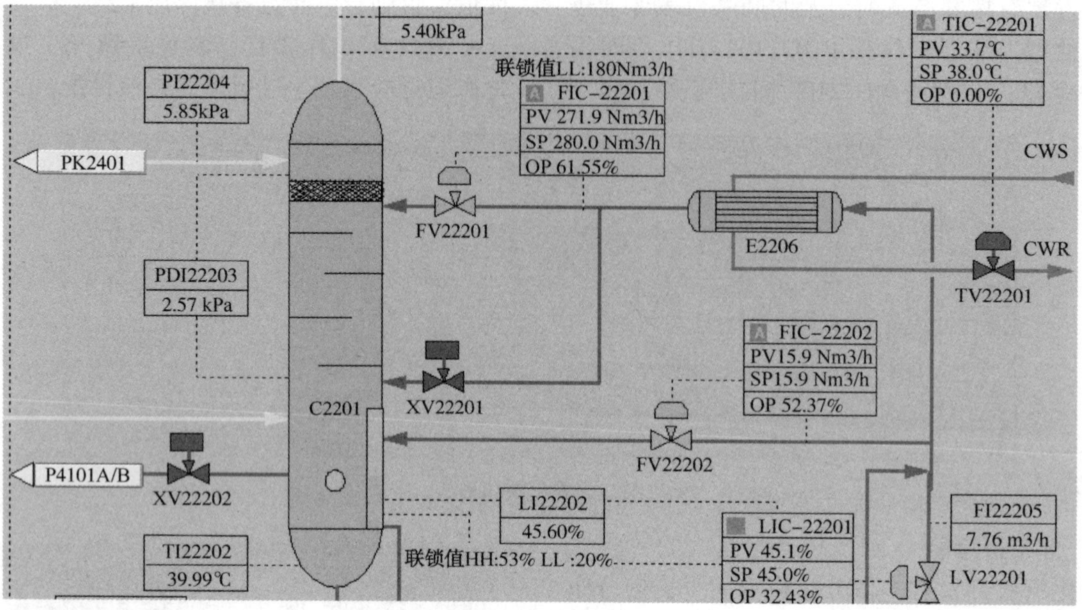

图 5　洗涤塔顶部

2.1.5　己烷泵密封漏

己烷泵 P2201A/B 主要用于将洗涤塔 C2201 底部的己烷泵送至塔顶作回流。机泵采用 PLAN32+52 的机械密封方案（图 6、图 7）。PLAN32 是外部引入一种清洁流体冲洗密封端面，使用小间隙狭口衬圈用作节流设备，以在密封腔中维持适当的压力，并把输送介质与密封腔隔开，优点是可防颗粒、防汽化、防高温、防腐蚀性。PLAN52 是流经密封罐的无压缓冲液通过双密封中的泵效环驱动循环，在正常运行时，密封罐连续向火炬管线排气以维持压力低于密封腔的压力，通常用于不允许输送介质泄漏到大气中的情况。

装置停工维护期间，多次发现 P2201A 密封罐中带有己烷，通过检查确认泵密封泄漏，设备专业对其更换机械密封后，目前运行正常，密封无泄漏。2023 年 6 月，装置开工后发现 P2201B 密封泄漏，密封罐中充满己烷，多次排液后无改善效果，由于泵入口阀执行机构损坏无法关闭，机泵无法交出检修，目前作为备用机泵，待下次装置停工检修后更换机械密封。在日常工作中，操作工应加强巡检关注，观察密封罐白油液位，当高于上限时及时排液确认。

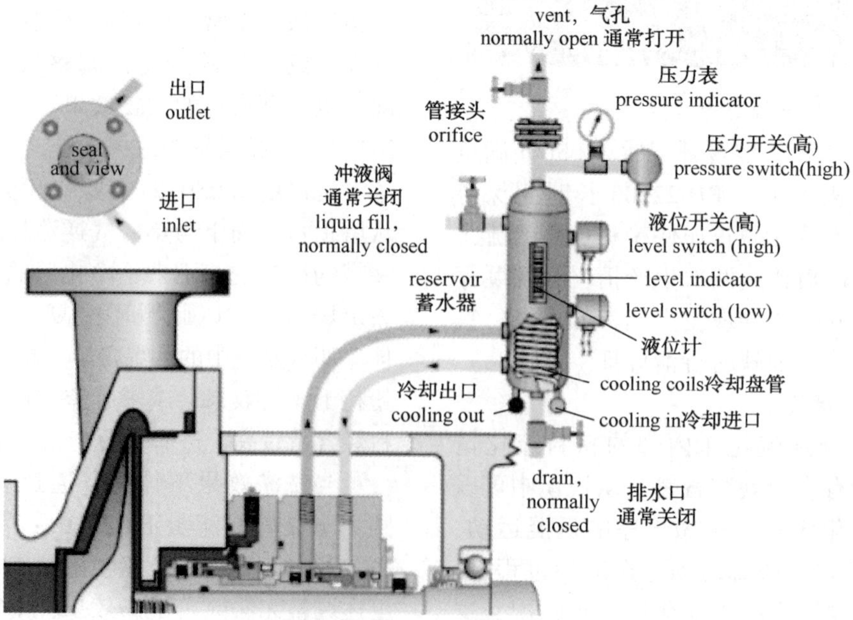

图 6　PLAN52 密封方案

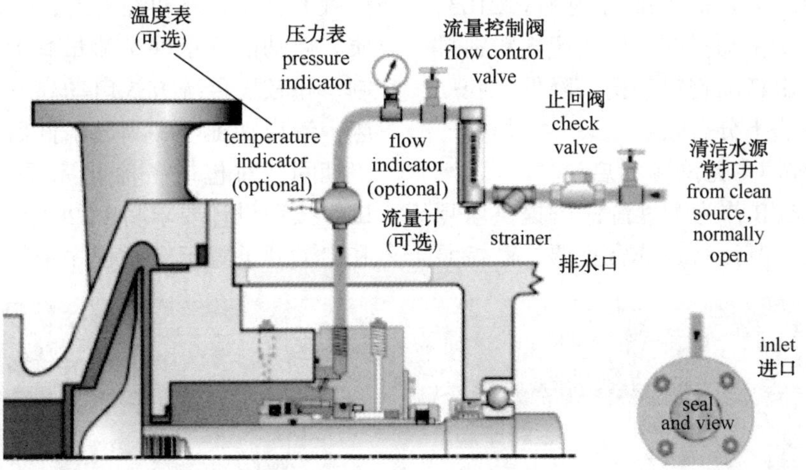

图 7 PLAN32 密封方案

2.1.6 气密消漏工作量大

流化床拆清后需要对系统进行气密消漏，然而该工作在实际执行过程中却遇到了不少的问题。首先，整个流化床系统设计压力低，正常操作压力大约在 4～8kPa，安全阀定压最高为 12kPa，做低压气密时，泄漏点不易被发现，现场操作工反馈，即使在法兰面螺栓松动情况下，喷肥皂水检测不到漏点，但在系统运行后，设备、管道震动会将法兰面呲开，从而造成泄漏。其次，整个系统做了保温，气密点位于高处较多，需要保温、架子配合，降低了工作效率，同时设计上法兰面采用了镀锌螺栓和聚四氟垫，一旦出现漏点，相较于碳钢螺栓和金属缠绕垫，紧漏难度增加。最后，系统做静态气密时无法隔离，压力容易窜至上下游系统，无法保压，做动态气密时系统需要升温至 75℃，受热胀冷缩影响，出现的新漏点不易被发现。

综上，结合实际开工过程，提出三点优化建议：①建立漏点清单，根据清单提前拆保温、搭架子配合；②气密时，将上游离心机系统、下游风送系统同步隔离交出，避免窜压失去判断，同时通过系统补氮阀开度判断漏量大小；③系统升温后，同步热紧，对本体密封面做打胶处理。

2.2 工艺操作

2.2.1 床重无法建立

根据操作指令，PDI220102、PDI22104 作为流化床一腔、二腔床重的参数，要求铺床时不小于 6.5kPa，同时厂家建议不超过 12kPa，避免床重过高影响正常运行。2022 年原始开工期间，床重一直低于 6.5kPa，达不到正常工况，2023 年第二次开工，床重达到 7.5kPa 正常工况，对比两次工况调整，当床重参数不正常时，首先判断仪表是否测量正常，其次通过现场视镜确认流化情况，最后通过流化床底部的风门开度调整气流，建立更健康的流化状态。

专利商建议：在运行前，打开流化床底部进料蝶阀至其起始位置(一腔：50%，100%，50%，50%，100%，50%，二腔：全部 50%)。铺床完成后，全开流化床底部进料蝶阀(一腔：100%，100%，100%，100%，100%，100%，二腔：全部 100%)。

2.2.2 两腔压差不易控制

两腔间压差 PDIC22103 作为流化床运行的关键参数(设备要求－0.5～0.5kPa，工艺要求 0～0.4kPa)，直接影响长周期运行及流化干燥效果。装置设计负荷 37.5t/h，110%负荷为 41.25t/h，满负荷运行期间 PDIC22103 无法控制稳定，经常负压，操作人员若不及时盯盘调整，一不留神便会触发压差低低联锁。压差低于 0kPa，表明流化床一腔、二腔之间没有形成良性的推动力，流花干燥效果就会打折扣。

当压差过大时，减少 K2202 风量或者提高 K2201 风量；当压差过小时，提高 K2202 风量或者降低 K2201 风量。当负荷较低时，压差控制较为稳定，压差保持 0.1kPa 左右；当负荷较高，压差调整难度大，经常性低至－0.3kPa，此时，操作人员应当观察风机 K2201、K2202 变频开度，若两者都已接近 100%，说明流化床系统能力已到达极限，不能再增加负荷，此时操作人员加强巡屏，当观察到 PDIC22103 达到低报－0.3kPa 报警时，立马将 K2201 风机投至手动控制并维持不变，这一步操作目的在于避免继续恶化，同时手动打开二腔底部排料阀 HV22103，这一步操作目的在于主动提前将流化床内粉料排出，打破进料大于出料的物料平衡，降低二腔压力，实践证明该方法十分有效。

2.2.3　己烷泵在程序中无法顺利启动

己烷泵 P2201A/B 作为干燥洗涤塔提供塔顶液相己烷的回流泵，其运行也非常重要。己烷泵设置 PLAN32 外冲洗密封，采用干净己烷作为介质，启动前要求冲洗流量≥0.5m³/h 并投自动控制。相较于传统方式启动离心泵，己烷泵在流化床一键启动程序中满足条件后自动启动。原始开工期间，对包设备流化床系统进行联锁顺控调试，按照设计要求将 P2201A/B 的允许启动条件和启动开关置于启动程序中如图 8 所示。

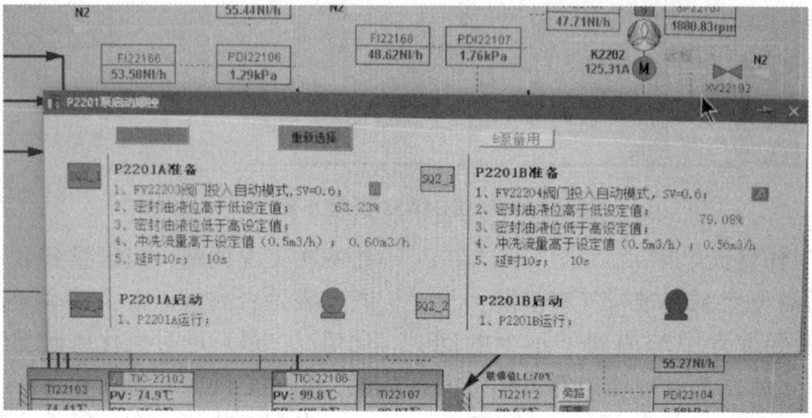

图 8　P2201A/B 启动程序

实际运行过程中，由于冲洗流量建立到位时间导致流化床其他启动条件不满足，从而造成流化床系统启动失败。与此同时，己烷泵的启动内置于流化床系统启动程序中，无法进行手动干预，否则也会造成程序无法继续进行。

针对此问题，联系仪表专业配合工艺修改联锁逻辑，优化启动程序。目前，己烷泵 P2201A/B 的冲洗流量在程序启动前便可以提前手动建立调整到位，启动时系统只需要判断是否满足流量要求即可，无需从头开始建立冲洗流量。若是在启动顺控步骤 SQ1 中，ES22202 异常触发导致流化床启动失败，确认己烷冲洗流量投自动控制，点击“流化床停止”，程序顺利走完，点击“停车复位”，流化床程序复位完成；若程序执行“流化床停止”，卡在步骤 SQ7_4 时，点击“PID 联锁投用”按钮，联锁切除。然后将己烷冲洗流量投自动控制，再点击“PID 联锁切除”按钮，PID 联锁投用，待停车程序完成后，点击“停车复位”，流化床程序复位完成。

3　总结

通过流化床的运行期间出现的 6 个设备运行问题：引压管堵塞、分布板堵塞、观察视镜堵塞、洗涤塔洗涤无效果、己烷泵密封泄漏、流化床气密消漏困难，以及 3 个工艺操作问题：床重无法建立、两腔不易控制、己烷泵无法启动，逐一分析原因并提出相应处理措施，截至 2023 年 9 月，流化床系统运行稳定，优化策略有效。

参　考　文　献

[1] 李连鹏，池亮．国内 Hostalen 淤浆聚乙烯发展概述[J]．弹性体，2019，29(2)：78-81.

[2] 黄腾明，叶麒麟，吴熙，夏刚等．3#聚乙烯装置工艺技术规程[M].

浅析气相聚乙烯反应器静电成因和控制措施

娄唯德

（中国石化镇海炼化分公司）

摘　要　气相聚合工艺是生产聚烯烃的主要方式之一，具有工艺流程简单、催化剂适应性广、产品牌号多样等优势，但也易发生因静电导致的结块、反应器爆聚等异常，特别是在生产铬系牌号的过程中，静电问题尤其显著。静电结片已经成为困扰聚烯烃流化床反应器稳定运行和高性能聚烯烃产品开发的关键障碍之一。本文介绍了在生产铬系聚乙烯牌号时受到静电结片的情况，分析铬系产品生产过程中流化床静电波动和结片的原因，形成控制静电和结片的系统方法并进行验证，从而保障铬系产品的长周期稳定生产。

关键词　聚乙烯；静电；流化床；结块

中国石化宁波镇海炼化有限公司高密度聚乙烯装置采用ST公司提供的低压气相法聚乙烯技术，以乙烯为原料、丁烯-1或已烯-1为共聚单体、氢气为链转移剂，在气相流化床反应器中聚合生成高密度聚乙烯树脂。聚合催化剂采用上海化工研究院研发的SLH新型无机铬系催化剂，主要生产高密度薄膜、管材、大中空及中中空的聚乙烯树脂，也可生产中密度薄膜或注塑级聚乙烯树脂产品。该工艺具有流程短、操作压力低、投资少、单体消耗低等特点。同时该工艺存在开停车复杂、存料量大、结块等缺点。尤其是流化床反应器里高绝缘性的颗粒在无水无氧的环境中剧烈运动，导致摩擦起电极其严重，静电荷在颗粒表面大量积累。在静电力的作用下，持续反应和放热的聚乙烯颗粒极易黏附于壁面或互相黏附产生结片、结块，影响反应器内颗粒与流体的传质传热，严重时甚至导致反应器紧急停车，引发火灾甚至爆炸。因此，静电一直是困扰聚烯烃流化床反应器稳定运行的重大危害，研究气固流化床中的静电问题对保障反应器的安全稳定运行具有重要的意义。

1　静电情况简介

1.1　装置工艺和设备

GPE聚乙烯工艺技术的核心是烯烃聚合反应部分。单体乙烯、共聚单体已烯进入流化床反应器，在约2.2MPaG反应压力和92~112℃反应温度条件下连续注入一定量的聚合催化剂，在反应器中完成共聚过程，生成粉状聚乙烯树脂。树脂的密度是通过控制共聚单体和乙烯单体的摩尔比值来实现的；熔融指数是通过控制反应温度来实现。GPE气相流化床工艺流程如图1所示。

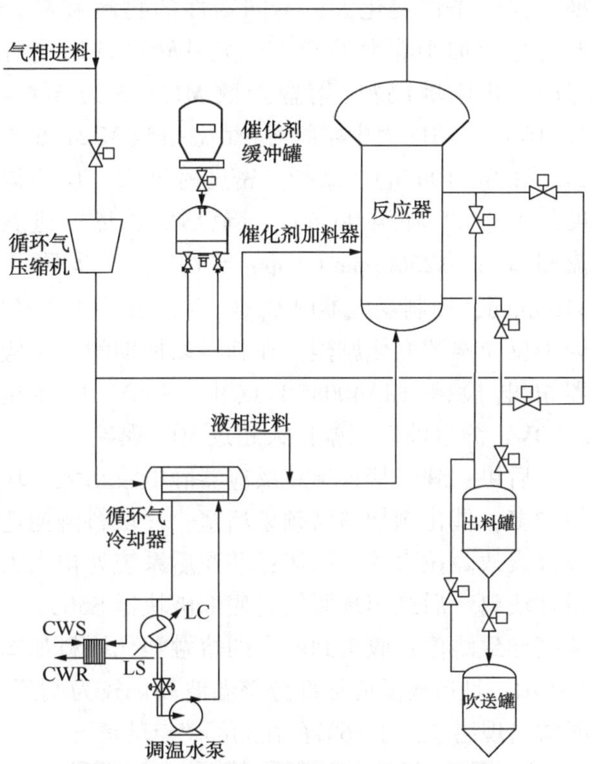

图1　流化床工艺流程简图

流化床反应器是一裙座式圆筒容器，在其顶部有扩大段，用于分离气体中的固体颗粒，直径为ϕ5000mm，切线间高度约为17500mm，设计压力为2.8MPa，设计温度为170℃，材料选用为碳钢。其中设备分布板的设计及制造对工艺影响很大。细小的固体颗粒被运动着的流体携带，具有像流体一样能自由流动的性质，此种现象称为固体的流态化。当原料气通过反应器催化剂床层时，催化剂颗粒受气流作用而悬浮起来呈翻滚沸腾状，原料气在处于流态化的催化剂表面进行化学反应，此时的催化剂床层即为流化床。

1.2 产生静电波动的工况及后果

（1）纵观装置运行周期内，在进冷凝、退出冷凝操作时，静电波幅均有明显增加，导致流化床反应器总体工况不佳，如图 2 所示。

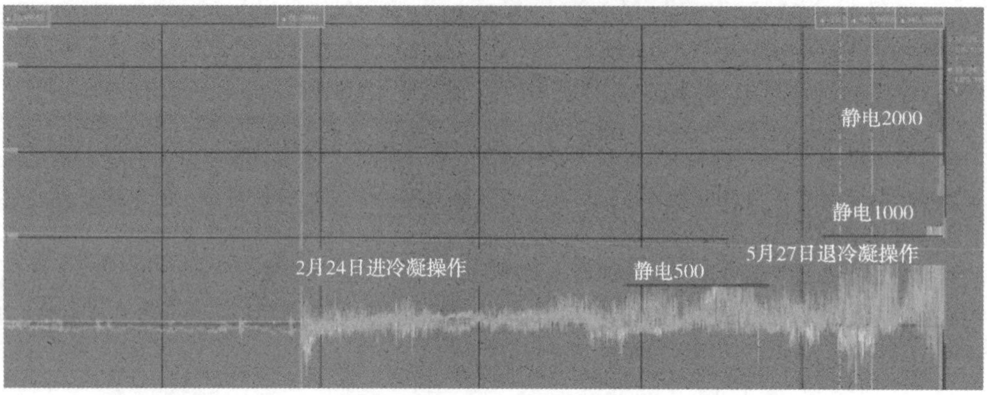

图 2　进退冷凝时，静电波动趋势

（2）连续使用不同型号催化剂进行牌号切换，操作条件变化大，不同物性的物料和粒径改变也会加剧静电的产生。尤其转产低熔指牌号时，由耐堆码料（熔融指数 MI21.6 为 5.6～7g/10min）切向大中空牌号（熔融指数 MI21.6 为 2.2～2.8g/10min），熔指、密度跨度大，反应温度从 100.8℃降至 96.5℃。降己烯/乙烯的进料流量比从 12500ppm（$1ppm = 10^{-6}$）逐步降至 4100ppm，控制反应器内 C_6/C_2 浓度比在 0.001，因为反应参数变化剧烈。在牌号切换期间，反应器静电检测 EIA40085B 点由 1800V 上移至 2200V，静电波动振幅扩大超过 50%现象。

后果：牌号切换导致反应器静电波动大，块料增多，催化剂加料器频繁堵塞，片块料碰撞造成仪表故障拉直线、损坏；并在后系统处排出大量片块料。后续出现脱气仓底部破块器 S5011 电流高导致跳停；收集到较大的熔融塑化块料如图 3 所示，且造成反应器部分壁温波动仍较为剧烈，时常出现温差大于+6℃存在局部热点的情况。

图 3　熔融塑化块料

综上，如果静电持续异常波动，就会改变流化床内聚乙烯的流化状态，导致颗粒积聚、粘壁，形成死区和沟流，也会导致催化剂受到静电曳力，吸附在聚乙烯反应器壁上，形成局部热点，最终结块，影响装置的长周期平稳运行。

2　变量分析

2.1 聚乙烯颗粒形貌

在静电的产生机制方面，浙江大学的团队发展了基于静电分选解析颗粒静电的新方法，发现了聚乙烯颗粒形貌对静电的重要作用，解释了部分聚乙烯颗粒荷电规律与自然现象的矛盾，并将颗粒静电与聚乙烯颗粒生长进行了关联。

将聚乙烯颗粒直接从流化床反应器中取出，此时的聚乙烯颗粒由于停留时间不同而具有较宽的粒径分布。由 SEM 图像显示，正电颗粒和负电颗粒存在显著的形貌差异，随着粒径的增大，颗粒形貌分化，形貌差异也越发显著（图 4）。粒径 300～400μm 时，正电颗粒整体较为光滑、球形度较高，负电颗粒中也存在一定数量球形度高的颗粒。粒径 600～850μm 时，PE-A 和 PE-D 的正电颗粒仍维持光滑的表面和较高的球形度，负电颗粒发生破碎，其表面变得更加粗糙，球形度也越来越低。PE-C 的负电颗粒也更多地出现破碎。PE-B 的正电颗粒部分发生破碎，负电颗粒更多地长出了“副颗粒”。图中四种聚乙烯颗粒各个窄粒径段的圆形度概率累积曲线随粒径的增大而升高，表明颗粒生长过程中整体的球形度下降，形貌发生劣化。

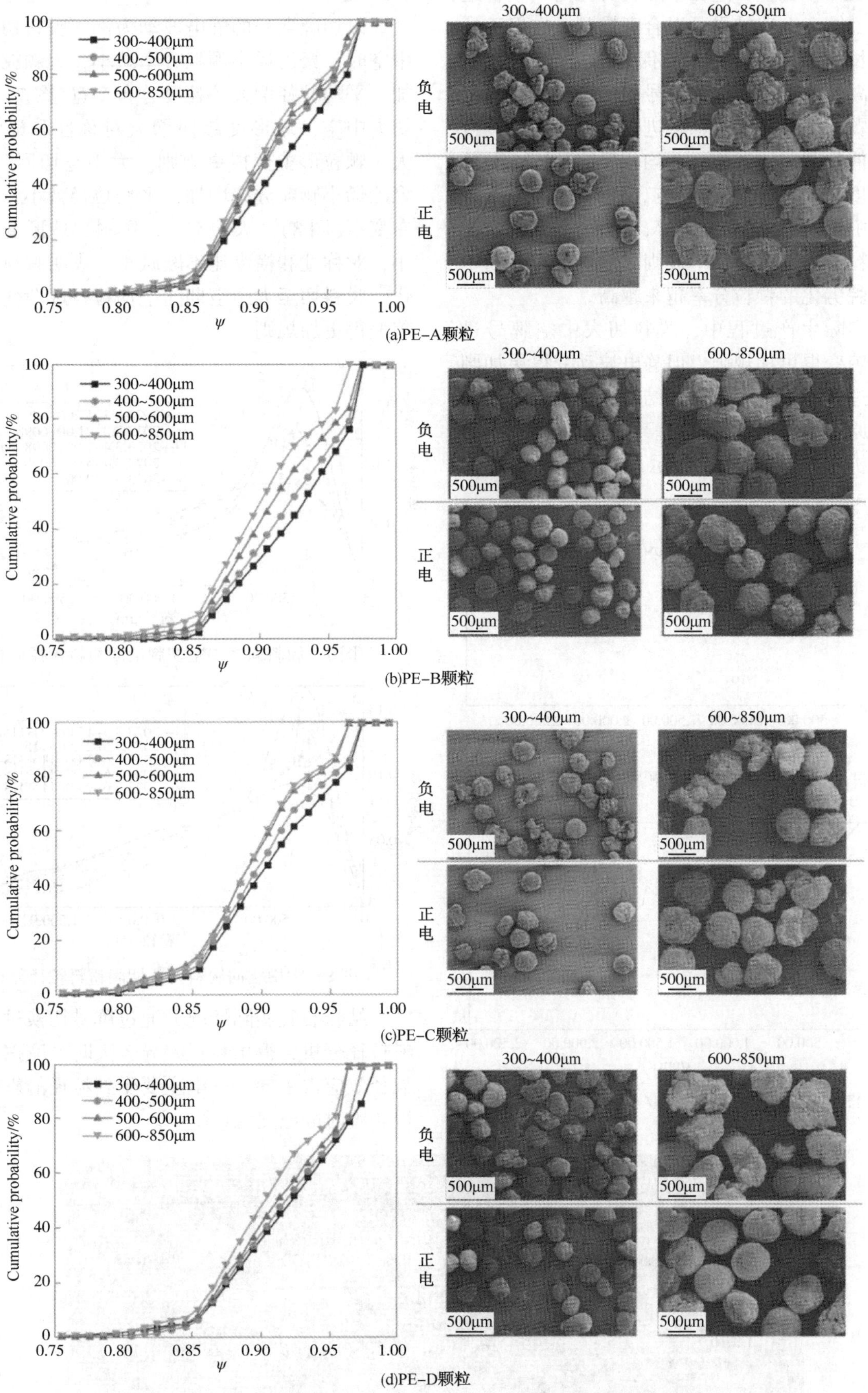

图 4　聚乙烯颗粒各个窄粒径段的整体圆形度和静电分选正负荷电颗粒的 SEM 图像

聚乙烯颗粒生长过程中形貌劣化是一个普遍的现象。结合上述结果可以合理推测，在聚乙烯颗粒生长的早期阶段，颗粒保持了良好的形貌，具有较高的球形度，某些牌号的聚乙烯还有光滑连续的颗粒表面。随着颗粒进一步聚合生长，可能由于催化剂载体破碎、非均相反应环境、颗粒内结晶度非均匀分布等影响，颗粒形貌发生分化，其中部分颗粒发生破碎，表面变得更加粗糙，颗粒形貌变得更加不规则。随着颗粒不断生长，形貌劣化的颗粒分率越来越高。

而实际生产过程中，膜料切大中空牌号过程，形貌变得更加规则，但静电波动变得更加剧烈。通过实验和生产情况相结合，判断静电增大的主要原因不是形貌的影响。膜料、大中空产品形貌分析，如图5、图6所示。

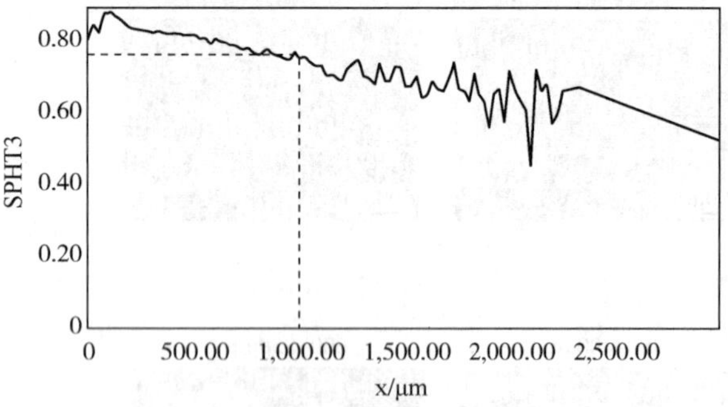

图5　大中空牌号聚乙烯颗粒球形度分析

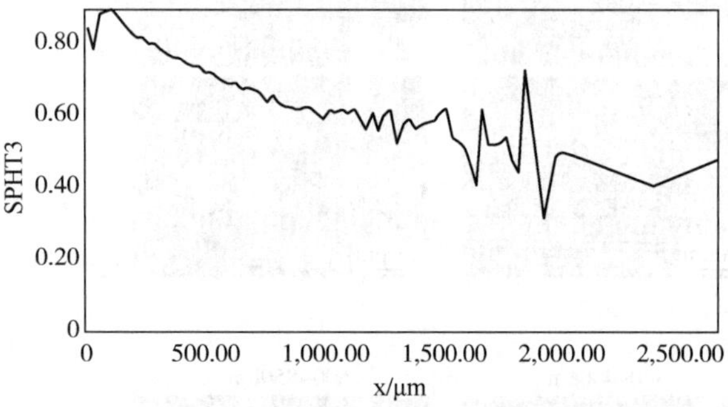

图6　膜料牌号聚乙烯颗粒球形度分析

2.2　聚乙烯粒径

以切牌期间的静电波动为例。膜料切换至大中空时，聚乙烯小颗粒分率减小，大颗粒分率增加，平均粒径增大，粒径分布变宽(图7)。膜料切大中空，球形度趋向增大对称性和横纵比增大，颗粒形貌变得更规则。大中空切回膜料时，聚乙烯小颗粒分率增加，平均粒径减小，粒径分布变窄(图8)。大中空切回膜料，球形度趋向减小，对称性和横纵比不断减小，表明颗粒形貌劣化。膜料切至大中空期间平均粒径逐渐变大，形貌变得更加规则。

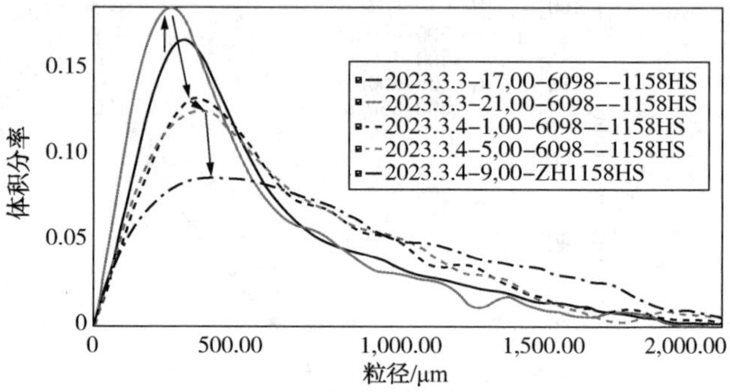

图7　膜料向大中空切牌期间粉料粒径分布

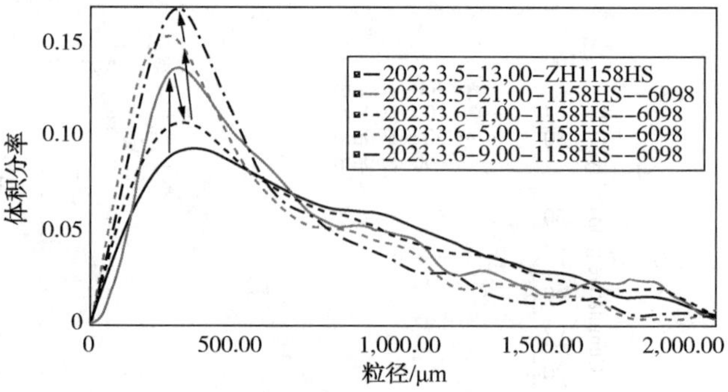

图8　大中空向膜料切牌期间粉料粒径分布

结合装置实际情况，通过牌号切换过程中粉料粒径分析，得出粒径差异较大时，摩擦起电的粒径效应占主导，静电主要受到粒径的影响，使得切牌时静电变大(图9)。

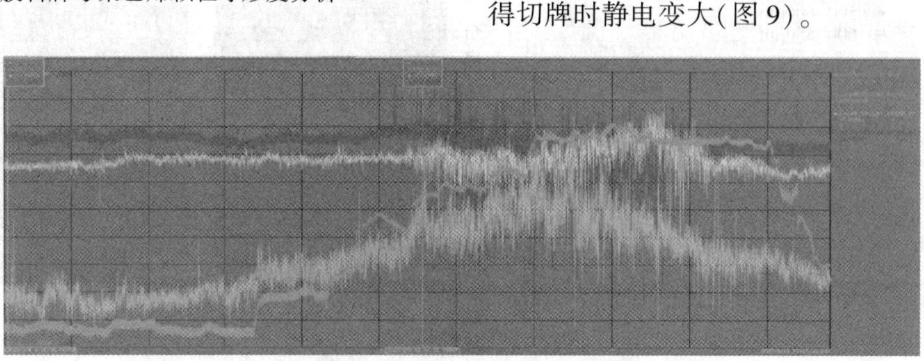

图9　切牌期间的静电波动趋势图

2.3 反应温度及气速

生产过程中而随着流化气速增加(0.6~0.9m/s)，粉料总体荷电量会明显增大，且下部床层带电量变化更明显。但是当气速大于0.8m/s之后，气速对静电的影响不再显著(图10)。同时，建立了静电力的计算模型，对不同粒径粉料的静电力进行核算，确认静电力与曳力、重力属于同一数量级，由于小颗粒曳力较小，因此静电力更易将小颗粒、细粉吸附至器壁上，可通过适当提升气速减少黏附器壁。

通过研究不同温度(90~101℃)下粉料的静电情况，确认此范围温度对静电的影响并不明显(图11)。

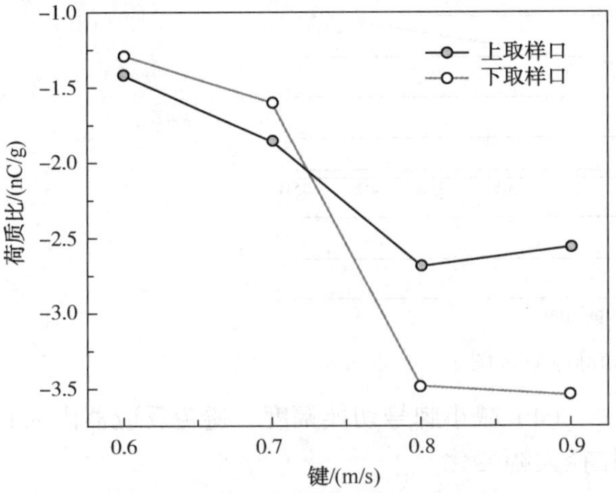

图10　随气速提高，总体电荷趋势

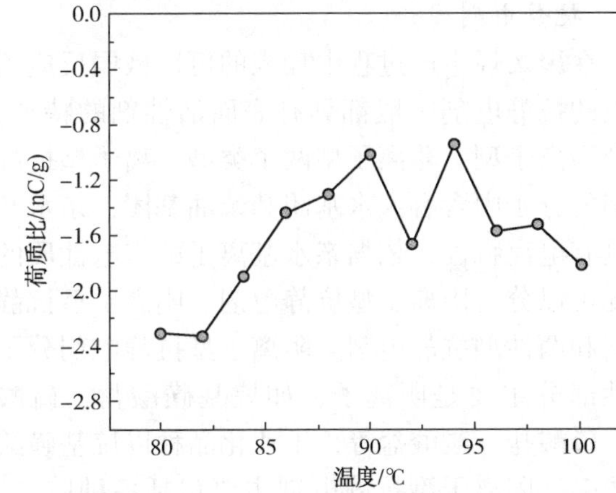

图11　在90~100℃的范围内，静电变化

2.4 冷凝态运行

装置处于干态模式生产时，期间出现反应器静电波动大的现象(图12)。在考虑消除静电方法中，尝试向反应加入异戊烷，并维持反应器异戊烷在2%浓度范围，期间反应静电略有好转。后续逐渐提高异戊烷加入量，将异戊烷浓度朝6%浓度靠拢，期间静电开始收敛。通过进冷凝模式操作，继续加大异戊烷浓度，加催化剂提高反应负荷的方式，使反应快速过冷凝进入冷凝模式生产。此时反应器静电检测A点好转，反应工况进入稳定状态。

提高异戊烷进料，循环气的组分变化引起反应器的静电波动，但波动幅度较小。当反应器进入冷凝态后，液膜吸附在颗粒上能导走反应器中的静电，静电波动收敛(图13)。

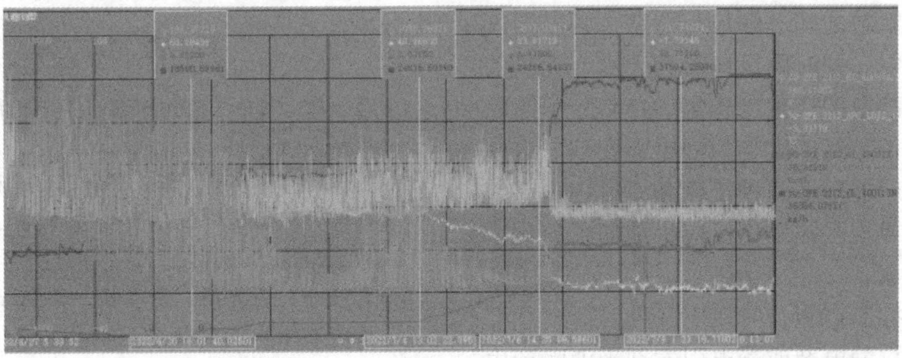

图12　干态模式生产时，静电波动

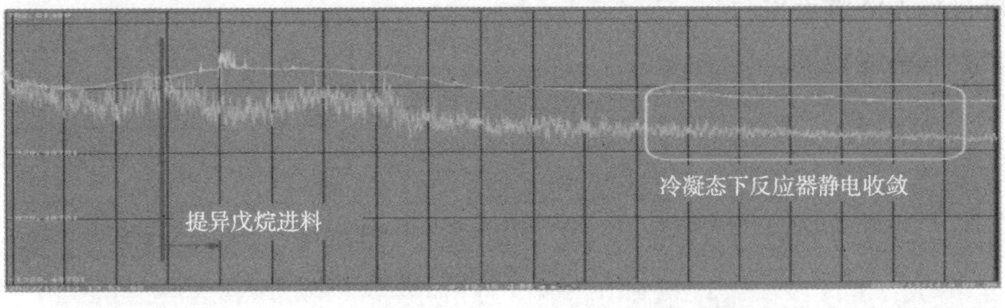

图13　进冷凝态前后，反应器静电的变化

2.5 抗静电剂

在聚烯烃生产过程中加入的可以减弱反应器静电的抗静电剂一般都具有表面活性剂的特征，可分为离子型、非离子型两个类型。离子型抗静电剂的分子中含有亲水基团和亲油基团，亲水基团具有电离特性，依据亲水基离子的带电性质的不同可以分为阳离子型抗静电剂、阴离子型抗静电剂和两性型抗静电剂。阴离子型抗静电剂分子活性部分主要是阴离子，如烷基磺酸盐、硫酸盐、磷酸盐、羧酸盐等，工业化品种以烷基磺酸盐居多。阳离子型抗静电剂主要包括各种胺盐、季铵盐、烷基氨基酸盐等。两性型抗静电剂的分子内同时含有阳离子和阴离子，包括季铵羧酸内盐、咪唑啉金属盐等。非离子型抗静电剂分子本身不带电荷，而且极性很小，通常具有一个较长的亲油基，与树脂有良好相容性，主要有聚乙二醇酯或醚类、多元醇脂肪酸酯、脂肪酸烷醇酰胺、脂肪酸乙氧基醚等化合物。常规理论认为，抗静电剂作为一种表面活性剂，其疏水的碳氢链段倾向于吸附在聚合物表面，其亲水端倾向于吸收环境中的水，从而在聚合物表面形成亲水吸附层，大大降低表面电阻，使静电荷得以移动，或耗散至大气中，或与周围异性电荷中和。国外专利商大多采用添加表面活性剂类的抗静电剂用于烯烃聚合流化床中的静电控制，效果如图 14 所示。

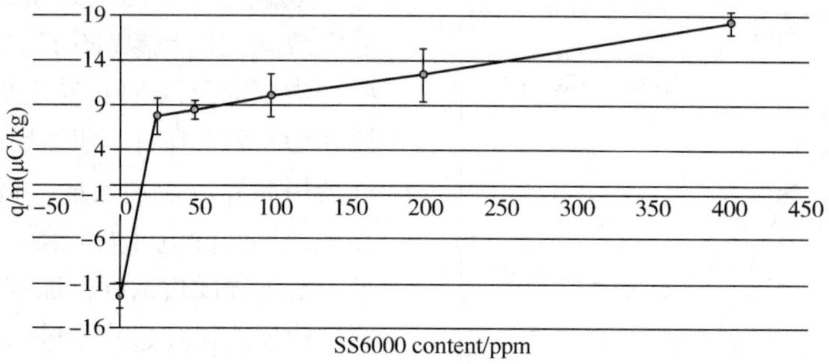

图 14　抗静电剂中和静电效果图

3　结论

静电是气相流化床反应器普遍存在的现象，在装置运行过程中，流化树脂颗粒为高绝缘性，聚合物颗粒与颗粒之间、颗粒与器壁、颗粒与气体之间摩擦生电，同时因反应器为无水、无氧的环境，导致了静电的产生与积累。13X 分子筛粉尘、氧化的烃类、氧、水均为静电引发剂。这些物质存在于反应器壁上、种子床和原料中，它们与活性催化剂或烷基铝发生反应，增加了流化床静电电荷的生成。

装置静电控制措施，有以下几种。

（1）加入抗静电剂或静电引发剂来消除产生的静电荷。

（2）装置尽量进入冷凝态运行。

（3）保证装置原料的纯度。

（4）减小牌号切换幅度，避免反应器内粉料粒径大幅变化。

（5）静电波动时，可提高气速，缓解静电导致的细粉粘壁问题。

参考文献

[1] 范子雄. 气相法流化床聚合工艺抗静电剂的作用机理研究[D]. 浙江大学，2023.

[2] 黄付玲，高宇新，李文鹏，等. 硅胶负载铬系催化剂催化乙烯聚合机理研究进展[J]. 合成树脂及塑料，2023，40(02)：72-77+81.

[3] 郭晓东，孟光敏，王瑞壮，等. Unipol 气相聚乙烯反应器结块问题研究进展[J]. 合成树脂及塑料，2022，39(05)：68-73.

[4] 葛世轶，杨遥，黄正梁，等. 基于静电分选解析聚乙烯颗粒生长与形貌演变[J]. 化工学报，2022，73(04)：1585-1596.

浅析 2#聚丙烯干燥器运行问题及应对措施

李裕文

（中国石油化工股份有限公司镇海炼化分公司）

摘　要　粉料干燥系统是聚丙烯装置的重要组成部分，日常生产中因进料物料含水量高、循环氮气量偏低或分布板选型等原因常常会造成干燥系统的失效，直接影响粉料干燥效果进而导致输送系统 PK30801 的正常运行以及产品粒子中出现发泡、鱼眼等情况，严重影响生产状况和产品质量。本文分析了影响粉料干燥系统的因素以及相应的应对措施。通过这些措施的实施可避免系统性能下降或失效，保证系统长周期运行，对国内同类型装置粉料干燥系统的运行具有一定的借鉴作用。

关键词　聚丙烯；流化床干燥器；分布板；粉料干燥系统

中国石化某公司 2#聚丙烯装置采用国产化的 Spheripol 第二代环管聚丙烯工艺技术，生产工艺是液相本体聚合法，串联双环管反应器及气相反应器，可生产聚丙烯均聚物、抗冲共聚物、无规共聚物等多种产品。在生产工艺上，聚丙烯粉料干燥是挤压造粒前的最后一道工序。汽蒸罐 D30501 中的聚丙烯粉料表面带有约 3.8%的凝结水，其在重力作用下进入流化床干燥器 D30502 中进而利用循环热氮气流化干燥除去这些凝结水。

若粉料干燥系统运行不佳则直接影响粉料干燥效果进而导致输送系统 PK30801 不能正常运行以及产品粒子中出现发泡、鱼眼等情况，还可能引起挤压机筒体压力波动，严重影响生产状况和产品质量。因此，在装置日常运行中，粉料干燥系统是工艺控制的重点内容之一。

流化床干燥器 D30502 是粉料干燥系统的关键设备。日常生产中，进料物料含水量、循环氮气量以及分布板的选型等因素均会影响粉料干燥效果。因此分析 D30502 的影响因素对保证粉料干燥系统正常运行具有重要的实际意义。

1　聚丙烯装置流化床干燥系统简介

1.1　工艺流程及干燥原理

如图 1 所示，聚丙烯粉料经过汽蒸罐 D30501 去除丙烯与丙烷等轻烃，同时将催化剂失活。汽蒸后的聚丙烯粉料含水量约 3.8%，其在重力作用下进入流化床干燥器 D30502。干燥方式为热氮循环干燥法，即热氮气连续循环流过干燥器，与粉料接触使之流化，并将水分带走，从而起到干燥的作用。干燥后的粉料被送到气流输送料斗 D30800A/B 中，然后进入后系统造粒。氮气则从 D30502 顶部进入到旋风分离器 S30502 中脱粉，然后从底部进入洗涤塔 T30502 通过与冷却水逆流的方式脱除水分，并将残留的细粉洗涤后从溢流管排到溢流槽中。离心泵 P30502 把水从 T30502 底部抽出经 E30502 冷却后返回到 T30502 洗涤氮气，T30502 顶部氮气经分离罐 D30508 过滤去除夹带的雾滴、罗茨风机 C30502 加压、翅片式换热器 E30503 加热到 110℃后重新投入到 D30502 中循环使用，节省能耗。

1.2　聚丙烯装置粉料流化床干燥器

本装置流化床干燥器 D30502 为立式单层流化床结构，干燥器结构如图 2 所示，上部结构为椭圆形封头连接锥体过渡段，中间圆筒体接下部椭圆封头。12 块扇形分布板呈环形安装在下部椭圆封头的切线处，每块分布板上冲压多个具有方向性的舌形孔。分布板上方安装的隔板将中间圆筒内部分隔成两个部分。聚合物从干燥器进料口垂直落到分布板上，热氮气由分布板底部进气口进入。粉料在热氮气的吹动下在分布板上方被流化，流化的粉料顺时针流动 360°后至隔板另一侧的下料口处落至气流输送料斗 D30800A/B 中。在该过程中干燥的循环热氮气与聚丙烯粉料充分接触并脱去其水分。扇形分布板是流化床干燥器的重要组成部分，它的主要作用是让粉料在循环热氮气的吹动下于干燥器内沿顺时针方向移动并充分流化，这种干燥方式能够延长物料在干燥器内的停留时间从而提高干燥质量。因此分布板的设计型式对 D30502 的干燥效果起着至关重要的作用。

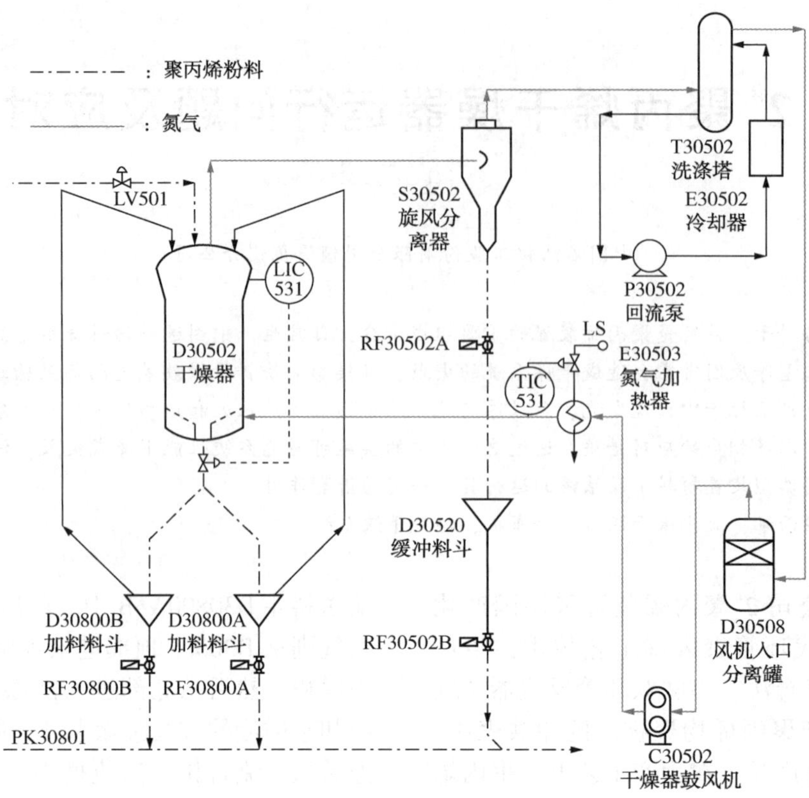

图 1　干燥系统工艺流程图

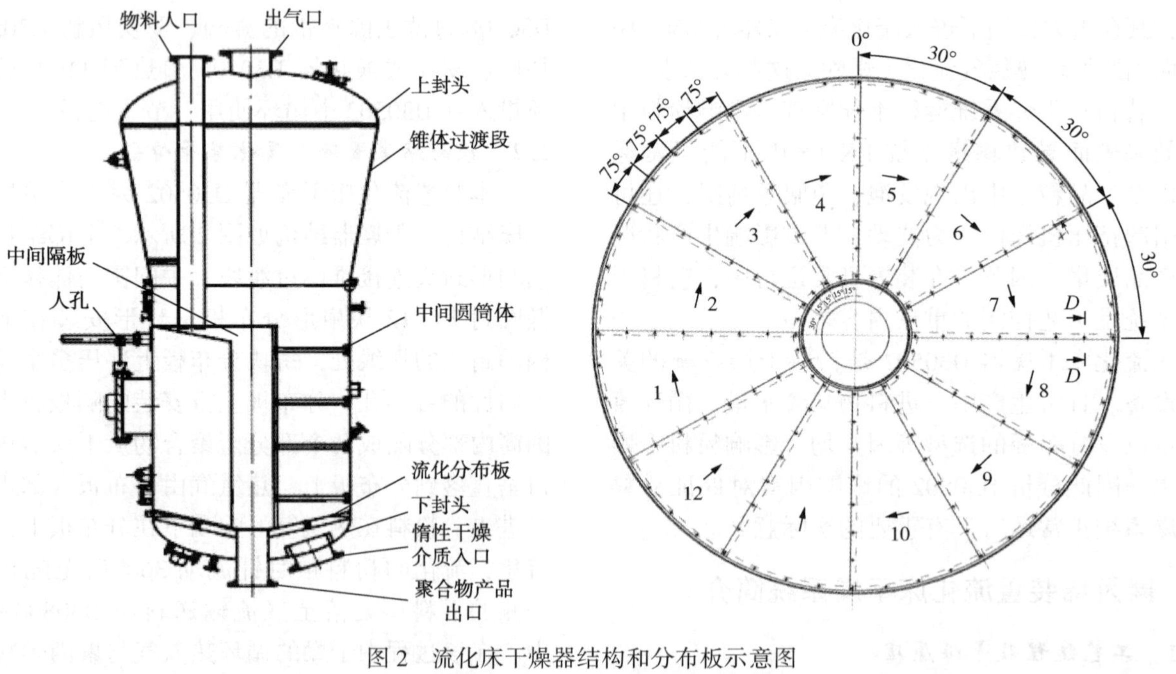

图 2　流化床干燥器结构和分布板示意图

2　干燥系统运行效果影响因素及应对措施

2.1　流化床干燥器 D30502 料位控制过低

干燥器 D30502 料位高低相当于粉料干燥时间的长短。在装置负荷、热氮气温度与流量一定的情况下，D30502 料位控制不能太低。当粉料料位设置过低或者在实际生产中 LV531 开度较大均会导致 D30502 料位变低，热氮气与粉料流化干燥的时间变短，传质传热不够完全，进而导致干燥效果会变差。同时，D30502 料位太低还会造成循环氮气温度过高。另一方面，料位也不能控制太高，因为料位过高会增加 C30502 负荷，不利于 C30502 长周期运行。因此 D30502 料位只适宜在一定的范围内调节，本公司 D30502 料位低、高报警值分别为 20%和 80%。

2.2 循环干燥氮气流量偏低

控制好干燥氮气的流量是保证 D30502 干燥效果的重要前提之一。干燥器 D30502 分布板上方安装的隔板将中间圆筒内部分隔成两个部分。聚合物从干燥器进料口垂直落到分布板上，热氮气由分布板底部进气口进入。粉料在热氮气的吹动下在分布板上方被流化，流化的粉料顺时针流动 360°后至隔板另一侧的下料口处落至气流输送料斗 D30800A/B 中。

循环干燥氮气流量过低会导致粉料流化不充分，传热面积减小，无法充分带走水分。然而，循环氮气量也不能控制太高，否则会导致流化床出现“腾涌”，粉料进入 D30502 后无法沿特定方向流化。同时热氮气会夹带更多的细粉进入 S30502 和 T30502 进而增加其的负荷。循环干燥氮气流量主要由 C30502 出口旁路阀开度及补氮阀 PV535 控制。若系统正常运行时热氮气流量变低则有可能是漏点造成，应尽快发现并修复漏点。装置负荷高时也可适当提高循环干燥氮气流量。

2.3 循环干燥氮气加热器 E30503 控温偏低

循环干燥氮气的温度是由 E30503 控制。E30503 为翅片式换热器，低压蒸汽经过换热器列管给氮气升温，以保证进入 D30502 的氮气温度在 100℃以上。若 TIC531 温度过低，则会造成进入 D30502 内的蒸汽冷凝为液相，起不到的干燥的作用。

装置在长周期运行中，由于循环氮气会夹带一些细粉，易导致细粉聚集在 E30503 列管表面，影响加热效果。另外，E30503 蒸汽管线泄露、阀门故障、冷凝管堵塞等均会影响循环氮气的温度。若 E30503 发生故障应立即切至备用换热器后再查找问题并进行相应处理。

2.4 汽蒸罐 D30501 出料中的水含量偏高

汽蒸罐 D30501 的主要作用是利用蒸汽去除粉料中残留的丙烯与丙烷等轻烃，同时将催化剂以及给电子体失活。粉料在 D30501 中水含量过高则会导致 D30502 超出其最大干燥能力。

D30501 蒸汽温度、流量控制不能过低，同时 D30501 底部温度必须控制在 100℃以上，以防蒸汽凝结成水。另一方面，汽蒸蒸汽排凝管堵塞，蒸汽凝液倒流进入到 D30501 中，也会造成 D30501 出料水含量增大，外操可检查相应关系是否畅通。

2.5 旋风分离器 S30502 堵

旋风分离器 S30502 的作用是将 D30502 上方出来的氮气与细粉分离，分离后的细粉通过 PK30801 送入后系统，氮气送入 T30502 中洗涤。若内操发现 D30502 压力及 S30502 出口温度走高，外操发现 T30502 溢流槽细粉明显增多且敲击 S30502 下料管线，声音发闷则表示 S30502 堵塞。若 S30502 堵塞应当对其进行反吹，反吹时关注 D30501 料位，防止其满料。

2.6 风机入口分离罐 D30508 堵

风机入口分离罐 D30508 的作用是除去循环氮中的粉末与少许水，确保进入风机的循环氮气干净、干燥。若循环氮气中粉末增多便会堵塞 D30508，进而造成循环氮流量减少，影响干燥效果。

若 C30502 入口压力走低则表示 D30508 可能堵塞，应稍开其旁路以维持氮气流量，必要时切至旁路，将 D30508 进出口阀门关闭，并交出清理。

2.7 流化床干燥器 D30502 分布板积料、塌陷

分布板为 D30502 的核心部件，分布板呈环形安装在下部椭圆封头的切线处，每块分布板上冲压多个具有方向性的舌形孔，循环氮气从这些分布板的舌形孔中进入 D30502 中。一般情况下，C30502 切换时先停下运行风机再启动备用风机，短时间内会造成循环氮气流量中断。因此 C30502 切换期间或日常生产时循环氮气流量低等原因均会造成聚丙烯粉料则无法完全流化，随着时间推移会逐步堆积在分布板上，当分布板上有积料时，热氮气无法与 D30501 下来的粉料充分接触，便会形成短路，进而使得 D30502 干燥效果变差，最终影响产品质量。另一方面，若粉料长时间堆积在分布板上，分布板便会达到疲劳极限，局部出现裂纹并最终造成断裂、破损失效，如图 3 所示。

分布板积料应对措施：

（1）若 D30502 发生短路导致积料，则应当将其料位慢慢拉空并保持边循环氮气边进边出，将分布板上的积料通过不断吹扫的方式吹走。

（2）将 D30502 下料入口管道割短一些使下料时间延长，从而获得热氮气能够充分流化

D30501下来的粉料，防止下料口粉料积料。

（3）干燥器最容易积料处就是下料入口，因此可以在该处增加了几路反吹氮气，如图4所示。查看分布板压差、粉料输送压力、风机电流与出口压力，若基本维持在一个稳定值。说明该措施可以取得一定的效果。

图3　分布板积料、塌陷

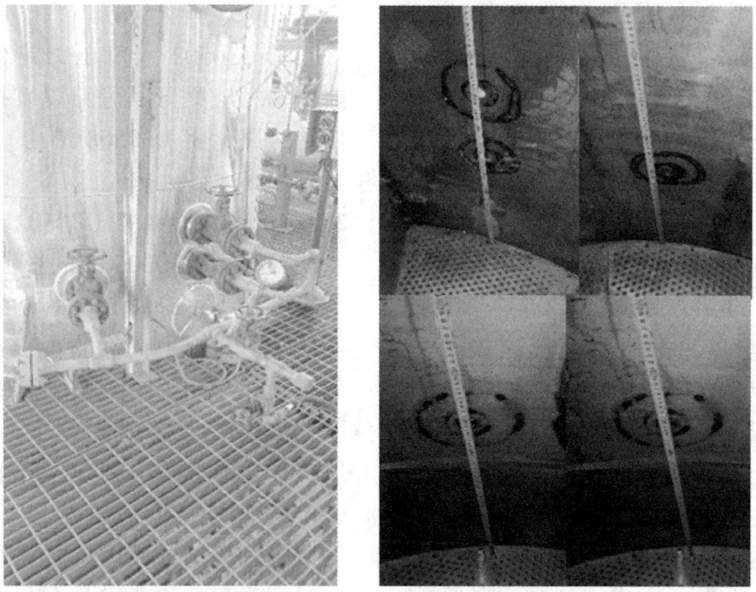

图4　分布板上方增加反吹氮气

（4）将干燥器的下料入口下方的分布板安装方式由原来的平面改为斜坡，使得汽蒸罐下来的粉料在分布板上由重力作用自然下落，防止了粉料在分布板上的堆积。

（5）开孔率过低会导致干燥不充分且流化不充分使得分布板积料；增加开孔数，则会造成同样气量下分布板过孔线速度偏低，积料同样容易发生；孔高过高可能会导致分布板漏料，而降低孔高则避免了分布板漏料情况，但会使过孔线速度减小，分布板积料情况严重。因此选择合适孔高、孔径、开孔率的分布板尤为重要。

3　结论

粉料干燥系统是聚丙烯装置中非常重要的部分，其性能直接影响了后续生产系统的正常运行乃至最终影响产品质量。本文列举了影响粉料干燥系统平稳运行的众多因素，主要有流化床干燥器料位控制过低、循环干燥氮气流量偏低、循环干燥氮气加热器控温偏低等。同时本文也列举了相应的解决措施，这些措施能够有效地解决相对应的问题，维持干燥系统长周期平稳运行，对国内同类型装置流干燥系统的运行具有一定的借鉴作用。

日常生产时发现干燥器粉料带水应当引起重视，尽快找到原因，及时采取相应的措施防止情况恶化并恢复正常性能；C30502、E30503 切换后，D30508 交出后应及时检修处理；在大修期间可对干燥器分布板检查，发现异常应及时更换。在实际生产中，还可以通过按时取样化验分析、加强设备管理、提高巡屏质量等方式确保粉料干燥系统的正常运行。

参 考 文 献

[1] 赵金豹，苏成武. 影响聚丙烯粉料干燥效果的因素[J]. 上海塑料，2019，000(002)：38-41.

[2] 郑志云，李敏. 聚丙烯粉料干燥效果差的原因与措施[J]. 当代化工，2014，000(012)：2640-2642.

[3] 戴文威、吴志涛、王兴华，等. $2^{\#}$ 聚丙烯装置工艺技术规程[M]. 中国石油化工股份有限公司镇海炼化公司，2021，4.

[4] 陈志敏，张万尧，李璇. 聚丙烯 D502 流化床干燥器设计与应用[J]. 石油化工设备技术，2008(06)：8-11.

[5] 王科峰. 聚丙烯装置 T502 喷料的原因分析[D]. 西安工业大学，2013.

RAX-4000 型吸附剂工业应用

权体耀

（中国石化镇海炼化分公司）

摘　要　2022 年 9 月某炼化企业 1#对二甲苯装置进行节能环保改造，吸附剂由原进口 SPX-3003 型更换为国产 RAX-4000 型，生产能力由 595kt/a 扩大到 800kt/a。次年 3 月装置高负荷标定，85%负荷下对二甲苯产品平均纯度为 99.89%，平均收率达 97.85%，均达到技术协议预期。同负荷下对比 SPX-3003 吸附剂，RAX-4000 型吸附剂表现出较好的吸附容量和交换效率，在装置产能与经济运行性上优势明显。

关键词　吸附剂；对二甲苯；吸附分离；RAX-4000；SPX-3003

某炼化企业 1#对二甲苯装置采用法国 IFP 的“ELUXYL”对二甲苯吸附分离工艺，2012 年装置进行适应性换剂扩能改造，将吸附剂更换为 SPX-3003 型吸附剂。截至 2022 年 9 月该吸附剂已连续运行超 10 年，远超合同保证年限，PX 收率已从 97.1%大幅下滑至 78.9%，严重影响了装置产能和运行经济性。

在降碳减排的行业背景下，公司统筹全厂芳烃资源，对装置进行节能环保改造。在原 595kt/a 的产能基础上，对法国 IFP 的 Eluxyl 工艺进行国产化扩能改造，2 台吸附塔内部格栅和支撑梁更换为石油化工科学研究院（简称石科院）专利内件，吸附剂由原进口 SPX-3003 型更换为国产 RAX-4000 型，吸附塔自动控制系统更换为石科院专利控制系统。改造后装置设计生产能力达 800kt/a，设计 PX 产品纯度≥99.71%，设计 PX 收率≥96%。装置自 2022 年 12 月投产至今各项运行指标优于设计值，本文主要对 RAX-4000 型吸附剂在该装置的应用情况进行介绍，并与原 SPX-3003 型吸附剂对比。

1　RAX-4000 型吸附剂的工业应用

1.1　吸附剂装填

吸附剂密相装填方式采用石科院专有技术，先装填规格为 0.9～1.2mm 的吸附剂大球约 4～5cm 高，找平后再装填规格为 0.3～0.85mm 的吸附剂小球，吸附剂小球装填该床层三分之一高度后进入吸附塔内找平，最后一直装填到与上层横梁和/或支撑圈上表面平齐。

本次 RAX-4000 型吸附剂在两个吸附塔内共装填 989.5t，总装填体积 1120.8m^3，吸附剂平均水含量 4.44%，实验室灼基密度 856.8kg/m^3，平均装填密度 882.9kg/m^3，平均装填效率 98.5%。其中 A 塔共装填吸附剂大球 21.6t，小球 473.0t，装填总重为 494.6t，平均装填效率 98.5%；B 塔共装填吸附剂大球 21.6t，小球 473.3t，装填总重为约 494.9t，平均装填效率 98.5%。两个吸附塔各床层的装填效率、装填密度如图 1 和图 2 所示。

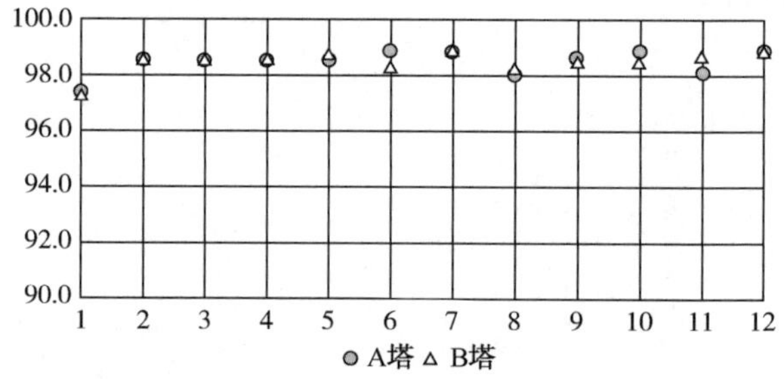

图 1　两个吸附塔各床层的装填效率

从图 1 看出两塔的顶床层（1 床层和 13 床层）的装填效率相对较低均为 97.3%，其他各床层的装填效率为 98.0%～99.0%，一致性较好。

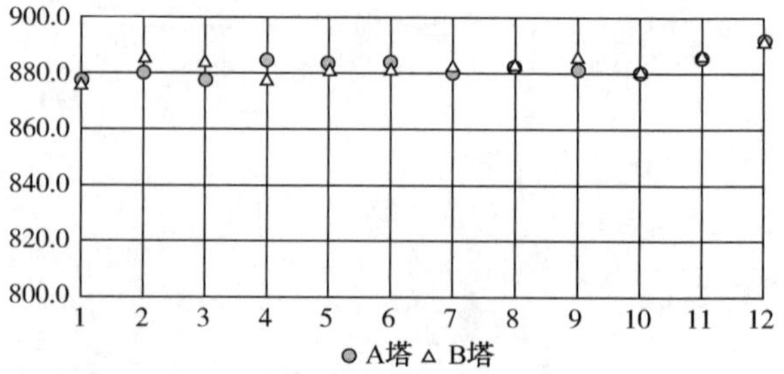

图 2　两个吸附塔各床层的装填密度

从图 2 可看出随床层靠上装填密度有降低趋势，该现象与吸附剂抛撒高度或密相装填器参数设置有关，但总体装填密度为 876～892kg/m^3，效果达到预期。

1.2 装置标定

2022 年 12 月 12 日 1#对二甲苯装置开车一次成功，受 C_8A 资源紧缺影响，装置满负荷标定未能实现，2023 年 3 月 1 日至 3 月 16 日进行 1#对二甲苯装置 75%、80%和 85%负荷下标定。标定期间吸附分离进料中各杂质含量控制较好，特别是溴指数和水含量，均在控制指标范围之内。进料中的 PX 含量高于设计值，但也更有利于 PX 生产。具体组成见表 1。

表 1 吸附分离进料组成

项目	设计组成	75%负荷	80%负荷	85%负荷
非芳烃/%(m/m)	2.04	1.65	1.44	1.42
苯/%(m/m)	0.02	<0.01	0.01	0.01
甲苯/%(m/m)	0.91	0.58	0.66	0.59
乙苯/%(m/m)	4.08	5.63	5.63	6.41
对二甲苯/%(m/m)	22.64	23.45	23.18	23.02
间二甲苯,%(m/m)	51.87	51.42	51.34	50.99
邻二甲苯/%(m/m)	18.43	17.20	17.70	17.53
C_9 芳烃/%(m/m)	0.01	0.05	0.04	0.05
C_{10}芳烃/%(m/m)	0	0.01	0.01	<0.01
总计/%(m/m)	100	99.99	100.01	100.02
溴指数/(mgBr/100g)	≤20	5.95	6.11	7.82
水分/(mg/kg)	≤50	22	28	39

标定期间物料平衡保持较好，物料平衡率误差小于 0.5%，具体见表 2。

表 2 标定期间 1#对二甲苯装置总物料平衡表

项目	设计值	75%负荷	80%负荷	85%负荷
原料				
3#重整 C_{8+}原料/(t/h)	56	57.67	55.27	55.35
4#重整 C_{7+}芳烃/(t/h)	124	113.15	115.32	111.60
歧化装置 C_{8+}原料/(t/h)	83	67.54	68.69	68.16
乙烯抽提芳烃/(t/h)	0	7.13	7.66	7.37
DCC 来 C_8 芳烃/(t/h)	20	0	0	0
补充氢/(t/h)	0.615	0.96	1.15	1.08
外购 C_8A/(t/h)	0	19.43	21.06	31.84
合计/(t/h)	283.62	265.88	269.15	275.40
出料				
异构化燃料气/(t/h)	4.063	2.81	2.82	3.13
异构化尾氢/(t/h)	0.554	3.30	2.76	3.85
对二甲苯/(t/h	101.42	80.45	84.73	89.28
邻二甲苯/(t/h	19.98	19.31	19.49	19.38

续表

项目	设计值	75%负荷	80%负荷	85%负荷
C_{9+}芳烃/(t/h)	84	95.04	92.61	93.68
C_{10+}芳烃/(t/h)	18.617	13.60	11.90	12.60
轻重整油/(t/h)	41.16	38.29	40.58	37.97
粗甲苯/(t/h)	2.49	1.57	1.68	2.40
含苯轻烃/(t/h)	11.42	10.95	12.54	12.88
合计/(t/h)	283.704	265.32	269.11	275.16
物料平衡率/%(m/m)	—	100.21	100.01	100.09

标定期间 PX 产品平均纯度达 99.89%，已超过装置历次标定的最高值，其他甲苯、乙苯、C_9A 等杂质均满足规定要求。在提负荷过程中甲苯含量在 PX 产品含量升高，主要由于重整油分馏塔顶部冷却负荷不足，分离精度不够，导致进料中甲苯含量偶有升高，具体见表 3。

表 3 PX 产品分析数据

项目	控制指标	75%负荷	80%负荷	85%负荷
非芳烃/%(m/m)	≤0.1	<0.001	<0.001	0.001
苯/%(m/m)	—	<0.001	<0.001	<0.001
甲苯/%(m/m)	≤0.1	0.003	0.019	0.017
乙苯/%(m/m)	≤0.2	0.018	0.018	0.016
对二甲苯/%(m/m)	≥99.71	99.892	99.870	99.885
间二甲苯/%(m/m)	≤0.2	0.065	0.070	0.061
邻二甲苯/%(m/m)	≤0.1	0.020	0.023	0.020
C_9 芳烃/%(m/m)	—	<0.001	<0.001	<0.001
C_{10}芳烃/%(m/m)	—	<0.001	<0.001	<0.001

标定期间吸附剂 RAX-4000 型吸附剂在 85%负荷下 PX 收率达到 97.8%，均高于性能保证值≥96%，PX 年产能可达 71 万 t，具体见表 4 吸附剂性能参数。

表 4 吸附剂性能参数

项目	设计值	75%负荷	80%负荷	85%负荷
进料流量/(m^3/h)	632	474	505.6	537.2
进料 PX 含量/%(m/m)	22.64	23.47	23.2	23.14
抽余液塔侧线流量/(t/h)	357.1	256.7	274.7	291.7
侧线 PX 含量/%(m/m)	0.86	0.84	0.73	0.65
PX 收率/%	97.0	97.3	97.6	97.8
PX 产量/(t/h)	101.4	80.69	84.98	89.13
产能(8000h)/(t/a)	811400	645560	679833	713040

注：PX 收率是用吸附进料、抽出液塔顶和抽余液侧线的 PX 质量分数计算的理论收率。

1.3 生产过程存在的问题

1.3.1 PX 产品收率

标定期间 PX 收率虽已达到吸附剂性能预期值，但采集抽余液一个周期的混合样发现：混合抽余液剔除解吸剂后的 PX 质量分数显著小于抽余液塔侧线的 PX 质量分数(表 5)。若以剔除解吸剂后的 PX 质量分数来计算 PX 收率，可达到 99%以上，但以抽余液侧线 PX 质量分数来计算，PX 收率仅达到 97%以上。因此认为可能存在一股与进料组成相近的物料进入抽余液塔，干扰了 PX 收率的计算，虽然标定期间关闭了封头采样出和吸附塔拱顶出及在线分析表采样循环流程，但抽余液侧线 PX 含量未见明显下降。

表 5　抽余液一个周期混合样及收率计算

项目	75%负荷	80%负荷	85%负荷
非芳烃/%(m/m)	0.96	0.82	0.80
苯/%(m/m)	<0.01	<0.01	<0.01
甲苯/%(m/m)	0.13	0.16	0.15
乙苯/%(m/m)	3.11	3.25	3.45
对二甲苯/%(m/m)	0.12	0.11	0.12
间二甲苯/%(m/m)	29.03	30.27	29.97
邻二甲苯/%(m/m)	9.67	10.43	10.53
C_9芳烃/%(m/m)	0.09	0.09	0.10
对二乙苯/%(m/m)	56.38	54.36	54.37
C_{10}芳烃/%(m/m)	0.18	0.18	0.18
剔除对二乙苯后 PX 浓度/%(m/m)	0.27	0.25	0.27
PX 收率/%	99.10%	99.17	99.10

1.3.2 低负荷生产

吸附分离装置高负荷生产存在瓶颈一直是大部分企业的难题，但是低负荷生产也不可避免存在一定问题。自装置开工后 C_8A 资源一直短缺，2023 年 4 月吸附塔以最低负荷 61%运行，吸附剂各项性能指标稳定，但吸附塔各区域流量随负荷降低而降低，最小流量区域缓冲区流量低至 800m^3/h，接近循环泵允许最低流量要求。同时泵送、压送循环回路上控制阀阀位也随负荷降低而减小，最低阀位仅有 25%，已偏离该阀的最优运行区间，吸附塔压力波动也会随之而来，给吸附塔内构件稳定性和吸附剂强度带来一定风险。

2　RAX-4000 与 SPX-3003 型吸附剂对比

2012 年装置检修改造，吸附剂更换为 AXENS 公司的 SPX-3003 型分子筛吸附剂，开工后性能考察 PX 单程收率达 97%以上，2022 年 9 月 SPX-3003 已运行超 10 年，吸附性能大幅下降，同时为满足扩能需求，吸附剂更换为石科院研发的 RAX-4000 型吸附剂。为对比相同负荷下两种类型吸附剂的性能参数，选择 RAX-4000 型吸附剂在 85%负荷与 SPX-3003 在 100%负荷下的性能参数作比较：PX 产品收率与纯度有一定提高，步进时间远高于上个周期，说明 RAX-4000 型吸附剂还存在着较大的余量，也说明了该剂有着更高的吸附容量和交换效率，具体见表 6。

表 6　RAX-4000 与 SPX-3003 型吸附剂性能参数对比

项目	SPX-3003	RAX-4000
进料流量/(m^3/h)	494.97	505.6
步进时间/s	75	86.87
抽余液塔侧线流量/(t/h)	289.2	274.7
侧线 PX 含量/%(m/m)	0.78	0.73
PX 收率/%	97.1	97.6
PX 产量/(t/h)	75.9	84.98
PX 纯度/%	99.84	99.89
产能(8000h)/(kt/a)	607	679.8

同时对比循环解吸剂流量和吸附塔各区域流量发现：RAX-4000 型吸附剂的循环解吸剂流量和吸附塔各区域流量均大幅下降，吸附塔本身及后续精馏系统的公用工程消耗也因此大幅降低，即在相同生产负荷下 RAX-4000 型吸附剂的装置能耗也会更优。

表 7　RAX-4000 与 SPX-3003 型吸附剂性能参数对比

项目	SPX-3003	RAX-4000
进料流量/(m^3/h)	494.97	505.6
解吸剂流量/(m^3/h)	739.06	585.2
抽出液流量/(m^3/h)	333.74	239.0
抽余液流量/(m^3/h)	936.4	851.7
解吸区流量/(m^3/h)	2030.28	1739.9
精制区Ⅰ流量/(m^3/h)	1696.54	1500.9
精制区Ⅱ流量/(m^3/h)	1696.54	1500.9
吸附区流量/(m^3/h)	2191.28	2006.5
缓冲区流量/(m^3/h)	1291.23	1154.7
抽出液与抽余液比	0.36	0.281
解吸剂与进料比	1.490	1.157
循环流量与进料比	3.76	3.23

3 结论分析

（1）RAX-4000 型吸附剂在 85%负荷下 PX 产品平均纯度为 99.89%，平均收率达 97.85%，均达到预期值 99.80%和 97%。

（2）相同负荷下对比 RAX-4000 与 SPX-3003 型吸附剂，RAX-4000 型吸附剂有着更高的吸附容量和交换效率，同时也有低循环解吸剂流量等优点，在装置产能与经济运行性上优势明显。

参 考 文 献

[1] 张江洪. 镇海炼化芳烃联合装置扩能增效改造实践[J]. 炼油技术与工程，2017(06).

[2] 王辉国，郁灼，王德华，等. RAX_2000A 型对二甲苯吸附剂的工业应用[J]. 石油炼制与化工，2007，38(9).

[3] 张宇. RAX-3000 型对二甲苯吸附剂的工业应用[J]. 石油炼制与化工，2020(02).

3#聚丙烯装置S520下料不畅原因分析与对策处理

王晓永

（中国石化镇海炼化分公司）

摘　要　该文针对镇海炼化3#聚丙烯装置干燥器旋风分离器S520自开工以来多次出现底部堵塞导致下料不畅的异常情况，分析梳理影响S520稳定下料的原因，提出了相应的解决对策，通过改进、调整、优化操作控制过程，大大减轻了现场管线拆清处理工作量，避免了因S520底部堵塞导致粉料带入干燥系统而产生次生事故，确保了装置平稳运行。

关键词　聚丙烯；旋风分离器；堵塞；干燥系统

1　装置工艺简介

本装置采用利安德巴塞尔公司开发的气相法Spherizone工艺技术，采用独特的多区循环反应器，反应器在单一气体组成下生产单峰产品，在两个区不同的气体组成下生产双峰产品。与传统的两个串联反应器工艺相比，反应产物有良好的均一性，产品物理性能有较大的提高，有利于生产双峰和双无规聚丙烯产品。本装置年产30万t聚丙烯本色粒料，年操作时间8000h，由一条聚合生产线(聚合部分用多区循环反应器+气相反应器)、一条造粒生产线和三条包装线构成，共分为九个工段，装置操作弹性为60%～110%，可生产均聚产品、无规共聚产品、三元共聚产品和抗冲共聚产品。2022年2月28日装置投料试车一次成功，2022年4月14日共聚系统一次开车成功。

2　聚合物干燥系统

2.1　聚合物干燥系统流程介绍

湿的聚合物在重力作用下从汽蒸器D501流向流化床干燥器D520。干燥器鼓风机C520为循环氮气提供动力，循环氮气经过氮气加热器E520后被加热至115℃左右。热氮气分两路进入干燥器，约占总流量的10%供给底部，其余的直接进入流化床。热氮气连续循环通过干燥器，以除去粉料中的水分，热氮气从干燥器顶部流向旋风分离器S520，旋风分离器从气体中去除夹带的聚合物粉料。分离的粉料通过旋转下料阀RF520A放到D521中，然后通过第二个旋转下料阀排放到气力输送线中。离开干燥器顶部的氮气中的水分必须在循环回干燥器前除去，含有水分的氮气首先进入干燥器洗涤塔T520，用于洗涤氮气中的水和残余的细粉；洗涤塔回流泵用来将水通过板式换热器E521A/B冷却后循环至洗涤塔顶部；氮气进入洗涤塔底部并接触冷水，蒸汽被冷凝，聚合物细粉被洗掉。氮气流过塔顶除雾器，进入气体鼓风机C520A/B，然后经E520加热后返回干燥器(图1)。

2.2　聚合物干燥原理

干燥器的目的是除去来自汽蒸器聚合物中的水分，热氮气连续循环通过干燥器，以除去粉料中的水分。干燥操作分三个部分进行，干燥器上部设计成气体速度低于流化速度，避免聚合物被夹带到干燥器洗涤塔；干燥器中部为完全流化床层，其中固体沿螺旋路径运行，热氮气垂直穿过，通过筛板进行分布；干燥器下部聚合物以与氮气逆流的形式向下流动，氮气速度被设计成类似活塞流，这部分氮气充当补充干燥。聚合物的水含量从大约3%(wt)降低到0.02%(wt)以下，蒸发这部分水分所需的热量部分由聚合物本身提供，聚合物从105℃冷却至约80℃，还有一部分热量由热氮气流提供，离开干燥器的氮气流几乎包含了来自汽蒸器的湿聚合物夹带的所有的水分。

3　干燥器旋风分离器S520底部堵塞情况和原因分析

3.1　S520底部堵塞情况及造成后果

干燥器旋风分离器S520如果出现堵塞首先

会体现在S520底部贴壁温度计TI5215下降，正常情况下TI5215温度基本上能在65℃以上，如果温度有下降趋势，基本上可以判断S520下料不畅。从TI5215温度变化曲线可以看出，装置开工以后，S520底部多次出现堵塞情况（图2）。

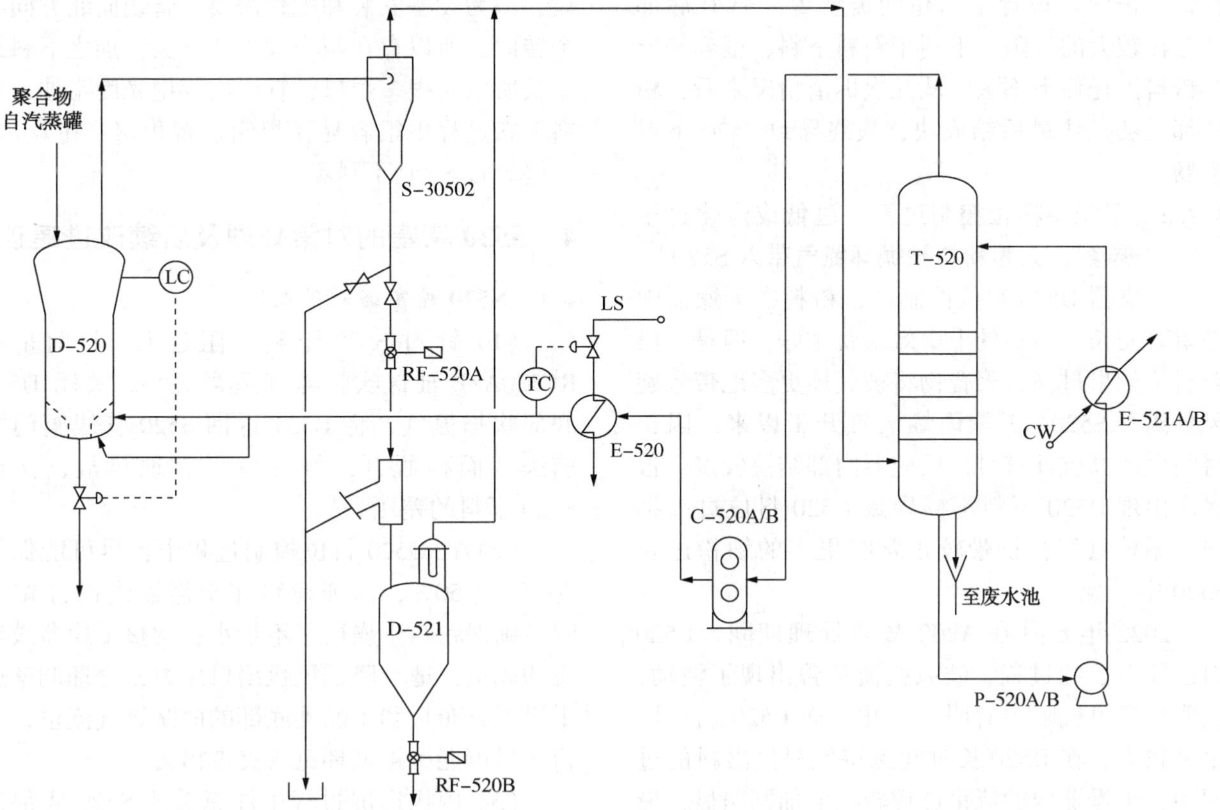

图1　聚合物干燥系统流程

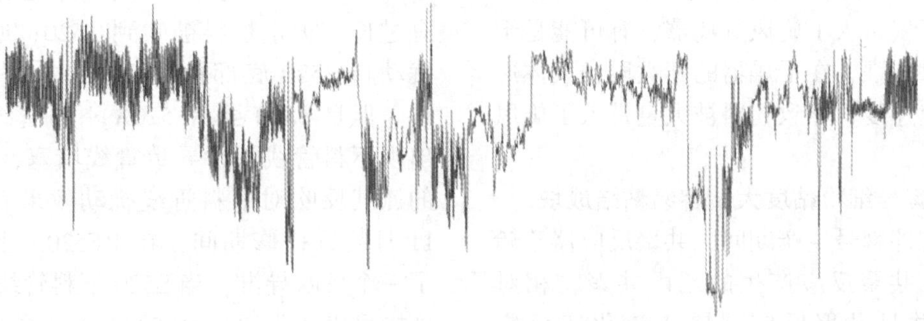

图2　S520底部温度TI5215变化曲线

S520堵塞期间，班组通过采取S520底部接氮气不断反吹扰动，RF520A顶部三通切就地排放，基本可以将S520处理畅通。但是也多次出现了因S520底部管线突然畅通，RF520A顶部三通排地阀来不及快速关闭，导致干燥器鼓风机C520入口压力低跳停的发生。2022年6月6日，出现S520细粉带入干燥器洗涤塔T520中，又因T520回流泵P520入口滤网未装，导致细粉带入T520循环冷却器E521A/B，E521被细粉堵塞后，P520出口流量计FT5203走低，循环氮气换热效果变差，D520-T520系统循环氮气温度持续上涨，C520出口温度TI5205由正常60℃最高涨至83.5℃（90℃联锁），险些造成C520因出口温度高联锁停机；若C520长时间无法启机，D520将无法流化干燥，粉料带水，装置有停车的风险。

3.2 S520底部堵塞原因分析

3.2.1 S520底部气阻过大，不以利粉料下料

S520分离的粉料经RF520A后排放至粉料出料料斗D521中，D521中的气体则经F521过

滤后返回至 S520 后管线，同时进入粉料输送系统。S520 到 D521 基本上没有压差，而 S520 底部到 RF520A 垂直距离则有 15m 左右，S520 下料管线长度在设计上远超同类装置，S520 底部又存在较大的气阻，不利于粉料下料，很容易导致粉料被托住下不去。从几次拆清情况来看，粉料都是被托住最后结成块，最终导致 S520 下料不畅。

3.2.2　干燥器料位控制过高、过低或流化过于剧烈，大量粉料被循环氮气带入 S520

干燥器 D520 料位控制高，粉料在干燥器中停留时间长，粉料的干燥效果就越好，但是干燥器料位如果过高，聚合物将被气体更多地带入旋风分离器 S520。3#聚丙烯装置开工以来，因长时间生产高抗冲牌号，反应器内部结块较多，曾多次出现 D520 下料不畅导致 D520 料位过高报警，循环氮气会携带较正常时更多的细粉进入 S520 中。

2022 年 6 月在 A200 故障处理期间，D520 料位往下控的过程，鼓风机流量曾出现了波动，说明循环氮气阻力有明显变化，而 C520 出口风量又较大，在 D520 长时间保持低料位出料的过程中，干燥器内的流化过程较之前加剧明显，最后导致了 S520 下料不畅。从后期现场清理情况来看，S520 中积存的都是正常粉料，说明正常粉料被循环氮气带入了旋风分离器，有可能是干燥床流化效果太强，在干燥器的膨大段，气体速度大于了流速速度，导致粉料被大量带入了旋风分离器。

3.2.3　部分牌号细粉黏度大，容易粘结成块

部分高抗冲牌号生产期间，共聚反应器乙烯加入量很大，共聚反应产生的乙丙共聚物相对黏度更大，并且共聚反应器属于流化床反应器，在流化反应过程中粉料颗粒相对更容易破碎，产生较多细粉，粉料在高温作用下更容易粘结成块。

粉料经汽蒸后在 D520 中进行流化干燥，少量细粉会被干燥氮气带入旋风分离器 S520，S520 采用蒸汽伴热，蒸汽温度较高，粉料很容易在 S520 中结块，导致下料不畅。另外干燥氮气携带的部分水汽也会在 S520 中分离，粉料与遇明水后很容易吸附在一起，也不利于 S520 下料。从现场拆清情况来看，粉料中有少部分较松散的粉料，也有少部分较硬熔融粘结的块料。

3.2.4　S520 下料管线内部抛光度不够，影响粉料顺畅下料

S520 下料管线较长，并且管线不是竖直铺设，因为设备安装和配管需要，管线向北方向有个转向，所以存在两个大半径弯头，加之下料线太长所以有很多焊口，管线内部抛光度不佳，粉料下料过程中很容易在焊瘤位置积聚产生块料，最终导致 S520 下料不畅。

4　S520 堵塞的对策处理及后续改进建议

4.1　S520 堵塞的对策处理

（1）针对 S520 下料气阻过大，目前是将 RF520A/B 轴封吹扫氮气适当关小，关闭 D521 底部吹扫氮气，将 D521 返回 S520 管线阀门的前法兰面稍脱开，氮气少量就地排放，保证 S520 下料的差压。

（2）在 D520 料位控制过程中，尽可能保持在 40%～50%，保证粉料在干燥器内的停留时间，确保粉料干燥彻底不带水；调整干燥器鼓风机的风量，适当降低风机出口压力，合理调整进干燥器分布板和干燥器底部的两路氮气流量，使粉料尽可能少被循环氮气夹带出去。

（3）内操巡屏过程中注意关注 S520 底部温度 TI5215 变化，当 TI5215 出现走低时，及时联系外操对 S520 进行反吹干预，注意反吹时间不宜过长，防止粉料被吹到 T520；通过氮气反吹扰动将 S520 底部粉料松动，从而保证 S520 下料。但是 S520 至 RF520A 下料管线过长，经常出现下料管线架桥导致管线堵塞，而 S520 底部的氮气反吹对下料管线扰动效果有限，2022 年 11 月装置检修期间，在 RF520A 上部额外增加了一个反吹导淋，当 S520 下料管线出现架桥时，外操可以优先通过 RF520A 上部导淋接氮气进行扰动，从后面使用效果来看，大大减少了管线拆清的工作量(图 3)。

（4）2023 年 5 月装置检修期间对 S520 底部下料管线焊缝进行了抛光度检查，对有较大焊瘤的管线进行外委打磨。通过对管线内表面打磨，保证了管线内壁的光洁度，减少了块料的积聚，有助于 S520 粉料顺畅下料。

4.2　后续改进建议

影响 S520 下料的主要是由于 D521 排气不畅，下料气阻太大导致，目前采取的 D521 就地排放，造成了氮气每小时增加了约 250Nm^3/h 的

消耗，建议将 D521 排气管线改至压力更低的 C520 入口，在保证 S520 下料的同时，可以节约氮气，降低装置能耗。

图 3　RF520A 顶部新增充氮导淋

5　总结

通过增加旋风分离器下料压差、较少旋风分离器下料气体阻力，适当调整干燥鼓风机风量、稳定控制干燥器料位、合理分布进两路进干燥器氮气流量，保证 S520 下料管线内部抛光度，可以有效较少 S520 及底部下料管线产生架桥、结块的风险，保证 S520 的稳定下料。

参 考 文 献

[1] 翁贤华，楼寅山，杨少华，等. 3#聚丙烯装置工艺技术规程[M]. 宁波：中国石化镇海炼化公司，2022.

[2] 洪定一. 聚丙烯-工艺、原理及技术[M]. 北京：中国石化出版社，2002.

多级离心萃取机富集芳烃的技术研究

李开红　聂春梅　牛春革　于　娟　罗　翔

（中国石油克拉玛依石化有限责任公司炼油化工研究院）

摘　要　利用多级离心萃取机富集分离高黏度减压馏分油中芳烃组分，分别考察了萃取级数、离心机转速、萃取温度、剂油比和降温凝析等单因素条件对萃取分离芳烃效果的影响，确定了萃取芳烃的最佳工艺条件。当萃取温度为80℃，质量剂油比为4∶1，转速为3000r/min，萃取级数为3~5级，降温凝析温度为20℃时，可得到的抽出油芳烃含量≥75%的高芳烃组分，抽出油收率为22%。多级离心萃取技术有望在高芳烃油、润滑油精制等领域进行大规模推广应用。

关键词　多级离心萃取机；馏分油；富集芳烃；降温凝析；收率

环烷基原油是宝贵的石油资源，国内环烷基原油除克拉玛依稠油外，其他环烷基油具有较高的芳烃含量。尽管溶剂精制工艺有逐渐被加氢精制所取代的趋势，且现有溶剂精制工艺的传质效率较低，但作为获取高芳烃原料的手段，溶剂精制仍具有一定的优势。可通过引进新技术、新设备代替旧有的填料塔，并寻找更有效的溶剂精制工艺条件，进而大幅提高油品中的芳烃含量，从而使炼油过程中的低价值产品转化为高价值产品。

离心萃取技术是借助离心力场实现液-液两相的接触传质和相分离，其设备具有结构紧凑、处理能力大、运转平稳、清洗维护方便等特点，被广泛应用于冶炼、石油、制药等领域。亓越等以催化裂化油浆为原料，经过多级逆流抽提，很好地分离了饱和烃和芳烃，制备了各项指标符合要求的船用残渣燃料油调合组分。崔华松等采用三级错流对糠醛抽出油进行了研究，短侧链的芳烃更易溶解于极性溶剂中，三级萃取对杂环化合物的选择性明显高于纯碳氢芳烃化合物。刘威风等利用多级离心萃取机实现了废旧润滑油的回收再利用，含水废油经过多级离心萃取后得到的250SN基础油可以达到Ⅱ类油的指标要求。史云鹤等通过离心萃取法，研究了多种复合剂对直馏石脑油的脱芳效果，复合溶剂对直馏石脑油的脱芳效果最好，芳烃脱除率为81.32%。刘思彤等以N-甲基吡咯烷酮为溶剂，多级萃取脱除中海36-1环烷基馏分油中的稠环芳烃制备了环保橡胶填充油，基本满足国内外典型环烷型橡胶填充油质量标准。查阅相关文献，几乎没有多级离心萃取机富集分离馏分油中芳烃的应用研究。

笔者以某公司减压馏分油为原料，利用多级离心萃取技术，开展了减压馏分油的芳烃富集研究，确定了萃取芳烃的最佳工艺条件，以探索离心萃取机在富集分离芳烃领域及润滑油精制领域大规模推广使用的可行性。

1　实验部分

1.1　多级离心机萃取原理

离心萃取器是一种新型、高效的液-液混合分离设备。以减压馏分油进行芳烃富集分离为例，在电机高速转动下，带动转鼓高速运行形成剪切力，减压馏分油和溶剂（溶剂一相称为重相，减压馏分油称为轻相）按照一定的流比分别从两个进料口进入转鼓和壳体之间的混合区，使两相快速混合，完成萃取传质过程。混合液在涡流盘的作用下进入转鼓，混合液与转鼓同步旋转，在离心力的作用下，密度大的重相在向上流动过程中逐步远离转鼓中心而靠向转鼓壁；密度小的轻相逐步远离转鼓壁而靠向中心，澄清后的两相液体最终通过各自堰板进入收集室并由出料管分别引出机外，从而达到传质的目的。离心萃取器设备结构如图1所示。

1.2　原料油性质

实验原料油取自某公司减压馏分油，油品性质见表1。

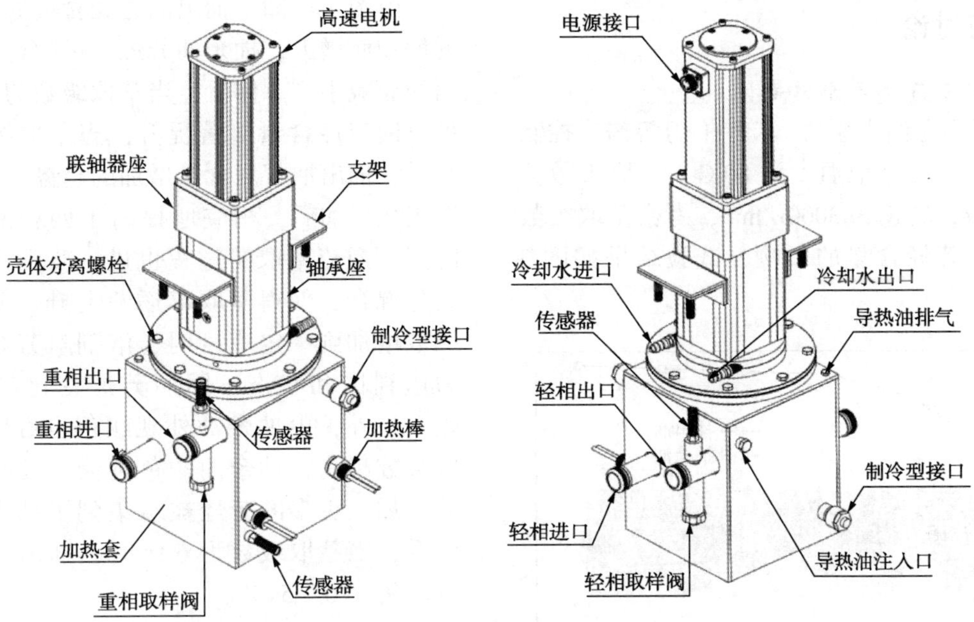

图 1　离心萃取机外观设计图

表 1　减压力馏分油性质

分析项目		减压馏分油	分析标准
黏度(40℃)/(m^2/s)		1713	ASTM D445—2017
黏度(100℃)/(m^2/s)		29.72	
氮含量/(μg/g)		849	ASTM D4629—2012
硫含量/(μg/g)		936	ASTM D5453—2016
密度(20℃)/(kg/m^3)		940.4	SH/T 0604—2000
折光率(20℃)		1.5152	ASTM D1747—2009
饱和烃/%(w)		65.02	SH/T 0753—2005
芳香烃/%(w)		27.64	
极性化合物/%(w)		7.34	
多环芳烃 PCA/%		7.68	NB/SH/T 0838—2010
碳型分布	C_A/%	11.9	SH/T 0726—2004
	C_N/%	37.6	
	C_P/%	50.5	
酸值(以 KOH 计)/(mg/g)		9.47	GB/T 264—1983

1.2　试验方法

离心萃取工艺流程如图 2 所示。实验过程中，先将原料油和溶剂分别加入到萃取平衡釜中，然后投用导热油、冷却水系统，确保导热油和循环水正常运行，接着在 PLC 集中控制柜设置好原料油和溶剂的温度、离心机转速，开启搅拌和恒温。接着打开重相供料系统，待最后一级离心腔正常出料后，再打开轻相供料系统。确保轻重相均正常出料后，离心机进入萃取平衡期，半小时后开始在轻重相出口取样。

取完样品后，调整离心机萃取级数，对重相进行二次降温凝析分离，得到抽出油和凝析油；将分层后的抽余液与抽出液进行减压蒸馏回收溶剂。对得到的抽出油、凝析油、抽余油进行准确称量，计算收率，具体见式(1)。

$$S=m_1/(m_1+m_2+m_3)\times100\% \quad (1)$$

式中，S 为萃取油收率,%；m_1、m_2、m_3 分别为去除溶剂后抽出油、凝析油和抽余油的质量，g。

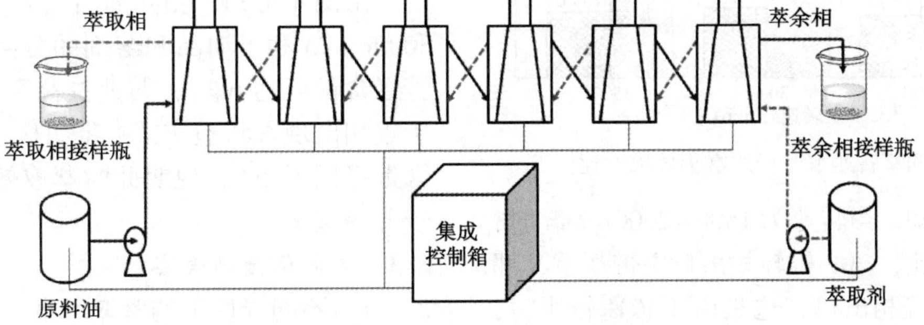

图 2　多级离心萃取装置工艺流程简图

2 结果与讨论

2.1 不同级数下的萃取效果

以减压馏分油为原料，KN-1为溶剂，控制剂油比为2：1，萃取温度为80℃，萃取级数分别为1~6级，转速为3000r/min，考察萃取级数对抽出油中芳烃含量的影响，试验结果如图3所示。

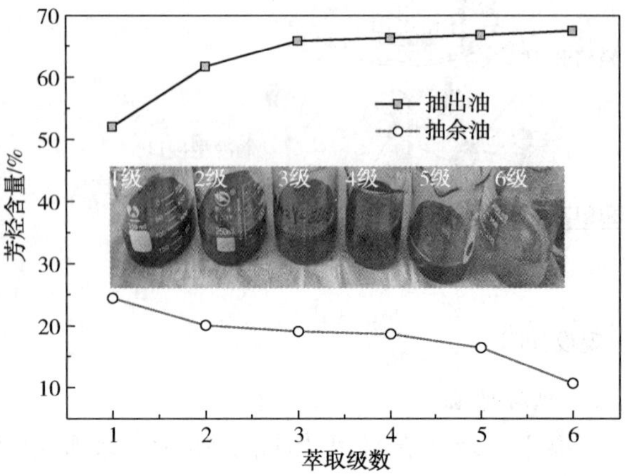

图3 不同萃取级数下芳烃的富集效果对比

由图3可知，抽出油芳烃含量随着萃取级数的增加而增大，抽余油芳烃含量随着萃取级数的增加而减小。总体看，当萃取级数为1~3级时，抽出油芳烃含量显著提升；当萃取级数为4~6级时，抽出油芳烃含量增加的趋势变缓，说明萃取级数增加后，相应地提高了两相的混合接触时间，逆流萃取的过程也进一步促进了两相的充分混合，使得萃取率逐渐上升，但是当萃取级数增加到一定程度时，溶剂对芳烃的溶解能力达到饱和状态，因而芳烃变化趋势逐渐放缓。另外，由抽余油外观颜色也可以看出，萃取级数越高，抽余油颜色越淡，说明随着级数的增加，更多的芳烃被富集到了抽出相中。总体看，当萃取级数为6级时，抽出油芳烃含量可富集至67.51%。

2.2 不同转速下的萃取效果

以减压馏分油为原料，KN-1为溶剂，控制剂油比为2：1，萃取温度为80℃，萃取级数为5级，考察不同转速对抽出油中芳烃含量的影响，试验结果见表2及如图4所示。

表2 转速和剂油比对轻相出口夹带量的影响 %

剂油比	1500r/min	2000r/min	2500r/min	3000r/min	3500r/min	4000r/min
1：1	夹带	夹带	1.5	—	—	—
2：1	夹带	夹带	5.7	—	3.8	1.6
4：1	夹带	9.6	8.1	—	6.3	2.9

注：1. 夹带是指离心机重相出口同时出来油和溶剂，分离效果较差。

2. “—”是指没有观察到夹带，分离效果较好。

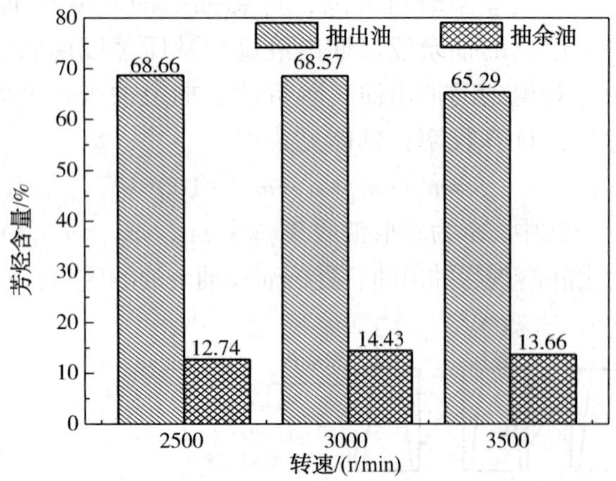

图4 不同萃转速下芳烃的富集效果对比

由表2可知，当转速为1500~2000r/min时，改变不同剂油比，离心机轻相出口夹带严重，部分溶剂流向了轻相出口，这是由于转速较小时，两相液体受剪切力影响，接触面积较小，溶剂溶解油品过程不充分，导致了夹带问题；随着转速提高至3000r/min，轻重两相受到的剪切力变大，被打散成更小的液珠来相互接触完成传质过程，因此能实现有效分离；继续提高转速为3500~4000r/min，重相出口有雾状泡沫出现，溶剂和油发生了乳化，不利于萃取分离，因此将转速设定为3000r/min即可。

由图4可知，相同剂油比下，转速在2500~3000r/min利于油品和溶剂的分离，抽出油中的芳烃含量可达68%，转速提高至3500r/min，由于重相出现雾状泡沫，夹带明显，抽出油中芳烃含量降低了3%，说明此时萃取效果不佳，不利于芳烃富集。

2.3 不同温度的考察

2.3.1 不同温度下的萃取考察

以减压馏分油为原料，KN-1为溶剂，控制剂油比为4∶1，萃取级数为5级，考察不同萃取温度对抽出油中芳烃含量的影响，试验结果如图5所示。

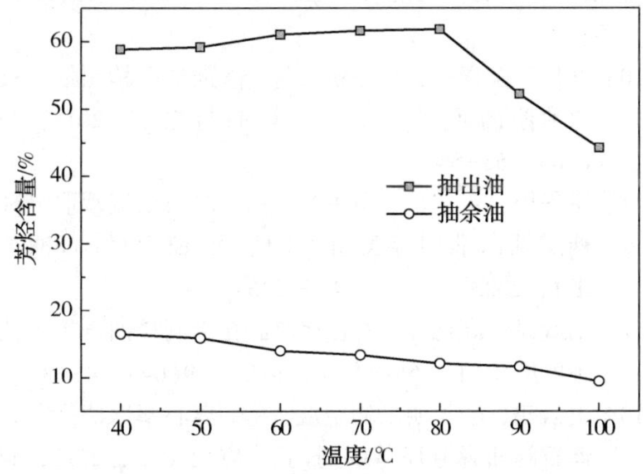

图5　不同温度下芳烃的富集效果对比

由图5可知，抽出油芳烃含量随着萃取温度的升高呈现先增大后减小的趋势，抽余油芳烃含量随着萃取温度的升高而逐渐降低。随着温度的提高，溶剂对原料油中芳烃的选择性大，因而抽出油芳烃含量逐渐增大。但是温度≥80℃后，溶剂的溶解能力进一步增强，原料油中的一部分链烷烃、环烷烃等饱和烃也溶解到了抽出油中，导致溶剂的选择性变差。因此，适度低温有利于芳烃组分的富集，这与文献中的研究结论保持一致。

2.3.2　抽出相降温凝析考察

由于多级离心萃取级结构组装可以灵活调整，现将多级离心萃取机改装成两段，第一段共5级，作为溶剂萃取的主体，第二段设置1级，用于低温凝析分离，进一步富集芳烃。将第一段工艺得到的抽出油在第二段工艺中进行再次低温凝析分离后，得到抽出油和凝析油，抽出油芳烃含量可进一步提高。由图6可知，当沉降温度为20℃时，抽出油中芳烃含量可达77.49%，说明低温沉降分离在溶剂萃取过程中发挥了重要作用。高温有利于溶剂和油品的充分混合和萃取，但是在萃取芳烃的过程中，部分饱和烃也跟随着进入了抽出油，再通过降温凝析，就可以使饱和烃析出，从而进一步富集芳烃。

2.3　不同质量剂油比的影响

以减压馏分油为原料，KN-1为溶剂，萃取温度为80℃，萃取级数为5级，考察不同剂油比对抽出油中芳烃含量的影响，试验结果如图7所示。接着对抽出相进行降温凝析处理（降温温度为20℃），试验结果如图8所示。

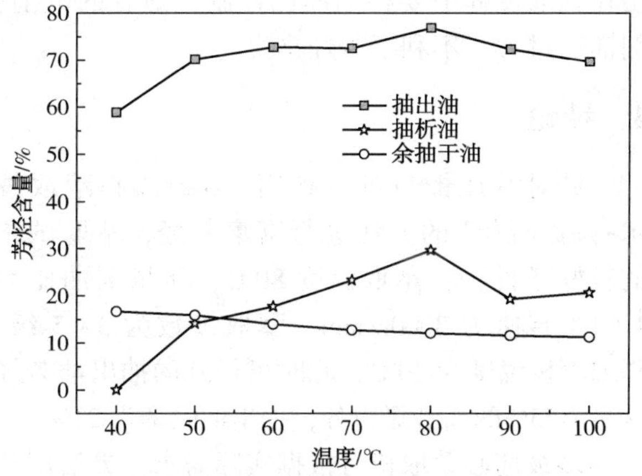

图6　抽出相降温凝析效果对比

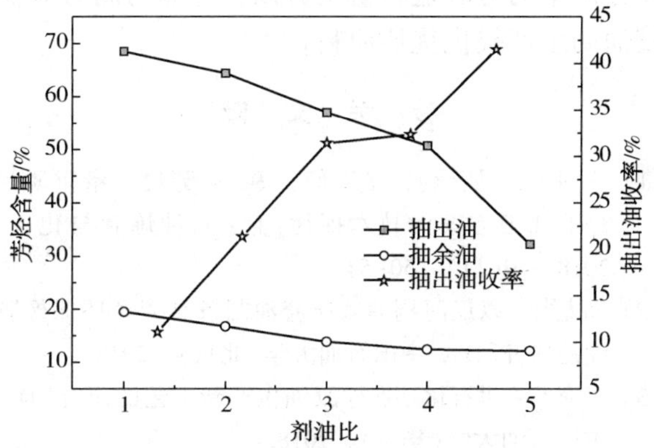

图7　抽出相降温凝析效果对比

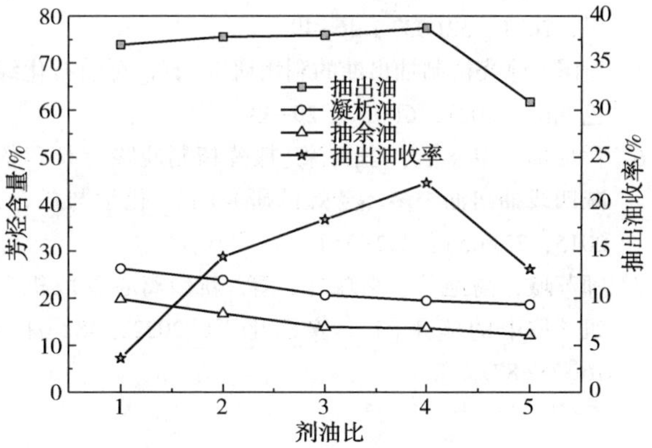

图8　抽出相降温凝析效果对比

由图7可知，抽出油芳烃含量随着剂油比的增加逐渐降低，抽余油中的芳烃含量也随着剂油比的增加而逐渐降低，抽出油收率随着剂油比的增加而逐渐增大。增加剂油比，萃取剂对芳烃的选择性变差，使得原料油中饱和烃组分被萃取出来，导致抽出油芳烃含量下降。

由图8可知，抽出相经过降温后，得到的抽出油芳烃含量和收率均随着剂油比的增加呈现先增大后减小的趋势，剂油比为4时出现拐点。说明在萃取过程中要将剂油比控制在适宜的范围，剂油比过大，不利于芳烃富集。

4 结论

针对减压馏分油，利用“多级离心萃取技术+降温凝析”的办法进行富集芳烃，萃取试验的较好条件为：萃取温度80℃，质量剂油比为4∶1，转速为3000r/min，萃取级数为3～5级，降温凝析温度为20℃，此时可得到的抽出油芳烃含量≥75%的高芳烃组分，抽出油收率为22%。

多级离心萃取机可根据实际需求，灵活调整转速、萃取腔体温度和萃取级数，对高黏度减压馏分油中的芳烃进行富集分离，进而为高芳烃橡胶油的生产提供优质原料。

参 考 文 献

[1] 蔡烈奎，马莉莉，张翠侦，等. 高芳烃含量重质馏分油加工方案的技术探讨[J]. 石油炼制与化工，2018，49(11)：50-54.

[2] 郝龙帅. 以辽河稠油减压渣油制备高芳烃环保橡胶油的研究[D]. 中国石油大学(北京)，2018.

[3] 王充. 兰州石化环保橡胶油生产新工艺的研究[D]. 中国石油大学(华东)，2018.

[4] 于恩强，李明. 环烷基减四线馏分油加氢精制-糠醛萃取制备环保橡胶增塑剂的研究[J]. 石油炼制与化工，2021，52(03)：46-49.

[5] 黄灏. 糠醛精制抽出油的利用研究[J]. 石油石化绿色低碳，2021，6(01)：29-33.

[6] 付灿灿，秦永航，李文深. 糠醛精制脱除克拉玛依减四线抽出油中多环芳烃的研究[J]. 化学与黏合，2015，37(05)：352-354.

[7] 师苏城，高艳芳，李瑞琛，等. 新型离心萃取机在钒萃取中的应用[J]. 安徽化工，2022，48(04)：76-78+87.

[8] 戴桂林. β-环糊精衍生物多级离心手性萃取分离药物中间体的研究[D]. 湖南理工学院，2017.

[9] 陈道林，陈崔龙. 离心萃取分离机新技术及在湿法冶金行业的应用[J]. 中国井矿盐，2017，48(03)：9-13.

[10] 亓越，李青松，黄小侨，等. 溶剂抽提精制催化裂化油浆的研究[J]. 石油炼制与化工，2013，44(08)：63-66.

[11] 崔华松，彭东岳，贾书坤，等. 多级错流萃取分离糠醛抽出油中烃类组分[J]. 石油学报(石油加工)，2023，39(2)：416-426.

[12] 刘威风，高艳芳. 离心萃取器在废润滑油再生工艺中的应用[J]. 河南化工. 2022，39(04)：48-49.

[13] 史云鹤，李长明，周金波，等. 离心萃取法优选直馏石脑油脱芳烃萃取剂[J]. 应用化工，2015，44(05)：899-902.

[14] 刘思彤，石薇薇，曹祖宾，等. 多级萃取生产环保型橡胶填充油的工艺研究[J]. 现代化工，2017，37(11)：175-178.

[15] 杨晓勇，代健，王炳捷，等. 环隙式离心萃取器内部两相流动研究进展[J]. 化工学报，2021，72(01)：483-494.

[16] 苏以刚. 环隙式离心萃取器结构参数对萃取效率的影响[D]. 天津大学，2021. 学，2021.

[17] 段五华，王澄谦，郑强. 离心萃取器混合区内三相流的 CFD-PBM 模拟[J]. 流体机械，2021，49(11)：25-32.

[18] 徐艳，张保栋，张艳红，等. 环隙式离心萃取分离技术研究进展[J]. 合成纤维工业，2012，35(04)：49-53.

[19] 史军军，蒽雷，吴等. 催化裂化轻循环油萃取脱芳烃的溶剂选择[J]. 石油炼制与化工，2020，51(08)：1-6.

[20] 吴昆鹏，宫继业，余金华，等. 糠醛精制抽出油中多环芳烃脱除试验研究[J]. 化学工业与工程技术，2014，35(04)：1-4.

乙烯装置201J裂解气透平压缩机防喘振控制在Tricon ITCC系统中的实现

刘三廷

（中国石油兰州石化公司）

摘　要　针对兰州石化裂解气透平压缩机，介绍了北京康吉森ITCC系统防喘振控制原理及其在压缩机防喘振控制中的优势，其中裂解气压缩机防喘振控制是指当工作点越至防喘振控制线以内，喘振控制器使用多种调节方式，使压缩机工作点拉回至防喘振控制线以外，达到保护裂解气压缩机目的；ITCC系统采用工作点在防喘下移线以外使用PID控制，防喘振下移线与喘振线之间开环控制，喘振线左侧动作防喘振电磁阀等控制策略，该防喘控制策略为百万吨乙烯项目压缩机实施提供参考依据。

关键词　PID控制；开环控制；三重控制；防喘控制线；喘振线

1　前言

兰州石化乙烯运行二部乙烯装置201J裂解气压缩机2006年投用，压缩机防喘振控制采用北京康吉森自动化设备技术公司Tricon ITCC控制系统，系统于2016年10月由伍德沃德控制系统改造为Tricon ITCC，控制组件由冗余电源卡件、三重化冗余卡件、端子板、连接电缆组成；该配置在系统存在硬件故障或者是外部干扰信号瞬间跃变，可进行不间断的控制，确保压缩机的正常运行；Bently 3500轴系检测系统通过冗余MODBUS通讯卡将轴振动、轴位移信号通讯至ITCC系统，使轴振动、轴位移在ITCC操作站得以显示；压缩机段间出入口温度、压力、透平壳体温度、振动、位移、透平转速通过冗余4351B通讯卡通讯至DCS，使压缩机轴位移、轴振动、压力、温度、流量等关键参数可在DCS系统显示；压缩机轴位移联锁信号通过Bently 3500轴系检测系统继电器卡硬接线引入Tricon ITCC系统DI卡，从而确保联锁动作的可靠性及稳定性。

Tricon系统依据压缩机的出口流量、温度及压力，入口温度及压力计算出压缩机的喘振线、喘振线右移10%得到防喘振控制线。如果工作点越过防喘振控制线，设定点移动至防喘控制线后不再移动，防喘控制PID调节器使用多种控制方式对防喘控制阀进行不断调节，如果工作点无法被调整至喘振线外，防喘电磁阀失电，防喘振控制阀全开，压缩机出口介质大量的回流至入口处，确保压缩机的运行稳定。

2　防喘振控制的概念

喘振是乙烯运行二部乙烯装置201J透平裂解气压缩机的特性，当该压缩机的入口流量降低至设定值时，裂解气的正常压缩及输送过程被中断，裂解气体的排出不均匀，机身产生极为强烈的来回震荡，机体发出剧烈振动同时也会发出周期性来回震荡的吼叫声。201J裂解气透平压缩机出、入口流量、出入口压力大幅度波动，伴随着出口管道，压缩机厂房巨大振动。防喘振控制器按Tricon控制策略组态的控制程序迅速打开防喘振控制阀，在迅速增加裂解气压缩机的入口流量同时确保了裂解气压缩机出口及入口流量的平衡。乙烯装置201J裂解气透平压缩机流程及防喘振控制流程图图1所示。

3　防喘振控制方案的实现

3.1　201J裂解气压缩机防喘振控制简述

Tricon防喘振系统是出口流量百分比（Hc/Ps）为横坐标、排出压力与入口压力的压缩比（Pd/Ps）为纵坐标建立的基本坐标系，根据乙烯装置201J裂解气压缩机不同转速下的多个喘振点做出喘振曲线，右移10%为乙烯装置201J裂解气压缩机防喘振控制曲线，工作点在坐标系时时移动，当工作点远离防喘振控制线移动，此时设定点在安全裕度线上下移动；当工作点靠近防喘振控制线移动，设定点依1%速率（速率在

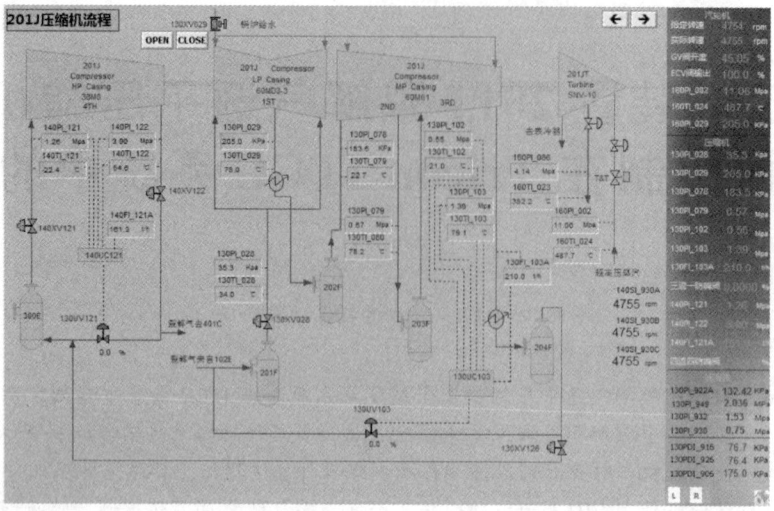

图 1　乙烯装置 201J 透平裂解气压缩机流程图及防喘振控制流程图

程序中可设置)不断减小，直到设定点与防喘控制线重合，设定点不再移动；当工作点移动到防喘振下移线，正常的 PID 控制器无法提供足够的响应，Tricon 系统防喘振控制器使用开环控制方式开始打开防喘振阀，而当工作点达到喘振控制线时，防喘控制阀全开。如果工作点越过喘振线，防喘振控制阀电磁阀线圈失电，防喘振控制阀气路切断，防喘控制阀全开；当工作点返回到防喘振控制线右侧，电磁阀线圈自动复位带电，防喘振控制阀慢慢关闭，因乙烯装置 201J 裂解气压缩机三返一、三返二、三返三防喘振控制回路参数不同，控制算法也略有不同，本文依乙烯装置 201J 裂解气压缩机三返一防喘振控制回路加以说明，乙烯装置 201J 裂解气压缩机三返一防喘振曲线图如图 2 所示，图 2 中机组喘振线(红色线)，防喘振控制线(绿色线)，防喘振下移线也叫超驰控制线(黄色线)。

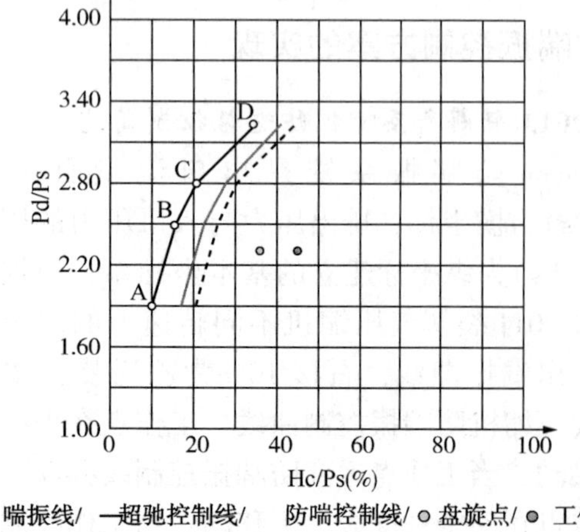

图 2　乙烯装置 201J 裂解气压缩机三返一防喘振曲线图

本文依据兰州石化乙烯 201J 裂解气压缩机三返一 Tricon ITCC 系统内部控制程序的计算过程作逐说明。

3.2　201J 裂解气压缩机喘振线及防喘振控制线详细计算说明

3.2.1　Tricon 系统喘振线横坐标系计算

(1) Tricon 系统出口流量计算

计算公式：

$$M_{\mathrm{FLOW}}=M_{\mathrm{FLOW\_MAX}}\times\frac{H_{\mathrm{-PCT}}}{100}\times\sqrt{\frac{P_{\mathrm{FO}}+P_{\mathrm{-ABS\text{-}COR}}}{P_{\mathrm{FOB}}}\times\frac{T_{\mathrm{FOB}}+T_{\mathrm{-ABS\text{-}COR}}}{T_{\mathrm{FO}}+T_{\mathrm{-ABS\text{-}COR}}}}\quad(1)$$

参数	描述	范围	单位
$M_{\mathrm{FLOW\text{-}MAX}}$	出口最大流量	330000	kg/h
$H_{\mathrm{-PCT}}$	出口流量	0~330000	kg/h
P_{FO}	出口压力	0~2000	kPa
$P_{\mathrm{-ABS\text{-}COR}}$	出口压力修正	101.32	kPa
P_{FOB}	设计工况压力	1550	kPa
T_{FOB}	设计工况温度	82.5	℃
$T_{\mathrm{-ABS\text{-}COR}}$	出口温度修正	273.15	℃
T_{FO}	出口温度测量	0~120	℃

参数带人公式：

$$M_{\mathrm{FLOW}}=3300\times H_{\mathrm{-PCT}}\times\sqrt{\frac{P_{\mathrm{FO}}+101.32}{1550}\times\frac{355.65}{T_{\mathrm{FO}}+273.15}}\quad(2)$$

依据 201J 压缩机三返一的出口流量计算，Tricon 系统程序搭建如图 3 所示。

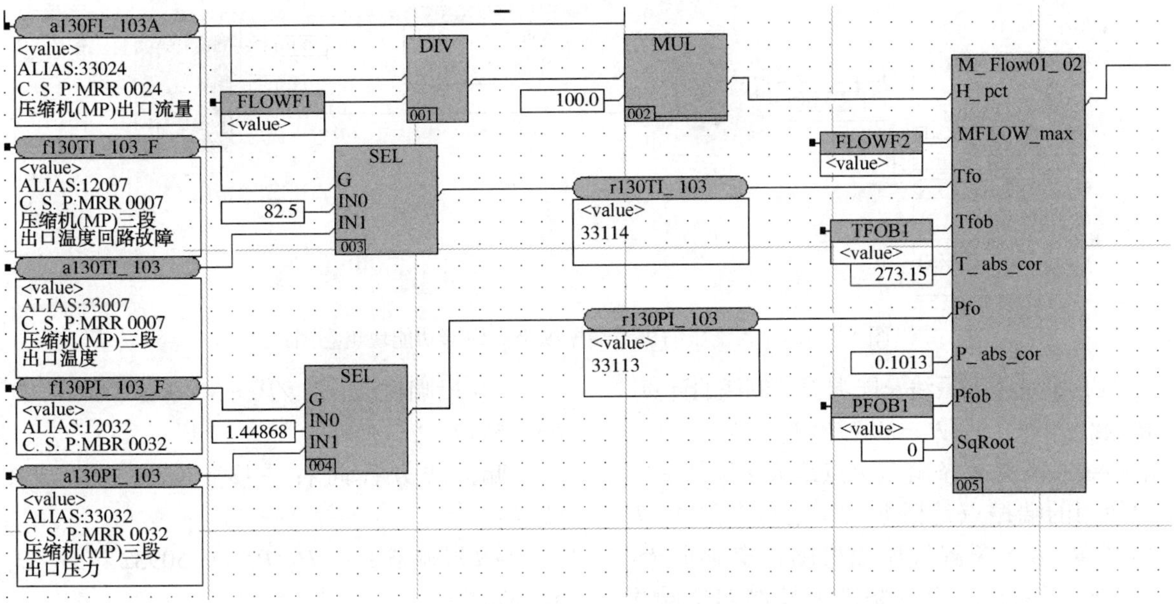

图 3　Tricon 系统出口流量内部功能块组态图

(2) Tricon 系统喘振线横坐标计算

计算公式：

$$H_c/P_s=\left(\frac{M_{FLOW}}{M_{FLOW\_MAX}}\times\frac{P_{SB}}{P_S+P_{-ABS-COR}}\right)^2\times\left(\frac{T_{S+}T_{-ABS-COR}}{T_{SB}+T_{-ABS-COR}}\right)\times 100 \tag{3}$$

参数	描述	测量范围	单位
P_{SB}	入口压力设计工况	606	kPa
P_S	入口压力值	0~1000	kPa
T_S	入口温度值	0~100	℃
T_{SB}	入口温度设计工况	23.4	℃

参数及 M_{FLOW} 带入公式：

$$H_c/P_s=\left(\frac{M_{FLOW}}{330000}\times\frac{606}{P_S+101.32}\right)^2\times\left(\frac{T_S+273.15}{296.55}\right)\times 100\% \tag{4}$$

依据裂解气压缩机三返一的出口流量计算，Tricon 系统横坐标程序搭建如图 4 所示。

3.2.2　Tricon 系统工作点纵坐标压缩比计算

$P_d/P_s=\frac{P_d+101.32}{P_S+101.32}$，$P_d$ 压缩机出口压力，P_S 压缩机入口压力

依据裂解气压缩机三返一防喘振计算算法，Tricon 系统纵坐标程序搭建如图 5 所示。

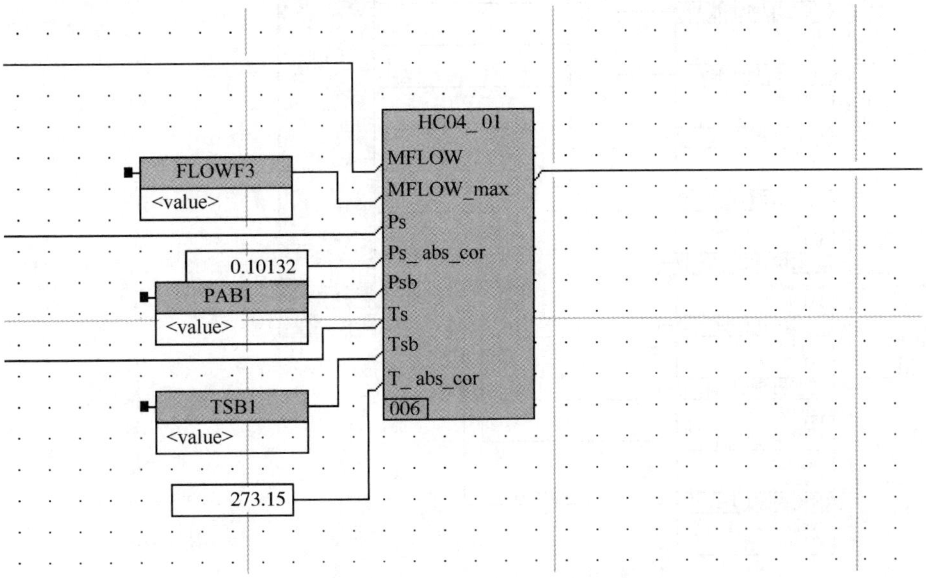

图 4　Tricon 系统出口流量横坐标内部功能块组态图

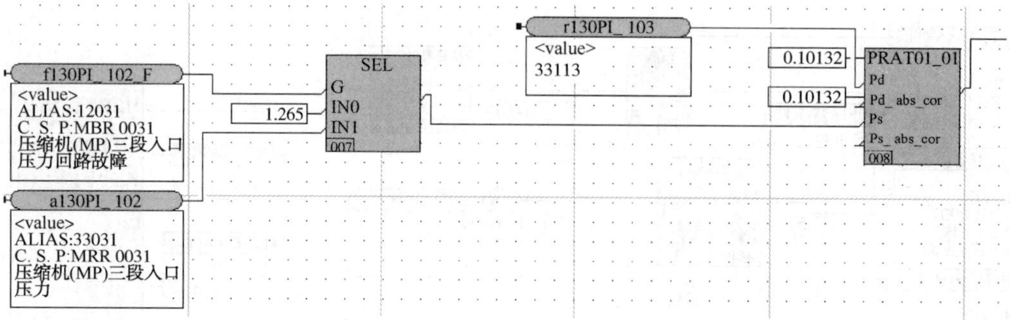

图 5 Tricon 系统压缩机防喘振纵坐标内部功能块组态图

3.2.3 Tricon 系统喘振线及防喘振控制线的计算

喘振线方程：$P_d/P_s=K\times(H_c/P_c)+b$

喘振线一般是一条由多个点组成多段线，本程序中使用的喘振点是根据乙烯运行二部 46 万吨乙烯装置 201J 裂解气压缩机随机资料所得。201J 裂解气压缩机三反一防喘振控制四个喘振点坐标分别为 A（10.12，1.91）、B（15.60，2.44）、C（21.28，2.81）、D（34.26，3.23），由喘振点得到的喘振线方程是：

AB 段喘振线：$P_d/P_s=9.50932\times(H_c/P_c)-8.04279$

BC 段喘振线：$P_d/P_s=16.53986\times(H_c/P_c)-25.19782$

CD 段喘振线：$P_d/P_s=30.90235\times(H_c/P_c)-65.55717$

喘振线方程向右平移 10% 得到防喘控制线是：

AB 段喘振线：$P_d/P_s=9.50932\times(H_c/P_c)+1.95721$

BC 段喘振线：$P_d/P_s=16.53986\times(H_c/P_c)-15.19782$

CD 段喘振线：$P_d/P_s=30.90235\times(H_c/P_c)-55.55717$

根据裂解气压缩机三返一防喘振控制线方程，Tricon 系统喘振线及防喘振控制线基本坐标系程序搭建如图 6 所示。

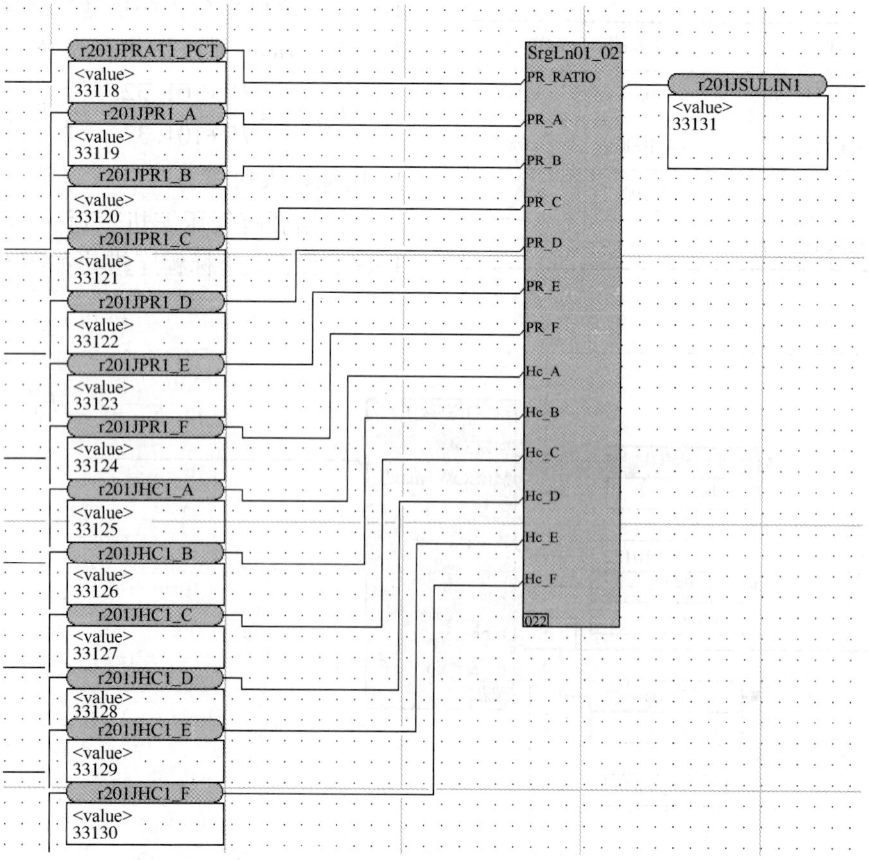

图 6 Tricon 系统压缩机喘振线及防喘振控制线基本坐标系内部功能块组态图

3.3 Tricon系统防喘振控制实现方法

3.3.1 Tricon控制系统喘振检测方案

当压缩机遇到较大的喘振时，可采用增加喘振控制裕度，确保压缩机运行在安全范围内。

安全裕度修正模块是当喘振发生时对安全裕度重新修正，修正裕度(RECAL_ATM)加到固定安全裕度(SAFETY_OP)得到总安全裕度(TOT_SAFETY)，即(TOT_SAFETY)=(SAFETY_OP)+T(RECAL_ATM)，Tricon系统安全裕度修正程序搭建如图7所示。

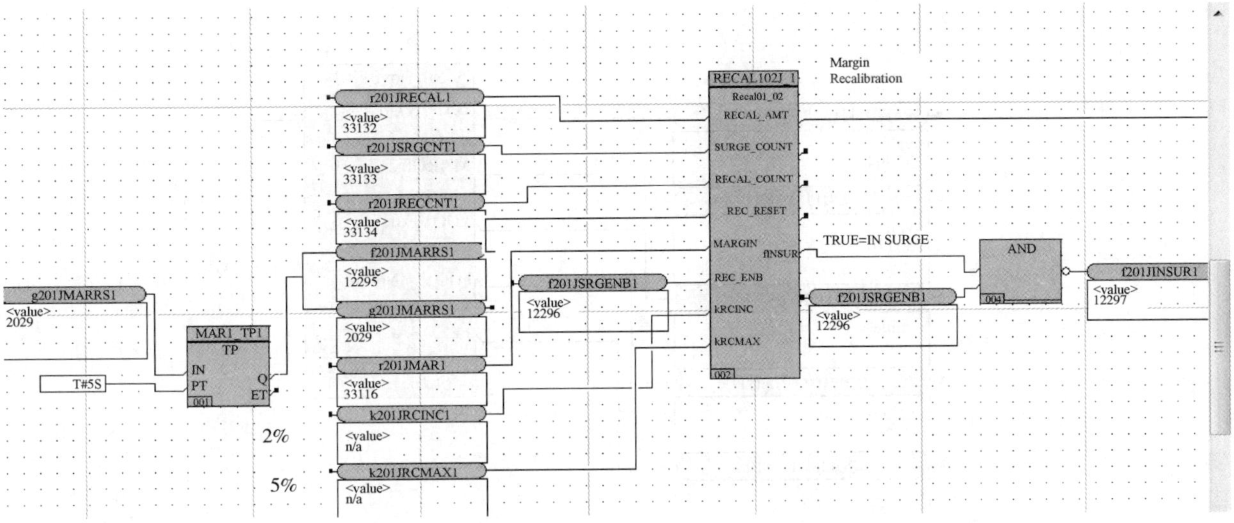

图7 Tricon系统压缩机喘振线安全裕度设置模块组态图

(1)防喘振安全裕度修正条件

① MARGIN(工作点横坐标-防喘喘振线横坐标)小于-1%(该值在程序中可以设置)。

② REC_ENB(修正使能位)为1。

③ 防喘振控制器处于自动及半自动状态。

(2)防喘振安全裕度修正过程

如果MARGIN<-1%，FINSUR(喘振标志位)置1，HMI画面中喘振报警灯红色常亮，(TOT_SAFETY)=(SAFETY_OP)+KRCINC，KRCINC(修正增加裕度，本程序设为2%)，即(TOT_SAFETY)=(SAFETY_OP)+2%；此时，SURGE_COUNT(喘振发生次数)=0+1=1；RECAL_COUNT(喘振修正次数)=0+1=1。

如果-1%<MARGIN<1%，FINSUR、TOT_SAFETY、SURGE_COUNT及RECAL_COUNT维持当前值保持不变。

如果MARGIN>1%，FINSUR置为0、TOT_SAFETY、SURGE_COUNT及RECAL_COUNT维持当前值保持不变；在HMI画面按喘振复位按钮可把SURGE_COUNT、RECAL_COUNT复位至0，同时TOT_SAFETY回到初始设置值，Tricon系统喘振检测模块曲线如图8所示。。

如果再次出现MARGIN<-1%，FINSUR再次置为1，TOT_SAFETY设置为(SAFETY_OP)+4%，SURGE_COUNT置为2，RECAL_COUNT(喘振修正次数)置为2，以此类推，本程序中TOT_SAFETY最大设置为SAFETY_OP+5%，本程序中SAFETY_OP设置为20%，即TOT_SAFETY最大值为25%，SURGE_COUNT按喘振情况一直往上记录，RECAL_COUNT最大设置值为3。

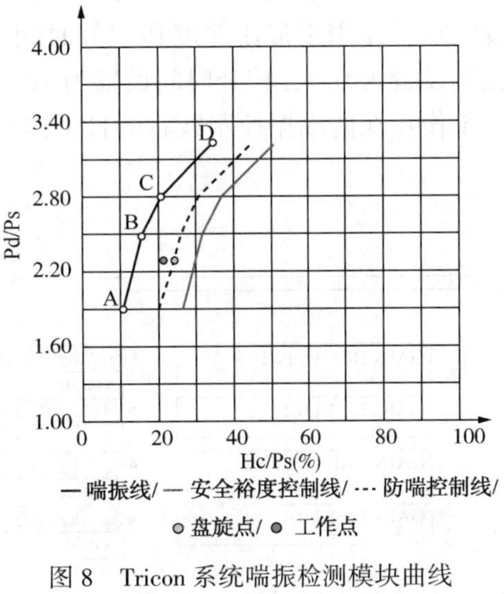

图8 Tricon系统喘振检测模块曲线

3.3.2 Tricon控制系统设定点(盘旋点)跟踪方案

当乙烯装置201J裂解气压缩机出口流量增加或压缩比增大时，工作点远离防喘振控制线移动，设定点(盘旋点)设定SRG_SP=TOT_SAFETY(总安全裕度)-kHOVER(盘旋裕度，本程序设置盘旋裕度为5%)。

当乙烯装置201J裂解气压缩机出口流量增加或压缩比减小时，工作点靠近防喘振控制线移动，设定点(盘旋点)设定SRG_SP按照kHOV_INC(跟踪速率，本程序设置为1%)减小，在这个过程中，控制程序依据防喘振控制线上对应的点rSCL与当前SRG_SP点高选后作为时时设定点SRG_SP；换言之，防喘振控器设定点(盘旋点)最多可向左移动至防喘振控制线对应的点上。

依据Tricon系统防喘振设定点跟踪方法搭建功能块如图9所示。

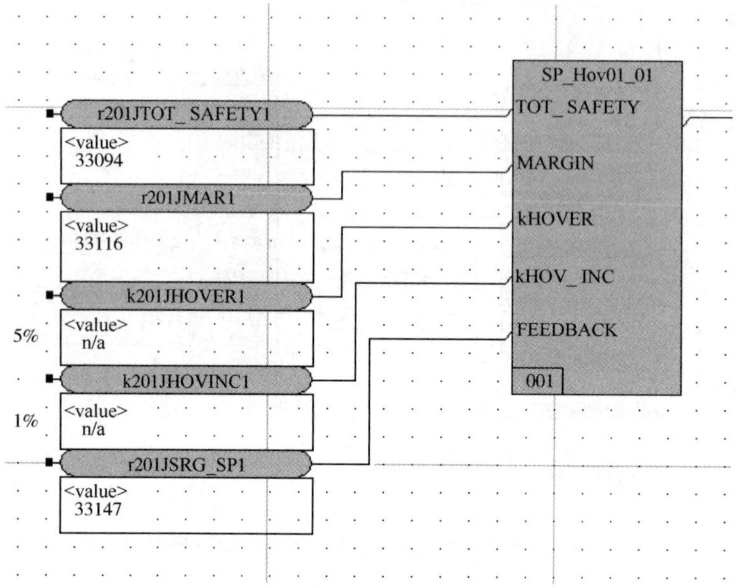

图9 Tricon系统防喘控制器设定值逼近功能模块组态图

3.3.3 Tricon控制系统防喘振PID控制方案

① Tricon控制系统防喘振PID参数调整方案

当工作点在防喘振控制线右侧且工作点大于等于设定点，使用正常比例度和积分时间(本程序中比例设置为0.1，积分时间设置为10S)。

当工作点在防喘振控制线右侧且工作点减去设定点小于6%，比例值按0.2/分的速率线性增加，但是比例值的变化被限制在LIMIT1/LIMIT2(本程序中比例的值被设置为0.1-3.0)。

当工作点在防喘振控制线右侧且工作点减去设定点大于6%，比例值不再进行增加。Tricon控制系统防喘振PID参数调整程序搭建如图10所示。

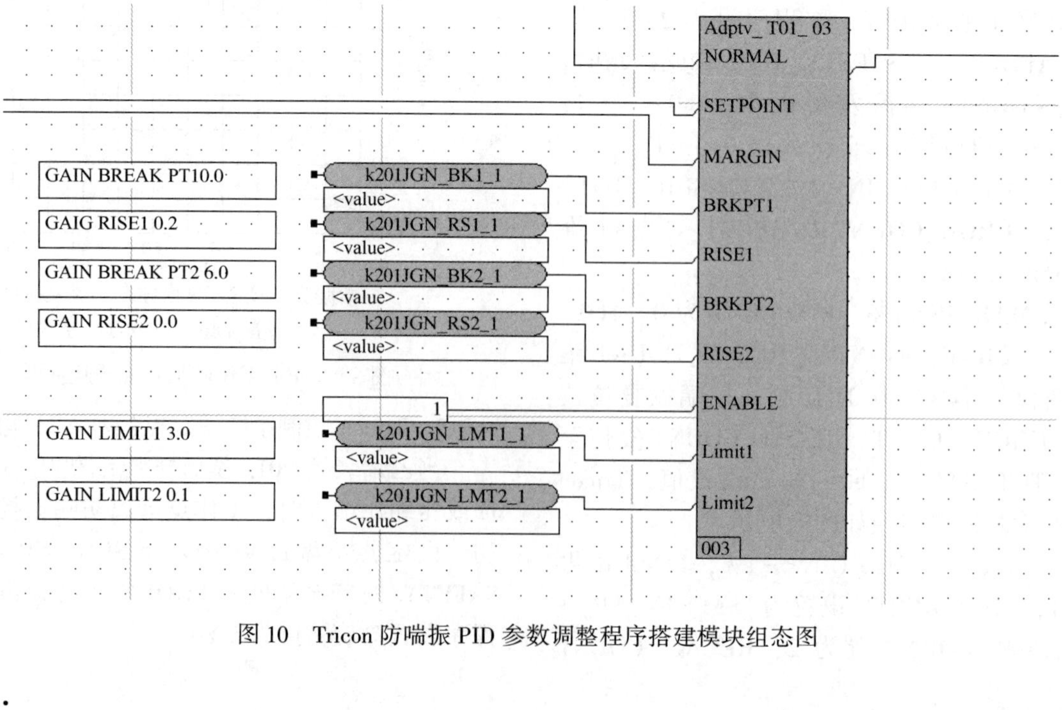

图10 Tricon防喘振PID参数调整程序搭建模块组态图

② Tricon控制系统防喘控制方案

防喘振控制器PID设定值来自于设定点(盘旋点)跟踪模块，控制器的正反作用组态为反作用，调节常量为比例和积分两个变量。比例及积分来自于PID调整参数模块，微分时间设定值为0，防喘振控制器设置为慢关功能，慢关的速率一般设置为2%/SEC。Tricon系统防喘振控制模块程序搭建如图11所示。

③ Tricon系统防喘振控制开环控制模块

防喘振控制器的开环控制模块独立于比例积分调节模块。当工作点移动到防喘振下移线，正常的PID控制器无法提供足够的响应，Tricon系统防喘振控制器使用开环控制方式开始打开防喘振控制阀。

防喘振控制阀开度为0%-100%，当工作点在喘振线右侧7%时，PID调节失效，此时kSO_ENB=0，开环控制模块输出为0%；当工作点在喘振线右侧3.5%时，开环控制模块输出为50%；当工作点到达喘振线时，开环控制模块输出为100%。

当工作点越过喘振线，开环控制模块直接作用于防喘振电磁阀，电磁阀线圈失电，防喘振控制阀气路切断，防喘控制阀全开。

Tricon系统防喘振开环控制模块程序搭建如图12所示。

④ Tricon控制系统防喘振阀选择控制方案

防喘控制阀的工作有三种方式：自动、手动、半自动。

当AUTO=1，防喘振控制器设置为自动；两个信号SRG_PID(防喘控制器PID)及SRG_OVRD(喘振开环控制器)高选输出至防喘振控制阀。

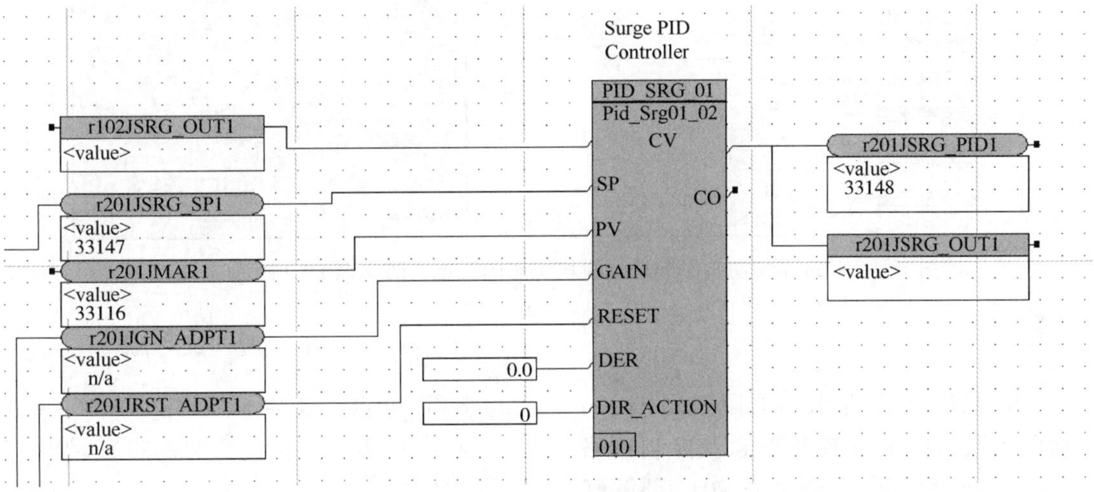

图11 Tricon系统防喘控制模块搭建组态图

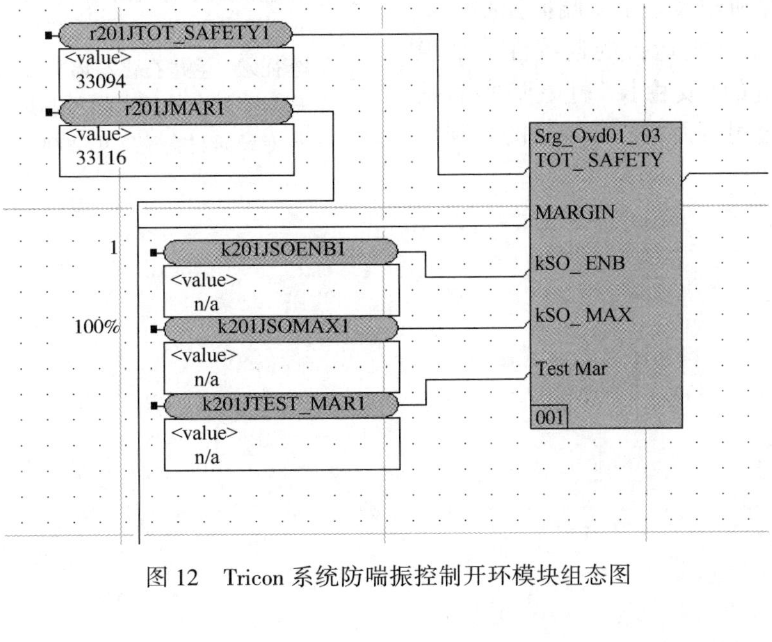

图12 Tricon系统防喘振控制开环模块组态图

当 AUTO = 0 且 FULL_AUTH = 0，防喘振控制器设置为半自动，自动输出信号与手动输出信号高选输出至防喘振控制阀。

当 AUTO = 0 且 FULL_AUTH = 1，防喘振控制器设置为手动，手动输出至防喘振控制阀。

Tricon 系统防喘阀选择控制模块程序搭建及最终三返一防喘振 HMI 画面的呈现如图 13 所示。

为确保生产的稳定，乙烯运行二部乙烯装置 201J 裂解气压缩机防喘振控制长期置于手动状态，此时，HMI 画面手动按钮显示为绿色，工艺人员观察工艺测量值、防喘振控制参数以及工作点、设定点在喘振曲线上位置后，在操作站上使用 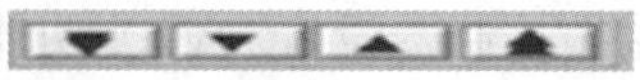 按钮手动调整防喘振阀的开度，确保压缩机运行在稳定工况。

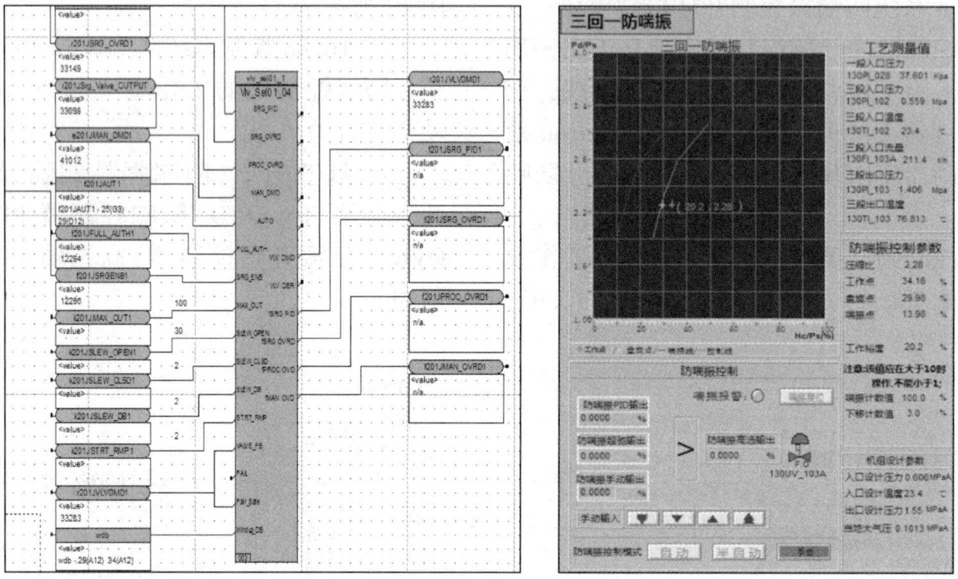

图 13　Tricon 系统防喘振阀选择模块组态图三返一防喘振 HMI 画面的呈现

4　结束语

北京康吉森自动化技术股份有限公司 Tricon ITCC 控制系统通过防喘振控制理念及控制策略在兰州石化乙烯运行二部乙烯装置 201J 裂解气透平压缩机、501J 乙烯透平压缩机、601J 丙烯透平压缩机三台大型机组实现了防喘振控制，确保了三台大型透平压缩机运行的连续性、平稳性、安全性，为装置的“安稳长”打下坚实的基础，也为兰州石化公司百万吨乙烯项目的顺利实施提供参考依据。

参　考　文　献

[1] 杨雪，杨得志. ITCC 防喘振控制系统在焦化压缩机组中的应用，工业技术 1009-9859(2017)02-0142-05.

[2] 熊军，曹振涛. 康吉森 ITCC Tricon 在透平压缩机组在透平压缩机组防喘振控制中的应用，《自动化与仪器仪表》2012 年第 5 期(总第 163 期).

[3] 李征宏. 兰州石化乙烯装置 ITCC 压缩机控制系统原理与应用，全国乙烯行业裂解气压缩机“安稳长”运行专题研讨会论文集 2009：38-49.

第二篇　节能低碳与安全

配套干法烟气脱硫+SNCR脱硝的CFB锅炉启动过程中大气污染物控制策略

袁梦娇

（中国石化广州分公司）

摘　要　在循环流化床锅炉启动过程中，受工艺条件、燃料性质、汽轮机和发电机试验时间长等因素的限制，脱硫脱硝效率低，环保参数控制极为困难。笔者从燃料的配置与投用方式、环保设施投用时间、投用方式、锅炉启动过程中氧量的控制、锅炉启动协调准备工作要求等方面对锅炉启动过程中环保参数的控制手段进行分析和实施，可大大降低锅炉启动过程中环保超标风险，为机组今后开停炉以及同类机组提供借鉴意义。

关键词　CFB锅炉；锅炉启动；大气污染物；控制策略

2012年1月1日《火电厂大气污染物排放标准》(GB 13221—2011)开始正式实施。2014年2月，广州市推出《燃煤电厂“超洁净排放”改造工作方案》(“50355”工程)，按照天然气排放标准对全市燃煤电厂进行“超洁净排放”改造，要求在2015年7月1日前所有燃煤电厂完成超洁净排放改造，实现超洁净排放。燃煤电厂是生成的SO_2和NO_x等主要大气污染物的大户之一，这些污染物的排放也是造成酸雨和光化学烟雾的主要根源，给生态环境带来了严重的危害，为稳定实现燃煤电厂环保参数达标排放，广州市本地企业也相应出台一系列更为严格的标准。

循环流化床(CFB)锅炉由于燃料适应性广，近年来发展迅速，是目前应用范围很广的清洁燃烧技术。在正常运行过程中，CFB锅炉及配套相应的脱硫脱硝工艺，完全能够满足国家环保排放要求。但在CFB锅炉启动过程中，受工艺条件、燃料性质、汽轮机和发电机试验时间长等因素的限制，导致此过程中脱硫脱硝效率低，环保参数控制极为困难，容易造成SO_2和NO_x超“超洁净排放”标准。

1　锅炉及配套环保设施概况

1.1　锅炉概况

某炼化厂拥有2台FW-420/9.8-M高温高压烧高硫石油焦循环流化床(CFB)锅炉，炉型为紧凑型，其中1#CFB锅炉于2007年12月建成投产，2#CFB锅炉于2009年4月建成投产(表1)。

表1　锅炉主要参数列表

指标	额定工况	短期最大工况
主蒸汽流量/(t/h)	465	480
主蒸汽温度/℃	540^{+5}_{-10}	540^{+5}_{-10}
主蒸汽压力/MPa	9.8±0.49	9.8±0.49
给水温度/℃	215	215

目前，2台CFB锅炉均设有4台称重式皮带给煤机，对应4个燃料仓，主要燃料为石油焦，也可掺烧一定量的煤，煤与石油焦最大掺烧比3∶7(表2)。

表2　锅炉设计燃料成分列表

序号	指标成分	单位	范围值
1	收到基碳分(C_{ar})	%	78.5~82.5
2	收到基氢分(H_{ar})	%	2.00~4.50
3	收到基硫分(S_{ar})	%	6.00~6.70
4	收到基氮分(N_{ar})	%	1.00~1.55
5	收到基氧分(O_{ar})	%	0.50~2.00
6	全水分(M_t)	%	2.50~5.00
7	收到基灰分(A_a)	%	0.50~0.80
8	干燥无灰基挥发分(V_{daf})	%	5.1~8.0
9	收到基低位热值($Q_{net,ar}$)	MJ/kg	30.0~33.5
10	钒(V)	ppm	<350
11	镍(Ni)	ppm	<100

1.2　环保设施布置情况介绍

2台CFB锅炉建成投产初期，配套有某环保公司的烟气循环流化床干法脱硫除尘一体化装置，可满足当时的环保要求。2014 年下半年，该厂 2 台 CFB 锅炉完成脱硫脱硝除尘改造，改造后脱硫脱硝除尘技术工艺流程如图 1 所示。

1.2.1　炉内脱硫设施配置

锅炉目前采用两级脱硫，其中一级脱硫采用的是炉内喷钙法，将合适粒径石灰石通过石灰石输送风机输送至炉内，与 SO_2 发生反应，从而将 SO_2 从烟气中脱除，该反应的最佳温度为 850～900℃，具体设施配套情况如图 2 所示，入炉石灰石品质要求见表 3。

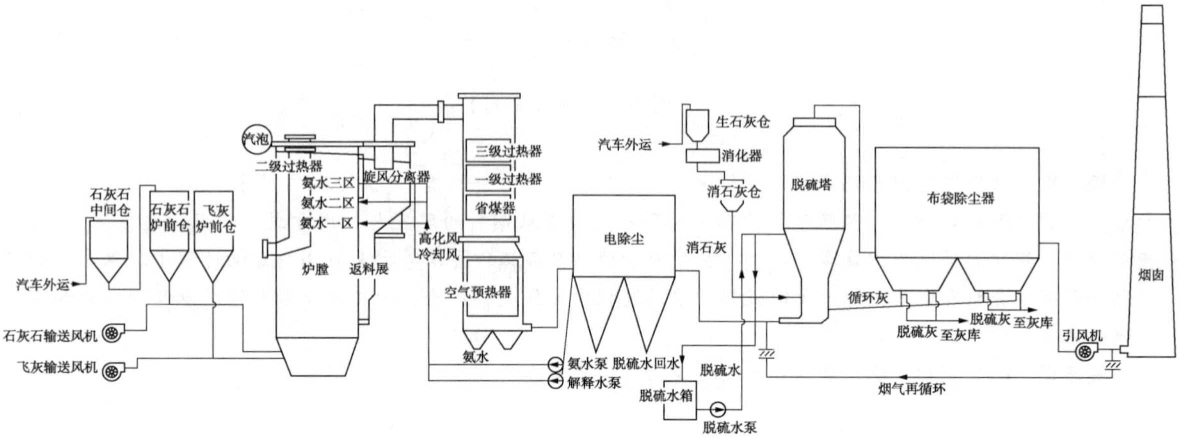

图 1　锅炉脱硫脱硝除尘工艺流程

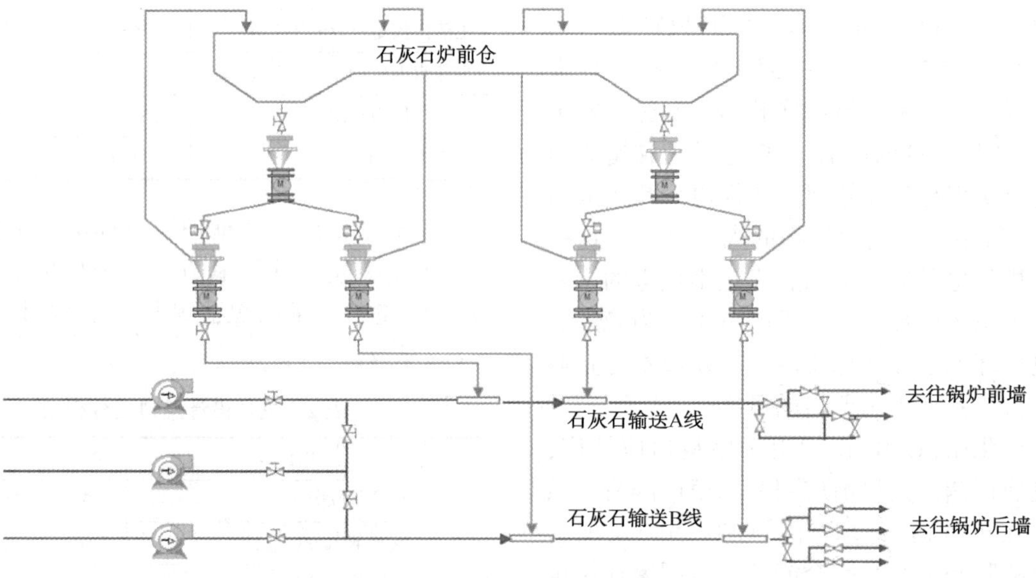

图 2　炉内脱硫系统工艺流程

表 3　入炉石灰石品质要求

项目	设计要求
外观	灰色极细粉末
碳酸钙/%	≥88
细度<1mm/%	≥100
细度<0.15mm/%	20～90

1.2.2　烟气脱硫设施配置

锅炉二级脱硫工艺为循环流化床半干法脱硫工艺，并配有独立的消石灰吸收剂制备系统。空预器出来的烟气经电除尘后从底部进入吸收塔，在吸收塔里与加入的消石灰和水进行反应，除去烟气中的 SO_2、SO_3 等有害物质。净化后的含尘烟气从吸收塔顶部侧向排出，经布袋除尘器、引风机排入烟囱，具体设施配套情况如图 3 所示。

1.2.3　脱硝设施配置

该厂 CFB 锅炉脱硝系统于 2014 年下半年完成改造，根据循环流化床锅炉燃烧特性，结合锅炉原有 NO_x 排放数值，采用选择性非催化还原法（SNCR），其核心是以氨水作为还原剂在合适的温度区间，选择性的与烟气中的 NO_x 发生还原反应，生成对环境无害的 N_2 和 H_2O，SNCR 反应温窗一般为 850~1050℃。如图 4 所示，SNCR 脱硝系统在炉内自下而上分为 3 个区。氨水 1 区位于锅炉标高 25.84m 处，炉膛南北两侧各分布 3 支位于同一平面的喷枪；氨水 2 区位于锅炉标高为 30.34~33.92m，炉膛两侧自上而下各均匀分布 3 支喷枪；氨水 3 区位于锅炉标高为 35.8~41.2m，炉膛两侧自上而下各均匀分布 4 支喷枪。在日常运行过程中，仅需投入氨水 3 区，即可保证 NO_x 达标排放。

1.2.4 除尘系统设施配制

锅炉除尘系统配有一级电除尘器+二级布袋除尘器，且在 2014 年进行了除尘系统改造，在原有布袋除尘器的基础上，实现了超细纤维滤袋的创新性应用。滤袋选用必达福产品，采用 100%PPS 滤料，并采用超细纤维混纺，滤袋表面作 PTFE 浸渍+防油防水处理，要求防水等级 ≥4 级，可以将粉尘控制在 5mg/m³ 以下。

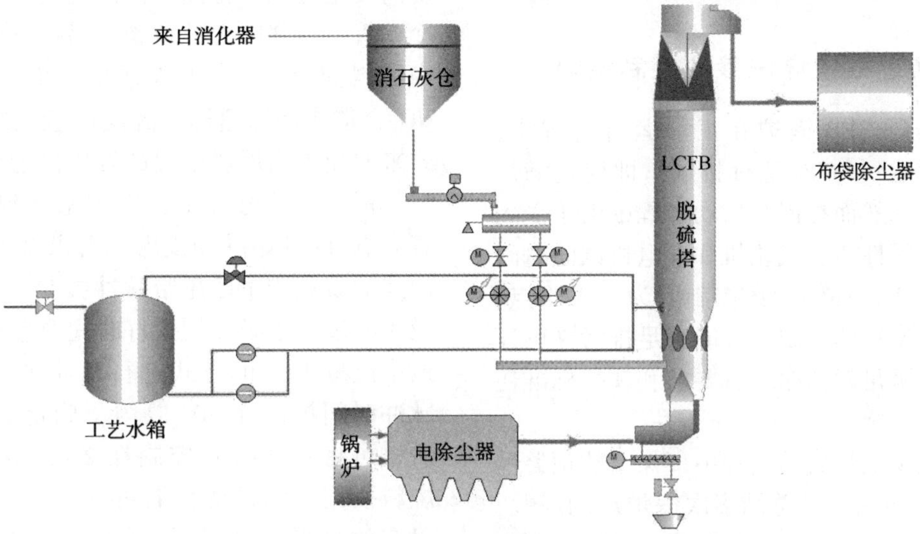

图 3 半干法烟气脱硫系统工艺流程

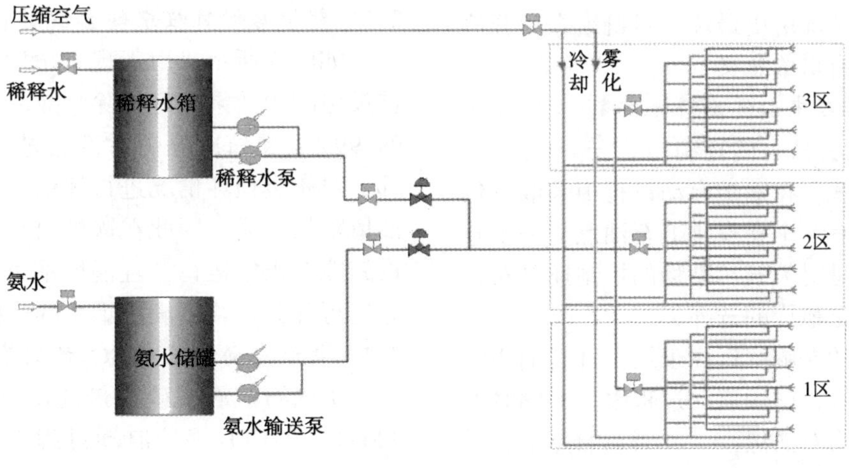

图 4 SNCR 脱硝系统工艺流程

1.3 环保参数控制要求

根据《火电行业排污许可证申请与核发技术规范》，火电企业各废气排放口污染物的排放浓度达标是指“任一小时浓度均值满足许可排放浓度要求”。各项废气污染物小时浓度均值根据自动监测数据和手工监测数据确定。对于 NO_x 排放，由于目前的技术手段无法确保启停炉过程中达标排放，因此特殊规定，NO_x 的稳定运行达标判定期为机组启动后出力达到额定的 50% 开始到机组解列前出力降到额定的 50% 为止，在此期间外的启动和停机时段内的排放数据可不作为火电机组 NO_x 达标判定依据。

随着大众对环保要求的重视不断提高，我国环境保护标准愈发严格，该厂对外排大气污染物的控制也在不断提升(表 4)。

表 4　某厂 CFB 锅炉大气污染物排放指标控制值

级别	SO_2/（mg/Nm^3，折算值）	NO_x/（mg/Nm^3，折算值）	烟尘/（mg/Nm^3，折算值）	执行日期
排污许可证	50	100	20	2014 年 07 月 01 日
超洁净排放	35	50	5	2014 年 07 月 01 日
现行标准	35	30	5	2020 年 12 月 11 日

2　锅炉启动过程中环保参数控制策略

目前，该厂 CFB 锅炉在正常运行过程中，大气污染物可达到 100%达标排放，即稳定满足现行排放标准。然而在锅炉启动过程中由于受到工艺条件、燃料性质、汽轮机和发电机试验时间长等因素的限制，环保参数控制成为一大难点，尤其是 SO_2和 NO_x 的控制，仅能满足排污许可证要求，要做到满足超洁净排放要求和现行标准还需更为有力的措施。

为逐步减少锅炉启动过程中环保参数预警情况，该厂 CFB 机组成员总结多次锅炉启动经验，对锅炉启动过程中环保参数控制手段进行不断优化，在 2022 年 3 月份 1#CFB 锅炉锅炉启动过程中实现环保排放情况历史最优，对机组今后开停炉以及同类机组有借鉴意义。

2.1　锅炉启动过程中固体燃料的控制

2.1.1　燃料配置方式上的控制

经过多次实践，在锅炉启动过程中采取三焦一煤的形式，即有三个仓安排上石油焦，一个仓安排上煤，无论是对大气污染物的控制还是对锅炉的升温升压均是最优的选择。

由于石油焦的含硫率远高于煤，且石油焦的着火点要高于煤炭，锅炉启动过程中如果同时安排 4 个燃料仓均为石油焦，一方面石油焦不容易着火，将增大锅炉升温升压难度，延长开炉时间；另一方面燃烧高含硫率石油焦会生成更多的 SO_2，从而增加环保控制难度，最终导致环保超标。另外，如果在锅炉启动过程中采取 2 个及以上燃料仓上煤，剩下的仓上石油焦，虽然煤炭易于着火且含硫率低有利于控制锅炉升温升压速度和 SO_2的生成，但由于燃煤产生的 NO_x 要高于燃烧石油焦产生的 NO_x，会进一步增大锅炉启动过程中 NO_x 的控制难度，因此不考虑。

表 5　某厂 2022 年 1—4 月份入炉石油焦与煤炭含硫率对比

燃料种类	1 月	2 月	3 月	4 月
石油焦含硫率/%	5.73	5.32	5.91	6.98
煤炭含硫率/%	0.58	0.77	0.56	0.51

2.1.2　燃料投用方式控制

在锅炉启动过程中，燃料的投用方式很大程度上决定了锅炉升温升压期间是否会发生爆燃。炉内发生爆燃一方面会使炉内受热不均，造成水冷壁管、返料腿等处拉裂；另一方面在爆燃过程中燃料迅速发生剧烈燃烧，生成大量 SO_2 和 NO_x，造成环保超标。因此通过控制燃料投用方式来避免炉内爆燃情况的发生极为重要。

锅炉启动过程中，当床温达到 460℃（煤的着火点）时开始脉冲投煤，当床温达到 595℃（石油焦的着火点）时开始脉冲投焦。在脉冲投煤、投焦的过程中必须把控好时间及燃料投入量，以最小流量 3t/h 的方式进行脉冲操作，投煤初期脉冲时间控制在 30s 以内，确定煤炭可以着火后，可将脉冲时间控制在 2～3min 以内，每次燃料投用间隔维持在 1min 左右。如此操作，可以有效降低锅炉启动过程中炉内爆燃情况的发生。

2.2　锅炉启动过程中烟尘控制策略

如图 5 所示，由于现有电除尘器+布袋除尘器设施除尘效果较好，除尘效率基本上可以达到 99.99%，且每次停炉后都会进入布袋除尘器内部，对布袋损坏情况进行评估，及时更换存在泄漏风险的布袋，因此在锅炉启动过程中只要除尘设施能够正常运行，且锅炉系统再循环风挡未随意进行开关，均可满足烟尘的达标排放。

3.3　锅炉启动过程中 SO_2控制策略

炉内石灰石脱硫的最佳反应温度约为 850～900℃，在 CFB 锅炉启动过程中需要经历约 8～10h，锅炉床温才能基本稳定维持在这个温度范围内。炉后循环流化床半干法脱硫则需要在脱硫塔床层稳定且排烟温度满足要求后，方可投入运行，然而在锅炉启动初期，一方面布袋灰斗内脱硫灰量较少，无法满足脱硫塔建床要求；另一方面脱硫塔温度较低，无法满足工艺水泵投用条件，在烟气温度不满足 100℃的情况下投入脱硫工艺水，极大可能会造成脱硫岛塌床。

上述的制约因素，为锅炉启动过程中 SO_2 排放情况的控制增加了许多难度。为降低锅炉启动过程中SO_2超标风险，经过多次实践优化，从近几次锅炉启动情况来看，CFB锅炉在启动过程中基本可以实现SO_2达标排放，如图6所示。

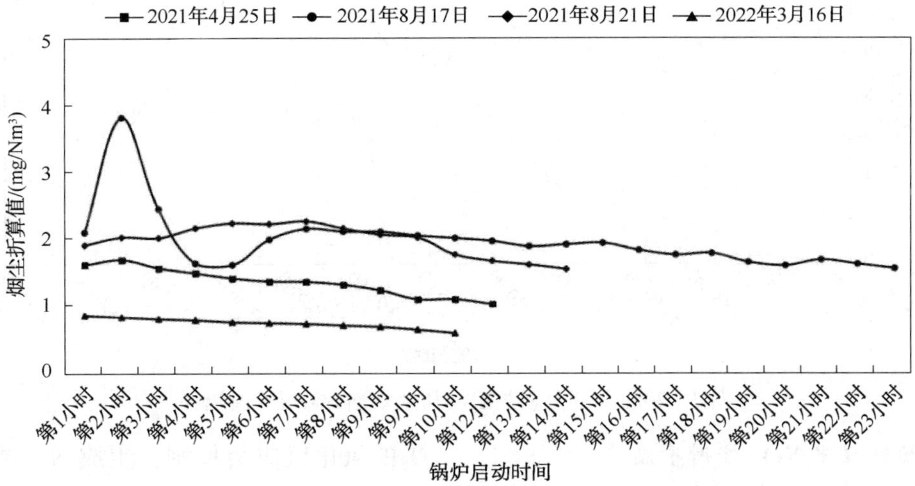

图5　2021年—2022年锅炉启动过程中烟囱烟尘折算值趋势

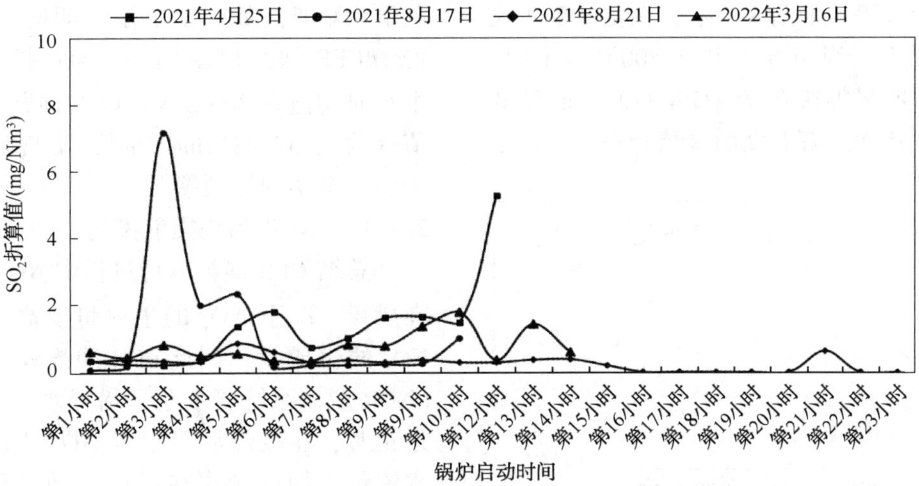

图6　2021—2022年锅炉启动过程中烟囱SO_2折算值趋势

2.3.1　选用含硫量低的燃料

燃料含硫量的高低决定着燃烧过程中SO_2的生成量。锅炉启动初期主要燃料为重柴油，通过管式燃烧器点火，如图7所示，在2022年3月份1#CFB炉锅启动初期出现烟囱出口SO_2浓度突然上升的情况，经分析为燃油含硫量偏高导致生成的SO_2量突然增加，这在以往锅炉启动过程中未曾出现过，因此在锅炉启动期间，提前准备好含硫量低的燃料对SO_2的控制极为重要。同时，应该加强对管式燃烧器燃油投用量的控制工作，利用管式燃烧器尽快提升锅炉床温。

2.3.2　炉内石灰石提前投入

为尽量降低炉膛出口SO_2浓度，经过多次经验总结，在脉冲投煤之前便打通石灰石系统，石灰石的投入尽量与锅炉投煤同步进行，改变以往的视炉膛出口SO_2浓度情况来决定何时投用石灰石。这样做一方面可以最大程度地降低SO_2超标风险，另一方面对锅炉床压、床料量的控制起到正向作用。

2.3.3　半干法脱硫提前建床

半干法脱硫是CFB锅炉的二级脱硫工艺，锅炉启动前风机试运时向脱硫灰斗打灰，锅炉启动过程尽早达到建立床层条件。启动风机后，同步启动消化器制备消石灰。随烟气量的升高同步打开物料循环阀、烟气再循环风挡，保持灰斗物料循环，床层压降维持在0.3kPa左右。待烟气温度达到100℃，床层压降稳定0.9kPa以上，启动脱硫水泵、投入消石灰。既可有效控制SO_2排放，同时降低炉内石灰石投入量，减少了NO_x的生成。

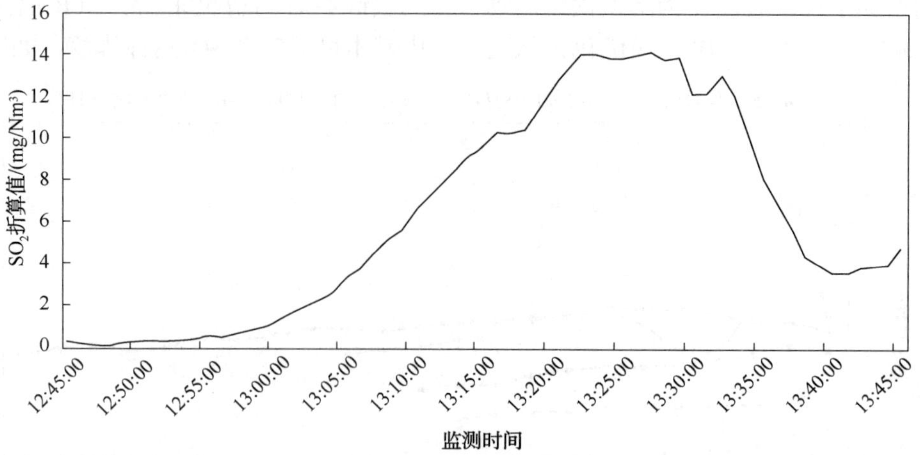

图 7　2022 年 3 月锅炉启动初期烟囱 SO_2 折算值趋势

2.4　锅炉启动过程中 NO_x 控制手段

SNCR 脱硝系统对氨水的反应温度非常的严格，只有当炉内温度达到 850~1050℃时才能达到最佳的脱硝效果。如图 8 所示，在氨氮摩尔比为 1.5 的情况下，当温度上升到 800℃以上时，化学反应速率明显加快在 950℃左右时，脱硝效率达到最大；然而随着温度的继续升高，NH_3与O_2的氧化反应会加剧，生成 N_2、N_2O 或者 NO，增大烟气中的 NO_x 浓度，脱硝率反而下降。

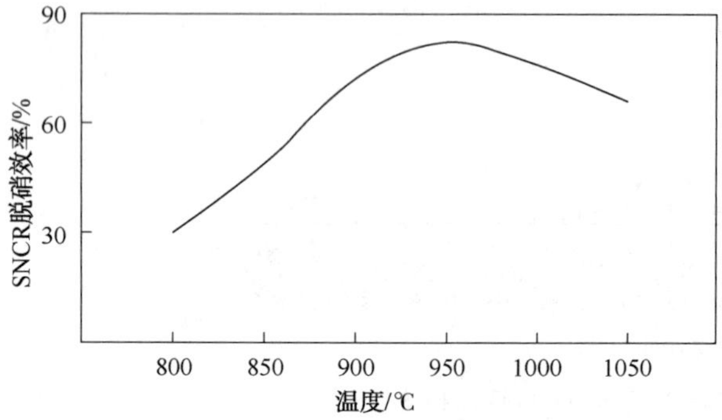

图 8　不同温度下 SNCR 系统脱硝效率

由此导致在锅炉启动过程中 NO_x 的达标控制最为艰难。如图 9 所示，即便在 2022 年 3 月份 1#CFB 锅炉启动期间，NO_x 折算值仅出现 2 个小时均值在 30mg/Nm^3以上预警，其中小时均值峰值为 37.9322mg/Nm^3，实现历史最优，也未能完全实现零预警。

2.4.1　SNCR 系统提前投用

总结 CFB 锅炉运行过程中 NO_x 的生成经验，在燃煤工况下 NO_x 的生成量要高于全焦工况下 NO_x 的生成量，因此在脉冲投煤开始前，启动 SNCR 脱硝系统氨水泵、稀释水泵，确认氨水输送正常，在投煤后可根据 NO_x 浓度及时调整氨水流量，如此操作在锅炉启动过程中可以降低 NO_x 超标排放风险，该方法在多次锅炉启动过程中均得到验证。

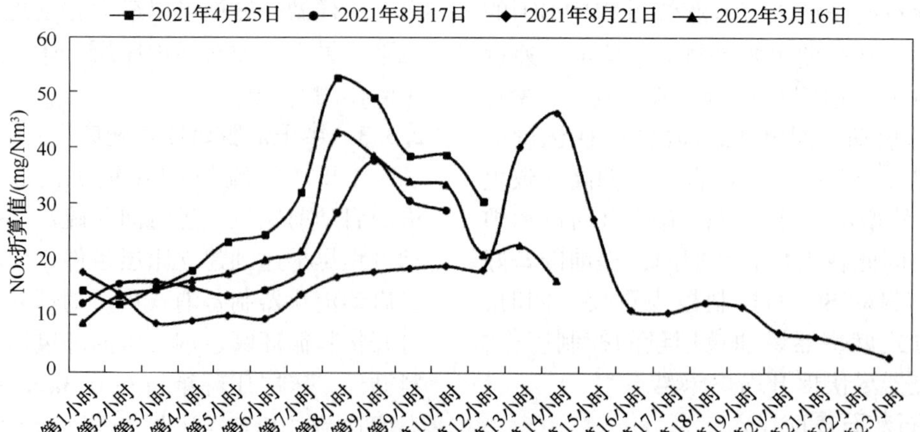

图 9　2021—2022 年锅炉启动过程中烟囱 NO_x 折算值趋势

2.4.2　合理选择氨水喷枪投用区间

如图4所示，SNCR脱硝系统在炉膛内部从下至上分为3个区，由于氨水3区位于旋风分离器入口处，温度基本在800℃以上，在锅炉正常运行过程中仅投用氨水3区即可达到较好的脱硝效果。在锅炉启动过程中，炉内温度自下而上逐渐升高，可优先投用SNCR系统2区氨水喷枪，后逐步投入3区喷枪，改变以往仅依靠氨水3区进行脱硝的方式，虽然仍然没有达到氨水的最适反应温度，但对NO_x的控制有明显正向作用。

2.5　重视氧量控制

根据《火电厂大气污染物排放标准》(GB 13223—2011)要求，实测的火电厂烟尘、SO_2、NO_x和汞及其化合物的排放浓度，必须执行GB/T 16157的规定按如下公式折算为基准氧含量排放浓度，即大气污染物的折算值。

$$\rho=\rho'\times\frac{21-\varphi(O_2)}{21-\varphi'(O_2)}$$

式中，ρ为大气污染物基准氧含量排放浓度，mg/m^3；ρ'为实测的大气污染物排放浓度，mg/m^3；$\varphi'(O_2)$为实测的氧含量，%；$\varphi(O_2)$为基准氧含量，燃煤锅炉取6%。

由上述公式可知，实测氧含量越高时，大气污染物的折算值也就越高，因此在锅炉启动过程中应做好氧量控制工作。CFB锅炉的锅炉启动过程实为一个升温升压的过程，操作人员通过合理调整燃料投用量，合理调整风量配比，在升温升压过程中控制锅炉床温平稳缓慢上升，避免爆燃的情况发生，即可保证锅炉启动过程中氧量稳定变化，不出现大幅度波动，从而降低折算值超标风险。

2.6　统筹协调，准备充分

对环保设施设备进行列表，跟进试运检查情况，确保设施投运前试运正常。环保设施能否一次性正常投用是锅炉启动过程中环保控制的关键，因此在锅炉启动之前逐一检查试运环保设施是不可或缺的一步。

根据锅炉启动方案，做好脱硫脱硝物料的准备工作。锅炉启动前安排石灰石和生石灰中间仓上料，并启动仓泵将石灰石由中间仓输送至炉前仓，以便锅炉启动过程中随时监控；提前安排上氨水操作，确保氨水供量充足。

如果出现2台及以上锅炉为统一烟囱监控，则在锅炉启动过程中需要在运行锅炉控制配合：按照全焦工况运行，将在运行锅炉脱硫塔出口的SO_2、NO_x排放指标控至最低，即氨水全开，脱硫岛出口SO_2为零。同时，注意锅炉出口的SO_2含量控制在400mg/Nm^3左右，防止石灰石投入过量，加速NO_x的生成。为避免因烟气氧量变化造成折算值超标，在运行锅炉调整一、二次风量，压低锅炉炉膛出口烟气氧量。

3　结论

(1)从目前的环保控制手段来看要保证锅炉启动过程中SO_2达标排放，通过采用含硫量低的燃料、炉内石灰石提前投入、半干法脱硫提前建床，可以达到目的。

(2)锅炉启动过程中，NO_x的控制相对较难，采用SNCR系统提前投用和合理选择氨水喷枪投用区间的方式可以大大减少NO_x超标风险。但是提前投入氨水将造成较大的氨水损耗和氨逃逸，对设备造成损害，在后续锅炉启动过程中在兼顾环保的同时，应该尽量做到精细化调整，降低氨逃逸值，保证设备安全。

(3)锅炉启动过程中，燃料的投用方式很大程度上决定了锅炉升温升压期间是否会发生爆燃，从而影响到烟囱出口氧量变化情况，进一步影响到大气污染物的折算值，需重视燃料投用方式，加强氧量控制，防止炉内爆燃的情况发生。

(4)高度重视锅炉启动工作，做好锅炉启动前的各项准备工作，开工过程中各岗位的协调工作，以及各岗位人员精心控制是整个锅炉启动过程环保参数受控的基本保障。

参　考　文　献

[1] 陆生宽. 燃煤烟气脱硫脱硝技术的发展趋势[J]. 商品与质量，2016，000(002)：212-212，213.
[2] 王鹏举，田志娟. CFB锅炉开工过程环保参数控制策略[J]. 河南化工，2020，37(4)：3.
[3] 袁梦娇，何冰流，夏玮. CFB锅炉燃料耦合资源化综合利用可行性分析[J]. 石油石化绿色低碳，2021，6(4)：35-41.
[4] 赵补和，孙利民. 循环流化床锅炉石灰石脱硫系统探讨[J]. 价值工程，2011，30(26)：2.
[5] 原奇鑫，孙保民. 选择性非催化还原烟气脱硝反应影响因素实验分析[J]. 热力发电，2017，46(4)：6.

基于SIL定级分析的锅炉联锁保护系统优化研究

王新勇　韩会亮　衡永宏　袁　亮

（中国石化塔河炼化有限责任公司）

摘　要　锅炉的联锁保护系统是锅炉的重要组成部分，对锅炉的安全运行起着十分重要的作用。针对锅炉联锁保护系统存在的问题，开展联锁保护系统安全完整性等级(SIL)定级分析，发现锅炉联锁保护系统存在的薄弱环节，提出优化改进措施并实施改造，通过合理、有效地设置联锁保护系统和维护管理，不仅提高了锅炉联锁保护系统的稳定性和可靠性，而且锅炉联锁投用率由27.6%提高到100%，提升了锅炉安全稳定运行水平。

关键词　锅炉联锁；SIL定级；改进措施；验证；安稳运行

锅炉联锁保护系统是一种自动安全保护系统，是保证装置正常生产和保护人身、设备安全的必要措施，是工业自动化的重要组成部分。正常情况下，联锁保护系统是静态的、被动的，不需要人为干预。但在危险情况出现时必须能够由静变动，按照事故处理的要求，自动且迅速地停、投设备及改变锅炉运行方式，以起到缩小事故范围、避免事故扩大，合理调整不同条件下锅炉运行方式的目的。如果联锁保护系统设计不当，可能的后果一种是该停车时不停，造成拒动作；另一种是不该停车时停车，造成误动作。误动作的直接后果是造成生产装置停车，甚至是巨额的经济损失。拒动作则会造成更严重甚至灾难性的后果，比如火灾爆炸、人身伤害等。正因为联锁保护系统是锅炉装置安全运行最为重要的保护层，这就不仅要求联锁保护系统有较高的稳定性及可靠性，而更重要的是要保证其逻辑设计的合理性，即符合所控对象的自身规律和要求，使其在事故状态下，达到最佳处理效果，所以对锅炉联锁保护系统的SIL评估就显得尤为重要。通过开展锅炉联锁保护系统SIL定级分析，识别出潜在风险并将其降到合理水平，避免“拒动”和“误动”，解决“过度联锁”和“联锁不足”，确保锅炉联锁保护系统满足相应的联锁要求，保障锅炉长周期安稳运行。

1　锅炉联锁

1.1　锅炉联锁逻辑

某炼化公司公用工程作业部有四台中压燃气锅炉，其中两台35t/h中压燃气锅炉B6101A/B，为该公司120万t/a稠油技改项目的配套建设锅炉，型号为JG-45/3.82-Q，由江西江联能源环保股份公司生产制造，2004年6月安装完毕投产。两台锅炉联锁保护系统设计逻辑相同，分别设计有汽包液位低低、燃气压力低低、熄火保护、送风机电气跳闸、引风机电气跳闸五大联锁，9个联锁回路(表1)。两台75t/h中压燃气锅炉F101A/B，为该公司二期350万t重质原油项目配套新建锅炉，型号为TH75-3.82/450-Y、Q，由江苏太湖锅炉有限公司制造，2010年5月安装完毕投产。两台锅炉联锁保护系统设计逻辑相同，分别设计有汽包液位低低、汽包压力高高、燃气压力低低、燃油压力低低、熄火保护、送风机电气跳闸、引风机电气跳闸、燃烧器启动、燃气燃油压力正常九大联锁，20个联锁回路(表2)。根据生产需要，2006年对两台35t/h锅炉B6101A/B进行增容至45t/h改造，2013年对两台75t/h锅炉F101A/B锅炉进行增容至90t/h改造，增容改造时未对锅炉联锁保护系统逻辑进行相应改造。由于设计不合理、锅炉扩容改造等原因，导致部分联锁不具备投用条件。锅炉保护联锁长期切除，对锅炉装置安全平稳的长周期运行十分不利。

表1　45t/h锅炉联锁回路

序号	联锁回路	仪表位号	动作说明
1	汽包液位低低	LSLL6106/7A/B	二取二
2	燃气压力低低	PSALL6116A/B	一取一
3	熄火保护	BS6101～BS6108	四取三
4	送风机电气跳闸	自电气来信号	一取一
5	引风机电气跳闸	自电气来信号	一取一

表2 90t/h锅炉联锁回路

序号	联锁回路	仪表位号	动作说明
1	汽包液位低低	LT8025/LT8028	二取二
2	燃气压力低低	PT8032A/B	二取二
3	熄火保护	BS8101~BS8108	四取三
4	送风机电气跳闸	自电气来信号	一取一
5	燃油压力低低	PT8031A/B	二取二
6	燃烧器启动	自就地 FHK8101/2、8201/2	四取四
7	汽包压力高高	PT8027 A/B	二取二
8	燃气燃油压力正常	PT8032A/B、PT8031A/B	二取二
9	引风机电气跳闸	自电气来信号	一取一

1.2 锅炉联锁存在问题

(1) 锅炉进行设计时，设计人员对锅炉保护装置的内容理解不充分，把握不准确。主要表现为：有的设计中没有联锁保护装置，有的即使设计有联锁保护装置，在使用时却达不到理想效果。如锅炉鼓风机运行状态(自电气)和锅炉引风机运行状态(自电气)联锁为单信号联锁。另外，引风机电气跳闸停炉联锁如果投用，发生电气故障风机联锁停车后，延时5min停送风机，设计不合理，引风机停止转动后送风机必须联锁停止转动并关闭风机入口风挡板，否则会造成炉膛正压，向炉外喷火。

(2) 对联锁保护装置的重要性认识不够。在锅炉设计和运行中只考虑锅炉的汽包液位计、安全阀和压力表三大安全附件的正常与否，而忽视联锁保护装置的作用。主要表现在：①对需要加装联锁保护装置的，不积极加装；如锅炉设计有汽包液位低低联锁，但未设置汽包液位高高联锁，出现汽包液位高时，如果内操发现处理不及时，容易出现锅炉满水事故。②锅炉改造时，未对联锁保护装置进行相应改造，导致联锁无法正常使用。如燃油压力低低停炉联锁，在进行75t/h增容至90t/h时，燃烧器未设计燃油枪，无法燃油，导致该联锁回路不具备投用条件。改造时现场原有控制柜，火检信号、燃烧器启动信号未接入锅炉SIS联锁系统，造成熄火保护停炉联锁和燃烧器启动联锁无法正常投用。③已有的联锁保护装置不能满足要求，但又不加以改进。燃气燃油压力正常启动联锁，增容改造后，锅炉正常运行时燃料气压力在0.1MPa左右，超出联锁值，使得联锁不具备投用条件。

(3) 联锁设定值不合理，违背安全保护功能设置原则先安全仪表系统再泄放装置(如安全阀)。锅炉设计有汽包压力高高联锁，联锁值≥4.66MPa，而实际运行中锅炉汽包、集汽集箱分别设置有两台安全阀，汽包安全阀起跳压力为4.58/4.66MPa，待超压联锁时，汽包安全阀已起跳泄压，故联锁动作可能小极低。

2 SIL定级

为加强石油化工装置安全仪表系统管理，防止和减少危险化学品事故发生，近几年国家应急管理部和中国石化集团公司安全监管局陆续发布了相关指导意见和管理规定，指导企业开展新建装置和在役装置安全仪表系统安全完整性等级评估。

2.1 安全完整性等级划分

SIL是Safety Integrity Level的缩写，中文称之为安全完整性等级。1998年颁布的IEC61508功能安全标准中首次提出了SIL的概念，它是一种功能安全等级的划分。SIL是一种离散的等级，是用于规定分配给安全仪表系统的安全仪表功能(SIF)回路在需求时的失效概率，代表安全仪表系统使过程风险降低的数量级。风险概率=危险事件发生概率×安全系统要求其动作时功能失效概率。风险是风险概率和后果严重程度的组合，安全完整性等级反映了整体风险水平的降低(风险和安全完整性的关系如图1所示)。IEC61508将SIL分为SIL1、SIL2、SIL3和SIL4四个等级。安全相关系统的SIL级别，是由风险分析计算得出来的，是通过分析风险暴露时间和频率、风险后果严重程度、不能避开风险的概率和不期望事件发生概率等四个因素综合得出。安全仪表系SIL级别越高，它要求的危险失效概率就越低。SIL等级越高，它所对应的安全防护系统可靠性也就越高。安全完整性等级4对安全仪表系统要求最高，需要安全仪表系统给该SIF回路降低4个数量级；安全完整性等级1统要求最低，需要安全仪表系统给该SIF回路降低1个数量级(表3)。表3给出了低要求模式下每个SIL等级所对应的需求时的失效概率(PFD)范围及相应的风险降低因子(RRF)范围。

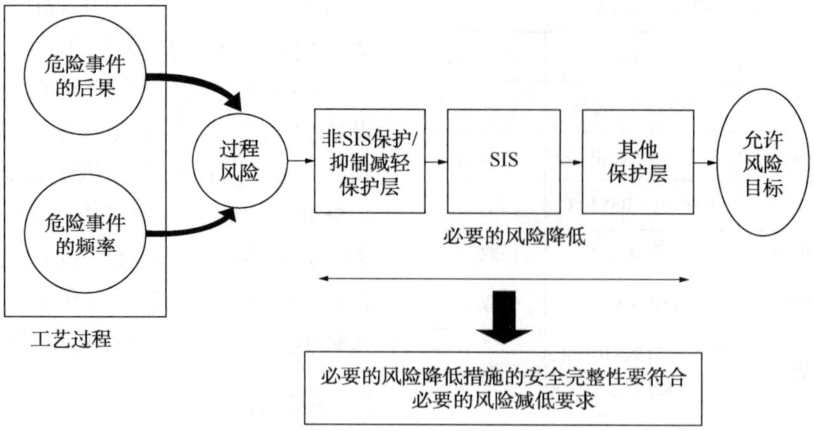

图 1　风险和安全完整性的关系

表 3　安全完整性等级及相应的 PFD 及 RRF

安全完整性等级(SIL)	需求时的失效概率(PFD)	目标风险因子(RRF)
1	$\geqslant 10^{-2}$且$<10^{-1}$	10～100
2	$\geqslant 10^{-3}$且$<10^{-2}$	100～1000
3	$\geqslant 10^{-4}$且$<10^{-3}$	1000～10000
4	$\geqslant 10^{-5}$且$<10^{-4}$	10000～100000

2.2　SIL 评估定级方法

SIL 评估是根据功能安全标志 IEC61508 和 IEC61511 进行，主要分为 SIL 分级和 SIL 验证。SIL 定级是辨识 SIF 并确定 SIL 等级，主要采用保护层分析法(LOPA)、风险图法和风险矩阵三种方法，通常使用保护层分析(LOPA)这种半定量的分析方法来确定每一个安全仪表功能的安全完整性等级(分析步骤如图 2 所示)。SIL 验证是根据目前 SIS 配置进行结构性约束和部件安全可靠性计算，验证计算结果是否符合完整性要求，SIL 的验证有概率计算法、故障树分析法和马尔可夫过程分析三种方法，通常利用工业产品可靠性数据库获得设备、仪器仪表的失效概率，依据联锁回路中的设备和仪表，对系统发生失效的概率进行计算，从而获得 SIF 的安全完整性等级 SIL。当一个安全仪表功能(SIF)的 SIL 定级大于或等于 1 时，需要对该 SIF 进行 SIL 验证，通过 SIL 的验证，必须满足架构约束、SIF 回路要求的平均失效概率是否满足 SIL 要求、系统能力达到 SIL 要求，进而确定检验测试周期合理性，指出 SIS 薄弱环节，优化的设计方案，平衡安全性/可用性。

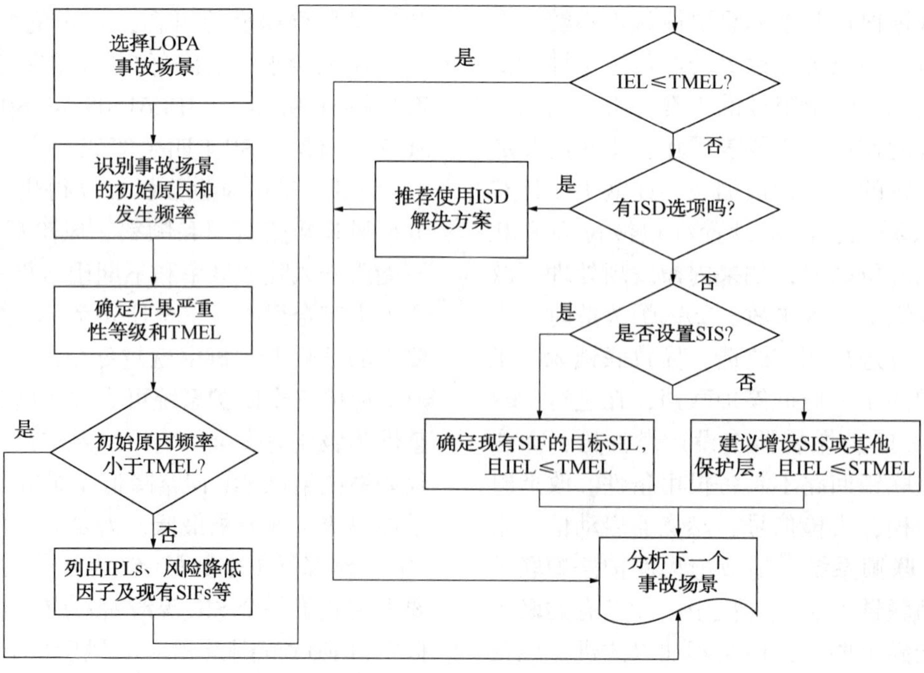

图 2　保护层(LOPA)分析步骤

2.3 锅炉联锁定级结果

为辨识锅炉安全仪表功能，确定安全完整新等级，完善安全仪表系统和维护管理策略，与青岛安工院一起对锅炉安全仪表系统进行SIL评估。通过对锅炉联锁保护系统58个SIF回路的安全功能、触发事件或原因、逻辑处理器、执行元件以及风险状况等进行了逐项分析和讨论记录。采用中国石化标准风险矩阵图，综合考虑人员伤亡风险、环境影响风险及经济损失风险所需求的SIL等级，然后选择其中需求较高的SIL等级作为特定SIF回路需求的SIL等级。锅炉联锁保护系统SIF回路58个，其中目标SIL等级为SIL2的SIF回路10个，目标SIL等级为SIL1的SIF回路32个，目标SIL等级为SIL0的SIF回路16个。基于GB/T20438/21109和PDS手册中推荐使用的PFDavg计算方法，结合专业故障树计算软件，计算了现有各SIF回路需求时的平均失效概率PFDavg。其中，故障修复时间(MTTR)为8h，检测测试周期(Ti)为4年；根据SIF回路所用仪表型号，对比分析失效数据库EXIDA和PDS data handbook 2010 edition，采用较保守数据进行SIL验证计算，10个不符合PFD要求，48个符合PFD要求，建议对10个不符合PFD要求的回路进行改进，以满足要求。回路SIL分级及PFD结算情况见表4、表5。

表4　45t/h锅炉联锁回路SIL分级及PFD计算一览表

序号	联锁回路	仪表位号	动作说明	SIL分级	PFDavg	是否满足SIL
1	汽包液位低低	LSLL6106/7A/B	二取二	SIL1	6.25E-2	是
2	燃气压力低低	PSALL6116A/B	一取一	SIL2	5.76E-2	否
3	熄火保护	BS6101～BS6108	四取三	SIL1	5.44E-2	是
4	送风机电气跳闸	自电气来信号	一取一	SIL1	5.59E-2	是
5	引风机电气跳闸	自电气来信号	一取一	SIL1	5.59E-2	是

表5　90t/h锅炉联锁回路SIL分级及PFD计算一览表

序号	联锁回路	仪表位号	动作说明	SIL分级	PFDavg	是否满足SIL
1	汽包液位低低	LT8025/LT8028	二取二	SIL2	5.70E-2	否
2	燃气压力低低	PT8032A/B	二取二	SIL2	5.70E-2	否
3	熄火保护	BS8101～BS8108	四取三	SIL1	5.34E-2	是
4	送风机电气跳闸	自电气来信号	一取一	SIL1	5.59E-2	是
5	燃油压力低低	PT8031A/B	二取二	SIL1	5.84E-2	是
6	燃烧器启动	自就地FHK8101/2、8201/2	四取四	SIL1	5.84E-2	是
7	汽包压力高高	PT8027 A/B	二取二	SIL1	5.70E-2	是
8	燃气燃油压力正常	PT8032A/B、PT8031A/B	二取二	SIL0	—	是
9	引风机电气跳闸	自电气来信号	一取一	SIL1	5.59E-2	是

3 锅炉联锁保护系统改造

3.1 改进建议

(1)锅炉燃料气压力低低联锁设置为“一取一”和“二取二”，改为“三取二”，消除仪表故障因素，避免误动作。

(2)8台风机均设置为自电气来风机运行信号“一取一”停机联锁，增加风机运行电流低联锁回路，改为运行信号和电流“二取二”联锁。

(3)4台锅炉熄火保护联锁增加炉膛温度低“二取二”联锁回路，与火检信号“四取三”共同作用“二取二”联锁。

(4)增加汽包液位高联锁打开事故放水，液位低联锁关闭事故放水“二取二”联锁回路，避免锅炉出现满水事故。

(5)对3#4#锅炉汽包压力高高(PT8027 A/B)联锁值高于安全阀起跳值，设置不合理进行修改，确保联锁回路设计的合理性和有效性。

(6)删除锅炉改造后已经停用的联锁回路。

3.2 改造方案

根据SIL定级分析改进建议和现场运行实际，2020年对锅炉联锁保护系统进行改造，45t/h锅炉联锁由五大联锁，9个联锁回路，改为六大联锁，15个联锁回路；90t/h锅炉联锁由九大项联锁，20个联锁回路，改为八大联锁，21个联锁回路；改造后联锁回路如表6、表7。

表 6　45t/h 锅炉联锁回路及 SIL 分级

序号	联锁回路	仪表位号	动作说明	SIL 分级
1	汽包液位低低	LSLL6106/7A/B	二取二	SIL1
2	燃气压力低低	PSALL6116A/B	三取二	SIL1
3	熄火保护	火检(四取三)炉膛温度低(二取二)	二取二	SIL1
4	汽包液位高低开关事故放水	LSLL6106/7A/B	二取二	SIL1
5	送风机电气跳闸	自电气来信号、电流低	二取二	SIL0
6	引风机电气跳闸	自电气来信号、电流低	二取二	SIL0

表 7　90t/h 锅炉联锁回路及 SIL 分级

序号	联锁回路	仪表位号	动作说明	SIL 分级
1	汽包液位低低	LT8025/LT8028	二取二	SIL1
2	燃气压力低低	PT8032A/B	三取二	SIL1
3	熄火保护	火检(四取三)炉膛温度低(二取二)	二取二	SIL1
4	送风机电气跳闸	自电气来信号、电流低	二取二	SIL0
5	汽包液位高开事故放水	LT8025/LT8028	二取二	SIL1
6	汽包液位低关事故放水	LT8025/LT8028	二取二	SIL0
7	汽包压力高高	PT8027 A/B	二取二	SIL1
8	引风机电气跳闸	自电气来信号、电流低	二取二	SIL0

3.3　改造后效果

锅炉联锁保护系统改造完成后进行 SIL 评估，SIL 评估此次采用中国石化风险评估管理平台工具系统(PHAMS)进行。锅炉联锁保护系统 72 个回路，其中目标 SIL 等级为 SIL2 的 SIF 回路 0 个，目标 SIL 等级为 SIL1 的 SIF 回路 52 个，目标 SIL 等级为 SIL0 的 SIF 回路 20 个。通过对 SIF 回路各组成部分 PFDavg 及 MTTFS 的计算，在现状配置及校验条件下，有 0 条不能满足 SIL 等级要求。

4　结束语

锅炉联锁保护系统能够避免锅炉装置运行中的潜在风险，减少发生风险的可能性。通过对锅炉联锁保护系统安全完整性等级分析有效地发现锅炉联锁保护系统存在的薄弱环节，从而针对性提出改进建议措施并实施改造，不仅提高了锅炉装置联锁保护系统的可靠性和可用性，使锅炉联锁投用率由 27.6%提高到 100%，而且能够最大程度发挥仪表安全功能，防止由于装置联锁保护系统故障引发的安全事故和非计划停车，而且在保障装置长周期安全稳定运行。

参 考 文 献

[1] 廖朝阳. 安全仪表系统及 SIL 评估[J]. 电子技术与软件工程，2020，(15)：116.

[2] 李建国. 锅炉联锁保护逻辑设计中的问题及改进方法[J]. 华北电力技术，1994，(01)：43.

[3] 李荣强，姜巍巍，曹德舜，等. SIL 评估技术在柴油加氢装置的应用[J]. 安全、健康和环境，2019，19(2)：50.

[4] IEC61508. 电气/电子/可编程电子安全系统的功能安全[S].

[5] 陈志飞. 在役装置安全仪表功能回路 SIL 评估及应用[J]. 石油化工自动化，2021，57(05)：21.

[6] 刘斌，贾志伟，等. 基于 SIL 分析的输气站场安全仪表系统定级与验证[J]. 石油化工自动化，2022，58(03)：48.

[7] 阳宪惠，郭海涛. 安全仪表系统的功能安全[M]. 北京：清华大学出版社，2017.

[8] 邢勐，皮宇，裴炳安. 影响 SIL 验证的主要因素[J]. 石油化工自动化，2021，57(05)：15.

[9] 李刚，李辉. 中国石油锦州 25-1 南油田群远程遥控系统应用[J]. 中国石油和化工标准与质量，2012，33(10)：139.

[10] 李荣强，李乐宁，姜巍巍，等. 安全仪表系统 SIL 分析技术在 S-Zorb 装置的应用[J]. 安全、健康和环境，2020，20(12)：15-17.

基于工业互联网的危险化学品安全生产风险监测预警技术应用与实践

王建斌　施红勋　张杰东　常庆涛　于一帆

（中国石油化工股份有限公司青岛安全工程研究院）

摘　要　我国是危险化学品生产使用大国，具有“体量大、种类多、分布广”的特点，复杂的产业结构为危险化学品安全治理带来了巨大挑战。同时近年来，我国危险化学品领域安全生产形式持续稳定向好，但重特大安全事故时有发生，各类安全风险隐患交织叠加、易发多发，亟须利用科技和信息化手段提升危险化学品安全生产风险的管控手段。因此，本文提出一种基于事件树和保护层的风险动态表征与监测预警模型，实现涵盖工艺安全、设备安全、泄漏监测及风险评估相结合的风险动态表征和监测预警，并通过安全生产风险分级管控体系，提升了各层级安全风险监管的时效性，同时基于工业互联网平台架构设计了危险化学品安全生产风险监测预警系统平台，应用于危险化学品领域安全生产风险管控等场景。实现以工业互联网技术为支撑推进危险化学品安全生产风险管控“互联网+监管”模式变革，全面提升危险化学品领域安全生产风险表征与管控水平，提升了政府安全生产监管精准性、有效性。

关键词　危险化学品；安全生产；工业互联网；监测预警；风险辨识

1　我国危险化学品领域安全监管现状及面临的挑战

1.1　安全监管现状

随着我国国民经济的快速发展，已成为位居世界前列的危险化学品生产和使用大国，危险化学品领域总体呈现出“体量大、种类多、分布广”的特点。经统计，我国现行国民经济行业分类20个门类中的15个门类、95个大类中有68个均涉及到危险化学品，现有各类化工园区850余家，化工企业9.6万多家，石油和化工规模以上企业近3万家，危险化学品生产经营企业已超过20万家，且集中分布在我国东部、中部等人口稠密地区。因此，危险化学品领域复杂的产业结构为危险化学品安全治理带来了巨大的难度。同时现行《危险化学品目录》中有明确危险性分类的危险化学品共有2828种，有危险性数据的化学品5000种，但在危险化学品生产、储存、运输等各个环节均存在着大量未经危险性鉴定的化学品混合物，庞大的危险化学品生产使用规模为政府安全风险管控带来了巨大压力。

近年来，我国危险化学品领域安全生产形式持续稳定向好，但安全管理意识淡薄、系统安全管控措施不到位、人员未经过培训上岗等安全风险隐患交织叠加、易发多发，影响社会公共安全的因素日益增多，重特大安全事故仍时有发生，且呈现“涉及环节多、地域分散、诱因复杂”的特点。2015年8月12日天津港瑞海公司发生特别重大火灾爆炸事故，造成165人遇难。2019年3月21日江苏省盐城市响水县天嘉宜化工有限公司发生特别重大爆炸事故，造成78人死亡。2020年6月13日浙江省台州市温岭市大溪镇良山村附近高速公路上发生槽罐车爆炸事故，造成20人死亡。多起特重大安全事故给社会带来了巨大经济损失，同时也给人民群众带来了“谈化色变”的严重社会影响，严重影响了我国社会经济的正常发展，迫切需要利用科技和信息化手段提升政府危险化学品安全监管能力，以遏制危险化学品重特大安全事故时有发生势头。

当今以工业互联网、大数据、人工智能为核心技术的新一轮产业革命正在悄然进行，“中国制造2025”发展战略明确提出，要以新一代信息技术与制造业技术深度融合为主线，实现制造业由大变强的历史跨越。我国海尔COSMOPlat、树根互联根云、航天云网INDICS、浪潮云In-Cloud、华为Fusion Paint、阿里云supET等工业互联网平台均已实现在各自领域的创新实践，为相关行业的高质量发展提供了有力的平台能力支撑。在危险化学品领域，如何利用工业互联网技术解决危险化学品安全风险管控问题，已经成为危险化学品领域今后发展的关键任务之一。基于工业互联网技术对危险化学品安全生产风险监测预警技术开展系统性研究，是推动政府安全监管手段由传统方式向“互联网+监管”方式的模式变革，提升企业、装置安全生产风险精准管控水平的重要研发方向，从而更好地助力危险化学品安全领域的数字化转型。

1.2 面临的挑战

危险化学品生产涉及多重物理状态、复杂化学反应过程和多变的外部环境要素，其安全生产风险与实时工艺状态、设备状态、泄漏事件及环境因素之间存在着复杂的相互耦合作用机制。因此，揭示危险化学品安全生产风险与工艺、设备、泄漏之间的相互耦合作用关系是研究危险化学品生产过程风险性的基础和前提，也是实现危险化学品安全生产风险预警和智能管控所必须解决的问题。

同时由于危险化学品领域的信息化建设水平较低，在数据采集、知识融合、风险表征、分级管控和统一平台方面均存在技术探索需求。一是数据采集难：危险化学品企业生产规模、自动化程度和工艺过程复杂多样，传统数据采集模式难以既满足政府监管数据需要，又同时保障企业工控系统安全且降低企业改造成本，在复杂环境下数据标准化采集方面存在挑战；二是知识融合难：危险化学品安全领域知识要素众多、种类杂乱，缺乏知识层面的统一集成，危险化学品安全多源异构数据知识的利用效率低下，在安全数据、资源、知识与风险管控的协同应用方面存在应用挑战；三是风险表征难：危险化学品生产过程机理复杂、种类繁多、危险性极大，同时具有关键监测点位各异、风险防控实时性高的特点，难以实现标准化的安全生产风险量化评估，在满足各类实际场景的安全风险量化评估与安全风险智能预警模型构建方面存在技术挑战；四是现有危险化学品安全风险防控多依赖企业自我安全意识和政府执法检查等常规手段，风险防控效率低、有效性差，难以发现潜在安全风险，在利用信息化手段构建安全生产风险分级分域的预警防控体系方面亟须完善；五是缺乏统一平台，我国各级政府与危险化学品企业安全风险管控体系各自为战，安全风险数据难以互联互通，“监管——执行”无法统一步调，在纵深一体化的安全生产风险防控平台方面存在管理缺失。

2 危险化学品安全生产风险监测预警技术研究

为了解决这些挑战，实现危险化学品安全生产风险的动态表征与实时预警，提升安全风险分级管控能力，迫切需要针对危险化学品安全生产风险监测预警技术开展科学研究，构建涵盖工艺、设备、泄漏等环节的安全风险定量评估与分级预警模型，建立安全生产风险分级管控技术体系，全面提升危险化学品领域安全生产风险管控水平。

危险化学品安全生产风险监测预警技术的核心是基于企业基础数据和动态监测数据，实时监控生产过程中物的不安全状态和人的不安全行为，定量表征企业生产过程中安全风险状态和管理水平，及时对安全生产中的异常未遂事件进行预警处置，从而有效预防伤害事故的发生，降低危险化学品安全生产风险。

2.1 安全生产风险动态表征技术

风险通常是指损失发生的可能性，也可以表示为事故后果严重程度和事故发生概率的组合。在危险化学品领域，实时精准地表征关键设备、生产设施以及管理区域的风险状态是实现安全生产风险监测预警技术的关键。

$$R(t)=P_i(t)\cdot C_i(t)$$

式中，P_i 为第 i 个事件发生的频率或概率；C_i 为第 i 个事件引发的损失；R 为风险。

由于危险化学品安全生产风险同时会受到工艺状态、设备状态、泄漏事件及环境等因素之间耦合作用的影响，因此，依托危险化学品重大危险源的温度、压力、液位及可燃有毒气体监测等动态感知数据，综合考虑重大危险源的固有危险性(物质化学性质 SDS 信息、储量等)、关键参数实时报警状态、企业在岗员工数等多重因素，建立工艺安全实时风险、设备状态实时风险和实时泄漏风险相结合的重大危险源风险量化计算模型，以实现表征重大危险源安全风险动态状况。

对于工艺安全实时风险，以异常事件演化路径为核心，监控关键安全变量动态数值和保护层实时状态，根据关键安全变量实时监测值和保护层触发状态，参考风险分区和标准事件树，判断异常事件的种类，并记录异常事件持续时间，得出每个月每个保护层的失效频率。通过动态计算实时异常事件的概率和后果，进行实时风险诊断、风险趋势预测和风险分级预警，实现工艺安全风险的动态表征。

对于设备状态实时风险，将设备离线检测数据、状态监测数据、生产实时数据、LIMS 分析化验数据、在线腐蚀监测数据、原料性质数据等多源数据整合集成，针对静设备开发不同腐蚀和损伤机理的预测模型，针对动设备构建数据驱动的可靠性评价模型和早期预警模型，在此基础上开发设备健康状态表征模型，为装置的操作调整、故障诊断和预知性维修提供支撑。

对于实时泄漏风险，以采集的危险化学品生产装置泄漏监测点位置、实时监测浓度、报警信号、报警时间等参数和数据为基础，通过建立数学模型算法，分别计算实时泄漏浓度、泄漏影响范围和持续时间等指标，以表征装置泄漏的严重程度，达到风险预警的目的。

2.2 安全生产风险预警等级指数

安全生产风险预警等级指数能够反映危险化学品重大危险源的风险预警状况，等级指数分为红、橙、黄、蓝 4 级，分别对应重大、较大、一般和低风险。根据危险化学品企业周边人口密度、重大危险源存储量、危险化学品理化特性(可燃性、毒性、化学活性)等固有风险，结合风险监测预警系统的物联感知数据，根据重复报警点位数、报警次数、报警时长、消警时间等因素，实现国家、省、市、区县(园区)以及企业的危险化学品重大危险源风险动态分级表征 R，将计算得到的风险值 R 代入重大危险源安全生产风险预警指数——关键参数实时预警指数图中，确定风险预警等级，并自动生成风险态势变化，向省、市、县(园区)、企业进行自动预警。

表 1　风险等级划分表

序号	风险度，R	风险等级	预警颜色
1	10^{-1}—1	重大	红
2	10^{-2}—10^{-1}	较大	橙
3	10^{-3}—10^{-2}	一般	黄
4	$<10^{-4}$	低	蓝

2.3 安全生产风险分级管控技术

针对装置/设施的管控级别，以提升各层级安全风险监管的时效性为目标，分别建立企业层级和政府层级管控内容的分级标准，从管控资源的角度对管控对象进行分级、管控内容分级和状态监控分级，明确不同层级的管控重点，实现将有限的管控资源用在刀刃上，避免“上下一般粗”。

根据管理层级划分不同的风险等级，对应不同层次的安全监管等级，重点管控企业或区域风险实时状态；各省应急管理厅监管可能造成重大以上事故的化工园区或企业，重点管控企业风险实时状态，发生重大风险预警，发布预警通报及时行政干预；地市、区县应急管理部门监管可能造成一般以上事故的企业，重点管控企业及其重大危险源实时状态，发生黄色风险预警，及时行政干预督查企业落实风险管控处于有效状态；企业领导层和管理层应监管可能造成事故的贮存设施和生产装置，管控设施和生产装置风险实时状态，发生蓝色风险预警应及时督促基层做好风险管控措施的落实；基层车间应及时管控风险控制措施的有效状态，通过实时监测和定期巡查确保各类风险控制措施的有效性，确保贮存设施和生产装置安全稳定运行(图 1)。

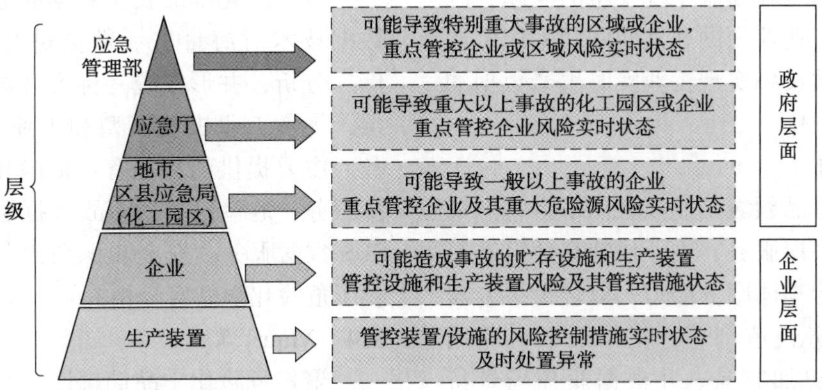

图 1　安全生产风险分级管控技术体系

3 危险化学品安全生产风险监测预警系统平台设计

以工业互联网平台为系统平台架构，结合危险化学品领域特有的行业特点，围绕危险化学品企业能量集中设施(如罐区、高危工艺装置等)、厂区泄漏火灾爆炸、重大风险作业活动等安全风险，利用物联感知手段采集关键安全参数，结合风险监测预警模型，建立危险化学品安全生产风险监测预警系统平台。平台主要由数据采集层、PaaS层、DaaS层、MaaS层和工业SasS层构成，实现动态感知危险化学品企业安全生产关键数据，提供强大的工业数据标准化处理与大数据分析计算服务，组建覆盖工艺安全、设备安全、泄漏监测及风险评估的安全风险监测预警模型组件族，搭建面向全国危险化学品企业和各级政府监管部门的工业APP与微服务生态(图2)。

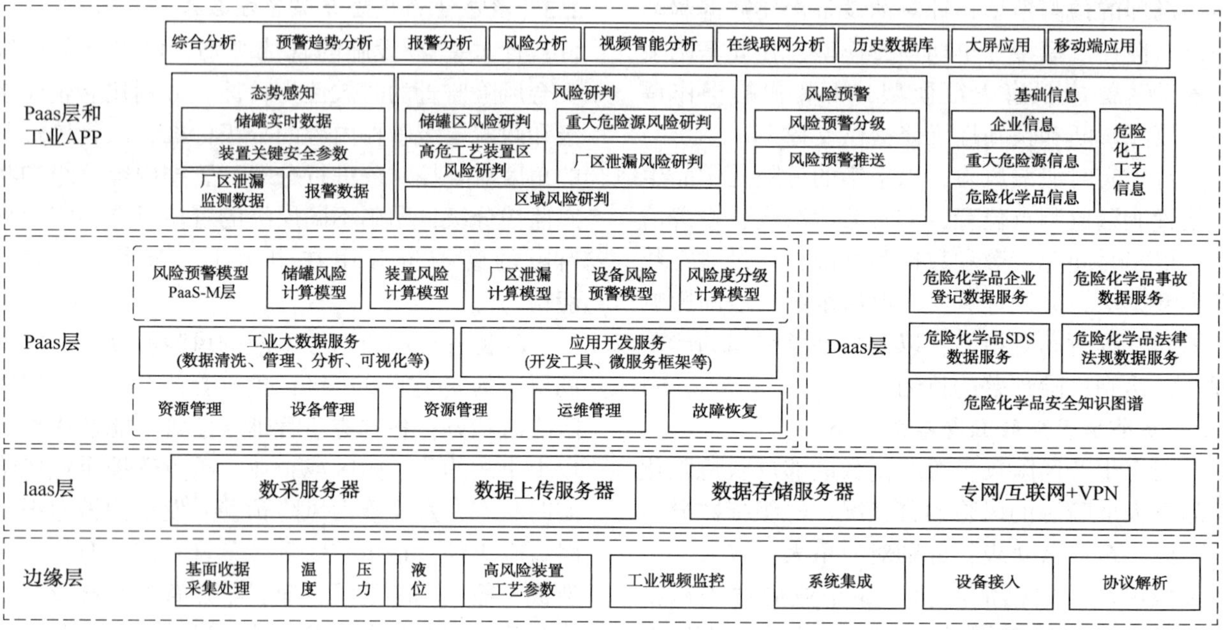

图2 危险化学品安全生产风险监测预警系统平台架构

3.1 数据采集层设计

危险化学品领域作为典型的流程工业，其实际生产过程由DCS、PLC、SIS等过程控制系统实现对生产过程安全控制和监控管理，这一过程必然要采集大量涉及反应流程的温度、压力、液位等现场监测参数，若要实现过程控制的数字化、网络化、智能化，随之而来的就是在数据链路打通后的信息安全和控制系统安全的问题，因此，系统平台在工业控制网和互联网间采用多源数据安全采集网关设备实现工业实时生产数据的安全精准采集(图3)。

3.2 PaaS 层设计

根据危险化学品领域工业互联网平台特点抽象出平台公共的底层服务，方便快速高效打造行业应用和提升平台整体服务能力，以轻量级容器Docker为主的服务快速部署，使得云平台应用部署和弹性扩容更加容易。并根据业务场景特点，提炼出平台整体公共服务能力，其中包括设备的管理与接入，事件处理，数据预处理，存储和分析，以及微服务API管理等。同时基于微服务引擎提供分布式服务框架，用户可在此编程框架内实现服务接入、服务代理、服务路由、服务编排、服务调度、服务集成、服务统一监控等功能(图4)。

3.3 DaaS 层设计

以危险化学品安全数据服务为基础，通过大数据技术对海量工业数据进行采集、处理、存储、分析，并形成统一标准和规范的大数据资产层，为各工业机理模型和工业APP提供数据服务。主要提供的服务有：危险化学品登记企业数据服务、危险化学品事故数据服务、危险化学品SDS数据服务、安全知识图谱服务等，进一步挖掘了危险化学品安全相关的行业数据价值(图5)。

3.4 MaaS 层设计

聚焦危险化学品储罐区、高危工艺装置、仓库、装卸栈台等重大危险源及厂区泄漏等关键风险，构建了涵盖工艺安全实时风险、设备实时风险、实时泄漏风险与事故影响动态模拟相耦合的危险化学品安全生产、安全风险预测模型族，共分为危险化学品类、风险预警管控类、工艺平稳性类、设备完整性类、应急实效类、设计合规类六大类，共计 112 个专业安全生产风险管控模型，极大地提高了全国危险化学品安全生产风险监测预警的科学性、标准性和规范性。

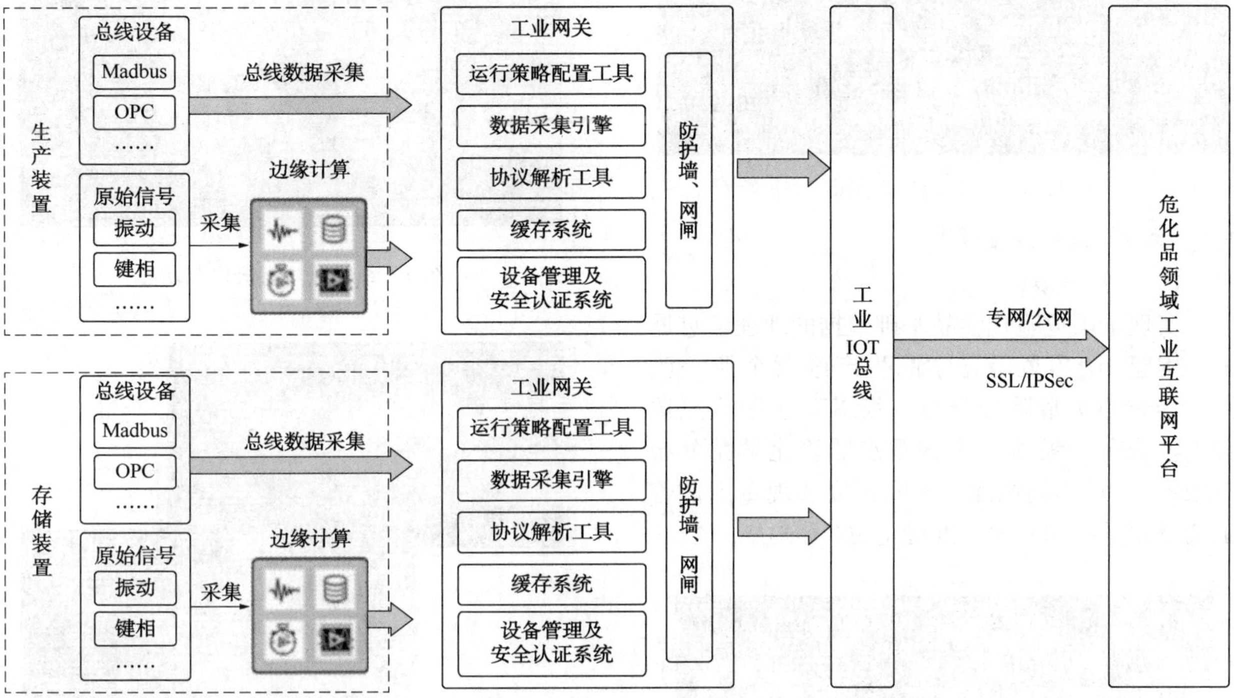

图 3　数据采集层技术架构

图 4　PaaS 层技术架构

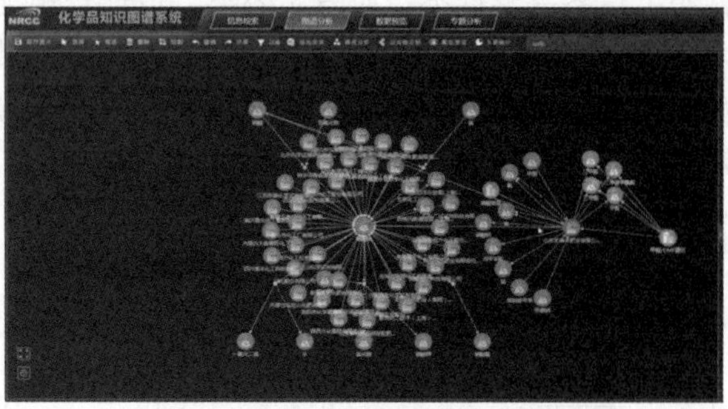

图5　DaaS层知识图谱

3.5　工业SaaS层设计

3.5.1　一图一表

实现全国危险化学品基础数据的地理信息展示，构建“全国危险化学品生产经营企业一张图”“全国重大危险源分布一张图”“全国重点监管工艺分布一张图”“全国重点监管化学品分布一张图”。从不同维度、不同角度实现重点监管工艺及化学品的实时、准确定位(图6)。

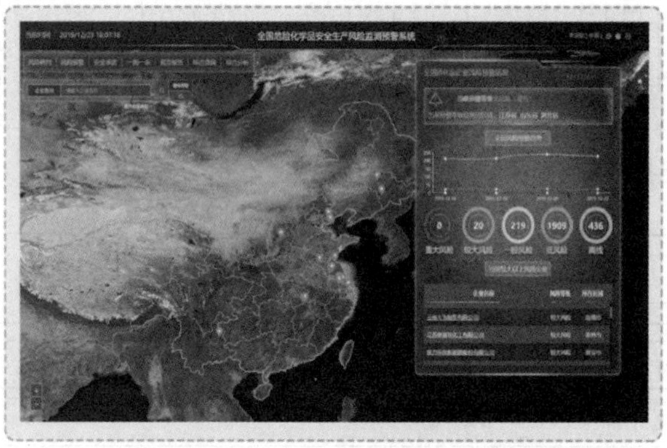

图6　系统一图一表功能

3.5.2　风险态势研判

通过危险化学品安全风险监测预警模型，根据不同的风险分析需求，开展全国各级重大危险源风险分析计算，从危险化学品的储量、化学品的危险特性等方面进行风险度计算，并实时计算关键安全参数异动引发过程安全事件的可能性，实现全国危险化学品企业安全生产风险的动态展示(图7)。

3.5.3　区域风险预警

以省、地市等行政区划为界线，依据区域内管辖的企业、重大危险源所涉及的危险化工工艺和危险化学品，通过区域风险计算模型对各省的重大危险源风险度进行量化分析，实现全国危险化学品重大危险源风险分级预警管控，实现全国省市风险分级显示(图8)。

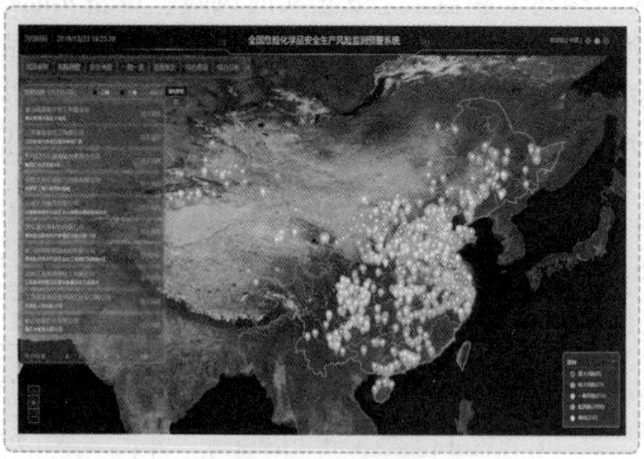

图7　系统风险态势研判功能

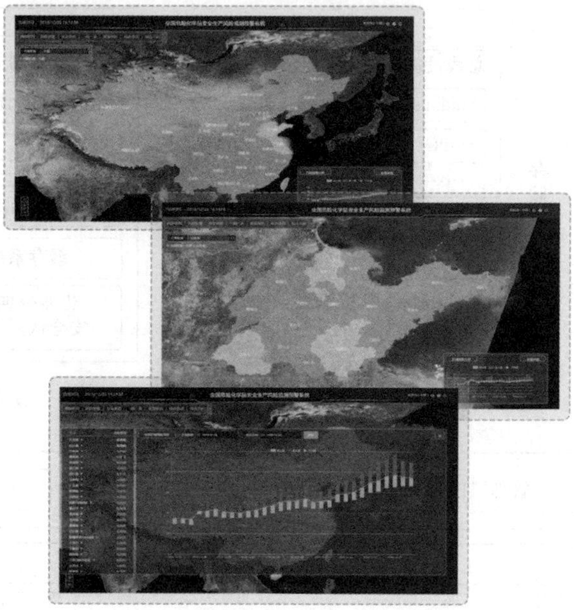

图8　系统区域风险预警功能

3.5.4　风险综合分析

基于大数据、知识图谱、机器学习、仿真模拟等技术开展危险化学品安全生产风险智能分析，主要包括监测数据完整性分析、监测数据真实性分析、系统稳定性分析、视频智能分析、事故模拟等。量化分级监管指标及其变化情况，对各省、市级安全监管情况进行综合排名，建立异常报警分析、物料平衡分析、监测数据分析等分析模型，为强化地方安全监管和考核提供分析依据(图9)。

3.5.5　三维可视化

利用三维倾斜摄影技术，开展化工园区/企业三维倾斜摄影建模，建立三维虚拟数字工厂，实现重大危险源关键安全参数(温度、压力、液位、可燃气体泄漏、有毒气体泄漏等)实时监测数据的三维虚拟现实展示(图10)。

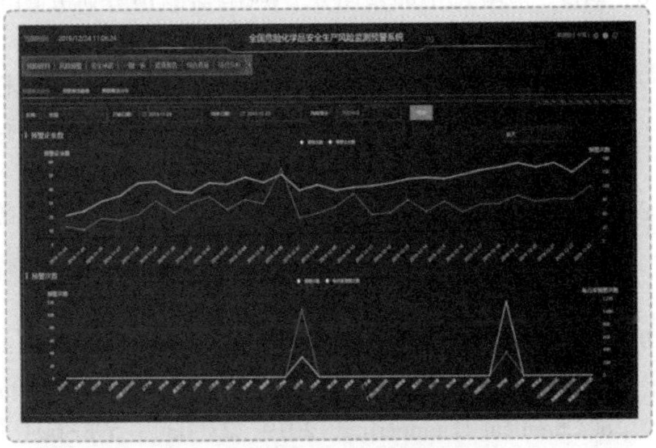

图 9　系统风险综合分析功能

图 10　系统三维可视化功能

4　危险化学品安全生产风险监测预警系统应用与意义

4.1　系统意义

危险化学品安全生产风险监测预警系统已实现在应急管理部与全国 31 个省(自治区、直辖市)和新疆建设兵团、部分化工园区、危险化学品企业开展推广应用，目前已实现了全国 7251 家危险化学品重大危险源企业的在线监测互联网和风险预警管控，已接入重大危险源罐区 10347 个，高危工艺装置 4481 套，观测重要生产工艺指标 1000 余个，各类监测参数点位 23 万余个，形成覆盖工艺安全、设备安全、泄漏监测、风险评估以及应急处置等业务领域的 100 余个安全生产工业服务组件，实现以工业互联网技术赋能危险化学品安全生产，有效落实危险化学品企业安全生产主体责任，推动了危险化学品领域安全生产风险“互联网+监管”的模式变革。

4.2　应用成效

危险化学品安全生产风险监测预警系统已构建起贯穿国家、省、市、区县(园区)、企业的风险动态监测与分级预警管控体系，初步实现了对危险化学品重大危险源企业安全生产风险的动态监测、风险研判、风险预警、综合分析等功能，在互联网+监管层面发挥了重要的示范作用，有力支撑了全国危险化学品企业重大危险源督导和检查，实现了危险化学品安全领域的“四大转变”。

监管方式的转变：通过风险量化表征与预警功能的应用，实现危险化学品安全监管由传统现场检查方式向“互联网+监管”方式转变；

执法精度的转变：通过重大危险源数据感知和风险分级管控机制的应用，实现危险化学品安全执法由粗放型执法向精准型执法转变。

处置时机的转变：通过风险监测预警技术的应用，实现危险化学品安全生产风险由事后处置向事前预警转变。

攻防位置的转变：通过危险化学品安全状态感知与风险量化表征功能的应用，实现企业安全生产风险由被动防御向主动管控转变。

系统自上线以来，危险化学品重大危险源风险管控效果明显，各类报警、预警和一般以上风险数量均明显降低。以山东省为例，自风险监测预警系统上线运行以来(2019 年 8 月—2020 年 9 月)，全省企业报警次数由 144932 次/月下降到 18928 次/月，下降幅度达 76.8%；监管部门发送风险预警次数由 4206 次/月下降到 137 次/月，下降幅度达 82.3%，全省企业报警次数、监管部门发送风险预警次数明显降低，企业重大危险源运行状况安全稳定。

5　总结

本文为解决我国危险化学品行业安全生产风险政府监管手段单一传统、企业安全生产风险管控动态监测技术缺乏、企业整体风险实时量化评估计算方法缺失等核心问题，聚焦危险化学品储罐区、高危工艺装置等重大危险源以及厂区泄漏等安全风险，基于保护层和事件树理论建立了涵盖工艺安全、设备安全、泄漏监测等相耦合的安全生产风险动态表征与分级预警管控技术，设计开发了基于工业互联网平台架构的危险化学品安全生产风险监测预警系统，构建了符合我国国情的国家危险化学品安全生产风险监测预警体系，实现以工业互联网技术赋能危险化学品安全生产，实现以科技信息化手段为支撑推进危险化学品安全生产风险管控“互联网+监管”模式变革，全面提升危险化学品领域安全生产风险管控水平，强化落实了企业安全生产主体责任，大力提升了政府安全监管精准性、有效性，极大推进了全国危险化学品安全生产形势持续稳定好转。

参 考 文 献

[1] 包冬冬. 危险化学品生产装置和储存风险[J]. 劳动保护，2018，(08)：12-14.

[2] 孙金凤. 重大危险源安全监控预警系统及应用研究[D]. City：华南理工大学，2010.

[3] 关磊，许学瑞. 安全生产风险监测预警实践与设想[J]. 劳动保护，2020，(12)：18-20.

[4] 章小兵. 工业互联网在危险化学品安全生产监管领域的应用[J]. 通信世界，2020，(14)：40-41.

[5] 闵华. 化工园区在线风险监测预警系统及应用[J]. 计算机产品与流通，2020，(04)：174.

[6] 刘茂. 危险化学品安全生产风险监测预警研究[J]. 华北科技学院学报，2020，18(05)：96-102.

[7] 王春利，张桂鑫，韩华伟，等. 基于化工生产过程历史数据的报警优化方法研究[J]. 中国安全生产科学技术，2016，12(11)：182-187.

[8] 李传坤，赵东风，王春利，等. 一种化工过程故障诊断知识自动化方法研究[J]. 高校化学工程学报，2018，32(02)：393-400.

[9] Li C，Zhao D，Mu S，et al. Fault diagnosis for distillation process based on CNN-DAE[J]. Chinese Journal of Chemical Engineering，2019，27(03)：598-604.

[10] 施红勋. 基于决策树算法的石化装置过程安全管理评估技术研发及应用[J]. 过程工程学报，2018，18(S1)：52-58.

[11] 石峰，张保存，杜九懿，等. 基于CPS危险化学品风险监控预警系统关键技术研究[J]. 辽宁石油化工大学学报，2020，40(06)：85-90.

[12] 张良. 基于系统风险熵的化工园区风险态势预测预警研究[D]. City：华南理工大学，2016.

[13] 尹璐琳. 基于物联网的危险化学品安全管理的探讨[J]. 软件，2016，37(05)：28-30.

炼化企业冷媒水综合利用方案探究

王仕文

（中海石油宁波大榭石化有限公司）

摘　要　本文针对某炼化企业冷媒水利用方案进行了系统研究，提出了加氢脱硫干气轻烃分离、重整再接触系统氨压机替代、乙苯装置干气脱丙烯系统深冷分离、苯乙烯装置尾气压缩机入口深冷分离等冷媒水利用方案，解决了加氢脱硫干气带烃、苯乙烯装置尾气压缩机超负荷等问题，同时每年可为企业增效2827万元，为同类企业冷媒水利用综合利用提供了参考。

关键词　冷媒水；制冷；轻烃分离

某炼化企业通过低温余热利用配套建设了相对完善的冷媒水系统，但冷媒水主要为乙苯苯乙烯联合装置及办公楼空调提供冷媒介质，利用率相对较低。而150万t/a连续重整装置再接触系统中的氨冷却系统和28万t/a苯乙烯装置尾气压缩机因重组分较多，存在超负荷运行现象，220万t/a馏分油加氢装置干气脱硫系统因干气不干，对胺液系统及高瓦系统运行均产生不利影响，新建的50万t/a轻烃芳构化装置干气如采用传统的循环水做冷却，存在投资大、干气重组分分离不彻底的风险。本文针对该企业以上问题进行了系统研究，提出了加氢脱硫干气轻烃分离、重整再接触系统氨压机替代、乙苯装置干气脱丙烯系统深冷分离、苯乙烯装置尾气压缩机入口深冷分离等冷媒水利用方案，并利用流程模拟软件对各方案的改造效果进行了模拟评估，可为国内炼化企业冷媒水综合利用提供了借鉴。

1　现有冷媒水系统概况

某炼化企业现有制冷站冷媒水设计能力600×5t/h，供水回水温度分别为5℃和10℃，制冷站由5台制冷机（3488kW）和5台冷水泵（600m³/h）组成（夏4开1备，冬3开2备），机组采用热水型溴化锂吸收制冷技术，制冷机组所需热源为余热回收站的热水。现有冷媒水系统运行基本情况见表1。

表1　现有冷媒水站设计概况

项目	单位	设计值
单台制冷机制冷负荷	kW	3488
单台制冷机冷媒水产量	t/h	600
冷媒水用量（夏/冬）	t/h	2400/990
冷媒水供水/回水温度	℃	5/10
冷媒水供水压力	MPa	0.75
操作弹性	%	30~110
热水消耗（夏/冬）	t/h	4588/1844

该企业冷媒水夏季最大用量约1350t/h，只有设计的56%，还有44%负荷处于闲置状态，为此对冷媒水的综合利用研究非常有必要，现有冷媒水站冷媒平衡情况如图1所示。

2　冷媒水利用方案分析

目前国内冷能主要用于空气分离、轻烃分离，低温发电、海水淡化、二氧化碳捕捉、冷库、空调等方面。结合某炼化企业实际生产现状及近期发展规划，冷媒水在轻烃分离方面利用方面拥有较大潜能，具体分析如下。

2.1　150万t/a连续重整再接触系统氨压机替代

某炼化企业现有150万t/a连续重整装置再接触系统，采取氨制冷技术对重整氢和轻烃进行分离，但因进氨冷却系统轻烃含量较高，时常导致氨压机超负荷，另一方面氨压机水冷器结垢严重时常需切出检修，氨冷器系统切出检修期间，重整PSA尾气产量大幅提升，大大超出了PSA尾气压缩机额定负荷，重整装置负荷需降至80%才能维持正常运行，脱戊烷油收率也降低约1%，造成高附加值产品收率降低。经模拟计算，如在重整氢进氨冷却器前增设一台冷媒水冷却器，可将重整氢温度由21℃降低至10℃，可大大降低氨压机运行负荷，甚至在冬天可以实现氨压机的替代，同时降低氨压机检修对公司效益的影响，改造示意如图2所示。

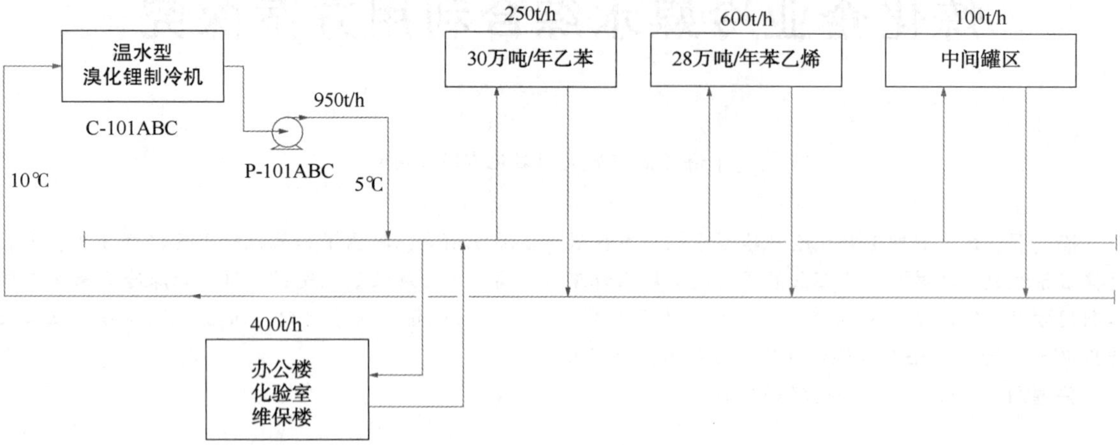

图1 现有冷媒水系统原则流程图

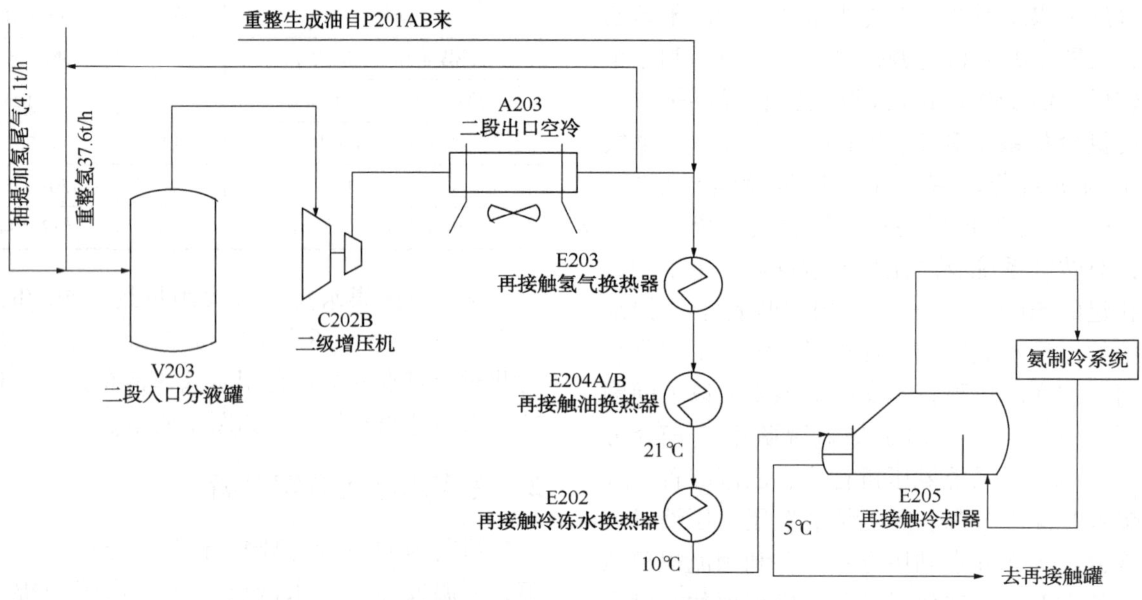

图2 重整再接触系统冷媒水利用改造示意图

2.2 210万t/a馏分油加氢处理干气轻烃分离

某炼化企业210万t/a馏分油加氢处理装置干气脱硫单元主要处理150万t/a连续重整预加氢、200万t/a工业燃料油加氢、60万t/a裂解石脑油加氢及本装置所产含硫干气。在实际运行当中，脱硫前干气C_3以上组分高达37.8%，C_5及以上重组分高达6.1%，C_5的存在加大了脱硫塔胺液发泡的倾向，C_3以上组分的存在加大了高瓦带液的风险。为此脱硫前干气非常有必要对C_3以上组分进行分离。根据有关文献报道C_3以上组分分离一般采用冷媒水冷却即可达到很好的效果。为此，在加氢干气进脱硫塔前增设一组冷媒水换热器将大幅减少加氢干气带重烃现象，改造示意图如图3所示。

2.2 30万t/a乙苯装置催化干气脱丙烯系统深冷分离

某炼化企业30万t/a乙苯装置采用气相干气制乙苯工艺(SGEB)，气相干气来源于该企业上游装置DCC干气，在反应前需经吸收解吸以降低干气中的丙烯含量。解析塔解析出的富丙烯干气需经冷却分离出乙苯等重组分再送往气分装置回炼。目前该企业DCC装置乙烯平均收率为5.1%，远超设计值4.5%，DCC装置满负荷生产时乙烯产量约为13.4t/h，而乙苯装置110%负荷运行时乙烯需求量为9.7t/h，乙烯过剩约3.6t/h排入高瓦系统当燃料，高价值乙烯未得到充分利用。为提高DCC干气中乙烯的利用率，该企业拟将过剩的DCC干气销售给园区内的关

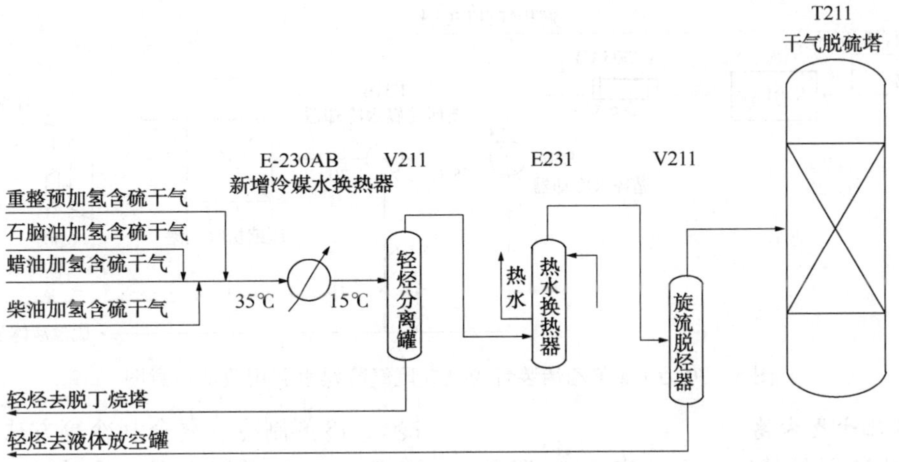

图 3　脱硫干气系统冷媒水利用改造示意图

联企业提纯其中的乙烯。为降低 DCC 干气外送量，拟通过技术改造将富余的乙烯富集到富丙烯干气中，即在乙苯装置脱丙烯系统中的贫液-富液换热器 E103 管程出口增加一根解析塔进料线，吸收塔中间抽出物料经 E103 换热后一部分经原流程进吸收塔，一部分与吸收塔塔底物料合并后进解析塔解析。改造后势必增加富丙烯干气中吸收剂的携带量和冷却器 E108 的冷却负荷，乙苯扩能改造后此问题将更加突出，丙烯干气中的吸收剂主要为乙苯，如将富丙烯冷却器 E108 由循环水改为冷媒水冷却，丙烯干气的中吸收剂将得到很好的分离，改造示意图如图 4 所示。

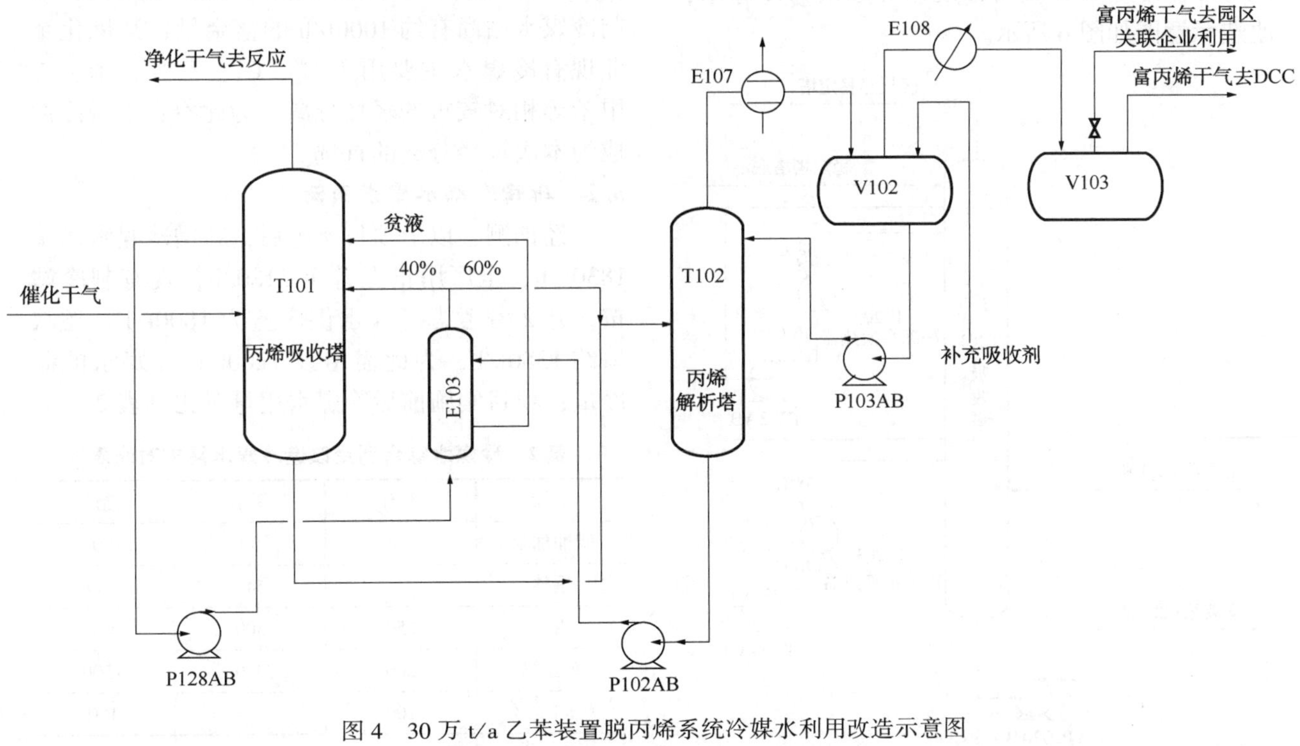

图 4　30 万 t/a 乙苯装置脱丙烯系统冷媒水利用改造示意图

2.3　28 万 t/a 苯乙烯装置尾气压缩机入口深冷分离

为提升效益，某炼化企业计划对苯乙烯装置扩能改造，最大运行负荷由 106% 提高 130%。目前该装置的尾气压缩机 C301 已处于满负荷运行状态，设计最大转速为 3400r/min，目前 100% 负荷下该压缩机转速已达 3170r/min，接近压缩机额定转速，苯乙烯扩能改造后，尾气量将是目前的 1.2 倍，尾气压缩机将难以承受。为此拟在尾气压缩机入口分液罐前增设一台冷媒水换热器 E316，将脱氢尾气由 40℃ 降至 20℃，降低尾气体积流量和乙苯等重组分，改造示意图如图 5 所示。

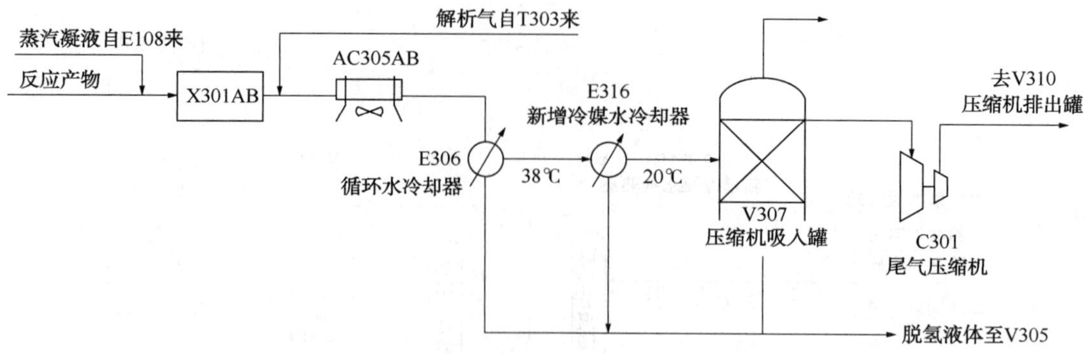

图 5　30 万 t/a 苯乙烯装置脱氢气尾气冷媒水利用改造示意图

2.4　轻烃芳构化干气分离

轻烃芳构化装置是某炼化企业实施 C_5 资源利用项目，主要以液化气和加氢碳五和重整碳五为原料生产苯等芳烃产品。经芳构化生产的富气采取吸收稳定工艺实数液化气和干气的分离，吸收塔中段回流如采取常规的循环水冷却，则换热面积过大，且干气轻烃分离存在不彻底的风险，结合企业冷媒水过剩的实际，拟将吸收塔中段回流冷却器冷媒水介质由常规循环水改为冷冻水，改造示意图如图 6 所示。

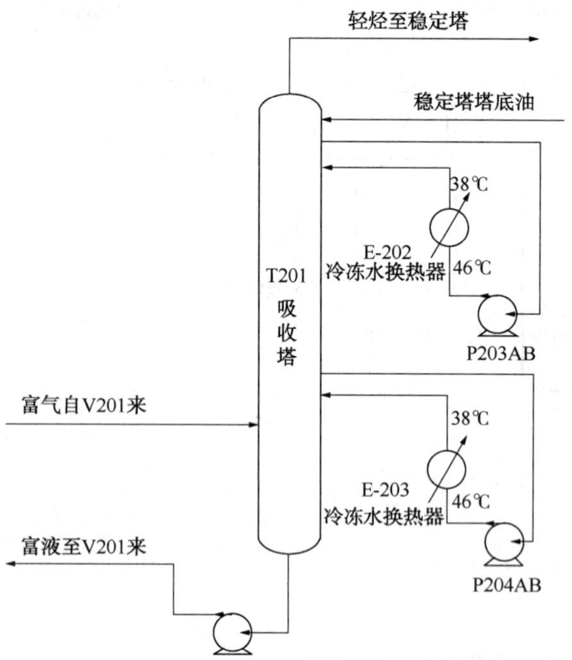

图 6　50 万 t 轻烃芳构化装置富气吸收塔
冷媒水利用改造示意图

3　冷媒水系统扩能改造方案

3.1　制冷方案的选择

制冷的方法有膨胀制冷(如直接利用高压天然气经节流阀、透平膨胀等设备实现绝热膨胀制冷)，冷剂制冷、复合制冷等方法。冷剂制冷对于含 C_4、C_5 及以上混合物时，降温冷凝的功耗低于加压冷凝分离的功耗，对于处理量小，原料气组成较富、其压力与外输气压力之间没有足够压差可利用时，采用冷剂制冷法比较经济，某炼化企业现有余热回收站热水产生量 3200t/h，系统消耗 2000t/h，还有 1000t/h 直接走副线未得到利用，为制冷剂的制备提供了充足的热源，且目前该炼化企业建立相对完善的冷媒水系统，目前冷媒水站尚有约 1000t/h 的富余量，某炼化企业现有冷媒水主要用于 C_4、C_5、乙苯、苯、二甲苯等相对较重的轻烃分离，为此冷媒水做冷剂成为本次轻烃分离的首选。

3.2　新增冷媒水需求预测

经预测，以上项目实施后，新增冷媒水用量 1830t/h，全厂用量上升至 3180/h，现有制冷站按 3 开 2 备考虑冷媒水供应量为 1800t/h，还缺口约 1380t/h，为此需增设 1200t/h 冷媒水的制冷量，项目实施前后冷媒水用量对比见表 2。

表 2　冷媒水综合利用改造冷媒水需求对照表

单元	现有	新增	合计
蜡油加氢		90	90
重整		540	540
乙苯	250	300	550
苯乙烯	600	900	1500
中间罐区	100		100
办公空调	400		400
芳构化		236	236
合计	1350	1830	3180

3.3　冷媒水系统扩能改造方案

因现有冷媒水站平面布置已无位置布置溴化锂机组，且现有冷媒水管线为 *DN*500，按 3000t/h 计算，流速为 4.2m/s 超过设计规范上限 4.0m/s，考虑到全厂冷媒水需求最大的装置为乙苯装置，为此本次改造拟将新增冷媒水机组布置冷媒水进乙苯装置前，这样新增的冷媒水用量可以被乙苯、苯乙烯装置消化，且不增加现有冷媒水站管线的输送负荷，具体改造示意图如图7所示。

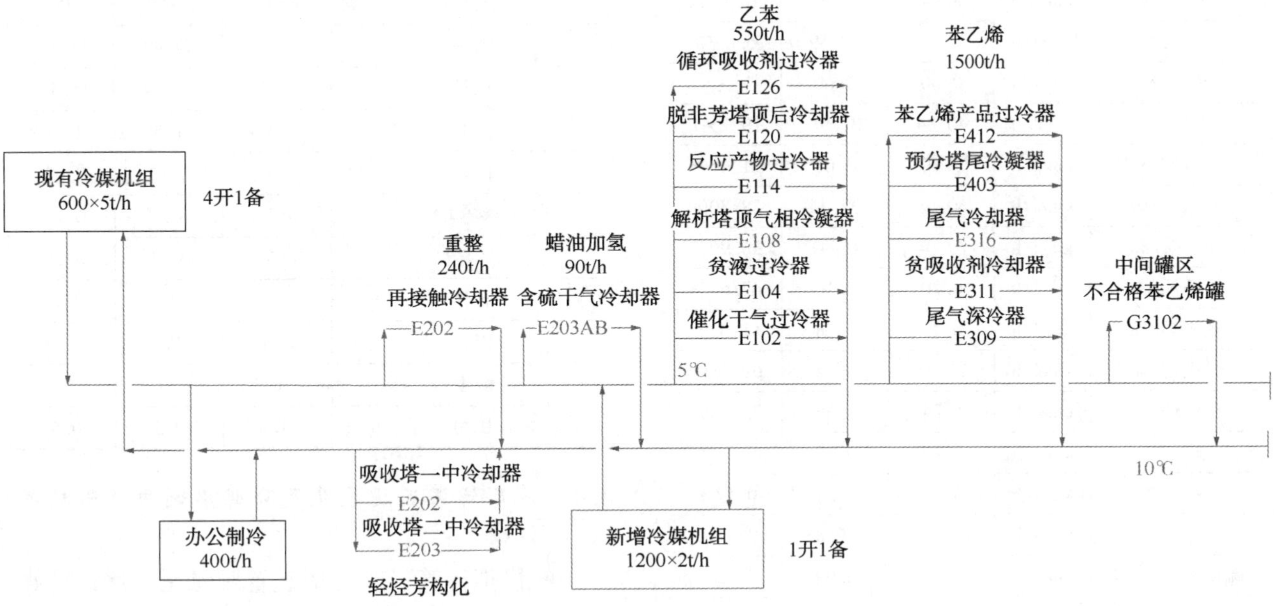

图7 某炼化企业冷媒水系统改造后冷媒水平衡图

4 改造效果及经济效益评估

4.1 重整再接触冷媒水利用改造效果

根据氨压机停运检修时运行数据记录显示，氨压机停运后，重整负荷由95%降低至84%后，重整氢流量仍增加8.9%，PSA尾气流量增加约42%。经模拟计算，增设冷媒水换热器后，进氨冷却器前介质温度可由目前的21℃降至10℃，氨压机负荷可由目前的400kW降低至150kW，若不开氨压机只开冷媒水冷却器，在同等负荷(95%)，PSA尾气负荷增加约5.5%，液收降低约0.3%。经测算重整装置液态烃回炼成本114元/t，吨油效益为336元/t，按此计算改造后每年增加回炼成本51万元，冷媒水成本228万元(冷媒水成本按0.5元/t计，下同)，节约电力成本为225万元(按不开氨压机估算)，氨压机检修减少效益损失70万元(每年检修按两次计)，综合年效益为17万元(表3)。

表3 重整再接触不同工况下运行参数对比

介质	单位	氨压机正常运行	氨压机停运	投冷媒水换热器停氨压机预测数据
重整负荷	%	95	84	95
重整氢	Nm^3/h	75247	82000	80494
加氢低分气	Nm^3/h	9500	9500	9500
苯乙烯脱氢尾气	Nm^3/h	14000	14000	14000
纯氢产量	Nm^3/h	84678	75160	89216
PSA尾气流量	Nm^3/h	14069	18000	14778
重整气温度	℃	4	21	10
重整生成油液收	%	94.39	93.38	94.09

4.2 脱硫干气冷媒水利用改造效果

经模拟计算，脱硫干气经冷媒水冷却后温度可由35℃降低至15℃，质量流量降低4.27t/h，重组分总体回收率约40%。其中C_3回收率19.3%，C_4脱回收率为41.1%，C_{5+}组分回收率为70.49%。总体轻烃回收率相对改造前提高了30%。回收的轻烃与燃料气差价按500元/吨，扣除液态烃回炼成本407万元和冷媒水成本38万元，每年增效1341万元(表4)。

表4 脱硫干气增设冷媒水前工艺参数及性质对比表

样品名称	单位	冷前干气	冷后干气	回收率
温度	℃	35	15	—
压力	MPa	0.67	0.62	—
质量流量	t/h	10.632	6.361	40.17%

续表

样品名称	单位	冷前干气	冷后干气	回收率
分子量	g/mol	32.36	24.65	23.83%
甲烷/%	kmol/h	8.54	8.46	0.92%
乙烷/	kmol/h	13.40	12.59	6.06%
乙烯/%	kmol/h	0.00	0.00	—
丙烷/%	kmol/h	40.84	32.98	19.25%
丙烯/%	kmol/h	0.10	0.08	21.46%
异丁烷/%	kmol/h	60.68	37.44	38.30%
正丁烷/%	kmol/h	29.04	15.41	46.96%
异丁烯/%	kmol/h	0.20	0.10	47.64%
顺丁烯/%	kmol/h	0.13	0.08	41.09%
异戊烷/%	kmol/h	27.63	8.44	69.46%
正戊烷/%	kmol/h	6.34	1.55	75.58%
氧气/%	kmol/h	0.49	0.49	0.51%
氮气/%	kmol/h	3.52	3.51	0.17%
氢/%	kmol/h	131.06	130.83	0.17%
硫化氢含量/%	kmol/h	6.57	6.09	7.32%
其中，C_3	kmol/h	40.94	33.06	19.25%
C_4	kmol/h	90.06	53.03	41.11%
C_{5+}	kmol/h	34.10	10.06	70.49%

4.3 乙苯装置脱丙烯系统冷媒水利用改造效果

经模拟计算，富丙烯干气冷却器E108冷却介质由循环水改为冷媒水后，温度由40℃降低至20℃，催化干气中的吸收剂回收率可接近100%，脱丙烯系统催化干气进料量可由目前的35291Nm³/h提高到41000Nm³/h，改造前后富丙烯干气性质见表5，乙苯扩能改造后催化干气需求量为36000Nm³/h，富余约5000Nm³/h富丙烯干气可送至华泰盛富进一步利用，富丙烯干气与燃料气差价按300元/t，催化干气密度按0.91kg/Nm³，年运行时间按8400h计，每年增效1147万元，扣除冷媒水成本126万元，综合效益为1021万元。

表5 脱丙烯系统优化前后富丙烯干气出装置性质对比表

项目	单位	改造前	改造后
催化干气流量	Nm³/h	35291	41000
氢气	%(V)	0	0.6
氮气	%(V)	0	0.36
氧气	%(V)	0	0.06
一氧化碳	%(V)	0	0.05
二氧化碳	%(V)	0.03	0.54

续表

项目	单位	改造前	改造后
甲烷	%(V)	0.04	7.51
乙烷	%(V)	22.7	31
乙烯	%(V)	14.42	47.22
丙烯	%(V)	57.17	11.47
丙烷	%(V)	1.5	0.3
碳四	%(V)	3.15	0.62
碳五+	%(V)	0.57	0.11
乙苯	%(V)	0.41	0.16
合计		100	100
流量	kg/h	1035	4662
温度	℃	40	20
压力	MPa	0.5	0.5

4.4 苯乙烯装置脱氢尾气冷媒水利用改造效果评估

经模拟计算，苯乙烯装置脱氢尾气增设冷媒水冷却器E316后，温度由40℃降低至20℃，质量流量降低7.1t/h，苯乙烯尾气压缩机负荷降低63%，苯乙烯尾气压缩机设计额定功率为1936kW，按此计算每年可节约动力成本686万元，扣除冷媒水成本378万元，直接经济效益308万元，同时解决苯乙烯扩能改造中尾气压缩机能力不足的瓶颈，改造前后为其压缩机入口性质见表6。

表6 苯乙烯装置尾气压缩机入口尾气性质对比表

项目	单位	原设计	不改造	改造后	相对增减/%
温度	℃	37.8	40	20	-20
压力	kPa	26	26	26	0
质量流量	kg/h	9383	11273	4199	-63
H_2O	kg/h	2540	3200	801	-75
H_2	kg/h	695	834	834	0
CH_4	kg/h	75	90	90	0
CO_2	kg/h	398	473	473	0
苯	kg/h	142	142	116	-18
甲苯	kg/h	421	506	288	-43
非芳	kg/h	38	39	31	-20
乙苯	kg/h	2612	2901	878	-70
苯乙烯	kg/h	2428	3046	711	-77
PX	kg/h	24	30	8	-73
MX	kg/h	9	11	3	-75
OX	kg/h	1	1	0	-78
合计	kg/h	9383	11273	4233	-62

4.5 芳构化装置冷媒水冷却效果

经模拟计算，芳构化装置吸收塔一中 13.3t/h 需由 48℃降至 38℃，二中 13.89t/h 需由 46℃降至 38℃，采用循环水较采用冷媒水换热器面积大 8 倍，经初步估算可节约投资约 140 万元。

表 7 不同换冷媒介质换热面积模拟计算结果

项目	冷却介质	换热面积/m^2	冷却介质用量/(t/h)
E202	冷媒水	59	100
	循环水	430	72
E203	冷媒水	59	120
	循环水	430	85

4.6 综合经济效益评估

经综合评估，某炼化企业采取重整再接触冷媒水利用改造、加氢脱硫干气冷媒水利用等 5 项技术改造后，预计每年可实现直接经济效益 2827 万元，具体明细见表 8。

表 8 某炼化企业冷媒水综合利用改造综合经济效益评估

序号	项目	直接效果	直接经济效益/(万元/年)
1	重整再接触冷媒水利用改造	停运氨压机，每小时节电 400kW·h	17
2	脱硫干气冷媒水利用	脱硫干气 C_{3+} 组分回收率提高 30%	1341
3	乙苯装置脱丙烯系统冷媒水利用	DCC 富余 5000Nm^3 催化干气中乙烯得到充分利用	1021
4	苯乙烯装置脱氢尾气冷媒水利用改造	尾气压缩机负荷降低 63%	308
5	芳构化装置冷媒水利用优化	换热器面积降低 8 倍	140
	合计		2827

5 研究结论及建议

（1）采用 5℃冷媒水替代氨压机制冷后，重整氢温度只能降至 10℃，相对氨压机制冷高 6℃，戊烷液收降低 0.3%，经济上不合算，今后正常运行期间建议替代部分氨压机负荷，既可提升氢气的回收率，也不影响液收，在氨压机检修期间，重整装置仍维持原有负荷生产，对全厂物料平衡、瓦斯平衡影响较小，间接效益巨大。后续可根据企业低温富余情况增设一套低温余热制 0℃冷媒水系统，单独供重整氢冷却轻烃回收用以实现氨压机彻底替代。

（2）蜡油加氢脱硫干气采用冷媒水深冷方案后，干气 $C_{\geqslant 3}$ 组分回收率提高了 30%，同时可大大缓解干气因携带重烃对胺液、燃料气及轻污系统的冲击。

（3）乙苯装置采用冷媒水利用方案后，解决了乙苯扩能改造后富丙烯干气冷却器冷却负荷不足的问题，同时为催化干气中富余的乙烯富集到富丙烯干气中创造了有利条件，提升了富丙烯干气的利用价值。

（4）苯乙烯装置尾气压缩机入口前尾气采用冷媒水深冷方案后，在同等工况下可降低压缩机负荷 63%，很好的解决苯乙烯扩能改造中尾气压缩机负荷不足的问题，间接效益巨大。

（5）经模拟计算，大榭石化通过采用冷媒水替代重整再接触系统氨压机、加氢脱硫干气轻烃深冷分离，乙苯装置干气脱丙烯系统深冷分离等综合利用方案，可很好地解决重整氨压机检修期间的负荷损失、加氢脱硫干气带重烃、乙苯富乙烯干气难以高价值利用、苯乙烯装置尾气压缩机超负荷等问题，并为企业增效 2827 万元/a，对炼化企业的余热及冷媒水深度利用有较好的借鉴作用。

参考文献

[1] 吴小华，蔡磊，李庭宇，等. LNG 冷能利用技术的最新进展[J]. 油气储运，2017，36(6)：625-635.

[2] 王国强. 液化气脱硫装置胺液发泡原因分析及解决方案浅析[J]. 化学工程师，2012，26(12)：46-47，55.

[3] 张东华，汤颖，郭亚冰，等. 轻烃回收不同制冷工艺的技术分析[J]. 石油化工应用，2014，33(05)：80-85.

[4] 王怀义，刘绍叶，等. 石油化工装置工艺管道安装设计手册：设计与计算[M]. 4 版. 北京：中国石化出版社，2009：19-20.

新国标 GB/T 18742《冷热水用聚丙烯管道系统》中的绿色低碳 PP-RCT 管材专用树脂 T4401-RCT 工业化

马　进[1,2]　郭宝华[1,2]　雷军庆[1,2]　闫　莉[1,2]

（1. 中国石油天然气股份公司独山子石化分公司研究院合成树脂应用研究所；
2. 新疆橡塑材料实验室）

摘　要　2018 年 GB/T 18742—2017 发布，新增“一种结晶改善的无规共聚聚丙烯（PP-RCT）”树脂。本文利用凝胶渗透光谱、差示扫描量热仪、流变仪、核磁、红外、常规力学物性测试等表征技术和仪器对 PP-R、同类 PP-RCT 树脂和自产 PP-RCT 树脂 T4401-RCT 的结构和性能进行了对比，在分子结构，结晶形态，力学综合性能等方面给予分析，从生产工艺、添加剂等方面进行 PP-RCT 管材专用料生产和研发做相关探讨。

关键词　PPR；PP-RCT；结晶；分子量分布；流变评测

2018 年国家颁布了《冷热水用聚丙烯管道系统总则》（GB/T 18742—2017）的中国国家标准，新标准于 2018 年 10 月 1 日起执行，本版标准中增加了一个新型树脂，明确定义为“PP-RCT：一种结晶改善的无规聚丙烯（polypropylene random copolymer with modified crystallinity）”。新国标参考德国标准 DIN8077 和北欧化工推出的高端 PP-R 树脂 RA7050（该树脂制造的管材有良好的刚韧平衡及较长的高温耐蠕变时间），增加新型热水 PP-R 管用树脂源于普通 PP-R 的刚性、韧性和耐蠕变性与 PE 还有较大差距。新增的 PP-RCT 树脂在 70℃ 条件下经过 50 年的时间，预期的长期耐压强度较普通 PPR 可提高超过 50%（8760h 长期静液压试验曲线无拐点），差示扫描量热仪（DSC）曲线上，PP-RCT 材料显示有两个熔融峰，β 晶熔融峰始终是主峰，α 晶熔融峰是次峰。北欧化工（Borealis）是第一家在市场上推出 PP-RCT 树脂（商品名称 RA7050）的公司，与普通的 PP-R 材料相比：这种材料的管材管壁可以做得更薄，可采用高的挤压速度，挤出同规格的管材用料量减少，制造商的效益提高；制造更大内径的管道，管道体积容量增大，解决了低水压供水问题。在同等压力等级下，PP-RCT 管材壁厚较同等压力等级的 PPR 管材壁厚减薄 10%~30%，此特点使该树脂具有了“绿色环保”“低碳减排”“减塑减碳”的概念，深受管材制造商欢迎。用其制造的管材有良好的刚韧平衡及更长的耐蠕变时间（长期静液压试验曲线无拐点），其符合现今的“碳中和”趋势，2021 年全球“碳中和元年的开启”，PP-RCT 专用树脂借此迎来了它的市场放量。其与普通 PP-R 树脂相比，PP-RCT 树脂专用料含有大量的 β 型结晶，本特征直接赋予其优秀的综合性能。截至 2022 年国内燕山石化、大庆炼化有试产 PP-RCT 树脂，但由于较多因素没有做到连续化、规模化，国内市场、甚至国外市场 RA7050 目前形成垄断销售，售价远超普通 PPR。从发展趋势看，国内 PP-R 市场在煤化工工艺 PP-R 专用料的冲击下必将大幅拉低原有利润，PP-RCT 专用树脂将成为下一代聚丙烯管材的热点。

1　实验

1.1　主要原料

T4401，T4401H，独山子石化 55 万 tPP 装置 234 线产，235 线产。

PP-RCT1#（RA7050）、PP-RCT2#（国产）均为国内市场采购，T4401-RCT 自研

复配添加剂均自制。

1.2　主要仪器与设备

ERGOTECH 100-200 型注射机　德马格

LJ—2500 型电子拉伸试验机　意大利 Ceast

XJH—2.75 型悬臂梁冲击试验机　意大利 Ceast

6840.00 型熔体流动速率数仪　意大

利 Ceast

V2000 型 GPC　美国 Waters

RHEO-Tester2000 毛细管流变仪测试　德国 Gottfert

242c 型傅利叶红外仪　耐驰公司美国

822e 型 DSC　梅特勒-托利多德国

管材静液压实验机 Bluelene1635　德国 IPT 公司

1.3　测试方法

屈服拉伸按 GB/T 1040.2—2006 测试；悬臂梁缺口冲击按 GB/T 1843—2008 测试；熔体流动速率（MFR）按 GB/T 3682—2000 测试；弯曲模量按 GB/T 9341—2008 测试；黄色指数按 HG/T 3862—2006 测试；管材测试按 GB/T 18742.2—2017.2—2002，管系列 S3.2，公称外径 25mm。

1.4　PP-RCT 基础树脂的生产概述

无规共聚聚丙烯长周期运行生产技术：管材产品中的低相对分子质量部分保障产品的加工性能，高相对分子质量量部分保障产品的冲击、耐环境应力、耐蠕变等使用性能。但相对分子质量量过小的低聚物在输送过程中会黏附于管壁，极易造成管道堵塞现象，不利于长周期稳定生产；过高的相对分子质量量导致熔体不易加工，并伴随有明显的口模膨胀。在生产 PP-RCT 管材专用料的过程中，催化剂确定后，需要通过调整聚合工艺参数来调整产品的相对分子质量量分布，保证产品高相对分子质量量与低相对分子质量量组分含量的平衡性，从而保证生产平稳运行以及使产品具有优异的加工性能与物理机械性能。

新版的 GB/T 18742—2017 明确指出 PP-RCT 即“结晶改善的无规共聚聚丙烯”，如何从聚合工艺和添加剂两方面对 PP-RCT 管材用专用树脂进行微观结构设计是关键：什么样的微观结构能使聚丙烯所做成的管材在内压作用下具有很长的失效时间而不破裂；研究表明聚丙烯这种长期负荷下的断裂是一种蠕变开裂，材料的黏弹行为使其在长期负荷作用下产生蠕变，即产生形变，此时如果材料内部在制作过程中存在着某种小裂纹，那么在蠕变过程中这些裂纹会慢慢扩展，并逐渐变大，形成裂纹，自量变到质变，最终导致材料快速断裂。初始的微裂纹存在于非晶相中，也在非晶相中扩展。显然，扩展快慢是和晶粒多少、大小和晶粒间联系紧密程度有关。晶粒多且尺寸较小，裂纹扩展时遭遇阻挡就会越大。而如晶粒之间有许多连接或非晶相区域少，那么裂纹扩展就更困难。晶粒间的连接可依赖于“系带分子”。所谓系带分子即一个大分子链由于其十分长，可以进入若干个晶片中，这样此大分子链就可把几个晶粒联系在一起。树脂的平均相对分子质量量愈大，系带分子就愈多。

1.5　乙烯含量及分散对 PP-RCT 的影响

管材树脂的乙烯含量主要影响基料的拉伸屈服应力、简支梁冲击强度、热变形温度等，在生产过程中要严格控制。对某段时间生产期间的乙烯含量做了连续跟踪。

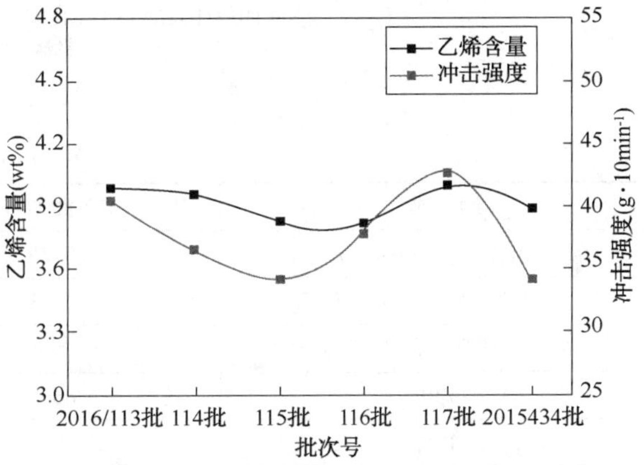

图 1　乙烯含量对 T4401 冲击强度的影响

从图 1 可看出，同一工艺条件下，使用同一种添加剂的 T4401 随着乙烯含量的增加，其简支梁冲击强度也随之上升。乙烯含量过低使产品更易结晶，T4401 刚性高，韧性差，抗低温性能也差；乙烯含量过高则生成乙烯嵌段过多，并有生成乙烯晶区的趋势，导致 T4401 的刚性差，韧性好。聚丙烯分子链中引入乙烯链段，PP 分子链的规整性降低，结晶度下降，使产品的简支梁冲击强度提高。所以在生产 T4401 时，建议乙烯含量控制在 3%～5%（wt）。乙烯含量过高导致基料刚性下降，反应器结块，挤出机下料阀卡停。

无规共聚聚丙烯是主链上无规则地分布着丙烯及其他共聚单体嵌段的共聚物。采用选定催化剂后在聚丙烯链上无规引入乙烯，改变了聚丙烯分子链中甲基有序列排列状态，分子链的柔性增加，使其抗冲击性能增加。树脂生产中既要控制好乙烯含量，也要控制好乙烯嵌入丙烯链中的排列结构。根据聚合工艺条件考察 T4401 冲击强度随乙烯分布改变而随之改变的情况。T4401 是独山子乙烯新区气相双反应器生产，用核磁 NMR 对两者共聚物序列结构进行了表征（表 1）。

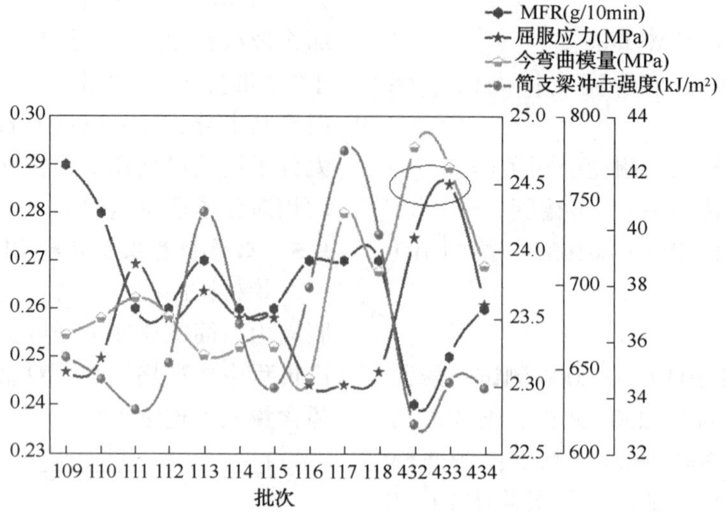

图 2　多因素关联图

表 1　T4401 物性对比

测试项目	432 批 T4401	434 批 T4401	433 批 T4401
MFR/($g\cdot 10min^{-1}$)	0.26	0.25	0.23
冲击强度/($kJ\cdot m^2$)	34.3	32.4	29.4
序列分布/%			
PPP	86.5	84.71	90.12
PPE	7.7	3.03	0.46
EPE	0.5	7.39	2.87
PEP	5.6	3.69	3.30
EEP	1.1	1.18	3.24
总乙烯含量/%(mol)	5.3	6.44	5.69
总乙烯含量/%(wt)	3.6	4.39	3.87

决定 PP 抗冲击性能的主要是聚丙烯链的结构．三单元结构中含 E 结点量的多少代表链段无规度的大小。PEP、EEP、PPE、EPE 这种无规则分布对 RCT 基础树脂的刚韧平衡起决定作用。无规共聚物的刚性、耐热性及熔点随着 E 含量的增加而降低，抗冲击性能则随之提高。由表 1 看出，三单元序列中 EEP、PPE 和 PEP 较少，未测出 EEE，含 E 节点的链段对树脂的韧性起作用，但 RCT 对刚性要求较高，不规则排列的含双 E 的三单元链段在 PP 晶区非晶区充当系带角色，起到刚韧平衡作用，因此选择 433 批 T4401 做 RCT 为基础树脂(图 2 画圈处)。

1.6　熔融指数(氢气)对 PP-RCT 的影响

MFR 可表征聚丙烯相对分子质量的大小。氢气作为相对分子质量调节剂，在聚合生产期间 H_2 的加入方式方法是反应器控制的关键参数。以近年生产的多批次 T4401 的 MFR 考察，MFR 对简支梁冲击强度的影响，如图 3 所示。

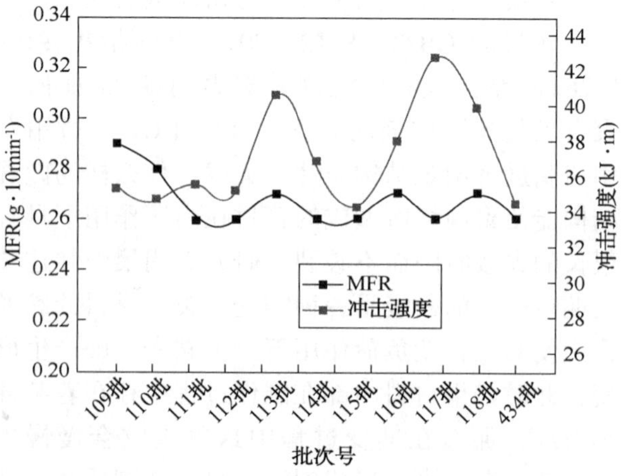

图 3　MFR 对冲击强度的影响

使用同一种添加剂，在乙烯含量控制目标值相同的情况下，由冲击强度趋势图 3 看出，MFR 在 0.26g/10min 左右的冲击强度值高于 MFR 为

0.28~0.30g/10min 时的值。MFR 越小，聚丙烯的相对分子质量越大，相对分子质量高的产品具有较好的物理特性，机械强度高、刚性好，有利于管材挤出成型。此外，相对分子质量越大，表明分子链越长，产生于晶片间的链接分子越多，可提高管材树脂的耐环境应力开裂性能。但 MFR 过低，对挤压机切刀磨损严重；MFR 过高，降低冲击强度值，所以 T4401 的 MFR 控制在 0.24~0.28g/10min 间最佳。

建议乙烯控制在 3%~5%(wt)，乙烯含量高，T4401 冲击强度高；乙烯嵌入丙烯链段的序列结构也影响冲击强度、拉伸性能、弯曲模量、热变形温度。

1.7 工业生产关键工艺参数讨论

对于 PP-RCT 的生产而言，影响材料冲击强度的因素主要包括 PP 中的单乙烯组分(E%)含量和乙丙胶相(PE%)含量。一般情况，在丙烯链段整体聚合度不变的情况下，控制第一反应器乙烯单体接枝于大分子丙烯链段越多，对产品的冲击性能提升越明显。T4401-RCT 单乙烯组分(E%)升高明显，单丙烯组分(P%)下降明显，但其乙丙胶相含量(PE%)并未发生明显增长，表明乙烯与丙烯的节点并未增长，即与丙烯发生接枝反应的乙烯单体并未增多，则大部分升高的单乙烯组分应为乙烯单体发生自聚反应所体现出来的“假乙烯含量”。

对于乙烯与丙烯单体共存的第一反应器而言，催化剂加入量的增加会引起乙烯单体发生自聚反应，造成可接枝于大分子丙烯链段的单乙烯组分含量减少，即第一反应器聚合出的粉料中乙丙胶相含量相对较低，与在线监测一反粉料乙烯含量数据吻合。催化剂活性大量消耗与第一反应器中，在第二反应器中残余的催化剂活性不足以完成大分子丙烯链段的聚合，从而生成大量的含有接枝乙烯的小分子丙烯链段，造成总乙烯含量的升高，与在线监测总乙烯含量数据吻合。大量接枝于小分子丙烯链段上“短链乙丙胶相结构”和乙烯自聚表现出的“假乙烯含量”无法对材料的冲击性能提供正向影响，对于 PP-RCT 专用料，首先要选用合适的催化剂，以生产 T4401 工艺为基础，对两个反应器聚合工艺进行调整，挑选分子链规整性越好，易结晶，刚性高的基料生产；第二步通过改变添加剂配比调整其结晶类型和方式，完善系带结构；第三步在管材挤出生产时做恰当处理。这样达到大幅提高管材环刚度、冲击性能、耐压时间和等级的目的。

聚丙烯装置在 234 线进行试生产 PP-RCT 管材料 T4401-RCT，粉料熔融指数控制在 0.2~0.5g/10min，粒料乙烯含量控制在 2.0%~5.0%(wt)，主要工艺技术参数见表 2、表 3。

表 2 反应器控制参数

条件	单位	控制指标
R2001 压力	MPa	2.1~2.5
R2001 温度	℃	55~80
R2001 料位	%	60~75
AL/Si	mol/mol	2(典型值)
AL/Mg	mol/mol	9(典型值)
R2001$H_2/C_{3=}$	%	0.06(理论值)
R2001$C_{2=}/C_{3=}$	%	1.9(理论值)
R2001TOTC_2	%	3.5~4.25(目标值)
R2501 压力	MPa	2.1~2.5
R2501 温度	℃	55~80
R2501 料位	%	60~75
R2501$H_2/C_{3=}$	%	0.06(理论值)
R2501$C_{2=}/C_{3=}$	%	1.9(理论值)
R2501TOTC_2	%	3.50~4.25(目标值)
粒料 MFR	g/10min	0.2~0.4

表 3 挤压造粒控制参数

参数名称	单位	参考范围
模板热油温度	℃	290~310
模板温度	℃	260~280
换网器温度	℃	260~280
齿轮泵入口压力	MPa	260~280
闸口开度	mm	115(全开)
筛网目数	目	60
切粒水温度	℃	55~65
切粒水流量	M^3/h	≥480
C2 段筒体温度	℃	180~250
C3 段筒体温度	℃	200~250
C4 段筒体温度	℃	230~250
C5 段筒体温度	℃	230~250
C6 段筒体温度	℃	230~250
C7 段筒体温度	℃	230~250

1.8 工业生产过程描述

聚丙烯装置 234 线于 2022 年 11 月 17 日按照工业化试生产方案，从某时段的 T4401 切

T4401-RCT 连续产至计划量，按计划转产 K8003 和 K9928H。生产过程中聚合调整操作过渡平稳，没有出现粉料黏壁现象，反应器工艺过程控制稳定无结块现象，挤压造粒设备运行平稳功率无波动，未出现因 MFR 较小引起的螺杆扭矩偏大停车现象，达到生产要求。转产 K8003 和 K9928H 过程，通过对 K8003 和 K9928H 的关键性能开展连续监测，检测关键性能无任何异常，没有发现 T4401-RCT 使用的添加剂(其中的 β 成核剂组分)存在残留效应。

2 结果分析

T4401-RCT：选取某阶段 T4401 粉料使用自研添加剂包，挤出造粒得到。

2.1 常规力学性能

表 4 常规力学测试结果

测试项目	RCT1#	RCT2#	T4401	T4401-RCT
MFR，2.16kg/(g/10min)	0.22	0.24	0.23	0.25
拉伸屈服应力，1A/Mpa	25.3	24.4	23.1	23.2
断裂标称应变，1A/%	480	460	560	560
简支梁冲击强度/(kJ/m^2)23℃	82	64	41	96
简支梁冲击强度/(kJ/m^2)-20℃	3.5	2.8	2.1	3.6
弯曲模量/MPa	736	738	650	727
热变形温度/℃	76	70	60	74

从表 4 中可以看到 RCT1#和 T4401-RCT 在常温、低温状况下与其他两个样品简支梁冲击强度高，且保证模量前提冲击表现很好；常规力学性能对比结果表明 RCT1#、T4401-RCT 耐冲击、刚性及其他综合性能较好。

2.2 DSC 测试结果对比

4 种 RCT 原料(T4401 除外)的熔融峰，RCT1#、T4401-RCT 具有明显的双峰特征，RCT2#则无双峰特征。RCT1#、T4401-RCT 的双熔融峰说明二者的结晶类型较普通 PPR T4401 明显改变，结晶度高，这种差异影响到材料的力学性能，拉伸屈服应力、弯曲模量、热变形温度和冲击性能等；RCT1#、T4401-RCT 符合 RCT 料关键特征：差示扫描量热仪(DSC)曲线上，PP-RCT 材料显示有两个熔融峰(表 5、图 4)。

表 5 DSC 测试数据

项目	熔点/℃	结晶度/%	氧化诱导期 210℃/min
RCT1#	133.8/145.9	38.4	44.3
RCT2#	143.2	36.6	34.0
T4401	145.9	35.8	33.7
T4401-RCT	135.5/149.7	39.6	48.1

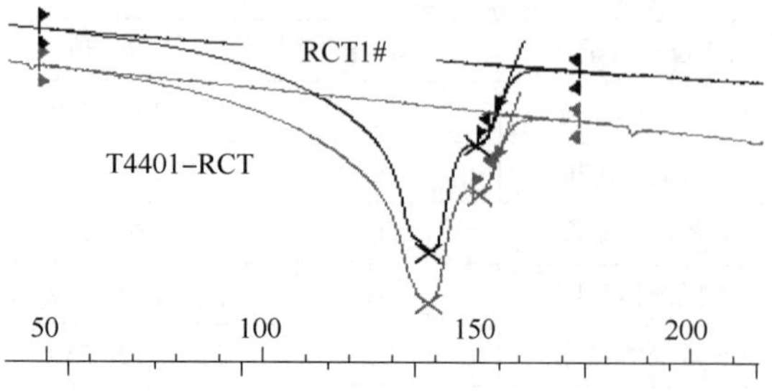

图 4 T4401-RCT 的 DSC 曲线

2.3 GPC 测试结果对比

聚合物的相对分子质量及相对分子质量量分布对其使用性能和加工性能都有很大的影响。PPR 管材的机械强度、韧性以及长期耐蠕变性能都随着相对分子质量的增大而提高，但分子量太高，又给管材及管件的加工带来困难。因此，其相对分子质量应控制在一定的范围内才比较合适，而相对分子质量大的分子链可以提高熔体强度，相对分子质量小的分子链则起到熔融润滑的作用，更利于挤出成型。相对分子质量高可以使 PPRCT 专用料具有良好的物理性能，有利于管材料的挤出成型。此外，相对分子质量越大，分子链越长，产生于晶片之间的联接分子越多，对于提高管材料之间的抗应力开裂能力有至关重要的作用，高分子链大多为折叠链的片晶结构，Mw 越大，系带分子越多，其抗冲击的能力越高。同时良好的相对分子质量分布，对于后期的加工将会产生较大的影响(表 6)。

表 6　GPC 测试数据对比

项目	Mn×10^5	Mw×10^5	D
RCT1#	1.20	5.93	4.94
RCT2#	1.39	5.71	4.10
T4401-RCT	0.91	3.62	3.98
T4401	0.92	3.69	4.01

一般来说，数均相对分子质量对低相对分子质量部分的分子所做的贡献较为敏感，会影响到物料固态时的性质(如冲击强度)；重均相对分子质量对大相对分子质量部分的分子所做的贡献较为敏感，会影响到熔体黏度；而相对分子质量的分布代表了聚合物试样相对分子质量的多分散性。因此调和物料的刚性及韧性可以采取拓宽聚乙烯树脂相对分子质量分布的方法，从而降低高剪切速率下的熔体黏度，但相对分子质量分布也不能无限制的增加。

由测试结果可知，数均(Mn)、重均(Mw)相对分子质量 T4401-RCT、T4401 较小，相对分子质量分布(D)也窄。RCT1 #、RCT2 # 数均(Mn)、重均(Mw)分子量较大。RCT1#相对分子质量分布(D)较宽。

对应于管材加工方面，RCT1#、RCT2#的相对分子质量分布较宽，通常意味着其在平均相对分子质量一定的情况下加工性能更好，它们的相对分子质量较大抗熔垂性可能会较好。但 T4401 和 T4401-RCT 由于拥有较低的数均相对分子质量及重均相对分子质量量，因而熔指较高，物料流动性一般而言较好，挤出管材时也能表现出较好的易加工性(如管材挤出机负荷较低、加工温度较低、管材表面更趋于光滑平整等)等特点。

2.4　核磁测试数据分析

表 7　PPR 管材树脂核磁共振数据

项目名称		RCT1#	RCT2#	T4401	T4401-RCT
单体含量/%(mol)	P	94.8	94.2	94.9	94.9
	E	5.2	5.8	5.1	5.1
共聚物的序列结构分布	PP	90.6	89.5	90.7	90.7
	PE	8.4	9.5	8.4	8.4
	EE	1.0	1.0	1.0	1.0
	PPP	86.6	85.0	86.7	86.9
	PPE	7.7	8.6	7.6	7.5
	EPE	0.5	0.6	0.6	0.7
	PEP	3.8	4.2	3.7	3.4
	EEP	1.0	1.1	1.2	1.1
	EEE	0.4	0.4	0.5	0.4
PPP 部分结构	mmmm	77.2	77.1	79.4	80.1.
	mm	87.9	87.5	88.2	89.2
	mr	9.7	10.1	9.2	8.9
	rr	2.5	2.4	2.6	2.4

从表 7 可看出，T4401 的"-E-"组分含量最高，RCT1#和 RCT2#的"-E-"组分含量较高，与其"-PE-"组分含量一致，高于 T4401 和 RCT4401。"-PE-"组分含量越高，对树脂的冲击强度贡献较大，但从力学性能测试结果来看，并未与核磁测试结果相吻合，表明"-PE-"胶相含量并不是影响树脂冲击强度的唯一因素，冲击性能还与树脂的相对分子质量大小有密切关系。

一般而言，PPP 部分的序列规整度，即 mmmm、mm 值越高，mr、rr 值越低，说明 PP 分子链的规整性越好，分子链越易结晶，材料的刚性也就越好。由表测试数据的分析比较可以看出，RCT-T4401 和 T4401 的 mmmm、mm 值相对较高，其刚性最好，这与力学性能测试结论相一致。

原料简支梁冲击强度和刚性的均衡程度的高低对 PPRCT 管材制品简支梁冲击和静液压实验的通过率均会造成影响。对于无规共聚聚丙烯而言，影响材料冲击强度的因素主要包括 PP 中的单乙烯组分(E%)含量和乙丙胶相(PE%)含量。一般而言，在丙烯链段整体聚合度不变的情况下，控制第一反应器乙烯单体接枝于大分子丙烯链段越多，对产品的冲击性能提升越明显。T4401 单乙烯组分(E%)升高明显，单丙烯组分(P%)下降明显，但其乙丙胶相含量(PE%)并未发生明显增长，表明乙烯与丙烯的节点并未增长，即与丙烯发生接枝反应的乙烯单体并未增多，则大部分升高的单乙烯组分应为乙烯单体发生自聚反应所体现出来的“假乙烯含量”。

对于乙烯与丙烯单体共存的第一反应器而言，催化剂加入量的增加会引起乙烯单体发生自聚反应，造成可接枝于大分子丙烯链段的单乙烯组分含量减少，即第一反应器聚合出的粉料中乙丙胶相含量相对较低，与在线监测一反粉料乙烯含量数据吻合。催化剂活性大量消耗与第一反应器中，在第二反应器中残余的催化剂活性不足以完成大分子丙烯链段的聚合，从而生成大量的含有接枝乙烯的小分子丙烯链段，造成总乙烯含量的升高，与在线监测总乙烯含量数据吻合。大量接枝于小分子丙烯链段上“短链乙丙胶相结构”和乙烯自聚表现出的“假乙烯含量”无法对材料的冲击性能提供正向影响，

对于 PPRCT 专用料，首先要选用合适的催化剂，在 T4401 基础上对两个反应器聚合工艺进行调整，挑选分子链规整性越好，易结晶，刚性高的基料生产；第二步通过改变添加剂配比调整其结晶类型和方式，完善系带结构；第三步在管材挤出生产时做恰当处理。这样完全可以达到大幅提高管材环刚度、冲击性能、耐压时间和等级的目的。

2.5 偏光分析

在 600 倍的偏光照中可以看到：图 5(b)的 T4401-RCT 里的 α 球晶很少，大量小而细碎的 β 晶呈簇状排列，规正紧密，β 晶尺寸小于 RCT1#。图 5(a)的 RA7050 有明显的 α 球晶与 β 晶共存，但都属于较小尺寸，排列整齐，从区域面积看 β 晶多于 α 晶。

(a)RCT1#

(b)T4401-RCT

图 5　600 倍偏光相片

2.6 哈克分析

T4401-RCT 采用优化的 T4401 抗氧剂体系。通过哈克转矩流变测试，T4401-RCT 抗热氧老化性能、加工稳定性略好于 T4401，T4401-RCT 在其复配 β 成核剂抗氧体系作用下，与 T4401 无明显差异，整体性能相当(图 6、图 7)。

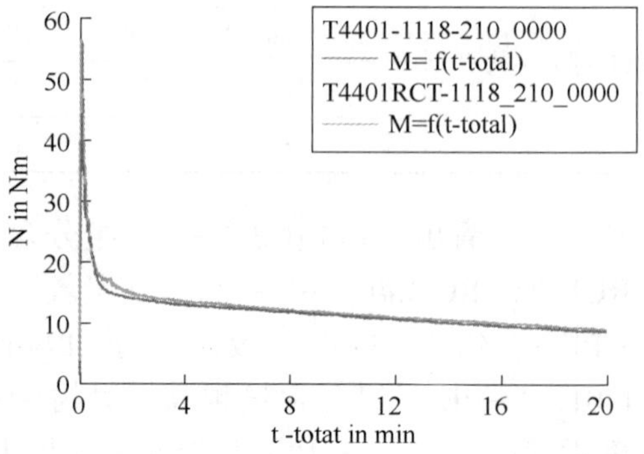

图 6　210℃转矩流变曲线

2.7 管材制备及静液压性能

使用 T4401-RCT 加工管材(表 8)，管材加工过程平稳，管材制品内外表面光滑，无气泡、麻点、凹陷等缺陷(图 8)。

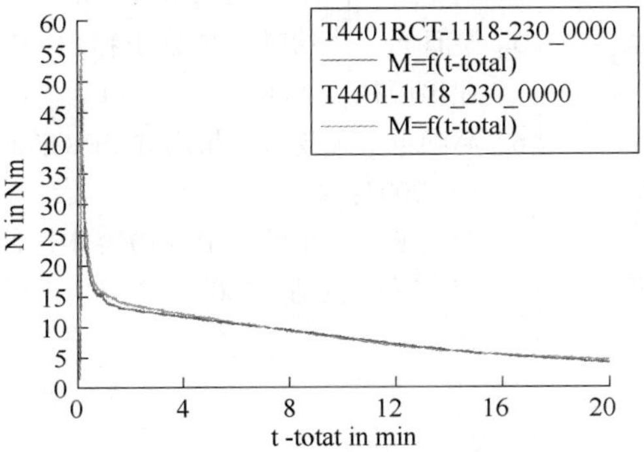

图 7　230℃转矩流变曲线

图 8　挤管现场图

表 8　管材加工参数

项目	加工温度/℃	牵引速度/(m/min)	主机转速/(r/min)	冷却水温度/℃	真空压力/MPa
T4401-RCT	210	3.0	110	25	-0.026~-0.022

根据管材测试标准 GB/T 18742.1—2017《冷热水用聚丙烯管道系统第 2 部分：管材》中测试要求，对制品进行了静液压试验，结果见表 9、表 10。

依照 GB/T 18742 中对 β 晶 PP-RCT 的静液压强度要求，对实验室加工的 T4401-RCT 管材样品分别进行四组静液压测试。在 20℃/15.0MPa 与 95℃/4.2MPa 条件下，T4401-RCT 管样破坏时间远超标准要求，静液压余量很大，管样常、高温承压性能优异。

表 9　PP-RCT 管材耐压测试条件和标准

测试项目	技术指标	典型值	测试标准	是否符合
静液压强度(20℃，环应力 15MPa，1h，S3.2 标准制样)	不破裂，不渗漏	合格	GB/T 18742.1—2017	符合
静液压强度(95℃，环应力 4.2MPa，22h，S3.2 标准制样)	不破裂，不渗漏	合格	GB/T 18742.1—2017	符合

表 10　静液压性能实测数据

项目	测试温度/℃	环应力/MPa	标准要求	破坏时间	测试结果
T4401-RCT	20	16.0	\ \	43h 韧性破坏	通过
	95	4.2	>22h	7000h 运行中	通过
	95	4.0	>165h	7000h 运行中	通过
	95	3.8	>1000h	7000h 运行中	通过

注：表中时间数据于 2023 年 8 月 06 日 10：00 记录。

3　结论

(1) 生产 PP-RCT 合适的基础树脂是关键，乙烯含量在树脂的链结构起刚韧平衡的主要作用。

(2) PP-RCT 的基础树脂选择很关键，三单元序列中 E 含量少有利。对聚合阶段的微调，改变添加剂的组分和配比可以影响基础树脂结晶结构，进一步保证 PP-RCT 的基础树脂刚韧平衡。

(3) T4401-RCT 的顺利生产需要优化生产工艺，合理安排转产顺序，保证其基础树脂稳定连续。

(4) 生产的 T4401-RCT 专用料力学性能测试，静液压测试完全达到或超过 GB/T 18742.1—2017《冷热水用聚丙烯管道系统 第 2 部分：管材》中测试要求。实验数据证明：使用 T4401-RCT 专用料挤出的管材其静液压余量很大，管样常高温承压性能优异，源于管材中保有的高含量、稳定存在的聚丙烯 β 晶。

参　考　文　献

[1] 杨爱武，柏基业等．给水用 PPR 管材专用料的研制

[J]. 现代塑料加工应用，2002，14(3)：5-9
[2] GB/T 18742. 2—2017. 1 ，2《冷热水用聚丙烯管道系统 第 1 部分：总则，第 2 部分：管材》
[3] 马进，林震宙，冯宏伟，等 . 独山子 INEOS 工艺聚丙烯装置 234 线过渡料的研究[J]. 上海塑料，2012，159 (3)：41-45.
[4] 马进，张鹏宇，胡廷芳，等 . PP-RCT 专用料的开发 [J]. 中国塑料，2017，1759 (9)：48-57.
[5] 金日光，华幼卿 . 高分子物理[M]. 北京：化学工业出版社，2008.
[6] 赵唤群 . 无规共聚聚丙烯 PPR 管材专用料研制和生产 . 2007：2-3.
[7] 李笑喃，刘鹏波 . 聚丙烯熔体拉伸流变行为的研究[J]. 塑料工业 . 2007，35(3)：46-46.

常减压装置能耗分析及优化用能技术

钟　喆

［中石化（天津）石油化工有限公司］

摘　要　石油化工产业既是重要能源生产业，也是最主要的耗能产业之一。中国的资源效率较国际发达国家低近10%，能源生产成本仅为原料加工成本的40%，而在制造设备的能源消耗是中国最大的能量资源。常降压力蒸馏设备是石油生产的第一道至关重要的工序，也是炼钢企业能耗最大的设备之一，所以对常缓解压设备的用能优化对于全厂的节能降耗有着重大作用。

关键词　常减压装置；节能；降低能耗

引言

目前，能耗经济危机已成一种世界共同面对的社会问题，尤其是油气资源的紧缺，对国民经济的增长和社会安全有着重要的作用。石化产业不仅仅是生产领域，同样也是能耗很大的领域，但由于其很大比例的能耗来自于生产装置的耗能，而同时常减压蒸馏装备又是整个生产系统中耗能最大的装备，所以降低常减压装置的能耗对全厂节约具有重要意义。而由于近年来新工艺、技术设备的广泛应用，生产装置的能量虽然日益地减少，但同时随着在炼制行业中投入技术设备期限变化，有很大规模的企业装备耗能量仍然较多，同当时国际上先进技术比有着很大的差异。

1　常减压装置的能耗特点

常减压装置是指常压蒸馏装置和减压水蒸馏设备的合称，一般由原油脱盐、常压蒸馏、减压蒸馏三个过程所组成。同时常压蒸馏和减压蒸馏都是按照物理性质的差异加以分开，将试样经过脱盐、水，再升温之后，直接送入蒸馏水塔中，然后按照试样中各部分的沸点不同，将蒸馏水塔中的各个沸点间的油品加以分开，所得的便是馏分油，随后再将所得的馏分油按照实际需要与其他添加剂予以调配，可以成为再生产的试样，简而言之，常减压蒸馏也都是直接完成试样的初加工。

当下，炼油公司装备的能源变成了公司成本开支的一个大的部分。炼油公司由于工艺、设备、环境等条件的不一样，各个公司的节约目标可能存在差异，需要引起管理层更加关注，采取适当的方法，使能效益得以提升。

通过对常减压装置的能源分析，总结了常减压蒸馏设备的能源优势。常减压装置能源主要由燃料、电、蒸汽等构成，常减压装置中能源、电能、蒸汽等能源占了一大部分，因此，如果要想减少能源消耗，必须对减少燃料、电能、蒸汽等的消耗展开探讨。如减少能源消耗量的话，可从加热炉、换热器、余热利用的角度加以改进；节能角度考虑，可以采用节能功能好的设备，来降低对能源的耗费；对于节蒸汽领域，通过对技术加以改善、对蒸汽加以处理的手段来降低蒸汽的消耗。

2　常减压装置的能耗分析

2.1　2#常减压装置用能趋势分析

表1　2#常减压装置综合能耗趋势分析

装置设计值改造后	中国石化标杆	统计周期最好值	月份	2019年实际值	2020年实际值	2021年实际值	2022年实际值	2022年基准值
8.62	镇海8.68	8.15	1月	8.99	8.98	7.75	6.13	
			2月	9.66	9.63	7.81	6.4	
			3月	9.24	8.15	7.26	6.4	
			4月	8.3	大修	6.78	5.84	

续表

装置设计值改造后	中国石化标杆	统计周期最好值	月份	2019年实际值	2020年实际值	2021年实际值	2022年实际值	2022年基准值
8.62	镇海 8.68	8.15	5月	8.62	大修	6.81	5.84	6.2
			6月	8.47	大修	7.05	6.35	
			7月	8.25	大修	6.49	6.38	
			8月	8.01	7.69	6.88	6.15	
			9月	8.08	8.22	6.54	5.91	
			10月	8.23	7.08	7.3	5.54	
			11月	9.27	8.34	7.24	5.96	
			12月	9.72	7.48	6.89	6.23	

从表1可知，2022年平均值为6.1；取6.1作为2022年基准值。

表2 2#常减压装置燃料气能耗趋势分析

统计周期最好值	月份	2019年实际值	2020年实际值	2021年实际值	2022年实际值	2022年基准值
6.7	1月	7.15	7.31	6.64	5.4	4.82
	2月	8.09	7.1	6.76	4.85	
	3月	7.58	6.7	6.45	5.15	
	4月	7.04	大修	6.15	5.23	
	5月	7.64	大修	6.23	4.42	
	6月	7.11	大修	6.44	4.74	
	7月	7.09	大修	5.81	4.98	
	8月	6.99	6.26	5.92	4.89	
	9月	6.92	7.09	5.62	4.57	
	10月	7.05	5.81	6.34	4.17	
	11月	7.89	5.63	6.36	4.91	
	12月	7.63	5.4	5.97	4.54	

从表2可知，2022年平均值为4.82；取4.82作为2022年基准值。

表3 2#常减压装置1.0MPa蒸汽能耗趋势分析

统计周期最好值	月份	2019年实际值	2020年实际值	2021年实际值	2022年实际值	2022年基准值
1.11	1月	1.87	1.79	0.85	0.99	0.93
	2月	1.73	2.31	0.8	0.96	
	3月	1.66	1.11	0.75	1	
	4月	1.32	大修	0.83	0.95	
	5月	1.24	大修	0.75	0.64	
	6月	1.2	大修	0.78	1.16	
	7月	1.27	大修	0.78	1.06	
	8月	1.22	0.95	0.93	0.96	
	9月	1.14	0.99	0.89	0.86	
	10月	1.28	0.03	0.88	0.84	
	11月	1.49	0.8	0.81	0.77	
	12月	1.95	1.57	0.81	1.07	

从表 3 可知，2022 年平均值为 0.93；取 0.93 作为 2022 年基准值值。

2.2 装置能耗同比分析

表 4 2#常减压装置综合能耗同比分析

月份	2019 年实际值	2020 年实际值	2021 年实际值	2022 年实际值	2022 同比 2019 年/±%	2021 同比 2019 年/±%	2020 同比 2019 年/±%
1 月	8.99	8.98	7.75	6.13	−0.31813126	−0.13793103	−0.00111235
2 月	9.66	9.63	7.81	6.4	−0.33747412	−0.19151139	−0.00310559
3 月	9.24	8.15	7.26	6.4	−0.30735931	−0.21428571	−0.11796537
4 月	8.3	大修	6.78	5.84	−0.29638554	−0.18313253	#VALUE!
5 月	8.62	大修	6.81	5.84	−0.3225058	−0.2099768	#VALUE!
6 月	8.47	大修	7.05	6.35	−0.25029516	−0.16765053	#VALUE!
7 月	8.25	大修	6.49	6.38	−0.22666667	−0.21333333	#VALUE!
8 月	8.01	7.69	6.88	6.15	−0.23220974	−0.14107366	−0.03995006
9 月	8.08	8.22	6.54	5.91	−0.26856436	−0.19059406	0.017326733
10 月	8.23	7.08	7.3	5.54	−0.32685298	−0.11300122	−0.13973269
11 月	9.27	8.34	7.24	5.96	−0.3570658	−0.21898598	−0.10032362
12 月	9.72	7.48	6.89	6.23	−0.3590535	−0.29115226	−0.23045267
平均	8.7366667	8.19625	7.0666667	6.0941667	−0.30246089	−0.19114842	−0.06185616

表 5 2#常减压装置燃料气能耗同比分析

月份	2019 年实际值	2020 年实际值	2021 年实际值	2022 年实际值	2022 同比 2019 年/±%	2021 同比 2019 年/±%	2020 同比 2019 年/±%
1 月	7.15	7.31	6.64	5.4	−0.24475524	−0.07132867	0.022377622
2 月	8.09	7.1	6.76	4.85	−0.40049444	−0.16440049	−0.1223733
3 月	7.58	6.7	6.45	5.15	−0.32058047	−0.14907652	−0.11609499
4 月	7.04	大修	6.15	5.23	−0.25710227	−0.12642045	#VALUE!
5 月	7.64	大修	6.23	4.42	−0.42146597	−0.18455497	#VALUE!
6 月	7.11	大修	6.44	4.74	−0.33333333	−0.09423347	#VALUE!
7 月	7.09	大修	5.81	4.98	−0.29760226	−0.18053597	#VALUE!
8 月	6.99	6.26	5.92	4.89	−0.30042918	−0.15307582	−0.10443491
9 月	6.92	7.09	5.62	4.57	−0.33959538	−0.18786127	0.024566474
10 月	7.05	5.81	6.34	4.17	−0.40851064	−0.10070922	−0.17588652
11 月	7.89	5.63	6.36	4.91	−0.37769328	−0.19391635	−0.28643853
12 月	7.63	5.4	5.97	4.54	−0.40498034	−0.21756225	−0.29226737
平均	7.3483333	6.4125	6.2241667	4.8208333	−0.34395555	−0.15298254	−0.12735314

表 6 2#常减压装置蒸汽能耗同比分析

月份	2019 年实际值	2020 年实际值	2021 年实际值	2022 年实际值	2022 同比 2019 年/±%	2021 同比 2019 年/±%	2020 同比 2019 年/±%
1 月	1.87	1.79	0.85	0.99	−0.47058824	−0.54545455	−0.04278075
2 月	1.73	2.31	0.8	0.96	−0.44508671	−0.53757225	0.335260116
3 月	1.66	1.11	0.75	1	−0.39759036	−0.54819277	−0.3313253
4 月	1.32	大修	0.83	0.95	−0.28030303	−0.37121212	#VALUE!

续表

月份	2019年实际值	2020年实际值	2021年实际值	2022年实际值	2022同比2019年/±%	2021同比2019年/±%	2020同比2019年/±%
5月	1.24	大修	0.75	0.64	−0.48387097	−0.39516129	#VALUE!
6月	1.2	大修	0.78	1.16	−0.03333333	−0.35	#VALUE!
7月	1.27	大修	0.78	1.06	−0.16535433	−0.38582677	#VALUE!
8月	1.22	0.95	0.93	0.96	−0.21311475	−0.23770492	−0.22131148
9月	1.14	0.99	0.89	0.86	−0.24561404	−0.21929825	−0.13157895
10月	1.28	0.03	0.88	0.84	−0.34375	−0.3125	−0.9765625
11月	1.49	0.8	0.81	0.77	−0.48322148	−0.45637584	−0.46308725
12月	1.95	1.57	0.81	1.07	−0.45128205	−0.58461538	−0.19487179
平均	1.4475	1.19375	0.8216667	0.9383333	−0.3517559	−0.43235463	−0.17530225

通过表4~表6近三年能耗结构分析，可看出常减压装置能源结构及主要能源使用种类基本稳定，主要用能源使用依次为：燃料气、蒸汽、电。

3 常减压装置优化用能技术

3.1 优化换热网络

常减压装置在很多地方都会发生热交换，但在完成转换中却必然也会发生热量的丧失，进而导致了热量的损失。因此要采用的方法就是对常减压设备换热网络加以改造，并对电能加以合理的循环使用，这样减少了电能的耗费。在开始设置设备换热网络时，工程需要设计出一种能够反复完成换热的高温热源，以便于确保每一次完成换热后的传热温差都不大。以当今的科学技术来说，对换热网实行优化设计时，最常使用的方法是加垫热方法，即可采用最合理的办法使换热网不发生跨越夹点换热，并由此来使热能线在转换时对热能的破坏变小。目前，各炼厂为改善加热炉的节能措施，一般涉及选用先进、高效率的蓄热燃烧器火嘴，采用低声波吹灰器以避免积灰威胁传热效率，采用排烟余电回收系统以降低排烟热损失温度，以及使用管束型空气预热器等。

3.2 采用高效节能设备

对于炼油行业，机械设备的节能作用会给生产带来直接影响，对机械设备节能加以改善，可以使设备获得较大的节省。其中重点优化的装置有各种类型的换热器设备。各种类型的日常减压装置中的关键装置，同时也是能耗非常重要的调节装置，有非常好的节能前景。据此，企业可按照实际状况对各种形式加以改良，例如对各种类型的热效率加以提升或是进行余电的利用等方法。现在，比较普遍的对加热炉的改造方法主要有对蓄热燃烧器火嘴的替换，和对烟气中的余电进行热回收的技术等。在日常减压装置中往往要求大量利用余电以及冷却高温气体，所以，在换热器和冷却器种类上都应选用比较高效节能的，这对于该设备的热消耗减少具有重要的意义。现在，发达国家已经研究出了一种变横截面的换热器，使得气管内部的传热效率大大提高，而且由于壳程电压降很低，其传热特性也比较优异。常减压的蒸馏过程中必须利用大部分余热，而且又要凝结以及冷却大部分低温热，所以采用高效节能的换热器和冷凝冷却器，对减少能耗也具有关键的作用。国外也对管壳型换热器开展了大量研究，并发展了新型的变截面管式换热器，可同步加强管内与管外传热工作，并具备较小的管壳程压减和较优异的“传热-压降”特性。石油化工还有另外多种炼厂目前应用螺纹管式换热器，其管壁为内凸外凹的波纹状结构，当流线通过管壁的凹陷、凸槽处时，将形成一条流向方向永远垂直于层流流动方向的纵向旋涡，而这种漩涡使层流层受到冲击破坏，并转变成紊流状态，也因此增加了整体传热速度。

3.3 优化操作条件

保证日常减压蒸馏设备在能够正常稳定工作的基础上，对作业条件加以改善，也是有利于节能降耗的重要方法。运行条件的改善包含了对已有工艺流程的改善，以及作业流程效应，以便尽量减少对不合理的人力加以利用。另外，通过运用当下最领先的环保科技，使作业流程能够立体、综合化的推进，通过采用最适合原油的检测、监控等方法来确保较好的环保，比如对过自然气化量的监控、改变回流比、改变减压塔急冷抽回注量、减渣水温的增加、对过原油抽出量加以增加。

3.4 应用先进技术

（1）抽真空技术，减压过程，一般采用的主要装置是水蒸气喷射装置，当与真空装置相配套应用时，既能够提高装置内所需要的真空度，又可以减少水消耗和降低空气污染物的排放量。

（2）变频器工艺，是利用使电机的定子的电源频数加以发生变化，进而调整电机的速度，来实现对机组的速度和状态发生变化，进而实现对发热炉发生变化的适应性。这对目前的中国大功率电器应用的无序现状，有极大的影响。

（3）高速电脱盐工艺技术，脱盐是日常减压装置的第一道工艺，电脱盐工艺技术对于降低能耗具有重要意义，作为一项世界领先的工艺技术，对减耗意义巨大。阴极间与进料处之间是油相，而进料分配管使用了特殊的高效喷嘴，能够通过直流或交流电，通过输出电流调档。

4 结束语

总而言之，石油的提炼是石油工业生产的关键，也是整个过程能源消耗最高的部分。这其中能源消耗最大的当属日常减压蒸馏装置，在原油制造工艺中起着核心作用，在节能降耗方面也同样具有很大的提升空间。而随着先进科学技术的日益运用到了原油精炼领域，通过各种节能装置与工艺，炼油行业可以针对自己的实际状况加以研究和应用，从而提升节能效益，使企业的经营效益实现了最优化。

参 考 文 献

[1] 赵洁．常减压装置工艺流程模拟与用能优化分析[D]．西北大学，2019.

[2] 肖健华．石油企业常减压装置能耗特点及优化用能技术[J]．化工设计通讯，2018，4409：114-115.

[3] 王继虎．大型常减压装置节能优化技术[J]．中国石油和化工标准与质量，2019，3914：229-230.

催化裂化装置实现绿色停工的若干措施

李振健

[中石化(天津)石油化工有限公司]

摘　要　本文对天津分公司1.3Mt/a催化裂化装置渣油加氢换剂停工期间如何实现绿色环保停工进行了说明，列出了本装置在现有流程设施基础上采取的措施，确保了“油不落地、气不上天、反再系统无扬尘”的环保目标实现。

关键词　催化裂化；绿色停工；措施

引言

催化裂化装置停工吹扫过程中易产生较多的粉尘、污水、污油、废气和噪声，造成现场扬尘不止，气味较大，污油较多，不利于职工的身体健康的同时，更不能满足日益严格的环保要求。国内较早设计的催化裂化装置很少涉及绿色停工，随着环保压力的增加，如何实现密闭吹扫，减少污水、污油、废气的排放，在保证装置平稳安全停工同时，实现绿色停工成为各炼油装置开始研究的课题。

天津石化公司1#催化裂化装置设计两器结构形式为同高并列式，再生器为前置烧焦罐式再生，反应器采用MIP专用串联反应器提升管，出口直联VQS快速分离系统及预汽提段。随炼油质量升级项目开工，1#催化原料按LTAG工艺组织生产，原料掺炼45%的催化柴油(前加氢)，同时掺炼20t/h的加氢精制柴油。按照渣油加氢装置换剂总体安排，1#催化装置3月20日7：00切断进料，3月28日9：00交付检修。

1　实现绿色停工可行性及关键点分析

装置停工过程中，原有操作方式粗犷，无序放空和直排现象经常出现，催化剂细粉扬尘弥天，蒸汽吹扫会造成油气及恶臭等污染，对周边环境造成巨大的不良影响，对操作人员造成较大的人身伤害。

催化裂化装置反再系统的污染物主要是催化剂粉尘，分馏稳定系统污染物有污油、污水、废气。根据本次停工检修要求，反再系统需器内检查，催化剂需要处理干净；分馏系统检修任务不多，重油部位吹扫，需检修部位吹扫；吸收稳定系统更换解析塔重沸器，解析塔吹扫。余热锅炉因积灰严重效率较低，需化学清洗。其中部分部位现有流程无法满足密闭吹扫需求。

1.1　完善密闭吹扫的相关流程

要实现密闭吹扫，针对现有的催化装置流程设施并结合2020年停工难点，考虑现有流程是否能够满足密闭吹扫要求，装置正常运行期间是否能够对流程进行整改，增加的吹扫点和吹扫流程设置是否合理，个别流程吹扫困难怎样针对性解决。经过梳理，反再系统需增加部分抽真空流程、分馏塔底增加污油回收流程、停工操作期间精细控制确保气压机不放火炬、余锅倒引中压蒸汽吹灰至烟脱系统等措施是确保装置实现绿色停工的关键环节。

1.2　对接后路排放系统

停工前期提前与公用工程及储运系统对接，部分出装置管线严格控制吹扫汽量和吹扫时间，采用间断性吹扫。油浆、干气、液化气等产品线与相关装置对接，确认外送介质退油和吹扫走向。对于检修期间无检修项目的系统管线，提前编制界区系统管线处置管理表，并盲板隔离以减少污染物产生。确认火炬系统气柜回收量，确保停工撤压顺利进行。

1.3　核实污水、污油外送能力及去向

吹扫期间，各流程吹扫均需要向火炬系统密闭吹扫，通过塔顶冷却器进行冷却变为冷凝水或污油。通过样品分析确定去路。该去路需要提前与上级对接，以防止因后路不畅影响停工节点。根据吹扫、蒸塔期间蒸汽耗量核实外送泵能力，若外送能力不足需停工前解决这一制约瓶颈。

经过分析评价，建议增加钝化液至烟脱废水流程，不仅解决了钝化液去向，又要实现密闭输送，确保对环境无影响。

1.4 吹扫难度大，不可直接就地排放

密闭吹扫期间，油浆系统吹扫难度大，耗汽量高，流程长、吹扫不彻底，采用柴油置换方法能够较好解决，但会增加污油量。通过停工期间将柴油组分退至分馏塔，并通过油浆泵外送冲洗油浆系统，减少了吹扫的难度，可以确保吹扫效果。

1.5 优化停工吹扫方案

提前集中讨论并编制好环保停工方案，明确每条流程的走向和给汽点，细化吹扫次序，避免出现蒸汽抢量的情况。对于个别流程优化无法解决的问题，提前制定相应的应对措施。

尤其对停工期间如何确保富气压缩机入口不放火炬进行针对性演练，并完善下发操作指导书，专人负责，确保停工过程不放火炬。

2 实现绿色停工采取的部分措施

2.1 反再系统完善抽真空卸剂流程

优化反再系统卸剂操作，停工前在再生滑阀前、水平段、外取热器等部位放空接硬管至抽真空系统(图1)，该段管线采用法兰连接，催化剂转剂结束后，再生滑阀保持全关，通过抽真空方式将再生滑阀前立管、水平段、外取热器底部催化剂卸净，预计该操作节约卸剂时间2~3h。同时保证卸剂时反再系统压力，加快卸剂速度。卸剂过程中频繁活动再生、待生滑阀减少催化剂和泥情况发生。同时器内卸剂采取由上到下顺序，并且在可能发生扬尘的外排点加装布袋进行防护；在反再区加装隔离围挡，减小因天气原因造成的粉尘外溢，降低整个卸剂过程中的扬尘。

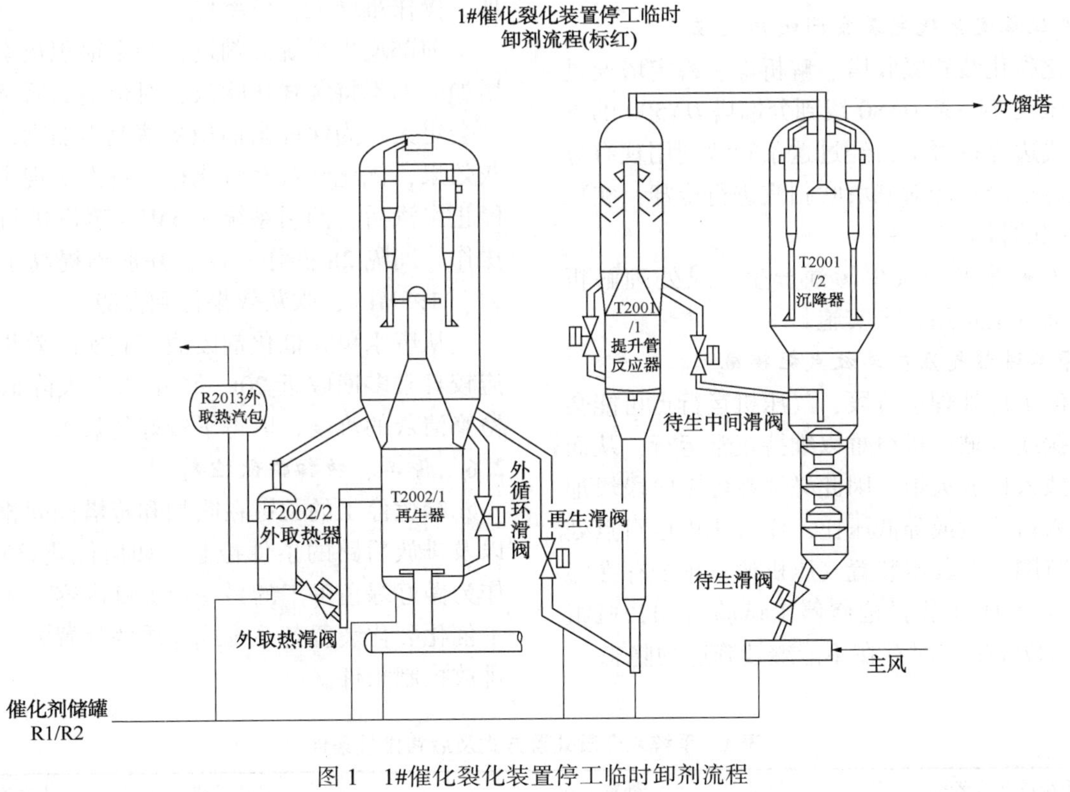

图1 1#催化裂化装置停工临时卸剂流程

2.2 分馏系统完善完善污油接卸流程

Φ1100大盲板装好后，关闭分馏塔顶放空，分馏系统全面扫线。EC2001、EW2002正常投用，控制R-2008内水温≤45℃，罐内冷凝水可经含硫污水泵P-2029外送至污水汽提，T2003塔底连续拿油完毕后，冷凝水从塔底导凝排入含油污水，R-2008底导凝作为水质监控点，在吹扫过程中要求质检中心进行污水油含量分析，污水含油量变化不大后，由安全环保处确认污水排放合格后，停止密闭吹扫，改放空继续吹扫。

分馏塔、容-7底放空进油井利用本装置现有闲置冷却器进行改造，使塔内吹扫蒸汽经冷却器冷却后进油井，实现密闭吹扫。本次停工完善塔底含油污水冷却流程，并增加了接油设施，避

免初期对含油污水系统的冲击(图2)。

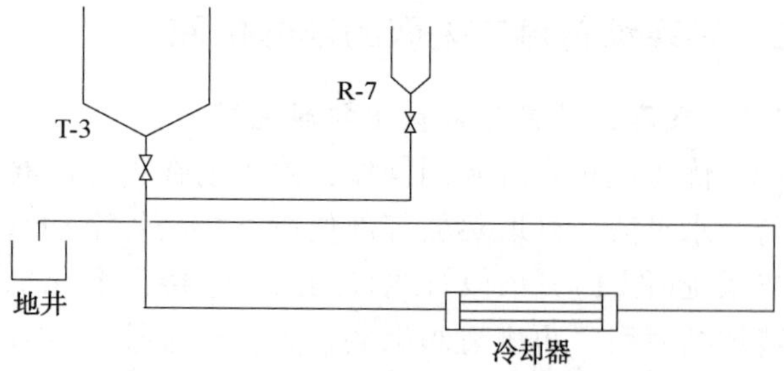

图2　塔底含油污水冷却流程图

对于部分重油流程，车间拟对油浆线和原料出装置线采用爆破式吹扫的方式，达到提高扫线质量和节省蒸汽用量的目的。以油浆线为例，整条流程共有5个给汽点，全开状态下共耗汽13t/h。若采取爆破式扫线，共耗汽6.5t/h，通过改变扫线方式可以节约大量蒸汽，只要罐区见汽即转换扫线方式，通过间歇式给汽达到扫线质量要求。

2.3　吸收稳定系统完善密闭吹扫流程

催化裂化装置吸收塔、解析塔、稳定塔通过三塔泄压线接一条*DN*80线到分馏塔*DN*500的密闭排放线边界排凝上，经过这条管线利用现有分馏塔顶后空冷水冷对三塔吹扫汽进行冷却，实现密闭吹扫的目的。

因本次停工为减少污油产生，只处理解析塔，故该方案备用，未实施。

2.4　停工过程气压机不放火炬措施

在停工低处理量阶段，气压机运行点可能会进入喘振线区域，机组难以维持正常运行，从而喘振导致入口放火炬。因此必须在停工阶段增加气压机入口流量或降低压比，使气压机运行点处于正常范围。尤其本装置气压机调速系统存在隐患，通过2021年装置抢修停工试验可知，机组降速至6476r/min时存在不能继续降速的隐患。

车间前期制定了不放火炬操作指导书，并下发班组学习。由于气压机转速除停机外不能降低至6476r/min以下，所以*DN*250放火炬控制阀中控室打手动，在切断进料时，不影响提升管线速度前提下，手动调节外补事故蒸汽量大小，同时降低稳定系统压力，关闭气压机出口阀并开大返飞动量，控制反应压力0.12MPa，中控室长时间保持气压机转速6476r/min以上的转速，尽量避免放火炬。通过反再岗位以及气压机与稳定岗位的紧密配合，根据反应压力及气压机运行情况，及时降低稳定系统压力，开大返飞动，关小气压机出口阀，在气压机不能降低转速情况下，实现了停工过程不放火炬的既定目标。

1.5　余热锅炉倒引系统中压蒸汽提高吹灰效果

1#催化余热锅炉吹灰蒸汽为余锅自产过热蒸汽。在历次停工过程中，随余锅自产汽的减少，余锅不吹灰，都是在检修期间进行人工清灰处理，操作难度大，效率低。

前部反再系统卸剂过程中余锅积灰本来就会增加，如不持续强化吹灰，对余锅的后续处理难度会更大。为保证余锅积灰情况不加剧，加强吹灰效果，优化吹灰蒸汽流程，首次实现了在余锅停止发汽后，倒引系统3.5MPa蒸汽进行吹灰的操作。间隔2h操作一次，并适当提高了吹灰压力至1.3MPa，吹灰效果得到保障。

从废水单元催化剂废渣回收实际效果看，废渣较日常多回收近20t，该举措大大降低了余锅检修清灰的难度，取得了较好的效果。

2.6　停工、吹扫排放控制

绿色停工的关键在吹扫和蒸塔期间排放控制以及排放后路的条件控制。如何优化该项内容，作为做好绿色停工的另一项关键内容。表1详列了催化裂化装置各系统或介质的处置方式及后路排放控制条件。

表1　系统或介质处置方式及后路排放条件

系统或介质名称	处置方式	排放后路	排放条件
瓦斯系统	配合隐患治理，泄压吹扫至低压火炬	低压火炬系统	排放温度≤70℃
干气出装置	系统干气泄压至双脱装置	低压火炬系统	排放温度≤70℃
液化气出装置	新鲜水置换至双脱装置	低压火炬系统	排放温度≤70℃
汽油	系统不处置，检修部位卸油至轻污油系统	轻污油罐R-2035	排放温度≤40℃
轻柴油	系统不处置，检修部位卸油至轻污油系统	轻污油罐R-2035	排放温度<40℃
回炼油、油浆及各中段回流	分馏塔存油初期外送产品油浆， 侧线扫线后存油外送重污油	重污油罐区	排放温度≤90℃

续表

系统或介质名称	处置方式	排放后路	排放条件
油浆紧急外甩线出装置	间断性吹扫至罐区	重污油罐区	排放温度≤90℃
轻污油罐退油	不处置，撤压至轻污油罐	轻污油罐区	排放温度<40℃
汽油加氢来不凝气和含硫轻烃	汽油加氢扫线至 *DN*2008，排至低压火炬系统	低压火炬系统	排放温度≤70℃

2.7 环保监测标准及实际排放情况

2.7.1 污水排放

(1) 排入含油污水系统的污水水质要求：油含量≤100mg/L、COD≤1000mg/L、硫化物≤20mg/L、氨氮≤50mg/L、pH=6~9。

(2) 排入边沟的水质符合《天津市污水综合排放标准》要求：油含量≤10mg/L、COD≤60mg/L、硫化物≤1mg/L、氨氮≤8mg/L、pH=6-9。

2.7.2 废气排放

现场排放的吹扫废气符合国家《恶臭污染物排放标准》(GB 14554—1993))厂界二级标准：硫化氢≤0.1mg/m^3、氨≤2.0mg/m^3、甲硫醇≤0.010mg/m^3、臭气浓度≤30。

3.7.3 实际排放情况

表2 停工废水排放统计表

序号	装置/工段	排放点位	废水种类	排污时间	实际排污量 t	废水污染物浓度/(mg/L)					排放方式
						COD	石油类	氨氮	硫化物	pH	
1	1#催化	EW2015/1-6、R-2016	钝化水	3.26	80	200	35.1	1.45	1.62	7.66	含盐污水管线排放至水务部

表3 停工污油/固废排放统计表

装置/工段	排放点位	排污时间	实际排污量/t	排放方式	备注
1#催化	污油井、边沟/分馏塔底	3.20-3.27	30	吸污车、槽车	
1#催化	油泥、含油催化剂等	3.20-3.27	15	车运，固废专业处理	

对比2020年停工过程，同样的停工时间下，公用工程消耗及污油量明显小于2020年(剔除部分单元不处置因素)。此外，通过蒸塔、管线的化验检测数据作为手段能够了解到停工吹扫及蒸塔的效果，系统吹扫较为彻底，均达到了允许排放的条件，符合国家、天津市、公司的排放要求，圆满完成了绿色停任务。

3 结语

从1#催化裂化装置停工过程可以看出，停工过程实现了全密闭吹扫，反再系统无扬尘无序排放、停工不放火炬，污水、污油达标分类排放、控制蒸汽耗量及污水污油产量，现场不乱排、不乱放、无异味，实现了“油不落地、气不上天、反再系统无扬尘”的绿色停工目标。

关于硫黄回收后碱洗运行浅析与节能探讨

杜　君

［中石化（天津）石油化工有限公司］

摘　要　随着工业化的发展，安全环保越来越受到重视。硫黄回收装置作为一套环保装置，其作用越来越受到重视。尤其全球变暖的问题，碳补集碳回收等新课题成为新的研究方向。硫黄回收装置可以有效地控制和处理炼厂尾气中的二氧化硫排放量，将其中的硫回收，实现尾气达标排放。本文就硫黄回收装置后碱洗单元的运行问题进行分析，进而保障硫黄回收装置碱洗单元的高效稳定运行。

关键词　硫黄回收；后碱洗；二氧化硫

引言

现有的硫黄回收装置为满足 GB 16297—1996 中规定 SO_2浓度小于 960mg/Nm^{3}的要求，硫回收率应不低于 99.8%。近年来，国家环保法规对 SO_2的排放要求越来越严，国家标准《石油炼制工业污染物排放标准》（发布稿）中规定 2015 年 7 月 1 日起新建硫黄装置及现有硫黄装置 2017 年 7 月 1 日之后，排放烟气中的 SO_2 一般地区不大于 400mg/Nm^3，特殊地区不大于 100mg/Nm^3。因此，为满足烟气中 SO_2排放的指标，对于新建及现有硫黄回收装置，应采用新工艺技术或对现有工艺进行优化。本公司 2 号硫黄回收装置初始设计规模为回收硫黄 20 万 t/a，在 2020 年检修期间，装置进行了适应性改造，增加后碱洗工艺。该工艺采用镇海石化工程股份有限公司烟气钠法脱硫单元专利技术（钠法脱硫技术）降低 SO_2 排放浓度。该工艺性能稳定，脱硫效率高，工艺流程短，投资低，改造后的烟气经碱洗塔顶排放至大气。

本次改造新增脱硫塔及其配套平台 1 套，新增碱液罐 1 台，氧化罐（带搅拌器）2 台，废水缓冲罐 1 台，氧化风机 2 台，碱液循环泵 3 台，外排废水泵 3 台。该项目于 2021 年 5 月 26 日正式投用。

1　后碱洗工艺原理

钠碱法脱硫工艺是用碱性化合物（如 NaOH、$NaCO_3$等）吸收烟气中的 SO_2，得到 Na_2SO_3、$NaHSO_3$溶液，再经净化、氧化等工序生成含 Na_2SO_4的污水，最后直接排放或经除盐后回用。烟气与碱液在洗涤塔内逆向接触发生化学反应，碱剂为氢氧化钠，用碱溶液洗涤含 SO_2 的烟气时，首先 SO_2与水反应生成亚硫酸，部分亚硫酸离解成 H^+、HSO_3^-及少量的 SO_3^{2-}离子，同时水溶液中的碱则离解成 Na^+和 OH^-离子。吸收液在循环过程中，不断吸收烟气的氧气，会发生副反应，即少量亚硫酸钠被烟气中的 O_2氧化为硫酸钠（Na_2SO_4）。通过在线分析仪的检测，不断向系统补充新鲜碱液，产生的含盐污水经过除盐后回用。

2　后碱洗系统流程

来自硫黄回收装置焚烧炉焚烧后的 320℃ 烟气进入脱硫塔。烟气在脱硫塔内与吸收液接触后脱除烟气中的 SO_2；净化后的烟气直接排放至大气。吸收液在脱硫塔内循环吸收烟气中的 SO_2，为维持吸收液的 pH 值在 7 以上，需向吸收液内补充新鲜碱液，为维持吸收液中 Na_2SO_3浓度稳定，需外排少量废水。

废水排入氧化罐内与鼓入的空气反应将 Na_2SO_3氧化为 Na_2SO_4外排。

3　运行现状问题与对策

3.1　运行现状

后碱洗单元自投用以来，运行较平稳，很好地解决了硫黄尾气因为各种波动等原因导致排放超标的问题，大大提高了装置运行的稳定性，国控源 SO_2 折算排放量数值始终控制在 5mg/Nm^3 以内。

3.2 存在问题

虽说后碱洗的运行很好地解决了 SO_2 排放超标问题，但也在运行中也出现了一些问题。

（1）由于尾气碱洗单元在进行长时间运行后，该系统内就会出现大量的盐，由于外送出装置的废水量偏小且这些盐的流速较慢，就会致使管孔小的地方形成结晶；这样就会导致碱洗系统出现堵塞的情况。比如，碱洗循环机泵管线出现结垢的情况，对泵进行检查时，会发现泵的入口滤网及管线内部出现被大量盐堵塞的问题，如图1所示，要避免尾气碱洗系统出现结垢的情况，就要减少难溶于水的物质。

图1　循环泵入口过滤器

（2）循环泵出口 PH 值指示仪表及氧化罐出口 PH 值指示仪表经常出现故障。由于仪表检测点孔径小，后碱洗系统中出现的这些盐容易堵塞，使仪表失灵。仪表更换玻璃的配件时易碎，由于频繁更换，导致配件不足。到现在为止循环泵 P603 出口 PH 指示仪表及氧化罐出口 PH 指示仪表均显示异常。

（3）装置外碱洗管线因年限过长，导致腐蚀老化泄露问题。由于碱洗系统使用的为强碱，管线内介质如若长时间不流动，对管线的腐蚀会加剧，现已发现该段管线出现腐蚀泄露情况。

3.3 对策

（1）针对管线内结盐堵塞问题，该装置管理人员通过优化改造，减少碱洗塔内新鲜水的使用量，增加循环泵等密封冲洗水的使用，该密封冲洗水为除盐水，大大降低了系统内结盐的速率。通过近半年的实践摸索，该方法有效。

（2）对于仪表等指示不准的情况，随着系统内水质的改善，并增加含盐废水外送的流量，提高盐在管线内的流速，有利于降低仪表堵塞假指示的问题。

（3）由于碱液本身的腐蚀特性，建议升级碱洗管线材质，同时，在每次收碱液结束后，对该管线进行泄压吹扫，将管线内残留的介质吹出，防止腐蚀加剧。

4　节能优化探讨

（1）关于碱洗系统外送的废水，设计通过氧化的方式对废水中的亚硫酸盐进行氧化，而实际运行过程中，该氧化供风系统未投用，每台氧化风机耗电约 200kW·h，大大节约了该系统的电能消耗。通过化验分析外送废水情况，COD 等指标均满足控制标准。

（2）循环碱洗泵正常运行时投用 2 台，通过不断的摸索实践，停运 1 台碱洗泵仍能满足该系统的正常运行，烟气 SO_2 排放指标均合格。因此，减少 1 台循环泵的运行，亦可节约系统电耗。

4　总结

综上所述，通过对硫黄回收装置后碱洗运行中出现的问题进行相应地解决处理后，该碱洗系统运行逐渐实现平稳运行，结垢堵塞情况得到了缓解，同时通过不断优化操作，大大降低了该系统的电能消耗，这些都为硫黄回收装置实现环保节能提供了条件，从而让硫黄回收装置尾气碱洗系统实现高效长期稳定运行。

参考文献

[1] 陈赓良．克劳斯法硫黄回收工艺技术进展[J]．石油炼制与化工，2007，38(9)：32-37.

常减压空气预热器腐蚀的成因及对策

韩　贺　刘　鑫　李闰石

（中国石油乌鲁木齐石化分公司）

摘　要　针对中国石油乌鲁木齐石化分公司600t/a常减压蒸馏装置烟气回收系统出现腐蚀减薄情况，检修时对结垢物质进行了详细分析，并从结垢机理和所有进入物料的组成及性质分析结垢腐蚀减薄原因；并且可采取工艺防腐、设备防腐等措施，减缓常减压装置烟气回收系统结垢腐蚀问题。

关键词　烟气系统；腐蚀减薄；泄漏；工艺防腐

600万t/a常减压蒸馏装置，加热炉分为常压炉（F-101）、减压炉（F-102），常压炉为方箱炉，减压炉为圆筒炉。减压炉燃烧气为系统高压瓦斯燃料气；常压炉燃烧气为系统高压瓦斯燃料气和减顶瓦斯燃料气混烧。由于燃料气中硫等酸性元素含量较高，自2012年开工运行至今，其烟气回收系统中后置预热器出现腐蚀减薄，前置预热器出现泄漏情况。从2016年、2019年装置大检修期间将烟气回收系统清理检修，空气预热器出现明显腐蚀减薄现象。如果发生烟道腐蚀泄漏，导致装置被迫降量停工，严重影响全厂物料平衡，加工带来的经济损失巨大。因此，针对腐蚀物质的成分及腐蚀机理进行分析，并提出减缓腐蚀的对策。

1　设备材质及腐蚀概况

600万t/a常减压装置空气预热器分为前置预热器和后置预热器。其型号及材质如下：前置空气预热器型号：BFX3000-DR15；后置预热器型号为：LBY2800-LT3B，材质均为20#钢。

从2016年、2019年大检修对于内部检测腐蚀情况：前置预热器部分翅片管有弯曲变形挤靠

图1　前置预热器管束变形

的现象如图1；图2烟气侧下部腐蚀较为严重其壁板最薄处仅为2mm空气预热器端，下部出现腐蚀穿孔，发现侧壁及底部有水渍及氧化锈蚀，底部出现明显漏点酸腐蚀穿孔样貌。

图2　后置预热器壁板腐蚀图

2　腐蚀原因分析

2.1　结垢物质的成分和性质

600万t/a常减压蒸馏装置，2016年、2019年装置进行两次大检修，加热炉烟气系统进行检测，从前置预热器、后置预热器换取出垢样，垢物质表征为黄、褐色，质地较硬。利用能谱对该

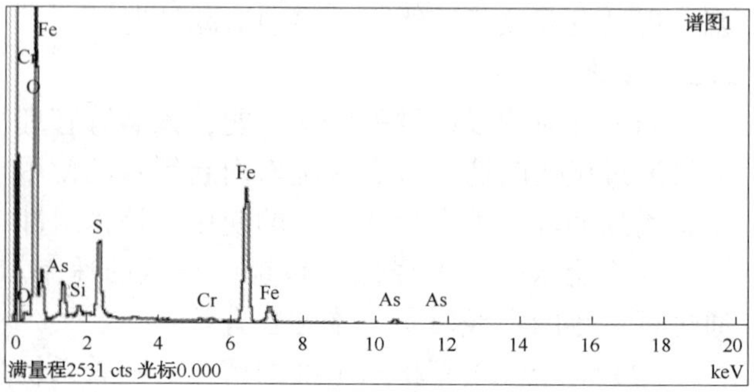

图3　能谱分析图

物质进行表征，结果如图 3 所示。根据图 3 所示，铁、硫等元素含量较高，再利用原子吸收、元素分析等方法，分析了其水溶液中有害元素，结果见表 1。

图 4　Standard：

C	$CaCO_3$	1-Jun-1999 12：00 AM
Si	SiO_2	1-Jun-1999 12：00 AM
O	SiO_2	1-Jun-1999 12：00 AM
S	FeS_2	1-Jun-1999 12：00 AM
Cr	Cr	1-Jun-1999 12：00 AM
Fe	Fe	1-Jun-1999 12：00 AM
As	In As	1-Jun-1999 12：00 AM

表 1　各元素含量以及成分分析

元素	含量/%	占比/%
CK	4.56	8.61
OK	50.81	71.99
SK	5.37	3.80
SiK	0.82	0.66
FeK	31.50	12.79
CrK	0.43	0.19
AsL	6.51	1.97
Totals	100	100

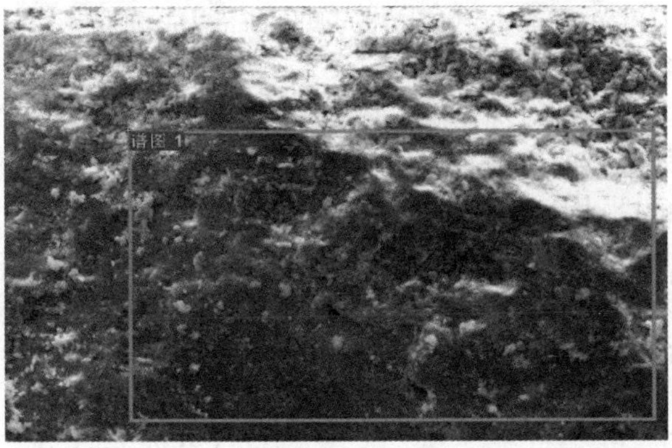

图 5　电子图像

由图 4，表 1 可知：氧、铁、硫质量分数分别为的质量分数为 50.81%、31.50%、5.37%，主要以 FeS_2、Fe_2O_3、$FeSO_4$、$Fe_2(SO_4)_3$形式存在，说明烟气中物质与贴板反应产生上述物质垢样中铁原子比重高达 31.50%，判断设备表面产生腐蚀。

2.2　燃料气组分分析

2.2.1　高压瓦斯燃料气组分分析

从 2014 年至 2019 年，600 万 t/a 常减压装置加热炉使用高压瓦斯硫化氢含量 25mg/m^3，由于燃料气中硫含量较高，导致高温裂解，产生低温部位腐蚀性酸性物质(表 3)。

表 2　高压瓦斯燃料气分析

日期	样品名称	硫化氢含量/(mg/m^3)
2014 年	高压瓦斯燃料气	21
2015 年	高压瓦斯燃料气	25
2016 年	高压瓦斯燃料气	32
2017 年	高压瓦斯燃料气	13
2018 年	高压瓦斯燃料气	21
2019 年	高压瓦斯燃料气	30

2.2.2　减顶瓦斯燃料气组分分析

表 3　减顶瓦斯燃料气分析

日期	样品名称	硫化氢含量/(mg/m^3)
2015 年	减顶瓦斯燃料气	22
2016 年	减顶瓦斯燃料气	28
2017 年	减顶瓦斯燃料气	14
2018 年	减顶瓦斯燃料气	27
2019 年	减顶瓦斯燃料气	13

2015 年将减顶瓦斯燃料气改至常压炉进行掺烧，从取样分析来看，硫化氢含量 18mg/m^3 左右，由于含硫物质存在，产生低温部位腐蚀性酸性物质。

2.3　前置预热器泄漏无法正常投用

由于前置预热器投用过程或者运行过程中经常导致管束泄漏，导致无法正常投用，烟气进入预热器与较冷空气换热，以致造成局部过冷，产生低温酸腐蚀(图 6)。

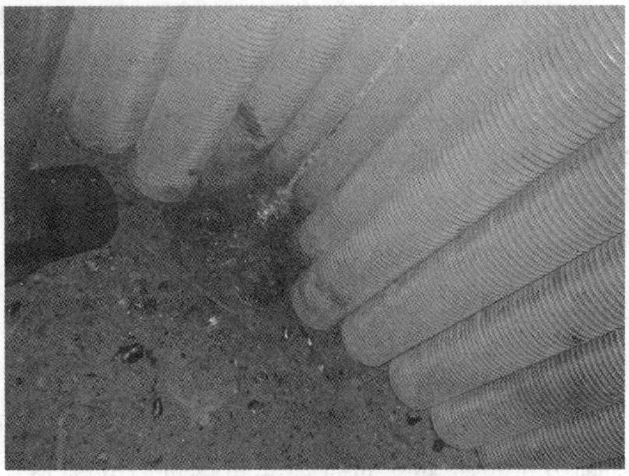

图 6　前置预热器管束泄漏图

图 6　前置预热器管束泄漏图(续图)

在设计上空气预热器的蒸汽凝结水出预热器后进入凝结水总线。由于空气预热器蒸汽凝结水温度较低(40～50℃)，凝结水主线温度较高(120℃)，导致空气预热器蒸汽凝结水进入凝结水主线时温差较大，尤其在冬季投用时，由于管板与外界温差较大，在管板处出现温差应力，导致应力开裂。2017 年 1 月安环科要求烟气中的氮氧化物含量控制在 100mg/m^3 以内。车间为了调节烟气中氮氧化物含量，在 1 月、2 月对空气预热器的进气量及蒸汽量调节较为频繁，造成空气预热器蒸汽凝结水温度变化幅度较大，在管束局部产生水击。这些现象与热疲劳损伤的条件与关键因素一致，所以经判断蒸汽-空气前置式预热器管束与管板胀口连接处的泄漏，热疲劳损伤导致。

3　腐蚀机理

当工艺气体在降温过程中达到相变点产生液态结露，附着在金属表面对设备造成的腐蚀现象。烟气中的硫和氯会在燃烧产物中形成 SO_2、SO_3 和 HCl。当温度足够低时，烟气中的这些气体和水蒸气会凝结形成硫酸、亚硫酸和盐酸，导致严重的腐蚀。

4　采取措施

4.1　检修期间加强检修质量

检修对壁板进行除锈，并对减薄最为严重的地方进行挖补，同时焊接角钢进行对酸液引流防止腐蚀角焊缝在补焊完成之后刷防腐青泥漆三遍(图 7)。

图 7　壁板修复

4.2　增加凝液导流板

空气预热器烟气出口端在隔板顶端设置烟气凝液导流板，避免隔板的烟气露点腐蚀

4.3　定点测厚

定期对加热炉炉体外壁进行测厚，监测炉体外壁板的腐蚀减薄情况。

4.4　排烟温度控制

根据测算，600 万 t/a 常减压装置 2014—2019 年排烟温度，排烟温度大概在 100℃左右，随着燃料性质变化，具体见表 4。

表 4.1　烟气露点温度汇总表

名称	时间/年	温度/℃
烟气露点温度	2015	105
烟气露点温度	2016	101
烟气露点温度	2017	103
烟气露点温度	2018	98
烟气露点温度	2019	92

600 万 t/a 常减压装置 2019 年进行排烟温度模拟计算，计算结果大概 91.4℃左右。

根据核算，加热炉排烟温度控制情况如图 8、图 9 所示。

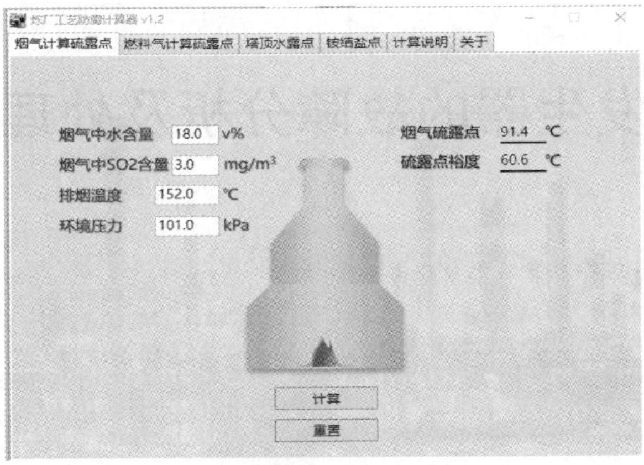

图 8　露点温度计算模拟图

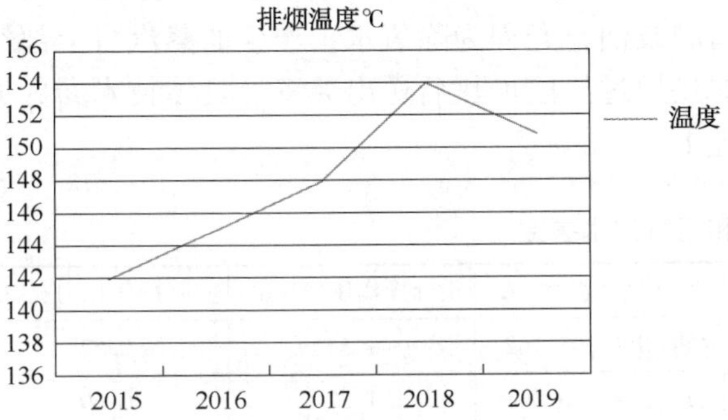

图 9　排烟温度图

通过烟气露点分析以及露点模拟计算，露点温度大约 100℃左右，装置运行期间温度控制在 143℃以上，超出露点温度 40℃左右，防止低温导致露点腐蚀。

4.5　前置预热器正常投用

（1）投用前置预热器过程中，前置预热器引入蒸汽必须进行排液，确保进入前置预热器不带液；投用预热器时，保证温升不大于 10℃/h，最终空气侧出前置预热器温度 55-65℃控制。确保投用运行正常，降低热疲劳损伤，烟气进入预热器与加热后空气换热，降低低温酸腐蚀。

（2）管板与大气环境采用保温隔离形式，管板处增加保温棉，降低由于温差较大产生应力腐蚀。

4.6　预热器增加热风循环

经过流程改造，将热风引出部分进入到风机吸入口，确保加热炉进风温度，同时降低由于换热温差较大导致局部酸腐蚀。

5　总结

600 万 t/a 常减压装置空气预热器出现腐蚀情况，通过检修对垢样以及腐蚀情况进行分析，主要存在燃料气含有介质导致的低温酸腐蚀、换热温差导致应力腐蚀等，通过采取刷防腐青泥漆、增加凝液导流板、定点测厚等设备防腐手段，加大排烟温度控制、前置预热器形式改造达到完好投用等工艺手段，降低余热回收系统腐蚀。

柴油加氢改质装置釜式蒸汽发生器的故障分析及处理

张明忠　刘　虎

（中国石油天然气股份有限公司乌鲁木齐石化分公司）

摘　要　柴油加氢改质装置釜式柴油蒸汽发生器管束发生泄漏，经分析确定为蒸汽发生器除氧水液位控制过低导致，通过优化操作验证并解决了问题。

关键词　釜式蒸汽发生器；液位控制；结垢

1　情况简介

乌石化公司炼油厂 180 万 t/a 柴油加氢改质装置蒸汽发生器 G201（BKU1300/2000x6000），为一台釜式 U 形管式蒸汽发生器。管程介质为精制柴油，壳程为除氧水，产生的蒸汽自上部经加热炉过热段加热后送出装置。具体技术参数见表 1。

表 1　蒸汽发生器设计和运行技术参数

	介质	程数	设计温度/℃	实际操作温度/℃	设计操作压力/MPa	实际操作压力/MPa
管程	精制柴油	4	282	进/出：205/162	1.52	0.52
壳程	除氧水、蒸汽	1	202	进/出：100/161	1.22	0.69
管板材质：Q345R 换热管材质：10#　$\Phi 19\times 2$　强度焊+贴胀						

2　首次故障情况

G201 自装置 2016 年 4 月试车投用，2018 年 4 月发生泄漏，拆检发现管束一管程管板有明显菜花状结垢，二管程和三管程管板表面也有少量垢物，第四管程较为干净，管板表面无明显裂纹或缺陷情况，管束表面 U 形弯侧 1/2 高度以上表面有明显硬实垢层。表面宏观检查换热管未见明显减薄现象。但换热管与管板有明显间隙，管板存在开孔孔径过大情况，管束中间存在挤压变形情况，部分支撑板歪斜变形、固定筋脱焊（图 1~图 5）。

图 1 管板表面形貌

图 2　管板一管程结垢形貌

图 3　换热管腐蚀情况

图4　换热管表面结垢情况

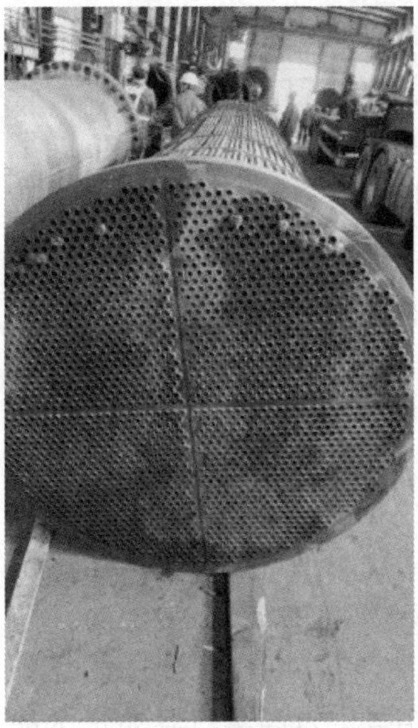

图5　堵管情况

3　首次故障处理

对管束进行了抽芯清洗试压堵漏，由于换热管表面垢层较硬，高压水喷射效果不好，未能完全清除垢层。试压堵漏6根共堵12个管头，全部位于上部一管程和二管程。

4　故障分析

对管壳程垢样进行取样元素分析，以铁氧碳钙镁为主。根据G201竣工图纸，容器壳体直径为2000mm，下部U形管束直径为1300mm，以下为相应接管位置尺寸(表2、图6)。

表2　G201各关键部位尺寸(以容器底部为零点)

G201容器部位	高度/mm	备注
筒体	Φ2000	
管束	Φ1300	
连排口	1200	*DN*25
液面计(玻璃板、磁浮子和液位仪表)	上引线1550	
	下引线450	

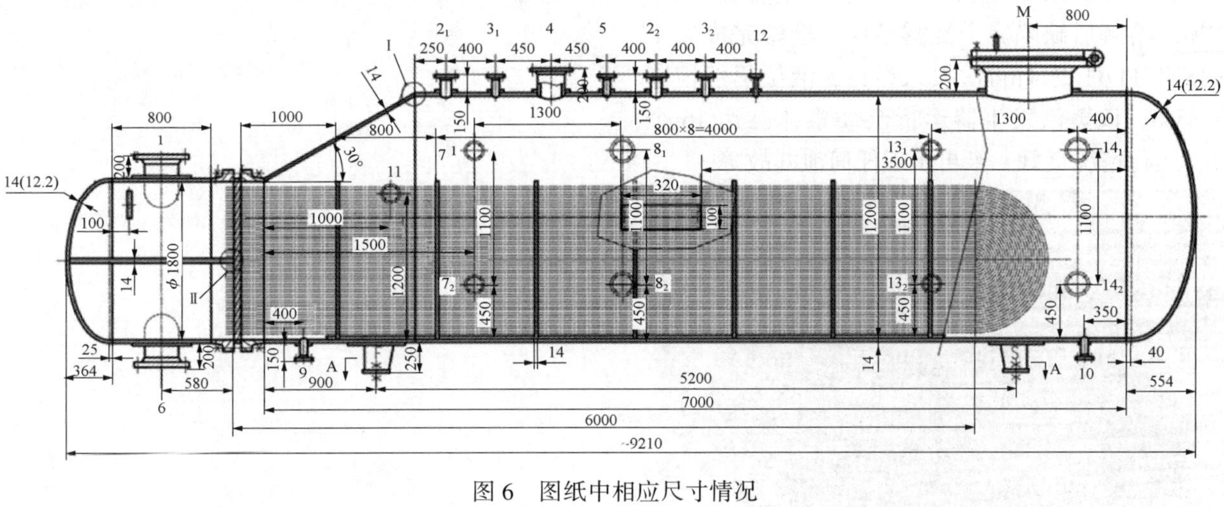

图6　图纸中相应尺寸情况

根据以上分析和数据，50%液位在1000mm处，管束未能全部覆盖进行除氧水中，且根据相关资料：①蒸汽发生器连续排污的集水管应设置在蒸汽释放区，即炉水中含盐浓度最大的地方，从这里连续排出部分炉水以维护炉水含盐量和蒸汽含盐量在规定范围内，连续排污也叫表面排污；②连续排污是指连续排出浓缩的锅炉水，排污部位多设在锅炉水浓缩最明显的地方，即汽包水位下 200~300mm 处。③低压汽包连续排污管线伸入罐体内部，恰好在低水位报警设定值的下面一点。根据上述及相关资料描述，复核了制造图纸和现场实际情况，确认除氧水液位存在控制过低不合理情况，同时也明确了蒸汽发生器液位控制原则。通过计算，85%液位在 1385mm 处，基本高于连排口 185mm，由于设计存在一定不合理，如果控制在 1200+300=1500mm，玻璃板和磁浮子液面板上液位指示基本为 100%，无法在日常运行过程中经常比对确认液位仪表运行正常与否，所以此次液位调整控制在 85%，即 1385mm 处。而且液位控制不可过低，过低部分管束容易干烧或严重结盐，过高蒸汽容易带水甚至导致蒸汽管道水击。

根据以上情况，分析泄漏原因为管束结垢结盐导致的垢下腐蚀和碱脆。

5 第二次故障

G201 第一次检修后于 2018 年 4 月 20 日投用，同时对液位控制调整至 85%，液位控制比较稳定。但在 2018 年 11 月 14 日再次发生泄漏，打开检查管板和管束外表面均比较干净，上次检修高压水清洗未能清除的积垢均已完全溶解，管束表面无明显缺陷。经试压堵漏，共计堵管 14 根 28 个管头，堵管位置如图 7、图 8 所示，无明显规律。分析原因为上次结垢部分可能存在泄漏，在垢层溶解后缺陷完全暴露显现。检修完成后于 2018 年 11 月 25 日再次投入运行，液位仍然控制在 85%，该蒸汽发生器运行至今累计已达 16 个月，运行情况良好，未再出现任何泄漏故障。

图 7 换热管宏观检查情况

图 8 堵管情况

6 总结

通过以上两次故障的分析和解决可以得出，釜式蒸汽发生器管束应完全浸没于液体内，同时必须控制好液位，液位应控制在连续排污口上 200mm 左右，以排除浓缩的锅炉水和表面漂浮污物，保证蒸汽发生器水质，避免管束异常结垢腐蚀，同时日常做好炉水连续排放和定期排放的工艺控制。

参 考 文 献

[1] 史开洪．加氢精制技术问答[M]．北京：中国石化出版社．2011. 121-124.

镇海炼化芳烃联合装置低温热利用与效果

周长安

（中国石油化工股份有限公司镇海炼化分公司）

摘　要　芳烃联合装置因工艺流程长、循环量大、设备大型化等特点造成装置能耗较高，特别是吸附分离单元中作为对二乙基苯（PDEB）循环分离的抽出液和抽余液塔，两塔塔顶温度在100～200℃之间，此部分热量拥有较大的低温热，基本上通过空冷冷凝造成装置热量损失。中国石化镇海炼化公司芳烃联合装置低温热通过历年改造，实现了芳烃联合装置内部、芳烃联合装置与乙烯装置、公用工程装置和周围化工园区之间的低温热联合深度利用，装置能耗大幅降低，同时为炼厂低温热应用提供了重要的参考意义。

关键词　芳烃联合装置；低温热；抽余液塔；除氧水

1　前言

中国石化镇海炼化公司（以下简称镇海炼化）芳烃联合装置是由81万吨/年1#对二甲苯装置和120万吨/年1#歧化装置组成。其中1#对二甲苯装置有四个单元组成，分别是吸附分离部分、二甲苯异构化部分、二甲苯精馏部分及联合装置内配套的公用工程部分。1#歧化装置包括歧化反应部分和歧化精馏部分。由于芳烃联合装置工艺流程长，处理量和内循环量大，大型设备台数多，装置整体能耗较高。精馏塔塔顶温度普遍在100～200℃，传统芳烃联合装置大多采用空气冷却器或者空气冷却-水式冷却至40～100℃，造成了大量的热能损耗；同时在夏季高温生产期间，大量的空气冷却器设置过多，造成装置热风返混，装置冷却不佳进而导致装置热负荷提高。而100～200℃是比较适宜回收的低温余热温度，对其进行直接余热回收或者采用热利用技术如热转化和制冷技术等具有较高的效率和经济效益。

镇海炼化经核算芳烃联合装置1#对二甲苯装置的抽余液塔、抽出液塔、脱庚烷塔和重整油分馏塔、歧化装置甲苯塔顶部空冷负荷较大，特别是作为对二乙基苯（PDEB）循环的抽出液塔T202和抽余液塔T204分别约有26.1MW和91MW的热量直接通过空冷冷却损失，造成大量能量耗散并且两精馏塔冷却负荷较高。2009年镇海炼化对装置内部换热流程的优化，在脱庚烷塔T301和重整油分馏塔T404增上低温热项目，实现了芳烃联合装置内部和炼油装置的之间的热利用，为装置的节能降耗开辟了新的方向。2012年芳烃联合装置结合大修期间在抽出液塔与化工园区增设低温热项目，实现了热量的最大利益化。镇海炼化充分借鉴两个低温热项目，在2022年芳烃联合装置大检修改造契机，对抽余液塔T204中最大的热量实行低温热改造。在抽余液塔塔顶新增换热器E216，采用热媒水取热后为周围化工园区输送热量约45.1MW。与此同时对原先的抽出液塔低温热联合利用改造升级，充分利用芳烃联合装置的甲苯塔15.4MW和抽出液塔26.1MW低温热，两塔串联对热媒水加热后从原先输送化工园区改为输送公司内部公用工程系统和乙烯装置。并且基于此两大低温热项目投用，增设了瓦斯热媒水加热和热水替代蒸汽伴热等配套项目，进一步降低了装置瓦斯和蒸汽能耗损失。因此镇海炼化芳烃联合装置低温热作为公司最大的低温热项目，投用后1#对二甲苯装置PX+OX产品单耗从205千克标油/吨，降低至125千克标油/吨；1#歧化装置原料加工单耗从50千克标油/吨，降低至38千克标油/吨，共计节能创效约1.5亿元/年。同时不仅加强了公司与周围化工园区之间和公司内部的热利用联系，而且为周围企业热水替换蒸汽取热后降低成本和公用工程系统节能降耗有巨大的经济效益，也为今后更多的低温热应用提供了参考意义。

2　抽余液塔顶低温热利用

2.1　抽余液塔油侧工艺流程

抽余液塔属于1#对二甲苯装置吸附分离部分，进料组成为PDEB和贫PX的混合二甲苯，塔顶组分主要是以间二甲苯为主的混二甲苯（表1），而此股物料是异构化反应的理想进料，抽余液塔侧线抽出作为其异构化单元进料。

表 1　抽余液塔顶物料组成

项目	单位	组成
非芳	%(m/m)	5.97
苯	%(m/m)	0.88
甲苯	%(m/m)	4.16
乙基苯	%(m/m)	9.25
对二甲苯	%(m/m)	0.55
间二甲苯	%(m/m)	65.06
邻二甲苯	%(m/m)	14.11
C8N	%(m/m)	2.86
C9P	%(m/m)	1.30
C9 及以上芳烃	%(m/m)	0.02
总计	%	100.0

原流程为塔顶 150℃气相只能直接进入塔顶 20 台空冷 A205A~T，经冷却至 70℃后进入抽余液塔回流罐。经设计核算约 91MW 的低温热没有回收利用，空冷负荷高且造成能源的极大浪费；而且夏季高温生产时，在空冷全开的情况下，冷后温度仍远超设计值，回流温度高进而引起塔的操作波动。为回收塔顶低温热，降低空冷冷却负荷，新增绕管式换热器 E216 与空冷并联或者串联流程，经绕管换热后和空冷冷却后的物流混合后至回流罐(图 1)，极大地降低了回流温度。

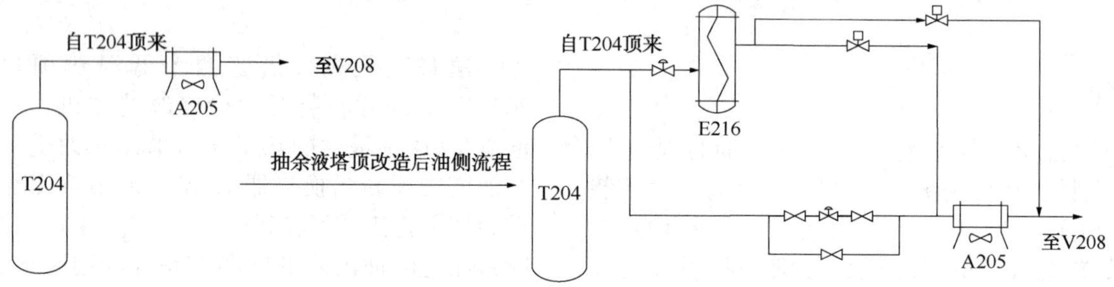

图 1　抽余液塔塔顶新增 E216 前后流程

2.2　抽余液塔水侧工艺流程

抽余液塔 T204 顶气相出口与空冷之间增加抽余液塔顶气/除氧水换热器 E216，从热媒水缓冲罐 V510 中热水经 P510AB 打出 750t/h 流量与新增绕管换热器 E216 换热，温度达 145℃后的热媒水送至化工园区，经取热后回水温度 84℃返回 V510。除了与新增绕管换热器 E216 换热外，还有 56t/h 热水送至脱庚烷塔顶板换 E302B 和板换 E311，取热量约 4MW，经加热后的高温热水汇合至化工园区进行换热。此外利用装置现有的热水资源，从 T204 顶低温热媒水总管引出一部分热水，用于芳烃联合装置工艺及仪表伴热。因此，抽余液塔热媒水系统不仅可以给周围化工园区供热，还可以给自身装置提供工艺与仪表管线伴热，降低了塔顶空冷的冷却负荷外还能极大降低装置其它能耗(图 2)。

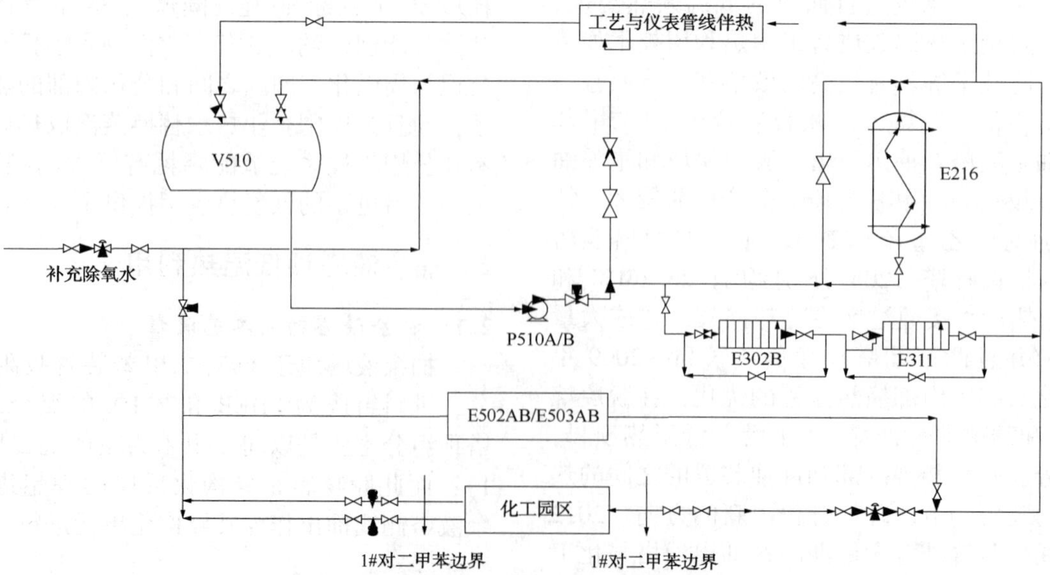

图 2　抽余液塔顶低温热除氧水系统流程

2.3 抽余液塔顶低温热利用技术措施

原抽余液塔油侧气相流量635t/h 温度161℃压力0.076MPa从塔顶直接进入空冷，对空冷产生极大的负荷。经设计核算，新增换热器E216后，换热器出口的温度以156℃计算可回收低温热量45.1MW，可停用10台抽余液塔顶冷却器A205，具有良好的节电效果，挖潜增效的效果非常明显(表2)。

表2 抽余液塔低温热源工艺参数表

低温热源	压力/MPa	流量/t/h	温度/℃	冷后温度/℃	热负荷/kW
抽余液塔顶物流参数	0.076	635	161	156	45100

虽然抽余液塔经换热器E216取热量较大，但本身装置没有好的低温热阱可以利用，因此对于此部分的低温余热的利用要充分进行考虑。镇海炼化结合2012年芳烃联合装置低温热应用实际，继续深挖化工园区周围装置的低温热消耗潜力。周围化工园区大多以低碳石油烃深加工为特色，其中原料和产品较轻，不少工艺热阱可以消耗100℃左右的热水。芳烃联合装置采用热媒水为传热介质，根据热源的低温热大小和品位以及不同热用户的需求，合理安排热源与热用户的对应关系，实现热源与热用户的精准匹配。产生的热水做为热量输出，将热水输送到化工园区的化工企业，热水在化工园区经换热后返回水循环系统，循环水系统日常运行时不用补充除氧水，只有在系统热水罐液位较低时才会通过补水线补水。因此此部分热量作为园区装置塔底再沸加热器，不仅减少了化工园区从电厂购买的高价蒸汽消耗量，而且减少了其污染物的排放和联合装置的负荷。热水缓冲罐V510中的热水经P510AB后除了与新增绕管换热器E216换热外，还有56t/h热水送至脱庚烷塔顶板换E302B和板换E311，经加热后的高温热水汇合至化工园区进行换热。利用装置现有的热水资源，从T204顶低温热水总管引出一部分热水，用于1#对二甲苯装置和1#歧化装置工艺及仪表伴热，减少了装置1.0MPa伴热蒸汽消耗。

3 抽出液塔/甲苯塔顶低温热利用

3.1 抽出液塔/甲苯塔顶基础数据

抽出液塔属于1#对二甲苯装置吸附分离部分，进料组成为PX和贫PDEB的混合二甲苯，塔顶组分主要是以对二甲苯为主的混二甲苯(表3)，塔顶一部分打回流一部分作为对二甲苯提纯塔进料。因此对于抽出液塔塔顶物料的操作尽量以平稳为主，以免影响对二甲苯产品纯度。

表3 抽出液塔顶物料组成

项目	单位	组成
非芳	%(m/m)	<0.01
苯	%(m/m)	0.01
甲苯	%(m/m)	1.59
乙基苯	%(m/m)	0.03
对二甲苯	%(m/m)	98.25
间二甲苯	%(m/m)	0.1
邻二甲苯	%(m/m)	0.03
C9及以上芳烃	%(m/m)	<0.01
总计	%	100.0

甲苯塔属于1#歧化装置精馏部分，其塔顶组分主要是以甲苯为主的C7A(表4)，塔顶一部分打回流一部分作为歧化反应系统中甲苯反应原料。

表4 甲苯塔顶物料组成

项目	单位	组成
非芳	%(m/m)	0.19
苯	%(m/m)	0.01
甲苯	%(m/m)	99.8
总计	%	100.0

因此在抽出液塔塔顶外排影响对二甲苯产品纯度、甲苯塔影响歧化反应系统进料组分下，抽出液/甲苯塔塔顶空冷必要保证有充足的冷却负荷，以控制好物料平衡和分离精度。

3.2 抽出液塔/甲苯塔低温热利用除氧水系统流程

前期1#对二甲苯装置抽出液塔T202顶出口油气的低温热通过热媒水取出后外送至热水用户化工园区某企业，流量约250t/h(最大量300t/h)。二期该企业将新增约450t/h的热水用量，抽出液塔顶低温热无法满足下游装置需求，改由抽余液塔供化工园区某企业。1#歧化装置甲苯塔T103低温热产生的热水前期送至2#催化装置与除盐水换热，但2#催化内部的低温热目前已较为富余，不需要额外输入，拟对取热流程进行优化。

优化后低温热利用方案更新为4#动力中心来95℃热媒水先取走歧化装置甲苯塔顶热量升温至113℃，再至1#对二甲苯装置抽出液塔顶进一步取热至143℃，取出以上两个热源的低温热后分出两路至4#动力中心和1#乙烯装置。(见图3)。

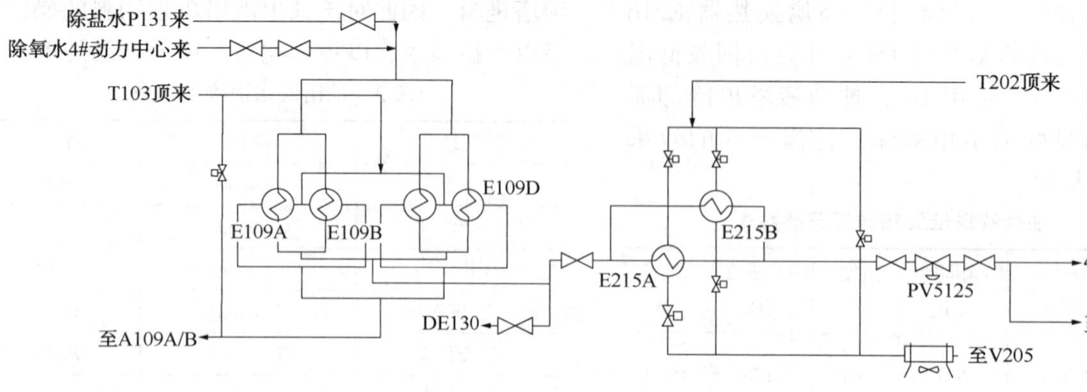

图3 抽出液塔/甲苯塔顶温热除氧水系统

该项目实施投用后重点关注甲苯塔和抽出液塔的分离精度的变化，由于塔顶压力和塔顶温度的变化，塔内浓度分布建立新的平衡，一方面关注甲苯塔顶中碳八芳烃含量，防止甲苯塔顶塔八芳烃进入歧化反应系统，引起歧化反应选择性下降。另一方面关注抽出液塔顶对二乙苯含量，防止重组分对二乙苯污染PX产品。

3.3 抽出液塔/甲苯塔顶低温热利用改造措施

镇海炼化分别对抽出液塔和甲苯塔油侧热源进行核算(表5)，从表5可以看出抽出液塔塔顶从164℃降至133℃时有26.1MW的热负荷可以回收，甲苯塔从129℃降至120℃有15.4MW的热负荷可以回收，并且抽出液塔的油侧温度明显比甲苯塔油侧温度高，因此热媒水先从甲苯塔取热后再经抽出液塔取热的工艺流程。

表5 抽出液塔/甲苯塔油侧热源工艺参数表

低温热源	压力/MPa	流量/t/h	温度/℃	冷后温度/℃	热负荷/kW
抽出液塔/顶物料	0.12	240	164	133	26100
甲苯塔顶物料	0.07	150	129	120	15400

对二甲苯联合装置中吸附分离单元抽出液塔顶更新放大两台抽出液塔顶气-除氧水换热器(E215AB)，回收抽出液塔顶气低温热。将从4#动力动心热水罐过来的流量700t/h，温度95℃热媒水先取走1#歧化装置T103顶热量，热媒水升温至113℃，再至1#对二甲苯装置T202顶进一步取热，将热媒水加热至143℃，取出以上两个热源的低温热后分出两路至4#动力中心和1#乙烯装置。一路节约4#动力中心预热用的0.4MPa低压蒸汽消耗和4#电站除氧器的汽提用1.6MPa蒸汽消耗；另一路将1#乙烯装置的除盐水由82℃加热至116℃，节约除氧器的汽提蒸汽消耗。

4 低温热利用配套项目

4.1 脱庚烷塔顶流程

脱庚烷塔原流程为塔顶气相经过E305与油相换热后分为两路：一路进入E310与1#歧化装置除氧水系统换热，将来自歧化的100t/h除氧水加热至165℃。另一路油相经过热水板换E311冷却，水相流程为热水P510来先后经过E302B和E311加热后送至Ⅳ重整空气预热器。两路油侧汇合后与脱庚烷塔进料换热器E302和除氧水换热器E302B进一步取热，最后经塔顶空冷A302冷却至40℃后进入回流罐(图4)。2022年异构化单元更新为脱乙烯型催化剂，脱庚烷塔精馏段负荷大幅下降，取消了换热器E305，Ⅳ重整装置加热炉改造后不需要热水给予空气预热器加热，因此原P510来热水改至去化工园区热水总管。(图4)。

4.2 热水伴热改造

热水伴热在2010年12月下旬投用，采用2#催化热水系统中热水，联合装置共有25条工艺管线伴热从原来的蒸汽改为热水，减少装置工艺伴热蒸汽消耗约3.0t/h，2012年改造后因芳烃联合装置新上抽出液塔低温热利用流程，将热水伴热热源由2#催化热水系统改为本装置新增抽出液塔顶低温热水系统，降低了本装置从外装置的能耗需求。

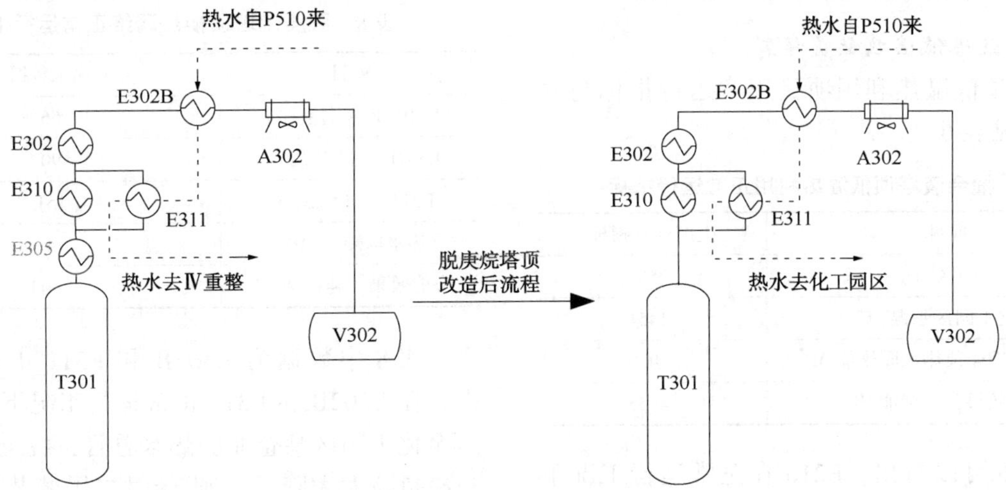

图4　改造前后脱庚烷塔顶流程

2022年芳烃联合装置检修改造后原低温热水更新为抽余液塔低温热水，主要是因为原抽出液塔低温热利用系统主供4#动力中心和1#乙烯装置，并且新上抽余液塔低温热核算有91MW热量可利用，由于化工园区现在只能利用45.1MW的热负荷，因此为了更好的利用抽余液塔低温热负荷，从经换热器E216热水总管上新接一热水管作为装置工艺热水伴热；并且本装置热水系统水温145℃，压力1.4MPa，完全可以满足蒸汽伴热改为热水伴热的需求，因而将1#对二甲苯和1#歧化装置的仪表伴热改造为热水伴热，减少装置内1.0MPa蒸汽消耗。

4.3　瓦斯加热项目

芳烃联合装置是高耗能装置，其装置各部分热集成技术和换热流程持续优化下为装置节能降耗。镇海炼化芳烃联合装置主要是靠二甲苯加热炉和歧化四合一加热炉作为热源为精馏塔加热和其他精馏塔再沸源加热，因而瓦斯消耗是主要燃动消耗，占装置能耗的48%。原瓦斯流程为管网来瓦斯和2#催化来瓦斯汇合直接进入瓦斯气液分离罐V502然后进入加热炉，瓦斯进入加热炉的温度约40℃，瓦斯进入加热炉首先经过加热至燃点后才发生燃烧反应，其中吸收加热炉中大量的热量，易造成瓦斯燃料的浪费。

瓦斯加热节能方案就是在两路瓦斯进气液分离罐前用换热器将瓦斯加热至110℃-130℃之间，减少瓦斯在燃烧前的吸热量，以达到降低瓦斯消耗量的目的。瓦斯加热器热源有3路，分别是本装置内1.0MPa蒸汽凝结水、苯抽提装置1.0MPa蒸汽凝结水以及抽余液塔顶低温热水系统内的热水，正常使用抽余液塔顶热水供热(图5)，化工园区企业停工后，可改为装置凝结水加热。瓦斯加热流程投用后，瓦斯温度从原先14℃提至130℃，消耗瓦斯量从18374Nm^3/h降至17151Nm^3/h，瓦斯消耗降低约1000Nm^3/h(见图6)。

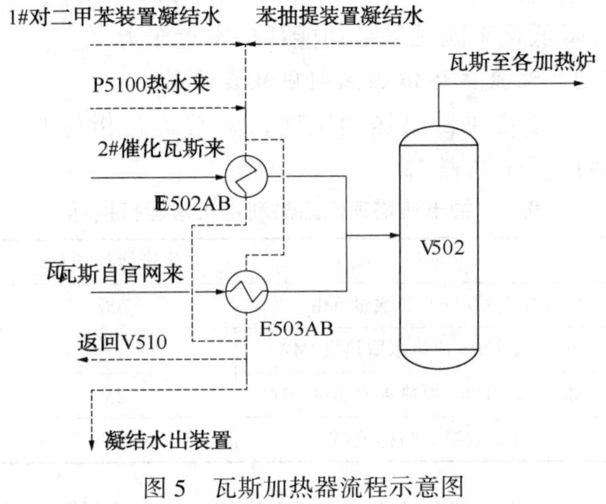

图5　瓦斯加热器流程示意图

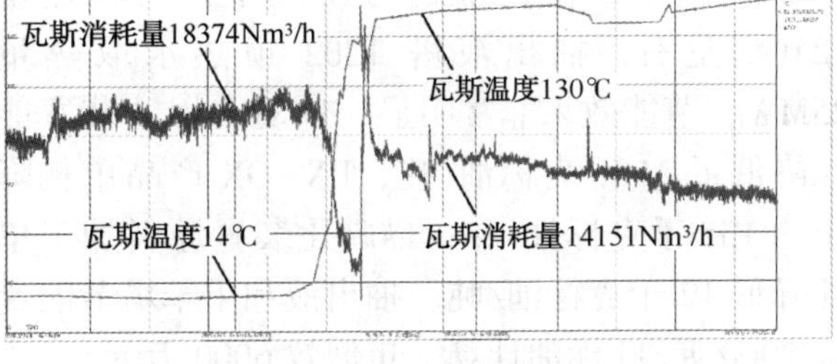

图6　瓦斯加热器投用后燃料消耗对比

5 低温热利用项目投用后效益核算

5.1 抽余液塔低温热效益核算

T204 顶低温热利用项目正常运行指标与立项目标详见表 6。

表 6 抽余液塔顶低温热利用正常运行指标

项目	生产运行指标
至化工园区水量/t/h	750
至化工园区水温/℃	145
抽余液塔 T204 顶热水取热量/MW	46
节能效果，吨标油/年	34655

从表 6 可以看出，E216 在正常运行工况下节能效果明显，回收热量 46MW 左右，1#对二甲苯装置能耗降低了 45 千克标油/吨，PX+OX 产品单耗约 160 千克标油/吨。抽余液塔热水供化工园区企业，热水贸易中热水价格为 49.0 元/GJ。化工园区企业收到总热量 166GJ/h，T204 顶低温热项目直接经济效益为 7125 万元/年，同时停用 A205 约 10 台，每台空冷的功率为 37kW，节约电费 217 万元。抽余液塔 T204 节能创效共计约 7342 万元，降碳 10000 吨标煤，并且降低化工园区某公司能耗成本近千万元。

5.2 抽出液塔低温热利用效益核算

T202 顶低温热利用项目正常运行指标与立项目标详见表 7。

表 7 抽出液塔顶低温热利用正常运行指标

项目	生产运行指标
4#电站/1#乙烯水量/t/h	700
甲苯塔 T103 顶热水取热量/MW	12
抽出液塔 T202 顶热水取热量/MW	25
节能效果，吨标油/年	30134

从表 7 可以看出，甲苯塔 T103 顶换热器 E109A/B/C/D 在正常运行工况下，回收热量 12MW 左右，抽出液塔 T202 顶热水取热量 25MW，节能效果非常明显，1#对二甲苯装置能耗降低了 24 千克标油/吨，PX+OX 产品单耗降至约 135 千克标油/吨；1#歧化装置原料加工单耗降低 12 千克标油/吨。抽出液和甲苯塔节能量按 2000 元/吨标油计算，年创效 6000 万元。

5.3 脱庚烷塔顶换热器网络优化后效益核算

脱庚烷塔顶换热器 E302B 和 E311 正常运行参数详见表 8。

表 8 脱庚烷塔顶换热网络正常运行指标

项目	热水数据
P510AB 来水量/t/h	56
E302B 入口水温/℃	90
E311 出口水温/℃	151
热水取热量/MW	4
节能效果，吨标油/年	3000

表 8 中数据为 E302B 和 E311 正常运行数据，在 E302B 和 E311 正常运行工况下，热水输送至化工园区某企业的热水总管，脱庚烷塔顶部空冷负荷大大降低，则 1#对二甲苯装置能耗降低约 3 千克标油/吨。脱庚烷塔节能量按 2000 元/吨标油计算，年创效 600 万元。

5.4 热水伴热改造后效益核算

1#对二甲苯装置和 1#歧化装置工艺和仪表热水伴热投用后利用的热水流量保持在 20t/h，减少装置伴热蒸汽消耗约 10t/h，可降低装置能耗约 6 千克标油/吨，按每年实际投用 5 个月，1.0MPa 蒸汽按 85 元/吨计算，节能效益 270 万元/年。

5.5 瓦斯加热效益核算

瓦斯加热项目投用后经过核算瓦斯消耗降低约 1000Nm^3/h，每年节约标油 6800 吨，可降低 1#对二甲苯装置能耗 8 千克标油/吨，年创效 1360 万元。

6 结论

镇海炼化芳烃联合装置低温热项目改造项目规模大，涉及面广，经过多次优化改造，低温热项目正常运行投用后 1#对二甲苯装置能耗降低了约 80 千克标油/吨，1#歧化装置能耗降低约 12 千克标油/吨，装置满负荷运行时较以往停开 16 台大型空气冷却器，年节约电量 420 万千瓦时。并且精馏塔低温热的投用，有效解决了夏季高温生产过程中精馏塔空冷冷却负荷不足的瓶颈，提高了精馏塔的分离精度，降低了精馏塔热负荷。因此芳烃联合装置随着低温热利用的投用均达到历史最佳水平，共计节能创效约 1.5 亿元/年。此外低温热项目加强了化工园区装置内外的联系，形成了更强的命运共同体，同时也为今后更多的低温热应用提供了借鉴意义。

参 考 文 献

[1] 张方方．大型芳烃联合装置能耗对比与设计改进[J]．炼油技术与工程，2022，52(10)：5-9.

[2] 周俊杰．芳烃联合装置节能优化探讨[J]．石油石化节能与减排，2015，5(03)：7-12.

[3] 王志华，徐培泽．芳烃联合装置低温热利用实践[J]．石油石化绿色低碳，2021，6(04)：22-25.

[4] 郭守权．芳烃联合装置低温热的回收与利用[J]．炼油技术与工程，2011，41(11)：50-53.

[5] 王梦颖．“双碳”目标下低温余热利用技术研究进展[J]．当代石油石化，2023，31(01)：44-49.

[6] 冉凯平，潘盛山．对二甲苯联合装置低温热资源利用及节能措施分析[J]．石油石化节能与减排，2011，1(09)：10-14.

[7] 李世伟．芳烃联合装置节能措施及效益分析[J]．石油化工技术与经济，2021，37(05)：35-40+58.

[8] 佘浩滨，王天宇．惠州炼化芳烃联合装置低温热利用研究[J]．炼油技术与工程，2016，46(07)：57-61.

[9] 秦文戈，李明发．国产化芳烃联合装置能耗优化分析[J]．石油炼制与化工，2022，53(12)：86-90.

[10] 高飞，谭昌元．芳烃联合装置深度热集成的节能优化[J]．聚酯工业，2023，36(01)：54-58.

炼化企业低温余热综合利用

张家龙

（中国石油锦西石化分公司）

摘　要　合理利用低温余热是提高能源利用效率，降低炼化企业全厂能耗的有效途径。通过对全厂热源和热阱普查，利用炼化能量系统优化方法及低温余热梯级利用的原则，优化全厂东区、西区热源和热阱匹配，采用闭式循环系统，形成了全厂低温热综合利用项目。该项目投用后低温热替代高品质蒸汽 91t/h，达到节能降碳的目的。

关键词　热源；热阱；低温热；能耗；优化

炼化企业全厂低温余热综合利用，是一项重点的节能优化内容。尤其是老炼厂建厂时间早，装置布置分散，装置间热进料和热联合开展不充分。全厂没有统一低温热回收系统，低温热取热和利用率低，造成气体分馏、原油罐区等部位冬季采暖和伴热低压蒸汽消耗大，全厂能耗高。利用炼油过程系统能量优化方法，对装置间热出料和热进料及装置内能量实施优化，再统一考虑全厂低温热综合利用。针对我公司炼化企业全厂低温热利用存在不足等问题，采用该低温热综合利用方法，通过装置流程模拟，对装置热源、热阱进行系统排查，进行全厂热源和热阱的匹配，根据厂区平面合理布局热水站，形成东区、西区两套热媒水系统，以热媒水为媒介，通过机泵和管线，进行热量综合回收利用。热媒水系统采用闭式循环，解决氧腐蚀问题，保证系统长周期运行。对国内同类企业开展全厂低温热综合利用，具有一定的指导和借鉴意义。

1　现有低温余热回收和利用情况

锦西石化公司原油加工能力 650×10^4/t。现有 30 套生产装置，主要加工大庆、辽河及海输原油，装置间热联合及低温热利用情况见表 1。

表 1　现有低温余热回收和利用情况

序号	装置	热水量/(t/h)	温度范围/℃	热量/(104kcal/h)	去向
1	南蒸馏	269	37~68	834	化学装置生水加温
2	北蒸馏	69	39~60	145	化学装置生水加温
3	催化二套	317.4	65~95	952.3	在用，与气分联合
4	重油催化	837.1	65~95	2511.2	在用，去低温发电
5	加氢改质	213	65~95	639	空冷冷却
6	汽油加氢精制	127	65~95	381	空冷冷却
7	柴油加氢精制	90.1	65~95	270.3	空冷冷却
8	延迟焦化	221.5	65~95	665.6	供厂西采暖、夏季冷却
9	焦化污水汽提	78.2	65~95	234.5	冬季供厂西水伴热
10	重催污水汽提	58.3	65~95	175	冬季供厂西水暖
11	苯乙烯	80	65~95	240	在用，装置内部使用
12	加氢裂化	659	70~95	1348	改造后热量
13	天然气制氢	231	65~95	694	循环水冷却
14	新重整装置	523	65~95	1206	新建装置
合计		3773.6		10295.9	

现有低温热系统有：催化二套-气分低温热系统、重油催化-低温热发电热媒水系统、厂西采暖伴热低温热系统、加氢裂化低温热系统及南北蒸馏供供水车间生水加热。通过调研，发现公司低温热回收方面存在的主要问题是：

（1）余热回收不充分，例如四套加氢的余热都没回收，它们的最小潜力约 1700×10^{4}kcal/h；

（2）已回收的余热利用率低，如重催是余热大户，潜力约 2500×10^{4}kcal/h，但热水闪蒸发电效率只有 6%~8%，相反最需热水的气体分馏和厂区采暖伴热却消耗大量蒸汽约 90t/h；

（3）利用不平衡，如焦化热水冬季用于装置采暖，夏季却未利用，循环水冷却；

（4）加氢裂化装置低温热系统取装置低温余热，作为该装置和制氢装置冬季伴热及装置脱硫单元贫胺液加热。热水循环量约为 350t/h，上水温度 113℃，出水 118.5℃。回收温度能量利用率低。

根据公司低温热系统现状及分析，虽然设置了部分低温热系统，进行初步利用，但并不完善，厂内还存在大量的低温热阱在利用高品质热量(蒸汽)进行加热，大量的低温热源热量取热不充分甚至未取出，未来规划新建装置及装置改造也存在大量低温余热待利用，因此有必要开展全厂低温热综合利用。

2 全厂低温余热综合利用规划原则

炼化企业应用炼油能量系统优化方法，在开展全厂总能规划、装置内能量优化及深入开展装置间热进料和热联合，再实施全厂低温热大系统回收和利用。全厂低温余热回收利用应遵循以下原则

（1）热源热量优先工艺直接利用，消减低温热，如加强换热网络，提高换热终温，提高热回收率，减少低温热产生，又如装置与装置、装置与系统热联合；

（2）低温热避免并联取热，并联用热，应根据实际梯级取热，梯级用热；

（3）低温热系统应根据平面、物料流向、热源热阱位置及热容，进行"顶层设计"，合理规划低温热系统，避免大流量、低温位、低温差、全厂收集低温热的模式；

（4）充分利用炼厂周边“资源”，如热电厂、化工厂等，将厂内剩余热量输送至至厂外，减少厂内冷公用工程消耗，节能增效；

（5）在经过以上利用后，若低温热还存在剩余，再考虑制冷、低温热发电等能量转化类利用。

3 全厂低温热综合利用方案

2018 年 8 月份为了降低公司能耗，锦西石化启动全厂低温热回收利用项目。利用低温余热综合利用方法，系统进行厂区热源和热阱排查，热源高质高用，两套催化优先开展热联合，消减低温热后，再考虑低温热综合利用。通过，对国内同类炼厂低温热利用方案的调研及技术比对。结合厂区平面和热源热阱匹配，经过多次讨论和论证，形成了本次全厂低温余热综合利用方案。

3.1 全厂热源热阱排查

表 2 全厂热源参数汇总表

序号	装置	热源名称	热源温度/℃	热源可最大取热负荷/kW	备注
1	Ⅱ催装置	分馏塔顶油气	130	13239	已取热
2		分馏塔顶循	112.6	4324	已取热
3		分馏塔侧线柴油	98.1	237	已取热
4		分馏塔一中循环油	200	0	已取热
5	加氢裂化装置	过滤器反冲洗油		22992.5	已取热
6		分馏塔顶油气	122.9		已取热
7		分馏塔柴油	103		已取热
8	焦化装置	分馏塔顶循	150	4650	已取热
9		分馏塔侧线柴油	148.3	3218	已取热
10		焦化净化水	115	3572	已取热
11		重催净化水		0	已取热

续表

序号	装置	热源名称	热源温度/℃	热源可最大取热负荷/kW	备注
12	重催装置	分馏塔顶油气	100.6	14716	已取热
13		分馏塔顶循	132.3	8358	已取热
14		分馏塔侧线柴油	108.9	2210	已取热
15		分馏塔一中循环油	212.7	缺数据	已取热
16		稳定汽油	159	4642	已取热
17	制氢装置	中变气	147.6	5600	未取热
18	新建连续重整装置	脱 C7 塔塔顶油气	129.5	18247	新建装置
19		混合二甲苯	125		新建装置
20		汽油组分	153		新建装置
21	渣油加氢装置	加氢尾油	189	7813	新建装置
22		汽提塔顶油气	274	5731	新建装置
23	加氢改质装置	精制柴油	166.9	5996	未取热
24	加氢精制装置	分馏塔顶油气	152.8	5102	未取热
25	工艺取热总计			130647.5	

表 3 全厂热阱参数汇总表

序号	热阱名称	热阱温度要求/℃	低温热/kW	蒸汽/kW	总热负荷/kW
1	气分脱乙烷塔	60~65	0	1824	1824
2	35×10^4t/h 气分丙烯塔	50~55	8816	6126	14942
3	15×10^4t/h 气分丙烯塔	50~55	5141	7645	12786
4	汽油加氢装置伴热热水	75	0	2600	2600
5	辽河原油预热	55	0	1928	1277
6	大庆原油预热	55	0	2117	1516
7	达尔原油预热	55	0	3921	3120
8	厂中采暖	60	0	3803	3803
9	厂东采暖	60	0	3803	3803
10	尿素脱蜡溴化锂	90	0	8500	8500
11	厂西伴热	80	1740	1743	3483
12	厂西采暖	55	6081	2909	8990
13	重催除盐水	75	0	3904	3904
14	热电生水(冬季)	38	0	15310	15310
15	热电生水(夏季)	38	0	9269	9269
16	热电除盐水	75	0	28656	28656
17	烷基化装置脱异丁烷塔底再沸器	130	0	7977	7977
18	烷基化装置脱轻烃塔底再沸器	105	0	3843	3843
19	烷基化装置碱液预热	90	0	1340	1340
20	调合罐区	40~45	0	2600	2600
21	新建硫磺除盐水	75	0	4058	4058
22	新建溴化锂	90	0	8000	8000
23	冬季合计		21778	102049	121774.32
24	夏季合计		13957	99108.3	111012.32

如表2、表3所示，在低温余热升级利用以后，热源相对可最大取出热负荷130647.5kW，热阱需求最大负荷102049kW，热源热阱温位各异，结合热源热阱参数，以装置为单位对热源进行划分，可分为两部分：平均温度在150℃以上的高温热源和平均温度在150℃以下的低温热源；对热阱进行划分，可分为三部分：100℃以上高温热阱，70~100℃或工艺较为关键的中温热阱和70℃以下低温热阱。

(1) 平均温度在150℃以上的高温热源：渣油加氢装置(还未建成)、柴油加氢精制装置、柴油加氢改质装置；

(2) 平均温度在150℃以下的低温热源：II催装置、加裂装置、制氢装置、新建重整装置(还未建成)、重催装置、焦化装置；

(3) 100℃以上高温热阱：烷基化装置；

(4) 70~100℃或工艺较为关键的中温热阱：气分装置(较为关键)、汽油加氢伴热、尿素溴化锂、厂西伴热、重催除盐水、热电除盐水和生水加温、3+3硫磺除盐水；

(5) 70℃以下低温热阱：厂东及厂中采暖、原油预热、厂西采暖、调合罐区。

3.2 总工艺流程选择

3.2.1 总工艺流程制定

通过，对全厂热源热阱的排查，同时，借鉴国内同类企业低温余热利用方法。从总工艺流程的选择上，首先，对两套催化热量进行优化，充分开展装置热联合，降低低温热输出；再重点对热水循环方式及热水站数量工艺路线进行比对。

3.2.2 工艺路线选择及方案比选

对于装置内的低温热量，往往是因为工艺需要且并未统筹考虑能量综合利用而产生，存在对高温物料的冷却采用冷公用工程或低温热冷却，会导致一定的高能低用问题，对于能量回收路线的选择，工艺物料间换热能量利用最直接，最后能量传递直接，体现在多发生蒸汽或减少再沸器蒸汽使用量，能量回收效果最好；其次对于热量较小的高温或热量较大，温度相对较低，只能使用低温热进行能量回收的工艺物料，采用低温热进行回收可实现低温热的利用，达到节能目的。

低温热媒水存在两种循环方式：开式循环及闭式循环两种方案可供选择：

方案一：

开式循环为设置热媒水循环罐，热媒水循环泵从热媒水循环罐中将水抽出，送至管网系统作为取热热水，至各装置取热后作为用热热水送至各用热装置，之后返回至热媒水循环罐，由于热水由泵从循环罐抽出，泵运行受管路系统影响较小，运行稳定；

方案二：

闭式循环为不设置热媒水循环罐，采用管道升压泵方式直接将循环回来的热媒水升压，没有热媒水循环罐部分。

循环方式方案对比见表4

表4 热媒水循环方式对比表

序号	对比内容	方案一	方案二
1	一次投资	因需设置循环罐，一次投资较大	投资相对较小
2	运行费用	因压力在循环罐中被释放，升压泵功率较高，运行费用较高，循环罐中有水蒸发，存在一定水耗	运行费用相对较低，几乎无水损耗
3	操作难易程度	操作相对复杂，需考虑循环罐压力控制及水蒸气散发问题	操作简单，无需特殊操作
4	运行稳定性	因设置循环罐，系统运行稳定性较好，受管路系统影响小	设置多台备用泵，运行稳定性较好，但由于温度变化，受循环管路系统影响较大
5	系统维护	需要定期做水质分析，必要时进行加药、除油等操作，维护工作较多	水质分析仅为确定是否存在泄漏现象，正常操作无需水质分析及加药、除油等操作，维护工作较少
6	应用情况	某石化企业采用开式系统，换热器出现腐蚀问题。	辽阳石化等有应用，运行稳定

由表4可见，方案二闭式循环方式在一次投资、运行费用、稳定性、操作及维护上均优于开式循环，开式存在氧腐蚀问题，本项目选择方案二。

3.2.3 热水站数量选择

根据厂区平面情况，存在建立热媒水大系统数量的方案选择：

方案一：分别建立厂东低温热利用系统与重

催热电低温热系统，两套系统独立运行，互不干扰。

方案二：建立一个热媒水大系统，将全厂低温热系统合并为一套系统。

两套低温热系统从一次投资、操作难易程度、运行经济性及应用情况上都要优于一套大的热媒水系统，虽然一套热媒水系统在运行费用上有一定优势，但相对于管线一次投资的增加及运行后热量充分利用而节省的费用来说均是较小的，因此采用两套独立的低温热媒水系统是更优的方案。

3.3 低温余热升级利用

经过现有低温热系统分析及热源热阱分析，目前还存在一些热阱，温位相对较高（100℃左右），利用蒸汽加热温差较大，由于热源热阱分布，并入低温热水系统也不合适，另外还存在一些高温热阱，目前直接产出低温热水，热量高质低用，因此结合厂内现场布置形成项目，进行联合优化。详细如下：

（1）二套催化顶循与气分装置脱丙烷塔热联合项目

（2）二套催化一中循环油及原料换热网络优化项目

（3）重催顶循-溶剂再生塔热联合

（4）重催一中热量利用优化项目

（5）二套催化装置除盐水换热网络优化项目

以上内容为换热网络优化及热联合内容，本文不做重点说明。

3.4 东区热媒水系统

东区热媒水热水站位置为厂西加油站旁，设计流量1500t/h，系统主管线DN600，循环水泵设计6台500t/h，3开3备。系统回收催化二套、加氢裂化、天然气制氢、新重整装置热水，热水温度95℃，一级热水供气体分馏、厂西水伴热、汽油加氢水伴热热源；二级热水75℃，供东油品原油加热、厂中、厂东水暖，上水温度冬夏季均为65℃（表5、表6）。

表5 厂东热媒水系统热源情况表

序号	装置名称	热源	参数				
			流量/(t/h)	温度IN/℃	温度OUT/℃	冬季负荷/kW	夏季负荷/kW
1	二套催化	塔顶油气	101.6	130	73.6	10979	10979
2		顶循	287	116.7	95	4079	4079
3		柴油	44	102.4	84.6	237	237
4		一中	177.2	200	195	444	444
5	天然气制氢	中变气	27	147	70	5600	5600
6	连续重整装置					18427	15000
7	加氢裂化装置					19160	14500
8	合计					58926	50839

表6 厂东热媒水系统热阱情况表

序号	装置名称	热源	参数				
			流量/t/h	温度IN/℃	温度OUT/℃	冬季负荷/kW	夏季负荷/kW
1	气分装置	乙烷再沸				1824	1824
2		丙烯再沸				14942	14942
3		丙烯再沸				12786	12786
4	汽油加氢	伴热换热				2600	
5	原油罐区	辽河原油	214	40	55	1928	1928
6		大庆原油	238	37	55	2117	2117
7		达尔原油	321	30	55	3931	3931
8	厂西伴热及采暖					8004	

续表

序号	装置名称	热源	参数				
			流量/t/h	温度 IN/℃	温度 OUT/℃	冬季负荷/kW	夏季负荷/kW
9	厂中水暖					3807	
10	厂东水暖					3807	
11	溴化锂						8500
12	损失					3180	4811
13	合计					58926	50839

热水站入口管线设置有旋流除污器、除油除铁设施，并利旧6台空冷做为后冷实施，保证回水温度稳定。

3.5 西区热媒水系统

西区热媒水热水站位置为重催装置旁，设计流量870t/h，系统主管线DN450，循环水泵设计2台1000t/h，1开1备。系统回收重催装置、加氢精制分馏塔顶油气、加氢改质柴油及新建渣油加氢热水热水温度100℃，一级热水供热电公司除盐水加温；二级热水75℃，供热电公司生水加温，上水温度冬夏季均为55℃(表7、表8)。

表7　西区热源情况表

序号	介质	设备位号	工艺侧			热煤水侧			热负荷
			温度 IN/℃	温度 OUT/℃	流量/(t/h)	温度 IN/℃	温度 OUT/℃	流量/(t/h)	/kW
1	分馏塔顶油气	E1201/A-I	100.6	81.4	155	35	61.9	470	14671
2	顶循	E1204/5AB	131.7	93.5	335	61.9	77.2	470	8297
3	一中	E1207AB	212.7	197	314	77.2	83.2	470	3273
4	柴油	E1212AB	108.9	39.3	21.7	35	42.2	100	837
5	稳定汽油	E1306	159	118	155	42.2	82.2	100	4642
6	重催合计							570	31720
7	柴油改质精制柴油	E1122AB	166.9	69.1	102.8	35	82	110	5996
8	柴油精制分馏塔顶油气	E-21AB	152.8	59.1	36.3	35	79	100	5102
9	热源合计							780	42818

表8　西区热阱情况表

序号	介质	设备位号	工艺侧			热煤水侧			
			温度 IN/℃	温度 OUT/℃	流量/(t/h)	温度 IN/℃	温度 OUT/℃	流量/(t/h)	热负荷/kW
1	重催除盐水	E1308C	45.8	75	115	83.1	49.4	100	3904
2	热电除盐水	E101/102/103	560	20	51.6	81.2	55.4	680	20372
3	热电生水	E201/202	400	5	38	55.4	36	680	15310
4	散热								3232
5	热阱合计							780	42818

热水站入口管线设置有除油除铁设施，无后冷实施。

4 项目实施情况

4.1 项目投产情况

该项目从2018年8月份开始方案论证，及可研编写及项目上报，低温余热升级改造内容，于2020年9月15日前施工完成，随着装置开工投产。

东区热媒水系统建设日期2020年4月15日~11月31日，厂东热媒水升压站系统于2020年11月6日开始充水，冲洗、试漏，11月9日升压站启动单台循环泵运行。12月25日气分全部采用低温热换热，系统运行正常。

2020年12月31日顶循与110t/h胺再生热联合投运，2021年4月1日由于胺再生塔底重沸器壳程气返线管线振动，将该重沸器切除，并于9月份对对该项目进行了整改，9月9日项目整改完成后再次投运运行稳定。

重整-热电热媒水系统管线施工2021年4月15日-9月25日。2021年9月25日重催-热电热媒水系统建成，经过管线冲洗置换，10月27日重催装置低温余热停用，热源供热电公司除盐水和生水加温。因该系统循环泵入口无旋流除污器，管线杂质多，系统置换慢。

重催-热电媒水系统投用后，西区热源过剩，而东区热源不足。生产运行处根据热量平衡。在东油品辽河原油换热器处，增加东区和西区热媒水连通线。东油品辽河、大庆、海输三台换热器热源由东区热源供，改为西区热源供。

2021年11月17日加氢改质装置置低温热换热器(E1122A/B)投用，11月29日加氢精制低温热换热(E21)投用。

通过，东区、西区低温热热量优化，全厂低温热回收利用项目施工历时两年时间全部建成投产，系统运行稳定，于2021年11月25日进行了系统标定。

4.2 标定结果

4.2.1 催化裂化顶循-气体分馏热联合

催化顶循与气体分馏脱丙烷塔热联合，替代气体分馏脱丙烷塔再沸器蒸汽12.5吨/小时(表9)。

表9 催化裂化顶循-气体分馏热联合

序号	装置	顶循油流量/(t/h)	去气分温度/℃	气分返回温度/℃	热量/(10^4kcal/h)	热量/kW
1	催化二套	338	135	98.5	722.52	8401.26

4.2.2 催化裂化一中及原料换热网络优化项目

催化装置调整柴油换热网络，柴油先加热原料再加热富吸收油，一中增大流量，降低温差，加强与原料换热(表10)。

表10 催化裂化一中及原料换热网络参数

序号	操作条件	投用前	投用后
1	顶循流量	140t/h	338t/h
2	顶循返塔温度	51℃	92℃
3	分馏塔顶温	128℃	132℃
4	分馏塔顶压	0.1437MPa	0.1634MPa
5	一中流量	120t/h	116t/h
6	一中返塔温度	222℃	170.7℃
7	柴油出装置温度	65℃	60℃
8	热媒水出装置温度	64℃	62℃
9	热媒水回装置温度	100℃	83℃
10	热媒水流量	412t/h	415t/h
11	稳定汽油进空冷前温度	92℃	57℃
12	冷回流流量	8t/h	9t/h

4.2.3 重催顶循-溶剂再生塔热联合

重催顶循与胺再生热联合，替代蒸汽6.0t/h(表11)。

表11 重油催化顶循-胺再生热联合

序号	装置	顶循油流量/(t/h)	去胺再生温度/℃	返塔温度/℃	热量/(10^4kcal/h)	热量/kW
1	重催装置	355	140	95	681	7900

4.2.4 重催一中热量优化利用

循环油浆进蒸汽发生器的温度提高17℃，综合顶循与溶剂再生热联合对3.5MPa蒸汽产汽量减少的影响，多产3.5MPa蒸汽5t/h(表12)。

表12 重油催化一中热量优化利用

序号	项目	标定	改造前	设计
1	加工量/(t/h)	185	213	202
2	一中循环量/(t/h)	302	302	314
3	一中循环抽出温度/℃	263	282	283
4	一中环返塔温度/℃	181	208	197
5	热媒水出装置温度/℃	100	116	86
6	热媒水进装置温度/℃	58	60	35
7	热媒水流量/(t/h)	460	476	570
8	油浆蒸发器油浆入口温度/℃	320	307	313
9	油浆蒸发器产汽量/(t/h)	25	20	—

4.2.5 东区热媒水系统

东区热媒水系统循环量1085t/h，给水温度82.5℃、给水压力1.35MPa，回收温度65℃、回水压力0.2MPa。因新重整未开工，东区热媒水热源不足(表13)。

表13 东区热媒水热量平衡表

序号	装置	热水量/(t/h)	上水温度/℃	回水温度/℃	热量/(10^4kcal/h)	热量/kW
1	催化二套	415	63	84.5	892.25	10376.87
2	加氢裂化	530	65	84	1007	11711.41
3	天然气制氢	140	65	92	378	4396.14
4	新重整	0	0	90	0	0
5	气体分馏	772	82.5	53.5	-2238.8	-26037.2
6	系统损失	0			-38.45	-447.17
7	合计	1085			0	0

4.2.6 西区热媒水系统

西区热媒水系统循环量650t/h，给水温度94℃、给水压力1.50MPa，回收温度56℃、回水压力0.28MPa(表14)。

表14 西区热媒水热量平衡表

序号	装置	热水量/(t/h)	上水温度/℃	回水温度	热量/(104kcal/h)	热量/kW
1	重催装置	520	56	100	2288	26609.44
2	加氢精制	75	56	100	330	3837.9
3	加氢改质	55	56	96	220	2558.6
4	重催除盐水加温	54	101	63.5	-202.5	-2355.08
5	热电生水加温	175	9	34	-437.5	-5088.13
6	热电除盐水加温	189	30	83	-1001.7	-11649.8
7	东油品辽河原油	185	50	69	-272.57	-3170
8	东油品大庆原油	439	38	53	-428.03	-5938.67
9	东油品海输原油	412	55	63	-255.59	-2972.49
10	系统损失				-240	-2839
11	合计	650			0	0

4.3 效益评估

4.3.1 实物消耗

全厂低温热回收项目投用后，回收热量折合替代蒸汽 111t/h，扣除催化二套与气分原热水联合，较改造前替代蒸汽 91t/h。多耗电 2163kW·h（投用前低温余热发电量 1200kW·h），机泵自用电 963kW·h（扣除两套加氢停 5 台空冷电耗 105kW·h）。凝结水减少 84.25t/h，循环水减少 635t/h；除盐水增加 7t/h；新水消耗减少 50t/h（表 15）。

表 15 全厂低温热利用项目实物消耗

序号	项目名称	蒸汽/(t/h)	电/kWh	凝结水/(t/h)	循环水/(t/h)	除盐水/(t/h)	新水/(t/h)
1	Ⅱ催顶循-气分热联合	-12.5	35	-12.5	-150		
2	重催顶循-溶剂再生塔热联合	-6		-6	-245		
3	重催一中热量利用优化项目	-5				5	0
4	东区热媒水系统	-40	609	-40	-200	1	0
5	西区热媒水系统	-47.5	1519	-25.75	-40	1	-50
6	合 计	-111	2163	-84.25	-635	7	-50

4.3.2 效益及成本核算

经过计算全厂低温热项目投用后，用低温热替代高品质蒸汽，经济效益 8818 元/小时，全年经济效率 7407 万元。年回收热量 7.50 万吨标煤，影响全厂能耗下降 9.5 千克标油/吨，减少二氧化碳排放量 18 万吨/年。该项目总投资约 1.05 亿元，投资回收期不到 2 年(表 16)。

表 16 全厂低温热利用项目成本核算

序号	工质名称	单位	单价/(元/吨)	数量	成本/(元/小时)
1	1.0MPa 蒸汽	t/h	120	-91	-10920
2	凝结水	t/h	16.14	84.25	1360
3	电	kWh	0.54	2163	1168
4	循环水	t/h	0.38	-635	-241
5	除盐水	t/h	16.14	7	113
6	新鲜水	t/h	5.96	-50	-298
7	合计			-8818	

5 结论

(1) 通过开展全厂低温余热综合利用工作，深入开展装置热联合，优化催化装置用能。根据装置平面设置厂东、厂西热媒水系统，提高低温余热利用率，实施后替代高品质蒸汽 91t/h，达到节能降碳的目的。

(2) 炼化企业全厂低温余热回收利用，应根据厂区平面，进行热源和热阱匹配，合理布置热水站数量；低温热利用应梯级利用，串级使用，提高低温热余热利用率。

(3) 热媒水系统应采用闭式循环系统，系统设置自动排气阀，泵入口设有旋流除污器及除油除铁设施。闭式循环系统，水质稳定，有利于系统长周期稳定运行。

(4) 尽管，经过此项节能技术改造，低温热利用率提高。但也存在南北蒸馏低温热夏季过剩，焦化装置低温热夏季未被利用，被循环水冷却等问题。炼化企业低温余热利用需要持续改进，尤其，夏季低温热综合利用，需要进一步优化研究。

加氢装置氢耗分析

施　阳

（中国石化上海高桥石油化工有限公司）

摘　要　氢气是炼厂重要的原材料，除原油成本以外氢气成本是炼厂生产成本最主要的构成部分，如何利用好氢气资源对炼厂生产经营意义重大。本文以柴油加氢装置标定数据为依据，通过严格的物料平衡与氢平衡计算及分析，得到柴油加氢装置工业氢平衡数据，验证了准确性较高的化学氢耗估算方法，全面探究了柴油加氢装置化学氢耗、溶解氢耗、排放氢耗、漏损氢耗以及外供氢耗间关系，为加氢装置工业氢平衡计算提供了可借鉴的方法，为优化氢气资源利用提供了数据支撑。

关键词　柴油加氢；化学氢耗；溶解氢耗；漏损氢耗；排放氢耗；工业氢平衡

1　前言

氢气是炼油过程中最为昂贵的原材料，通常炼厂每吨氢气（纯氢）的价格高达 18000 元，加氢装置是炼厂氢气的主要用户，深入研究加氢装置用氢情况对于炼厂的优化意义重大。

加氢装置的氢耗通常由化学氢耗、溶解氢耗、排放氢耗以及漏损氢耗四部分组成。其中化学氢耗是最为主要的部分，其次是溶解氢耗，而排放氢耗和漏损氢耗则相对较少。所谓化学氢耗可以理解为产品相比原料氢含量的上升部分，即经过加氢过程被加入到产品中的那部分氢。

柴油加氢装置的主要目的是对原料油进行加氢脱硫，以生产硫含量低于 10μg/g 的超低硫柴油产品。受深度加氢脱硫过程反应机理的影响，柴油加氢装置的反应过程除了加氢脱硫反应外，通常还伴随有大量芳烃的加氢饱和反应，加氢脱氮反应以及加氢脱氧反应、烯烃的加氢饱和反应和烃类的加氢裂化反应。由于油品中氧含量相对较低，一般加氢装置对加氢脱氧反应的标定也较少，因此本文在计算分析过程中不对加氢脱氧反应做深入研究。

本文根据某柴油加氢精制装置 2020 年 9 月 3 日至 9 月 5 日时长 48 小时的标定数据为依据，对柴油加氢装置的用氢过程进行定量计算及分析，得到装置的工业氢平衡数据，为装置的生产优化提供定量的数据支撑。

2　装置表观物料平衡

标定期间装置进出物料的原始仪表累计读数情况如表 1 所示。

表 1　标定期间进出装置物料原始仪表累计量数据

项目	单位	2020. 9. 3 9：00	2020. 9. 5 9：00	标定期间累计量	小时平均流量	仪表类型
入方						
原料油 1	t	642660. 9	644246. 9	1586. 00	33. 04	质量流量计
原料油 2	t	792596. 9	794253. 6	1656. 70	34. 51	质量流量计
原料油 3	t	1940463	1944887	4424. 00	92. 17	质量流量计
原料油 4	t	647127. 4	649047. 1	1919. 70	39. 99	质量流量计
新氢	Nm^3	434238000	435378200	1140200. 00	23754. 17	孔板流量计
出方						
含硫轻烃	t	28226. 19	28296. 85	70. 66	1. 47	质量流量计
含硫干气	Nm^3	51123880	51244540	120660. 00	2513. 75	孔板流量计
精制石脑油	t	114534. 6	114798. 8	264. 20	5. 50	质量流量计
精制柴油	t	3855989	3865184	9195. 00	191. 56	质量流量计

续表

项目	单位	2020.9.3 9：00	2020.9.5 9：00	标定期间累计量	小时平均流量	仪表类型
脱后低分气	Nm^3	54444210	54633310	189100.00	3939.58	孔板流量计
重污油	m^3	4317.51	4322.97	5.46	0.11	超声波流量计

表 1 为标定期间装置进出物料的仪表累计量的原始数据以及计算得到的平均流量数据，其中新氢、含硫干气以及脱后低分气为孔板流量计需要校正。重污油即为装置原料反冲洗污油，采用超声波流量计计量体积流量数据，换算质量流量时只需进行密度校正即可。其余进出物料均为质量流量计，可直接使用其仪表计量数据。

当气体流量计量采用孔板流量计时，气体偏离设计工况时流量校正可采用《催化裂化工艺计算与技术分析》中关于混合干气的体积流量校正公式：

$$V_{实}=V_{设}\sqrt{\frac{\rho_{设}P_{实}T_{设}}{\rho_{实}P_{设}T_{实}}} \tag{1}$$

式中，$V_{设}$、$V_{实}$为校正前、后标况体积流量，Nm^3/h；$P_{实}$、$T_{实}$、$\rho_{实}$为操作条件下绝压 kPa、温度 K、标况密度 kg/m^3；$P_{设}$、$T_{设}$、$\rho_{设}$为设计条件下绝压 kPa、温度 K、标况密度 kg/m^3

2.1 新氢流量仪表校正

采用 2020 年 9 月 4 日的新氢分析数据进行校正计算，性质见表 2。

表 2 标定期间新氢性质

项目	2020/9/4	分子量/(g/mol)
C1 含量(体积)/%	2.01	16
C2 含量(体积)/%	1.94	30
C3 含量(体积)/%	1.42	44
C4 含量(体积)/%	0.57	58
C5 含量(体积)/%	0.07	72
氢气含量(体积)/%	94.00	2
硫化氢含量/(mg/m^3)	0	34

根据上表中新氢组分的分析数据计算得到新氢的实际分子量：

$M_{新氢实际}=(2.01\times16+1.94\times30+1.42\times44+0.57\times58+0.07\times72+94\times2)/100=3.79g/mol$。

根据以上计算得到的新氢实际分子量，得到标况下的新氢实际密度：

$$\rho_{新氢实际}=3.79/22.4=0.1692kg/m^3$$

查设计资料，得到新氢的设计分子量：

$$M_{新氢设计}=4.50g/mol$$

根据以上新氢设计分子量，得到新氢标况下的设计密度：

$$\rho_{新氢设计}=4.50/22.4=0.2009kg/m^3$$

根据以上计算结果、设计资料以及 2020 年 9 月 4 日的操作参数，得到如下孔板流量计校正所需参数(表 3)。

表 3 新氢流量孔板校正所需参数

项目	数据
$V_{设}/(Nm^3/h)$	23754.17
$\rho_{设}/(kg/m^3)$	0.2009
$P_{设}/kPa$	1750
$T_{设}/K$	313.15
$\rho_{实}/(kg/m^3)$	0.1692
$P_{实}/kPa$	1849
$T_{实}/K$	305.15

将以上数据代入孔板流量计校正公式(1)，得到校正后的新氢实际体积流量 = $26954.41Nm^3/h$

根据新氢标况下的实际密度和以上实际体积流量，得到校正后的新氢质量流量 = 4559.87kg/h

2.2 含硫干气流量仪表校正

采用 2020 年 9 月 4 日的含硫干气分析数据进行校正计算，性质见表 4。

表 4 标定期间含硫干气性质

项目	2020/9/4
甲烷(体积)/%	20.74
乙烷(体积)/%	16.86
乙烯(体积)/%	0
丙烷(体积)/%	15.37
丙烯(体积)/%	0
异丁烷(体积)/%	5.39
正丁烷(体积)/%	3.89
反丁烯(体积)/%	0
正丁烯(体积)/%	0
异丁烯(体积)/%	0
顺丁烯(体积)/%	0

续表

项目	2020/9/4
C6及以上(体积)/%	0.65
异戊烷(体积)/%	0.67
正戊烷(体积)/%	0.45
正戊烯(体积)/%	0
1,3-丁二烯(体积)/%	0
C5及以上(体积)/%	1.77
氢气(体积)/%	25.20
氧气(体积)/%	1.75
一氧化碳(体积)/%	0
二氧化碳(体积)/%	0.05
氮气(体积)/%	8.97
硫化氢/(mg/m^3)	20000

为计算得到准确的含硫干气分子量，首先需要将上表中硫化氢含量转换为体积百分比浓度，其过程如下：

$V_{硫化氢}(\%)=\{[(20000/1000)/34]\times 22.4\}/1000\times 100\%=1.32\%$

分析数据中的O_2、CO、CO_2和N_2含量为采样和分析过程中带入的影响因素，因将其除去并对分析数据进行归一化处理，其结果如表5所示。

表5　标定期间含硫干气性质归一化处理

项目	2020/9/4	归一化处理	分子量
甲烷(体积)/%	20.74	22.91	16
乙烷(体积)/%	16.86	18.62	30
丙烷(体积)/%	15.37	16.98	44
异丁烷(体积)/%	5.39	5.95	58
正丁烷(体积)/%	3.89	4.30	58
C6及以上(体积)/%	0.65	0.72	86
异戊烷(体积)/%	0.67	0.74	72
正戊烷(体积)/%	0.45	0.50	72
氢气(体积)/%	25.20	27.83	2
硫化氢(体积)/%	1.32	1.46	34

根据上表中含硫干气组分的分析数据计算得到含硫干气的实际分子量：

$$M_{含硫干气实际}=25.23g/mol。$$

根据以上计算得到的含硫干气实际分子量，得到标况下的含硫干气实际密度：

$$\rho_{含硫干气实际}=25.23/22.4=1.1262kg/m^3$$

查设计资料，得到含硫干气的设计分子量：

$$M_{含硫干气设计}=27.1g/mol$$

根据以上含硫干气设计分子量，得到含硫干气标况下的设计密度：

$$\rho_{含硫干气设计}=27.1/22.4=1.2098kg/m^3$$

根据以上计算结果、设计资料以及2020年9月4日的操作参数，得到如表6所示孔板流量计校正所需参数：

表6　含硫干气流量孔板校正所需参数

项目	数据
$V_{设}(Nm^3/h)$	2513.75
$\rho_{设}/(kg/m^3)$	1.2098
$P_{设}/kPa$	950
$T_{设}/K$	313.15
$\rho_{实}/(kg/m^3)$	1.1262
$P_{实}/kPa$	810
$T_{实}$ K	310.25

将以上数据代入孔板流量计校正公式(1)，得到校正后的含硫干气实际体积流量=2417.03Nm^3/h。

根据含硫干气标况下的实际密度和以上实际体积流量，得到校正后的含硫干气质量流量=2721.98kg/h。

2.3　脱后低分气流量仪表校正

采用2020年9月4日的脱后低分气分析数据进行校正计算，性质见表7。

表7　标定期间脱后低分气性质

项目	2020/9/4
甲烷含量(体积)/%	13.13
乙烷含量(体积)/%	6.99
乙烯含量(体积)/%	0.00
丙烷含量(体积)/%	3.22
丙烯含量(体积)/%	0.00
异丁烷含量(体积)/%	0.51
正丁烷含量(体积)/%	0.35
反丁烯含量(体积)/%	0.00
正丁烯含量(体积)/%	0.00
异丁烯含量(体积)/%	0.00
顺丁烯含量(体积)/%	0.00
C6及以上含量(体积)/%	0.14
异戊烷含量(体积)/%	0.07
正戊烷含量(体积)/%	0.05
正戊烯含量(体积)/%	0.00
1,3-丁二烯含量(体积)/%	0.00

续表

项目	2020/9/4
C5 及以上含量(体积)/%	0.26
氢气含量(体积)/%	66.91
氧气含量(体积)/%	1.54
一氧化碳含量(体积)/%	0.00
二氧化碳含量(体积)/%	0.01
氮气含量(体积)/%	7.07
硫化氢含量/(mg/m^3)	0

分析数据中的 O_2、CO、CO_2和 N_2含量为采样和分析过程中带入的影响因素，因将其除去并对分析数据进行归一化处理，其结果如表 8 所示。

表 8　标定期间脱后低分气性质归一化处理

项目	2020/9/4	归一化处理	分子量
甲烷(体积)/%	13.13	14.37	16
乙烷(体积)/%	6.99	7.65	30
丙烷(体积)/%	3.22	3.52	44
异丁烷(体积)/%	0.51	0.56	58
正丁烷(体积)/%	0.35	0.38	58
C6 及以上(体积)/%	0.14	0.15	86
异戊烷(体积)/%	0.07	0.08	72
正戊烷(体积)/%	0.05	0.05	72
氢气(体积)/%	66.91	73.23	2

根据上表中脱后低分气组分的分析数据计算得到脱后低分气的实际分子量：

$$M_{脱后低分气实际}=8.38g/mol。$$

根据以上计算得到的脱后低分气实际分子量，得到标况下的脱后低分气实际密度：

$$\rho_{脱后低分气实际}=8.38/22.4=0.3742kg/m^3$$

查设计资料，得到脱后低分气的设计分子量：

$$M_{脱后低分气设计}=8.37g/mol$$

根据以上脱后低分气设计分子量，得到脱后低分气标况下的设计密度：

$$\rho_{脱后低分气设计}=8.37/22.4=0.3737kg/m^3$$

根据以上计算结果、设计资料以及 2020 年 9 月 4 日的操作参数，得到如表 9 所示孔板流量计校正所需参数：

表 9　脱后低分气流量孔板校正所需参数

项目	数据
$V_{设}$/(Nm^3/h)	3939.58
$\rho_{设}$/(kg/m^3)	0.3737
$P_{设}$/kPa	2400
$T_{设}$/K	317.15
$\rho_{实}$/(kg/m^3)	0.3742
$P_{实}$/kPa	2006
$T_{实}$/K	312.85

将以上数据代入孔板流量计校正公式(1)，得到校正后的脱后低分气实际体积流量=3623.85Nm^3/h

根据脱后低分气标况下的实际密度和以上实际体积流量，得到校正后的脱后低分气质量流量=1355.99kg/h

2.4　重污油量密度校正

重污油为装置反冲洗污油，标定期间装置混合原料油反冲洗过滤器运行正常，未发生连续反冲现象。由于设有反冲洗污油罐，反冲洗污油收集在反冲洗污油罐中达到一定液位后经重污油线泵送出装置，故实际产生的反冲洗污油量与外排重污油量并不完全相同且总量较小，故不对其进行深入研究，使用重污油计量数据作为反冲洗污油产量。重污油为超声波流量计计量的体积流量，换算质量流量只需进行密度校正即可。

根据 2020 年 9 月 4 日化验分析的混合原料油 20℃ 密度 862.7kg/m^3，标定期间重污油累计排放量 5.46m^3，重污油的排放温度 48℃，核算重污油的外排质量。

不同温度下油品密度换算经验公式：

$$d_i=d_{20}-(2.876-3.98\,d_{20}+1.6\,32d2_{20})\times 0.001\times(t_i-20) \quad (2)$$

式中，d_i：i℃下液体的密度，g/cm^3；d_{20}：20℃下液体的密度，g/cm^3；t_i：温度，℃。

将实际重污油的外排温度 48℃ 以及混合原料油 20℃ 密度 0.8627g/cm^3代入公式(2)计算得到 48℃时的重污油实际密度=0.8443g/cm^3。

则标定期间外排重污油质量=5.46×844.3=4609.9kg，标定期间外排重污油的平均质量流量=4609.9÷48=96.04kg/h。

2.5　流量校正后的表观物料平衡

经仪表和密度校正后的标定期间物料质量平衡数据如表 10 所示。

表 10 标定期间进出装置物料仪表校正后质量平衡数据

项目	校正后小时平均流量/(t/h)	对新鲜原料油质量占比/%
入方		
焦柴	33.04	16.54
催柴	34.51	17.28
1#蒸馏直柴	92.17	46.15
3#蒸馏直柴	39.99	20.02
新氢	4.56	2.28
合计	204.27	102.28
出方		
含硫轻烃	1.47	0.74
含硫干气	2.72	1.36
精制石脑油	5.50	2.75
精制柴油	191.56	95.92
脱后低分气	1.36	0.68
重污油	0.10	0.05
差量	1.56	0.78
合计	204.27	102.28

由于重污油(反冲洗污油)在进入反应系统前即排出系统并未参与之后的反应过程，故作为后续计算的基准，应将重污油从原料油中扣除并将四路原料油合计为混合原料油，故后续计算依据的进出物料平衡表如表 11 所示。

表 11 标定期间进出装置物料仪表校正后质量平衡数据(扣除重污油)

项目	校正后小时平均流量/(t/h)	对新鲜原料油质量占比/(%)
入方		
混合原料油	199.61	100
新氢	4.56	2.28
合计	204.17	102.28
出方		
含硫轻烃	1.47	0.74
含硫干气	2.72	1.36
精制石脑油	5.50	2.76
精制柴油	191.56	95.97
脱后低分气	1.36	0.68
差量	1.56	0.78
合计	204.17	102.28

以上装置物料平衡表中的进出方差量主要包含：(1)260 万吨/年柴油加氢精制装置新氢压缩机出口设有 8.0MPa 氢气管网流程，部分新氢经压缩后送至 8.0MPa 氢气管网中其他用氢装置，这部分氢气以差量的形式体现在以上物料平衡表中。(2)原料油中绝大部分的硫和氮经加氢反应后转化为 H_2S 和 NH_3。其中 H_2S 除了留在含硫干气、含硫轻烃和循环氢(极少可忽略)中的一部分外，绝大部分被装置脱硫系统的贫胺液吸收后随富胺液出装置；而 NH_3 则几乎全部被反应注水以及低分气水洗水吸收后随含硫污水出装置。这部分被富胺液和含硫污水带出的 H_2S 和 NH_3，也以差量的形式体现在以上物料平衡表中。

3 氢耗计算及分析

3.1 加氢过程产生的 H2S 和 NH3 的流量计算

原料油中带入的硫元素与氮元素经加氢反应后，绝大部分转化为 H_2S 和 NH_3，经汽提塔顶含硫干气、含硫轻烃、富胺液以及含硫污水带出装置。少部分未发生转化的硫和氮仍然以杂原子有机物形态存在于精制柴油与加氢石脑油中，随产品油品出装置。

硫和氮的脱除率即为转化的硫和氮与原料油中的硫和氮的比值。可通过原料油中硫和氮含量，以及精制柴油和加氢石脑油中硫和氮含量来进行计算。由于标定期间未对加氢石脑油中氮含量进行检测分析，故采用经验数据 0.5mg/kg 进行估算。标定期间的混合原料油、加氢石脑油以及精制柴油中硫和氮含量见表 12。

表 12 标定期间混合原料油、加氢石脑油以及精制柴油硫和氮含量

油品	硫含量	氮含量
混合原料油	0.604%wt	357.92mg/kg
精制柴油	5.5mg/kg	0.69mg/kg
加氢石脑油	0.0005%wt	0.5mg/kg *

*：标定期间未分析，采用经验数据进行计算

根据表 11 中混合原料油、精制柴油以及加氢石脑油的质量流量以及表 12 中对应物流的硫含量，即可计算出对应物流中硫的质量流量，结果见表 13。

表 13 标定期间混合原料油、加氢石脑油以及精制柴油硫质量流量

油品	质量流量/(kg/h)	硫含量	硫质量流量/(kg/h)
混合原料油	199610	0.604%wt	1205.6444
精制柴油	191560	5.5mg/kg	1.0536
加氢石脑油	5500	0.0005%wt	0.0275

硫的脱除率 = (1205.6444 - 1.0536 - 0.0275)/1205.6444×100% = 99.91%。

根据表11中混合原料油、精制柴油以及加氢石脑油的质量流量以及表12中对应物流的氮含量，即可计算出对应物流中氮的质量流量，结果见表14。

表14 标定期间混合原料油、加氢石脑油以及精制柴油氮质量流量

油品	质量流量/(kg/h)	氮含量	氮质量流量/(kg/h)
混合原料油	199610	357.92mg/kg	71.4444
精制柴油	191560	0.69mg/kg	0.1322
加氢石脑油	5500	0.5mg/kg	0.0028

氮的脱除率 = (71.4444-0.1322-0.0028)/71.4444×100% = 99.81%。

理论上加氢反应过程中，从原料油中脱除的硫和氮全部转化为 H_2S 和 NH_3，故可通过硫和氮的脱除率以及 H_2S 和 NH_3 的分子量，可以反算出理论上产生的 H_2S 和 NH_3 的质量流量。

脱除的硫的质量流量 = 1205.6444 - 1.0536 - 0.0275 = 1204.5633kg/h；

则生成的 H_2S 的质量流量 = 1204.5633÷(32/34) = 1279.849kg/h。

脱除的氮的质量流量 = 71.4444 - 0.1322 - 0.0028 = 71.3094kg/h；

则生成的 NH_3 的质量流量 = 71.3094÷(14/17) = 86.590kg/h。

3.2 气体平衡计算

将经过校正归一化处理的气体分析数据汇总为如表15所示。

表15 校正归一化处理后气体分析汇总表

项目	新氢	含硫干气	脱后低分气	分子量
甲烷(体积)/%	2.01	22.91	14.37	16
乙烷(体积)/%	1.94	18.62	7.65	30
丙烷(体积)/%	1.42	16.98	3.52	44
异丁烷(体积)/%	0.57	5.95	0.56	58
正丁烷(体积)/%	0	4.3	0.38	58
异戊烷(体积)/%	0.07	0.74	0.08	72
正戊烷(体积)/%	0	0.50	0.05	72
C6及以上(体积)/%	0	0.72	0.15	86
氢气(体积)/%	94.0	27.83	73.23	2
硫化氢(体积)/%	0	1.46	0	34

将经过孔板流量计校正后的气体体积流量数据汇总如表16所示。

表16 校正后的气体体积流量汇总表

项目	新氢	含硫干气	脱后低分气
体积流量/(Nm^3/h)	26954.41	2417.03	3623.85

根据表15和表16可分别计算得到各气体对应的各组分的标况下体积流量，再将各组分标况下体积流量与标况下密度(标况下密度 = 分子量/22.4)相乘得到各组分的质量流量。

则新氢各组分的质量流量如表17所示。

表17 新氢各组分质量流量

项目	体积占比/%	体积流量/(Nm^3/h)	分子量/(g/mol)	标况下密度/(kg/m^3)	质量流量/(kg/h)
甲烷	2.01	541.78	16	0.7143	387.00
乙烷	1.94	522.92	30	1.3393	700.34
丙烷	1.42	382.75	44	1.9643	751.84
异丁烷	0.57	153.64	58	2.5893	397.82
正丁烷	0	0.00	58	2.5893	0.00
异戊烷	0.07	18.87	72	3.2143	60.65
正戊烷	0	0.00	72	3.2143	0.00
C6及以上	0	0.00	86	3.8393	0.00
氢气	94.0	25337.15	2	0.0893	2262.61
硫化氢	0	0.00	34	1.5179	0.00

含硫干气各组分的质量流量如表18所示。

表 18　含硫干气各组分质量流量

项目	体积占比/%	体积流量/(Nm^3/h)	分子量/(g/mol)	标况下密度/(kg/m^3)	质量流量/(kg/h)
甲烷	22.91	553.74	16	0.7143	395.54
乙烷	18.62	450.05	30	1.3393	602.75
丙烷	16.98	410.41	44	1.9643	806.17
异丁烷	5.95	143.81	58	2.5893	372.38
正丁烷	4.3	103.93	58	2.5893	269.11
异戊烷	0.74	17.89	72	3.2143	57.49
正戊烷	0.5	12.09	72	3.2143	38.85
C6 及以上	0.72	17.40	86	3.8393	66.81
氢气	27.83	672.66	2	0.0893	60.07
硫化氢	1.46	35.29	34	1.5179	53.56

脱后低分气各组分的质量流量如表 19 所示。

表 19　脱后低分气各组分质量流量

项目	体积占比/%	体积流量/(Nm^3/h)	分子量/(g/mol)	标况下密度/(kg/m^3)	质量流量/(kg/h)
甲烷	14.37	520.75	16	0.7143	371.97
乙烷	7.65	277.22	30	1.3393	371.29
丙烷	3.52	127.56	44	1.9643	250.57
异丁烷	0.56	20.29	58	2.5893	52.55
正丁烷	0.38	13.77	58	2.5893	35.66
异戊烷	0.08	2.90	72	3.2143	9.32
正戊烷	0.05	1.81	72	3.2143	5.82
C6 及以上	0.15	5.44	86	3.8393	20.87
氢气	73.23	2653.75	2	0.0893	236.98
硫化氢	0	0.00	34	1.5179	0.00

加氢装置理论上的烃类气体平衡：反应产生的烃类气体量=产品侧烃类气体量-原料侧带入的烃类气体量。由于 260 万吨/年柴油加氢装置新氢压缩机出口设有 8.0MPa 氢气管网，因此所谓的原料侧带入的烃类气体量需要扣减外供 8.0MPa 氢气管网的那一部分新氢所携带的烃类气体。因此要计算得到加氢装置反应产生的烃类气体量，需要先计算得到外供 8.0MPa 氢气管网的新氢量。

3.3　含硫轻烃计算

本装置含硫轻烃送至下游催化裂化装置进行脱硫，故需要将含硫轻烃中的 H_2S 扣除，从而计算得到不含硫的轻烃流量。标定期间含硫轻烃的分析数据见表 20 所示。

由于缺少标定期间含硫轻烃密度数据，计算过程采用含硫轻烃的设计密度。查设计资料得到含硫轻烃设计密度为 621.2kg/m^3。质量流量计测得的含硫轻烃质量流量平均值 1470kg/h，则含硫轻烃的体积流量 = 1470÷621.2 = 2.3664m^3/h，通过化验分析的含硫轻烃中 H_2S 含量 = 28500mg/m^3，则含硫轻烃中携带的 H_2S 质量流量 = 28500 * 2.3664 = 67442.4mg/h = 0.06744kg/h，此处含硫轻烃中的 H_2S 流量包含在上文通过脱硫率计算出的产生的总 H_2S 质量流量中。

表 20　标定期间含硫轻烃性质

项目	2020/9/4	分析方法	氢含量,%
C3 含量(质量)/%	4.91	Q/SH 3165 1014	18.18
C4 含量(质量)/%	8.12		17.24
C5 含量(质量)/%	7.96		16.67
C6 含量(质量)/%	35.51		16.28
C7 含量(质量)/%	34.26		16.00
C8 含量(质量)/%	9.23		15.79
C9 含量(质量)/%	0		—
C10 含量(质量)/%	0		—
硫化氢/(mg/m^3)	28500	Q/SH 3635 408	5.88

剔除 H_2S 后的轻烃质量流量 = 1470 − 0.06744 = 1469.933kg/h。

由于加氢过程的反应特点，加氢装置产生的轻烃一般为饱和烃，为便于计算将轻烃中的各类烃组分视为饱和烷烃，结合以上轻烃组成分析数据，可以得到本装置轻烃的氢含量 = 0.0491 × 18.18% + 0.0812 × 17.24% + 0.0796 × 16.67% + 0.3551 × 16.28% + 0.3426 × 16.00% + 0.0923 × 15.79% = 16.34%m。

3.4 供 8.0MPa 氢气管网流量的计算

已知上文物料平衡表 11 中进出方差量 1560kg/h 中包含供 8.0MPa 氢气管网新氢质量流量、被富胺液带出的 H_2S 质量流量、被含硫污水带出的 NH_3 质量流量。

其中被富胺液带出的 H_2S 质量流量 = 加氢脱硫反应过程产生的 H_2S 的量 − 含硫干气中携带排出的 H_2S 的量 − 含硫轻烃中携带排出的 H_2S 的量 = 1279.849 − 53.56 − 0.06744 = 1226.22kg/h。

被含硫污水带出的 NH_3 质量流量 = 加氢脱氮反应过程产生的 NH_3 的量 = 86.59kg/h。

则供 8.0MPa 氢气管网的新氢质量流量 = 1560 − 1226.22 − 86.59 = 247.19kg/h。

根据上文中计算得到的新氢标况下实际密度 $\rho_{新氢实际}$ = 0.1692kg/m³，则供 8.0MPa 氢气管网的新氢体积流量 = 247.19 ÷ 0.1692 = 1460.93Nm³/h。

按照标定期间新氢的分析数据，供 8.0MPa 氢气管网的纯氢流量 = 1460.93 × 94.0% = 1373.27Nm³/h，根据标况下纯氢的密度 = 2/22.4 = 0.0893kg/m³ 计算得到供 8.0MPa 氢气管网的纯氢质量流量 = 1373.27 × 0.0893 = 122.63kg/h。

3.5 装置实际补充氢流量计算

根据上文的计算可知表观物料平衡中的新氢流量减去供 8.0MPa 管网的新氢流量即为实际进入柴油加氢装置的补充氢流量。则实际进入 260 万吨/年柴油加氢精制装置的补充氢体积流量 = 26954.41 − 1460.93 = 25493.48Nm³/h。根据标定期间的新氢分析数据，得到实际进入装置的补充氢各组分流量如表 21 所示。

表 3-10 进装置实际补充氢各组分流量

项目	体积占比/%	体积流量/(Nm³/h)	分子量/(g/mol)	标况下密度/(kg/m³)	质量流量/(kg/h)
甲烷	2.01	512.42	16	0.7143	366.02
乙烷	1.94	494.57	30	1.3393	662.38
丙烷	1.42	362.01	44	1.9643	711.09
异丁烷	0.57	145.31	58	2.5893	376.26
正丁烷	0	0.00	58	2.5893	0.00
异戊烷	0.07	17.85	72	3.2143	57.36
正戊烷	0	0.00	72	3.2143	0.00
C6 及以上	0	0.00	86	3.8393	0.00
氢气	94.0	23963.87	2	0.0893	2139.97
硫化氢	0	0.00	34	1.5179	0.00

根据表 21、表 18 和表 19，即可计算得到柴油加氢装置反应产生的烃类气体量如下：

反应产生的 C1 烃类气体流量 = 395.54 + 371.97 − 366.02 = 401.49kg/h；

反应产生的 C2 烃类气体流量 = 602.75 + 371.29 − 662.38 = 311.66kg/h；

反应产生的 C3 烃类气体流量 = 806.17 + 250.57 − 711.09 = 345.65kg/h；

反应产生的 C4 烃类气体流量 = 372.38 + 269.11 + 52.55 + 35.66 − 376.26 = 353.43kg/h；

气体产物中携带的反应产生的 C5 烃类流量 = 57.49 + 38.85 + 9.32 + 5.82 − 57.36 = 54.12kg/h；

气体产物中携带的反应产生的 C6 烃类流量 = 66.81 + 20.87 − 0 = 87.68kg/h。

3.6 溶解氢耗计算

溶解氢耗指在高压反应系统中溶解在液相油品中的氢气，这部分氢气进入低分系统后一部分闪蒸出随低分气排出装置，未在低分系统闪蒸出的溶解氢则随低分油进入硫化氢汽提塔后全部随塔顶含硫干气排出装置。故装置溶解氢即为低分气中氢气与脱硫化氢汽提塔顶含硫干气中氢气之和。

根据上文中表 18 可知汽提塔顶含硫干气中氢气流量为 60.07kg/h，根据上文中表 18 可知脱后低分气中氢气流量为 236.98kg/h。

故装置的溶解氢 = 60.07 + 236.98 = 297.05kg/h。其中低分气占比 79.78%，干气占比 20.22%。

3.7 化学氢耗计算及分析

化学氢耗理论上为除纯氢外所有产品氢含量相对除纯氢外所有原料氢含量的上升部分，即所谓的理论上氢量。除纯氢外产品侧含氢的介质有：加氢反应产生的 H_2S 和 NH_3，气体产物中的烃类，轻烃，加氢石脑油，精制柴油。除纯氢外原料侧含氢的介质有：混合原料油，补充氢中各类烃类气体。上文已得 H_2S、NH_3、烃类气体以及轻烃的量及其组成数据，因此计算化学氢耗只需计算出加氢石脑油、精制柴油以及混合原料油的氢含量即可。

前人在大量实验数据的基础上，给出了从密度、平均沸点、特性因数等易于测量计算的性质关联到石油馏分碳氢比（CH）、氢含量等难以测量性质的列线图。为便于计算机模拟软件的应用，后来的研究者们又根据相关的列线图拟合出了各类数学关联式用于计算油品的氢含量。通过查阅文献资料，笔者总结出较为便于使用的求取石油馏分碳氢比或氢含量的主要方法有：（1）查图法；（2）Riazi-Daubert 碳氢比关联式法。下面将分别通过以上两种方法求取柴油加氢装置混合原料油、加氢石脑油以及精制柴油的氢含量。

3.7.1 查图法

根据李立权主编的《加氢裂化装置工艺计算与技术分析》，可通过加氢产品油品特性因数 K 以及分子平均沸点求取加氢产品油品氢含量的关系图如图 1；可通过原料油特性因数 K 以及平均沸点求取原料油氢含量的关系图见图 2。

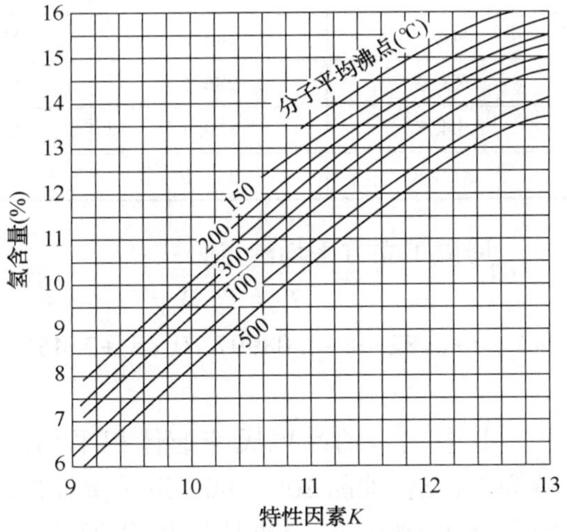

图 1 加氢产品油品氢含量图

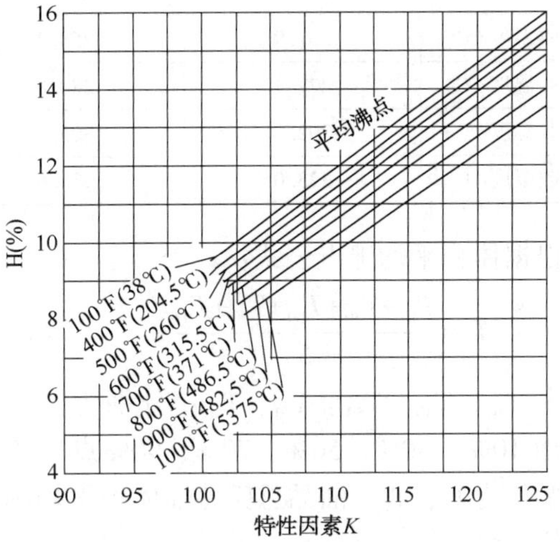

图 2 加氢原料油氢含量图

（1）原料油氢含量求取

已知标定期间原料油的分析数据如表 22 所示。

表 22 标定期间 2020.9.4 各路原料油性质

项目	原料油 3	原料油 4	原料油 2	原料油 1	混合原料油	分析方法
密度(20℃)/(kg/m³)	848.7	838.2	937.0	857.3	862.7	SH/T 0604
初馏点/℃	221.4	188.2	159.4	84.0	115.0	GB/T 6536
5%回收温度/℃	—	—	—	—	—	
10%回收温度/℃	246.4	235.6	214.6	201.0	230.0	
30%回收温度/℃	—	—	—	—	—	
50%回收温度/℃	277.4	280.8	268.0	286.5	276.0	
70%回收温度/℃	—	—	—	—	—	
90%回收温度/℃	323.0	334.6	333.4	343.0	328.0	
95%回收温度/℃	341.4	349.0	346.4	358.0	342.0	
终馏点/℃	—	—	—	—	356.0	

续表

项目	原料油 3	原料油 4	原料油 2	原料油 1	混合原料油	分析方法
闪点(闭口)/℃	97	74	64	<35.0	38.0	GB/T 261
硫含量(质量分数)/%	0.0896	0.739	0.511	2.04	0.604	GB/T 17040
氮含量/(mg/kg)	119.87	104.87	583.8	1096.70	357.92	SH/T 0657
运动黏度(20℃)/(mm^2/s)	5.663	5.411	4.033	4.488	4.923	GB/T 265
酸度/(mgKOH/100mL)	6.04	7.48	0.87	2.59	5.18	GB/T 258
凝点/℃	-9	-12	<-15	<-15	-14	GB/T 510
十六烷指数	48	52	24	47	44	GB/T 11139
十六烷值	—	—	—	—	—	—
多环芳烃含量(质量)/%	—	—	—	—	20.3	SH/T 0806

为计算油品恩氏蒸馏平均沸点，需要油品的恩氏蒸馏 10%、30%、50%、70%、90%点温度数据。一般油品的恩氏蒸馏曲线 10%~90%点近似于直线段，因此可通过内插法补全恩氏蒸馏数据，补全后的原料油恩氏蒸馏数据如表 23 所示。

表 23 内插法补全的各路原料油恩氏蒸馏数据

项目	原料油 3	原料油 4	原料油 2	原料油 1	混合原料油
10%回收温度/℃	246.4	235.6	214.6	201.0	230.0
30%回收温度/℃	261.9	258.2	241.3	243.8	253.0
50%回收温度/℃	277.4	280.8	268.0	286.5	276.0
70%回收温度/℃	292.9	303.4	294.7	329.3	299.0
90%回收温度/℃	323.0	334.6	333.4	343.0	328.0

则根据体积平均沸点公式：

$$T_v=\frac{T_{10}+T_{30}+T_{50}+T_{70}+T_{90}}{5} \quad (2)$$

其中 T_{10}、T_{30}、T_{50}、T_{70}、T_{90}：分别为油品恩氏蒸馏 10%、30%、50%、70%、90%点回收温度，单位为℃；T_v：油品恩氏蒸馏体积平均沸点，单位为℃。

10%~90%恩氏蒸馏曲线斜率公式：

$$S=\frac{T_{90}-T_{10}}{80} \quad (3)$$

其中 T_{10}、T_{90}：分别为油品恩氏蒸馏 10%、90%点回收温度，单位为℃；S：油品 10%~90%恩氏蒸馏曲线斜率，单位为℃/%。

周佩正中平均沸点公式：

$$T_{me}=T_v-\Delta_{me} \quad (4)$$

$$ln\Delta_{me}=-1.53181-0.0128\ T0.6667_v+3.64678\ S0.3333 \quad (5)$$

其中 T_v：油品恩氏蒸馏体积平均沸点，单位为℃；S：油品 10%~90%恩氏蒸馏曲线斜率，单位为℃/%；T_{me}：油品恩氏蒸馏中平均沸点，单位为℃。

周佩正立方平均沸点公式：

$$T_{ca}=T_v-\Delta_{ca} \quad (6)$$

$$ln\Delta_{ca}=-0.82368-0.08997\ T0.45_v+2.45697\ S0.45 \quad (7)$$

其中 T_v：油品恩氏蒸馏体积平均沸点，单位为℃；S：油品 10%~90%恩氏蒸馏曲线斜率，单位为℃/%；T_{ca}：油品恩氏蒸馏立方平均沸点，单位为℃。

周佩正分子平均沸点公式：

$$T_m=T_v-\Delta_m \quad (8)$$

$$ln\Delta_m=-1.15158-0.011811\ T0.6667_v+3.70684\ S0.3333 \quad (9)$$

其中 T_v：油品恩氏蒸馏体积平均沸点，单位为℃；S：油品 10%~90%恩氏蒸馏曲线斜率，单位为℃/%；T_m：油品恩氏蒸馏分子平均沸点，单位为℃。

周佩正质量平均沸点公式：

$$T_w=T_v+\Delta_w \quad (10)$$

$$ln\Delta_w=-3.64991-0.027067T_v^{0.6667}+5.16388S^{0.25} \quad (11)$$

其中 T_v：油品恩氏蒸馏体积平均沸点，单位为℃；S：油品10%～90%恩氏蒸馏曲线斜率，单位为℃/%；T_w：油品恩氏蒸馏质量平均沸点，单位为℃。

杨朝合密度转换公式：

$$\Delta d=\frac{1.598-d_4^{20}}{176.1-d_4^{20}} \quad (12)$$

$$d_{15.6}^{15.6}=d_4^{20}+\Delta d \quad (13)$$

其中 d_4^{20}：油品20℃相对密度，是油品20℃密度与水4℃密度的比值，无量纲；$d_{15.6}^{15.6}$：油品15.6℃相对密度，是油品15.6℃密度与水15.6℃密度的比值，无量纲。

特性因数UOP K的计算公式：

$$UOPK=\frac{(1.8T_{ca})\frac{1}{3}}{d_{15.6}^{15.6}} \quad (14)$$

其中 T_{ca}：油品恩氏蒸馏立方平均沸点，单位为K；$d_{15.6}^{15.6}$：油品15.6℃相对密度，是油品15.6℃密度与水15.6℃密度的比值，无量纲；UOP K：为油品特性因数K，由密度和平均沸点计算得到，K值是表征油品化学组成的重要参数，烷烃K值最高，甲烷19.54，丙烷14.71，随着分子量增加C5以上约为12.67，芳烃K值最小在9.5～10.8之间，环烷烃约在11～12之间。

可计算得到各路原料油各平均沸点、恩氏蒸馏曲线斜率、15.6℃相对密度、特性因数K如表24所示。

表24　各路原料油平均沸点、恩氏蒸馏斜率、相对密度以及特性因数K

项目	原料油3	原料油4	原料油2	原料油1	混合原料
体积平均沸点 T_v/℃	280.3	282.5	270.4	280.7	277.2
恩氏蒸馏斜率S/(℃/%)	0.9575	1.2375	1.4850	1.7750	1.225
中平均沸点 T_{me}/℃	275.8	276.3	262.3	270.4	271.0
中平均沸点 T_{me}/K	548.95	549.45	535.45	543.55	544.15
立方平均沸点 T_{ca}/℃	278.8	280.4	267.7	277.3	275.5
立方平均沸点 T_{ca}/K	551.95	553.55	540.85	550.45	548.65
分子平均沸点 T_m/℃	273.0	272.3	257.2	272.4	269.2
分子平均沸点 T_m/K	546.15	545.45	530.35	545.55	542.35
质量平均沸点 T_w/℃	281.7	284.4	272.9	283.9	279.1
质量平均沸点 T_w/K	554.85	557.55	546.05	557.05	552.25
15.6℃相对密度 $d15.6_{15.6}$	0.8530	0.8425	0.9408	0.8615	0.8669
特性因数UOP K	11.70	11.85	10.53	11.57	11.49

根据表24中所得的油品性质数据，应用图2加氢原料油氢含量、特性因数以及平均沸点关系图，采用查图法可以得到各路原料油的氢含量，此处使用油品的中平均沸点与特性因数UOP K值进行查图。

以上图3为采用查图法求取的各路原料油氢含量，具体结果见表25。

表25　各路原料油查图法氢含量

项目	原料油3	原料油4	原料油2	原料油1	混合原料
查图法氢含量/%(m)	13.1	13.4	10.05	12.9	12.6

由上表可以看出原料油3和原料油4为一次加工柴油其氢含量均明显高于二次加工柴油原料油2和原料油1，其中原料油2密度最大芳烃含量最高氢含量最低，是四路原料油中单位量化学氢耗最高的一路原料。原料油1次之，氢含量也相对较低，单位量氢耗略低于原料油2。两路一次加工柴油氢含量接近且相对较高，总体来看两路一次加工柴油原料油3和原料油4单位量氢耗均相对较低。

（2）加氢产品氢含量求取

已知标定期间加氢石脑油与精制柴油的分析数据如表26所示。

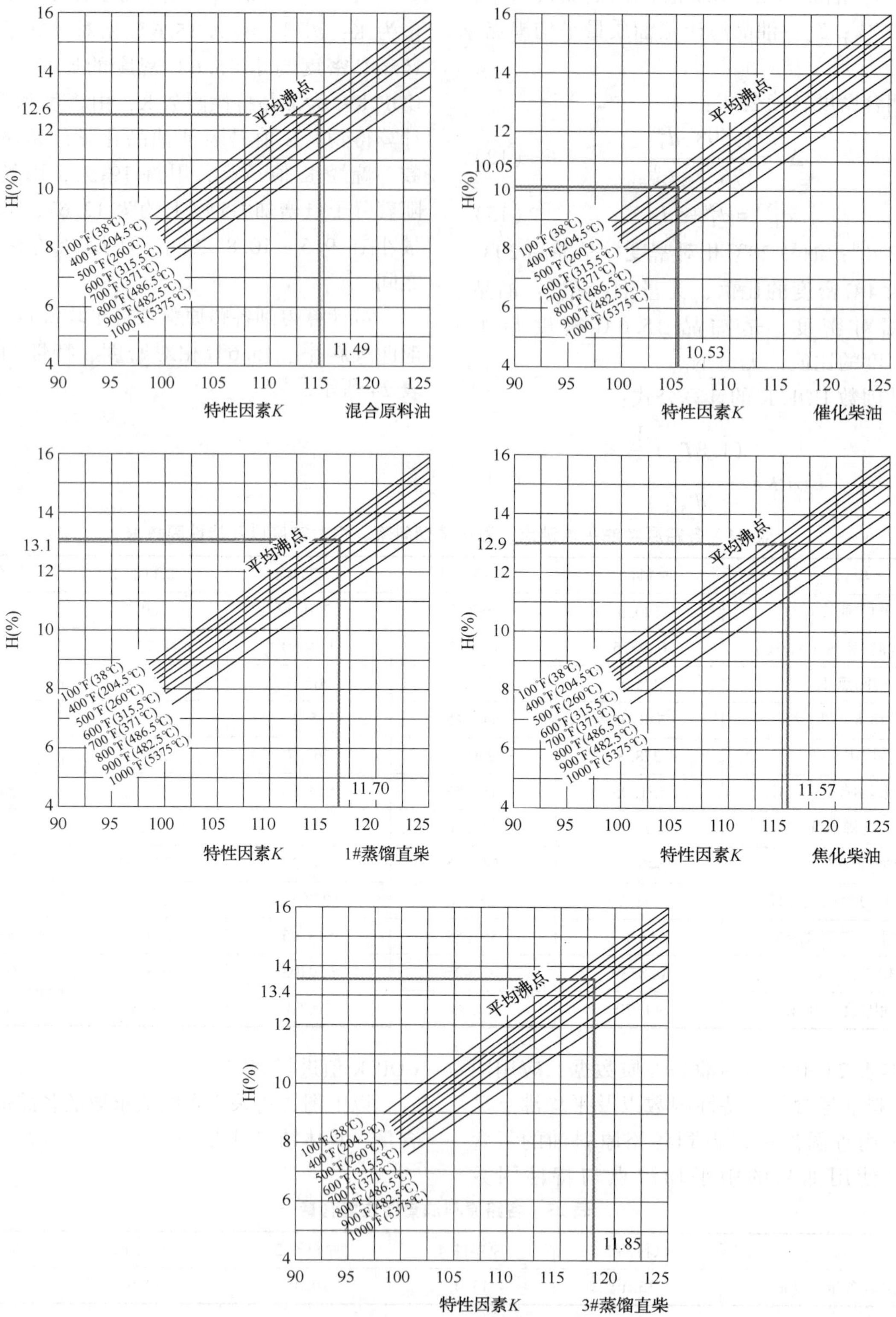

图3　各路原料油查图法求取氢含量

表26　标定期间2020.9.4加氢石脑油与精制柴油性质

项目	加氢石脑油	精制柴油
密度(20℃)/(kg/m³)	741.3	846.7
初馏点/℃	48.3	196.4

续表

项目	加氢石脑油	精制柴油
5%回收温度/℃	—	—
10%回收温度/℃	80.8	234.4
30%回收温度/℃	—	—
50%回收温度/℃	110.6	269.0
70%回收温度/℃	—	—
90%回收温度/℃	158.7	322.4
95%回收温度/℃	—	339.4
终馏点/℃	171.9	—
硫含量/(mg/kg)	5.0	5.5
氮含量/(mg/kg)	0.5*	0.69
凝固点/℃	—	-15
十六烷指数	—	47
十六烷值	—	50.1
溴值/(gBr/100g)	0.59	2.57
多环芳烃含量(质量)/%	—	3.3

*：标定期间未分析，采用经验数据进行计算。

通过内插法补全恩氏蒸馏数据，补全后的加氢石脑油和精制柴油恩氏蒸馏数据如表27所示。

表27　内插法补全的加氢石脑油与精制柴油恩氏蒸馏数据

项目	加氢石脑油	精制柴油
10%回收温度/℃	80.8	234.4
30%回收温度/℃	95.7	251.7
50%回收温度/℃	110.6	269.0
70%回收温度/℃	125.5	286.3
90%回收温度/℃	158.7	322.4

应用上文中计算原料油各项性质的相关公式，计算得到加氢石脑油与精制柴油各平均沸点、恩氏蒸馏曲线斜率、15.6℃相对密度、特性因数K如表28所示。

表28　加氢石脑油与精制柴油平均沸点、恩氏蒸馏斜率、相对密度以及特性因数K

项目	加氢石脑油	精制柴油
体积平均沸点 T_v/℃	114.3	272.8
恩氏蒸馏斜率 S/(℃/%)	0.9738	1.1000
中平均沸点 T_{me}/℃	108.3	267.3
中平均沸点 T_{me}/K	381.45	540.45
立方平均沸点 T_{ca}/℃	111.9	271.1
立方平均沸点 T_{ca}/K	385.05	544.25
分子平均沸点 T_m/℃	104.5	264.8
分子平均沸点 T_m/K	377.65	537.95
质量平均沸点 T_w/℃	116.6	274.4
质量平均沸点 T_w/K	389.75	547.55
15.6℃相对密度 $d15.6_{15.6}$	0.7462	0.8510
特性因数 UOP K	11.86	11.67

根据表28中所得的油品性质数据，应用图1加氢产品油品氢含量、特性因数以及平均沸点关系图，采用查图法可以得到加氢石脑油与精制柴油的氢含量，此处使用油品的分子平均沸点与特性因数UOP K值进行查图。

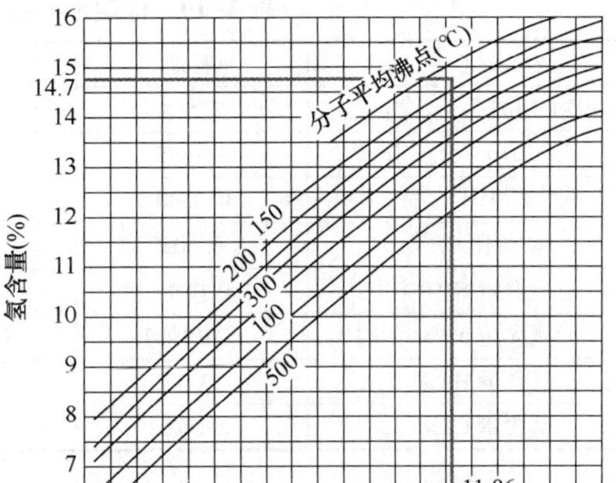

图4　加氢石脑油氢含量

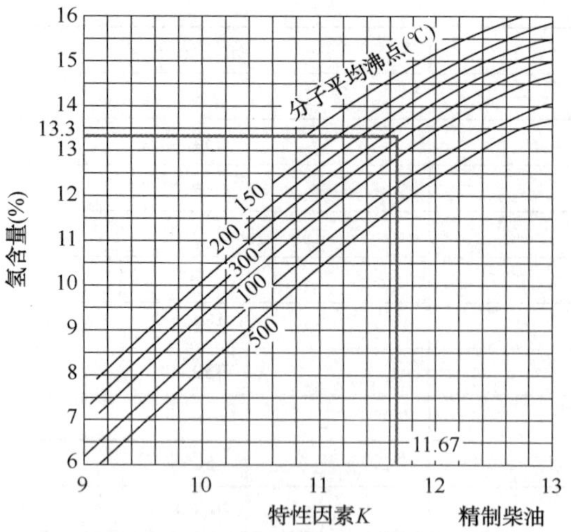

图 5　精制柴油氢含量

以上图 4 与图 5 分别为采用查图法求取的加氢石脑油与精制柴油氢含量，具体结果如表 29 所示。

表 3-18　加氢石脑油与精制柴油查图法氢含量

项目	加氢石脑油	精制柴油
查图法氢含量/%(m)	14.7	13.3

根据上表可以看到，经过加氢反应后得到加氢石脑油与精制柴油氢含量均相对混合原料油有所上升，表明通过加氢反应过程不但脱除了硫和氮等杂原子，也有效提高了油品的氢含量，改善了油品质量。

3.7.2　Riazi-Daubert 碳氢比关联式法

Riazi 等对石油馏分的碳氢比估算做了深入研究，提出了从平均沸点、密度、分子量、折光指数和运动粘度中任意两个性质估算碳氢比 CH 的多个关联式。从便于应用的角度看，石油馏分的密度与平均沸点是相对易得的性质，Riazi-Daubert 关联式即使用了中平均沸点与 15.6℃相对密度来估算油品的碳氢比 CH，具体公式如下[8]：

对于相对分子量为 70~300，中平均沸点为 300~616K 的油品，碳氢比关联式为：

$$CH=3.4707\exp(0.01485\,T_{me}+16.94d_{15.6}^{15.6}-0.012492\,T_{me}d_{15.6}^{15.6})\,T-2.725_{me}(d_{15.6}^{15.6})-6.796 \tag{15}$$

其中T_{me}为中平均沸点，单位为绝对温度 K。

对于相对分子量为 300~600，中平均沸点为 616~811K 的油品，碳氢比关联式为：

$$CH=2.1471\times10^{-22}\exp(8.4314\times10^{-3}T_{me}+1.0312\times102I-2.736\times10-2T_{me}I)\,T-0.786_{me}I-21.567 \tag{16}$$

$$I=1.8429\times10-2\exp\left(\begin{array}{l}1.1635\times10-3T_{me}+\\5.144d_{15.6}^{15.6}-5.9202\times10^{-4}\end{array}\right.T_{me}d_{15.6}^{15.6})\,T-0.407_{me}(d_{15.6}^{15.6})-3.333 \tag{17}$$

其中T_{me}为中平均沸点，单位为绝对温度 K。

针对柴油加氢装置，其油品中平均沸点均处于 300~616K 之间，故应用公式(15)即可计算得到相对应的油品碳氢比。

加氢装置原料油和产品油品主要含有 C、H、S、N 四种元素，可以大致认为 C+H+S+N=100%，因此通过油品的碳氢比 CH、硫含量、氮含量，可以计算得到油品的氢含量 H=(100%-S%-N%)/(1+CH)。

应用公式(15)，计算得到各路原料油碳氢比 CH，根据各路原料油硫、氮含量又可得到氢、碳含量数据如表 30 所示。

表 3-19　标定期间各路原料油碳氢比、氢、碳含量数据

项目	原料油 3	原料油 4	原料油 2	原料油 1	混合原料
中平均沸点 T_{me}/℃	275.8	276.3	262.3	270.4	271.0
中平均沸点 T_{me}/K	548.95	549.45	535.45	543.55	544.15
相对密度$d15.6_{15.6}$	0.8530	0.8425	0.9408	0.8615	0.8669
碳氢比 CH	6.605	6.461	8.443	6.760	6.840
硫含量 S/%	0.0896	0.739	0.511	2.04	0.604
氮含量 N/%	0.011987	0.010487	0.05838	0.10967	0.035792
氢含量 H/%	13.13	13.30	10.53	12.61	12.67
碳含量 C/%	86.76	85.95	88.90	85.24	86.66

将表 30 中应用 Riazi-Daubert 碳氢比关联式计算得到的原料油氢含量与查图法得到的氢含量进行比较，得到偏差率如表 31 所示。

表 31 Riazi-Daubert 关联式法计算得到的原料油氢含量与查图法氢含量对比偏差率

项目	原料油 3	原料油 4	原料油 2	原料油 1	混合原料
氢含量偏差率/%	0.23	-0.75	4.78	-2.25	0.56

由上表 31 偏差率结果可以看出，应用 Riazi-Daubert 关联式计算得到的一次原料油氢含量与查图法得到的氢含量基本接近，表明 Riazi-Daubert 关联式非常适合用于一次加工原料油氢含量的估算。对于二次加工原料油则两种方法的偏差率明显上升，采用哪种方法更为准确有待实验验证。由于柴油加氢装置原料油主体由一次加工的直馏柴油构成，因此应用 Riazi-Daubert 关联式计算混合原料油氢含量与查图法得到的氢含量偏差相对较小。

应用 Riazi-Daubert 关联式计算柴油加氢装置两项主要产品油品的碳氢比、氢含量结果如表 32 所示。

表 32 标定期间精制柴油与加氢石脑油氢、碳含量数据

项目	加氢石脑油	精制柴油
中平均沸点 T_{me}/℃	108.3	267.3
中平均沸点 T_{me}/K	381.45	540.45
相对密度 $d15.6_{15.6}$	0.7462	0.8510
碳氢比 CH	5.966	6.621
硫含量 S/%	0.0005	0.00055
氮含量 N/%	0.00005	0.000069
氢含量 H/%	14.36	13.12
碳含量 C/%	85.64	86.88

将表 32 中应用 Riazi-Daubert 关联式计算得到的产品油品氢含量与查图法得到的氢含量进行比较，得到偏差率如表 33 所示。

表 33 Riazi-Daubert 关联式法计算得到的加氢产品氢含量与查图法氢含量对比偏差率

项目	加氢石脑油	精制柴油
氢含量偏差率/%	-2.31	-1.35

由表 33 偏差率结果可以看出，应用 Riazi-Daubert 关联式计算得到的加氢产品氢含量与查图法得到的氢含量偏差率较大，哪种方法得到的氢含量更为准确还需进一步验证。

3.7.3 化学氢耗核算

根据以上查图法与 Riazi-Daubert 关联式法得到的油品氢含量数据得到装置化学氢平衡如表 34 所示。

化学氢耗可以理解为加入到原料中的氢，即除纯氢外的所有产物氢含量较除纯氢外的所有原料油氢含量上升的那一部分。根据上表可以得到柴油加氢精制装置理论化学氢耗量=产物侧氢流量-原料油侧氢流量。

表 34 两种化学氢耗计算方法得到的装置化学氢平衡

项目	物料流量/(kg/h)	查图法		Riazi-Daubert 关联式法	
		氢含量/%m	氢流量/(kg/h)	氢含量/%m	氢流量/(kg/h)
入方					
混合原料油	199610.00	12.60	25150.86	12.67	25290.587
补充氢中 C1	366.02	25.00	91.51	25.00	91.51
补充氢中 C2	662.38	20.00	132.48	20.00	132.48
补充氢中 C3	711.09	18.18	129.28	18.18	129.28
补充氢中 C4	376.26	17.24	64.87	17.24	64.87
补充氢中 C5	57.36	16.67	9.56	16.67	9.56
合计			25578.546		25718.273
出方					
H_2S	1279.849	5.88	75.255	5.88	75.255
NH_3	86.59	17.65	15.283	17.65	15.283
C1	767.51	25.00	191.878	25.00	191.878
C2	974.04	20.00	194.808	20.00	194.808
C3	1056.74	18.18	192.115	18.18	192.115

续表

项目	物料流量/(kg/h)	查图法		Riazi-Daubert 关联式法	
		氢含量/%m	氢流量/(kg/h)	氢含量/%m	氢流量/(kg/h)
iC4	424.92	17.24	73.256	17.24	73.256
nC4	304.77	17.24	52.542	17.24	52.542
iC5	66.81	16.67	11.137	16.67	11.137
nC5	44.67	16.67	7.446	16.67	7.446
气体产物中携带 C6	87.68	16.28	14.274	16.28	14.274
轻烃(不含 H_2S)	1469.933	16.34	240.187	16.34	240.187
加氢石脑油	5500.00	14.70	808.500	14.36	789.800
精制柴油	191560.00	13.30	25477.48	13.12	25132.672
合计			27354.161		26990.655

查图法得到的化学氢耗量=27354.161-25578.546=1775.615kg/h，得到对原料油的化学氢耗=1775.615/199610 * 100%=0.89%；

Riazi-Daubert 关联式法得到的化学氢耗量=26990.655-25718.273=1272.382kg/h，得到对原料油的化学氢耗=1272.382/199610 * 100%=0.64%。

两种方法得到的化学氢耗数据偏差较大，需根据物料平衡数据得出装置工业氢平衡以进一步验证哪种方法更为准确。

3.8 漏损氢耗计算及分析

漏损氢耗主要来源为循环氢压缩机干气密封系统一级泄漏气、新氢压缩机机械密封系统的泄漏气以及其他设备的静密封点泄漏。

柴油加氢装置循环氢压缩机干气密封系统驱动端与非驱动端一级泄漏气流量均为 13Nm³/h 左右，故一级泄漏气总量以 26Nm³/h 计。

已知脱后循环氢的分析数据如下表：

表 35　标定期间脱后循环氢性质

项目	限制值	2020/9/4	分析方法
C1 含量(体积)/%	—	8.72	Q/SH 3165 1017
C2 含量(体积)/%	—	2.92	
C3 含量(体积)/%	—	1.10	
C4 含量(体积)/%	—	0.23	
C5 含量(体积)/%	—	0.03	
氢气含量(体积)/%	≥85.00	87.00	
硫化氢/(mg/m³)	≤1500	20	Q/SH 3635408

将表 35 中硫化氢含量转换为体积百分比浓度，其过程如下：

V 硫化氢(%)={[(20/1000)/34]×22.4}/1000×100=0.0013%，硫化氢含量对循环氢组分影响可忽略不计。

故循环氢压缩机干气密封系统泄漏的纯氢量=26×87%=22.62Nm³/h。氢气标况下的密度为 2/22.4=0.0893g/l=0.0893kg/m³。

故循环氢压缩机干气密封系统泄漏的氢气质量流量=22.62×0.0893=2.02kg/h。

新氢压缩机机械密封系统以及其他设备静密封点无泄漏量检测仪表。

根据《加氢裂化装置工艺计算与技术分析》中给出的加氢裂化装置一般漏损氢耗占总氢耗的 1.5%~2.0%。本装置为柴油加氢装置，系统压力为 6.4MPa，大大低于常规的加氢裂化装置(一般反应压力约 14MPa)，故本装置漏损氢耗按照总氢耗的 0.7%估算。

则漏损氢耗=2139.97×0.7%=14.98kg/h。

循环氢干气密封系统泄漏的氢气约占装置整体漏损氢量的 13.48%。

4 装置工业氢平衡

经过以上计算和分析，我们已经得到了柴油加氢装置的溶解氢耗量为 297.05kg/h，漏损氢耗量为 14.98kg/h，外供 8.0MPa 氢气管网氢耗量为 122.63kg/h，化学氢耗量分别为查图法得到的 1775.615kg/h 和 Riazi-Daubert 关联式法得到的 1272.382kg/h。标定期间装置未排放废氢，因此排放氢耗量为 0kg/h。根据气体平衡计算数据可知，进装置新氢中的纯氢总量为 2262.61kg/h。综上所述，得到柴油加氢装置的工业氢平衡表如表 36 所示。

表 36 装置工业氢平衡表

项目	查图法		Riazi-Daubert 关联式法	
	质量流量/(kg/h)	占比/%	质量流量/(kg/h)	占比/%
入方				
新氢(纯氢)	2262.61	100	2262.61	100
合计	2262.61	100	2262.61	100
出方				
化学氢耗(纯氢)	1775.615	80.33	1272.382	74.54
溶解氢耗(纯氢)	297.05	13.44	297.05	17.40
排放氢耗(纯氢)	0.00	0.00	0.00	0.00
漏损氢耗(纯氢)	14.98	0.68	14.98	0.88
外供 8.0MPa 氢耗(纯氢)	122.63	5.55	122.63	7.18
合计	2210.275	100	1707.042	100
入出方偏差	52.335	2.313	555.570	24.554

从以上工业氢平衡数据可以验证，查图法得到的进出方偏差率仅为 2.313%，而 Riazi-Daubert 关联式法计算得到的进出方偏差率则高达 24.554%，显然查图法得到的装置工业氢平衡数据更为准确。验证了针对柴油加氢装置化学氢耗计算而言，查图法较 Riazi-Daubert 关联式法更为准确。

5 结论及优化建议

根据严格的计算，得到了柴油加氢装置的工业氢平衡数据，其中化学氢耗占比 80.33%，溶解氢耗占比 13.44%，外供 8.0MPa 氢气管网氢耗占比 5.55%，漏损氢耗占比 0.68%，排放氢耗占比 0%。260 万吨/年柴油加氢装置的工业氢平衡图如下：

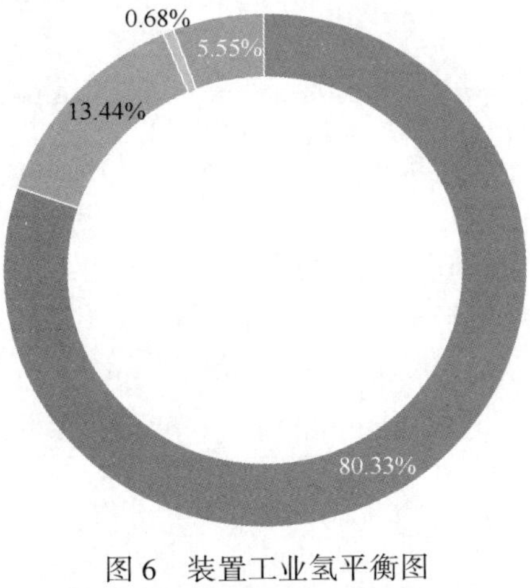

图 6 装置工业氢平衡图

验证了在化学氢耗的计算方面，查图法较 Riazi-Daubert 关联式法更为准确。从两种方法的计算结果可以看出，Riazi-Daubert 关联式法更适合用于计算加氢装置的一次加工原料油的氢含量，将此方法用于计算加氢产品氢含量时偏差较大。

在优化装置用氢方面，主要可以从化学氢耗与溶解氢耗两方面采取措施。其中化学氢耗占比 80.33%，是装置氢耗最主要的组成部分。

首先从精制柴油性质来看，可以根据产品质量调整反应深度，力求多环芳烃含量能够卡边达标。标定期间混合原料油多环芳烃含量为 20.3%，精制柴油中多环芳烃含量降至 3.3%(国VI 车用柴油内控指标为 6%)，可见如果精制柴油多环芳烃含量能够实现卡边控制，可大大降低装置化学氢耗。260 万吨/年柴油加氢精制装置二反 R802 主要用于低温条件下的多环芳烃饱和同时兼顾脱硫反应，可以通过实验寻找最为合适的二反反应温度，在保证产品硫含量达标的条件下尽可能实现多环芳烃含量的卡指标控制，可有效降低装置化学氢耗。

从原料配比来看，装置四路原料油中二次加工柴油原料油 2 的氢含量最低约为 10.05%，加工的原料油 2 越多装置化学氢耗越高，推高装置精制柴油生产成本。按照标定期间原料油 2 硫含量数据为 0.511%，当市场条件允许的情况下，可以考虑将部分原料油 2 直接作为低硫船燃调和组分，降低柴油加氢装置二次加工柴油加工比例，既有利于柴油加氢装置长周期运行又能够减少氢气消耗降低精制柴油生产成本。

溶解氢耗占装置总氢耗的 13.44% 数量可

观，其中低分气占溶解氢耗的比例为 79.78%，汽提塔顶含硫干气占比 20.22%。装置已设有膜分离设施用于回收低分气中氢气，但干气则送往气分装置脱硫后直接补入全厂瓦斯系统。按照标定工况下干气中 60.07kg/h 纯氢流量计算，全年按照 8400 小时计，若采取措施回收柴油加氢装置干气中的这部分氢气资源，全年可回收纯氢约 504.6 吨，按照 18000 元/吨计算可节约 908.3 万元/年效益可观。

参 考 文 献

[1] 曹汉昌，郝希仁，张韩．催化裂化工艺计算与技术分析[M]. 北京：石油工业出版社 2000，156.

[2] 周佩正 石油馏分的平均沸点和假临界常数的关联[M]. 北京：华东石油学院学报，1980，2.

[3] 徐春明，杨朝合．石油炼制工程[M]. 北京：石油工业出版社，2009：59.

[4] 李立权．加氢裂化装置工艺计算与技术分析[M]. 北京：中国石化出版社，2009：10.

[5] Riazi M R, Daubert T E. Characterization parameters for petroleum fractions [J]. Industrial and Engineering Chemistry Research, 1987, 26: 755-759.

非贵金属催化剂在丁二烯尾气选择性加氢的工业应用

李思禹　林　森

（中国石油化工股份有限公司镇海炼化分公司）

摘　要　加氢除炔是丁二烯装置副产物尾气（含炔烃）的有效处理方法，本文介绍了北京化工研究院研发的非贵金属催化剂在丁二烯尾气加氢装置的工业化应用，丰富了产品组成，优化生产格局，最大限度回收高附产品实现的效益最大化。

关键词　丁二烯；碳四炔烃；选择性加氢；非贵金属

目前国内裂解碳四馏分中的炔烃处理均存在一定的问题，绝大部分企业均无法高效益处理该股高炔物料，镇海炼化作为国内炼化企业的排头兵，率先提出提高该股物料的效益，并于2019年9月投产一套丁二烯尾气回收装置，将丁二烯装置副产尾气进行加氢生产丁烯-1，同时为后续配套聚丁烯装置提供优质原料。为丰富产品结构，节约生产成本。2020年在丁二烯尾气选择性加氢增产丁烯-1装置基础上进行改造，产品从原产MTBE/丁烯-1装置原料改产丁二烯抽提原料。

本文分析镇海炼化丁二烯尾气回收装置改造后生产丁二烯原料的特点，装置生产情况及丁二烯抽提装置加工情况。

1　装置概况

1.1　装置相关介绍

丁二烯尾气回收装置采用中国石油化工股份有限公司北京化工研究院开发的丁二烯尾气选择加氢技术，以液化丁二烯尾气为原料进行选择加氢，采用中国石化工程建设有限公司开发的第三代炔烃选择性加氢技术（第一代为炔烃全加氢成饱和烷烃，第二代为选择性加氢成丁烯-1），采用低温、低压、高循环比和非贵金属催化剂可以实现炔烃高选择性、高转化率的加氢增产丁二烯。

丁二烯尾气加氢装置设计规模（公称能力）：1.44万吨/年液化丁二烯尾气。年运转时间为8000小时，操作弹性为设计能力的60%～110%。

表1　装置物料投入产出一览表

序号	指标名称	单位	数值		备注
			正常值	最大值	
一	主要原料				
1	碳四原料	kg/h	1800	—	1.44万吨/年
2	氢气	kg/h	34.5	—	276吨/年
二	主产品和副产品				
1	产品碳四	kg/h	1652	—	1.3216万吨/年
2	原料罐顶不凝气	kg/h	103	—	0.0824万吨/年
3	重组分	kg/h	79.5	—	0.0636万吨/年

1.2　工艺原理

本单元以丁二烯尾气为原料，与氢气按一定比例混合后进入装有非贵金属催化剂的固定床反应器，尾气中的炔烃（乙烯基乙炔、1-丁炔）生成1,3-丁二烯和1-丁烯。

不饱和烃类的加氢活性随着其不饱和程度的增加而提高。炔烃、双烯烃、烯烃在金属催化剂活性位上的相对吸附速率是：炔烃>双烯烃>烯烃，因此，炔烃选择加氢过程中的关键控制步骤是炔烃键的加氢而又不引起双键的加氢反应，使C_4馏分中的乙基乙炔（EA）和乙烯基乙炔（VA）适度或部分加氢变成相应的二烯烃，而不要求深度加氢（避免丁二烯进一步加氢生成烯烃与烷烃），否则会引起目的产品 1,3-丁二烯的收率下降。

主反应方程式如下：

$$CH_2=CH-C\equiv CH+H_2\rightarrow CH_2=CH-CH=CH_2$$

$$CH_3-CH_2-C\equiv CH+H_2\rightarrow CH_3-CH_2-CH=CH_2$$

$$CH_3-C\equiv CH+H_2\rightarrow CH_3-CH=CH_2$$

副主反应方程式如下：

$$CH_3-CH_2-CH=CH_2+H_2\rightarrow CH_3-CH_2-CH_2-CH_3$$

$$CH_2=CH-CH=CH_2+H_2\rightarrow CH_3-CH_2-CH=CH_2$$

$$nC_4H_6\rightarrow(C_4H_6)n$$

1.3 流程说明

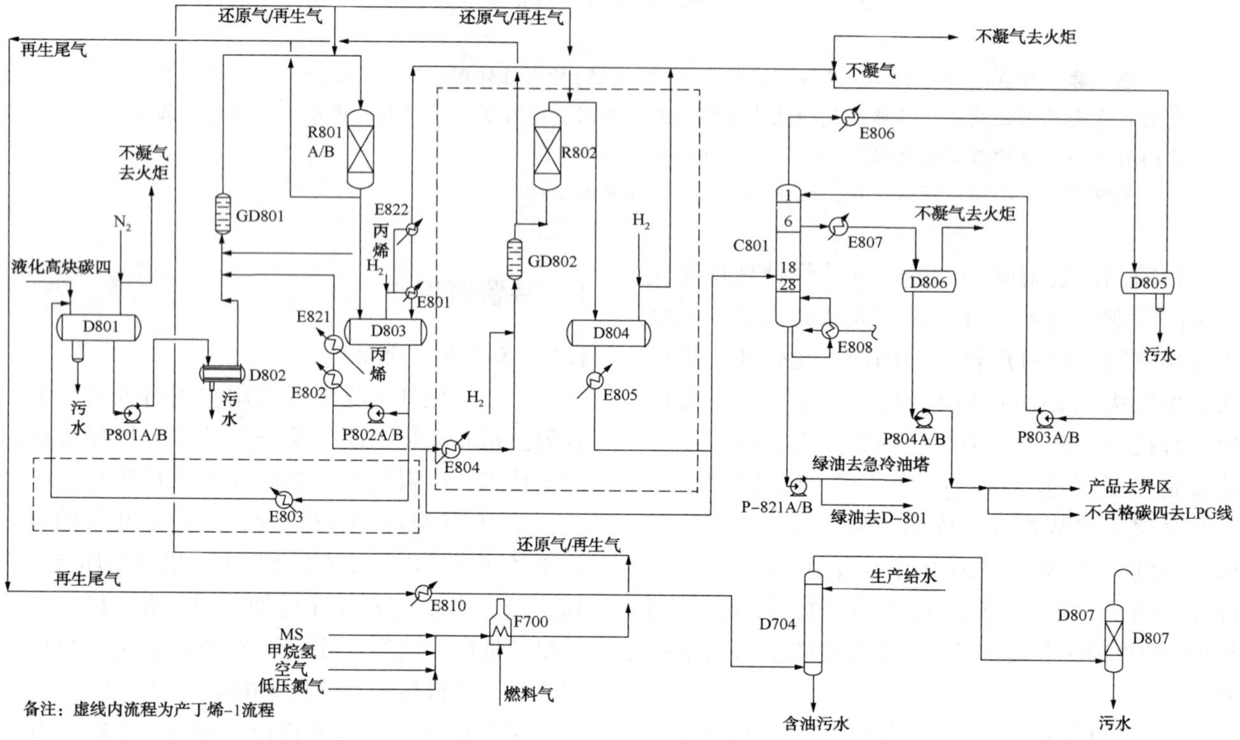

图 1　丁二烯尾气回收装置流程简图

来自丁二烯抽提装置的碳四炔烃通过管道送至碳四原料缓冲罐 D-801，在线分析该股物料中 VA、丁烯-1 等组分的浓度。

D-801 的压力采用分程控制，压力低时向 D-801 补充氮气，压力高时尾气排放至火炬总管。从 D-801 罐底流出的碳四烃用碳四进料泵 P-801A/B 将其增压至反应需要的压力。泵出口碳四烃在聚结分离器 D-802 中脱除游离水，然后与一定量的循环碳四烃混合，按一定比例配入氢气，混合后从一段碳四加氢反应器 R-801A 顶部进入，在一段加氢反应器内大部分碳四炔烃与氢气反应生成丁二烯。

从一段反应器底部流出的碳四烃进入一段碳四加氢后缓冲罐 D-803，D-803 罐压力采用分程控制，压力低时补氢气，压力高时，含有氢气、甲烷和碳四的气相物料进入碳四尾气冷却器 E-801，冷凝的液相返回至 D-803；不凝气送至一段加氢尾气过冷器 E-822 深度冷凝回收碳四，气相物料送至火炬管网，冷凝的液相返回至 D-803。从 D-803 罐底部流出的液相经碳四循环泵 P-802A/B 增压后分成二股，一股作为循环碳四，经一段预热/冷却器 E802 和一段加氢过冷器 E-821 冷却后与聚结分离器 D-802 出口碳四混合，以稀释一段反应器入口炔烃、二烯烃的浓度，另一股液相送入稳定塔 C801。

从稳定塔 C-801 塔顶馏出的气相进入稳定塔冷凝器 E-806，冷凝后进入稳定塔回流罐 D-805，罐顶含氢气、甲烷、碳四的不凝气送火炬气管网，罐底液相经稳定塔回流泵 P803A/B 升压后全部回流至稳定塔顶。从塔釜除去含绿油、二聚物等重组分经 P-821 提压后送至乙烯装置急冷油塔。从塔的侧线抽出富含丁二烯的液相碳四，经产品冷却器 E807 冷凝后进入碳四产品缓冲罐 D-806，用产品送出泵 P-804A/B 升压后送出界区。稳定塔再沸器 E808 采用低压蒸汽作为加热介质。

1.4 技术特点

加氢主要特点是：一段加氢进料为上部进料，采用滴流床式的反应器设计，反应空速较高，停留时间短，可降低因初始反应物中炔烃、二烯烃含量高而发生结焦、聚合风险。反应初始温度低，反应温和均匀，操作稳定，不易结焦，运行周期较长。

其它技术特点

（1）采用选择加氢技术增加了丁二烯产量；

（2）加氢反应在液相中进行，反应条件温和，能耗低，易于操作；

（3）催化剂选择性高，操作周期长，寿命长；

（4）在稳定塔中将轻组分、绿油脱除，得到的产品质量好；

（5）控制物料中爆炸危险物乙烯基乙炔浓度低于安全临界浓度，装置安全性高。

1.5 催化剂介绍及技术要求

目前镇海炼化丁二烯尾气回收装置所使用的催化剂是北化院研制的 YN-2S 镍系催化剂。其规格如表 2。

表 2　YN-2S 催化剂规格

序号	项目	规格
1	组成	$NiO_2-Al_2O_3$
2	外观	三叶草形状
3	粒度	φ2.5~5.0mm
4	堆积密度	0.60~0.9g/ml
5	压碎强度	>120N/cm

另外该催化剂对反应器入口物料杂质有以下要求：

表 3　YN-2S 催化剂对原料杂质要求

序号	项目	规格
1	ACN(针对乙腈法)	≯20mg/kg
2	总硫(主要为硫醇)	≯5mg/kg
3	氧	≯4ml/m^3
4	甲醇	≯10mg/kg
5	C_5+	≯1.5%m/m
6	砷	≯3ug/kg
7	Hg	≯30ug/kg
8	As、Sb、Pb、V(总共)	≯10ug/kg
9	CO	>1mg/kg
10	CO_2	>5mg/kg
11	C_5+	≯1.5m/m

2 非贵金属催化剂生产标定情况

2.1 装置进料情况

装置于 2020 年 12 月进行标定。装置设计原料为丁二烯抽提装置来高炔烃 C_4，标定期间进料负荷为 110%(进料 2000kg/h)。

表 4　标定期间原料组成化验分析数据表

采样点	组分	单位	12 月 1 日		12 月 2 日		12 月 3 日		平均值
			7：00	19：00	7：00	19：00	7：00	19：00	
碳四炔烃原料	丙烯	%(m/m)	<0.01	<0.01	<0.01	<0.01	<0.01	<0.01	0.00
	丙烷	%(m/m)	<0.01	<0.01	<0.01	<0.01	<0.01	<0.01	0.00
	异丁烷	%(m/m)	2.27	2.53	2.52	2.56	2.09	2.04	2.34
	正丁烷	%(m/m)	7.30	7.38	7.42	7.26	7.60	6.73	7.28
	反丁烯	%(m/m)	6.48	6.46	6.43	6.22	6.77	6.57	6.49
	正丁烯	%(m/m)	19.97	20.47	20.65	21.01	20.56	20.24	20.48
	异丁烯	%(m/m)	27.72	28.49	28.71	29.12	28.32	28.45	28.47
	顺丁烯	%(m/m)	3.70	3.62	3.58	3.46	3.88	3.78	3.67
	1,2-丁二烯	%(m/m)	0.07	0.07	0.06	0.06	0.06	0.06	0.06
	1,3-丁二烯	%(m/m)	3.01	2.96	2.96	2.96	2.76	2.84	2.92
	乙烯基乙炔	%(m/m)	23.50	22.50	22.31	22.78	23.04	23.72	22.98
	乙基乙炔	%(m/m)	5.90	5.44	5.27	4.50	4.85	5.50	5.24
	C5 及以上	%(m/m)	0.07	0.07	0.07	0.06	0.07	0.07	0.07

2.2 装置主要操作条件

标定期间装置保持稳定运行，标定期间主要操作参数见表5：

表5 标定期间主要操作参数

序号	指标名称	位号	单位	控制值	标定期间的值		
					12月1日	12月2日	12月3日
1	D-803压力	PIC80401	MPa	0.5~1.0	0.59	0.60	0.60
2	D-803液位	LIC80401	%	40~70	47.6	44.7	48.4
3	R801A入口温度	TIC80309	℃	20.0~50.0	21.1	21.2	21.2
4	加氢碳四出装置温度	TI81003	℃	0.0~40.0	25.6	26.5	25.9
5	C-801塔顶压力	PIC80801	MPa	0.7~1.0	0.83	0.83	0.83
6	D-801进料量	FI80101	kg/h	–	2051.3	2065.6	2067.7
7	R-801A外循环量	FIC80301	t/h	–	47	47	47
8	氢炔摩尔比	/	/	1.2~1.9	1.25	1.23	1.3
9	循环质量比	FIC80301/FI80101	/	20~30	22.9	22.9	22.5
10	R-801A氢气量	FIC80202	Nm^3/h	–	232.4	229.8	240.6

从操作参数看，装置操作属于低温低压操作，操作条件较温和，各运行参数均控制在要求的范围内。

$$氢烃比=\frac{一段反应器入口氢气的流量}{碳四炔烃中炔烃的流量} \tag{1}$$

$$=\frac{一段反应器入口流量(kmol/h)}{一段反应器入口碳四的流量(kmol/h)\times(炔烃)的浓度(v/v)} \tag{2}$$

2.3 装置主要产品产出情况

2.3.1 产品分析数据

表6 加氢碳四产品组成情况

项目	单位	12月1日		12月2日		12月3日		平均值
		7：00	19：00	7：00	19：00	7：00	19：00	
丙烯	%(m/m)	0.01	0.01	0.01	0.01	0.01	<0.01	0.01
丙烷		<0.01	<0.01	<0.01	<0.01	<0.01	<0.01	0.00
异丁烷		3.28	3.18	3.25	3.21	2.97	2.81	3.12
正丁烷		9.38	9.38	9.16	9.01	9.09	9.26	9.21
反丁烯		7.18	7.28	7.13	7.21	7.35	7.50	7.28
正丁烯		26.62	26.52	26.98	27.09	26.78	26.54	26.76
异丁烯		31.79	31.55	32.03	32.29	32.05	31.71	31.90
顺丁烯		4.74	4.83	4.65	4.72	4.81	4.96	4.79
C5及以上		0.07	0.07	0.07	0.07	0.07	0.07	0.07
乙烯基乙炔		4.58	4.5	4.40	4.38	4.74	4.75	4.64
乙基乙炔		1.87	1.97	1.74	1.57	1.67	1.77	1.77
1,3-丁二烯		10.44	10.46	10.54	10.40	10.38	10.37	10.43
1,2-丁二烯		0.04	0.04	0.03	0.03	0.03	0.04	0.04

2.3.2 反应器选择性计算结果

表7 1,3-丁二烯选择性和乙烯基乙炔转化率

采样日期时间	碳四加氢产品 SC-810		原料 SC-801		1,3-丁二烯选择性	乙烯基乙炔转化率
	1,3-丁二烯	VA	1,3-丁二烯	VA		
	%(m/m)	%(m/m)	%(m/m)	%(m/m)		
12月1日7：00	10.44	4.58	3.01	23.50	39.3%	80.5%
12月1日19：00	10.46	4.5	2.96	22.50	41.7%	80.0%
12月2日7：00	10.54	4.40	2.96	22.31	42.3%	80.3%
12月2日19：00	10.40	4.38	2.96	22.78	40.4%	80.8%
12月3日7：00	10.38	4.74	2.76	23.04	41.7%	79.4%
12月3日19：00	10.37	4.75	2.84	23.72	39.7%	80.0%
平均	/	/	/	/	40.84%	80.16%

催化剂技术附件要求碳四加氢产品中乙烯基乙炔转化率>80%(wt)，1,3-丁二烯选择性≥35%(wt)。

$$乙烯基乙炔的转化率=\frac{C_4原料中的乙烯基乙炔-C_4产物中乙烯基乙炔}{C_4原料中的乙烯基乙炔}\times100\% \quad (1)$$

$$1.3丁二烯选择=\frac{C_4产物中的1，3-丁二烯-C_4原料中的1,3-丁二烯}{C_4原C_4产物中的1,3-丁二烯料中的乙烯基乙炔}\times100\% \quad (2)$$

对本工艺流程，通过稳定塔侧线采出的加氢产品和原料碳四炔烃组成分析数据计算，乙烯基乙炔转化率是80.16%、1,3-丁二烯选择性是40.84%，满足设计要求乙烯基乙炔转化率≥80%(wt)，1,3-丁二烯选择性≥35%(wt)。非贵金属催化剂在丁二烯尾气选择性加氢制丁二烯工业化应用成功。

2.4 产品进丁二烯抽提装置后运行情况介绍

表8 丁二烯抽提装置原料组成表

组成	单位	正常工况	丁烯-1工况	丁二烯工况	设计值
正丁烷	%(m/m)	4.424	5.265	5.794	4.67
异丁烷	%(m/m)	1.539	2.102	2.035	1.46
1-丁烯	%(m/m)	17.320	15.906	15.470	14.19
异丁烯	%(m/m)	19.757	20.919	21.408	21.28
顺丁烯	%(m/m)	3.828	3.711	3.870	4.35
反丁烯	%(m/m)	4.715	4.592	4.818	5.29
1,3-丁二烯	%(m/m)	46.948	46.022	45.013	46.56
1,2-丁二烯	%(m/m)	0.318	0.349	0.308	0.28
甲基乙炔	%(m/m)	0.010	0.016	0.032	0.08
乙基乙炔	%(m/m)	0.192	0.192	0.223	0.17
乙烯基乙炔	%(m/m)	0.853	0.841	0.921	1.02

装置加工尾气加氢原料后，原料轻组分含量较加工前分别上升约0.9%(丁烯-1工况)，1.8%(丁二烯工况)；原料中丁二烯含量因尾气加氢产品中丁二烯含量低导致含量下降约1%(丁烯-1工况)，2%(丁二烯工况)；原料中乙基乙炔及乙烯基乙炔含量上升0.1%以上(丁二烯工况)。

对装置生产上，原料丁二烯平均含量降低，轻组分含量多，装置第一萃取精馏塔负荷增加，能耗上升；对于第二萃取精馏系统，原料中乙基乙炔及乙烯基乙炔的上升使得二萃的加工负荷上升。从表8中看出丁二烯尾气加氢处于丁二烯工况下丁二烯抽提装置原料组成满足设计要求，从运行半年的情况看，除装置增加少量生产成本外装置工况没有出现异常现象。

3 结论

3.1 与原始工况对比

以16万吨/年丁二烯抽提装置计，年产含炔烃尾气1.44万吨。目前没有尾气加氢处理的厂家该物料以燃料或作为燃料外卖为主。作燃料处理价格低廉，饱和加氢、选择性加氢均是变废为宝效益都非常可观。相当于把1.44万吨低品位物料全部升级，在工厂内进行二次加工回收。

3.2 与丁烯-1工况对比

表9 丁二烯工况与丁烯-1工况产品组成表

序号	组分	单位	丁二烯工况原料组成（2021年1-7月）	丁二烯工况产品组成（2021年1-7月）	丁烯-1工况原料组成（2020年1-7月）	丁烯-1工况产品组成（2020年1-7月）
1	丁烯-1	%m/m)	19.59	29.78	21.34	35.26
2	异丁烯	%m/m)	26.20	29.29	28.56	29.72
3	1,3丁二烯	%m/m)	3.95	10.35	3.61	/
4	总有效组成	%m/m)	49.74	69.42	53.51	65.08

丁二烯工况与丁烯-1工况相比流程短，一次投资费用低，相对操作费用较低。丁二烯工况目标有效组成为1,3丁二烯、丁烯-1、异丁烯，从表9可以看出丁二烯工况下三种有效组成均有增量，产品较原料有效组成上升19.68个百分点。丁烯-1工况下目标产物有效组成只有丁烯-1与异丁烯，原料中的丁二烯需要加氢处理，耗氢量较丁二烯工况有所上升，产品较原料有效组成上升11.57个百分点。

表10 丁烯-1工况效益核算情况

计算时间			2020年3月份模拟(按2021年3月份原料组成)			
项目	子项	单位	制丁烯-1工况			
			数量	单价	金额	单位丁二烯尾气金额
原料	裂解氢气	吨	1.2	7160.2	8249	172
	丁二烯尾气	吨	48.0	3849.0	184752	3849
	甲醇	吨	6.18	2462.3	15212	317
	小计①	元	—	—	208212	4338
动力	小计②	元	—	—208212	4338	
副产品扣除	副产品③	吨	—	—	9374	195
	其中：绿油	吨	4.4	2125	9374	195
生产成本	①+②-③	元			211291	4402
产品	④	吨	—	—	—	4688
催化剂租赁⑧	—	元	—	—	—	41
毛利润	④-(①+②-③+⑧)	元/吨	—	—	—	246

表11 丁二烯工况效益核算情况

计算时间			2021年3月份			
项目	子项	单位	制丁二烯工况			
			数量	单价	金额	单位丁二烯尾气金额
原料	裂解氢气	吨	1.0	7160.2	7160	149
	丁二烯尾气	吨	48.0	3849.0	184752	3849
	甲醇	吨	7.22	2462.3	17778	370
	小计①	元	—	—	209690	4369

续表

计算时间			2021 年 3 月份			
动力	小计②	元	—	—	17247	359
副产品扣除	副产品③	吨	—	—	11173	233
	其中：绿油	吨	5. 3	2125	11173	233
生产成本	①+②-③	元	—	—	215764	4495
产品	④	吨				4954
催化剂租赁⑧	—	元	—	—	—	—
毛利润	④-(①+②-③+⑧)	元/吨	—	—	—	459

说明：

(1) 原料丁二烯尾气按丁二烯装置产液化燃料的外卖价格。

(2) 因丁二烯尾气加氢产物依托现有丁二烯装置加工，故单位进料燃动费用在丁二烯装置燃动费用上乘上系数 0. 8。

(3) 制丁烯-1 工况产量数据是按 2021 年 3 月份丁二烯尾气原料组成和丁二烯尾气加氢制丁烯-1 工况下标定的丁烯-1 选择性和异丁烯损失率计算得到。

(4) 制丁烯-1 的钯系催化剂是租赁的，5 年租金 355 万元，折算进成本。

从表 10、表 11 计算比对情况看：在加工相同原料情况下，根据 5 月份月度产品均价测算，按每天加工原料 45 吨计，制丁二烯工况年效益比制丁烯-1 工况多 350 万元。丁二烯尾气加氢产丁二烯抽提原料路线效益优于产 MTBE/丁烯-1 装置原料路线。

参 考 文 献

[1] 李大东，聂红，孙丽丽. 加氢处理工艺与工程[M]. 北京：中国石化出版社，2016. 1.

[2] 姜涛，孙培志，李海周. 提高碳四催化加氢选择性的措施[J]. 乙烯工业，2005，17(4)：56-59.

[3] 刘俊吉，周亚平，李松林. 物理化学[M]. 北京，高等教育出版社，2009. 5.

[4] 鲁卫国. 碳五抽余油加氢运行问题及对策[J]. 乙烯工业，2019，31 (2)：16-18.

[5] 董万军. 混合碳四全加氢催化剂第一次再生过程分析[J]. 乙烯工业，2021，33(1)：62-64.

乙腈法丁二烯抽提装置无废无异味绿色生产方案

侯建斌　王晋鑫

（中国石油化工股份有限公司镇海炼化分公司）

摘　要　三废的产生伴随着化工装置整个生命周期。乙腈法丁二烯抽提装置日常生产过程中会产生废气、废水、固废等物质，有效管理三废是化工生产装置必须面对的课题，也是化工装置全寿命周期管理中极其重要的组成部分，必须利用科学技术不断追求，力争实现无废无异味绿色生产。

关键词　乙腈法；丁二烯抽提；无废无异味；绿色生产；生产方案

镇海炼化1#丁二烯抽提装置以乙烯裂解装置提供的混合碳四（C_4）为原料，用乙腈作为溶剂，采用两级萃取精馏，分别除去丁烷、丁烯等难溶组分和乙烯基乙炔等易溶组分，得到的粗丁二烯经水洗脱除溶剂后，再采用两级普通精馏分别脱除甲基乙炔、水和1，2-丁二烯，2-顺丁烯，碳五等物质，最终得到聚合级1,3-丁二烯产品送产品罐区外售。在装置运行期间会产生一定量三废，有间歇性产生、有连续产生、有周期性产生。

本文分析镇海炼化1#丁二烯抽提装置三废性质、排放量，通过科技攻关、综合利用等措施采用不同的治理技术方案，本着品位提升、公司平台大优化、功能用途开发等原则，装置三废实现减量排放、无害化排放或零排放。

1　装置概况

1.1　装置相关介绍

镇海炼化1#丁二烯抽提装置为100万吨/年乙烯工程的配套装置之一，采用中国石化工程建设公司与中石化燕山分公司联合开发的乙腈法抽提技术。设计规模为16万吨/年，处理混合C_4原料33.28万吨/年，主产品丁二烯16.74万吨/年，副产品抽余碳四14.46万吨/年。设计负荷范围为70~110%。本装置由工艺单元和辅助设施组成，其中工艺单元包括萃取精馏单元、丁二烯精制单元和溶剂回收单元，辅助设施包括溶剂缓冲、化学品添加、碳四回收、尾气分离、安全泄放系统、蒸汽和凝液系统及废水池系统。装置于2009年12月8日中交，2010年4月8日投料试车一次成功。目前已运行至第四个运行周期的第五个运行年。

表1　装置物料投入产出一览表

序号	指标名称	单位	正常值（设计值）	备注
1	混合碳四原料（原料）	t/h	41.60	33.28万吨/年
2	丁二烯（产出）	t/h	21.04	16.74万吨/年
3	抽余碳四（产出）	t/h	17.32	14.46万吨/年
4	液化燃料气（产出）	t/h	2.99	2.39万吨/年
5	丙炔气（产出）	t/h	0.25	0.2万吨/年

1.2　三废排放情况

1.2.1　三废排放表

本装置三废排放具体情况如表2~表4所示。

表2　废气排放表

序号	名称	排放	正常量	最大量	最大量	处理方法
1	低压尾气	间断	0	1000kg/h	氮气，微量乙腈	去火炬系统
2	丙炔气	连续	250	500kg/h	1,3-BD86wt%，丙炔13wt%	返回乙烯装置的裂解气压缩机二段入口
3	开停车和事故排放	间断	0	126t/h	C_4烃类	去火炬系统

表 3　废渣/液排放表

序号	排放位置	排放	正常量	最大量	组成	处理方法
1	残液加热器	间断	0. 04t/h	—	甲苯 10. 3wt%，TBC74. 3wt%，顺丁烯-29. 8wt%，1，2-BD3. 3wt%	危废
2	液化燃料贮罐	连续	2. 99t/h	4. 5t/h	二聚物 0. 64wt%，1，3-BD6. 9wt%，顺丁烯-219. 7wt%，1-丁烯 15. 29wt%，异丁烯 23. 89wt%，乙烯基乙炔 15. 89wt%，乙基乙炔 2. 6wt%	液化燃料

表 4　生产污水水量、水质排放表

序号	排放位置	排放	正常量	最大量	组成	处理方法	去处方法
1	溶剂回收塔釜废水	工艺污水	连续	32t/h	40%	C_5：3ppm，乙腈：77ppm，二聚物：26ppm	去污水处理厂
2	设备检修初次洗涤水	生产废水	大修	—	70%	乙腈 0. 5wt%，微量烃，经溶剂回收塔处理后乙腈含量<100mg/kg	去污水处理厂

1. 2. 2　装置三废产生位置图

装置三废产生位置如图 1 所示。

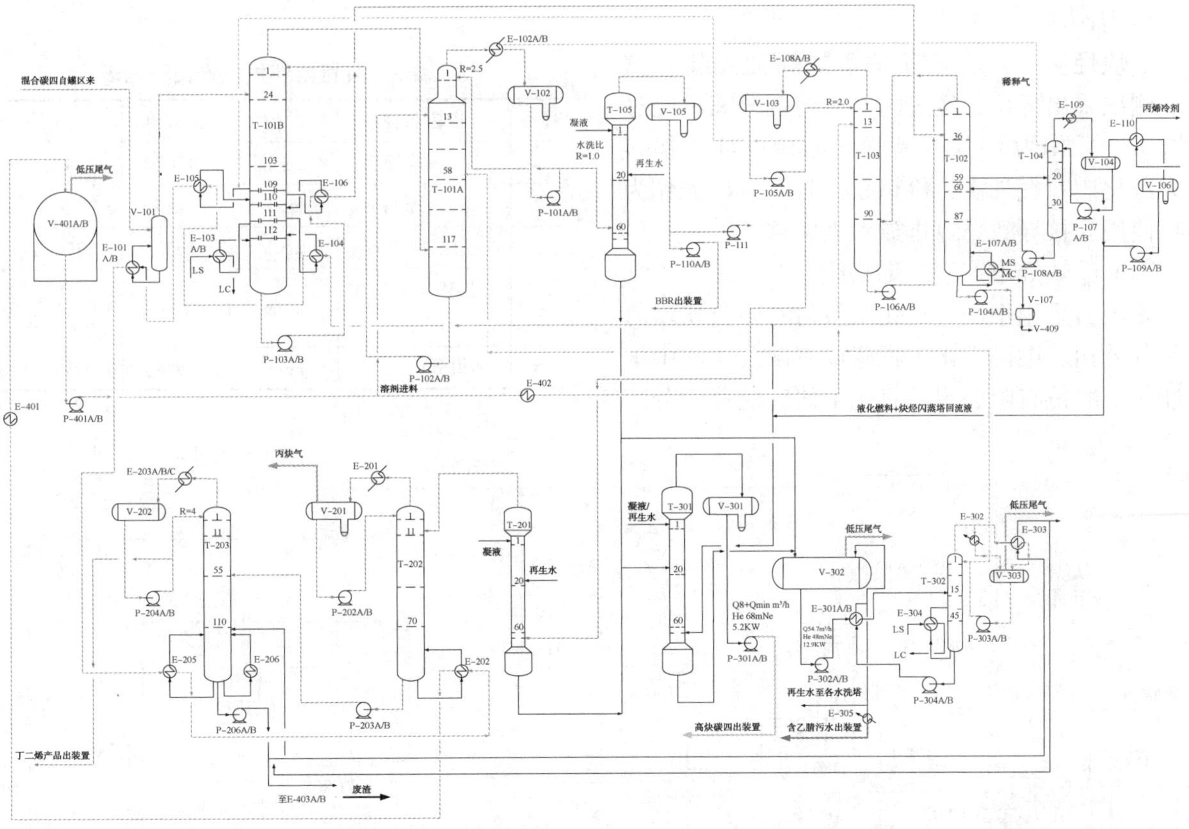

图 1　乙腈法丁二烯抽提装置原则流程图及三废产生位置图

2　三废处置方案

2.1　正常生产期间处置方案

2. 1. 1　废气处置方案

（1）低压尾气

乙腈法丁二烯抽提装置低压尾气主要成分是氮气，含少量乙腈。目前国内同类装置处理办法一般为输送至动力中心进行焚烧或者直接排放至火炬系统，利用焚烧技术、密闭排放的方法达到清洁生产的目的。

（2）丙炔气

丙炔气来自于脱轻塔塔顶，组成为 90wt%左右1,3-丁二烯，10wt%左右丙炔。国内主流处理方式为返回乙烯装置裂解气压缩机二段入口，回收再利用此部分物料，做到资源利用最大化的同时也保证了清洁生产的要求。除此以外，有部分石化公司将丙炔气排至火炬或返乙烯装置燃料炉作燃料，此种处理方案虽然也不会造成有害物的排放，但是经济效益低下，不利于装置的降本增效。

（3）在线分析尾气

正常生产期间在线仪表尾气和设备检修也是废气产生的一种来源（分析小屋尾气排放量10L/min，组成：氮气：85%～90%，碳四尾气：10%～15%），原始设计为分析尾气就地高点排放，现场异味难易控制。目前装置通过增设一套增压设备（镇海炼化首批项目）将这部分废气密闭排放至火炬进行再处理。

2.1.2 废渣/液处置方案

1）C_4炔烃

C_4炔烃主要产自乙腈法丁二烯抽提装置汽提塔侧线采出部位，经过闪蒸与溶剂分离再经过一级水洗后作为C_4炔烃外送。原始设计该物料作为液化燃料气外卖，价格较低且下游厂家作为燃料使用间接导致燃烧排放污染转移。

（1）C_4炔烃增产丁二烯路线

该项目采用中国石油化工股份有限公司镇海炼化分公司、中国石化工程建设有限公司和中国石油化工股份有限公司北京化工研究院燕山分院联合开发的非贵金属催化剂用于C_4炔烃选择加氢增产丁二烯技术，将低价值的丁二烯抽提装置副产的富炔尾气经非贵金属催化剂选择性加氢后制丁二烯，增产高价值的丁二烯和丁烯等产品。

本单元以C_4炔烃为原料，与氢气按一定比例混合后进入装有非贵金属催化剂的固定床反应器，尾气中的炔烃（乙烯基乙炔、1-丁炔）生成1,3-丁二烯和1-丁烯。不饱和烃类的加氢活性随着其不饱和程度的增加而提高。炔烃、双烯烃、烯烃在催化剂活性位上的相对吸附速率是：炔烃>双烯烃>烯烃，因此炔烃选择加氢过程中的关键控制步骤是炔烃键的加氢而不是双键的加氢反应，使C_4馏分中的乙基乙炔（EA）和乙烯基乙炔（VA）适度加氢生成相应的二烯烃，而不要求深度加氢（避免丁二烯进一步加氢生成烯烃与烷烃），否则会引起目的产品1,3-丁二烯的收率下降（表5）。

表5 装置物料投入产出一览表

序号	指标名称	单位	正常值	备注
1	碳四原料（原料）	kg/h	1800	1.44万吨/年
2	氢气（原料）	kg/h	34.5	276吨/年
3	产品碳四（产品）	kg/h	1652	1.2216万吨/年
4	原料罐顶不凝气（产品）	kg/h	103	0.0824万吨/年
5	重组分（产品）	kg/h	79.5	0.0636万吨/年

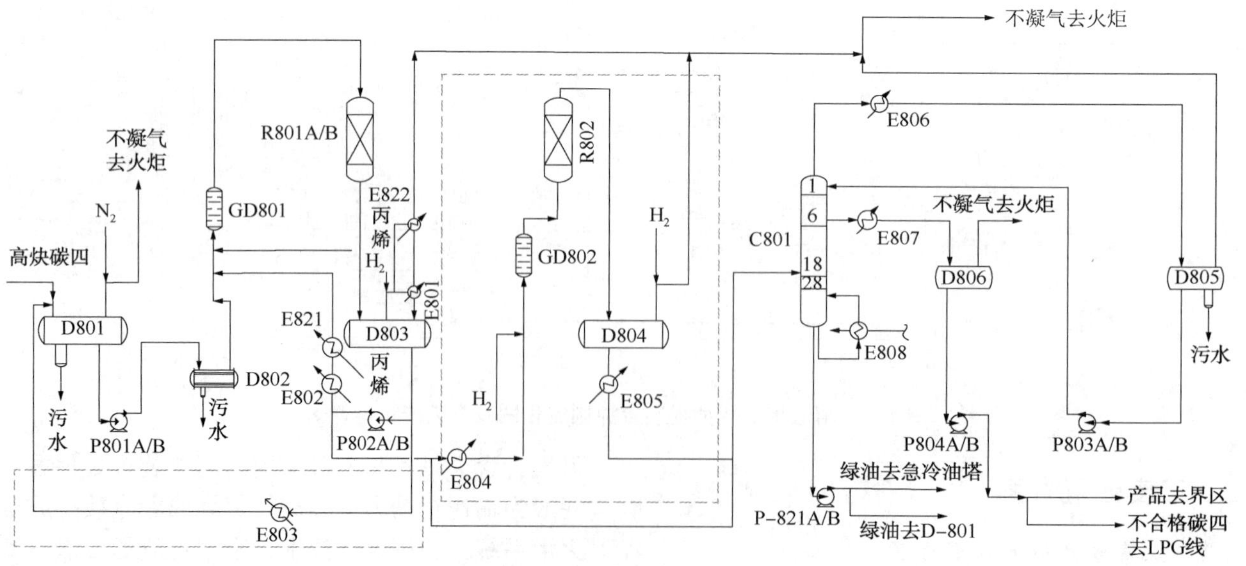

备注：虚线内流程为产丁烯-1流程

图2 C_4炔烃加氢原则流程图

该加氢工艺产品中有效组成 69.09wt%。乙烯基乙炔转化率 80.16%，满足设计要求乙烯基乙炔转化率≮80%；1,3-丁二烯选择性 40.84%，满足设计要求 1,3-丁二烯选择性≮35%。非贵金属催化剂在丁二烯尾气选择性加氢制丁二烯工业化应用成功(表6)。

表6　C_4炔烃原料与加氢碳四产品组成情况

组分	单位	原料典型值	产品典型值
丙烯	%(wt)	0	0.01
丙烷	%(wt)	0	0
异丁烷	%(wt)	2.34	3.12
正丁烷	%(wt)	7.28	9.21
反丁烯	%(wt)	6.49	7.28
正丁烯	%(wt)	20.48	26.76
异丁烯	%(wt)	28.47	31.9
顺丁烯	%(wt)	3.67	4.79
1，2-丁二烯	%(wt)	0.06	0.04
1，3-丁二烯	%(wt)	2.92	10.43
乙烯基乙炔	%(wt)	22.98	4.64
乙基乙炔	%(wt)	5.24	1.77
C5 及以上	%(wt)	0.07	0.04

(2) C_4炔烃增产丁烯-1路线

采用中国石油化工股份有限公司北京化工研究院(以下简称北化院)开发的丁二烯尾气选择加氢技术，以 C_4炔烃为原料进行选择加氢，将其中的炔烃、二烯烃选择加氢成为丁烯-1，产物作为 MTBE/丁烯-1 装置原料，不仅可提高碳四的附加值，拓宽生产 MTBE/丁稀-1 原料的来源，增加 MTBE 和丁烯-1 产量，降低生产成本，而且还可以有效提高生产的安全性和环保，是提升企业经济效益的有效途径。

本单元以 C_4炔烃为原料，与氢气按一定比例混合后在装有贵金属催化剂的两段固定床反应器中进行炔烃、二烯烃与氢气生成 1-丁烯的选择加氢反应，流程见图2。

表7　C_4炔烃原料与加氢碳四产品组成情况

组分	单位	原料典型值	产品典型值
丙烯	%(wt)	<0.01	<0.01
丙烷	%(wt)	<0.01	<0.01
异丁烷	%(wt)	2.58	2.93
正丁烷	%(wt)	7.398	12.54
反丁烯	%(wt)	6.31	12.5

续表

组分	单位	原料典型值	产品典型值
正丁烯	%(wt)	21.43	35.16
异丁烯	%(wt)	29.032	30.06
顺丁烯	%(wt)	3.514	6.73
1，2-丁二烯	%(wt)	0.066	-
1，3-丁二烯	%(wt)	3.108	33.5
乙烯基乙炔	%(wt)	22.542	3
乙基乙炔	%(wt)	3.934	4
C5 及以上	%(wt)	0.068	0.06
乙腈	mL/m^3	9.67	—
一氧化碳	mL/m^3	<1	—
二氧化碳	mL/m^3	<5	—
二聚物(以4-乙烯基环已烯计)	mg/kg	9265.5	—

该加氢工艺产品中有效组成 65.22wt%。催化剂丁烯-1 选择性平均是 42.69%，能够满足设计要求丁烯-1 选择性≮40%的要求；反应器异丁烯损失平均是 4.13%，达到催化剂技术附件要求的≯5%的技术指标。项目首次工业化应用成功(表7)。

2）液化燃料气/废残液

镇海炼化分公司 1#丁二烯抽提装置废渣/液主要排放自液化燃料贮罐以及残液加热器。装置产生的残液经残液加热器加热后，轻组分去液化燃料贮罐，重组分作为危废处理。

该装置燃料气目前有两种处理方案，一种是燃料气直送罐区装车后作为燃料气外卖，每吨价格在 2000 元左右，贮存、运输成本较高，总体经济效益偏低。另一个处理方案是作为 5#动力中心的燃料，此种方案的优势是可以省去车辆运输的成本以及降低甲烷氢的消耗，由于甲烷氢作为燃料成本较高，采用低价值的丁二烯燃料气代替甲烷氢既能解决燃料气环保处理的问题又能带来一定的经济效益，所以第二种方案是公司目前作为燃料气处理的最优方式。

残液加热器中剩余的残液主要为废 TBC 加上少部分甲苯等重组分，1#丁二烯抽提装置目前的处理方式为作为危废外卖至有资质的厂家处理。考虑可以通过公司内部资源优化进行综合利用，送至废液焚烧炉作为液体燃料焚烧，减少废残液出厂。据调查处理每吨含废残液需 6000 元左右，装置每年产生废残液 60 吨左右，相比做危废处理可为公司节约生产费用36万元/年。

2.1.3 废水处置方案

装置内废水主要有两部分，一是工艺生产污水；二是装置污水池初期雨水和生产污水。初期雨水与生产污水严格遵守清污分流操作，本文主要介绍工艺生产污水优化。

乙腈法丁二烯抽提装置工艺生产污水主要产自装置溶剂回收塔塔釜，正常工况下该污水中乙腈含量<10mg/kg，可以作为装置抽余油水洗塔/丁二烯水洗塔二次水、炔烃水洗塔一次水。通过提高抽余油水洗塔/丁二烯水洗塔二次水使用量工艺生产污水回用率可以达到45%左右(设计30%)。这样既能减少污水外排，还能将多余装置凝液外送出装置供工厂使用。

2.2 停开工期间处置方案

2.2.1 废气处置

停开工期间无组织排放废气主要在系统化学清洗环节产生。管线设备吹扫会产生一定量废气，此废气主要成分为蒸汽和少量烃。经调研结果看，几乎所有装置都将这部分废气排至火炬系统，不存在露天排放的情况，能够达到安全环保的要求。在停开工期间装置化学清洗过程也会产生一些无组织排放尾气，主要来源为化学清洗槽挥发的药剂与循环液将系统残余烃类带出。目前尾气处理方法都是露天排放，与清洁生产的要求有一定差距。2023年镇海炼化分公司1#丁二烯抽提装置计划停工检修，针对化学清洗过程产生的尾气，该装置计划优化化学清洗流程。用化学清洗机泵将塔釜液直接送至塔顶回流，化学清洗水槽只作为补水备用，循环期间塔釜补充适量氮气，塔顶回流罐放火炬线适当开，将系统尾气排至火炬系统。待火炬气采样分析合格后再改为外循环(图3)。

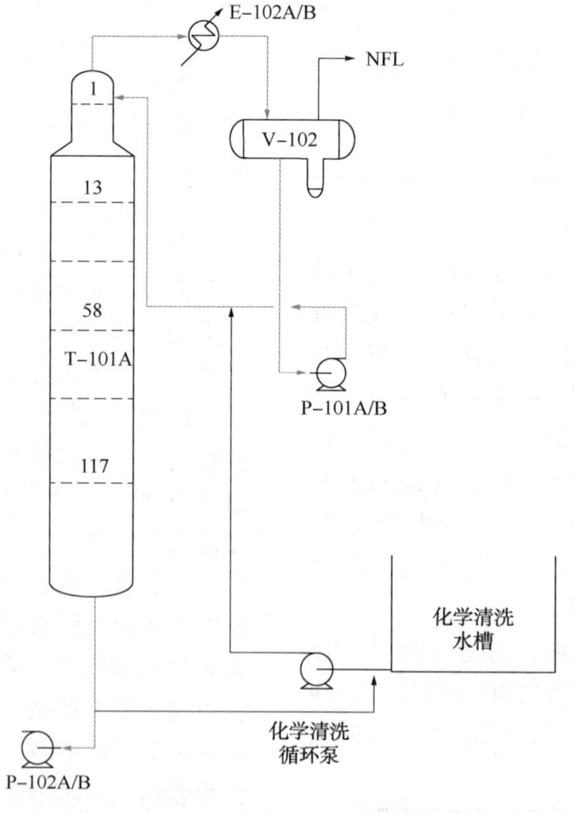

图3 停工化学清洗废气密闭排放示意图

2.2.2 废液/废渣处置方案

1）废液处置-大修退出乙腈

乙腈法丁二烯抽提装置停开工期间废乙腈的处理一直是装置安全环保领域的头等大事。乙腈溶剂中乙醇、丙酮等杂质无法通过装置本身再生系统进行脱除，工艺包商认为乙腈中乙醇等杂质对萃取选择性有影响，对长周期运行不利，需通过大修期间进行处理。镇海炼化1#丁二烯抽提装置2018年装置停工期间废乙腈组成如下：乙醇含量1.7wt%，丙酮含量0.88wt%，异丙醇含量0.37wt%，其他杂质0.16wt%；(2)2022年装置运行第五年，乙醇含量1.8wt%(平均每年上涨 0.45wt%)，丙酮含量 0.39wt%，其它 0.04wt%。

装置停工退出乙腈量约 700 吨，2014 年乙腈处理方式为外委有资质厂家进行出厂再生(再生后乙腈品质与新鲜乙腈一样)，2018 年大修废乙腈处理方式为全部报废更换新鲜乙腈。调研中沙天津废乙腈作危废，开工全部使用新乙腈；宝来做法与中沙天津 2016 年相同，废乙腈低价外卖(预计费用可外卖 5000 元/吨)，抵扣新乙腈采购费用；吉林大修乙腈全部换新。

目前对装置停工退出乙腈采用外委再生与报废处置为主流方案。外委再生回收率为 65wt%左右且对再生厂家的危废排放资质非常严格的要求，可能存在依法合规处置风险。报废处置相对来说生产成本较大，700 吨报废仅危废处置费用(不含运输费等)约 300 万元，新鲜乙腈 600 吨采购费用约 1000 万元。每次大修采取外委再生和报废更换方案都不是长久之计。

2021 年镇海炼化与上海化工研究院有限公司合作开发了乙腈在线净化技术。通过闪蒸，初步去除易聚合不饱和烃与高沸点杂质；常压精馏塔 A 顶去除低沸点杂质(主要去除丙酮、乙醇等)；常压精馏 B 去除高沸点杂质；利用二级吸附，进一步脱除乙腈中的水分，使乙腈含量进一步上升至 99.9wt%以上；最后利用减压精馏，将从常压精馏塔 A 侧线流出的水含量较高流股，在减压条件下越过"乙腈-水"体系共沸点，使乙腈在塔顶富集，从而回收乙腈(图 4)。

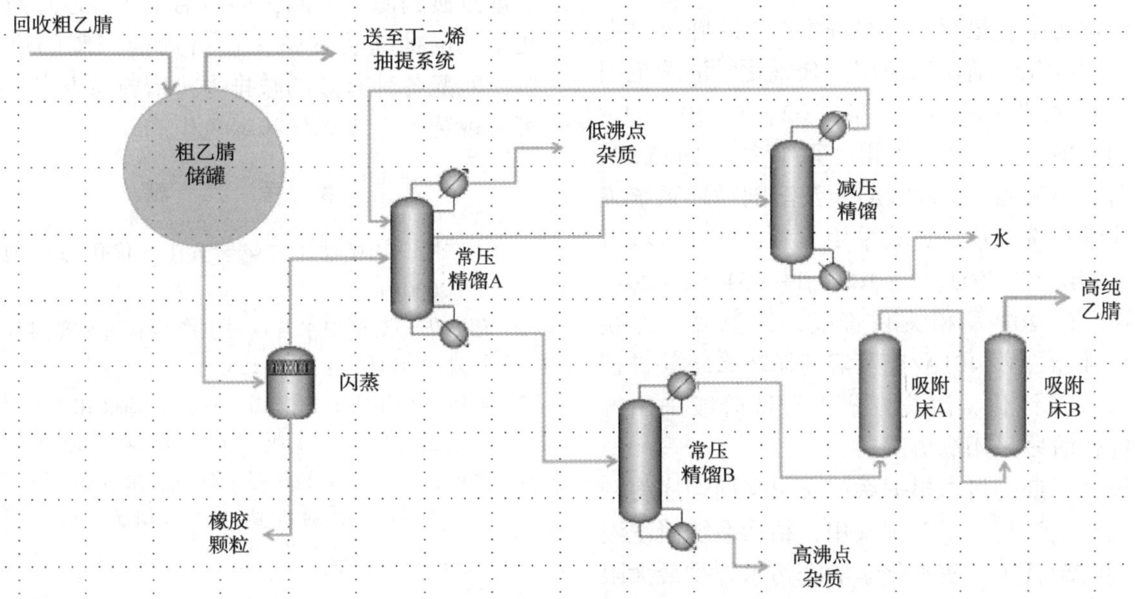

图 4　乙腈在线净化技术示意图

通过精馏与吸附组合的工艺成功制备纯度 99.9wt %的乙腈，产品中水质量分数为 346mg/kg，未检测出丙酮、异丙醇、甲醇、乙醇、重组分、其它烃等杂质。乙腈回收率可达 88.6%。通过乙腈在线净化技术可以实现乙腈的在线处置，该技术可以连续运行，确保乙腈中杂质含量稳定；也可以间歇运行，对系统乙腈进行彻底再生。

2) 废液处置-大修低浓度乙腈水

装置停工后萃取系统会进行两次水清洗，系统中残余的乙腈会被水洗下来。产生约 300 吨含量 2wt%乙腈水。因乙腈有毒且为高 COD 贡献物，该股水污水处理场无法接收。常规做法为停工期间安排储罐暂存，装置开工正常后返回装置溶剂再生塔处理。

3) 废渣处置-检修清理聚合物

装置大修期间对各塔塔盘、过滤器等拆清清理，或多或少会清出一些聚合物。这些聚合物需要外委固废厂家处理。通过三个运行周期管理，从目前装置各过滤器拆清频次与拆清情况看，装置聚合受控度较高。

降低系统聚合物措施：

(1) 一次高质量的大修，开工前高质量的化学清洗(含水清洗与二乙基羟胺清洗)；

(2) 氧含量控制，行业内建议系统氧含量≯50ml/m^3，镇海炼化大修按≯20ml/m^{3}控制，日常生产按≯5ml/m^{3}控制；

(3) 做好系统死区识别管理，避免死区聚合；

(4) 严格控制阻聚剂的加注，使用效果显著的阻聚剂。

表 8　典型过滤器各周期拆清频次统计表

项目	第一周期	第二周期	第三周期	本周期
贫溶剂泵出口过滤器拆清频次	19	29	9	0

通过几个周期到技术提升与管理措施，目前丁二烯抽提装置聚合物逐步减少，降低了危废的产生量。

2.2.3　废水处置方案

停工废水主要来自于装置最后一遍水洗水与化学清洗污水。最后一遍水洗水约100吨可以直接作为后续化学清洗水使用。装置化学清洗范围停工阶段对T-101A/B、T-102、T-103、T-104、T-202、T-203及相关联管线、回流罐、冷凝器、再沸器、V-401A/B及溶剂循环系统等进行化学清洗，清洗方式采用蒸煮；开工阶段对T-101A/B、T-102、T-103、T-104、T-201、T-202、T-203及相关联管线、回流罐、冷凝器、再沸器、V-401A/B及溶剂循环系统等进行化学清洗及钝化，清洗方式为酸洗阶段采用淋洗，钝化阶段采用满塔洗。

停开工期间可以根据系统交出交回顺序将一萃系统清洗液与二萃系统共用，精馏系统清洗液与溶剂贮罐共用，实现化学清洗污水外排最大限度减量(减排量40wt%)。另外化学清洗技术交流阶段要与污水处理厂进行沟通，尽可能选取低COD贡献化学品作为化学清洗药剂。

表 10　化学清洗优化前后污水外排量对比表

停工优化前排放量	停工优化后排放量	开工优化前排放量	开工优化后排放量
2000m^3	1000m^3	8000m^3	5000m^3

3　结论

随着国家的高速发展和社会的持续进步，资源、能源和经济发展的深层次矛盾对化工行业提出了更高的要求，使得化工装置三废排放从末端治理过渡到源头控制，即清洁生产。通过对乙腈法丁二烯抽提装置整个运行周期三废的产生分析，匹配各种有效的减排零排措施与方案，基本可实现装置无废无异味绿色生产。

参 考 文 献

[1] 沈广彬．乙腈法丁二烯装置生产优化[J]．辽宁化工．2020(11)．

[2] 蒋兴华．溶剂中水含量对生产影响的研究[J]．化工管理．2014(5)：187-188.

[3] 姜涛，孙培志，李海周．提高碳四催化加氢选择性的措施[J]．乙烯工业．2005，17(4)：56-59.

[4] 张丽，朱一华，刘芝燕，林森，余金鹏．丁二烯抽提装置粗乙腈制备高纯乙腈研究[J]．现代化工．2022：(04)．

加氢裂化装置注水量测算分析

李　璐

（中国石油化工股份有限公司镇海炼化分公司）

摘　要　加裂装置原料中含有N、Cl、S等元素化合物，在加工过程中会与H2反应或者自身分解产生NH_3、HCl、H_2S，冷却分离过程中，随工艺物流温度的降低，气相中的NH_3、HCl会与NH_3发生结晶反应生成NH_4Cl和NH_4HS结晶颗粒，堵塞换热器或空冷，造成换热器或空冷压降上升。铵盐颗粒易溶解于水中形成高浓度的腐蚀性溶液，造成设备腐蚀失效。本文对某炼油厂进行实际调研和处理工况数据，分析加氢处理工艺流程、物料组成、操作温度、操作压力等，推导氯化铵结晶发生的可能位置在换热系统，利用Aspen软件建立工艺计算模型，计算得到物相变化，油气物性参数，计算氯化铵结晶反应温度点预测铵盐结晶温度，确定注水位置，避免铵盐结晶堵塞；控制合适的注水量，降低铵盐溶于水后NH_4HS的浓度，减缓设备腐蚀，具有指导性意义。

关键词　加氢裂化；注水；Aspen Plus；模拟

石油炼化工业作为我国的基础支柱产业，对社会的健康发展及经济的持续增长具有重要影响，随着我国经济的不断增长，原油需求量也逐年攀升。对原油需求的增长及化工原料的需求在一定程度上决定了我国石油炼化工业的发展速度，但同时由于油品资源的不断匮乏，也决定我国炼化工业将面临巨大挑战。原油短缺导致劣质化原油的加工比例不断增大，原料中S、N、Cl含量增多，NH_4Cl结晶、NH_4HS腐蚀导致高压空冷/换热器爆管腐蚀现象愈发增加。。

本文将以氯化铵为研究对象，通过研究加氢裂化工艺过程及反应机理，明确易结晶组分的来源；通过对氯化铵结晶过程进行研究，建立Aspen plus工艺仿真模型，分析氯化铵的结晶特性及其影响因素；确定注水位置，精确切换注水点位置，判断铵盐结晶堵塞位置；及控制合适的注水量，指导装置不同处理量下，不同原料N含量工况下合适的注水量。降低铵盐溶于水后NH_4HS的浓度，减缓设备腐蚀，

1.1　氯化铵结晶反应分析

加氢产物在降温过程中，多相流中的NH_3和HCl会发生相变反应结晶得到NH_4Cl，铵盐在流动中逐渐沉积造成管道堵塞。该结晶反应关系式如式(1)所示：

$$NH_4C1(s) \rightleftharpoons NH_3(g)+HCl(g) \qquad (1)$$

$$Ke=Pe_{NH_3}\times Pe_{HCl} \qquad (2)$$

式中K^e为该结晶反应的平衡常数，$P^e_{NH_3}$和P^e_{HCl}分别为NH_3和HCl在油气气相中达到平衡态时的分压。随着温度的降低，反应向左进行，生成NH_4Cl晶体，反应过程中K_p为P_{NH_3}和P_{HCl}的乘积，当$K_p>K^e$时，反应向左进行，随着温度降低，平衡态K^e值降低，反应持续进行，生成大量NH_4Cl晶体颗粒。

1.2　氯化铵结晶反应平衡常数计算

通过吉布斯自由能状态函数计算反应平衡常数，反应公式如(1)所示，吉布斯函数用下式(3)表示：

$$\Delta_r G_m=\Delta_r G^\theta_m+RTln\left[\prod(\varphi_i)v_i\times\prod_i\left(\frac{P_i}{P\theta}\right)v_i\right] \quad (3)$$

式中：$\Delta_r G_m$为吉布斯函数，单位J/mol；

R表示摩尔气体常量8.314J/(mol-K)；

T为反应体系下温度，单位K；

φ_i为物质i的逸度系数；

P_i为油气气相中某组分物质/分压，单位为kPa；

P^θ标准压力100kPa。

其中$\Delta_r G^\theta_m$使用标准焓和熵的函数来替代，可由式(4)求得

$$\Delta_r G^\theta_m=\Delta_r H^\theta_m-T?_r S\theta_m=\sum_i v_i\Delta_f H^\theta_m(i)-T\sum_i\Delta_f S^\theta_m(i) \quad (4)$$

式中，$\Delta_r G^\theta_m$为温度25℃，大气压100kPa下的化学反应标准吉布斯自能函数，单位：J/mol；$\Delta_r H^\theta_m$为25℃，大气压100kPa下的化学反应标准

焓，单位：J/mol，相应的 $\Delta_f H_m^\theta(i)$ 则为组分 i 的标准摩尔生成焓；$\Delta_r S_m^\theta$ 为 25℃，大气压 100kPa 下的化学反应标准熵，单位：J/mol；相对应的 $\Delta_f S_m^\theta(i)$ 则为组分 i 的标准摩尔生成熵。

表 1　$NH_3(g)$ $HCl(g)$ $NH_4Cl(s)$ 的 $\Delta_f H_m^\theta$、$\Delta_f S_m^\theta$ 值

	$\Delta_f H_m^\theta$/(kJ/mol)	$\Delta_f S_m^\theta$(J/mol·K)
NH_3(g)	−46.11	192.34
HCl(g)	−92.31	186.82
NH4Cl(s)	−314.4	94.56

带入表 1 数据得：

$$\Delta_r G_m^\theta = -176 + 0.2846\mathrm{T} \quad (5)$$

根据路易斯兰德尔规则混合物中组分的逸度因子等于相同温度，相同总压下纯物质的逸度逸度因子。当混合物中各组分结构性质类似时，该规则具有普适性。根据此原则，查阅普遍化逸度系数曲线，在压力 16.16MPa（绝压）和温度 243℃下，对比 NH_3 和 HCl 的临界温度和临界压力，根据对比温度和对比压力得到逸度系数，如表 2 所示。

表 2　$NH_3(g)$ $HCl(g)$ 临界压力、温度、逸度系数

	Pc/(MPa)	TC/K	φ
NH3(g)	11.33	405.4	0.94
HCl(g)	8.263	324.7	0.94

对于 NH_4Cl 结晶反应，$\prod(\varphi_i)^{v_i} = 0.94 \times 0.94 = 0.8836$

反应达到 NH_4Cl 结晶临界点时，$\Delta_r G_m = 0$。将式(5)带入式(3)中得到下式(6)：

$$0 = -176 + 0.2846T - 0.008314T\ln[0.8836 \times 10^{-4} \times P_{HCl} \times P_{NH_3}] \quad (6)$$

用 Origin 软件进行数据处理，可得到 NH_4Cl 结晶平衡曲线，，如图 1 所示。

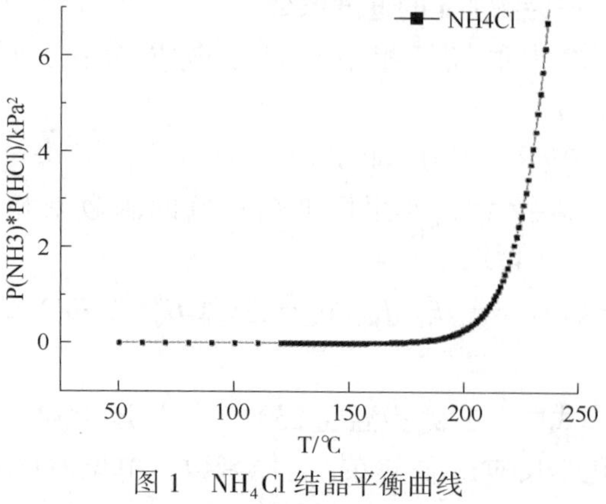

图 1　NH_4Cl 结晶平衡曲线

1.3　氯化铵结晶点计算

NH_3 可由原料中的含氮量及脱氮百分比计算出。反应器流出物的 NH_3 含量，基本上与反应器中生成的 NH_3 量是一致的。这主要是因为所有的 NH_3 被水和分离器中液态碳加氢合物吸收，并从反应器回路中除去。通过 Aspen Plus 软件构造反应注水系统多相平衡体系，以某加裂第一次注水之前混合原料油氮含量与精制反应器出口氮含量差值换算为 NH_3 值，其余根据化验数据输入(混合原料油 S 含量 2022 年 6 月平均 1.67%，氮含量 712.5mg/kg，精制油氮含量平均 13mg/kg，详见图 2)。并将其与铵盐结晶平衡曲线相结合，预测铵盐结晶温度。

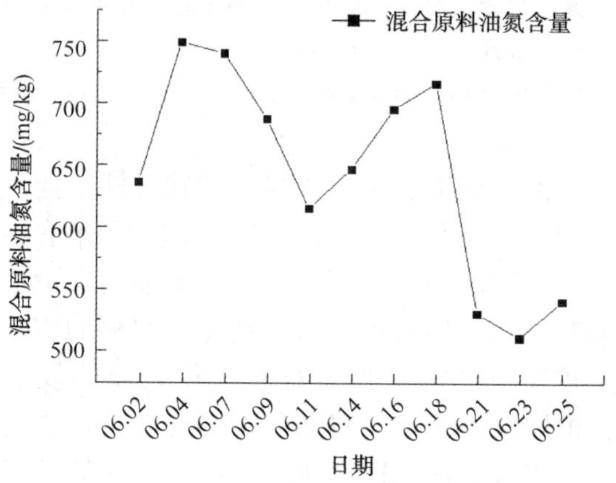

图 2　某加氢裂化装置混合原料油氮含量平均值

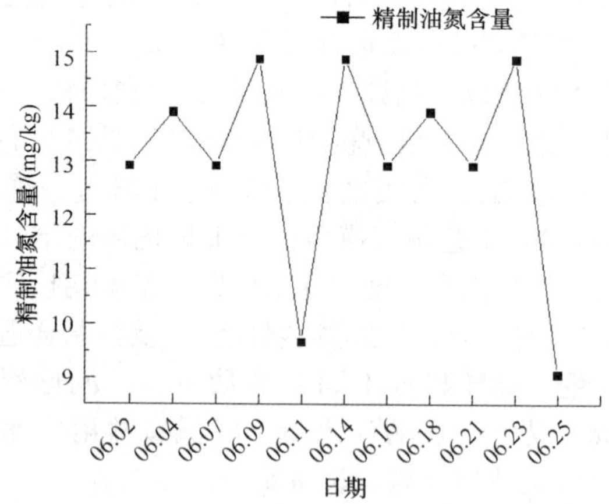

图 3　某加氢裂化装置 R9101 出口氮含量平均值

某加裂装置，反应流出物（375℃，16.2MPa，460t/h）与混合原料油换热后进入热高压分离器（239℃）。装置外来的补充氢由新氢压缩机升压后与循环氢混合。混合氢先与热高分气进行换热，后与原料油混合，然后进入反应系统。从热高压分离器（239℃，15.95MPa）分离出的液体（热高分油），经液力透平减压后进入热

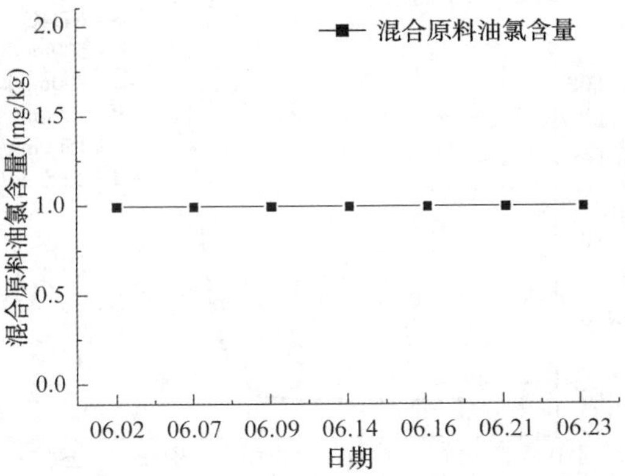

图 4　某加氢裂化装置混合原料氯含量平均值

低压分离器(239℃，2.75MPa)，进一步在低压下将其溶解的气体闪蒸出来。气体(热高分气)先后与混合氢、冷低分油换热(151℃)，最后由热高分气空冷器冷却至 48℃左右进入冷高压分离器(48℃，15.65MPa)，进行气、油、水三相分离。为防止热高分气中 NH_3 和 H_2S 在低温下生成铵盐结晶析出，堵塞空冷器，在反应产物进入空冷器前注入水[H_2O—1(50℃，22.65t/h)；H_2O—2(50℃，4.83t/h)]。

某加裂采用的是热高分流程。根据物料守恒原理，采用某加裂各产品中轻石、重石、航煤、柴油、尾油指标性质及其产品收率分布，循环氢 H_2、干气指标数据，逆推反应流出物的组成。某加裂注水 Aspen 模拟流程图如图 5 所示。

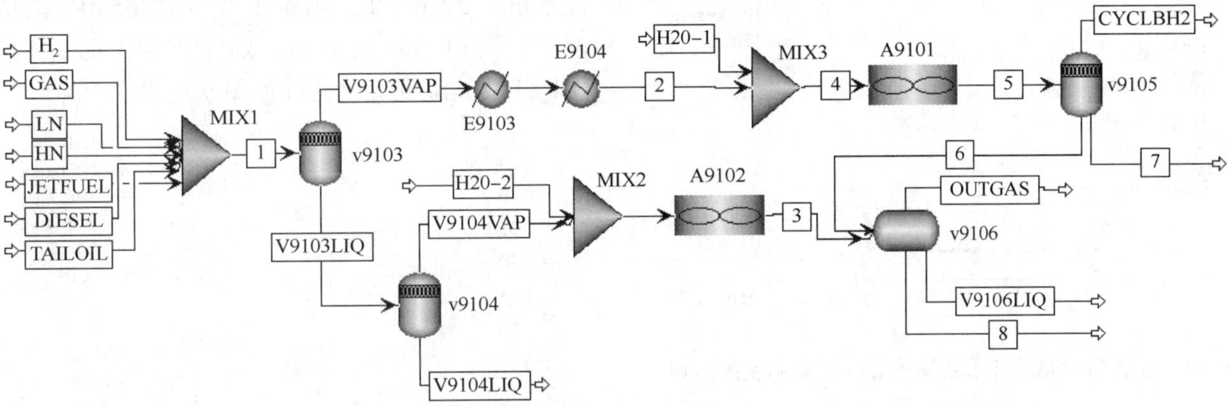

图 5　某加裂模拟流程图

H_2-循环氢；GAS-干气；LN-轻石；HN-重石；JETFUEL-航煤；DIESEL-柴油；TAILOIL-尾油；

H_2O-1、H_2O-2-脱盐水；CYCLEH2-循环氢；7-冷高分酸性水；5-冷低分酸性水；

V9104LIQ-热低分油；OUTGAS-干气；V9103、V9104-Two phase separator；

V9105、V9106-Three phase separator

采用 Peng-Robinson 状态方程进行解算。运用 Aspen 模拟反应流出物冷却分离过程，可获得特定工况下多相流体系温度变化时 NH_3、HCl、H_2S 在各相中的平衡分布规律，从而计算出不同温度下油-气-水三相处于平衡时气相中 NH_3 与 HCl 分压乘积$F_P=P_{HCl}\times P_{NH_3}$，绘制其随温度的变化曲线，其与热力学推导的 NH_4Cl 结晶平衡曲线的交点即为 NH_4Cl 结晶温度。某加裂装置 NH_4Cl 结晶温度为 184.88℃(图 6)。

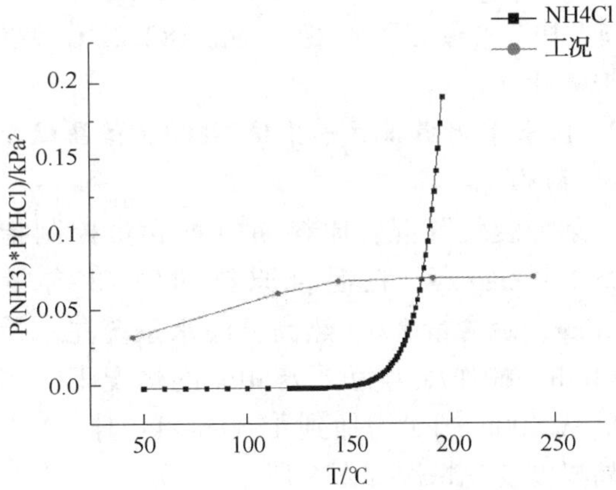

图 6　NH_4Cl 结晶温度示意图

因 NH_4Cl 的结晶温度比 NH_4HS 结晶温度高，在 NH_4HS 结晶之前，NH_4Cl 早已结晶析出，故接下来只研究 NH_4Cl 结晶，确定注水的位置。空冷前注水不仅是为了溶解 NH_4Cl 结晶，同时也降低了酸性水中 NH_4HS 浓度，降低其腐蚀。

2 N、Cl 含量变化对 NH_4Cl 结晶温度的预测及注水位置优化

2.1 N 含量对热高注水系统 NH_4Cl 结晶温度的影响

某加裂装置混合原料油中 N 含量控制指标为≯1500mg/kg，在混合原料油中 Cl 含量为 1mg/kg，硫含量 2%，热高分注水系统注水量为 22.65t/h，操作压力为 15.65MPa 的情况下，当 N 含量从 500mg/kg 增加到 1500mg/kg 时，NH_4Cl 结晶温度变化情况如图 7 所示。

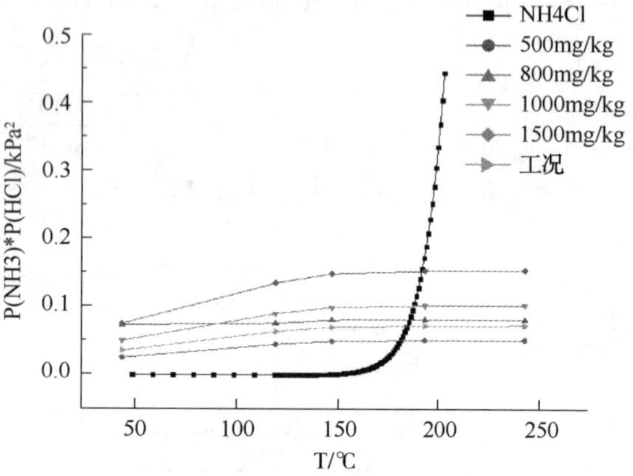

图 7　N 含量对热高注水系统 NH_4Cl 结晶温度的影响

由图 7 可知，原料中 N 含量从 500mg/kg 增加到 1500mg/kg 时 NH_4Cl 的结晶温度增加速度先较快后逐渐平稳，从 182.22℃ 增加至 192.88℃。

2.2 N 含量对热低注水系统 NH_4Cl 结晶温度的影响

某加裂装置混合原料油中 N 含量控制指标为≯1500mg/kg，在混合原料油中 Cl 含量为 1mg/kg，硫含量 2%，热高分注水系统注水量为 4.83t/h，操作压力为 2.75MPa 的情况下，当 N 含量从 500mg/kg 增加到 1500mg/kg 时，NH_4Cl 结晶温度变化情况如图 8 所示。

上图可知，原料中 N 含量增加，NH_4Cl 的结晶温度也增加，从 160.23℃ 升至 173.43℃。对比热高分的数据，可以发现，NH_4Cl 的结晶温度偏低。模拟中发现，95% 的 NH_3 在热高系统，热低分只有 3.16% 的 N 含量，N 量大幅度减少所致。

2.3 某加裂装置 Cl 含量对热高注水系统 NH_4Cl 结晶温度的影响

某加裂蜡油中 Cl 含量控制指标为≯2mg/kg。

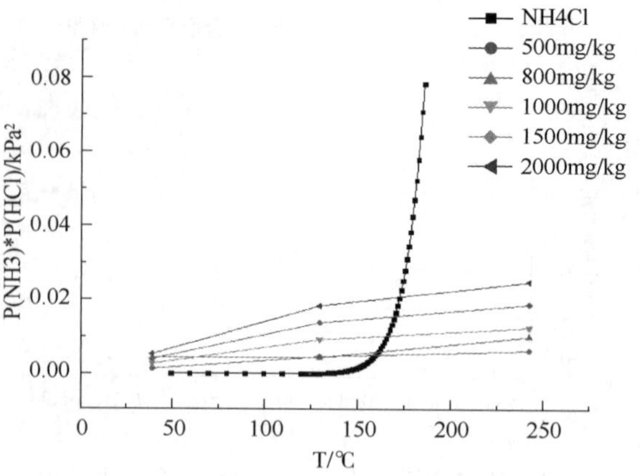

图 8　N 含量对热低注水系统 NH_4Cl 结晶温度的影响

在混合原料油 N 含量为 800mg/kg，硫含量 2%，注水量为 22.65t/h，操作压力为 15.65MPa 的情况下，当 Cl 含量从 0.5mg/kg 增加到 2mg/kg 时，NH_4Cl 结晶温度变化情况如图 9 所示。

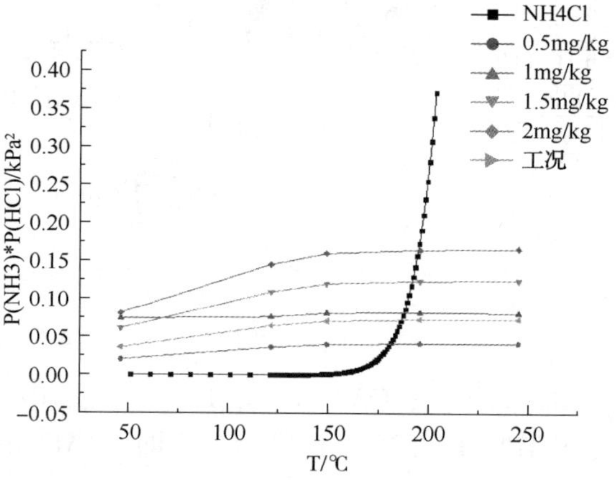

图 9　Cl 含量对热高注水系统 NH_4Cl 结晶温度的影响

由图 9 可知，原料中 Cl 含量从 0.5mg/kg 增加到 2mg/kg 时，NH_4Cl 的结晶温度增加速度先较快后逐渐平稳，从 180.01℃ 增加至 193.77℃。

2.4 某加裂装置 Cl 含量对热低注水系统 NH_4Cl 结晶温度的影响

某加裂蜡油中 Cl 含量控制指标为≯2mg/kg。在混合原料油 N 含量为 800mg/kg，硫含量 2%，注水量为 4.83t/h，操作压力为 15.65MPa 的情况下，当 Cl 含量从 0.5mg/kg 增加到 2mg/kg 时，NH_4Cl 结晶温度变化情况如图 10 所示。

由图 10 可知，原料中 Cl 含量从 0.5mg/kg 增加到 2mg/kg 时，NH_4Cl 的结晶温度增加速度先较快后逐渐平稳，从 158.27℃ 增加至 170.98℃。结晶温度在注水点温度至范围之间，可以有效溶解 NH_4Cl 结晶。

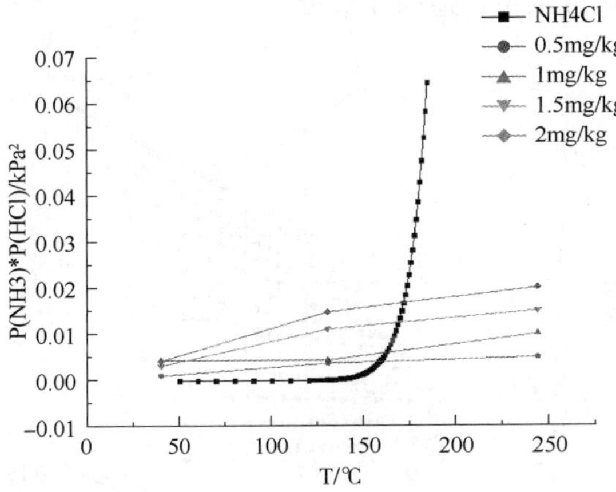

图10 Cl 含量对热低注水系统 NH_4Cl 结晶温度的影响

3 根据原料中 N、Cl 含量变化对 NH_4Cl 结晶温度的预测及注水位置优化

某加裂混合原料油中 N 含量在 500mg/kg～1500mg/kg 范围内，Cl 含量在 0.5mg/kg～2mg/kg 范围内。根据上述 NH_4Cl 结晶温度的变化规律，用 Origin 做数据处理作出三维图表示（图 11）。

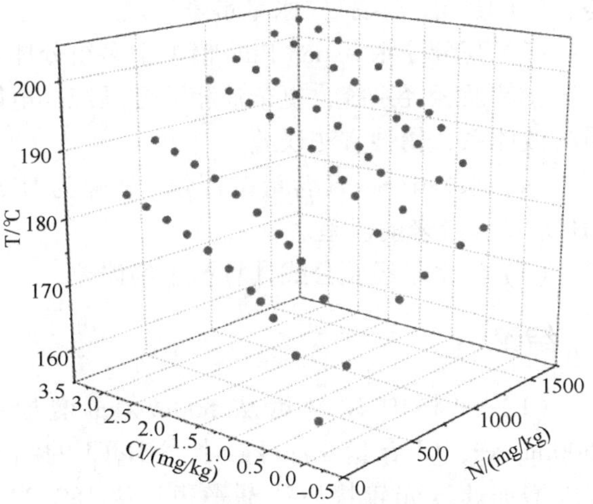

图 11 混合原料油中 N、Cl 含量变化对 NH_4Cl 结晶温度的预测图

由图 11 可知，在原料 N、Cl 含量在上述变化范围内，NH_4Cl 结晶的温度大概在 158.29℃～204.22℃范围。这样可大概预测结晶位置指导我们生产，如当 N 含量为 800mg/kg，Cl 含量为 1mg/kg 时，NH_4Cl 结晶温度在 186.33℃。某加裂 E9104 管程入口温度为 195℃左右，出口 150℃左右，预测 NH_4Cl 结晶会发生在 E9104 管程内，注水位置应该引至 E9104 管程入口。

4 注水量优化

4.1 注水量要求及 NH_4HS 浓度计算

注水量一般由两条标准规定：

（1）分离器溶液的含 NH_4HS 量在可接受范围内，为减小碳钢腐蚀，按照浓度不超过 8% 控制。

（2）保证总注水量的至少 25% 在注入部位为液态。

NH_4HS 是由等量摩尔的 NH_3 与 H_2S 反应生成。然而，生成的 NH_4HS 量被每种成分的最小物质的量（摩尔）浓度（HN_3）所限。假定定所有 NH_3 在系统中，均被吸收生成 NH_4HS 溶液。这应该是比较合理的一种假定，而实际数据资料和模拟结果显示，冷却后 99% 的 NH_3 溶解于液中。也假定所有水已被浓缩（尽管少量水仍留在蒸汽及碳氢化合物中，但这是在允许范围内合理的假定）。基于上述假设 NH_4HS 浓度可由下公式（2）计算：

$$w(t\%)NH_4HS=\frac{MW_{NH4HS}\times Wf\times Fn\times Cn\times 100}{MW_N\times Wr\times 100\times 100} \quad (7)$$

式中，MW_{NH4HS} = NH_4HS 分子量 = 51；MW_N = N 分子量 = 14；Wf = 装置处理量；Wr = 注水量；Fn = 装置原料中 N 含量重量百分数；Cn = 反应器内脱氮百分比。以某加裂装置自 2021 年 11 月 20 日至 1 月 22 日（首次注水切换前）混合原料中 N 含量平均值与精制反应器 R9101 出口 N 含量平均值进行参考计算，得出 Cn = 98.3324，式（7）可以简化为：

$$w(t\%)=3.58\times Wf\times Fn/Wr \quad (8)$$

由于本装置长期注水点在热低分气空冷入口和热高分气空冷入口，其余均为间歇注水点，所以对入口和入口注水行模拟分析，获得正常生产工况下（460t/h、15.65MPa），空冷入口平均注水量 4.83t/h，液态水体积分数为 90%、入口平均注水量为 22.65t/h，液态水体积分数为 90.7%，均在 25%以上。

通过 NH_4HS 浓度计算。可以得出某加裂 NH_4HS 浓度在 4.3%左右，没有超过 8%。按照 8%来计算，反推注水量为 14.86t/h。经测算注水量满足 NH_4HS 浓度要求的情况下，其注水量远远满足注水处有 25%以上的液态率。故目前限制某加裂注水量的因素为分离器溶液中 NH_4HS 浓度，且其浓度受原料中 N 含量影响（H_2S

含量远远大于 NH_3)。

4.2 高压注水量随原料中N含量计算

模拟中，某加裂原料中 N 有 96.7%在热高分系统中，3.2%在热低分系统中，取 $w(t\%)=6$，得某加裂热高系统注水量计算公式：

$$Wr=0.5967Wf\times Fn\times 0.967=0.577Wf\times Fn \quad (9)$$

式中 Wf = 装置处理量，t/h；Fn = 装置原料中 N 含量重量百分数(0.1%取 $Fn=0.1$)。

同理，某加裂原料中 N 质量百分含量 0.05~0.15%范围，处理量在 285~476t/h 范围变化，可以用 Origin 处理成如下趋势图(图 12)。利用此图就可以大概判断某一处理量下，某一 N 含量下，热高系统合适的注水量，也可直接带入式(9)计算。

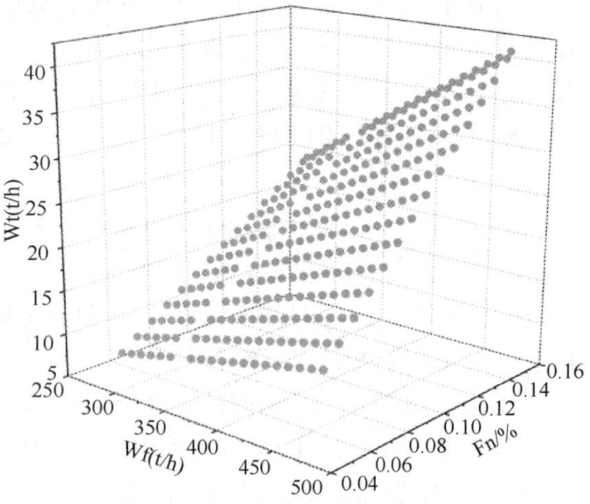

图 12 某加裂热高系统注水量随原料中 N 含量变化三维图

如：某加裂当前运行负荷 460t/h，查看当天原料中 N 含量与精制油氮含量化验数据，实际反应 N 含量为 700mg/kg 时，也就是 0.07%，查看注水量为 18.6t/h 左右就可以满足，对生产有指导作用。

4.3 低压注水量随原料中N含量计算

取 $w(t\%)=6$，某加裂热低系统注水量计算：

$$Wr=0.5967Wf\times Fn\times 0.032=0.0191Wf\times Fn \quad (10)$$

式中，Wf=装置处理量，t/h；Fn =装置原料中 N 含量重量百分数(0.1%取 $Fn=0.1$)。

某加裂原料中 N 质量百分含量 0.05%~0.15%范围，处理量在 285~476t/h 范围变化，用 Origin 处理成如下趋势图(图 13)。利用此图就可以大概判断某一处理量下，某一 N 含量下，热低分系统合适的注水量。

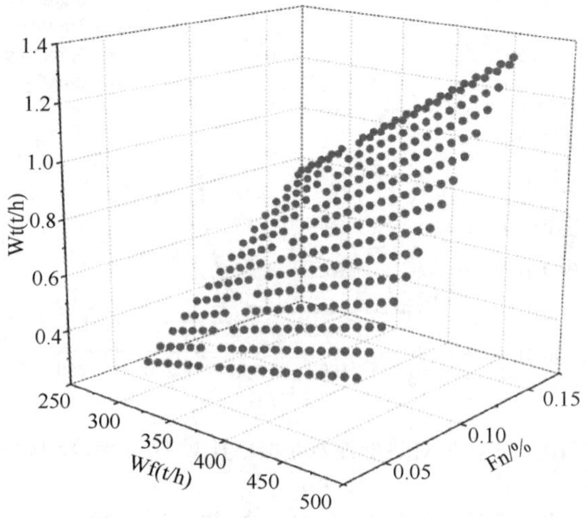

图 13 某加裂低压系统注水量随原料中 N 含量变化三维图

5 误差分析

(1) 反应流出物使用物料反推，Aspen Plus 用虚拟组分表征油品带来误差。

(2) NH_4Cl 结晶平衡模型推导公式存在误差，NH_4HS 浓度反推注水量带来误差。

(3) 高分注水 Aspen Plus 模拟中多组分体系复杂，涉及轻烃系统，复杂油相混合系统，电解质溶液体系，物性方法误差。

(4) 原料中 S、N 含量按百分比转化为 H_2S、NH_3 来计算带来的误差。

(5) 注水量经验公式计算产生的误差。

6 结论

(1) 原料中 N 含量从 500mg/kg 增加到 1500mg/kg，Cl 含量 1mg/kg 时，NH_4Cl 的结晶温度增加速度先较快后逐渐平稳，从 182.22℃增加至 192.88℃。原料中 Cl 含量从 0.5mg/kg 增加到 2mg/kg，N 含量 800mg/kg，NH_4Cl 的结晶温度增加速度先较快后逐渐平稳，从 180.01℃增加至 193.77℃。

(2) 某加氢裂化装置混合原料油中 N 含量在 500mg/kg~1500mg/kg 范围内，Cl 含量在 0.5mg/kg~2mg/kg 范围变化，可以推测 NH_4Cl 结晶温度在 158.29℃~204.22℃，根据某加氢裂化装置目前的操作工况可知，结晶位置在高压换热器 E9104 管程上半段管线内，故注水位置应该在 E9104 前。目前装置注水位置在高压空冷前，E9104 铵盐结晶到一定程度后反应器压差会上升，根据某加裂装置注水经验数据，如将注水切至 E9104 管程前，E9104 入口温度未 177℃左右，结晶点前移，且汽提塔进料温度低，建议安排定期注水切换工作，冲洗 E9104 管程内胺盐结晶。

（3）某加氢裂化装置中 N 质量百分含量 0.05~0.15%范围，处理量在 285~476t/h 范围变化，利用 Origin 处理成的趋势图，判断某一处理量下，某一 N 含量下，合适的注水量。或者根据注水量计算公式计算高压注水量：$Wr=0.577Wf\times Fn$，低压注水量：$Wr=0.0191Wf\times Fn$，指导某加氢裂化装置生产。目前，某加裂运行负荷 460t/h，N 含量在 700mg/kg 左右(即 0.07%)，高压注水量为 18.6t/h 左右就足够，当前某加氢裂化装置高压注水点注水量 22.65t/h，可节约 4t/h，由于该测算过程可能存在误差，该注水量可作为不同负荷下最低注水量指导。

参 考 文 献

[1] 王基铭. 低碳经济下中国炼油工业面临的挑战[J]. 石油和化工节能，2011(4)：42-46.

[2] 瞿国华. 21 世纪中国炼油工业的重要发展方向—重质(超重质)[J]. 中外能源，2007，12(3)：54-62.

[3] 刘小辉，胡安定. 石油炼制设备腐蚀与防护综述[J]. 中国设备工程，2010，07(11)：11-13.

酮苯套管安全销剪断频繁分析及对策

李　鑫

（中国石化上海高桥石油化工有限公司）

摘　要　针对酮苯装置套管结晶器安全销剪断频繁的情况，从设备结构及安全销的受力进行原因分析，通过调整后连接轴与后盖盲法兰间隙及改进安全销这两种办法，分别降低了刮刀轴的扭矩及提高安全销所能承受的扭矩，使其安全平稳运行。

关键词　套管结晶器；安全销；剪断

1　引言

套管结晶器是石油炼厂润滑油生产装置中的主要设备之一，其原理是在管间通入冷却介质与内管的含蜡油进行热交换，使含蜡油温度降低而析出结晶蜡，再经下道工序的真空转鼓过滤机将蜡分离出来。从原料油中结晶析出来的蜡附着在内管壁上，内管中的刮力轴不断转动，就连续不断地将蜡从内管壁上刮下来，随着油一起流出内管。某炼厂酮苯装置自 2021 年大修后，其中 2 台换热套管上的多根传动轴链轮上的安全销被频繁剪断，即使在热溶剂进行内套管化蜡后，新补的安全销不足一星期即发生剪断，严重影响装置的正常运行。经过分析，通过切削后连接轴和后盖盲法兰铜套，还有改进安全销，分别降低了刮刀轴的扭矩及提高安全销所能承受的扭矩，安全销恢复正常使用时效，使其运转正常使其安全平稳运行。

2　套管结晶器的基本结构

酮苯装置套管结晶器由换热型套管（如图 1）和氨蒸发型套管串联使用，由换热型套管进行初冷，随后进入氨蒸发型套管进行深冷，二者区别只在于氨罐和气、液氨管线。本装置共 5 组套管，每组由 1 台换热型套管和 2 台氨蒸发型套管串联使用。套管结晶器主要由四部分构成，分别是驱动部分、刮蜡部分、给冷部分和换热部分组成。

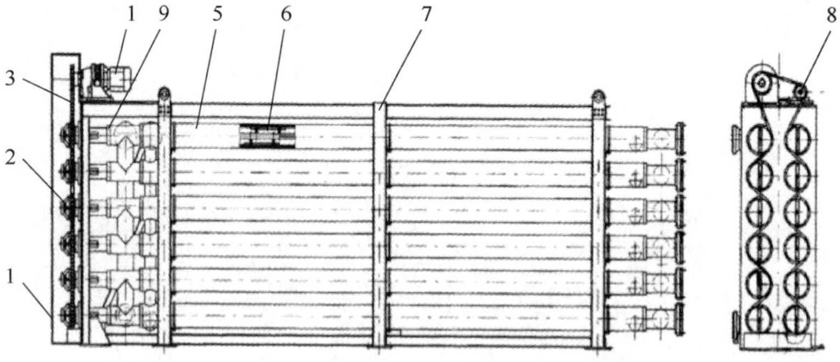

图 1　换热型套管结晶器

1—头架；2—传动头；3—链条；4—电动机及减速机构；
5—套管；6— 管轴；7—支架；8—张紧机构；9—填料

套管由驱动机构通过主链轮和链条驱动传动体（图 2），传动链轮转动，链轮进而通过传动体、安全销、键带动传动轴转动。

套管设置安全销，防止电机过载。每个链轮上均设有两个安全销，互成 180°设置。安全销起到保护作用，当某根刮刀轴转动阻力变大时，其安全销发生剪断，从动链轮进入空转状态，传动轴停止转动，防止出现负荷过大。除了电机过载，也会有链条断开，传动轴断等其他故障的发生。在平时运转中，当一台套管上的多个链轮上的安全销被剪断时，会造成套管内壁结晶蜡越来越多，导致套管出口压力上升，严重时引起传动轴弹出，物料泄漏着火的事故，存在安全隐患。同时刮刀轴不转，无法对套管内的原料进行搅拌，影响了蜡结晶从油中析出，造成质量不合格。所以每月通过加入热溶剂打循环进行化蜡，更换新的安全销后刮刀轴就能重新恢复正常运转。

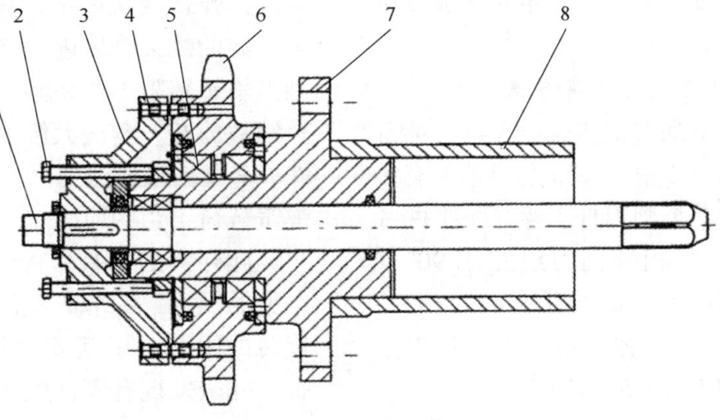

图 2　套管传动头图

1—传动轴；2—顶开螺栓；3—传动体；4—安全销；5—轴承；6—链轮；7—轴承座；8—连接体

3　套管安全销剪断频繁故障分析

3.1　安全销选型不当

安全销的最小直径 d 由以下公式计算得到：

$$d=1.6\sqrt{\frac{T}{D_0 Z\tau_b}}mm \qquad (1)$$

式中，d 为安全销最小直径，mm；T 为扭矩，N · mm；D_0 为安全销位于中心圆直径，mm；Z 为安全销个数；τ_b 为材料剪切强度极限，MPa；$\tau_b=(0.6\sim0.7)\sigma_b$

σ_b 为材料抗拉强度，MPa。

安全销所能承受最大的扭矩：

$$T=\frac{d^2 Z D_0 \tau_b}{2.56}\mathrm{N\cdot mm} \qquad (2)$$

一般安全销个数是固定的为 2 个，所以由式(2)可知所能承受的扭矩取决于其安全销位于中心圆直径、使用的材料和最小直径。以该台套管结晶器(大连金州重型机器厂产 JJO2A 型)现在使用的安全销(图 3)为例，可知 D_0 为 12mm，d 为 10mm。安全销使用材料为 H62，查 GB/T13808—1992 可知，材料 H62 的 σ_b 为 295MPa，τ_b 最大为 206MPa，因此安全销所能承受最大的扭矩为 193125N · mm，当安全销所承受的扭矩超过 193125N · mm 时即发生断裂。

以其中一台套管为例，其只有 6 根刮刀轴出现安全销频繁剪断，剩余 6 根未出现该情况。而且其他相同型号的套管也是使用一样的安全销，因此安全销的选型是正确的。安全销发生断裂的原因为刮刀轴产生的最大扭矩超过了其初始设计值。

为了提高安全销的抗扭矩能力，将其中 1 根刮刀轴的安全销最小直径增加为 11mm，当 d 增加 1mm 时，安全销所能承受的扭矩增加 40556. 25N · mm。但其在运转 1 周后又发生断裂，说明刮刀轴的扭矩十分巨大，需要先降低扭矩。

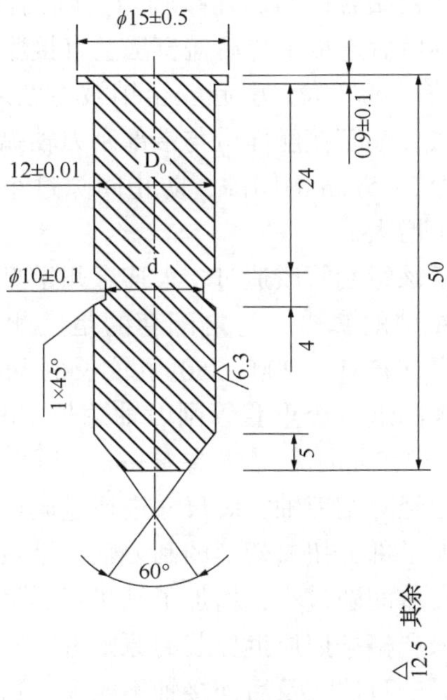

图 3　安全销图

3.2　内管原料介质特性和处理工艺不当

套管结晶器在日常生产过程中若原料介质中蜡含量偏高，含有太高的胶质、沥青质，含水以及处理过程中冷却速度过快，都会造成套管载荷大引起安全销被剪断。假若出现此种情况，安全销被频繁剪断也会出现在其他组换热套管上，因此原料介质特性和处理工艺不当并不是造成安全销被频繁剪断的原因。

3.3 刮刀弹簧载荷不当或内管有异物

刮刀轴上装有4根刮刀轴构成(图4)，端部刮刀轴和中间刮刀轴各2根。每根刮刀轴上有多组刮刀，每组刮刀由2个刮刀杆支撑，每组两片刮刀互成180°布置，与相邻刮刀组互成90°安装。刮刀弹簧采用圆柱形螺旋压缩弹簧，材料为60Si2Mn，长度827.8mm，弹簧单圈刚度0.2kg/mm，弹簧载荷范围17.66~52.97N。

若刮刀弹簧载荷过大，一方面会使刮刀磨损过快，另一方面内管壁作用于刮刀轴上载荷增加，使刮刀轴的扭矩增大，引起安全销被剪断。若刮刀弹簧载荷过小，刮刀无法抵住内管壁，刮去上面的蜡，会使内管壁上蜡结晶增多，增加了刮刀轴旋转阻力，使刮刀轴的扭矩增大，引起安全销被剪断。本次大修采用的刮刀弹簧为同一批次，其他台换热套管并未出现此情况，因此排除弹簧载荷不当的原因。

此外，刮刀弹簧断裂、刮刀杆脱落也是比较常见的现象，脱落的零件在内管内增大了刮刀轴旋转的阻力，引起安全销被剪断。经过抽芯检查，并未发现有零件脱落或者其他异物存在。

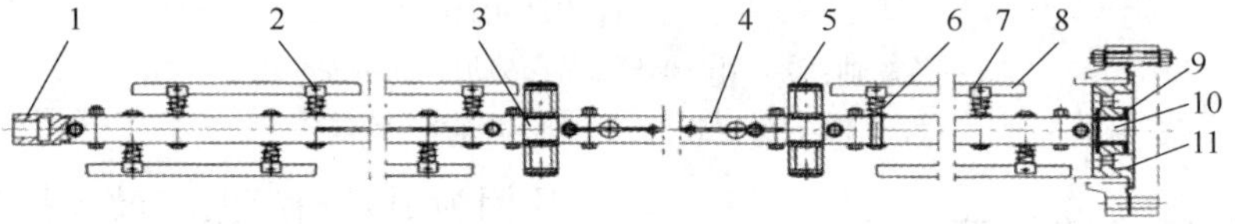

图4 刮刀轴总图

1—方头连接轴；2—销轴；3—中间连接轴；4—中间轴；5—支承架；6—弹簧；7—刮刀杆；8—刮刀片；9—后盖盲法兰铜套；10—后连接轴；11—后盖盲法兰

3.4 刮刀轴后盖法兰安装间隙不足

后盖盲法兰的中心部位设有短轴头用以支撑刮刀轴后连接轴，并嵌有铜套(图5)，有10mm的磨损余量。根据SHS02003-2019规定，套管后盖盲法兰结合面与后连接轴留有轴向间隙3~5mm，避免后连接轴与后盖盲法兰直接摩擦，导致刮刀轴扭矩增大，引起安全销被剪断。此外，后盖盲法兰铜套接触面应与端部刮刀轴弧板留有轴向间隙3~5mm的间隙，防止间隙过小导致刮刀轴扭矩增大。

由于该组套管改造过，大连金州重型机器厂产JJO2A型的套管，与之配套的是兰州石油化工机器厂105AI3-200×250型较长的刮刀轴组件。经查图纸，金重套管刮刀轴总长13852mm，兰石为13935mm，二者相差83mm。因此，以前改造时已经对刮刀轴安装尺寸进行过调整，本次检修更换了部分扭曲变形的刮刀轴，导致总长变长，使安装间隙过小，增加了其扭矩。另外在检修时并未严格按照原拆原装的原则进行复位，原调整过后盖盲法兰及后连接轴不匹配。这也是本次不转的刮刀轴比更新过的刮刀轴数量多的原因。

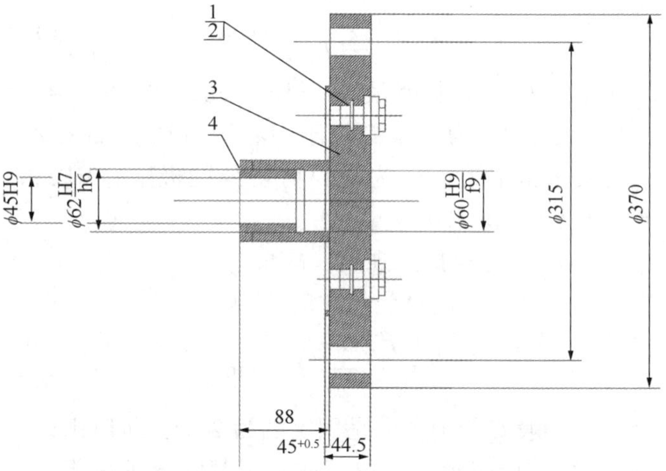

图5 后盖法兰部件图

1—垫圈；2—管塞；3—后盖；4—铜套

3.5 支承架安装间隙不足或其轴套磨损过多

刮刀轴支承架(图6)轴套内径与中间轴安装间隙不宜过小，装配完后用手可以轻松转动支承架。若过于紧配，会增加刮刀轴的扭矩，引起安全销被剪断。此外支承架轴套磨损时，会导致刮刀轴下沉，当刮刀旋转至下方时，弹簧载荷增加，使刮刀轴扭矩增加，令安全销剪断。轴套磨损过多时，连接轴与支承架直接摩擦，产生的扭矩更大。经过抽芯检查，所有支承架转动及轴套磨损情况都正常。

图6　支承架图

3.6　密封填料压得过紧

如图1所示，套管传动轴与套管壳体之间的填料密封，它通过压盖将密封组件压入填料函，其示意图如图7所示。目前该填料采用的是改性聚苯酯组合填料，该材料具有摩擦系数小、耐磨、耐腐蚀等许多优良性能，其中摩擦系数小，仅为0.163，传统的夹布橡胶摩擦系数在1.3~1.5之间。根据SHS02003-2019指出填料压得过紧会使刮刀轴扭矩增大，从而使套管安全销频繁剪断。

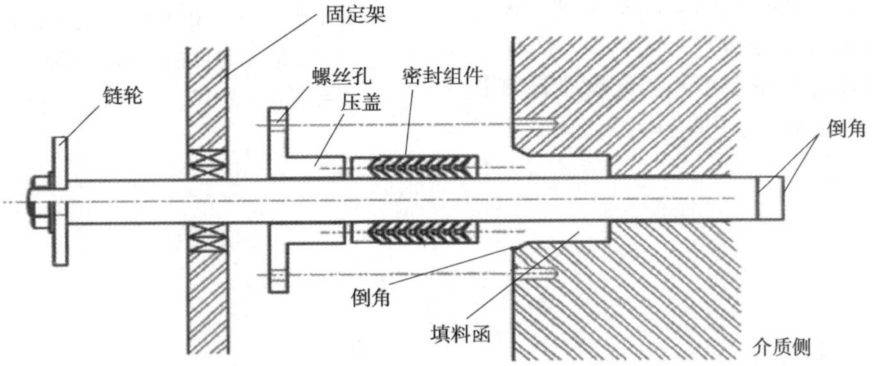

图7　套管结晶器填料密封示意图

4　套管安全销剪断频繁的解决措施

4.1　调整后盖盲法兰与后连接轴安装间隙

将发生故障的套管组切出，排净物料并进行扫线。打开后盖盲法兰，测量后连接轴与后盖盲法兰结合面之间的间隙(图8)及端部刮刀轴弧板与后盖盲法兰铜套接触面之间的间隙。考虑到维修便利性，对后盲盖法兰铜套和后连接轴进行切削，使之在随后的复位安装中安装间隙符合要求，在对后盖盲法兰铜套进行切削的时候需要至少保留5mm的厚度，如果不能保证，需要拆下端部刮刀轴进行修整。维修过程中，要做好标记，遵照原拆原装的原则。经过整修后，该台套管之前发生安全销频繁剪断的情况未再出现过，运转良好。

4.2　改进安全销

其中一台套管在进行了后盖盲法兰与后连接轴安装间隙，安全销仍然不能保证使用正常的使用时效。为了提高安全销的承受扭矩能力，经过试验，使安全销d最小直径增加为12mm后，安全销保证了正常的使用时效，未再发生断裂。但是此方法会增加电机，减速箱及传动链条的负

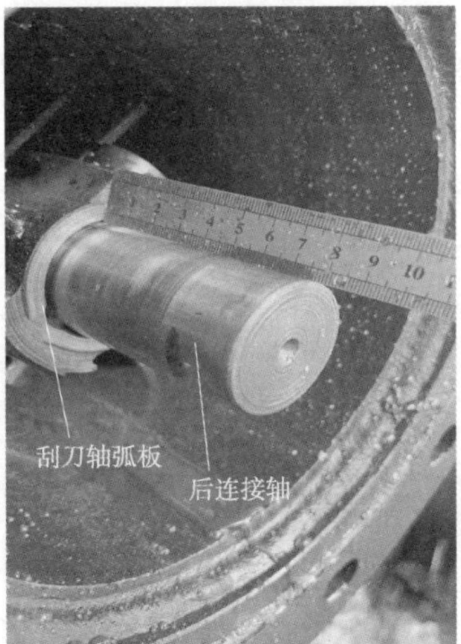

图8　测量后连接轴与法兰密封面间隙图

载，需要加强对该套管这些部件的检查，有劣化趋势时及时进行维修。

需要注意的是，禁止使用铁销子，否则极易引起链条断裂，或刮刀轴扭曲变形，甚至引起传动轴断。

4.3　适当调节填料压盖紧力

将发生故障的套管组切出，排净物料并进行扫线并拆下后盖法兰后，适当减小填料压盖紧

力，用加长手动扳手逐个转动传动头(此时卸下安全销)，同时检查刮刀轴运转是否灵活，以一个人用手动扳手转动传动头不感到吃力为合格。在套管检修时应遵照此方法检查填料压盖紧力及未装后盖盲法兰前刮刀轴的扭矩，避免影响检修后套管的运行，也方便日后故障原因排除。

5 结语

通过切削后连接轴及后盖盲法兰铜套，调整后盖盲法兰与后连接轴、端部刮刀轴弧板之间的间隙，改进安全销可以解决安全销频繁被频繁剪断的情况。安全销被频繁剪断的因素复杂，需要根据现场实际情况进行分析。

此外，在检修过程中要严格遵守检维修规程中的质量标准，达到该有的安装间隙、预紧力等指标，保证安装质量。对于改造过的套管，要考虑零件匹配性。在检修过程中，做好标记，保证原拆原装，防止改造过零件被安装至其他套管上，造成不匹配。

参 考 文 献

[1] 刘恩山，陈伟松，焦萍．套管结晶机结构设计与功率选取[J]．石油化工设备，1998(05)：44-47.

[2] 中国石油和石化工程研究会．炼化设备工程师手册[M]．北京：中国石化出版社，2003(11)：535-548.

[3] 张超．引起套管结晶器安全销被剪断的情况分析及解决措施[J]．化工管理，2021(14)：160-162.

[4] 刘星．软密封件在酮苯脱蜡装置的应用[J]．化工设备与管道，2018，55(02)：46-52.

D 类干粉灭火系统在某类聚烯烃装置的应用现状

刘　朔

（中国石油化工股份有限公司镇海炼化分公司）

摘　要　因干粉灭火系统相关设计规范未给出具体分区控制、管路走向、阀门气源的设计要求，不同生产厂家制造的灭火系统存在一定差别。通过分析三套不同生产厂家制造的 D 类干粉灭火系统，总结各类系统的优缺点，指导企业在合理正确选择灭火系统时要重点关注启动瓶控制范围、选择阀气源、干粉释放方式等方面。通过分析 C 套系统的释放阀与选择阀的设置合理性，建议释放阀改为爆破片或气源改造、选择阀取消或保持常开，为企业验收 D 类干粉灭火系统提供一定指导。

关键词　D 类干粉灭火系统；气源；释放阀；选择阀

1　D 类干粉灭火简介

1.1　三乙基铝火灾特性与灭火机理

三乙基铝化学性质活泼，易与钛基催化剂形成空的含有烷基的过渡元素的 d 轨道，而聚合的链引发、链增长以及分子链立体规整排列的活性中心就是这个 d 轨道。因而三乙基铝是聚烯烃装置聚合反应必不可少的助剂。但三乙基铝与氧气反应剧烈，在空气中能自燃，遇水爆炸分解成氢氧化铝和乙烷，与酸、卤素、醇、胺类接触发生剧烈反应。其热稳定性差，开始分解温度为 120~150℃，但在低于 120℃ 氮气中是稳定且安全的，溶于链烷烃。除此之外，三乙基铝还有强烈的刺激和腐蚀作用，主要损害呼吸道和眼结膜，高浓度吸入可引起肺水肿，皮肤接触可致灼伤，引起充血、水肿和起水疱，疼痛剧烈。因此，三乙基铝意外释放无论是对人体还是环境都会造成极大损害。为有效减弱三乙基铝因各种原因（设备泄漏、工艺误操作等）引起的火灾影响程度，常使用 D 类干粉灭火剂进行扑救。

D 类干粉灭火剂扑灭三乙基铝火灾的机理是以化学灭火为主，通过化学、物理双重灭火技能扑灭火焰。在三乙基铝储罐或输送管线发生火灾时，一方面干粉粉末与火焰中的自由基接触，捕获 OH * 和 H * 自由基（OH * 和 H * 自由基是燃烧联锁反应的关键自由基），自由基被瞬时吸附在粉末表面并被转化，使得自由基的数量急剧减少，从而破坏燃烧链；同时，该灭火剂在高温作用下形成一种黏稠的物质，覆盖在燃烧介质表面，形成密封层阻断火焰根部、阻止氧气进入。即使反复搅拌、洒水，也不再复燃。

1.2　D 类干粉灭火系统介绍

D 类干粉灭火系统采用粉体气力输送技术、使用惰性气体（N_2、CO_2、Ar 等）作为驱动气体（载气），把储存的干粉灭火剂输送到喷放组件（喷嘴、干粉枪或干粉炮），进而喷向防护区或具体保护对象进行灭火。干粉系统按照驱动方式的分类方式可以分为储气瓶干粉灭火系统、贮压型干粉灭火系统、燃气驱动型干粉灭火系统。按照一套灭火系统保护防护对象或区域数量来分分为单元独立干粉灭火系统和组合分配干粉灭火系统。

我国现行的 GB 50347—2004《干粉灭火系统设计规范》与 DB37/T1317—2009《超细干粉灭火系统设计、施工及验收规范》并未包括 D 类干粉灭火系统管路走向的设计要求，而对于系统部件的要求，目前执行 GB16668—2010《干粉灭火系统及部件通用技术条件》，也未明确各类阀门（如选择阀、瓶头阀等）的气源设计要求。部分生产厂家存在照搬照抄的情况，一般对喷射时间、充装量、阀门密封要求、耐腐蚀要求等指标严格执行规范要求，但在规范之外的管路走向与阀门气源等设计质量上参差不齐，存在管路设计不合理、气源选择不达标造成阀门无法有效开启的风险。因而分析不同厂家的 D 类干粉灭火系统的管路走向、阀门气源的设置对于指导企业正确选择灭火系统、消除潜在隐患很有必要。

2　三套聚烯烃装置 D 类干粉灭火系统比较

选择比较的三套聚烯烃装置均用三乙基铝作

为助剂来提高聚合反应速率，三乙基铝均贮存在有氮气保护的钢瓶里，使用时三乙基铝从钢瓶中用氮气压送去下游设备，三乙基铝或被链烷烃稀释到20%以下用泵输送或不经稀释凭钢瓶中氮气输送。在三乙基铝钢瓶房隔壁以混凝土砖混墙隔断设置D类干粉灭火系统，用于三乙基铝泄漏着火时扑救火灾使用。三套装置的灭火系统由三个厂家制作，均为火灾报警控制与干粉灭火联动系统。当火灾发生时，报警系统接收到两个独立的火焰探测器反馈的信号后，由声光报警器发出报警信号，系统进入延时状态。确认火情后，发出报警控制信号到控制器，程序设置联动自动打开启动装置。灭火控制器分为自动启动和手动启动，另外还有应急机械启动作为紧急情况下使用。正常情况下，灭火系统控制器应设定在自动控制方式，当接收到火灾报警信号后，干粉灭火系统操作程序自动启动将干粉喷出、射向火源。

从驱动方式分，三套灭火系统均为储气瓶干粉灭火系统，从保护对象数量来分，A装置和B装置为组合分配型，C装置为单元独立型。虽三套装置灭火原理相同，但三者的设计理念不一样。如果不充分了解各个厂家制作的系统特点，统一按一种思路来进行灭火系统的验收或操作，极容易造成系统失效。以下通过对三套系统进行分析比较，找出各自的优缺点，通过FMEA法对其中存在的问题提出整改措施，对于指导新建装置同类型灭火系统的验收与操作法的编制提供一定的参考与借鉴。

2.1 A装置的D类干粉灭火系统

A装置的D类干粉灭火系统简图如图1所示。

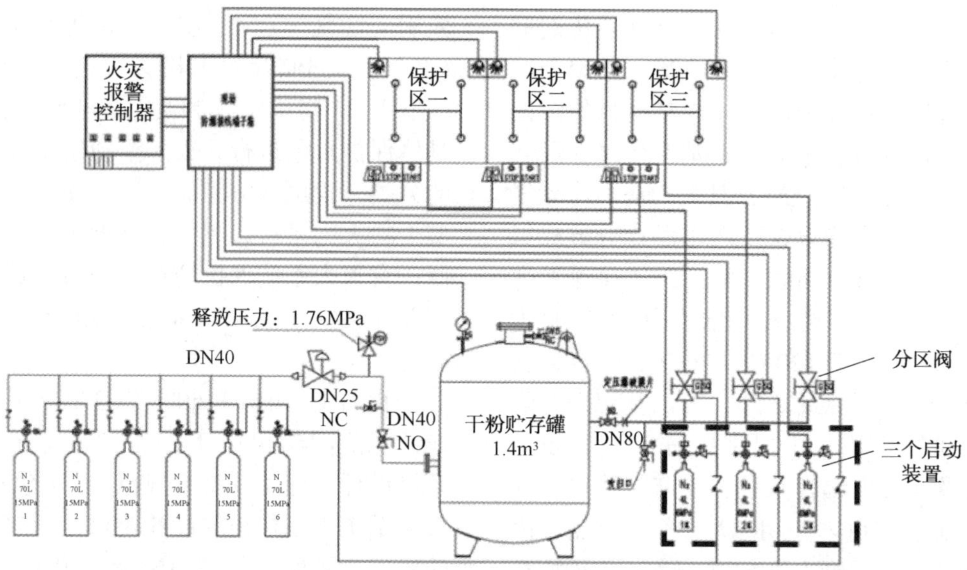

图1　A装置的灭火系统图

该系统由三个启动装置分别控制三个保护区域的干粉灭火。当控制器在手动状态时，启动触发是或者通过先拔掉对应保护区的4L氮气启动瓶的保险销(电磁阀手动保险销在电磁阀上部，为防止人员误动，平时保险销不能拔出)，然后手动按下气瓶顶部金色触发装置(机械手动)，或者直接按下现场对应保护区的“紧急启动”按钮通过电信号控制气瓶顶部金色触发装置和选择阀触发(电控手动)两种方式来实现。

启动装置触发后，启动装置中的氮气驱动70L高压氮气瓶的瓶头阀释放出高压氮气，高压氮气经过减压后进入干粉贮存罐，与此同时打开分区阀。氮气进入干粉罐混合，干粉出口压力达到爆破压力后，爆破片打开，干粉在氮气的推动下沿着管线进入特定区域喷射进行扑灭。为避免高压氮气减压无效与分区阀未及时打开造成干粉贮存罐超压，在进罐管线上设置安全阀，并设置分区阀先开与手动开启功能。

因火焰探测器易受太阳光、热体等非火焰影响造成误报，除设置报警后30秒延迟喷射的功能外，装置专门在操作法中要求自动状态下在报警后内操第一时间按“紧急停止”按钮，外操去现场确认后按照电控手动或机械手动操作进行处理，确保干粉不误喷。

2.2 B装置的D类干粉灭火系统

B装置的D类干粉灭火系统如图2所示。

该装置干粉灭火系统由1个启动装置控制5个防护区的干粉喷射，而A装置干粉系统是3个启动装置控制对应3个保护区。B系统同样存在机械手动启动与电控手动启动两种现场启动方式，但选择阀的气源接入位置与A系统不同，A系统选择阀气源从启动瓶接出，B系统从驱动瓶后接出。

B装置灭火系统与A装置灭火系统相比如表1所示，A系统的优点是B系统认为的缺点，两者有一定的对比关系。实际选择时可根据元件故障发生的可能性与业主需求来做决定。

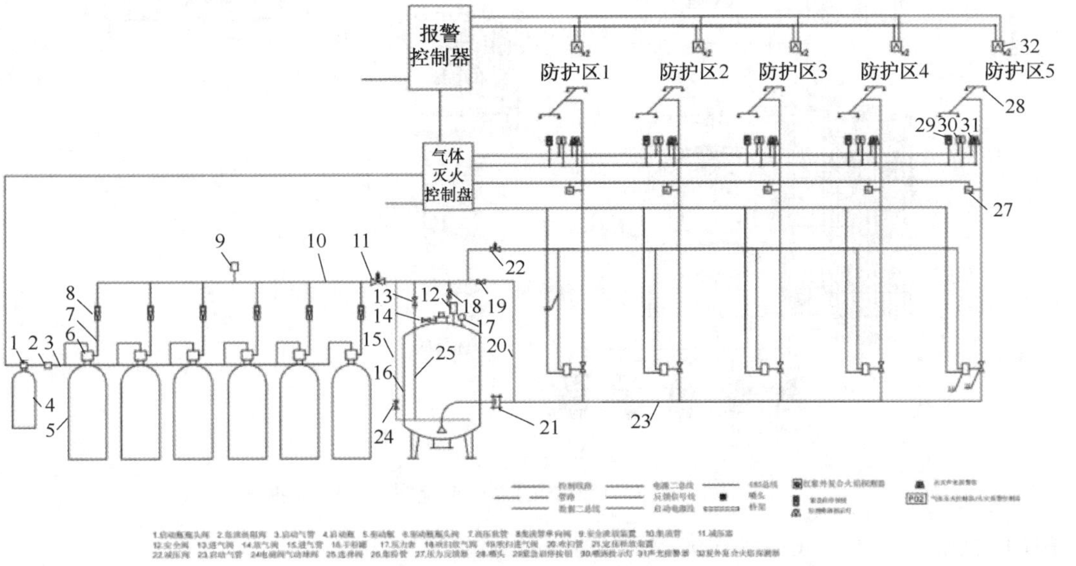

图2 B装置的灭火系统图

表1 A、B装置灭火系统的优缺点

类别	优点	缺点
A系统	一个启动瓶控制一个防护区，避免因一个启动瓶影响全系统正常启动。	多个区域发生火灾，增加了启动的操作步骤与时间，增加了启动瓶分辨错误的可能性。
	分区阀气源来自启动瓶，有效保证了分区阀先开的顺序，且避免了其他元件对启动瓶的影响。	若启动瓶失效，分区阀气源断。
B系统	若多个区域发生火灾，只需操作一次启动瓶，减少了启动时间。	存在一个启动瓶失效影响全系统正常启动的情况。
	使用同一个启动瓶避免启动瓶分辨错误、误启动其他防护区分区阀。	
	选择阀气源来自驱动瓶后，避免了启动瓶压力不足造成阀门打不开，6个驱动瓶降低了气源断气的概率。	选择阀气源线较长，中间设有多个元件，若其中一个元件功能失效，都将直接影响选择阀。

2.3 C装置的D类干粉灭火系统

C装置的D类干粉灭火系统如图3所示。

该装置灭火系统为单元独立灭火系统，由两个启动瓶(一开一备)推动4个驱动瓶(另有2个为备用)将高压氮压入干粉罐。释放阀(干粉罐出口第一道阀)和选择阀(干粉罐出口第二道阀)为气动阀，释放阀的气源来自干粉罐罐顶，选择阀的气源来自启动瓶。启动瓶开启后，选择阀率先开启，待干粉罐压力升至一定值后释放阀开启，目的是将干粉吹至沸腾状态并给干粉罐提供一定输送压力，便于干粉向下游输送。为避免干粉罐憋压，安全阀设置在罐顶。该系统同样设置远程启动、现场电控手动、现场机械启动三种方式。

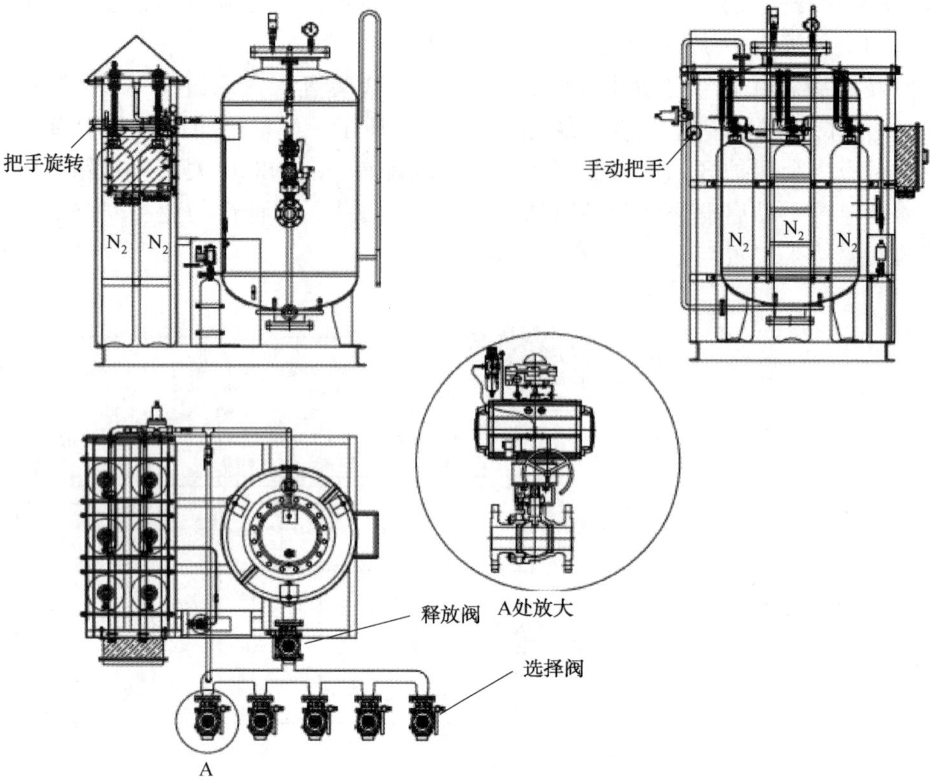

图3　C装置的灭火系统图

该系统的优点一是为防止启动瓶失效造成驱动瓶打不开，设置4个驱动瓶同时手动开启的功能(A、B装置无同时开启功能)；二是启动瓶备用一个、驱动瓶备用两个，主件出现问题时可切换到备件。

缺点分为两个方面：一是释放阀气源来自升压后的干粉罐(而A、B系统来自启动瓶、驱动瓶，气源洁净)，当驱动气体进入到干粉罐后，干粉被吹沸腾，会有干粉同氮气一起到达释放阀，释放阀的气动三连体虽有一定过滤功能，但存在阀门气源线堵塞的可能。根据BT 4830—1984《工业自动化仪表气源压力范围和质量》要求"气源中含尘粒径不应大于3μm"，根据厂家反馈的数据，干粉颗粒度为≤0.25mm，其中≤0.04mm的干粉颗粒度占比53%以上。说明47%的干粉颗粒已明显大于40μm，明显不符合规范要求。一旦释放阀打不开，若驱动瓶后减压阀失效，15MPa的氮气瞬间进入干粉罐，干粉罐顶安全阀起跳压力是1.4MPa，干粉罐必然超压、安全阀起跳(而A、B系统即使减压失效，因爆破压力低于安全阀起跳压力，爆破片会提前爆破，大大降低安全阀起跳的概率)，干粉会全部喷洒在该系统空间内，无法到达防护区，该灭火系统失效。

二是选择阀设置多余。该系统没有分区，不需要再设置选择阀，并且阀门增加的同时增大了阀门打不开的可能性，不仅增加了操作动作还增加系统失效的概率。除此之外，在验收时发现，选择阀和释放阀的三联件的最大输入压力为1.0MPa，但气源供气压力为干粉罐压力和启动瓶出口压力，两者高于最大输入压力，一旦气体充入系统，两个气动阀会瞬间损坏，无法完成阀门开启动作，造成干粉罐顶安全阀起跳，灭火系统失效。

经过专业分析，建议将释放阀的气源从干粉罐顶改至启动瓶出口，将选择阀和释放阀前增加减压阀，将选择阀保持手动常开或取消该阀来消除存在的隐患，如图4所示。

3　结论

D类干粉灭火系统作为三乙基铝灭火的有效消防手段，要充分了解系统的工作原理与厂家设计思路，通过抓住系统设计不同点进行方案选择与系统验收。通过对比三类灭火系统，不同厂家之间存在启动瓶控制范围不同、选择阀气源不同、干粉释放方式不同等区别，业主可根据实际防护范围与操作可行性等来选择相应的类型。对于C装置灭火系统，经过分析，释放阀气源接入位置不合理，建议将接入位置改至启动瓶出口或改为爆破片，因该系统防护区只有一个，选择阀设置多余，建议将选择阀取消或保持常开，从而保证灭火系统的正常工作。

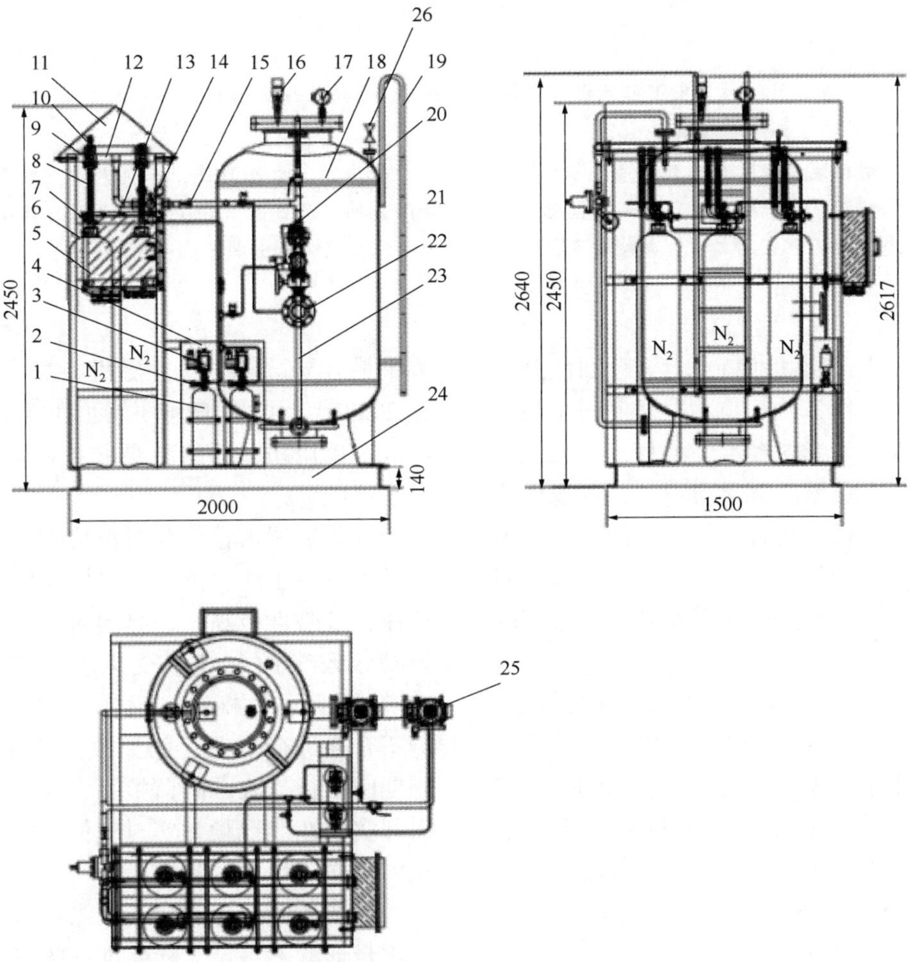

图4　C装置的灭火系统修改图

1—启动瓶；2—瓶头阀；3—防爆型电磁阀；4—启动瓶箱；5—驱动瓶；6—瓶组架；7—瓶头阀；8—高压管；9—集流管单向阀；10—集流管泄压阀；11—防雨罩；12—集流管；13—防爆控制箱；14—减压阀；15—进气管单向阀；16—干粉罐安全阀；17—隔爆型电接点压力表；18—千粉罐；19—扶梯；20—手动球阀；21—启动管路；22—释放阀(法兰)；23—进气管道；24—底座；25—启动选择球阀；26—低泄高密阀

参考文献

[1] 董海斌，刘连喜，李姝，等. D类干粉灭火系统[J]. 消防技术与产品，2007，5：43-46.

[2] 张自伟. D类干粉灭火系统在烷基铝类化学品消防中的应用[J]. 工业用水与废水，2013，44(1)：85-88.

[3] 宋旭东，石秀芝. 基于D类干粉灭火系统调研报告[J]. 工业用水与废水，2003，34：65-66.

[4] 盛利. 浅析D类干粉灭火系统误喷原因及预防措施[J]. 工业、生产，2019，9：1-2.

对炼化装置大检修现场直接作业安全管理的思考

徐　娜

（中国石油化工股份有限公司镇海炼化分公司）

摘　要　炼化装置大检修具有检修内容广、项目多、资金庞大，承包商作业人员繁杂、素质不一，现场作业点多面广、交叉进行等特点，而直接作业环节是检修期间风险高度积聚的过程，因此其安全管理是整个大检修进程中的重点。文章对大检修直接作业环节进行深度思考和分析。

关键词　炼化装置；大检修；直接作业；安全管理

炼化装置因生产连续性特点，需计划性开展消缺、大检修等工作，尤其是大检修期间，装置全面交出，所涉及检修内容广、项目多、资金庞大，承包商作业人员繁杂、素质不一，现场作业点多面广、交叉进行，具有时间紧、任务重、风险高等特点，因此如何做好炼化装置大检修期间现场作业风险控制、安全保障工作是安全管理的重中之重。

按照“谁主管、谁负责”、“谁的区域，谁负责”、“属地管理”和“专业管理”的原则，划分安全监管网格，压实全体员工“网格化+专业化+规格化+规范化”责任，落实各级检修安全主体责任，压实责任、责任到人，建立“横到边、纵到底”的安全管理网格，预防和减少安全事故，让直接作业环节的安全风险受控。

1　大检修期间特殊作业

炼化装置大检修改造工作时间紧、任务重、检修内容广，并且通常与多个技改技措项目同时进行，这就导致现场作业必定涉及多项特殊作业，必须严格按照特殊作业管理制度和控制措施落实到位。

动火和高处作业是大检修过程中最常见最广泛的作业，大检修时设备打磨、焊接、切割、临时用电等动火作业点多面广，且常常从大修开始延续至大修结束，持续时间长；大修期间有大量与脚手架相关高处作业，设备检验、防腐刷漆等作业通常需要搭设满堂架，管廊作业通常需要搭设悬挑架等均为特殊脚手架，是高处作业风险聚集最密集的地方。但因动火作业和高处作业这两项特殊作业的范围广、持续时间长等，是大修过程中最容易被麻痹的，要尤为警惕。例如镇海炼化2023年大检修期间便增加了高处作业关于推广规范使用防坠器的新要求，对高处作业风险进行了严控。

炼化装置大检修需对反应器、槽罐等设备进行进人清理工作，涉及到受限空间甚至无氧环境作业，危险性极高，一旦出现安全管理不当，最容易导致事故发生。受限空间作业应严格遵守“先通风、再检测、后作业”的原则，严禁检测不合格进行作业。例如镇海炼化2023年大检修期间推行受限空间监控平台应用，对受限空间内部实施在线视频和实时气体连续监测报警，强化内部作业过程的管控。

吊装作业占地面积大、易占据消防通道、吊物重量形状不一，大检修期间需对每日吊装作业进行严格管控，不可多点全面铺开，按检修施工进度合理安排每日吊装作业量，安排专人监管，设置严格警戒线，禁止无关人员随意穿行。鼓励推行喇叭放声提醒、安全管理人员带班机制。

2　承包商安全管理要求

对多年发生的事故进行统计分析，90%的事故发生在直接作业环节，且发生的事故中70%~90%属“三违”。大检修不比日常检修，炼化装置现场大部分人员均为承包商人员，因此必须将承包商纳入属地安全管理网格内（图1），承包商管理人员不在现场带班、现场未成立作业班组（岗组）的，不得施工；承包商必须按一定比例施工作业人员配备专职安全管理人员（持有安全管理资质证书）进行现场安全管理，并安排现场安全监督人员和监护人员深入施工检修现场。

**装置停工检修改造安全网格化管理图

区域网格（二级网格）						基层单元网格（三级网格）			
区域	安环部监管人员	第三方监理人员	监理单位人员	区域安全负责人	施工单位安全负责人	基层单元	运行部安全人员	运行部监护人员	施工单位安全人员
聚乙烯装置						原料精制单元			
						反应聚合单元			
						尾气回收单元			
						脱气造粒单元			
						掺混包装单元			

装置停工检修改造布置逃生线路图

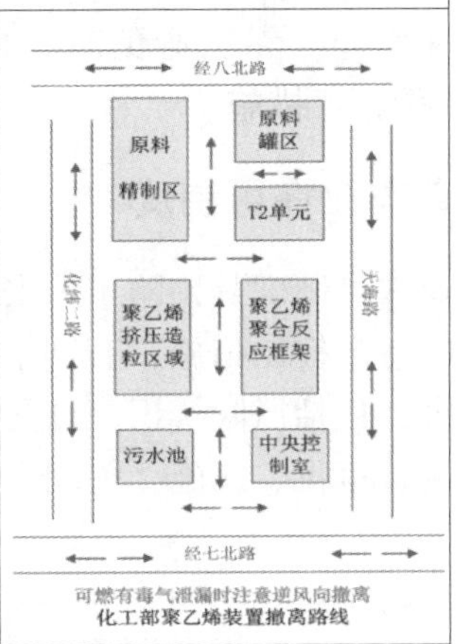

停工检修改造安全网格化管理要求

认真贯彻“安全第一，预防为主，全员动手，综合治理”的方针，按照“谁主管，谁负责”、“谁的区域，谁负责”、“谁签字，谁负责”“属地管理”和“专业管理”的原则，划分安全监管网格，落实网格内业主、监理、施工单位的安全责任，构建全员、全方位、全天候、全过程的安全监管机制，有效保障检修过程的安全。

停工检修改造安全网格化管理主要职责

区域网格内人员包括安全监管部门、第三方安全监管机构、二级单位或区域、监理单位、施工单位人员，承担区域内检修安全工作的组织、协调、监督、检查等职责。其中基层单元内由施工单位和检修装置双方选派的人员，是网格管理的直接责任人员，主要承担网格内作业过程的安全监护、信息收集与反馈、应急处置等职责。

火警、气防：119、86440119、86460119

急救：120、86440120、86464120

图 1　停工检修改造安全网格化管理图

承包商需编写完成大修施工方案、HSE 策划及特殊高风险作业项目专项方案，制定落实各项安全措施，编制起重设备、用电设备(设施)、脚手架、施工机械、安全防护用品等安全符合性检查表，完成各类施工设备、工机具、防护用品等进场前的专项检查，并加贴合格标签。

承包商作业人员来自五湖四海，受教育程度不尽相同，因此必须提高对承包商人员的入厂资质检查要求和安全教育。直接作业环节的安全管理难点主要包括承包商人员不受业主单位控制，现场“低、老、坏”(低标准、老毛病、坏习惯)问题层出不穷，重复性违章屡禁不止等方面。因此要求承包商必须建立健全安全培训教育制度，组织针对性培训，施工作业人入厂前，必须接受承包商内部单位的三级安全教育培训，另外，承包商的施工作业人员在进入检修现场前，必须接受属地单位的安全教育。从事特种作业(电工作业、焊接与热切割作业、高处作业等)、特种设备操作人员，必须经有关政府行政主管部门考核合格，取得特种作业、特种设备操作证。

大检修承包商数量众多，安全管理难上加难，尤其是“小众”承包商，检修内容少而散，检修时间短，是很多违规行为甚至事故的多发点，一直是安全管理的难点。企业和属地单位必须加强这类承包商重视，一视同仁要求其建立健全安全管理制度，优化自主管理，严格人员筛选，强化现场管理，共同提高现场安全水平。

3　交叉作业风险点

炼化装置大检修各个承包商负责不同检修内容，涉及交叉作业点多面广，安全风险叠加，因此需要属地单位与相应承包商提前梳理现场交叉作业风险点，各专业发挥其安全管理职责，聚焦本专业识别重点，充分进行协同风险分析，如工艺员重点识别作业对生产运行的影响，作业部位介质特性(是否含高毒物、是否易燃易爆)及工艺处理要点及注意事项(防毒、防爆，防环境污染)，能量隔离的位置、数量、方式(加盲板，或阀门关闭上锁)，重点保护部位等；设备员重点识别作业方案，涉及的高风险作业(用火、受限、高处等)，材料及场外预制准备情况，脚手架、保温、测厚等辅助工作到位情况等；安全员重点识别作业环境是否安全，是否存在交叉作业，视频监控情况，应急措施要求等；施工单位重点汇报作业人员能力胜任情况，次日人员力量(作业人、监护人)是否满足作业需求，特殊工机具准备情况，作业量和作业时间合理安排；电气、仪表等专业人员需重点识别本专业的能量隔离情况，电气或仪表作业对装置平稳运行的影响情况等。

通过不同专业针对性识别风险，按要求落实相应管理措施，签订交叉作业方案，在时间、空间上尽可能做好安全防护措施，同时要求各方专职安全管理人员现场带班监管，及时协调。此外，现场交叉作业区域需有明确醒目的警戒隔离或警示标示，在同一坠落方向上，一般不得进行上下交叉作业，无法避免时，必须采取“错时、错位、硬隔离”措施。

4 落实作业许可制度

作业许可制度是预防工艺安全事故和职业安全事故的行政控制措施，有助于控制直接作业环节的危害，包括风险辨识、许可条件确认、许可证的申请、审批、实施、关闭和验收以及作业许可证本身的管理。优化作业票证办理，提高作业效率，强化工期控制，控制作业数量，从源头控制作业风险。各项现场施工作业都必须严格按照作业制度和规范执行，办理相应的作业许可证，尤其在大检修期间，施工作业量庞大，需提前做好检维修票证准备工作，强化作业人员、监护人员、开票人员、审批人员职责落实，充分识别作业风险，特别是随着施工进度推进带来的动态风险，极易被忽略，必须加强关注(图2)。

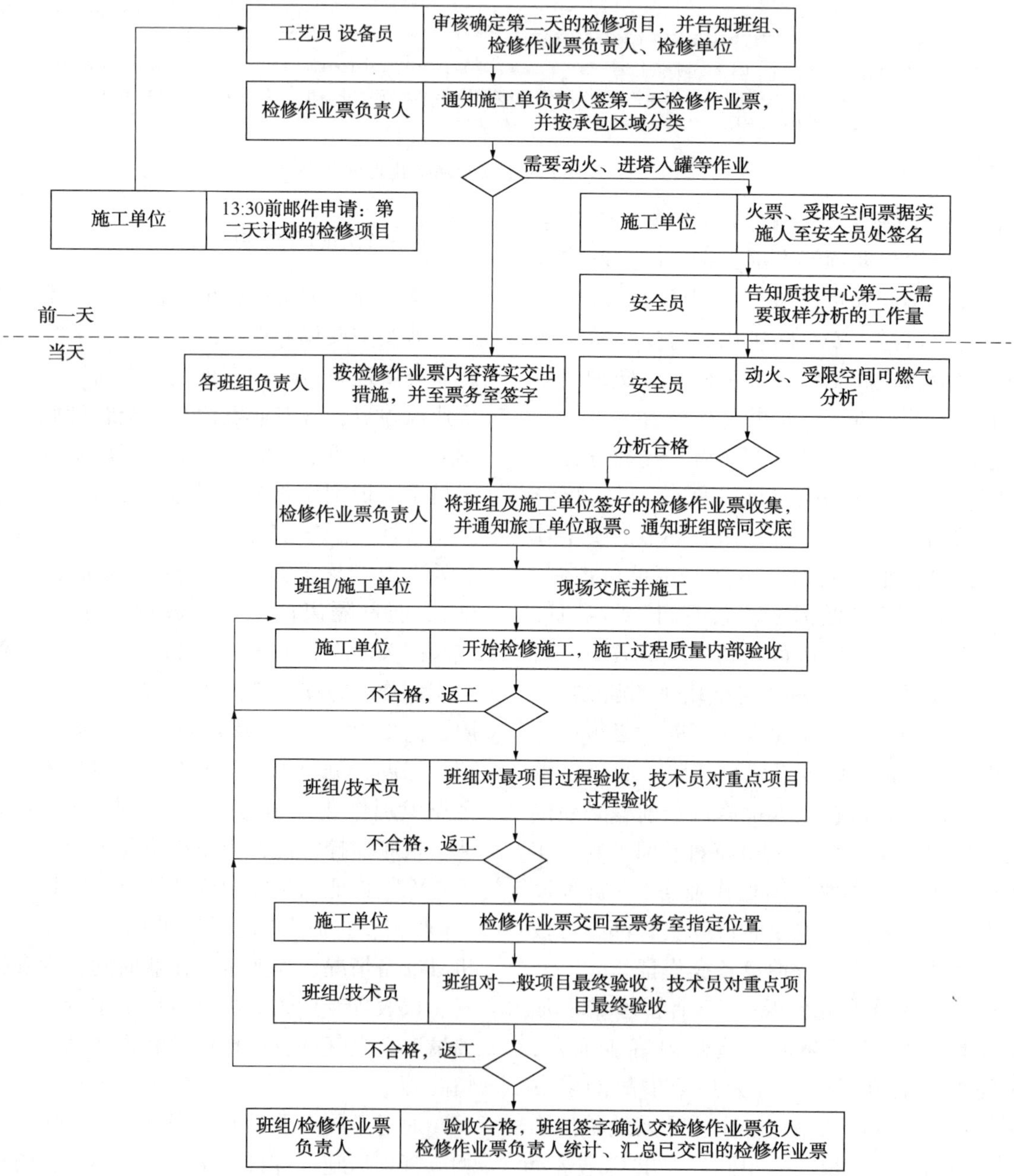

图2 停工检修票据管理程序

考虑到大检修施工内容多，需开具大量检修票和特殊作业票，为提高开票效率，将最好的时间留给承包商，要充分利用信息化智能化技术，实现实时性、高效性和规范管理，例如镇海炼化2023年大检修推行电子作业票形式，将人员资质、安全教育等信息与其门禁卡相结合，在开票期间可通过刷卡直接了解该人员信息，是否具备作业资质、是否经过属地安全教育等，进一步人员作业前资质审核，此外该电子作业票系统与防爆手机终端相连，自带定位功能，严格实现管理人员现场交底和签发票证工作，进一步确保直接作业实施前安全措施落实到位，强化作业可靠性和安全性。坚持作业票证问题“零容忍”，各级人员要进一步提高认识，以遵守法律法规的高度充分重视作业票的管理，牢牢守住依法合规的底线。

5　强化现场直接作业安全监管

在施工作业开展期间，属地单位和承包商共同成立安全督查小组，将各专业负责人、安全管理人员、监护人等均纳入小组范畴，各负其责、各司其职，必须时刻落实安全管理要求，提高监督管理水平，要严格按照施工计划进行作业，必须保证施工的严谨性，通过强化施工管理，有助于降低施工的随意性。每日作业前对施工人员开展安全教育培训，设置现场安全教育站，利用多媒体对监护人、起重工、架子工、管铆焊及违章人员实行滚动教育；现场警示喇叭不间断提醒，让作业人员逐步形成良好的安全意识；现场作业过程使用激光笔检查，加强远距离沟通，及时纠正违章。

充分发挥监护人的安全监管能力，通过提前强化培训提高监护人知识能力和监护水平，设定“激励+考核”机制，要求监护人能管敢管，例如镇海炼化2023年大修开展了“金牌监护人”竞赛，对大修主力承包商的现场监护人进行分档管理，从机制上解决用工成本与素质匹配问题，通过监护人素质测试及实际工作绩效评价，每周评比金牌、银牌监护人，并对其进行表彰奖励，激励所有监护人向其靠齐。对施工作业过程中违反业主单位安全生产管理规定，被纳入承包商员工安全生产“黑名单”的人员，应立即清除作业现场，不得再录用。

6　直接作业完工

施工结束后，各专业负责人必须进行全方面检查，发现问题及时解决处理，做好施工质量全过程管理，对施工作业进行确认验收后，要求现场“工完、料尽、场地清”，杜绝留下人为隐患，确保施工现场环境的整洁，并及时关闭作业票。

7　结语

炼油化工装置的检维修施工作业，是炼油化工企业得以正常进行的基本保证。炼化企业通常都具有高温高压、易燃易爆、有毒剧毒等生产特征，检维修施工作业过程中就会存在许多安全风险，其施工作业质量的好坏、安全可靠性高与低，直接影响着炼油化工装置的“安、稳、长、满、优”运行。石油化工企业必须要加强直接作业环节的安全管理，提高安全管理水平，确保直接作业操作的安全性，强化员工的安全意识，构建安全文化体系，加强员工素质的提高，有效规避直接作业环节的风险。只有这样，才能避免人员的伤亡，减少企业的财产损失，促进企业的可持续发展。

参 考 文 献

[1] 李彬，张建辉. 浅谈石化企业直接作业环节的安全监管[J]. 安全与环保管理，35(5)，2019.

[2] 徐卫忠，潘强，吕剑超. 炼化企业检维修施工作业的HSE管理[J]. 石油化工安全环保技术，33(5)，2017.

[3] 侯国辉. 关于石油企业直接作业环节安全管理的几点思考[J]. 化工管理，33(5)，2015.

橡胶复合改性沥青国内外现状及前景

吕文姝　杨克红

（中国石油克拉玛依石化有限责任公司炼油化工研究院）

摘　要　我国“十四五”规划会议、交通部“十四五”综合交通运输发展规划会议均强调了生态优先、绿色发展的重要性，品质工程及绿色公路建设已成为交通运输行业发展的重要方向。本文简要介绍了橡胶改性沥青的研究背景和国内外的发展现状，详细介绍了橡胶粉的作用机理和标准的发展，希望给同行提供借鉴。

关键词　橡胶粉；改性沥青；SBS

将废弃轮胎加工成橡胶粉，将其用于公路建设中是解决“黑色污染”的途径之一。以往的应用研究中，根据用途和研究方向的不同，选择对橡胶粉进行直接或改性利用，然而，橡胶沥青虽经济环保但性能难以达到较高水平，将 SBS 同橡胶粉复合可提高沥青服役性能的同时降低 SBS 沥青的高昂成本，具备广阔应用前景。

1　橡胶改性沥青的背景

橡胶沥青最早出现在 19 世纪 40 年代由英国学者申请的发明专利中。20 世纪 60 年代，美国专家 Charles H. McDonald 通过湿拌法制备了 Overflex TM 橡胶沥青混合料。我国对于橡胶改性沥青的研究始于 20 世纪 70 年代末 80 年代初，自 2007 年以后，基于大量试验路数据收集和室内试验，我国道路行业的专家对橡胶改性沥青的技术规范进行了大量深入的研究。

2　橡胶粉在沥青中的改性机理

废胶粉与沥青的作用过程和机理十分的复杂，对废胶粉改性沥青的宏微观机理的认识也相对不一。综合国内外学者的研究发现，可以总结分为物理共混机理、网络填充机理、化学共混机理。

其中的化学共混机理作用过程分两步如图 1 所示，沥青轻质组分进入 RP 发生溶胀作用，并在其表面形成了凝胶膜，导致 RP 表面性质发生改变；然后，RP 开始分裂和接枝，沥青紧密连接成为一个整体。

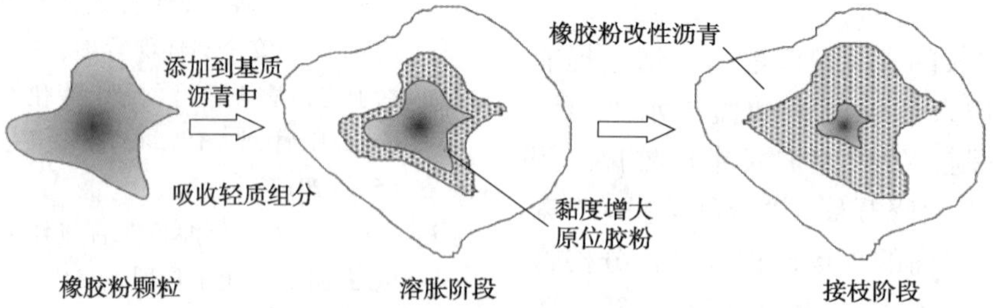

图 1　橡胶粉在沥青的作用过程

3　废胶粉改性沥青标准规范的应用进展

目前各地关于橡胶沥青的技术标准还相差较大，甚至所用技术指标也有区别，表 1 列出了目前国内外常用的橡胶沥青及 SBS 改性沥青技术标准。

交通部公路科学研究院针对我国的气候和交通条件，提出了我国推荐采用的橡胶沥青技术标准，如表 2 所示。

表 1　常用的橡胶沥青及 SBS 改性沥青技术标准

技术指标	橡胶沥青				SBS 改性沥青(Ⅰ-D)
	ASTM	亚利桑那州	交通部	江苏交科院	JTG F40—2004
针入度(0.1mm)	25~75	>10	30~70	≥25	40~60
软化点(℃)	>57	>57	>65	≥54	≥60
弹性恢复(%)	>258	>30	>60	≥60	≥75
黏度(Pa·s)	1.5~5.0	1.5~4.0	2.5~5.0	1.5~4.0	≤3

注：表中黏度指标的试验条件，ASTM 为 175℃，亚利桑那州和江苏交科院为 177℃，交通部公路科学研究院为 180℃，SBS 改性沥青为 135℃；亚利桑那州针入度指标的试验条件为 4℃、200g、60s，采用 ASTM D5 的方法；ASTM 和亚利桑那州要求的弹性恢复指标均采用 ASTMD5329 的方法，与我国 JTG E20—2011 中的试验方法 T 0662—2000 不同；为保证更好的高温性能，表中 ASTM、亚利桑那州、交通部公路科学研究院关于橡胶沥青的技术标准分别按 1 型、A 型、热区要求，其中交通部标准明确要求其仅适用于橡胶沥青，不适用于橡胶改性沥青。

表 2　交通行业标准 FT/T 798—2011 废胎胶粉橡胶沥青技术指标

气候分区	寒区	温区	热区
基质沥青	110 号、90 号、70 号	90 号、70 号	70 号、50 号
180℃旋转黏度，(Pa·s)	1.5~3.5	2.0~4.0	2.0~5.0
25℃针入度，(0.1mm，100g，5s)	60~100	40~80	30~70
软化点，(℃)	>50	>58	>65
弹性恢复(25℃)，(%)	>50	>55	>60
延度(4℃，1cm/min)，(cm)	>10	>10	>5

随着我国公路建设的发展、沥青路面施工技术水平的提高，原中国人民共和国行业标准《公路沥青路面施工技术规范》(JTG F40)正在修订完善，里面增加了新的技术内容，其中就包含了胶粉复合改性沥青的相关标准，如表 3 所示。

表 3　胶粉复合改性沥青技术要求

试验项目	单位	胶粉复合改性沥青(Ⅶ类)			试验方法
		Ⅶ-A	Ⅶ-B	Ⅶ-C	
针入度(25℃，100g，5s)	0.1mm	30-80	30-70	25-60	T 0604
延度(5℃，5cm/min)，不小于	Cm	25	20	15	T 0605
弯曲蠕变劲度试验(-16℃)					
蠕变劲度，不大于	MPa	250	200	200	T 0627
M 值，不小于	-	0.3	0.3	0.3	T 0627
软化点($T_{R\&B}$)，不小于	℃	55	60	65	T 0606
表观黏度(175℃)	Pa·s	1-3			T 0625
动力黏度(60℃)，不小于	Pa·s	5000			T 0620
动态剪切试验(60℃)					
剪切模量，不小于	Pa	6000	8000	9000	T 0628
闪点(COC)，不小于	℃	230			T 0611
溶解度(三氯乙烯)，不小于	%	97.5	97.5	97.5	T 0607
弹性恢复(25℃)，不小于	%	65	70	75	T 0662
离析(软化点差)，不大于	℃	3			T 0661

续表

试验项目	单位	胶粉复合改性沥青(Ⅶ类)			试验方法
		Ⅶ-A	Ⅶ-B	Ⅶ-C	
TFOT(或 RTFOT)后					T 0609（或 T 0610）
质量变化，不大于	%	±0.6			
针入度比(25℃，100g，5s)，不小于	%	60	65	70	T 0604
延度(5℃，5cm/min)，不小于	cm	20	15	10	T 0605
软化点差($T_{R\&B}$)	℃	-5～+10			T 0606

注：1. 弯曲蠕变劲度试验和延度试验选择其一进行检验。

2. 若符合安全条件的温度下易于泵送和拌和，或经证明适当提高泵送和拌和温度时能保证沥青的质量，容易施工，课适当放宽表观黏度范围。

3. 动力黏度试验和动态剪切试验选择其一进行检验，宜采用动态剪切试验。动态剪切试验试验时，板间隙设置为 2mm。

4. 溶解度和软化点差是选择性指标，必要时可作为评价指标。软化点差为老化后软化点与原样软化点之差，当设计文件未作要求时应实测软化点差。

5. 老化试验以 TFOT 为准，也可以 RTFOT 代替，仲裁时使用 TFOT。

4 结语

性能出色的 SBS/胶粉复合改性沥青混合料能够承受更重的轴载和交通量，能适应更极端的温度与气候，这对于提升路面使用质量，延长路面使用寿命非常有利；复合改性沥青还可以用于一些对沥青胶结料要求较高的特定工程；同时使用胶粉可以回收废旧橡胶，节约社会资源。

参 考 文 献

[1] 孙大权，金福根，徐晓亮，等. 橡胶沥青路面湿法和干法技术研究进展[J]. 石油沥青，2008，22(06)：1-5.

[2] 交通部公路科学研究院. 橡胶沥青及混合料设计施工技术指南[M]. 北京：人民交通出版社. 2008

[100]张宗辉. 橡胶/SBS 复合改性沥青生产工艺分析[J]. 石油沥青，2008，22(1)：39-44.

绿色数据中心液冷系统接触式冷却液的研制和应用

张美琼　张　静　何　军　马蕊燕　白生军

（中石油克拉玛依石化有限责任公司炼油化工研究院）

摘　要　随着计算机网络技术的大力发展和“双碳”目标要求，传统的风冷散热技术已达到其能力上限，液冷技术因散热效率高成为了主流方向。克石化公司研制的数据中心矿物油型直接接触式冷却液具有良好的防火安全性能、与服务器材料的兼容性能、导热性能、电性能和环保友好性，而且比合成油或硅油的性价比高，可用于喷淋式、浸没式数据中心服务器的直接接触式液冷，助力数据中心践行“绿色革命”，实现节能减排新突破。

关键词　数据中心；液冷；矿物油冷却液；节能减排；绿色

1　冷却液研制背景

受新基建、数字化转型等国家政策促进及企业降本增效需求的驱动，人工智能、云计算、大数据和区块链等技术的创新发展，以及5G通信时代的到来，各地区、各行业数字化转型的深入推进，特别是2022年2月，“东数西算”工程规划的8个算力枢纽节点和10个国家数据中心集群全面启动，数据中心建设进入了快车道。

数据中心是典型的耗能大户，目前，全球数据中心的能耗约占全球用电总量的1.5%～2%，2022年国内数据中心用电量为2332亿千瓦时，占国内用电量的2.7%，而这一数据随着数据中心发展在不断提高。对于快速发展的数据中心而言，绿色集约是其重要前提和要求，关乎可持续发展。国家出台多项数据中心绿色发展政策。衡量数据中心绿色化的标准是PUE（电能利用效率）、CUE（碳排放环保效率）、WUE（水利用效率），其中，PUE是目前行业首要的限制前提。

2021年10月，国家发改委印发《关于严格能效约束推动重点领域节能降碳的若干意见》鼓励重点行业利用绿色数据中心等新型基础设施实现节能降耗，新建大型、超大型数据中心PUE值不超过1.3，到2025年，数据中心PUE普遍不超过1.5。2021年12月，国家发改委等四部门印发的《贯彻落实碳达峰碳中和目标要求推动数据中心和5G等新型基础设施绿色高质量发展实施方案》要求：到2025年，数据中心和5G基本形成绿色集约的一体化运行格局，国家枢纽节点的PUE要进一步降到1.25以下，绿色低碳等级达到4A级以上，逐步对PUE超过1.5的数据中心进行节能降碳改造。2023年4月，财政部、生态环境部、工业和信息化部联合制定《绿色数据中心政府采购需求标准（试行）》明确要求2023年6月起数据中心PUE不高于1.4，2025年起PUE不高于1.3（目前一般数据中心的PUE在1.6左右）。

PUE（电能利用效率=数据中心总能耗/IT设备能耗）。数据中心要求服务器的正常运行温度为40-60℃，通常用于散热冷却的能耗就高达35%以上，PUE在1.6以上。随着算力的不断增长和PUE要求的日渐严格，传统的风冷散热技术已达到其能力上限，如何降低散热冷却的能耗成为了关键所在。数据中心的冷却技术也在不断地升级迭代，液冷技术成为了主流方向。与风冷相比，浸没式和喷淋式等服务器与冷却液直接接触型液冷的PUE≤1.1，碳排放量降低60%，机房建设投入运营成本可降低30%～40%，还具有静音安全等优点。在建设绿色数据中心势在必行的背景下，液冷技术为数据中心节能降耗提供了全新的解决思路。据赛迪顾问估算，2025年中国液冷数据中心市场规模将超千亿元，液冷技术应用前景广阔。

冷却液生产厂家都紧盯液冷紧俏的市场，加紧研制冷却液。氟化液是目前浸没式应用最广泛的直接接触型冷却液，但价格昂贵、易挥发、使用成本高、密度大、对建筑物承重要求高、传热能力差（有用户因为CPU功耗不断提升而拒绝试用氟化液），而且氟化液有毒、不可降解、可在生物体内蓄积和生态系统中累积，诱发疾病。硅油比氟化液成本低，但其生产规模小，价格仍然较贵，而且硅油难降解。与其它类型冷却液相比，矿物油具有如下优点：(1)密度小，单位体积对数据中心楼板施加的重力比氟化液减轻一半；(2)导热系数和比热容是氟化液的2倍，传热效率更高；(3)界面张力是硅油和氟化液的2.5~3.5倍，因此渗透性泄漏损耗非常小；(4)沸点更高，液态温度范围更宽，挥发性损耗更小。沸点是氟化液的2倍以上，从倾点到290℃范围内都处于液体的单一相态（沸程≥290~450℃），不汽化、不冻凝，工况条件下几乎无挥发损耗，勿需严格的设备密封或定时补加冷却液，不会在密闭空间形成难闻气味，有利于维护人员安全放心地操作；(5)臭氧破坏潜能值(ODP)、全球暖化潜值(GWP)均为零（氟化液的ODP为零，但GWP较高、超过5000）；(6)可生物降解，绿色环保性优良；(7)原料易得来源广，生产规模大，价格低廉。矿物油适用于单相浸没式和喷淋式液体冷却系统，是寻求低成本、高能效冷却解决方案的用户优选。因此矿物油作为IT设备冷却液使用有很好的应用前景。

近两年氟化液的毒性和环保性问题引起世界越来越多的关注，占据全球一半以上电子氟化液产能的3M公司，宣布2025年底前将停止所有PFAS（氟化液）生产和停止在其产品组合中使用PFAS，为油基冷却液的发展提供了契机。

2 数据中心接触式冷却液的研制

克石化公司在变压器油、冷冻机油的研究生产上具有丰富的经验，给数据中心接触式冷却液的研制提供了深厚的积淀。克石化科研团队精选新疆克拉玛依油田优质原油，选择适宜的石油馏分，采用特殊炼制技术得到合适的碳氢化合物理想组分，并添加功能添加剂研制出数据中心直接接触式介电冷却液系列产品。

3 冷却液的性质性能评价

3.1 部分性质测试

克石化研制的数据中心冷却液产品的40℃运动黏度为6~25mm^2/s，闪点为155~240℃，倾点为-25℃~-70℃之间灵活调节，其它部分性质如表1所示。

表1 克石化研制的介电冷却液产品部分性质

分析项目	产品1	产品2	产品3	试验方法
外观	无色透明	无色透明	无色透明	肉眼观察
赛波特颜色，号	+30	+30	+30	GB/T 3555
腐蚀性硫	非腐蚀性	非腐蚀性	非腐蚀性	SH/T 0804
硫含量，mg/kg	0	2	3	ASTM D5453
氮含量，mg/kg	0	0	0	ASTM D4629
酸值，mgKOH/g	0.0	0.0	0.0	GB/T 7304
倾点/℃	-60	-62	-59	GB/T 3535
击穿电压/kV	78	80	75	GB/T 507
旋转氧弹/min	>600	>600	>600	SH/T 0193
生物降解性/%	67	65	68	OECD 301B
毒理性测试	无毒	无毒	无毒	OECD 423
饱和水含量/(μg/g)	43	45	46	SH/T 0207

从表1可以看出：克石化公司研制的数据中心介电冷却液系列产品外观无色透明，不含腐蚀性硫、酸性物质、氮，不含硫或硫含量极低，低温流动性能、绝缘性能、氧化安定性能、生物降解性好，饱和水含量较低、疏水性能较好，不含有毒有害物质，人体皮肤接触无不良影响，健康安全特性优良。

3.2 与液冷系统材料的兼容性测试

将冷却液产品与数据中心液冷系统中常见的金属和非金属材料进行兼容性试验，结果如表2所示。

表 2　介电冷却液产品与液冷系统常见材料的兼容性情况

材料类型	材料品名	材料功能	相容性
金属	银	导体	相容/建议
	铜	导体	相容/建议
	铝	连接件	相容/建议
	铁	型材	相容/建议
	锌	导体、涂层	相容/建议
弹性体	FKM/FFKM/FEPM/Viton(氟碳/氟弹性体)	冷却软管/油管/密封件	相容/建议
	PTFE/Teflon(聚四氟乙烯)	密封件/密封填料/软管/油管	相容/建议
	EPDM(三元乙丙胶)	电容器密封	相容/建议
	CR(氯丁二烯)	密封件	相容/建议
	FVMQ/FSI(氟硅橡胶)	密封件	相容/建议
	PU(聚氨酯)	连接件	相容/建议
塑料	PP 聚丙烯(不含塑化剂)	油罐	相容/建议
	HDPE(高密度聚乙烯)	电缆/电线绝缘	相容/建议
	POM(聚甲醛)	管道/连接件	相容/建议
	PPS(聚苯硫醚)	管道/连接件	相容/建议
	CPVC 氯化聚氯乙烯	软管/油管/电线绝缘	相容/建议
	硬 PVC(不含塑化剂)	电缆/电线绝缘	相容/建议
	Nylon(氟碳聚酰胺)	软管/管道	相容/建议
	PC(聚碳酸酯)	连接件	相容/建议
	PETG(改性聚对苯二甲酸二乙酯	软管/管道	相容/建议
	POM(聚甲醛)	管道/连接件	相容/建议

从表 2 可以看出：克石化研制的介电冷却液产品不会在电子元件表面形成油垢、漆膜，不会对有色金属、镀层等产生腐蚀现象，与服务器上使用的橡胶密封件、软管、塑料、电线电缆等非金属材料组件的兼容性好，这些材料不会发生过度的溶胀或收缩现象，能确保服务器零部件的性能稳定及安全运行。

3.3　防火安全性能测试

模拟矿机服务器出现故障短路后，考察冷却液的阻燃性，结果为：冷却液可使故障发热元件瞬间冷却，不会引起燃烧。由于冷却液具有较高的闪点和燃点，遇明火不会在空气中点燃着火。

4　用户评价和应用

经过近 3 年的市场拓荒，多次走访系统集成商、服务器制造商、终端用户，参加行业会议，寻找合作机会进行冷却液联合测试及产品推广，目前已与部分系统集成商或服务器制造商达成合作意向。

4.1　用户评价测试

H 用户试验评价：H 用户对克石化冷却液进行了基础性质性能测试、材料兼容性测试(部分材料如图 1 所示)和服务器整体浸泡试验(图 2)。

图 2 为克石化研制的冷却液在 H 用户的单台服务器中装机运行 34 个月(还在继续运行)，CPU 负载 100%，服务器运行状况良好，各项参数显示正常，表明冷却液导热性好、散热效率高，与服务器内的各种金属和非金属材料兼容性良好。

H 用户对冷却液的试验评价结论为：冷却液的基础性质满足使用需求；冷却液挥发性小，不影响液冷系统运维；冷却液不易吸水，使用安全；冷却液与液冷系统的单个材料兼容，满足设备长期使用需求；冷却液对服务器整体性能无明显影响，设备性能安全。

Y用户对克石化研制冷却液的PUE测试(加热负载10kW)结果为1.1左右(图3)，远低于传统风冷的PUE(2.0~3.0)，满足国家绿色数据中心的PUE要求。

图1 用户兼容性试验评价的部分材料

图2 用户将服务器浸泡在冷却液中进行整体性能测试

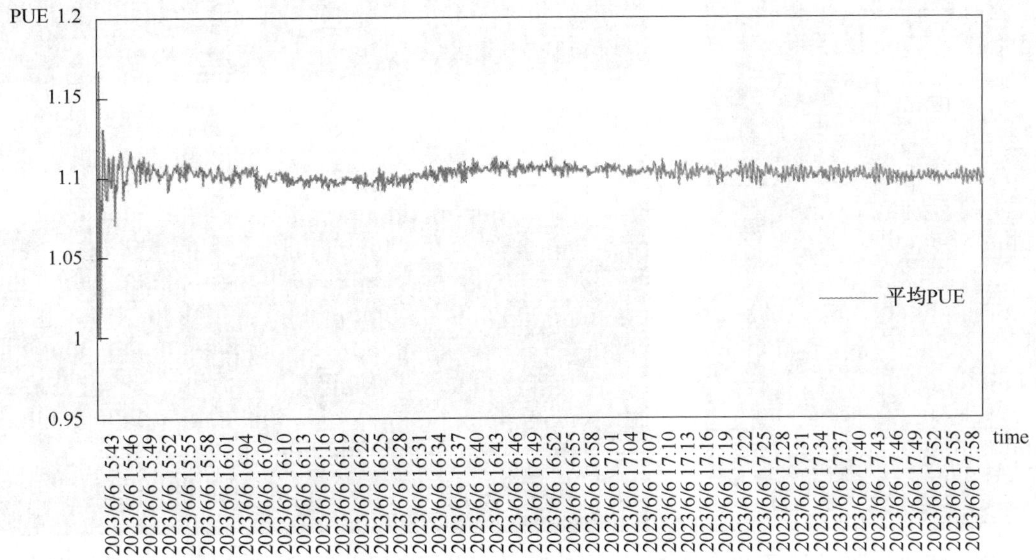

图3　Y用户对克石化研制冷却液的PUE测试

4.2　应用试验

4.2.1　浸没式冷却应用试验

克石化研制的矿物油型冷却液应用在浸没式多服务器液冷工作站(功率1kW)中，目前已经运行了16个月，冷却液散热冷却效果良好，工作站各项工况参数平稳，服务器组件的各种材料与冷却液整体兼容性好，冷却液颜色清亮透明，如图4、图5所示。

4.2.2　喷淋式冷却应用试验

应用克石化研制的冷却液的多服务器一体式喷淋液冷工作站，先后在广州某大学(用于仿真分析教学，见图6)和某公司(用于展厅展示，见图7)等地投入使用，截至目前，其中最长投用时间30个月，各项运行参数平稳，使用效果良好。

4.3　数据中心工业示范性应用

某工业数据中心示范性项目部署有8个标准机柜共约200台服务器，2022年9月，克石化研制的冷却液开始在其中投入使用至今(图8)，反馈良好。

H用户向克石化采购15吨HY-G06用于国家算力某枢纽节点的液冷数据中心，目前已试运行，反馈较好。

图4　浸没式液冷机柜，内置浸泡在冷却液中的服务器

图5　浸没式液冷机柜内浸泡在冷却液中的服务器

图 6　在广州某大学应用克石化冷却液的喷淋液冷工作站

图 7　在某公司应用克石化冷却液的喷淋液冷工作站

图 8　克石化冷却液在某工业数据中心示范性项目中应用(喷淋液冷)

5　结论

克石化研制的矿物油型冷却液无色透明，环保性好，具有良好的流动性能、防火安全性能、导热性能、绝缘性能和氧化安定性能，无腐蚀性，使用过程中吸水较少、稳定性好，与 IT 设备材料、电源线、网线的兼容性能优异。用户对克石化研制的矿物油型冷却液的评价测试和应用试验反馈良好，进一步将这些冷却液应用于工业数据中心项目中，反馈良好。克石化研制的矿物油型冷却液比合成油型或硅油型冷却液更易制取、经济价值更高，易实现工业化规模生产。

预计 2025 年中国数据中心机架规模为 1472 万架左右，液冷数据中心的市场渗透率将达到 20%以上，冷却液市场需求量可达到 20 万吨以上，克石化研制的矿物油型冷却液可用于喷淋式、浸没式数据中心服务器的直接接触式液冷，可促进数据中心散热效率的有效提升，助力数据中心减少碳排放、践行“绿色革命”，实现节能减排新突破。

减少高密度聚乙烯 GF7750M2 转 23050 过渡料的产生

云春阳

（中国石油兰州石化分公司榆林化工有限公司）

摘　要　通过对转产过渡料的生成原因进行综合分析，针对于在高密度聚乙烯 GF7750M2 转产 23050 时，本文提出了一系列的改进方案及措施以减少在转产过程中过渡料的生成。根据调查发现“熔融指数不合格”是造成装置在转产过程中较多过渡料不合格的主要因素，进一步分析得出催化剂泵出口流量波动大、Al/Ti 超出上下限、氢气加入量偏差大是造成转产过渡料过多的三个主要原因。针对以上三个原因制定相关对策，通过对催化剂泵及其附属管线进行改造，标定各物料设定值来保证催化剂与活化剂在釜中的浓度，根据反应器氢气乙烯比的稳定性来确定氢气加入量，与化验室合作进行各项参数的标定与讨论，通过一系列措施实施，在转产过程中过渡料数量大幅度降低，

关键词　高密度聚乙烯；转产；过渡料；催化剂；H_2

40 万吨/年高密度聚乙烯装置于 2021 年 8 月建成投产，采用德国 Basell 公司 Hostalen ACP 低压淤浆工艺技术，以己烷为溶剂，乙烯、氢气、1-丁烯在催化剂的作用下发生聚合反应，生成产品，既可生产单峰也可生产多峰高密度聚乙烯产品。产品 23050 主要应用于压力管，与传统的管材料相比，具有更好的刚性及韧性，使用寿命更长。所制管材具有较好的耐环境应力开裂、抗冲击、高抗静液压以及高抗熔垂等特性。而 GF7750M2 在单丝生产线上表现出良好的加工性能，主要用于捆绑、绳索和纱线的网，土工布和保护网用在农业和建筑业。由于 23050 与 GF7750M2 两种牌号的聚乙烯产品需求量都较高，生产切换较为频繁，针对切换牌号过程中所产生的过渡料数量便至关重要。

关于产品指数的控制国内外已经做出了许多相关研究：中韩（武汉）石油化工有限公司 Hostalen 工艺 HDPE 装置是中石化第一套三峰 Hostalen 工艺 HDPE 装置，他们针对高密度聚乙烯熔体流动速率和密度的影响因素，从温度、催化剂、氢气乙烯比、停留时间、共聚单体等方面入手，根据实际生产经验和理论计算，提出了一系列具体可行的优化手段。燕山石化针对淤浆法合成高密度聚乙烯，根据高分子化学、高分子物理以及聚合反应原理，分析讨论了催化剂浓度、氢气分压和乙烯分压、共聚单体、聚合温度、原料气的质量，造粒中混炼度等各因素对高密度聚乙烯熔体流动速率的影响。但针对转产过程中的产品指数控制以及过渡料的数量控制研究较少，特别是对于 GF7750M2 与 23050 两种工艺流程不同的生产牌号。

本文针对高密度聚乙烯装置 GF7750M2 转产 23050 时过渡料过多的问题，提出了一系列方案，主要是对催化剂泵及其附属管线进行改造，标定各物料设定值来保证催化剂与活化剂在釜中的浓度，根据反应器氢气乙烯比的稳定性来确定氢气加入量，与化验室合作进行各项参数的标定与讨论。其原理主要在于稳定转产过程中过渡料的熔融指数，从而减少转产中过渡料的生成。

1　现状调查与分析

根据对以往 GF7750M2 转产 23050 的调查，自高密度聚乙烯装置前两次 GF7750M2 转产 23050 时，对其数据进行调查，发现 2 次转产中，第 1 次在线转产未成功，改为停车转产，过渡料多达到 2016 吨，第 2 次转产时过渡料达到 1023 吨，通过对粒料的熔融指数，黑斑粒和色粒，产品密度，氧化诱导时间，简支梁缺口冲击强度，拉伸断裂标称应变等因素的分析，得出造成过渡料过多的主要因素是由于熔融指数不合格。

2 产品熔融指数控制

2.1 反应原理

高密度聚乙烯装置工艺的聚合属于阴离子配位聚合，乙烯单体是具有 π-π 共轭体系的烯类单体，助催化剂三乙基铝与主催化剂钛化合物形成活性中心，处于络合状态的钛铝活性中心，使乙烯单体双键上的电子云密度减少，从而打开乙烯双键，使乙烯单体不断在钛铝活性中心处聚合，其过程主要包括链引发、链增长、链终止三步。如图 1 所示，蓝色的催化剂抓住乙烯分子并激活，将其双键打开，将活化的乙烯分子插入到聚合物链中。

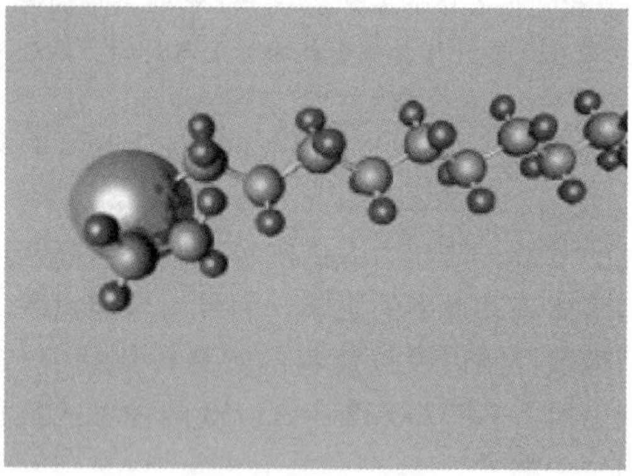

图 1 聚合原理图

2.2 影响熔融指数的因素

高密度聚乙烯的聚合反应过程比较复杂，反应温度、催化剂浓度、共聚单体、氢气和乙烯分压等对聚合反应都有影响，从而产品的熔融指数被影响。在控制过程中，主要是通过控制反应釜的氢气乙烯比来控制产品的熔融指数 MFR，两者存在以下关系：

lg(MFR) = a * lg[氢气乙烯比]+b(a、b 为常数)

聚合物熔融指数 MFR 的大小与聚合釜气相中的氢气乙烯比成正比，可以通过改变催化剂进料量和氢气进料量来改变氢气乙烯比的大小，进而调整指数。并且在聚合中，催化剂对产品指数影响显著，而氢气对指数的影响较小。

3 影响因素分析与措施

3.1 催化剂

3.1.1 催化剂的影响

聚合中的催化剂是一个对熔融指数影响较大的因素，当催化剂的进料设定值较高时，进入反应釜中的催化剂多，则反应釜中的催化剂浓度高，此时参与反应的乙烯量便会增多，使反应釜中气相的乙烯含量占比降低，相对应的气相中氢气含量占比降低将会升高，此时反应釜中的氢气乙烯比便会升高，聚乙烯的分子质量降低，从而熔融指数增大。

3.1.2 催化剂泵原理

催化剂泵 P1101 为大连罗伊的隔膜计量泵，用于将催化剂稳定的送至反应釜。其工作原理为电机带动柱塞上的隔膜往复运动。上下两个单向球阀交替地开启和关闭，造成工作腔内的容积的改变，从而将催化剂不断地吸入和排出。如图 2 所示，为催化剂泵在排出催化剂时，内部工作的结构图。

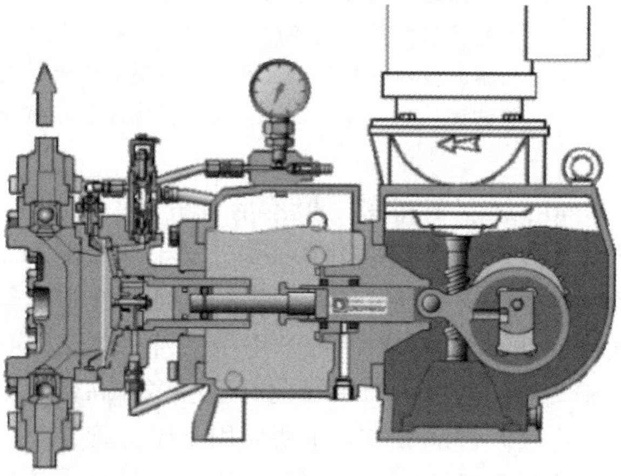

图 2 催化剂泵工作原理图

3.1.3 存在的问题与原因

催化剂系统由于催化剂泵不稳定，导致出口流量波动大，进入反应釜的催化剂量波动较大，造成聚合反应波动，工艺调节困难，反应釜中的 H2/C2 波动大，产品质量不易控制，在转产过程中对熔融指数的影响较大。

针对造成催化剂泵波动的原因进行分析，主要认为有以下三点原因：其一是催化剂泵入口管线管径较小，易堵塞；其二是在制备催化剂时会产生较大粒径，导致堵塞管线；其三催化剂泵采用的“顶进底出”的进料方式不合理。

3.1.4 改进对策

针对上述所分析出的原因，我们提出了一系列措施并给予实施。首先加粗催化剂泵入口管线，并对催化剂系统涉及的过滤器进行改造，其一是将催化剂中间罐 V-1102 出口过滤器更换为目数更小的过滤器，其二是将催化剂中间罐 V-1102 至催化剂进料罐 V1104 中间管线加装 Y 型过滤器，其作用均是避免粒径较大的催化剂颗粒导致催化剂泵波动。

其次，我们对于催化剂泵的安装方式进行探究，原方案使用顶进底出的方式，优点在于单向阀阀体通道宽与带弹簧加载时回位快速准确，可以有效的避免的催化剂颗粒在单向阀内淤积，但催化剂流量波动依旧较大。我们参考了同类装置的催化剂泵进料方式，他们采用的计量泵均为“底进顶出”且出口流量稳定，并且此方案单向阀无弹簧，避免催化剂在阀体内淤积，影响弹簧性能。在对上述对策实施后，催化剂出口流量稳定。

3.2 反应釜 Al/Ti

3.2.1 反应釜 Al/Ti 的影响

反应釜中 Al/Ti 是一个很重要的参数，其反映了反应釜中催化剂的活性，是由反应釜中催化剂 $TiCl_4$浓度与活化剂三乙基铝的浓度所决定的,。催化剂是引发反应最重要的物质，其反应活性的高低直接影响聚合生产，影响聚合反应的速率。为保证催化剂的活性，反应器内的 Al/Ti 与收率存在一定的配比范围。从图 3 中看出，最佳的 Al/Ti 的范围为 25 至 48。在此范围内，催化性能与收率均达到最佳水平。

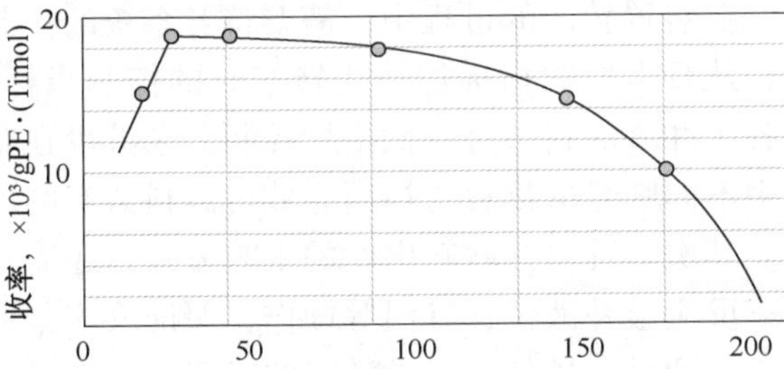

图 3 Al/Ti 与乙烯收率关系曲线图

3.2.2 三乙基铝性质与作用

三乙基铝是高度反应的液体，化学反应活性很高，接触空气会冒烟自燃，遇明火、高热强烈分解燃烧，与氧化剂发生强烈反应，遇水强烈分解，放出烷烃气体，加入反应釜中可以消除对反应有害的毒物。

反应器中活化剂浓度应比配方给出的值略高。活化剂浓度低，将使催化剂活性迅速降低，并且不能通过增加催化剂的量和氢气浓度来调整。当活化剂过量时也会造成催化活性迅速降低，最佳的活化剂浓度是由聚合系统的洁净程度决定的。

3.2.3 存在的问题与原因

由于在转产的过程中，GF7750M2 与 23050 工艺流程不同，分别为串联与并联的工作模式，并且两种牌号对于各物料的加入量也不同，所以在转牌号的过程中，就会造成反应釜中的催化剂与活化剂浓度不确定，从而在调整的过程中便会造成反应釜中 Al/Ti 偏差较大

3.2.4 改进对策

首先，制定了配置催化剂与活化剂的流程与标准，从催化剂桶的摇匀，压料速度，涮罐次数，压料干净与否等因素进行催化剂配制培训，细化每一步的操作，配制标准浓度的催化剂，确保催化剂与活化剂在配置过程中浓度的稳定。

在正常生产过程与转产中，记录并分析催化剂与活化剂的加入量，并根据 Al/Ti 使用如下公式计算出配方表

$$\text{活化剂进料量}=\frac{\text{催化剂进料量}\times 0.735}{0.876}$$

在生产稳定时对相应负荷的催化剂与活化剂的加入量进行标定，在转产时根据生产稳定时的经验对催化剂与活化剂的加入量进行设定。进料配方表如图 4 所示。

3.3 氢气加入量

3.3.1 反应釜中氢气的影响

氢气在整个聚合反应中，起到分子量调节的作用，氢气加入过多，则会使聚合物内部分子结构发生变化，断链更多，且指数增大，反应釜法人压力升高，氢气占比更大。氢气加入过少，会造成聚合物分子量过大，熔融指数较低。氢气加入的多少直接影响产品的熔融指数，在整个聚乙烯生产中起着至关重要的作用，氢气占比与熔融指数关系如图 5 所示。

3.3.2 存在的问题与原因

由于在转产的过程中，由于对于氢气设定值没有经验，所以在转产的过程中氢气进入反应釜的流量波动很大，反应釜中的氢气占比波动大，造成聚合反应的不稳定，从而在转产的过程中会使悬浮液的指数难以控制，在从 GF7750M2 的指数调整为 23050 的指数过程较为困难，导致连续多个反应反应采样不合格，当推至最终聚乙烯粒料时，会产生大量指数不合格的过渡料。

总负荷 t/h	乙烯			母液		己烷	催化剂（25）	催化剂（20）	活化剂	氢气	丁烯		
	一反 t/h	二反 t/h	三反 t/h	二反 t/h	三反 t/h	一反 t/h	一反 kg/h	一反 kg/h	一反 kg/h	一反 kg/h	二反(塔反二反）kg/h	二反 kg/h	三反 kg/h
54	27.54	14.58	11.88	33.96	59.88	48.73	82.6	99	86.7	25.8	452	595	389
53	27.03	14.31	11.66	33.33	58.77	47.83	80.5	96.5	84.4	25.3	443	584	382
52	26.52	14.04	11.44	32.70	57.66	46.92	78.3	94	82.1	24.8	435	573	375
51	26.01	13.77	11.22	32.07	56.55	46.02	76.2	91.5	80.0	24.3	427	562	368
50	25.5	13.5	11	31.44	55.44	45.12	74.1	89	77.7	23.8	418	551	361
49	24.99	13.23	10.78	30.81	54.33	44.22	72	86.5	75.5	23.4	410	540	353
48	24.48	12.96	10.56	30.18	53.22	43.32	70	84	73.4	22.9	402	529	346
47	23.97	12.69	10.34	29.55	52.11	42.41	68	81.6	71.3	22.4	393	518	339
46	23.46	12.42	10.12	28.92	51.00	41.51	66	79.2	69.2	21.9	385	507	332
45	22.95	12.15	9.9	28.30	49.90	40.61	64	76.8	67.1	21.5	376	496	325
44	22.44	11.88	9.68	27.67	48.79	39.71	61.7	74.4	65.0	21.0	368	485	317
43	21.93	11.61	9.46	27.04	47.68	38.80	60.0	72.1	62.9	20.5	360	474	310
42	21.42	11.34	9.24	26.41	46.57	37.90	58	69.7	60.8	20.0	351	463	303
41	20.91	11.07	9.02	25.78	45.46	37.00	56.1	67.4	58.8	19.6	343	452	296
40	20.4	10.8	8.8	25.15	44.35	36.10	54	65.1	56.6	19.1	335	441	288
39	19.89	10.53	8.58	24.52	43.24	35.19	52.3	62.9	54.9	18.6	326	430	281
38	19.38	10.26	8.36	23.89	42.13	34.29	50.5	60.6	52.9	18.1	318	419	274
37	18.87	9.99	8.14	23.27	41.03	33.39	48.8	58.4	51.2	17.6	310	408	267
36	18.36	9.72	7.92	22.64	39.92	32.49	46.5	56.1	48.7	17.2	301	397	260
35	17.85	9.45	7.7	22.01	38.81	31.58	45	54	47.2	16.7	293	386	252
34	17.34	9.18	7.48	21.38	37.70	30.68	43.2	51.9	45.3	16.2	284	375	245

图 4　23050 配方进料图

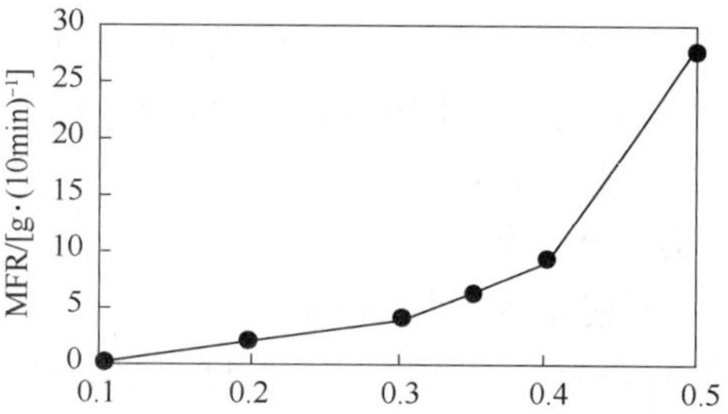

图 5　氢气占比与熔融指数 MFR 关系曲线图

3.3.3　改进对策

首先，对转产过程中氢气的加入量进行调控，并及时联系中心化验室取样与加样，根据取样分析出的熔融指数结合反应釜的氢气乙烯比及时进行调整，并记录氢气的调整数值，并结合在指数稳定时标定的 GF7750M2 与 23050 配方表的氢气数值进行分析与总结，拟定与完善转产方案中，在不同负荷下氢气的加入量，以稳定产品的熔融指数，从而减少氢气乙烯比。

3.4　其他措施

3.4.1　转产物料设定值调整

在转产中，转产时需先将负荷降低，在负荷较低时对物料的加入设定值从 GF7750M2 切至 23050 的配方。在降负荷的过程中，当 GF7750M2 的氢气，催化剂等物料的设定值降至 23050 的指标，但总负荷量没降到位时，终止该物料设定值的降低，在转为 23050 后，再缓慢提升该物料的设定值，以维持反应釜中该物料的浓度稳定。

3.4.2　转产控制指标调整

在装置转产的过程中，需要将各系统的控制指标从日常控制指标切换为转产时的控制指标，如各缓冲罐的料位进行低指标控制，来减少在转产中不同牌号的物料互掺而导致过渡料数量的增加。其次，针对并联转串联的工艺方式，还需要第三反应釜补液位，升温等操作，保证反应釜活性，达到反应条件，减少转产的时间，从而降低过渡料的产生。

4　结语

通过对高密度聚乙烯装置在 GF7750M2 转 23050 的转产过程进行一系列的分析，从工艺操作上进行了优化调整，对一些设备进行改造。针对催化剂泵，反应釜 Al/Ti，氢气等因素进行分析并提出了一系列的改进措施。主要得出以下结论：在催化剂系统稳定后，并对在转产中各物料的加入量进行标定并拟定详细的转产方案后，装置在 GF7750M2 转 23050 的转产过程中，所产生的过渡料数量显著降低。

参 考 文 献

[1] 裴小静，孙丛丛. 高密度聚乙烯淤浆聚合工艺及其国内应用进展[J]. 齐鲁石油化工，2015，43(2)：166-170

[2] 梁辰. Hostalen 工艺 HDPE 装置产品质量控制的探讨. 云南化工，2022，49(5)：87-90.

[3] 张巍桐. 高密度聚乙烯熔体流动速率的控制. 石化技术，2021，28(8)：109-111.

[4] 陈顺利，王健，刘志军. Hostalen 高密度聚乙烯聚合工艺粘壁物结构剖析及原因分析. 石油化工，2009(10)：1111-1115.

[5] 童本进，陈明华，丁素琴. 扬子石化公司淤浆法 HDPE 生产技术的改进及国产化[J]. 合成树脂及塑料，1997，14(1)：29-31

DiSep® 4 电分离系统应用油浆反洗的创新突破

许 莉[2] 李小军[1] 赵 峰[1] 倪维起[1] 孙献菊[1] 王 鹏[2] 范朝岚[2] 白 鹰[2]

（1. 中国石化齐鲁分公司；2. 武汉兰兆科技有限公司）

摘 要 催化油浆是调和船用燃料油性价比最高的重油资源之一，有效脱除油浆中的灰分和金属，是实现油浆作为船用燃料油原料的关键。齐鲁分公司选择 DiSep® 4 电分离创新技术，优化油浆过滤系统的外围工艺，在第三催化裂化装置进行了工业应用，装置无故障连续运行超过 1 年，累计处理油浆约 15 万吨，采用油浆进料作为反冲洗油，平均脱固率超过 97%，澄清油中平均硅铝含量低于 0.003%，平均灰分低于 0.008%，创新的油浆反洗工艺能够保证澄清油收率超过 90%。在特定工艺条件下，油浆中催化剂颗粒脱除率可达 99%，净化后澄清

油浆灰分低于 25ppm，特殊需求时可达到 10ppm 以下。

关键词 DiSep® 4；电分离；催化油浆；船用燃料；澄清油；脱固率

中国海运业和船用油消耗都位居世界第一，长期以来船用油市场被新加坡等国垄断，中国自主生产船用油是战略国策，催化裂化油浆是调合船用燃料油性价比最有优势的原料，也是国外船用油行业最重要的竞争力所在，国家标准规定船用燃料油中“硅+铝”的含量小于 0.006%（质量分数），催化油浆灰分过高会导致船用燃料油中硅铝含量超标。催化油浆的灰分含量在 0.25～0.45%（质量分数），脱除灰分（主要是催化剂粉末）是油浆能否成为船用燃料油的第一步，有效的油浆脱固技术是油浆作为船用燃料油原料的关键！

1 项目概况

齐鲁石化公司胜利炼油厂（以下简称炼油厂）于 2020 年 2 月实现低硫重质船用燃料油（以下简称低硫船燃）出厂，并成为公司新的效益增长点。为确保低硫船燃质量稳定达标，从 2020 年 6 月份开始，齐鲁石化公司决定在 260 万吨/年催化裂化装置应用兰兆公司的 DiSep® 4 电分离脱固技术进行工业论证，2022 年 5 月油浆处理量扩能至 15 万吨/年，7 月投产连续稳定运行至今。兰兆在齐鲁石化“高效-低投入-低风险”的油浆脱固技术服务项目历程如图 1 所示。

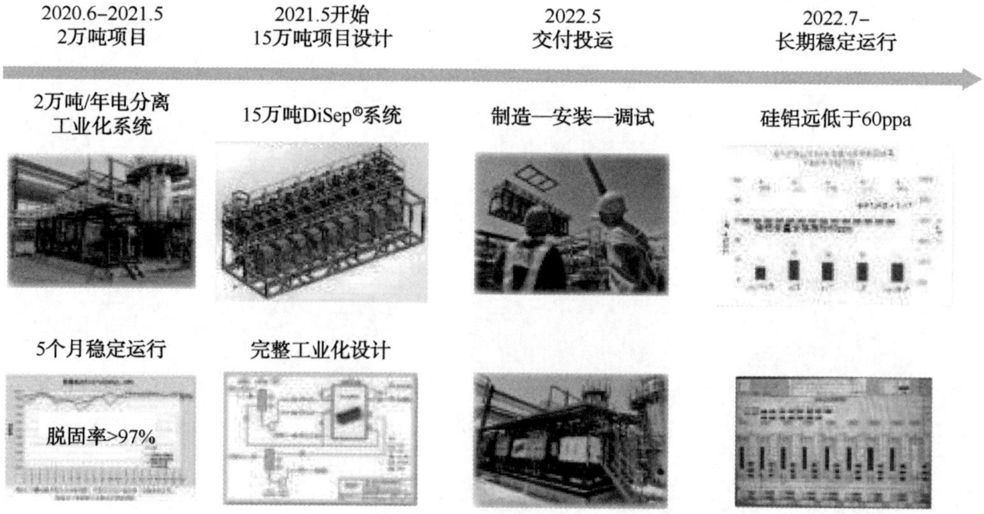

图 1 兰兆在齐鲁石化“高效-低投入-低风险”的油浆脱固技术服务项目历程

2 DiSep® 4 电分离创新技术

油浆中含有较高的胶质和沥青质，比重超过 1.08kg · dm^{-3}，传统机械过滤方法有效性差、滤芯不易再生，机械技术在解决油浆固含量的问题上很难找到长久、稳定、有效的措施，油浆的有效脱固长期以来是一个巨大的难题。

DiSep® 4 技术基于非线性电场理论，利用电泳和介电电泳两种原理，创新专有技术，优化电磁场梯度以强化吸附，能够更有效地从重油中去除催化剂细粉或金属化合物颗粒，分离后的油浆(澄清油)平均固含量达到 0.008%以下，满足作为船用燃料油调和原料的必要条件。

2.1 反洗工艺创新

为减少油浆脱固系统对其他工艺装置的影响，根据炼油厂要求，兰兆首次在齐鲁采用催化油浆作为反冲洗油，为解决油浆原料的损失、提高电过滤后澄清油的收率，兰兆在 15 万吨油浆脱固工业化项目中对反洗工艺进行创新突破：将反冲洗后的油浆分为浓稀两股，反洗浓浆进入焦化系统，反洗稀浆进入油浆进料缓冲罐，油浆过滤系统工艺流程示意图如图 2 所示。15 万吨/年 DiSep® 4 油浆电分离装置由 9 个分离模块组成，装置外形尺寸为 12200mm(长)×4724mm(宽)×4784mm(高)，如图 3 所示。

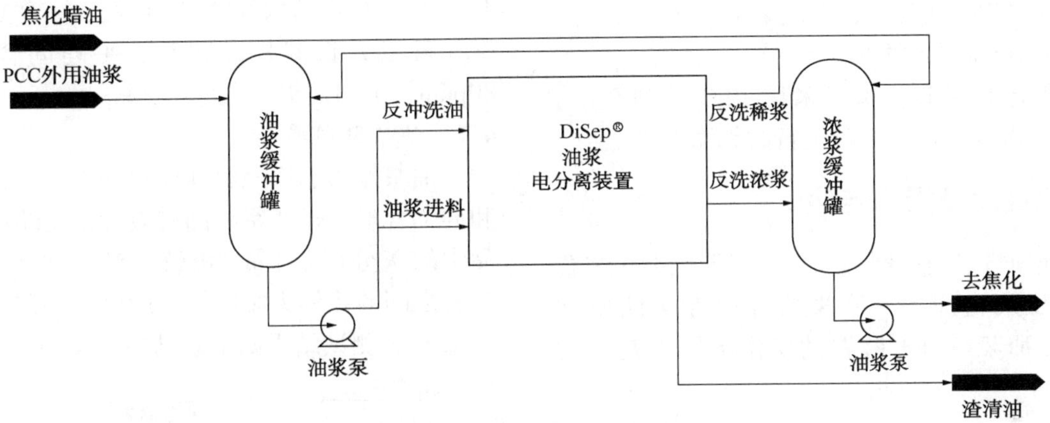

图 2 DiSep® 4 油浆过滤系统工艺流程示意图

图 3 15 万吨/年 DiSep® 4 油浆电分离装置

2.2 DiSep® 4 技术优势和独特性

DiSep® 4 电分离技术能够同时解决催化油浆中微米级固体颗粒和金属杂质的脱除难题，其专有性和稀缺性为催化油浆的下游利用带来巨大的竞争优势：

- 运用突破性的电分离物理原理脱除杂质，

没有膜过滤的“堵塞再生”难题，是长期、稳定、连续运行工业化装置的基础！

• 高效脱除油浆中的催化剂颗粒，脱除率高达99%，在特定工艺条件下，净化后澄清油浆灰分低于25ppm，特殊需求时可达到10ppm以下；

• 净化后澄清油浆中金属含量低于检测限(硅铝除外)，开拓油浆下游高端附加值(如负极材料[15])应用领域；

• 油浆固含量实现准在线监测，实时、快速、有效监测脱固效果，保证澄清油产品质量稳定。

同时，电分离技术还具有以下优势：

• 反冲洗原料选择优势：FCC 进料、回炼油、重柴油、蜡油等，产品收率接近 100%；

• 模块化撬装设计，在线维护无需停机，分离填料可 100%重置再生；

• 所有的仪表、阀门采用 PLC 控制系统，可与炼厂 DCS 通讯，正常运行时无需人工干预。

3 原料性质及操作条件

工业项目采用胜利炼油厂第三催化裂化装置的外甩油浆为原料，油浆的各项理化性质和 DiSep® 4 油浆电分离装置的操作条件如表 1、2 所示。

表 1 典型原料性质

项目	数值
密度(20℃)/kg·dm^{-3}	1.10~1.11
灰分/%	0.13~-0.30
黏度(50℃)/mm^2·s^{-1} 四组分(体积分数)/%	351.6
饱和烃	20.38
芳烃	67.44
胶质	9.75
沥青质 金属含量/mg·kg^{-1}	2.43
铝	1185
铁	21
镍	13
钒	7
钠	7
钙	16
硅	942

表 2 DiSep® 油浆电分离装置典型操作条件

项目	条件	数值
操作压力/MPa(G)	正常(反洗)	0.5~1.2
	正常(进料)	0.5~1.5
操作温度/℃	正常(进料)	180~220
	正常(反洗)	180~220
分离过程压降/MPa(G)	操作	<0.1
反冲洗压降/MPa(G)	操作	<0.1

4 工业项目结果

油浆脱固系统自 2022 年 7 月开机投运以来，连续平稳运行超过 1 年，累计处理油浆约 15 万吨，澄清油产品收率大于 90%，封罐抽样送检 SGS 第三方权威检测机构，平均固含量低于 80ppm，平均硅铝含量低于 30ppm。

4.1 油浆脱固率

油浆作为船用燃料油原料的重要指标是灰分和硅铝含量，过滤系统的有效性是检验澄清油样品中的灰分(固含量)相较于油浆进料的灰分，二者之间的比例为脱固率。脱固后的灰分及硅铝含量 SGS 测试结果归纳总结在图 4 中。

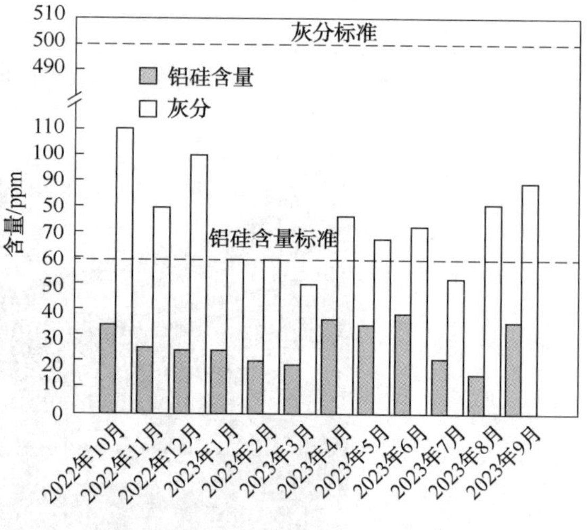

图 4 澄清油封罐样品送检测试结果

4.2 澄清油收率

DiSep® 4 电分离油浆过滤系统的收率与反冲洗油介质相关，在保证澄清油产品灰分和硅铝指标合格的前提下，提高澄清油产品收率的关键就是优化反冲洗的流量和反冲洗的有效性。反冲洗的有效性，主要表现在用较短的时间，用较少的反冲洗料让分离器内部冲洗干净，实现过滤系统分离填料的再生。

通过快速、实时监测反冲洗返回油中的固含量变化曲线，15 万吨/年油浆脱固装置创新了电分离技术的反洗工艺，即通过增设反洗程控阀并控制浓稀浆切换时间、最大限度减少浓浆外甩至焦化造成的油浆进料损失。经项目现场油浆进料流量计和澄清油出口流量计核算，每月澄清油收率为 90%以上。

5 结论

中石化齐鲁石化充分认识到催化油浆的有效脱固是提高船用油产量、降低生产成本的关键，经过与兰兆 3 年多的紧密合作和工业化投运，成功拓展油浆成为主要的船用油原料，升级了国产船用燃料油的生产工艺，给中国自主生产船用油的竞争力升级提供了很好的借鉴。

（1）催化油浆平均脱固率可达 97%，脱固后澄清油平均灰分 0.008%，硅铝含量不超过 0.003%，脱固后的澄清油可直接作为低硫重质船用燃料调和组分，调和产品符合《船用燃料油》（GB 17411—2015）质量要求。

（2）使用催化油浆作为反冲洗油，避免了采用其它工艺介质作为反冲洗油而影响催化裂化装置的正常运行。

（3）通过反洗工艺创新，提高澄清油产品收率超过 90%。

（4）DiSep® 4 电分离技术具有丰富的工业化经验，能够保证 DiSep® 4 油浆电分离装置连续稳定长周期运行，装置运行期间压降稳定在 0.1Mpa 以内，装置符合各项安全环保规范和要求，不产生工业三废（废气、废水、废渣）和污油。

参 考 文 献

[1] 王金兰，低硫重质船用燃料油生产方案研究[J]. 炼油技术与工程，2021，52(2)：10.

[2]《船用燃料油》，GB 17411-2015，全国石油产品和润滑剂标准化技术石油燃料和润滑剂分技术委员会，中国标准出版社，2016，7.

[3] 刘丽强，重油催化裂化油浆综合利用及进展[J]. 广州化工，2015，43(9)：34.

[4] 仲理科，孙治谦，任相军，等. 催化裂化油浆脱固方法研究进展[J]. 石油化工，2017，46(9)：1209-1213.

[5] 孟鹤，催化裂化油浆中固体杂质脱除技术综述[J]. 工业安全与环保，2023，49(5)：91-95.

[6] 夏树斌，李悦，戚航铭，等. 重油催化裂化油浆脱固技术研究[J]. 当代化工，2022，51(11)：2618-2621.

[7] 李强，李安萌，郭林飞，等. 基于电场和流场耦合的 FCC 油浆脱固性能分析[J]. 石油学报(石油加工)，2021，37(5)：1022-1030.

[8] 曹炳铖，催化油浆净化技术及其化工利用的研究进展[J]. 石油化工，2012，41(3)：365.

[9] 马丽霞，马瑞杰，张红宇，等. 电分离油浆脱固工业侧线试验[J]. 研究与开发，2023，51(1)：1-5.

[10] G. Ray Fritsche，etc. Electrostatic Separator Using a Bead Bed[P]. US 005308586A.

[11] 白鹰，谭惠，等，用于从液体中去除颗粒物质的装置[P]. CN 107252631A.

[12] 白鹰，谭惠，等，一种使用绝缘金属珠的电固液分离器[P]. CN 108795478A.

[13] FRITSCHE G R，BUJAS R SV，CAPRIOGLIO G C. Electrostatic separator using a bead bed：US 530858[P]. 1994-05-03.

[14] Thomas B. Jones，Electromechanics of Particles[M]. Cambridge University Pres，2005.

[15]《锂离子电池石墨负极材料》，GB/T 24533-2019，中国钢铁工业协会，中国标准出版社，2019，3.

第三篇　数字化转型

延迟焦化全流程模拟及液化气硫形态分析

林　敏

（中国石化广州分公司）

摘　要　应用 Aspen Hysys 软件对广州石化 3#延迟焦化装置进行流程模拟，得到了与装置实际操作接近的理想模型。针对近期焦化液化气脱臭后总硫异常的问题，通过焦化模型分析模拟，探讨各硫醇、硫醚、羰基硫等硫化物在侧线产品分布情况，得出吸收稳定关键参数调节方法。

关键词　流程模拟；Aspen Hysys；延迟焦化；吸收稳定；硫形态

1　前言

目前两套焦化装置液化气送至脱硫二进行集中脱硫，脱臭后液化气作为化工原料使用，因液化气中的硫含量会直接影响化工产品异味，所以上游液化气脱臭是否达标尤其重要。近期焦化液化气脱臭后总硫控制不稳定时有超标现象，现利用 Aspen Hysys 软件对焦化分馏系统、吸收稳定系统建立严格的机理模型，通过模型模拟分析，探讨各硫醇、硫醚、羰基硫等硫化物在侧线产品分布情况，得出吸收稳定关键参数调节方法。

2　模型的建立

2.1　模型简介

延迟焦化装置反应器出口物流没有分析，故将分离产品返混作为模型进料。模拟过程选用状态方程法 Peng-Robinson，所有模型需要的参数或常数均可从数据库获取，再结合输入的实际数据，可对延迟焦化装置分馏及吸收稳定系统进行严格的模拟计算。

分馏吸收稳定部分：分馏塔（T1102）采用 Distillation 模型，解吸塔（T1204）采用 Reboiled Absorber 模型，稳定塔（T1204）采用 Distillation 模型，吸收塔（T1201）、再吸收塔（T1203）采用 Absorber 模型。泵采用 Pump 模型，压缩机采用 Compressor 模型。具体模拟流程见图 1。

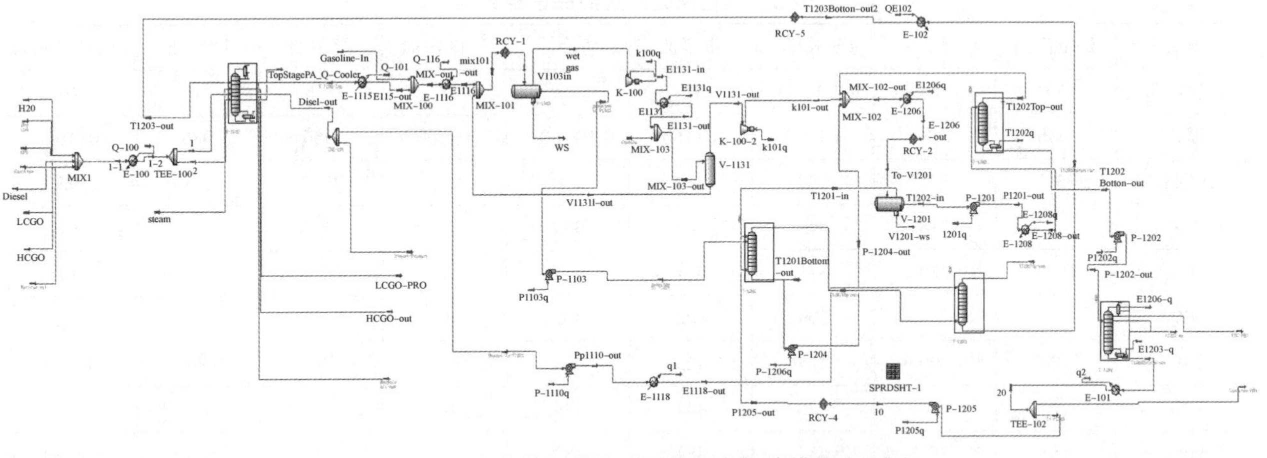

图 1　延迟焦化装置分馏及吸收稳定部分模拟流程图

2.2　建模数据

流股相关的输入数据见表 1 与表 2，分馏、吸收稳定部分各塔相关操作数据见表 3。

依据上述对模型的设定及物性方法、物性数据的选取，输入装置实际运行数据，对装置进行模拟计算，使模型计算值与实际控制值或分析值相符，进而对模型进行验证。

表1　延迟焦化装置实组分进料数据

项目	干气进料	液化气进料	柴改酸性气进料	水
流量/(t/h)	9.599	4.72	2.2	6
组成/(mole%)				
H_2	0.0762	0	0.26	
N_2	0.031	0	0.02	
CO	0	0	0.00	
O_2	0.0053	0	0.00	
CH_4	0.529	0	0.28	
C_2H_4	0.0236	0	0.00	
C_2H_6	0.185	0.0002	0.06	
CO_2	0.001	0	0.00	
H_2S	0.116	0.058	0.14	
C_3H_6	0.0088	0.203	0.00	
C_3H_8	0.0118	0.507	0.12	
IC_4H_{10}	0.002	0.035	0.04	
IC_4H_8	0.001	0.044	0.00	
$1C_4H_8$	0.0015	0.063	0.00	
NC_4H_{10}	0.005	0.051	0.0511	
CC_4H_8	0.006	0.015	0	
TC_4H_8	0.004	0.022	0	
C_5	0.006	0.0012	0	
H_2O				1

表2　延迟焦化装置油品进料数据

项目	稳定汽油	柴油	轻蜡油	重蜡油	急冷油	罐区污油	拔头油	循环油	渣油进料
流量/(t/h)	23	49	15	12	3	8	5.6	40	160
馏程	D86	D86	D1160	D1160	D1160	D1160	D86	D86	D1160
初馏点	33.7	171	300	270	270	270	33.7	233	395
5%		218	355	349	349	349			476.41
10%	60.3	229	371	371	371	371	60.3	337	514
30%			399	402	402	402			573.04
50%	124	290	413	423	423	423	124	466	613.92
70%			426	444	444	444			654.8
90%	181	353	457	483	483	483	181	551	713.84
95%		364	466	501	501	501		570	742.15
97%	201						201		
密度(20℃)/(kg/m^3)	0.74	0.882	0.977	0.980	0.980	0.980	0.74	0.986	1.031

表 3　各塔操作数据

塔设备	项目	实际值
主分馏塔 T1102	实际塔板数	37
	反应油气进料位置	塔底
	富吸收油进料位置	11
	渣油进料位置	—
	富气量/(Nm^3/h)	15000
	粗汽油量/(t/h)	26
	冷回流量/(t/h)	0
	冷回流温度/℃	0
	塔顶压力/MPag	0.118
	全塔压降/kPa	40
	塔顶温度/℃	115
	顶循抽出位置	3
	顶循返塔位置	1
	顶循流量/(t/h)	114
	顶循返塔温度/℃	82
	中段抽出位置	19
	中段返塔位置	16
	中段抽出量/(t/h)	77
	中段返塔温度/℃	233
	柴油抽出位置	14
	柴油返塔位置	13
	柴油中段流量/(t/h)	71
	柴油中段返塔温度/℃	169
	蜡油抽出位置	31
	蜡油返塔位置	29
	蜡油中段流量/(t/h)	45
	蜡油中段返塔温度/℃	235
	反应油气进料温度/℃	415
	反应油气压力/MPag	0.15
	富吸收油返回温度/℃	145
	柴油吸收剂流量/(t/h)	31
吸收塔 T1201	实际塔板数	40
	粗汽油进料位置	3
	塔顶压力/MPag	1.2
	全塔压降，kPa	40
	塔顶温度/℃	43
	吸收一中抽出位置	15
	吸收一中返塔位置	16

续表

塔设备	项目	实际值
吸收塔 T1201	吸收一中抽出量/(t/h)	66
	吸收一中返塔温度/℃	35
解吸塔 T1202	实际塔板数	40
	热进料位置	1
	解析气流量/(t/h)	4500
	塔顶压力/MPag	1.26
	全塔压降/kPa	40
	塔顶温度/℃	62
	塔底温度/℃	150
	中间再沸器热源	稳定汽油
	塔底再沸器热源	分馏中段油
稳定塔 T1204	实际塔板数	40
	进料位置	18
	塔顶采出量/(t/h)	6
	回流量/(t/h)	15
	回流温度/℃	40
	塔顶压力/MPag	1.15
	全塔压降/kPa	40
	塔顶温度/℃	53
	塔底温度/℃	190
	再沸器热源	重蜡油
再吸收塔 T1203	实际塔板数	30
	塔顶压力/MPag	1.18
	全塔压降/kPa	30
	柴油吸收剂温度/℃	38

2.3　模型验证

模型验证是将装置实际操作值与模型计算值作对比，查看误差是否在可允许范围之内。只有通过模型验证的模型才能用于装置下一步的优化分析。

2.3.1　物料平衡

将反应部分、分馏吸收稳定部分模型分别计算的干气、液化气、汽油、柴油、蜡油、循环油、进料流量与实际值对比，查看装置的物料平衡情况，对比情况分别见表 4、表 5。

2.3.2　各塔参数对比

将模型计算的各塔操作数据与实际值进行对比，来查看模型与实际情况的接近程度，结果见表 6。

表 4　反应部分物料平衡情况

物料名称	单位	输入流量	实际产出量	模拟产量
进料				
渣油	t/h	160		
循环油	t/h	41. 43		
急冷油	t/h	3		
回炼污油	t/h	8		
注汽	t/h	1. 92		
合计	t/h	214. 32		
产品				
干气	t/h		9. 40	9. 599
液化气	t/h		4. 64	4. 728
汽油	t/h		22. 59	23
柴油	t/h		48. 12	49
蜡油	t/h		39. 29	40
循环油	t/h		41. 43	40
石油焦	t/h		46. 74	46
水	t/h		1. 92	1. 92
合计	t/h		214. 32	214. 32

表 5　分馏部分物料平衡情况

	单位	实际值	模拟值
输入			
焦炭塔油气	t/h	166. 3	166. 3
注汽	t/h	6	6
柴改酸性气	t/h	2. 2	2. 2
反抽提油	t/h	5. 6	5. 6
合计	t/h	180. 5	180. 5
输出			
干气	t/h	10. 7	10. 62
液化气	t/h	6. 2	5. 923
汽油	t/h	28. 6	31. 29
柴油	t/h	49	49
轻蜡	t/h	15	16. 5
重蜡	t/h	10	9. 5
急冷油(重蜡)	t/h	5	5
封油(重蜡)	t/h	10	10
循环油	t/h	40	36. 5
污水	t/h	6	6. 146
合计	t/h	180. 5	180. 5

表 6　各塔数据对比

塔设备	项目	实际值	模拟值	相对误差/%
分馏塔 T1102	塔顶温度/℃	115	114.2	0.15
	顶循抽出温度/℃	146	150	0.68
	柴油抽出温度/℃	233	240.8	1.5
	中段抽出温度/℃	315	315	0
	轻蜡油抽出温度/℃	336	332.7	-0.6
	重蜡油抽出温度/℃	372	364.4	-1.5
	塔底温度/℃	334	346.3	-1.5
吸收塔 T1201	塔顶温度/℃	43.7	43.51	-0.04
	塔底温度/℃	44.63	46.61	0
再吸收塔 T1203	塔顶温度/℃	41.7	41.56	0
	塔底温度/℃	51.4	43.84	-0.26
解吸塔 T1202	塔顶温度/℃	62.6	60.16	-0.49
	塔底温度/℃	150	149.4	-0.11
稳定塔 T1204	塔顶温度/℃	54	50.68	-0.6
	塔底温度/℃	190	206.4	3.2
	液化气罐温度/℃	38	35	-0.59

2.3.4　各产品馏程对比

将模型计算的各侧线产品馏程与实际化验分析的馏程进行对比，来查看模型与实际情况的接近程度，结果见表 7。

表 7　各产品馏程对比　　℃

项目	稳定汽油		柴油		轻蜡油		重蜡油	
	真实	模拟	真实	模拟	真实	模拟	真实	模拟
初馏点	33.7	22.23	171	166	300	276	270	245
5%		52.3	218	238	355	331	349	331
10%	60.3	61.3	229	245	371	355	371	362
30%		104.7		269	399	386	402	402
50%	124	131	290	292	413	401	423	423
70%		158.1		319	426	420	444	450
90%	181	185.6	353	351	457	456	483	494
95%		196.7	364	363	466	479	501	512
干点(97%)	201	201.6						

由表 4、5、6、7 分析数据可知，模型计算的产品分布、各塔的操作参数及产品质量等数值与实际值接近，能够反应装置的实际运行情况，可以用于下一步的优化分析。

3　延迟焦化产品硫分布探讨

3.1　基准操作参数条件下的硫分布

延迟焦化中原料中所含的硫在焦炭塔中进行

分解或浓缩反应，在产品中重新分配，约有30%硫分布到气体产品中。在焦化干气和液化气中硫化物分为无机硫和有机硫，其中无机硫是硫化氢，有机硫为硫醇、硫醚、羰基硫、噻吩等。例如在焦化三装置，焦化干气的硫化氢体积含量能达到10%～13.8%，总硫达到$1.8×10^5mg/m^3$，胺脱后总硫降至$20～50mg/m^3$；焦化液化气的硫化氢体积含量1%～3%，总硫达到$3×10^4mg/m^3$，胺脱后总硫降至$3000～4000mg/m^3$。由此可得出焦化干气中的硫几乎以硫化氢形式存在，焦化液化气的总硫当中含有约10%的有机硫，大部分是硫醇，微量的硫醚、羰基硫、二硫化碳等。

因焦化干气和液化气的总硫太高无法直接分析硫形态，本次研究模型从脱臭后液化气中能分析得到的硫形态进行反推，将几种有机硫按一定量引入模型中，在各侧线产品中得出不同的硫形态分布规律。

表8 侧线产品中的硫形态分布

项目	干气	液化气	汽油	柴油	蜡油	循环油	污水
硫化氢	99.19%	0.38%	0.00%	0.15%	0.05%	0.11%	0.12%
甲硫醇	3.95%	75.73%	19.40%	0.46%	0.11%	0.26%	0.10%
乙硫醇	0.21%	0.91%	97.80%	0.64%	0.13%	0.32%	0.01%
甲硫醚	0.23%	0.02%	98.56%	0.71%	0.14%	0.34%	0.01%
乙硫醚	0.08%	0.00%	97.47%	1.64%	0.25%	0.56%	0.00%
羰基硫	18.00%	81.01%	0.48%	0.26%	0.07%	0.18%	0.01%
二硫化碳	0.27%	0.07%	97.90%	0.65%	0.15%	0.37%	0.60%
正丙硫醇	0.11%	0.00%	98.07%	1.17%	0.19%	0.45%	0.00%
噻吩	0.11%	0.00%	97.68%	1.42%	0.24%	0.55%	0.01%
异丙硫醇	0.11%	0.00%	97.68%	1.42%	0.24%	0.55%	0.01%
二甲基二硫醚	0.06%	0.00%	96.64%	2.26%	0.32%	0.71%	0.00%

表9 几种烃类和有机硫化物的蒸汽压

项目	25℃蒸汽压/kPa	项目	25℃蒸汽压/kPa
羰基硫	1024	丙烯	1159
甲硫醇	253	正丁烷	256
乙硫醇	71	丙烷	949
正丙硫醇	21	异丁烷	350
异丙硫醇	33	1-丁烯	255
噻吩	10.9	戊烷	70
甲硫醚	53.2		
乙硫醚	7.2		
二甲基二硫醚	3.8		
二硫化碳	0.063		
硫化氢	2009		

从表8得出，在当前模型的操作条件下，硫化氢、甲硫醇、羰基硫主要分布在干气液化气中，其余硫形态主要分布在汽油当中。

这种现象可以通过这几种物质的蒸汽压来解释，在吸收稳定系统这种精馏操作系统中，某个物质的分布情况是由其蒸汽压决定的，在相同温度下，羰基硫饱和蒸汽压与丙烯接近，甲硫醇饱和蒸汽压与正丁烷接近，所以在吸收稳定系统中这两中硫化物与丙烯、丁烷无法有效分离，主要存在于液化气中。而硫化氢的蒸汽压更高，所以更多分布在干气中。其余硫化物组分因蒸气压比戊烷还低，与汽油组分接近。所以主要分布在汽油当中(表9)。

3.2 不同操作条件下硫分布情况讨论

相对于乙硫醇，正丙硫醇、硫醚、二硫化物的蒸气压都较比较低，在不同操作条件下的基本都分布于汽油中，下面讨论不同工况时只列出硫化氢、羰基硫、甲硫醇、乙硫醇的分布数据。

3.2.1 不同解析塔底温工况下硫分布情况

根据生产实际情况，控制解析塔底温140℃～156℃范围内变化，观察各硫化物分布情况。

如图2～图5所示，解析塔底温在140℃～156℃范围内主要影响硫化氢、羰基硫、甲硫醇在干气和液化气的分布，温度越高硫化物更多切至干气中，解析塔底温对硫化氢、羰基硫、甲硫醇变化依次减弱，乙硫醇分布无明显变化。

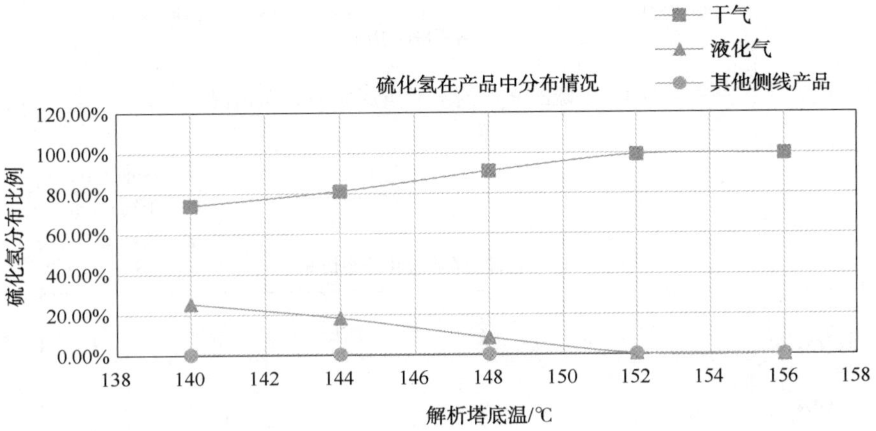

图2 硫化氢在不同解析塔底温下分布情况

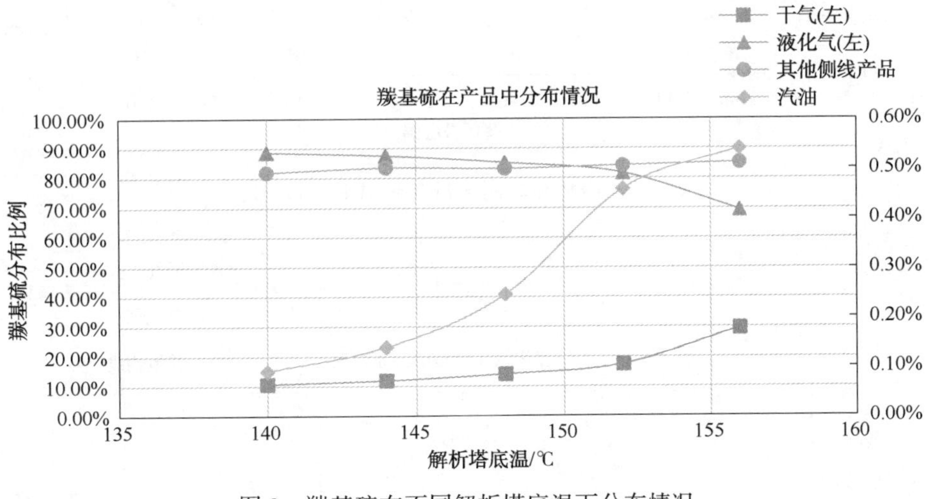

图3 羰基硫在不同解析塔底温下分布情况

由以上规律可得出两套焦化解析塔底温不同控制策略，焦三干气脱硫塔运行状况较好，可适当高控焦三解析塔底温将更多硫化物切至干气中，实际控制154℃；焦二干气送至脱硫二脱硫，脱硫二脱硫塔负荷高，适当低控焦二解析塔底温，实际控152℃。

3.2.2 不同干气C3+组分工况下硫分布情况

干气C3+组分是装置日常控制指标，通过模型模拟不同干气C3+组分观察各硫化物分布情况。

如图6～图9所示，随着干气C3+组分增加，更多硫化氢、羰基硫、甲硫醇转移至干气中，乙硫醇分布情况无明显变化。在两套焦化21小时生焦期间，焦二干气C3+控制≤3.5%，焦三干气C3+控制≤3.0%。也可以根据干气、液化气脱硫塔的运行状况适当调整。

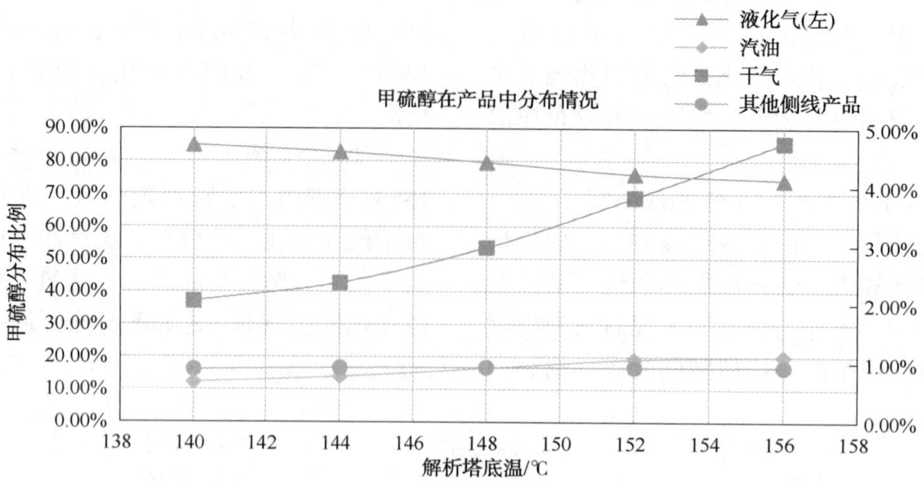

图 4　甲硫醇在不同解析塔底温下分布情况

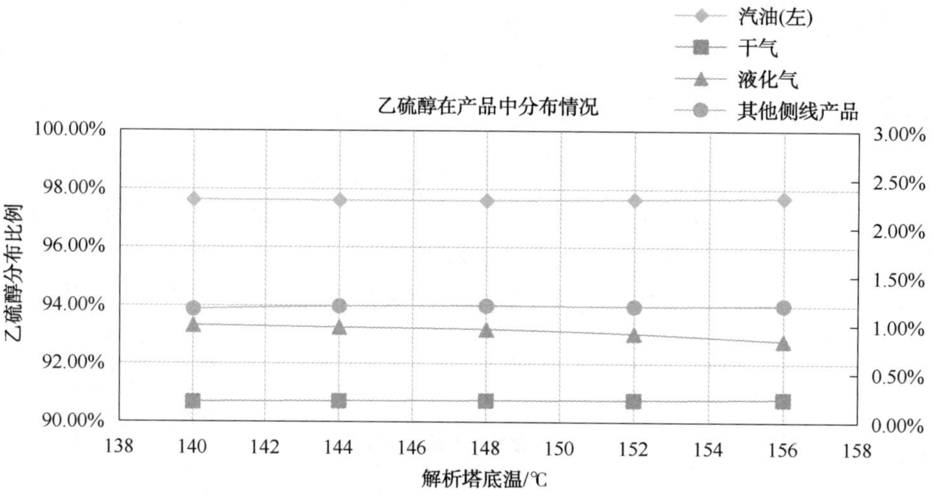

图 5　乙硫醇在不同解析塔底温下分布情况

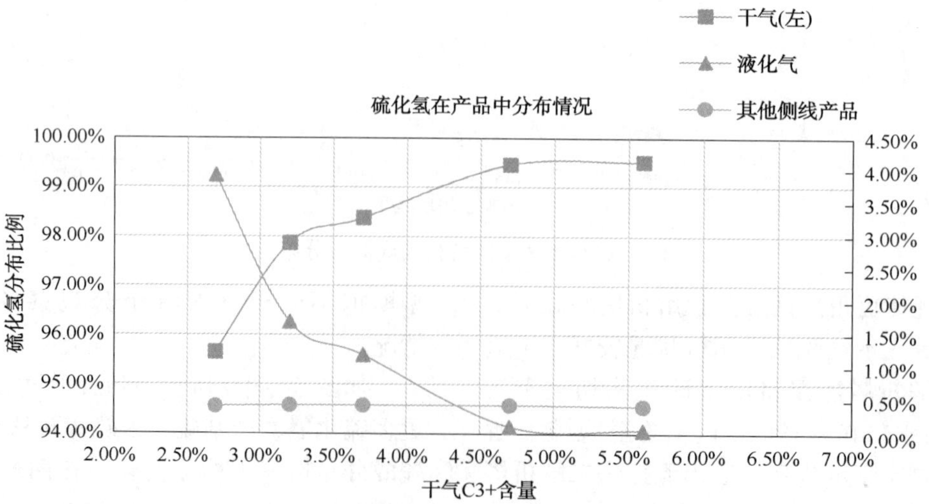

图 6　硫化氢在不同干气 C3+组分工况下分布情况

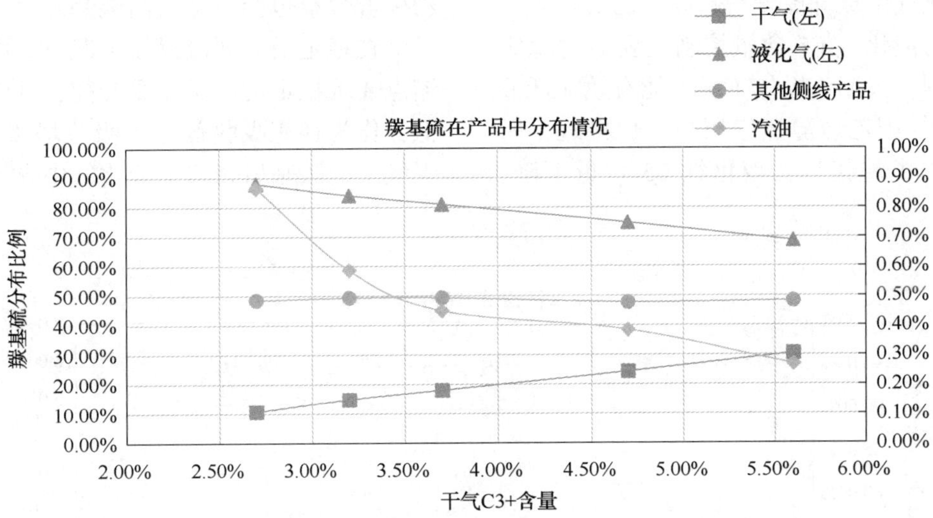

图 7　羰基硫在不同干气 C3+组分工况下分布情况

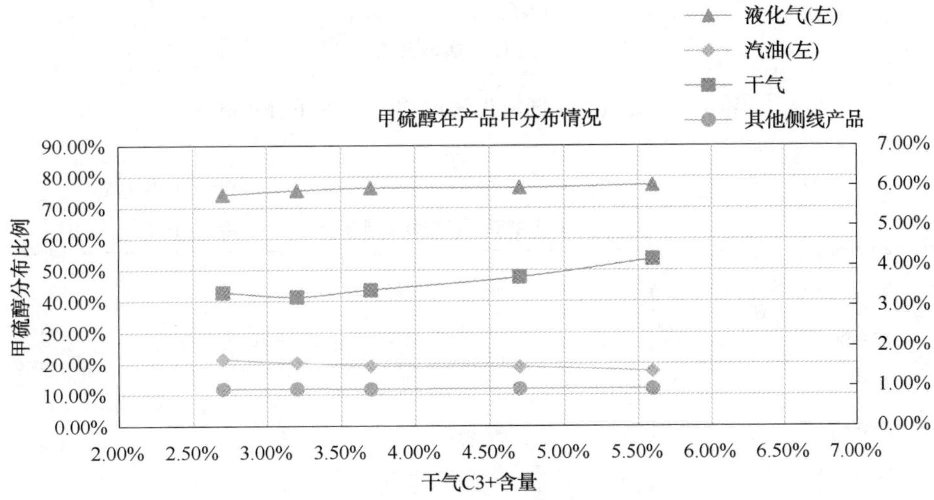

图 8　甲硫醇在不同干气 C3+组分工况下分布情况

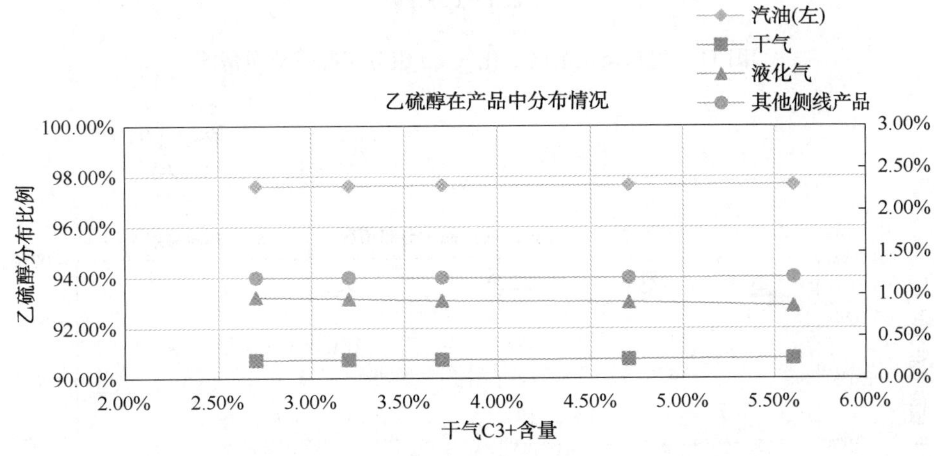

图 9　乙硫醇在不同干气 C3+组分工况下分布情况

3.2.3　不同液化气 C5 组分工况下硫分布情况

液化气 C5 组分是装置日常控制指标，通过模型模拟不同液化气 C5 观察各硫化物分布情况。

如图 10~图 13 所示，液化气 C5 含量主要对羰基硫和乙硫醇分布有影响，当液化气 C5 含量越低时，液化气中羰基硫含量越高，乙硫醇含量越低。原因为液化气 C5 含量控制主要通过稳定塔回流量控制，大回流操作工况下能有效降低液化气 C5 含量，因乙硫醇蒸气压与戊烷接近，所以分离效果与戊烷接近，液化气 C5 含量下降，乙硫醇含量也会下降。而羰基硫蒸气压与丙烯接近，在稳定塔大回流操作工况下，因控制稳汽初馏点要求稳定塔底温需要升高，稳汽轻端组分降低，作为补充吸收剂进入吸收塔吸收效果变好，干气中的羰基硫转移至液化气中导致含量上升。

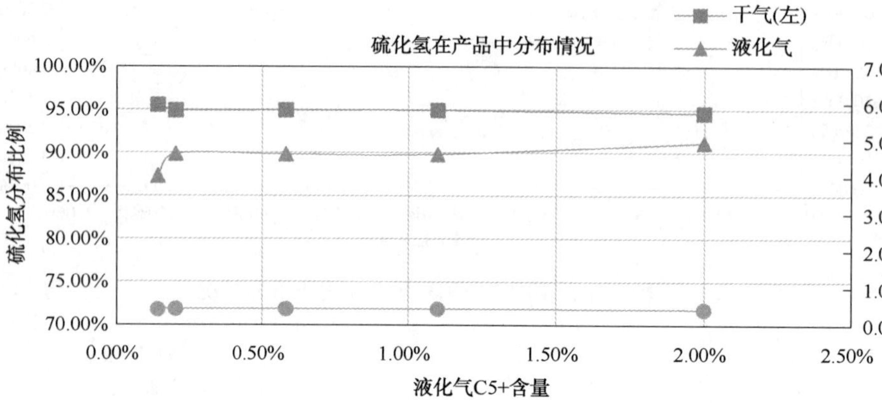

图 10　硫化氢在不同液化气 C5 组分工况下分布情况

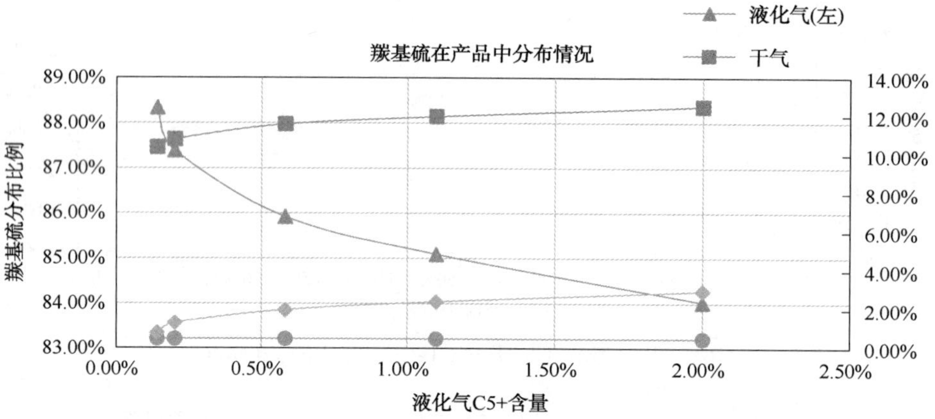

图 11　羰基硫在不同液化气 C5 组分工况下分布情况

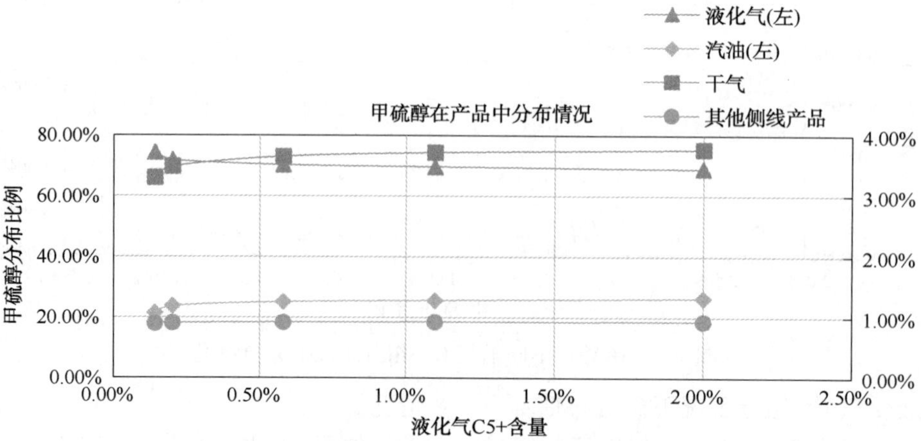

图 12　甲硫醇在不同液化气 C5 组分工况下分布情况

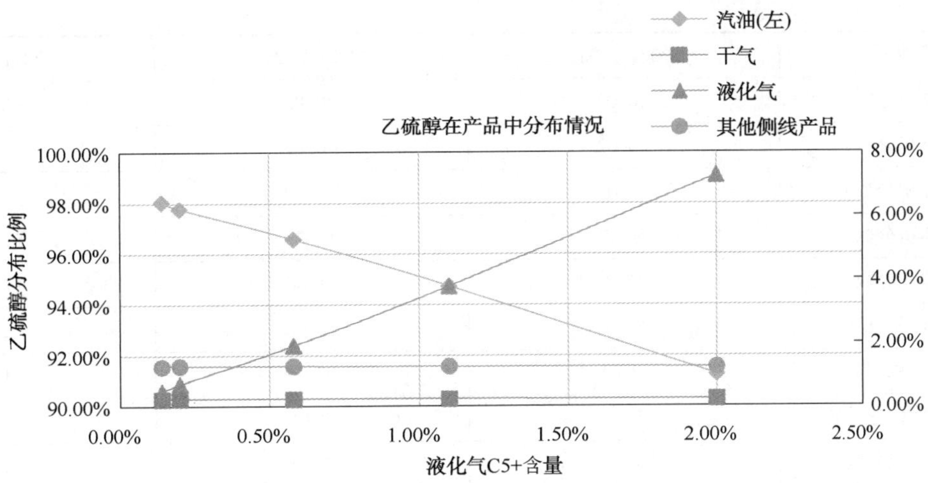

图 13 乙硫醇在不同液化气 C5 组分工况下分布情况

3.2.4 实际分析数据讨论

表 10、表 11 为最近脱硫二脱臭后液化气硫形态分析以及脱硫后组成分析，从表 11 得出，液化气质量控制较好，其中 C5 控制含量很低。从表 10 得出，脱臭后液化气中硫含量主要为二甲基二硫醚和甲硫醇。

表 10 脱臭后液化气硫形态分析

采样日期	2021/8/31	2021/8/24	2021/8/17
硫化氢/(mg/m^3)	<5	<5	<5
羰基硫/(mg/m^3)	<0.1	<0.1	<0.1
甲硫醇/(mg/m^3)	21.6	9.9	14.6
乙硫醇/(mg/m^3)	<0.1	<0.1	<0.1
异丙硫醇/(mg/m^3)	<0.1	<0.1	<0.1
正丙硫醇/(mg/m^3)	<0.1	<0.1	<0.1
二硫化碳/(mg/m^3)	<0.1	<0.1	<0.1
正丁硫醇/(mg/m^3)	<0.1	<0.1	<0.1
异丁硫醇/(mg/m^3)	<0.1	<0.1	<0.1
甲硫醚/(mg/m^3)	<0.1	<0.1	<0.1
乙硫醚/(mg/m^3)	<0.1	<0.1	<0.1
二甲基二硫醚/(mg/m^3)	29.2	37.7	31
其他硫化物/(mg/m^3)	<0.1	<0.1	<0.1
硫含量/(mg/m^3)	50.8	47.6	45.6

表 11 脱硫后液化气组成分析

采样日期	2021/8/31	2021/8/24	2021/8/17
硫化氢/(mg/m^3)	<5	<5	<5
氧气/%(体积分数)	<0.02	<0.02	<0.02
氮气/%(体积分数)	<0.02	<0.02	<0.02
二氧化碳/%(体积分数)	<0.02	<0.02	<0.02
一氧化碳/%(体积分数)	<0.02	<0.02	<0.02
氢气/%(体积分数)	<0.02	<0.02	<0.02

续表

采样日期	2021/8/31	2021/8/24	2021/8/17
甲烷/%(体积分数)	<0.02	<0.02	<0.02
乙烷/%(体积分数)	<0.02	<0.02	<0.02
乙烯/%(体积分数)	<0.02	<0.02	<0.02
丙烷/%(体积分数)	46.27	47.98	51.09
丙烯/%(体积分数)	17.3	17.68	17.71
异丁烷/%(体积分数)	6.34	5.93	6.21
正丁烷/%(体积分数)	17.61	16.75	14.78
正丁烯/%(体积分数)	5.37	5.18	4.51
异丁烯/%(体积分数)	4.06	3.79	3.55
反-2-丁烯/%(体积分数)	1.87	1.66	1.32
顺-2-丁烯/%(体积分数)	1.17	1.03	0.82
C5/%(体积分数)	<0.02	<0.02	<0.02
丙烷+丙烯/%(体积分数)	63.57	65.66	68.8
C3 及以上/%(体积分数)	99.99	100	99.99
C2/%(体积分数)	<0.02	<0.02	<0.02
硫含量/(mg/m^3)	2848	4077	3840

从模型中可得知，在相同温度下二甲基二硫醚蒸气压远低于戊烷，经过吸收稳定系统后，基本在汽油组分里面，所以脱臭后液化气中的二甲基二硫醚不是从焦化系统中带出去的。2020 年初曾经做过对比试验，试验数据如下：

1 月 29 日分别采焦化三的焦化液化气、脱硫后液化气、二级脱臭后液化气用脱硫二新鲜碱液碱洗分析，数据如表 12 所示。

1 月 30 日分别采焦化三的焦化液化气、脱硫后液化气用水务部新鲜碱液碱洗分析(排除脱硫二新鲜碱液中除臭精致液的干扰)，数据如表 13所示。

1 月 31 日采焦化三的焦化液化气用胺洗后再碱洗进行数据对比，数据如表 14 所示。

表 12　焦化液化气硫形态分析

1 月 29 日	硫化氢/(mg/m^3)	羰基硫/(mg/m^3)	甲硫醇/(mg/m^3)	乙硫醇/(mg/m^3)	二甲基二硫醚/(mg/m^3)
焦三液化气	<0.1	163.5	<0.1	<0.1	4.5
焦三脱硫后液化气	<0.1	1.8	0.8	<0.1	33.2
焦三脱臭后液化气	<0.1	3.2	140	11.2	210.9

表 13　焦化液化气硫形态分析

1/30 8：00	硫化氢/(mg/m^3)	羰基硫/(mg/m^3)	甲硫醇/(mg/m^3)	乙硫醇/(mg/m^3)	二甲基二硫醚/(mg/m^3)
焦三液化气	<0.1	111.5	<0.1	<0.1	4.5
焦三脱硫后液化气	<0.1	4.3	7.9	<0.1	136.8
1/30 13：00	硫化氢/(mg/m^3)	羰基硫/(mg/m^3)	甲硫醇/(mg/m^3)	乙硫醇/(mg/m^3)	二甲基二硫醚/(mg/m^3)
焦三液化气	<0.1	0.9	36.3	<0.1	0.5
焦三脱硫后液化气	<0.1	0.3	11.2	<0.1	91.5

表 14　焦化液化气胺洗碱洗后对比数据

1/31 15：00	硫化氢/（mg/m³）	羰基硫/（mg/m³）	甲硫醇/（mg/m³）	乙硫醇/（mg/m³）	二甲基二硫醚/（mg/m³）
焦三液化气直接碱洗	15.3	46.5	100.2	<0.1	2.1
焦三液化气加新胺再碱洗	<0.1	77.2	<0.1	<0.1	131.8
焦三液化气加系统胺再碱洗	<0.1	105.5	<0.1	<0.1	82

1 月 29 至 31 日分析数据看焦化三液化胺脱前甲基二硫醚胺均<5mg/m³，胺脱后上升明显。经胺脱系统后，观察到液化气中其它硫转化成二甲基二硫醚，样品中羰基硫、甲硫醇经胺脱系统后，均不同程度被除去。

4　结语

利用 Aspen Hysys 对焦化分馏系统、吸收稳定系统建立符合生产实际的模型，在模型中引入硫化物，通过模拟分析得出在当前吸收稳定操作条件下，焦化液化气中硫形态主要以硫化氢为主，同时含有甲硫醇和羰基硫，较大分子的硫化物则主要分布在汽油当中。因羰基硫和甲硫醇与液化气中的丙烯和正丁烷蒸汽压很接近，在吸收稳定系统内无法与液化气分离。目前脱臭后液化气中主要硫化物的二甲基二硫醚主要是胺脱后产生，与实际的对比实验数据相吻合。

吸收稳定不同操作工况可以改变硫化氢、甲硫醇、羰基硫在干气和液化气中分布比例，提高解析塔底温、提高干气 C3+含量都可以使硫化物往干气中转移，这样可以根据下游干气、液化气脱硫负荷不同来调整。低控液化气 C5 含量可以有效降低乙硫醇在液化气中的含量。

参　考　文　献

[1] 翟国华. 延迟焦化工艺与工程[M]. 中国石化出版社，2007.

[2] 李艳艳，刘宁，郑锦城等. 液化气硫化物形态分布的研究[J]. 石油炼制与化工，2005(2)：57-62.

[3] 淳于声雯. 焦化液化气脱硫醇装置深度脱硫技术应用[J]. 齐鲁石油化工，2015，43(3)：194-200.

CCS系统的现场机柜室与中心控制室架构及光纤通讯

杨宝星

（中国石油辽阳石化分公司）

摘　要　针对中控室与现场机柜室光纤通讯的问题，介绍了光纤通讯的网络架构。阐述了TRICON系统的光纤通讯卡的原理及应用，并就项目实施过程中的“一天一地”冗余光纤不能实现冗余的问题提出了解决方案。

关键词　中心控制室；现场机柜室；网络架构；CCS系统；光纤通讯

1　引言

某石化公司炼油新区新建连续重整-抽提装置等10余套装置。炼油新区采用生产单元集中操作、技术人员集中办公的模式。新建一座中心控制室（CCR，简称中控室），对生产装置、公用工程及系统配套工程实现计算机数据的集中处理和生产的集中管理。炼油新区各工艺装置、公用工程、油品储运罐区等均在中心控制室控制。依据总平面布置，各联合装置区、储运罐区、公用工程区设置现场机柜室（FAR），安装控制系统的控制站、输入输出机柜以及必要的显示站、工程师站等。

炼油新区的机组主要有：汽轮机驱动的离心压缩机组、电机驱动的离心压缩机组和烟机驱动的轴流式压缩机组等。CCS（Compressor Control System），均采用INVENSYS的Tricon系统。机组的控制中心在现场机柜室，而操作及管理在中心控制室。

为实现CCS系统在中控室与现场机柜室的通讯，采用“一天一地”冗余光纤进行通讯。项目在实际配置过程中存在2根光缆不能实现冗余的现象。即如果断掉1根光缆，则中控室与现场机柜室的通信中断，中控室辅操台的急停按钮不起作用，无法将控制系统停掉，这在机组运行过程中是非常危险的。因此，如何实现“一天一地”光纤冗余配置的问题就显得异常重要。本文针对Tricon系统的光纤通讯卡4210和4211进行分析研究，对光纤的冗余配置提出了具有建设性的意见，制定了光纤冗余配置方案，对项目的顺利执行及机组的安稳运行具有重大意义。

2　CCS系统构成方案

炼油新区采用中心控制室（CCR）和现场机柜室（FAR）结合的配置方式。机组控制系统的操作站设置在中心控制室，控制站设置在相应的现场机柜室，机组所有现场仪表信号传到现场机柜室，再从现场机柜室传到中心控制室，从现场机柜室到中心控制室的信号采用冗余光缆连接。CCS系统控制器设置在现场机柜室。在中心控制室进行全部的控制、监测、报警及报表等操作。在现场机柜室设置1套工程师站，用于调试及维护等。

3　CCS系统集成方案

本项目的CCS系统网络结构示意图如图1所示。

CCS系统设置独立的以太网，以太网是实现信息交换的主干网络，网络接口和通讯速度快、负荷低，安全性高。

如图1所示，在中心控制室操作区内，每套CCS系统设置操作站，设辅操台，用于安装按钮、紧急开关、报警灯、蜂鸣器等。

在中心控制室机柜间设置网络交换机机柜、远程I/O机柜、电源柜。远程I/O机柜用于接辅助操作面板上的按钮、开关、报警灯等。按装置设置独立的远程I/O。

在现场机柜室的机柜间布置控制站机柜、区域网络交换机机柜、电源柜、辅助机柜等。从现场机柜室到中心控制室的信号采用冗余光纤连接。

光缆的敷设采用“一天一地”的方式，即一组架空走管廊在桥架中敷设，一组埋地走地沟或直埋在地表面下敷设。“一天一地”的光纤敷设方式实现冗余。

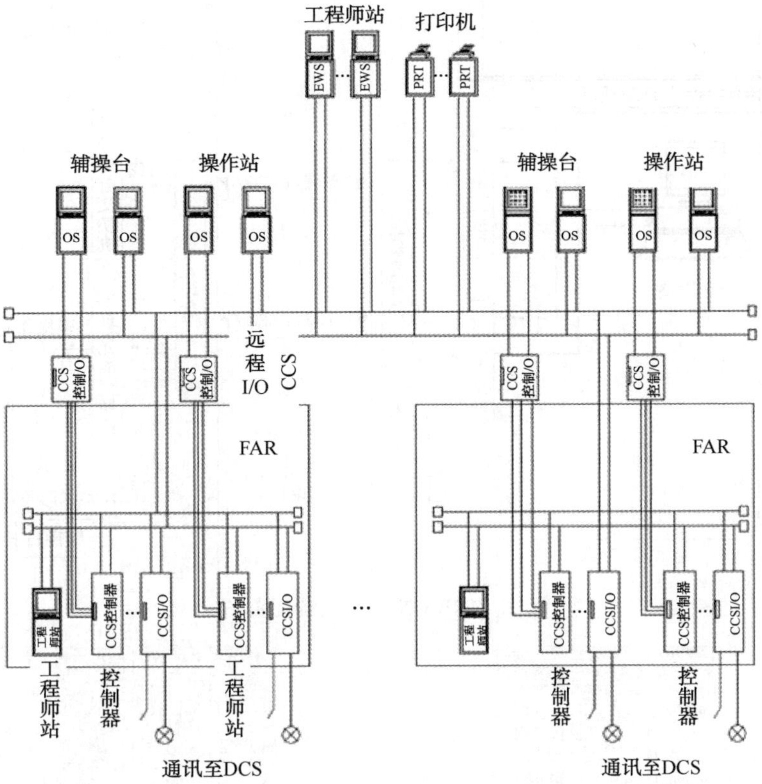

图 1　CCS 系统网络结构图

4　TRICON 系统配置图

4.1　TRICON 控制系统配置

TRICON 控制系统配置图如图 2 所示。

从图 2 可以看出，在现场机柜室安装 TRICON 控制系统，包括主机架、扩展机架等。在中心控制室安装远程扩展机架及辅操台等。

为实现中控室辅操台信号(急停按钮、报警灯、蜂鸣器等)进入现场机柜室的控制器，需要光纤通讯卡进行连接。一般配置单模光纤通讯卡 4210 和 4211。然后通过光纤实现现场机柜室和中心控制室的通讯。

4.2　现场机柜室与中心控制室的通讯实现

4.2.1　上位机与控制器的通讯实现

现场机柜室的主机架上有 1 对冗余的通讯卡，型号为 4351B。它有 4 个串口，2 个网口及 1 个调试口。网口与冗余的光电交换机的 RJ45 口相连接，光电交换机的光口进入光纤盒，然后通过冗余光纤连接至中心控制室的光纤盒。中控室光纤盒与中控室光电交换机的光口相连接，光电交换机的 RJ45 口与中控室操作站、工程师站相连，这样操作站、工程师站就与控制器建立起来了联系，操作站就可对机组进行操作与控制。

4.2.2　中控室辅操台与控制器的通讯实现

中控室辅操台上设置一些急停按钮、旁路开关、报警灯、蜂鸣器等 I/O 信号。为使辅操台 I/O 信号进入控制器，在现场机柜室设置了就地扩展机架，就地扩展机架上有电源卡、光纤通讯卡。在中控室机柜间设置了远程机架，远程机架上有电源卡、光纤通讯卡、I/O 卡件等。

就地机架光纤通讯卡型号为 4210，远程机架光纤通讯卡型号为 4211。光纤通讯卡连接示意图如图 3 所示。

光纤通讯卡 RXM 是三重冗余的。三个模块是完全等同的，它们被用作 Tricon I/O bus 的中继器/延伸器。通过 RXM 模块即可实现辅操台与控制器的通讯。

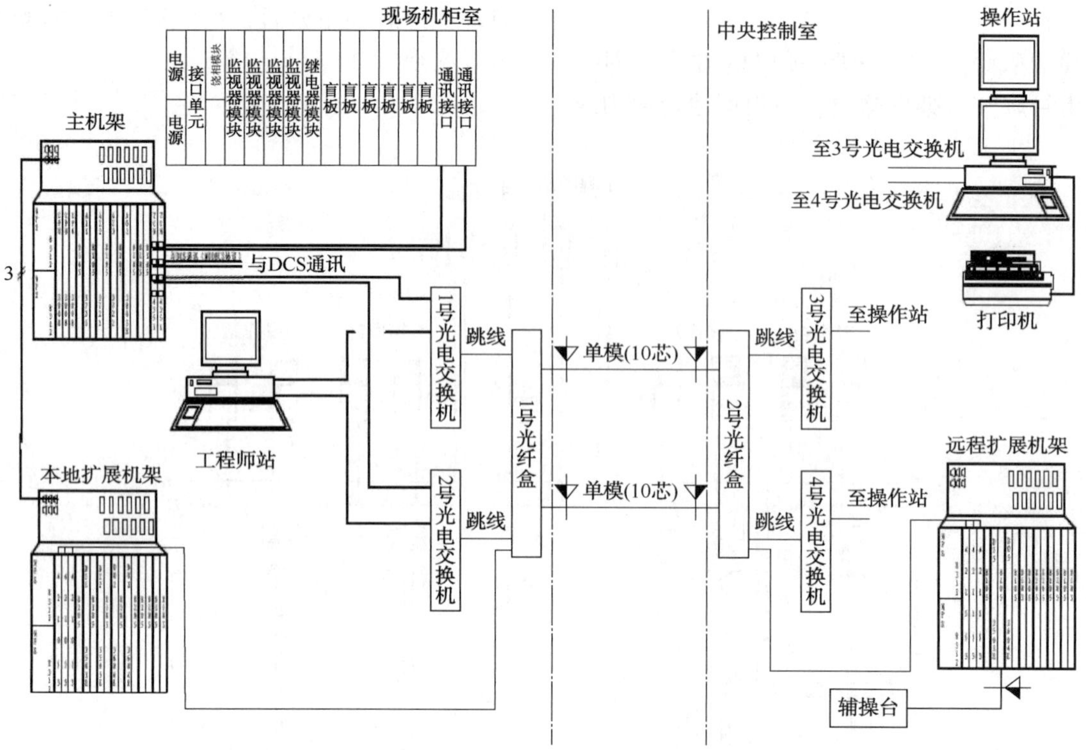

图 2　TRICON 控制系统配置图

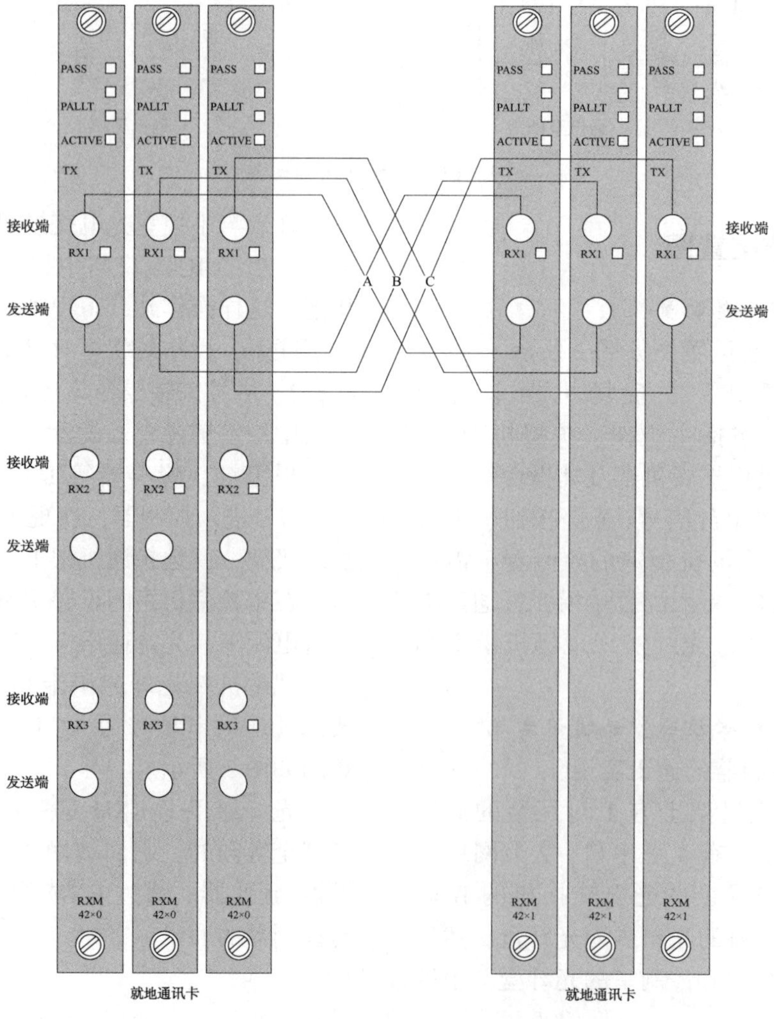

图 3　远程通讯卡和就地通讯卡的连接示意图

5 光纤通讯中遇到的问题及解决方案

5.1 光纤通讯中遇到的问题

关于光纤通讯，本项目的设计理念是“一天一地”冗余光纤。但在具体的实现过程中，发现有以下问题：

对于 CCS 系统上位机与控制器的光纤通讯是无问题的，可以实现中控室至现场机柜室的“一天一地”冗余。但是对于远程通讯模块，它是三重化的，即它的光纤芯数为 6 芯（一收一发各 3 芯）。在实际连接过程中发现从 4210 卡的 TX 端（发送端）到 4211 卡的 RX（接收端）的 3 芯光纤走的是架空光缆，从 4211 卡的 TX 端（发送端）到 4210 卡的 RX（接收端）的 3 芯光纤走的是埋地光缆。这样的话若有 1 根光缆（天缆或地缆）出现问题，则辅操台与控制器的通讯就会断开，不能实现光纤的冗余功能（图 4）。

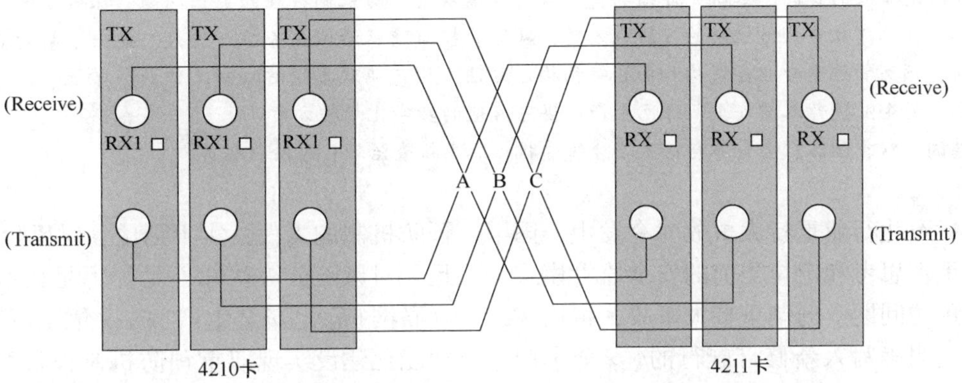

图 4

5.2 解决方案

光纤通讯卡 4210 和 4211 是三重化的通讯卡，它的工作方式为 3-2-1-0，即正常情况下是 3 块卡同时工作，当有 1 块卡故障后，切换为 2 卡工作；当 2 块卡故障后，切换为 1 卡工作；当 3 块卡同时故障时，则无法工作，即不能实现通讯功能。基于光纤通讯卡的工作原理，可以用以下方案来实现整个光纤的一天一地冗余。

4210 的第一块卡的 TX 端（发送端）到 4211 第一块卡的 RX（接收端），然后从 4211 第一块卡的 TX 端（发送端）到 4210 第一块卡的 RX（接收端）为 A 组，第二块卡为 B 组，第三块卡为 C 组。这样可以配置 A、B 的 4 芯线走架空光缆，C 组的 2 芯线走埋地光缆。这样若天缆断，则 C 组 1 块卡可以正常工作，能够继续通讯；若地缆断，则 A、B 组 2 块卡可以继续工作，保证正常的通讯。按此方案执行的话即可实现“一天一地”光纤的冗余功能。

6 结束语

中心控制室和现场机柜室分开布置的架构是合理的，它既实现了操作与管理的集中，又保证了控制的分散。现在新的炼厂的布置均是如此。现场机柜室是控制的核心，中心控制室是操作显示区。它们之间的通讯尤为重要，若通讯有问题，中心控制室就是个摆设，没有任何实际意义。

石化企业构建双重预防机制的探索与实践

王 剑 崔振伟 王 岩 杨传江

（昆仑数智科技有限责任公司）

摘 要 企业构建安全风险分级管控与隐患排查治理的双重预防机制，是融入企业实际安全管理的工作方法和思维模式。主要方法是先将引发事故的风险点和风险辨识出来，进行分级重点管控，查堵漏洞，达到有效防范事故的目的。本研究详细剖析了当前构建双重预防机制存在的突出问题，探索了面向石化企业全员参与，构建双重预防机制的可落地方案，风险管控与隐患治理业务执行模式，提出了面向石化行业通用的双重预防管控平台业务架构和功能架构构建方法，为行业双重预防机制工作的科学性、规范性提供有益借鉴，为企业提升本质安全、绿色生产提供可落地的数字化管控方案。

关键词 双重预防；全员参与；风险分级管控；隐患排查治理；风险数据库

近年来，石化行业重特大事故时有发生，国家层面开始重新思考和定位当前的安全监管模式和企业事故预防问题，遏制重特大事故，将构建双重预防机制明确写入新修订施行的《安全生产法》，其中第四条就明确规定：要求生产经营单位必须构建安全风险分级管控和隐患排查治理双重预防机制，同时要求负有安全生产监督管理职责的部门应当将重大事故隐患纳入相关信息系统。

石油化工行业生产过程复杂，涉及的危险化学品易燃易爆、有毒有害，一旦发生事故破坏力强，社会影响大，一直以来都受到党中央、国务院高度重视。石化企业通过实施安全风险分级管控和隐患排查治理双重预防机制，能够有效减少各类安全事故的发生，目前石化行业仍存在双重预防机制的责任落实不到位、对风险分级认知不足、对风险分级认知不足等不足，本文从“工业互联网+危化安全生产”的视角，研究基于全厂智能化建设实现双重预防机制设计与平台构建，对于石化企业有着积极意义。

1 双重预防机制

双重预防机制就是构建安全风险分级管控和隐患排查治理。构建安全风险分级管控和事故隐患排查治理双重预防机制是有效防范遏制生产安全事故的关键途径，是实现安全管理关口前移、风险隐患源头治理的内在要求，也是解决“想不到”“管不到”问题，遏制重特大事故的根本之策(图1)。

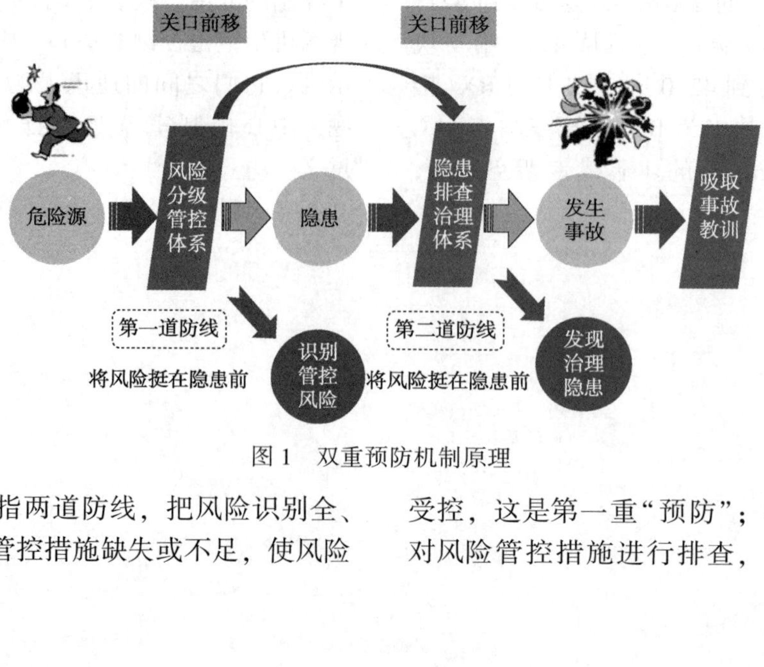

图1 双重预防机制原理

“双重预防”是指两道防线，把风险识别全、管控好，避免风险管控措施缺失或不足，使风险受控，这是第一重“预防”；在生产运行过程中对风险管控措施进行排查，及时发现及治理隐患，以确保管控措施有效，预防事故的发生，这就是第二重"预防"。双重预防机制的原理就是把对安全风险的管控挺在隐患形成前面，把对隐患的排查治理挺在事故发生前面。

1.1 风险分级管控

风险分级管控，是指日常工作中的风险管理，包括危险源辨识、风险评价分级、风险管控，即辨识风险点有哪些危险物质及能量，在什么情况下可能发生什么事故，运用风险评价准则对风险点的风险进行评价分级，然后由不同层级的工作人员对风险进行管理控制，保证风险管控措施有效。

根据风险矩阵可将风险等级按照严重程度依次划分为重大风险、较大风险、一般风险、低风险，分别对应红色、橙色、黄色、蓝色。风险等级对应的管控层级分为公司级、生产部级、装置级、岗位级，风险管控责任人详见表1。

表1 风险等级定义表

序号	风险等级	颜色	管控层级	风险管控责任人
1	重大风险	红色	公司级	公司主管副职、专业部门正职
2	较大风险	橙色	生产部级	专业部门副职、生产部正职
3	一般风险	黄色	装置级	生产部主管副职、工程师、值班长
4	低风险	蓝色	岗位级	班长

应急管理部《危险化学品企业双重预防机制数字化建设工作指南(试行)》中要求企业应根据安全风险辨识结果，选择可能造成爆炸、火灾、中毒、窒息等严重后果的事件作为重点管控的安全风险事件。企业可根据安全管理实际补充其他安全风险事件。

根据数字化建设工作指南要求，结合石化企业实际需求，建议将初始风险为重大风险(红)、较大风险(橙)进行分级管控，一般风险(黄)、低风险(蓝)暂不进行管控。

根据风险分级管控的基本原则，风险越大，管控级别越高，上级负责管控的风险，下级必须负责管控，并逐级落实具体措施，对应初始风险等级需要管控层级如下：

(1) 重大风险/红色：公司级、生产部级、装置级和岗位级都需要管控。

(2) 较大风险/橙色：生产部级、装置级和岗位级都需要管控。

1.2 隐患排查治理

某个风险管控措施一旦失效、管控不力或者执行不到位，那么这个风险管控措施就会转化为隐患。或者说，风险管控措施失控，意味着风险等级提升，这个失控的风险控制措施就是隐患。隐患排查治理就是对风险管控措施进行全面检查，及时发现风险管控措施所存在的缺陷，对排查出的隐患进行整改与闭环管理。

隐患类型包括安全、工艺、电气、仪表、消防、总图、设备等。隐患来源包括日常排查、综合性排查、专业性排查、季节性排查、重点时段及节假日前排查、事故类比排查、复工前排查、外聘专家诊断式排查以及管控措施失效等类型。

2 当前构建双重预防机制存在的突出问题

2.1 全员参与难度大

提高员工安全意识最为直接有效的方式是让员工直接参与到安全工作中来，促使员工养成积极参与安全工作的良好习惯，更高效的推进双重预防机制的落地，杜绝或减少安全事故的发生。因此，要落实全员参与双重预防机制建设的工作原则，要求企业组织制定相应的安全管理方案，组织建立全员参与的管理体系，落实全员参与安全工作原则，提升员工的风险辨识和隐患排查能力，提高员工安全意识。

2.2 实施标准难统一

双重预防机制的核心和基础是开展风险分析、分级，此项工作内容的实施和质量与所在行业、特定企业、具体专业等密不可分。风险的特点决定了不同企业风险是不同的，不同行业的风险特点差别更大；不同企业对于风险的可接受程度也不尽相同。因此，每个企业都需要因地制宜创建适合自己的统一标准。

2.3 风险评估方法选取很关键

常见的风险分析法包括危险与可操作性分析(HAZOP)、故障模式与影响分析(FMEA)、危害分析(HAZID)、工作危害分析(JHA)、安全检查表(SCL)和故障假设分析(What-if)等。一个企业并非选择的风险评估方法越多越好，需要统筹考虑落地的难易和实用程度。例如，通常石化企业更关注工艺、设备相关的风险，可以优先选择HAZOP和FMEA开展工艺和设备风险分析，而工作危害分析(JHA)通常伴随作业过程，可以在作业安全系统中实现。

2.4 构建质量难评定

双重预防的目的是构建防范生产安全事故的两道防火墙，第一道是管风险，努力把各类风险控制在可接受范围内，杜绝和减少事故隐患；第二道是治隐患，坚决把隐患消灭在事故发生之前。因此，事故发生频率是评定构建质量优劣的有效标准。

双重预防机制构建的核心，在于全员风险与隐患管理理念的确立，需要持续的灌输。全员都要到现场进行风险辨识，都要能够牢固掌握风险类别、管控措施和应急处置措施，主要是培养全员进入岗位先辨识风险，再落实管控措施，并熟练掌握应急处置知识的能力。因此，全员参与对双重预防机制建设的有效性起着决定性的作业。

3 石化企业双重预防系统的设计与实现

3.1 业务架构设计

风险分析人员对清单进行电子化管理，清单包括：风险分析对象、单元/区域、作业活动清单、设备设置清单。风险辨识的范围涵盖工艺、动设备、作业活动、公用工程、建筑物、装卸车等全过程，风险分析工具支持危险与可操作性分析(HAZOP)、故障模式与影响分析(FMEA)、危害分析(HAZID)、工作危害分析(JHA)、安全检查表(SCL)和故障假设分析(What-if)六类。风险分析结果经过组织内部完成质量审核确认后，支持在线直接分析或线下分析后通过内置模板直接导入系统(图2)。

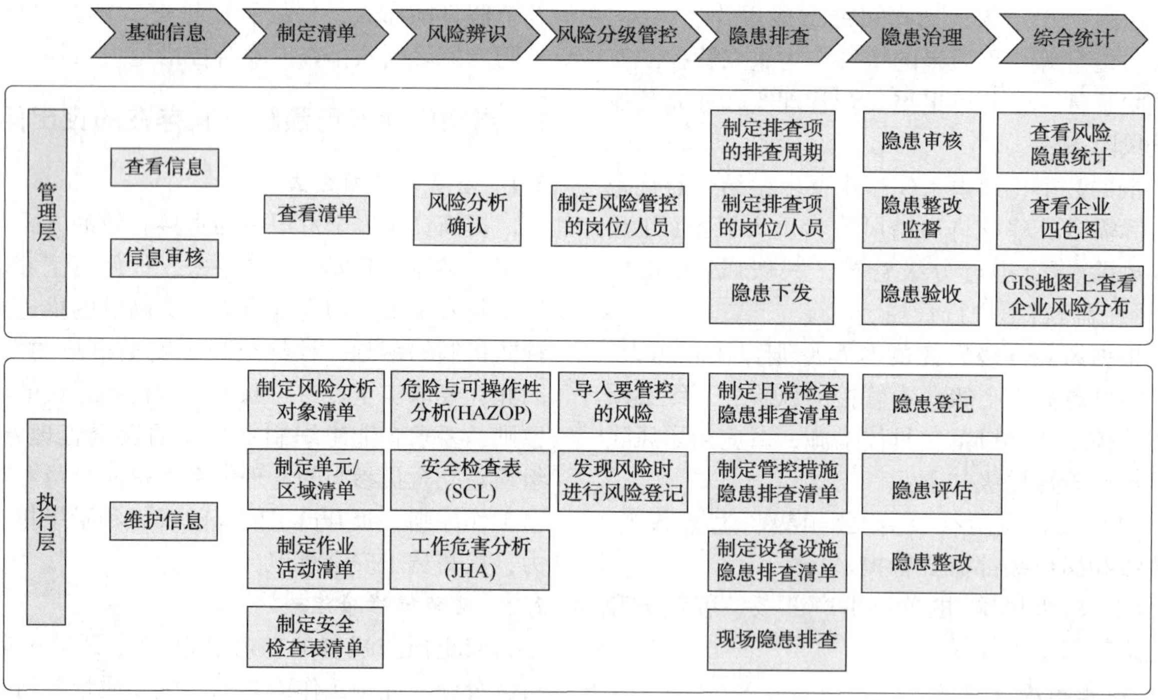

图2 双重预防系统业务架构图

隐患管理者可在线对日常排查、管控措施排查制定排查清单，并对排查清单明确岗位人员的排查任务；隐患排查人员通过智能巡检APP、双重预防移动端APP实现周期性的隐患排查；现场岗位专业人员通过智能巡检移动端APP，将巡检结果反馈至双重预防系统平台。

风险管理层实时监控预警的动态风险，及时督促隐患整改；风险分析人员对“老查老有”的隐患在线使用原因树WhyTree、5M1E或5WHY对隐患开展根原因分析、对“老查老有”隐患进行彻底解决。

管理者通过查看风险统计、隐患统计进行同比、环比辅助企业落实监督考核责任，推动安全生产有效落地；管理者通过查看企业四色图，可以一目了然的知道"红橙黄蓝"四色安全风险空间分布图；管理者通过操作地图就能看到各生产运行部、各部门、各装置、各单元/区域下的风险分级管控及隐患排查治理情况，也可以查看具体风险点的实际分布位置、动态风险等级，可随时调出风险点的风险告知及应急处置卡、风险点关联的隐患及治理情况、风险点关联的隐患排查内容及排查情况、风险点附近的视频监控信息。

3.2 功能架构组成

双重预防系统共包括10个核心功能模块：清单管理、风险辨识、风险数据库、风险分级管控、隐患排查、隐患闭环治理、隐患根原因分析、可视化动态风险监控、企业四色图和风险隐患统计、重大危险源包保责任人隐患排查等(图3)。

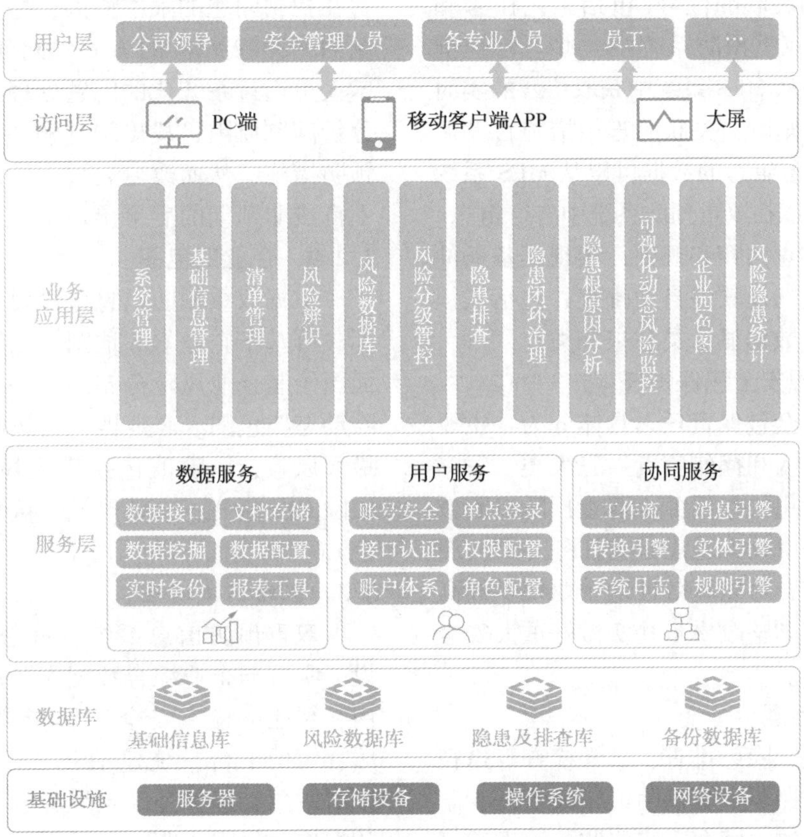

图3　双重预防系统逻辑架构图

3.2.1　清单管理

设备设施清单包括风险分析对象、作业活动清单、单元/区域清单、设备设施清单、风险点清单和危险源清单等6类。设备设施清单数据为设备主数据，通过调用综合数据库提供的数据接口以Web Service形式进行采集。设备设施的内容包括：单位、风险分析对象、单元/区域、设备设施编号、设备位号、设备设施名称、设备设施类型、规格型号、是否特种设备等。

3.2.2　风险辨识

风险登记可记录在隐患排查或日常发现的隐患中分析出来的风险等级高的风险，也可以作为"中转站"将风险辨识的结果转入到风险登记中，目的是用户可以将导入或登记的信息在此补全后转入风险数据库进行分级管控。

3.2.3　风险数据库

风险辨识完成后，将需要进行管控的风险按照"管工作管安全"、四分(类别、层级、等级、专业)原则和属地管理将风险清单分配到每一个人(纵向到底、横向到边)，明确对应的企业、部门、车间、班组和岗位人员分级管控的范围和责任，将责任分解到各层级岗位，确保安全风险管控措施有效实施。上一级负责管控的风险，下一级必须同时负责管控，并逐级落实具体措施。

3.2.4　风险分级管控

风险分级管控和风险数据库功能设计一致，区别在于数据权限不同，风险分级管控数据显示的是本人所管控的动态风险数据。

3.2.5　隐患排查

对"风险分级管控清单"中的所有管控措施

要明确具体排查的岗位或排查人员、排查方法/依据、排查周期等，并将排查工作融入到企业日常检查(如日常隐患排查、综合性隐患排查、专业性隐患排查、季节性隐患排查等)、合规性排查、巡检等工作中。岗位/人员进行定期开展排查，并记录排查结果，对排查过程中发现的隐患要及时上报整改，完成隐患治理闭环管理。

将管控措施相关联的位号(包括工艺位号和设备位号)组态到双重预防系统中，并与管控措施关联，实现自动从 MES 系统中获取位号的实时值，当满足失效规则时，关联的管控措施自动调整为失效状态。位号组态的数据可以从 MES 系统中直接获取，也可以在双重预防系统中自行组态。

通过设定好排查内容和规则，实现具备条件的措施排查项优先选择软件自动排查，包括联锁类、自动控制类、数据显示类和报警类。

3.2.6　重大危险源安全包保责任

重大危险源安全包保责任人具体分为：主要负责人、技术负责人和操作负责人三大类，每一类对应着具体的隐患排查任务。双重预防机制数字化系统安全包保责任人隐患排查任务并严格履职，加强监管检查，可以有效推动企业切实提高安全风险隐患排查和整改质量扎实做好重大安全风险防范化解工作。

3.2.7　隐患闭环治理

通过个人上报、隐患排查、日常检查等途径发现的隐患，需按照职责分工明确整改责任，制定整改计划、落实整改资金、实施监控治理和复查验收的全过程。不能立即整改的隐患，需制定临时管控措施。对于重大及较大风险的隐患和重大隐患，同一部位反复出现的隐患，要进行隐患的根原因分析。

3.2.8　隐患根原因分析

根本原因分析，是一项结构化的问题处理法，用以逐步找出问题的根本原因并加以解决，旨在找到问题的根本原因，是分析问题、解决问题的一种“治本”的方式。对于发现的隐患，技术人员通过系统化的问题处理过程，包括确定和分析问题原因，找出问题解决办法，并制定问题预防措施，从而改变表现、性能或业绩等，防止不良或非预期的后果出现。

3.2.9　企业四色图

根据双重预防信息建设要求结合石化企业实际，可基于企业 GIS 地图、三维数字化工厂或平面图绘制企业风险分布图，并关联风险点实现风险动态四色图。企业四色为风险点下分析风险的最大风险，风险值包括重大风险(红色)、较大风险(橙色)、一般风险(黄色)、低风险(蓝色)。

3.3　数据集成实现

双重预防信息系统依托全厂智能化平台建设，实现与企业综合数据库、行政办公、移动应用、智能巡检、安全环保管控、三维数字化工厂、短信平台、统建 HSE、视频监控系统以及政府应急管理等外部系统集成与数据交互，具体数据流向如图 4 所示。

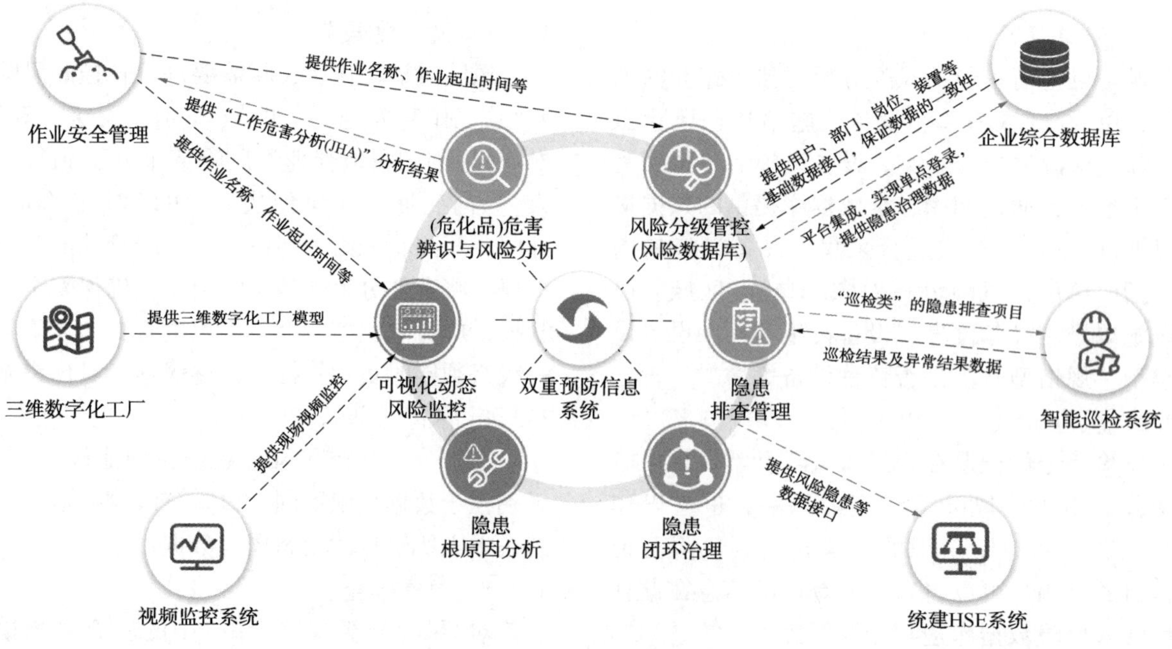

图 4　双重预防系统数据集成图

4 智能化提升

4.1 风险分级管控与隐患排查治理业务融合

风险管控措施是否有效与管控措施的隐患排查构建关联关系，当对管控措施进行隐患排查时，如果发现隐患，则系统中该管控措施置于失效状态，该管控措施所属风险点的风险等级自动升高；当该管控措施的隐患治理完成后，双重预防系统中该管控措施恢复到有效状态，则对应的风险点的风险等级按有效措施重新自动计算至可接受的等级。

4.2 风险管控措施纳入到智能巡检系统

将双重预防系统中需要定期巡检状态的管控措施纳入到日常巡检路线中，在智能巡检系统中自动关联隐患排查，发现隐患时在双重预防系统实现隐患闭环治理，此方案设计属于技术创新，在石化行业内存在双重预防机制落地具有较大意义。

4.3 管控措施隐患自动排查

针对企业应将安全风险管控措施作为隐患排查任务这一明确要求，石化企业岗位人员对管控措施进行隐患排查时，手动观察类检查居多，且隐患排查任务量大，在规定的时间内巡检无法完成这些难题。因此通过智能化平台，依据事先设定好的排查内容和规则，实现联锁类、自动控制类、数据显示类和报警类等利用软件进行自动排查，可以大幅降低岗位人员巡检工作强度。

5 结束语

在推进新型工业化的道路上，我国石化行业正在向装置大型化、炼化一体化、产业集群化方向发展，防控危险化学品重大安全风险，坚决遏制重特大安全事故，责任重大。基于保障本质安全的要求，石化企业必须严格落实双重预防机制建设，对工艺和设备等开展安全风险辨识、风险分级管控清单，并对较大风险、重大风险进行动态风险管控，把风险防控落实到岗，落实到人，落实到每一个零部件和每一道工序，实现企业风险底数更清楚、管控责任更明确。

参 考 文 献

[1] 王海腾，马旺. 石化企业构建双重预防机制的必要性和实践探讨[J]. 中国石化，2018，44(04)：130-134.

[2] 高旭. 炼化企业双重预防机制的现状及改进措施[J]. 劳动保护，2021(012)：000.

[3] 黄典剑. 安全风险分级管控和隐患排查治理双重预防机制建设探讨[J]. 中国安全生产，2017(7)：3.

[4] 赵金萍，杨涛，冯百侠. 化工企业建立双重预防体系存在的问题及建议[J]. 华北理工大学学报：社会科学版，2020，20(1)：5.

[5] 范天庆，丁彩凤. 全员参与在双重预防机制中的重要性及应用[J]. 安全，2020，41(5)：4.

CAE 数值模拟与仿真在消音器振动隐患治理中的应用

张小伟　陆　军　宿伟毅　徐豪杰　蒋　峰

（中国石油独山子石化公司）

摘　要　针对某化工企业螺杆压缩机出口消音器及管线振动的问题，利用 CAE 数值模拟与仿真对原排气管路进行了气流脉动和管路振动分析，结合现场管路振动实测数据，找到管路振动的主要原因并提出相应的改造措施，通过更换为三腔室阻抗复合式消音器，改变排气管路，增加支撑结构，加固热电偶支管等措施对管路系统进行改造。改造后排气管路内各点的压力不均匀度均在 API 619 的允许范围内，脉动平均降幅 82%；高阶固有频率避开压缩机激发频率的±10%，排气管路系统整体的一阶固有频率由 4.572Hz 升至 8.862Hz，改造后的消音器的振动最大为 32mm/s，降低了 3 倍；出口管线的振动最大为 10mm/s，降低了 8 倍，证明了改造措施的有效性。

关键词　CAE；螺杆压缩机；消音器；气流脉动；管路振动

随着计算机技术的普及和不断提高，CAE 数值模拟与仿真在石油化工领域的应用不断普及并逐步向纵深发展，例如气流脉动分析软件 BENTLEY PULS、管道应力分析软件 CAESAR II 及流体分析软件 ANSYS FLUENT、ANSYS CFX 等，在石油化工中的作用变得日益重要，广泛应用在各种科技攻关活动中，是攻关活动中不可或缺的一环。

某厂丁二烯装置 2009 年开工以来，循环气压缩机出口消音器及管线一直存在振动隐患问题，振动引发消音器和管线焊缝疲劳开裂，导致多起物料泄漏事件发生，直接影响装置的安稳运行。2011 年以来装置一直寻求振动治理改造的方法，2013 年更换了消音器弹簧吊架，2015 年在消音器壳体上安装抱卡及阻尼器，2019 年按厂家新设计重新更换消音器，2020 年在消音器入口增加节流孔板，多年来的多项措施均未能根治消音器的振动问题，2022 年利用 CAE 数值模拟与仿真开展攻关活动，成功解决循环气压缩机出口消音器振动隐患问题。

1　现场振动情况简介

某厂丁二烯装置循环气压缩机为日本神户制钢生产的双螺杆式压缩机，2009 年初次投用，压缩机型号：KS50LMZ，输送介质：92%的丁二烯，功率 1500kW，转速 2950rpm，入口压力 159kPa，出口压力 545kPa，设计压缩比：3.428，体积流量：17785Nm^3/h，质量流量 57737kg/h，具体参数如表 1 所示。

表 1　循环气压缩机基本参数

名称	工况
出口流量/(Nm^3/h)	17785
介质	1,3 丁二烯(92%)
分子量	52
进口压力/kPa	159
出口压力/kPa	545
入口温度/℃	45
出口温度/℃	101
阳转子转速/rpm	2950
功率/kW	1500
消音器规格/mm	ID700 * 2690

针对压缩机出口消音器和管线振动异常的问题，通过 ANSYS FLUENT 建模进行流场分析，发现消音器中心截面的流场分布在消音器出口的上方，消音器出口下方存在明显的涡旋，如图 1 所示。

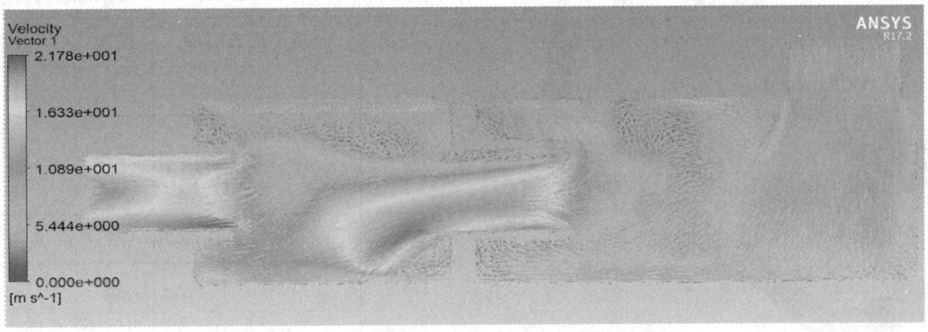

图 1　改造前消音器内部速度矢量图

2　管路系统振动原因分析

螺杆压缩机作为增压和输送气体的核心设备，管路振动威胁着压缩机系统的可靠性与经济性，而气流脉动是管路振动的重要激发源。压缩机管路系统中存在两个振动系统：机械振动系统和气柱振动系统，压缩机管路系统本身是一个具有一定质量、刚度和阻尼的振动系统，管路内的气体就像可以压缩、膨胀的气柱，也是一个具有连续质量的弹性振动系统，而压缩机周期性吸排气就是气柱振动的激发源，导致管路系统内的压力脉动，在弯头、阀门等处产生不平衡的脉动激振力，进而激发管路振动。管路内气体发生气柱共振，管路发生结构共振，压缩机自身动平衡性能差、安装不中、基础和支承结构设计不当等都会引起管路振动。因此，针对螺杆压缩机排气管路振动问题，结合现场实测振动数据，对排气管路系统进行气流脉动和管路振动分析，找出管路振动的主要原因。

2.1　气流脉动分析

利用 BENTLEY PULS 对压缩机出口消音器及管线内气流建模进行脉动分析(图 2)，压缩机排气管路压力不均匀度超过 API 619 的允许值，会产生较大激振力，激发管路振动。API 619 中规定出口消音器及管线的气流脉动允许值为 3.5kPa，对管路不同位置进行脉动幅值分析，发现出口消音器和管线内的气流脉动实际值均超过了指标要求(图 3)。

2.2　管路振动分析

利用 CAESAR II 对压缩机排气管路系统建模进行模态分析及谐响应分析，管路振动分析结果表明，原排气管路系统的一阶固有频率仅为 4.572Hz，管路整体刚性较差，很易引起振动。第 20~22 阶接近气流主激发频率 200Hz，容易发生共振，振动主要发生在仪表分支管部位(图 4)，第 48~49 阶模态接近气流倍频 400Hz，容易发生共振，振动主要集中在仪表分支、主管道弯头、消音器中段、及封头部位(图 5)。

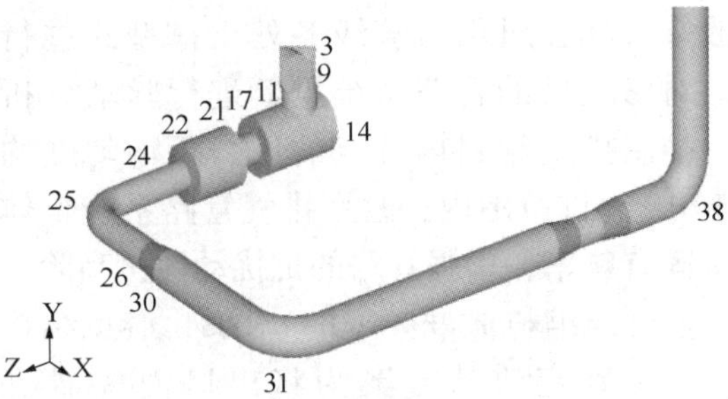

图 2　排气管路气流脉动模型

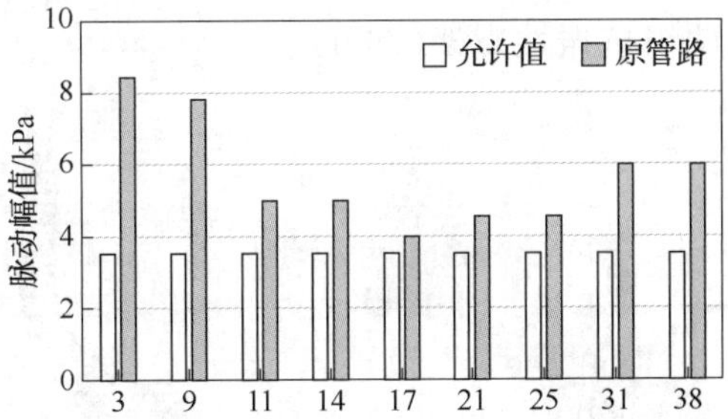

图 3　排气管路气流脉动模型数据分析

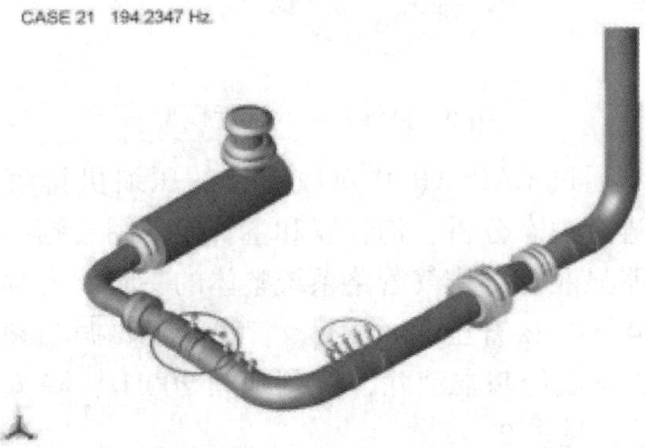

图 4　固有频率 200Hz 排气管路振型图

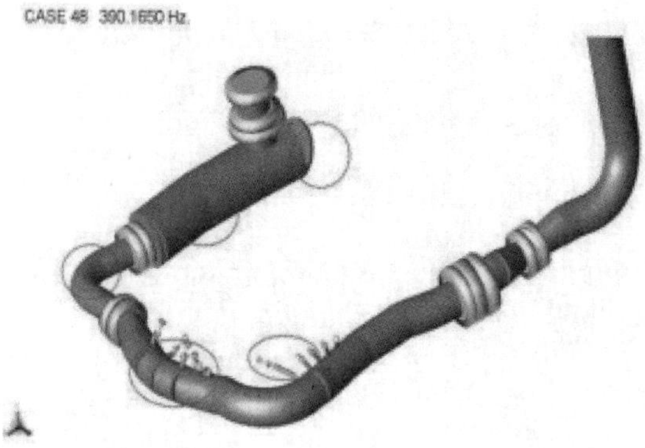

图 5　固有频率 400Hz 排气管路振型图

3　管路系统改造措施

西安交通大学压缩机研究所通过理论计算及分析并结合现场实际排查确认，根据脉动和振动分析计算结果提出消音器和管路改造合理性评价及改造方案，对出口管线各处支撑型式进行调整，对修改后的管路系统重新进行脉动分析计算，控制排气管路内各点的压力不均匀度均在 API 619 允许范围内，改变排气管路系统整体的一阶固有频率，增强管路的抗扰动性，高阶固有频率避开压缩机激发频率的±10%，避免结构共振。最终确定改造方案为将出口消音器改为 DN800 的三腔室阻抗复合式消音器，压缩机出口短接改为 1/4 波长共鸣器，出口管线弹簧支架改为两组抗振性支架(图 6)。

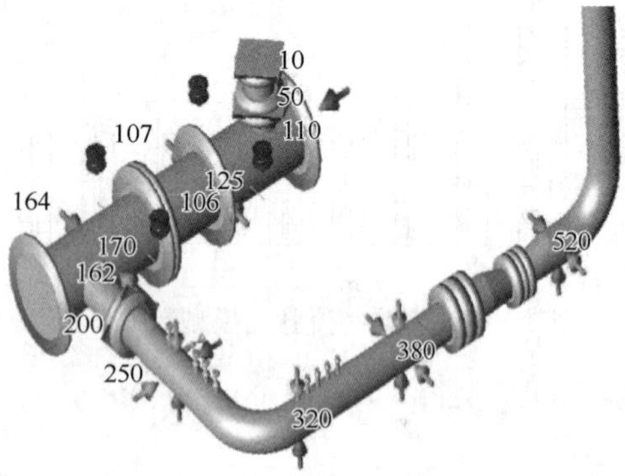

图 6　排气管路改造后模型

通过 CAESAR II 对改造后的压缩机排气管路进行模态分析，消音器和主管线的固有频率得到明显改善，排气管路系统整体的一阶固有频率由 4. 572Hz 升至 8. 862Hz，管线原主要振动频率 400Hz 成份基本消除，仅剩基频 200Hz，降低了 1 倍，见表 2。

表 2　改造前后排气管路固有频率对比

阶次	改造前固有频率	阶次	改造后固有频率
1	4. 572	1	8. 862
20	186. 580	20	188. 074
21	194. 235	21	217. 865
22	203. 199	22	220. 803
48	390. 165	48	232. 619
49	402. 043	49	232. 620
50	417. 768	50	232. 621

通过 ANSYS FLUENT 对改造后的三腔室消音器进行流场分析，对比分析三个腔室内气体流动速度，可以明显看出消音器内的气流无明显扰动，速度矢量均匀，见图 7。

通过 BENTLEY PULS 对改造后的三腔室消音器进行脉动分析，消音器和管道内的脉动水平得到降低，最大降幅是 91%，平均降幅是 82%，见图 8。

4　管路系统改造效果

此次出口消音器及管线改造项目于 2022 年 9 月 20 日实施，9 月 24 日改造完成投入运行，通过监测消音器的振动最大为 32mm/s，降低了 3 倍；出口管线小接管连接法兰振动最大值为 15mm/s，降低了 2 倍；出口管线的振动最大为 10mm/s，降低了 8 倍，管线主频率为 200Hz，降低了 1 倍，属于《美国普渡压缩机技术协会关于振幅的要求》中的设计界限(安全界限)，排气管路振动数值对比见图 9。

5　结束语

现代化石油科技的一个突出特点就把原有的理论、方法与不断发展的计算机技术结合起来，采用多学科联合攻关，从而形成新的理论和方法，以最现代化的计算机软硬件技术为手段，综合应用多学科技术解决石油化工领域的技术难题。只有技术依托的科技攻关才是事半功倍，通过运用 CAE 数值模拟与仿真，技术层面解决装置难点、瓶颈问题，提升设备管理技术水平，减少各类设备故障，降低设备维护费用，促进设备平稳、高效运行。

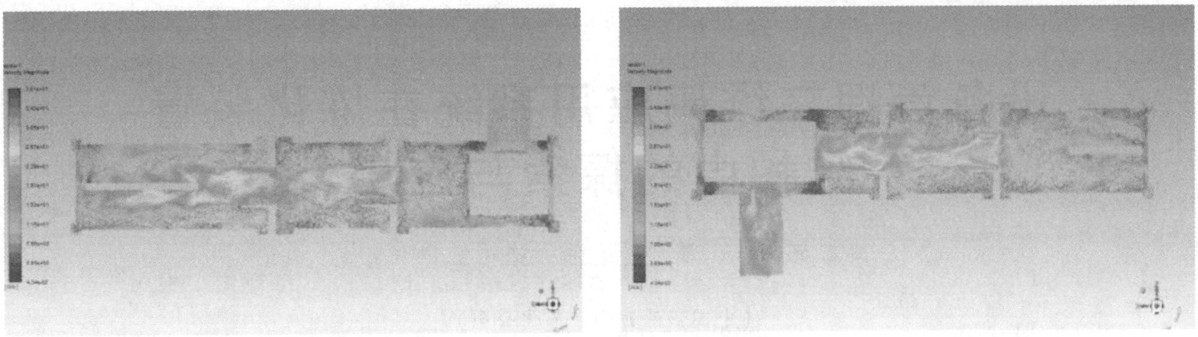

图 7　改造后消音器内部速度矢量图

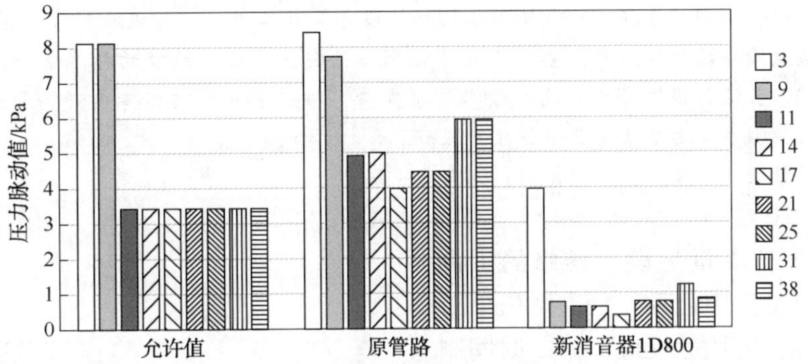

图 8　改造后排气管路气流脉动值对比图

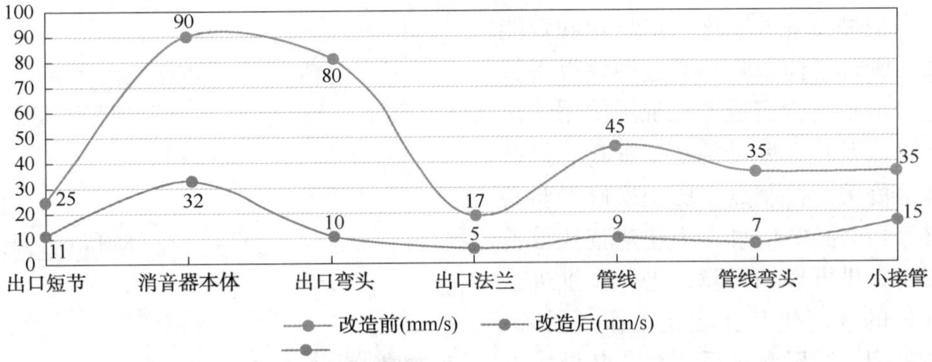

图 9　改造前后排气管路振动分析数据对比

参 考 文 献

[1] 赵颖，刘文智，尚贵公，等. 某化工企业螺杆压缩机排气管路振动原因的分析及改造[J]. 石油化工，2016(08).

设备管理二维码应用系统在炼化装置维护中的探索与应用

梁春育　李　军　冯　仲　陈　凯　罗青龙

（中国石油独山子石化公司）

摘　要　为进一步推进设备数字化、信息化和智能化向维护现场及管理延伸服务，通过构建设备管理二维码应用管理系统，实现了在任何地点使用手机扫描设备管理二维码，可以及时掌握设备基础资料、维护状态，为快速查找设备故障和检修策略提供可靠的保障，突出设备检维修的标准化和规范化管理工作，同时为装置安、稳、长运行提供有力的设备数据信息支持，推行PDCA循环持续动态管理，提供更及时、更准确、更全面的数据系统为炼化企业平稳生产服务。

关键词　设备管理；二维码；应用系统；探索与应用

炼化装置日常维护质量是设备维修的生命线，设备检修质量更是重中之重，一支队伍面对装置突发的异常情况，要快速反应，第一时间制定检修方案，及时组织人力、物力参与设备检修，并且实行全过程质量管控，实现一次性开车成功。为进一步推进设备数字化、信息化和智能化向维护现场及管理延伸服务，通过构建设备管理二维码信息测试系统，实现了在现场使用手机扫描二维码，可以及时掌握设备基础资料、设备运行状态及检维修关键控制点、历史检修经验共享、专用工具等检修必备信息，为快速查找设备故障和检修策略提供可靠的保障，进一步推进了设备检维修管理的规范化和标准化工作。另外，通过建立设备管理二维码测试系统后，各层级人员可以在装置设备运行、维护、管理上积极参与，并查看各区域的维护、运行状态和工作落实情况，为装置安、稳、长运行提供有力的设备信息支持。

1　建立设备管理二维码应用系统

为体现设备管理数字化和智能化延伸的工作安排，项目组依托草料二维码工作台，协助组建机泵二维码，实现一机一码的目标。

1.1　收集设备基础资料

依据日常检维修设备基础信息，需要收集内容包括基础信息、振动标准、密封信息、轴承信息、泵盖垫子、检修专用工具、设备随机图纸和设备检修策略等，如图1所示。

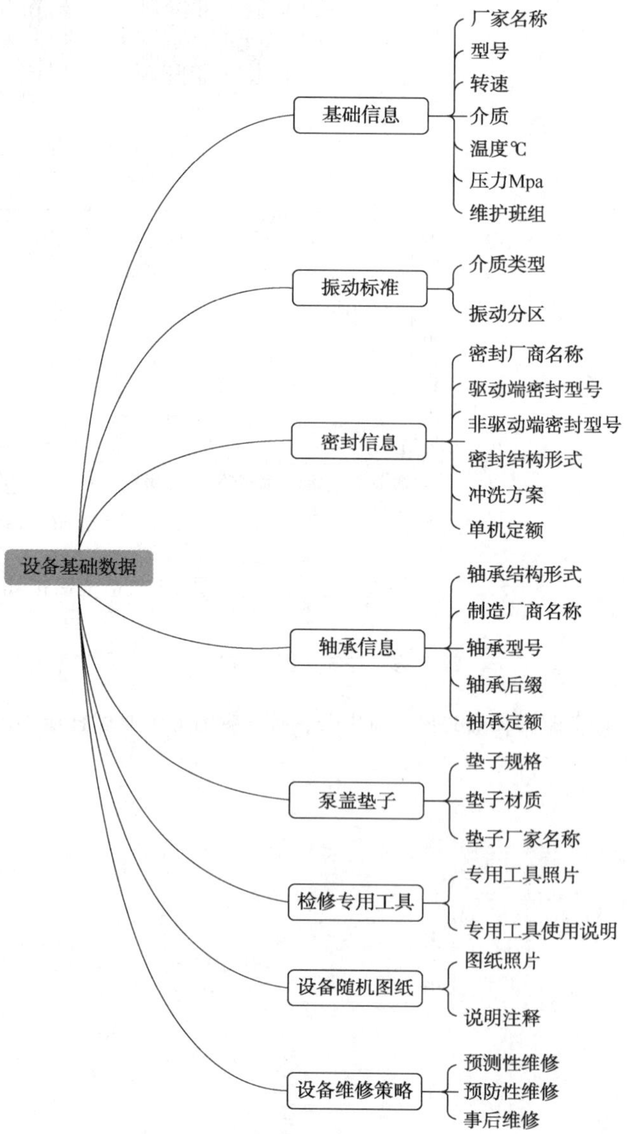

图1　设备基础数据思维导图

1.2 录入表单模板，生产设备管理二维码

（1）按照设备所需的基础信息，累计46项，编制相应的表单，录入工作台，为生成二维码数据来源(表1)。

表1 表单模板

设备名称	设备编号	所在区域	设备厂家	设备型号	转速	介质	温度	压力	密封厂家	驱动端密封型号	非驱端密封型号	机构形式
过滤器反洗水泵	37-P-0302B	公用工程污水	大耐泵业有限公司	SC80-160	2944	水	常温		未检修过	未检修过	未检修过	未检修过
生物滤池反洗水泵	37-P-0401A	公用工程污水	大耐泵业有限公司	SC125-250	1460	水	常温		未检修过	未检修过	未检修过	未检修过
生物滤池反洗水泵	37-P-0401B	公用工程污水	大耐泵业有限公司	SC125-250	1460	水	常温		未检修过	未检修过	未检修过	未检修过
反洗废水提升泵	37-P-0403A	公用工程污水	大连罗斯泵业有限公司	SOZC40-200	2950	水	常温	0.3	未检修过	未检修过	未检修过	未检修过
反洗废水提升泵	37-P-0403B/C	公用工程污水	大连罗斯泵业有限公司	SOZC40-200	2950	水	常温	0.3	未检修过	未检修过	未检修过	未检修过
生物滤池出水泵	37-P-0402A	公用工程污水	广州肯富来泵业股份有限公司	KCC100X80-160	1475	水	常温	0.5	未检修过	未检修过	未检修过	未检修过
生物滤池出水泵	37-P-0402B	公用工程污水	广州肯富来泵业股份有限公司	KCC100X80-160	1475	水	常温	0.5	未检修过	未检修过	未检修过	未检修过
离心机冲洗水泵	37-P-0404A	公用工程污水	大耐泵业有限公司	SC32-200	2900	水	常温	0.4	未检修过	未检修过	未检修过	未检修过
离心机冲洗水泵	37-P-0404B	公用工程污水	大耐泵业有限公司	SC32-200	2900	水	常温	0.4	未检修过	未检修过	未检修过	未检修过
清净废水调节罐提升泵	37-P-0701A	公用工程污水	大耐泵业有限公司	SC150-250	1450	水	常温	0.45	未检修过	未检修过	未检修过	未检修过
清净废水调节罐提升泵	37-P-0701B	公用工程污水	大耐泵业有限公司	SC150-250	1450	水	常温	0.45	未检修过	未检修过	未检修过	未检修过
清净废水调节罐提升泵	37-P-0701C	公用工程污水	大耐泵业有限公司	SC150-250	1450	水	常温	0.45	未检修过	未检修过	未检修过	未检修过
污泥进料泵（高压）	37-P-0741C	公用工程污水	NETZSCH耐驰泵业	NM090SY03S18S	1450	污泥	48	1.2	未检修过	未检修过	未检修过	未检修过
废水泵1	37-P-0706A	公用工程污水	大连罗斯泵业有限公司	SOZC65-160	2950	污水	58	2	未检修过	未检修过	未检修过	未检修过
废水泵1	37-P-0706B	公用工程污水	大连罗斯泵业有限公司	SOZC65-160	2950	污水	58	2	未检修过	未检修过	未检修过	未检修过
U型滤池反洗水泵	37-P-0704A	公用工程污水	大连罗斯泵业有限公司	SOZC125-250	1450	污水	58	2				

（2）随着填写表单后，将二维码标识牌按照提供样板，设计版面包含了以下信息，标题为“设备管理二维码应用测试系统”，在正上方；标题的左下角为单位名称“设备检修公司”；标识牌下部左侧分别为“设备名称”、“设备编号”和“所在区域”；标识牌下部右侧为二维码图案，具体如图2所示。

图2 二维码设计图案

1.3 制作二维码标识牌

首先，设计二维码粘贴标识牌。从以下几方面考虑，最终形成标识贴牌的设计方案：第一、考虑标识牌粘贴牌的尺寸必须要和二维码的尺寸相同，即长×宽为90cm×60cm，倒角为R3。第二、考虑到经济性和质量，选择0.8mm的不锈钢板材；第三，从现场设备结构考虑，既要位置醒目，又要便于安全方便扫描二维码获取信息，最终在粘贴和悬挂角度，选择了悬挂的方式。因此需要在标识摆上设计一个小悬挂点。同时兼顾使用扎带进行捆绑和悬挂，悬挂点内孔设计为直径为4mm的内孔，具体结构如图3所示。

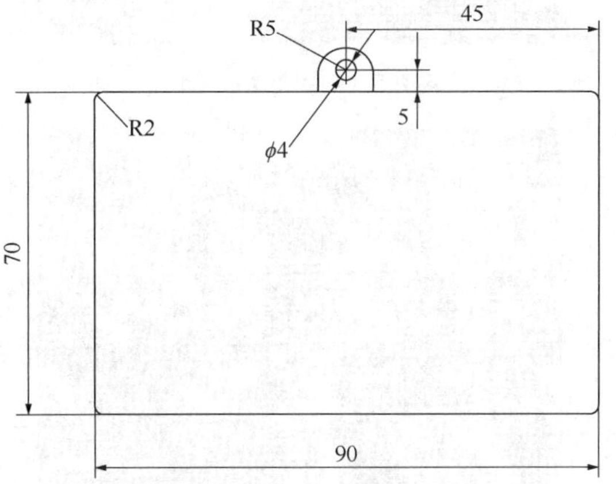

图3 二维码标识牌图

其次，将图纸交给加工单位，需要使用激光切割进行裁剪。同时注意在激光切割前要将板材两侧的保护膜去除，否则影响加工质量。组织员工张贴二维码标识牌，将二维码标识贴粘在标识牌上。粘贴前，对员工进行培训，统一粘贴标准(图4、图5)。

1.4 现场悬柱二维码标识牌

按照目前机泵二维码现场悬挂位置定于开关柱上，通过观察发现现场开关柱有方形和圆形两种，现场挂牌紧固和捆绑采用相互交叉垂直的两

个扎带组合完成，其中 350mm 扎带适用于固定位置、100mm 扎带适用于连接标识牌和固定位置扎带(图 6、图 7)。

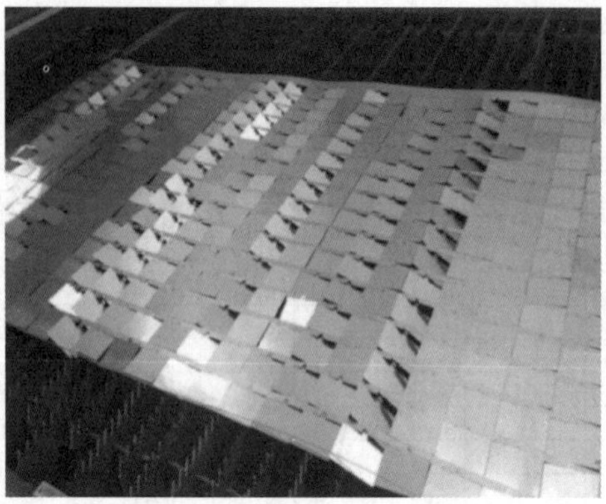

图 4　切割完板料图

图 5　二维码粘贴图

图 6　现场悬挂图

1.5　完善设备动态数据(表单)

设备表单包括检修记录、检修经验、机泵振动分析经验、机泵特护、配件变更记录。如图 8 所示。

1)“设备检修记录”填写要求：(1)“检修类型”选择“小修”、“中修”或“大修”；其中机组和往复压缩机选择“中修”或“大修”，而机泵类仅选择“大修”；(2)“检修日期”中按照时间检修时间填写；(3)“设备故障照片”上传 1~2 张主要故障点，照片大小控制在 500kb 以内；(4)“故障现象描述”中从外观现象、声音、温度等方面进行文字描述，务必详细不要有遗漏；(5)“故障原因”一栏，请科学详细说明故障产生的原因以及处理方法；(6)“更换配件”一栏填写更换配件名称、型号(带后缀)、数量；(7)“检修人员”一栏如实填写即可。

图 7　现场示意图

2)“检修经验”需要按照拆卸方法和回装方法分别录入“拆卸经验方法”、“拆卸经验方法照片”、“回装经验方法”和“回装经验方法照片”。

3)“振动分析经验(机泵)”中需要填写以下信息：(1)“联轴器”中填写“联轴器形式”、“联轴器螺栓孔数\ \ 橡胶爪数”；(2)“叶轮”中填写“叶轮流道数量(单级)”、“叶轮流道数量(多级)、入口侧”“叶轮流道数量(多级)、出口侧”。(3)“齿轮”中填写“输入轴齿数”、“输出轴齿数”、“中间轴齿数(低速轴)”、“中间轴齿数(高速轴)”；(4)“固有频率”中填写“设备本体固有频率(Hz)”、“设备基础固有频率(Hz)”、“进出口管线固有频率(Hz)”、“转子固有频率(Hz)”、“现场重要结构照片”。

4)“机泵特护”中填写“泵振动及温度(联轴器端)”、“泵振动及温度(非联轴器端)”、“冷却水系统”、“润滑系统”、“密封系统”；

5)“配件变更记录”中填写：(1)“原配件信息”中包括“名称”、“型号”、“厂家”、“材质”、“数量”；(2)“新配件信息”中包括“名称”、“型号”、“厂家”、“材质”、“数量”；(3)“变更原因”中填写不满足工艺需要、损坏或搬移等。

6) 往复压缩机中还包括“压缩机防松检查”部分，其中(1)“曲轴箱”中填写“主轴瓦螺栓是否松动”、“曲轴箱底部是否有巴氏合金”、“曲轴箱内油线有无松动和异常”；(2)“连杆和十字头”中填写“连杆大头瓦螺栓是否松动”、“连杆小头瓦螺栓是否松动”、“十字头销子压板、螺栓是否松动”；(3)“气阀”中填写“气阀顶丝是否松动”、“阀盖螺丝是否松动”、“气阀组件是否完好”、“气阀垫片是否完好”；(4)“故障图片”中上传防松检查发现的问题典型照片；(5)“检查结果\ \ 问题描述”中填写“检查部位结果”、“故障部位”、“现象”。(6)“防松检查人员”和“防松检查日期”按照如实填写(图9)。

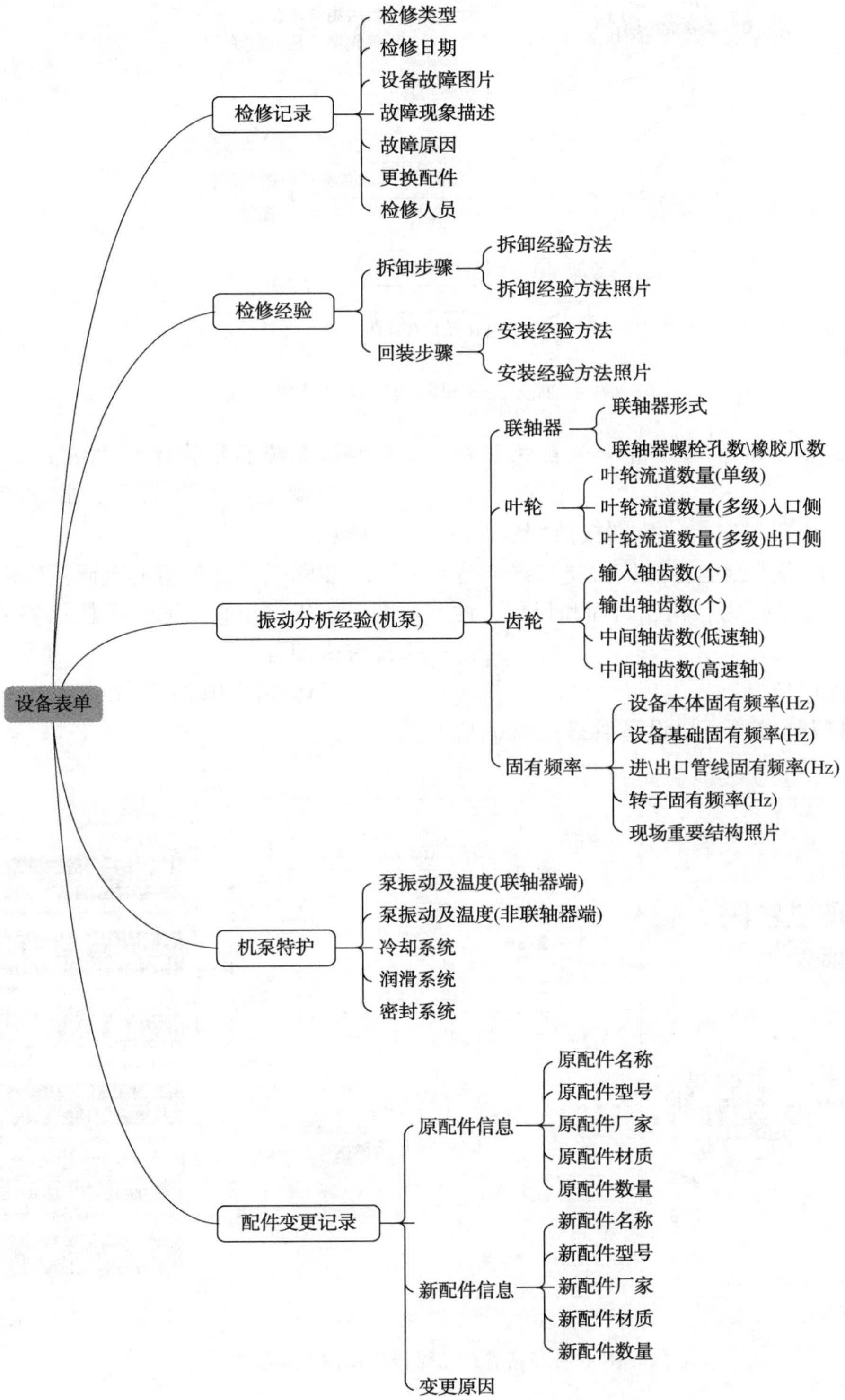

图 8　设备表单思维导图

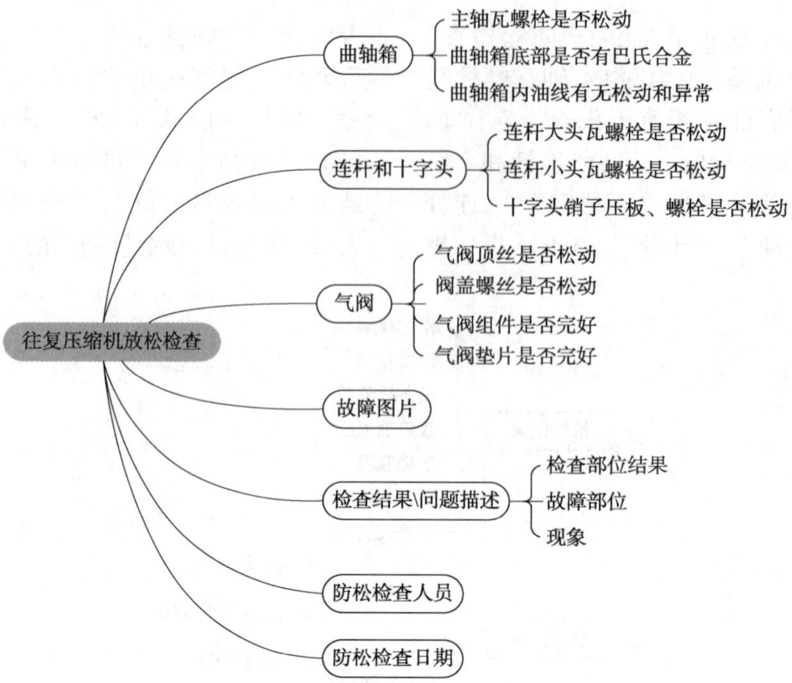

图 9　往复压缩机防松检查单思维导图

1.6　建立设备管理二维码应用测试系统汇编手册

（1）登录二维码工作台，分别按照“炼油一部”、“炼油二部”等生产运行部依次将二维码导出，并编辑到一个文件内，构建封面和目录，便于查询使用。

（2）手册操作指南：

步骤一：打开电脑找到“设备管理二维码应用测试系统汇编手册”文件夹；

步骤二：查询目录，找到生产部所在的页码；

步骤三：在相应的页码范围内找到相应设备的二维码标识牌，通过手机扫描二维码，进入系统查询即可。

具体如图 10 所示。

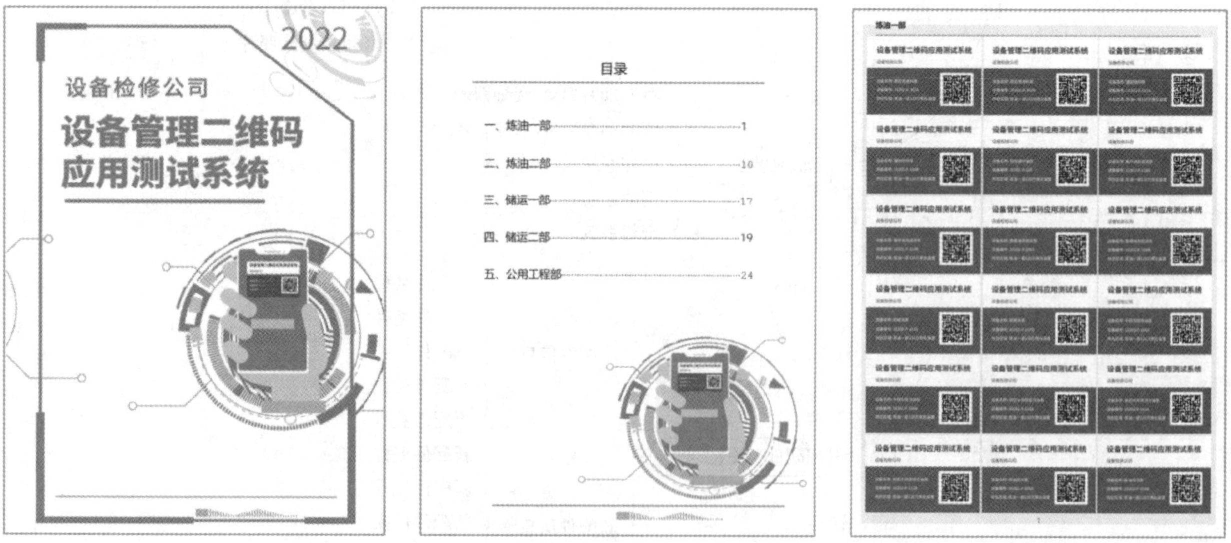

(a)　(b)　(c)

图 10　设备管理二维码应用测试系统图

2 设备管理二维码应用测试系统投入使用

2023 年 8 月，随着各装置二维码二维码现场挂牌相继完成，员工通过扫面二维码来获取设备信息资料，为检维修工作提供技术资料。下面介绍在扫描二维码后的各类设备所包含的设备数据及使用方法。

（1）员工通过扫描标识牌上的二维码，可以进入以下界面(图 11)。

（2）扫描申请加入组织：非内部人员扫码后，提示申请加入组织才能查看，填写表单审核通过后跳转至相应页面，显示“设备检修公司 B-X/X 设备信息”。其中包括目前的设备检修状态是否正常、振动分析经验信息采集情况、最新记录显示、表单填写(检修记录、检修经验、振动分析经验、机泵特护、配件变更记录)、设备信息、振动标准、密封信息、轴承信息、大盖垫子信息、专用工具、设备随机图纸、设备维修策略等内容，以上信息可以通过在线修改或填写模式录入和修改，共涉及到 44 处(图 12、图 13)。

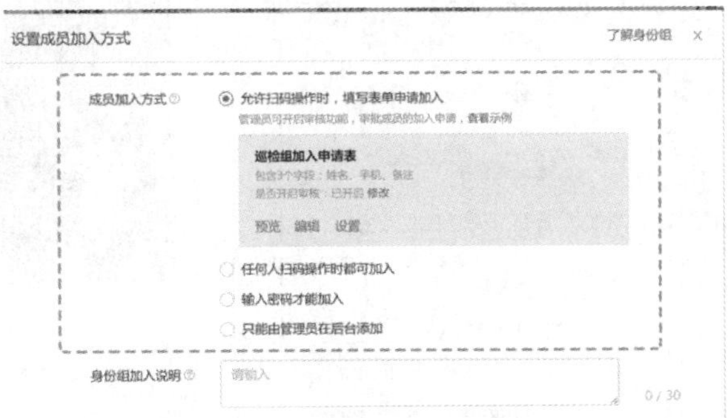

图 11 设置加入组织方式

(a) (b) (c)

图 12 设备管理二维码应用测试系统图实例一

（3）点击“检修记录”、“检修经验”、“振动分析经验(机泵)”、“机泵特护”、“配件变更记录”可完成相应信息的录入工作，随后点击“提交”，完成信息录入工作。

3 设备管理二维码应用测试系统后台管理和应用

3.1 后台管理

（1）权限设置

设备管理二维码工作台包含 2 个高级成员，实现公司内外多人协作高级成员可赋予二维码和动态数据的管理权限，对不同的二维码进行分级分权限管理，用于公司中多人管理二维码平台，实现在电脑端和手机端的多人协作管理。

（2）可各自管理一批二维码

有管理一批设备、物品等职责的一线人员，可在手机端各自管理一批二维码，查看、导出这批码的动态数据，接收消息提醒、处理码上的任务等。

(a) (b) (c)

图 13 设备管理二维码应用测试系统图实例二

（3）或管理全部二维码

有更高管理职责的人员，可赋予全部码的管理权限，多人登录电脑和手机端管理后台，进行生码、数据处理等更多管理操作。

（4）高级闭环功能

表单数据提交后，可添加后续处理动态，填写图文内容，高级版起，还支持关联填写其他表单。如：发现隐患后，追加填写整改记录，形成问题闭环。

（5）批量生码高级功能

可使用批量生码高级功能，提升批量生码速度，缩短等待时间。高级成员在手机端使用批量模板生码。填写内容直接生码，分工协作，减轻管理员工作量。

（6）高级协作功能

管理员可根据不同的二维码，指定不同的高级成员在手机端协作管理，区分权限，明确责任。应用举例：让各区域的负责人在手机端审核表单数据，减轻管理员工作量。多人审核数据。让各区域的负责人在手机端随时查看设备运行状态看板、是否漏检等。手机端多人查看报表。

（7）数据导出优先

在导出表单数据、子码可变内容数据时可专享高速通道，导出速度优先于免费版和基础版用户，但高级版及以下版本用户，仅可导出最近180天的动态数据，超过180天前的数据，可在线查看，会长期保存，但不可导出。

（8）密码管理

二维码可设置密码，扫码后需输入密码查看；二维码可限制GPS使用范围内扫描；二维码可以限制访问时间；二维码可设置仅扫描访问，不允许浏览器访问等功能。检修信息、巡检等表单经过加密，需输入密码查看；表单等记录填写可设置电话、姓名和手签方式录入，以增加法律存证，后台管理功能只允许管理员访问。该二维码数据库使用阿里云技术支持，系统通过国家二级等保安全认证。

3.2 突出标准化、规范化要求，推进执行中的PDCA循环持续改进

在设备管理二维码管理测试系统维护的过程中，会发现部分设置不够便捷、不够优化，不利于该系统的维护和管理，比如原有修改数据只能通过后台进行修订，现优化为管理员通过扫描二维码后直接可以在该页面进行修改，提高了修改速度和工作效率。这样一来就使得检维修工作的标准化和规范化要求。在系统数据更新和使用过程中，突出以实用为主要目的，执行从计划性开展工作、安排人员进行系统维护、检查工作中遇到和发现的问题、针对系统进行优化和处理等工作方式方法，形成PDCA循环可持续改进工作体系，有利于设备管理二维码系统更好的为设备检维修服务。

3.3 维护平台数据管理制度

为保证设备管理二维码应用测试系统按照计划推进和开展日常维护工作，制定了该系统的维护管理制度，包括实施范围、管理职责和管理内容要求等(图 14)。

设备管理二维码应用测试项目维护管理制度

1 范围

本制度规定了设备管理二维码应用测试项目管理的考核内容及要求。

本制度适用于炼油钳工车间。

2 管理职责

2.1 生产副主任负责二维码应用测试项目统筹安排和质量验证。

2.2 承包干部负责各属地工作推进进度监督和日常维护情况汇报工作。

2.3 班长负责设备管理二维码应用测试项目进度和质量监督进度及临时性工作安排。

3 管理内容与要求

3.1 前期二维码工作推进管理要求

3.1.1 按照制定的各班组工作推进进度安排，班组负责人每周参与高危泵机组资料的收集、录入、打印、制作和挂牌等工作；

3.1.2 每周五 17:00 前班组负责人在即时通群内汇报本周工作完成情况。

3.1.3 每月能够及时完成各项工作安排的情况；

对于以上能够积极配合车间工作安排，完成工作质量高的人员和班组。给予责任人和班长+10-30 分/月。

3.1.4 有违反以下要求的行为，针对不符合的班组-2 分/次，责任人-（10-20）分/次；

3.1.4.1 统计数据与实际情况不符，或偏差较大；

3.1.4.2 照片和图纸质量不高，不能清晰辨认；

3.1.4.3 安排的工作没有及时完成，存在推诿、敷衍、弄虚作假的情况；

3.1.4.4 工作进度落后于计划安排。

3.2 二维码日常维护管理要求

3.2.1 积极参与设备二维码数据内容更新（设备基本信息、检修经验、专用工具、图纸、配件清单和照片等），完成标准高，数据准确无误；

3.2.2 对于二维码标识牌存在脱落、损坏、缺失等情况，能够及时按照标准要求整改；

3.2.3 对于二维码执行工作中存在的问题，及时提出可行性建议，并被采纳的情况；

对于以上能够积极完成二维码维护岗位工作的人员，给予相关人员+15-30 分/次嘉奖。

3.3 有发现以下情况或行为的个人及班组，给予相关责任人-（10-20）分/次、班组-（3-5）分/次：

3.3.1 车间及以上部门检查发现的问题，没有及时整改的情况；

3.3.2 班组日常维护中，存在长期管理缺失的情况；

3.3.3 相互推诿、不认真参与二维码维护或故意拖延整改的情况；

3.3.4 对二维码信息或登录权限存在泄密的情况，或未经请示批准该，擅自外泄账号和密封的情况，造成验证影响的，另行追究其相关责任；

设备检修公司炼油钳工车间

2021 年 12 月 27 日

图 14 管理制度图

4 取得的成果

（1）公司设备维护资料首次实现“全员管理”和“全信息化管理”跨越式融合。本项目是以设备检维修管理为基础，为每台设备量身打造“一机一码”，公司内部员工通过手机扫描二维码实现设备基础信息展示、检修记录登记、检修经验记录、行车巡检等功能，对于基层员工，只需一部手机，即可实现设备巡检、记录填写功能；对于管理人员，只需一部手机，即可实现设备信息查询、统计和管理，打通了管理人员和基层员工之间的沟通桥梁，全信息化管理的实现，提高了检维修人员检修质量、检修效率，降低员工之间设备信息共享收集难度和成本，提高设备“僵尸数据”利用程度，提高设备标准化管理水平，实现设备管理数字化和智能化创新，从而更好地为设备检维修服务，达到企业利益最大化。

（2）设备管理二维码应用测试系统的上线，实现了设备检维修管理“全流程闭环管理”。同时将原有多个线下设备管理平台进行了整合，让信息集成化和高效化，二维码有高危泵、一般机泵、往复式压缩机、行车等设备，每一台设备，都拥有一个“身份证”，即设备二维码，通过扫描二维码，填写定制化的记录表单，基层员工和管理人员都可以利用该系统，从而实现全流程闭环管理功能。

（3）二维码系统通过“全流程闭环管理”，实现了“让数据跑腿”、“一次办好”的目标。为更好地管理所有二维码，系统内创建的“表单”功能，将所有二维码分门别类，全部实现流程管理功能，可以实现扫码、提交、审核、更新、反馈记录全流程信息展示，以及记录自动更新功能，记录内可以插入文字、图片等，一旦记录提交后，信息将会立刻推送至管理员和员工手机，设备管理人员可以第一时间对记录进行审核，员工可以在第一时间得知审核消息并要求员工及时处理，极大地缩短了员工的操作时间，无论是对管理人员，还是基层员工，都可以做到闭环管理，既减少沟通成本，缩短了流程时间，又实现了“以人为本”的理念，提高了员工的幸福感和获得感。

芳烃抽提(SED)系统优化操作

马衍峰

[中石化(天津)石油化工有限公司]

摘 要 苯，甲苯和二甲苯是生产各类化学品的重要原料，芳烃抽提装置是芳烃生产的龙头工艺，其中环丁砜抽提蒸馏工艺(SED)被广泛应用在各大中型炼化工厂中，但能耗较大，而且产品精度需求高，其系统根据市场需求和现有工况条件进行优化操作至关重要。本文以天津石化炼油部联合七车间重整抽提装置的抽提A系列生产单元的一次降温增效操作为例，详细探讨抽提蒸馏系统的优化操作。

关键词 抽提蒸馏；降温操作；抽余油提纯溶剂温度；溶剂比

1 装置介绍

天津石化炼油部重整抽提装置采用中石化石油化工科学研究院(RIPP)的环丁砜抽提蒸馏工艺(SED)，建立A、B两个独立的抽提蒸馏系列，分别处理两股原料—重整生成油C6～C7馏分和加氢乙烯裂解汽油C6～C7馏分。重整油抽提蒸馏系列称为A系列，裂解油抽提蒸馏为B系列。两系列混合芳烃送芳烃精馏单元，进一步分离得到苯、甲苯产品，重整抽余油根据生产安排调和至汽油或者乙烯裂解装置。

2 原理简介

环丁砜抽提蒸馏(SED)分离芳烃和非芳烃是一个典型的物理分离过程，该工艺采用含水环丁砜为溶剂，主要利用溶剂对烃类各组分相对挥发度影响不同的基本原理，通过萃取精馏达到分离芳烃和非芳烃的目的。装置包括抽提蒸馏塔(ED)、非芳烃蒸馏塔、溶剂回收塔、溶剂再生塔和其它辅助设施。

在保证抽提蒸馏塔稳定操作的前提下，通过控制抽提蒸馏塔的操作参数实现芳烃产品的高纯度和高收率。这些操作参数包括溶剂比、溶剂入塔温度、灵敏板温度和贫溶剂烃含量。

3 降温增效操作前的C-501工况介绍

重整抽提装置在2020年大修期间进行了扩能改造，抽提A系列也相应进行扩能改造。其中A系列三个塔由原设计的ADV浮阀塔盘更新为高效塔盘。开工初期，抽提A系列系统按照上个周期的运行参数以及原设计文件的指导运行。在51t/h的进料量，16.1t/h的中压蒸汽再沸量，溶剂比为4.1的工况条件下，15#、20#、25#、35#塔盘温度分别为118℃、124℃、127.5℃、131℃，重整抽余油中平均苯含量为0.68%。在公司随后的工艺卡片修订中，重整抽余油被要求在调和汽油时，苯含量≯0.75%。照此工况，重整抽余油产品质量已经处于不合格边缘，必须马上采取措施。

4 应对措施分析

4.1 降低C-501操作温度

在抽提蒸馏过程中，随着温度的升高，非芳烃和芳烃的溶解度增加，使相对饱和蒸气压降低，温度降低，可以很好地降低抽余油中苯的含量，但可能会影响溶解度平衡，苯含量的溶解度降低，收率降低，消耗量增加。适当提高溶剂的温度，有利于避免塔板上两个液相的形成，对稳定操作有一定好处，但过高的溶剂温度，容易造成抽余油中芳烃损失增加，特别是苯的损失。温度过高会增加塔内气相的负荷，使大量气体组分蒸发到塔顶，带走少量苯。根据SED抽提蒸馏的操作原理，过高的溶剂温度和灵敏板温度，容易造成抽余油中芳烃损失增加，特别是苯的损失，即抽余油中苯含量会升高。

因此，采用降低抽提蒸馏塔的操作温度是降低抽余油中苯含量的最佳解决方案。通过贫溶剂进料温度、再沸器E-503蒸汽流量来降低C-501精馏段包括15#、20#、25#、35#在内的灵敏板温度，将抽提蒸馏塔内非芳烃和芳烃的分离界面向下移动，增加非芳烃和芳烃的分离空间。这相当于主动提高了整塔的分离精度，但却被动提高了单层塔盘分离分离精度的要求。

降温操作的同时，必须兼顾灵敏板 50#塔盘温度，防止温度过低，导致污染芳烃产品。

4.2 提高 C-501 的溶剂比

溶剂比高，非芳烃的相对挥发度大，有利于提高芳烃产品的纯度和回收率，但过大的溶剂比又会降低装置的处理能力并增加能耗。溶剂比对抽提蒸馏系统的分离效果至关重要，随着溶剂比越高，苯收率就会越高，抽余油中苯含量也会越高。

5 降温增效操作的实施

按照上述操作思路，在保证 C-501 进料量、进料组成、进料温度、塔顶压力不变的条件下，开始通过溶剂温度、再沸器流量实施降温操作。降低中压蒸汽再沸量至 14.5t/h，溶剂比提高至 4.7，15#、20#、25#、35#塔盘温度分别为 111.8℃、113.8℃、116.2℃、126.4℃，在芳烃产品质量合格的同时降低了重整抽余油中的苯含量至 0.12%。

6 操作总结

（1）通过降低溶剂温度、再沸器流量，提高溶剂比等一系列操作后，成功将抽余油中苯含量由 0.68%降低至 0.12%，满足重整抽余油调和汽油时指标要求。

（2）C-501 精馏段灵敏板温度梯度基本消失，说明非芳烃和芳烃之间的分离界面下移之 25#和 35#塔盘之间。

日常操作指导需要随之改进，要求操作人员由调整 15#、20#、25#灵敏板温度和温度梯度转移至控制 35#塔盘温度不低于 124℃，建议视重整抽余油在线分析数据进行卡边操作。同时，抽提 A 系列操作单元的先进控制 APC 控制器需要重新建立模型，将 35#灵敏板温度纳入重点操作变量中。

（3）溶剂比由之前的 4.1 提高到 4.7 后，有效提高非芳烃的相对挥发度，提高了芳烃产品的纯度和回收率，进而降低了抽余油中苯含量。

（4）在此降温操作中，节约中压蒸汽近 1.3t/h，循环水用量约 40t/h。

（5）虽然精馏段各塔盘温度明显下降，但操作人员精细操作，始终保持 50#塔盘温度不小于 128℃。所以本次调整并未使抽余油组分污染塔底富溶剂，未影响 A 系列混芳产品质量。系统运行调试后，50#塔盘温度稳定，未降低 C-501 系统的操作弹性。

（6）本次降温增效操作的成功实施得益于塔盘更新为新型高效塔盘，极大增加了 C-501 分离效率并增加了塔盘气相通量，使非芳烃和芳烃分离界面下移，未使产品发生波动。

7 效益计算

7.1 能耗效益计算

本次降温增效操作节约中压蒸汽近 1.3t/h，循环水用量约 40t/h，若按照此进料量和进料组分，则操作成本会有所下降，中压蒸汽按照 255 元/吨计算，即每小时节约中压蒸汽的效益×8000 小时/年=265.2 万元/年；循环冷却水按照 0.3 元/吨，即每小时节约循环冷却水的效益×8000 小时/年=9.6 万元/年。

因此，操作费用节约 274.8 万元/年。

7.2 高附加值产品效益计算

重整抽余油中苯含量由 0.68% 降低至 0.12%，按照重整抽余油平均外送量 21t/h 来计算，则相当于每小时苯产量增加了 0.1176 吨；按照 6867 元/吨的苯产品单价，重整抽余油作为汽油时单价为 5065 元/吨，则苯产量的增产效益为：0.1176t/h×(6867 元/吨-5065 元/吨)×8000 小时/年=169.5 万元/年。

7.3 总效益计算

此次降温增效操作有力保证了重整抽余油的产品质量，也兼顾了全厂汽油池降苯操作的大局，同时也成就了一大笔经济效益。若全厂工况维持现状，每年会创造经济效益 444 万元。

8 结束语

精馏塔系统的节能创效操作灵活多变，要根据市场需求和工况条件，寻找到正确的节能创效的思路。节能创效不可以牺牲安全环保、产品质量以及操作弹性。从本次抽提蒸馏塔的降温创效操作可以看出，溶剂比和溶剂温度是决定抽余油苯含量的关键。虽然创效的具体操作是建立在更换新型高效塔盘的基础上，但创新的思路还是可以借鉴的。

参 考 文 献

[1] 李秀梅. 精馏塔节能优化综述. 价值工程，1006—4311(2014)28—0034—02.

[2] 周邓红，夏晓梅，甘雨，等. 甲醇-苯共沸体系物理方法与萃取剂的筛选[J]. 科技广场，2017，3-0118-03.

[3] 王建辉，李玉涛. 芳烃抽提装置长周期运行的影响因素分析及对策[J]. 乙烯工业，2011，23(3)：15-21.

石化罐区安全风险智能化管控平台建设研究

赵亚通

[中石化(大连)石油化工研究院有限公司]

摘　要　本文针对石化炼厂罐区员工劳动强度大、监检测手段单一、软件繁杂、存在信息孤岛、智能化水平低等问题，融合智能监检测、机器人巡检、数据可视化、机器学习等当前主流智能化技术以及储罐完整性管理技术，研发罐区安全风险智能化管控平台，集成新一代智能化监检测系统、罐区完整性管理、智能巡检机器人等核心技术，并将数据进行一体化、可视化展示，在减少工人劳动强度的同时提高巡检效率，为石化罐区安全运转提供有力技术支撑。

关键词　智能巡检；罐区监检测；一体化平台；罐区完整性

随着我国部分石化厂区运行年限的增长，石化罐区事故发生率有逐年增高迹象，而储罐储存介质大多具有易燃易爆或毒性等特性，一旦发生泄漏，可能引发火灾、爆炸及中毒等灾难性事故，造成严重的环境污染，并给社会经济、生产和人民生命财产带来巨大损失和危害。面对当前情况，无论是传统手段的停产检修，还是日常罐区加强管理，企业仍会面临较大的经济损失及安全隐患。因此，结合新一代信息技术，通过整体提升罐区智能化水平的方式，为石化产业赋能，是目前最优的解决方案。

本文以石化罐区安全风险智能化管控为目标，依据《油气储存企业安全风险智能化管控平台建设指南》，于某石化罐区进行智能化研发改造以及一体化管控平台开发部署工作，完成了以下智能改造成果：

(1) 监检测方面，根据罐区日常运维以及检维修时储罐存在问题的重点区域进行深入研究，开发储罐接地状态、罐底外边缘板、内浮顶监测、雷电预警、罐顶锈蚀只能识别算法及设备，并于某罐区试验储罐完成安装，上位机展示平台统一集成于罐区安全风险智能化管控平台，全方位保障罐区日常运转，准确评估被监测储罐运转状态，最大程度延长储罐开罐周期，提高企业运转效率；

(2) 巡检方面，研发罐区防爆智能巡检机器人，巡检机器人通过整机防爆认证，最高移动速度不低于 1.5m/s；室内定位精度优于±2cm，室外定位精度优于 10cm。根据现场巡检要求规划并建设围堰内巡检通道，替代外操室员工日常巡检，实现了罐区日常巡检无人化；

(3) 完整性管理方面，主要依照我国现行行业标准 GB/T 26610—2014《承压设备系统基于风险的检验实施导则》以及 GB/T 30578—2014《常压储罐基于风险的检验及评价》进行完整性评价及风险评价模块开发，为罐区为日常检测、分级管理、维修周期及大修周期排序提供依据；

(4) 集成上述全部技术模块，开发罐区安全风险智能化管控平台，平台采用 B/S(浏览器/服务器)前后端分离架构，展示端采用 Vue3.0 框架、WEB-GL 技术进行 3D 可视化开发，展示模块中展示数据来自于罐区内的监测下位机、巡检机器人、储罐检测报告等不同模块，将关键数据及报警信息直观展示给现场人员，为罐区安全运转提供数据依据及技术参考。

1　平台架构及建设

罐区安全风险智能化管控平台采用 B/S(浏览器/服务器)前后端分离架构，前端采用 Vue3.0 框架、WEB-GL 技术开发。前后端分离架构将页面显示相关处理彻底与应用的业务逻辑拆分开，使前端开发可以自由进行技术选型，借助多媒体手段，构建对用户友好的操作界面，而无需受到后端所采用技术类型的限制；后端开发可以专注于业务实现，向前端提供能够返回规定格式的接口，无论业务需求如何变更，只需要后端程序进行处理，前端程序不受影响。

管控平台的主要职责在于集成罐区监检测、巡检相关数据以及罐区完整性模块，联通数据孤岛，将关键数据及报警信息直观展示给现场人员，为罐区安全运转提供数据依据及技术参考，平台总体架构如图 1 所示。

图 1　智能化管控平台总体架构

在前端方面，结合现场需求，主要分为数据展示及完整性管理两个模块，数据展示模块主要复杂将罐区 3D 模型及后端提供的罐区信息进行集中展示，罐区 3D 模型获取方法首先是使用无人机倾斜摄影技术对罐区现场进行扫描，对获取模型进行减面优化处理后，应用在展示模块中，罐区 3D 模型如图 2 所示。展示模块中展示数据来自于罐区内的监测下位机、巡检机器人、储罐检测报告等不同模块，具体数据来源见表 1。

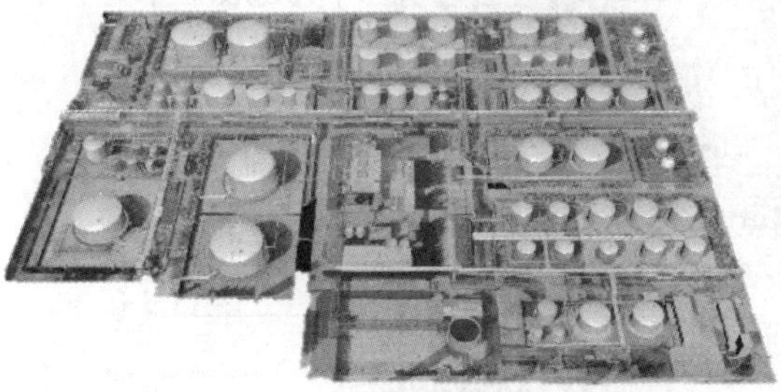

图 2　芳烃厂罐区 3D 模型

在系统的展示界面设计方面，需要使用 WEB-GL 技术对罐区内的储罐建模，通过用户的鼠标点击、拖动等交互操作，直观展示 3D 罐区。并在点击储罐模型时，显示该储罐的液位、压力、温度等数据。同时，为了时刻关注巡检机器人的工作状态，在界面上需要实时展示巡检机器人双光云台所摄制的视频影像。智能化管控平台展示界面展示需求见表 2，最终部署的展示主界面如图 3 所示。

表 1　展示界面数据来源

数据种类	数据来源
储罐温度	PI 实时数据库系统
储罐液位	PI 实时数据库系统
储罐压力	PI 实时数据库系统
浮盘倾角	浮盘监控系统
浮盘积液液位	浮盘监控系统
浮盘温度	浮盘监控系统
罐区湿度	巡检机器人
空气一氧化碳含量	巡检机器人
空气硫化氢含量	巡检机器人
其他系统所上报告警	巡检机器人、防雷击系统
罐区大气电场值	防雷击系统
外边缘板腐蚀数据	底板腐蚀监测系统
储罐罐顶锈蚀	无人机罐区正摄影像

表 2　展示界面展示需求

需求点	需求说明
3D 罐区展示	对罐区进行 3D 建模，在界面上显示，实现罐区全景的直观展示。
3D 模型显示储罐数据	用户点击储罐模型后，弹出当前储罐的液位、温度、压力。
机器人实时视频展示	在用户界面划分专门区域，显示巡检机器人摄像头当前摄制的内容。
系统告警展示	在用户界面划分专门区域，显示最新 3 条告警，并提供查询历史告警子窗口。
罐区大气电场展示	在用户界面划分专门区域，显示罐区大气电场数值的趋势曲线。
机器人巡检结果查看	提供机器人巡检结果查看子窗口，查看历次巡检过程中所拍摄的照片及结果。

续表

需求点	需求说明
罐区监控视频	接入罐区已有的监控摄像头的实时视频，在系统界面上展示。
子罐区详情查看	提供从罐区全局 3D 模型进入子罐区模型展示界面，展示子罐区的各储罐的油品储量、种类等统计信息。
储罐详情查看	在子罐区模型界面点击某储罐模型，显示该储罐的详细信息，包括罐顶锈蚀识别结果、罐体形变及沉降状态、该储罐的浮盘监控数据等。

点击某一罐组后，平台会切换至该罐组具体信息界面，展示该罐组中每一储罐的具体监检测信息，如图 4 所示。

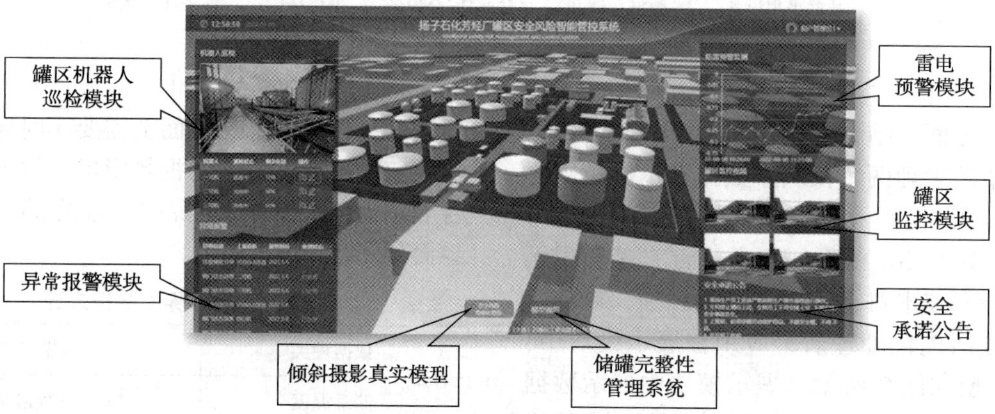

图 3　罐区安全风险智能化管控展示主界面

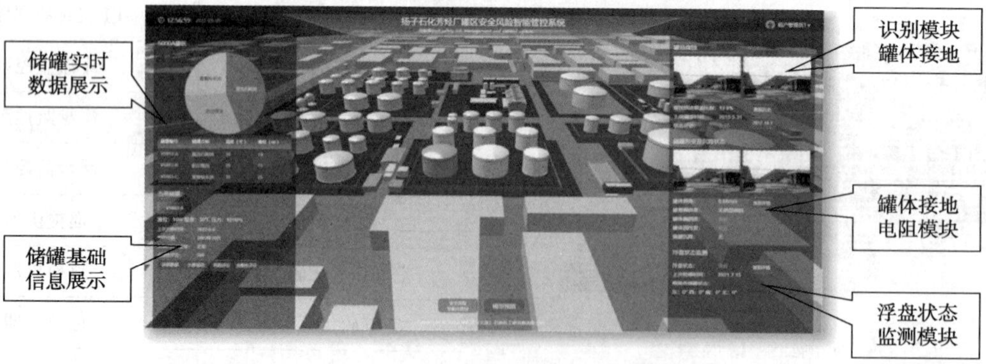

图 4　罐区安全风险智能化管控展示罐组界面

2　平台关键模块

2.1　监检测模块

根据罐区日常运维以及检维修时储罐存在问题的重点区域进行深入研究，重点针对接地电阻、内浮顶浮盘、储罐外边缘板几个难以监测且维修成本较高部位进行研究，开发相对应的监检测系统及技术，全方位保障罐区日常运转，准确评估被监测储罐运转状态，最大程度延长储罐开关周期，提高企业运转效率。

接地电阻状态监测：基于阻值回路测量技术、无线通讯等技术，研发非接触式接地电阻在线监测设备，在不影响接地效果及设备的正常运行前提下，实时监测接地引下线及地网状态，保障厂区设备安全。接地状态监测设备可单个安装使用，也可组建成有线、无线网络组成接地网电阻监测系统使用，方法是通过对各接地点积累数据进行储存，可解构出地网电阻的变化趋势，从而对整个接地网进行失效监测。现场安装设备如图 5 所示，最终监测数据通过石化厂区内网存入私有云，并展示于安全风险管控平台的展示模块中。

图 5　接地电阻状态监测下位机

罐底外边缘板腐蚀监测：基于超声导波无损检测技术，研发罐底外边缘板腐蚀在线监测系统，建立底板腐蚀的识别、分级和表征方法，提出基于监测数据的腐蚀评估方法。建立储罐底板腐蚀监测方案，提出传感器优化布局方法、监测数据采集、传输及处理方法。建立腐蚀评价数据库、开发罐底腐蚀在线监测及状态评估系统，现场超声导波板安装如图 6 所示，现场监测结果标明，该系统能够准确识别罐内约 2 米内超声检测信号，最终结果集成在智能化管控平台的完整性模块中，如图 7 所示。

浮盘状态监测：为实时观察浮盘的状态，基于光纤光栅原理，研发了浮盘状态监测系统，对浮盘倾斜角度、浮盘上方空气温度以及浮盘上方液位进行准确前侧，防止沉盘、卡盘、泄漏和火灾事故的发生。浮盘倾角报警值设置为 0. 5°；温度监测确定量程为-40～150℃，报警值设置为 80℃，精度±1℃；液位监测精度为 mm 级。系统下位机安装如图 7 所示，数据获取后在展示模块中进行实时展示，同时浮盘状态监测上位机并入了罐区完整性管理模块中，如图 9 所示。

图 6　罐底边缘板监测下位机

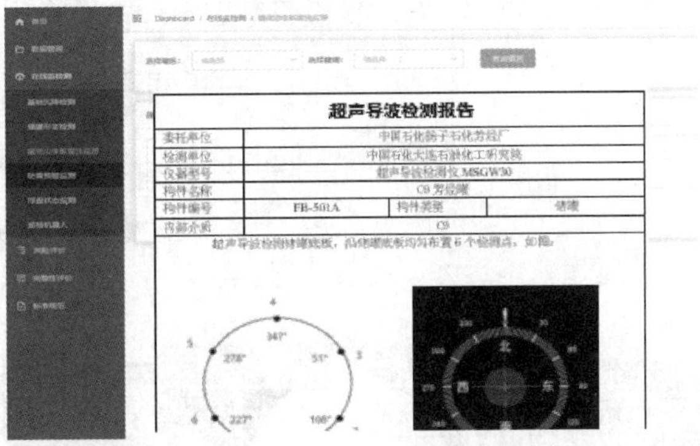

图 7　信号界面

图 8　接地电阻状态监测下位机

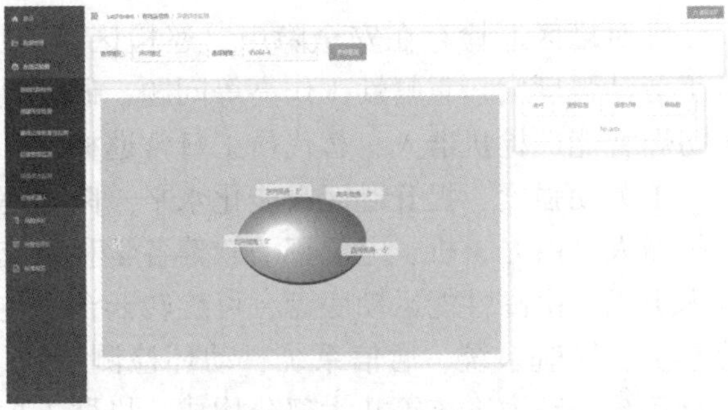

图 9　浮盘状态监测系统上位机

罐顶锈蚀检测：无人机为罐区进行倾斜摄影建模同时拍摄正射影像，基于对抗神经网络研发罐顶锈蚀评估算法，实现流程及算法模型框架如图 10 所示。以石化罐区某储罐为例，经过算法对罐顶的分割、识别，检测腐蚀面积约为 19% 左右，最终检测结果如图 11 所示。罐顶锈蚀检测能够准确评估储罐腐蚀状况，预防罐顶腐蚀，为罐顶重新喷涂提供数据支撑智能化技术支撑。

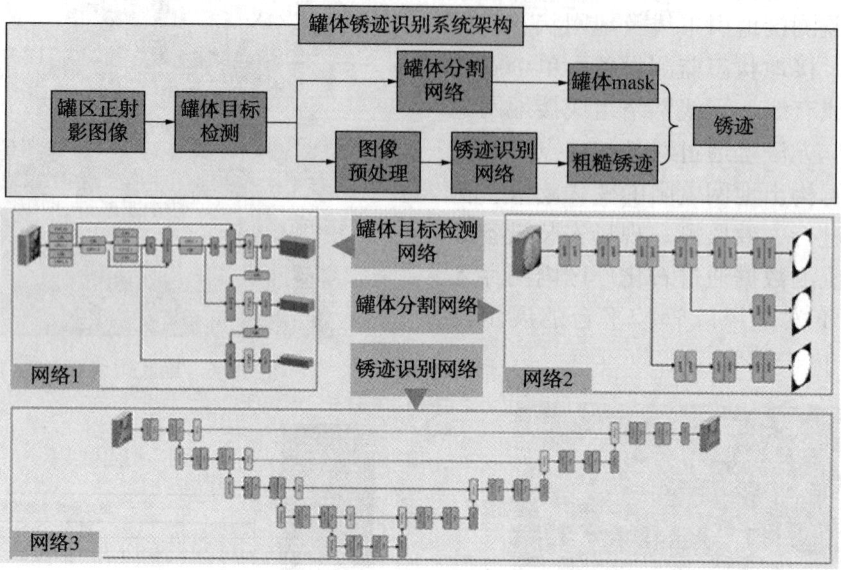

图 10　技术流程及算法框架

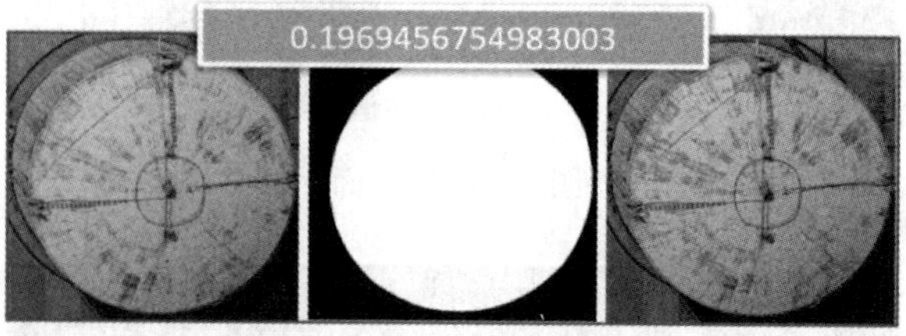

图 11　罐顶锈蚀识别结果

雷电预警监测：为防范罐区发生雷击风险，依据国标《GB/T 38121—2019(雷电预警)国标要求》要求，研发雷电预警监测系统，监测大气电场状态，对罐区可能遭受的雷击风险进行预警，有效监测半径大于 10 公里，预警时间大于十分钟，保障罐区安全运转(图 12)。

2.2　智能巡检模块

针对罐区巡检存在安全隐患、巡检区域广、员工劳动强度大、重复性工作高等问题，研发罐区防爆智能巡检机器人，替代员工日常巡检，降低员工劳动强度，提升罐区智能化水平。防爆巡检机器人是由光、机、电、算、软等各学科系统技术组成，由高性能运动底盘、可旋转云台及传感系统、导航系统、通信系统、动环检测系统、安全系统、动力系统等几大部分构成，机器人框架如图 13 所示，样机如图 14 所示，巡检机器人通过整机防爆认证，最高移动速度不低于 1.5m/s；室内定位精度优于 ± 2cm，室外定位精度优于 10cm。

图 12　雷电预警监测系统下位机

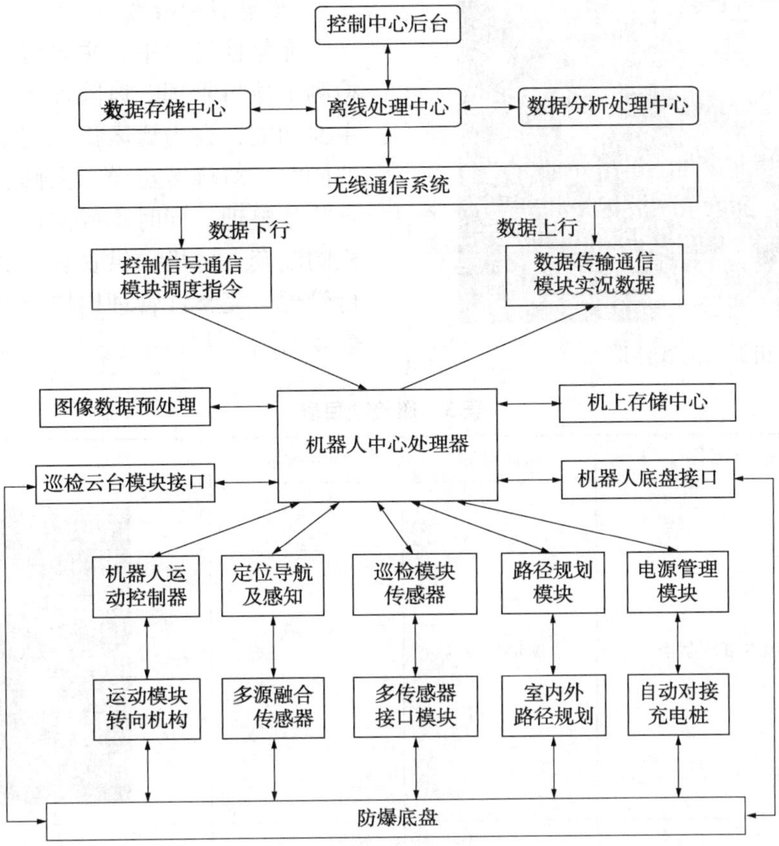

图 13　机器人设计框架

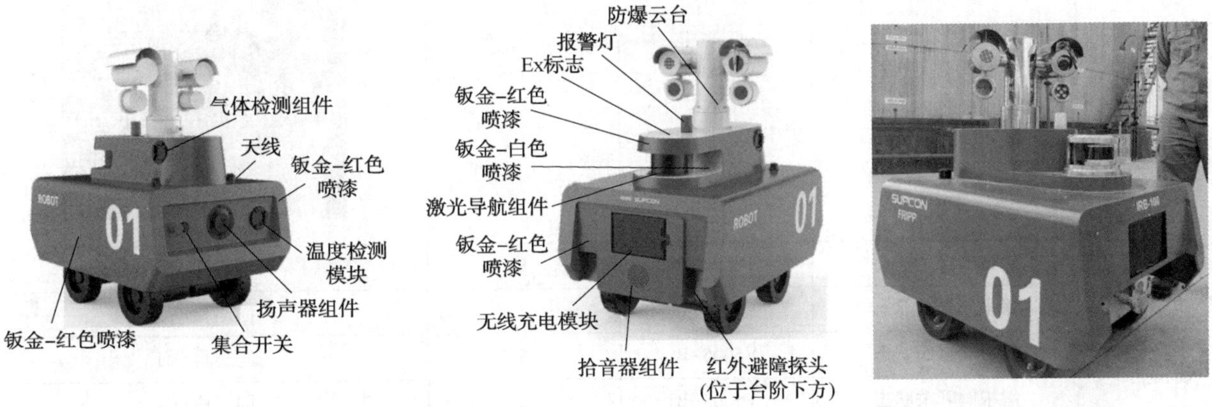

(a)机器人渲染图　　(b)巡检机器人样机

图 14

在机器人现场巡检中，根据现场需求规定每两小时自动巡检一次，选择一个罐组六个储罐进行巡检方案设计，为实现罐区巡检项目全覆盖，对罐区围堰内通道进行改造，联通每一个储罐前操作平台，机器人沿通道进行沿路巡检，如图 15所示，沿途巡检主要监测围堰内的温度、视频、H_2S 及苯的泄漏异常情况。同时，在每个储罐操作平台设置巡检点，重点识别内容有两项，一是减压阀状态识别，二是压力仪表指针识别，以及拍摄储罐管路截止阀图片，巡检项目如表 3 所示，其中减压阀状态识别基于目标检测算法 YOLOv5 开发，通过获取现场减压阀开、关两种状态的大量样本进行标注训练，最终实现对每个点位开关阀门数量进行准确识别，经过与数据库比对得出当前阀门状态。指针识别算法主要基于特征匹配 SIFT 算法、霍夫直线检测算法实现仪表指针识别，对压力表是否处于规定区间进行准确识别。

图 15　机器人沿线路巡检

2.3　完整性管理模块

完整性管理中，主要包含罐区数据管理、监检测下位机管理、风险评价以及完整性评价四个主要功能，在为罐区提供完整性评价及风险评价的同时，对罐区建设、大修、日常运维的数据进行收集整理，同时集成监检测系统及机器人下位机的配套上位机，供管理人员对各下位机状态进行管理，完整性管理模块分级菜单及功能概述如表 4 所示。

表 3　巡检项目表

巡检点位	任务名称	所属储罐	任务数量	巡检图片
巡检点 1	管道气缸阀状态	V5002-A	3	
	罐根阀开关状态	V5002-A	1	
巡检点 2	管道气缸阀状态	V5005-C	5	同巡检点 1
	罐根阀开关状态	V5005-C	2	同巡检点 1
巡检点 3	管道气缸阀状态	V5005-B	6	同巡检点 1
	罐根阀开关状态	V5005-B	2	同巡检点 1
巡检点 4	管道气缸阀状态	V5005-A	5	同巡检点 1
	罐根阀开关状态	V5005-A	2	同巡检点 1
	压力仪表指针度数	V5005-A	1	

续表

巡检点位	任务名称	所属储罐	任务数量	巡检图片
巡检点5	管道气缸阀状态	V5003-A	4	同巡检点1
	罐根阀开关状态	V5003-A	1	同巡检点1
巡检点6	管道气缸阀状态	V5003-B	4	同巡检点1
	罐根阀开关状态	V5003-B	1	同巡检点1

表4　完整性管理界面功能概述

一级菜单	二级菜单	三级菜单	功能概述
数据管理	设计数据	储罐基本参数	存储设计数据
		底板参数	储罐每块底板排版标识
		底板排板	储罐底板排板图
		板材信息	所选用板材材料数据
		罐顶附件	罐顶附件信息
	基础数据	油品性质	储罐油品性质
		材料性能	储罐材料性能
	罐底边缘版腐蚀监测		边缘板腐蚀历史记录查看
	防雷预警监测		雷电预警下位机管理，历史数据查看，系统配置等功能。
	浮盘状态监测		浮盘状态监测下位机管理，历史数据查看。
	接地电阻监测		接地电阻监测下位机状态查看，历史储罐引下线电阻查看。
	巡检机器人控制		机器人状态查看，临时任务下发，历史巡检记录查看等，系统配置等功能。
风险评价	系统管理评价		主要用于每一储罐的风险计算。
	损伤系数		
	失效后果		
	评价计算		根据以上功能的计算结果对储罐整体风险进行评价
	风险对比		对罐区全部储罐风险评价进行集中展示。
完整性评价	全面检查		对每一储罐罐顶、罐底、罐顶附件等数据进行评价。
	完整性等级		根据全面检查评价得分对所有评价储罐进行排序对比，为储罐分级管理提供依据。
标准规范	储罐日常运维、检测相关标准收录		

完整性管理模块中关键的风险评价及完整性评价开发中，主要依照我国现行行业标准 GB/T 26610—2014《承压设备系统基于风险的检验实施导则》以及 GB/T 30578—2014《常压储罐基于风险的检验及评价》进行储罐评价。其中风险评价是基于储罐油品周转频率、罐底密封、介质成分、罐底抽水、浮盘座底、以及阴极保护等数据，实现储罐泄漏失效概率、失效后果及定量风险评价，为储罐风险分级管控及检维修提供依据，功能界面如图16所示。图中左侧部分展示了该风险评价批次的所有储罐的失效概率及失效成果柱状图，右侧展示了处于某一风险区域的储罐数量，底部展示了该批次全部评价储罐的评价数据。

完整性评价是建立以目视检查为主，超声、声发射等在线检测为辅的全面检查评价方法和指标体系，评估储罐完整性等级，为日常检测与分级管理提供依据，如图17所示。

3　结论

本文以石化罐区安全风险智能化管控为目标，依据《油气储存企业安全风险智能化管控平台建设指南》，集成储罐检测、监测、评价和分析决策等技术，融合5G、物联网和人工智能技术，开发形成了“风险感知+检测评价+风险控制+智能平台”的安全风险智能管控成套技术与综合解决方案，研发并集成了罐区防爆智能巡检机器人、接地状态监测在内的储罐监检测设备以及罐区完整性管理系统，实现了石化罐区智能感知、自动操控、预测预警、科学决策，有力的推动了石化罐区向智能化方向的发展，为罐区安全运维、风险预警提供有力技术平台支撑。

图 16　罐区风险评价

图 17　罐区完整性评价

参　考　文　献

[1] 张玉梅，康晓霞，孙宁，等. 基于油品危险特点的大型油库安全风险智能化管控平台建设研究[J]. 南开大学学报(自然科学版)，2022，55(05)：15-23.

[2] 纪媛媛. 基于化工厂常压罐区的罐区整体智能化管理[J]. 化工管理，2017，No. 447(13)：94.

[3] 杨国旺. 智能巡检系统在黄骅港原油码头一期工程中的应用[J]. 港工技术，2021，58(03)：96-98.

[4] 帅健. 大型石油储罐完整性管理关键技术研究及应用[D]. 北京：中国石油大学，2019.

[5] 王伟华，张婧，刘宝林. 常压储罐区完整性管理软件系统的开发[J]. 化工机械，2020，47(02)：284-288.

[6] 徐如良，肖宇，陈彦泽. 大型石油储罐罐区管理中基于风险的检验和检测监测技术综合应用[C]//中国机械工程学会压力容器分会，合肥通用机械研究院. 压力容器先进技术—第九届全国压力容器学术会议论文集. 合肥工业大学出版社(Hefei University of Technology Press)，2017：7.

[7] 张翼飞，黄攀. 多个罐区的分散控制系统(DCS)控制器层并网的应用[J]. 石油库与加油站，2019，28(04)：20-24+5.

[8] 钟彩浚，钟晓波，姚志威，等. 石油化工储运定量装车系统与罐区泵控系统一体化应用[J]. 自动化博览，2020，No. 325(07)：20-22.

[9] 贾红阳，张志檩. 基于 TIA 的罐区管控一体化系统及应用探讨[J]. 计算机与应用化学，2010，27(10)：1441-1445.

基于分子炼油理念的短流程技术研究和应用

郭林超

（中国石油乌鲁木齐石化分公司）

摘　要　为进一步降低石油炼制过程中的综合能耗，中石油乌鲁木齐石化分公司炼油厂以分子炼油为导向，深入研究短流程加工技术。通过对60万吨/年汽油改质装置凝缩油、150万吨/年蜡油加氢装置反冲洗污油、600万吨/年常减压装置减一线油、碳四异构化单元产品异构碳四、重整装置含硫液化气的加工流程进行分子指纹识别、加工流程优化调整，2022年乌鲁木齐石化公司的炼油综合能耗同比降低了2.45kg＊标油/吨，取得了较好的成果。

关键词　分子炼油；短流程；综合能耗

分子炼油是从分子水平来认识石油的加工过程，通过准确预测产品性质来优化工艺和加工流程，提升每个分子的内在价值。

短流程加工是指在石油炼制的过程中，通过各种优化手段，缩短各产品的加工流程。通过对各组分油进行分子指纹识别（油品分析和分子表征）、分子靶向跟踪、分子加工流程优化，制定出“短流程”技术方案并实施应用，从而达到节能降耗和解决生产瓶颈问题的目的。2022年炼油厂首次利用分子炼油理念，研究处多项“短流程”技术方案并实施应用，取得了较好的成绩。

1　60万吨/年汽油改质装置凝缩油改至重催装置吸收稳定单元

60万吨/年汽油改质装置凝缩油主要组分是C4C5，因组分中含有C4需送吸收稳定单元进行回收，现阶段凝缩油送120万吨/年焦化装置吸收稳定单元作为原料。

对凝缩油进行分子指纹识别（见表1），通过单体烃分析可以看出，60万吨/年汽油改质装置凝缩油中的烯烃含量大于19.01%（m/m），活性烯烃为9.5%（m/m），与轻汽油醚化装置或烷基化装置的原料组分较为接近。

表1　油品分析表

分析项目	单位	凝缩油
1-丁烯	%（m/m）	5.28
反-2-丁烯+顺-2-丁烯	%（m/m）	4.53
1-戊烯	%（m/m）	0.00
2-甲基-1-丁烯	%（m/m）	2.14
反-2-戊烯+顺-2-戊烯	%（m/m）	1.10
2-甲基-2-丁烯	%（m/m）	5.06
2-甲基-1-戊烯	%（m/m）	0.00
2-甲基-2-戊烯	%（m/m）	1.20
异戊烷	%（m/m）	8.03
正戊烷	%（m/m）	4.72
二烯烃	%（m/m）	0.00

进行分子流程走向跟踪发现，60万吨/年汽油改质装置凝缩油进入120万吨/年焦化装置吸收稳定单元后，C5组分进入焦化汽油组分，随后进入200万吨/年柴油加氢装置加氢饱和，所生产的粗石脑油进入重整装置预加氢单元，最后在C102进行分离成产品重整石脑油。可以看出，凝缩油进入焦化装置吸收稳定单元后，占用了120万吨/年焦化装置吸收稳定单元、200万吨/年柴油加氢装置、重整装置预加氢装置的能耗，同时增加了拔头油（即重整石脑油）的产量。拔头油的边际效益远低于汽油的边际效益。

若60万吨/年汽油改质装置凝缩油改进重催装置吸收稳定单元，凝缩油中C5组分随稳定汽油进入轻汽油醚化装置参与醚化反应，可增加汽油辛烷值，且加工流程较短。

通过分子跟踪及流程研究，制定了“短流程”加工方案：60万吨/年汽油改质装置凝缩油，从焦化装置吸收稳定单元改至重催装置吸收稳定单元，具体流程简图如图1所示。

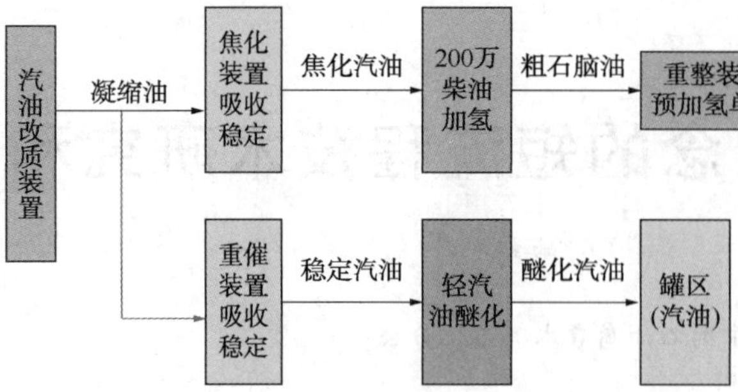

图1　凝缩油流程图

凝缩油原流程走向为：凝缩油→焦化装置吸收稳定→焦化汽油进柴油加氢装置→石脑油→重整预加氢单元→重整石脑油进罐区。

流程优化后，流程走向优化调整为：凝缩油→重催装置吸收稳定→稳定汽油进醚化装置醚化反应→醚化产品汽油至罐区调和。

实施效果：通过方案实施，重整石脑油减产0.8t/h，醚化汽油组分增加0.8t/h，凝缩油中的C5加工流程缩短，不再占用120万吨/年焦化装置吸收稳定单元、200万吨/年柴油加氢装置、重整装置预加氢装置的加工能耗。

2　150万吨/年蜡油加氢装置反冲洗污油改至催化原料

150万吨/年蜡油加氢装置反冲洗污油由自动反冲洗过滤器SR101所产，自动反冲洗过滤器SR101反冲洗时，污油间歇送600万吨/年常减压装置作为原料，每次外送15t/h，外送10~20min。

对反冲洗污油进行分子指纹识别(表2)，其馏程、残炭、密度等指标均能满足重催装置的进料要求。

表2　油品分析表

样品判定	单位	反冲洗污油
初馏点	℃	233
10%馏出温度	℃	342
30%馏出温度	℃	370
50%馏出温度	℃	401
90%馏出温度	℃	468
终馏点	℃	504
全馏	mL	97
残炭	%(m/m)	0.03
密度(20℃)	kg/m^3	883
硫含量	%(m/m)	0.22
氮含量	mg/kg	2233.143

对识别出的反冲洗污油组分进行流程走向跟踪，150万吨/年蜡油加氢装置反冲洗污油为蜡油组分，进入三常原料线，经过常压塔和减压塔的加工，再送至150万吨/年蜡油加氢装置，形成了重复加工，占用了600万吨/年常减压装置及150万吨/年蜡油加氢装置的能源消耗。

通过分子跟踪及流程研究，制定了“短流程”加工方案：150万吨/年蜡油加氢装置新增反冲洗污油与产品蜡油线的跨线，反冲洗污油走跨线进产品蜡油线，混合进入建南油品罐区，建南油品罐区将混合蜡油供重催装置作为原料，具体见图2。

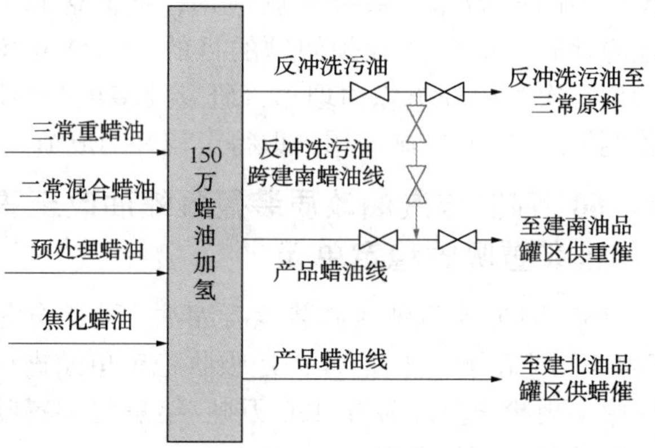

图2　反冲洗污油流程图

实施效果：通过实施，150万蜡油加氢装置/180万柴油改质装置反冲洗污油→进600万常减压原料线再次加工，此“长流程”停止，同时解决了600万吨/年常减压原料线振动问题。总电耗减少10kW·h、蒸汽减少0.5t/h、燃料气减少0.1t/h。

3　600万吨/年常减压装置减一线油直供柴油加氢类装置

600万吨/年常减压装置减一线油现阶段进入蜡油组分进入油品罐区，再由油品罐区供150万吨/年蜡油加氢装置。

对减一线油进行分子指纹识别，其油品分析见表3，从分析可以看出减一线油为柴油组分。

表3 油品分析表

样品判定	计量单位	减一线油
初馏点	℃	251
50%馏出温度	℃	290
终馏点	℃	342
闪点(闭口)	℃	114.5
密度(20℃)	kg/m^3	856

进行分子流程走向跟踪，发现600万吨/年常减压装置减一线外送至油品罐区，再由油品罐区送至150万吨/年蜡油加氢装置，占用了油品罐区的能耗。600万吨/年常减压装置减一线经过蜡油加氢后送催化装置加工，催化装置反应生产FCC稳定汽油和催化柴油，催化柴油送200万吨/年柴油加氢装置(或180万吨/年柴油改质装置)加工，存在加工流程长的情况，且催化柴油芳烃含量和烯烃含量高，会增加柴油加氢装置的氢气消耗，且不利于催化剂的长周期运行。

通过分子跟踪及流程研究，制定了“短流程”加工方案：600万吨/年常减压装置减一线油全部热供至200万吨/年柴油加氢装置或180万柴油改质装置，具体见图3。

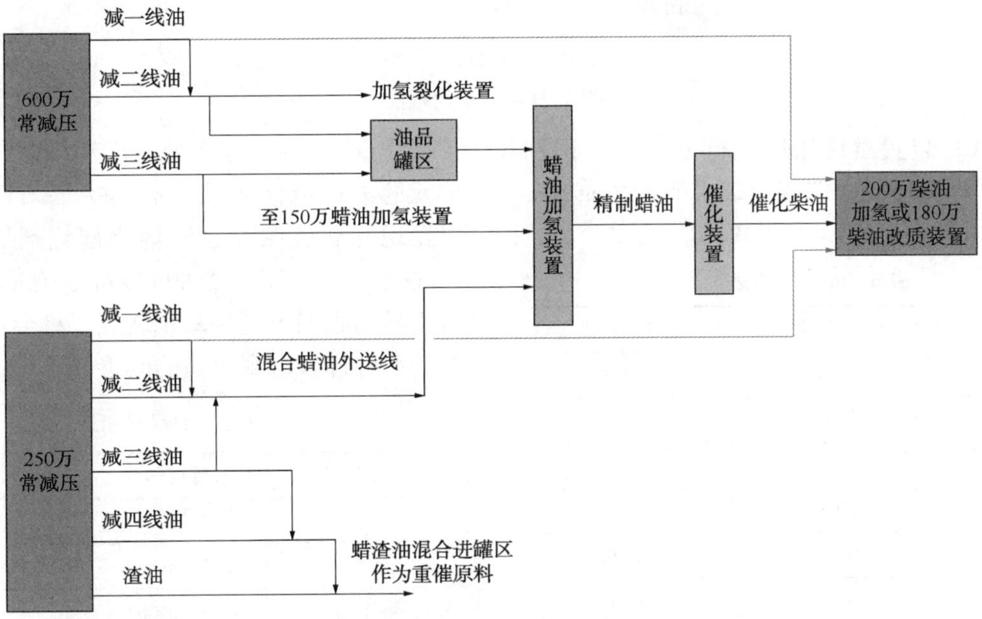

图3 常减压蜡油流程图

原流程为：600万吨/年常减压装置减一线油→油品罐区→150万吨/年蜡油加氢装置→催化装置→200万吨/年柴油加氢装置或180万吨/年柴油改质装置

通过优化，600万吨/年常减压装置减一线油全部热供至200万吨/年柴油加氢装置或180万柴油改质装置，缩短了加工流程，不再占用油品罐区、150万吨/年蜡油加氢装置、催化装置的能耗消耗，且全部实现了热供。

4 碳四异构化单元产品异构碳四改进烷基化装置

338万吨/年甲基叔丁基醚(MTBE)装置以混合碳四和甲醇为原料，采用混相床—催化蒸馏深度转化合成甲基树丁基醚(MTBE)，其辛烷值高，是理想的高辛烷值汽油的调和组分，在生产高辛烷值无铅汽油中将起关键的作用。装置由原料系统、混相反应系统、催化蒸馏系统、甲醇萃取和回收系统构成，另外装置还自带甲醇储存罐区。

2015年11月40万吨/年醚化装置新增碳四异构化单元投产，装置生产出异构化碳四产品，随着乌石化炼油厂原油加工能力的提升、MTBE装置的原料供应量的提升，2017年MTBE装置装置新增扩能单元顺利投产，扩能单元接收异构化碳四单元异构化碳四原料增产MTBE产品。

2019年20万吨/年烷基化装置试车运行，烷基化装置是以来自MTBE装置的未反应碳四、加氢裂化装置的液化气、轻烃分离装置的液化气为原料，主要利用液化气中的碳四烯烃和异丁烷，在浓硫酸催化剂的作用下，碳四烯烃与异丁烷反应生成烷基化油；反应的副产品为正丁烷和丙烷。烷基化装置运行以来，装置碳四及碳五烯烃进料中的杂质中的二甲醚及二丁烯含量超高，造成烷基化装置酸耗增加，烷基化油产品干点升高及硫含量上升等问题，严重影响烷基化装置的高负荷运行，同时酸耗高也制约碳五烯烃原料的加工，烷基化加工碳五烯烃具有增产汽油和降低汽油烯烃的优势无法充分发挥。具体流程见图4。

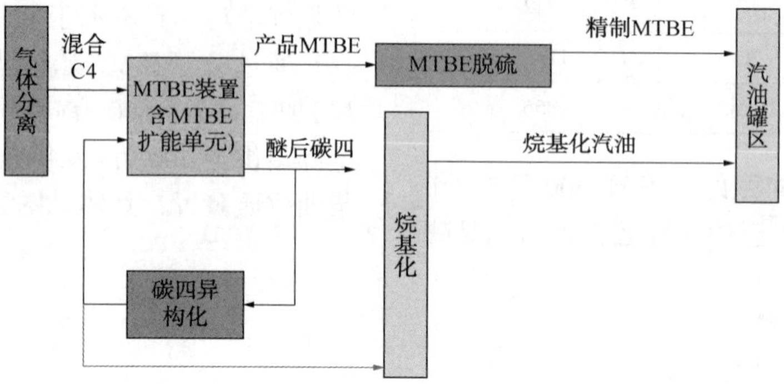

图4　C4加工流程图

对MTBE装置醚后碳四进行分子指纹识别(表4)，可以发现醚后碳四中二甲醚382mg/kg，1,3丁二烯1254mL/m³，含量较高。

表4　油品分析表

分析项目	单位	醚后碳四
甲烷	%(V/V)	0
乙烷	%(V/V)	0
乙烯	%(V/V)	0
丙烷	%(V/V)	2.6
丙烯	%(V/V)	1.02
异丁烷	%(V/V)	52.13
正丁烷	%(V/V)	8.14
反丁烯	%(V/V)	12.75
丁烯	%(V/V)	13.85
异丁烯	%(V/V)	0.44
顺丁烯	%(V/V)	7.91
异戊烷	%(V/V)	0.01
正戊烷	%(V/V)	0
1.3-丁二烯	mL/m³	1254
丙烷+丙烯	%(V/V)	3.62
碳六组分的和	%(V/V)	0.02
二甲醚	mg/kg	382

进行分子流程走向跟踪，部分醚后碳四进入碳四异构化后，其碳四异构的产品分布见表5，从表中可以看出碳四异构化催化剂活性衰减，异丁烯含量为0.9%(m/m)，无法满足MTBE扩能单元的进料指标要求，≮10%(m/m)，同时可以发现醚后碳四经过异构化催化剂后，二甲醚24mg/kg，1,3丁二烯60mL/m³，有明显的降低。若将异构碳四改进烷基化装置，将会对烷基化装置的反应进料起到明显的改善。

表5　油品分析表

样品判定	计量单位	碳四异构化产品
丙烷	%(m/m)	1.03
丙烯	%(m/m)	0.5
异丁烷	%(m/m)	42.19
异丁烯	%(m/m)	0.9
反丁烯	%(m/m)	18.49
二甲醚	(mL/m³)	24
甲烷	%(V/V)	0
乙烷	%(V/V)	0
乙烯	%(V/V)	0.01
正丁烷	%(V/V)	11.32
丁烯	%(V/V)	8.54
顺丁烯	%(V/V)	12.85
异戊烷	%(V/V)	0.5
正戊烷	%(V/V)	0
1.3-丁二烯	(mL/m³)	60
丙烷+丙烯	%(V/V)	1.53
碳六组分的和	%(V/V)	0.56

醚后碳四经过异构化加工后送至 MTBE 扩能单元，异丁烯含量过低相当于此部分异构化产品在 MTBE 装置扩能单元空转，占用了 MTBE 扩能单元的运转机泵、反应器、塔的能耗。

通过分子跟踪及流程研究，制定了“短流程”加工方案：碳四异构化单元产品异构碳四改进烷基化装置，MTBE 扩能单元停工，具体流程优化见图 5。

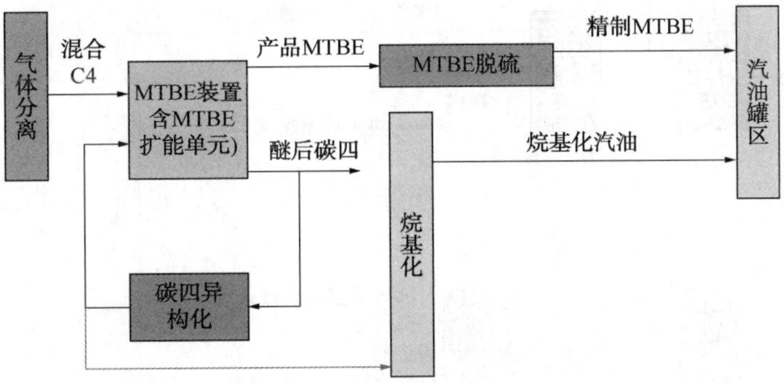

图 5　C4 加工流程图

原流程为：部分醚后碳四→碳四异构化单元→MTBE 扩能单元→MTBE 产品。通过流程优化调整后，部分醚后碳四→碳四异构化单元→烷基化装置→烷基化汽油，同时 MTBE 扩能单元停工。

实施效果：MTBE 扩能单元停用后，异构碳四改进烷基化装置，MTBE 装置综合能耗从 175kg 标油/t 降低至 133Kg 标油/t，实现了节能降耗。同时烷基化装置原料中二甲醚含量下降原料性质得到改善，装置酸耗得到有效降低。

5　重整含硫液化气改进重催装置液化气脱硫单元

60 万吨/年连续重整装置 C102 顶所产的含硫液化气、100 万吨/年连续重整装置所产的 C2102 顶所产的含硫液化气，均送至 160 万吨/年轻烃回收单元，经过吸收稳定后，产出合格的液化气（C2<3%（V/V），C5<1%（V/V）），送至重催装置液化气脱硫单元脱 H_2S。

对重整装置含硫液化气进行分子指纹识别（表 6），可发现重整装置含硫液化气中的 C2 及 C5 指标均满足重催装置液化气脱硫单元的进料要求。

表 6　油品分析表

分析项目	单位	100 万吨/年重整含硫液化气	60 万吨/年重整含硫液化气
氢气	%(V/V)	0	0.63
甲烷	%(V/V)	0.33	0.69
碳二	%(V/V)	1.43	1.63
丙烷	%(V/V)	13.69	10.15
丙烯	%(V/V)	0	0
异丁烷	%(V/V)	37.68	24.72
正丁烷	%(V/V)	46.87	61.15
丁烯+异丁烯	%(V/V)	0	0
反丁烯	%(V/V)	0	0
顺丁烯	%(V/V)	0	0
异戊烷	%(V/V)	0	0.03
正戊烷	%(V/V)	0	0
碳五含量	%(V/V)	0	0.03

通过流程跟踪发现，重整装置含硫液化气进入 160 万吨/年轻烃回收单元加工，占用了 160 万吨/年轻烃回收单元的能耗，不利于 160 万吨/年轻烃回收单元的能耗降低。

通过分子跟踪及流程研究，制定了“短流程”加工方案：新加跨线，重整含硫液化气走跨线改进重催装置液化气脱硫单元，具体流程见图 6。

重整装置含硫液化气原流程走向为：100 万吨/年重整装置含硫液化气/60 万吨/年重整含硫液化气→160 万吨/年轻烃回收单元→重催液化气脱硫单元。流程优化后，流程走向为：100 万吨/年重整装置含硫液化气/60 万吨/年重整含硫液化气，走跨线直接进重催液化气脱硫单元，可减少重复加工，降低160万轻烃回收单元综合能耗。

实施效果：通过方案实施，160万吨/年轻烃回收单元电耗降低5Kw/h、蒸汽减少1.5t/h。

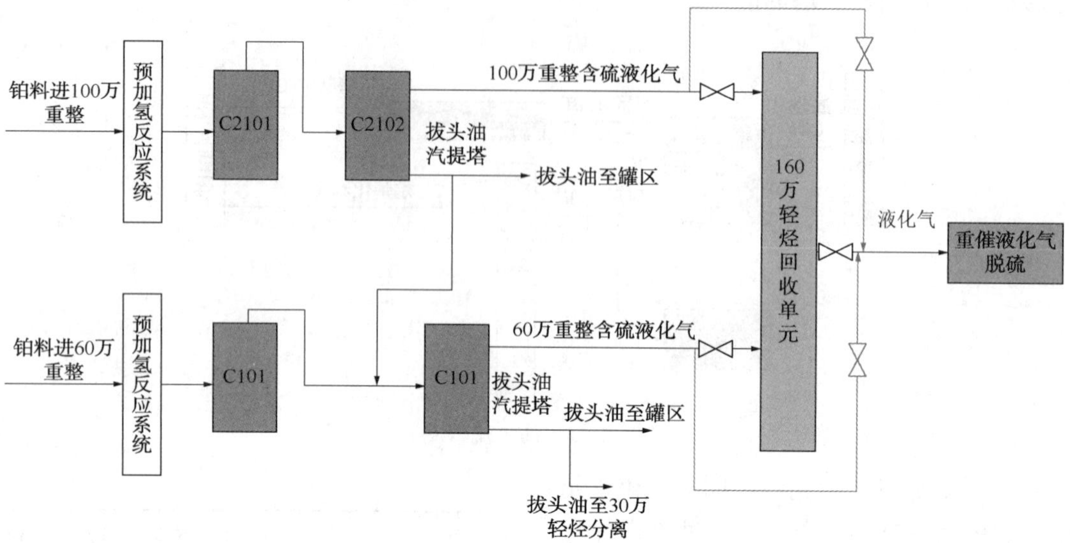

图6 重整含硫液化气流程图

6 总结

分子炼油理论的“短流程”技术重点在于流程优化，2022年炼油厂充分对各“分子”进行研究，制定了以上“短流程”加工方案并实施，进一步优化炼化加工链条，实现了综合能耗的有效降低。“短流程”加工方案包括：60万吨/年汽油改质装置凝缩油改至重催装置吸收稳定单元、150万吨/年蜡油加氢装置反冲洗污油改至催化原料、600万吨/年常减压装置减一线油直供柴油加氢装置、碳四异构化单元产品异构碳四改进烷基化装置、重整含硫液化气改进重催装置液化气脱硫单元。

通过优化调整后，总加工成本明显降低，主要技术经济指标同比改进提升明显：炼油综合能耗累计同比降低2.45kg标油/吨；单因耗能累计同比降低0.28kg标油/吨。

参考文献

[1] 张海桐，王广炜，薛炳刚，等. 对分子炼油技术的认识和实践[J]. 化学工业，2016，34(4)：16-23.

[2] 吕美谊. 分子炼油技术的认识和趋势前瞻[J]. 中国经贸，2018(22)：118-119.

[3] 李宇龙，刘维康，等. 分子炼油技术展望[J]. 广东化工，2014，41(6)：111.

[4] 董大清. 国外清洁柴油加氢催化剂技术进展[J]. 化工科技市场，2010. 7：01-05

[5] 刘艳伟，赵书娟，李彬，等. 用“分子炼油理念”指导石脑油加工优化[J]. 炼油技术与工程，2014，44(8)：21-24.

炼化企业在计量检测业务信息化方面的探索

刘德清

（中国石油乌鲁木齐石化分公司）

摘　要　随着信息技术的飞速发展，建设智能化工厂已成为行业重要发展趋势，对提高计量检测业务管理水平水平，进而提高工厂的竞争力有着重要指导意义，基于目前绝大多数的计量实验室都实施了专业化的计量检测业务系统，而乌石化公司只在EIM系统中嵌入了简单的计量收发、台账管理功能，业务管理模式相对落后，无法适应计量工作高质量发展要求。由于无法在EIM上继续进行深度开发，因此有必要开发新的业务管理系统。以JJF1069—2016《法定计量检定机构考核规范》、JJF1033—2016《计量标准考核规范》为标准，按照实验室IEC17025等规范要求，结合各级计量检定机构以及授权机构的实际工作需要和业务流程，实现计量检测业务管理系统平台的在线应用。

关键词　计量；管理；信息化；智能化工厂

1　成果实施背景

近年来，计量检测行业是随着社会进步和发展，基于全公司对各单位对生产的安全性，对环境保护等方面要求的不断提高，检测就是对各个领域各种仪器部件进行技术验证，告知使用者仪器是否符合法律法规，也是提升公司QHSE的关键。随着仪器产品种类的不断丰富，产品专业划分不断细化，检测作为检定品质的手段，贯穿生产生活各个环节，计量检测业务在公司发挥着重要作用，基于上述内容，拟利用信息化手段解决目前公司计量检测业务中存在的关键问题，由于该系统主要面向公司与计量工作相关的用户，各二级单位车间、科站的计量管理；系统主要功能包含以下内容：测量设备管理、计量业务管理、实验室综合管理、及统计查询等部分组成。根据单位的实际工作需要和实际业务流程，对涉及计量检定业务的工作程序进行规范整合，通过对业务、证书、质量、市场、行政等方面的全面管理，实现校检业务可定制，校检流程全跟踪，记录证书可受控，辅以实时的智能化预警提示及强大的报表统计，客户催检等功能，进一步的规范校检工作流程，使计量检测人员通过平台即可实现全部工作，减轻人员工作量，提高校检综合业务管理水平，加强信息资源的有效管理，实现信息资源共享。

2　主要措施及做法

2.1　总体思路

依据目前计量检定工作现状，对专业业务科室进行业务工作调研，深入一线了解业务实际需求与工作中急需解决的难点，收集以往检定资料和业务流程作为开发参考，与业务人员进行需求对接选择确定适合的最优的开发方式和开发工具逐一解决目前计量检定工作中的技术难点。首先利用数据库完成对数据功能字段设计，建立一个完善的计量相关数据仓库，为用户数据、文件存储做好铺垫，其次利用C#进行系统底层编程，在数据库中的字段与后端代码进行绑定，完成代码底层以及流程设计，然后利用浏览器将设计的功能进行展示，最终形成一个实现报告的高效、智能化检定、存储、查阅、编辑、送审、线上审批、下载、的计量业务信息系统。

2.2　技术方案

通过业务科室实际调研，发现实际业务中存在的问题以及难点，将具有针对性的选择不同的开发方式以及开发工具，在提高业务水平效率的同时减少开发人员研究难度从而选择最优的方案。现依据目前计量工作现状，将利用信息化手段逐一解决解决目前计量检测中的技术难点。

首先基于目前信息化现状，将对数据库、开发工具、报表工具及前端部分进行最优选择。

（1）数据库部分

基于目前主流 SQL Server 和 Oracle 进行选择，首先从可操作平台来讲，Oracle 可在所有主流开台上运行，Oracle 数据库关用开放的策路目际，它使得客户可以选择一种最适合他们特定需要的解决。而 SQL Server 却只能在 Windows 上运行。最后从可操作性来讲，操作上 SQL Server 明显要比 Oracle 简单，全图形界面较好，很少见到 DOS 窗口，且安装简单，版本型号较少。

综上，基于目前 Windows 操作系统使用稳定，使用便利且我部门大部分虚拟机都是 Windows 操作系统，SQL Server 的上手性更为简单，且从提质增效的角度来讲，数据库选择 SQL Server 是个不错的选择。

（2）后端架构部分

后端共有两种技术手段可供选择，其中包括 CS 架构和 BS 架构。B/S 架构是浏览器和服务器架构模式。是对 C/S 架构的一种变化或者改进的架构。B/S 架构不用安装客户端，只需要在客户机上安装一个浏览器，服务端安装一种数据库。就可以通过 webservice 实现浏览器和数据库的数据交互，利用现有 MVC 框架生成 BS 架构系统具有更好的实用性和便利性、且本部门对该框架技术层面已经熟练掌握，具有很好的技术支持，而 CS 架构相比还处于一个开源阶段，研究开发还需要较长时间，最终选择 BS 架构系统作为本系统的框架。

（3）报表工具部分

就目前部门使用情况，主要使用的报表工具有帆软报表和水晶报表。通过对方面对比帆软报表设计天然支持多数据源(集)，同一张报表的数据可同时来自多个数据表，多个不同的数据库，或者多个不同的用户自定义数据视图，然后在报表中可直接相互运算形成最终的报表。结合目前开发功能需求，最终选择帆软报表作为报表工具。

（4）用户交互前端部分浏览器选择目前 360 极速浏览器。它的是一款极速、安全的无缝双核浏览器。具有闪电般的浏览速度、完备的安全特性及海量丰富的实用工具扩展。此外，为了更适合国内用户使用，它加入了鼠标手势、超级拖拽、恢复关闭的标签、地址栏下拉列表等实用功能，360 极速浏览器集成了独有的安全技术，充分利用 360 的优势，集成了恶意代码智能拦截、下载文件即时扫描、隔离沙箱保护、恶意网站自动报警、广告窗口智能过滤等强劲功能，且 360 极速浏览器兼容性较好，适用于目前公司大部分 BS 系统，这也是选择 BS 架构的原因。

综上，为了更好更快发展公司智能化工厂，结合目前公司提质增效工作，选择 SQL server+BS+帆软+360 极速浏览器作为技术支撑，开发一套数字化计量检测业务平台信息系统。

3 实施内容

通过需求调研目前计量业务工作，其中主要包含登记表单、检定、校准表单、结算表单三个功能以及对应检定表单、校准表单流程，涵盖现行国家各专业检定标准，建设系统将以功能为主线，流程穿插各项功能完成系统建设，此外由于此项表单数据为专业计量仪器检定后得出的数据，最终需要出具专业检定证书，这就需要数据严谨性，检定完成后非检定人员不得更改，这就需要设立系统白名单来降低各单位非业务人员访问平台获取数据以及篡改数据的风险。系统通过业务对接会梳理两张表单固定表单内容和各专业 7 张检定校准表单，确定了表单内容但有又区别了相应审核人的关键字段，进行数据权限梳理让每个节点审批的人只看到相关的内容，根据审核权限确定相关审核人员，实现附件内容共享，各取所需，从而提升办公效率。具体实施方法见下。

3.1 计量送检登记单功能

此项工作为计量检定工作的开端，二级单位将需要检定的仪表器具送至计量站收发室中进行送检交接登记，原工作流程是各级单位需要按照每月计划定期将仪表器具送至收发室，如遇到检修时期，仪表数量增多，这就需要排队等待，耗费极大的人力物力进行依次登记录入，会出现多次录入或漏录等现象。经过该系统开发后，重新梳理登记单功能，对数据得录入、审核、收发室确认、各专业室长选择各自专业负责得仪表、验证及结束流程，将此项工作流程实现电子化，通过授权的方式指定相关人员录入、审核及查看，完全与现行流程一致，且登记更加及时方便，功能更加全面，整个流程环节更加直观，能够全面完善登记录入的全过程。

功能开发完毕后将嵌入到流程当中，形成送审流程，此条流程共涉及 5 个处理节点，包括录入、二级单位审核、计量站收发室审核、计量站各专业室长审核、计量站各专业室长指派检定人员，每个环节都可进行退回，但需标注退回原因，业务人员根据检定工作实际信息进行填报送审。

3.2 计量检定、校准记录功能

业务根据不同的专业将表单类型分为检定和校准，区别在于结论目的不同：校准是自行确定监视及测量装置量值是否准确，属自下而上的量值溯源，评定示值误差，而不给出仪表合格与否的判断。检定是对计量特性进行强制性的全面评定，属量值统一，检定是否符合规定要求，对于不符合要求的仪表将给与不合格结论及原因，属自上而下的量值传递。开发此项功能的难点在于不同的检定校准记录单由于表单复杂且数据量庞大，需要对电子表单中的数据进行大量复杂公式运算，这就需要先在 SQL 中编写相对应的函数、存储过程或触发器，再选取相关字段并更具需求确定必填项和相关数据与 JS 代码联动完成开发此项功能，最终展示在前台中，系统开发之前的业务办理方式还存在传统办公方式中，利用 EXCLE 和 WORD 对数据进行手工运算填写，数据量大时还需复核，费时费力，且表单形式单一，无法满足线上审批。

功能开发完毕后将嵌入到流程当中，形成检定送审流程，此条流程共涉及 4 个处理节点，每个环节都有签字盖章功能，实现电子签章，如需要审核人员审核，可在即时通中进行任务提醒，实现电子送审，原有业务办理方式还需人工送审，人工手动签字，如遇到审核人员不在时审核流程无法继续，现利用电子化手段极大程度上提高了业务办理的便利性，且任何流程节点都可进行退回，流程节点涉及检定员、核验员、盖章人审核。

3.3 生成检定、校准证书功能

此项功能依托于帆软报表，利用帆软庞大的数据集对 SQL 数据库中检测表中对应字段进行抽取选择插入到符合国家标准的检定证书格式当中，再根据插入的数据与标准值进行判断，如果不合格将该字段标红生成不合格证书，还将审核人员的签字盖章图片进行提取插入到检定证书正面，无需二次签字盖章。检定员或者客户可以根据唯一的计量编号对检定证书进行查询。

3.4 流程图绘制及角色创建

依据三项能功采用了流程管理技术，以达到提高受控程度，提高工作效率，提高资源合理配置程度，提高管理水平以及活动规范的目的。依据节点数量确定审批次数，再对各二级单位、处室人员进行角色划分创建，将其每个角色嵌入不同的流程当中。达到各司其职的目的，从而提高审批效率。

3.5 查询功能

在生成功能后，增加各部分中的特定字段模糊搜索、时间搜索、检定证书编号搜索功能。

3.6 流程监控功能

完成基础平台系统搭建之后，由于此系统应用全公司，使用过程环节会有很多不确定性，在增加流程监控功能不光业务人员可以准确掌握问题节点，业务人员还可以进行流程追溯，用户产生的问题，管理员可以随时查看相应节点，能快速处理相应的问题，更好的提高运行质量。同时我们还将不断的测试并修复存在的问题，建成一个较为全面的信息业务管理系统。

4 利用关键技术和创新点

关键技术包括

（1）visual studio

（2）sql server

（3）mvc 框架

在系统开发中所有的功能实现都是以 visual studio 为程序开发基础工具编写 JS、JavaScript 代码，SQL server 为数据仓库，MVC 框架为支撑相互依托组建而成。最终用 HTML 更加优美的展示出来。

创新点包括

（1）改变了原有人员线下审批流程转为线上电子审批，解放了人力，节约了时间。

（2）利用信息化手段可对评估内容进行细节展示，提高管理者对业务工作的管理水平

（3）丰富原有纸质表单内容，将固定的纸质表单转为电子表单，不光节约了纸张，还满足了原有纸质表单不能实现的功能。

5 效果

5.1 简化审批流程，节省人力

原计量检测工作汇总需逐级审核上报，纸质版和电子版表单在收集查阅过程较为繁琐，各类

表单需手工整理汇总，整个汇总工作费时费力。现通过计量检测业务系统的开发，实现数据信息化，登记单、检测单、检定证书、结算单中各级填报结果实现在系统中逐级上报，逐级审核，并可随时查阅工作进度，当业务表单出现错误时，系统会进行提示；当有需要业务处理时，可通过即时通提醒；且在审批流程中更加灵活，通过角色授权完成不同人员审批工作，一定程度上节省了审批周期，节省人力。

5.2 规范业务流程，提高工作效率

明确了表单的各项内容以及审批环节中各个节点步骤，进一步明确各节点承办人工作任务，达到提升工作效率目标。

利用信息化手段，采用电子化流程工单实现流程中四张表单的内容录入、审核、查询、上传、导出及打印功能，简化了业务人员的操作环节及工作流程，审批内容清晰明了，各环节的承办人操作界面更直观，操作性和实用性较强。

6 结论

随着计量检定工作在企业生产和员工生活中的作用越来越大，企业间的竞争越来越激烈，乌鲁木齐石化为了可以更好的生存和高标准发展，要求企业利用信息化手段不断提高自身的核心竞争力。解决乌石化计量检定中存在的一系列问题，完善计量检定中法律法规体系，这就需要借助发展迅速的信息技术，使用信息系统可以显著提升计量检定中各个环节管理水平，通过信息共享及协同工作平台，增强项目协调能力，提高工作效率。如不借助信息化手段，不仅会影响检定数据的准确性和及时性，还会导致管理效率下降，借助信息化平台可以将工程设计的信息数据进行收集、存储和管理，也可为后期工作开展提供便利，为乌石化更好更快的计量检测业务提供更好的保障。

利用炼厂大数据跟踪原油物性变化及意义

黄卫国

（中国石化上海高桥石油化工有限公司）

摘　要　根据炼厂信息系统丰富的生产数据，经数学处理，获得原油的各种物性数据及馏分分布数据。结合原油评价数据及桌面炼厂模型，为炼油企业排产及优化测算提供数据支撑。

关键词　原油评价；最小二乘法

1　引言

原油是炼厂主要原料，原油性质对炼油厂一次装置（常减压蒸馏装置）、二次装置（催化裂化装置、加氢裂化装置、延迟焦化装置等）的产品物性及分布影响巨大。例如，原油的硫含量直接影响常减压蒸馏装置侧线产品的硫含量，原油硫含量高则蒸馏侧线产品硫含量高。原油540℃以上馏分（渣油）的残碳与延迟焦化装置的焦炭收率直接相关，渣油残碳高则延迟焦化装置焦炭收率就高。

原油进厂成本也是炼厂主要成本。2018年~2022年，原油（西德州、布伦特、阿曼）平均价格每桶约67.69美元，美元人民币中间价平均6.73，原油吨桶比按7.52计算，每吨原油的价格平均约3400元，炼油吨油费用300元左右，原油成本一般占炼厂总成本（不含基建费用）的90%以上。通过原油劣质化可降低原油采购成本，但原油成本依然是总成本中最大的部分。

为了掌握原油的性质，制定合理的加工方案，需对原油进行组成、性质的分析测定。在实验室采用特定的分离和分析方法，全面测定、分析原油的性质及其可能得到的成品（或半成品）的性质和收率，这项工作称为原油评价。原油评价大体包含三方面的内容：原油的一般性质、常规评价、综合评价。原油的一般性质包括密度、硫含量、氮含量、酸值、残炭、凝点、倾点、闪点、盐含量、金属含量、黏度等。原油的常规评价包括原油的实沸点蒸馏数据及窄馏分性质。原油的综合评价包括直馏产品的产率和性质，也可增加某些馏分的化学组成、某些馏分或渣油的二次加工性能等。

原油评价是原油性质的全面描述，对炼油厂制定加工方案及排产具有指导意义。由于对某个原油做一套评价数据工作量巨大，一般根据原油的加工频次、数量决定做原油评价的时间间隔。主要加工的原油品种（简称主力油种）可能每年做一次原油评价，其他品种原油可能每二~三年做一次原油评价或参考其他公司的原油评价数据。

由于原油自身的性质随时间而变化，以及在储运过程中可能受到其他原油的污染，同一种原油的整体性质（例如硫含量、酸值）及产品分布（例如常减压蒸馏侧线产品收率）会发生变化，需实时跟踪这些变化。目前，国内大中型炼油企业基本上完成了信息化改造，生产装置普遍配有DCS系统及实时数据库系统，装置的侧线产品（馏出口产品）的分析数据输入实验室数据系统（LIMS系统）。这些基础条件为大数据跟踪分析原油性质变化创造了可能性。

为了常减压蒸馏装置的生产平稳性，一般在加工多种原油时采取混合进料。由于原油在储运过程中或多或少受到污染及计量方面的误差，原油的配比数据存在误差，根据简单平均数据推算原油的物性及产品分布，无法得到高质量的结果。为了消除一些随机误差，可采用最小二乘法处理生产数据。对一些存在“可加和性“（即线性）的物性，建立线性方程组，用最小二乘法计算单个原油品种的物性。对一些非线性物性，经数学处理（即线性化处理），也可建立线性方程组求解单油种物性。

2　最小二乘法原理

最小二乘法：又称最小平方法，是一种数学优化技术。利用最小二乘法可以简便地求得未知的数据，并使得这些求得的数据与实际数据之间误差的平方和为最小。

有如下线性方程组：

$$a_{11}x_1+a_{12}x_2+\cdots+a_{1j}x_j+\cdots+a_{1n}x_n=y_1$$

……………………………………………………

$$a_{i1}x_1+a_{i2}x_2+\cdots+a_{ij}x_j+\cdots+a_{in}x_n=y_i$$

……………………………………………………

$$a_{m1}x_1+a_{m2}x_2+\cdots+a_{mj}x_j+\cdots+a_{mn}x_n=y_m$$

式中，1<i<m，1<j<n。

方程组用矩阵表示如下。

$$AX=Y$$

$$A=\begin{bmatrix} a_{11} & a_{12} & \cdots & a_{1j} & \cdots & a_{1n} \\ a_{21} & a_{22} & \cdots & a_{2j} & \cdots & a_{2n} \\ \vdots & \vdots & & \vdots & & \vdots \\ a_{i1} & a_{i2} & \cdots & a_{ij} & \cdots & a_{in} \\ \vdots & \vdots & & \vdots & & \vdots \\ a_{m1} & a_{m2} & \cdots & a_{mj} & \cdots & a_{mn} \end{bmatrix},$$

$$X=\begin{bmatrix} x_1 \\ x_2 \\ \vdots \\ x_j \\ \vdots \\ x_n \end{bmatrix},\quad Y=\begin{bmatrix} y_1 \\ y_2 \\ \vdots \\ y_i \\ \vdots \\ y_m \end{bmatrix}$$

A、Y 已知，X 未知。当 m 大于 n 时，称为超定方程组，方程无精确解。为了得到合适的解，构造残差平方和函数 S。

$$S=\sum_{i=1}^{m}\left(\sum_{j=1}^{n}a_{ij}x_j-y_i\right)^2$$

当 S 取最小值时，如果 $A^T\cdot A$ 非奇异，则 X 有唯一解。

$$X=(A^TA)^{-1}A^TY$$

3 原油物性跟踪测算

3.1 原油比重指数 API 跟踪测算

原油的相对密度常用比重指数表示，又称为 API 度。API 度的定义为：

$$API=\frac{141.5}{d_{15.6}^{15.6}}-131.5$$

$d_{15.6}^{15.6}$ 是 15.6℃时油品的密度与 15.6℃时水的密度的比值。相对密度愈小的油品其 API 愈大，相对密度愈大则其 API 愈小。可以证明，混合原油的 API 具有线性可加性，即 $API_m=\sum_{i=1}^{n}f_iAPI_i$（$API_m$：混合原油的 API 值，$API_i$：某个原油的 API 值，$f_i$：某个原油占混合原油的重量分率），混合原油的 API 等于每个原油的重量分率与每个原油的 API 的乘积之和。

根据每个班次混合原油的配比及混合原油的比重指数(以下简称 API)，跟踪测算单个原油的 API。将每个班次（12 小时/班次）的原油配比（质量分率）作为系数，每个原油的 API 为自变量，以混合原油的 API 值（API 值根据实测密度换算得到，下同）作为等式的值，建立矩阵方程。运用最小二乘法求解矩阵方程，得到每个原油的 API 值，并与当月实测每个原油的 API 值比较，结果见表 1、表 2。

表 1　拉比（Rabi）原油实测 API 与计算值比较

日期	2023-1	2023-2	2023-3	2023-4	2023-5	2023-6	2023-7
实测 API	35.32	36.65	37.41	37.24	36.25	36.55	36.23
计算 API	35.36	36.53	35.99	36.77	36.46	36.60	36.18

表 2　萨里尔（Sarir）原油实测 API 与计算值比较

日期	2023-1	2023-2	2023-3	2023-4	2023-5	2023-6	2023-7
实测 API	36.76	36.40	36.86	37.61	37.33	37.33	37.00
计算 API	37.08	36.52	36.84	37.37	37.05	36.98	36.66

3.2 原油硫含量跟踪测算

混合原油的硫含量也具有可加性，即 $S_m=\sum_{i=1}^{n}f_iS_i$（S_m：混合原油的硫含量，S_i：某个原油的硫含量，f_i：某个原油占混合原油的重量分率），混合原油的硫含量等于每个原油的重量分率与每个原油的硫含量的乘积之和。将每个班次（12 小时/班次）的原油配比（质量分率）作为系数，每个原油的硫含量为自变量，以混合原油的硫含量(分析数据)作为等式的值，建立矩阵方程。运用最小二乘法求解矩阵方程，得到每个原油的硫含量，并与当月实测每个原油的硫含量比较，结果见表3、表4。

表3 拉比(Rabi)原油实测硫含量与计算值比较

日期	2023-1	2023-2	2023-3	2023-4	2023-5	2023-6	2023-7
实测硫含量/%	0.19	0.19	0.23	0.21	0.15	0.16	0.16
计算硫含量/%	0.19	0.17	0.21	0.21	0.18	0.17	0.17

表4 萨里尔(Sarir)原油实测硫含量与计算值比较

日期	2023-1	2023-2	2023-3	2023-4	2023-5	2023-6	2023-7
实测硫含量/%	0.15	0.16	0.17	0.15	0.17	0.15	0.15
计算硫含量/%	0.17	0.17	0.16	0.18	0.18	0.16	0.16

3.3 原油酸值跟踪测算

混合原油的酸值也具有可加性，即 $A_m=\sum_{i=1}^{n} f_i A_i$（$A_m$：混合原油的酸值，$A_i$：某个原油的酸值，$f_i$：某个原油占混合原油的重量分率），混合原油的酸值等于每个原油的重量分率与每个原油的酸值的乘积之和。将每个班次(12小时/班次)的原油配比(质量分率)作为系数，每个原油的酸值为自变量，以混合原油的酸值(分析数据)作为等式的值，建立矩阵方程。运用最小二乘法求解矩阵方程，得到每个原油的酸值，并与当月实测每个原油的酸值比较，结果见表5、表6。

表5 拉比(Rabi)原油实测酸值与计算值比较

日期	2023-1	2023-2	2023-3	2023-4	2023-5	2023-6	2023-7
实测酸值/m(g(KOH)·g^{-1})	0.16	0.16	0.13	0.11	0.14	0.15	0.13
计算酸值/(mg(KOH)·g^{-1})	0.11	0.14	0.10	0.14	0.10	0.14	0.12

表6 萨里尔(Sarir)原油实测酸值与计算值比较

日期	2023-1	2023-2	2023-3	2023-4	2023-5	2023-6	2023-7
实测酸值/(mg(KOH)·g^{-1})	0.10	0.12	0.10	0.11	0.10	0.12	0.11
计算酸值/(mg(KOH)·g^{-1})	0.12	0.15	0.12	0.13	0.14	0.12	0.13

3.4 渣油残炭、金属含量跟踪测算

混合原油渣油(常减压蒸馏装置的减渣)的残碳、金属镍钒含量也具有可加性。

$$CRC_m=\sum_{i=1}^{n} c_i CRC_i$$

$$c_i=\frac{f_i y_i}{\sum_{i=1}^{n} f_i y_i}$$

式中，CRC_m 为混合原油渣油部分残炭,%；CRC_i 为某个原油渣油部分残炭,%；f_i 为某个原油占混合原油的重量分率；y_i 为某个原油的渣油收率,%；c_i 为某个原油的占比(重量分率)与渣油收率的乘积占混合原油的分率。

对于渣油中的金属镍含量、钒含量，也可列出类似的方程式。运用最小二乘法求解矩阵方程，得到每个原油的渣油残炭、金属镍钒含量。计算出的渣油残炭、金属含量也与减压拔出深度有关，结果见表7、表8。

表 7 拉比(Rabi)渣油残碳、镍钒含量计算值

日期	2023-1	2023-2	2023-3	2023-4	2023-5	2023-6	2023-7
残炭/%	13.95	15.41	15.45	14.70	14.67	14.85	14.81
镍含量/ppm	58.82	53.18	53.88	47.83	52.26	48.70	49.07
钒含量/ppm	16.33	16.62	17.45	13.74	14.53	12.83	11.68

表 8 萨里尔(Sarir)渣油残碳、镍钒含量计算值

日期	2023-1	2023-2	2023-3	2023-4	2023-5	2023-6	2023-7
残炭/%	17.73	17.23	17.36	16.95	16.68	16.64	16.31
镍含量/ppm	24.50	25.87	23.72	22.90	23.80	24.88	26.65
钒含量/ppm	12.40	9.37	8.06	7.50	7.72	7.67	7.67

3.5 渣油硫含量跟踪测算

混合原油渣油(常减压蒸馏装置的减渣)的硫含量也具有可加性。

$$VRS_m = \sum_{i=1}^{n} c_i VRS_i$$

式中，VRS_m 为混合原油渣油的硫含量,%；VRS_i 为某个原油渣油的硫含量,%。

以单个渣油的重量分率分率作为系数矩阵，以单个原油渣油的硫含量为自变量，以混合原油渣油的硫含量为等式右侧的值，建立矩阵方程。运用最小二乘法求解矩阵方程，得到单个原油渣油的硫含量，结果见表 9、表 10。

表 9 拉比(Rabi)渣油硫含量

日期	2023-1	2023-2	2023-3	2023-4	2023-5	2023-6	2023-7
渣油硫含量/%	0.40	0.51	0.50	0.53	0.48	0.46	0.44

表 10 萨里尔(Sarir)渣油硫含量

日期	2023-1	2023-2	2023-3	2023-4	2023-5	2023-6	2023-7
渣油硫含量/%	0.41	0.38	0.39	0.40	0.39	0.38	0.38

3.6 渣油黏度跟踪测算

渣油黏度不具有可加性，但经过数学处理，仍可通过混合原油的渣油黏度计算单个原油的渣油黏度。单个原油的渣油黏度与常减压蒸馏装置的减压拔出深度有关。

互溶液体的混合黏度可用以下公式计算。

$$\mu_m = \left(\sum_{i=1}^{n} x_i \mu_i^{1/3} \right)^3$$

式中，μ_m 为混合液黏度，cP；x_i 为 i 组分的分子分率；μ_i 为 i 组分的黏度，cP。

对以上公式进行变换，得到如下公式。

$$\mu_m^{1/3} = \sum_{i=1}^{n} x_i \mu_i^{1/3}$$

互溶液体的混合黏度的立方根与单个组分的黏度的立方根之间也具有了可加性。通过混合原油的渣油黏度求取单个原油的渣油黏度，也可用这个公式。因为渣油组分的分子分率不易获得，改用渣油组分的体积分率代替。

$$x_i = \frac{\dfrac{f_i y_i}{d_i}}{\sum_{i=1}^{n} \dfrac{f_i y_i}{d_i}}$$

式中，d_i 为某个原油的渣油 100℃时密度，t/m^3。

由于混合原油渣油的实测黏度时运动黏度，公式中用的是动力黏度，实际计算时还需进行转换。根据原油配比，以单个原油渣油的体积分率作为系数矩阵，以混合原油渣油动力黏度(100℃的运动黏度换算到动力黏度)的立方根作为矩阵方程右侧的值，建立矩阵方程。运用最小二乘法求解矩阵方程，得到每个原油渣油的动力黏度的立方根，通过换算可得到单个原油渣油的100℃运动黏度。跟踪测算结果见表 11、表 12。

表 11　拉比(Rabi)渣油黏度计算值

日期	2023-1	2023-2	2023-3	2023-4	2023-5	2023-6	2023-7
100℃运动黏度/(mm^2/s)	259	326	391	321	299	292	263

表 12　萨里尔(Sarir)渣油黏度计算值

日期	2023-1	2023-2	2023-3	2023-4	2023-5	2023-6	2023-7
100℃运动黏度/(mm^2/s)	853	931	1020	957	957	910	875

4　原油馏分分布跟踪测算

4.1　原油侧线收率跟踪测算

混合原油进常减压蒸馏装置的侧线产品收率也具有可加性。的硫含量也具有可加性。将每个班次(12 小时/班次)的原油配比(质量分率)作为系数，每个原油的侧线收率为自变量，以混合原油的侧线收率作为等式的值，建立矩阵方程。运用最小二乘法求解矩阵方程，得到每个原油进常减压蒸馏装置的侧线收率。测算结果见表 13、表 14。

表 13　拉比原油进常减压蒸馏侧线产品收率

日期	2023-1	2023-2	2023-3	2023-4	2023-5	2023-6	2023-7
干气+液态烃/%	2.16	3.00	2.39	2.69	2.52	2.54	2.66
初常顶/%	12.20	14.39	14.29	14.86	12.72	12.67	12.41
常一线/%	8.44	11.20	12.04	13.16	10.94	10.56	10.54
常二线/%	9.57	7.06	7.43	7.23	7.47	7.17	7.24
常三线/%	13.10	11.48	12.14	12.05	12.40	12.28	12.44
常四线/%	2.83	4.10	3.44	3.16	3.38	2.91	3.39
减顶+减一线/%	2.98	3.13	2.29	2.26	3.45	3.83	3.18
减二线/%	10.22	10.36	10.09	10.31	10.98	10.51	11.37
减三线/%	5.83	6.21	5.69	5.11	4.99	5.79	5.66
减四线/%	6.41	4.90	5.24	4.94	5.20	5.18	4.35
减五线/%	3.72	4.06	2.88	3.34	3.53	3.84	3.27
减渣/%	22.52	20.12	22.08	20.89	22.42	22.72	23.49
合计/%	100.00	100.00	100.00	100.00	100.00	100.00	100.00

表 14　萨里尔原油进常减压蒸馏侧线产品收率

日期	2023-1	2023-2	2023-3	2023-4	2023-5	2023-6	2023-7
干气+液态烃/%	3.00	2.93	2.69	2.51	2.81	2.67	2.85
初常顶/%	17.20	15.71	16.23	15.81	15.85	14.96	14.18
常一线/%	9.38	10.83	11.03	10.72	10.47	10.63	10.13
常二线/%	7.42	7.04	7.34	6.79	7.23	7.21	6.99
常三线/%	11.96	11.67	13.22	13.15	12.86	13.21	13.03
常四线/%	4.29	4.08	3.14	2.49	3.19	3.45	3.90
减顶+减一线/%	3.09	3.68	2.51	3.84	3.72	3.29	3.47
减二线/%	10.14	10.67	10.68	10.38	10.37	10.81	10.84
减三线/%	6.14	6.21	5.45	5.52	5.55	5.06	4.97

续表

日期	2023-1	2023-2	2023-3	2023-4	2023-5	2023-6	2023-7
减四线/%	3.96	4.50	4.96	4.83	4.86	4.77	4.88
减五线/%	3.62	3.45	3.11	3.05	3.76	3.47	3.36
减渣/%	19.79	19.20	19.64	20.92	19.33	20.47	21.40
合计/%	100.00	100.00	100.00	100.00	100.00	100.00	100.00

4.2 原油的拟合

原油拟合一般用原油评价数据。但原油评价由于分析项目繁多、分析工作量巨大，每种原油的评价工作一般若干年做一次。考虑到原油性质及馏分分布随开采时间、储运过程中发生变化，也可通过生产数据进行拟合，确定原油馏分分布，结合原油一般性质(原油 API、硫含量、酸值)，跟踪原油物性及馏分分布变化。

原油进常减压蒸馏装置的侧线产品收率与原油有关，也与侧线产品的馏程范围有关。为了生成原油的实沸点蒸馏曲线，可用 KBC Petro-SIM 软件拟合。根据原油进常减压蒸馏装置的侧线产品收率、馏程、密度(干气、液化气根据实际组成)拟合原油，生成单个原油的 XML 格式拟合文件。用生产数据拟合 2023 年萨里尔原油见图 1~图 3，拟合结果见图 4。拟合结果可按 XML 文件格式输出(例如 Sarir_ 202305. XML)，以便今后使用。

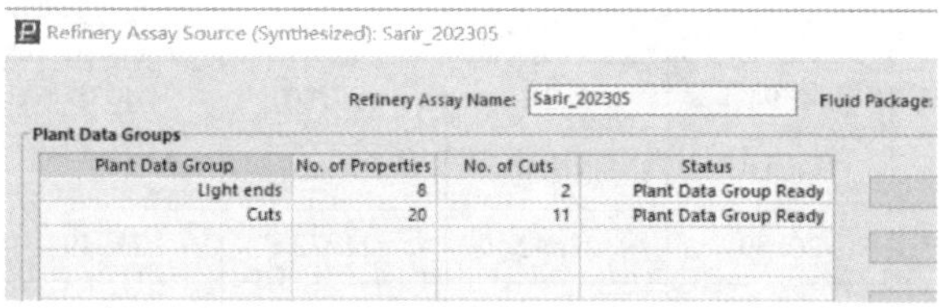

图 1 原油拟合数据类型

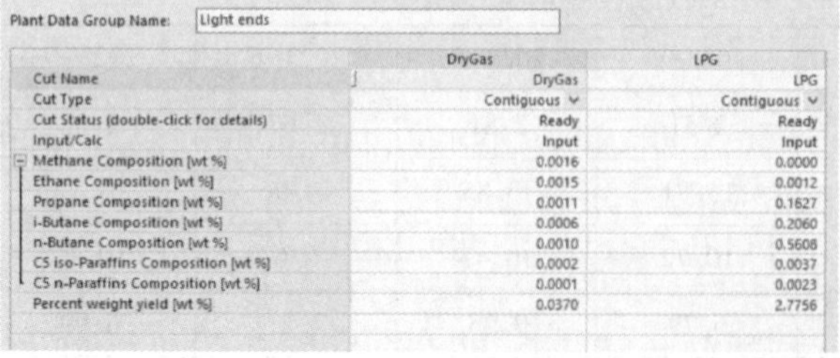

图 2 轻烃数据

4.3 原油馏分实测分布与评价数据的比较

在 KBC Petro-SIM 软件中，根据实测收率生成的拟合数据进入组分切割器模块进行切割，获得轻烃(碳一~碳四)、馏分段(15~140℃、140~240℃、240~350℃、350~540℃)、渣油(540℃+)的收率数据。根据生产数据生成的 2023 年 5 月萨里尔原油拟合数据切割过程见图 5~图 7。

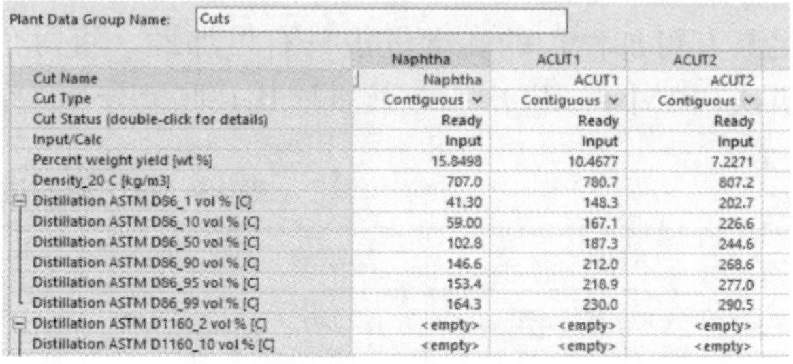

图 3 馏分段数据

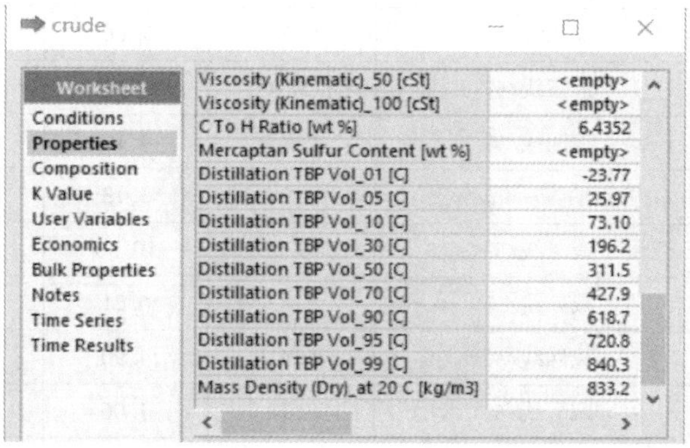

图 4 原油拟合结果

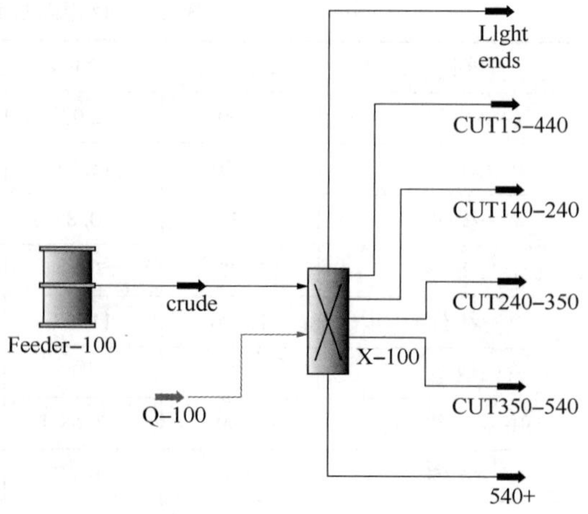

图 5 原油切割流程图

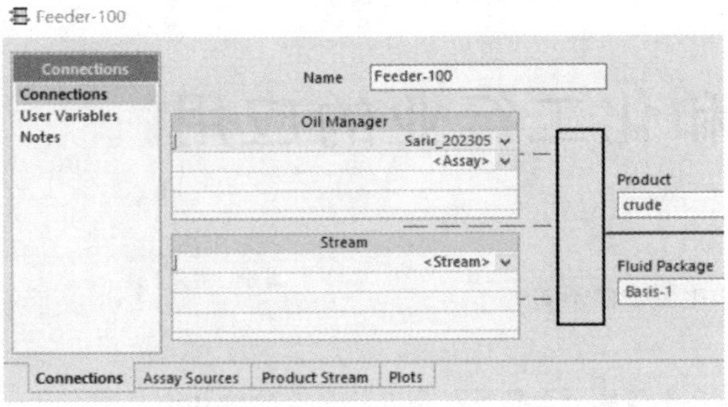

图 6　拟合文件的使用

	A	B
1		Yields，% m
2	Light ends	2.958 kg/h
3	15-140	13.10 kg/h
4	140-240	16.59 kg/h
5	240-350	19.02 kg/h
6	350-540	29.06 kg/h
7	540+	19.27 kg/h
8	合计	100.0
9		
10		

图 7　原油馏分段切割结果

由原油评价数据生成的拟合文件也引入组分切割器模块进行切割，得到相同馏程范围的馏分段另一组收率数据。同一个原油可能有多份原油评价报告，生成多个 XML 格式的拟合数据。根据实测原油切割收率与原油评价拟合数据切割收率进行比较，与实测原油切割收率接近、且原油整体物性(原油 API、硫含量、酸值等)也接近的原油评价报告，其拟合数据作为桌面炼厂模型(KBC Petro-SIM 软件建立的桌面炼厂模型或 Aspen PIMS 软件建立的桌面炼厂模型)的测算数据。

5　结论

根据大量的生产数据，运用数学方法进行处理，可连续跟踪原油的部分物性及馏分分布的变化。跟踪测算的结果可弥补原油评价在分析频次上的不足，为炼油企业排产、优化测算提供帮助。

与原油评价相比，炼厂大数据在数量上远大于原油评价数据，但在分析项目种类上少于原油评价。因此大数据分析的结果可作为原油评价的补充或修正依据，不能替代原油评价。

参　考　文　献

[1] 孙兆林，主编. 原油评价与组成分析[M]. 北京：中国石化出版社，2006：3.

[2] 林世雄，主编. 石油炼制工程(第三版)[M]. 北京：石油工业出版社，2000：168-172.

[3] 北京石油设计院，编. 石油化工工艺计算图表[M]. 北京：烃加工出版社，1985：381.

数字孪生技术在石油和化工行业的应用

翟德宏

（中国石油兰州石化榆林化工有限公司）

摘　要　近年来数字孪生应用已从航空航天领域向工业各领域全面拓展，各工业巨头纷纷打造数字孪生解决方案，并赋能工业企业。本文以长庆乙烷制乙烯项目智能化工厂数字孪生项目为依托，说明了数字孪生系统设计的核心技术，总结了数字孪生技术对石油和化工行业实际应用案例。石油和化工行业将加快引入数字孪生体技术，成为数字孪生技术应用的主要发展场地，共建相关领域的标杆场景和应用，释放数字孪生体的价值和潜能。

关键词　数字孪生；数据治理；云平台；智能制造；大数据；数据重构

1　引言

数字孪生技术最早应用于航空航天领域，美国国家航空航天局和美国空军研究实验室是第一批数字孪生应用企业。近年来，数字孪生应用已从航空航天领域向工业领域全面拓展，通用电气、西门子等工业巨头纷纷打造数字孪生解决方案，并赋能工业企业。数字孪生是长庆乙烷制乙烯项目智能化工厂建设的重要内容，主要包括数字化移交、数据治理、一体化运营等方向。其中数据治理体系，包括对装置主要数据的理解、数据治理目标分析、数据治理相关工具、治理实施方案、治理效果评判准则、治理迭代机制等，适应炼化数据来源复杂、种类多样、数据质量参差不齐的现状。一体化运营平台承载工艺控制、设备、仪表、电网、现场巡检、实验室、计划调度等关键智能化系统的全量生产数据能力，实现一站式的生产过程可视化监测，提升监测效率；实现工艺、用能、设备、环保等关键业务一体化的感知与洞察，支持“全科全场”的专家组业务模式，提高响应速度与准确性，融合全量生产数据，实现全量生产数据的拖拉拽式获取与运算，数据驱动决策，提升决策科学性与质量。

2　核心技术

2.1　数字化移交

长庆乙烷制乙烯项目采用 EPC 及 E+PC 建设模式，通过数字化移交实现在交付物理实体工厂的同时，移交一套完整的数字化工厂数据，包括设计、采购、施工、试车各阶段的基础数据，以此作为工厂数字世界建设的起点，是工厂静态数字孪生的基础。长庆乙烷制乙烯采用基于工厂对象数字化移交，主要包括三维模型、EPC 基础数据、文档资料及关联关系移交，即获取了包含设备、仪表等完整工厂对象清单，还包括每个对象对应的数字化的基础数据、文档资料，以及对象与文档资料关联关系。通过数字化移交企业完整继承了工厂设计过程中产生的全量数据，专业的类库定义，通用的编码原则以及数据间复杂的关系等这些关键信息，为工厂开展数据治理提供基础和依据。

2.2　数据治理

通过数字化移交获得的工厂基础数据，以及工厂生产运营管理过程中产生的海量数据，这些数据多源异构、关系复杂、质量参差不齐，在数据流转、应用过程中由于缺乏统一的标准与技术手段，使数据的可用性、便捷性低下，数据价值无法发挥。长庆乙烷制乙烯项目在行业内首次采用了基于数字化交付数据进行对象化数据治理技术，有效的攻破了这一难题。通过统一数据规范，建立数据标准化体系，并依据工艺原理实现对 PID/PFD 进行数字化重构，按工艺逻辑定义数据对象，将工厂的动静态全量数据与数据对象完整映射，使工厂成为计算机可识别、可计算的数字孪生体。经过对象化的数据治理，数据回归到自身的对象源头，数据的历史、数据的关系、数据的价值从抽象的数表结构，转变为清晰、具体的对象描述，数据达到可见、可管、可用，数据潜能得到释放，使数据真正成为工厂的资产，全面提升企业数字化及运营水平。

石油化工行业的数据带有明显的行业特点：来源复杂、种类多样、质量参差不齐、与业务紧密相连。以往信息系统专业化、模块化等建设方式在保证具体业务应用的同时也导致了烟囱林立，无法完整的描述对象本身，如图 1 所示。

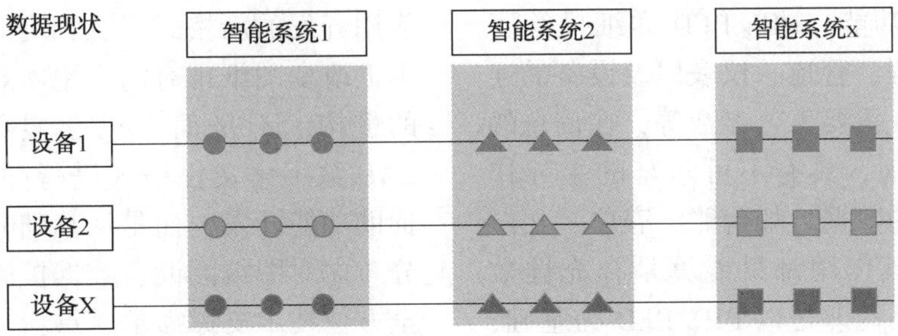

图 1　石油化工行业数据多样特点

传统的数据治理方式是基于数据仓库作为数据存在的形态。数据仓库可以理解为根据数据的特性，灵活的选择目前比较成熟的数据存储方式（关系型数据库、NoSQL 数据库、文件）来保存某个数据模型的数据。数据在仓库中还是分散在不同的数据模型中，要使用数据或者授权都是基于数据模型来开展，对于比较复杂的业务应用或者分析过程，开发者或者数据使用者还是需要通过各种手段去关联、汇聚分散的数据。为了充分发挥数据仓库在某些专业应用下更为方便的优势，同时能够完整的表达一个物理世界中的对象，简化数据的授权及使用方式，在传统的数据仓库式平台建设思路的基础上引入了数据对象化的理念，以能够承载各类数据的物理设备对象为原型，进行数据梳理和关联，形成能够完整反映设备信息的数据模型，并将其对象化和实体化，如图 2 所示。对于面向生产工艺、回路管理等领域的应用需求，可以通过平台提供的可视化工具或者其他工艺管理工具梳理的流程信息和对象关系，对数据进行整合重组然后对外提供数据服务。

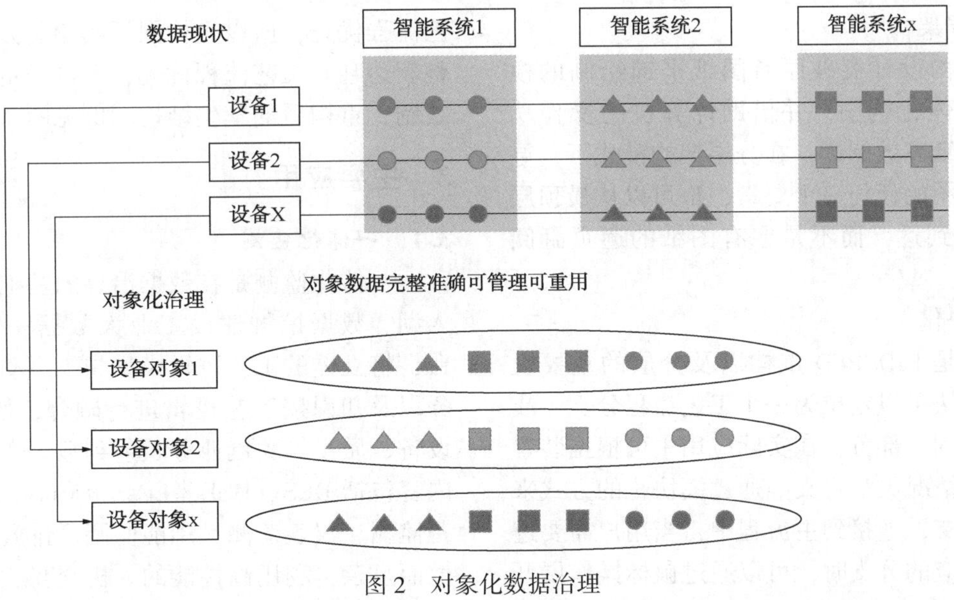

图 2　对象化数据治理

数据治理紧密的围绕对象化、一体化、结构化等特性展开。因此对数据对象设计、数据标准与规范有较高的要求，这也是工业大数据平台数据治理的关键及难点所在。梳理现有运营系统的数据范围、数据结构、业务价值，形成面向数据本身的标准与规范。在明确数据范围的同时，工业数据治理必须基于工艺和生产的视角，设计清晰的对象结构来承载上述分散的数据，这是数据治理成果是否可见、可用、可管理的基本需求和原则，也是保障数据服务生产最有效手段。

2.3 生产装置数字化重构

炼化企业生产装置的结构复杂，往往由数以千计的设备以及管道组成，这些设备与管道，又通过工艺流程有机地联系在一起，实现整套装置生产过程中的各种功能。PID/PFD 详细描绘了一个装置的工艺流程、管道、仪表以及设备的连接关系、控制回路、重要工艺参数等，在信息的全面性、重要性方面，具有不可争辩的主导作用，其他任何形式的数据，如台账、表单、文件等，与其比起来，其作用都只能算是补充性数据。数字孪生体的结构即是以 PID/PFD 为基础，通过对传统 PID/PFD 数字化重构，设计出数字孪生体框架。

大部分国内炼化企业，PID/PFD 的应用仍然停留在"图纸"阶段，即人工通过打印的图纸或 PDF 格式进行读图，获取所需信息，效率低，重复性工作量大，人工环节多，这种应用模式与数字化是严重脱节的。从 PID/PFD 的应用场景出发进行重构，设计便于图纸阅读、数据扩展、应用开发的新格式以及相应的配套软件，将从根本上改变图纸现有的应用困难的局面。PID/PFD 的重构，不是简单的重复绘制，也不是基于 CAD 数字化文件格式进行图纸可视化以及读图辅助功能开发，而是从基础的构图模型出发，充分考虑对图纸阅读、数据扩展、以及应用开发的全方位技术支撑需求，重新进行设计，如图 3 所示。新设计更注重应用、更注重在计算机上的图纸表达与操作，并可以作为装置数字孪生体的基础框架，是源于图纸，而超越图纸的形式。

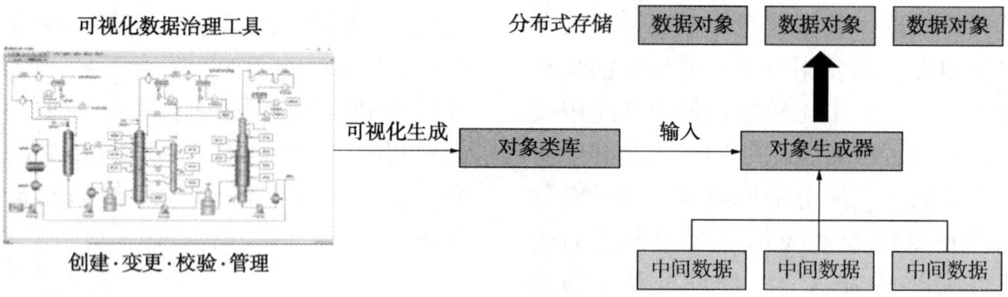

图 3　PID/PFD 数据重构

2.3.1　分层架构

分层架构设计突破原有图纸平铺绘制的模式，实现立体化构图，并借助计算机的操作功能，实现图纸高效阅读，在分层架构模式下，寻找任何一张图的任何一个要素，都可以从最顶层以最短路径到达，而不是原有图纸的逐页翻阅方式。

2.3.2　模块化

模块化是 PID/PFD 重构以及分层的重要设计方法。模块可以定位为一个工艺流程分支、或某一个设备的一部分，在实际应用中可根据装置绘图的具体情况灵活定义。通过模块化的方式来表达流程分支，连接到主流程中，当用户需要进一步了解对应的分支时，可以通过鼠标操作展开相应的分支模块，得到完整的分支流程。这种模块化的绘制方法，既能满足绘图的完整性，又可以使得图纸更清晰便于阅读。

2.3.3　绘制结构优化

鉴于在生产环节中，大多数应用场景是以工艺流程优先，所以重构图纸的绘制方式，是以完整表达某一工艺流程优先，允许一定的设备重叠绘制，重构后的孪生结构示例见图 4。

3　主要应用

3.1　一体化监测

一体化监测是在数据治理的基础上通过数据入湖、数据挖掘建设工业大数据一体化运营平台，将立体的工艺逻辑模型与工厂动静数据、业务以及知识按工艺逻辑进行融合，使工厂生产、设备、质量等关键业务映射到数字孪生体，监测内容包括 DCS、HSE、LIMS、MES、PHD、动设备监测、仪表监测、用能监测、排放监测等，分散而复杂，利用高性能的人机交互、托拉拽驱动多维数据运算的数据分析技术，以及机器智能、大数据分析等智能化技术，实现对生产、动静电仪、质量等关键业务域的一体化监测、一站数据分析，突破系统与专业之间的壁垒。一体化监测示例见图 5。

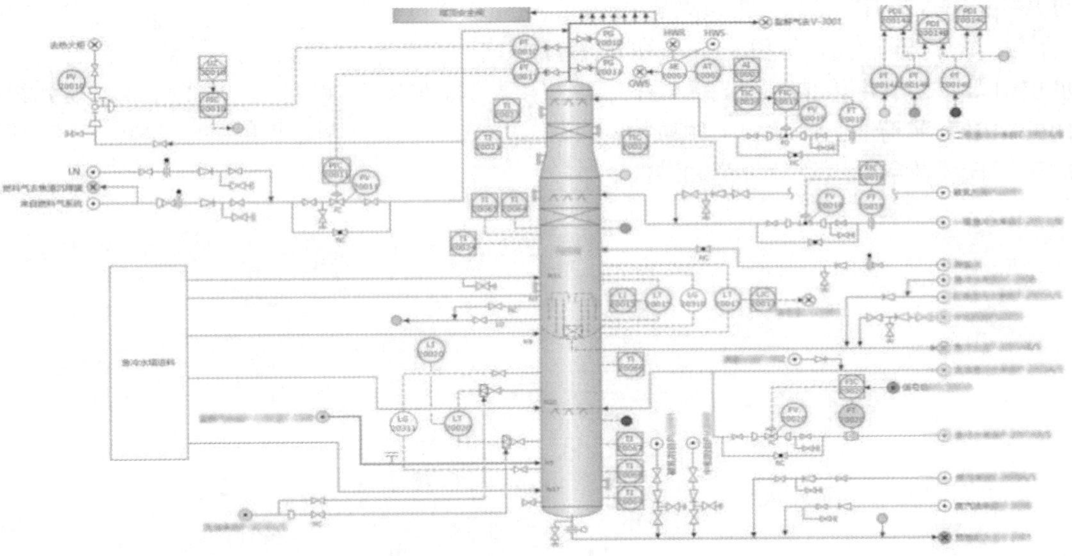

图 4　PID/PFD 数据重构示例

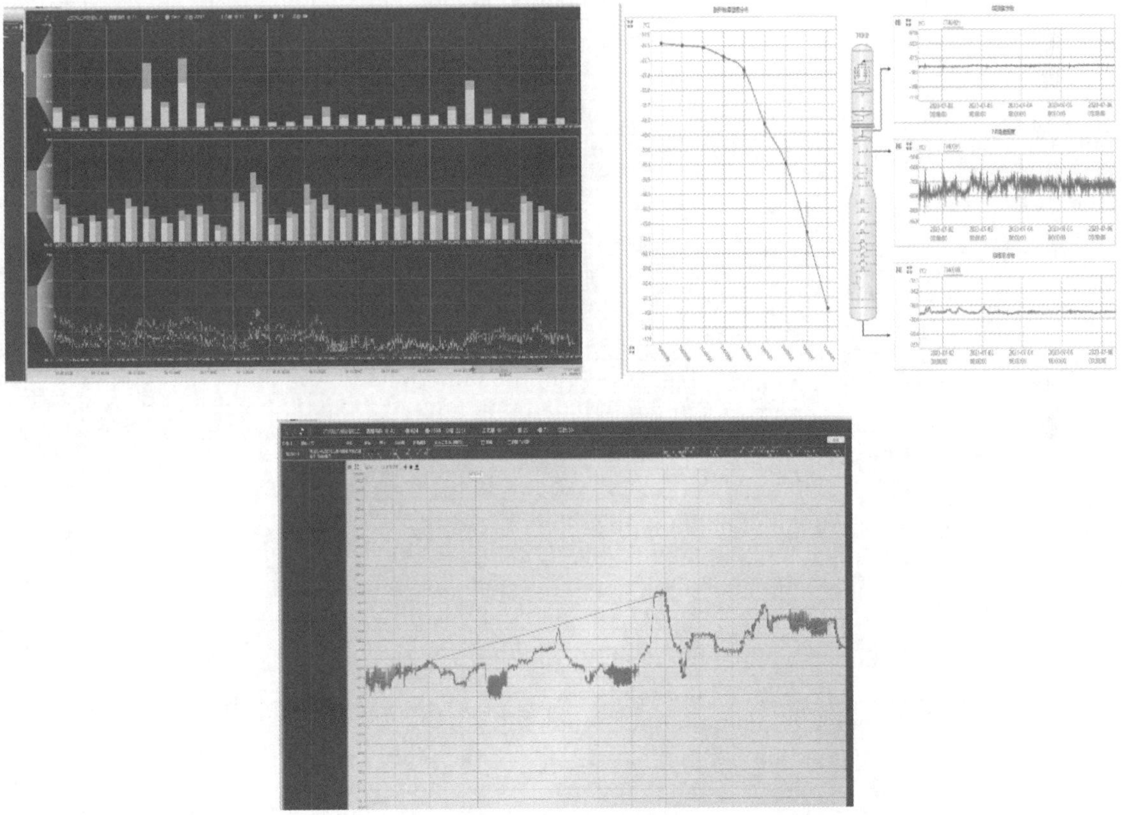

图 5　一体化监测示例

3.2　数据驱动决策

数据驱动决策，是数字化转型中一个重要的课题。一体化运营平台，是物理层、采集层之上的数据解读与业务表达层，对装置运行过程中的一些 KPI 指标，可以实现自动计算自动汇总，减少人工环节，作为经营管理的输入，推动装置实体与孪生体之间数据的双向动态交互，根据孪生体中的变化及时优化生产设置，提交生成效率，实现数据驱动决策。

4　结语

数字孪生技术从提出到应用经历了几年时间，初步形成了一些体系，现在进入下一个发展阶段。按照目前的数字化发展势头，一些工业企业经过几年的探索，找到了一些典型应用场景，开始“相信”数字孪生体的价值。石油和化工行业将加快引入数字孪生体技术，成为数字孪生技术应用的主要发展场地，共建相关领域的标杆场景和应用，释放数字孪生体的价值和潜能。

参考文献

［1］林晨阳，周杰文，史建成. 面向数字孪生的数据采集系统设计. 电子质量，2020，10卷(期)：71-75.

长岭分公司 S-Zorb 汽油原料预处理工业应用情况报告

陈文良[1]　匡洪生[2]

（1. 中石化长岭分公司；2. 湖南长炼新材料科技有限公司）

摘　要　本文针对中石化长岭分公司面临汽油池烯烃含量高、催化汽油调和比例受限以及汽油质量升级要求等问题，开发了 S-Zorb 原料汽油选择性加氢降烯烃技术并成功实现工业应用。小试进行了催化剂研究、工艺条件及稳定性考察，研究结果表明：采用自主开发的 HGO-1 催化剂，在优化工艺条件下，加氢汽油烯烃含量低于 16%，二烯烃脱除率 82.24%，辛烷值损失平均 0.4 个单位，催化剂稳定运行 1400h 仍有较好的催化性。该技术成功实现工业应用，工业应用情况表明，加氢汽油烯烃含量 14.9%～17.8%，辛烷值损失小于 0.5 个单位，稳定汽油烯烃含量保持在 10.9%～15.0%，满足国 VIB 汽油质量升级烯烃含量要求，减少汽油调合成本，使稳定汽油烯烃含量的调整更为灵活；同时延缓了 S-Zorb 吸附脱硫装置换热器、加热炉器壁高温部位的结焦，提高了换热效率，节约加热炉瓦斯用量 90$Nm^3 \cdot h^{-1}$；降低了待生吸附剂积碳量，由 3%降至 1.72%，延缓了催化体系生焦趋势，有利于催化剂脱硫性能发挥，延长了催化剂单程使用周期。

关键词　S-Zorb 原料汽油 加氢 催化剂 烯烃 二烯烃 辛烷值

1　背景

中石化长岭分公司 1#S-Zorb 装置处理能力为 150 万吨/年，加工原料主要为 3#催化汽油、1#FCC 汽油及少量重整戊烷油。随着汽油国 VIB 标准的执行，长岭分公司面临汽油池烯烃含量高、催化汽油调和比例受限等问题；S-Zorb 汽油吸附脱硫工艺技术的优点是获得超低硫汽油的同时辛烷值损失较小，但长岭分公司 S-Zorb 汽油吸附脱硫装置在运行过程也发现存在汽油产品干点上升、换热设备器壁（如原料换热器、预热炉）结焦，降低设备换热效率，装置运行周期内需清理换热设备 3～4 次，清焦过程易出现安全事故，影响装置安稳长优运行。为了不影响汽油产品质量升级、产率、销售及上游催化装置的加工苛刻度，长岭分公司在 150 万吨/年 S-Zorb 装置新增了原料预处理设施，该设施采用中石化长岭分公司与湖南长炼新材料科技股份公司联合开发 FITS 加氢技术及降烯烃催化剂，配套 S-Zorb 装置以灵活控制汽油烯烃含量。该设施于 2022 年 9 月投用后运行稳定，结果表明：在设计工况条件下，原料汽油中烯烃含量在 18.0～24.0v%，预处理后汽油烯烃含量 14.9～18.2v%，S-Zorb 稳定汽油烯烃含量低于 15.0v%，满足国 VIB 汽油质量升级烯烃含量要求。初步标定结果表明：原料汽油烯烃含量 20.5%，预处理后产物烯烃含量 15.4v%，烯烃脱除量 5.1v%，二烯烃脱除率 75.52%，RON 损失平均 0.8 个单位，S-Zorb 装置各项运行指标优良。

2　原料预处理技术

2.1　FITS 技术简介

汽油高效选择性加氢工艺的核心是采用微孔分散气液混合和固定床液相加氢技术组合，大幅提升了油品和气相之间的传质效率，有利于反应热的均匀传递、催化剂反应效能的发挥；专用的汽油选择性加氢催化剂，可在较低的反应温度的条件下选择性加氢饱和原料中的硫、氮，避免芳烃过度加氢饱和，石脑油加氢脱杂后加氢产物满足重整进料要求。该工艺技术具有投资省、反应效率高、运行成本低、本质安全性高等优点，其技术特点为：

（1）反应效率高。加氢原料在反应器入口与氢气进行高效油气混合，部分氢气迅速溶于原料油中，剩余的过剩氢被分散成微气泡悬浮于原料油中，反应物料自下向上流经催化剂床层，以平推流反应模式减小返混，反应效率提高。同时液相反应也消除了催化剂润湿因子的影响，催化剂的有效利用率提高。

（2）配套专用的高选择性加氢催化剂，具有较好的加氢活性，对于硫、氮、烯烃加氢脱除能力强；选择性较好，减少芳烃加氢饱和，使其产品质量满足重整装置进料要求。催化剂是成熟商品催化剂，广泛应用于汽油、煤焦油、粗笨等加氢工业装置，有较好的应用业绩。

（3）流程灵活。高效选择性加氢工艺流程简单，占地面积小，可镶嵌在已有流程中，同时还可在主体装置不停工的前提下，对反应器单独进行装卸剂和器外再生操作。

（4）投资低。高效选择性加氢工艺没有复杂的氢气循环系统，设备简单，可降低装置建设投资，且建设周期短。

（5）能耗低。高效选择性加氢工艺取消了循环氢压缩机或循环油泵，采用低温、较低氢油比条件，能量消耗可降低约 40%，且氢气损失及泄漏量更少。

2.2 专有催化剂简介

① 专有催化剂具有较好的低温加氢活性，较低温度加氢有利于减少辛烷值损失，同类型商业剂低温下烯烃加氢活性不高，在同等温度下不能达到降烯烃指标要求；②普通商业剂高温下加氢活性与专有催化剂相当，但辛烷值损失较大，同等温度下，比专有催化剂辛烷值损失大一倍，而专有催化剂通过载体改性和助剂添加，可选择性加氢饱和 C_5、C_6 异构烯烃，而保留 C_7 及以上高辛烷值烯烃组分，达到降烯烃而尽可能减少辛烷值损失的目的。③因烯烃易聚合生焦的特性，一般烯烃加氢催化剂使用寿命不会太长。而保护剂 HG-5 催化剂通过特殊的孔结构，在增加容垢能力的同时，将二烯烃饱和，而主加氢 HGO-1 催化剂具有低温加氢活性高的特点，两种催化剂催化剂级配装填，可大幅延长催化剂运行周期。

3 S-Zorb 装置原料预处理设施概况

该设施位于中石化长岭分公司炼油二部，主体设备有一台专有反应器、三台换热器组成，预加氢设施占地 $20m^3$，总投资规模低于 2000 万。以催化汽油为原料，通过液相加氢选择性脱除其中的烯烃-烷烃辛烷值差值较小的低分子烯烃组分和易结焦二烯烃组分，达到降低汽油烯烃含量同时又不造成过大的辛烷值损失的目的，还能一定程度优化 S-Zorb 装置运行条件。该项目以单元模块形式镶嵌在 S-Zorb 进料换热器组之间，在反应压力 3.2~3.4MPa、反应温度 130~180℃条件下运行，反应产物直接返回 S-Zorb 系统进一步进行脱硫反应，所有原料及公用工程均利用现有装置及系统，E-115、E-116 分别为液体、气体原料换热设备，仅开停工使用，不增加额外能耗和物耗。新增设施流程见图 1。

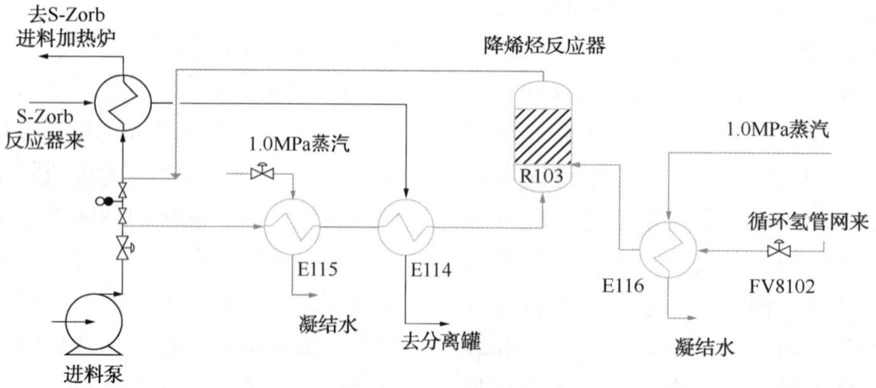

图 1　S-Zorb 装置原料预处理设施流程图

4 催化剂理化性质

针对催化汽油烯烃含量高，易受热聚合生焦的特点，采用中石化长岭分公司及湖南长炼新材料科技股份公司联合研制的低温选择性加氢降烯烃催化剂 HG-5、HGO-1，两种催化剂氧化态共计 38.5 吨，详细性质见表 1。

5 工业应用情况

汽油原料预处理设施一次投用正常，并平稳

运行至今。

5.1 原料性质及进料量

汽油原料预处理设施原料为 1[#]、3[#]催化裂化装置催化汽油，设计进料量为 150 万吨/每年，运行期间催化汽油总进料量为 145～165t/h，如图 2 所示。汽油原料来自于上游催化裂化装置，其烯烃含量在 18.0～24.0v%之间波动，如图 3 所示。

汽油原料基本性质如表 2 所示。

表 1 催化剂性质

项目	HGO-1 催化剂(硫化前)		HG-5 催化剂(硫化前)	
	协议指标	实测	协议指标	实测
金属组成/m%				
MoO_3	≥13.0	13.58	≥6.0	6.94
Ni	≥1.5	1.75	≥1.5	1.70
物理性质				
孔容/(mL/g)	≥0.4	0.52	≥0.4	0.6
比表面/(m^2/g)	≥140	225	≥120	176
形状	蝶形条状	蝶形条状	蝶形条状	蝶形条状
直径/mm	2.0~3.0	2.2	3.0~4.0	3.2
堆积密度/(g/cm^3)	0.60~0.85	0.69	0.50~0.8	0.6
径向强度/(N/mm)	≥15.0	20.3	≥15.0	26.0
数量/t	33.5	33.5	5.0	5.0

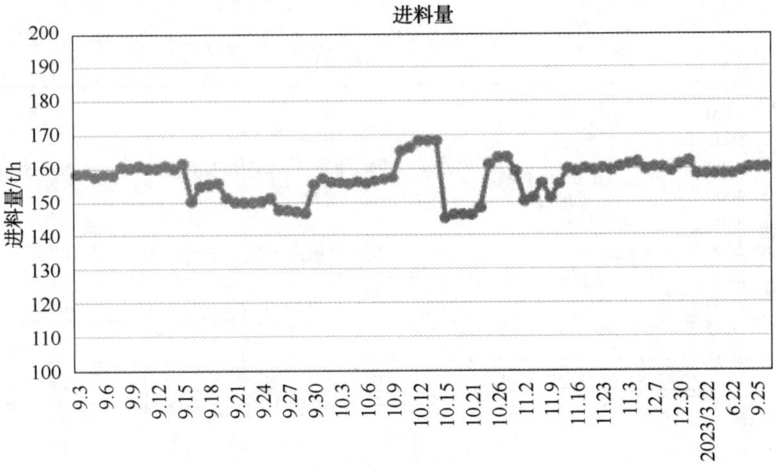

图 2 装置进料量变化

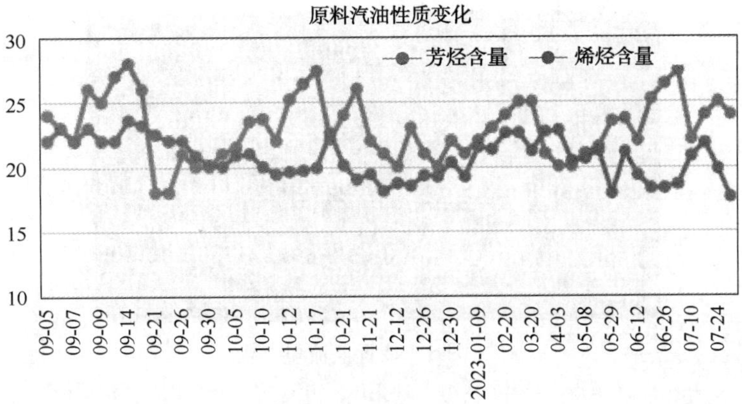

图 3 原料芳烃及烯烃含量

表 2　原料汽油性质

项目	原料汽油(2022. 9)	原料汽油(2022. 10)	原料汽油(2022. 11)	原料汽油(2022. 11)
密度/(kg/m^3)	736. 6	735. 8	736. 2	735. 7
馏程*/℃				
初馏点	37	38	37	37
10%~20%	54~62	53~62	54~62	54~63
30%~40%	72~80	73~80	73~80	72~80
50%~60%	101~120. 5	101~120. 5	101~120	101~120
70%~80%	141~158. 5	142~159	141~158. 5	141~258
90%~95%	178. 5~196. 5	178~196	178. 5~196. 5	178~195
终馏点	217. 5	217. 5	217	216. 5
S/(ug/g)	348. 9	352	344	352
烯烃/v%	20. 8	19. 2	18. 9	19. 3
芳烃/v%	24. 2	24. 0	23. 8	24. 1
苯/v%	0. 64	0. 65	0. 65	0. 65
RON	91. 8	91. 5	91. 6	91. 2

* 石油产品常压蒸馏特性测定法 GB/T 6536—2010

5. 2　氢气

预处理所用氢气采用 S-Zorb 装置的循环氢，氢气流量为 4000~4500Nm^3/h，从图 4、图 5 及表 3 可以看出，氢气流量波动较大，氢气组成中含有烷烃及少量烯烃，氢气纯度在 80%以上。

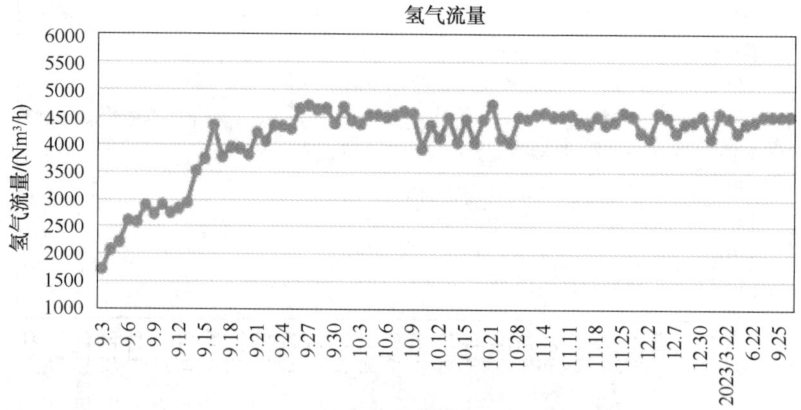

图 4　装置氢气流量

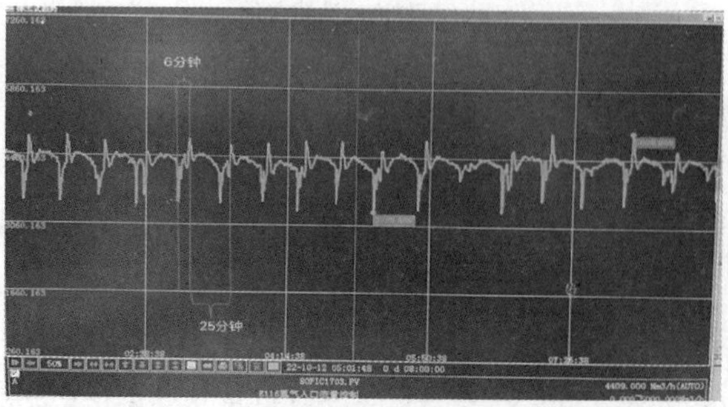

图 5　装置氢流量

表3　循环氢气体组成

采样日期/气体组成/v%	氢气	甲烷	乙烷	丙烷	丁烷	丙烯	丁烯	戊烷
2022.9.3	80.40	7.12	2.71	1.82	1.46	0.13	0.55	4.1
2022.9.5	84.30	6.91	2.44	1.45	0.91	0.25	0.48	2.34
2022.9.7	82.10	5.34	1.85	1.06	0.60	0.15	0.21	2.00

5.3　反应压降

S-Zorb汽油原料预处理设施压力控制如图6所示。反应器入口压力控制在3.0~3.4MPa间。开工初期，床层压降为0.172MPa，随着装置负荷提高及循环氢流量增大，床层压降略有上升，床层压降稳定在0.20MPa。

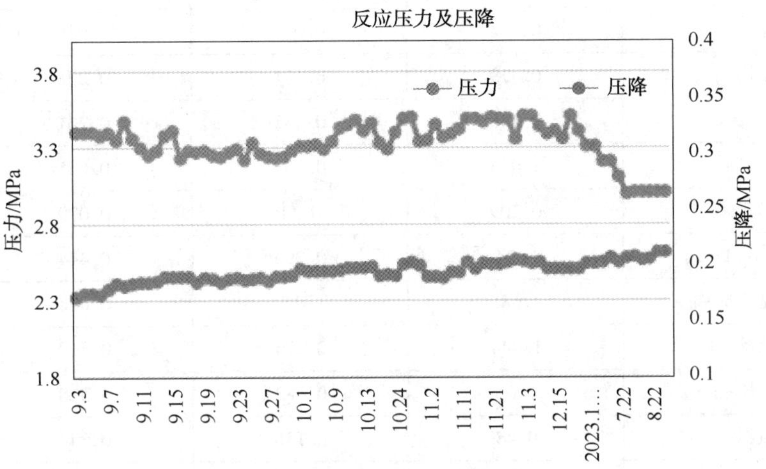

图6　装置床层压力及压降

6　预处理降烯烃效果

6.1　烯烃脱除效果

S-Zorb汽油原料预处理设施运行期间，汽油原料烯烃含量18.0%~24.0v%，加氢产物烯烃含量14.9%~18.2%，稳定汽油烯烃含量平均值14.0%，满足国VIB汽油质量升级标准，减少汽油调合成本，使稳定汽油烯烃含量的调整更为灵活。

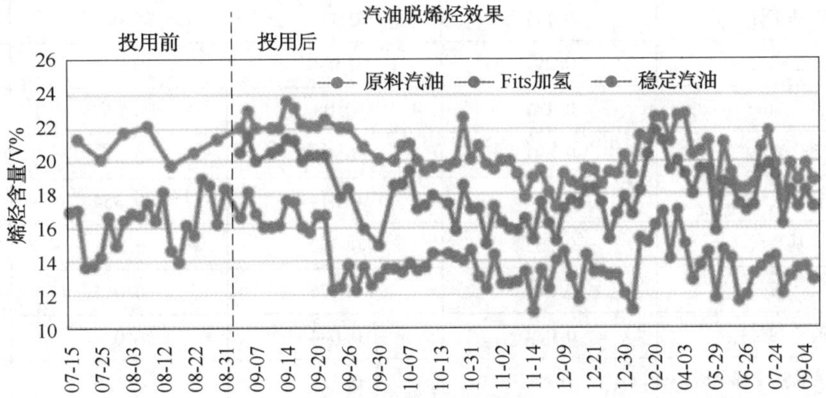

图7　汽油烯烃含量变化

原料及加氢汽油烃族组成分析见表4，原料汽油、加氢汽油的部分单体烃组成变化见表5。从表4、表5可以看出，原料汽油经S-Zorb汽油原料预处理设施加氢后，加氢产物烯烃含量为15.9v%，选择性脱除原料中C_4、C_5、C_6的异构烯烃，脱除量达到4.94v%，该部分烯烃转变为异构烷烃，辛烷值损失较小，降低了0.5个单位，达到降烯烃保留辛烷值的目的。

表 4　汽油加氢烃族组成变化

组成/v%	原料汽油 2022-9-28	降烯烃反应器出口 2022-9-28	组成/v%	原料汽油 2022-9-28	降烯烃反应器出口 2022-9-28
nP	5. 84	10. 28	N	8. 11	8. 09
iP	40. 96	41. 53	A	24. 25	24. 20
O	20. 84	15. 9	RON	91. 9	91. 4

表 5　汽油中部分单体烃分析数据

碳数	单体烯烃	烯烃含量/v%			
		汽油原料 2022-9-28	加氢反应器出口 2022-9-28	脱除量	脱除率/%
C_4	丁烯	0. 171	0. 095	0. 076	44. 44
	反丁烯-2	0. 419	0. 121	0. 298	71. 12
	顺丁烯-2	0. 443	0. 182	0. 261	58. 92
	小计	1. 033	0. 398	0. 635	61. 47
C_5	3-甲基丁烯-1	0. 209	0. 11	0. 099	47. 37
	戊烯-1	0. 74	0. 296	0. 444	60. 00
	2-甲基丁烯-1	1. 688	1. 000	0. 688	40. 76
	反戊烯-2	1. 444	0. 975	0. 469	32. 48
	顺戊烯-2	1. 01	0. 682	0. 328	32. 48
	环戊烯	0. 48	0. 136	0. 344	71. 67
	小计	5. 571	3. 199	2. 372	42. 58
C_6	反-3-甲基戊烯-2	0. 664	0. 522	0. 142	21. 39
	4-甲基戊烯-1	0. 188	0. 083	0. 105	55. 85
	3-甲基戊烯-1	0. 228	0. 02	0. 208	91. 23
	顺-4-甲基戊烯-2	0. 192	0. 082	0. 11	57. 29
	2-甲基戊烯-1	0. 437	0. 301	0. 136	31. 12
	己烯-1	0. 22	0. 22	0	0. 00
	2-乙基丁烯-1	0. 117	0. 117	0	0. 00
	反己烯-3	0. 297	0. 085	0. 212	71. 38
	顺己烯-3	0. 147	0. 08	0. 067	45. 58
	反己烯-2	0. 391	0. 08	0. 311	79. 54
	2-甲基戊烯-2	0. 668	0. 314	0. 354	52. 99
	3-甲基环戊烯	0. 553	0. 492	0. 061	11. 03
	顺己烯-2	0. 221	0. 176	0. 045	20. 36
	碳六烯烃	0. 084	0. 084	0	0. 00
	反-3-甲基戊烯-2	0. 66	0. 525	0. 135	20. 45
	1-甲基环戊烯	0. 465	0. 422	0. 043	9. 25
	环己烯	0. 05	0. 046	0. 004	8. 00
	碳六环烯	0. 004	0. 004	0	0. 00
	小计	5. 586	3. 653	1. 933	34. 60
总计		12. 19	7. 25	4. 94	40. 53

6.2 辛烷值变化

由图 8、图 9 可知，原料汽油烯烃含量平均值 20.4v%，辛烷值在 91.0~93.5 之间波动，辛烷值平均值约为 92.1。加氢汽油的辛烷值亦呈波动趋势，加氢汽油烯烃含量平均值 18.1v%，辛烷值平均值为 90.8~93，加氢汽油辛烷值平均值 91.8。脱除烯烃 2.3v%，辛烷值损失平均值为 0.3。

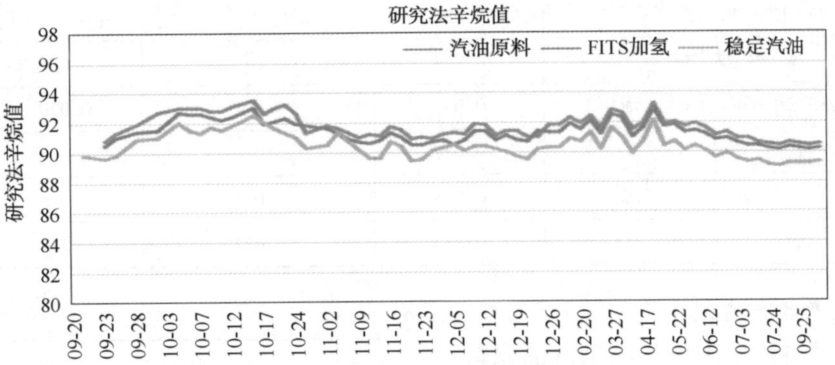

图 8　汽油研究法辛烷值变化

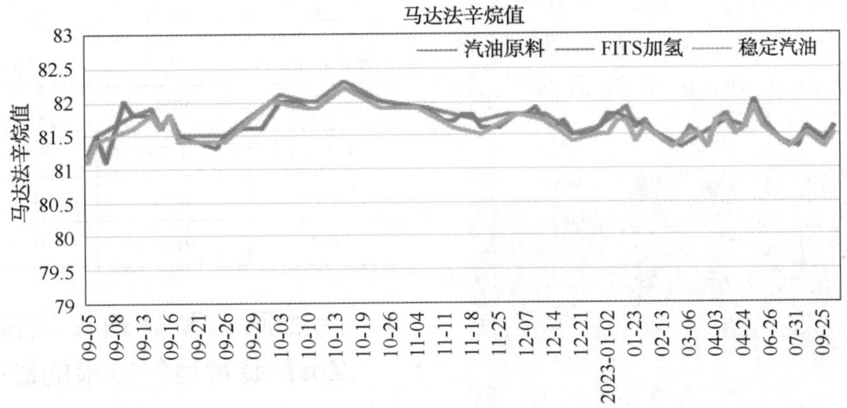

图 9　汽油马达法辛烷值变化

6.3 二烯烃脱除效果

分析表明，S-Zorb 催化汽油原料中二烯烃含量为 0.268%~0.332m%，二烯烃较为活泼，极易在换热器或加热炉器壁的高温部位聚合生焦。

由图 10、表 6 可知，原料汽油经过预处理设施后，二烯烃脱除率大于 75%，加氢汽油二烯烃大部分被脱除。有研究表明，汽油中二烯烃的脱除可延缓装置换热器、加热炉等高温部位结焦，可提高换热器换热效率，有利于 S-Zorb 装置长周期运行。

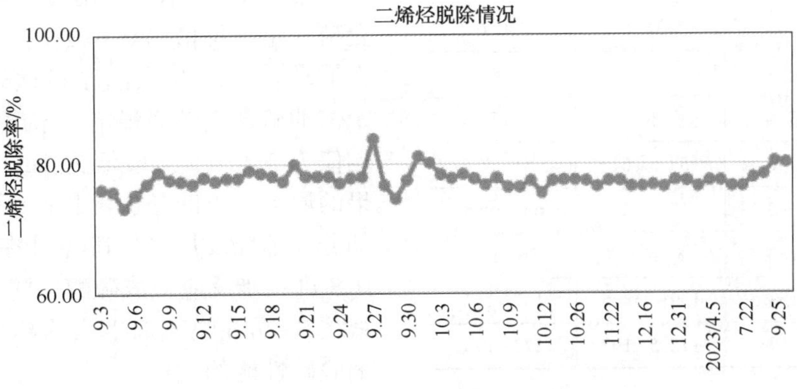

图 10　汽油原料二烯烃脱除率变化情况

表 6　预处理前后汽油中二烯烃变化典型情况

碳数	单体烯烃	二烯烃含量/v%			
		汽油原料 2022-9-28	加氢反应器出口 2022-9-28	脱除量	脱除率/%
C_5	碳五二烯	0.038	0	0.038	100
	1,3-戊二烯	0.086	0	0.086	100
	1,3-环戊二烯	0.024	0	0.024	100
C_6	2,3-二甲基-1,4-戊二烯	0.031	0.01	0.020	67.74
	1，3-环己二烯	0.027	0	0.027	100
C_7	2,3-二甲基-1,4-戊二烯	0.028	0.013	0.015	53.57
合计		0.234	0.023	0.211	90.17

6.4　典型原料及产品性质

S-Zorb汽油原料预处理设施典型汽油原料、加氢汽油、稳定汽油外观见图11，部分性质分析结果见表7，汽油原料经加氢后，加氢产物澄清透明，密度及干点下降，烯烃从20.8%降低至15.9%，脱除量4.9v%，辛烷值损失小于0.5。

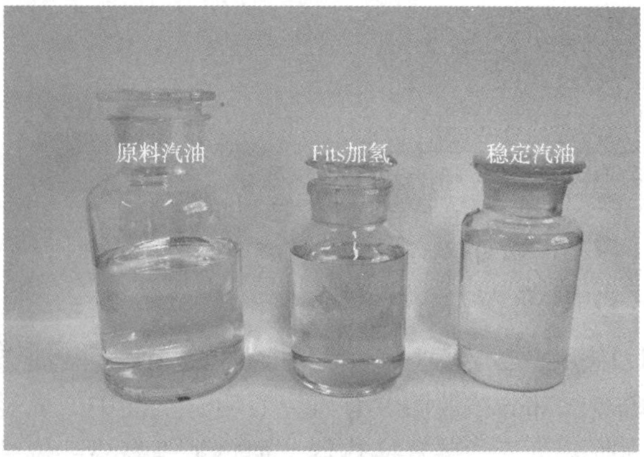

图11　加氢前后汽油对比

表 7　汽油性质

项目	原料汽油 2022-9-28	加氢汽油 2022-9-28	稳定汽油 2022-9-28
密度/(kg/m^3)	736.6	734.7	730.6
馏程/℃			
初馏点	37	39	37
10%~20%	54~62	53.5~61	51~57
30%~40%	72~80	70~82	66~79.5
50%~60%	101~120.5	98.5~118	96~115
70%~80%	141~158.5	139~158.5	137~157
90%~95%	178.5~196.5	178.5~197	177~196

续表

项目	原料汽油 2022-9-28	加氢汽油 2022-9-28	稳定汽油 2022-9-28
终馏点	217.5	216.5	217.0
S/(ug/g)	348.9	353.4	2.3
烯烃/v%	20.8	15.9	13.2
芳烃/v%	24.25	24.2	23.8
苯/v%	0.64	0.63	0.65
RON	91.9	91.4	90.9

7　汽油原料预处理设施投用后对1#S-Zorb装置运行效果的影响

7.1　对稳定汽油烯烃含量的影响

S-Zorb汽油原料预处理设施投用前，稳定汽油烯烃含量最高值达19.9v%，平均值约16.0v%。投用并稳定运行后，稳定汽油烯烃含量稳定在13.0~15.0v%，满足国VIB汽油质量升级要求。与处理设施投用后，稳定汽油烯烃含量更为稳定，操作调整更为灵活(图12)。

7.2　对稳定汽油硫含量的影响

如图13所示。投用前，S-Zorb吸附脱硫装置硫含量平均值为5.4ug/g，稳定汽油硫含量存在波动。S-Zorb汽油原料预处理设施投用后稳定汽油硫含量较为稳定，未出现大幅度波动，平均值为3.6ug/g，最低为1ug/g。带来此有益效果的原因，可能是加氢装置可脱除原料汽油中的部分二烯烃及烯烃，避免其在S-Zorb装置中与H_2S进一步反应生成硫醇，同时烯烃的减少也可减缓S-Zorb脱硫剂生焦的趋势，更有利于催化剂脱硫性能的发挥。

图 12　稳定汽油烯烃含量变化

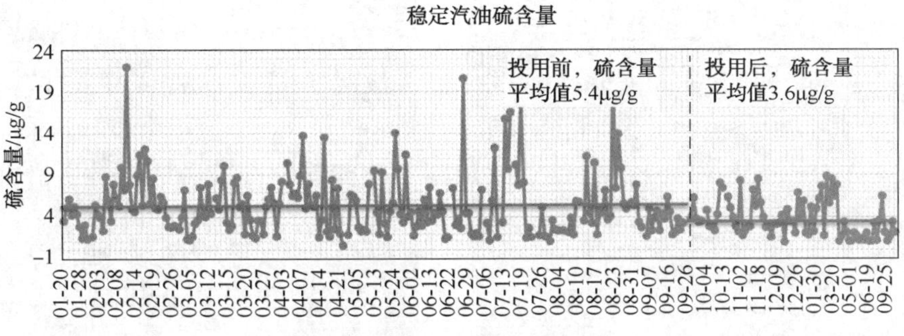

图 13　稳定汽油硫含量变化

7.3　对稳定汽油干点的影响

S-Zorb 吸附脱硫装置稳定汽油干点相较原料会上升 1~3℃，从而影响 S-Zorb 装置汽油收率。投用前，稳定汽油的干点较汽油原料干点平均上升 1.84℃，投用后，可能是二烯烃及部分烯烃脱除，降低了其在高温条件下缩聚产生高分子烃类，使稳定汽油干点上升平均值有所下降，稳定汽油干点较汽油原料干点上升仅为 0.41℃，干点降低有利于提高稳定汽油产率。

7.4　对 S-Zorb 装置换热设备的影响

S-Zorb 汽油原料预处理设施投用后，反应物料出口温度提高，E101 换热器出口温度上升，加热炉进料温度提高，可降低加热炉 F-101 负荷，F101 瓦斯用量降低，由开工前平均值 580Nm^3/h 左右下降至当前平均值 449Nm^3/h，下降约 131Nm^3/h。如图 14~图 19 所示。

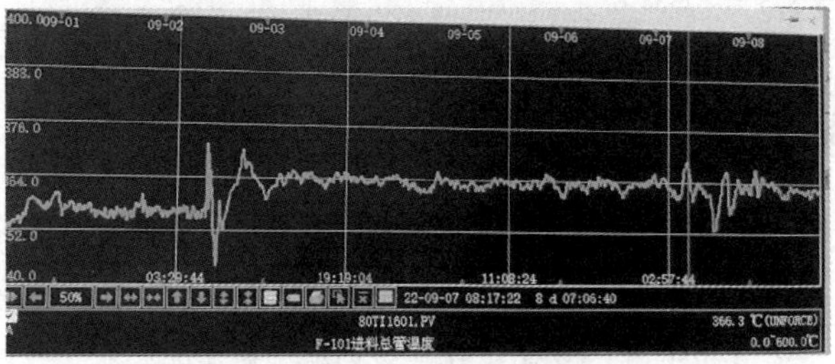

图 14　E101 出口温度变化趋势

S-Zorb 汽油原料预处理设施运行后，易形成结焦前驱物的二烯烃组分被大量饱和，由 0.3%左右下降至 0.07%左右，脱除率达到 75%以上，换热器终端温度由开工前 358℃ 上升至 372℃，一方面是 FITS 加氢反应热提高了终端温度，另一方面是二烯烃加氢，减少了换热器聚合结焦情况，且附着于换热器器壁上的软质，被油品溶解吸附带走。原料预处理设施投用 13 个月，换热器温度未出现明显下降，甚至出现上升趋势，表明可延缓换热器结焦，效果优于预期，目前还换热设备无需清焦处理，如图 18 所示。

由图 19 可知，S-Zorb 反应器平均温升 18℃，S-Zorb 汽油原料预处理设施投用后，平均温升下降 3℃，稳定汽油硫含量、烯烃含量未出现不合格，表明预加氢脱除部分烯烃，可降低 S-Zorb 装置运行苛刻度，有利于装置长周期运行。

7.5　对 S-Zorb 待生吸附剂碳含量变化

汽油原料预处理设施投用前后 1#S-Zorb 待生吸附剂积碳含量变化见图 20。数据表明，催化汽油经加氢降烯烃后，S-Zorb 装置待生吸附剂碳含量明显下降，从 3%下降至 1.30%，吸附剂循环量约 2t/h，由此可推测，每年可多增产 285 吨汽油，减少了企业碳排放，延缓了 S-Zorb

催化体系的生焦速率、增加催化剂单程使用周期，提高 S-Zorb 装置脱硫效果及处理负荷。

7.6 对 S-Zorb 装置运行能耗

汽油原料预处理设施投用后，平均综合能耗出现了下降，说明装置投用有利于 S-Zorb 主体装置运行能耗降低，综合能耗情况见表 8、表 9。

S-Zorb 吸附脱硫装置平均运行能耗，如图 21所示。

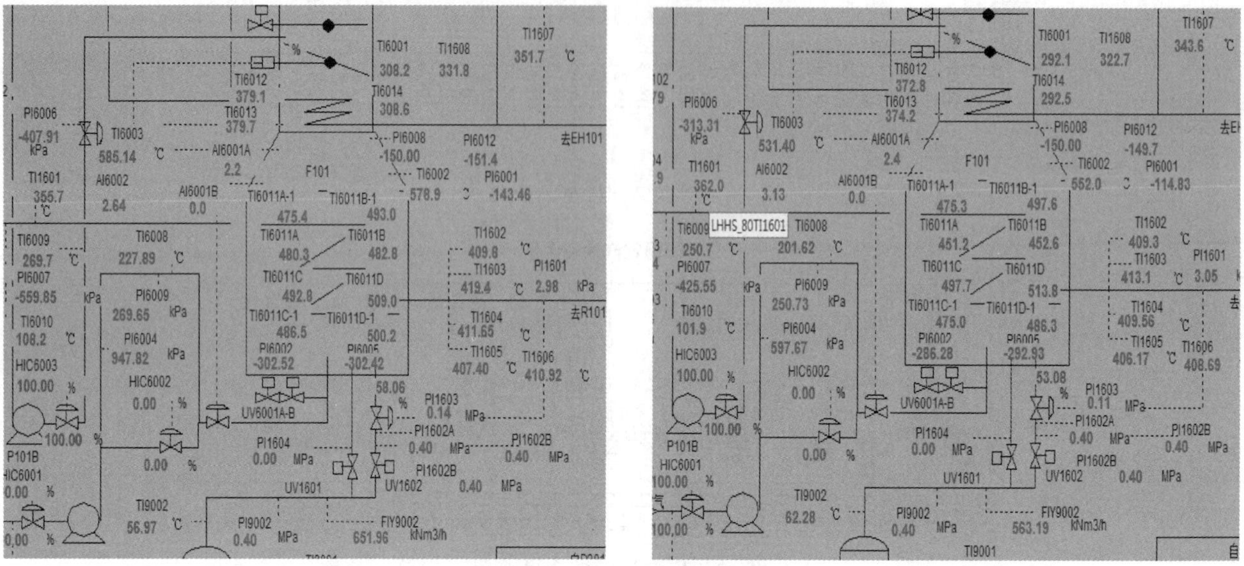

(a)开工前　　(b)开工后

图 15　加热炉炉膛温度

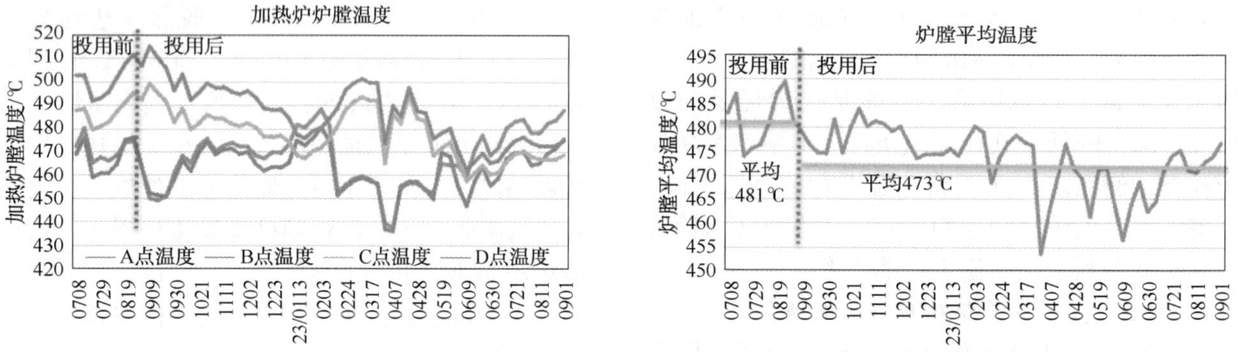

(a)　　(b)

图 16　加热炉炉膛温度

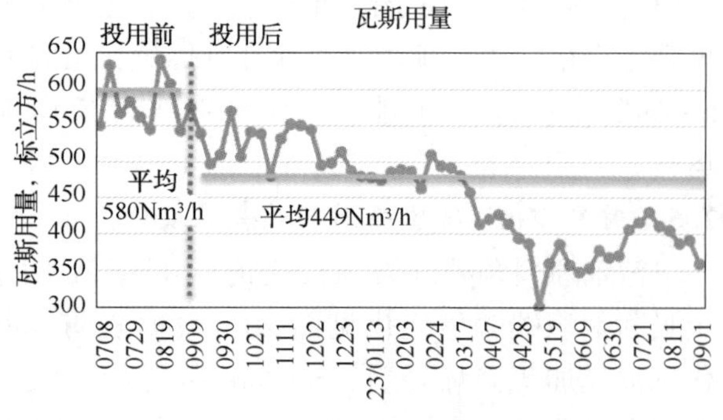

图 17　加热炉炉膛温度

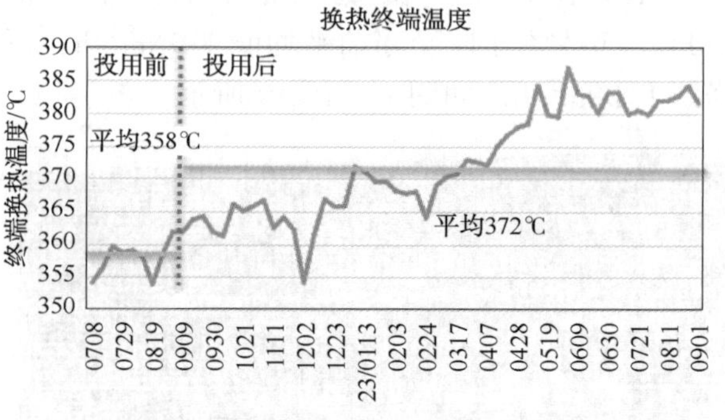

图 18　E101 换热器终端温度变化图

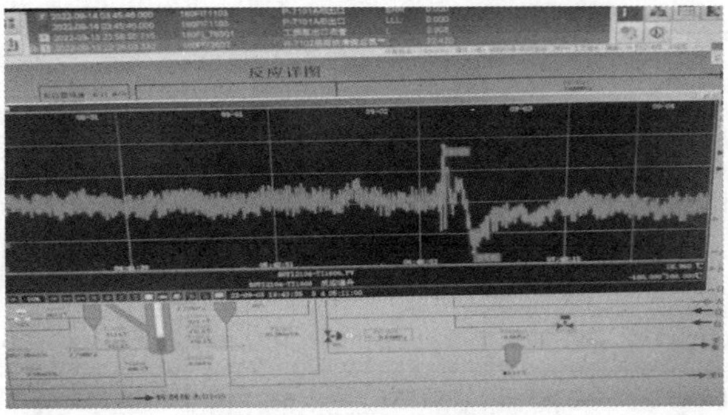

图 19　S-Zorb 反应器温升

图 20　待生吸附剂碳含量变化

表 8　S-Zorb 装置 2022 年装置运行能耗

项目	单位	1 月	2 月	3 月	4 月	5 月	6 月	7 月	8 月	9 月	10 月	11 月	12 月
综合能耗	kgoe/t	4. 20	4. 09	5. 29	6. 97	5. 59	5. 97	6. 55	5. 05	5. 38	4. 93	4. 54	4. 50
新鲜水	t	37	117	0	12	0	0	0	0	0	0	0	0
循环水	t	131368	115046	122500	108583	110457	117067	133520	131644	128636	134242	126344	128834
除氧水	t	610	640	382	376	403	331	341	341	330	339	325	338
凝结水	t	-1491	-1347	-1492	-1419	-1491	-1443	-1444	-1493	-1452	-1497	-1449	-1493
电	kW · h	721622	644964	742646	506971	599442	753546	784762	626576	761851	736913	735773	640926
氮气	Nm^3	661701	583803	590293	499090	524146	501181	523406	522430	527301	531716	524066	532216
工业风	Nm^3	445536	389911	415896	402112	413215	406535	434800	439806	438811	445538	442770	467717
脱乙烯干气	t	269	243	261	214	204	215	220	297	143	136	221	241
燃料气	t	104	104	129	105	125	132	135	62	197	187	95	81
热联合	kgoe	-115484	-120899	-102484	-12343	11238	29288	-5900	-20245	-18299	-15326	-175082	-216158
处理量	t	112671	100329	110990	74653	99246	104917	98113	103742	107025	111904	94919	93313

表 9　S-Zorb 装置 2023 年装置运行能耗

项目	单位	1 月	2 月	3 月	4 月	5 月	6 月	7 月	8 月
综合能耗	kgoe/t	3. 80	3. 63	5. 10	5. 23	4. 15	4. 33	4. 51	4. 96
循环水	t	128954	115965	128161	126390	108932	114941	109520	111359
除氧水	t	39	12	35	22	20	15	14	16
凝结水	t	-1495	-1351	-1491	-1011	-1492	-1458	-1501	-3856
电	kW · h	664155	479072	701826	308858	502751	489661	607031	608158

续表

项目	单位	1月	2月	3月	4月	5月	6月	7月	8月
氮气	Nm^3	485015	415553	472019	432672	505788	459527	530262	520486
工业风	Nm^3	456125	412765	452391	427811	462235	449129	445918	459718
脱乙烯干气	t	226	203	230	55	205	177	179	188
燃料气	t	75	67	77	166	23	44	59	62
热联合	kgoe	-151200	-135475	-143741	-106646	-140616	-136080	-140616	-148428
处理量	t	111645	95283	91931	63747	102243	104421	113612	101806

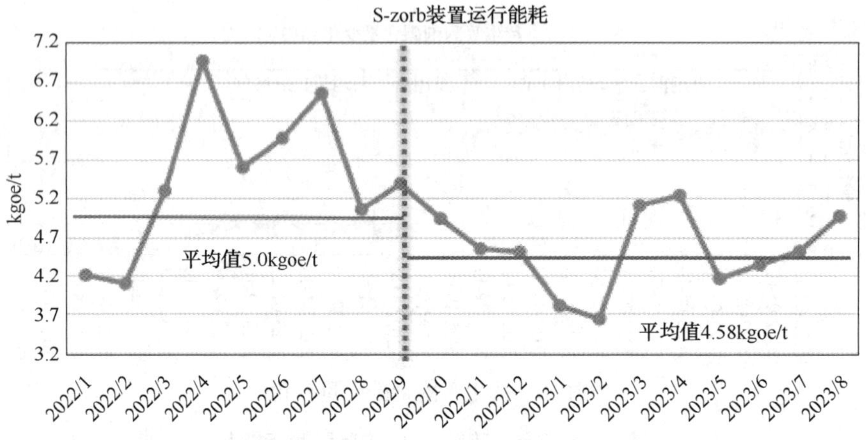

图 21　预处理设备投用前后 S-Zorb 装置平均综合运行能耗

8　装置标定结果

1#S-Zorb 吸附脱硫装置于 9.28～9.30 进行标定，标定结果如表 10 所示。标定期间：处理量 147t/h，入口温度 156℃，氢气流量 $4600Nm^3/h$ 时，汽油原料加氢产物烯烃含量 15.4v%，烯烃脱除量 5.1v%，二烯烃脱除率 75.52%，RON 损失平均 0.8，达到协议指标要求。

表 10　标定结果

降烯烃装置化验分析数据									
时间	原料烯烃/%	降烯烃反应器出口烯烃/%	脱除量/%	稳汽烯烃/%	原料-稳汽烯烃差值/%	二烯烃变化/v%	二烯烃脱除率/%	加氢汽油 RON 损失	床层温度/℃
9.28	20.8	15.9	4.9	13.6	7.2	0.239/0.056	76.57	0.5	156/156/160/168
9.30	20.2	14.9	5.3	13	7.2	0.231/0.059	74.46	1.2	156/156/160/169
平均值	20.5	15.4	5.1	13.3	7.2	-	75.52	0.8	-

注：进料量 147t/h，入口温度 156℃，氢气流量 $4600Nm^3/h$。

9　结论

（1）S-Zorb 汽油原料预处理设施流程简单，能与 1#S-Zorb 装置现有流程较好地耦合。投用后，可选择性降低原料中 C_5、C_6 异构烯烃及二烯烃含量，加氢产物辛烷值损失小。在设计工况条件下，汽油原料烯烃含量 19.0v%～24.0v%，加氢产物烯烃含量 14.9%～18.2%，稳定汽油烯烃含量平均值 14.0%，满足国 VIB 汽油质量升级标准，减少汽油调合成本，使稳定汽油烯烃含量的调整更为灵活。

（2）汽油原料预处理设施标定结果表明：处

理量 147t/h，入口温度 156℃，氢气流量 4600Nm^3/h 时，原料汽油烯烃含量 20.5%，FITS 加氢产物烯烃含量 15.4v%，烯烃脱除量 5.1v%，二烯烃脱除率 75.52%，RON 损失平均 0.8 个单位，热端温差未出现明显上升，甚至出现下降趋势，效果优于预期，节约瓦斯用量 90Nm^3/h。

（3）S-Zorb 汽油原料预处理设施投用后，给 1#S-Zorb 装置带来其它有益影响：脱除了催化汽油原料中大部分二烯烃（二烯烃脱除率>75%），可延缓换热器或加热炉器壁的高温部位结焦，提高换热效率，有利于 S-Zorb 装置长周期运行提高换热效率，减少加热炉负荷，瓦斯用量减少 131Nm^3/h；S-Zorb 装置待生吸附剂积碳量 3%降至 1.3%，提高了油品收率，可延缓 S-Zorb 催化体系的生焦趋势，减少企业碳排放，有利于催化剂脱硫性能发挥及延长催化剂单程使用周期，提高 S-Zorb 装置脱硫效果（稳定汽油平均硫含量由 5.4ug/g 降至 3.6ug/g）及处理负荷。

EVA/SEBS 共混材料的发泡工艺及性能

刘朝周

（中国石化巴陵石化公司）

摘　要　通过发泡型无转子硫化发泡仪测定了不同温度下 EVA/SEBS 共混材料的硫化发泡特性，得到适宜的发泡温度为 175℃，并通过优化发泡助剂的加入量使得共混材料的发泡速率与硫化速率进行良好匹配，经模压发泡 10min，得到制品的较佳性能，其中密度为 0.18g/cm^3，硬度 35 邵尔 C，回弹性达 63%。

关键词　无转子硫化发泡仪；EVA；SEBS；发泡性能

乙烯-醋酸乙烯共聚物 EVA 是一种热塑性树脂，其具有优异的柔韧性、弹性、耐应力开裂性，以及良好的可塑加工性，因此在薄膜，电线电缆，胶黏剂及发泡制品等领域得到广泛的应用。EVA 交联发泡材料是一种物性优良、无毒的发泡材料，其具有密度低、比强度高、吸能缓震等优点。但 EVA 发泡材料变形大，耐磨性差，不防滑、低温变硬的缺点，从而限制了它的广泛应用。

国内外对 EVA 发泡材料的研究较多，主要集中在对配方和工艺设计，加入改性剂如氢化聚苯乙烯-丁二烯聚合物(SEBS)，乙烯-辛烯共聚物(POE)或三元乙丙橡胶(EPDM)是配方设计的一个重要途径，可以提高其回弹性和耐低温性能，降低压缩变形及密度。其中，配方组成，工艺条件及发泡硫化的匹配是获得优异性能的前提。本文通过固定比例的 SEBS 对 EVA 进行改性，采用发泡型无转子硫化仪研究不同温度下共混材料的发泡及硫化特性，以及发泡助剂氧化锌，硬脂酸锌对发泡速率的影响，优化配方使得发泡与硫化速率较好匹配，得到共混材料的最佳发泡工艺，并对发泡制品的性能进行了测试。

1　实验

1.1　原料

EVA：5871，扬子石化-巴斯夫生产；SEBS：YH-530，巴陵石化生产；氧化锌：大连金石氧化锌有限公司；硬脂酸锌：江西宏远化工有限公司；发泡剂 AC：1000，福建省锦浪精细化工有限公司；过氧化二异丙苯(DCP)：工业级，市售。

1.2　仪器及设备

橡胶开炼机：YT-KL105，仪通检测设备科技有限公司；万能橡胶拉力机：AG-20KNG，日本岛津 SH1MADU；邵氏橡胶硬度计：LX-C，上海六菱仪器厂；无转子硫化发泡仪：MD-3000A，高铁检测仪器公司；电子密度计：厦门雄发仪器仪表有限公司。

1.3　样品制备

开放式炼胶机辊温为 120℃，设置辊距 0.2mm，将 EVA，SEBS 在炼胶机包辊混匀后，依次加入硬脂酸锌，氧化锌及 AC 发泡剂，最后加入 DCP，打三角包，混炼薄通 10～15 次，再将辊距设置为 1.2mm，混料薄通 6～8 次出片，放置 24 小时，采用模压发泡制样，进行其它性能测试。

1.4　基本配方

按质量计：EVA：50 份；SEBS：50 份；硬脂酸锌：待定；氧化锌：待定；DCP：0.7 份；AC：4 份。

1.5　分析测试

密度：按照 GB/T 4472—2011 测定；

力学性能：按 GB/T 528—2009 测定；

邵尔 C 硬度：按照 GB/T 531.1—2008 测定；

回弹性：按照 ASTM D7121—2005(2012)测定；

发泡及硫化特性测试：称取一定量的试样，在试样两边包上聚酯膜放入无转子硫化发泡仪上的模腔合模测试，转动角度为 0.5℃。

2　结果与讨论

2.1　填胶量对发泡曲线的影响

制备橡胶发泡材料的关键在于发泡硫化速率

是否匹配。胶料硫化发泡特性均可以采用无转子硫化发泡仪来测试。在不含发泡剂的胶料中，胶料填充量过大，压力曲线在短时间内就迅速升高，然后保持持平，原因是胶料对无转子硫化发泡仪模腔的压力作用，不能反映真实的发泡情况。因此，合适的填胶量才能得到有指导意义的发泡曲线。

如图 1 和图 2 所示：采用含发泡剂的基础配方分别填充模腔的 30%－100%测试其发泡曲线的变化。从图中可以看出，只有当填胶量在 30%－70%时，发泡曲线显示发泡前期及中期正常。在填胶量为 60%时，发泡曲线各阶段特征最为明显，因此优选 60%的填胶量。

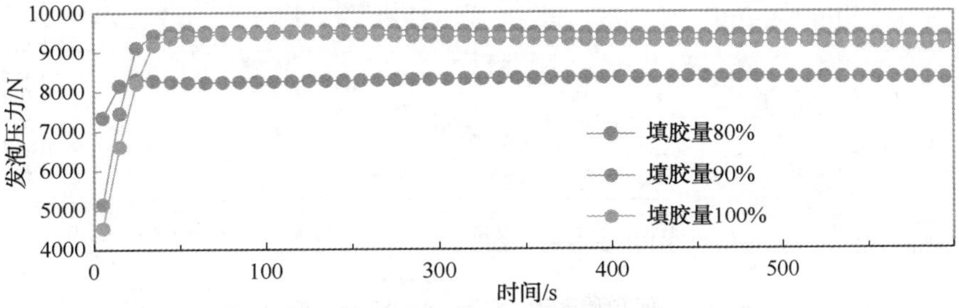

配方(质量份)：EVA：50；SEBS：50；硬脂酸锌：0.5；氧化锌：0.5；AC：4

图 1　填胶量(80%～100%)对发泡曲线的影响

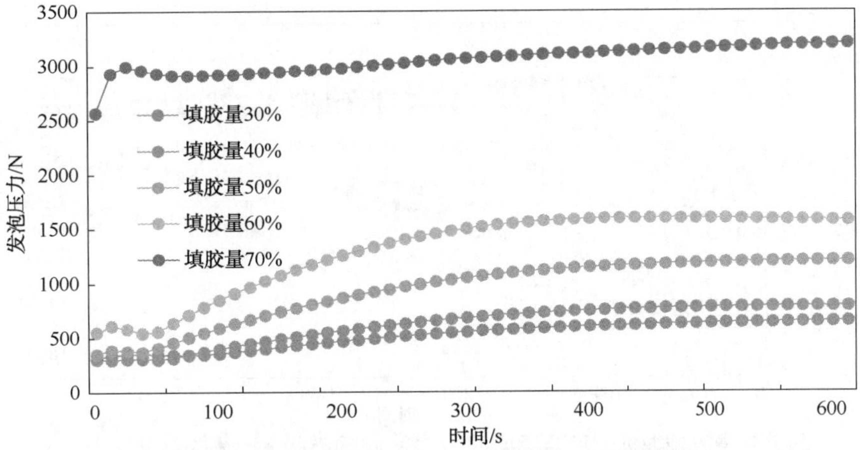

配方(质量份)：EVA：50；SEBS：50；硬脂酸锌：0.5；氧化锌：0.5；AC：4

图 2　填胶量(30%～70%)对发泡曲线的影响

2.2　EVA/SEBS 共混材料的硫化与发泡

对所选用硫化剂的硫化特性和发泡剂的发泡特性进行分析考察，以了解共混材料的硫化特征。在不同温度下，添加硫化剂 DCP 的共混胶料硫化曲线如图 3 所示：从图中可以看出，随着温度的升高，硫化速率明显加快，到达硫化平坦期的时间缩短。在 160～170℃时，硫化速率比较慢，存在硫化不足的现象，最终会影响制品的质量，且硫化时间长，10 分钟不能到达平坦期，生产效率低；在 175～180℃时，硫化速率适中，在 6～7 分钟内即可到达硫化平坦期，硫化前期及中期各阶段可明显区分，扭矩达到峰值后曲线趋于平稳，这有利于胶料获得良好的性能；当温度在 185℃时，硫化速率急剧加快，在 3 分钟内扭矩即可达到最大值并保持平衡状态；当温度在 190℃时，硫化曲线 2 分钟内达到最大扭矩后会有所下降，这是因为胶料在过度硫化后分子链发生裂解所致，也会影响最终制品的性能。

在不同温度下，添加发泡剂的共混胶料发泡曲线如图 4 所示：随着温度的升高，发泡剂分解速率增加，发气量增大，发泡压力增大。在 160～165℃，因温度较低，发泡剂分解速率缓慢，在 10 分钟内，不能达到最大发泡压力，生产效率低；在 170～175℃，发泡速率适中，在 5～7 分钟即可达到最大发泡压力并保持稳定状态；在 180～190℃，因温度过高，发泡速率过快，在生产过程中工艺不易控制。

通过对不同温度的发泡曲线和硫化曲线分析对比，发泡与硫化速率较为适中的温度为175℃。

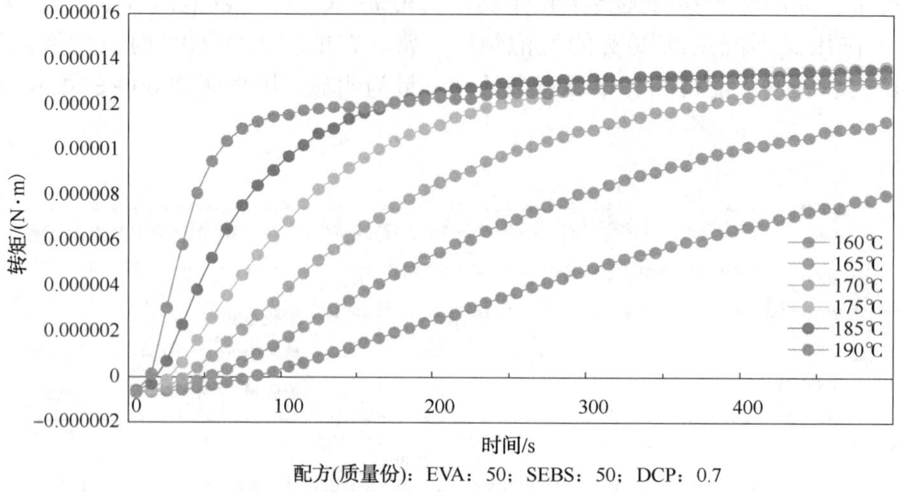

图3　共混材料的硫化曲线

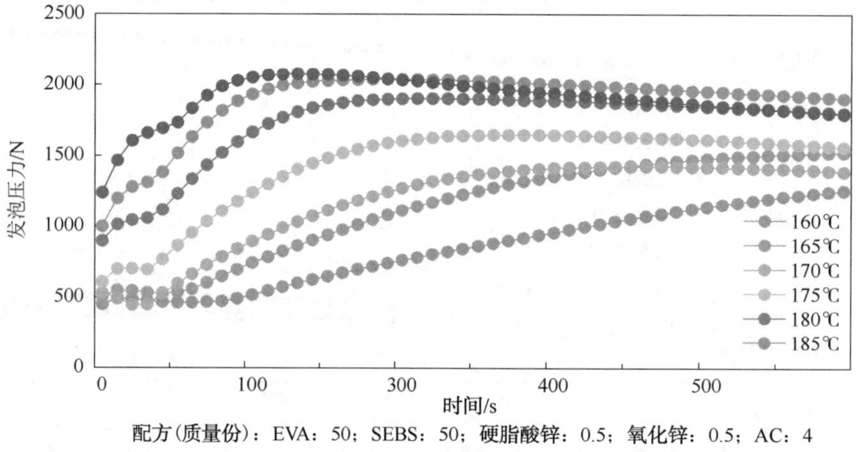

图4　共混材料的发泡曲线

2.3　发泡助剂ZnO/ZnSt的含量对共混材料发泡速率的影响

通过对发泡剂分解机理的认识，筛选合适的催化剂，进而降低发泡剂的分解温度、提高发泡剂的有效利用率，使得发泡剂的分解与交联剂的硫化匹配是制备性能优异发泡材料的关键。氧化锌或硬脂酸锌就是典型的催化剂，催化机理是化合物的锌离子具有空轨道，而发泡剂AC的N、O上有孤对电子，在两者结合反应时，根据路易斯酸-碱配位原理，-N-C-键容易断裂，AC分解温度大幅度降低。

固定AC发泡剂4份，发泡温度175℃的条件下，改变ZnO/ZnSt的加入量，分别为0份、0.25份、0.5份、0.75份，得到发泡曲线如图5所示。

从图5可以看出，随着ZnO/ZnSt份数的增加，AC发泡剂的分解速率加快，共混材料达到最大发气量的时间缩短。在不添加ZnO/ZnSt时，发泡剂基本不分解；在ZnO/ZnSt添加量0.25份时，在10分钟仍不能达到最大发泡压力；在ZnO/ZnSt添加量为0.5~0.75份时，发泡剂分解速率适中，在5~7分钟可达到最大发泡压力。

2.4　EVA/SEBS共混材料的硫化与发泡匹配

共混材料的发泡和硫化匹配性和发泡硫化曲线中的正硫化时间(扭矩最大值的90%所对应的时间)与发泡时间(最大发气量90%时所对应的时间)的差值Δt有关。Δt值越小，正硫化时间与发泡时间越接近，则匹配性越好。

固定 AC 发泡剂 4 份，DCP 0.7 份，改变 ZnO/ZnSt 的用量份数，发泡与硫化曲线如图 6~图 8 所示。

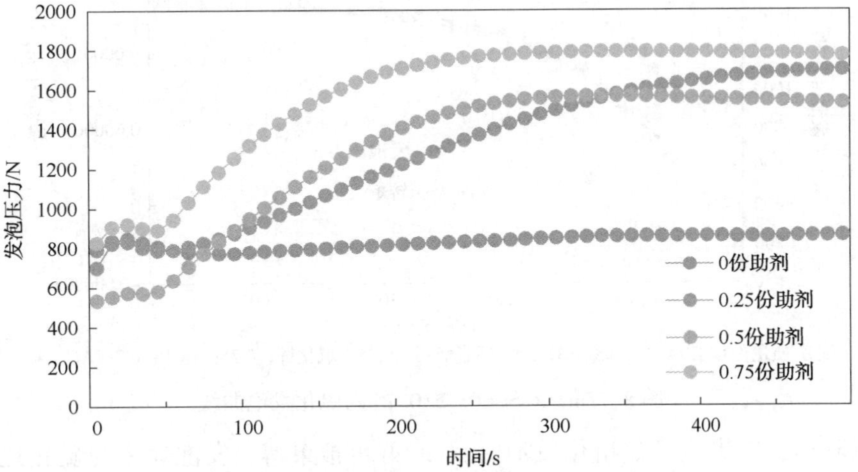

配方(质量份)：EVA：50；SEBS：50；DCP：0.7；AC：4

图 5　不同 ZnO/ZnSt 份数共混材料的发泡曲线(175℃)

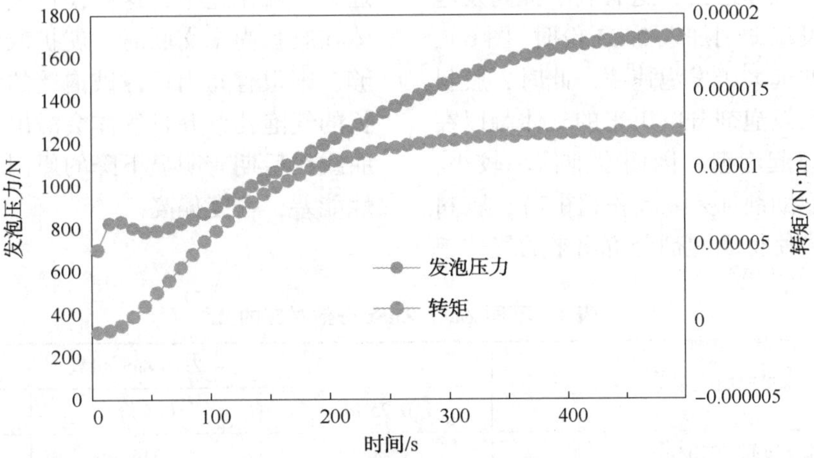

配方(质量份)：EVA：50；SEBS：50；硬脂酸锌：0.25；氧化锌：0.25；DCP：0.7；AC：4

图 6　ZnO/ZnSt = 0.25/0.25 的硫化发泡曲线

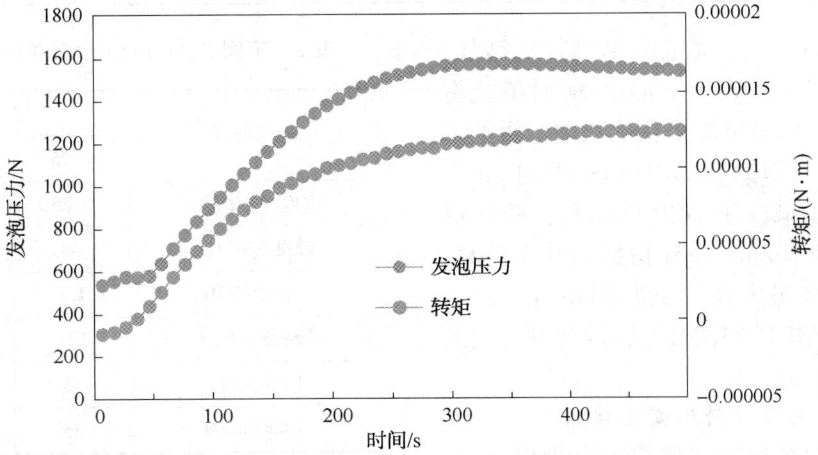

配方(质量份)：EVA：50；SEBS：50；硬脂酸锌：0.5；氧化锌：0.5；DCP：0.7；AC：4

图 7　ZnO/ZnSt = 0.5/0.5 的硫化发泡曲线

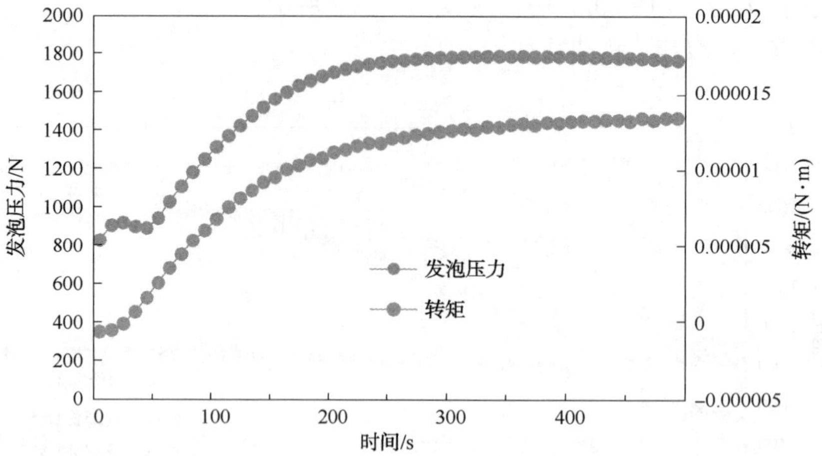

配方(质量份)：EVA：50；SEBS：50；硬脂酸锌：0.75；氧化锌：0.75；DCP：0.7；AC：4

图 8　ZnO/ZnSt = 0.75/0.75 的硫化发泡曲线

从图中可以看出，三者刚开始硫化发泡时，均是硫化速率略大于发泡速率，共混物料在一定交联的程度下再进行发泡，可避免胶料黏度过低包不住气体，防止气体逸出，这有利于提高发泡制品的性能；在发泡助剂加入 0.25 份时(图 6)，硫化速率在中后期远大于发泡速率，此时，胶料已完全交联，导致发泡剂分解出来的气体难以在胶料中膨胀扩散撑起泡壁，因而发泡倍率较小，密度较大；在发泡助剂加入 0.5 份(图 7)，胶料交联程度一般，可使得发泡剂分解出来的气体正好可被束缚，发泡速率与硫化速率匹配性较好，发泡倍率较大，密度较低；在发泡助剂加入 0.75 份时(图 8)，在硫化发泡前期，发泡速率远大于硫化速率，这就使得发泡剂分解出来的气体在胶料尚未交联时，就扩散膨胀，泡壁强度不够，则很容易出现撑破泡壁的情况，形成贯穿拉长的气泡孔，并且气体会溢出表面，这也是发泡曲线在后期有明显下降的原因，导致制品的力学性能差，密度偏高。

表 1　不同 ZnO/ZnSt 份数对应的 Δt

测试时间	ZnO/ZnSt 份数		
	0.25 份	0.5 份	0.75 份
正硫化时间 TC90/s	282	316	416
90%最大发气量的时间 t@90%P/s	389	255	188
Δt/s	-107	61	282

从表 1 也可以看出，随着发泡助剂的增加，正硫化时间逐渐延长，说明 ZnO/ZnSt 对硫化有一定的钝化作用，原因可能是在硫化中产生的部分 DCP 自由基与发泡助剂 ZnO/ZnSt 中的 Zn 原子所结合，相当于减少了 DCP 的用量，硫化反应速率偏慢。另外，ZnO/ZnSt 份数在 0.5 份时，正硫化时间与 90%最大发气量时间差 Δt 最短，发泡速率与硫化速率匹配性最好，因此发泡助剂的优选份数为 0.5 份。

2.5　EVA/SEBS 共混材料的发泡性能

在配方的其它条件不变情况下，改变 ZnO/ZnSt 份数，经过 175℃ * 10min 的模压发泡，得到发泡制品的性能如表 2 所示。

表 2　不同 ZnO/ZnSt 份数对应发泡制品的性能

测试项目	ZnO/ZnSt 份数		
	0.25	0.5	0.75
密度/(g/cm³)	0.25	0.18	0.23
硬度/(邵 C)	40	35	38
拉伸强度/MPa	4.1	4.5	3.9
扯断伸长率/%	521	577	535
回弹性/%	55	63	60
压缩变形/%	35	31	37

从表 2 可以看出，在 ZnO/ZnSt 为 0.5 份时，共混材料的发泡制品密度和硬度最低，拉伸强度

和扯断伸长率最高，压缩变形最小，回弹性最佳可达到 63%。

3 结论

（1）通过发泡型无转子硫化发泡仪得到该共混材料体系的发泡曲线和硫化曲线，优选了较为适宜的发泡温度及发泡助剂用量。

（2）研究发现：发泡助剂对发泡速率和硫化速率均有不同程度的影响，发泡助剂的增加会使发泡速率加快，硫化速率反而减慢。

（3）在 EVA50 份、SEBS50 份、AC 发泡剂 4 份、发泡助剂氧化锌和硬脂酸锌各 0.5 份、DCP 交联剂 0.7 份的条件下，发泡温度 175℃，共混材料的发泡速率和硫化速率匹配性良好，经模压发泡 10min，得到的发泡制品具有较佳的物理性能。

参 考 文 献

[1] 曹胜先，王刚. 国内外 EVA 产品的开发现状及进展[J]. 中国塑料[J]，2003，17(4)：12-19.

[2] 陈丹青，陈国华. 超轻 EVA 交联发泡材料的研究进展[J]. 化工新型材料[J]，2007，35(4)：72-74.

[3] 张敬，王醴均，张纯等. 天然橡胶/EVA 发泡复合材料发泡质量及力学性能的分析[J]. 高分子材料科学与工程，2014，30(3)：53-57.

[4] 徐琼楠，杨郑，刘仿军等. EVA 边角料/NR/胶粉复合发泡材料的制备及其性能[J]. 武汉工程大学学报，2018，40(2)：169-175.

[5] 张丽，郭文博，马海强等. EVA/SBR 发泡材料的研究[J]. 广东化工，2010，37(3)：87-88.

[6] 黄向阳，陈松岩. 一种 LDPE/EVA/SBR 复合发泡材料及其制备方法：中国，201210452909. 1[P]，2013-05-08.

[7] 邓富泉，马建中，薛朝华等. POE/EVA 复合发泡材料的研究[J]. 功能材料，2012，43(4)：508-511.

[8] 周琼，王甲坤，吴俊涛等. AC 发泡剂的分解活化机理及其突发性的表征[J]. 中国塑料，1999，5(135)：78-82.

[9] 吴其晔，阎业海，张振华等. EPDM 发泡过程中硫化及发泡速率的匹配[J]. 合成橡胶工业，2000，23(4)：(226-229).

安全环保型液化气深度脱硫醇技术的应用

江　磊

（中国石化长岭炼化公司）

摘　要　传统的液化气脱硫醇碱液再生过程中会排放大量废气和碱渣，废气由恶臭气味和大量 VOCs 组成，碱渣含有大量含硫盐类和难降解高 COD 组分，环保处理压力大。安全环保型液化气深度脱硫醇技术从清洁生产角度出发，采用一种新型脱硫醇溶剂脱除液化气中的硫醇，然后以贫氧、含烃、含氮的脱硫醇尾气作为循环气，用氧气（或富氧气）代替空气作为氧化反应的氧源，对脱硫醇溶剂进行氧化再生，同时使用汽油抽提带走产生的二硫化物。某套液化气脱硫醇装置应用该技术完成改造，18 个月的平稳运行结果表明液化气总硫稳定控制在 30mg/m^3 以下，硫醇硫控制 10mg/m^3 左右，同时实现了废气零排放和碱渣水体零排两个环保目标，减少向水体排放无机盐约 200t/a，减少 VOCs 排放 8. 15t/a。

关键词　安全环保型；液化气；深度脱硫醇；废气零排放；碱渣水体零排

1　前言

传统的液化气脱硫醇工艺碱液再生过程会产生两大污染源，一是空气氧化再生过程中产生的大量废气，含有大量 VOCs，还有强烈恶臭味，一般采用催化裂化装置余热锅炉或硫磺回收装置焚烧炉协同焚烧并烟气脱硫处理；二是需定期退出部分碱渣并注入新碱以保持碱性，退出的碱渣含有大量盐分和高达数万甚至十万以上难降解 COD 组分，一般采用低温或高温湿式氧化处理，或由污水汽提装置协同处理后，再进入炼油厂的含盐污水系统深度处理后达标排放，但仍造成大量可溶解性固体（TDS）排放。

安全环保型液化气深度脱硫醇技术从清洁生产角度出发，采用一种新型脱硫醇溶剂脱除液化气中的硫醇，然后以贫氧含烃的脱硫醇尾气作为循环气，用氧气（或富氧气）代替空气作为氧化反应的氧源，对脱硫醇溶剂进行氧化再生，同时使用汽油抽提带走产生的二硫化物。该技术无再生废气产生，实现了废气零排放，消除了对大气的污染。使用的新型脱硫醇溶剂不同于常规碱液，当脱硫醇效果下降达不到产品质量要求时，可以通过在线复活来恢复脱硫醇溶剂的活性，从而实现碱渣向水体的零排，避免水体污染。该技术 2021 年 5 月于某公司完成装置改造并投用，2022 年 10 月完成第一次在线再生并达到预期效果，平稳运行至今。本文将详细介绍应用过程。

2　工艺流程和技术特点

改造前后液化气脱硫醇装置的原则流程图分别如图 1、图 2 所示。

技术特点如下：

（1）设置预水洗+预碱洗两级液化气预处理，彻底脱除脱硫醇进料液化气中的硫化氢、胺、二氧化碳等杂质，增加脱硫醇溶剂使用寿命。

（2）采用一种由高纯 KOH 与脱硫醇功能强化剂复配而成的新型商用脱硫醇溶剂作为硫醇抽提剂，有别于传统的 NaOH 溶液，可通过脱除溶剂中无机盐和有机盐，并同时恢复碱度实现在线复活，实现不向水体排放脱硫醇碱渣。

（3）将磺化酞菁钴负载在活性炭上，采用固定床催化剂对碱液进行氧化再生，脱硫醇效率高，有效限制副反应的发生。

（4）前后两级反抽提，前置反抽提是氧化和抽提同时进行，脱硫醇溶剂中硫醇氧化生成二硫化物的同时将产物二硫化物转移至抽提汽油中，提高再生效率；后置反抽提则是进一步加强脱硫醇溶剂中二硫化物的脱除，提高脱硫醇溶剂质量。

（5）尾气零排放。以脱硫醇尾气为循环介质，补充富氧气替代空气作为氧源参与氧化再生反应，实现氧化再生反应的同时，不需外排脱硫醇尾气。

（6）根据氧浓度在线分析仪和烃浓度在线分

析仪调节氧气补充量，严格控制氧化再生系统的氧/烃含量，远离爆炸极限，保证系统本质安全性。

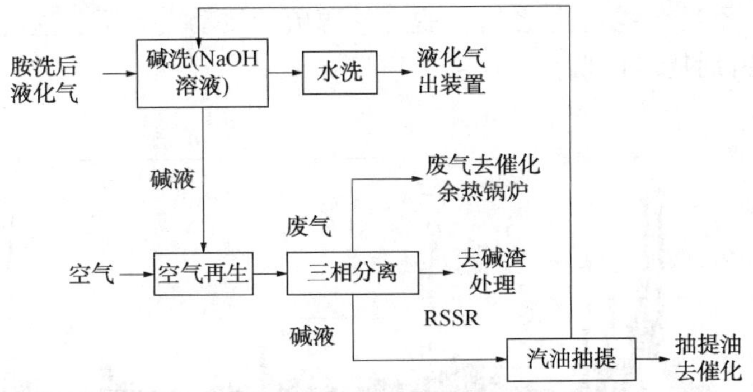

图1　改造前液化气脱硫醇装置的原则流程图

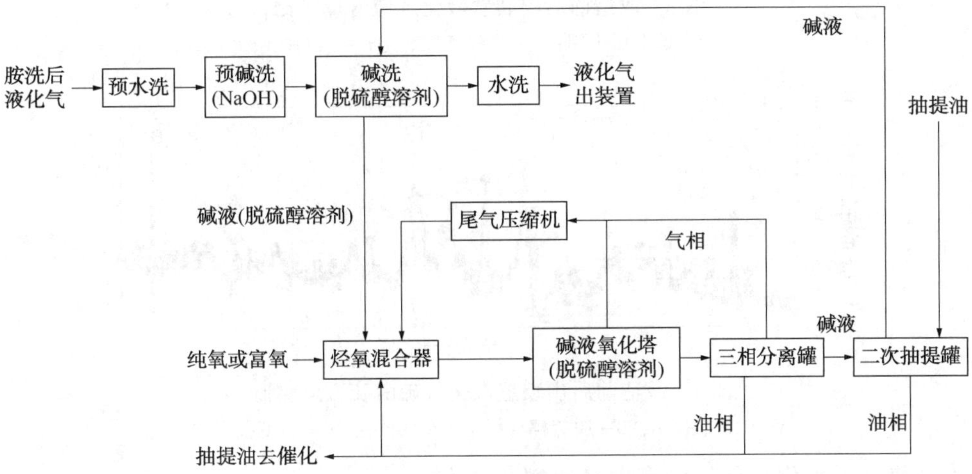

图2　改造后液化气脱硫醇装置的原则流程图

3　应用与分析

原料为催化液化气和焦化液化气的混合液化气，比例约为5~7：1。

3.1　液化气预水洗和预碱洗

预水洗吸收液化气夹带的有机醇胺，并以水洗水作为溶剂再生补充水或富液闪蒸气吸收剂回收醇胺。随之预碱洗进一步去除液化气中残留硫化氢，减少脱硫醇剂损耗并延长其使用寿命。

根据生产运行数据，退出系统的预水洗水量200kg/h~300kg/h，其中含有约3%的MDEA，进入到溶剂再生系统用作补充水，同时实现MDEA回收。

自2021年5月投用以来，预碱洗虽然一直在运行，但尚未退过碱液。究其原因是因为胺脱单元有效保证了液化气中硫化氢残余量小于1mg/m^3，水洗单元对硫化氢也有一定脱除作用，预碱洗单元作为最后的保障措施在保持运行。

自2021年5月预水洗和预碱洗预处理设施投用以来，液化气预水洗和预碱洗后硫化氢含量小于1mg/m^3，总硫含量为290mg/m^3~340mg/m^3。

3.2　改造前后液化气硫含量对比

2020年1月至2022年12月改造前后出装置液化气总硫含量对比如图3所示，其中A点为改造后投用日(2021年5月7日)，B点为脱硫醇溶剂完成在线再生日(2022年11月7日)。改造前液化气总硫含量高且波动大，平均值为47.99mg/m^3，最高值高达426.4mg/m^3。改造后液化气总硫含量平稳控制在30mg/m^{3}以下，波动趋势明显变缓，平均值为23.28mg/m^3。随着运行时间的延长，脱硫醇溶剂活性下降，液化气总硫含量波动变大，出现多次100mg/m^{3}左右峰值，但总体而言还能控制在30mg/m^{3}以下。完成在线再生之后，脱硫醇溶剂活性得到有效恢复，液化气总硫含量平均值降至14.15mg/m^3，最高值也仅29.2mg/m^3，和新剂投用初期基本相当。由此可见，新型脱硫醇溶剂脱硫效果明显优于传统的 NaOH 碱液，即使焦化液化气直接和催化液化气混合，新型脱硫醇溶剂仍可将总硫含量控制在 30mg/m^3 以下。经过在线再生之后，脱硫醇溶剂活性恢复到与新剂基本相当。

3.3 改造前后液化气硫醇硫含量对比

如图 4 所示为改造前后液化气硫醇硫含量的对比情况。从图中整体变化趋势来看，改造后硫醇硫的波动变大了，这有两个原因。

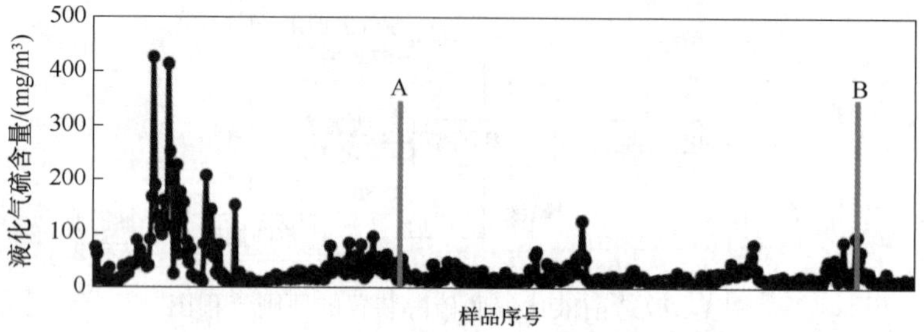

图 3 改造前后出装置液化气硫含量对比

A—改造后投用；B—脱硫醇溶剂完成在线再生

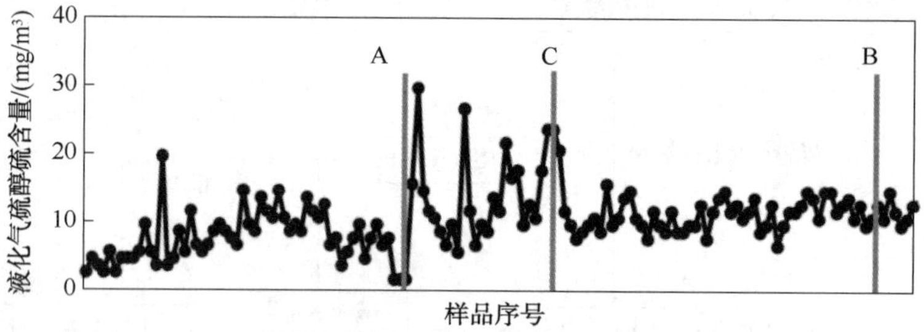

图 4 改造前后出装置液化气硫醇硫含量对比

A—改造后投用；B—脱硫醇溶剂完成在线再生；C—改变抽提油

（1）改造之前由于焦化液化气含有大量硫醇硫，直接与催化液化气混合处理时，碱洗脱硫醇硫的效果比较差，将焦化液化气送到催化裂化装置的分馏塔做了一次"预净化"，液化气原料质量得到明显改善；改造后焦化液化气直接与催化液化气混合进脱硫，液化气原料的硫醇硫明显高于改造前，而且硫醇硫含量受焦化原料、工况直接影响大，无法做预见性调整。

（2）投用初期采用催化汽油作为抽提油，催化汽油本身含有较高硫醇硫且不稳定，导致脱硫醇溶剂中硫醇硫维持在一个较高水平波动，液化气脱硫醇单元找不到稳定的操作基准。2021 年 11 月改用加氢石脑油作为抽提油之后（C 点），硫醇硫实现了平稳，这是由于加氢石脑油是由柴油加氢装置出产的，不含硫醇硫，更加有利于脱硫醇溶剂中硫醇硫的脱除，促进了液化气脱硫醇的深度和平稳性。比较图 4 中 A-C 和 C-B 两个阶段的产品质量情况，很明显 C-B 段更加平滑，即采用加氢石脑油作为抽提油时，产品液化气硫醇硫含量控制更加平稳，可以稳定控制在 10mg/m^3 左右。

3.4 脱硫醇溶剂碱分值变化情况

碱分值是脱硫醇溶剂技术方指定的一个类似碱液浓度的企业标准，用来衡量脱硫醇溶剂工作状态下碱性强弱，通过盐酸滴定来确定的一个无量纲数。

新鲜脱硫醇溶剂碱分值质量指标为不小于 35，自改造投用后脱硫醇溶剂碱分值变化趋势如图 5 所示。随着运行时间加长，碱分值从初始的 40 开始持续下降，而且直至 C 点之前下降趋势非常明显。这是因为 C 点之前采用催化汽油作为抽提油，催化汽油中含有大量烯烃，与脱硫醇溶剂、氧气在氧化再生塔的环境下，这些烯烃很容易被氧化成有机酸进而与脱硫醇溶剂反应生成有机酸盐，导致脱硫醇溶剂碱分值下降，而且下降速度超过了预期，但脱硫醇效果还比较稳定。C 点之后，改用加氢石脑油作为抽提油，加氢石脑油中没有烯烃，没有了有机酸盐生成的条件，碱分值长期稳定在了 10~20 之间。B 点则是显示再生后脱硫醇溶剂碱分值恢复到了 40。

对照图3、图4和图5，即使脱硫醇溶剂碱分值降至3~4，出装置液化气的硫含量和硫醇硫含量仍得到了较好的控制。通过再生脱硫醇溶剂碱分值恢复到40以上后，出装置液化气的总硫含量和硫醇硫含量再次稳定控制到30mg/m^{3}以下和10mg/m^{3}左右。

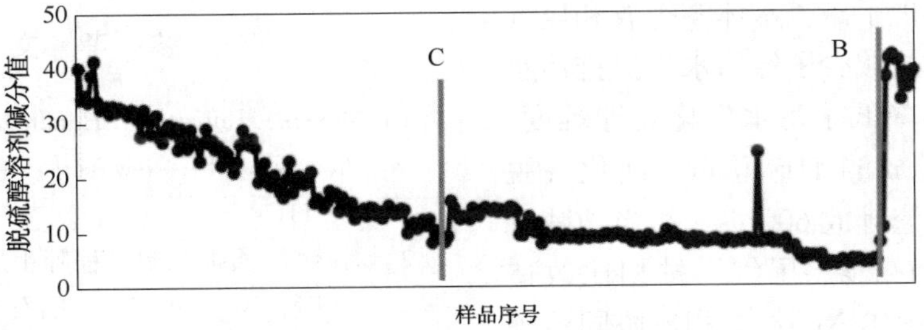

图5 脱硫醇溶剂碱分值趋势图

B—脱硫醇溶剂完成在线再生；C—改变抽提油

3.5 脱硫醇剂在线再生

液化气脱硫醇装置改造后2021年5月开工，至2022年10月装置运行已有18个月。2022年9月，对脱硫醇溶剂采样分析，系统内溶剂的碱分值为3.72，溶剂中累积了大量无机盐和有机酸盐，如表1所示。碳酸盐是所有碳酸氢根、碳酸根盐类的总和，采用滴定法标定。有机盐分析采用离子色谱法分析。

根据待再生脱硫醇溶剂中有机盐占比远高于无机盐的特点，确定脱硫醇溶剂再生方案：先经过减压蒸馏，将脱硫醇系统的部分溶剂进行蒸馏处理，产生的蒸馏水返回系统，蒸馏过程所产生的固渣作为危废外委处置。再经过溶剂提浓再生对溶剂实施脱无机盐、提碱分值处理，将脱硫醇溶剂的碱分值提至目标值≥40，开始下一个周期。

2022年10~11月对当前系统内约230t脱硫醇溶剂实施在线再生，完成再生后脱硫醇碱分值稳定在了40以上，如表2所示，与新鲜脱硫醇溶剂基本相当，达到了再生的目标值。

表1 待再生脱硫醇溶剂内盐类分析

检测项目	碱分值	碳酸盐/mg·L^{-1}	甲酸根/mg·L^{-1}	乙酸根/mg·L^{-1}	丁酸根/mg·L^{-1}	硫酸根/mg·L^{-1}	草酸根/mg·L^{-1}	硫代硫酸根/mg·L^{-1}
2022年9月15日	3.72	23200	3101	10780	209800	1670	566.2	5179

表2 再生前后脱硫醇溶剂碱分值

项目	再生前	再生后				目标值
		11月8日	11月9日	11月10日	11月11日	
碱分值	3.72	40.72	41.69	40.98	40.64	≥40

4 效益核算

4.1 直接经济效益

改造后，液化气脱硫醇装置减少水体碱渣排放600t/a，减少尾气排放81.5×10^{4}Nm^3/a，回收胺液60t/a，节约蒸汽7000t/a，节约循环水150t/a，节约焦化液化气经催化裂化装置“净化”的能耗等加工费约300万元/a，增加年化脱硫醇剂在线再生处置费用16万元/a，直接经济效益合计为554万元/年。

4.2 间接经济效益

项目实施前，液化气脱硫脱硫醇装置直接处理焦化液化气和催化液化气时产品液化气总硫超标严重，焦化液化气只有通过催化裂化进行一次“净化”后，才能实现产品液化气质量合格。安全环保型液化气深度脱硫醇技术投用后，直接处理催化和焦化混合液化气，产品液化气的总硫由改造前的100mg/m^{3}降至30mg/m^{3}以下，硫醇硫含量可以控制在 10mg/m^3 以下，不仅产品质量得到大幅度提升，还解决了焦化液化气的脱硫处理难题。

4.3 环保效益

项目实施后，实现了碱渣水体零排放和尾气零排。碱渣水体零排放减少了经污水汽提排污水处理系统的碱渣量，降低了污水生化处理难度，同时减少了经污水排放的 TDS 总量。液化气脱硫醇装置减少水体碱渣排放 600t/a，相当于减少向水体排放 TDS 约 200t/a。尾气零排相比改造前减少尾气排放 81.5×10^{4}Nm^3/a，相比协同治理排放大气（VOCs≤10mg/m^3），减少 VOCs 排放 8.15t/a。安全环保型液化气深度脱硫醇技术同时实现了 VOCs 治理、清洁生产和节能降碳三个目标。

5 结论

（1）安全环保型液化气深度脱硫醇技术是基于清洁生产原则开发的本质环保技术，实现了尾气零排和碱渣减排，减少 VOCs 排放 8.15t/a，减少向水体排放 TDS 约 200t/a。

（2）工业应用结果表明采用该技术处理催化裂化和焦化混合液化气，液化气总硫稳定控制在 30mg/m^3 以下，硫醇硫控制 10mg/m^3 左右。

（3）在线再生后，脱硫醇溶剂活性恢复，与新剂基本相当。

参 考 文 献

[1] Meyers, Robert A. Handbook of Petroleum Refining Processes[M]. New York: McGraw-Hill, 2004: 11.31-11.41

[2] 刘家明. 石油炼制工程师手册 第 I 卷：炼油厂设计与工程[M]. 北京：中国石化出版社，2014：228.

[3] 夏道宏，项玉芝，张洪滨，等. 固体碱技术在液化气脱硫醇工艺中的应用[J]. 石油炼制与化工，2002，33(12)：1-3.

[4] GB 14554—93，恶臭污染物排放标准[S].

[5] 方向晨，刘忠生，王学海. 炼油企业恶臭气体治理技术[J]. 石油化工安全环保技术，2008，24(5)：48-50.

[6] 周建华，王新军. 液化气脱硫醇工艺完善及节能减排要素分析[J]. 石油炼制与化工，2008，39(3)：51-52.

[7] SY/T 7001—2014，醇胺脱硫溶液中热稳定盐阴离子组成分析离子色谱法[S].

石化行业分析仪表 VOCs 尾气处理装置的研发及应用

周丽霞　张　珍　李长胜　李九光

（岳阳长炼机电工程技术有限公司）

摘　要　石油化工行业部分重要精密分析仪表外排尾气富含挥发性有机物（VOCs），属于无组织排放，对人身健康造成较大负面影响，且不能满足环保排放要求。文章通过对分析仪表当前可用 VOCs 处理技术、不同尾气组成、催化剂选材及载体的研究，开发一整套分析仪表尾气催化燃烧处理装置，并成功应用于石化装置，取得良好效果，达到国家排放标准，填补了国内在分析仪表尾气处理领域的技术空白。

关键词　分析仪表；VOCs；催化燃烧；催化剂；载体

1　前言

挥发性有机物（VOCs）是指常温下饱和蒸汽压大于 70Pa、常压下沸点在 260℃以下的有机化合物，或在 20℃条件下蒸汽压大于或者等于 10Pa 具有相应挥发性的全部有机化合物，在油田开采、炼化过程、造纸、汽车、电子等行业，以及家具装修、热交换系统、管道排放物等均会产生，为加强对 VOCs 无组织排放的控制和管理，国家已于 2019 年 7 月 1 日颁布实施《挥发性有机物无组织排放控制标准（GB 37822—2019）》，标志着挥发性有机化合物（VOCs）的管控已成为现阶段我国大气环境治理领域中的重点和热点，其中石油化工行业属于重点管控行业。石油化工企业精密分析仪表有着广泛的应用，如何加强分析仪表 VOCs 尾气无害化处理，已成为刻不容缓的课题。

2　分析仪表 VOCs 治理现状分析

石油化工企业生产过程基本上采用全封闭的反应系统、全封闭的合成车间和全封闭放空和泄压系统，对富含 VOCs 的工艺尾气，设立专门的火炬气收集系统，用于回收利用或者焚烧净化等环境无害化处理，但是，在分析仪表等专用设备的尾气外排管控存在技术盲区。石油化工企业分析仪表常用的几类如质量分析仪表、色谱分析仪表、组分分析仪表等，运行过程通常需要利用工艺流程自身压差，以驱动分析仪表的复杂运转，换言之，分析仪表运行过程要求后续背压接近甚至低于大气压，与目前石化企业普遍采用微正压的火炬气收集系统相冲突。由于存在背压，分析仪表实际运行过程中易出现影响分析仪的测量精度，导致分析仪表故障率增加，以及增加分析仪表运营成本的问题。因此研究团队着手研究开发一套安装在分析仪表出口的性价比高、VOCs 尾气处理效果显著的新装置。

3　VOCs 处理技术研究及产品设计

通过对比浓度较高常用的直接燃烧法、吸附法、冷凝法、吸收法以及浓度较低常用的生物处理技术、膜分离技术、光催化法和催化燃烧法。相比于其他典型 VOCs 处理技术，催化燃烧法因具有起燃温度低、能耗低、催化效率高、使用范围广、操作安全等优点。结合分析仪表尾气的排放浓度，排放频率及排放组分等特点，分析得出催化燃烧技术匹配度较高，适用性更宜，可操作性更强，研究团队决定基于催化燃烧法处理技术，研发一套智能化在线分析仪表尾气 VOCs 净化处理装置。

3.1　技术原理

分析仪表 VOCs 有机尾气通过控制低温加热涂覆催化剂的载体，在催化剂的作用下，使有机性气体高温催化氧化分解成二氧化碳和水，从而无害化、无污染的排放到环境空气中。

催化燃烧法化学公式如下：

$$C_mH_n+\left(m+\frac{n}{4}\right)O_2 \longrightarrow MCO_2+\frac{n}{2}H_2O$$

3.2 VOCs催化燃烧催化剂选择与制备

对于催化燃烧技术来说，最核心的是催化剂，其作用是降低反应的活化能，同时使反应物分子富集于催化剂表面，以提高反应速率，又称无焰燃烧。且应具有较高的氧化活性的特点，使反应在更低的温度下进行。常用的催化剂有非贵金属氧化物及其复合物、钙钛矿型催化剂、贵金属催化剂。

3.2.1 非贵金属氧化物及其复合物

单一非贵金属氧化物催化剂是以存在d空轨道元素为主的过渡金属氧化物，如MnO_x、CeO_2、CoO_x、NiO、ZrO_2等，这类过渡金属氧化物对CH_4等烃类和CO的氧化都具有催化活性，但对苯类、环己酮、苯乙烯等催化活性不高，研究发现，金属氧化物的复合会产生金属离子间的取代从而在催化剂表面形成固溶体，提升催化剂低温还原性能，见表1。

表1 非贵金属氧化物及其复合物催化作用

催化剂	甲苯浓度/ $\mu g \cdot g^{-1}$	WHSV/ ml $gcat^{-1}$ h^{-1}	T90/℃
商业-MnO_2	1000	10000	320
线状α-MnO_2	1000	20000	245
管状α-MnO_2	1000	20000	233
颗粒-CeO_2	1000	36000	350
管状-CeO_2	1000	36000	425
Mn0.85Ce0.15	1000	32000	216

3.2.2 钙钛矿型催化剂

钙钛矿是VOCs消除常用的催化剂之一，其通式为ABO3。含有一种或多种稀土元素的钙钛矿往往具有较好的VOCs消除催化活性和寿命。

3.2.3 贵金属催化剂

贵金属催化剂主要以Pt、Pb、Au等金属为主，这类催化剂通常附在载体上，通过总结发现，贵金属催化活性较非贵金属氧化物及其复合物、钙钛矿催化剂显著提升，见表3。

表2 钙钛矿型催化剂催化作用

催化剂	甲苯浓度/ $\mu g \cdot g^{-1}$	WHSV/ ml $gcat^{-1}$ h^{-1}	T90/℃
$LaMnO_3$	1000	20000	243
$LaCoO_3$	1000	20000	231
$SrFeO_3$	1000	20000	340
La0.6Sr0.4CoO_3	1000	20000	260
La0.6Sr0.4Fe0.8Bi0.2O3	1000	20000	242

表3 贵金属催化剂催化作用

催化剂	负载量/ Wt.%	甲苯浓度/ $\mu g \cdot g^{-1}$	WHSV/ ml $gcat^{-1}$ h^{-1}	T90/℃
Pt/HZSM-5-60	0.5	1000	60000	185
Pt/ZSM-5	1	1000	60000	149
Pt/3DOMCeAlO	0.27	1000	20000	198
Pd/3DOMCeAlO	0.29	1000	20000	228
Pd/meso-Cr2O3	1	1000	20000	210
Au/meso-Cr2O3	0.9	1000	20000	245

石化行业分析仪表尾气VOCs气体为苯系及烃类有机物，Pt更表现出了更强的催化活性，通过催化氧化苯、甲苯和正己烷及其混合物的实验发现在180℃以下能将VOCs降解95%。纵向比较了不同类型催化剂对苯系，烷烃等有机物气体处理结果，本项目铂催化剂最为合适。

3.2.4 催化剂制备

本课题研发的分析仪VOCs尾气处理装置采用的是浸渍法。浸渍法是将制备好的整体式催化剂载体置于含有活性组分的溶液中进行浸渍，按照设定的条件浸渍完成后，再通过干燥、焙烧、活化等步骤即可制成整体式催化剂载体，制备技术简单，可实施性强，Pt催化剂制备流程图如下：

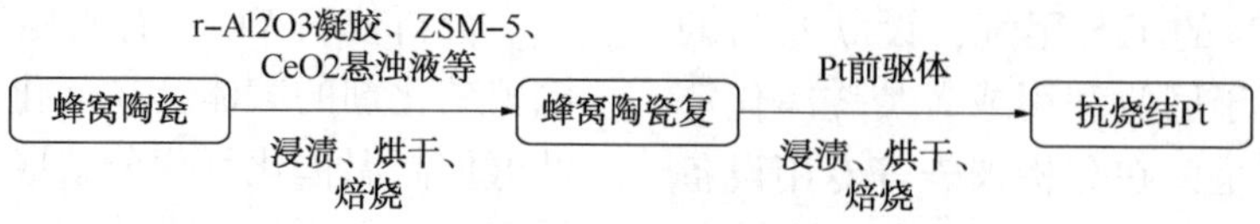

3.3 催化剂载体研究

目前实际应用的催化燃烧催化剂大多为负载型催化剂，载体是催化剂的重要组成部分，其性能直接关系到催化剂的转化率、使用寿命和整个催化燃烧的装配要求，对整个催化燃烧系统的性能都有很大的影响，理想的催化剂载体应具备如下特点：(1)足够大的比表面积；(2)催化剂载体与活性物种强结合作用；(3)良好的机械强度；(4)足够的耐高温性，抗氧化作用；(5)较低的热膨胀系数和热容量；从催化燃烧研究现状及目前市场使用情况，载体材料主要有两种：不锈钢载体和蜂窝陶瓷载体材料。

3.3.1 不锈钢催化剂载体

不锈钢催化剂载体具备以下优势，(1)不锈钢载体的壁厚可以降到0.04mm左右，大大增加了其有效截面，从而降低阻力；(2)不锈钢可以订做成任意形状；(3)不锈钢载体具有良好的导热性能，可以快速传递热量，从而达到启动温度。研究团队开展对不锈钢载体结构的研究，设计了片状不锈钢网、嵌套式不锈钢蛇形盘管、不锈钢蛇形盘管内嵌蜂窝陶瓷载体等3种载体结构，见图1、图2、图3、图4。

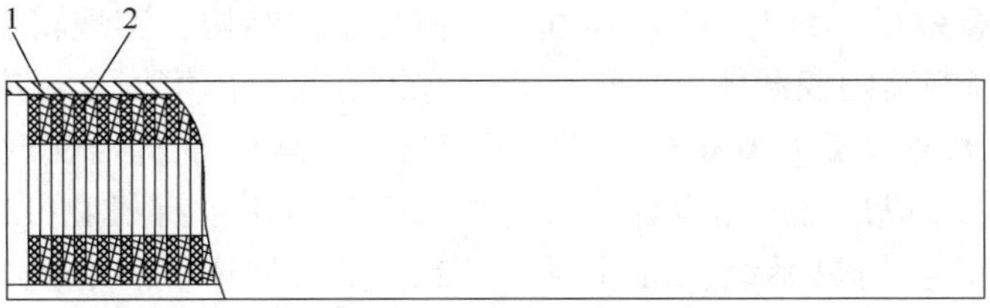

图1 片状不锈钢网载体剖面图

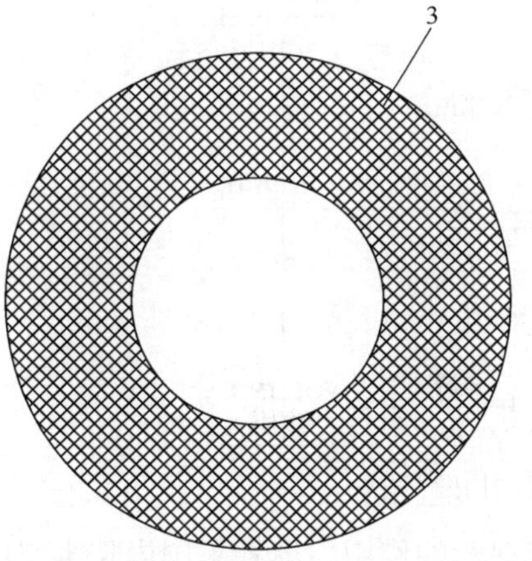

图2 片状不锈钢网载体左视图

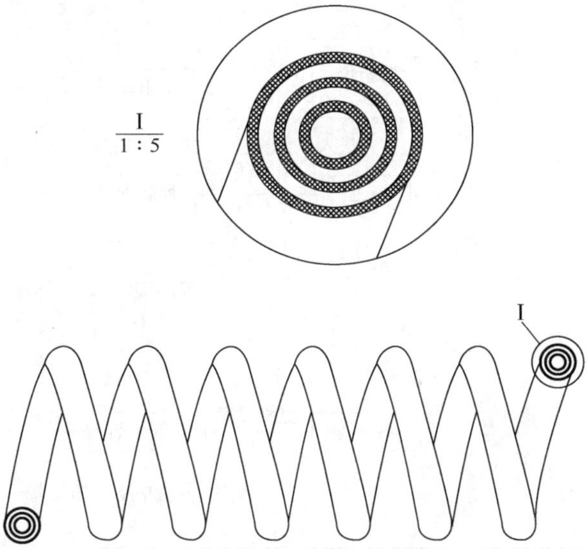

图3 嵌套式不锈钢蛇形盘管载体

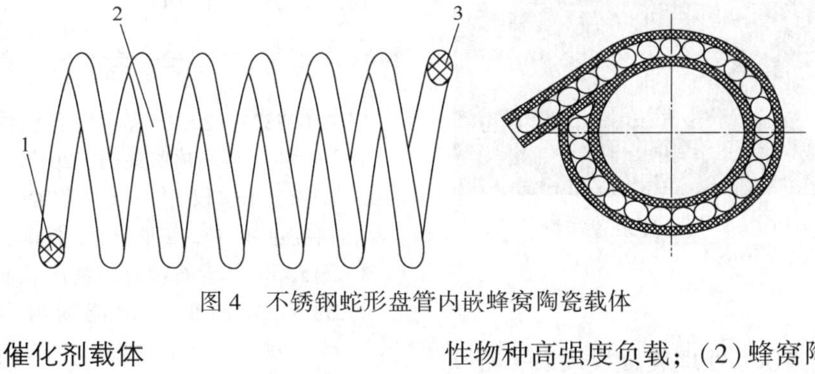

图4 不锈钢蛇形盘管内嵌蜂窝陶瓷载体

3.3.2 蜂窝陶瓷催化剂载体

蜂窝陶瓷是目前应用最广的催化剂载体材料，常见的蜂窝陶瓷催化剂载体，如堇青石、莫来石、钛酸氯、碳化硅和氧化锆等。蜂窝陶瓷催化剂载体具备以下优势：(1)催化剂载体与涂层结合力较强，不易脱落，可实现贵金属催化剂活性物种高强度负载；(2)蜂窝陶瓷结构具有吸附性强且热膨胀性小等特点，利于制得低热膨胀的蜂窝载体，可使制品具有孔壁薄等特点，能使催化剂迅速达到活化温度；(3)蜂窝陶瓷载体还具有气体阻力小、机械强度高和抗热冲击性良好等优势；(4)热稳定性好、比表面积大、催化活性涂层薄，再加之成本较低，商业运用广阔。

经过对比不锈钢载体与蜂窝陶瓷载体，不锈钢具有重大缺陷，不锈钢载体与贵金属催化剂之间存在较大的热膨胀系数差别，使得贵金属与不锈钢金属结合力较差，往往需要进行酸洗、喷砂等表面处理形成大量新增孔再氧化处理，最后经过浸渍工艺在不锈钢网上形成一层薄涂层，工艺繁琐，即便经过一系列表面处理后，涂层易脱落，催化剂活性物种负载效果不理想。VOCs气体催化剂载体倾向于选择蜂窝陶瓷载体。

3.4 分析仪VOCs尾气处理装置产品设计

根据上述研究结论，完成最终产品设计：

本产品主体结构包括：加热系统，催化系统，气路系统，防爆系统。加热系统包括三部分，螺旋蛇形加热套管、温度控制器和传感器，蛇形加热套管实际加热面积大，纵向延伸，可使催化剂均匀受热，简单高效。温度控制器控制加热管温度，保证催化剂处于工作范围。催化系统以微米级颗粒陶瓷为载体，采用特殊工艺负载1~2nm贵金属催化剂，贵金属铆合在高比表面积载体上，用于低温催化燃烧苯系、烷烃等VOCs气体。颗粒陶瓷催化剂致密填充，与加热套管紧密接触。VOCs气体经进气口进入，通过催化主体结构，实现转换。防爆系统采用金属防爆网，符合国家安全标准，并取得防爆认证。本产品在240℃时即可实现浓度4000mg/m^{3}苯，及二甲苯等含苯有机物98%以上转化，使用寿命2a。实现加热，催化燃烧一体化、小型化，可广泛运用于石化，电子，汽车等行业。结构图见图5，分析仪VOCs尾气处理装置实物见图6。

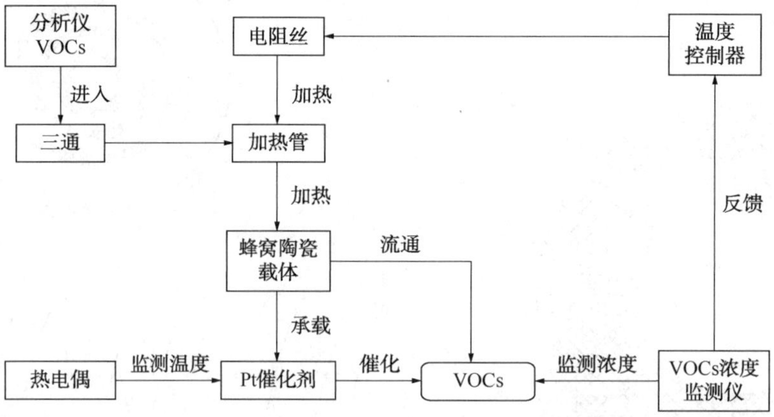

图5 分析仪VOCs尾气处理装置结构图

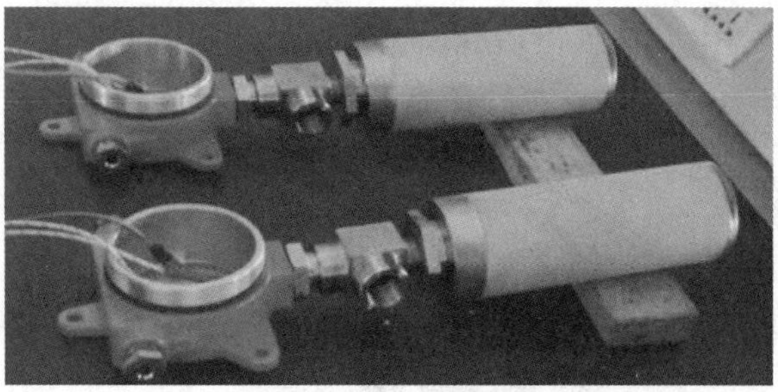

图6 分析仪VOCs尾气处理装置实物

4 结语

分析仪表尾气VOCs处理装置投用后，经实验证明，分析仪表处理后外排尾气VOCs指标满足《挥发性有机物无组织排放控制标准（GB 37822—2019）》要求，解决了环境污染问题，控制了无组织排放要求，有利于分析仪表稳定运行，发挥了精密仪表在石油化工企业生产运行指导和质量保障的作用，填补了国内技术空白。此外，该技术在电子、汽车行业VOCs治理应用也有很大的推广价值。

参 考 文 献

[1] GB 37822—2019. 挥发性有机物无组织排放控制标准. 中国环境出版集团，2019.

[2] 李鹏，童志权. “三苯系”VOCs催化燃烧催化剂的研究进展[J]. 工业催化. 2006，14(8)：1-6.

[3] 谢云龙. 堇青石陶瓷蜂窝涂载非贵金属符合催化剂的VOCs的催化性能研究[D]. 浙江工业大学. 2006.

长岭炼化公司提高原油硫含量适用性分析

高 鹏

（中国石化长岭炼化公司）

摘　要　随着原油硫含量增加，以及1Mt/a乙烯炼化一体化项目炼油配套建设方案实施后，装置原料组成变化，长岭炼化公司产品质量、安全、环保、设备腐蚀等风险显著提升，总加工流程适应能力显著下降，生产运行管理难度显著增加，需要通过对各装置适应能力、原料性质变化造成的影响等进行分析测算，提出切实可行的针对性配套改造方案，以适应提高原油硫含量的要求。

关键词　原油硫含量；提高；分析；措施

1　前言

为了进一步优化原油结构，提高总加工流程原油适应能力，根据总部统一安排，将进一步提高仪长管输原油硫含量，降低原油采购成本和炼油加工总成本，提高炼油总加工流程经济效益和竞争力，因此，需要对长岭炼化公司炼油总加工流程提高原油硫含量的适应能力进行分析，提出优化和配套措施，满足进一步提高原油硫含量的要求。

2　装置现状

2011年10月长岭炼化公司8Mt/a炼油改扩建项目建成投产，总加工流程按照原油硫含量1.5%(W)，酸值1.0mgKOH.g^{-1}进行设防，设计加工原油硫含量1.16%(W)，汽柴油产品质量满足国Ⅲ质量标准要求。随后根据产品质量升级、产品结构调整、环保提标等要求，总加工流程进行了一系列的配套改造和完善，主要措施如下。

2.1　产品质量升级

先后对2.4Mt/a汽柴油加氢装置和1.2Mt/a催化柴油加氢装置实施质量升级改造，1#S-Zorb装置扩能至1.5Mt/a，建成投产1.2Mt/a 2#S-Zorb装置和1.0Mt/a催化柴油加氢转化装置，1#S-Zorb装置配套了FITS管式液相加氢降烯烃措施，0.7Mt/a重整和1#催化装置配套脱庚烷塔和轻重汽油分离设施，1.0Mt/a新重整装置正在建设中。

2.2　环保提标

建成了第二套60kt/a硫磺回收装置，1#催化、3#催化、热电部CFB锅炉配套建设了烟气脱硝除尘脱硫设施，实施了火炬气脱硫设施改造和硫磺回收装置增加后碱洗，配套了三苯罐区和铁路装车油气回收，并正在实施污水可视化、二污提标改造等环保项目。

2.3　生产调整和优化

全部精制巴陵石化公司汽柴油，1#催化汽油提升管回炼1.0Mt/a催化柴油加氢转化装置未转化柴油和自产轻汽油，使用了新一代加氢催化剂，优化了加氢装置内构件和催化剂剂配，优化了装置运行参数，并开发了低硫船用燃料油、石油醚、发泡剂等新产品。

上述措施，使总加工流程汽油质量满足了国ⅥB质量标准要求，柴油质量满足了国Ⅵ质量标准要求，优化了产品结构，降低了柴汽比，提高了环保水平，并在一定程度上提高了对原油的适应能力，现有主要炼油装置见表1。

3　乙烯炼化一体化项目炼油配套改造方案

岳阳地区1.0Mt/a乙烯炼化一体化项目，炼油总加工流程进行配套改造，调整产品结构，满足1.0Mt/a乙烯装置裂解原料要求，并尽量优化裂解原料性质。

3.1　炼油配套改造方案

1.0Mt/a乙烯炼化一体化项目，炼油部分改造方案，8Mt/a常减压装置改扩到10Mt/a，建设3Mt/a加氢裂化（含轻烃回收和PSA氢气回收），0.06Mt/a硫磺回收（含污水汽提和溶剂再生），1.0Mt/a溶剂脱沥青，炼油配套改造装置见表2。

表 1　现有主要炼油装置

序号	装置名称	单位	规模	序号	装置名称	单位	规模
1	常减压	$Mt \cdot a^{-1}$	8	12	1#S-Zorb	$Mt \cdot a^{-1}$	1.5
2	1#催化	$Mt \cdot a^{-1}$	1.2	13	2#S-Zorb	$Mt \cdot a^{-1}$	1.2
3	3#催化	$Mt \cdot a^{-1}$	2.8	14	1#重整	$Mt \cdot a^{-1}$	0.7
4	焦化	$Mt \cdot a^{-1}$	1.2	15	2#重整(在建)	$Mt \cdot a^{-1}$	1.0
5	渣油加氢	$Mt \cdot a^{-1}$	1.7	16	1#硫磺回收	$Mt \cdot a^{-1}$	0.06
6	汽柴油加氢	$Mt \cdot a^{-1}$	2.4	17	2#硫磺回收	$Mt \cdot a^{-1}$	0.06
7	催柴加氢转化	$Mt \cdot a^{-1}$	1.0	18	乙苯	$Mt \cdot a^{-1}$	0.12
8	催化柴油加氢	$Mt \cdot a^{-1}$	1.2	19	气体分离	$Mt \cdot a^{-1}$	0.5
9	1#航煤加氢	$Mt \cdot a^{-1}$	0.6				
10	2#航煤加氢	$Mt \cdot a^{-1}$	0.4				
11	制氢	$10^4 Nm^3/h$	5				

表 2　乙烯炼化一体化项目炼油配套改造装置

序号	装置名称	单位	规模	备注
1	常减压改造	$Mt \cdot a^{-1}$	10	增加二级减压炉、减压塔
2	加氢裂化	$Mt \cdot a^{-1}$	3	原料为直馏轻蜡油、直馏柴油、催化柴油
3	溶剂脱沥青	$Mt \cdot a^{-1}$	1	原料为二级减压渣油
4	硫磺回收	$Mt \cdot a^{-1}$	0.06	

3.2　现有装置原料变化及影响

（1）常减压装置增加二级减压塔，二级减压渣油作为焦化和溶剂脱沥青装置原料。

（2）1.7Mt/a 渣油加氢装置原料由原设计的直馏减压渣油、焦化蜡油、直馏重蜡油，变化为直馏减压渣油、脱沥青油、焦化蜡油和少量直馏重蜡油，原料性质变重，硫含量增加。

（3）焦化装置以二级减压渣油为原料，并掺炼部分(89kt/a)脱油沥青，装置原料变重，残炭和硫含量上升，石油焦收率提高，轻收及液收降低，产品硫含量增加。

（4）由于直馏轻蜡油主要作为 3Mt/a 加氢裂化原料，2 套催化原料调整为加氢重油和直馏重蜡油，直馏轻蜡油比例明显下降，原料变重，硫含量和残炭增加，产品硫含量上升，烟气中二氧化硫含量增加。

（5）部分直馏柴油和催化柴油作加氢裂化原料，2.4Mt/a 汽柴油加氢装置和 1.0Mt/a 催化柴油加氢转化装置加工负荷降低。

4　提高原油硫含量时主要装置原料硫含量变化

4.1　提高原油硫含量试运行情况

（1）提高原油硫含量试运行时常减压装置侧线硫含量变化

目前长岭炼化公司实际原油硫含量 0.9%(W)左右，2022 年 12 月 21 日起，长岭炼化公司进行了为期 10d 的原油提高硫含量运行实验，试验期间常减压装置最高原油硫含量 1.10%(W)，平均原油硫含量 1.05%(W)。试运行期间原油硫含量相对稳定，常减压装置各侧线硫含量均不同程度的增加，但实测各侧线原油硫含量与模型预测值存在一定的偏差，表现为轻油部分硫含量低于预测值，蜡渣油馏分硫含量高于预测值。这也说明不同品种原油的具体硫分布存在较大的差异，试运行期间常减压各侧线硫含量情况见表 3。

(2)提高原油硫含量试运行时主要装置原料硫含量变化

试运行期间，主要二次加工装置及主要产品精制装置原料硫含量普遍增加，特别是由于常减压蜡渣油馏分硫含量高于预测值，使得催化、焦化、催化汽油吸附脱硫(S-Zorb)等装置的原料硫含量增加较多，在原油硫含量低于设计值(1.16%，W)的情况下，催化、焦化、催化汽油吸附脱硫(S-Zorb)等装置原料硫含量已经高于设计值，而航煤加氢、柴油加氢精制装置原料硫含量低于设计值，试运行期间具体硫情况见表4。

表3 提高原油硫含量试运行期间常减压各侧线硫含量

序号	物料名称	收率/%	原油模拟测算硫含量/%	12月23日实测硫含量/%	12月29日实测硫含量/%
1	三顶气	0.20	0.0020	0.0060	0.0070
2	直馏石脑油	13.35	0.0330	0.0270	0.0421
3	直馏煤油	9.69	0.1230	0.0743	0.0655
4	直馏柴油	19.11	0.7410	0.4880	0.3500
5	直馏轻蜡油	24.38	1.3160	1.3700	1.3800
6	直馏重蜡油	6.49	1.4750	1.5500	1.5600
7	减压渣油	26.79	2.1170	2.3400	2.3200

表4 试运行期间主要二次加工及产品精制装置硫含量情况

装置名称	加工能力/ $Mt \cdot a^{-1}$	原料硫设计值/%	2021年原料硫含量/%	理论硫含量/%	23日原料硫含量/%	29日原料硫含量/%
常减压	8	1.50	0.8900	1.2000	1.0500	1.0300
1#催化	1.2	0.58	0.5600	0.8800	0.6800	0.7900
3#催化	2.8	0.81	0.6100	0.8800	0.8400	0.9900
焦化	1.2	2.00	1.7300	2.0400	2.1300	2.1000
1#S-Zorb	1.5	0.05	0.0430	0.0600	0.0662	0.0367
2# S-Zorb	1.2	0.03	0.0230	0.0400	0.0582	0.0452
1#航煤加氢	0.4	0.30	0.0800	0.1200	0.0743	0.0655
2#航煤加氢	0.6	0.35	0.0800	0.1200	0.0743	0.0655
柴油加氢	2.4	0.80	0.4546	0.7200	0.5452	0.4445
渣油加氢	1.7	2.20	1.4800	1.8700	1.8600	2.0200
催柴加氢	1.2	0.44		0.3500	0.4152	0.6819

4.2 原油硫含量提高到1.5%(W)时主要装置硫含量变化预测

根据仪长管输原油提高硫含量的要求，并进一步分析提高硫含量后，常减压装置、主要二次加工装置，以及产品精制装置原料硫含量变化，将原油硫含量提高到1.5%(W)进行预测，预测依据试运行期间的数据，适当参考过去装置的硫传递系数，同时考虑1.0Mt/a乙烯炼化一体化项目炼油配套改造实施后，各装置加工原料组成变化带来的影响。

(1)原油硫含量提高到1.5%(W)时常减压各侧线硫含量

原油硫含量提高到1.5%以后，常减压各侧线硫含量进一步增加，其中直馏蜡油硫含量达到2.0%(W)左右，减压渣油硫含量超过3.0%(W)，预测常减压各侧线硫含量情况见表5。

表5 原油硫含量提高到1.5%(W)时常减压各侧线硫含量

序号	物料名称	收率/%	预测硫含量/%
1	三顶气	0.20	0.0094
2	直馏石脑油	13.35	0.0424
3	直馏煤油	9.69	0.1168
4	直馏柴油	19.11	0.7669
5	直馏轻蜡油	24.38	1.8593
6	直馏重蜡油	6.49	2.1036
7	减压渣油	26.79	3.1757

（2）原油硫含量提高到1.5%（W）时各二次加工及产品精制装置硫含量

原油硫含量提高到1.5%（W）以后，各二次加工装置及产品精制装置硫含量普遍大幅度增加，预测装置原料硫含量为设计值的130.33～200.67%，受1.0Mt/a乙烯炼化一体化项目实施后，装置原料组成变化的影响，特别是催化、焦化、催化汽油吸附脱硫（S-Zorb）装置的原料硫含量增加幅度较大，增幅均在设计值的50%以上，具体数据见表6。

表6　原油硫含量提高到1.5%（W）时各二次加工及产品精制装置硫含量预测

装置名称	加工能力/$Mt \cdot a^{-1}$	原料设计硫含量/%	2021年加工原料硫含量/%	预测硫含量/%
常减压	8	1.16	0.8900	1.5000
1#催化	1.2	0.58	0.5600	0.9715
3#催化	2.8	0.81	0.6100	1.1501
焦化	1.2	2.00	1.7300	3.1431
1# S-Zorb	1.5	0.05	0.0430	0.0846
2# S-Zorb	1.2	0.03	0.0230	0.0602
1#航煤加氢	0.4	0.30	0.0800	0.1062
2#航煤加氢	0.6	0.35	0.0800	0.1062
柴油加氢	2.4	0.80	0.4546	0.8789
渣油加氢	1.7	2.20	1.4800	2.6574
催柴加氢	1.2	0.44		0.5932

5　提高原油硫含量的影响分析

提高原油硫含量对总加工流程、生产运行、产品质量、设备腐蚀及安全、环保、长周期运行等带来全面的影响。

5.1　产品质量

原油硫含量提高到1.5%（W）以后，焦化进料硫含量达到3.14%（W）左右，石油焦硫含量达到4.0%（W）左右甚至更高，石油焦全部为高硫焦产品。2套催化汽油吸附脱硫（S-Zorb）装置原料硫含量超过设计值较多，精制汽油硫含量满足10μg/g的能力大幅度下降，甚至会超过10μg/g的标准要求，全厂成品汽油质量存在较大的风险。

另外，1.0Mt/a乙烯炼化一体化项目实施后，部分直馏柴油和催化柴油作加氢裂化装置原料，2.4Mt/a汽柴油加氢装置实际加工负荷较低，原油硫含量提高对柴油产品质量的影响较小。

5.2　环保

原油硫含量提高到1.5%（W）以后，装置原料硫含量大幅度增加，各装置产生的干气、瓦斯中硫化物含量同比大幅度增加，并且在脱硫过程中难以脱除的中性硫化物、硫醚等含量也增加较多，导致脱硫干气和瓦斯中总硫含量大于20μg/g的风险上升，加热炉烟气SO_2超标的风险增加，加热炉系统抗波动能力显著降低。同时，2套催化再生烟气中SO_2含量同样大幅度增加，现有催化烟气脱硫设施保障能力下降，抗风险能力降低，环保排放满足标准要求的能力下降，环保风险显著增加。

5.3　设备腐蚀

原油硫含量提高到1.5%（W）以后，各装置硫化氢腐蚀、高温硫腐蚀、应力腐蚀等加剧，特别是塔顶系统及轻油部位的腐蚀显著增加，导致设备、管线因腐蚀速率增加，减薄甚至穿孔的时间大幅度缩短，设备、管线的使用寿命缩短，装置设备更新及检维修成本大幅度上升。

5.4　安全及生产运行

随着原油中硫含量不断增加，直至提高到1.5%（W）以后，设备、管线腐蚀导致的泄漏事故，含硫化氢环境硫化氢浓度上升等，导致发生设备、安全事故的风险大幅度上升，以及质量事故、排放超标等概率显著加大，生产运行管理难度急剧上升。

6 提高原油硫含量的应对措施

提高原油硫含量，对装置运行、安全环保、产品质量、设备腐蚀的影响是全面的，特别是对已经运行了一段时间的装置及设备设施而言，影响会更大，如果采取每套装置，每个单元逐一治理的方式进行应对，实施难度大，周期长，投资高，并且难以达到完全理想的效果，需要采取切实有效的针对性措施。

6.1 常减压及2.4Mt/a柴油加氢装置

（1）常减压装置，结合乙烯炼化一体化10Mt/a扩能改造，提高硫的设防标准，按照原油硫含量2.0%（W），酸值1.0mgKOH.g^{-1}的设防值进行设计，对现有不能满足设防要求的设备、管线进行材质升级或更换。

（2）2.4Mt/a汽柴油加氢装置和1.0Mt/a催化柴油加氢转化装置，可以按照实际加工负荷进行核算后，对不能满足要求的设备、管线进行更换。

6.2 重油加工装置

（1）针对1.0Mt/a乙烯炼化一体化项目实施后，渣油加氢、焦化、催化等重油加工装置原料组成的变化，以及原油硫含量提高到1.5%（W）以后减压轻蜡油、重蜡油、减压渣油的硫含量变化，建设一套2Mt/a重油加氢装置，并配套一定规模的减压蒸馏单元，将部分加氢重油进行减压分离后，低硫加氢减压渣油、直馏减压渣油、催化油浆一起混合作为焦化原料，控制焦化进料硫含量在2.0%（W）以下甚至更低一些，保障低硫石油焦的生产和焦化装置运行安全。

新建重油加氢装置以直馏重蜡油和减压渣油为原料，考虑到以适当脱硫为目的，可以对工艺技术及装置流程方案进行优化，降低投资、氢耗和运行能耗。

（2）控制现有1.7Mt/a渣油加氢装置减压渣油掺炼比例，增加直馏轻、重蜡油掺炼量，降低原料硫含量和残炭，改善原料性质，延长运行周期。

（3）通过新建2Mt/a重油加氢装置，使现有渣油加氢、焦化、催化装置进料硫含量控制在设计硫含量甚至更低一点的水平，相应的催化汽油吸附脱硫（S-Zorb）装置进料硫含量也可以达到设计水平甚至更低一些，汽油产品质量保障程度明显提升。

（4）通过新建2 Mt/a重油加氢装置，再结合新的轻烃回收装置建设，装置干气和瓦斯脱后总硫含量可以控制在现有水平，设备腐蚀、安全及环保风险都显著改善。

6.3 其他措施

（1）原油硫含量提高到1.5%（W）以后，建设第二套2Mt/a重油加氢装置，硫回收率提高，硫回收总量达到135kt/a左右，3套合计18kt/a硫磺回收装置能力基本能够满足要求，当其中一套故障停工时，可临时将原油加工量降低到90%左右的负荷。

（2）新建第二套2Mt/a重油加氢装置，对脱硫溶剂的需求增加，核算现有溶剂再生设施能力后，确定1Mt/a乙烯炼化一体化项目炼油改造部分新建溶剂再生装置的能力，以适应原油提高硫含量的要求。

（3）利用溶剂脱沥青装置的脱油沥青，建设$10\times10^4 Nm^3/h$重油制氢（POX）装置，提高总加工流程氢气保障能力，适应提高原油硫含量氢气消耗增加要求。同时，调整溶剂脱沥青装置产品分布，适当提高脱油沥青收率，改善脱沥青油质量，脱油沥青不作为焦化装置原料，在保障POX装置原料供应的同时，进一步改善渣油加氢和焦化装置原料性质，进一步提升总加工流程对原油的适应能力。

7 结束语

以建设2Mt/a重油加氢装置并配套一定规模的加氢重油减压分离措施，改善催化及焦化原料性质，优化溶剂脱沥青装置产品分布，新建重油制氢（POX）装置，提高氢气供应和保障能力，可以较好地应对原油硫含量提高的要求，并进一步提升总加工流程对原油的适应能力。

催化油浆预处理及制备碳材料的研究

罗雄威　曾文广　刘君颖　曾志煜　佘喜春

(湖南长炼新材料科技股份公司)

摘　要　催化油浆是石油炼制过程中一种低附加值产品，本研究采用深度脱固、液相加氢脱除硫氮、减压分馏等手段对催化油浆原料进行预处理，以不同馏分段的纯化油浆为原料，成功制备了一系列高附加值碳素材料。所制备的针状焦产品性能与市场主流进口针状焦产品相当；包覆沥青产品碳化后性能及石墨化后性能优良，可满足负极材料用包覆沥青的要求；浸渍沥青产品浸渍增重、焙烧增密效果较好，产品质量明显优于市场主流煤基浸渍沥青；制备的碳纤维产品性能达到了国际高性能沥青基碳纤维水平。

关键词　催化油浆；针状焦；包覆沥青；碳纤维

1　前言

催化油浆是石油炼制过程中一种低附加值产品，其稠环芳烃和胶质的含量高，回炼过程中难裂化，易生焦。且催化油浆含有较多的催化剂粉末，硫、氮、重金属等杂质含量高，难以直接进行高附加值利用，目前主要作为燃料油的调和组分或焦化原料，如何提高油浆资源综合利用效率成为炼油厂乃至全石化行业均急需解决的关键问题。

本研究以中石化长岭炼化公司1#催化滤后油浆为原料，采用深度脱固、加氢脱杂等手段对催化油浆原料进行了预处理，有效降低了催化油浆中的金属、硫、氮等杂质含量，采用不同馏分段的油浆组分成功制备了针状焦、高性能沥青基碳纤维、包覆沥青、浸渍沥青等高品质碳素材料。

2　试验原料

本试验以中石化长岭炼化公司1#催化滤后油浆为原料，其典型性质见表1。同一批次、不同时间段分析结果表明，催化油浆是高硫、高氮、高沥青质胶质、高灰分的劣质重质油，且油浆性质存在不均匀性，部分理化性质有一定的偏差。

表1　长岭炼化公司1#催化滤后油浆原料典型性质

项　目	数　值	项　目	数　值
密度/kg. m^{-3}	1127.1	黏度(100℃)/$mm^2\cdot s^{-1}$	37.02
总硫含量/μg. g^{-1}	10400	氯含量/μg. g^{-1}	3
总氮含量/μg. g^{-1}	3466	馏程/℃	
四组分		HK～10%	262～396
饱和烃	6.39	20%～30%	404～410
芳香烃	77.61	40%～50%	418～429
胶　质	12.11	60%～70%	440～457
沥青质	3.71	80%～	479～
灰分/%	0.01		

3　催化油浆预处理

催化油浆含有大量催化剂固体微粒(主要为硅酸铝晶体)，粒径范围约0～80μm，其中20μm以下微粒占相当比重，较难脱除，这些固体微粒杂质会影响碳素材料的性能，且催化油浆中含有较多的S、N等非碳元素杂质，这些杂元素在后续石墨化过程中会以气态的形式逸出，同样会影响碳材料结构和理化性能，需要对其进行精制纯化预处理，才能达到生产高品质碳素材料的要求。本研究催化油浆预处理流程见图1。预处理后的纯化油浆性质见表2。其中深度脱固处理是将催化滤后油浆原料与稀释剂按一定质量比混合，在适宜的操作条件下，输入纤维膜强化传质深度脱固反应器中，同时在该反应器中注入除盐水，除盐水中加入一定量的脱金属剂，与混合油从反应器的上部并流而下，进入沉降罐，在沉降罐中进行三相分离，上部为深度脱固处理后混合油。

油浆原料 → 深度脱固 → 液相加氢脱杂 → 纯化油浆

图1　催化油浆预处理流程

预处理后的纯化油浆灰分不大于0.001%，硫含量不大于3000μg/g，氮含量不大于4000μg/g，预处理前后油浆的典型数据见表2。

表2　催化油浆预处理前后性质变化

项目	油浆原料	纯化油浆
密度(20℃)/kg·m^{-3}	1127.1	1091.8
总S含量/ug·g^{-1}	10400	2129
总N含量/ug·g^{-1}	3466	2969
灰分/m%	0.01	<0.001
减压馏程/℃		
HK~10%	262~396	344~380
20%~30%	404~410	392~400
40%~50%	418~429	408~419
60%~70%	440~457	431~450
80%~90%	479~	-
四组分/%		
饱和烃	6.39	10.62
芳香烃	77.61	74.89
胶质	12.11	10.41
沥青质	3.71	2.13

采用减压分馏将纯化油浆切割为轻组分、中间馏分、重组分，各馏分段典型性质见表3。其中轻组分收率为22.9%，可作为优质的船燃燃料油调和料；中间组分收率为47.7%，芳香性较大，主要以三环以下芳烃为主，是制备针状焦的优质原料；重组分收率为29.4%，重组分中稠环芳烃和胶质的含量高，是制备包覆沥青、浸渍沥青、碳纤维等高碳材料的优质原料。

表3　纯化油浆各馏分典型性质

项目	轻组分	中间组分	重组分
收率/%	22.9	47.7	29.4
密度(20℃)/kg·m^{-3}	1038.0	1086.2	-
总S含量/ug·g^{-1}	1853	2040	2154
总N含量/ug·g^{-1}	2606	3028	2857
粘度，(80℃)/mm^2·s^{-1}	13.57	38.36	-
灰分/%	0.001	0.001	0.001
软化点/℃	-	-	93
闪点(开口)/℃	220	-	-
四组分/%			
饱和烃	-	17.69	0.11
芳香烃	-	75.01	64.27
胶质	-	5.21	11.3
沥青质	-	0.01	19.02

4　纯化油浆高附加值利用

4.1　制备针状焦

以纯化油浆中的中间组分为原料，在50L规模针状焦中试装置开展了中试试验，获得优质针状焦产品，其外观和偏光图分别见图2、图3，产品性质见表4，下游锂电池负极材料厂家对中试产品性能评价情况见表5。

图2　制备的针状焦外观

图3　制备的针状焦偏光图

从表4、表5可以看出，中试针状焦产品主要性能完全满足并优于GB/T 37308—2019规定的YDDH-1产品；下游锂电池负极材料厂家性能评价结果表明：中试针状焦产品性能与市场主流进口针状焦产品相当，用中试针状焦产品生产的负极材料物理性能及电化学性能均达到进口针状焦生产的负极材料水平。

4.2　制备包覆沥青

包覆沥青是一种石墨材料表面改性处理剂，经炭化后得到无定形碳包覆层，修饰石墨中的孔洞、沟槽、裂纹等缺陷，提高材料的电化学可逆容量和循环性能。以纯化油浆中重组分为原料，在高温、空气条件下发生氧化、交联缩合等反应，再通入氮气脱灰，制备出软化点200℃、250℃系列牌号包覆沥青样品，主要产品性质见表6。经下游厂家评价试用，中试产品碳化后性能、石墨化后性能、电化学性能均满足负极材料用包覆沥青的要求。

4.3　制备浸渍沥青

以纯化油浆中重组分为原料，高温、惰性气体条件下发生交联缩合等反应，成功制备出满足GB/T 35074—2018规定的1号浸渍沥青，主要产品性质见表7。浸渍沥青送检客户评价，浸渍增重、焙烧增密效果较好，产品质量明显优于市场主流煤基浸渍沥青。

表4　针状焦产品性质

项　目	中试针状焦	GB/T 37308—2019 中 YDDH-1
真密度/g·cm^{-3}	2.15	≥2.13
硫含量/%	0.18	≤0.4
挥发分/%	0.24	≤0.3
灰分/%	0.05	≤0.15
相对结晶度/%	76.0	/

表5　下游锂电池负极材料厂家性能评价

原料	石墨化温度/℃	粒度/μm					TD/(g/cc)	SSA/(m²/g)	G.D/%	充电容量/(mAh/g)	首效/%
		D00	D10	D50	D90	D100					
中试针状焦Ⅰ	3090	1.66	7.22	15.20	27.15	50.76	1.10	1.16	96.1	361.0	96.71
中试针状焦Ⅱ	3090	1.67	8.52	16.20	27.35	40.14	1.07	1.19	96.5	361.0	96.82
Ref. 某进口焦	3090	1.46	7.18	14.79	27.35	45.60	1.13	1.03	94.7	354.0	95.32

表6　包覆沥青产品性质

项目	250#包覆沥青	200#包覆沥青
软化点/℃	249	203
喹啉不溶物/%	3	1.38
甲苯不溶物/%	45	8.9
结焦值/%	76	65
灰分/%	0.02	0.02
硫含量/%	0.24	0.24
磁性物质含量/ug·g^{-1}	痕量	痕量
石墨化度/%	94	93.5

表7　浸渍沥青产品性质

项目	市场主流煤系产品	长岭分公司制备样品
软化点/℃	89.5	99
喹啉不溶物质/%	2.3	0.3
结焦值/%	48	52
灰分/ug·g^{-1}	694	<100
浸渍增重率	4.54%	12.52%
体密增重率	3.32%	7.65%

4.4 制备高端碳纤维

某公司5t/a高纯可纺油基中间相沥青生产线，以纯化油浆中重组分为原料，制备的高纯可纺油基中间相沥青品质优异，主要指标：中间相含量100%、软化点280~290℃，达到日美顶级纺丝沥青的性能水平；以纯化油浆制备的中间相沥青偏光图见图4，典型性质见表8；由其纺丝制备获得的碳纤维及典型性能如图5、表9，产品性能达到国际高性能沥青基碳纤维水平。

图4　制备的中间相沥青偏光图

图5　生产的纺丝碳纤维

表8　纺丝碳纤维的部分性能

项目	指标
C/%	93~95
H/%	5~7
H/C/mol/mol	0.4~0.5
正庚烷可溶组分	5~10
喹啉不溶组分	40~50
软化点/℃	280~290
中间相体/%	100

表9　纺丝碳纤维的部分性能

指标	密度/$g \cdot cm^{-3}$	纤维模量/GPa	纤维强度/GPa	纤维导热/(W/m·k)
高性能沥青基纤维碳	2.0~2.2	700~900	3~3.5	600~1100
中试碳纤维	2.2	730	3.15	835

5　展望

在“碳达峰、碳中和”背景下，政策利好与供需两旺持续驱动新能源锂电池和短流程炼钢(电弧炉炼钢)的发展，针状焦、包覆沥青、浸渍沥青作为负极和高功率石墨电极原材料具有广阔的市场空间。此外，高性能沥青基碳纤维连续长丝具有高性能、高模量、低热膨胀系数等无可比拟的优良特性，航天航空领域和特殊工业装备均对此有大量需求。以催化油浆为原料，精制纯化预处理后生产针状焦、浸渍沥青、包覆沥青、高性能沥青基碳纤维等高品质军民两用碳素材料，不仅对国家国防和战略安全有重要作用，还将促进我国石油化工、高端碳材料的精细化发展、可持续发展与绿色环保发展。

参考文献

[1] 李斌. 催化裂化油浆的综合利用[D]. 山东：中国石油大学(华东)，2011.

[2] 卢德庆，辛靖，朱元宝，等. 流化催化裂化油浆综合利用的分析[J]. 化工进展，2021，40(z1)：142-149.

[3] 张兆前，李正，朱根权，等. 催化裂化油浆利用的技术进展[J]. 化工进展，2007，26(11)：1559-1563.

[4] 李玉财，张文超，王丽. 我国针状焦的生产与应用[J]. 炭素技术，2011，1(30)：56-60.

在线分析仪表监测系统在固定污染源监控管理的应用

周丽霞　李长胜　彭　英

（岳阳长炼机电工程技术有限公司）

摘　要　固定污染源的监控管理是石化企业面临的重要课题。文章首先剖析固定污染源监控管理需求，设计出一套在线分析仪表智能监测诊断系统，专门解决固定污染源排放监测管理及在线分析仪表设备管理难点，并根据固定污染源的监控管理要求提出应用策略，结合实际案例阐述了监测系统在有效管控固定污染源的排放，减少环保事件方面的作用，有效提升了企业污染源连续监控的管理水平。

关键词　监测诊断；分析仪表；固定污染源；数据治理

1　引言

随着科学技术发展及先进技术的应用，我国石油化工行业规模实力也在不断地增强，但不可忽视的是，环境污染也日益严重，环境污染不仅威胁人类的健康、影响天气和气候，还会危及植物及其它生物的生存，破坏生态平衡，因此石化工厂工业大气、污水等固定污染源的排放管理成为迫切需求。国家环保局及中石化颁布了固定污染源在线监测达标排放、固定污染源排放连续监测技术规范等相关的一系列管理规定，来规范固定污染源的排放。环境监测是至关重要的环节，为了便于连续实时监测污染源的排放，解决在线分析仪表设备管理难点，提升固定污染源监控管理水平，应用互联网+、大数据、云平台、4G/5G等先进技术搭建一套在线分析仪表智能监测诊断系统，经过数据运算分析、构建故障库模型、设置阈值预警、增加动态信息等功能，实现固定污染源排放连续监测，及在线分析仪表健康诊断、高效运维和科学管理。

2　在线分析仪表智能监测诊断系统

2.1　系统简介

在线分析仪表智能监测诊断系统专门解决固定污染源排放监测管理及在线分析仪表设备管理难点，以在线分析仪表、通讯网关、服务器及互联网络为基本载体，针对分析仪表的实时数据采集和状态监控搭建的基础新服务平台，通过采集在线分析仪表设备状态的实时数据，结合智能诊断分析，提升固定污染源连续监测管理水平，助力污染源达标排放，确保污染物监测数据实时发送至环保局监控平台，便于政府监测部门实时了解污染物排放情况。

2.2　系统框架

在线分析仪表智能监测诊断系统（图1）采用基于物联网的三层基础架构，构建感知层、网络层、应用层。感知层是系统应用和发展的基础，由石化行业装置现场的在线分析仪表、环境监测设备、无线防爆摄像头构成，应用自动监测技术实时采集SO_2、NO_x、烟尘、氧气、烟气温度、烟气压力、烟气流速、烟气湿度、COD、pH、污水流量等污染物实时排放值，及分析小屋环境情况；环保数采仪构成通信网络层，集数据分析、存储、上报等功能，将在线分析仪表采集的数据分析处理后，按污染物在线监控（监测）系统数据传输标准（HJ 212—2017）上报至云平台，各监测因子值以实时数据、十分钟数据、小时数据、日数据的形式展示，SO_2、NO_x、烟尘等因子在数采仪内部经换算转换为折算值，满足环保监控要求，数采仪同时具备数据自动补传功能；应用层为系统的云服务平台，接收感知层通过网络层上报的数据，实现在线监测、态势感知、报表管理、及对零值、恒定值、负值等不合理数据及超标数据等进行异常预警等功能。该平台可应用至各行业的污染物排放监测，为社会服务。

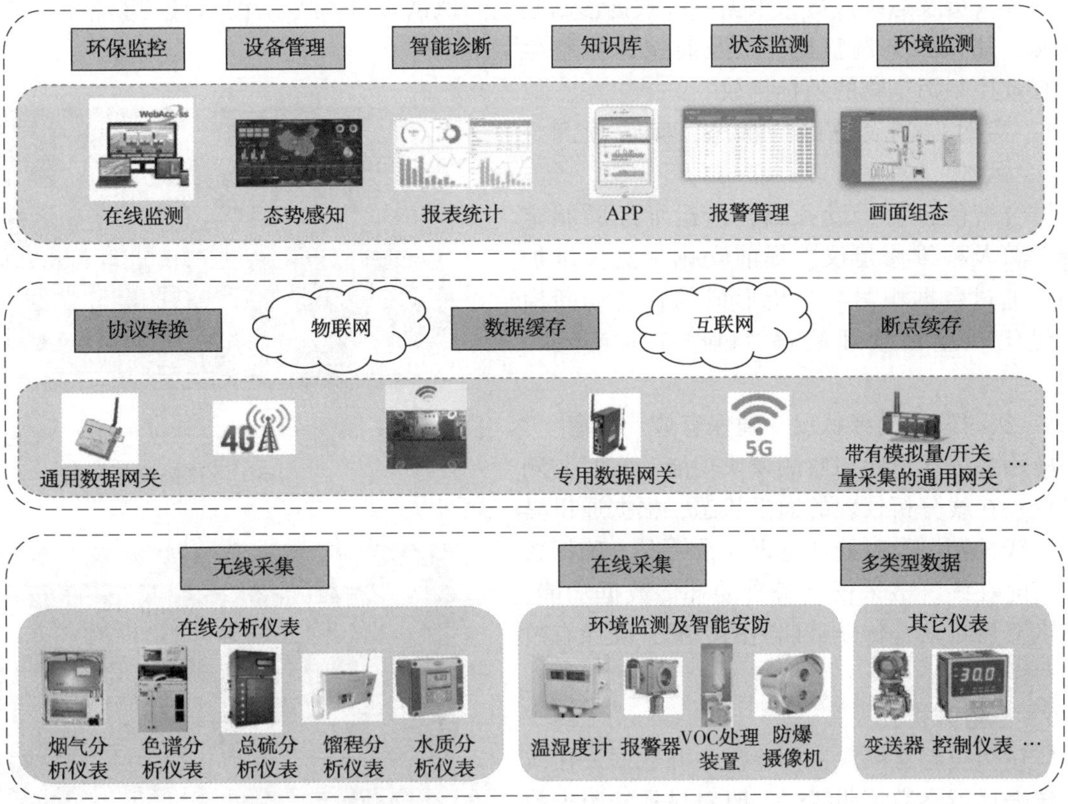

图 1　在线分析仪表智能监测诊断系统框架图

3　在线分析仪表智能监测诊断系统的应用

3.1　应用实施

该系统至 2020 年 12 月开始在中国石油化工股份有限公司某分公司使用，实现了 21 个国控环保固定污染源、4 个厂区内控环保固定污染源，共 25 个固定污染源排放点的实时监测。接入系统的在线分析仪表涉及西门子、西克紫外、赛默飞、AMETEK 等烟气分析仪表，杭州谱育科技、全世科技等 VOC 分析仪表，哈希、武汉天罡、岛津、九江中科、E+H 等水质分析仪表。

该项目的实施实现分散的在线分析仪表的集中实时监测，为预知预防性维修提供数据支撑，提高在线分析仪表运行的可靠性；保障运维精度的前提，实现了远程巡检与现场定时巡检的结合，缓解劳动强度，节约人工成本，提高运维质量，保证运行率与准确率；集中进行固定污染源排放监测管理，实时监测设备的通讯状态，保证数据的传输率。实时监测各因子的实时值、十分钟值、小时值、日均值，进行数据治理，预警推送，助力保障污染物的合格率；实现移动预警推送，对设备出现的故障、变化规律进行分析判断，提前告知维护人员进行预防性保养维护，减少人员主观判断对故障诊断的影响，提高管理效率。

3.2　应用策略

3.2.1　按权限实时监测固定污染源数据

实时监控污染源监测因子排放量、在线分析仪表运行状态、运行环境等，分区域、角色、操作权限、设备等级等查看监测数据。即实现了数据实时监控又保护数据安全，对数据进行量化分析和趋势对比，做到设备隐患和缺陷早发现，实现对设备运维的预测、预判和预防。

3.2.2　智能诊断及预警

对测量及运行状态数据触发智能预警及手机短信推送。用户可自定义报警阈值、报警死区、报警等级，设定触发规则、自定义报警算法等。根据故障的严重等级及设备的重要程度，划分报警优先级，确保最关键的报警被最优先处理。系统能够自动发送报警到现场工程师处，帮助现场工程师高效准确的处理设备异常情况。根据时间、区域、设备、报警类型、事件状态等条件查询报警日志等详细信息。

3.2.3　快速有效制定工艺操作策略

实时监测固定污染源排放数据，根据报警等级设置不同报警阈值，自动发送超标报警短信至设备管理人员及运维人员，根据系统数据诊断超标根源，建议工艺调整操作，及时快速调整生产，有效控制污染物的超标排放。

3.2.4　实时监测设备运行状态，实现预测性运维

结合智能预警、设备属性、运维经验制定运维对策及检维修建议，提前安排预测性维护计划；通过数据积累与分析形成的智能诊断模型，优化专业性管理策略，健全 PDCA 闭环管理。

3.2.5　实时监测网络状况，确保有效传输率

应用系统通讯状态监测模块功能，实时监测数采仪及在线分析仪表的通讯状态，根据通讯异常及掉线预警，及时处理通讯异常情况，确保数采仪实时在线。数采仪具备自动补传数据功能，通讯恢复后自动补传异常期间的数据，确保有效传输率 100%。

3.2.6　态势分析

应用历史趋势模块，构建污染源数据及在线分析仪表运行参数等曲线，实时对显示的历史数据和实时数据趋势进行分析。

3.2.7　统计分析

结合数据块，动态组合，生成报警、固定污染源排放监测合格率、传输率、在线分析仪表设备评价等管理看板，直观了解环保管理水平及分析仪运行状态。按设置时间自动生成小时均值报表、运维报表等生产及设备管理所需统计报表。

3.2.8　智能安防

通过在线分析小屋安装的智能摄像头实时监测小屋内在线分析仪表运行状态，及小屋内环境状况，满足 HJ 75—2017、HJ 76—2017、HJ 355—2019 等规范要求。

3.3　应用案例

案例一：炼油一部焦化加热炉 F303 SO_2 浓度高高报预警处理

2021/09/17 04：21：31 炼油一部焦化加热炉 F303 SO_2 实时浓度高高报预警，查看历史趋势发现 SO_2 实时值呈上升趋势，氧含量为 0.351（见图 2），呈下降趋势，同时 NO_x 实时值也呈下降趋势，诊断为氧量低造成燃烧不充分，立即建议工艺调整氧含量，随着氧含量的逐渐升高，SO_2 实时值浓度降低、NO_x 实时值浓度升高，至 04：28 分，氧含量为 3.316，SO_2，NO_x 实时值恢复正常（见图 3），避免了一起环保超标事件。

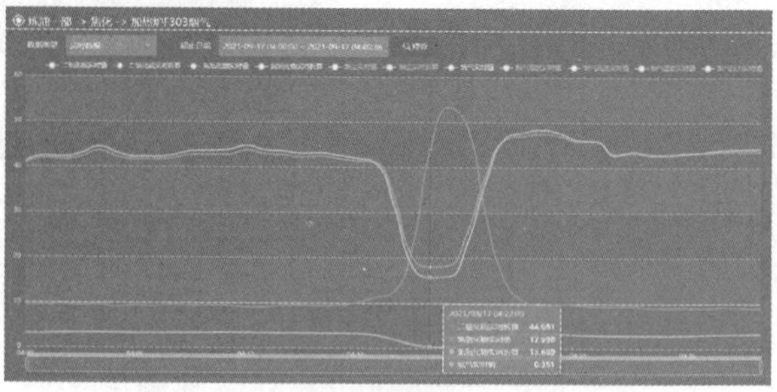

图 2　炼油一部焦化加热炉 F303 SO_2 浓度高高报预警

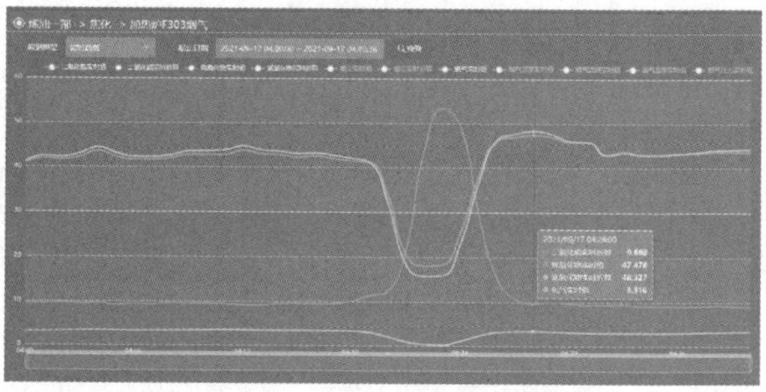

图 3　炼油一部焦化加热炉 F303 SO_2 浓度达标

案例二：炼油一部、炼油二部多个排口 SO_2 超标处理

2021/9/29：21 炼油一部、炼油二部多个排口 SO_2 实时值同时升高（见图 4），若不及时控制，恐造成 SO_2 小时均值超标，成为环保通报事件，运维工程师及时分析各排口 SO_2 实时值同时升高原因，并建议调整脱硫工艺，于 21：27 开始陆续恢复正常（见图 5），快速有效控制 21：00 SO_2 小时均值达标。

案例三：炼油二部重整热载体炉 F701 通讯异常故障处理

2021/7/18 13：44：00 炼油二部重整热载体炉 F-701 烟气通讯异常告警（见图6），运维工程师立即安排技术人员检查数采仪情况，于 14：22：40 恢复通讯，数采仪补传数据成功（见图 7），解决国控在线分析仪表掉线后知问题，有效保障数据传输率。

案例四：炼油一部焦化 F303 烟气流速仪故障处理

2021/11/6 05：02 至 2021/11/8 10：02 期间炼油一部焦化 F303 烟气流速波动及多次归零，

对流速仪回零检查，校准流速零点，投用仍有回零现象，接着检查反吹风压力并反吹皮托管，检查差分器运行情况，拔出皮托管校零，发现皮托管里面带液，处理后仪表指示正常，烟气流速仪于2021/11/8 11点恢复正常(见图8)。

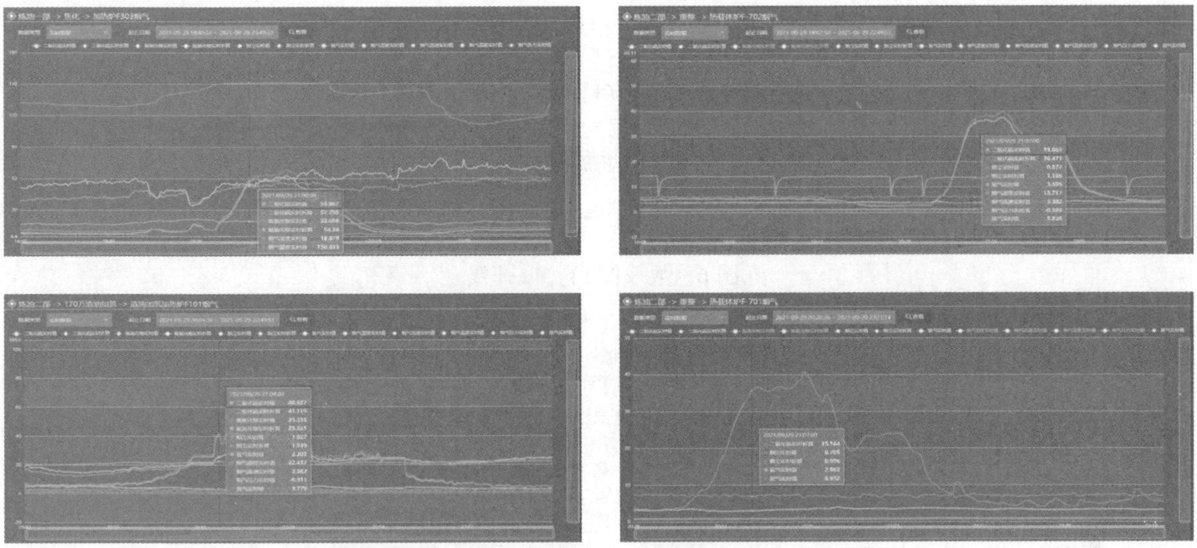

图4　F303、F101、F702、F701 SO_2值高报预警

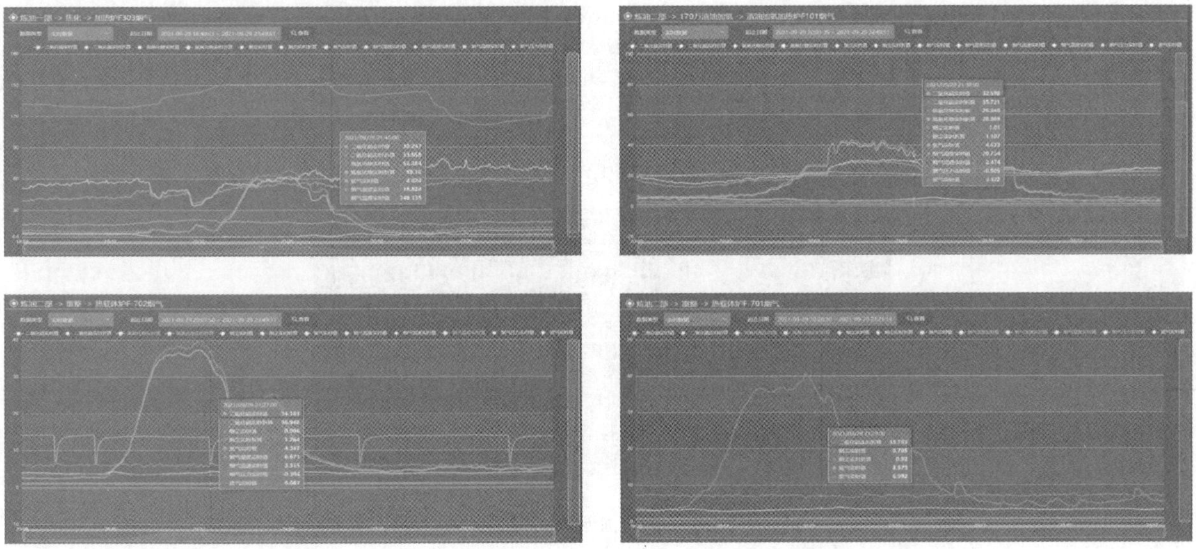

图5　F303、F101、F702、F701 SO_2值下降，逐渐恢复正常

案例五：炼油二部重整F701/F702烟尘超标处理

2021/12/24 16：32炼油二部重整F701/F702 SO_2、NO_x、烟尘实时折算值超标预警，运维工程师检查在线分析仪表运行情况的同时，工艺人员排查工艺原因，最后查为瓦斯带液，工艺调整后于17：20恢复正常，未造成小时超标报警。

4　结语

在线分析仪表智能运维监测诊断系统充分利用物联网、5G互联网、大数据及云平台技术，实现了固定污染源排放集中监测管理、设备管理、设备接入与数据采集、数据存储、数据治理、数据计算与处理、数据可视化，提升固定污染源排放连续在线监测管理水平，有效管控固定污染源的排放，减少环保事件，保护生态环境，积极响应碳达峰、碳中和政策号召。同时该系统提升智能运维和监测诊断技术水平，技术先进，作为设备完整性管理平台的配套系统延伸，提高了在线分析仪表预知预防性、智能化管理，提升了在线分析数据的可信度和价值性，助力企业精细化发展。

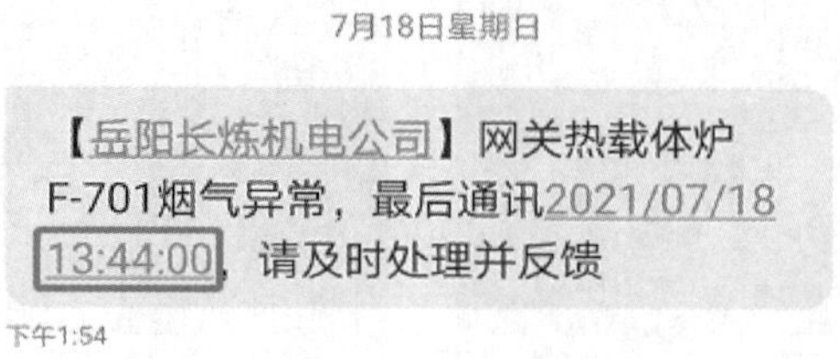

图 6　数采仪 13：44 掉线

54	2021-07-18 13:43:00.000	2021-07-18 13:43:07.080
53	2021-07-18 13:43:00.000	2021-07-18 13:43:07.080
51	2021-07-18 13:44:00.000	2021-07-18 13:44:07.070
52	2021-07-18 13:44:00.000	2021-07-18 13:44:07.070
54	2021-07-18 13:44:00.000	2021-07-18 13:44:07.070
53	2021-07-18 13:44:00.000	2021-07-18 13:44:07.070
51	2021-07-18 13:45:00.000	2021-07-18 14:22:40.470
52	2021-07-18 13:45:00.000	2021-07-18 14:22:40.470
54	2021-07-18 13:45:00.000	2021-07-18 14:22:40.470
53	2021-07-18 13:45:00.000	2021-07-18 14:22:40.470
51	2021-07-18 13:46:00.000	2021-07-18 14:22:41.547
52	2021-07-18 13:46:00.000	2021-07-18 14:22:41.547
54	2021-07-18 13:46:00.000	2021-07-18 14:22:41.547
53	2021-07-18 13:46:00.000	2021-07-18 14:22:41.547

图 7　数采仪 14：22 恢复通讯

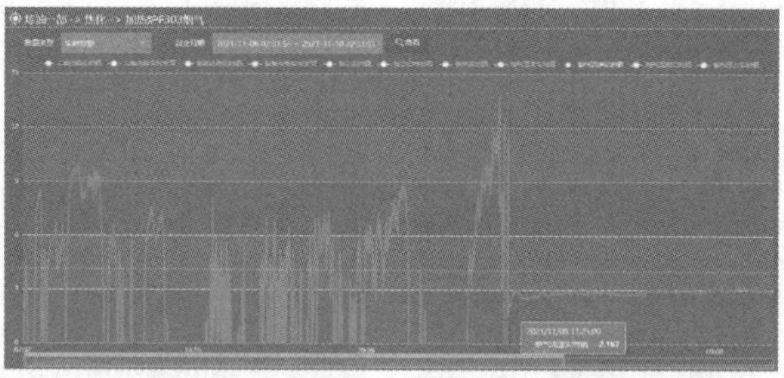

图 8　烟气流速显示趋势

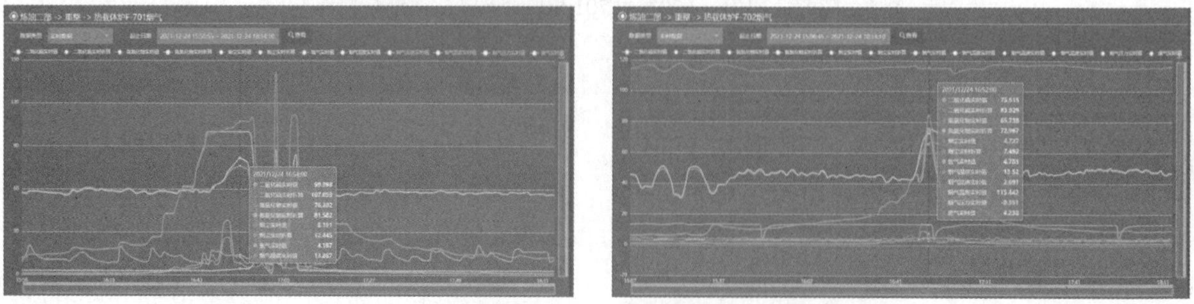

图 9　F701/F702 SO_2、NO_x、烟尘实时折算值超标预警

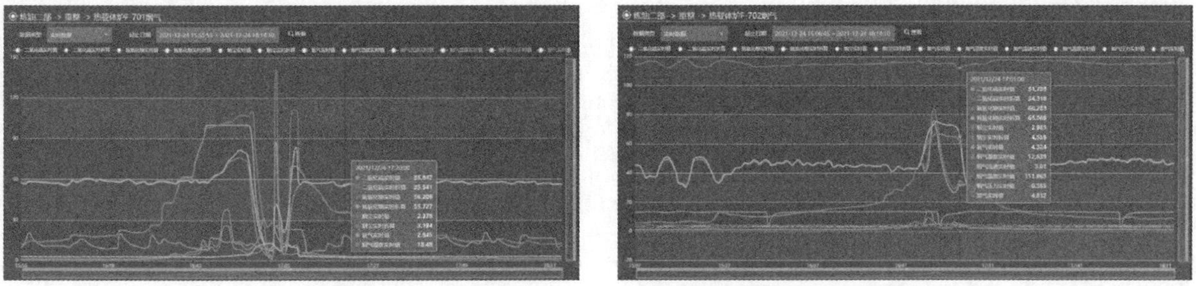

图 10　F701/F702 SO_2、NO_x、烟尘实时折算值达标

参　考　文　献

[1] 中华人民共和国国家环境保护标准(污染物在线监控(监测)系统数据传输标准 HJ 212—2017. 环境保护部，2017-4-24.

[2] 环保数采仪快速安装指南.